Duden

Wirtschaft von A bis Z

Duden
Wirtschaft
von A bis Z

Grundlagenwissen für Schule und Studium, Beruf und Alltag

4. Auflage

Dudenverlag
Mannheim · Leipzig · Wien · Zürich

Bibliografische Information der Deutschen Nationalbibliothek
Die Deutsche Nationalbibliothek verzeichnet diese Publikation in der Deutschen Nationalbibliografie; detaillierte bibliografische Daten sind im Internet über http://dnb.ddb.de abrufbar.

 E D C B A

Printed in Germany

ISBN 978-3-411-70964-9

Redaktionelle Leitung
Diplom-Volkswirt Michael Bauer

Autoren
Diplom-Handelslehrer Achim Pollert (Koordination)
Diplom-Ökonom Bernd Kirchner
Diplom-Handelslehrer Javier Morato Polzin

Herstellung
Judith Diemer

Umschlaggestaltung
Hans Helfersdorfer, Heidelberg

Umschlagabbildungen
Bundesagentur für Arbeit, Nürnberg: Arbeitsamt; MEV Verlag, Augsburg: Ähren; picture-alliance/chromorange, Frankfurt am Main: Grafik Immobilienmarkt; picture-alliance/dpa, Frankfurt am Main: Börsenkurs, Bundesrichter, Elektroauto, Grüner Punkt, PET-Flaschen-Recycling, Skyline, Stempel, Zapfsäule

Satz
Bibliographisches Institut AG, Mannheim

Druck und Bindung
MOHN Media Mohndruck GmbH, Gütersloh

Vorwort

Der Lebensbereich Wirtschaft bleibt für viele Menschen angesichts zunehmender Globalisierung und empfundener Unübersichtlichkeit und Unsicherheit im Wirtschafts- und Arbeitsalltag manchmal ein »Buch mit sieben Siegeln«. Hier setzt »Duden – Wirtschaft von A bis Z« an, will erklären, aufklären und damit wirtschaftliches Grundlagenwissen vermitteln. Das Nachschlagewerk verschafft Überblick und Einblick in die Funktionsweise unseres Wirtschaftssystems:

- Überblick durch die bewährte Gliederung in zwölf Kapitel, die sowohl der Einteilung der Wirtschaftswissenschaften folgt als auch wichtige wirtschaftspraktische Gebiete umfasst,

- Einblick und Orientierung durch verständliche und anschauliche Erläuterung wichtiger Begriffe aus den jeweiligen Gebieten.

Zahlreiche praktische Beispiele und Grafiken veranschaulichen die Texte. Die Anschriften und Internetadressen wichtiger Institutionen (z. B. Ministerien, Verbände) geben Gelegenheit zur gezielten eigenen Suche nach vertiefenden Informationen. Das Gesamtregister erleichtert das Auffinden von Begriffen und Namen.

In der vorliegenden 4. Auflage wurden Daten und Fakten auf den neuesten Stand gebracht; das betrifft statistische Angaben in Text und Grafik genauso wie Gesetzesänderungen oder neue Begriffe wie Abgeltungssteuer, Abwrackprämie, Finanzmarktkrise, Finanzmarktstabilisierungsfonds, Konjunkturpaket, GKV-Spitzenverband, Schuldenbremse.

»Duden Wirtschaft von A bis Z« vermittelt Grundlagenwissen zu wirtschaftlichen Sachverhalten und Vorgängen für Schule und Studium, Beruf und Alltag. Das Werk entschlüsselt die Welt der Wirtschaft in rund 2 750 Stichwörtern von A wie Abbuchungsermächtigung bis Z wie Zwischenlager.

Mannheim — Autoren und Verlag

Inhalt

Hinweise für den Benutzer

›Duden – Wirtschaft von A bis Z‹ gliedert die Stichwörter in Kapitel. Unter dem ›Dach der Wirtschaft‹ ist das Wichtigste und Grundlegende aus Wirtschaftstheorie, Wirtschaftspolitik und Wirtschaftspraxis in zwölf Kapiteln übersichtlich angeordnet. So kann man sich einen Überblick über die Begriffe eines Teilgebiets verschaffen, z. B. über die Betriebswirtschaftslehre in Kapitel 7, die Börsengeschäfte in Kapitel 11 oder die Wirtschaftspolitik in Kapitel 4.

Sucht man ein bestimmtes Stichwort, schaut man im Register nach, ob der Begriff vorhanden ist und wenn ja, in welchem Teilgebiet er erklärt wird. Im Register steht bei ›Euro‹ die Zahl 209. Der Euro wird also auf Seite 209 im Kapitel 6 zur Weltwirtschaft erklärt.

›Duden – Wirtschaft von A bis Z‹ verzichtet weitgehend auf Abkürzungen. Einige wenige, allgemein gebräuchliche Abkürzungen wurden dennoch verwendet:

bzw.	= beziehungsweise	u. a.	= unter anderem
ca.	= circa	usw.	= und so weiter
d. h.	= das heißt	v. a.	= vor allem
i. d. R.	= in der Regel	z. B.	= zum Beispiel
rd.	= rund	z. T.	= zum Teil
S.	= Seite		

Das Verweissystem besteht aus zwei Arten von Verweisen. Entweder wird mit *(siehe dort)* oder *siehe* auf ein Stichwort im selben Kapitel verwiesen oder mit z. B. (*siehe* Kapitel 10) auf ein Stichwort in einem anderen Kapitel.

Die politischen und gesetzlichen Bedingungen in der Wirtschaft unterliegen einem ständigen Wandel. Autoren und Redaktion haben die Inhalte des vorliegenden Werkes mit größter Sorgfalt ausgewählt und geprüft. Für wider Erwarten dennoch auftretende Fehler übernimmt der Verlag keine Haftung.

1
Was bedeutet Wirtschaften?

Das Verständnis wirtschaftlicher Abläufe und der Wechselwirkungen in einer modernen Volkswirtschaft wie der unseren war lange Zeit ein Anspruch, der an wenige Spezialisten und Wirtschaftsexperten gestellt wurde. Grundlegende wirtschaftliche Abläufe betreffen jedoch alle Bereiche unseres täglichen Lebens. Die Kenntnis volkswirtschaftlicher Begriffe und der Einblick in wirtschaftliche Wechselbeziehungen sowie die Bildung fundierter Urteile zu volkswirtschaftlichen Problemen wird zunehmend als Allgemeinwissen angesehen.
Als private Haushalte und Wirtschaftssubjekte sind wir ständig in das Wirtschaftsleben eingebunden und von gesamtwirtschaftlichen Abläufen betroffen. Dabei sind wir in unserer Wirtschaftsordnung, der sozialen Marktwirtschaft, die wir mit dem Namen LUDWIG ERHARD verbinden, daran gewöhnt, dass alle Güter und Dienstleistungen zu jeder Zeit, an jedem Ort und in nahezu jeder Menge und Qualität zum Kauf bereitstehen. Wir erwarten, dass von den Unternehmen genügend Arbeitsplätze bereitgestellt werden, damit wir Einkünfte zur Sicherung unseres Lebensstandards erzielen können und damit später unsere Rente gewährleistet ist. Durch welche theoretischen Grundgedanken und Auffassungen unsere Wirtschaftsordnung jedoch geprägt ist und welche Umstände und Mechanismen zusammenwirken müssen, damit der Wirtschaftskreislauf unserer Volkswirtschaft so funktioniert, wie wir es gewöhnt sind, darüber denken wir in der Regel jedoch wenig nach.
Im vorliegenden Kapitel wird der Leser mit elementaren volkswirtschaftlichen Begriffen wie Bedarf, Bruttoinlandsprodukt, Konsum, Sparen oder Wertschöpfung vertraut gemacht. Er erfährt, dass die Geschichte und die Entwicklung der Volkswirtschaftslehre zu einer modernen Wissenschaft durch Ökonomen wie ADAM SMITH, DAVID RICARDO, KARL MARX oder JOHN MAYNARD KEYNES wesentlich beeinflusst wurden. Wichtige volkswirtschaftliche Wirkungszusammenhänge wie die Abläufe im Wirtschaftskreislauf, die gossenschen Gesetze oder das Gesetz vom abnehmenden Ertragszuwachs werden dargestellt. Grundlegende Gestaltungsmerkmale verschiedener Wirtschaftsordnungen wie der Marktwirtschaft, der Planwirtschaft und die soziale Marktwirtschaft der Bundesrepublik Deutschland werden ausführlich behandelt. Begriffe wie Verbraucherpreisindex oder Warenkorb tragen zum besseren Verständnis der Wirtschaftsstatistik bei.

Aggregation, Zusammenfassung mehrerer gleichartiger Einzelgrößen, um die Fülle der wirtschaftlich Handelnden, der wirtschaftlichen Tätigkeiten und Vorgänge überschaubar zu machen und für die wirtschaftstheoretische Analyse zu ordnen. So werden z.B. einzelne Haushalte zum Sektor private Haushalte zusammengefasst, die Nachfrage einzelner Haushalte nach Wohnungen zur Gesamtnachfrage auf dem Wohnungsmarkt, ihre Ausgaben in die Stromgröße Konsum und Sparen, ihr Eigentum in die Bestandsgröße Geld- oder Sachvermögen. Dadurch wird die ökonomische Analyse umfassender volkswirtschaftlicher Zusammenhänge erleichtert und vereinfachte Aussagen zu komplizierten, v.a. gesamtwirtschaftlichen Wechselbeziehungen werden möglich.

Agrarstaat, Agrargesellschaft, ein Land, in dem der größte Teil der Bevölkerung im Gegensatz zum Industriestaat *(siehe dort)* Einkommen aus Erwerbstätigkeiten im **Agrarsektor** (Landwirtschaft, Forstwirtschaft, Fischerei) bezieht. Vor der industriellen Revolution Ende des 18. Jahrhunderts waren alle europäischen Länder Agrarstaaten.

Akkumulation, von den Vertretern der klassischen ökonomischen Lehre (Klassik), v.a. aber von KARL MARX (* 1818, † 1883), geprägter Begriff für die Kapitalbildung *(siehe dort)* in der Volkswirtschaft. In seinem Hauptwerk ›Das Kapital‹ beschreibt KARL MARX die Akkumulation des Kapitals als einen ständigen Prozess der Hinzufügung von Mehrwert zum Kapital.
Nach MARX ist die treibende Kraft im Kapitalismus die Erzielung von maximalem Profit. Dazu investiert der Kapitalist sein Geld als Kapital in Maschinen, Material und Arbeitskräfte, um dann beim Verkauf der produzierten Erzeugnisse mehr Geld und damit einen möglichst hohen Mehrwert zu erzielen. Den erzielten Mehrwert verwendet der Kapitalist zum persönlichen Verbrauch und zum Kauf von neuen, besseren, moderneren Maschinen, mehr Material sowie für die Anstellung weiterer Arbeitskräfte. Ein Teil des erzielten Mehrwerts wird so ständig wieder in Kapital verwandelt. Damit vergrößert sich durch Akkumulation das Kapital des Unternehmers laufend. Nach der Theorie von KARL MARX führt die Akkumulation, verbunden mit der ständigen technologischen Verbesserung der Produktion, tendenziell zu fallenden Profitraten (Verzinsung), was eine beschleunigte Akkumulation durch Konzentration der Produktion und Zentralisation des Kapitals in wenigen Händen zur Folge hat. Für KARL MARX und Vertreter des Marxismus *(siehe dort)* führt der Prozess der Akkumulation zu immer höherer Arbeitslosigkeit der Massen (industrielle Reservearmee) und zur ständigen Verschlechterung der Lebensbedingungen der Arbeiterklasse (Proletariat).

Allokation, Verteilung der verfügbaren Produktionsfaktoren *(siehe dort)* auf die verschiedenen Produktionsmöglichkeiten in einer Volkswirtschaft. Da alle Produktionsfaktoren (Maschinen, Rohstoffe) Geld kosten (um sie zu kaufen oder zu nutzen), ist eine möglichst optimale Allokation, d.h. der bestmögliche Einsatz der begrenzt verfügbaren Produktionsfaktoren anzustreben, um Gewinne zu erzielen. Es darf nichts vergeudet werden. In einer Marktwirtschaft wird die Allokation durch flexible und anpassungsfähige Märkte gesteuert.

alternative Ökonomie, Bezeichnung für sämtliche wirtschaftlichen Auffassungen, die sich mit anderen Möglichkeiten zur privatwirtschaftlich-industriellen Wirtschaft befassen. Nach Auffassung der alternativen Ökonomie ist die heutige Industriegesellschaft durch Großkonzerne mit aufwendiger Produktionstechnik geprägt, die maschinell und massenhaft produzieren, dabei die natürlichen ökologischen Grundlagen zunehmend zerstören. Deshalb fordern Vertreter der alternativen Ökonomie einen ökonomischen, ökologischen und sozialen Umbau der Volkswirtschaft (z.B. durch Verzicht auf das Ziel der Gewinnmaximierung), umweltverträgliche Produktionsweisen, den Einsatz einfacher Produktionstechnik und den Absatz auf regionalen Märkten. Die Alternativbewegung befürwortet dabei die Produktion in kooperativ oder genossenschaftlich organisierten Kleinbetrieben, vorzugsweise in den Bereichen Handwerk, Landwirtschaft und Dienstleistungen, sowie Selbsthilfe, Nachbarschaftshilfe und Freiwilligenarbeit.

Alternativkosten, Opportunitätskosten, die Kosten für den entgangenen Nutzen oder Ertrag, der sich bei einem anderen Einsatz eines Gutes oder eines Produktionsfaktors als der tatsächlich gewählten Verwendung ergeben hätte. Ein Unternehmer steht z.B. grundsätzlich vor der Wahl, private Geldbeträge für neue Maschinen und Ausstattung in seinen Betrieb zu investieren oder diese Beträge am Kapitalmarkt anzulegen und dafür Zinsen zu erhalten. Entscheidet er sich für die betriebliche Investition und nicht für die Anlage am Kapitalmarkt, entstehen ihm Alternativkosten in Höhe der Zinserträge für die nicht gewählte, alternative Anlage des Geldes am Kapitalmarkt.

amtliche Statistik, sämtliche statistischen Untersuchungen (Erhebungen) und Veröffentlichungen, die durch die statistischen Ämter, insbesondere das Statistische Bundesamt *(siehe dort)* und die Statistischen Landesämter, durchgeführt werden.

Anlageinvestitionen, die zur langfristigen Nutzung bestimmten, dauerhaften Produktionsmittel. Zu den Anlageinvestitionen gehören Ausrüstungsinvestitionen (z. B. technische Anlagen, Maschinen, Fahrzeuge oder Betriebs- und Geschäftsausstattung) und Bauinvestitionen (z. B. Wohn- und Verwaltungsgebäude, Büros oder Straßen und andere Verkehrswege). Meist werden Anlageinvestitionen unterteilt in Ersatzinvestitionen *(siehe dort)* und Erweiterungsinvestitionen, die der Vergrößerung und Verbesserung des Produktionsapparates dienen.

Arbeit, jede planmäßige menschliche Tätigkeit, die auf Erzielung von Einkommen zur Bedarfsdeckung gerichtet ist. Zur Arbeit im volkswirtschaftlichen Sinne zählt damit nicht die Arbeit im physikalischen Sinne wie die von Maschinen sowie Freizeitbeschäftigungen. Aus der Sicht der Volkswirtschaftstheorie ist Arbeit neben Kapital und Boden ein Produktionsfaktor. Arbeit wird dabei wie Boden als ursprünglicher (originärer) Produktionsfaktor bezeichnet, da ohne menschliche Arbeit (in Form von leitender oder ausführender Arbeit und geistiger oder körperlicher Arbeit) keine Güter produziert werden können und der Produktionsfaktor Kapital erst mithilfe von Arbeit erstellt werden kann (abgeleiteter oder derivativer Faktor).

Arbeitseinkommen, Gegenleistung des Produktionsfaktors Arbeit für seine wirtschaftliche Leistung im Produktionsprozess, z. B. in Form von Löhnen und Gehältern (Arbeitnehmerentgelte).

arbeitsintensive Produktion: Wenn der Produktionsfaktor Arbeit bei der Güterherstellung die Hauptrolle spielt, also wertmäßig im Verhältnis zum Faktor Kapital überwiegt, spricht man von arbeitsintensiver Produktion. Arbeitsintensiv und damit lohnintensiv ist die Produktion z. B. im Handwerk oder bei Unternehmen im Dienstleistungssektor.

Arbeitsmarktstatistik, von der Bundesagentur für Arbeit veröffentlichte Statistiken zur Lage und Entwicklung auf dem Arbeitsmarkt; Teil der amtlichen Statistik. Durch Auswertung von Daten der Arbeitsagenturen werden z. B. die Arbeitslosenquote, die Zahl der Arbeitslosen und der offenen Stellen oder die Anzahl der Arbeitsvermittlungen berechnet und veröffentlicht.

Arbeitsproduktivität, Maßstab für die volkswirtschaftliche oder betriebswirtschaftliche Wirksamkeit des Produktionsfaktors Arbeit. Arbeitseinsatz und Produktionsergebnis werden dabei ins Verhältnis gesetzt. Die gesamtwirtschaftliche Arbeitsproduktivität ist der Produktionswert (gemessen z. B. am realen Bruttoinlandsprodukt oder an der realen Bruttowertschöpfung) je Erwerbstätigen oder je Erwerbstätigenstunde (Stundenproduktivität). Diese Größe wird in der Lohnpolitik als Orientierungshilfe herangezogen und dient auch als Maßstab für die internationale Wettbewerbsfähigkeit eines Landes.

Arbeitsteilung, Aufspaltung der Güterproduktion in einzelne Teilverrichtungen oder Arbeitsgänge, die dann von verschiedenen Personen, Abteilungen, Betrieben, Wirtschaftsbereichen oder ganzen Volkswirtschaften erledigt werden. Entsprechend wird zwischen beruflicher Arbeitsteilung, gesellschaftlich-technischer Arbeitsteilung, volkswirtschaftlicher Arbeitsteilung und internationaler Arbeitsteilung unterschieden. Die mit der Arbeitsteilung verbundene Spezialisierung schafft Produktivitätsgewinne und führt damit zur Verbesserung der Güterversorgung. Andererseits wächst durch Arbeitsteilung die gegenseitige Abhängigkeit (Grafik S. 12).

Armut, die wirtschaftliche Situation einer Person oder einer Gruppe von Menschen, in der diese nicht aus eigener Kraft einen als angemessen bezeichne-

ARBEITSPRODUKTIVITÄT

Wirtschaftsbereich	Bruttowertschöpfung je Erwerbstätigen in €	
	2000	2008
Land- und Forstwirtschaft, Fischerei	25 064	22 862
Produzierendes Gewerbe (ohne Baugewerbe)	54 528	72 278
Baugewerbe	34 745	42 704
Handel, Gastgewerbe, Verkehr	34 331	39 756
Finanzierung, Vermietung, Unternehmensdienstleistungen	88 063	93 191
öffentliche und private Dienstleister	37 502	40 018
insgesamt	**52 690**	**61 790**

Arbeitsproduktivität.
Die Arbeitsproduktivität gemessen als Bruttowertschöpfung je Erwerbstätigen in ausgewählten Wirtschaftsbereichen

ARBEITSTEILUNG	
Vorteile	**Nachteile**
Steigerung der Produktivität (z. B. Leistungssteigerung durch Routinearbeit): infolgedessen Einkommensverbesserungen;	gesundheitliche Schäden durch einseitige Belastung körperlicher und geistiger Funktionen;
spezielle Begabungen lassen sich zum Nutzen des Einzelnen und der Gesellschaft entfalten;	Umstellungsschwierigkeiten bei Verlust oder Veränderung des Arbeitsplatzes;
Ausbildung für spezielle Tätigkeiten ist kürzer als für nicht spezialisierte Arbeiten; Schaffung von Arbeitsplätzen auch für angelernte und ungelernte Arbeitskräfte;	gegenseitige Abhängigkeit der Arbeitenden (Verlust der Selbstständigkeit);
Arbeitsteilung erleichtert den Einsatz von Maschinen; damit wird dem Arbeitenden die Arbeit erleichtert;	der Arbeitende verliert die Übersicht über den Gesamtzusammenhang seiner Tätigkeit;
kleinere Arbeitsaufgaben, deshalb bessere Beherrschung der Arbeit.	die Arbeit erscheint dem Einzelnen sinnlos;
	Monotonie der Arbeit führt zum Verlust der Arbeitsfreude (Beruf wird zum „Job“);
	schöpferische Tätigkeit oft nicht oder kaum mehr möglich; höherer Kapitaleinsatz erforderlich.

Arbeitsteilung.
Die wichtigsten positiven und negativen Auswirkungen der Arbeitsteilung

ten Lebensunterhalt bestreiten kann (objektive Armut) oder ihre materielle Lage selbst als Mangel empfindet (subjektive Armut). Welcher Lebensunterhalt jeweils als angemessen betrachtet wird, verändert sich mit der kulturellen, wirtschaftlichen und sozialen Situation der Gesellschaft. Dem Schutz vor Armut dient z. B. die Grundsicherung, mit der das wirtschaftlich-soziale Existenzminimum gesichert werden soll.

Ausfuhr, Export, die Lieferung von Waren, Dienstleistungen und Kapital durch Inländer in das Ausland, Teil des Außenhandels (*siehe* Kapitel 6).

Außenbeitrag, der Unterschied zwischen den Ein- und Ausfuhren von Waren und Dienstleistungen einer Volkswirtschaft; Begriff der volkswirtschaftlichen Gesamtrechnung. Ein positiver Außenbeitrag erhöht das Bruttoinlandsprodukt *(siehe dort),* ein negativer Außenbeitrag wirkt umgekehrt.

Außenwirtschaft, Summe aller Wirtschaftsbeziehungen, wie die Ein- und Ausfuhr von Waren und Dienstleistungen oder der Geld- und Kapitalverkehr, eines Landes mit anderen Ländern (*siehe* Kapitel 6).

Baugewerbe, Bauindustrie, Unternehmen des produzierenden Gewerbes *(siehe dort),* die im Hochbau (Wohnhäuser, öffentliche und industrielle Bauten) und Tiefbau (z. B. Straßen, Brücken) tätig sind. Die Wirtschaftsstatistik unterscheidet zwischen Bauhaupt-, Ausbau- und Bauhilfsgewerbe. Zum Bauhauptgewerbe zählen vor allem die Unternehmen, die Hochbauten im Rohbau errichten, Tiefbauten einschließlich Straßenbauten und bestimmte Spezialbauten (z. B. Schornsteinbau, Dämmung und Abdichtung) durchführen, das Stukkateurgewerbe mit Gipserei und Verputzerei und die Zimmerei und Dachdeckerei sowie alle entsprechenden Reparatur- und Instandhaltungsbetriebe. Das Ausbaugewerbe umfasst die Bauinstallation (Klempnerei, Gas-, Wasser- und Elektroinstallation), Glaser-, Maler- und Lackierergewerbe, Tapeziererei sowie Fußboden-, Fliesen- und Plattenlegerei, das Bauhilfsgewerbe den Gerüstbau, die Fassadenreinigung und die Gebäudetrocknung.

Bedarf, Teil der Bedürfnisse, den der Mensch mit seinen finanziellen Mitteln (Kaufkraft) befriedigen kann. Ein Bedürfnis wird zum Bedarf durch den Entschluss und die Fähigkeit, die Mittel zu seiner Befriedigung (z. B. Güter, Dienstleistungen) am Markt nachzufragen. Der Bedarf eines privaten Haushalts an Lebensmitteln ist z. B. Teil der Nachfrage am Markt nach Lebensmitteln.

Bedürfnisse, Mangelerscheinungen, die beim einzelnen Menschen den Wunsch auslösen, diesen Mangel zu beheben (Bedürfnisbefriedigung). Bedürfnisse schaffen Wünsche und werden damit zu Auslösern für wirtschaftliches Handeln. In Verbindung mit vorhandenen finanziellen Mitteln können Bedürfnisse als Bedarf zur Nachfrage nach Gütern und Dienstleistungen werden.
Die Bedürfnisse des Menschen sind grundsätzlich unbegrenzt und verändern sich im Laufe des Lebens. Nach der Dringlichkeit unterscheidet man Grundbedürfnisse *(siehe dort),* Kultur- und Luxusbedürfnisse. **Kulturbedürfnisse** sind Bedürfnisse des Menschen, die er als geistiges Wesen empfindet

(z. B. Bücher lesen oder Musikkonzerte hören). **Luxusbedürfnisse** müssen nicht unbedingt befriedigt werden, sie verbessern jedoch die Lebensqualität und erhöhen das soziale Ansehen (z. B. ein exklusives Auto fahren, eine teure Armbanduhr tragen).
Nach der Art der Befriedigung lassen sich Individual- und Kollektivbedürfnisse unterscheiden. **Individualbedürfnisse** sind Bedürfnisse des einzelnen Menschen, die er für sich selber befriedigen kann, wie Trinken oder Lesen. **Kollektivbedürfnisse** sind Notwendigkeiten oder Wunschvorstellungen, die von vielen Menschen empfunden werden, z. B. Umweltschutz oder innere Sicherheit.

Bergbau, die Gesamtheit aller Unternehmen zur Aufsuchung und Gewinnung von Bodenschätzen wie Steinkohle, Braunkohle, Torf, Erdöl, Erdgas, Erze aller Metalle, Kali- und Steinsalz, Edelsteine sowie Steine und Erden aller Art (Gewinnungsbergbau), daneben heute auch zur Wiedernutzbarmachung und Verwahrung stillgelegter Bergbauanlagen (Sanierungsbergbau) und zur umweltverträglichen Verbringung (Deponie, Endlagerung) von Reststoffen und Abfällen (Entsorgungsbergbau). Der Wirtschaftsbereich Bergbau zählt zur Urproduktion und in der Wirtschaftsstatistik zum produzierenden Gewerbe *(siehe dort)*.

Beschäftigtenstatistik, Statistik aller sozialversicherungspflichtig Beschäftigten zur Beurteilung aktueller Entwicklungen auf dem Arbeitsmarkt.

Betriebswirtschaftslehre, *siehe* Kapitel 7.

BIP, Abkürzung für Bruttoinlandsprodukt *(siehe dort)*.

BNE, Abkürzung für Bruttonationaleinkommen (*siehe* Bruttosozialprodukt).

Boden, ursprünglicher (originärer), nicht vermehrbarer Produktionsfaktor. Im Rahmen der Produktion wird Boden als Standort des Betriebes, zum Abbau von Bodenschätzen (Rohstoffquelle) und auch als land- und forstwirtschaftliche Nutzfläche betrachtet.

Bodeneinkommen, Bodenrente, Grundrente, Entschädigung für die Nutzung des Bodens in Form eines Kaufpreises, eines Pachtzinses oder einer Ertragsbeteiligung, z. B. bei landwirtschaftlicher Bearbeitung. Das Bodeneinkommen ist abhängig von der Qualität und der Lage des Bodens.

Branche, Bezeichnung für einen Wirtschaftsbereich oder Wirtschaftszweig *(siehe dort)* wie die Metallindustrie, das Baugewerbe oder die Banken und Versicherungen.

brutto, Bezeichnung für eine Gesamtheit vor oder ohne Abzug anderer Größen im Gegensatz zu netto. So sind beim Bruttoeinkommen aus unselbstständiger Arbeit weder Lohnsteuer noch Sozialversicherungsbeiträge abgezogen, beim Bruttosozialprodukt noch sämtliche Steuern und volkswirtschaftlichen Abschreibungen enthalten. Beim Einkaufen enthält der Rechnungsbetrag brutto auch die Umsatzsteuer.

Bruttoinlandsprodukt, Abk. **BIP,** Wert aller Güter und Dienstleistungen, die in einem Jahr innerhalb der Landesgrenzen einer Volkswirtschaft erwirtschaftet werden. Das BIP Deutschlands enthält auch die Leistungen der Ausländer, die innerhalb unseres Landes arbeiten, während die Leistungen der Inländer, die im Ausland arbeiten, nicht berücksichtigt werden. Inzwischen wird in der Wirtschaftsstatistik eher das BIP und nicht mehr das Bruttosozialprodukt oder Sozialprodukt *(siehe dort)* herangezogen, um sich ein Bild über den Wohlstand eines Landes und die Leistungsfähigkeit einer Volkswirtschaft zu machen. Wie beim Bruttosozialprodukt *(siehe dort)* wird ein nominales und ein reales Inlandsprodukt berechnet.
Bei der Ermittlung des BIP wird zwischen Entstehungs-, Verteilungs- und Verwendungsrechnung unterschieden. Bei der Entstehungsrechnung wird das BIP in den Wirtschaftsbereichen seiner Entstehung (z. B. Land- und Forstwirtschaft, produzierendes Gewerbe, Handel, Gastgewerbe und Verkehr, öffentliche und private Dienstleister) gemessen. Ausgangspunkt dabei ist die Wertschöpfung *(siehe dort)* der Wirtschaftsbereiche. Die Verwendungsrechnung ermittelt das BIP als Summe aus privatem und staatlichem Konsum (Konsumausgaben der privaten Haushalte und der privaten Organisationen ohne Erwerbszweck sowie Staatsverbrauch), Investitionen und Außenbeitrag. Bei der Verteilungsrechnung wird das BIP aus der Summe der Lohn- und Gehaltseinkommen der Arbeitnehmer, der Unternehmensgewinne und der Vermögenserträge in der Volkswirtschaft berechnet. Ausgangspunkt ist dabei meist das Volkseinkommen *(siehe dort)* – Grafik S. 14.

Bruttoinvestitionen, Begriff der volkswirtschaftlichen Gesamtrechnung, der den Wertzuwachs an Sachgütern wie Ausrüstungen, Bauwerken oder Lagerbeständen in der Volkswirtschaft während einer bestimmten Zeitspanne angibt. Bruttoinvestitionen setzen sich aus Anlageinvestitionen *(siehe dort)* und Vorratsinvestitionen *(siehe dort)* zusammen. Zieht man von den Bruttoinvestitionen der Volkswirtschaft die Abnutzung (Abschreibungen) ab, erhält man die Nettoinvestitionen.

Bruttosozialprodukt, Abk. **BSP,** die Summe aller Güter und Dienstleistungen in der jeweiligen Landeswährung (z. B. € oder US-$), die in einer Volkswirtschaft innerhalb eines Jahres hergestellt bzw. bereitgestellt werden. Bei der Berechnung des BSP wird vom Bruttoinlandsprodukt *(siehe dort)* ausgegangen. Von diesem werden diejenigen Erwerbs- und Vermögenseinkommen abgezogen, die an das Ausland geflossen sind, und diejenigen Einkommen hinzugefügt, die von Inländern aus dem Ausland bezogen worden sind. Das BSP stellt somit eher auf Einkommensgrößen ab und wird in der volkswirtschaftlichen Gesamtrechnung neuerdings auch als **Bruttonationaleinkommen (BNE)** bezeichnet. Das Bruttoinlandsprodukt misst demgegenüber die wirtschaftliche Leistung eines Landes von der Produktionsseite her und wird in der Wirtschaftsstatistik inzwischen bevorzugt verwendet.
Unterschieden wird zwischen nominalem und realem Bruttosozialprodukt. Beim nominalen BSP sind alle produzierten Güter und Dienstleistungen mit den Preisen des Erstellungsjahres (d. h. zu laufenden Preisen) bewertet. Beim realen BSP liegen dagegen Preise eines bestimmten Basisjahres (d. h. konstante Preise) der Berechnung zugrunde; die Inflationsrate ist herausgerechnet. Die Berechnungsart des realen BSP bewirkt, dass Erhöhungen des Bruttosozialproduktes, die auf Preissteigerungen zurückgehen, unberücksichtigt bleiben (Preisbereinigung).

BSP, Abkürzung für Bruttosozialprodukt *(siehe dort).*

ceterisparibus, *siehe* ökonomisches Modell.

dezentrale Wirtschaftsplanung, grundlegendes Element einer marktwirtschaftlichen Wirtschaftsordnung, das allen Wirtschaftsteilnehmern die Freiheit lässt, eigene, individuelle Wirtschaftspläne auf-

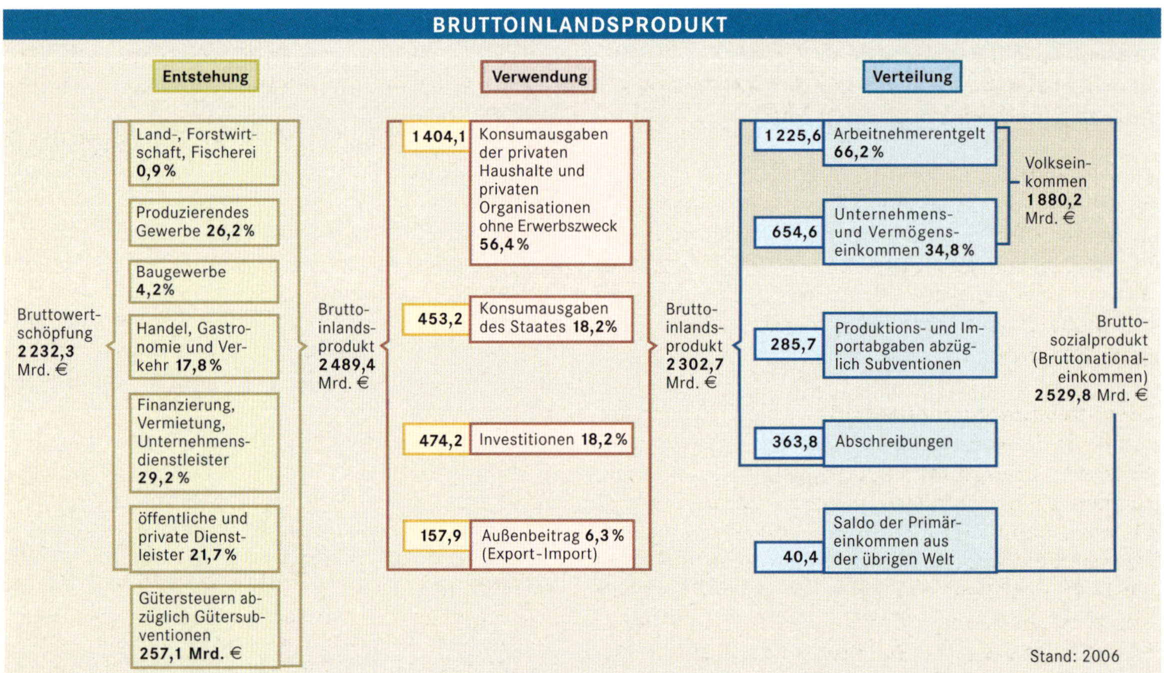

Bruttoinlandsprodukt. Entstehung, Verwendung und Verteilung des BIP in Deutschland (Angaben in Mrd. €)

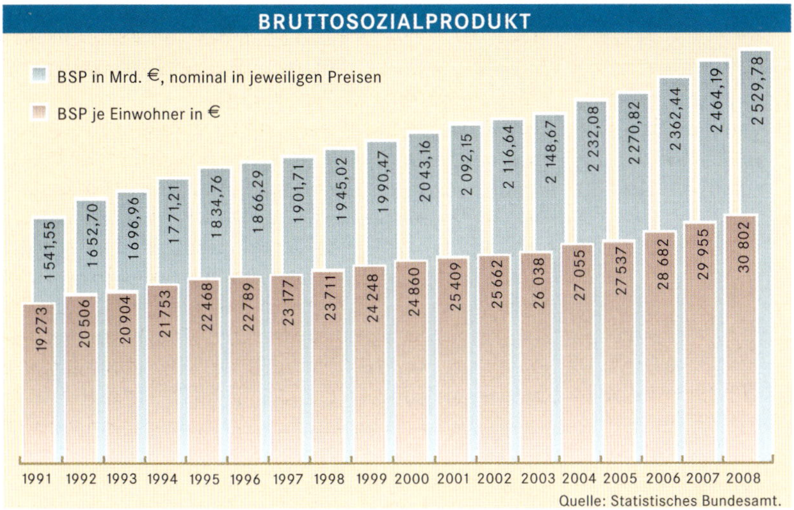

Bruttosozialprodukt. Entwicklung des nominalen Bruttosozialprodukts und des BSP je Einwohner in Deutschland

zustellen; Gegenteil: zentrale Wirtschaftsplanung *(siehe dort)*. Dezentrale Wirtschaftsplanung bedeutet, dass die Unternehmen z. B. frei entscheiden, wie sie ihr Kapital einsetzen, was sie produzieren und womit produziert wird. Die Verbraucher entscheiden selbstständig und frei, wie sie ihr Einkommen verwenden, welche Güter sie erwerben und wie viel ihres Einkommens sie sparen. Die Abstimmung (Koordination) der Produktionspläne aller Unternehmen und der Verbrauchspläne aller Haushalte geschieht bei dezentraler Planung über Märkte *(siehe dort)* durch den Preismechanismus.

Dienstleistung, eine besondere Art wirtschaftlicher Güter, bei der eine Leistung erbracht wird, die nicht lagerfähig ist und bei der Herstellung und Verbrauch gleichzeitig stattfinden. Unterschieden werden personenbezogene Dienstleistungen (z. B. Arztbehandlung) und sachbezogene Dienstleistungen (z. B. Reparatur einer Tür).

Dienstleistungsgesellschaft, eine Volkswirtschaft, in der von Wirtschaftsbereichen wie Handel, Verkehr, Telekommunikationsdienstleistung oder Banken und Versicherungen, die insgesamt den Dienstleistungssektor *(siehe dort)* bilden, der größte Beitrag zur Wertschöpfung *(siehe dort)* erbracht wird. Deutschland hat sich in den vergangenen Jahrzehnten bedingt durch den wirtschaftlichen Strukturwandel (*siehe* Kapitel 3) verstärkt von der Industriegesellschaft hin zur Dienstleistungsgesellschaft entwickelt.

Dienstleistungssektor, auch als tertiärer Sektor bezeichneter Bereich der Wirtschaft, der im Gegensatz zu den Bereichen Land- und Forstwirtschaft (primärer Sektor) und produzierendes Gewerbe (sekundärer Sektor) keine Sachgüter produziert, sondern Dienstleistungen bereitstellt. Das Angebot des Dienstleistungssektors ist sehr breit und umfasst z. B. Leistungen des Handels und Verkehrs, des Bank- und Versicherungsgewerbes, der freien Berufe (z. B. Ärzte, Steuerberater, Rechtsanwälte oder Architekten) und des öffentlichen Dienstes. In mo-

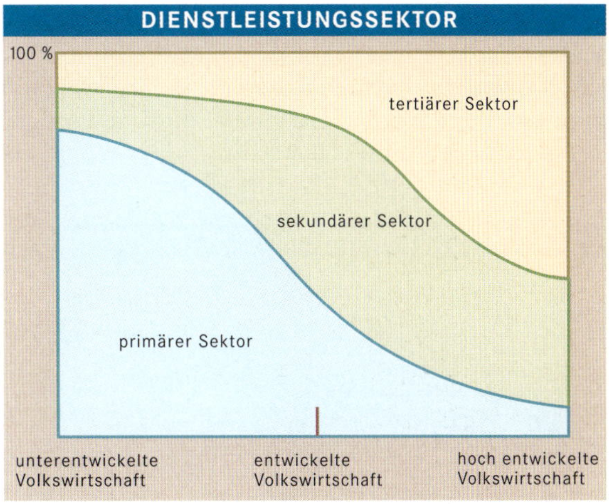

Dienstleistungssektor. Bei niedrigem Pro-Kopf-Einkommen überwiegt im Prozess der wirtschaftlichen Entwicklung der primäre Sektor, bei mittlerem bis hohem Pro-Kopf-Einkommen der sekundäre Sektor und bei sehr hohem Pro-Kopf-Einkommen der tertiäre Sektor.

dernen, hoch entwickelten Volkswirtschaften wächst die Bedeutung des Dienstleistungssektors ständig.
In der volkswirtschaftlichen Gesamtrechnung zählen zum Dienstleistungssektor die Wirtschaftsbereiche Handel, Gastgewerbe und Verkehr, Finanzierung, Vermietung und Unternehmensdienstleister sowie öffentliche und private Dienstleister.

Distribution, aus volkswirtschaftlicher Sicht die Verteilung von Einkommen und Vermögen auf verschiedene Wirtschaftsbereiche oder Personen bzw. Personengruppen. In Deutschland wird dabei v.a. soziale Gerechtigkeit und soziale Sicherheit auch der nicht am Wirtschaftsprozess aktiv beteiligten Gruppen wie Rentner oder Arbeitslose sowie der sozial Schwachen durch staatliche Maßnahmen der Umverteilung angestrebt.

Eigentum, Recht, das einer Person die ausschließliche und vollständige Herrschaft an einer Sache einräumt. Für das Wirtschaftssystem eines Landes ist v.a. die Haltung des Staates zum Eigentum an den Produktionsmitteln von Bedeutung. Unterschieden wird grundsätzlich zwischen Privateigentum und Kollektiveigentum an den Produktionsmitteln. **Privateigentum** an den Produktionsmitteln ist typisch für marktwirtschaftliche Wirtschaftssysteme und die Grundlage dafür, dass der Unternehmer den Einsatz und die Verwendung der betrieblichen Produktionsfaktoren nach wirtschaftlichen Gesichtspunkten individuell und selbstständig planen kann.
In der sozialen Marktwirtschaft in Deutschland wird das Eigentum nach Artikel 14 des Grundgesetzes gewährleistet und grundsätzlich geschützt. Das Grundgesetz betont jedoch ausdrücklich in Artikel 14 Absatz 2 GG die **Sozialbindung** des Eigentums, indem Eigentum verpflichtet und sein Gebrauch gleichzeitig dem Wohl der Allgemeinheit dienen soll. Die Zurückstellung von Einzelinteressen gegenüber Gemeininteressen kann deshalb verlangt werden. Die Sozialbindung des Eigentums zeigt sich z.B. in der Mitbestimmung der Arbeitnehmer im Betrieb oder von Arbeitnehmervertretern in Aufsichtsräten von Kapitalgesellschaften. Auch die Möglichkeit des Staates, z.B. Grundstücke gegen Entschädigung zu enteignen, sofern dies im öffentlichen Interesse ist, verdeutlicht die Sozialbindung. Typisch für planwirtschaftliche Wirtschaftssysteme ist das Staats- oder Kollektiveigentum an den Produktionsmitteln. Hier liegt das Eigentum an den Produktionsmitteln in der Hand der Gesellschaft. Der Staat als Vertreter der Interessen des Volkes übt die Eigentumsrechte an den volkswirtschaftlichen Produktionsmitteln aus oder überträgt sie unter staatlicher Kontrolle an die Leitung der Betriebe.

einfacher Wirtschaftskreislauf, übersichtliches, leicht verständliches Modell zur Darstellung der volkswirtschaftlichen Tauschvorgänge in der Form eines Kreislaufschemas. Ausgangspunkt bei der Kreislaufdarstellung ist der Umstand, dass es in der Volkswirtschaft zwei Wertkreisläufe gibt, den Geldkreislauf *(siehe dort)* und den Güterkreislauf *(siehe dort)*. Geldkreislauf und Güterkreislauf verlaufen in der Volkswirtschaft meistens entgegengesetzt, da Güter mit Geld bezahlt werden.
Beim einfachen Wirtschaftskreislauf wird von der Modellvorstellung ausgegangen, dass die Aus-

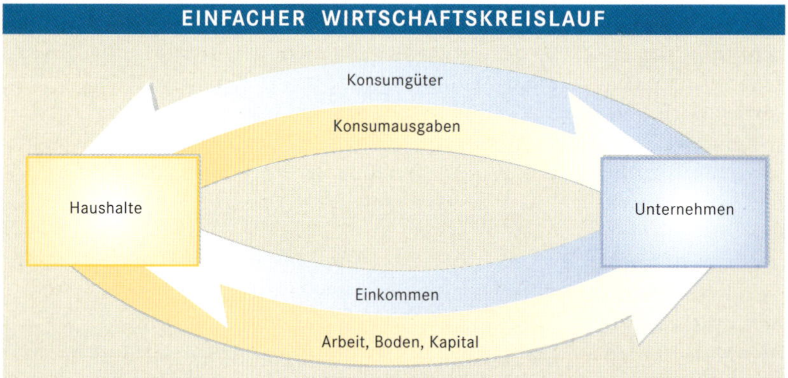

einfacher Wirtschaftskreislauf. Der Wirtschaftskreislauf zwischen Unternehmen und privaten Haushalten

tauschbeziehungen lediglich zwischen zwei Teilnehmern am Wirtschaftsleben (Wirtschaftssubjekten), den Unternehmen und den privaten Haushalten, stattfinden. Diese beiden Gruppen sind zu sogenannten Sektoren zusammengefasst. Im Modell des einfachen Wirtschaftskreislaufs bestehen keine außenwirtschaftlichen Beziehungen und auch der Staat greift nicht in das Wirtschaftsleben ein. Die privaten Haushalte stellen die Produktionsfaktoren Arbeit, Boden und Kapital den Unternehmen zur Verfügung, produzieren keine Güter selbst und verbrauchen ihr gesamtes Einkommen. Die Unternehmen bieten den Menschen Arbeitsplätze und produzieren Waren und Dienstleistungen, die am Markt angeboten werden.
Das Kreislaufschema zeigt nun, dass die privaten Haushalte am Markt ihre Arbeitsleistung sowie die Faktoren Kapital und Boden den Unternehmen anbieten, die diese nutzen und die Haushalte dafür bezahlen. Die Unternehmen ihrerseits erzeugen durch Kombination der von den Haushalten erworbenen Produktionsfaktoren Güter, die sie an die Haushalte verkaufen. Die Haushalte kaufen die von den Unternehmen produzierten Güter und zahlen dafür mit ihren Geldeinkommen, das den Unternehmen als Erlös zufließt. Damit ist der einfache Wirtschaftskreislauf geschlossen. Die Darstellung der wirtschaftlichen Tauschbeziehungen als Kreislaufschema bietet den Vorteil, dass dieses einfache Modell Schritt für Schritt über den erweiterten Wirtschaftskreislauf *(siehe dort)* bis zur offenen Volkswirtschaft *(siehe dort)* ausgebaut werden kann.

Einfuhr, Import, der Bezug von Waren, Dienstleistungen und Kapital durch Inländer im Ausland und Teil des Außenhandels (*siehe* Kapitel 6).

Einkommen, alle Einkünfte in Form von Geld oder Sachgütern, die einer Person, einem Haushalt oder einem Unternehmen in einem bestimmten Zeitraum zufließen. Als volkswirtschaftliche Einkommensarten gelten Arbeitseinkommen als Gegenleistung für Arbeit (z. B. Lohn oder Gehalt), Bodeneinkommen (Grundrente) für die Nutzung des Bodens (z. B. Pacht), Kapitaleinkommen für den Einsatz des Kapitals (z. B. Zins) und Gewinneinkommen aus unternehmerischer Tätigkeit. Diese Einkommensarten werden auch als Faktoreinkommen *(siehe dort)* bezeichnet. Im Gegensatz zu Transfereinkommen *(siehe dort)* sind Faktoreinkommen Leistungen, die auf Gegenleistungen beruhen und unmittelbar im wirtschaftlichen Produktionsprozess entstanden sind.
Weitere Einkommensbegriffe sind das Bruttoeinkommen und das Nettoeinkommen (nach Abzug von Steuern und Sozialabgaben), das Nominaleinkommen und Realeinkommen (nach Berücksichtigung der Inflationsrate), das Einkommen einzelner Wirtschaftssubjekte (Individual- und Haushaltseinkommen) oder der gesamten Volkswirtschaft (Volkseinkommen).

Einkommenseffekt, in der Makroökonomie die Wirkung von Ausgaben für Investitionen auf die Nachfrage und damit auf das Volkseinkommen. Zunehmende Investitionsausgaben von Unternehmen, z. B. für Betriebserweiterungen oder neue Herstellungsverfahren, schaffen Arbeitsplätze und bewirken Einkommen bei den Beschäftigten (primärer Einkommenseffekt). Höheres Einkommen hat wiederum eine Erhöhung der Konsumausgaben zur Folge, die weitere Einkommenseffekte in der Volkswirtschaft auslösen (sekundäre Einkommenseffekte).
In der Mikroökonomie bezeichnet Einkommenseffekt die Auswirkung einer Preisveränderung für Waren oder Leistungen auf die Nachfrage eines Haushalts. Eine Preissenkung für Waren und Leistungen, z. B. für Lebensmittel, Benzin oder Versicherungen, stellt dabei für den Haushalt eine Einkommenserhöhung dar; der Haushalt kann mehr von diesen Waren oder Leistungen kaufen. Preiserhöhungen für Güter haben die Wirkung einer Einkommensverringerung. Von den im Verhältnis teurer gewordenen Gütern kauft der Haushalt nun weniger (wird auch als Substitutionseffekt bezeichnet).

Einkommensverteilung, die tatsächliche oder rechnerische Verteilung der Gesamteinkommen, die in einer Volkswirtschaft innerhalb eines bestimmten Zeitraums erzielt wurden. Die Zusammenfassung (Aggregation) der Einkommen zum Volkseinkommen kann nach verschiedenen Gesichtspunkten vorgenommen werden. Bei der funktionalen Einkommensverteilung werden die Einkommen nach den Leistungsarten, für die sie die Gegenleistung darstellten, zusammengefasst. Dabei wird unterschieden in Einkommen aus unselbstständiger Arbeit (neuerdings als Arbeitnehmerentgelte bezeichnet, z. B. Löhne und Gehälter) einerseits und Einkommen aus Unternehmertätigkeit (Selbstständigeneinkommen) und Vermögen andererseits

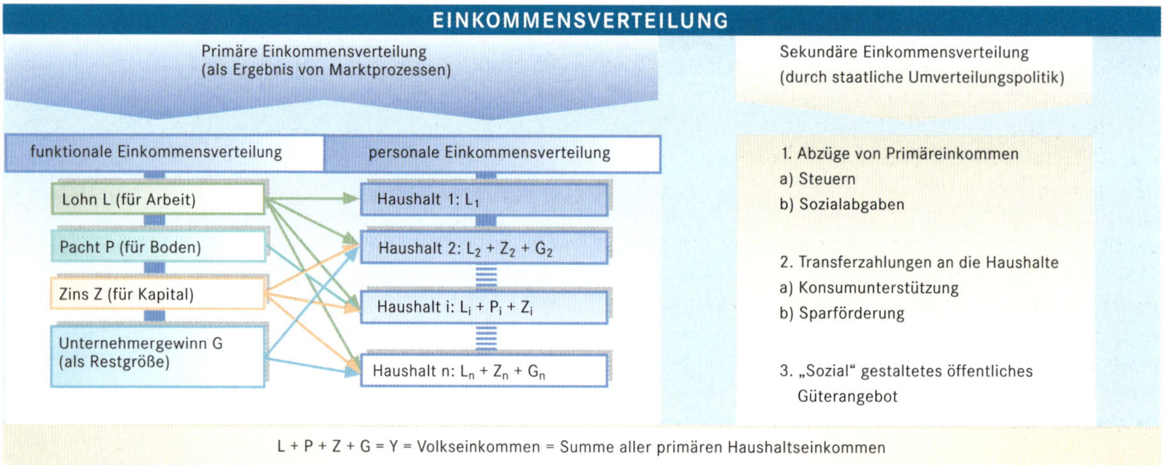

Einkommensverteilung. Abgrenzung verschiedener Begriffe

(neuerdings zusammenfassend als Kapitaleinkommen bezeichnet). Besonders von Bedeutung ist der Anteil der Arbeitnehmerentgelte am Volkseinkommen, berechnet als Lohnquote *(siehe dort)*, im Vergleich zum Anteil der Kapitaleinkommen (Gewinnquote).

Die Zusammenfassung der Einkommen nach den Gruppen der Einkommensempfänger (z. B. Selbstständige, Angestelle, Arbeiter, Beamte oder Landwirte) wird als personelle Einkommensverteilung bezeichnet. Der Zusammenhang zwischen Einkommensverteilung und Einkommensbeziehern wird gewöhnlich mit der Lorenzkurve *(siehe dort)* dargestellt. Die Zusammenfassung der Einkommen nach der Entstehungsart erlaubt Rückschlüsse darüber, in welchen Wirtschaftsbereichen (z. B. in Land- und Forstwirtschaft, im warenproduzierenden Gewerbe, im Handel und Verkehr oder Dienstleistungsbereich) die Einkommen erwirtschaftet wurden. Die aus dem volkswirtschaftlichen Produktionsprozess hervorgehende Verteilung (primäre Einkommensverteilung) wird durch staatliche Maßnahmen der Umverteilung korrigiert (sekundäre Einkommensverteilung).

Ersatzinvestitionen, diejenigen Anlageinvestitionen, die dem Ausgleich der aus technischen (z. B. Veralterung) oder wirtschaftlichen Gründen (z. B. Abschreibung) ausgeschiedenen Produktionsanlagen im Unternehmen dienen.

Ertragsgesetz, Bezeichnung für den zuerst vom französischen Ökonomen und Staatsmann ANNE ROBERT JACQUES TURGOT (*1727, †1781) für die Landwirtschaft beschriebenen Zusammenhang von Ertrag (Ausbringungsmenge, Produktionsergebnis) und Aufwand (Einsatz von Produktionsfaktoren). Nach dem Gesetz vom abnehmenden Ertragszuwachs führt nicht jede Erhöhung des Einsatzes eines Produktionsfaktors zu einer gleich hohen Zunahme

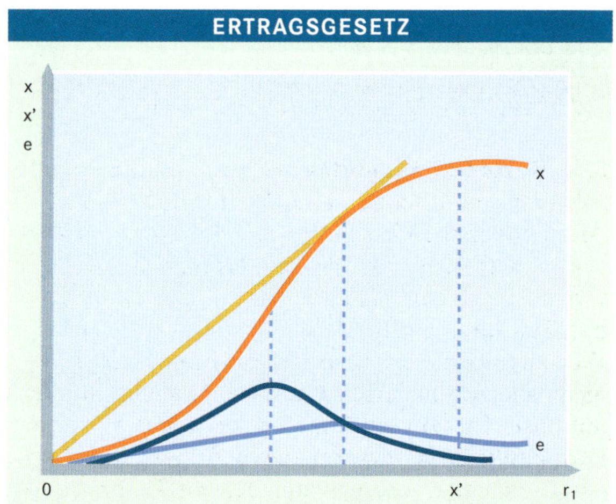

Ertragsgesetz. Wie verändert sich die Ausbringungsmenge (Gesamtertrag x), wenn die Einsatzmenge eines Produktionsfaktors variiert wird? Nach dem Ertragsgesetz wird der Ertragszuwachs bezogen auf die zusätzliche Faktoreinheit (Grenzertrag x') zunächst zunehmen und von einem bestimmten Punkt an abnehmen (Gesetz vom abnehmenden Ertragszuwachs). Die optimale Kombination der Produktionsfaktoren liegt dort, wo der Durchschnittsertrag je Faktoreinheit (e) am höchsten ist.

des Ertrags. Im Gegenteil, die Steigerung eines Produktionsfaktors führt unter der Bedingung, dass alle anderen Produktionsbedingungen gleich bleiben, zwar zunächst zu einer Erhöhung des Ertrags. Diese Erhöhung des Ertrags fällt jedoch mit jeder weiteren Erhöhung des Produktionsfaktors von Mal zu Mal geringer aus und wird ab einem bestimmten Zeitpunkt sogar gleich null. Beispiel: Beim Getreideanbau wird durch den zusätzlichen Einsatz von Düngemitteln unter sonst gleichen Bedingungen die Erntemenge pro Hektar zunächst ansteigen (Ertragszuwachs), ab einem bestimmten Punkt jedoch trotz Mehreinsatz von Dünger fallen.

staatliche Sektor produziert öffentliche Güter (*siehe* Kapitel 5) und leistet Transferzahlungen (z. B. Sozialleistungen, Subventionen), dafür fließen ihm Mittel zu (z. B. Steuern und Gebühren), die von Unternehmen und privaten Haushalten aufgebracht werden.

Existenzbedürfnisse, die Grundbedürfnisse *(siehe dort).*

Export, die Ausfuhr *(siehe dort).*

Faktor, Kurzwort für Produktionsfaktor *(siehe dort).*

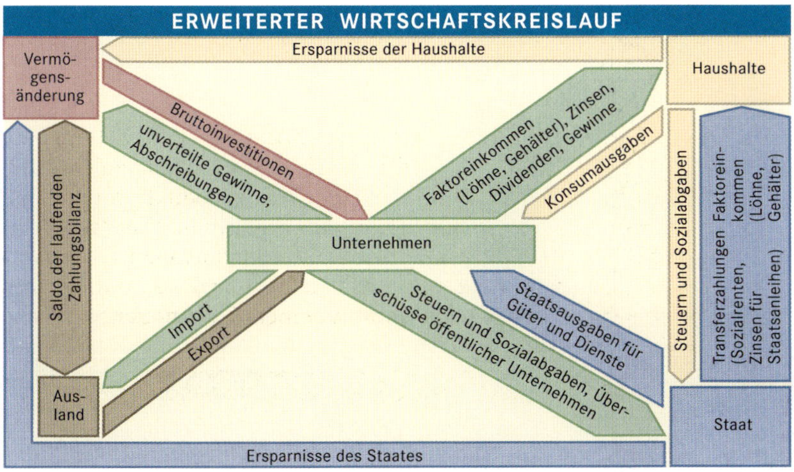

erweiterter Wirtschaftskreislauf. Schematische Darstellung der Güter-, Geld- und Leistungsströme zwischen den Wirtschaftssektoren Unternehmen, Staat und private Haushalte

erweiterter Wirtschaftskreislauf, Ergänzung des volkswirtschaftlichen Kreislaufmodells, das auf dem einfachen Wirtschaftskreislauf *(siehe dort)* beruht. Im erweiterten Wirtschaftskreislauf wird davon ausgegangen, dass die privaten Haushalte einen Teil ihres Einkommens nicht für Konsumzwecke ausgeben, sondern Ersparnisse bilden und nicht alle produzierten Güter verbraucht, sondern teilweise für Investitionszwecke genutzt werden. Das Bankensystem sorgt dabei für die Sammlung der Ersparnisse der privaten Haushalte und deren Weitergabe zur Finanzierung von Investitionen an die Unternehmen. Die mit den volkswirtschaftlichen Ersparnissen finanzierten Investitionen sorgen für eine stetige Verbesserung und Erneuerung der Maschinen und Anlagen in den Unternehmen. Durch die Einbeziehung des Staates (Bund, Länder, Gemeinden und Sozialversicherung) wird der Wirtschaftskreislauf nochmals erweitert. Der

Faktoreinkommen, Entgelte, die den Produktionsfaktoren als wirtschaftlicher Gegenwert aus dem volkswirtschaftlichen Produktionsprozess zugerechnet werden wie Löhne und Gehälter dem Produktionsfaktor Arbeit (Arbeitseinkommen), Mieten oder Pachten dem Produktionsfaktor Boden (Bodeneinkommen) und Gewinne dem Produktionsfaktor Kapital. Für die Unternehmen stellen diese Faktoreinkommen Kosten dar, die als **Faktorkosten** bezeichnet werden. In der volkswirtschaftlichen Gesamtrechnung entsprechen alle Faktorkosten der Nettowertschöpfung, die auch als Nettoinlandsprodukt bzw. Nettosozialprodukt zu Faktorkosten bezeichnet wird. Die Faktoreinkommen werden in Kontrakteinkommen, die durch Vertrag im Voraus festgelegt sind (z. B. Lohn oder Gehalt), und Residualeinkommen, die sich zum Schluss eines Rechnungszeitraums als Restgröße ergeben (z. B. Unternehmensgewinn), unterschieden.

FREIE MARKTWIRTSCHAFT	
Leistungen	**Schwächen**
Industrialisierung	Krasse soziale Missstände
Entwicklung der Massenproduktion	Ausbeutung der Arbeitskraft mit Niedriglöhnen
Kanalisierung	Wirtschaftskrisen durch die Neigung zu starken Konjunkturschwankungen
Schaffung von Eisenbahnlinien	Konzentration des Vermögens
Erschließung neuer Märkte in Übersee	
Beseitigung der Vorrechte des Adels	
Bürgertum erhielt Chance des sozialen Aufstieges	

freie Marktwirtschaft. Die Leistungen und Schwächen der freien Marktwirtschaft, die am ehesten im Kapitalismus des 19. Jahrhunderts verwirklicht war

Finanzwissenschaft, *siehe* Kapitel 5.

freie Güter, *siehe* Güter.

freie Marktwirtschaft, auf den Ideen und Gedanken des klassischen Liberalismus *(siehe dort)* beruhende Wirtschaftsordnung, die jedem Einzelnen volle Selbstverantwortung und wirtschaftliche Entscheidungs- und Handlungsfreiheit gewährt. Der Staat hat lediglich die Aufgabe, Schutz, Sicherheit und Eigentum der Bürger zu gewährleisten, ein Zahlungsmittel bereitzustellen sowie das Rechtssystem zu erhalten (›Nachtwächterstaat‹). Der Staat enthält sich ansonsten der wirtschaftlichen Einflussnahme und überlässt die Steuerung der Wirtschaft alleine dem Markt, d. h. dem Gesetz von Angebot und Nachfrage. Kennzeichen der freien Marktwirtschaft sind z. B. Privateigentum an den Produktionsmitteln, freier Wettbewerb, freie Preisbildung, Gewerbefreiheit und Konsumfreiheit.

freie Verkehrswirtschaft, andere Bezeichnung für Marktwirtschaft *(siehe dort)*.

Gebrauchsgüter, alle über einen längeren Zeitraum eingesetzten Güter *(siehe dort)* sowohl beim privaten Verbrauch (z. B. Waschmaschine, Auto) als auch in der Produktion (z. B. Maschinen) im Unterschied zu den Verbrauchsgütern.

Geld, *siehe* Kapitel 3.

Geldkreislauf, neben dem Güterkreislauf der zweite Wertstrom im Modell des Wirtschaftskreislaufs *(siehe dort)*. Der Geldkreislauf umfasst alle Einnahmen und Ausgaben der Sektoren private Haushalte, Unternehmen, Staat und Ausland.

Geldwirtschaft, Bezeichnung für eine Wirtschaft, innerhalb der alle wirtschaftlichen Handlungen (z. B. Käufe, Verkäufe oder Arbeitsleistungen) mithilfe von Geld als allgemein anerkanntem Zahlungsmittel abgerechnet werden; Gegenteil: Tauschwirtschaft *(siehe dort)*.

geschlossene Volkswirtschaft, modellhafte Darstellung der wirtschaftlichen Abläufe zwischen privaten Haushalten, Unternehmen und Staat innerhalb einer Volkswirtschaft. In diesem Modell eines Wirtschaftskreislaufs *(siehe dort)* finden im Unterschied zur offenen Volkswirtschaft keine wirtschaftlichen Beziehungen mit dem Ausland statt.

Gewerbe, jede selbstständige Tätigkeit (z. B. auf eigene Verantwortung, eigene Rechnung, eigenes Risiko), die auf Dauer ausgeübt wird in der Absicht, Gewinn zu erzielen. Gewerbebetriebe sind z. B. Unternehmen der Industrie, des Handels, des Handwerks und des Verkehrs. Nach der Gewerbeordnung zählen Betriebe des Agrarsektors (Land-, Forstwirtschaft, Fischerei) und der freien Berufe (z. B. Ärzte, Rechtsanwälte, Architekten) nicht zum Gewerbe.

Gewerbefreiheit, Recht für jede Person, ein Gewerbe selbstständig zu betreiben, soweit dies nicht gegen geltende Gesetze verstößt oder gesetzlichen Beschränkungen unterliegt. Die mit der Gewerbefreiheit verbundene Möglichkeit der freien unternehmerischen Betätigung ist ein wesentliches Gestaltungsmerkmal einer marktwirtschaftlichen Wirtschaftsordnung. In Deutschland wird die Gewerbefreiheit durch Artikel 12 des Grundgesetzes garantiert und in der Gewerbeordnung ausführlich geregelt.

Gewinn, in der Wirtschaftsstatistik die Einkommen aus unternehmerischer Tätigkeit (dispositiver Arbeit) und Vermögen (Gewinneinkommen), aus volkswirtschaftlicher Sicht die Entlohnung des Produktionsfaktors Kapital und der unternehmerischen Leistung (teilweise auch als **Profit** bezeichnet); Gewinn aus betriebswirtschaftlicher Sicht *siehe* Kapitel 7.

Gewinnmaximierung, Ziel der unternehmerischen Tätigkeit in einer marktwirtschaftlichen Wirtschaftsordnung. Die Differenz zwischen den Erlösen aus dem Verkauf von Erzeugnissen und Leistungen und den Kosten für deren Erstellung soll möglichst groß sein (*siehe auch* Kapitel 2).

Gewinnquote, der Anteil der Einkommen aus unternehmerischer Tätigkeit und Vermögen am Volkseinkommen; Gegenteil: Lohnquote *(siehe dort)*.

Gleichgewichtstheorie, Bezeichnung für eine volkswirtschaftliche Sichtweise, die sich damit befasst, wie und unter welchen Bedingungen die Aktionen der am Wirtschaftsleben beteiligten Personen und Einrichtungen abgestimmt werden können, sodass sich als angestrebtes Ziel z. B. der Haushalt im Gleichgewicht befindet, das Marktgleichgewicht erreicht wird oder in der Volkswirtschaft das gesamtwirtschaftliche Gleichgewicht verwirklicht werden kann.

gossensche Gesetze, nach dem deutschen Nationalökonomen HERMANN HEINRICH GOSSEN (* 1810, † 1858) benannte wirtschaftliche Zusammenhänge zwischen dem Verbrauch und dem Nutzen, den Güter stiften.

Nach dem ersten gossenschen Gesetz (Sättigungsgesetz) nimmt der Nutzen, den ein Gut dem Verbraucher stiftet, mit jeder zusätzlichen Einheit, die von diesem Gut konsumiert wird, ständig ab, bis Sättigung eintritt. Dieser zusätzliche Nutzen wird auch als Grenznutzen *(siehe dort)* bezeichnet. Ein Beispiel: Trinkt der Genießer ein Glas Wein, nimmt durch die fortwährende Sättigung der Nutzen jedes weiteren Glases Wein ab, bis er am Ende keinen Wein mehr mag. Das erste gossensche Gesetz heißt auch Gesetz des abnehmenden Grenznutzens, weil jede zusätzliche Einheit eines Gutes dem Verbraucher einen geringeren Nutzen stiftet als die vorhergehende.

Das zweite gossensche Gesetz (Genussausgleichsgesetz) besagt, dass der Gesamtnutzen in einem Haushalt dann am größten ist, wenn der Nutzen, den die zuletzt gekauften Güter stiften, gleich groß ist. Ein Beispiel: Wenn der Nutzen bei der Ausgabe von zusätzlichen 5 € für Bier größer ist als bei der Ausgabe dieses Betrags für Wein, ist es sinnvoll, Bier zu kaufen. Erst wenn der Nutzen der letzten € für Bier gleich dem der Ausgabe für Wein ist, ist der Gesamtnutzen am größten.

Grenzertrag, der Zuwachs des Ertrags, der durch den Einsatz einer jeweils weiteren Einheit eines Produktionsfaktors erzielt wird. Nach dem Ertragsgesetz *(siehe dort)* nimmt der Grenzertrag eines Produktionsfaktors unter sonst gleichen Bedingungen stetig ab.

Grenznutzen, die Zunahme des Nutzens *(siehe dort),* die beim Konsum einer zusätzlichen weiteren Einheit eines Gutes entsteht. Nach dem ersten gossenschen Gesetz *(siehe dort)* nimmt mit steigendem Konsum eines Gutes der Grenznutzen dieses Gutes immer mehr ab. Ein Beispiel: Das erste Eis, das an einem heißen Sommertag verzehrt wird, bringt einen hohen Genuss, beim zweiten, dritten und vierten Eis am gleichen Tag ist der Nutzen des Eiskonsums bereits geringer und er sinkt mit jedem weiteren verzehrten Eis ständig.

Grundbedürfnisse, Existenzbedürfnisse, Bedürfnisse, die befriedigt werden müssen, damit der Mensch sein Überleben sichern kann. Dazu zählen z. B. Ernährung, Unterkunft und Bekleidung, aber auch lebenswichtige Dienstleistungen wie Trinkwasser, sanitäre Einrichtungen, Transportmittel, Gesundheits- und Bildungseinrichtungen, die eine Lebensqualität *(siehe dort)* ausmachen, die mindestens erreicht werden sollte. Mit der Sicherung der

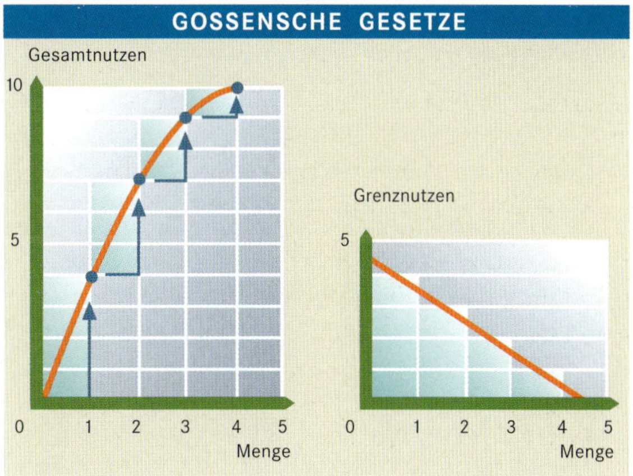

gossensche Gesetze. Nach dem 1. gossenschen Gesetz wird die Tatsache, dass der Gesamtnutzen bei zunehmender konsumierter Menge eines Gutes in immer geringerem Maße steigt (links), durch die abwärts verlaufende Grenznutzenkurve dargestellt (rechts).

Befriedigung der Grundbedürfnisse kann auch das **Existenzminimum** beschrieben werden.

Güter, die Mittel, die der Befriedigung menschlicher Bedürfnisse dienen. Unterschieden wird zwischen freien und wirtschaftlichen Gütern. **Freie Güter** sind im Überfluss vorhanden und kosten deshalb grundsätzlich kein Geld (z. B. Luft, Meersand). Dagegen sind **wirtschaftliche Güter** knapp, also nicht unbegrenzt vorhanden, und haben einen Preis, weil ihre Herstellung Kosten verursacht.
Wirtschaftliche Güter werden in Sachgüter, Dienstleistungen *(siehe dort)* und Rechte gegliedert. **Sachgüter** sind materielle (körperliche) Güter, die unbeweglich (Immobilien) oder beweglich (Mobilien) sein können. Sachgüter werden in Produktionsgüter und Konsumgüter *(siehe dort)* unterschieden. **Produktionsgüter** dienen der Herstellung anderer Güter. Sie können wie die Konsumgüter in Gebrauchs- und Verbrauchsgüter gegliedert werden. Gebrauchsgüter werden über einen längeren Zeitraum genutzt (z. B. Maschinen und Anlagen), Verbrauchsgüter dienen der einmaligen Nutzung (z. B. Material oder Treibstoff).
Private Güter unterscheiden sich von öffentlichen Gütern *(siehe dort)* dadurch, dass sie individuell, unter Ausschluss anderer genutzt oder konsumiert werden können und dass von ihrer Nutzung diejenigen ausgeschlossen werden können, die den Preis solcher Güter nicht zahlen wollen oder können. Substitutionsgüter sind Güter, die sich gegenseitig ersetzen, also austauschbar sind (z. B. Streichholz und Feuerzeug). Komplementärgüter ergänzen sich gegenseitig beim Gebrauch (z. B. Pfeife und Tabak). Inferiore Güter werden bei einer Erhöhung des Einkommens nur im geringen Umfang bzw. bei einer Senkung des Einkommens im hohen Umfang gekauft. Superiore Güter werden bei einer Erhöhung des Einkommens im hohen Umfang bzw. bei einer Einkommenssenkung im geringen Umfang nachgefragt. Bei steigendem Einkommen sinkt z. B. der Verbrauch einfacher Lebensmittel wie Kartoffeln und die Nachfrage nach hochwertigen Lebensmitteln wie exotischen Früchten oder nach Genussmitteln steigt an. Manche Güter werden als Luxusgüter bezeichnet und den lebensnotwendigen Gütern gegenübergestellt, die die menschlichen Grundbedürfnisse befriedigen.

Güterkreislauf, Wertstrom im Modell des Wirtschaftskreislaufs *(siehe dort)*. Der Güterkreislauf umfasst die Güterbereitstellung durch die Sektoren Unternehmen, Staat, Ausland und die privaten Haushalte.

Handel, Begriff für einen zum Dienstleistungssektor zählenden Wirtschaftszweig, dessen Unternehmen Waren beschaffen und an andere Unternehmen oder Endverbraucher weiterveräußern, ohne die Güter einer wesentlichen Veränderung durch Be- oder Verarbeitung zu unterziehen. Unterschieden wird zwischen Binnenhandel und Außenhandel (*siehe* Kapitel 6). Der **Binnenhandel** umfasst die Wirtschaftsbereiche Einzelhandel, Großhandel und die Handelsvermittlung. Volkswirtschaftlich hat der Handel die Aufgabe, die räumliche Entfernung zwischen Erzeuger und Verbraucher zu überbrücken, aus dem vielfältigen Warenangebot nach Menge und Qualität überschaubare Warensortimente zusammenzustellen und über das Warenangebot zu informieren.

Handwerk, Wirtschaftsbereich, der die Erzeugung von Gütern und die Bereitstellung von Dienstleistungen zum Gegenstand hat, wobei die Leistungen zum großen Teil in Handarbeit meist nach Kundenauftrag erstellt werden und die handwerklich arbeitenden Personen in der Mehrzahl über eine umfassende Berufsausbildung verfügen.
Das Handwerk hat in der deutschen Wirtschaft ein erhebliches Gewicht. Aufgabenschwerpunkte liegen in den Bereichen Neuanfertigung von Produktions- und Konsumgütern (z. B. Bauhandwerke oder Bekleidungshandwerke), in der Bereitstellung von personen- und sachbezogenen Dienstleistungen (z. B. Optiker-, Zahntechnikerhandwerk oder Friseurhandwerk) und in Zulieferung für die Industrie (z. B. Werkzeugmacher- oder Modellbauerhandwerk). Die meist kleinen oder mittelständischen Handwerksbetriebe sind in den Handwerkskammern (*siehe* Kapitel 4) organisiert.

Haushalt, aus volkswirtschaftlicher Sicht Wirtschaftseinheiten, die im Gegensatz zu Unternehmen Güter zur Bedürfnisbefriedigung konsumieren (private Haushalte). Das Wirtschaften der privaten Haushalte wird im Rahmen der Volkswirtschaftslehre in der Haushaltstheorie (*siehe* Kapitel 2) untersucht. Die privaten Haushalte sind ein wichtiger Sektor im Wirtschaftskreislauf *(siehe dort)*.

Die Einnahme- und Ausgaberechnung des öffentlichen Sektors *(siehe dort)* wird in der Finanzwissenschaft als öffentlicher Haushalt bezeichnet.

Haushaltseinkommen, Summe des Einkommens eines privaten Haushalts, das sich in der Mehrzahl aus dem Einkommen mehrerer Haushaltsmitglieder sowie aus verschiedenen Einkommensquellen (z. B. Löhne und Gehälter, Einkommen aus unternehmerischer Betätigung, Vermögenserträge, Kindergeld oder Renten) zusammensetzt. Von besonderer Bedeutung für die Bedarfsdeckung des einzelnen Haushalts und für die gesamtwirtschaftliche Konsumgüternachfrage ist das verfügbare Einkommen des Haushalts. Das verfügbare Einkommen ist der Betrag, der dem privaten Haushalt nach Abzug der direkten Steuern (z. B. Einkommensteuer) und Sozialversicherungsbeiträge vom Bruttoeinkommen übrig bleibt.

Theorie durchsichtig und ohne praktische Unzulänglichkeiten beschreiben zu können.

Import, die Einfuhr *(siehe dort)*.

Index, statistische Messzahl, mit der durchschnittliche Veränderungen wirtschaftlicher Größen wie z. B. Preis- oder Produktionsentwicklungen auf unterschiedlichen Wirtschaftsgebieten gegenüber einem früheren Zeitpunkt beschrieben werden. Indizes werden in der Wirtschaftsstatistik vor allem dann eingesetzt, wenn z. B. Preisentwicklungen für eine Vielzahl von unterschiedlichen Waren und Gütern wie Heizöl, Rindfleisch oder Mieten in einer einzigen Zahl dargestellt werden sollen. Wichtige Indizes sind der Verbraucherpreisindex *(siehe dort)*, der Deflator des Bruttosozialprodukts (*siehe* Kapitel 3) oder der Investitionsgüterindex. Die Kursentwicklung an verschiedenen Wertpapiermärkten wird ebenfalls durch Indizes angegeben, z. B. Aktienindizes (*siehe* Kapitel 11).

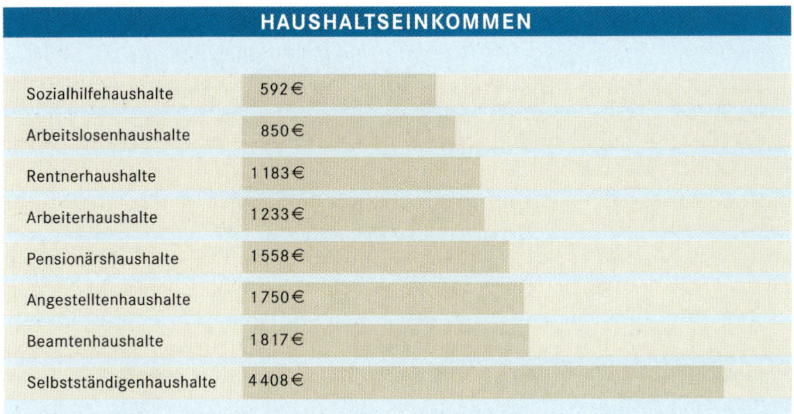

Haushaltseinkommen. Monatliches Nettoeinkommen nach sozialer Stellung 2005

Homo oeconomicus, Modellvorstellung der Wirtschaftstheorie eines idealen, ausschließlich nach wirtschaftlichen Gesichtspunkten denkenden und handelnden Menschen. Der Homo oeconomicus kennt nur ökonomische Ziele und ist besonders durch Eigenschaften wie rationales Verhalten, das Streben nach größtmöglichem Nutzen (Nutzenmaximierung), die vollständige Kenntnis seiner wirtschaftlichen Entscheidungsmöglichkeiten und deren Folgen sowie die vollkommene Information über alle Märkte und Eigenschaften sämtlicher Güter (vollständige Markttransparenz) charakterisiert. Das Ideal des Homo oeconomicus dient dazu, elementare wirtschaftliche Zusammenhänge in der

Individualismus, Anschauung, die den einzelnen Menschen (das Individuum) in den Mittelpunkt stellt. Oberster Grundsatz im Individualismus ist die Freiheit des Einzelnen. Soziale Gebilde wie Staat oder Unternehmen werden lediglich als die Summe einzelner Menschen gesehen. Individualismus und Liberalismus *(siehe dort)* sind eng miteinander verbunden, da beide Leitbilder sich an einer Ordnung orientieren, die die Freiheit und den Selbstverantwortungsanspruch des einzelnen Menschen als Naturrecht voraussetzen. Dazu gehört auch die Vorstellung der natürlichen Harmonie, dass also die uneingeschränkte Verfolgung der wirtschaftlichen Einzelinteressen gleichzeitig der

Erreichung des größtmöglichen Gemeinwohls dient.

Industrialisierung, Ausweitung des industriellen Wirtschaftsbereichs in einer Volkswirtschaft im Vergleich zu anderen Wirtschaftsbereichen wie dem Handwerk oder dem Handel.

Industrie, Bereich der gewerblichen Wirtschaft für die Gewinnung von Rohstoffen, die Bearbeitung und Verarbeitung von Rohstoffen und Halbfabrikaten, die Herstellung von Endprodukten sowie für Montage- und Reparaturarbeiten. Industriebetriebe (*siehe* Kapitel 7) sind vor allem durch maschinelle Produktion, weitgehende Arbeitsteilung und Massenfertigung meist in größeren Betriebsstätten gekennzeichnet. In der Wirtschaftsstatistik wird der industrielle Sektor auch als produzierendes Gewerbe *(siehe dort)* bezeichnet.

industrielle Revolution, im engeren Sinne die durch Erfindung der Dampfmaschine und neuer Arbeitsmaschinen (z. B. mechanischer Webstuhl) in Verbindung mit der Fabrikproduktion ausgelöste Periode der stürmischen Industrialisierung Ende des 18. Jahrhunderts in England. Im weiteren Sinne bezeichnet der Begriff den durch wissenschaftlichen Fortschritt und technische Entwicklung ausgelösten schnellen Wechsel der Produktionstechniken und die damit verbundenen Veränderungen in der Gesellschaft, z. B. den Wandel vom Agrarstaat zum Industriestaat.

Industriestaat, Industriegesellschaft, ein Land oder eine Gesellschaft, in der die Erwerbsbevölkerung im Gegensatz zum Agrarstaat *(siehe dort)* vor allem im industriellen Sektor arbeitet und dieser Sektor den Großteil der Wertschöpfung erwirtschaftet. Die modernen Industriestaaten entwickelten sich in den vergangenen Jahrzehnten immer mehr zu Dienstleistungsgesellschaften *(siehe dort)*.

Infrastruktur, alle staatlichen und privaten Einrichtungen, die für eine ausreichende Daseinsvorsorge und wirtschaftliche Entwicklung als erforderlich gelten. Die Infrastruktur wird meist unterteilt in technische Infrastruktur (z. B. Einrichtungen der Verkehrs- und Nachrichtenübermittlung, der Energie- und Wasserversorgung, der Entsorgung) und soziale Infrastruktur (z. B. Schulen, Krankenhäuser, Sport- und Freizeitanlagen, Einkaufsstätten, kulturelle Einrichtungen).

Input, Bezeichnung für alle zur Produktion von Gütern notwendigen Mittel, Güter und Leistungen.

Investition, aus volkswirtschaftlicher Sicht der langfristige Einsatz von Geldmitteln in Sachkapital wie Betriebsgebäuden, Anlagen, Maschinen oder Werkzeugen zum Zweck der Güterproduktion. Unterschieden wird z. B. zwischen Anlageinvestitionen *(siehe dort)* und Lager- bzw. Vorratsinvestitionen, die in den Unternehmen die Veränderung der Bestände an Roh-, Hilfs- und Betriebsstoffen oder Handelswaren umfassen. Der Gesamtbetrag aller

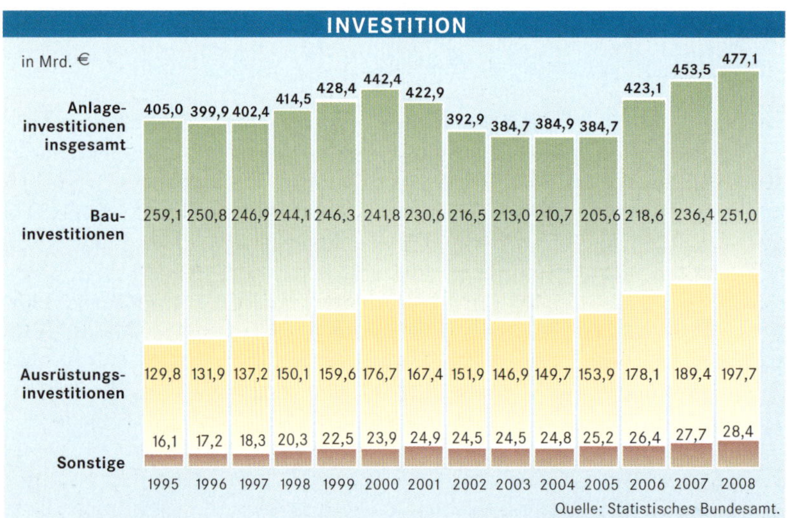

Investition.
Entwicklung und Struktur der Bruttoanlageinvestitionen in Deutschland in Mrd. €

Investitionen innerhalb eines bestimmten Zeitraums sind die Bruttoinvestitionen. Werden von den Bruttoinvestitionen die Ersatzinvestitionen *(siehe dort)* abgezogen, erhält man die Nettoinvestitionen der Volkswirtschaft. Die Nettoinvestitionen beinhalten damit die getätigten Erweiterungsinvestitionen und die Lagerinvestitionen. Der Bestand an Sachkapital in der Volkswirtschaft, der auch als Kapitalstock *(siehe dort)* bezeichnet wird, erhöht sich innerhalb eines bestimmten Zeitraums in Höhe der Nettoinvestitionen, die in dieser Periode getätigt werden.

In den Unternehmen, in denen sie vorgenommen werden, bewirken Investitionen (*siehe* Kapitel 7) eine Ausweitung und Verbesserung der Produktionsmöglichkeiten, die als Kapazitätseffekt bezeichnet wird. Investitionen haben aber auch in der Volkswirtschaft positive Auswirkungen, z. B. auf das Volkseinkommen, das sich erhöht, wenn bei steigenden Investitionen zusätzliche Arbeitsplätze geschaffen werden. In diesem Zusammenhang wird auch vom Einkommenseffekt *(siehe dort)* gesprochen.

Investitionsgüter, Güter, die nicht zum unmittelbaren Endverbrauch bestimmt sind, sondern zur Güterherstellung eingesetzt werden wie Maschinen, technische Anlagen oder Fahrzeuge. Sie dienen der Erhaltung, Verbesserung oder Erweiterung der Produktionsausrüstung von Unternehmen.

Kapital, aus volkswirtschaftlicher Sicht neben Boden und Arbeit der dritte Produktionsfaktor *(siehe dort)*. Kapital wird als abgeleiteter (derivativer) Produktionsfaktor bezeichnet, der erst durch das Zusammenwirken von Boden und Arbeit entstanden ist. In den Betrieben erscheint der Produktionsfaktor Kapital in Form von Sachkapital wie Maschinen, Anlagen, Gebäuden oder Werkzeugen.

Kapitalbildung, die Erhöhung des Bestandes an Sachkapital in einer Volkswirtschaft durch Sparen *(siehe dort)* und Investition *(siehe dort)*. Die Kapitalbildung in der Volkswirtschaft erfolgt über den sogenannten Produktionsumweg zunächst durch teilweisen Konsumverzicht, d. h. durch Sparen bzw. die Bildung von Ersparnissen. Das gesparte Einkommen wird über den Bankensektor dem Wirtschaftskreislauf wieder zugeführt und ermöglicht die Vergabe von Krediten an Unternehmen, die diese Gelder zur Finanzierung von Investitionen, d. h. zur Bildung von Sachkapital, einsetzen. Die getätigten Investitionen verbessern die Ausstattung der Unternehmen mit Maschinen, Gebäuden und Anlagen. Verbesserte Produktionsbedingungen in den Unternehmen schaffen wiederum die Möglichkeit, zukünftig mehr und hochwertigere Produktions- und Konsumgüter herzustellen.

kapitalintensive Produktion: Wenn der Produktionsfaktor Kapital bei der Güterherstellung die Hauptrolle spielt, also wertmäßig im Verhältnis zum Faktor Arbeit überwiegt, spricht man von kapitalintensiver Produktion. Kapitalintensiv ist die Produktion z. B. in großen Industrieunternehmen.

Kapitalismus, der unter den Produktions- und Arbeitsbedingungen des ausgehenden 18. Jahrhunderts und des beginnenden 19. Jahrhunderts geprägte Begriff für eine Wirtschafts- und Gesellschaftsordnung, in der das private Eigentum an den Produktionsmitteln (Fabrikhallen, Maschinen, Anlagen), das Prinzip der Gewinnmaximierung und die Steuerung der Wirtschaft über den Markt typisch ist. Das wirtschaftliche und soziale Zusammenleben in der damaligen Gesellschaft wurde weitgehend von den Interessen der Kapitaleigentümer bestimmt. Im Kapitalismus ist Kapitalbesitz die Voraussetzung für die Verfügungsgewalt über die Produktionsmittel, was das Weisungsrecht über die Arbeitskraft der abhängig Beschäftigten einschließt. Die Masse der Arbeiter ist überwiegend besitzlos und von den verhältnismäßig wenigen Kapitalbesitzern wirtschaftlich abhängig.

Für KARL MARX (* 1818, † 1883) steht die Art und Weise der Produktion im Kapitalismus geschichtlich zwischen Feudalismus (Wirtschafts- und Gesellschaftsform, die von einer adligen Oberschicht beherrscht wird) und dem Sozialismus *(siehe dort)*. Nach KARL MARX führt die totale Abhängigkeit der Arbeiter, die außer ihrer Arbeitskraft nichts besitzen, was sie verkaufen könnten, zu deren Ausbeutung, da die Kapitaleigentümer (Kapitalisten) den Arbeitern den von ihnen im Produktionsprozess erwirtschafteten Mehrwert in Form des Profits aus den verkauften Erzeugnissen vorenthalten. Die Ausbeutung der Arbeiter, verbunden mit einer Spaltung der Gesellschaft in Kapitalisten und Besitzlose, sowie die ungehemmt wirkenden Gesetze des Kapitalismus (z. B. ruinöse Konkurrenz, Verelendung breiter Massen) wird nach KARL MARX am Ende zur revolutionären Erhebung der Arbeiterklasse und zur Beseitigung der kapitalistischen Pro-

duktionsweise führen. Der Sozialismus ist damit das höhere Gesellschaftssystem, das zwangsläufige Ergebnis kapitalistischer Wirtschafts- und Gesellschaftsbedingungen.
Eine verbreitete Unterscheidung des Kapitalismus erfolgt in die Phasen Frühkapitalismus (etwa vom ausgehenden 16. bis zum Anfang des 18. Jahrhunderts), Hochkapitalismus (Zeit der industriellen Revolution bis etwa 1870) und Spätkapitalismus (etwa ab dem Ersten Weltkrieg).
Der Ausdruck Kapitalismus taucht heute umgangssprachlich vielfach im Zusammenhang mit den westlichen Industriestaaten auf, wenn von diesen als ›kapitalistischen Ländern‹ gesprochen wird. Dabei wird der Begriff Kapitalismus oft mit dem Begriff Marktwirtschaft *(siehe dort)* gleichgesetzt und davon ausgegangen, dass allein Privateigentum an den Produktionsmitteln kennzeichnend für eine kapitalistische Gesellschaftsordnung ist. Das Privateigentum an den Produktionsmitteln ist jedoch nur ein Kennzeichen einer modernen, marktwirtschaftlichen Wirtschaftsordnung. Seit dem Ende des 19. Jahrhunderts wurden die Wirtschaftsordnungen der westlichen Industrieländer durch eine große Anzahl von Sozial- und Wirtschaftsgesetzen ständig den veränderten Wirtschafts- und Gesellschaftsbedingungen entsprechend reformiert und ihrer Zeit angepasst. Der Staat greift immer dann lenkend in das Marktgeschehen ein, wenn dies z. B. aus sozialer oder wettbewerbsrechtlicher Sicht geboten erscheint. Darüber hinaus sorgen starke Gewerkschaften für eine Vertretung der Interessen der abhängig Beschäftigten gegenüber den Arbeitgebern. Gerade in den westlichen Industrieländern mit marktwirtschaftlicher Wirtschaftsordnung hat der wirtschaftlich-technische Fortschritt zu erheblichen sozialen Fortschritten geführt und auch dafür gesorgt, dass sich in großen Teilen der Bevölkerung solide Wohlstandsverhältnisse entfalten konnten.
Rückblickend betrachtet zeigt sich somit, dass die Gesellschafts- und Wirtschaftsverhältnisse, wie sie KARL MARX zu seiner Zeit vorfand, mit den gegenwärtigen Produktionsbedingungen und einer an demokratischen und rechtsstaatlichen Werten orientierten Gesellschaft heutiger westlicher Industriestaaten nicht zu vergleichen sind. Der Begriff Kapitalismus beschreibt deshalb die heute existierende marktwirtschaftliche Wirtschaftsordnung der westlichen Industrieländer nicht richtig, da der Kapitalismus in seiner reinen Ausprägung seit Langem überholt ist.

Kapitalstock, Bestand an Sachkapital in einer Volkswirtschaft wie Fabrikgebäude, Maschinen oder technische Anlagen, die zu Produktionszwecken eingesetzt werden. Veränderungen des Kapitalstocks werden als Investitionen *(siehe dort)* bezeichnet.

Keynesianismus, *siehe* Kapitel 3.

ADAM SMITH

Der britische Philosoph und Wirtschaftswissenschaftler lebte von 1723 bis 1790. Im Unterschied zum Merkantilismus und zur Physiokratie betrachtete er die menschliche Arbeit und die Arbeitsteilung als Quellen des Wohlstands. Nur Arbeit vermehre den Wert eines Gutes und das umso wirksamer, je mehr sie nach ihrer Qualifikation und Spezialisierung arbeitsteilig eingesetzt werde. Voraussetzung für die Arbeitsteilung ist dabei ein funktionierender Marktmechanismus. Durch das wohlverstandene Eigeninteresse der Menschen stelle sich im freien Wettbewerb wie von einer unsichtbaren Hand gesteuert das Gleichgewicht zwischen Produktion, Verbrauch, Lohn und Preis ein. Smith gilt als Begründer der klassischen Nationalökonomie und als ›Vater‹ der Marktwirtschaft. Obwohl er die Vorteile der freien Marktwirtschaft betonte, lehnte er keineswegs alle wirtschaftspolitischen Eingriffe des Staates ab. Zu den Staatsaufgaben zählte er Landesverteidigung, innere Sicherheit, Bildung, Sicherung von Eigentum und Wettbewerb.

klassische Schule der Nationalökonomie, Klassik, Sammelbezeichnung für die ökonomischen Auffassungen und Theorien, die hauptsächlich von den bedeutenden englischen Ökonomen wie ADAM SMITH (* 1723, † 1790), THOMAS ROBERT MALTHUS (* 1766, † 1834), DAVID RICARDO (* 1772, † 1823) und JOHN STUART MILL (* 1806, † 1873) entwickelt wurden. Die Theorien der klassischen Schule haben vor allem gemeinsam, dass sie vom wirtschaftlichen Eigennutz des einzelnen Menschen ausgehen und die Auswirkungen dieses Handelns auf das Gemeinwohl untersuchen. ADAM SMITH versuchte in seinem wichtigsten Werk ›Der Wohlstand der Nationen‹ zu zeigen, dass der eigennützig, auf seinen per-

DAVID RICARDO

Der britische Wirtschaftswissenschaftler lebte von 1772 bis 1823. Als Bankier und Börsenmakler erwarb er ein großes Vermögen, zog sich 1814 vom Geschäftsleben zurück, um sich ganz seinen wissenschaftlichen Arbeiten zu widmen. Ricardo schuf, aufbauend auf Adam Smith, ein in sich geschlossenes System der Volkswirtschaftslehre, zu dessen Grundlagen eine Arbeitswertlehre (Arbeit sei der einzige wertbildende Faktor), eine Theorie der Bodenrente sowie eine Preis- und Geldtheorie zählen. Im Unterschied zu Smith, in dessen Arbeiten die Frage nach den Ursachen des Wohlstands im Mittelpunkt stand, war für Ricardo das Problem der Einkommensverteilung zentrales Anliegen. Aufbauend auf dem Ertragsgesetz entwickelt sich die Einkommensverteilung so, dass der Anteil des Lohns am Volkseinkommen konstant bleibt, die Grundrente ständig zunimmt und die Profite ständig abnehmen. Die Vorteilhaftigkeit des Freihandels belegt Ricardo nicht nur für den Fall der absoluten Kostenunterschiede, sondern auch für den Fall komparativer Vorteile (Theorem der komparativen Kosten).

sönlichen wirtschaftlichen Vorteil bedachte Mensch mit seinem wirtschaftlichem Handeln gleichzeitig dem Wohl aller anderen dient. Er sah damit den Egoismus des Menschen als treibende Kraft wirtschaftlichen Handelns an. Große Aufmerksamkeit widmete Smith dabei der sogenannten unsichtbaren Hand *(siehe dort)*, d.h. dem Marktgeschehen als ordnender und regulierender Kraft.

THOMAS ROBERT MALTHUS beschäftigte sich vor allem mit der Untersuchung der Ursachen von wirtschaftlichem Elend und Armut und entwickelte in diesem Zusammenhang das berühmte Bevölkerungsgesetz. Im Bevölkerungsgesetz stellt Malthus fest, dass die Bevölkerung stärker wächst als der Nahrungsmittelspielraum, was seiner Ansicht nach zu Katastrophen wie Hungersnöten und Kriegen führt. In den düsteren Prognosen des Club of Rome über die Grenzen des Wachstums (*siehe* Kapitel 3) sowie die Lage und zukünftige Entwicklung der Menschheit haben die Thesen und Voraussagen von THOMAS ROBERT MALTHUS eine Parallele in der Gegenwart.

Mit seinem Hauptwerk ›Über die Grundsätze der politischen Ökonomie und der Besteuerung‹ gründet DAVID RICARDO vor allem auf den Theorien von ADAM SMITH, entwickelte diese Ansichten aber gezielt weiter. Von herausragender Bedeutung sind DAVID RICARDOS Ausführungen zum Ertragsgesetz *(siehe dort)* und seine Außenhandelstheorie mit der Darstellung der komparativen Kosten (*siehe* Kapitel 6).

JOHN STUART MILL wurde als Sohn des englischen Nationalökonomen JAMES MILL (* 1773, † 1836) von dessen ökonomischen Vorstellungen stark beeinflusst. Die Hauptleistung von JOHN STUART MILL bestand vor allem darin, die Theorien von SMITH, MALTHUS und RICARDO in einem seiner Hauptwerke ›Prinzipien der politischen Ökonomie‹ systematisch darzustellen.

Knappheit, die Tatsache, dass nicht alle Güter in so ausreichendem Umfang bereitstehen, um damit sämtliche Bedürfnisse zu befriedigen. Aufgrund des begrenzten, knappen Güterangebots kann nur ein Teil der grundsätzlich unbegrenzten Bedürfnisse des Menschen befriedigt werden. Die Knappheit der Güter ist ein wirtschaftliches Grundproblem und macht wirtschaftliches Handeln des Menschen notwendig, um eine bestmögliche Versorgung mit Gütern zu gewährleisten. Je knapper ein Gut ist, desto höher ist sein Preis.

Kollektivbedürfnisse, Mangelerscheinungen oder Wünsche, die von vielen Menschen empfunden werden und aus dem Zusammenleben in einer Gemeinschaft entstehen wie innere Sicherheit oder saubere Umwelt.

THOMAS ROBERT MALTHUS

Der britische Wirtschaftswissenschaftler und Sozialphilosoph lebte von 1766 bis 1834. Malthus war zunächst Pfarrer; seit 1805 Professor für Geschichte und politische Ökonomie. Er wurde vor allem durch seine pessimistische Bevölkerungslehre bekannt. In seiner Streitschrift ›Versuch über das Bevölkerungsgesetz‹ führte er das menschliche Elend seiner Zeit auf das Anwachsen der Bevölkerung zurück, die stets die Tendenz zeige, stärker als der Nahrungsmittelspielraum zu wachsen. Sein Buch, das schon zu seinen Lebzeiten in zahlreichen Auflagen erschien, erregte beträchtliches Aufsehen.

Kollektiveigentum, Gemeinschaftseigentum, z. B. an Grund und Boden oder Produktionsmitteln. Kollektiveigentum ist die übliche Eigentumsform an den volkswirtschaftlichen Produktionsmitteln in sozialistisch geprägten Wirtschaftsordnungen. Abhängig von der Zuordnung des Eigentums auf die staatlichen Organe und Einrichtungen besteht dabei in sozialistischen Wirtschaftsordnungen Kollektiveigentum als Staatseigentum oder Genossenschaftseigentum.

Kollektivismus, gesellschaftspolitische Auffassung, bei der davon ausgegangen wird, dass sich der einzelne Mensch bei der egoistischen Verfolgung seiner Interessen nicht so verhält, dass sein Handeln gleichzeitig dem Gemeinwohl dient. Im Kollektivismus muss sich der Einzelne deshalb den Interessen der Gemeinschaft oder der Gruppe (dem Kollektiv) unterordnen und seine persönlichen Bedürfnisse und Wünsche zurückstellen. Die Anwendung kollektivistischer Gestaltungsprinzipien in der Wirtschaft ist regelmäßig mit einer Absage an die Ideen des Liberalismus verbunden und führt im Allgemeinen zur Wirtschaftsordnung der Planwirtschaft.

Kommandowirtschaft, etwas abfällige Bezeichnung für die Planwirtschaft *(siehe dort).*

Kommunismus, Bezeichnung für politische Lehren und Bewegungen, die als Ziel die Verwirklichung einer klassen- und herrschaftslosen Gesellschaft auf der Grundlage der von KARL MARX (* 1818, † 1883) und FRIEDRICH ENGELS (* 1820, † 1895) aufgestellten Theorien haben. Nach KARL MARX entwickelt sich der Kommunismus als Gesellschaftsform nicht sofort, sondern schrittweise in verschiedenen Phasen. Nach einer Übergangsperiode des Kapitalismus, der notwendigerweise zusammenbrechen muss, und der Revolution des Proletariats folgt zunächst die Phase des Sozialismus. Vor allem das Kollektiveigentum an den Produktionsmitteln im Sozialismus sieht KARL MARX dabei als ökonomische Grundlage der allmählich aus der sozialistischen Gesellschaft durch Entfaltung aller menschlichen Fähigkeiten entstehenden höheren Phase der herrschaftslosen, kommunistischen Gesellschaft. Am Ende soll allen alles gehören.

Konsum, die Inanspruchnahme von Gütern und Dienstleistungen zur unmittelbaren Bedürfnisbefriedigung durch private oder öffentliche Haushalte. In der Wirtschaftsstatistik wird auch von privatem Verbrauch (privatem Konsum) und Staatsverbrauch *(siehe dort)* gesprochen. Grundsätzlich hat der Haushalt bei der Verwendung seines Einkommens die Wahl zwischen Konsum und Sparen (Konsumverzicht). Dabei gibt die durchschnittliche Konsumquote *(siehe dort)* das Verhältnis zwischen Einkommen und Konsum an.

Konsument, Verbraucher, der Käufer, Endverbraucher oder Letztverwender von Gütern und Dienstleistungen. Konsumenten im wirtschaftlichen Sinne können einzelne Personen, Haushalte oder größere Gruppen von Personen sein.

Konsumforschung, Erhebung von Informationen und Daten zum Konsum- und Einkaufsverhalten der Verbraucher. Dazu führt man z. B. Studien und Tests auf überschaubaren, klar abgegrenzten Testmärkten (›Mikromärkte‹) durch, um das Konsumverhalten bezüglich neuer Produkte oder Produktvariationen (*siehe* Kapitel 7) zu testen oder die Wirkung von Werbekonzepten, z. B. der Anzeigen- oder der Fernsehwerbung, auf das Verhalten der Verbraucher zu analysieren. In speziellen Konsumklimastudien werden beispielsweise Faktoren untersucht, die das Konsumklima in der Volkswirtschaft beeinflussen und so Aussagen über das Konsumpotenzial in der Zukunft ermöglichen; analysiert werden dazu z. B. die Erwartung der zukünftigen Konjunkturaussichten, die Einkommenserwartung der Verbraucher, die Kaufkraft, die Neigung, Neuanschaffungen zu tätigen oder Einkommensteile zu sparen. Bedeutende Konsumforschungsunternehmen sind die GfK-Gruppe in Nürnberg und die TNS Infratest Holding GmbH & Co. KG in München.

Konsumfreiheit, Konsumentensouveränität, die Möglichkeit der Verbraucher, unabhängige, ausschließlich an ihren persönlichen Vorstellungen und Wünschen ausgerichtete Entscheidungen zum Einkauf von Gütern oder Leistungen zu treffen. Die freien Kaufentscheidungen der Konsumenten wirken dabei indirekt auch auf die in der Volkswirtschaft hergestellte Menge und die Art der Güter, da die Unternehmen längerfristig gezwungen sind, solche Erzeugnisse ausreichend zu produzieren, die von den Verbrauchern auch gekauft werden.
Konsumfreiheit ist in verschiedenen Wirtschaftsordnungen und Gesellschaften nicht immer selbstverständlich und wird durch verschiedene staatliche

Verbote, z. B. aus wirtschaftlichen, religiösen oder politischen Gründen, ausgeschlossen. Die Konsumfreiheit, Güter nach seinem persönlichen Geschmack zu erwerben, ist dagegen ein wichtiges Gestaltungsmerkmal einer Marktwirtschaft. Der Staat greift hier in die Konsumfreiheit der Verbraucher in der Regel nicht mittels Verboten ein, sondern verteuert bestimmte Güter durch steuerliche Maßnahmen (z. B. Zigaretten oder Benzin) oder bindet den Verkauf bestimmter Güter an Bedingungen (z. B. den Verkauf von Medikamenten in Apotheken oder nur gegen Rezept).

Konsumgüter, Sachgüter, die unmittelbar der Befriedigung menschlicher Bedürfnisse dienen und im Gegensatz zu den Investitionsgütern nicht als Produktionsmittel eingesetzt werden. Unterschieden wird in über einen längeren Zeitraum nutzbare Gebrauchsgüter (z. B. Wohnungseinrichtung oder Bekleidung) und Verbrauchsgüter (z. B. Lebensmittel), die nur einmal genutzt werden können.

Konsumquote, Verhältnis von Konsumausgaben eines oder aller privaten Haushalte und verfügbarem Einkommen. Unterschieden wird zwischen durchschnittlicher Konsumquote (Anteil der Konsumausgaben am verfügbaren Einkommen), gesamtwirtschaftlicher Konsumquote (Anteil der Konsumausgaben an einer Sozialproduktgröße) und marginaler Konsumquote (Veränderung der Konsumausgaben bei Veränderung des Einkommens).

KONSUMQUOTE

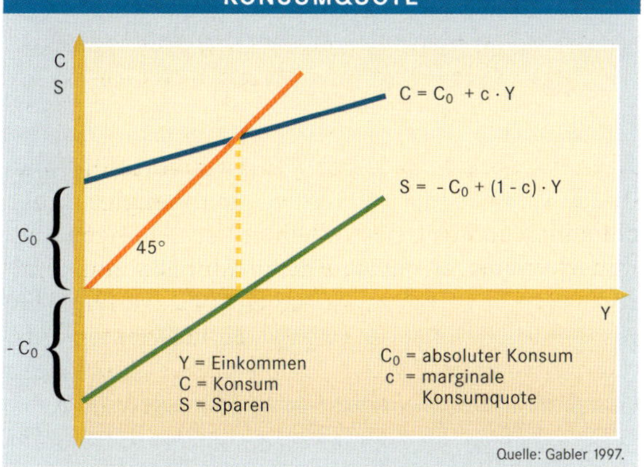

Konsumquote. Nach J. M. Keynes nimmt der Konsum mit steigendem Einkommen zu, allerdings nur unterproportional. Die durchschnittliche Konsumquote sinkt mit steigendem Einkommen. Die tatsächlichen Daten von privatem Verbrauch und verfügbarem Einkommen entsprechen diesen Annahmen.

Konsumverzicht, volkswirtschaftlicher Begriff für Sparen *(siehe dort);* nicht für den Verbrauch verwendete Teile des Einkommens eines Haushalts.

Konvergenztheorie, Ansicht, nach der sich in Industriestaaten die Wirtschaftsordnungen, die zu Beginn unterschiedlich aufgebaut sind, mit zunehmender Zeit einander allmählich annähern, weil sie gleichen oder ähnlichen Problemen gegenüberstehen. Die Konvergenztheorie unterstellt dabei für Marktwirtschaften *(siehe dort)* einen zunehmenden staatlichen Einfluss auf die Wirtschaft und für zentral gelenkte Planwirtschaften eine langsame Abkehr vom Prinzip der zentralen Wirtschaftsplanung. Allgemein wird mit Konvergenz auch die (gewünschte) Annäherung wirtschaftlicher Größen (Pro-Kopf-Einkommen, Inflationsraten) in verschiedenen Staaten (Staaten der Europäischen Union) oder Regionen (deutsche Bundesländer) bezeichnet.

Laissez-faire, Bezeichnung des wirtschaftlichen Liberalismus *(siehe dort)* für eine extreme Ansicht, der zufolge der Staat nicht in das wirtschaftliche Geschehen eingreifen sollte, um so die ökonomische Entwicklung und den Wohlstand der Bevölkerung am besten zu fördern. Eine am Prinzip des Laissez-faire orientierte Wirtschaftspolitik wurde insbesondere im 19. Jahrhundert in Westeuropa betrieben. Diese extreme Form des Liberalismus (auch Manchesterliberalismus genannt), bei der der Staat nicht in die Wirtschaft eingreift, sondern lediglich die Rolle eines Beobachters einnimmt (›Nachtwächterstaat‹) und alles dem freien Spiel der wirtschaftlichen Kräfte überlässt, bewirkte zwar einerseits eine schnelle wirtschaftliche Aufwärtsentwicklung, führte aber andererseits auch zu Wirtschaftskrisen und zur Ausbeutung und Verelendung der Arbeiter.

Landwirtschaft, die wirtschaftliche Nutzung des Bodens zur Erzeugung von pflanzlichen (Ackerbau) und tierischen (Viehwirtschaft) Produkten. Nach der Einteilung in Wirtschaftssektoren gehört die Landwirtschaft zur Urproduktion (primärer Sektor). Im weiteren Sinn gehören zur Landwirtschaft auch Forstwirtschaft, Gartenbau einschließlich Zierpflanzen- und Gemüsebau, Obstbau sowie weitere Bereiche wie Fischerei, Jagd und landwirtschaftliche Nebengewerbe (z. B. Molkerei, Brennerei, Kellerei).

Lebenshaltung, die Gesamtheit der Güter und Dienstleistungen, die einem privaten Haushalt zur Verfügung stehen und den Lebensstandard wesentlich ausmachen. Diese Güter und Dienstleistungen beruhen auf Sachzuwendungen oder werden durch Käufe erworben. Die mit diesen Käufen verbundenen Ausgaben bilden die Lebenshaltungskosten, woraus in der Wirtschaftsstatistik der Verbraucherpreisindex *(siehe dort)* errechnet wird.

Lebensqualität, Begriff, der neben dem Versorgungsgrad mit Gütern und Dienstleistungen von Personen oder Haushalten einer Volkswirtschaft im Sinne von materiellem Wohlstand *(siehe dort)* oder Lebensstandard auch die allgemeinen Lebensbedingungen bzw. soziale Indikatoren *(siehe dort)* wie angemessen entlohnte Arbeit, saubere Umwelt, Beteiligung an politischen Entscheidungen oder persönliches Wohlbefinden des Einzelnen einbezieht.

LOHNQUOTE

Jahr[1]	Lohnquote[2] in %	
	unbereinigt	bereinigt[3]
1980	75,2	76,4
1981	76,0	77,1
1982	76,1	77,1
1983	73,9	74,9
1984	72,8	73,7
1985	72,3	73,0
1986	71,6	72,3
1987	72,6	73,1
1988	71,5	71,8
1989	70,4	70,6
1990	69,8	69,9
1991	70,0	70,0
1991	71,0	69,3
1992	72,2	70,7
1993	72,9	71,6
1994	71,7	70,7
1995	71,4	70,3
1996	71,0	70,0
1997	70,3	69,4
1998	70,4	69,6
1999	71,2	70,3
2000	72,2	71,2
2001	71,8	70,9
2002	71,4	70,6
2003	70,7	70,1
2004	68,4	68,1
2005	67,0	67,0
2006	65,6	67,1
2007	64,2	65,8

[1] Bis 1991 1. Zeile früheres Bundesgebiet; ab 1991 2. Zeile Deutschland.
[2] Bis 1991 1. Zeile Bruttoeinkommen aus unselbstständiger Arbeit in % des Volkseinkommens, ab 1991 2. Zeile Arbeitnehmerentgelte in % des Nettonationaleinkommens. [3] Quote bei konstant gehaltenem Anteil der Arbeitnehmer an den Erwerbstätigen des Jahres 1991.

Lohnquote. Entwicklung der Lohnquote in Deutschland

Lebensstandard, Bezeichnung für den wirtschaftlichen Wohlstand *(siehe dort),* d.h. den Grad der Versorgung von Personen oder Haushalten in einer Volkswirtschaft mit Gütern und Dienstleistungen.

Liberalismus, Weltanschauung, die das Recht auf Freiheit, Eigenverantwortung sowie freie Entfaltung der einzelnen Person in den Mittelpunkt stellt (Individualismus) und eine Kontrolle oder Bevormundung des Einzelnen durch staatliche Einrichtungen vermindern bzw. verhindern will. Der Liberalismus entstand ursprünglich als politische Gegenbewegung zum Absolutismus (Regierungsform, in der die gesamte Staatsgewalt von einem Alleinherrscher ausgeht) des 17. und 18. Jahrhunderts.
Der wirtschaftliche Liberalismus, dessen theoretische Grundlagen durch ADAM SMITH (* 1723, † 1790) entwickelt wurden, geht von der freien wirtschaftlichen Betätigungsmöglichkeit jedes Einzelnen aus. Nach Ansicht von ADAM SMITH wird der einzelne Mensch bei der Verfolgung seiner eigennützigen Ziele nach Gewinn und Wohlstand wie von einer unsichtbaren Hand geführt, die dafür sorgt, dass er gleichzeitig dem Wohl der Gesellschaft dient, obwohl dies gar nicht seine Absicht war. Staatliche Eingriffe in die Wirtschaft werden deshalb vom Liberalismus als störend empfunden und abgelehnt. Der Liberalismus befürwortet demzufolge eine freie Marktwirtschaft *(siehe dort)* als Wirtschaftsordnung mit allen wirtschaftlichen Freiheiten wie Gewerbefreiheit, freie Preisbildung und Wettbewerbsfreiheit. Eine extreme Form des wirtschaftlichen Liberalismus war das Laissez-faire *(siehe dort).*

Lohnquote, prozentualer Anteil der Einkommen aus unselbstständiger Arbeit (Löhne und Gehälter), in der Wirtschaftsstatistik neuerdings auch als Arbeitnehmerentgelte bezeichnet, am Volkseinkommen. Die Lohnquote spielt bei der Beurteilung der Einkommensverteilung *(siehe dort)* und im Rahmen der staatlichen Verteilungspolitik (Umverteilung) eine bedeutende Rolle.
Die Lohnquote in Westdeutschland ist seit den 1950er-Jahren stetig angestiegen. Darin spiegelte sich vor allem der Wandel von einer durch Landwirtschaft und kleine selbstständige Existenzen geprägten Nachkriegswirtschaft zur Industriegesellschaft wider. In den 1980er-Jahren ging die Lohnquote trotz ansteigender Beschäftigungszahlen zu-

rück, wofür vor allem die Arbeitszeitverkürzung und die steigende Arbeitslosigkeit als Gründe gesehen werden können. In der Zukunft wird für Deutschland ein weiterer Anstieg der Lohnquote als wahrscheinlich angenommen. Eine solche Entwicklung ist z. B. in Volkswirtschaften wie den USA oder Japan zu beobachten, die bei dem Übergang von einer klassischen Industriegesellschaft zur Dienstleistungsgesellschaft bereits weiter vorangekommen sind als Deutschland. Ein Anstieg der Lohnquote in Dienstleistungsgesellschaften kann deshalb angenommen werden, weil die Bereitstellung von Dienstleistungen arbeitsintensiver ist als die industrielle Produktion von Sachgütern. Für eine bessere Vergleichbarkeit im Zeitablauf wird die Lohnquote bereinigt. Dabei wird die Lohnquote bei konstant gehaltenem Anteil der Arbeitnehmer an den Erwerbstätigen eines bestimmten Jahres (Basisjahr) berechnet und damit werden die Auswirkungen von Veränderungen in der Erwerbsstruktur herausgefiltert.

Lorenzkurve, grafische Darstellung zur Veranschaulichung der Einkommensverteilung in einer Volkswirtschaft, erstmals 1905 von dem amerikanischen Statistiker MAX O. LORENZ (* 1980, † 1962) veröffentlicht. Die Lorenzkurve veranschaulicht, wie viel % der Einkommensempfänger in einer Volkswirtschaft wie viel % des Volkseinkommens verdienen. Die Diagonale verdeutlicht die theoretische Gleichverteilung der Einkommen. Je weiter sich die Kurve der tatsächlichen Einkommensverteilung von der Diagonalen entfernt (sich also nach unten wölbt), desto ungleicher ist die Einkommensverteilung und desto größer sind die Einkommensunterschiede in der Volkswirtschaft.

Makroökonomie, Makroökonomik, makroökonomische Theorie, Teil der Volkswirtschaftstheorie, der sich mit dem wirtschaftlichen Verhalten ganzer Sektoren (z. B. private Haushalte, Unternehmen oder Staat) befasst, gesamtwirtschaftliche Zusammenhänge (z. B. die Konjunkturlage oder das Wachstum) untersucht und gesamtwirtschaftliche Größen (z. B. das Sozialprodukt, das Volkseinkommen oder die Beschäftigung) erklärt.

Manchesterliberalismus, Manchestertum, an die englische Stadt Manchester angelehnte Bezeichnung für eine im 19. Jahrhundert praktizierte Extremform des wirtschaftlichen Liberalismus *(siehe dort),* bei der sich der Staat jeglicher Einflussnahme auf das Wirtschaftsgeschehen enthält.

LORENZKURVE

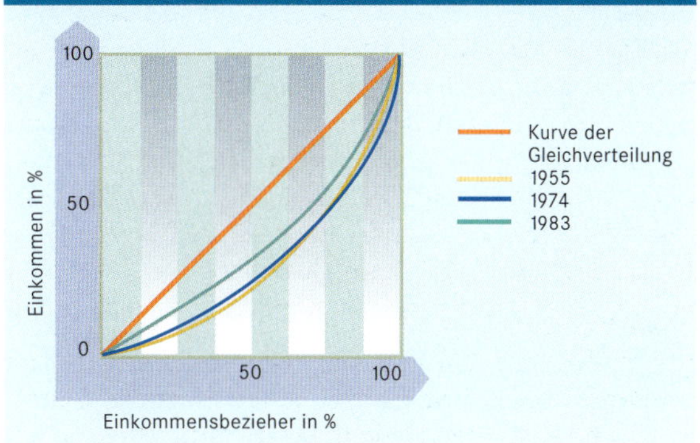

Lorenzkurve. Wenn jeder gleich viel erhält, dann beziehen 10 % der Haushalte auch 10 % des Gesamteinkommens und grafisch ergibt sich eine Gerade. Bestehen Einkommensunterschiede, so verdienen die untersten 10 % der Haushalte weniger als 10 % des Gesamteinkommens und die Kurve wölbt sich nach unten.

Markt, der Ort (z. B. ein Marktplatz oder eine Markthalle), wo Verkäufer und Käufer von Gütern zusammenkommen, um zu handeln. Aus Sicht der Wirtschaftswissenschaften ist der Markt (*siehe* Kapitel 2) der Ort, an dem Angebot (Verkäufer von Gütern) und Nachfrage (Käufer von Gütern) aufeinandertreffen und der Preis ermittelt wird. Der Markt ist dabei nicht an einen bestimmten Ort gebunden, sondern steht für das Zusammentreffen von Angebot und Nachfrage bezüglich bestimmter Güter (z. B. Rohstoffmarkt, Kraftfahrzeugmarkt oder Mineralölmarkt). Märkte sind das Nervenzentrum und zentrales Koordinationsinstrument der Wirtschaft und ein wesentliches Gestaltungselement einer Marktwirtschaft (Grafik S. 32).

Marktwirtschaft, freie Verkehrswirtschaft, Wirtschaftsordnung, in der Privateigentum an den Produktionsmitteln sowie die Abstimmung aller wirtschaftlichen Handlungen bei dezentraler Wirtschaftsplanung über den Markt typisch ist. Eine Marktwirtschaft besteht aus einer Vielzahl von Märkten, innerhalb derer Anbieter und Nachfrager sich gegenseitig beeinflussen. Der Staat setzt in der Marktwirtschaft nur Rahmenbedingungen fest, greift selbst aber nicht in das Marktgeschehen ein. Das Recht auf selbstständige Betätigung und eigenständige wirtschaftliche Entscheidungen ist sicher-

Markt.
Der Markt als Koordinationsinstrument in der Marktwirtschaft

gestellt. Jedes Unternehmen entscheidet nach betriebswirtschaftlichen Gesichtspunkten, welche Güter und Leistungen produziert werden sollen. Der Wettbewerb der Unternehmen um die Verbraucher beeinflusst dabei Qualität, Menge und Preis der Waren und Leistungen, sodass die Verbraucher indirekt Einfluss auf das Angebot der Erzeugnisse haben (Konsumfreiheit). Die Preise für Waren und Leistungen bilden sich nach Angebot und Nachfrage auf Märkten. Die volkswirtschaftlichen Produktionsmittel gehören privaten Unternehmen und die Höhe des Gewinns ist der entscheidende Auslöser für deren wirtschaftliches Handeln. Die Marktwirtschaft ist die Wirtschaftsordnung, die in den meisten westlichen Industriestaaten praktiziert wird. Besondere Formen dieser Wirtschaftsordnung sind die im Zeitalter des Kapitalismus bestehende freie Marktwirtschaft *(siehe dort)* und die in der Bundesrepublik Deutschland seit 1949 umgesetzte soziale Marktwirtschaft *(siehe dort)*.

Marxismus, von KARL MARX (* 1818, † 1883) und FRIEDRICH ENGELS (* 1820, † 1895) begründete Gesellschaftslehre und Theorie der politischen Ökonomie *(siehe dort)*, zu deren Kernpunkt die von KARL MARX kritisierten kapitalistischen Produktionsverhältnisse in seiner Zeit gehören. Danach wird die Gesellschaft nicht durch die politischen, rechtlichen oder moralischen Vorstellungen bestimmt, sondern durch den Fortschritt der materiellen Produktionstechnik. Die kapitalistischen Produktionsverhältnisse bewirken nach marxistischer Auffas-

MARKTWIRTSCHAFT

Idealtyp „Marktwirtschaft“	
1 Anarchie	(totale „Laissez-faire-Wirtschaft“)
2 spezieller staatl. Ordnungsrahmen für die Wirtschaft (vor allem zur Sicherung des Wettbewerbs)	(„Liberalismus“)
3 staatl. Steuerung von Nichtwettbewerbsbereichen (besonders zur Bereitstellung „öffentlicher Güter“)	(„Liberalismus“)
4 Redistributionspolitik	(„Soziale Marktwirtschaft“)
5 Globalsteuerung auf Marktebene	(„gelenkte Marktwirtschaft“)
6 Steuerung bis auf Branchenebene	(„Planification“)
7 Mikrosteuerung auf Unternehmensebene (z.B. durch Investitionskontrolle)	(„gemäßigter Sozialismus“)
Unvereinbarkeit und Dominanz eines Grundtyps?	
7 betriebliche Investitionsfreiheiten	(„Marktsozialismus“)
6 staatl. Produktionssollvorgaben (nur bis auf Branchenebene)	(„Prager Frühling“)
5 staatl. Planvorgaben mit betrieblichen Produktionsfreiheiten	(„Prager Frühling“)
4 Dezentralisierung bei der staatl. Produktionsplanerstellung	(„Neues ökonomisches System“)
3 Freiheit haushaltlicher Einkommenserzielung	(Arbeitsplatzfreiheit)
2 Freiheit haushaltlicher Einkommensverwendung	(Konsumfreiheit)
1 vollständige Mikrosteuerung	(totale „Kommandowirtschaft“
Idealtyp „Zentralverwaltungswirtschaft“	Quelle: Bartling/Luzius.

Marktwirtschaft.
Reale Wirtschaftsordnungen als Abweichungen der Idealtypen Marktwirtschaft und Planwirtschaft (Zentralverwaltungswirtschaft)

sung, dass sich die gesellschaftliche Arbeitsteilung vertieft und der wirtschaftliche Reichtum nur von der Arbeiterklasse (Proletariat) geschaffen wird, während sich der Reichtum und das Eigentum an den Produktionsmitteln in den Händen immer weniger Kapitalisten konzentriert. Dieser, von KARL MARX als Grundwiderspruch der kapitalistischen Produktion bezeichnete Gegensatz zwischen gesellschaftlicher Produktion durch die Arbeiterklasse und der privaten Aneignung der Gewinne durch die Kapitalisten, kann nur durch die revolutionäre Erhebung der Arbeiterklasse beseitigt werden. Die Arbeiterklasse enteignet dabei die Kapitalisten und das Eigentum an den Produktionsmitteln wird in Gesellschaftseigentum überführt. Der Kapitalismus wird vom Sozialismus *(siehe dort)* abgelöst. Letztlich wird aber die Schaffung einer klassenlosen Gesellschaft im Kommunismus *(siehe dort)* angestrebt.

Maximalprinzip, wirtschaftlicher Grundsatz, nach dem mit vorgegebenen Mitteln ein größtmöglicher Erfolg erreicht werden soll. Nach dieser Formulierung des ökonomischen Prinzips *(siehe dort)* bemüht sich z. B. ein Unternehmen, mit einer gegebenen betrieblichen Ausstattung an Maschinen, Personal und Rohstoffen eine möglichst große Produktionsmenge zu erreichen.

Merkantilismus, Bezeichnung für eine durch massive Staatseingriffe in die Wirtschaft gekennzeichnete Wirtschaftspolitik während der Zeit des Absolutismus zwischen dem 16. und 18. Jahrhundert. Ziel war die Steigerung der nationalen Wirtschaftskraft und die Erhöhung der Staatseinkünfte, z. B. durch die Erhebung von Schutzzöllen und die Förderung der frühindustriellen Produktion.

Mikroökonomie, Mikroökonomik, mikroökonomische Theorie, Teil der Volkswirtschaftstheorie, der sich mit dem Wirtschaftsverhalten von privaten Haushalten und Unternehmen befasst. So wird danach gefragt, wie wirtschaftliche Entscheidungen in privaten Haushalten (z. B. über die Verwendung des Einkommens) und Unternehmen (z. B. über die geplante Produktionsmenge) zustande kommen und wie sich diese Entscheidungen auf Angebot und Nachfrage auf verschiedenen Märkten auswirken.

Mikrozensus, statistische Erhebung von wirtschaftlichen und sozialen Daten der Einwohner in Deutschland durch stichprobenartige Befragung ausgewählter, repräsentativer Mitglieder der Bevölkerung. Der Mikrozensus dient z. B. der Weiterführung der durch eine Volkszählung gewonnenen Informationen, da eine solche Totalerhebung wegen der damit verbundenen Kosten nur in großen Zeitabständen erfolgt.

KARL MARX

Der deutsche Wirtschaftswissenschaftler, Philosoph und Journalist wurde 1818 geboren. Nach dem Studium der Rechtswissenschaften, Philosophie und Geschichte war Marx Redakteur bei der ›Rheinischen Zeitung‹. Ab 1843 in Paris, setzte sich Marx mit der klassischen Schule der Nationalökonomie und den französischen Frühsozialisten auseinander. Hier begann die Freundschaft und Zusammenarbeit mit Friedrich Engels. Beide verfassten 1848 das ›Kommunistische Manifest‹. Wegen seines politischen Engagements aus Deutschland ausgewiesen (Marx war Herausgeber der linksdemokratischen ›Neuen Rheinischen Zeitung‹), lebte Marx seit 1849 in London im Exil, häufig finanziell unterstützt von Engels. Hier entstanden seine Hauptwerke, in denen er die kapitalistische Produktionsweise analysierte: ›Zur Kritik der politischen Ökonomie‹ (1859) und ›Das Kapital‹ (1. Band 1867; 2. und 3. Band von Engels 1885 bzw. 1894 herausgegeben). In seinen letzten Lebensjahren fand Marx seine Anerkennung als führender Vertreter des wissenschaftlichen Sozialismus. Marx starb 1883.

Minimalprinzip, Sparprinzip, wirtschaftlicher Grundsatz, nach dem ein bestimmtes vorgegebenes Ziel unter Einsatz geringstmöglicher Mittel erreicht werden soll. Nach dieser Formulierung des ökonomischen Prinzips *(siehe dort)* beabsichtigt z. B. ein Unternehmen, eine festgelegte Materialmenge zu möglichst geringen Kosten einzukaufen.

Mittelstand, in früheren Zeiten eine gesellschaftliche Schicht, die gemessen an Merkmalen wie Einkommen, Vermögen oder Beruf in der Gesellschaft eine mittlere Stellung einnahm; auch als Bürgertum bezeichnet. Mittelstand ist heute die gebräuchliche Bezeichnung für kleinere und mittlere Unternehmen aus den Wirtschaftsbereichen Industrie, Handwerk, Handel, dem Dienstleistungsbereich sowie den freien Berufen (z. B. Architekten, Steuerberater). Die Abgrenzung gegenüber Großbetrieben ist

nicht immer einheitlich, wird jedoch bei öffentlichen Förderprogrammen z. B. über die Zahl der Beschäftigten (z. B. im produzierenden Gewerbe 50 bis 499 Beschäftigte) oder den Umsatz (nicht mehr als 50 Mio. € Umsatz pro Jahr) vorgenommen.
Für mittelständische Unternehmen ist typisch, dass sie in der Regel Familienunternehmen sind und Unternehmenseigentum und Unternehmensleitung meistens in einer Hand liegen. Der Mittelstand hat in der Wirtschaft der Bundesrepublik eine große Bedeutung. Die weitaus größte Zahl der Unternehmen (mehr als 99 %) gehören der mittelständischen Wirtschaft an. Der Mittelstand erwirtschaftet etwa 45 % der gesamten Wirtschaftsleistung und beschäftigt mit rund 20 Mio. Erwerbstätigen mehr als 70 % aller Erwerbstätigen. Darüber hinaus werden in mittelständischen Betrieben die meisten Auszubildenden (rund 83 %) betreut und beschäftigt. Mittelstandspolitik und Mittelstandsförderung haben deshalb eine erhebliche Bedeutung in der Wirtschaftspolitik.

Monetarismus, *siehe* Kapitel 3.

Monopolkapitalismus, Bezeichnung der marxistischen Theorie für eine Phase des Kapitalismus, die etwa Ende des 19. Jahrhunderts dem Konkurrenzkapitalismus folgen sollte und durch eine starke Konzentration des Kapitals in den Händen weniger mit zunehmender Bildung von Monopolen (*siehe* Kapitel 2) und Kartellen geprägt ist. Nach Wladimir Iljitsch Lenin (* 1870, † 1924) ist der Monopolkapitalismus als staatsmonopolistischer Kapitalismus *(siehe dort)* die typische Wirtschaftsordnung des Imperialismus.

Nationaleinkommen, in der volkswirtschaftlichen Gesamtrechnung eine neuere Bezeichnung für das Sozialprodukt *(siehe dort)*, als Bruttonationaleinkommen für das Bruttosozialprodukt *(siehe dort)*, als Nettonationaleinkommen für das Volkseinkommen *(siehe dort)*.

Nationalökonomie, heute nicht mehr gebräuchliche Bezeichnung für die Volkswirtschaftslehre *(siehe dort)*. Als Begründer der klassischen Schule der Nationalökonomie *(siehe dort)* gilt Adam Smith (* 1723, † 1790).

Naturaltauschwirtschaft, Bezeichnung für eine Wirtschaft, in der kein allgemein anerkanntes Tauschmittel wie Geld vorhanden war, sondern ausschließlich Waren gegen Waren direkt getauscht wurden. Probleme dabei ergaben sich daraus, dass der jeweilige Tauschpartner die Ware anbieten musste, die nachgefragt wurde. Daneben musste auch der Wert der Tauschgüter übereinstimmen. Das Gegenteil der Naturaltauschwirtschaft ist die Geldwirtschaft *(siehe dort)*, in der Geld als allgemein anerkanntes Tauschmittel den Gütertausch erleichtert.

Neoklassik, neoklassische Theorie, Bezeichnung für die Weiterentwicklung der klassischen Schule der Nationalökonomie *(siehe dort)* durch Wirtschaftswissenschaftler wie William Stanley Jevons (* 1835, † 1882) und Léon Walras (* 1834, † 1910).
Die neoklassische Theorie stellt die Wirtschaft vor allem als System von Märkten dar, auf denen Angebot und Nachfrage durch die Güterpreise ins Gleichgewicht gebracht werden. Die Verbraucher haben dabei bestimmte Bedürfnisse und wollen durch den Konsum von Gütern größtmöglichen persönlichen Nutzen erreichen. Die Unternehmen stellen mit Rücksicht auf die Nachfrage der Verbraucher die Art und Menge von Gütern her, durch deren Verkauf sie größtmöglichen Gewinn erzielen können (Gewinnmaximierung). Alle Anbieter und Verbraucher versuchen, auf dem Markt ihre eigenen Interessen durchzusetzen, und treffen laufend Entscheidungen (z. B. Kauf oder Verkauf bestimmter Gütermengen zu bestimmten Preisen), die Angebot und Nachfrage ins Marktgleichgewicht (*siehe* Kapitel 2) bringen, bei dem Anbieter und Nachfrager ihre persönlichen Vorstellungen von Gütermenge und Güterpreis verwirklichen. Dieser Vorgang wird auch als Marktmechanismus (*siehe* Kapitel 2) bezeichnet.

Neoliberalismus, Denkrichtung des Liberalismus, die eine freiheitliche, marktwirtschaftliche Wirtschaftsordnung mit den entsprechenden Gestaltungsmerkmalen wie privates Eigentum an den Produktionsmitteln, freie Preisbildung, Wettbewerbs- und Gewerbefreiheit anstrebt, staatliche Eingriffe in die Wirtschaft jedoch nicht ganz ablehnt, sondern auf ein Minimum beschränken will.
Die Ideen des Neoliberalismus, dessen führender Vertreter in Deutschland Walter Eucken (* 1891, † 1950) war, basieren zum großen Teil auf den negativen Erfahrungen mit dem ungezügelten Liberalismus des Laissez-faire im 19. Jahrhundert, als der

Staat die Wirtschaft komplett dem freien Spiel der Marktkräfte überließ. Staatliche Eingriffe in die Wirtschaft sind deshalb aus Sicht des Neoliberalismus dann gerechtfertigt und notwendig, wenn sie z. B. das Marktgeschehen fördern und die Bildung von Monopolen oder Kartellen verhindern, Konjunkturschwankungen ausgleichen oder dem sozialen Ausgleich dienen. Die deutsche Variante des Neoliberalismus wird auch als Ordoliberalismus *(siehe dort)* bezeichnet. Die angelsächsische Variante mit ihrem Hauptvertreter FRIEDRICH AUGUST VON HAYEK (* 1899, † 1992) setzt mehr auf die Selbststeuerung der Marktwirtschaft.
Die meisten Wirtschaftsordnungen der westlichen Industrienationen, so auch die soziale Marktwirtschaft *(siehe dort)* in Deutschland, basieren heute auf den grundlegenden Prinzipien des Neoliberalismus.

netto, Bezeichnung für eine Gesamtheit nach Abzug anderer Größen im Gegensatz zu brutto. So sind beim Nettoeinkommen Lohnsteuer und Sozialversicherungsbeiträge abgezogen, das Nettosozialprodukt ist das um die volkswirtschaftlichen Abschreibungen bereinigte Bruttosozialprodukt. Der Nettoumsatz eines Unternehmens ist der Bruttoumsatz nach Abzug der Umsatzsteuer.

Nettosozialprodukt, als Begriff der volkswirtschaftlichen Gesamtrechnung das Bruttosozialprodukt abzüglich volkswirtschaftlicher Abschreibungen (Wertminderung der Produktionsmittel durch Veralten oder Abnutzung). Das Nettosozialprodukt wird zu Marktpreisen (d. h. einschließlich indirekter Steuern) oder zu Faktorkosten (d. h. ohne indirekte Steuern vermindert um die Subventionen) bewertet. Das Nettosozialprodukt zu Faktorkosten entspricht dem Volkseinkommen *(siehe dort)*.

New Economy, Bezeichnung für Wirtschaftsbereiche, die im Zusammenhang mit der Verbreitung des Internets und der Computer sowie anderer Informations- und Kommunikationstechniken aufkamen und die wirtschaftlichen Abläufe in und zwischen Unternehmen, aber auch zwischen Unternehmen und ihren Kunden teilweise grundlegend änderten. Der Begriff New Economy (neue Wirtschaft) wird der traditionellen Wirtschaft (Old Economy) im Industrie- und Dienstleistungsbereich gegenübergestellt.

nicht amtliche Statistik, die von nicht amtlichen Einrichtungen wie Industrie- und Handelskam-

NOBELPREIS FÜR WIRTSCHAFTSWISSENSCHAFTEN

Jahr	Name	Vorname	Lebensdaten	Nation
1969	**Frisch**	Ragnar	1895 - 1973	Norwegen
	Tinbergen	Jan	1903 - 1994	Niederlande
1970	**Samuelson**	Paul A.	1915 -	USA
1971	**Kuznets**	Simon S.	1901 - 1985	USA
1972	**Hicks**	Sir John R.	1904 - 1989	Großbritannien
	Arrow	Kenneth J.	1921 -	USA
1973	**Leontief**	Wassily	1906 - 1999	USA
1974	**Myrdal**	Karl Gunnar	1898 - 1987	Schweden
	von Hayek	Friedrich A.	1899 - 1992	Großbritannien
1975	**Kantorowitsch**	Leonid W.	1912 - 1986	Sowjetunion
	Koopmans	Tjalling C.	1910 - 1985	USA
1976	**Friedman**	Milton	1912 - 2006	USA
1977	**Ohlin**	Bertil G.	1899 - 1979	Schweden
	Meade	James E.	1907 - 1995	USA
1978	**Simon**	Herbert A.	1916 - 2001	USA
1979	**Schultz**	Theodore W.	1902 - 1998	USA
	Lewis	Sir W. Arthur	1915 - 1991	USA
1980	**Klein**	Lawrence A.	1920 -	USA
1981	**Tobin**	James	1918 - 2002	USA
1982	**Stigler**	George J.	1911 - 1991	USA
1983	**Debreu**	Gerard	1921 - 2004	USA
1984	**Stone**	Sir J. Richard N.	1913 - 1991	Großbritannien
1985	**Modigliani**	Franco	1918 - 2003	USA
1986	**Buchanan**	James M.	1919 -	USA
1987	**Solow**	Robert M.	1924 -	USA
1988	**Allais**	Maurice	1911 -	Frankreich
1989	**Haavelmo**	Trygve M.	1911 - 1999	Norwegen
1990	**Markowitz**	Harry M.	1927 -	USA
	Miller	Merton H.	1923 - 2000	USA
	Sharpe	William F.	1937 -	USA
1991	**Coase**	Ronald H.	1910 -	Großbritannien
1992	**Becker**	Garry S.	1930 -	USA
1993	**Fogel**	Robert W.	1926 -	USA
	North	Douglass C.	1920 -	USA
1994	**Harsanyi**	John C.	1920 - 2000	USA
	Nash	John F. jr.	1928 -	USA
	Selten	Reinhard	1930 -	Deutschland
1995	**Lucas**	Robert E. jr.	1937 -	USA
1996	**Mirrlees**	James A.	1936 -	Großbritannien
	Vickrey	William S.	1914 - 1996	Kanada
1997	**Merton**	Robert C.	1944 -	USA
	Scholes	Myron S.	1941 -	USA
1998	**Sen**	Amartya K.	1933 -	Indien
1999	**Mundell**	Robert A.	1932 -	Kanada
2000	**Heckman**	James J.	1944 -	USA
	McFadden	Daniel L.	1937 -	USA
2001	**Akerlof**	George A.	1940 -	USA
	Spence	Michael A.	1943 -	USA
	Stiglitz	Joseph E.	1943 -	USA
2002	**Kahneman**	Daniel	1934 -	USA
	Smith	Vernon L.	1927 -	USA
2003	**Engle**	Robert F.	1942 -	USA
	Granger	Clive W. J.	1934 -	Großbritannien
2004	**Kydland**	Finn E.	1943 -	Norwegen
	Prescott	Edward C.	1940 -	USA
2005	**Aumann**	Robert	1930 -	Israel/USA
	Schelling	Thomas	1921 -	USA
2006	**Phelps**	Edmund S.	1933 -	USA
2007	**Hurwicz**	Leonid	1917 - 2008	USA
	Maskin	Eric S.	1950 -	USA
	Myerson	Roger B.	1951 -	USA
2008	**Krugman**	Paul	1953 -	USA

Nobelpreis für Wirtschaftswissenschaften. Die Preisträger

mern, Arbeitgeberverbänden, Gewerkschaften, Wirtschaftsforschungsinstituten oder Wirtschaftsverbänden durchgeführte Statistik.

Nobelpreis für Wirtschaftswissenschaften, der seit 1969 jährlich von der Königlich Schwedischen Akademie der Wissenschaften in Stockholm vergebene, weltweit anerkannte Preis für außerordentliche Leistungen auf dem Gebiet der Wirtschaftswissenschaften. Der Wirtschaftsnobelpreis geht auf eine Stiftung der Schwedischen Reichsbank zurück, die getrennt von der Nobelstiftung geführt wird (Tabelle S. 35).

nominal, auf den Nennwert bezogen. Der Begriff wird verwendet, wenn eine wirtschaftliche Größe wie das Einkommen (Lohn, Gehalt, Volkseinkommen) oder der Zins ohne Berücksichtigung anderer Einflussfaktoren wie die Preisentwicklung bzw. Kaufkraft dargestellt werden soll.

Nominaleinkommen, in Geld bewertetes Einkommen (z. B. Lohn, Gehalt oder Rente) ohne Berücksichtigung der tatsächlichen Kaufkraft (*siehe* Kapitel 3) im Unterschied zum Realeinkommen.

Nutzen, die Bedürfnisbefriedigung oder der Genuss, den der Konsum eines Gutes oder einer Dienstleistung beim Verbraucher auslöst. Als Nutzen werden sowohl das subjektiv empfundene Maß für den Grad der Bedürfnisbefriedigung als auch die Eigenschaften des Sachgutes oder der Dienstleistung selbst angesehen. In der Wirtschaftstheorie (Mikroökonomie) wird angenommen, dass private Haushalte nach dem größtmöglichen Nutzen streben (Nutzenmaximierung). Der Begriff Nutzen spielt in der Haushaltstheorie vor allem bei der Bestimmung der Nachfrage (*siehe* Kapitel 2) und des optimalen Verbrauchsplans (*siehe* Kapitel 2) eines privaten Haushalts eine Rolle.

Nutzenmaximierung, Ziel des Nachfrageverhaltens der privaten Haushalte. Das Nutzenmaximum (Haushaltsgleichgewicht) wird durch die Menge an Waren und Dienstleistungen beschrieben, die einer Person oder einem privaten Haushalt die größtmögliche Bedürfnisbefriedigung verschafft und die gerade noch mit dem begrenzten Einkommen gekauft werden kann. Das Nutzenmaximum wird in der Wirtschaftstheorie durch den optimalen Verbrauchsplan (*siehe* Kapitel 2) beschrieben.

offene Volkswirtschaft, Erweiterung des Wirtschaftskreislaufs *(siehe dort)* durch Öffnung der geschlossenen Volkswirtschaft gegenüber dem Ausland. Neben den Sektoren Unternehmen sowie private und öffentliche Haushalte werden die mit dem Ausland getätigten wirtschaftlichen Vorgänge wie die Einfuhr und Ausfuhr von Waren, Dienstleistungen oder Kapital in die Betrachtungen einbezogen.

öffentliche Güter, wirtschaftliche Güter, die bei der Nutzung durch eine Person gleichzeitig von einer anderen Person genutzt werden können (z. B. Straßenbeleuchtung, Feuerwerk). Von der Nutzung öffentlicher Güter können Einzelne nicht ausgeschlossen werden. Öffentliche Güter (*siehe* auch Kapitel 5) stellt vorwiegend der Staat bereit, ohne dafür in jedem Einzelfall ein besonderes Entgelt zu verlangen.

öffentlicher Sektor, Staatssektor, Bezeichnung der volkswirtschaftlichen Gesamtrechnung für den Wirtschaftsbereich Staat. Der öffentliche Sektor umfasst Bund (einschließlich Sondervermögen), Länder, Gemeinden und Gemeindeverbände (einschließlich deren Einrichtungen wie Krankenhäuser) sowie die Haushalte der Sozialversicherungsträger (z. B. gesetzliche Krankenkassen oder Rentenversicherungsträger).

Ökonometrie, ein wirtschaftswissenschaftlicher Zweig, der mathematisch-statistische Verfahren anwendet, um die Gültigkeit theoretischer Modelle und Aussagen zu überprüfen.

Ökonomie, Bezeichnung für die Wirtschaftswissenschaften *(siehe dort)* und für die Wirtschaft *(siehe dort)*.

ökonomisches Modell, die Untersuchungs- und Erklärungsmethode der Wirtschaftstheorie. Dabei werden komplizierte wirtschaftliche Zusammenhänge auf möglichst einfache Art und Weise dargestellt. Für das ökonomische Modell ist typisch, dass ein ausschließlich nach wirtschaftlichen Gesichtspunkten denkender und handelnder Mensch, der sogenannte Homo oeconomicus *(siehe dort),* angenommen wird, der sich bei seinem wirtschaftlichen Handeln nur vom persönlichen Nutzen und Gewinn leiten lässt, also ausschließlich nach dem ökonomischen Prinzip *(siehe dort)* vorgeht. Alle für die Entscheidung wichtigen Informationen, z. B. Preise oder Qualitäten, sind deshalb bekannt (vollständige

NUTZEN

Private Nutzenmaximierung

Ein Student, der in den Semesterferien einen Aushilfsjob annehmen möchte, muss sich entscheiden, wie viele Stunden er arbeiten möchte: Je mehr er arbeitet, desto mehr kann er sich leisten, z. B. Pizza essen gehen, andererseits muss er jedoch Freizeit opfern, d. h., er kann nicht so häufig ins Freibad gehen.

Die Nutzenfunktion für Arbeit (grün) und Freizeit (orange)

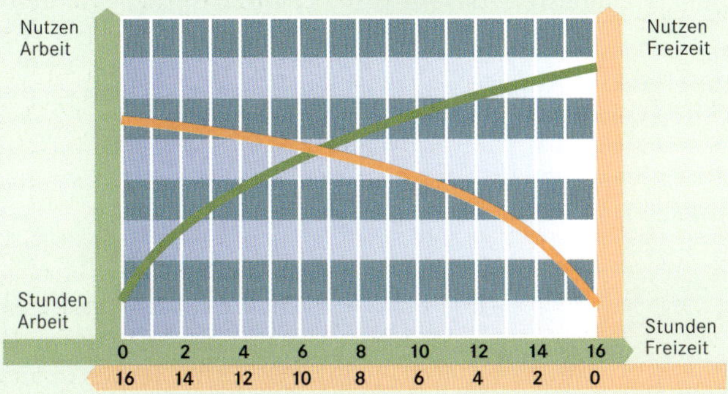

Der erzielte Nutzen lässt sich grafisch als Nutzenfunktion darstellen. Mit jeder zusätzlichen Einheit steigt der Gesamtnutzen. Aber der Nutzenzuwachs mit jeder weiteren Einheit wird immer kleiner, das heißt, der Grenznutzen nimmt ab. Es wird davon ausgegangen, dass der Student acht Stunden Schlaf braucht und daher theoretisch 16 Stunden Zeit verbleiben, die zwischen Arbeit und Freizeit aufgeteilt werden können.

Grenznutzen von Arbeit und Freizeit

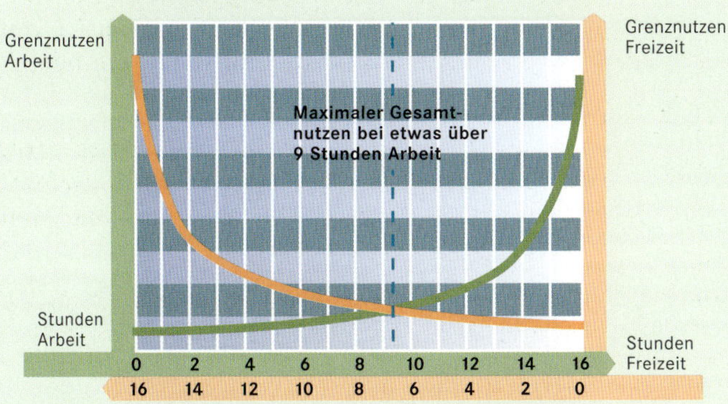

Bei einem Grenznutzen von null kann ein Sättigungspunkt erreicht werden, an dem eine weitere Einheit des Gutes keinen Nutzen mehr stiftet. Der Sättigungspunkt für den Nutzen von Arbeit könnte z. B. dann erreicht sein, wenn der Student schlichtweg keine Zeit mehr hat, sein Geld auszugeben, oder bereits so viele Pizzen konsumiert hat, dass ihm eine weitere Pizza nicht mehr schmecken würde.

Gesamtnutzen aus der Kombination von Arbeit und Freizeit

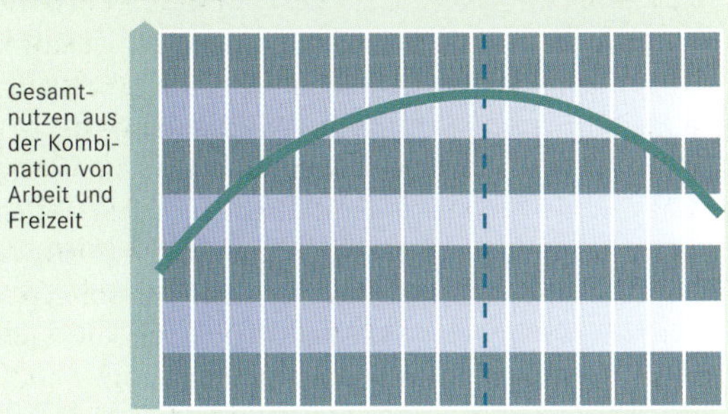

Es lässt sich eine Verhaltensregel ableiten. Man sollte so viele Stunden arbeiten, dass sich der Gesamtnutzen aus Arbeit und Freizeit maximiert. Das Maximum des Gesamtnutzens liegt im Schnittpunkt der Grenznutzenfunktionen für Arbeit und Freizeit. Der Student müsste also etwas mehr als neun Stunden pro Tag arbeiten, um seinen Nutzen zu maximieren. Vielleicht sollte er sich eine besser bezahlte Arbeit suchen …

Nutzen. Private Nutzenmaximierung anhand eines Beispiels

Markttransparenz). Außerdem wird häufig angenommen, dass alle Einflussgrößen und Begleitumstände, die nicht untersucht werden sollen, im Modell unverändert bleiben, die sogenannte Ceteris-paribus-Methode (unter sonst gleichen Bedingungen). Unter diesen modellhaften Bedingungen werden verschiedene ökonomische Einflussgrößen wie der Nutzen, den verschiedene Güter stiften, oder Preise und Konsummengen untersucht. Das Modell hat dabei den Vorteil, dass ökonomische Zusammenhänge (z. B. zwischen Inflation und Arbeitslosigkeit) leichter zu durchschauen sind und Teilausschnitte der Wirklichkeit (deshalb auch Partialanalyse genannt) untersucht werden können, während die sonstigen Rahmenbedingungen unverändert bleiben.

ökonomisches Prinzip, Wirtschaftlichkeitsprinzip, Rationalprinzip, Grundsatz der Wirtschaftstheorie, nach dem vernünftiges wirtschaftliches Handeln unter den Bedingungen knapper Mittel zur Erreichung wirtschaftlicher Ziele (z. B. Nutzenmaximierung beim privaten Haushalt, Gewinnmaximierung beim Unternehmen) erfolgen sollte. Entweder gilt es, mit gegebenen Mitteln einen möglichst großen Erfolg zu erzielen, oder es gilt, ein vorgegebenes Ziel mit möglichst geringem Aufwand zu erreichen. Die erste Handlungsweise wird auch als Maximalprinzip *(siehe dort),* die zweite als Minimalprinzip *(siehe dort)* bezeichnet. Eine dritte Möglichkeit besteht darin, das Verhältnis von Erfolg und Mitteleinsatz möglichst optimal zu gestalten (Extremumprinzip).

Opportunitätskosten, die Alternativkosten *(siehe dort).*

Ordoliberalismus, theoretischer Entwurf einer freiheitlichen, auf den Grundsätzen der Marktwirtschaft beruhenden Wirtschafts- und Gesellschaftsordnung, auch deutsche Ausgabe des Neoliberalismus *(siehe dort)* genannt und eine der Grundlagen der sozialen Marktwirtschaft *(siehe dort)* in Deutschland. Die geistigen Ursprünge gehen auf den deutschen Ökonomen WALTER EUCKEN (* 1881, † 1950) zurück, der zusammen mit anderen Nationalökonomen und Juristen in der sogenannten Freiburger Schule in den 1930er-Jahren Grundgedanken zur Ordnung der Wirtschaft und des Wettbewerbs entwickelte. Ausgangspunkt waren die schlechten Erfahrungen mit dem ungebremsten Kapitalismus des 19. Jahrhunderts, was in der Praxis zu großer Marktmacht einzelner Unternehmen verbunden mit einer Einschränkung des Wettbewerbs und negativen Folgen für weite Teile der Gesellschaft führte.

Nach Auffassung des Ordoliberalismus soll der Staat nicht nur die notwendigen Voraussetzungen für eine freiheitliche und marktwirtschaftliche Wirtschaftsordnung mit Wettbewerb schaffen, sondern diesen auch erhalten. Der Erhaltung und Sicherung des freien Wettbewerbs dient im Ordoliberalismus die Schaffung eines rechtlichen Rahmens durch den Staat. Dieser ordnungspolitische Rahmen stellt die freie wirtschaftliche Betätigung von Unternehmen und Haushalten sicher und soll die Entstehung von Marktmacht (z. B. durch Kartell- oder Monopolbildung) verhindern. Die staatliche Wirtschaftspolitik als Ordnungspolitik ist deshalb darauf ausgerichtet, die marktwirtschaftlichen Rahmenbedingungen zu sichern und gleichzeitig die gesamtwirtschaftliche Entwicklung zu verbessern.

WALTER EUCKEN

Der deutsche Volkswirtschaftler wurde 1891 geboren. Seit 1925 Professor in Tübingen, ab 1927 in Freiburg im Breisgau, war Eucken Begründer der ›Freiburger Schule‹ des Neoliberalismus, die auch als Ordoliberalismus bezeichnet wird. Er trat für eine Ordnung der Wirtschaft nach den Grundgedanken der klassischen Schule der Nationalökonomie ein, wollte aber die Funktionsfähigkeit der Marktwirtschaft durch staatliche Überwachung der Monopole und Kartelle und durch andere marktkonforme Maßnahmen gesichert sehen. Er gilt mit seiner These, dass die wirtschaftspolitische Tätigkeit des Staates auf die Gestaltung der Ordnungsformen der Wirtschaft gerichtet sein sollte und nicht auf die Lenkung der Wirtschaftsprozesse, als einer der geistigen Väter der sozialen Marktwirtschaft. Eucken starb 1950.

Otto Normalverbraucher, umgangssprachliche Bezeichnung für Durchschnittsbürger, die im wirtschaftlichen Sinne durchschnittliches Einkommen erzielen, über gewöhnlichen Geschmack verfügen, eine unauffällige Lebensart praktizieren und alltägliche Güter konsumieren oder Dienstleistungen in Anspruch nehmen.

Output, Bezeichnung für das Ergebnis der Produktion, also die Güter, die hergestellt, oder die Dienstleistungen, die bereitgestellt wurden.

Pareto-Optimum, nach dem italienischen Wirtschaftswissenschaftler und Begründer der Wohlfahrtsökonomie VILFREDO PARETO (* 1848, † 1923) benannte, bestmögliche Situation der Güterverteilung über den Markt in einer Volkswirtschaft (Gleichgewicht). Danach kann in einer Volkswirtschaft z. B. durch Umverteilung von Gütern eine Person ihr eigenes Wohlbefinden (Nutzen) nur dann noch steigern, wenn eine andere Person schlechter gestellt wird.

Physiokratie, Naturherrschaft, ökonomische Denkrichtung, die den Boden bzw. die Natur als Ausgangspunkt wirtschaftlichen Reichtums ansah. Für die Vertreter der Physiokratie, deren Begründer und bedeutendster Vertreter der Franzose FRANÇOIS QUESNAY (* 1694, † 1774) war, trägt deshalb ausschließlich die Landwirtschaft zur Wertschöpfung in der Volkswirtschaft bei, weil durch sie der Bestand an Gütern vergrößert wird.

FRANÇOIS QUESNAY

Der französische Wirtschaftswissenschaftler und Arzt lebte von 1694 bis 1774. Er war Leibarzt Ludwigs XV. und der Marquise de Pompadour. Ausgehend vom Naturrecht, trat er für die Verwirklichung einer harmonischen und natürlichen Selbstregulierung der Wirtschaft ein. Sein Hauptwerk ›Tableau économique‹ erschien 1758 und beinhaltet das erste Modell eines geschlossenen Wirtschaftskreislaufs.

Planwirtschaft, Bezeichnung für eine Wirtschaftsordnung, in der das gesamte wirtschaftliche Geschehen von einer zentralen Stelle nach politischen und wirtschaftlichen Zielvorstellungen geplant, gelenkt und verwaltet wird. Der Staat bzw. staatliche Planungsbehörden auf allen Planungsebenen bestimmten die gesamte Produktion (d. h., wer welche Güter womit herstellt), die Verteilung (d. h., wer welche Güter wo erhält) und die Preise aller Güter und Dienstleistungen.
Der deutsche Ökonom WALTER EUCKEN (* 1891, † 1950) prägte für die Planwirtschaft die Bezeichnung Zentralverwaltungswirtschaft *(siehe dort)*, um den Unterschied zu einer Marktwirtschaft, in der alle Unternehmen und alle Haushalte ebenfalls planen, besser zu verdeutlichen. Der Begriff Zentralverwaltungswirtschaft trifft deshalb den Charakter dieser durch den Staat zentral geleiteten und verwalteten Wirtschaft genauer. Begriffe wie Kommando- oder Befehlswirtschaft sind jedoch auch gebräuchlich für diese Wirtschaftsordnung, da in einer solchen Wirtschaft Anweisungen und Planvorgaben der staatlichen Planungsbehörden verbindlich sind und keine oder nur ganz geringe Entscheidungsspielräume bestehen. Die Planwirtschaft war bis 1990 die Wirtschaftsordnung der meisten sozialistischen Staaten im Einflussgebiet der ehemaligen Sowjetunion und der Volksrepublik China (Grafik S. 40).

politische Ökonomie, nach moderner Begriffsbestimmung die Bezeichnung für einen volkswirtschaftlichen Ansatz, dem zufolge das wirtschaftliche und politische System aufgrund von wechselseitigen Abhängigkeiten nicht getrennt voneinander betrachtet und untersucht werden kann. Ansatzpunkt dabei ist der Gedanke, dass wirtschaftliches Handeln einerseits Auswirkungen auf die politischen und gesellschaftlichen Verhältnisse hat und dass die politischen und gesellschaftlichen Verhältnisse umgekehrt die Wirtschaft eines Landes beeinflussen. Gegenstand der politischen Ökonomie ist damit die Untersuchung der Wechselbeziehungen zwischen Wirtschaft und Gesellschaftssystem.
Im Merkantilismus *(siehe dort)* steht der Begriff politische Ökonomie für eine wirtschaftliche Grundhaltung, die auf Machtvergrößerung des Staates und die Vermehrung des nationalen Reichtums gerichtet ist. Im Sinne des Marxismus *(siehe dort)* diente die politische Ökonomie dem Erklärungsversuch, dass der Kapitalismus mit seinen Gesetzmäßigkeiten kein Wirtschafts- bzw. Gesellschaftssystem von Dauer ist und durch die sozialistische Gesellschaftsordnung abgelöst wird.

Präferenzen, *siehe* Kapitel 2.

Preis, *siehe* Kapitel 2.

Preisindex für die Lebenshaltung, früher der gebräuchlichste Maßstab für die Preisveränderungen, von denen die privaten Haushalte direkt betroffen sind. Aufgrund seiner großen Bedeutung wurde dieser vom Statistischen Bundesamt berechnete Index *(siehe dort)* häufig auch als Maß für die allgemeine Inflation (*siehe* Kapitel 3) angesehen. Wegen der Angleichung an die europäische Statistik wird heute

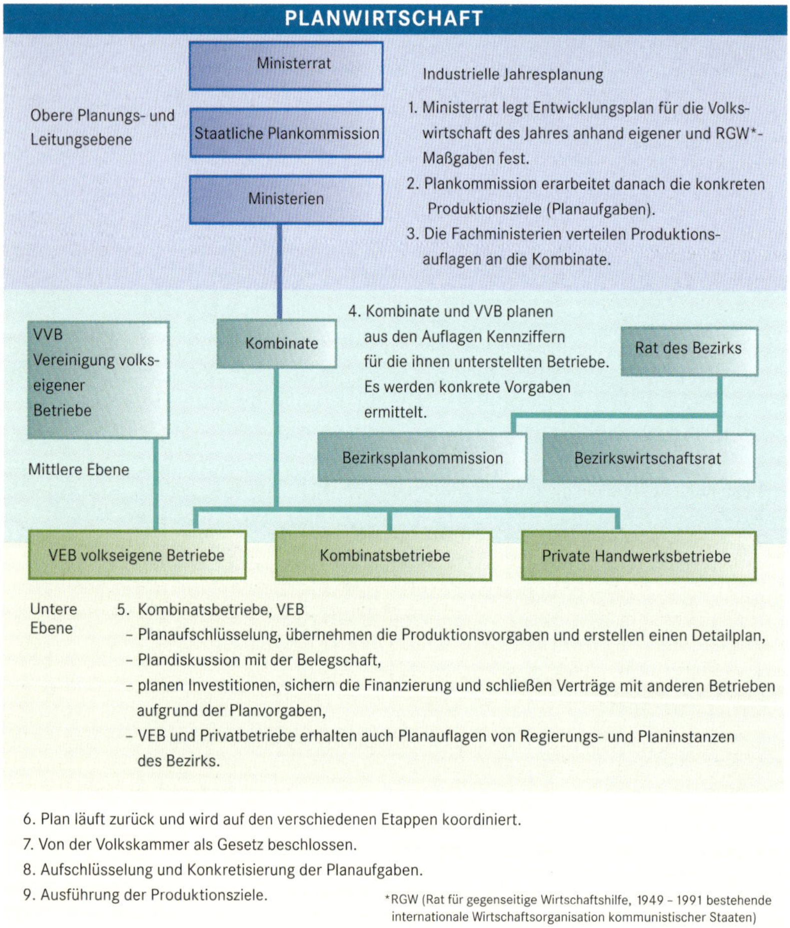

Planwirtschaft.
Industrielle Planung und Leitung der Volkswirtschaft in der ehemaligen DDR

der Verbraucherpreisindex für Deutschland *(siehe dort)* berechnet.

Preisstatistik, Teilgebiet der amtlichen Statistik, das insbesondere die Aufgabe hat, die Preisentwicklung durch Bildung verschiedener Preisindizes im Zeitverlauf zu erfassen. Berechnet werden z. B. der Index der Erzeugerpreise landwirtschaftlicher Produkte und gewerblicher Produkte, der Index der Großhandelsverkaufspreise, der Index der Einzelhandelspreise, Erzeuger- und Verbraucherpreisindizes für verschiedene Verkehrs- und Telekommunikationsdienstleistungen, der Index der Einfuhr- und der Ausfuhrpreise sowie am bekanntesten der Preisindex für die Lebenshaltung *(siehe dort)*.

Privateigentum, die wichtigste Form des Eigentums *(siehe dort)* in der Marktwirtschaft.

privater Haushalt, der Haushalt *(siehe dort)*.

privater Sektor, im Gegensatz zum öffentlichen Sektor der Wirtschaftsbereich der privaten Haushalte, Organisationen ohne Erwerbszweck und privaten Unternehmen.

privater Verbrauch, Bezeichnung in der Wirtschaftsstatistik für den Konsum *(siehe dort)* der privaten Haushalte.

Produktion, aus volkswirtschaftlicher Sicht der Prozess der Güterherstellung. Dazu gehört die Herstellung von Sachgütern z. B. durch die Industrie wie auch die Bereitstellung von Dienstleistungen durch Banken oder Versicherungsunternehmen.

Produktionsfaktor, alle Einsatzmengen, die für die Herstellung von Waren und Dienstleistungen erforderlich sind. Volkswirtschaftlich wird die Produktion von Gütern als die Kombination der drei Produktionsfaktoren Boden, Arbeit und Kapital bezeichnet. Boden und Arbeit gelten dabei als ursprüngliche (originäre) Produktionsfaktoren, Kapital als abgeleiteter (derivativer) Produktionsfaktor. In modernen Betrachtungen wird als sogenannter vierter Produktionsfaktor Bildung bzw. technischer Fortschritt, Information oder Wissen hinzugerechnet. In der Betriebswirtschaftslehre werden die Produktionsfaktoren (*siehe* Kapitel 7) anders abgegrenzt.

Produktionsgüter, eine Form von Gütern *(siehe dort)*.

Produktionsindex, statistische Messzahl für die Nettowertschöpfung (Werterhöhung der Produktion ohne den Wert der Vorleistungen wie Handelswaren oder Lohnarbeiten durch andere Unternehmen) im produzierenden Gewerbe; Teil der amtlichen Statistik. Vom Statistischen Bundesamt werden monatlich für rund 1 000 Erzeugnisse Produktionsmengen und Produktionswerte ermittelt. Zur Darstellung der wirtschaftlichen Entwicklung in den verschiedenen Wirtschaftszweigen werden aus dem Datenmaterial die Produktionsindizes berechnet.

Produktionsmittel, alle bei der Produktion von Gütern erforderlichen Gegenstände wie Gebäude, Maschinen, Anlagen, Werkzeuge, Roh-, Hilfs- oder Betriebsstoffe.

Produktionsmöglichkeitenkurve, Transformationskurve, die grafische Darstellung, die zeigt, welche alternativen Kombinationen von Gütermengen sich bei einer gegebenen Ausstattung an Produktionsfaktoren wie Material, finanziellen Mitteln und Mitarbeitern bei optimalem Einsatz dieser Faktoren höchstens produzieren lassen. Die Produktionsmöglichkeitenkurve wird in der Wirtschaftstheorie z. B. für den einfachen Fall zweier Güter (Konsumgut, Investitionsgut) abgeleitet (Grafik S. 42).

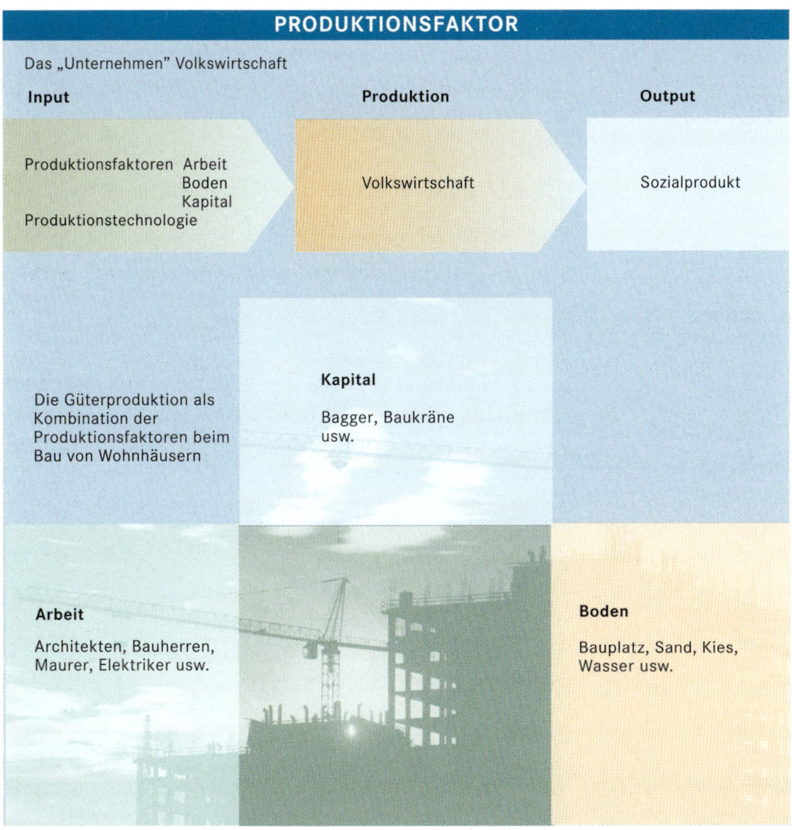

Produktionsfaktor.
Die Güterproduktion als Kombination der Produktionsfaktoren im ›Unternehmen‹ Volkswirtschaft (oben) und beim Bau von Wohnhäusern (unten)

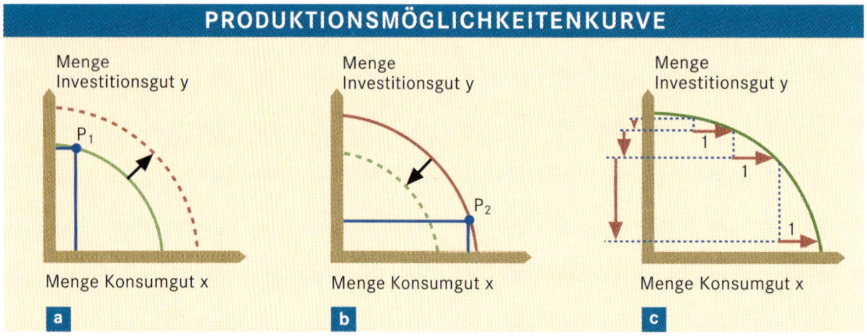

Produktionsmöglichkeitenkurve. Die Produktion relativ vieler Investitionsgüter (P_1) ermöglicht die Erhöhung des Produktionspotenzials (Rechtsverschiebung der Kurve); die Produktion relativ vieler Konsumgüter (P_2) führt zu dessen Schrumpfung (Linksverschiebung der Kurve); eine fortgesetzte Ausdehnung der Produktion von Konsumgütern ist nur dann möglich, wenn auf die Produktion von immer mehr Investitionsgütern verzichtet wird.

Produktionswert, Gesamtwert der von einem Unternehmen für andere Unternehmen hergestellten Waren und Dienstleistungen innerhalb eines bestimmten Zeitraums.

Produktivität, das Verhältnis von Produktionsergebnis (Output) und Einsatz von Produktionsfaktoren (Input). Unterschieden wird die Arbeitsproduktivität *(siehe dort)* und die Kapitalproduktivität. Die Produktivität ist gestiegen, wenn bei gleichem Einsatz an Produktionsfaktoren das Produktionsergebnis größer ist oder wenn bei gleichem Produktionsergebnis die Einsatzmenge der Produktionsfaktoren kleiner ist. Insofern kommt beim Ziel, die Produktivität zu erhöhen, das ökonomische Prinzip *(siehe dort)* zum Ausdruck. Die Produktivität lässt sich für den Produktionsvorgang in einer Fabrik, für ein Unternehmen, einen Wirtschaftszweig oder auch eine Volkswirtschaft berechnen.
Bei der Kennzahl Produktivität werden grundsätzlich Mengen zueinander in Beziehung gesetzt. Dies betrifft die technische Produktivität, die in physikalischen Maßeinheiten wie Kilogramm oder Meter gemessen wird, z. B. produzierte Menge (Output) zur Zahl der Arbeitsstunden (Input). Für die wirtschaftliche Produktivität und um Produktivitätsangaben zu vergleichen, werden die Ausbringungs- und Einsatzmengen in der Praxis jedoch in Geld bewertet. Das Verhältnis des wertmäßigen Produktionsergebnisses (bewertet zu den Verkaufspreisen) zu den zu seiner Erzielung erforderlichen Herstellkosten wird auch als Wirtschaftlichkeit (*siehe* Kapitel 7) bezeichnet.

produzierendes Gewerbe, nach der Abgrenzung der amtlichen Statistik die Wirtschaftsbereiche Bergbau *(siehe dort),* verarbeitendes Gewerbe *(siehe dort)*, Energie- und Wasserversorgung, Baugewerbe *(siehe dort)* sowie die Betriebe des produzierenden Handwerks. Das produzierende Gewerbe kann gleichbedeutend mit der Industrie *(siehe dort)* bzw. dem industriellen Sektor gesehen werden.
Das produzierende Gewerbe ist in Deutschland auch weiterhin ein zentraler Bereich der Volkswirtschaft, obwohl sich seine Bedeutung in den vergangenen Jahren gegenüber dem Dienstleistungssektor verringert hat. Der Beitrag des produzierenden Gewerbes zur Wertschöpfung *(siehe dort)* beträgt etwa ein Drittel. Innerhalb des produzierenden Gewerbes dominiert bei Kennzahlen wie Beschäftigte, Umsatz oder Wertschöpfung das verarbeitende Gewerbe mit den wichtigsten Industriezweigen wie Kraftfahrzeugindustrie, Ernährungsindustrie, chemische Industrie, Metall verarbeitende Industrie, Maschinenbau.

Profit, andere Bezeichnung für Gewinn *(siehe dort).*

Pro-Kopf-Einkommen, zum einen das verfügbare Einkommen je Mitglied eines Haushaltes im Jahr. Im Unterschied zum Haushaltseinkommen *(siehe dort)* wird beim Pro-Kopf-Einkommen die Haushaltsgröße berücksichtigt und das Einkommen auf die Zahl der Haushaltsangehörigen umgelegt. Das ermöglicht genauere Betrachtungen der Einkommensverhältnisse unterschiedlicher sozialer Gruppen wie Selbstständige, Angestellte, Arbeiter, Rentner oder Arbeitslosengeldempfänger.
Andererseits beschreibt das Pro-Kopf-Einkommen als Wohlstandsindikator für internationale und regionale Vergleiche eine Sozialproduktgröße (z. B. Bruttosozialprodukt, Bruttoinlandsprodukt, Volkseinkommen), geteilt durch die Bevölkerungszahl eines Landes oder einer Region.

real, wirklich, der Wirklichkeit entsprechend; der Begriff wird in der Ökonomie verwendet, wenn die tatsächliche Höhe einer wirtschaftlichen Größe dargestellt werden soll, wenn also eine wirtschaftliche Größe wie das Einkommen (Lohn, Gehalt, Volkseinkommen) oder der Zins unter Berücksichtigung anderer Einflussfaktoren wie der Preisentwicklung bzw. der Kaufkraft angegeben wird.

Realeinkommen, Einkommensgröße, die die Kaufkraft (*siehe* Kapitel 3) des Geldes berücksichtigt. Das Realeinkommen ist somit gleichbedeutend mit der Menge an Waren und Dienstleistungen, die mit einem bestimmten Nominaleinkommen (z. B. monatliches Gehalt eines Angestellten) gekauft werden kann. Berechnet wird das Realeinkommen aus dem Nominaleinkommen eines Haushalts geteilt durch den Verbraucherpreisindex.

Reichtum, wirtschaftliche Situation einer Person, einer Gruppe oder sogar eines Landes, in der die Summe der verfügbaren Güter und Vermögenswerte das durchschnittliche Niveau des materiellen Wohlstands in einer Gesellschaft wesentlich übersteigt. Der Begriff Reichtum ist schwer abzugrenzen, die Festlegung objektiver Kriterien (z. B. Einkommensmillionär) problematisch.
Reichtum ermöglicht leichter die Befriedigung sogenannter Luxusbedürfnisse. Dabei werden als **Luxus** die Verhaltensweisen oder Aufwendungen beim Kauf oder Gebrauch von Gütern angesehen, die weit über ein durchschnittliches oder als angemessen angesehenes Maß hinausgehen.

Ressourcen, die Einsatzmittel oder Güter, die beim Produktionsvorgang im Unternehmen zur Herstellung neuer Güter verbraucht werden, insofern gleichbedeutend mit Produktionsfaktoren. In einem engeren Sinne als natürliche Ressourcen nur die Rohstoffe (z. B. Eisenerz, Rohöl, Wasser).

Sachgüter, im Unterschied zu Dienstleistungen und Rechten alle materiellen Güter *(siehe dort)*.

Schattenwirtschaft, Bezeichnung für alle wirtschaftlichen Leistungen, die nicht in die Berechnung des Sozialprodukts eingehen. Dazu gehören z. B. Hausarbeit und häusliche Selbstversorgung oder Nachbarschaftshilfe und ehrenamtliche Leistungen, die als Selbstversorgungswirtschaft von der Statistik nicht erfasst werden, und illegale wirtschaftliche Tätigkeiten, die mit Straftaten (z. B. Drogenhandel) oder Steuerhinterziehung (z. B. Schwarzarbeit) verbunden sind.

schöpferische Zerstörung, vom österreichischen Wirtschaftswissenschaftler JOSEPH ALOIS SCHUMPETER (* 1883, † 1950) geprägter Begriff für den durch den Wettbewerb ausgelösten Prozess der

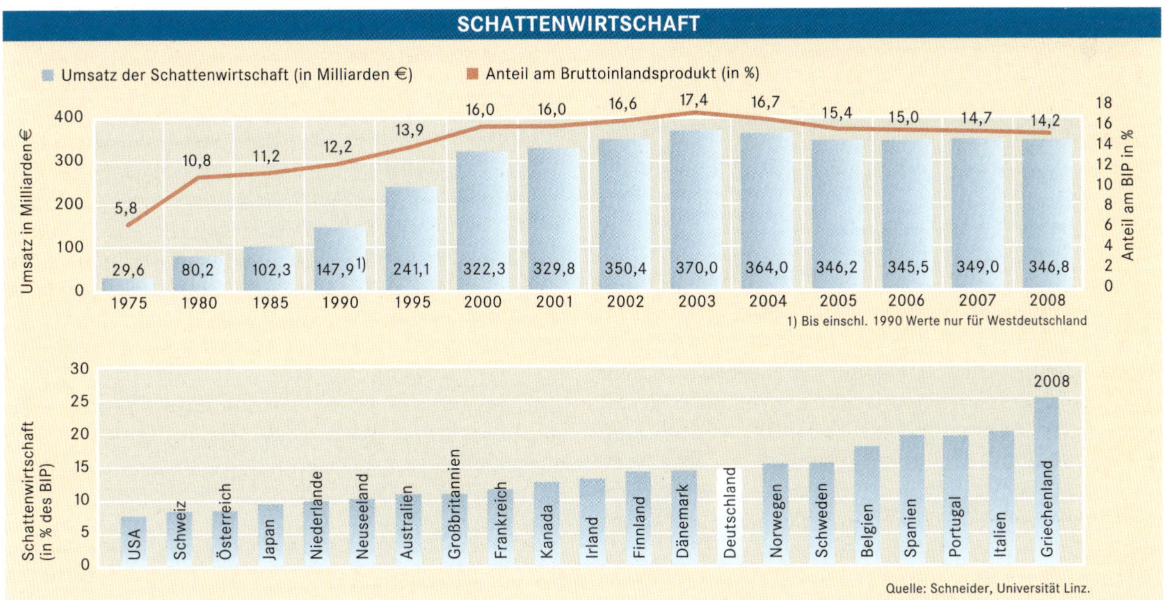

Schattenwirtschaft. Ausmaß der Schattenwirtschaft

ständigen Erneuerung und Verbesserung der Produktionsverfahren und Erzeugnisse. Den Prozess der schöpferischen Zerstörung, bei dem alte Güter und Produktionsverfahren ständig durch neue ersetzt werden, sieht SCHUMPETER als Motor der wirtschaftlichen Entwicklung. Eine zentrale Rolle spielt dabei der schöpferische, einfallsreiche Unternehmer, der durch neue Ideen und den Einsatz neuer Produktionsmethoden, Techniken und Verarbeitungsmöglichkeiten den wirtschaftlichen und technischen Fortschritt immer wieder vorantreibt.

JOSEPH ALOIS SCHUMPETER

Der österreichische Volkswirtschaftler und Sozialwissenschaftler lebte von 1883 bis 1950. Er war seit 1909 Professor, unter anderem in Graz (1911 bis 1919), Bonn (1925 bis 1932) und seit 1932 an der Harvard University (USA). Schumpeter entwickelte eine Theorie der wirtschaftlichen Entwicklung des kapitalistischen Wirtschaftssystems, die er durch innerwirtschaftliche Veränderungen erklärte. Diese Veränderungen beruhen vor allem auf ›dynamischen Unternehmern‹, die Innovationen durchsetzen, Pioniergewinne erzielen und den Konjunkturaufschwung herbeiführen. Dieser Prozess ›schöpferischer Zerstörung‹ ermögliche Wachstum und technischen Fortschritt. Damit leistete Schumpeter einen wichtigen Beitrag zur Konjunkturtheorie. Er befürchtete aber auch das Ende des Kapitalismus, da der innovative Prozess vor allem durch Bürokratisierung in den Unternehmen und eine verstärkte Rolle des Staates erlahme. Schumpeter gilt als einer der einflussreichsten Volkswirtschaftler des 20. Jahrhunderts.

Schwarzarbeit, Bezeichnung für Arbeitsleistungen, die erbracht werden, ohne dass der gesetzlichen Anmelde- und Steuerpflicht nachgekommen wird. Schwarzarbeit ist eine Ordnungswidrigkeit und kann beim Schwarzarbeiter und beim Auftraggeber mit einer Geldbuße bis zu 300 000 € geahndet werden, wenn ihr Umfang erheblich ist und Gewinnsucht vorliegt. Nicht zur Schwarzarbeit zählen z. B. Arbeitsleistungen im Rahmen der Nachbarschaftshilfe oder der Selbsthilfe als Heimwerker (do it yourself).
Die Schwarzarbeit ist in den vergangenen Jahren in nahezu allen Industrieländern erheblich gestiegen. Besonders im handwerklich-gewerblichen Bereich und bei den Dienstleistungen liegt ein Schwerpunkt der Schwarzarbeit, wobei persönlich erbrachte Arbeitsleistungen wie Bauarbeiten und -renovierungen, Reparaturen, Schreibarbeiten, Nachhilfestunden oder Gartenarbeiten im Vordergrund stehen. Dem Staat und den Sozialversicherungsträgern gehen durch ›schwarz‹ abgerechnete Arbeiten jährlich Steuereinnahmen und Sozialversicherungsbeiträge in Milliardenhöhe verloren.

Selbstversorgungswirtschaft, ein Bereich der Schattenwirtschaft *(siehe dort);* umfasst z. B. Tätigkeiten der häuslichen Selbstversorgung (eigener Gemüse- und Obstanbau), der Nachbarschaftshilfe oder freiwillige und soziale Betätigungen.

soziale Indikatoren, Maßzahlen, mit deren Hilfe die Lebensqualität *(siehe dort)* in der Bevölkerung aufgezeigt und beurteilt werden soll und die z. B. für Umwelt (z. B. Energieverbrauch pro Kopf), Gesundheit (z. B. Versorgung mit Ärzten, Säuglingssterblichkeit), Bildung (z. B. Analphabetenquote) oder Arbeitsbedingungen aufgestellt wurden. Soziale Indikatoren sollen das Pro-Kopf-Einkommen als Ausdruck des materiellen Wohlstandes ergänzen. Von internationalen Organisationen wird versucht, soziale Indikatoren und materiellen Wohlstand in einer Kenngröße für die Lebensqualität zusammenzufassen und einen Index für die menschliche Entwicklung zu berechnen.

soziale Marktwirtschaft, die Wirtschaftsordnung der Bundesrepublik Deutschland; so benannt und wesentlich mitgeprägt von dem Ökonomen und Staatssekretär im Wirtschaftsministerium ALFRED MÜLLER-ARMACK (* 1901, † 1978) und vom ersten Bundeswirtschaftsminister LUDWIG ERHARD (* 1897, † 1977) und nach dem Zweiten Weltkrieg praktisch umgesetzt. Die soziale Marktwirtschaft baut auf Elementen der freien Marktwirtschaft auf, ist in der tatsächlichen Ausgestaltung jedoch durch die wirtschaftstheoretischen Vorstellungen des Neoliberalismus *(siehe dort)* und des Ordoliberalismus *(siehe dort),* vor allem vom Nationalökonomen WALTER EUCKEN (* 1891, † 1950) und der Freiburger Schule geprägt.
Eine der wichtigsten Aufgaben des Staates in der sozialen Marktwirtschaft ist die Schaffung eines rechtlichen Rahmens, innerhalb dessen sich das wirtschaftliche Handeln abspielen kann. Dazu ge-

hört die Sicherung persönlicher Freiheitsrechte wie das Recht auf freie wirtschaftliche Betätigung und die Möglichkeit, ein selbstständiges Gewerbe gründen zu können, das Privateigentum an den Produktionsmitteln oder das Recht, Vereinigungen zur Wahrung wirtschaftlicher und sozialer Interessen zu bilden. Die Gewährleistung des marktwirtschaftlichen Wettbewerbs sowie dessen Erhaltung durch eine funktionsfähige Wettbewerbsordnung, die wettbewerbsbeschränkende Vorgänge auf den Märkten verhindert, sind ebenfalls von grundsätzlicher Bedeutung. Weitere Gestaltungsmerkmale der sozialen Marktwirtschaft sind z. B. freie Preisbildung für Güter und Leistungen am Markt, Gewinnstreben als Leistungsanreiz, eine von staatlichen Weisungen unabhängige Zentralbank, das Recht von Arbeitgebern und Arbeitnehmern, über ihre jeweiligen Verbände die Arbeitsbedingungen und die Entlohnung ohne staatlichen Eingriff zu regeln (Tarifautonomie), eine aktive Wirtschafts-, Konjunktur- und Steuerpolitik des Staates sowie ein Netz von Sozialleistungen, das z. B. Alte, Kranke, Einkommensschwache oder Arbeitslose vor wirtschaftlicher Not schützt, wenn eine Eigenversorgung nicht möglich ist.

Der Anspruch der sozialen Marktwirtschaft ist, die Vorteile einer freien Marktwirtschaft wie wirtschaftliche Leistungsfähigkeit oder hohe Güterversorgung zu verwirklichen, gleichzeitig aber deren Nachteile wie zerstörerischer Wettbewerb, Ballung wirtschaftlicher Macht oder unsoziale Auswirkungen von Marktprozessen (z. B. Arbeitslosigkeit) zu vermeiden. Die Zielsetzung der sozialen Marktwirtschaft ist deshalb ein größtmöglicher Wohlstand bei bestmöglicher sozialer Absicherung. Der Staat verhält sich aus diesem Grund nicht passiv, sondern greift aktiv in das Wirtschaftsgeschehen z. B. durch konjunkturpolitische, wettbewerbspolitische und sozialpolitische Maßnahmen ein. Eingriffe des Staates in die Wirtschaft erfolgen im allgemeinen Interesse und in solchen Bereichen, wo Anbieter oder Nachfrager durch angepasste, marktwirtschaftlich vertretbare Maßnahmen geschützt werden müssen (z. B. beim Verbraucherschutz oder der Wettbewerbsgesetzgebung).

Die soziale Marktwirtschaft hat sich seit ihrer Einführung nach 1948 in der Bundesrepublik Deutschland bewährt und zu einer bis dahin nicht gekannten Steigerung des Wohlstandes bei breiten Bevölkerungsschichten und zu einem hohen Maß an sozialer Sicherheit geführt. Allerdings waren Art und Umfang der staatlichen Eingriffe z. B. mit dem Hinweis auf den Wohlfahrtsstaat *(siehe dort)* politisch immer wieder umstritten.

LUDWIG ERHARD

Der deutsche Politiker und Wirtschaftswissenschaftler wurde 1897 geboren. Als Direktor der Wirtschaftsverwaltung des ›Vereinigten Wirtschaftsgebietes‹ (1948/49) erklärte Erhard 1948 mit der Währungsreform gegen den Widerstand der Besatzungsmächte das Ende der Zwangswirtschaft. Zusammen mit Alfred Müller-Armack entwarf er in den 1940er-Jahren das Konzept der sozialen Marktwirtschaft, die er dann auch als erster Bundeswirtschaftsminister (1949 bis 1963) unter dem Bundeskanzler Konrad Adenauer erfolgreich durchsetzte. Der von ihm eingeleitete wirtschaftliche Aufschwung begründete seinen Ruf als ›Vater des deutschen Wirtschaftswunders‹. Von 1957 bis 1963 war der CDU-Politiker zugleich Vizekanzler. 1963 wählte ihn der Bundestag zum Nachfolger Adenauers; 1966/67 war er auch Vorsitzender der CDU. Nach innerparteilicher Kritik trat Erhard 1966 als Bundeskanzler zurück. Von 1949 bis ein Jahr vor seinem Tod 1977 war Erhard auch Bundestagsabgeordneter.

Sozialismus, Weltbild, das sich im 19. Jahrhundert aus der Kritik am Kapitalismus entwickelt hat und eine Beseitigung dieses Wirtschaftssystems anstrebt. Wirtschaftspolitische Grundlage ist die Aufhebung des Privateigentums an den Produktionsmitteln und dessen Verstaatlichung sowie die zentrale Planung und Lenkung des Wirtschaftsprozesses, um negative soziale Auswirkungen des Wirtschaftens zu verhindern. Ziel ist die Überwindung sozialer Gegensätze in Wirtschaft und Gesellschaft sowie die Verbesserung der Situation der arbeitenden Bevölkerung.

Die Hauptrichtungen des Sozialismus im 18. und 19. Jahrhundert waren der utopische Sozialismus und der wissenschaftliche Sozialismus. Die utopischen Sozialisten wie ROBERT OWEN (* 1771, † 1858) oder CHARLES FOURIER (* 1772, † 1835) strebten gesellschaftlich und wirtschaftlich einen idealen Staat an, den sie durch Aufklärung und vernünftiges Handeln aller Menschen erreichen woll-

ten. Im Gegensatz dazu unternahmen KARL MARX (* 1818, † 1883) und FRIEDRICH ENGELS (* 1820, † 1895) den Versuch, den Sozialismus wissenschaftlich zu begründen. In dieser Betrachtung ist der Sozialismus das notwendige Ergebnis aus dem Zusammenbruch des Kapitalismus und der Revolution der Arbeiterklasse sowie die Vorstufe der klassen- und herrschaftslosen Gesellschaft, dem Kommunismus *(siehe dort)*.
In den ehemaligen Ostblockstaaten (z. B. ehemalige Sowjetunion oder DDR), die durch eine umfassende Herrschaft der kommunistischen Partei geprägt waren, wurde vom real existierenden Sozialismus gesprochen. Deren Wirtschaftsordnung wird auch als Planwirtschaft *(siehe dort)* bezeichnet.

sozialistische Marktwirtschaft, Wirtschaftsordnung, in der Merkmale der Zentralverwaltungswirtschaft wie die zentrale Planung und Lenkung der Wirtschaft mit Bestandteilen der Marktwirtschaft wie freie Preisbildung oder Konkurrenz von Staatsbetrieben kombiniert sind. Ein Beispiel war die Wirtschaftsordnung der Arbeiterselbstverwaltung im ehemaligen Jugoslawien.

Sozialprodukt, Nationaleinkommen, Summe aller wirtschaftlichen Leistungen, die von den Einwohnern eines Landes innerhalb einer festgelegten Zeit (z. B. in einem Jahr) erbracht werden. Bei der Berechnung des Sozialproduktes wird zwischen dem Bruttosozialprodukt *(siehe dort)* und dem Nettosozialprodukt zu Marktpreisen oder dem Nettosozialprodukt zu Faktorkosten, dem Volkseinkommen *(siehe dort)*, unterschieden, das zu laufenden Preisen (nominal) oder zu Preisen eines Basisjahres (real) gemessen werden kann.
In der volkswirtschaftlichen Gesamtrechnung haben sich zwischenzeitlich die Begriffe teilweise geändert und die Schwerpunkte der Betrachtung verlagert. So bevorzugt die Wirtschaftsstatistik inzwischen das Bruttoinlandsprodukt *(siehe dort)* gegenüber dem Bruttosozialprodukt als zentrale Größe zur Beschreibung der wirtschaftlichen Leistungsfähigkeit eines Landes und als Wohlstandsindikator. Bei der Berechnung der verschiedenen Sozialproduktgrößen kann der Blickwinkel unterschiedlich sein. Die Entstehungsrechnung fragt danach, in welchen Wirtschaftssektoren die Güter und Dienstleistungen erwirtschaftet wurden (z. B. Land-,

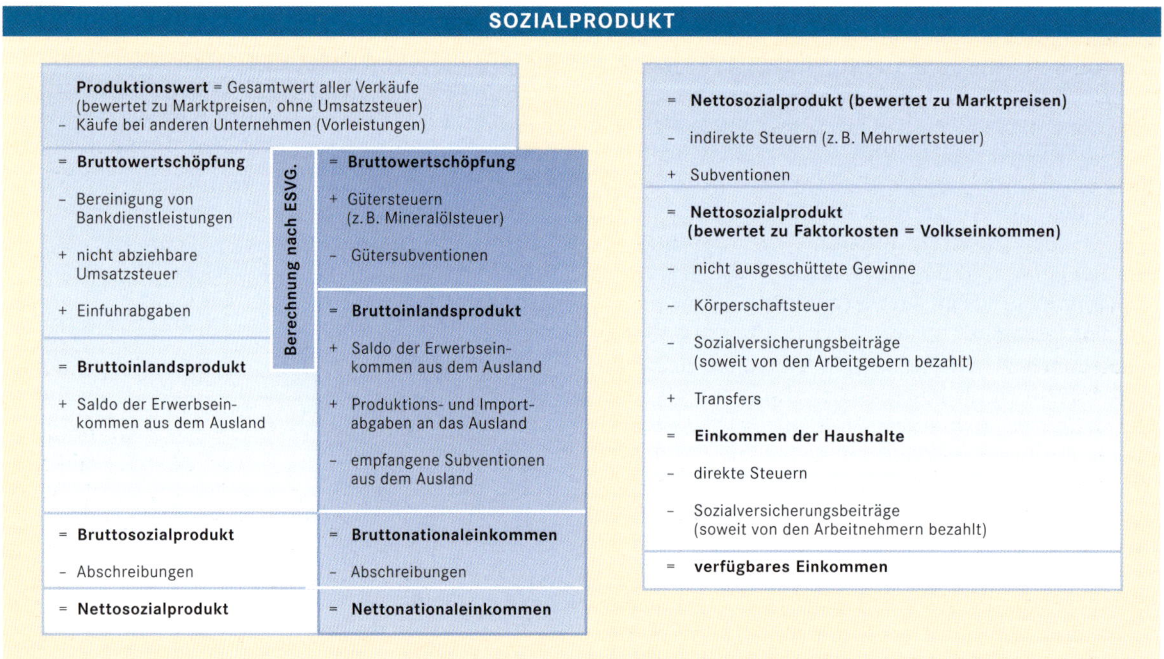

Sozialprodukt. Berechnungsschema für verschiedene Sozialproduktbegriffe und Neuerungen im Zusammenhang mit dem Europäischen System Volkswirtschaftlicher Gesamtrechnungen (ESVG)

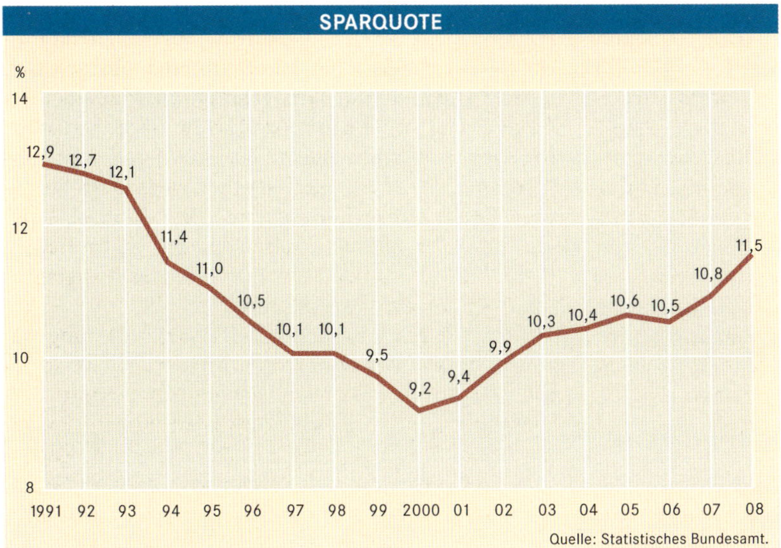

Sparquote.
Entwicklung der Sparquote der privaten Haushalte in Deutschland in Prozent

Forstwirtschaft und Fischerei, produzierendes Gewerbe, privater und öffentlicher Dienstleistungssektor oder private Haushalte), die Verwendungsrechnung, ob die Güter und Dienstleistungen konsumiert oder investiert wurden (z. B. privater Verbrauch, Staatsverbrauch, Investitionen). Bei der Verteilungsrechnung geht es darum, wem die im gesamtwirtschaftlichen Produktionsprozess entstandenen Einkommen (Löhne, Gehälter, Gewinne, Vermögenseinkommen) zugeflossen sind.

Sparen, nicht für den Verbrauch verwendete Teile des Einkommens. Es wird weniger Geld ausgegeben, als im gleichen Zeitraum verdient wurde. Sparen ist damit momentaner Konsumverzicht bzw. Konsumaufschub in die Zukunft. Ersparnisse werden von privaten Haushalten z. B. für größere Anschaffungen in der Zukunft oder zur wirtschaftlichen Sicherheit als Rücklage gebildet.
Durch Sparen wird in der Volkswirtschaft einerseits die Nachfrage nach Konsumgütern verringert. Andererseits setzt Sparen finanzielle Mittel frei, die über den Bankensektor den Unternehmen als Kredite zufließen und von diesen für Investitionen genutzt werden. Durch Sparen (*siehe* Kapitel 3) werden damit die Produktionsbedingungen und -möglichkeiten, d. h. die Ausstattung der Unternehmen mit Maschinen oder technischen Anlagen, verbessert und das gesamtwirtschaftliche Produktionspotenzial erhöht.

Sparprinzip, das Minimalprinzip *(siehe dort).*

Sparquote, das Verhältnis der Ersparnisse eines oder aller privaten Haushalte zum verfügbaren Einkommen. Unterschieden wird zwischen durchschnittlicher Sparquote (Anteil der Ersparnisse am verfügbaren Einkommen), gesamtwirtschaftlicher Sparquote (Anteil der Ersparnisse an einer Sozialproduktgröße) und marginaler Sparquote (Veränderung der Ersparnisse bei Veränderung des Einkommens). Mit steigendem Einkommen nehmen im Regelfall die Konsumausgaben ab und die Sparneigung nimmt zu.

Staatseingriff, Maßnahmen und Aktivitäten des Staates im marktwirtschaftlichen Geschehen. Der Staat kann durch aktive Eingriffe in die Wirtschaft das Marktgeschehen dort ergänzen, wo es versagt oder zu nicht erwünschten wirtschaftlichen oder sozialen Resultaten führt. Staatliches Eingreifen in der sozialen Marktwirtschaft wird in Marktsicherung, Marktbeeinflussung und Marktregulierung unterschieden. Eingriffe des Staates in die Wirtschaft dürfen den Marktmechanismus jedoch nicht außer Kraft setzen, sondern müssen marktkonform sein. Staatliche Rationierung oder Kontingentierung von Waren und Preisfestlegung sind mit dem marktwirtschaftlichen Wettbewerb nicht vereinbar.

Staatskapitalismus, Wirtschafts- und Gesellschaftsordnung, die sowohl Elemente des Sozialis-

mus (z. B. staatliches Eigentum an volkswirtschaftlich bedeutenden Unternehmen) als auch des Kapitalismus (z. B. marktwirtschaftliche Preisbildung) enthält.
Geprägt wurde der Begriff Staatskapitalismus bzw. staatsmonopolistischer Kapitalismus von WLADIMIR ILJITSCH LENIN (* 1870, † 1924), der damit das letzte Stadium des Kapitalismus vor der sozialistischen Revolution charakterisierte. Nach Ansicht LENINS befanden sich die westlichen Industriestaaten zur Zeit des Ersten Weltkriegs in dieser letzten Stufe des Kapitalismus, bei der die Macht der großen Monopolunternehmen und die Macht des Staates weitestgehend verschmolzen sind.

Staatssektor, der öffentliche Sektor *(siehe dort).*

Staatsverbrauch, von Bund, Ländern und Gemeinden sowie der Sozialversicherung ohne spezielles Entgelt zur Verfügung gestellte Verwaltungs- und Sachleistungen für die Allgemeinheit wie innere und äußere Sicherheit oder öffentliches Schulwesen. Der Begriff Staatsverbrauch oder öffentlicher Konsum ist insoweit irreführend, da der Staat diese Leistungen nicht selbst verbraucht oder für eigene Zwecke erbringt. In der volkswirtschaftlichen Gesamtrechnung wird der Staatsverbrauch, da es dafür keinen Marktpreis gibt, zu Herstellkosten bzw. anhand der laufenden Aufwendungen (z. B. Löhne, Gehälter, Bezüge der beim Staat Beschäftigten) bewertet. Abgezogen vom Staatsverbrauch werden Verkäufe (z. B. Benutzungsgebühren) und Ausgaben für Güter, die als soziale Sachleistungen den privaten Haushalten zur Verfügung gestellt werden.

Standort, Wirtschaftsstandort, der Ort, an dem ein Unternehmen Güter produziert oder vertreibt. Der Begriff Wirtschaftsstandort bezieht sich heute im Zusammenhang mit der Globalisierung jedoch auf Regionen oder ganze Länder und beinhaltet die Rahmenbedingungen wie die Wirtschaftsordnung, das Steuer- und Sozialsystem oder Aspekte der Infrastruktur. Die Standortentscheidung ist wichtig, weil sie den Betrieb und seine Entwicklung langfristig festlegt. Die wirtschaftlichen Kriterien, nach denen unterschiedliche Standorte beurteilt werden, nennt man Standortfaktoren (*siehe* Kapitel 7).

Statistisches Amt der Europäischen Gemeinschaften, die Behörde, die statistische Daten für unterschiedliche Sachverhalte wie europäische Verbraucherpreise, Wirtschaftswachstum, Bevölkerungszahlen, die Entwicklung der Einkommen oder andere wirtschaftliche und soziale Daten für die europäischen Organe und die Mitgliedstaaten erhebt, auswertet und bereitstellt. Die Behörde ist auch unter dem Kurzwort **Eurostat** bekannt. Anschrift: Bâtiment Jean Monet rue Alcide de Gasperi, L-2920 Luxemburg; Telefon: 00352 43011; Internet: www.europa.eu.int/eurostat.

Statistisches Bundesamt, selbstständige Bundesbehörde, die in Zusammenarbeit mit den 16 Statistischen Ämtern der Länder bundesweite amtliche Statistiken erhebt, auswertet und bereitstellt. Das Statistische Bundesamt übernimmt dabei vor allem Koordinationsaufgaben, damit die einzelnen Statistiken überschneidungsfrei und termingerecht durchgeführt werden. Zu den Aufgaben des Statistischen Bundesamtes gehört z. B. die methodische und technische Vorbereitung, die Weiterentwicklung sowie die Zusammenstellung und Veröffentlichung der statistischen Daten. Die Behörde ist auch unter dem Kurzwort **Destatis** bekannt. Präsident ist seit August 2008 RODERICH EGELER (* 1950). Anschrift: Gustav-Stresemann-Ring 11, 65189 Wiesbaden; Telefon: 0611 751; Internet: www.destatis.de.

Stichprobenerhebung, Teilerhebung, Methode zur Gewinnung statistischer Daten, bei der nur ein Teil der Gesamtheit (Stichprobe) zu interessierenden Themen oder Sachverhalten befragt wird. Das Ergebnis der Stichprobe wird dann mithilfe einer Hochrechnung auf die Gesamtheit übertragen. Eine Stichprobenerhebung ist z. B. der Mikrozensus *(siehe dort).* Gegenteil: Totalerhebung *(siehe dort).*

Substitution, das Ersetzen von Gütern oder Produktionsfaktoren, die gleiche Aufgaben bzw. denselben Zweck erfüllen. Steigen z. B. die Preise für Butter, kann der Haushalt Butter durch Margarine substituieren.

Tauschwirtschaft, Naturaltauschwirtschaft, Bezeichnung für eine Wirtschaft, innerhalb derer alle wirtschaftlichen Handlungen nach dem Prinzip des Tauschs ›Ware gegen Ware‹ durchgeführt werden, ohne dass Geld zwischengeschaltet wird. Gegenteil: Geldwirtschaft *(siehe dort).*

Totalerhebung, Vollerhebung, Form der Erhebung statistischer Daten, bei der alle Einheiten einer Gesamtheit zu interessierenden Themen und Sachverhalten befragt werden. Totalerhebungen werden z. B. im Rahmen der Volkszählung oder bei der Zählung der handwerklichen Betriebe vorgenommen. Gegenteil: Stichprobenerhebung *(siehe dort)*.

Transformationsprozess, Bezeichnung für die Umwandlung einer Zentralverwaltungswirtschaft (z. B. in der ehemaligen DDR) mit staatlicher Planung und Lenkung der Wirtschaft in eine Marktwirtschaft mit Kennzeichen wie Wettbewerb, Marktpreisbildung, Konsumfreiheit. Dieser Prozess wird von verschiedenen Schwierigkeiten und Problemen begleitet, die zum Teil auf Defizite der alten Planwirtschaft zurückzuführen sind. Eines der größten Probleme im Transformationsprozess der DDR-Wirtschaft ist die hohe Arbeitslosigkeit in den neuen Bundesländern.

Überflussgesellschaft, auf den amerikanischen Wirtschaftswissenschaftler John Kenneth Galbraith (* 1908, † 2006) zurückgehende Beschreibung einer modernen Industriegesellschaft, die durch ein Überangebot von Gütern für den privaten Verbrauch gekennzeichnet ist (z. B. Automobile), während der staatliche Sektor (z. B. Straßen) eher unterversorgt ist. Als einflussreicher Ökonom und Sozialkritiker sprach Galbraith (er war Berater der US-Präsidenten Johnson, Carter und Clinton) von privater Verschwendung und öffentlicher Armut und setzte sich für die Stärkung des öffentlichen Bereichs ein.

Umweltökonomie, volkswirtschaftlicher Zweig, der sich mit der Betrachtung und Untersuchung der Beziehungen zwischen Wirtschaft und natürlicher Umwelt des Menschen befasst. Erforscht werden z. B. die Auswirkungen des industriellen Wirtschaftens auf die Umwelt, um daraus Empfehlungen für eine ökonomische Umweltpolitik oder für umweltverträgliche Produktionsverfahren geben zu können. Oft wird in diesem Zusammenhang vom Ausgleich zwischen Ökonomie und Ökologie gesprochen.

umweltökonomische Gesamtrechnung, eine Dokumentation, innerhalb derer die wirtschaftlichen Abläufe und der Zustand der Umwelt aufgezeigt werden. Sie erfasst z. B. den Verbrauch von natürlichen Rohstoffen, die Menge und die Auswirkungen von Emissionen, den Zustand der Umwelt und Umweltschutzmaßnahmen. Mithilfe der umweltökonomischen Gesamtrechnung sollen die Kosten für die Nutzung der Umwelt ermittelt und daraus ein **Ökoinlandsprodukt** berechnet werden, das in Ergänzung zum Bruttoinlandsprodukt die Umweltnutzung und Umweltbelastung als Kostenfaktoren einbezieht.

unsichtbare Hand, Bezeichnung für die Selbststeuerung der Wirtschaft über Angebot und Nachfrage auf dem Markt, die auf den englischen Nationalökonomen Adam Smith (* 1723, † 1790) zurückgeht. Nach diesem Grundbegriff der klassischen Schule der Nationalökonomie ist das Marktgeschehen eine ordnende und regulierende Kraft, die den Einzelnen dazu bringt, seine wirtschaftlichen Interessen nach bestmöglicher Bedürfnisbefriedigung zu verfolgen und dabei gleichzeitig dem Interesse der Gesellschaft nach bestmöglicher Güterversorgung zu dienen.

Unternehmen, aus volkswirtschaftlicher Sicht eine rechtlich selbstständige Wirtschaftseinheit, in der im Unterschied zu privaten Haushalten Sachgüter und Dienstleistungen hergestellt bzw. bereitgestellt und verkauft werden. In der Wirtschaftsstatistik wird ähnlich wie in der Betriebswirtschaftslehre zwischen Unternehmen (*siehe* Kapitel 7) und Betrieb als örtlich getrennte Niederlassung eines Unternehmens unterschieden.

Unternehmenssektor, Begriff der volkswirtschaftlichen Gesamtrechnung für die zusammenfassende Betrachtung der Unternehmen. Zum Unternehmenssektor werden nicht nur die Unternehmen im eigentlichen Sinne gerechnet, sondern auch Einrichtungen wie Handwerkskammern, Industrie- und Handelskammern oder Arbeitgeberverbände, die hauptsächlich für Unternehmen tätig sind. Der Unternehmenssektor ist ein wichtiger Sektor im Wirtschaftskreislauf *(siehe dort)*.

Urproduktion, die Gewinnung von wirtschaftlichen Gütern aus der Nutzung der Natur im Unterschied zur Bearbeitung oder Verarbeitung von Rohstoffen und Zwischenprodukten im industriellen Sektor. Zur Urproduktion (primärer Sektor) zählen neben Land-, Forstwirtschaft, Fischerei auch der Bergbau und die Gewinnung von Steinen und Erden.

verarbeitendes Gewerbe, verarbeitende Industrie, Bezeichnung für alle Industriebetriebe, die Rohstoffe und Zwischenprodukte weiterverarbeiten

VERBRAUCHERPREISINDEX

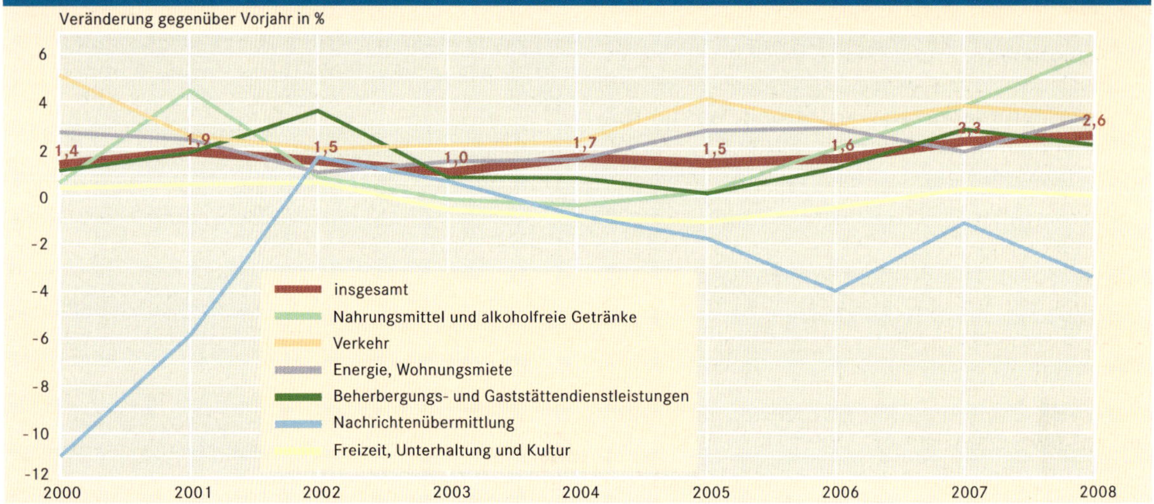

Verbraucherpreisindex. Entwicklung der Verbraucherpreise zwischen 2000 und 2008

und dabei auch Endprodukte erzeugen. Zum Wirtschaftsbereich der verarbeitenden Industrie zählt das Grundstoff- und Produktionsgütergewerbe, das Investitionsgüter produzierende Gewerbe, das Verbrauchsgüter produzierende Gewerbe sowie das Nahrungs- und Genussmittelgewerbe. In der Wirtschaftsstatistik ist das verarbeitende Gewerbe der wichtigste Bereich des produzierenden Gewerbes *(siehe dort).*

Verbrauch, andere Bezeichnung für Konsum *(siehe dort),* in der Wirtschaftsstatistik untergliedert in privaten Verbrauch und Staatsverbrauch.

Verbraucher, der Konsument *(siehe dort).*

Verbraucherpreise, die Verkaufspreise im Einzelhandel, die Preise für Leistungen des Handwerks, der Energie- und Wasserversorgung und des Verkehrs, Preise für Bank- und Versicherungsleistungen (Bankgebühren, Versicherungsprämien) sowie Eintrittspreise für kulturelle Einrichtungen (z. B. Theater, Kino). Auf Basis der Verbraucherpreise werden auch Verbraucherpreisindizes berechnet, die die allgemeine Preisentwicklung darstellen. Veränderungen dieser Indizes gelten ebenfalls als Maß für die allgemeine Inflation. Für die Länder der Europäischen Union wird z. B. der harmonisierte Verbraucherpreisindex (*siehe* Kapitel 3) berechnet.

Verbraucherpreisindex, früher **Preisindex für die Lebenshaltung** genannter Maßstab für Preisveränderungen. Der Verbraucherpreisindex wird anhand eines Verbrauchsschemas, des sogenannten Warenkorbs *(siehe dort),* berechnet, der alle Güter und Dienstleistungen enthält, die den typischen Verbrauchsgewohnheiten eines Durchschnittshaushalts entsprechen. Dazu gehören Güter des täglichen Bedarfs wie Lebensmittel, Bekleidung oder Mieten und langlebige Gebrauchsgüter wie Kraftfahrzeuge oder Möbel genauso wie Dienstleistungen (z. B. Friseurbesuche oder Versicherungen). In der Regel wird der Warenkorb ungefähr alle fünf Jahre neu festgesetzt, weil sich die Konsumgewohnheiten der Verbraucher verändern oder neue Waren und Dienstleistungen angeboten werden. Die Berechnung der Preisveränderung für die Lebenshaltung erfolgt durch die Ermittlung der Preise für die einzelnen Güter des Warenkorbes. Diese Preise werden dann als Indexzahl, bezogen auf ein Basisjahr (derzeit Preisbasis 2005 = 100), ausgedrückt.

Zur Ermittlung der Preise für die Güter des Warenkorbs erheben das Statistische Bundesamt und die Statistischen Landesämter monatlich in 188 Berichtsgemeinden im gesamten Bundesgebiet für ungefähr 700 Waren und Dienstleistungen etwa 300 000 Einzelpreise. Seit 2004 bezieht das Statistische Bundesamt auch Qualitätsverbesserungen einzelner Güter in die Berechnungen ein. So wirkt sich z. B. der Qualitätsvorsprung eines heute gekauften Computers gegenüber dem gleich teuren Modell vor einigen Jahren als effektive Preissenkung aus. Für die Europäische Union wird der harmonisierte Verbraucherpreisindex (*siehe* Kapitel 3) ermittelt.

Verbrauchsgüter, alle Güter *(siehe dort),* die im Unterschied zu den Gebrauchsgütern bei ihrer Verwendung verbraucht werden. Beim privaten Verbrauch sind dies z. B. Lebensmittel, in der Produktion z. B. Rohstoffe.

Verdienststatistik, Statistik zur Erfassung der Einkommen aus unselbstständiger Arbeit (Löhne und Gehälter). Die Verdienststatistik umfasst z. B. die durchschnittlichen Bruttojahresverdienste der Arbeiter und Angestellten oder die durchschnittlichen Bruttostundenverdienste der Industriearbeiter.

verfügbares Einkommen, in der volkswirtschaftlichen Gesamtrechnung das Volkseinkommen *(siehe dort)* als Summe der Einkommen von Unternehmen und privaten Haushalten, abzüglich Lohn- und Körperschaftsteuern sowie Sozialbeiträgen und zuzüglich der Transferzahlungen (Subventionen, Sozialleistungen) des Staates. Vom verfügbaren Einkommen der Gesamtwirtschaft ist das privat verfügbare Einkommen der privaten Haushalte zu unterscheiden, das als Teil des Haushaltseinkommens *(siehe dort)* nach Abzug von direkten Steuern und Sozialversicherungsbeiträgen verbleibt.

Vermögen, alle in Geld bewerteten dauerhaften Güter und Rechte wie Grundbesitz, Wertpapiere oder Bargeld einer Person, eines Unternehmens, aller privaten Haushalte, des Unternehmenssektors, des Staates oder der Volkswirtschaft. Der Vermögenszuwachs einer Periode ergibt sich aus den nicht verbrauchten Teilen der Stromgröße Einkommen, den Ersparnissen. Das Vermögen ist im Unterschied zum Einkommen eine Bestandsgröße.
Aus volkswirtschaftlicher Sicht wird das in der Produktion eingesetzte Vermögen als **Produktivvermögen** (Realkapital) bezeichnet, zu dem das Anlagevermögen (z. B. Maschinen, Fahrzeuge) und das Vorratsvermögen zählen. Das Produktivvermögen bildet zusammen mit dem Wohnungsvermögen (Immobilienvermögen ohne Grund und Boden) das **reproduzierbare Sachvermögen.** Weitere volkswirtschaftliche Vermögensbegriffe sind das Gebrauchsvermögen (langlebige Güter der privaten Haushalte), das Geldvermögen (*siehe* Kapitel 10) und im weitesten Sinne auch das Humanvermögen oder Humankapital (*siehe* Kapitel 3).

Vermögensverteilung, Aufteilung des Volksvermögens *(siehe dort)* auf die Bevölkerung. Die Vermögensverteilung in der Volkswirtschaft ist eng mit der Einkommensverteilung *(siehe dort)* verbunden. Dabei hat die Einkommensverteilung einerseits Auswirkungen auf die Vermögensverteilung, weil die Möglichkeit der Vermögensbildung auch von der Einkommenshöhe abhängt. Andererseits stellen angelegte Vermögensbestände wiederum eine Einkommensquelle z. B. durch Zinsen oder Mieten dar.

VERMÖGENSVERTEILUNG

Mrd. €	1992	2000	2006
Sachvermögen	3 548	4 586	4 811
Gebrauchsvermögen	678	915	1 041
Geldvermögen	2 185	3 609	4 529
gesamtes Bruttovermögen	**6 411**	**9 110**	**10 381**

Quelle: Deutsche Bundesbank.

Vermögensverteilung. Bruttovermögen der privaten Haushalte in Deutschland in Mrd. €

Verteilung, die Distribution *(siehe dort).*

Vertragsfreiheit, das Recht des Bürgers, Verträge mit jedermann frei abzuschließen und Form, Inhalt und Vertragsbedingungen frei zu bestimmen, sofern Gesetze nichts anderes vorschreiben. Die Vertragsfreiheit ist eine wesentliche Voraussetzung für freiheitliches Wirtschaften in einer Marktwirtschaft.

volkseigene Betriebe, Bezeichnung für die staatlichen Betriebe in der ehemaligen DDR. Die volkseigenen Betriebe (VEB) wurden teilweise zu größeren Einheiten, den **Kombinaten,** zusammengefasst.

Volkseinkommen, Summe aller von Inländern innerhalb eines bestimmten Zeitraums (z. B. ein Jahr) aus dem In- und Ausland erzielten Erwerbs- und Vermögenseinkommen (z. B. Löhne, Gehälter, Mieten, Zinsen oder Unternehmensgewinne). Das Volkseinkommen errechnet sich aus dem Bruttosozialprodukt abzüglich der indirekten Steuern und Abschreibungen, zuzüglich der Subventionen. Das Volkseinkommen entspricht dem Nettosozialprodukt zu Faktorkosten und wird neuerdings auch als **Nettonationaleinkommen** bezeichnet.
Das Volkseinkommen ist die häufig genutzte Größe für die Verteilungsrechnung des Bruttoinlandsprodukts *(siehe dort).* Die Ergebnisse dieser Verteilungsrechnung sind wichtig für die Beurteilung der Einkommensverteilung *(siehe dort)* in einer Volkswirtschaft.

Volksvermögen, Begriff der volkswirtschaftlichen Gesamtrechnung für die Summe sämtlicher Vermögen *(siehe dort)* in einer Volkswirtschaft abzüglich der Schulden und zuzüglich der Forderungen an das Ausland.

Volkswirtschaft, Ökonomie, die Gesamtheit des wirtschaftlichen Zusammenwirkens privater Haushalte, Unternehmen und staatlicher Einrichtungen innerhalb eines bestimmten Wirtschaftsraums (Staatsgebiet) mit einer einheitlichen Währung. Die typische Ausprägung erhält eine Volkswirtschaft durch die jeweiligen gesellschaftlichen Verhältnisse, das Rechtssystem, die Wirtschaftsordnung, die jeweilige Wirtschaftspolitik des Staates und die natürlichen Standortbedingungen wie Klima, Rohstoffvorräte oder geografische Lage.

volkswirtschaftliche Gesamtrechnung, Abkürzung **VGR,** die umfassende Buchführung eines Landes zur Erfassung der Güter- und Einkommensströme zwischen den Bereichen private Haushalte, Unternehmen, Staat und Ausland. Die volkswirtschaftliche Gesamtrechnung stellt u. a. die Entstehung (Entstehungsrechnung), die Verteilung (Verteilungsrechnung) und die Verwendung (Verwendungsrechnung) des Sozialprodukts bzw. Bruttoinlandsprodukts *(siehe dort)* getrennt nach Wirtschaftssektoren dar. Das Berechnungsschema der VGR wird auch für Voraussagen der gesamtwirtschaftlichen Entwicklung herangezogen und liefert wichtige Informationen für die Wirtschaftsforschung und die Wirtschaftspolitik.

Volkswirtschaftslehre, Ökonomie, Nationalökonomie, der Zweig der Wirtschaftswissenschaften, der sich mit der Untersuchung und Erklärung gesamtwirtschaftlicher Zusammenhänge befasst. Die Einteilung der Volkswirtschaftslehre **(VWL)** erfolgt in allgemeine und spezielle Volkswirtschaftslehre. Im Mittelpunkt der allgemeinen Volkswirtschaftslehre steht die Wirtschaftstheorie, die wiederum in Mikroökonomie *(siehe dort)* und Makroökonomie *(siehe dort)* unterteilt wird. Die spezielle Volkswirtschaftslehre bildet im Kern die Theorie der Wirtschaftspolitik, die sich mit den Möglichkeiten der staatlichen Beeinflussung des Wirtschaftsgeschehens befasst. Disziplinen wie die Statistik, die Finanzwissenschaft, die Wirtschaftsgeschichte und die Wirtschaftsgeografie stehen in enger Beziehung zur Volkswirtschaftslehre.

Die Entwicklung der Volkswirtschaftslehre zu einer modernen Wissenschaft, wie wir sie heute kennen, setzte im 17. und 18. Jahrhundert während der Zeit des Merkantilismus *(siehe dort)* ein, in der eine erste planmäßige Befassung mit volkswirtschaftlichen Problemen begann. Die wichtigsten Vertreter waren in Frankreich JEAN BAPTISTE COLBERT (* 1619, † 1683) und in England OLIVER CROMWELL (* 1599, † 1658). Als eigentliche Urheber der Nationalökonomie werden die Physiokraten angesehen. Der wichtigste Vertreter der Physiokratie *(siehe dort)* war FRANÇOIS QUESNAY (* 1694, † 1774), der das Denken in Naturgesetzen auf wirtschaftliche Abläufe anwendete und damit den Gedanken der natürlichen Ordnung in Wirtschaft und Gesellschaft schuf. Die Vertreter der klassischen Schule der Nationalökonomie *(siehe dort)* gingen davon aus, dass der Mensch bei der Verfolgung seiner eigennützigen, wirtschaftlichen Ziele dem Gemeinwohl am besten dient, und forderten folglich, dass sich der Staat nicht in die Abläufe der Wirtschaft einmischen sollte. Der wichtigste Vertreter der klassischen Schule ist der englische Nationalökonom ADAM SMITH (* 1723, † 1790).

Der ungezügelte Liberalismus *(siehe dort)* des 18. und 19. Jahrhunderts führte dazu, dass eine sozialistische Lehre entstand. Die Vertreter des Sozialismus *(siehe dort),* vor allem KARL MARX (* 1818, † 1883), versuchten ausgehend von einer Kritik der klassischen Schule wissenschaftlich zu begründen, dass der Sozialismus eine unabwendbare gesellschaftliche Entwicklungsstufe ist.

Insbesondere in Deutschland wurde die Volkswirtschaftslehre etwa ab der Mitte des 19. Jahrhunderts von der historischen Schule geprägt, zu deren wichtigsten Vertretern GUSTAV SCHMOLLER (* 1838, † 1917), GEORG FRIEDRICH KNAPP (* 1842, † 1926) und WERNER SOMBART (* 1863, † 1941) gehörten. Ausgangspunkt deren Überlegungen ist hier die Annahme, dass die Wirtschaft jedes Landes geschichtlich gewachsen ist und deshalb allgemeingültige volkswirtschaftliche Theorien nicht zur Erklärung geeignet sind. Jede Volkswirtschaft muss aus Sicht der historischen Schule vielmehr mit ihren Eigenheiten und besonderen Merkmalen betrachtet und untersucht werden.

Mit der Neoklassik begann etwa ab 1880 eine neue Epoche der Volkswirtschaftslehre, die vor allem durch Ökonomen wie WILLIAM STANLEY JEVONS (* 1835, † 1882), LÉON WALRAS (* 1834, † 1910) und

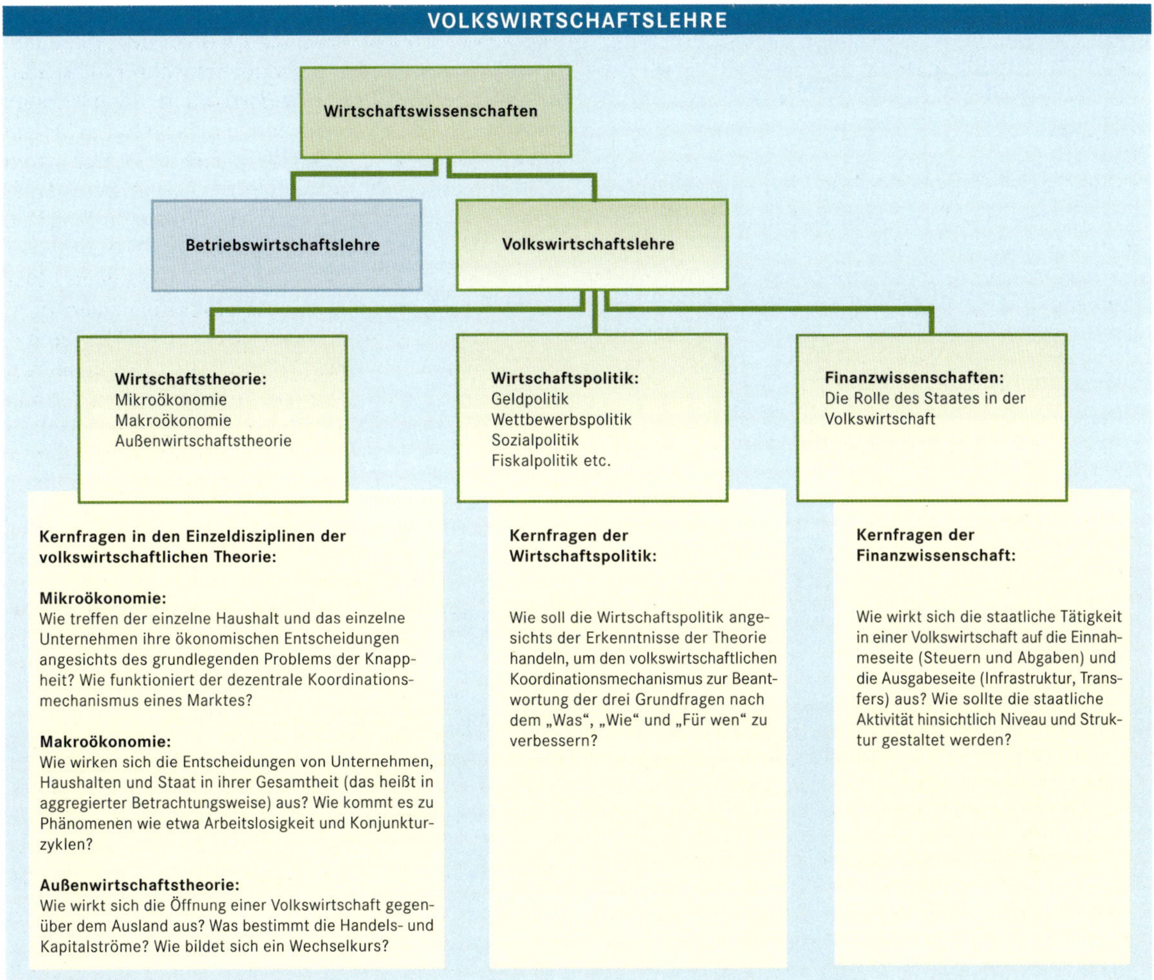

Volkswirtschaftslehre. Einordnung der Volkswirtschaftslehre in die Wissenschaften

Carl Menger (* 1840, † 1921) geprägt wurde. Während in der klassischen Schule der Wert eines Gutes vom Arbeitsaufwand (Arbeitswertlehre) für dieses Gut abhängt, betonen die Neoklassiker, dass der Wert eines Gutes durch den Nutzen, den dieses Gut dem Verbraucher zur Befriedigung seiner Bedürfnisse stiftet, bestimmt wird (subjektive Wertlehre). Die am Nutzen der Konsumenten orientierte Betrachtung des Güterwertes und die Verwendung exakter mathematischer Darstellungsweisen seitens der Vertreter der Neoklassik, die auch als Grenznutzentheoretiker bezeichnet werden, schufen die Voraussetzungen für die moderne Mikroökonomie.

Den wichtigsten Anstoß zur Weiterentwicklung der gesamtwirtschaftlichen Theorie gab der britische Nationalökonom John Maynard Keynes (* 1883, † 1946). Keynes suchte unter dem Eindruck der im Oktober 1929 beginnenden Weltwirtschaftskrise nach Wegen, wie der Staat durch eine aktive Wirtschaftspolitik der Wirtschaft aus einer Krise helfen kann. Im Zentrum der Überlegungen des Keynesianismus (*siehe* Kapitel 3) steht das gesamtwirtschaftliche Gleichgewicht, zu dem insbesondere die Vollbeschäftigung gehört.

Aus der Sicht des Neoliberalismus *(siehe dort)*, zu dessen wichtigsten Vertretern in Deutschland Walter Eucken (* 1891, † 1950) gehört, hat der

Staat die Aufgabe, durch marktverträgliche Eingriffe eine freie, am Wettbewerb orientierte Wirtschaft zu schaffen und zu sichern. Die Auffassungen der klassischen Schule über eine freie Wirtschaft ohne staatlichen Eingriff werden heute vor allem durch Ökonomen wie MILTON FRIEDMAN (* 1912) vertreten. FRIEDMAN gilt als der wichtigste Urheber der modernen Geldtheorie, des Monetarismus (*siehe* Kapitel 3), die insbesondere aus der Kritik der Ansichten von KEYNES entstand.

Vorleistungen, im Rahmen der Entstehungsrechnung des Sozialprodukts bzw. Inlandsprodukts der Wert der bezogenen Produktionsgüter wie Roh-, Hilfs- und Betriebsstoffe, Fertigteile, Halbfabrikate, Handelswaren oder Dienstleistungen, die Unternehmen von anderen Unternehmen kaufen und in der eigenen Produktion verwenden.

Vorratsinvestitionen, Lagerinvestitionen, die in den Unternehmen auf Lager liegenden Bestände an nicht dauerhaften Produktionsmitteln wie Roh-, Hilfs- und Betriebsstoffe, unfertige Erzeugnisse, fertige Erzeugnisse oder Handelswaren. Vorratsinvestitionen bilden in der volkswirtschaftlichen Gesamtrechnung zusammen mit den Bruttoanlageinvestitionen die Bruttoinvestitionen *(siehe dort)*.

Warenkorb, Bezeichnung für die Menge an Waren und Gütern, die statistisch den typischen Verbrauch eines privaten Haushalts innerhalb eines bestimmten Zeitraums darstellt. Der Warenkorb liegt der Berechnung des Verbraucherpreisindex *(siehe dort)* durch das Statistische Bundesamt zugrunde und enthält 700 ausgewählte Waren und Dienstleistungen, die nach dem Verwendungszweck in zwölf Hauptgruppen untergliedert sind (z. B. Nahrungsmittel und alkoholfreie Getränke, alkoholische Getränke und Tabakwaren, Bekleidung und Schuhe, Woh-

WARENKORB

Hauptgruppe des Warenkorbs	Gewicht 2005	Gewicht 2000	Gewicht 1995	Veränderung in Punkten 2005/2000	2000/1995
Nahrungsmittel und alkoholfreie Getränke	103,55	103,35	131,26	+ 0,20	- 27,91
alkoholische Getränke und Tabakwaren	38,99	36,73	41,67	+ 2,26	- 4,94
Bekleidung und Schuhe	48,88	55,09	68,76	- 6,21	- 13,67
Wohnung, Wasser, Elektrizität und andere Brennstoffe	308,00	302,66	274,77	+ 5,34	+ 27,89
Hausrat und laufende Instandhaltung des Hauses	55,87	68,54	70,56	- 12,67	- 2,02
Gesundheitspflege	40,27	35,46	34,39	+ 4,81	+ 1,07
Verkehr	131,90	138,65	138,82	- 6,75	- 0,17
Nachrichtenübermittlung	31,00	25,21	22,66	+ 5,79	+ 2,55
Freizeit und Kultur	115,68	110,85	103,57	+ 4,83	+ 7,28
Bildungswesen	7,40	6,66	6,51	+ 0,74	+ 0,15
Hotels, Cafés und Restaurants	43,99	46,57	46,08	- 2,58	+ 0,49
Verschiedene Waren und Dienstleistungen	74,47	70,23	60,95	+ 4,24	+ 9,28
	1000,00	1000,00	1000,00		

Quelle: Statistisches Bundesamt.

Warenkorb. Wägungsschema des Verbraucherpreisindexes und Veränderungen der Gewichtung

nung, Wasser, Elektrizität, Gesundheitspflege, Verkehr, Nachrichtenübermittlung, Freizeit und Kultur, Bildungswesen). Die Zusammensetzung des Warenkorbs muss dem Verbrauch der privaten Haushalte möglichst genau entsprechen.
Weiterhin muss die Gewichtung der einzelnen Güter und Dienstleistungen des Warenkorbs dem Anteil möglichst nahekommen, den der durchschnittliche Haushalt von seinem Einkommen für solche Waren aufwendet. Deshalb wird neben der Zusammensetzung auch die Gewichtung der Güter und Dienstleistungen des Warenkorbs auf die Konsumgewohnheiten unterschiedlicher Haushalte (Indexhaushalte) abgestellt sowie im Zeitverlauf überprüft und entsprechend angepasst. Eine Anpassung der Zusammensetzung des Warenkorbs an die Konsumgewohnheiten der Haushalte wird in der Regel alle fünf Jahre vorgenommen (im Jahr 2008 wurde der Warenkorb von 2000 auf 2005 umgestellt). Dies gewährleistet, dass längerfristig verändertes Kaufverhalten berücksichtigt wird, kurzfristige Modeerscheinungen jedoch keinen Einfluss haben.

Wertschöpfung, die Summe der in einem bestimmten Zeitraum in den einzelnen Wirtschaftsbereichen der Volkswirtschaft hergestellten Güter und Leistungen. In der volkswirtschaftlichen Gesamtrechnung wird die Wertschöpfung als **Bruttowertschöpfung** aus den Bruttoproduktionswerten (hergestellte Gütermengen zu jeweiligen Marktpreisen) abzüglich der Vorleistungen *(siehe dort)* der einzelnen Wirtschaftsbereiche berechnet.
Die Bruttowertschöpfung ist Ausgangspunkt für die Entstehungsrechnung des Bruttoinlandsprodukts *(siehe dort)* und dient der Beschreibung der Wirtschaftsstruktur *(siehe dort)*.

Wettbewerb, *siehe* Kapitel 2.

Wirtschaft, die Gesamtheit aller Einrichtungen wie Unternehmen, private und öffentliche Haushalte sowie die notwendigen Abläufe wie Käufe und Verkäufe, die mit der Herstellung und dem Verbrauch von Gütern verbunden sind.

Wirtschaften, die planvolle Tätigkeit des Menschen, knappe Mittel oder wirtschaftliche Güter der bestmöglichen Nutzung zuzuführen.

wirtschaftliche Freiheit, die Möglichkeit von Unternehmen und Privatpersonen, selbst zu bestimmen, was in welchen Mengen produziert wird bzw. welche Güter gekauft werden sollen.

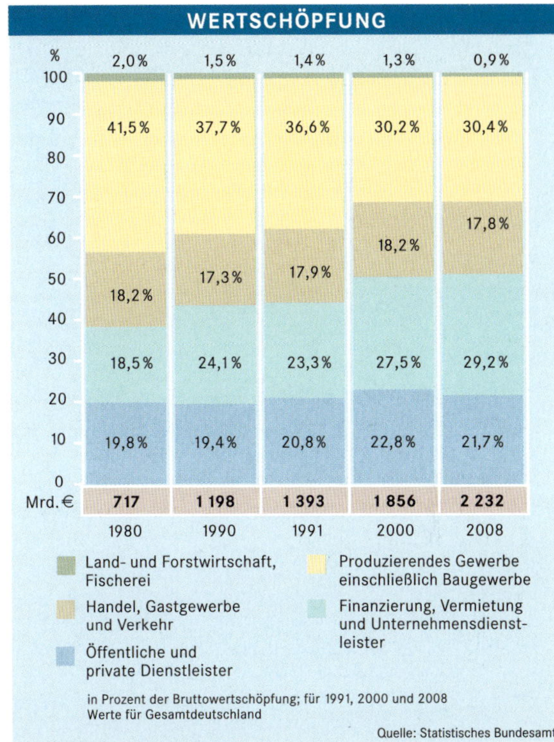

Wertschöpfung. Bruttowertschöpfung in Deutschland nach Wirtschaftssektoren

wirtschaftliche Güter, Wirtschaftsgüter, gleichbedeutender Begriff für Güter *(siehe dort)*.

Wirtschaftlichkeitsprinzip, das ökonomische Prinzip *(siehe dort)*.

Wirtschaftsforschungsinstitut, Einrichtung, die sich mit Wirtschaftsforschung, der Untersuchung von grundlegenden Wirkungszusammenhängen in einer Volkswirtschaft (z. B. die Ursachen von Konjunkturschwankungen und deren Auswirkungen auf Wachstum und Beschäftigung) sowie der Vorhersage möglicher wirtschaftlicher Entwicklungen in der Zukunft befasst. Die wirtschaftswissenschaftlichen Forschungsinstitute spielen eine wichtige Rolle bei der Beratung von Regierungen (Grafik S. 56).

Wirtschaftskreislauf, grundlegende Darstellungsform volkswirtschaftlicher Zusammenhänge in Form eines Kreislaufschemas. Der Begriff Wirtschaftskreislauf drückt bereits aus, dass ein ständiger Austausch zwischen den Sektoren Unternehmen, private Haushalte, Staat und Ausland erfolgt.

WIRTSCHAFTSFORSCHUNGSINSTITUT

Beteiligt an Gemeinschaftsgutachten über die Lage der deutschen Wirtschaft, jeweils im Frühjahr und im Herbst:

Arbeitsgemeinschaft deutscher wirtschaftswissenschaftlicher Forschungsinstitute e. V.
Vorsitzender: Prof. Dr. Klaus F. Zimmermann, Berlin

29 Mitgliedsinstitute, darunter:

DIW Deutsches Institut für Wirtschaftsforschung
Präsident: Prof. Dr. Klaus F. Zimmermann
Mohrenstr. 58, 10117 Berlin
Telefon: 030/8 97 89-0
http://www.diw.de

HWWI-Hamburgisches WeltWirtschaftsInstitut gGmbH
Präsident: Prof. Dr. Thomas Straubhaar
Heimhuder Straße 71, 20148 Hamburg
Telefon: 040/3405760
http://www.hwwi.org

ifo Institut für Wirtschaftsforschung e. V.
Präsident: Prof. Dr. Hans-Werner Sinn
Poschingerstraße 5, 81679 München
Telefon: 089/92 24-0
http://www.ifo.de

IfW Institut für Weltwirtschaft
an der Universität Kiel
Präsident: Prof. Dr. Dennis J. Snower
Düsternbrooker Weg 120, 24105 Kiel
Telefon: 0431/88 14-1
http://www.ifw-kiel.de

IWH Institut für Wirtschaftsforschung Halle
Präsident: Prof. Dr. Dr. h. c. Ulrich Blum
Kleine Märkerstr. 8, 06108 Halle (Saale)
Telefon: 0345/77 53-60
http://www.iwh.uni-halle.de

RWI Rheinisch-Westfälisches Institut
für Wirtschaftsforschung e. V.
Präsident: Prof. Dr. Christoph M. Schmidt, Ph. D.
Hohenzollernstraße 1-3, 45128 Essen
Telefon: 0201/81 49-0
http://www.rwi-essen.de

ZEW Zentrum für Europäische Wirtschaftsforschung GmbH
Präsident: Prof. Dr. Dr. h. c. mult. Wolfgang Franz
L 7, 1, 68161 Mannheim
Telefon: 0621/1235-01
http://www.zew.de

IW Institut der deutschen Wirtschaft
Köln Consult GmbH
Direktor: Prof. Dr. Michael Hüther
Gustav-Heinemann-Ufer 84-88
50968 Köln
Telefon: 0221/49 81-510
http://www.iwkoeln.de

WSI Wirtschafts- und Sozialwissenschaftliches Institut
in der Hans-Böckler-Stiftung
wissenschaftliche Direktorin: Prof. Dr. Heide Pfarr
Bertha-von-Suttner-Platz 1, 40227 Düsseldorf
Telefon: 0211/77 78-10
http://www.wsi.de

Wirtschaftsforschungsinstitut. Wichtige wirtschaftswissenschaftliche Forschungsinstitute in Deutschland

Im Modell des einfachen Wirtschaftskreislaufs *(siehe dort)* einer geschlossenen Volkswirtschaft ohne staatliche Aktivität produzieren Unternehmen Konsumgüter, die von privaten Haushalten gekauft werden. Die privaten Haushalte stellen umgekehrt den Unternehmen Arbeitsleistungen zur Verfügung. Diesen Güterströmen (Güterkreislauf) fließen Geldströme (Geldkreislauf) entgegen. Die privaten Haushalte müssen die von Unternehmen erhaltenen Konsumgüter bezahlen (Konsumausgaben), erhalten ihrerseits aber von den Unternehmen Einkommen wie Löhne und Gehälter.

Wird die Möglichkeit der Haushalte zur Bildung von Ersparnissen und der Unternehmen zum Investieren in das Kreislaufschema einbezogen, muss berücksichtigt werden, dass die Haushalte nicht ihr gesamtes Einkommen für Konsumzwecke verwenden, sondern mit einem Teil Ersparnisse bei Banken bilden. Die Ersparnisse setzen Mittel frei, die Unternehmen zur Finanzierung von Investitionen benötigen. In diesem Modell wäre das Volkseinkommen somit die Summe aus privatem Verbrauch und Ersparnissen. Der private Verbrauch und die Bruttoinvestitionen der Unternehmen entsprechen hierbei dem Volkseinkommen und den Abschreibungen. Der beschriebene Wirtschaftskreislauf kann nun zur Darstellung der komplizierten volkswirtschaftlichen Abläufe Schritt für Schritt um die Sektoren Staat und Ausland zum erweiterten Wirtschaftskreislauf *(siehe dort)* und zum Modell einer offenen Volkswirtschaft *(siehe dort)* vervollständigt werden.

Wirtschaftsordnung, die Summe der Rahmenbedingungen, die den organisatorischen Aufbau und den Ablauf aller wirtschaftlichen Tätigkeiten innerhalb eines Landes regeln. Im Hinblick auf die Abstimmung der wirtschaftlichen Aktivitäten werden die grundsätzlichen Modelle Marktwirtschaft *(siehe dort)* einerseits und Zentralverwaltungswirtschaft *(siehe dort)* bzw. Planwirtschaft *(siehe dort)* andererseits unterschieden. Die rechtlichen Normen der Wirtschaftsordnung werden auch als Wirtschaftsverfassung bezeichnet. Von der Wirtschaftsordnung unterschieden wird der Begriff Wirtschaftssystem *(siehe dort)* – Grafik S. 58.

Wirtschaftspolitik, alle staatlichen Maßnahmen, die darauf ausgerichtet sind, das Wirtschaftsleben in einem Land entsprechend der zugrunde liegenden Wirtschaftsordnung und den gesellschaftlichen Zielsetzungen (z. B. Erhöhung des Wohlstands) zu gestalten und zu ordnen (*siehe* Kapitel 4).

Wirtschaftssektor, Zusammenfassung gleichartiger Wirtschaftseinheiten im Rahmen der Untersuchung des Wirtschaftskreislaufs und der volkswirtschaftlichen Gesamtrechnung. So werden etwa alle Haushalte zum Sektor private Haushalte oder alle Unternehmen zum Unternehmenssektor zusammengefasst. In der Wirtschaftsstatistik wird der Unternehmenssektor weiter unterteilt in den primären (z. B. Landwirtschaft), den sekundären (z. B. Industrie und Baugewerbe) und den tertiären Sektor (Dienstleistungssektor). Diese Sektoren werden auch als **Wirtschaftsbereiche** bezeichnet und in Wirtschaftszweige *(siehe dort)* untergliedert.

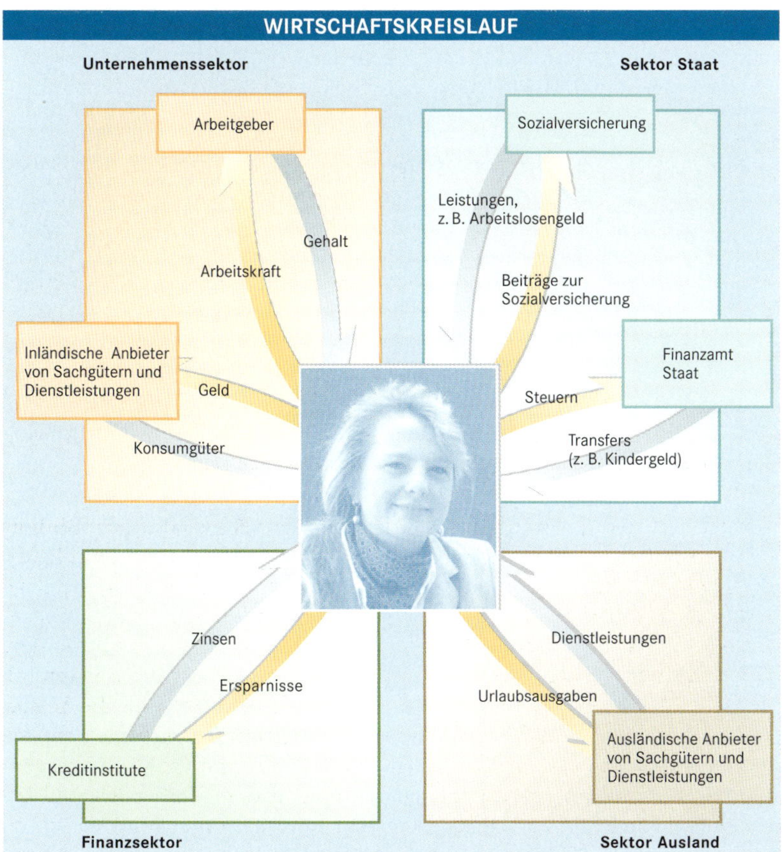

Wirtschaftskreislauf.
Privatperson im Geld- und Güterkreislauf

WIRTSCHAFTSORDNUNG

Modellhafte Klassifikation von Wirtschaftsordnungen

Hauptunterscheidungselemente	Idealtypische Wirtschaftssysteme	
	Zentralverwaltungswirtschaft	Marktwirtschaft
Koordination der Wirtschaftseinheiten	Einplanwirtschaft und staatliche Steuerung („zentral geleitete Wirtschaft")	Mehrplanwirtschaft und Wettbewerbssteuerung („freie Verkehrswirtschaft")
Subordination der Wirtschaftseinheiten unter den Staat	Gebote (Plansoll-Vorgaben)	Verbote (staatlicher Ordnungsrahmen)
Eigentumsordnung	Staatseigentum („Sozialismus")	Privateigentum („Kapitalismus")
Interdependenz mit der politischen Ordnung	Diktatur	Demokratie

Quelle: Bartling/Luzius.

Wirtschaftsordnung. Modellhafte Klassifikation von Wirtschaftsordnungen

Wirtschaftsstatistik, Teilgebiet der Statistik und Hilfswissenschaft der Wirtschaftswissenschaften, das sich mit der Erhebung, Untersuchung und Darstellung vor allem von volkswirtschaftlichen Sachverhalten, Zusammenhängen und Entwicklungen befasst. Die Bereitstellung wirtschaftsstatistischer Daten und Informationen ist ein wichtiges Element zur Beurteilung volkswirtschaftlicher Größen und Voraussetzung eines sinnvollen Einsatzes wirtschaftspolitischer Mittel.
Die Wirtschaftsstatistik wird in verschiedene Teilgebiete unterteilt, z. B. die volkswirtschaftliche Gesamtrechnung, die Arbeitsmarktstatistik, die Preisstatistik, die Außenhandelsstatistik oder die Einkommens- und Verbrauchsstatistik.

Wirtschaftsstruktur, der Aufbau und die Gestaltung der Wirtschaft eines Landes, die nach unterschiedlichen Merkmalen und unter verschiedenen Gesichtspunkten wie der Produktion (Produktionsstruktur), der Beschäftigung (Beschäftigungsstruktur oder Erwerbsstruktur), geografischen Kennzeichen (regionale Wirtschaftsstruktur) oder der Einkommens- und Vermögensstruktur betrachtet und untersucht werden kann. Beispielsweise wird mit Daten aus der Wirtschaftsstatistik die **Produktionsstruktur** als Verteilung der Bruttowertschöpfung auf die Wirtschaftssektoren und die **Erwerbsstruktur** als Verteilung der Erwerbstätigen auf die Wirtschaftssektoren dargestellt.

Wirtschaftssubjekt, Wirtschaftseinheit, Bezeichnung für alle natürlichen (Menschen) und juristischen Personen (z. B. Unternehmen oder Staat), die am Wirtschaftsleben teilnehmen.

Wirtschaftssystem, die typische Gestaltung des Wirtschaftslebens eines Landes. Elemente des Wirtschaftssystems sind neben den Rahmenbedingungen, die die Wirtschaftsordnung *(siehe dort)* ausmachen, auch die sogenannte Wirtschaftsgesinnung der Wirtschaftssubjekte (z. B. Arbeitnehmer, Unternehmer), historisch gewachsene Strukturen und Verhaltensweisen sowie auch der technisch-organisatorische Stand einer Volkswirtschaft.

Wirtschaftstheorie, das Hauptgebiet der Volkswirtschaftslehre, das die Untersuchung und Erklärung von einzel- und gesamtwirtschaftlichen Abläufen zum Gegenstand hat. Bei einzelwirtschaftlichen Fragestellungen geht es z. B. um das Verhalten der privaten Haushalte und Unternehmen (Mikroökonomie), bei gesamtwirtschaftlichen Aspekten z. B. um die konjunkturelle Lage und die Beschäftigungssituation (Makroökonomie). Die typische Vorgehensweise ist dabei die Entwicklung von abstrakten ökonomischen Modellen *(siehe dort)*.

Wirtschaftsverfassung, die Gesamtheit aller rechtlichen Vorschriften wie die Gesetze gegen Wettbewerbsbeschränkungen und unlauteren Wettbewerb, Ladenschlussgesetz, Handwerksordnung, Gewerbeordnung oder Steuergesetze eines Landes. Die Wirtschaftsverfassung ist wesentlicher Bestandteil der Wirtschaftsordnung *(siehe dort)*.

Wirtschaftswissenschaften, Bezeichnung für die wissenschaftlichen Disziplinen, die sich mit dem grundlegenden Aufbau, den Abläufen und Zielen der Wirtschaft befassen. Bei der Einteilung der Wirtschaftswissenschaften wird von zwei selbstständigen Fachrichtungen ausgegangen, der Volkswirtschaftslehre *(siehe dort)* und der Betriebswirtschaftslehre (*siehe* Kapitel 7).

Wirtschaftszweig, die verschiedenen Wirtschaftsbereiche des Unternehmenssektors, die nach ihren typischen Aktivitäten im Wirtschaftsprozess eingeteilt werden, z. B. Handel, Handwerk, Industrie oder Betriebe des Dienstleistungsbereichs. In der Wirtschaftsstatistik gibt es eine eigene Wirtschaftszweigsystematik, mit der vor allem die Branchen des produzierenden Gewerbes und des Dienstleistungsbereichs weiter untergliedert werden, z. B. in verschiedene Industriezweige wie Ernährungsgewerbe, chemische Industrie, Kraftfahrzeugindustrie und Baugewerbe sowie in Dienstleistungszweige wie Handel, Gastgewerbe, Verkehr und Nachrichtenübermittlung, Kredit- und Versicherungsgewerbe, öffentliche und private Dienstleister.

Wohlfahrtsstaat, Bezeichnung für einen Staat, der durch umfassende Vorsorgeeinrichtungen (z. B. gesetzliche Kranken-, Renten- und Arbeitslosenversicherung) und geeignete sozialpolitische Maßnahmen (z. B. staatliche Förderung von Ausbildung und Umschulung oder Wohngeld), eine staatliche Förderung der Vermögensbildung (z. B. Arbeitnehmersparzulage, Wohnungsbauprämien) sowie soziale Steuervergünstigungen (z. B. Abzug von Vorsorgeaufwendungen vom steuerpflichtigen Einkommen) und ein umfassendes Angebot öffentlicher Infrastruktur (z. B. Bildungs- und Freizeiteinrichtungen) eine hohe soziale Sicherung und Daseinsvorsorge seiner Bürger anstrebt.
Angesichts hoher öffentlicher Schulden und des stetigen Anstiegs des Sozialbudgets (*siehe* Kapitel 5) steht der Wohlfahrtsstaat Deutschland zunehmend in der Diskussion. Dabei wird vermehrt eine Reform des Wohlfahrtsstaates, z. B. mit mehr Anreizen zur eigenen Vorsorge der Bürger und eine Begrenzung staatlicher Hilfen auf wirklich Bedürftige, gefordert.

Wohlstand, im ökonomischen Sinn der Grad der Versorgung von Personen, privaten Haushalten oder der gesamten Gesellschaft mit Gütern und Dienstleistungen. Dieser materielle Wohlstand oder Lebensstandard wird für eine Volkswirtschaft meist anhand einer Sozialproduktgröße (z. B. Bruttoinlandsprodukt oder Pro-Kopf-Einkommen) gemessen. Im weiteren Sinne wird darüber hinaus auch das persönliche Wohlbefinden im Sinne von Lebensqualität *(siehe dort)* verstanden.

Wohlstandsgesellschaft, in den 1960er-Jahren entstandene Bezeichnung für eine Gesellschaft, die dem überwiegenden Teil der Bevölkerung die Befriedigung materieller Bedürfnisse weit über dem Existenzminimum sowie umfassende Möglichkeiten des Konsums ermöglicht und in der viele auch am ›Prestigekonsum‹ sowie an Luxusgütern teilhaben, während wirtschaftliche und soziale Probleme wie Arbeitslosigkeit oder Armut lediglich als Randgruppenphänomene in Erscheinung treten.

zentrale Wirtschaftsplanung, Gestaltungsgrundsatz für alle wirtschaftlichen Abläufe in einer Zentralverwaltungswirtschaft. Das gesamte Wirtschaftsgeschehen von der Güterproduktion über den Arbeitskräfteeinsatz bis zur Festlegung der Preise und der Verteilung der Waren im Inland und des Exports wird dabei durch eine staatliche Planungsbehörde zentral geplant und gelenkt. Private Initiative und Gestaltungsmöglichkeiten in der Wirtschaft sind von untergeordneter Bedeutung und beschränken sich auf den persönlichen, häuslichen Bereich. Der Entwurf und die Aufstellung eines zentralen Volkswirtschaftsplans sind ein politischer Vorgang und werden durch eine zentrale Planungsbehörde auf oberster, staatlicher Ebene vorgenommen, bevor eine weitere Aufschlüsselung in Einzelpläne für die Betriebe, die diese dann zu erfüllen haben, erfolgt.
Die zentrale Planung hat im Vergleich zur dezentralen Wirtschaftsplanung *(siehe dort)* für Märkte entscheidende Nachteile wie die Schätzung des Bedarfs an Gütern in der Volkswirtschaft, die zu Fehlplanungen und Versorgungsengpässen führt, oder die bürokratische Trägheit und fehlende Flexibilität der Planungsbehörden, die eine langsame Anpassung an wirtschaftliche Veränderungen zum Nachteil der Verbraucher bewirkt.

Zentralverwaltungswirtschaft, Wirtschaftsordnung, in der eine zentrale Planungsbehörde den gesamten Wirtschaftsprozess unter politischen und wirtschaftlichen Gesichtspunkten plant, lenkt und kontrolliert; wird häufig auch als Planwirtschaft (siehe dort) bezeichnet.

Zinseinkommen, Einkünfte, die aus der Überlassung von Kapital, meistens von Geldkapital, für einen bestimmten Zeitraum erzielt werden.

2

Wie bilden sich Preise auf Märkten?

Die Bedeutung des Marktes für das Wirtschaftsleben in unserem Land lässt sich bereits an der Bezeichnung unserer Wirtschaftsordnung, der sozialen Marktwirtschaft, erkennen. Die zahlreichen Märkte unserer Volkswirtschaft wie der Arbeitsmarkt, der Kapitalmarkt, der Markt für Investitionsgüter oder der Konsumgütermarkt sind die zentralen Einrichtungen der Wirtschaft, auf denen die verschiedenen Güter wie Grundstücke, Maschinen, Aktien oder Güter des täglichen Bedarfs wie Lebensmittel, Einrichtungsgegenstände und Kraftfahrzeuge sowie die unterschiedlichen Dienstleistungen wie Bank- oder Versicherungsleistungen und Beratungs- oder Versorgungsleistungen ausgetauscht werden.
Wir sind alle jeden Tag in das Marktgeschehen als Nachfrager oder Anbieter eingebunden, wenn wir z. B. Lebensmittel einkaufen, zum Friseur gehen, Möbel anschaffen, eine Wohnung mieten, eine Immobilie ersteigern oder unser Kraftfahrzeug auf dem regionalen Gebrauchtwagenmarkt zum Kauf anbieten. Dabei wollen wir alle notwendigen Güter möglichst kostengünstig einkaufen und umgekehrt die Güter, die wir nicht mehr benötigen, wie unser gebrauchtes Kraftfahrzeug, möglichst teuer verkaufen. Wir vergleichen deshalb die Preise und die Qualität der Waren und Leistungen unterschiedlicher Anbieter, indem wir z. B. Werbeblätter von Lebensmittelmärkten oder Werbeanzeigen in Zeitungen und Sonderangebote von Baumärkten lesen. Beim Kauf eines Kraftfahrzeuges wägen wir die Preise und die Ausstattung verschiedener Pkw-Hersteller ab, wir vergleichen die Kraftstoffpreise verschiedener Tankstellen und die Preise unterschiedlicher Möbelhäuser oder informieren uns beim Immobilienmakler, wenn wir ein Grundstück oder Haus kaufen oder mieten wollen. Ein Tausch Geld gegen Ware oder Dienstleistung zwischen Käufer und Verkäufer kommt immer nur dann zustande, wenn die Vorstellungen über den Preis für die betreffende Ware oder Leistung übereinstimmen.
Das vorliegende Kapitel macht dem Leser die Gesetzmäßigkeiten des Marktes und seine Bedeutung für die wirtschaftlichen Tauschvorgänge in einer Marktwirtschaft deutlich. Er erkennt, dass am Markt die unterschiedlichen Interessen von Käufer und Verkäufer zum Ausgleich gebracht werden und dass die Hersteller die Bedürfnisse und Kaufwünsche der Konsumenten bei der Festlegung, welche Güter und Leistungen angeboten werden, berücksichtigen müssen. Die Bedeutung des Preises für das Zustandekommen von Tauschgeschäften wird verdeutlicht. Die verschiedenen Marktformen wie vollständige Konkurrenz, Monopol oder Oligopol werden genauso erklärt wie die Begriffe Angebot, Nachfrage und Elastizität. Darüber hinaus erkennt der Leser, dass die Gesetzmäßigkeiten des Marktes in verschiedenen Fällen versagen bzw. nicht zu den gewünschten Ergebnissen bei der Preisbildung oder der Verteilung der Güter führen und deshalb durch staatliche Eingriffe in das marktwirtschaftliche System ausgeglichen werden.

abgestimmte Verhaltensweisen: Diese liegen vor, wenn z.B. Unternehmen, die gleiche Güter produzieren und vertreiben, im Wettbewerb Absprachen über die Höhe der Preise oder die Herstellmengen treffen, ohne dass über eine solche Vereinbarung ein Vertrag geschlossen wird. Dieser Sachverhalt wird auch als Parallelverhalten oder Frühstückskartell *(siehe dort)* bezeichnet.

administrative Preise, administrierte Preise, Bezeichnung für Preise, die nicht durch das freie Spiel der Kräfte von Angebot und Nachfrage am Markt gebildet, sondern von staatlichen Einrichtungen festgesetzt werden. Zu den staatlich festgesetzten Preisen zählen z.B. die Tarife öffentlicher Verkehrsmittel oder die Preise für die Benutzung kommunaler Schwimmbäder. Von administrativen Preisen wird aber auch gesprochen, wenn Großunternehmen, die über eine entsprechende Marktmacht *(siehe dort)* verfügen, die Preise z.B. für Markenartikel bestimmen.

Angebot, volkswirtschaftliche Bezeichnung für die Menge eines Gutes, das am Markt zum Verkauf oder Tausch steht. Angebot ist die Bereitstellung von Waren oder Leistungen wie Kraftfahrzeugen oder Versicherungen durch einzelne Unternehmen (Individualangebot), genauso wie die Gesamtheit an Gütern oder Dienstleistungen, die auf einem bestimmten Markt wie dem Kraftfahrzeugmarkt oder dem Versicherungsmarkt zum Verkauf bereitstehen (Marktangebot). Entscheidend für die angebotene Menge an Gütern oder Leistungen auf einem Markt ist z.B. der Preis des Gutes, die Kosten der Produktion, die Gewinnerwartung des Herstellers oder die Konkurrenzsituation.

Angebotselastizität: Die Preiselastizität des Angebots stellt dar, wie sich die angebotene Menge eines Gutes prozentual verändert, wenn sich der Preis für dieses Gut um ein Prozent ändert. Die Angebotselastizität zeigt z.B. die Änderung der angebotenen Menge an Fernsehgeräten, wenn sich der Preis dieser Geräte verändert. Bei normaler Reaktion des Angebots wird die angebotene Menge an Fernsehgeräten mit steigendem Preis zunehmen.
Berechnet wird die Preiselastizität des Angebots, indem die prozentuale Änderung des Angebots durch die prozentuale Veränderung des Preises geteilt wird. Man spricht von elastischem Angebot, wenn der Wert der Angebotselastizität größer als 1 ist und von unelastischem Angebot, wenn der Wert kleiner als 1 ist. Reagieren die Anbieter elastisch, steigt bei Preiserhöhungen die Angebotsmenge stark an. Ist das Angebot unelastisch, steigt die angebotene Menge bei Preisveränderungen nur gering.
Je niedriger der Wert der Angebotselastizität ist, umso weniger stark, d.h. umso unelastischer, reagieren die Hersteller von Fernsehgeräten auf Preisveränderungen. Sind die Kapazitäten der Hersteller unausgelastet, werden sie das Angebot von Fernsehgeräten zu unveränderten Preisen ausdehnen. In diesem Fall spricht man von einem vollkommen elastischen Angebot. Das Angebot ist vollkommen unelastisch, wenn die Hersteller von Fernsehgeräten voll beschäftigt, d.h. ihre Kapazitäten voll ausgelastet, sind. Eine Zunahme der Nachfrage wird in diesem Fall keine kurzfristige Ausdehnung der Produktion bewirken.

ANGEBOT

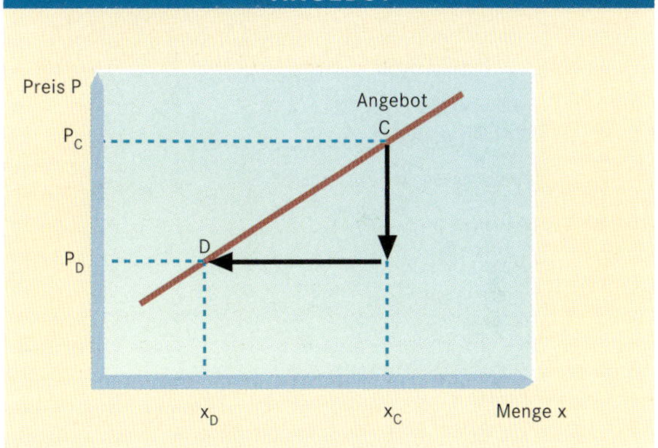

Angebot. Angebotskurve im Preis-Mengen-Diagramm: Normalerweise ist die angebotene Menge eines Gutes umso größer, je höher der Preis dieses Gutes ist; bei sinkendem Preis sinkt auch die angebotene Menge (Angebotsgesetz).

Angebotsfunktion, die Beziehung zwischen der angebotenen Menge eines Gutes und dem Preis für dieses Gut. Die grafische Darstellung dieses Zusammenhangs nennt man **Angebotskurve.** Sie verläuft in einem Koordinatensystem mit dem Preis auf der senkrechten Achse und der Menge auf der waagrechten Achse von links unten nach rechts oben. Im Normalfall nimmt bei steigenden Preisen die angebotene Gütermenge zu, da die Unternehmen bestrebt sind, ihren Gewinn zu vergrößern. Bei sinkenden Preisen werden die Unternehmen normalerweise eine geringere Gütermenge anbieten.

ANGEBOTSFUNKTION

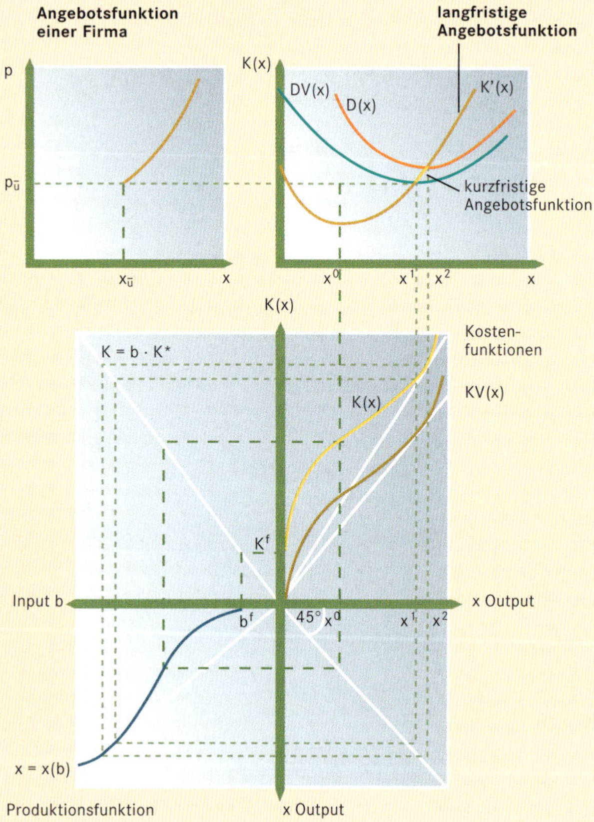

Ableitung der Angebotskurve eines Unternehmens

Im dritten Quadranten des Koordinatensystems ist der Zusammenhang zwischen Ausbringungsmenge (Output) und dem Einsatzverhältnis der Produktionsfaktoren dargestellt (Fall der homothetischen Produktionsfunktion).
Durch Spiegelung an der Kostengeraden K = bK* im zweiten Quadranten und der 45°-Achse im vierten Quadranten lässt sich daraus im ersten Quadranten die Kostenfunktion konstruieren.

x	Produktionsmenge (Output)
x = x(b)	Produktionsfunktion in Abhängigkeit von der Faktorintensität b
b	Faktorintensität der Produktionsfaktoren (Arbeit/Kapital)
b^f	Fixe Inputs (z. B. Gebäude, Maschinen, fest angestellte Arbeiter)
K(x)	Gesamtkostenfunktion in Abhängigkeit vom Output
K´(x)	Grenzkostenfunktion
K^f	Fixe Kosten
KV(x)	Kostenfunktion der variablen Kosten
DV(x)	Durchschnittliche variable Kosten (variable Stückkosten)
D(x)	Durchschnittskosten (Stückkosten)
K*	Kosten, die bei der Produktion einer Einheit entstehen
K = bK*	Kostenfunktion in Abhängigkeit von der Faktorintensität b
p	Angebotspreis
$p_ü$	Preisuntergrenze

Angebotsfunktion. Ableitung der Angebotskurve eines Unternehmens

Angebotslücke, eine Situation, in der die Nachfrage nach bestimmten Gütern das Güterangebot übersteigt. Eine Angebotslücke kann bei staatlich festgelegten Höchstpreisen *(siehe dort)* zur Sicherung der Versorgung der Bevölkerung mit lebensnotwendigen Gütern entstehen. In diesem Fall ist durch die Festsetzung von Höchstpreisen, die unter dem Gleichgewichtspreis liegen, der Marktmechanismus *(siehe dort)* ausgeschaltet. Die Hersteller haben keinen Anreiz, ihre Produktion zu erhöhen und dadurch die Lücke im Angebot zu schließen. Der Staat muss in einem solchen Fall durch Maßnahmen wie den Zwang für Unternehmen zur Produktion bestimmter Güter oder durch die Ausgabe von Bezugsscheinen für notwendige Waren der Entstehung von Schwarzmärkten entgegenwirken.

Angebotsmonopol, Marktform, bei der ein Anbieter einigen oder vielen Nachfragern gegenübersteht, das Monopol *(siehe dort)* im eigentlichen Sinn. Aufgrund seiner beherrschenden Marktstellung kann der Monopolist den Preis und die Menge für seine Waren und Erzeugnisse in bestimmten Grenzen festsetzen. In Deutschland sind die meisten Angebotsmonopole öffentlich-rechtliche Unternehmen, z. B. die Deutsche Post für den Briefverkehr oder kommunale Verkehrsbetriebe in Großstädten.

Angebotsüberhang, Situation am Markt, in der die angebotene Menge an Gütern größer ist als die Nachfrage nach diesen Gütern. Die Unternehmen als Anbieter von Gütern unterliegen bei dieser Marktsituation einer starken gegenseitigen Konkurrenz, was sie zu laufenden Preissenkungen zwingt.

Bei einem Angebotsüberhang wird auch von einem Käufermarkt *(siehe dort)* gesprochen, da sich die Käufer in der günstigeren Marktposition befinden und sie die Möglichkeit haben, Preissenkungen oder Nachlässe durchzusetzen. Gegenteil: Nachfrageüberhang.

Arbeitsmarkt, Markt, auf dem das Angebot und die Nachfrage nach dem Produktionsfaktor Arbeit zusammentreffen. Marktteilnehmer sind vor allem private Unternehmen und öffentliche Haushalte als Nachfrager und private Haushalte als Anbieter. Der Gesamtarbeitsmarkt wird zur besseren Untersuchung und Beschreibung in Teilarbeitsmärkte nach Regionen (z. B. Arbeitsmarkt für Ostdeutschland), nach Berufen (z. B. Arbeitsmarkt für Baufacharbeiter), nach Qualifikationen (z. B. Arbeitsmarkt für Hochschulabsolventen) oder Gruppen von Personen aufgegliedert.
Im Gegensatz zu anderen Märkten (z. B. dem Kapitalmarkt) unterliegt der Arbeitsmarkt gewissen Sonderbedingungen, da er nicht hauptsächlich durch das Gesetz von Angebot und Nachfrage geregelt wird. Die Funktionsfähigkeit des Arbeitsmarktes wird durch verschiedene Bedingungen eingeschränkt. So bildet sich der Preis, die Höhe der Löhne und Gehälter, nicht frei nach Angebot und Nachfrage, sondern wird von Arbeitgeberverbänden und Gewerkschaften durch Tarifverhandlungen festgelegt. Bestimmungen und Vorschriften des Arbeits- und Sozialrechts wirken sich lenkend auf den Arbeitsmarkt aus. Mangelnde Bereitschaft der Arbeitnehmer den Beruf zu wechseln (Flexibilität) und fehlende räumliche Beweglichkeit (Mobilität) wirken sich negativ auf die Funktionsfähigkeit des Marktes aus.

Bedarfsdeckungsmonopol, Unternehmen der öffentlichen Hand wie kommunale Verkehrsbetriebe oder die Deutsche Bahn, die über eine gewisse Monopolstellung verfügen, diese aber nicht zulasten der Verbraucher ausnutzen. Bedarfsdeckungsmonopole erfüllen einen öffentlichen Auftrag und legen ihre Preise mehrheitlich nach dem Prinzip der Kostendeckung oder der Erwirtschaftung eines angemessenen Gewinns fest.

Binnennachfrage, die Nachfrage nach Gütern auf inländischen Märkten durch inländische Käufer.

Boykott, der Aufruf von marktbeherrschenden Unternehmen oder Gruppen von Unternehmen an ihre Lieferanten oder Abnehmer, Geschäftsbeziehungen zu bestimmten Unternehmen abzubrechen, um z. B. so Mitwettbewerber vom Markt zu drängen.

Cobweb-Theorem, das Spinnwebtheorem *(siehe dort)*.

cournotscher Punkt, nach dem französischen Nationalökonomen und Mathematiker ANTOINE AUGUSTIN COURNOT (* 1801, † 1877) benannte Kombination von Angebotsmenge und Preis, bei der ein Angebotsmonopolist den größtmöglichen Gewinn erzielt (*siehe* Monopol).

Deutschland AG, medienwirksame Bezeichnung für die gegenseitige Kapitalbeteiligung großer deutscher Aktiengesellschaften. Unter deutschen Konzernen, insbesondere unter Banken, Versicherungen und Unternehmen verschiedener Industriebranchen, bestand jahrzehntelang ein System wechselseitiger Kapitalbeteiligungen, das zu einem feinmaschigen Netz finanzieller Abhängigkeiten und gegenseitiger Einflussnahme durch die Besetzung von Vorstandspositionen und Aufsichtsratssitzen geführt hatte.
Das ermöglichte es, den nationalen Wettbewerb im Rahmen des geltenden Rechts zu beschränken und ausländische Konkurrenz auf Abstand zu halten. Mit zunehmender Globalisierung empfanden vor allem Banken und Versicherungen die engen Beziehungen der Firmen untereinander als hinderlich und einengend. Die Veränderungen in der Steuergesetzgebung seit 2002 (u. a. Wegfall der Steuer auf Veräußerungsgewinne von Kapitalbeteiligungen) führten letztlich zur Auflösung der Deutschland AG und damit zur Verbesserung der internationalen Konkurrenzfähigkeit deutscher Unternehmen (Abb. S. 64).

Dumping, Bezeichnung für ein Angebotsverhalten von Unternehmen, bei dem Güter und Leistungen auf Auslandsmärkten zu einem niedrigeren Preis verkauft werden als im Inland. Häufig liegt der Verkaufspreis beim Dumping unter den Selbstkosten. Ziel ist die Verdrängung von Konkurrenten auf ausländischen Märkten und die Gewinnung von Marktanteilen. Zur Abwehr von Dumpingpreisen ausländischer Anbieter und zum Schutz inländischer Unternehmen erheben betroffene Staaten häufig Antidumpingzölle.

Deutschland AG.
Die Hochhäuser des Bankenviertels in Frankfurt am Main

Einkommenselastizität, Maß, das die prozentuale Veränderung der nachgefragten Gütermenge anzeigt, wenn sich das Einkommen der privaten Haushalte um ein Prozent ändert. Die Haushalte können auf Einkommensveränderungen beim Kauf von Gütern verschieden reagieren. Normalerweise wird bei steigendem Einkommen eine größere Gütermenge nachfragt, da mit höherem Einkommen mehr Güter bezahlt werden können. Die Einkommenselastizität der Nachfrage ist dann positiv. Die Reaktion der Nachfrage auf die Einkommenserhöhung kann jedoch unterschiedlich stark sein.

Zur Berechnung der Einkommenselastizität der Nachfrage wird die prozentuale Änderung der nachgefragten Menge durch die prozentuale Änderung des Einkommens geteilt. Steigt z. B. das Einkommen des Haushalts von 4 000 € auf 4 400 € (also um 10 %) und steigt dadurch die Nachfrage von 200 Einheiten eines Gutes auf 260 Einheiten (also um 30 %), so wird die Einkommenselastizität 3 ermittelt (30 % dividiert durch 10 %).

Die Nachfrage ist elastisch, wenn der errechnete Wert der Einkommenselastizität über 1 liegt. Die nachgefragte Menge steigt dann stärker als das Einkommen. Ein solches Verhalten der Haushalte ist vor allem bei langlebigen Konsumgütern des gehobenen Bedarfs **(superiore Güter)** wie Stereoanlagen oder Fernreisen zu beobachten. Die Nachfrage ist unelastisch, wenn die Einkommenssteigerung größer ist als die gleichzeitige Steigerung der Nachfrage, der errechnete Elastizitätswert ist dann kleiner als 1. Ändert sich die nachgefragte Menge trotz steigendem Einkommen des Haushalts überhaupt nicht, ist die Nachfrage vollkommen unelastisch, der Elastizitätswert ist dann 0 (z. B. Medikamente). Die Einkommenselastizität ist negativ, wenn bei steigendem Einkommen absolut weniger von einem Gut nachgefragt wird.

Dies trifft nach dem engelschen Gesetz *(siehe dort)* vor allem für einfache Güter **(inferiore Güter)** wie gewöhnliche Lebensmittel (z. B. Kartoffeln oder Getreideprodukte) zu, die bei steigendem Einkommen durch höherwertige Güter wie Fleisch oder Kaviar ersetzt werden.

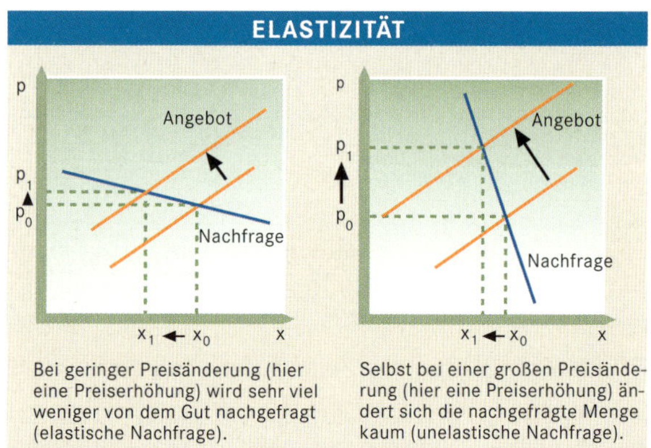

Elastizität. Die Elastizität der Nachfrage

Elastizität, vom englischen Nationalökonomen ALFRED MARSHALL (* 1842, † 1924) geprägter Begriff für eine Messziffer, mit der die Abhängigkeit zwischen zwei wirtschaftlichen Größen beschrieben wird. Elastizitäten geben die prozentuale Veränderung einer wirtschaftlichen Größe (z. B. die nachgefragte Menge eines Gutes) an, wenn eine andere wirtschaftliche Größe (z. B. der Preis des Gutes oder das Einkommen des Haushalts) um ein Prozent steigt oder sinkt. In der Volkswirtschaftslehre wird mit Elastizitäten also untersucht, wie Angebot und Nachfrage auf einem Markt auf Preis- oder Einkommensänderungen reagieren. Unterschieden werden z. B. die Preiselastizität der Nachfrage *(siehe dort),* die Kreuzpreiselastizität *(siehe dort),* die Angebotselastizität *(siehe dort)* oder die Einkommenselastizität der Nachfrage *(siehe dort).*

Erlaubniskartell, Zusammenschluss von rechtlich selbstständigen Unternehmen gleicher Produktions- oder Handelsstufe (Kartell), der vom grundsätzlichen Kartellverbot des § 1 Gesetz gegen Wettbewerbsbeschränkungen (Kartellgesetz) durch Genehmigung der Kartellbehörde (Bundeskartellamt) ausgenommen ist (genehmigungspflichtiges Kartell). Die Erlaubnis wird von der Kartellbehörde regelmäßig für drei Jahre erteilt und kann Auflagen, Bedingungen oder Beschränkungen beinhalten. Zu den Erlaubniskartellen gehören z. B. Rationalisierungskartelle, Strukturkrisen- und Konjunkturkrisenkartelle, die Absprachen zur Anpassung der Kapazitäten an den gesunkenen Bedarf beinhalten, oder Sonderkartelle wie Ministerkartelle, die im Interesse des Gemeinwohls und der Gesamtwirtschaft ausnahmsweise durch den Bundesminister für Wirtschaft zugelassen werden können.

Ertragsgesetz, *siehe* Kapitel 1.

EXTERNE EFFEKTE

Durch negative externe Effekte bei der Stromproduktion (Luftverschmutzung) ist die gesamtwirtschaftlich optimale Strommenge geringer als die Strommenge im Marktgleichgewicht; der gesamtwirtschaftlich optimale Strompreis liegt über dem Strompreis im Marktgleichgewicht. Die gesamtwirtschaftlich optimale Preis-Mengen-Kombination berücksichtigt die Kosten der Luftverschmutzung.

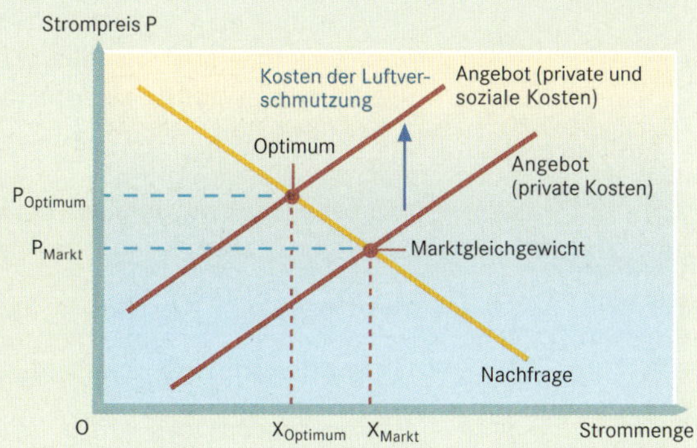

externe Effekte. Wirkung negativer externer Effekte auf das gesamtwirtschaftliche Optimum

engelsches Gesetz, von dem deutschen Statistiker ERNST ENGEL (* 1821, † 1896) erstmals im Jahr 1857 beschriebener Zusammenhang zwischen steigendem Einkommen und veränderter Zusammensetzung der Ausgaben für Konsumgüter.

Nach ENGEL nimmt bei steigendem Einkommen der prozentuale Anteil von einfacheren Gütern, z. B. von Lebensmitteln wie Kartoffeln oder Brot (inferiore Güter), im Rahmen des Gesamtverbrauchs an Lebensmitteln im Haushalt ab, während der Verbrauch des gehobenen Bedarfs wie hochwertigerer Lebensmittel, z. B. Fleisch oder Kaviar, zunimmt (superiore Güter).

externe Effekte: Wenn durch die Herstellung oder den Verbrauch von Waren oder Leistungen anderen Unternehmen, Haushalten oder der Gesellschaft Kosten (externe Kosten) oder Einsparungen (externe Ersparnisse, externe Nutzen) entstehen und vom Schadenverursacher kein Ausgleich vorgenommen wird bzw. vom Empfänger eines Vorteils kein Entgelt gezahlt wird, spricht man von externen Effekten. Im Fall externer Effekte versagt somit der Preismechanismus, was allgemein auch als Marktversagen (*siehe* Kapitel 4) bezeichnet wird und ein Eingreifen des Staates notwendig macht.

Externe Effekte als **externe Kosten** entstehen z. B., wenn von Unternehmen nur die betriebswirtschaftlichen Kosten ihrer Produktion zu kalkulieren sind, die sozialen Kosten der Produktion aber auf die Gesellschaft abgewälzt (externalisiert) werden. So entstehen der Gesellschaft bzw. den Anwohnern eines Heizkraftwerks, das Strom erzeugt und durch die Abgase der Kohleverfeuerung die Umwelt belastet, Kosten in Form von Erkrankungen der Atemwege oder durch Staubniederschlägen auf Gebäuden und Kraftfahrzeugen, die beseitigt werden müssen. Diese Kosten der Luftverschmutzung werden nicht vom Unternehmen kalkuliert und sind deshalb nicht im Strompreis enthalten. Eine solche Situation führt aus volkswirtschaftlicher Sicht zu unerwünschten Auswirkungen. Der Preis für so erzeugten Strom wäre vergleichsweise zu niedrig und würde zur Steigerung der Nachfrage führen. Dies wiederum bewirkt, dass mehr Strom auf diese Weise erzeugt wird. Weitere negative Auswirkungen wären die Folge. Der Marktmechanismus versagt in einem solchen Fall und führt zu volkswirtschaftlich unerwünschten Ergebnissen, was das Eingreifen des Staates notwendig macht. Durch staatliche Auflagen (z. B. der Einbau von Rauchgasfiltern) wird erreicht, dass eine Luftverunreinigung vermieden wird und das Kraftwerk im Idealfall die gesamten Kosten der Produktion kalkulieren muss (Internalisierung der externen Effekte). Der Preis des so erzeugten Stroms wird dadurch höher und die Verbraucher fragen eine geringere Menge nach.

Externe Ersparnisse entstehen z. B. für einen Imker, dessen Bienen in den Obstanpflanzungen von Obstbauern Nektar sammeln. Externe Ersparnisse hat aber auch der Obstbauer, da er davon profitiert, dass die Bienen des Imkers die Blüten befruchten.

Faktormarkt, Markt, auf dem Unternehmen die zur Güterproduktion notwendigen Produktionsfaktoren und Einsatzmengen wie Rohstoffe, Bauteile oder Erzeugnisse kaufen. Gegensatz: Gütermarkt. Faktormärkte sind z. B. der Arbeitsmarkt, der Kapital- und Geldmarkt.

feindliche Übernahme, der Versuch eines Unternehmens, ein anderes Unternehmen auch gegen den Willen des Managements dieses Unternehmens aufzukaufen. Meist werden zunächst über die Börse in nennenswertem Umfang Aktien dieses Unternehmens gekauft und dann den Aktionären ein Abfindungsangebot unterbreitet.

Frühstückskartell, Bezeichnung für eine wettbewerbsbeschränkende und damit unzulässige Vorgehensweise von Unternehmen, die sich zwar nicht wie bei einem Kartell vertraglich gebunden haben, aber durch quasi beim ›Frühstücken‹ oder ›Kaffeetrinken‹ abgesprochenes und abgestimmtes Verhalten den marktwirtschaftlichen Wettbewerb beeinträchtigen und sich damit einen wirtschaftlichen Vorteil verschaffen.

Fusion, Zusammenschluss von bislang eigenständigen Unternehmen zu einem wirtschaftlich und rechtlich einheitlichen Unternehmen. In Deutschland unterliegen Fusionen von Unternehmen den Bestimmungen des Gesetzes gegen Wettbewerbsbeschränkungen (Kartellgesetz) und damit der Fusionskontrolle (*siehe* Kapitel 4) durch das Bundeskartellamt. Grenzüberschreitende Unternehmenszusammenschlüsse in der Europäischen Union werden von der Europäischen Kommission kontrolliert.

Grundsätzlich wird zwischen zwei Formen der Fusion unterschieden: Verschmelzung (englisch Merger) durch Aufnahme, bei der die übernehmende Gesellschaft das gesamte Vermögen der übertragenden Gesellschaft aufnimmt, und Verschmelzung durch Neubildung, bei der eine neue Gesellschaft gegründet wird, die das komplette Vermögen der sich vereinigenden Gesellschaften übernimmt. Unternehmenszusammenschlüsse beschleunigen den wirtschaftlichen Konzentrationsprozess *(siehe dort).*

Geldmarkt, *siehe* Kapitel 3.

Gesamtangebot, das Marktangebot *(siehe dort).*

Gesamtnachfrage, die Marktnachfrage *(siehe dort).*

Gewinnmaximierung, Ziel der unternehmerischen Tätigkeit in einer marktwirtschaftlichen Wirtschaftsordnung. Die Differenz zwischen den Erlösen aus dem Verkauf von Erzeugnissen und Leistungen und den Kosten für deren Erstellung soll dabei möglichst groß sein (maximiert werden). Der Gewinn ist am größten, wenn so viel produziert wird, dass die Kosten einer zusätzlichen Gütereinheit (Grenzkosten) gerade dem Erlös dieser zusätzlichen Gütereinheit (Grenzerlös, Preis) entsprechen. Solange der Preis höher ist als die Grenzkosten, kann das Unternehmen durch Ausweitung der Produktion seinen Gewinn steigern. Liegt der Preis unter den Grenzkosten, entsteht ein Verlust. Das Unternehmen wird die Produktion verringern. Diese Bedingung für ein Gewinnmaximum wird auch als **Grenzkosten-Preis-Regel** bezeichnet.

Gleichgewicht, eine Situation, in der sich gegenteilig wirkende Kräfte ausgleichen. Der Zustand des Gleichgewichts, z. B. der Ausgleich von Angebot und Nachfrage im Marktgleichgewicht *(siehe dort)* ist in der Wirtschaftstheorie als anzustrebendes Ziel von zentraler Bedeutung.

Gleichgewichtsmenge, die Übereinstimmung von angebotener Menge und nachgefragter Menge eines Gutes auf einem Markt zum Gleichgewichtspreis. Der Markt befindet sich dabei im Gleichgewicht; es herrscht weder ein Angebots- noch ein Nachfrageüberschuss (der Markt wird geräumt).

Gleichgewichtspreis, der Preis, bei dem die angebotene Menge und die nachgefragte Menge eines Gutes auf einem Markt übereinstimmen. Bei der Bestimmung des Gleichgewichtspreises geht man davon aus, dass die Anbieter ihre Waren und Erzeugnisse zu einem möglichst hohen Preis verkaufen wollen und die angebotene Menge eines Gutes umso größer ist, je höher der Preis dieses Gutes ist, wie es in der Angebotsfunktion *(siehe dort)* zum Ausdruck kommt. Umgekehrt nimmt man für die Nachfrager an, dass sie die Waren und Erzeugnisse zu möglichst niedrigen Preisen einkaufen wollen und die nachgefragte Menge eines Gutes umso höher ist, je niedriger der Preis dieses Gutes liegt, verdeutlicht durch die Nachfragefunktion *(siehe dort)*. In der zeichnerischen Darstellung kommt das Verhalten von Anbietern und Nachfragern durch die mit dem Preis ansteigende Angebotskurve und die mit dem Preis fallende Nachfragekurve zum Ausdruck. Im Schnittpunkt der Angebotskurve und der Nachfragekurve sind Angebot und Nachfrage im Marktgleichgewicht *(siehe dort)*. Die angebotene Menge stimmt hier mit der nachgefragten Menge überein (Gleichgewichtsmenge). Der Marktpreis, der sich im Rahmen der Preisbildung *(siehe dort)* im Schnittpunkt der Angebots- und Nachfragekurve bildet, ist der Gleichgewichtspreis. Beim Gleichgewichtspreis werden die Kaufwünsche der Nachfrager erfüllt, die bereit sind, mindestens diesen Preis zu zahlen. Die Verkaufsabsichten der Anbieter, die bereit sind, zu diesem Preis ihre Waren zu veräußern, werden beim Gleichgewichtspreis ebenfalls erfüllt. Beim Gleichgewichtspreis wird auf dem Markt der größte Umsatz erzielt. Der Markt wird geräumt und es besteht kein Angebotsüberschuss oder Nachfrageüberhang mehr.

GEWINNMAXIMIERUNG

Gewinnmaximierung bei vollständiger Konkurrenz

p = Preis
x = Menge
K(x) = Kostenfunktion

Gewinn = Erlös − Kosten

$G = p \cdot x - K(x)$

Bedingung 1. Ordnung für Gewinnmaximum

$$\frac{\partial G}{\partial x} = p - K'(x)$$

$$p = K'(x)$$

Preis = Grenzkosten

Bedingung 2. Ordnung für Gewinnmaximum

$-K''(x) \leq 0$ oder $K''(x) \geq 0$,

d. h., die Grenzkosten müssen an der Stelle $p = K'(x)$ steigen oder konstant sein, damit ein Gewinnmaximum vorliegt.

Gewinnmaximierung. Mathematische Ableitung der Gewinnmaximierung bei vollständiger Konkurrenz

Gleichordnungskonzern, Zusammenschluss von Unternehmen, die ihre rechtliche Selbstständigkeit behalten, ihre wirtschaftliche Selbstständigkeit aufgeben und sich einer einheitlichen Leitung unterstellen, ohne dass die im Konzern *(siehe dort)* zusammengeschlossenen Unternehmen von einem Unternehmen beherrscht werden. Eine gegenseitige Kapitalbeteiligung, z. B. durch den Austausch von Aktien, sichert den Mitgliedern des Konzerns den Einfluss auf die Konzernpolitik.

gossensche Gesetze, *siehe* Kapitel 1.

grauer Markt, Bezeichnung für einen illegalen Markt, der entstehen kann, wenn der Staat Mindestpreise *(siehe dort)* für bestimmte Güter (z. B. landwirtschaftliche Erzeugnisse in der EU) festlegt. Bei staatlich festgesetzten Mindestpreisen sind einige Anbieter bereit, ihre Erzeugnisse zu einem unerlaubten, niedrigeren Preis als dem Mindestpreis zu verkaufen.

Grenzerlös, der zusätzliche Erlös, den ein Unternehmen durch die Produktion bzw. den Absatz einer zusätzlichen Gütereinheit erzielt.

Grenzkosten, der Kostenzuwachs der Gesamtkosten, der entsteht, wenn bei einer bestimmten Produktionsmenge eine weitere Gütereinheit hergestellt wird. Solange die Grenzkosten für die Herstellung einer jeweils weiteren Gütereinheit geringer sind als die Grenzerlöse, bringt die Produktionserhöhung für das Unternehmen einen Gewinn. Die Produktions- bzw. Absatzmenge, die dem Unternehmen den größtmöglichen Gewinn verschafft, ist

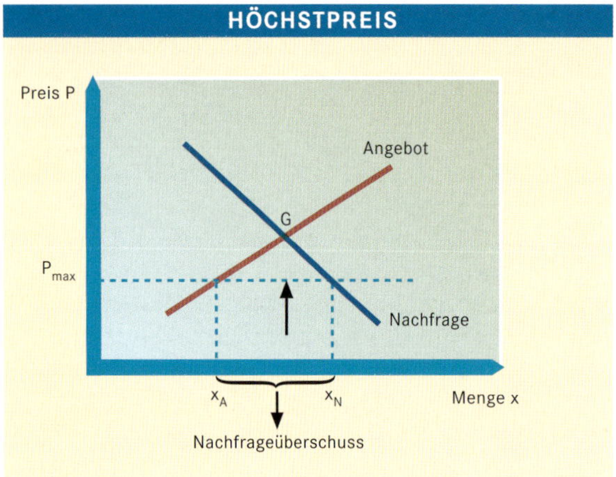

Höchstpreis. Der Höchstpreis liegt unter dem Gleichgewichtspreis; zum Höchstspreis (P_{max}) besteht ein Nachfrageüberschuss

erreicht, wenn die Grenzkosten den Grenzerlösen entsprechen (*siehe* Gewinnmaximierung).

Gütermarkt, Markt, auf dem hergestellte Güter abgesetzt werden. Unterschieden wird z. B. der Konsumgütermarkt und der Investitionsgütermarkt.

Haushaltsnachfrage, diejenigen Güterarten und Gütermengen, die private Haushalte entsprechend ihres festgelegten Konsumplans (Überlegungen zur Herkunft und Verwendung der finanziellen Mittel) kaufen wollen. Die Nachfrage des Haushaltes nach Gütern und Leistungen hängt von verschiedenen Umständen ab, z. B. von der Bedürfnisstruktur, vom Nutzen, den die nachgefragten Güter stiften, vom Preis der nachgefragten Güter und von dem Geldbetrag, über den der Haushalt zum Kauf von Gütern verfügt (Konsumsumme). In der Wirtschaftstheorie wird ein optimaler Verbrauchsplan *(siehe dort)* bestimmt.
Grundsätzlich gilt für den Zusammenhang zwischen Nachfragemenge des Haushalts und Preis des nachgefragten Gutes, dass bei steigendem Preis für ein Gut vom Haushalt normalerweise weniger von diesem Gut gekauft wird. Fällt dagegen der Preis für ein Konsumgut, wird der Haushalt normalerweise mehr von diesem Gut nachfragen.
Was den Zusammenhang von **Konsumsumme** und Nachfragemenge des Haushalts betrifft, kann im Regelfall angenommen werden, dass bei steigender Konsumsumme normalerweise die Nachfrage des Haushaltes steigen wird. Fällt das Einkommen des Haushalts, wird die Nachfrage sinken. Die Nachfrage nach einzelnen Gütern steigt jedoch nicht immer im gleichen Umfang, sie kann im Gegenteil sogar abnehmen. So sinkt nach dem engelschen Gesetz *(siehe dort)* die Nachfrage des Haushalts nach einfachen Gütern (z. B. für einfache Lebensmittel) bei steigendem Einkommen, während die Nachfrage nach Gütern des gehobenen Bedarfs (z. B. hochwertige Lebens- und Genussmittel) ansteigt.

Haushaltstheorie, volkswirtschaftliche Fachrichtung, die sich mit dem ökonomischen Verhalten der privaten Haushalte befasst. Untersuchungsgegenstand sind dabei die Haushaltsnachfrage nach Gütern und das Angebot der privaten Haushalte, z. B. Arbeitsleistungen.

heterogene Güter, inhomogene Güter, verschiedenartige Güter, die nur in einem gewissem Umfang gegenseitig ersetzbar sind, wie Kraftfahrzeuge verschiedener Hersteller oder verschiedene Kaffeesorten. Gegenteil: homogene Güter.

Höchstpreis, staatlich festgesetzte Preisobergrenze, die unterhalb des am Markt gebildeten Gleichgewichtspreises für ein Gut liegt. Höchstpreise sollen die Verbraucher vor übermäßig hohen Preisen schützen und werden vor allem in Zeiten des wirtschaftlichen Mangels (z. B. nach Naturkatastrophen, inneren Unruhen, in Kriegs- oder Nachkriegszeiten) festgesetzt, um die Versorgung der Bevölkerung mit lebensnotwendigen Gütern zu gewährleisten.
Staatlich verordnete Höchstpreise führen zu einem Nachfrageüberhang (Nachfrage nach diesen Gütern ist größer als das Angebot), da manche Unternehmen wegen sinkender Gewinne die Produktion verringern oder ganz einstellen. Als Folge der hohen Nachfrage bilden sich häufig Schwarzmärkte *(siehe dort),* auf denen die Güter zu Preisen gehandelt werden, die über dem Höchstpreis liegen. Der Staat muss deshalb weitere Maßnahmen ergreifen, z. B. die zwangsweise Ausweitung des Angebots etwa durch die Verpflichtung der Unternehmen zur Produktion oder die Rationierung lebensnotwendiger Güter etwa durch die Ausgabe von Bezugsscheinen oder Lebensmittelmarken.

Holdinggesellschaft, Obergesellschaft eines Konzerns, die mehrheitlich die Aktien (Kapitalanteile) an den Tochtergesellschaften erwirbt und dafür selbst eigene Aktien an die Aktionäre der Tochterunternehmen hingibt oder die eigenen Aktien am Kapitalmarkt (Börse) ausgibt. Die Holdinggesellschaft nimmt keine Produktions- oder Handelsaufgaben wahr, sondern ist im Regelfall eine reine Finanzierungs- und Verwaltungsgesellschaft ohne Geschäftsbetrieb. Die Tochtergesellschaften des Konzerns bleiben rechtlich zwar selbstständig, treten ihre wirtschaftliche Selbstständigkeit jedoch an die Holdinggesellschaft ab. In Abhängigkeit vom Umfang des Einflusses der Holdinggesellschaft wird zwischen **Dachgesellschaft** (übernimmt weitreichende Leitungs- und Abstimmungsaufgaben im Konzern) und Kontroll- oder **Beteiligungsgesellschaft** (übernimmt lediglich die Finanzierungsaufgabe) unterschieden.

homogene Güter, gleichartige Güter, die gegenseitig ersetzbar sind, wie Banknoten oder Aktien einer bestimmten Aktiengesellschaft. Gegenteil: heterogene Güter.

Indifferenzkurve, in der Haushaltstheorie die grafische Darstellung aller Kombinationen von zwei Gütern, die dem Haushalt jeweils den gleichen Nutzen stiften. Es wird angenommen, dass der Haushalt eine ausgewogene Mischung zweier Güter (z. B. Kuchen und Kaffee) den beiden Extremen vorzieht. Die Kurven laufen deshalb gebogen (konvex) zum Koordinatenursprung. Mit steigender Menge an Kuchen nimmt die Menge an Kaffee, die der Einzelne für ein Mehr an Kuchen aufzugeben bereit ist, immer mehr ab **(Grenzrate der Substitution).** Die Indifferenzkurven werden auch als Nutzenfunktionen bezeichnet und bilden die Vorlieben (Präferenzen) des Haushalts ab. Sie spielen eine wichtige Rolle bei der Bestimmung des optimalen Verbrauchsplans *(siehe dort)* sowie bei der Ableitung der Nachfrage und der Nachfragefunktion *(siehe dort)*.

Investitionsgütermarkt, Bezeichnung für einen speziellen Markt, auf dem Investitionsgüter wie Maschinen, technische Anlagen und Ausrüstungsgegenstände gehandelt werden.

Kampfpreis, ein Preis, der unter den üblichen Marktpreisen für Güter gleicher Art und Qualität

INDIFFERENZKURVE

Einige Indifferenzkurven

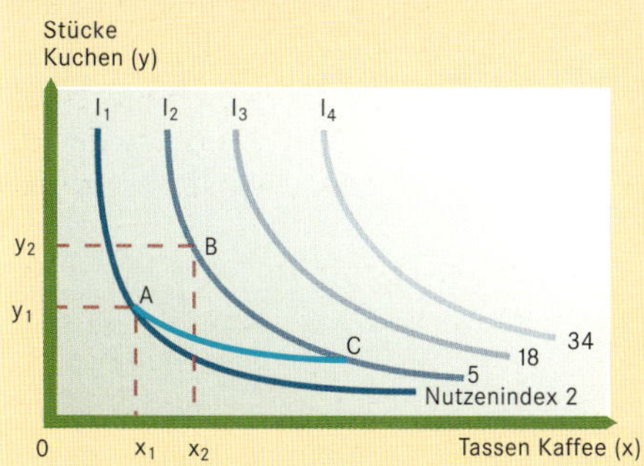

Das Güterbündel x_1 und y_1 gehört zur Indifferenzklasse, die durch die Indifferenzkurve I_1 abgebildet ist, das Güterbündel x_2 und y_2 mit größeren Mengen beider Güter zu einer höheren Indifferenzklasse (Indifferenzkurve I_2). Würden sich Indifferenzkurven schneiden, wäre der Haushalt mit den Güterbündeln der Punkte A, B und C gleichermaßen zufrieden, obwohl in B größere Mengen beider Güter konsumiert werden können als in C.

Konvexer Verlauf der Indifferenzkurven

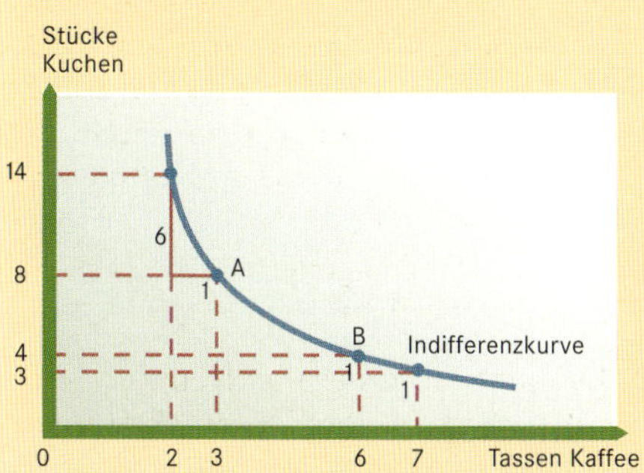

In Punkt A stehen dem Konsumenten wenige Tassen Kaffee und viele Stücke Kuchen zur Verfügung. Er verlangt eine große Anzahl Kuchenstücke für die Bereitschaft, auf eine weitere Tasse Kaffee zu verzichten. Die Grenzrate der Substitution beträgt 6 Kuchenstücke pro Tasse Kaffee.
Umgekehrt die Situation in Punkt B: viele Tassen Kaffee und wenige Kuchenstücke. Hier ist nur eine geringe Anzahl Kuchenstücke erforderlich, um den Konsumenten zum Verzicht auf eine Tasse Kaffee zu veranlassen. Die Grenzrate der Substitution beträgt hier ein Kuchenstück pro Tasse Kaffee.

Indifferenzkurve.
Grafische Darstellung der Indifferenzkurve und der Grenzrate der Substitution

liegt; oft sogar unter den Selbstkosten des anbietenden Unternehmens. Unternehmen benutzen Kampfpreise, um Marktanteile zu erobern oder um Konkurrenten vom Markt zu verdrängen.

Kapitalmarkt, *siehe* Kapitel 11.

Kartell, der vertragliche Zusammenschluss von Unternehmen gleicher Produktions- oder Handelsstufe, die rechtlich selbstständig bleiben, ihre wirtschaftliche Selbstständigkeit jedoch ganz oder zum Teil aufgeben, um daraus einen Wettbewerbsvorteil zu erzielen. Die am Kartell beteiligten Unternehmen verpflichten sich in der Regel zu gemeinsamem wirtschaftlichem Handeln und zur Zahlung von Vertragsstrafen, sofern gegen Regelungen des Kartellvertrages verstoßen wird.

Unterschieden werden z. B. Preiskartelle *(siehe dort),* Gebietskartelle, die Vereinbarungen über festgelegte Absatzgebiete treffen, Quotenkartelle *(siehe dort),* Rabattkartelle, Rationalisierungskartelle *(siehe dort)* oder Krisenkartelle, die dauerhafte oder vorrübergehende Absatzrückgänge und deren wirtschaftliche Schäden als Folge von Konjunktur- oder Strukturkrisen durch gemeinsames Vorgehen mildern wollen.

Nach dem Gesetz gegen Wettbewerbsbeschränkungen (Kartellgesetz) sind Kartelle grundsätzlich verboten. Allerdings nennt das Gesetz verschiedene Ausnahmen. So können bestimmte Kartelle vom Bundeskartellamt genehmigt werden wie die Erlaubniskartelle *(siehe dort).* Bei den Widerspruchskartellen *(siehe dort)* muss die Kartellbehörde der

KARTELL

Kartellverbot

Gesetz gegen Wettbewerbsbeschränkungen (GWB)

§ 1 Kartellverbot
Vereinbarungen zwischen miteinander in Wettbewerb stehenden Unternehmen, Beschlüsse von Unternehmensvereinigungen und aufeinander abgestimmte Verhaltensweisen, die eine Verhinderung, Einschränkung oder Verfälschung des Wettbewerbs bezwecken oder bewirken, sind verboten.

verbotene Absprachen

Preiskartell:	Die Kartellmitglieder verpflichten sich, beim Absatz ihrer Güter einen einheitlichen Preis zu verlangen oder einen Mindestpreis nicht zu unterschreiten.
Quotenkartell:	Die Kartellmitglieder teilen unter sich das Marktangebot auf.
Gebietskartell:	Die Kartellmitglieder teilen unter sich das Absatzgebiet auf.
Submissionskartell:	Die Kartellmitglieder vereinbaren, ein Unterbieten bei öffentlichen Ausschreibungen zu verhindern und ihre Angebote so zu gestalten, dass jedes Kartellmitglied in einer bestimmten Abfolge den Zuschlag als preisgünstigster Anbieter erhält.
Rabattkartell:	Die Kartellmitglieder regeln Anlass, Form und Höhe von Preisnachlässen.
Importkartell:	Die Kartellmitglieder vereinbaren, ausländischen Konkurrenten den Zugang zum heimischen Markt zu versperren.
Exportkartell:	Die Kartellmitglieder vereinbaren gemeinsame Strategien auf ausländischen Märkten.

Kartell.
Kartellverbot und Beispiele für verbotene Absprachen

KARTELL

Besondere Ausnahmen vom Kartellverbot

§ 4 Mittelstandskartelle	§ 8 Ministererlaubnis
Um kleinen und mittleren Unternehmen einen Ausgleich für ihre strukturellen, also größenbedingten Nachteile im Wettbewerb mit marktstarken Großunternehmen zu gewähren, enthält das GWB spezielle Kooperationserleichterungen für kleine und mittlere Unternehmen (Mittelstandskartelle). Danach sind zum Zweck der Rationalisierung nahezu sämtliche Formen der zwischenbetrieblichen Zusammenarbeit erlaubt, soweit sie zur Verbesserung der Wettbewerbsfähigkeit kleiner und mittlerer Unternehmen geeignet sind und den Wettbewerb nicht wesentlich beeinträchtigen. Erst durch diese Kooperation können die Unternehmen in den Wettbewerb mit Großunternehmen einsteigen. Nach den gleichen Kriterien werden Einkaufskooperationen kleiner und mittlerer Unternehmen vom Kartellverbot freigestellt. Das GWB ist also ausgesprochen mittelstandsfreundlich ausgestaltet.	Wenn Beschränkungen des Wettbewerbs aus Gründen der Gesamtwirtschaft und des Gemeinwohls notwendig sind, ohne dass eine Legalisierung nach §§ 2–7 GWB möglich ist, kann der Bundesminister für Wirtschaft ein Sonderkartell genehmigen (Ministerkartell). Ein Beispiel für ein Ministerkartell sind die Absprachen der deutschen Zigarettenindustrie in den 70er-Jahren, die eine Einstellung der Fernsehwerbung für Zigaretten zum Ziel hatten. Ein gesundheitspolitisches Ziel konnte durch ein Kartell hier schneller erreicht werden als durch ein entsprechendes Gesetz.

Kartell.
Besondere Ausnahmen vom Kartellverbot

Anmeldung des Kartellls widersprechen. Auch die legalisierten Kartelle unterliegen der Missbrauchsaufsicht (*siehe* Kapitel 4). Wegen des Kartellverbots versuchen Unternehmen auf andere Art, wie mit abgestimmten Verhaltensweisen, auch Frühstückskartell *(siehe dort)* genannt, den Wettbewerb zu beschränken.

Kartellgesetz, *siehe* Kapitel 4.

Käufermarkt, Situation am Markt, in der das Angebot an Waren und Leistungen größer ist als die Nachfrage (Angebotsüberhang); Gegenteil: Verkäufermarkt. Die Konkurrenz der Anbieter führt aufgrund der geringeren Nachfrage zu Preissenkungen, sodass sich der Käufer in der besseren Marktposition befindet.

KONSUMENTENRENTE

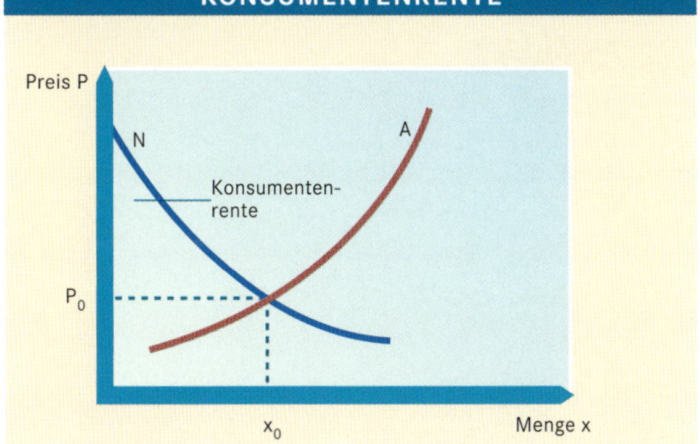

Konsumentenrente. Grafische Bestimmung der Konsumentenrente als Fläche zwischen der Preisachse, der Nachfragekurve N und der Verbindungslinie zwischen Gleichgewichtspreis P_0 und dem Schnittpunkt von Angebots- und Nachfragekurve N mit der Gleichgewichtsmenge x_0

Komplementärgüter, Güter, deren Benutzung die Benutzung eines anderen Gutes unvermeidlich voraussetzt, sodass sich beide Güter gegenseitig ergänzen, z. B. Füllfederhalter und Tinte, Kraftfahrzeug und Benzin oder CD-Spieler und CD; Gegenteil: Substitutionsgüter.
Steigen bei Komplementärgütern die Preise für eines der Güter (z. B. Kraftfahrzeuge), nimmt möglicherweise nicht nur die Nachfrage für das eine Gut (z. B. Kraftfahrzeuge) ab, sondern auch für das Komplementärgut wie Benzin.

Konkurrenz, bezeichnet den Wettbewerb *(siehe dort)* insbesondere zwischen Unternehmen als Anbieter von Erzeugnissen und Leistungen auf den verschiedenen Märkten der Volkswirtschaft.

Konsumentenrente, der Unterschied zwischen dem Preis, den der Käufer eines Gutes höchstens zu zahlen bereit wäre, und dem tatsächlich gezahlten, niedrigeren Preis im Marktgleichgewicht. Die Konsumentenrente ist somit der Geldbetrag, der sich für den Käufer als finanzieller Vorteil ergibt, weil der Marktpreis geringer ist als derjenige Preis, den er für den Erwerb des Gutes ursprünglich gezahlt hätte.

Konsumgütermarkt, Markt, auf dem die Verbraucher (Konsumenten) Güter kaufen. Bei diesen Konsumgütern (*siehe* Kapitel 1) wird unterschieden zwischen Gebrauchsgütern (z. B. Wohnungseinrichtung) und Verbrauchsgütern (Güter des täglichen Bedarfs wie Lebensmittel).

Konzentrationsprozess, die zunehmende Zusammenballung von wirtschaftlicher Macht durch den Zusammenschluss von Unternehmen zu immer größeren Unternehmen und Konzernen. Die Unternehmen, die sich zusammenschließen, geben dabei ihre wirtschaftliche Selbstständigkeit zugunsten einer einheitlichen Leitung auf. Schließen sich die beteiligten Unternehmen freiwillig zusammen, liegt eine Fusion *(siehe dort)* vor. Übernimmt ein Unternehmen das andere Unternehmen gegen dessen Willen, wird von einer feindlichen Übernahme gesprochen.
Immer größere Unternehmenszusammenschlüsse (›Elefantenhochzeiten‹) sind eine weltweite Erscheinung und auch in der deutschen Wirtschaft längst keine Seltenheit. Durch den Zusammenschluss zu immer größeren Unternehmen und der damit verbundenen Entstehung von Oligopolen *(siehe dort)* nimmt auf den betroffenen Märkten der Wettbewerb ab und es entsteht eine immer größere Marktmacht *(siehe dort)*. Andererseits wird Unternehmenskonzentration mit Blick auf technischen Fortschritt und internationale Wettbewerbsfähigkeit im Zeitalter der Globalisierung für unvermeidlich gehalten. Hier ist die Wettbewerbspolitik (*siehe* Kapitel 4) gefordert, durch Fusionskontrolle und Missbrauchsaufsicht den Konzentrationsprozess einzudämmen.

Konzern, Zusammenschluss von rechtlich selbstständigen Unternehmen, die ihre wirtschaftliche Selbstständigkeit aufgeben und sich einer einheitlichen Leitung (häufig durch eine Holdinggesellschaft) unterstellen. Die im Konzern zusammengeschlossenen Unternehmen können der gleichen Produktions- oder Handelsstufe angehören (horizontaler Zusammenschluss), aufeinanderfolgenden Produktions- oder Handelsstufen angehören (vertikaler Zusammenschluss) oder aus sehr unterschiedlichen Wirtschaftszweigen kommen (anorganischer oder konglomerater Zusammenschluss). Unterschieden wird zwischen Unterordnungskonzernen *(siehe dort)* und Gleichordnungskonzernen *(siehe dort)*.

Kooperation, die freiwillige Zusammenarbeit von Unternehmen, die ihre rechtliche Selbstständigkeit behalten, sich aber vertraglich zur Zusammenarbeit in bestimmten Bereichen verpflichten. Kooperation ermöglicht z. B. die Verbesserung der Wettbewerbsfähigkeit und die Ausweitung des Absatzmarktes.
Unterschieden werden beispielsweise horizontale Kooperationen von Unternehmen gleicher Produktions- oder Handelsstufen (z. B. mehrere Bauunternehmen arbeiten beim Bau eines größeren Gebäudes zusammen), vertikale Kooperationen von Unternehmen aufeinanderfolgender Produktions- oder Handelsstufen (z. B. ein Schraubenhersteller arbeitet mit einem Maschinenbaubetrieb zusammen) oder Kooperationen in bestimmten Bereichen (z. B. bei Forschung und Entwicklung). Die Art der Zusammenarbeit reicht von einer Arbeitsgemeinschaft (*siehe* Kapitel 7) bis zu einem Gemeinschaftsunternehmen bzw. Joint Venture (*siehe* Kapitel 7). Kooperationen können auch die Vorstufe einer Unternehmenskonzentration sein.

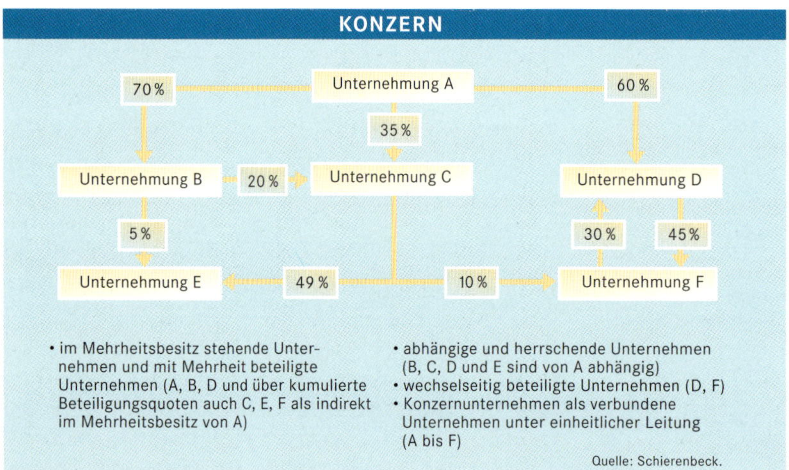

Konzern. Beteiligungsstammbaum eines verschachtelten Konzerns

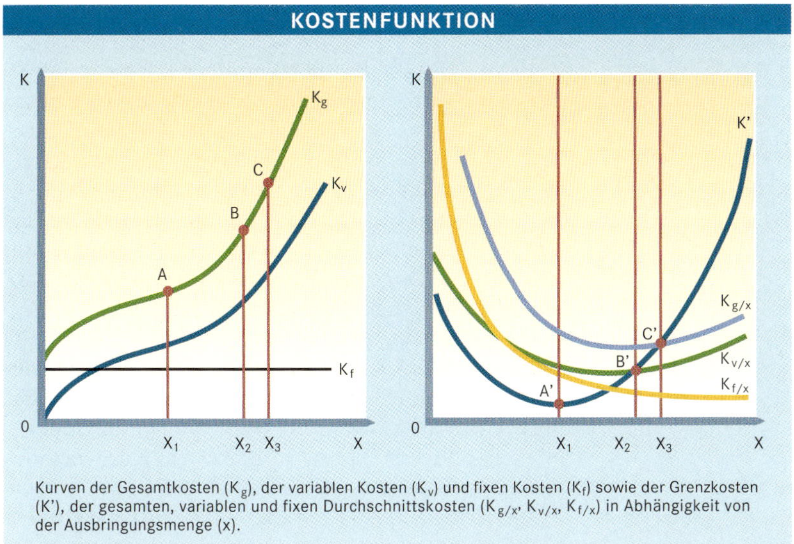

Kostenfunktion.
Grafische Darstellung verschiedener Kostenfunktionen

Kostenfunktion, eine mathematische Darstellungsform für Verlauf und Entwicklung der Gesamtkosten im Unternehmen in Abhängigkeit von der Ausbringungsmenge. Dabei errechnen sich die Kosten aus den Verbrauchsmengen der Produktionsfaktoren bei der Herstellung von Gütern bewertet mit den Preisen für diese Faktoren. Die Gesamtkosten, die sich aus den fixen Kosten (*siehe* Kapitel 7) und den variablen Kosten (*siehe* Kapitel 7) zusammensetzen, verändern sich mit der hergestellten Gütermenge. Die Kostenfunktion weist dabei einen geschwungenen Verlauf auf, da die Kosten einer zusätzlich hergestellten Gütereinheit (Grenzkosten) zunächst abnehmen und ab einer bestimmten Produktionsmenge zunehmen. Die Kostenfunktionen sind wichtig für die Ableitung der Angebotsfunktion eines Unternehmens.

Kreuzpreiselastizität, Maß für die prozentuale Änderung der Nachfrage nach einem Gut, wenn bei einem anderen Gut Preisveränderungen um ein Prozent eintreten. Je nachdem, in welcher Beziehung die Güter zueinander stehen, ist die Reaktion der Haushalte hinsichtlich der Nachfragemenge des einen Gutes auf Preisveränderungen bei dem anderen Gut sehr unterschiedlich.
Die Kreuzpreiselastizität oder indirekte Preiselastizität ist negativ bei Gütern, die sich gegenseitig ergänzen (Komplementärgüter) wie Kraftfahrzeuge und Benzin: Steigt der Preis für Benzin stark an, wird die Nachfrage nach Kraftfahrzeugen mit hohem Benzinverbrauch sinken.
Die Kreuzpreiselastizität ist positiv bei Gütern, die sich gegenseitig ersetzen (Substitutionsgüter). Steigt z. B. der Preis für Butter, fragt der Haushalt weniger Butter nach und weicht auf Margarine aus. Stehen die Güter in keiner Beziehung zueinander, wird eine Preissteigerung bei dem einen Gut keine Nachfrageänderung bei dem anderen Gut bewirken. So haben z. B. steigende Preise für Schuhe keinen Einfluss auf die Nachfrage nach Heizöl.

Leistungswettbewerb, der Wettbewerb, bei dem die Anbieter versuchen, die Konkurrenz durch bessere Leistungen wie höhere Produktqualität, attraktive Serviceleistungen oder bessere Lieferungs- und Zahlungsbedingungen zu überflügeln und nicht durch unlautere Praktiken (z. B. Irreführung der Kunden) oder Marktmacht; Gegenteil: Verdrängungswettbewerb.

Markt, der Platz, z. B. ein Marktplatz, ein Versteigerungssaal oder eine Markthalle, an dem sich Verkäufer und Käufer von Waren zu Handelszwecken einfinden. Aus wirtschaftswissenschaftlicher Sicht ist der Markt der Ort, an dem Angebot und Nachfrage bezüglich bestimmter Güter aufeinandertreffen und der Preis für diese Güter ermittelt wird. Der Begriff des Marktes ist hier nicht an einen bestimmten Raum oder Platz gebunden, sondern abstrakt zu sehen. So wird z. B. vom Rohölmarkt, vom Kraftfahrzeugmarkt, vom Arbeitsmarkt, vom Geldmarkt, vom Kapitalmarkt oder vom Weltmarkt gesprochen.

Die Bedeutung des Marktmechanismus *(siehe dort)* für die Abstimmung von Angebot und Nachfrage in einer Volkswirtschaft ist bereits bei den Klassikern wie ADAM SMITH (* 1723, † 1790) oder DAVID RICARDO (* 1772, † 1823) Gegenstand der ökonomischen Untersuchung. Nach den Annahmen, die vor allem von neoklassischen Ökonomen wie LÉON WALRAS (* 1834, † 1910) im Modell des vollkommenen Marktes *(siehe dort)* unterstellt werden, kommt es auf dem Markt zu einem Gleichgewicht, da von Anbietern und Nachfragern ständige Anpassungen ihrer Vorstellungen von Preis und Menge vorgenommen werden.

Die am Markt auftretenden Anbieter und Nachfrager verfolgen danach unterschiedliche Interessen oder Ziele. Die Anbieter wollen am Markt ihre Waren verkaufen und dabei einen möglichst hohen Gewinn erzielen. Die Menge der angebotenen Güter wird deshalb normalerweise umso größer sein, je höher der Preis ist. Wird ein sinkender Preis erwartet, verringert der Anbieter seine Angebotsmenge. Da alle Anbieter diese Ziele verfolgen, kommt es am Markt zum Wettbewerb bzw. zur Konkurrenz unter den Anbietern von Waren und Erzeugnissen. Die am Markt auftretenden Nachfrager wollen die Güter, die sie zur Befriedigung ihrer Bedürfnisse benötigen, zu möglichst niedrigen Preisen einkaufen. Der Nachfrager wird dabei normalerweise umso mehr von einer Ware kaufen, je niedriger der Preis ist. Steigt der Preis, wird der Nachfrager weniger von einem Gut kaufen oder seine Käufe auf andere Güter verlagern (z.B. von Kaffee auf Tee). Der Ausgleich der Interessen von Anbietern und Nachfragern wird am Markt durch den Preis bewirkt. In einem bestimmten Punkt wird es zu einer Übereinkunft zwischen Anbieter und Nachfrager über den Preis und die Menge kommen. Der Preis stimmt somit Angebot und Nachfrage aufeinander ab und ergibt sich im Sinne eines Gleichgewichtspreises *(siehe dort)* als Kompromiss aus den unterschiedlichen Preisvorstellungen beider Marktparteien.

Der Markt erfüllt damit in einer Volkswirtschaft wichtige Aufgaben wie Anbieter und Nachfrager zu informieren, Angebot und Nachfrage für bestimmte Güter einander zuzuführen und die Preise, die Angebot und Nachfrage ausgleichen, zu ermitteln.

Märkte können theoretisch nach verschiedenen Gesichtspunkten eingeteilt werden, z. B. nach Markttypen in vollkommene und unvollkommene Märkte oder nach dem Grad des Wettbewerbs in neun verschiedene Marktformen *(siehe dort)*. Nach dem Marktzugang unterscheidet man Märkte mit unbeschränktem oder mit beschränktem Zugang sowie geschlossene Märkte. Auf Märkten mit unbeschränktem Marktzugang kann jeder als Anbieter oder Nachfrager auftreten. Auf geschlossenen Märkten ist ein Zugang nicht möglich (z. B. durch ein gesetzliches Verbot). Auf Märkten mit beschränktem Zugang ist der Markteintritt durch gesetzliche Regelungen (z. B. Konzessionszwang) oder wirtschaftliche Gründe (z. B. Mindestkapital) erschwert. Marktarten, die nach dem Tauschgegenstand, der auf dem betreffenden Markt gehandelt wird, unterschieden werden, sind z. B. Faktormärkte und Gütermärkte.

MARKT

Markteigenschaft / Zahl der Anbieter	vollkommener Markt	unvollkommener Markt
viele kleine	vollständige Konkurrenz	monopolistische Konkurrenz
wenige mittlere	homogenes oligopol	heterogenes Oligopol
ein großer	reines Monopol	monopolistische Preisdifferenzierung

Markt.
Klassifikation vollkommener und unvollkommener Märkte des Angebots

Marktangebot, Gesamtangebot, die Zusammenfassung aller Angebotsmengen auf den einzelnen Märkten für ein Erzeugnis.

Marktanteil, der prozentuale Anteil eines Unternehmens am relevanten Markt. Der **relevante Markt**

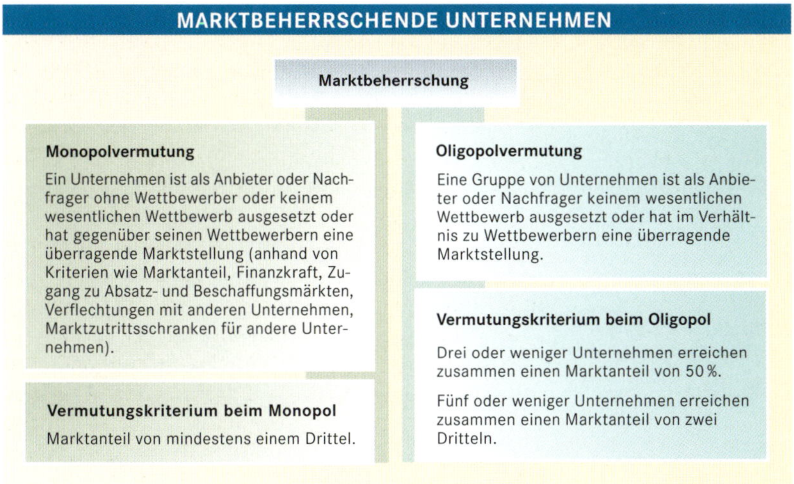

marktbeherrschende Unternehmen. Definition der Marktbeherrschung nach § 19 Gesetz gegen Wettbewerbsbeschränkungen

kann dabei der Markt für ein bestimmtes Produkt (z. B. Erdöl), für eine bestimmte Produktart oder Produktgattung (z. B. Autos) bzw. eine Dienstleistung (z. B. Lebensversicherungen) sein. Meist wird als Orientierungsgröße für das Marktvolumen der Umsatz des jeweiligen relevanten Marktes genommen und der Umsatzanteil des jeweiligen Anbieters berechnet. Marktanteile spielen z. B. eine Rolle bei der Bewertung, ob es sich um ein marktbeherrschendes Unternehmen *(siehe dort)* handelt.

marktbeherrschende Unternehmen, nach der Begriffsbestimmung des Kartellgesetzes Unternehmen, die auf einem bestimmten Markt entweder ohne Mitwettbewerber oder keinem wesentlichen Wettbewerb ausgesetzt sind oder eine überragende Marktstellung innehaben. Eine überragende Marktstellung liegt vor, wenn z. B. der Marktanteil eines Unternehmens mindestens ein Drittel beträgt. Marktbeherrschende Unternehmen werden vom Kartellgesetz nicht verboten, sie unterliegen jedoch der Missbrauchsaufsicht (*siehe* Kapitel 4) durch die Kartellbehörden. Dadurch soll verhindert werden, dass solche Unternehmen ihre Marktmacht zum Nachteil von Konkurrenten oder Verbrauchern ausnutzen.

Marktformen, in der Volkswirtschaftslehre die Einteilung der Märkte z. B. nach der Anzahl der auf beiden Marktseiten auftretenden Marktteilnehmer (Anbieter und Nachfrager). Ein gebräuchliches Marktformenschema stammt von dem National-

MARKTFORMEN

Nachfrager / Anbieter	viele kleine	wenige mittlere	ein großer
viele kleine	vollständige Konkurrenz (Polypol)	Nachfrageoligopol (Oligopson)	Nachfragemonopol (Monopson)
wenige mittlere	Angebotsoligopol (Oligopol)	zweiseitiges (bilaterales) Oligopol	beschränktes Nachfragemonopol
ein großer	Angebotsmonopol (Monopol)	beschränktes Angebotsmonopol	zweiseitiges (bilaterales) Monopol

Hauptmarktformen

Marktformen. Klassifikation der Marktformen für vollkommene Märkte

ökonomen HEINRICH VON STACKELBERG (* 1905, † 1946). Danach treten auf jeder Marktseite entweder ein großer, wenige mittlere oder viele kleine Anbieter oder Nachfrager auf, sodass sich insgesamt neun verschiedene Marktformen in diesem Schema ergeben. Wichtige Marktformen sind vollständige Konkurrenz oder Polypol *(siehe dort)*, Monopol *(siehe dort)*, und Oligopol *(siehe dort)*.

Marktgleichgewicht, diejenige Situation auf einem Markt, in der die angebotene Menge und die nachgefragte Menge nach Gütern übereinstimmen. Das Marktgleichgewicht wird durch den Gleichgewichtspreis *(siehe dort)* für ein Gut und die entsprechende Gleichgewichtsmenge dieses Gutes bestimmt. Anbieter und Nachfrager verwirklichen im Marktgleichgewicht ihre Vorstellungen von Preis und Menge und es kommt der größtmögliche Umsatz zustande. Solange das Marktgleichgewicht noch nicht erreicht ist, führen laufende Anpassungen der Marktteilnehmer (z. B. Preissenkungen durch die Unternehmen und Käufe auf Vorrat durch die Verbraucher) zur Verschiebung von Angebot und Nachfrage hin zum Marktgleichgewicht. Diese Anpassungen werden auch als Marktmechanismus *(siehe dort)* bezeichnet.

MARKTGLEICHGEWICHT

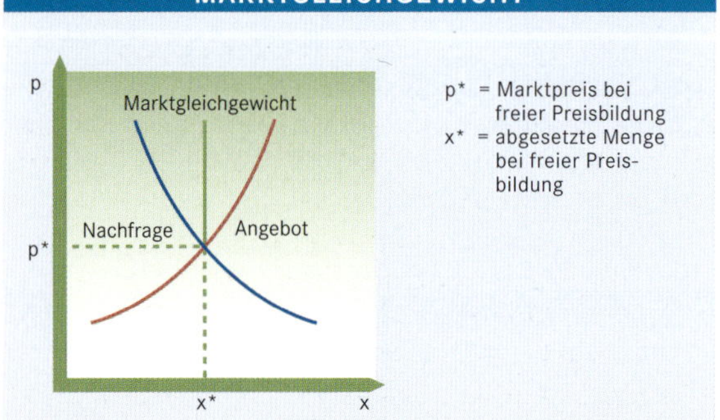

Marktgleichgewicht. Das Marktgleichgewicht im Schnittpunkt der Angebots- und Nachfragekurve

Marktmacht: Marktmacht liegt vor, wenn Anbieter oder Nachfrager auf einem Markt eine beherrschende Stellung einnehmen, also entweder ohne Konkurrenz oder keinem wesentlichen Wettbewerb ausgesetzt sind oder im Vergleich zu anderen Wettbewerbern eine überragende Marktstellung einnehmen. Wenn nur eine kleine Anzahl von Unternehmen auf einem Markt eine beherrschende Stellung einnimmt, kann es leicht zur Ausnutzung dieser wirtschaftlichen Macht, z. B. durch überhöhte Preise, Ausbeutung von Lieferanten oder Abnehmern, Behinderung anderer Unternehmen durch Belieferungsstopp oder Herabsetzung der Wettbewerber, kommen. Die bestmögliche Versorgung über den Markt ist in einer Volkswirtschaft jedoch nur gewährleistet, wenn sich die einzelnen Marktteilnehmer durch ausreichenden Wettbewerb in der wirtschaftlichen Macht gegenseitig ausgleichen. Eine Situation, in der einzelne oder auch wenige Anbieter oder Nachfrager über so viel Macht auf einem Markt verfügen, dass sie diese für ihre einseitigen wirtschaftlichen Interessen missbrauchen können, erfordert daher staatliche Maßnahmen der Wettbewerbspolitik (*siehe* Kapitel 4) zur Erhaltung des marktwirtschaftlichen Wettbewerbs.

Marktmechanismus, Preismechanismus, in der Volkswirtschaftslehre der Prozess der automatischen Preisbildung durch das Zusammenspiel von Angebot und Nachfrage auf Märkten mit einer Vielzahl von Anbietern und Nachfragern in der Marktform der vollständigen Konkurrenz bzw. des Polypols *(siehe dort)*. Die drei Marktfaktoren Angebot, Nachfrage und Preis stehen dabei in einem engen wechselseitigen Zusammenhang, sodass Änderungen von einem dieser Faktoren jeweils Veränderungen der beiden anderen Faktoren zur Folge haben.
Eine besondere Rolle in diesem Zusammenspiel der Marktfaktoren hat der Preis, da er Angebot und Nachfrage am Markt zum Ausgleich bringt und damit einen Gleichgewichtszustand herbeiführt.
Ist die nachgefragte und die angebotene Menge eines Gutes vom Preis abhängig, wird der Anbieter normalerweise umso mehr (weniger) verkaufen, je höher (niedriger) der Preis des Gutes ist. Umgekehrt wird der Nachfrager üblicherweise umso mehr (weniger) kaufen, je niedriger (höher) der Preis ist. Der Gleichgewichtspreis, der Angebot und Nachfrage zum Ausgleich bringt, bildet sich nun genau in der Höhe, bei der die von den Verkäufern angebotene Menge an Gütern auch von den Nachfragern tatsächlich gekauft wird (Gleichgewichtsmenge). Der Markt ist dann geräumt; es besteht somit weder ein Angebotsüberhang noch ein Nachfrageüberhang. Die Wirtschaft befindet sich jedoch laufend in Bewegung und sowohl die angebotenen Gütermengen als auch die nachgefragten Gütermen-

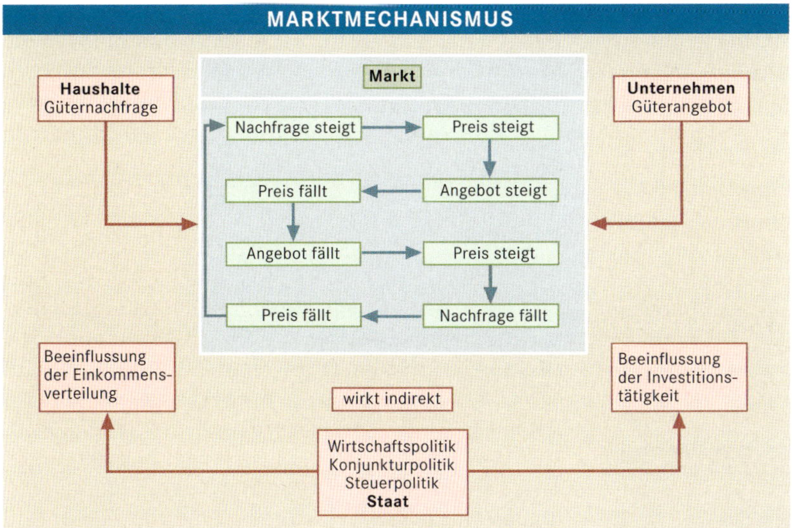

Marktmechanismus. Schema des Markt-Preis-Mechanismus

gen verändern sich ständig. Das Gleichgewicht von Angebot und Nachfrage auf dem Markt ist deshalb kein dauerhafter Zustand. Mit der ständigen Veränderung von Angebot und Nachfrage verändert sich dementsprechend auch der Gleichgewichtspreis laufend. Unter der Bedingung, dass eine Vielzahl von Marktpartnern auf beiden Seiten untereinander in Wettbewerb treten, stellt sich dadurch jeweils (wie von einer unsichtbaren Hand gesteuert) ein neues Gleichgewicht von Preis und Menge ein.

Steigt z.B. das Einkommen der Haushalte durch Lohnerhöhungen an, werden sie eine größere Gütermenge am Markt nachfragen. Steigt die Nachfrage nach bestimmten Gütern jedoch über das Angebot dieser Güter, das gleichzeitig vorhanden ist, wird der Marktpreis für diese Güter steigen (es bildet sich dann ein neuer, höherer Gleichgewichtspreis). Steigende Preise für bestimmte Güter führen jedoch normalerweise zu steigendem Angebot, da die Hersteller die Möglichkeit sehen, höhere Gewinne zu erwirtschaften und deshalb mehr produzieren. Durch die erhöhte Produktion steigt das Angebot und ein neuer, niedrigerer Gleichgewichtspreis bildet sich, bei dem allerdings eine größere Gütermenge umgesetzt wird.

Marktnachfrage, Gesamtnachfrage, die Summe aller Nachfragemengen auf den einzelnen Märkten für ein Gut.

Marktpreis, der Preis, der sich durch das Zusammenwirken von Angebot und Nachfrage auf einem Markt bildet. Die sich laufend verändernden Marktpreise haben in der Volkswirtschaft verschiedene Aufgaben: Der Marktpreis übernimmt eine Ausgleichsfunktion und räumt den Markt. Beim Gleichgewichtspreis kommen alle Anbieter und Nachfrager zum Zuge, die bereit sind, ihre Güter bei diesem Preis zu verkaufen bzw. bei diesem Preis zu kaufen. Der Gleichgewichtspreis führt damit zum größtmöglichen Umsatz am Markt.

Der Marktpreis hat eine Ausschaltungsfunktion (Selektions-, Auslesefunktion), da die Anbieter vom Markt ausgeschaltet werden, die wegen zu hoher Kosten nicht konkurrenzfähige Erzeugnisse produzieren und deshalb Preissenkungen am Markt nicht mitmachen können. Genauso werden die Nachfrager ausgeschaltet, die den Marktpreis eines Gutes nicht bezahlen können oder wollen (Zuteilungs-, Rationierungsfunktion).

Der Marktpreis hat Lenkungs- oder Verteilungsaufgaben, da seine Höhe die Menge der Güter beeinflusst, die in der Volkswirtschaft produziert werden. Steigt z.B. der Preis für ein Gut, ist das ein Ausdruck für eine höhere Bewertung dieses Gutes durch die Verbraucher. Sinkt dagegen der Marktpreis eines Gutes, ist das ein Zeichen, dass dieses Gut in der Gunst der Verbraucher abnimmt. Die Höhe des Marktpreises zeigt damit einerseits, welche Güter von den Verbrauchern am stärksten gewünscht bzw. nachgefragt werden und andererseits den Grad der Knappheit eines Gutes (Informations-, Signalfunktion). Steigt der Marktpreis für ein

Gut, haben die Hersteller solcher Güter einen Anreiz, ihre Produktion zu erhöhen, da sich damit ihre Chancen auf höhere Gewinne verbessern (Anreizfunktion). Daneben locken hohe Marktpreise zusätzliche Hersteller an, gleiche, ähnliche oder bessere Güter zu produzieren. Sinkende Preise führen dagegen normalerweise zur Verringerung der Produktion, da die Aussicht auf Gewinnerzielung ebenfalls sinkt. Die Marktpreise sorgen also dafür, dass in einer Volkswirtschaft mit den knappen Produktionsfaktoren genau die Güter produziert und bereitgestellt werden, die den Wünschen der Verbraucher entsprechen und am Markt gekauft werden (Allokationsfunktion).

MINDESTPREIS

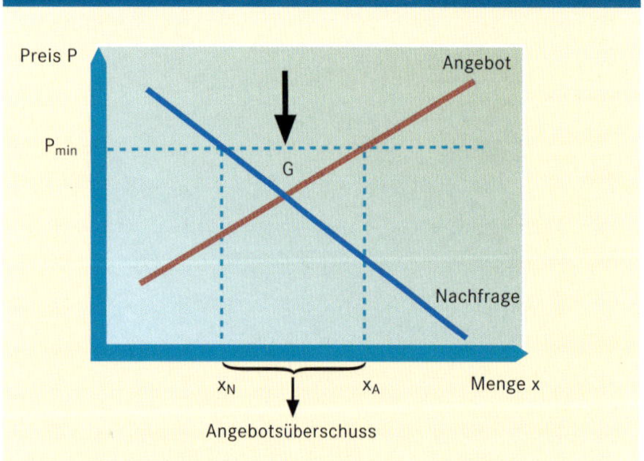

Mindestpreis. Der Mindestpreis liegt über dem Gleichgewichtspreis; zum Mindestpreis (P_{min}) besteht ein Angebotsüberschuss.

Marktstruktur, die Zusammensetzung und die Kennzeichnung eines Marktes, die sich z. B. durch die Anzahl der Marktteilnehmer (Anbieter und Nachfrager) im Sinne von Marktformen *(siehe dort)* oder durch deren Größe bestimmt.

Markttransparenz, eine Bedingung im Modell des vollkommenen Marktes *(siehe dort)*. Markttransparenz bedeutet, dass allen Anbietern und Nachfragern sämtliche Gegebenheiten auf einem Markt wie Güterpreise, Güterqualitäten, Nachfragemengen oder Lieferungs- und Zahlungsbedingungen bekannt sind. Sind die Anbieter vollständig informiert, wissen sie z. B., welche Güter die Nachfrager in welchen Mengen zu welchen Preisen kaufen wollen. Die Nachfrager sind bei Markttransparenz darüber informiert, welche Güter die Hersteller in welcher Qualität produzieren und welche Mengen sie zu welchen Preisen am Markt verkaufen wollen. Markttransparenz als eine Voraussetzung für einen vollkommenen Markt trifft in der Realität am ehesten bei den Börsen für Wertpapiere oder Waren zu.

Markttypen, eine gebräuchliche Bezeichnung für die Einteilung von Märkten nach dem Grad der Vollkommenheit in ideale oder vollkommene Märkte *(siehe dort)* und unvollkommene Märkte *(siehe dort)*.

Marktzutrittsschranken, Vorschriften und Bestimmungen, die ein Anbieter erfüllen muss, um auf einem bestimmten Markt seine Leistungen verkaufen zu können. Marktzutrittsschranken sind z. B. bestimmte Rechtsvorschriften wie das Patentgesetz, das einem Unternehmen das exklusive Verwertungsrecht für Produkte oder Verfahren sichert und gleichzeitig unerlaubte Nachahmungen untersagt, Niederlassungsvorschriften und Gesetze zur Berufsausübung wie die Handwerksordnung, nach der die Meisterprüfung grundsätzliche Voraussetzung zur Selbstständigkeit im Handwerk ist, oder staatliche Regulierungen zum Schutz von Monopolen wie in der Vergangenheit bei der Post.

Mengenanpasser, Bezeichnung für Anbieter oder Nachfrager, die den Marktpreis für ein Gut als vorgegeben hinnehmen und nur durch Veränderung der Gütermenge, die sie anbieten oder nachfragen, auf Preisveränderungen reagieren. Auf Märkten mit vollständiger Konkurrenz, dem Polypol, verhalten sich alle Anbieter und Nachfrager als Mengenanpasser, da ein Einzelner über eine zu geringe Marktmacht verfügt, um auf die Preisbildung einen direkten Einfluss auszuüben.

Mindestpreis, staatlich festgesetzter Preis, der oberhalb des am Markt gebildeten Gleichgewichtspreises für ein Gut liegt. Mindestpreise sollen die Hersteller in bestimmten Wirtschaftsbereichen wie der Landwirtschaft oder dem Bergbau vor starken Preissenkungen und ruinösem Wettbewerb schützen. Mindestpreise führen zu einem Angebotsüberhang (Angebot an Gütern ist größer als die Nachfrage), da die Unternehmen die Produktion solcher Güter ausweiten oder zumindest nicht verringern. Als Folge des Angebotsüberhangs entstehen möglicherweise graue Märkte, auf denen die betreffenden Güter zu geringeren als den festgesetzten Mindestpreisen verkauft

werden. Der Staat muss deshalb neben der Festlegung von Mindestpreisen weitere Maßnahmen ergreifen, die entweder die Nachfrage erhöhen (z. B. Abnahmezwang) oder das Angebot verringern (z. B. Produktionsobergrenzen).
In der Praxis werden zur Sicherung von Mindestpreisen für landwirtschaftliche Erzeugnisse z. B. Schlachtprämien für Vieh gezahlt, Höchstabnahmemengen für Milch festgelegt oder Getreideanbauflächen durch Zahlung von Stilllegungsprämien begrenzt. Bestimmte Produkte wurden vom Staat bzw. der Europäischen Union auf Vorrat zu Mindestpreisen gekauft und eingelagert (z. B. Butterberg, Fleischberg). Diese Vorräte wurden von Zeit zu Zeit durch bestimmte Maßnahmen wieder abgebaut, dazu gehörten auch der Verkauf landwirtschaftlicher Produkte zu Niedrigstpreisen ins Ausland, die Verarbeitung von Getreide zu Viehfutter oder sogar die Vernichtung von landwirtschaftlichen Erzeugnissen.

Mitläufereffekt, Bandwagon-Effekt, ein Nachfrageverhalten, bei dem ein Haushalt umso mehr von einem Gut kauft, je größer die Menge ist, die andere Haushalte von dem gleichen Gut kaufen. Der Mitläufereffekt kommt z. B. in der Mode zum Tragen. Gegenteil: Snob-Effekt.

Monopol, Marktform, bei der auf der Angebotsseite nur ein Anbieter (Monopolist) vielen kleinen Nachfragern gegenübersteht (Angebotsmonopol). Stehen auf der Nachfrageseite wenige Nachfrager einem Anbieter gegenüber, liegt ein beschränktes Monopol vor. Von einem bilateralen (zweiseitigen)

MONOPOL

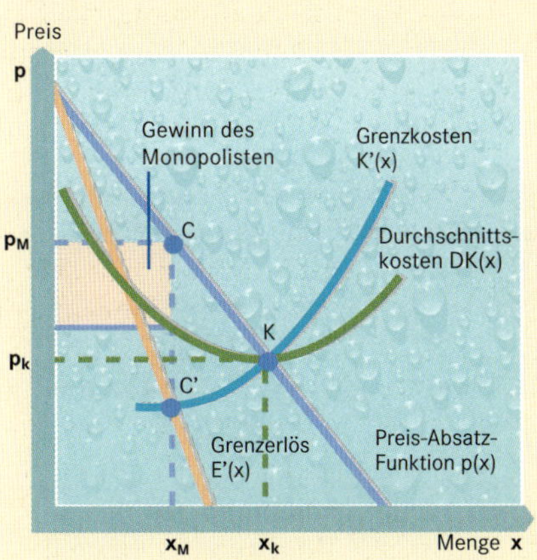

x	Menge des Gutes
$p = p(x)$	Preis-Absatz-Funktion (Preis in Abhängigkeit von der Menge)
$K(x)$	Kostenfunktion
$K'(x) = \frac{dK(x)}{dx}$	Grenzkostenfunktion
$DK(x) = \frac{K(x)}{x}$	durchschnittliche Kosten
$G(x)$	Gewinn
$E = p(x)\,x$	Erlös
$E'(x) = \frac{dE(x)}{dx}$	Grenzerlös

Subindex k steht für vollkommene Konkurrenz.

Subindex M steht für Monopol.

Der Monopolist maximiert seinen Gewinn, der sich errechnet aus Erlös (Umsatz) minus Kosten, wobei die notwendige Maximierungsbedingung formal die gleiche ist wie bei vollständiger Konkurrenz. Der Unterschied besteht darin, dass der Preis für den Monopolisten nicht von außen gegeben ist. Er geht direkt als Funktion der Menge (Preis-Absatz-Funktion) in die Erlösfunktion ein.
$G(x) = E(x) - K(x)$

Die Bedingung erster Ordnung lautet:

$$\frac{dG(x)}{dx} = \frac{dE(x)}{dx} - \frac{dK(x)}{dx} = 0$$

oder $E'(x) = K'(x)$

und die Bedingung zweiter Ordnung lautet:
$G''(x) >= E''(x)$

Der Gewinn ist also am größten, wenn die Grenzkosten dem Grenzerlös entsprechen. Einfacher: Es werden so viele Einheiten produziert, bis die Kosten einer zusätzlichen Einheit gerade dem Erlös aus der zusätzlichen Einheit entsprechen. Übersteigen die Kosten der zusätzlichen Einheit den Erlös daraus, wird diese Einheit nicht mehr produziert. Zusätzlich muss gelten, dass der Anstieg der Grenzkostenkurve mindestens so groß sein muss wie der der Grenzerlöskurve (Bedingung zweiter Ordnung).

Ist dies nicht der Fall, so liegt der Fall eines natürlichen Monopols vor.
Grafisch erhalten wir die gewinnmaximale Menge als Schnittpunkt der Grenzkostenkurve mit der Grenzerlöskurve. Die gewinnmaximale Ausbringungsmenge ist X_M. Den gewinnmaximalen Preis erhält man, indem man den zu X_M zugehörigen Preis P_M auf der Nachfragekurve sucht (cournotscher Punkt C).
Zum Vergleich: Bei vollständiger Konkurrenz ergibt sich die größere Menge X_k im Minimum der Durchschnittskostenkurve und der dazugehörige niedrigere Preis P_k.

Monopol.
Preisbildung im Monopol

Monopol wird gesprochen, wenn ein Anbieter einem Nachfrager gegenübersteht.
Der Monopolist ist als Alleinanbieter konkurrenzlos und damit in der Lage, entweder die Absatzmenge festzulegen oder die Preise zu bestimmen. Bringt der Monopolist eine festgelegte Gütermenge auf den Markt, entsteht über die Nachfrage ein bestimmter Preis. Legt der Monopolist den Preis für seine Güter fest (Preisfixierer), haben die Nachfrager nur die Möglichkeit, zu entscheiden, welche Gütermenge sie abnehmen (Mengenanpasser). Die Menge, die von den Nachfragern gekauft wird, ist vom Preis des Monopolisten abhängig. Bei niedrigen Preisen wird die Nachfrage nach solchen Gütern steigen und bei hohen Preisen werden die Nachfrager entsprechend weniger kaufen. Der Monopolist wird die Gütermenge anbieten, bei der er den größtmöglichen Gewinn erzielt, also seine Produktion so lange erhöhen, wie die Erlöse, die für eine zusätzlich hergestellte Gütereinheit erzielt werden (Grenzerlös), größer sind als die zusätzlichen Kosten (Grenzkosten). Der größtmögliche Gewinn ist dann erreicht, wenn der Erlös, den eine zusätzlich produzierte Gütereinheit einbringt, mit den zusätzlichen Kosten, die sie verursacht, übereinstimmt **(cournotscher Punkt).**
In der Praxis nutzen Unternehmen eine Monopolstellung in der Regel nicht voll für Preiserhöhungen aus, da einseitig festgelegte, überhöhte Preise mögliche Konkurrenten anlocken würden, die dann gleiche oder ähnliche Güter herstellen, um von diesem Markt auch zu profitieren. Darüber hinaus sorgt in vielen Ländern eine gesetzlich eingerichtete Missbrauchsaufsicht (*siehe* Kapitel 4) dafür, dass Unternehmen mit großer Marktmacht diese nicht missbräuchlich ausnutzen.

NACHFRAGE

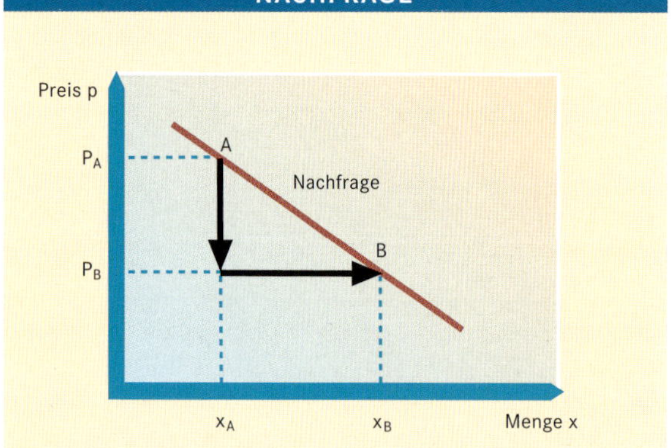

Nachfrage. Nachfragekurve im Preis-Mengen-Diagramm: Normalerweise ist die nachgefragte Menge eines Gutes umso kleiner, je höher der Preis dieses Gutes ist; bei sinkendem Preis steigt die nachgefragte Menge (Nachfragegesetz).

monopolistische Konkurrenz, Marktform, die in der wirtschaftlichen Realität am häufigsten anzutreffen ist. Sie unterscheidet sich vom Idealfall der vollständigen Konkurrenz, dem Polypol *(siehe dort)* dadurch, dass eine oder mehrere Voraussetzungen, die für den vollkommenen Markt *(siehe dort)* angenommen werden, fehlen und die Käufer regelmäßig bestimmte Vorlieben (Präferenzen) haben. Das Vorliegen von Präferenzen und vor allem die fehlende Marktübersicht der Käufer ermöglicht es dem Anbieter beim **unvollkommenen Polypol,** seine Preispolitik innerhalb gewisser Grenzen wie ein Monopolist zu gestalten. Der Anbieter kann also innerhalb eines bestimmten Toleranzbereichs seine Preise festlegen, ohne dass er befürchten muss, dass seine Kunden bei Preiserhöhungen sofort zur Konkurrenz wechseln. Er muss jedoch damit rechnen, dass Kunden zur Konkurrenz abwandern, wenn er eine bestimmte Preishöhe für seine Erzeugnisse und Leistungen überschreitet oder Preissenkungen der Konkurrenz bei seiner Preisgestaltung nicht ausreichend berücksichtigt.

Monopson, das Nachfragemonopol *(siehe dort).*

Muttergesellschaft, Teil eines Unterordnungskonzerns *(siehe dort).*

Nachfrage, Bezeichnung für die Absicht von Haushalten, Güter und Leistungen auf Märkten zu erwerben. Die Nachfrage eines privaten Haushalts nach Gütern und Leistungen wird von verschiedenen Kriterien wie der Bedürfnisstruktur, dem Nutzen, den die Güter stiften, dem Einkommen des Haushalts oder den Güterpreisen beeinflusst. Grundsätzlich gilt der Zusammenhang, dass bei steigendem Preis eines Gutes normalerweise die Nachfrage nach diesem Gut fällt. Umgekehrt führt ein sinkendes Einkommen zu sinkender Nachfrage der Haushalte.

Nachfrageelastizität, die Preiselastizität *(siehe dort)* und die Einkommenselastizität *(siehe dort)* der Nachfrage.

Nachfragefunktion, die Beziehung zwischen der nachgefragten Menge eines Gutes und dem Preis

NACHFRAGEFUNKTION

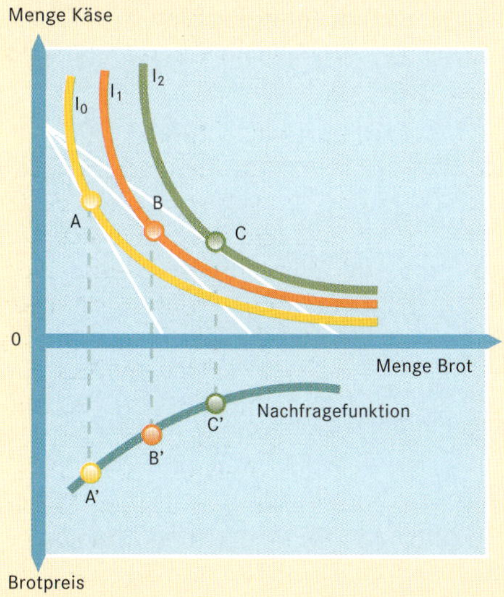

Bei Änderungen des Brotpreises dreht sich die Budgetgerade. Der optimale Verbrauchsplan und die jeweiligen Gütermengen ändern sich. Die abgeleitete Nachfragefunktion zeigt die nachgefragte Brotmenge in Abhängigkeit vom Brotpreis bei konstantem Käsepreis und konstantem Einkommen.

Nachfragefunktion

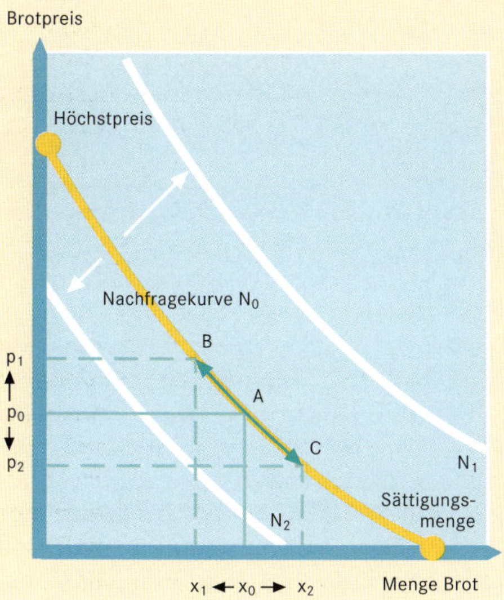

- Bewegung auf der Nachfragekurve bei einer Erhöhung (A→B) oder Senkung (A→C) des Preises
- Verschiebung der Nachfragekurve bei einer Erhöhung (N_0→N_1) oder Verringerung (N_0→N_1) des Einkommens

Nachfragefunktion.
Ableitung einer Nachfragefunktion

für dieses Gut. Die grafische Darstellung dieses Zusammenhangs nennt man **Nachfragekurve.** Sie verläuft in einem Koordinatensystem mit dem Preis auf der senkrechten Achse und der Menge auf der waagrechten Achse von links oben nach rechts unten. Im Normalfall nimmt bei steigenden Preisen die nachgefragte Gütermenge ab und bei sinkenden Preisen die Nachfragemenge zu.

Nachfragelücke, Situation, bei der am Markt das Angebot größer ist als die Nachfrage. Eine Nachfragelücke kann als Folge von staatlichen Mindestpreisen (Preise, die über dem Gleichgewichtspreis liegen), die als Mittel zum Schutz von Produzenten festgesetzt werden, entstehen. Bei festgelegten Mindestpreisen für bestimmte Güter haben die Anbieter keinen Anreiz, ihre Produktion zu verringern, sondern werden im Gegenteil die Herstellung solcher Güter erhöhen, da sie bei garantierten Preisen kein Risiko eingehen. Will der Staat die Bildung von einem grauen Markt, auf dem solche Güter billiger verkauft werden, verhindern, muss er entweder das Angebot solcher Güter verringern oder das überschüssige Angebot aufkaufen (z. B. Agrarpolitik in der Europäischen Union).

Nachfragemonopol, Monopson, Marktform, bei der auf der Nachfrageseite ein Nachfrager (Monopsonist) vielen kleinen Anbietern gegenübersteht. Der Nachfrager verfügt dabei über die größere Marktmacht, da er entweder den Preis der nachgefragten Güter oder die Gütermenge, die er kaufen will, festlegen kann.

Nachfrageoligopol, Oligopson, Marktform, bei der wenige, in der Regel große Nachfrager einer großen Zahl kleinerer Anbieter gegenüberstehen. Nachfrageoligopole werden z. B. im Einzelhandel beobachtet, wenn große Handelskonzerne ihre Marktmacht gegenüber kleineren Herstellern von Lebensmitteln durch besonders niedrige Einkaufspreise durchsetzen.

Nachfrageüberhang, Marktsituation, in der das Güterangebot kleiner ist als die Güternachfrage. Die Nachfrager treten in starke Konkurrenz, was zu steigenden Preisen führt. Bei einem Nachfrageüberhang wird auch von einem Verkäufermarkt *(siehe dort)* gesprochen, da sich die Verkäufer in der günstigeren Marktposition befinden und sie die Möglichkeit haben, Preiserhöhungen durchzusetzen. Gegenteil: Angebotsüberhang.

Normenkartell, ein vertraglicher Zusammenschluss von Unternehmen gleicher Produktions- oder Handelsstufe, bei dem die beteiligten Unternehmen die Anwendung von einheitlichen Normen (z. B. die Verwendung genormter Schrauben oder genormter Radgrößen) vereinbaren. Absprachen von Normenkartellen oder **Typenkartellen** stellen für die beteiligten Unternehmen sinnvolle Rationalisierungsmaßnahmen dar und dienen den Interessen des Verbrauchers. Normen- und Typenkartelle müssen bei den Kartellbehörden angemeldet werden.

Oligopol, Marktform, bei der wenige Anbieter vielen, relativ kleinen Nachfragern gegenüberstehen. Stehen wenige Anbieter nur wenigen, relativ großen Nachfragern gegenüber, liegt ein bilaterales (zweiseitiges) Oligopol vor.
Das Oligopol ist eine in der Realität häufig anzutreffende Marktform (z. B. Automobilhersteller, Mineralölindustrie, Computerindustrie oder Flugzeugbau). Oligopole entstehen durch den zunehmenden Konzentrationsprozess *(siehe dort)* in der Wirtschaft und decken in bestimmten Wirtschaftsbereichen bereits den Bedarf an Gütern komplett ab. Die verschiedenen Formen der Oligopole sind sehr unterschiedlich, sodass kein generelles Modell zur Beschreibung der Preisbildung bei dieser Marktform besteht. Oligopole gibt es auf nahezu vollkommenen Märkten wie auf dem Mineralöl- oder Benzinmarkt, auf denen weitgehend gleichartige (homogene) Güter gehandelt werden, und auf unvollkommenen Märkten, auf denen Konsumgüter wie Waschmittel, Tabakwaren oder Computer verkauft werden.
Typisch für das Oligopol ist, dass die Marktmacht bei wenigen Anbietern liegt, die bei der Festlegung ihrer Preise, Produktionsmengen und Güterqualitäten nicht nur die Reaktion der Nachfrager berücksichtigen müssen, sondern auch die Reaktion ihrer Konkurrenten. Da jeder Wettbewerber einen hohen Marktanteil besitzt, zwingen Maßnahmen eines Oligopolisten, z. B. Preisänderungen oder neue Pkw-Modelle eines Autoherstellers, alle anderen Anbieter von Automobilen zu einer Gegenreaktion. Daraus kann sich ein scharfer Wettbewerb und Preiskampf unter den Oligopolisten um Marktanteile bis hin zum Verdrängungswettbewerb *(siehe dort)* entwickeln. Andererseits besteht die Gefahr, dass die wenigen großen Anbieter einen Waffenstillstand schließen und ihr Marktverhalten untereinander abstimmen, um durch abgestimmte Verhaltensweisen *(siehe dort),* z. B. durch Aufteilung der Märkte oder Preisabsprachen, einen Verdrängungswettbewerb zu verhindern. Vertraglich festgelegte Absprachen unter Oligopolisten verstoßen jedoch gegen das im Gesetz gegen Wettbewerbsbeschränkungen festgelegte Kartellverbot.

Oligopson, das Nachfrageoligopol *(siehe dort).*

optimaler Verbrauchsplan: Die Haushaltsnachfrage wird in der Haushaltstheorie aus einem Optimierungsansatz abgeleitet. Dabei wird angenommen, dass der Haushalt ein bestimmtes Einkommen für Konsumzwecke hat (Konsumsumme) und bei gegebenen Güterpreisen nach dem größtmöglichen Nutzen strebt (Nutzenmaximierung), wobei die

Nutzenniveaus durch Indifferenzkurven *(siehe dort)* abgebildet werden.
Im einfachen Fall mit zwei Gütern (z. B. Brot und Käse) steht der Haushalt vor der Frage, seine Konsumsumme zwischen diesen beiden Gütern aufzuteilen. Neben den beiden Extremen, nur Brot oder nur Käse zu konsumieren, steht eine Vielzahl von möglichen Kombinationen der beiden Güter (Güterbündel) zur Auswahl. Die jeweils mit dem verfügbaren Einkommen höchstens zu erwerbenden Güterbündel werden grafisch durch die **Budgetgerade** dargestellt. Die Entscheidung des Haushalts fällt nun für dasjenige Güterbündel, das ihm den größten Nutzen stiftet. Dieses Güterbündel liegt auf der am weitesten außen befindlichen Indifferenzkurve, die die Budgetgerade eben noch berührt. Dort ist der aus Sicht des Haushalts optimale Verbrauchsplan im Sinne der Nutzenmaximierung (*siehe* Kapitel 1) verwirklicht.

OPTIMALER VERBRAUCHSPLAN

Bei gegebener Aufteilung des Haushaltseinkommens auf die beiden Güter (Budgetgerade) ist I_2 die höchstens erreichbare Indifferenzkurve (Punkt A). Punkt B auf der Indifferenzkurve I_3 entspräche zwar einem höheren Nutzenniveau, der Haushalt kann sich aber dieses Güterbündel mit seinem Einkommen nicht leisten. Alle Güterbündel unterhalb der Budgetgeraden (z. B. Punkt C) können mit dem verfügbaren Einkommen konsumiert werden. Der Haushalt wird das Güterbündel in Punkt C allerdings nicht realisieren, da damit nur das niedrigere Nutzenniveau auf der Indifferenzkurve I_1 erreichbar ist. Ein Einkommensanstieg verschiebt die Budgetgerade nach außen. Der Haushalt kann von beiden Gütern mehr konsumieren sowie ein höheres Nutzenniveau und ein neues Haushaltsoptimum in Punkt D erreichen.

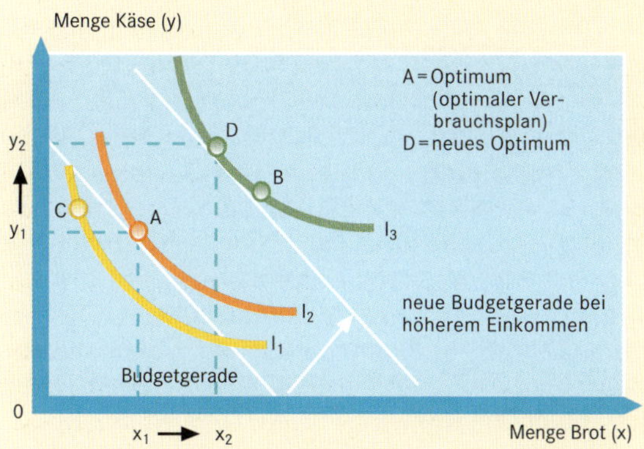

x und y = die bei gegebenen Preisen für Käse und Brot und gegebenem Haushaltseinkommen nachgefragten Mengen an Käse und Brot

optimaler Verbrauchsplan. Der optimale Verbrauchsplan eines privaten Haushalts

politische Preisbildung, der korrigierende Eingriff des Staates in die Preisbildung am Markt. Politische Preisbildung hat das Ziel, bestimmte Anbieter wie die Stahlproduzenten, die Werftindustrie oder die Landwirtschaft oder bestimmte Nachfrager wie bedürftige Haushalte und Personengruppen besserzustellen als bei freier Marktpreisbildung. Unterschieden wird zwischen indirekten Maßnahmen des Staates (Preislenkung) und direkten Eingriffen des Staates in die Preisbildung (Preisbindung).
Indirekte Maßnahmen des Staates zielen darauf ab, Angebot und Nachfrage zu beeinflussen, ohne die Preisbildung am Markt zu beeinträchtigen. Sie werden als marktkonforme Maßnahmen bezeichnet. Indirekte Maßnahmen der staatlichen Preisbeeinflussung sind z. B. die Erhebung von Einfuhrzöllen (sie sichern inländischen Herstellern einen höheren Preis), die Zahlung von Subventionen an bestimmte Wirtschaftszweige (z. B. Werftindustrie) oder die Exportförderung (z. B. Zahlung von Exportprämien oder Gewährung von Steuervergünstigungen für Unternehmen). Neben diesen Preismaßnahmen kann der Staat versuchen, mithilfe von Mengenmaßnahmen wie der Bevorratung landwirtschaftlicher Erzeugnisse oder der Festlegung von Einfuhrkontingenten die Preisbildung am Markt über die Angebots- und Nachfragemengen zu beeinflussen.
Direkte Eingriffe des Staates in die Preisbildung können z. B. durch die Festlegung von Höchstpreisen *(siehe dort)*, von Mindestpreisen *(siehe dort)* oder durch einen staatlichen Preisstopp *(siehe dort)* erfolgen. Solche direkten Eingriffe des Staates in die Preisbildung werden auch als marktkonträre Eingriffe bezeichnet.

Polypol, Marktform, bei der sich viele kleine Anbieter und viele kleine Nachfrager gegenüberstehen und miteinander in Konkurrenz treten. Beim Polypol auf einem vollkommenen Markt *(siehe dort)* wird von **vollständiger Konkurrenz** gesprochen, auf einem unvollkommenen Markt spricht man von unvollständiger Konkurrenz oder auch monopolistischer Konkurrenz *(siehe dort)*.
Das Polypol auf beiden Marktseiten gilt als die bestmögliche Marktform der Marktwirtschaft, da ein reger Wettbewerb unter den Anbietern und Nachfragern herrscht. Der Anbieter kann den Marktpreis nicht direkt beeinflussen, da sein Marktanteil sehr gering ist. Preisänderungen durch einen Anbieter führen somit nicht automatisch dazu, dass die anderen Anbieter ebenfalls ihren Preis ändern. Die

Nachfrager haben deshalb die Möglichkeit, zu anderen Anbietern, die ihre Güter billiger anbieten, zu wechseln. Die gleichen Bedingungen gelten für den Nachfrager, der den Marktpreis genauso wenig beeinflussen kann, da er nicht über die entsprechende Marktmacht verfügt. Anbieter und Nachfrager müssen also unter den Bedingungen der vollständigen Konkurrenz den Marktpreis nur als Preisnehmer *(siehe dort)* annehmen und können lediglich als Mengenanpasser *(siehe dort)* die Menge der Güter, die sie nachfragen oder anbieten, verändern.

Präferenzen, Vorlieben oder Verhaltensweisen, die bewirken, dass Güter unterscheidbar werden. Präferenzen können persönlich (z. B. die Kunden kaufen immer im gleichen Geschäft, weil der Inhaber ihnen bekannt oder sympathisch ist), sachlich (z. B. ein Käufer schwört auf eine bestimmte Automarke und bleibt dieser Marke deshalb treu), räumlich (z. B. die Käufer ziehen aus Bequemlichkeit oder, um Zeit zu sparen, den nächstgelegenen Anbieter vor) oder zeitlich (z. B. schnelle Lieferfähigkeit des Anbieters vor Ort im Gegensatz zu einem günstigeren Anbieter in einer anderen Stadt) bedingt sein.
Präferenzen schaffen für die Anbieter Spielräume zur Gestaltung ihrer Güter und Leistungen (Produktdifferenzierung), die es ihnen ermöglichen, z. B. die Preise innerhalb bestimmter Grenzen festzusetzen, ohne befürchten zu müssen, dass die Kunden sofort zu Konkurrenten abwandern. Die entsprechende Marktform wird als monopolistische Konkurrenz *(siehe dort)* bezeichnet. Auf dem vollkommenen Markt *(siehe dort)* dürfen Präferenzen keine Rolle spielen.

Preis, einerseits der in Geld ausgedrückte Gegenwert für eine Einheit eines Gutes oder einer Dienstleistung und andererseits das Austauschverhältnis zwischen verschiedenen Wirtschaftsgütern. Geld ist die einheitliche Bezugsgröße, die den Tauschwert eines Gutes angibt. Der Preis ist somit diejenige Menge an Geldeinheiten, die für eine Einheit eines Wirtschaftsgutes zu zahlen ist.
In Marktwirtschaften bilden sich die Preise für Waren (z. B. Lebensmitteln), Dienstleistungen (z. B. Reparatur durch Handwerker), Vermögenswerte (z. B. Aktien) oder Arbeitsleistungen in der Regel auf Märkten. Durch das Zusammentreffen von Angebot und Nachfrage kommt im Prozess der Preisbildung *(siehe dort)* ein Marktpreis *(siehe dort)* zustande. Der Marktmechanismus *(siehe dort)* sorgt für den Ausgleich von Angebot und Nachfrage.

Preis-Absatz-Funktion, die Beziehung zwischen dem Preis und der zu diesem Preis absetzbaren Menge aus Sicht eines Anbieters. Die Preis-Absatz-Funktion gibt an, welche Menge seines Erzeugnisses der Anbieter jeweils bei dem von ihm selbst festgesetzten Preis verkaufen kann. Die Preis-Absatz-Funktion ist vor allem beim Monopol *(siehe dort)* und bei Konkurrenz auf einem unvollkommenen Markt von Bedeutung. Bei vollständiger Konkurrenz auf einem vollkommenen Markt (Polypol) dagegen ist der einzelne Anbieter ein Preisnehmer *(siehe dort)* bzw. Mengenanpasser *(siehe dort).*

Preisabsprachen, gesetzeswidrige Vereinbarungen zwischen Unternehmen in Form einheitlicher Preise, z. B. durch Festlegung von Mindestpreisen bei öffentlichen Ausschreibungen oder bei einem Preiskartell *(siehe dort),* um wirtschaftliche Vorteile zu erzielen.

Preisbildung, der Prozess des Zustandekommens eines Preises durch das Zusammenwirken von Angebot und Nachfrage. Die Preisbildung ist von der jeweiligen Marktform abhängig. Deshalb unterscheidet man grundsätzlich zwischen der Preisbildung auf vollkommenen Märkten und der Preisbildung auf unvollkommenen Märkten. Unterschieden wird z. B. zwischen der Preisbildung bei vollständiger Konkurrenz **(freie Preisbildung),** der Preisbildung bei unvollständiger Konkurrenz bzw. monopolistischer Konkurrenz *(siehe dort),* der Preisbildung beim Monopol *(siehe dort)* und der Preisbildung beim Oligopol.
Unter den idealen Bedingungen der vollständigen Konkurrenz ist die Preisbildung das Ergebnis des Zusammentreffens von Angebot und Nachfrage, bei dem sich der Gleichgewichtspreis und die Gleichgewichtsmenge bilden. Die Beziehungen zwischen Marktpreis, Angebots- und Nachfragemenge können dem folgenden Beispiel entnommen werden.
Bei einem Marktpreis von 10 € werden von den Anbietern 350 Einheiten des Gutes angeboten, jedoch nur 150 Einheiten des Gutes nachgefragt, sodass ein Angebotsüberhang von 200 Einheiten besteht. Diese Situation führt zu Preissenkungen durch die Anbieter. Beim Marktpreis von 9 € sind die Anbieter bereit, noch 300 Einheiten zu verkaufen. Zu diesem Preis wollen die Nachfrager jedoch nur 200 Einhei-

PREISBILDUNG

Preis pro Einheit	Nachfrage-menge	Angebots-menge	Markt-umsatz	
10	150	350	150	Angebots-überhang
9	200	300	200	Angebots-überhang
8	250	250	250	Gleich-gewicht
7	300	200	200	Nachfrage-überhang
6	350	150	150	Nachfrage-überhang

Einfaches (statisches) Modell freier Preisbildung

Vom Angebotsüberhang zum „Gleichgewicht"

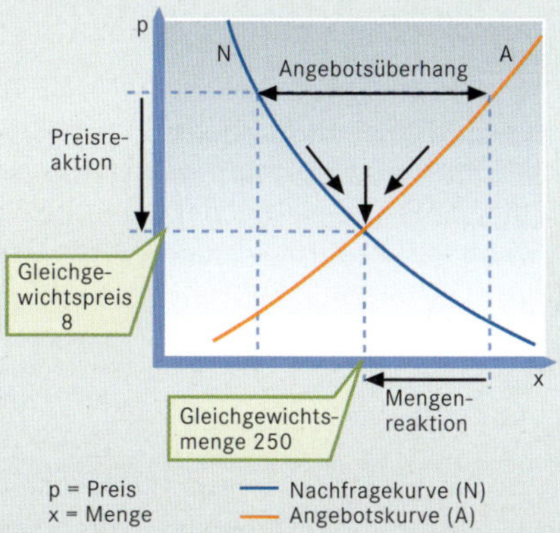

Vom Nachfrageüberhang zum „Gleichgewicht"

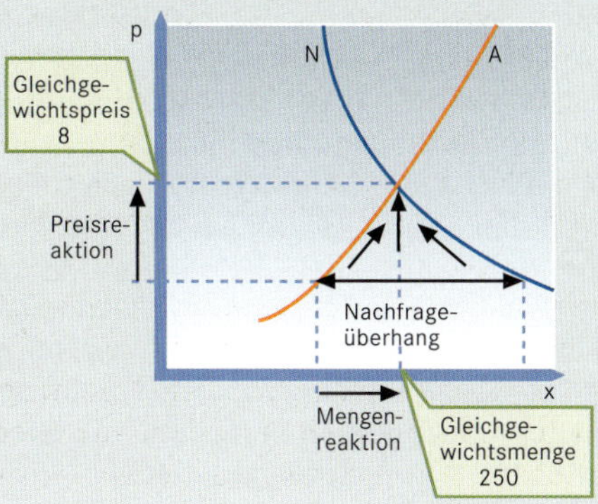

Preisbildung. Beispiel für die freie Preisbildung auf einem Markt

ten kaufen. Es besteht also weiterhin ein Angebotsüberhang in Höhe von 100 Einheiten. Senken die Anbieter den Preis weiter auf 8 €, werden noch 250 Einheiten des Gutes zum Verkauf angeboten. Bei diesem Preis sind die Nachfrager bereit, eine größere Menge des Gutes zu kaufen (250 Einheiten). Angebotsmenge und Nachfragemenge stimmen beim Preis von 8 € überein, das Marktgleichgewicht *(siehe dort)* ist erreicht. Im Gleichgewicht wird die größte Gütermenge (250 Einheiten) umgesetzt und der Markt ist geräumt, da weder ein zu großes Angebot noch eine zu große Nachfrage besteht. Beim Gleichgewichtspreis von 8 € kommen somit alle Anbieter, die bereit sind, ihr Gut zu diesem Preis oder einen niedrigeren Preis zu verkaufen, und alle Nachfrager, die bereit sind, mindestens diesen Preis zu zahlen, zum Zuge.

Nur im Schnittpunkt von Angebotskurve und Nachfragekurve besteht das Marktgleichgewicht von Angebot und Nachfrage. Bei einem höheren Preis als dem Gleichgewichtspreis besteht ein Angebotsüberhang und bei einem niedrigeren Preis übersteigt die Nachfrage die angebotene Menge. Die laufenden Anpassungshandlungen der Marktteilnehmer, z. B. Senkungen des Preises durch die Anbieter oder Käufe auf Vorrat seitens der Verbraucher, lenken Angebot und Nachfrage in Richtung des Marktgleichgewichts; sie werden auch als Marktmechanismus *(siehe dort)* bezeichnet.

Preisbindung: Die Preisbindung der zweiten Hand **(vertikale Preisbindung)** liegt vor, wenn sich der Handel vertraglich verpflichtet, beim Verkauf an den Endverbraucher die vom Hersteller vorgeschriebenen Endverkaufspreise zu fordern. Durch Preisbindung soll der Preiswettbewerb innerhalb des Handels ausgeschaltet werden. Preisbindung ist nach dem Kartellgesetz grundsätzlich verboten und kann deshalb von den Kartellbehörden untersagt werden. Ausgenommen von der Preisbindung sind Verlagserzeugnisse wie Bücher und Zeitschriften. In diesem Bereich hat sich der Handel gegenüber den Verlagen verpflichtet, die festgelegten Ladenendpreise flächendeckend einzuhalten. Im Gegenzug haben sich die Verlage verpflichtet, keine Bücher und Zeitschriften direkt an den Endverbraucher zu verkaufen.

Preisdiskriminierung, eine verbotene Verhaltensweise marktbeherrschender Unternehmen oder Unternehmensgruppen zur Verdrängung von Mitwettbewerbern. Dazu zählt z. B. die Aufforderung an Lieferanten, anderen Unternehmen ungünstigere Bedingungen zu gewähren oder dem eigenen, marktbeherrschenden Unternehmen günstigere Konditionen, vor allem bessere Preise sowie Lieferungs- und Zahlungsbedingungen, einzuräumen als der Konkurrenz.

Preiselastizität, direkte Preiselastizität, die prozentuale Veränderung der Nachfragemenge nach einem Gut, wenn eine Preisänderung bei diesem Gut um ein Prozent nach oben oder unten eintritt. Sie ist damit ein Maß für die Reaktion der Nachfrage auf Preisveränderungen.
Die Preiselastizität der Nachfrage wird berechnet, indem die prozentuale Änderung der nachgefragten Menge eines Gutes durch die prozentuale Veränderung des Preises geteilt wird. Der Preis für eine Jacke steigt z. B. von 100 € auf 105 €, also um 5 %, und die nachgefragte Menge sinkt deshalb von 10 Jacken auf 9, also um 10 %. Die Preiselastizität der Nachfrage ist dann 2 (10 % dividiert durch 5 %).
Die Nachfrage ist elastisch, wenn der berechnete Wert der Preiselastizität größer als 1 ist, die Änderung der nachgefragten Gütermenge ist dann größer als die Preisänderung. Eine starke Reaktion der Nachfrager auf Preisveränderungen (große Preiselastizität der Nachfrage) ist vor allem bei Luxusgütern wie Champagner oder Kaviar zu beobachten.
Die Nachfrage ist unelastisch, wenn der Wert der Preiselastizität kleiner als 1 ist. Die Änderung der Nachfragemenge ist dann kleiner als die Preisveränderung. Eine schwache Reaktion der Nachfrager auf Preisveränderungen (geringe Preiselastizität der Nachfrage) zeigt sich insbesondere bei lebensnotwendigen Gütern wie Kartoffeln oder Brot.
Die Nachfrage ist vollkommen unelastisch, wenn der Wert der Preiselastizität gleich null ist. Die Nachfrage ist dann völlig unverändert und reagiert nicht auf Preisveränderungen. Es wird immer die gleiche Gütermenge gekauft. Nachfrager reagieren z. B. beim Kauf von notwendigen Medikamenten auf diese Weise.

Preisempfehlung, die unverbindliche Empfehlung des Herstellers an seine Abnehmer, bei der Weiterveräußerung seiner Erzeugnisse die von ihm vorgeschlagenen Preise zu verlangen. Preisempfehlungen sind nach dem Kartellgesetz grundsätzlich unzulässig, jedoch in Ausnahmefällen unter bestimmten Bedingungen gestattet. Damit die Preisempfehlung zulässig ist, darf sie nicht unter wirtschaftlichem Druck ausgeübt werden, es muss sich um Markenartikel (*siehe* Kapitel 7) handeln, die mit gleichartigen Waren anderer Hersteller im Wettbewerb stehen und sie muss in der Erwartung ausgesprochen werden, dass der empfohlene Preis dem von der Mehrheit der Händler am Markt geforderten Preis entspricht. Die Preisempfehlung unterliegt der Missbrauchsaufsicht durch das Bundeskartellamt. Die Kartellbehörde kann die Preisempehlung untersagen, wenn sie missbräuchlich zur nicht gerechtfertigten Verteuerung der Waren führt oder über den tatsächlichen Marktpreis wie beim Mondpreis (*siehe* Kapitel 7) hinwegtäuschen soll.

Preisfixierung, eine Verhaltensweise von Marktteilnehmern, bei der entweder der Anbieter seinen Verkaufspreis für ein Gut festsetzt oder der Nachfrager seinen Ankaufspreis festlegt. Die jeweils andere Marktseite kann dann als Mengenanpasser *(siehe dort)* oder Preisnehmer *(siehe dort)* nur noch die Menge der Güter bestimmen, mit der sie auf den bereits festgesetzten Preis antwortet.

Preisführerschaft, eine preispolitische Verhaltensweise von Wettbewerbern, vor allem auf oligopolistischen Märkten mit wenigen Konkurrenten. Dabei wird von einem der konkurrierenden Unternehmen als Vorreiter eine Preisänderung (meistens eine Preiserhöhung) eingeleitet und die anderen Unternehmen folgen innerhalb kurzer Zeit. Als Beispiel hierfür wird häufig das Verhalten der Mineralölkonzerne bei der Preisgestaltung an den Tankstellen genannt.

Preiskartell, vertragliche Vereinbarung zwischen rechtlich selbstständigen Unternehmen gleicher Produktions- oder Handelsstufe zur Festlegung von Einheits- oder Mindestpreisen für ihre Erzeugnisse (horizontale Preisbindung) und Bestimmung einheitlicher Lieferungs- und Zahlungsbedingungen (z. B. Verkaufsrabatte im Rabattkartell). Preiskartelle sind in der Praxis immer wieder vor allem auf Oligopolmärkten mit wenigen größeren Anbietern wie in der Zementbranche anzutreffen gewesen. Die Bildung von Preiskartellen verstößt jedoch gegen das Kartellgesetz.

Preiskonkurrenz: Preiskonkurrenz bedeutet, dass Unternehmen, die gleiche Erzeugnisse oder Leistungen verkaufen wollen, im Wettbewerb beim Kampf um Marktanteile gegenseitig ihre Preise unterbieten. Aus Sicht des Verbrauchers ist die Preiskonkurrenz im Sinne eines funktionierenden Wettbewerbs durchaus erwünscht. Problematisch kann allerdings der bis zum Verdrängungswettbewerb *(siehe dort)* führende Preiskampf vor allem auf Märkten mit wenigen, meist größeren Anbietern angesehen werden.

Preismechanismus, der Marktmechanismus *(siehe dort).*

Preisnehmer, Bezeichnung für ein Verhalten von Anbietern oder Nachfragern auf Märkten mit einer großen Anzahl von Verkäufern und Käufern (Polypol). Der Marktpreis bildet sich unter diesen Bedingungen zwar durch Angebot und Nachfrage, ein einzelner Käufer oder Verkäufer hat bei vollständiger Konkurrenz auf die Preisbildung jedoch keinen unmittelbaren Einfluss. Aus diesem Grunde kann der einzelne Anbieter oder Nachfrager nur festlegen, welche Menge von Gütern er zum Marktpreis anbieten oder nachfragen möchte. Er muss den vorgegebenen Preis als Preisnehmer also hinnehmen und kann nur die Menge verändern; deshalb auch die Bezeichnung Mengenanpasser *(siehe dort).*

Preisstopp, Maßnahme des Staates, bei der die Preise für alle ausgewählten Güter in einem bestimmten Zeitraum behördlich festgelegt werden und nicht erhöht werden dürfen. Ein allgemeiner Preisstopp wird von manchen Staaten zur Bekämpfung einer ausufernden Inflation eingesetzt und ist die einschneidendste Form im Rahmen der politischen Preisbildung *(siehe dort).* Ein Preisstopp des Staates kann die Inflation jedoch nur kurzzeitig verdecken und verschärft Mangelsituationen in der Volkswirtschaft, was die Bildung von Schwarzmärkten begünstigt.

Preistheorie, Teilgebiet der Wirtschaftstheorie, das sich mit der Erforschung und Erklärung der Preisbildung auf Konsumgütermärkten und Märkten für Produktionsgüter in der Volkswirtschaft befasst.

Preistreiberei: Eine solche auch als **Preisüberhöhung** bezeichnete Verhaltensweise liegt vor, wenn unter Ausnutzung einer wirtschaftlichen Machtstellung, eines Versorgungsengpasses oder einer Wettbewerbsbeschränkung überhöhte Preise für den Verkauf von Erzeugnissen und Leistungen oder für die Vermittlung und die Vermietung von Wohnraum gefordert oder abgesprochen werden.

Preisunterbietung, eine Form der Preiskonkurrenz. Sie liegt vor, wenn ein Unternehmen Erzeugnisse und Leistungen zu niedrigeren Preisen am Markt anbietet als die Konkurrenz. Preisunterbietung ist grundsätzlich erlaubt und bei funktionierendem Wettbewerb auch erwünscht, sofern die Preise keiner Preisbindung unterliegen oder die Preisunterbietung zum Preiskampf wird mit Angebotspreisen unter den Selbstkosten.

Preisuntergrenze, die Mindesthöhe des Preises, den ein Unternehmen beim Verkauf seiner Güter erzielen muss, um keinen Verlust zu machen. Die langfristige Preisuntergrenze wird durch die Selbstkosten eines Erzeugnisses bestimmt.

Prestigeeffekt, ein Nachfrageverhalten, bei dem einzelne Haushalte in ihrem Streben nach gesellschaftlichem Ansehen umso mehr von einem Gut nachfragen, je höher der Preis ist, den die Haushalte, die dieses Gut nicht kaufen, vermuten. Der Prestigeeffekt wird nach dem amerikanischen Volkswirtschaftler THORSTEIN B. VEBLEN (* 1857, † 1929) auch als **Veblen-Effekt** bezeichnet.

Produktionsfunktion, eine mathematische Darstellungsweise, die den Zusammenhang zwischen der Menge der in der Produktion eingesetzten Produktionsfaktoren und dem Produktionsertrag angibt. Damit werden Aussagen möglich, welche Herstellungsmengen unter Einsatz welcher Mengen an Produktionsfaktoren erzielbar sind. Untersucht wird mit Produktionsfunktionen z. B., wie sich die Ausbringungsmenge (Output) verändert, wenn die Einsatzmenge (Input) eines Produktionsfaktors verändert wird und die Mengen anderer Produktions-

PRODUKTIONSFUNKTION

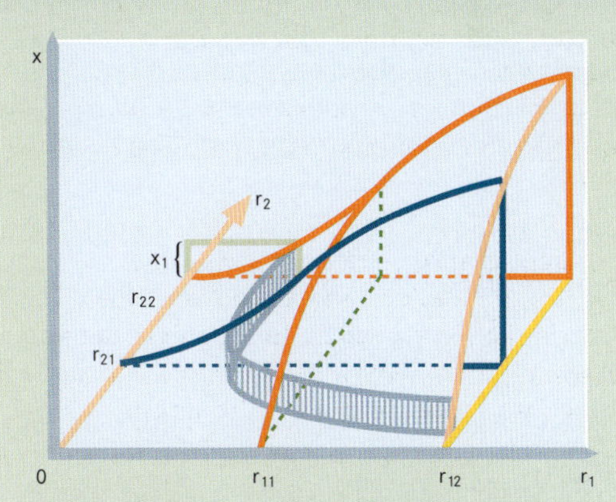

Produktionsfunktion: Darstellung des mengenmäßigen Produktionsertrags x in Abhängigkeit von Mengen zweier Produktionsfaktoren r_1 und r_2 („Ertragsgebirge") nach dem Ertragsgesetz; die schraffierte Fläche stellt alle möglichen Faktorkombinationen r_{1m} und r_{2n} zur Erreichung des Produktionsertrags x_1 dar (Isoquante)

Produktionsfunktion. Darstellung der ertragsgesetzlichen Produktionsfunktion

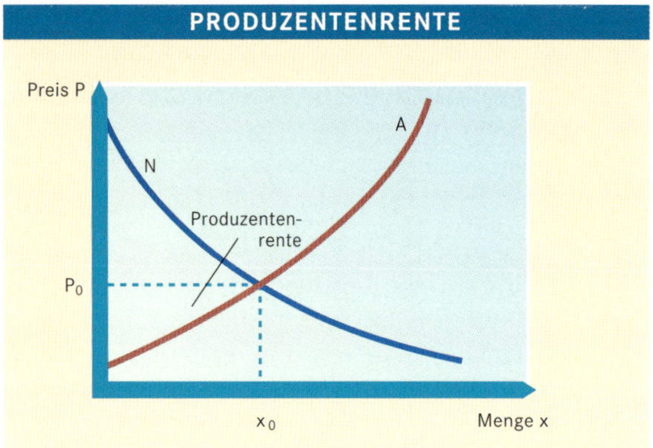

Produzentenrente. Grafische Bestimmung der Produzentenrente als Fläche zwischen der Preisachse, der Angebotskurve A und der Verbindungslinie zwischen dem Gleichgewichtspreis P_0 und dem Schnittpunkt von Angebots- und Nachfragekurve N mit der Gleichgewichtsmenge x_0

faktoren gleich bleiben **(partielle Faktorvariation)** oder wie sich die Ausbringungsmenge verändert, wenn die Einsatzmengen zweier Faktoren variiert werden, ihr Einsatzverhältnis aber gleich bleibt **(totale Faktorvariation).**
Die inputorientierte Formulierung einer Produktionsfunktion gibt an, welche Mengen an Produktionsfaktoren bei effizienter Verwendung benötigt werden, um eine bestimmte Produktmenge herzustellen. Ein Beispiel hierfür ist die Produktionsfunktion nach dem Ertragsgesetz (*siehe* Kapitel 1). Die outputorientierte Formulierung beantwortet die Frage, welche verschiedenen Produktionsmengen in einem effizienten Produktionsprozess hergestellt werden können, und führt zur Produktionsmöglichkeitenkurve (*siehe* Kapitel 1).

Produzentenrente, der Unterschied zwischen dem Preis, den der Verkäufer eines Gutes aufgrund seiner Kostenplanung mindestens erzielen möchte, und dem tatsächlich erhaltenen, höheren Marktpreis. Der Produzent hätte also ursprünglich seine Erzeugnisse auch zu einem geringeren Preis als dem Marktpreis verkauft, erzielt im Marktgleichgewicht nun aber einen höheren Erlös, als er vorausgeplant hatte.

Punktmarkt, ein Markt, auf dem alle Anbieter und Nachfrager an einem völlig überschaubaren Ort und zu einem Zeitpunkt zusammentreffen. Die Entfernung zwischen Anbietern und Nachfragern hat damit keinen Einfluss auf die Preisbildung. Mit der Annahme des Punktmarktes in der Preistheorie wird den Marktteilnehmern vollständige Übersicht über den Markt unterstellt (Markttransparenz) und von räumlichen Präferenzen wie Transportkosten oder unterschiedlichen Lieferterminen abgesehen. Ein solcher Punktmarkt ist in der Praxis sehr selten, ein Beispiel ist jedoch die Börse, da dort Güter (z. B. Wertpapiere oder Waren) gehandelt werden, die jedem Marktteilnehmer bekannt sind, und keine räumlichen Präferenzen bestehen.

Quotenkartell, ein Kartell, bei dem die beteiligten Unternehmen vertraglich bestimmte Produktions- oder Absatzmengen festlegen, um über das Angebot die Preise auf dem Markt zu beeinflussen. Ein internationales Quotenkartell wird z. B. von den OPEC-Staaten gebildet, die von Zeit zu Zeit nach bestimmten Schlüsseln Erdölfördermengen für die beteiligten Länder festlegen, um damit den Erdölpreis auf dem Weltmarkt zu beeinflussen. Das Quotenkartell der OPEC (*siehe* Kapitel 6) ist auch ein Rohstoffkartell. **Rohstoffkartelle** wollen am Weltmarkt für Rohstoffe (z. B. Erdöl, Edelmetalle) Preissenkungen verhindern oder Preiserhöhungen durchsetzen und stimmen deshalb die Förder- oder Angebotsmengen nach bestimmten Richtlinien ab.

Rabattkartell, eine spezielle Form des Preiskartells *(siehe dort).*

Rationalisierungskartell, ein vertraglicher Zusammenschluss von Unternehmen, der die zweckmäßigere Gestaltung wirtschaftlicher Vorgänge in den am Kartell beteiligten Unternehmen zum Gegenstand hat. Rationalisierungskartelle sind Erlaubniskartelle *(siehe dort)* und werden von den Kartellbehörden z. B. genehmigt, wenn die Wirtschaftlichkeit oder die Leistungsfähigkeit der beteiligten Unternehmen erheblich zunimmt und die Wettbewerbsbeschränkung im angemessenen Verhältnis zum Rationalisierungserfolg in den beteiligten Unternehmen steht. Rationalisierungskartelle sind etwa Normenkartelle *(siehe dort),* Syndikate *(siehe dort)* oder Spezialisierungskartelle, die durch Spezialisierung, z. B. durch Aufteilung der Produktionsschritte auf die beteiligten Unternehmen, die Herstellung ihrer Produkte wirtschaftlicher gestalten.

ruinöse Konkurrenz, der Verdrängungswettbewerb *(siehe dort).*

Schwarzmarkt, ungesetzlicher Markt, der dann entstehen kann, wenn vorhandene Nachfrage nach

Gütern auf legalen Märkten durch Rationierungen oder staatlich festgelegte Höchstpreise *(siehe dort)* nicht befriedigt wird (z. B. Benzinrationierung). Bei Höchstpreisen sind viele Käufer aufgrund des entstandenen Nachfrageüberhangs bereit, solche Waren und Erzeugnisse zu einem höheren Preis als dem staatlich festgesetzten Preis zu kaufen.
Ein Schwarzmarkt kann auch entstehen, wenn auf normalen Märkten die Nachfrage nach bestimmten Gütern wegen hoher Preise oder hoher Steuer- und Abgabenbelastung nicht zum Zuge kommt (z. B. Verkauf von Schmuggelware, steuerfreie Zigaretten).

Schweinezyklus, das Spinnwebtheorem *(siehe dort)*.

Snob-Effekt, Nachfrageverhalten, bei dem ein Haushalt von bestimmten Gütern umso weniger kauft, je größer die Menge solcher Güter ist, die von anderen Haushalten nachgefragt wird. Da der Snob Exklusivität anstrebt und sich von der Masse abheben will, nimmt seine Nachfrage nach Gütern, bei denen die Gesamtnachfrage steigt, ab. Gegenteil: Mitläufereffekt.

Spinnwebtheorem, Cobweb-Theorem, Bezeichnung für den wechselseitigen Anpassungsprozess von Preis und Menge auf einem Markt, der aufgrund einer zeitlich verzögerten Anpassung des Angebots entsteht. Die grafische Darstellung dieses Zusammenhangs erinnert dabei an ein Spinnennetz. Angenommen wird, dass sich das zukünftige Angebot eines Gutes auf der Grundlage des gegenwärtigen Preises für dieses Gut bildet. Ist der Marktpreis für ein Gut aufgrund einer geringen Angebotsmenge gegenwärtig höher als der Gleichgewichtspreis, werden die Anbieter ihre zukünftige Angebotsmenge erhöhen. Wenn diese Angebotsmenge dann später auf den Markt gebracht wird und über der Menge, bei der sich der Gleichgewichtspreis bildet, liegt, fällt der Preis für dieses Gut. Der unter dem Gleichgewichtspreis liegende Preis bewirkt wiederum, dass die Anbieter ihre zukünftige Angebotsmenge für dieses Gut verringern, was zur Folge hat, dass der Preis zukünftig wieder über den Gleichgewichtspreis steigt.
Die Gültigkeit des Spinnwebtheorems wurde z. B. für den **Schweinezyklus** bewiesen. So müssen Schweinezüchter heute festlegen, welche Menge sie nächstes Jahr am Markt verkaufen wollen. Die Schweinezüchter planen dabei auf der Basis der Schweinepreise von heute, da die genaue Nachfrage im kommenden Jahr unbekannt ist. Liegt nun der Marktpreis für Schweine durch ein zu geringes Angebot gegenwärtig hoch, werden die Schweinezüchter im nächsten Jahr eine größere Menge auf dem Markt anbieten wollen und erhöhen deshalb schon im laufenden Jahr ihre Produktion. Wird diese Angebotsmenge im nächsten Jahr auf den Markt gebracht, ist jedoch ein Überangebot die Folge. Als Konsequenz des Überangebots an Schweinen sinkt der Schweinepreis. Die Schweinezüchter reagieren und werden weniger produzieren, was im nächsten Jahr aufgrund der dann geringeren Menge wieder zu höheren Schweinepreisen führt usw.

SPINNWEBTHEOREM

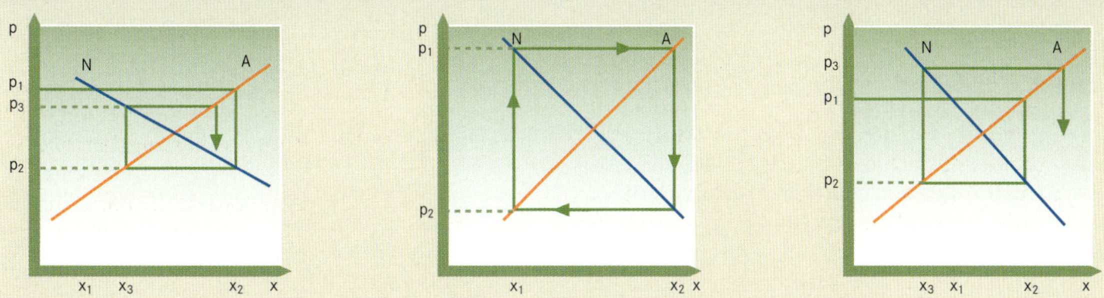

Je nach der Stärke der Anpassungsreaktion der Marktteilnehmer auf Marktungleichgewichte wird ein neues Gleichgewicht erreicht (links: gedämpftes, stabiles Modell), bleiben die Abweichungen im Zeitablauf konstant (Mitte: indifferentes Modell) oder werden die Abweichungen ständig größer (rechts: explosives, instabiles Modell).

— Nachfrage (N) — Angebot (A) p = Preis x = Menge

Spinnwebtheorem. Der Anpassungsprozess an Marktungleichgewichte nach dem Spinnwebtheorem

Strukturkrisenkartell, ein vertraglicher Zusammenschluss von Unternehmen gleicher Produktions- oder Handelsstufe, die bei dauerhaftem Sinken der Nachfrage nach ihren Gütern eine planmäßige Anpassung ihrer Kapazitäten an den veränderten Bedarf vereinbaren. Strukturkrisenkartelle sind nach dem Kartellgesetz durch die Kartellbehörden genehmigungspflichtig und werden in der Regel dann erlaubt, wenn die vertraglichen Bestimmungen zur Anpassung der Produktionsmengen der beteiligten Unternehmen das Gemeinwohl und die Gesamtwirtschaft berücksichtigen.

Substitutionsgüter, Güter, die durch andere Güter ersetzt werden können, die denselben Zweck erfüllen, ohne dass der Grad der Bedürfnisbefriedigung wesentlich verringert wird. Beispiele sind Butter und Margarine, oder Öl und Gas als Brennstoff; Gegenteil: Komplementärgüter. Steigen die Preise für ein Gut (z. B. Butter), ist eine höhere Nachfrage bei dem entsprechenden Substitutionsgut (z. B. Margarine) zu erwarten.

Syndikat, der Zusammenschluss von Unternehmen der gleichen Produktions- oder Handelsstufe, die sich vertraglich verpflichten, durch gemeinsame zentrale, rechtlich selbstständige Einkaufs- oder Verkaufseinrichtungen die Beschaffung von Rohstoffen oder Waren oder den Absatz ihrer Erzeugnisse wirtschaftlicher zu gestalten. Syndikate sind die straffste Form eines Kartells. Nach dem Kartellgesetz sind Syndikate grundsätzlich unzulässig. Innerhalb enger gesetzlicher Grenzen sind sie jedoch möglich, wenn die Verbesserung der Wirtschaftlichkeit der beteiligten Unternehmen im Interesse der Allgemeinheit liegt und nicht auf anderem Weg erreicht werden kann.

Tochtergesellschaft, Teil eines Unterordnungskonzerns *(siehe dort).*

Trust, Zusammenschluss von Unternehmen, die ihre rechtliche und wirtschaftliche Selbstständigkeit im Gegensatz zum Konzern aufgeben. Die Fusion von Unternehmen zum Trust erfolgt entweder durch Übernahme des Vermögens der übertragenden Gesellschaft durch eine andere Gesellschaft oder durch die Verschmelzung der Unternehmen und Bildung einer neuen Gesellschaft.

Typenkartell, ein vertraglicher Zusammenschluss von Unternehmen gleicher Produktions- oder Handelsstufe, bei dem die beteiligten Unternehmen die Anwendung von einheitlichen Typen vereinbaren. Durch die Typung werden z. B. bestimmte Maße oder Eigenschaften von Bauteilen oder Vorprodukten vereinbart (z. B. die Verwendung typisierter Pfandflaschen für Mineralwasser). Typenkartelle werden wettbewerbsrechtlich so behandelt wie Normenkartelle *(siehe dort).*

unlauterer Wettbewerb, jedes Verhalten von Unternehmen am Markt, das auf unzulässige, sittenwidrige Art und Weise die Konkurrenz behindert, beeinträchtigt oder vom Wettbewerb ausschließt (*siehe* Kapitel 9).

Unternehmenskonzentration, die Zusammenballung von Marktmacht bei Unternehmen durch überdurchschnittliches Wachstum eines Großunternehmens im Vergleich zu seinen Mitwettbewerbern oder durch Unternehmenszusammenschlüsse (Fusionen), wenn sich z. B. selbstständige Unternehmen vertraglich zusammenschließen, dadurch ihre wirtschaftliche Selbstständigkeit aufgeben und sich einer einheitlichen, zentralen Leitung in einem Konzern *(siehe dort)* unterstellen oder wenn ein Unternehmen von einem anderen Unternehmen auch gegen seinen Willen übernommen wird **(feindliche Übernahme).** Unternehmenskonzentration ist ein Prozess der Zusammenfassung von Marktanteilen und Ballung von Verfügungsmacht über Produktionsmittel und bei der Bildung oder Verstärkung einer marktbeherrschenden Stellung ein Thema der Wettbewerbspolitik (*siehe* Kapitel 4).
Nach der Produktionsstufe unterscheidet man zwischen horizontaler Konzentration, wenn die beteiligten Unternehmen die gleiche Produktions- oder Handelsstufe haben, z. B. Zusammenschlüsse in der Automobilbranche oder der Zusammenschluss mehrerer Großbanken. Vertikale Konzentration liegt vor, wenn sich Unternehmen aufeinanderfolgender Produktions- oder Handelsstufen zusammenschließen, z. B. Zulieferbetriebe mit Abnehmerbetrieben. Bei anorganischer Konzentration, die auch als diagonale (konglomerate) Konzentration bezeichnet wird, schließen sich branchenfremde Unternehmen, z. B. Banken, Zeitungsverlage und Unternehmen der Nahrungsmittelindustrie, zusammen.

Unterordnungskonzern, Zusammenschluss von Unternehmen, die rechtlich zwar selbstständig bleiben, ihre wirtschaftliche Selbstständigkeit jedoch

UNTERNEHMENSKONZENTRATION

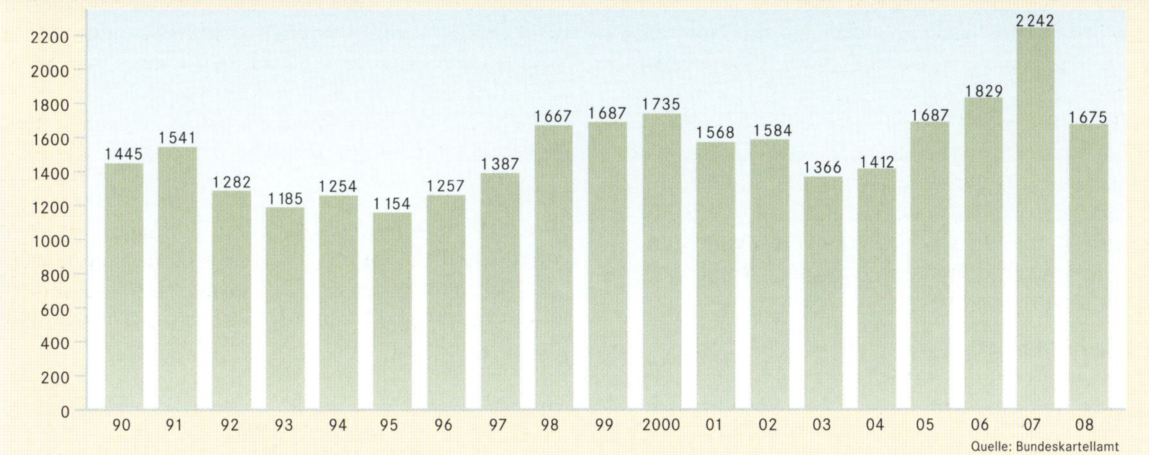

Unternehmenskonzentration. Beim Bundeskartellamt angemeldete Unternehmenszusammenschlüsse

aufgeben und sich einer einheitlichen Leitung unterstellen, wobei ein Unternehmen des Konzerns (Ober- oder Muttergesellschaft, herrschendes Unternehmen) die anderen Mitglieder des Konzerns (Unter- oder Tochtergesellschaften, abhängige Unternehmen) beherrscht. Die Beherrschung durch die Muttergesellschaft, die oft eine Holdinggesellschaft *(siehe dort)* ist, gründet sich in der Regel auf eine Kapital- oder Stimmrechtsmehrheit.

unvollkommener Markt, Bezeichnung für die meisten in der Wirklichkeit vorkommenden Märkte, die deshalb als unvollkommen gelten, weil eine oder mehrere Voraussetzungen, die von der Wirtschaftstheorie an das Vorliegen von vollkommenen Märkten gestellt werden, fehlen.
Auf unvollkommenen Märkten werden z. B. keine homogenen (gleichartigen) Güter, sondern heterogene (ungleichartige) Güter gehandelt, da die Güter sich etwa durch Form, Aufmachung oder Verpackung unterscheiden. Auf dem vollkommenen Markt herrscht vollständige Transparenz (Marktübersicht). Im Gegensatz dazu sind die Käufer und Verkäufer auf einem unvollkommenen Markt nicht vollständig über Bedingungen wie die Qualität der Güter und deren Preise informiert. Darüber hinaus kommt es auf unvollkommenen Märkten zu Präferenzen (Vorlieben) der Käufer. Sachliche Präferenzen entstehen, weil in der Regel keine homogenen Güter verkauft werden, was Vorlieben der Verbraucher für bestimmte Güter bewirkt. Persönliche Präferenzen ergeben sich durch Vorlieben der Käufer für bestimmte Anbieter oder Geschäfte, weil ihnen der Inhaber persönlich bekannt oder das Bedienungspersonal besonders freundlich ist. Räumliche Präferenzen bestehen, weil Käufer z. B. aus Bequemlichkeit häufig den nächstgelegenen Anbieter einer Ware einem entfernteren, preisgünstigeren Anbieter vorziehen. Zeitliche Präferenzen sorgen dafür, dass z. B. Anbieter, die schneller liefern können als ihre preiswerteren Konkurrenten, von den Käufern bevorzugt werden.
Die Bedingungen des unvollkommenen Marktes schaffen für die Unternehmen als Anbieter von Waren und Leistungen damit die Möglichkeit, die Preise ihrer Güter etwa nach räumlichen Merkmalen (z. B. Preisunterschiede zwischen Großstadt und Land) oder zeitlichen Gesichtspunkten (z. B. befristete Angebotspreise) unterschiedlich zu gestalten. Darüber hinaus können die Anbieter die Präferenzen der Käufer durch verschiedene Marketingmaßnahmen, z. B. eine geeignete Werbung, die attraktive Gestaltung von Ware und Verpackung, laufende Qualitätsverbesserungen oder Kundendienstleistungen, verstärken.

unvollkommenes Monopol, ein Monopol, das die Preispolitik, abweichend von der Preisbildung des Monopols *(siehe dort)* auf einem vollkommenen Markt, in der Praxis unter wirklichkeitsnahen Bedingungen gestalten muss. Dazu gehört z. B., dass der Monopolist berücksichtigen muss, dass die Käufer bei zu hohen Preisen die Möglichkeit haben, auf andere Güter auszuweichen, oder dass überhöhte Monopolpreise Konkurrenten veranlassen, ähnliche Güter zu günstigeren Preisen auf den Markt zu bringen, und darüber hinaus der Staat gesetzliche Regelungen gegen die Monopolbildung geschaffen hat. In der Praxis nutzen die Unternehmen dabei z. B. die geringe Überschaubarkeit auf den (unvollkommenen) Märkten und verkaufen die gleichen Erzeugnisse und Leistungen an unterschiedliche Abnehmer zu verschiedenen Preisen (räumliche Preisdifferenzierung).

unvollkommenes Oligopol, Bezeichnung für eine Marktform, bei der in der Praxis unter den Bedingungen des unvollkommenen Marktes wenige Unternehmen in Konkurrenz zueinander treten. Oligopole bestehen z. B. in der Automobil- und Holzplattenindustrie oder im Flugzeug- und Schiffbau. Der Oligopolist kann versuchen, durch preispolitische Maßnahmen (z. B. Verdrängungswettbewerb mit Tiefstpreisen) das Marktgeschehen zu seinen Gunsten zu beeinflussen, muss jedoch immer damit rechnen, dass seine Konkurrenten Gegenmaßnahmen ergreifen. In der Praxis zeigt sich auf Märkten mit wenigen großen Anbietern vor allem ein gewisser Gleichschritt bei Preisveränderungen: Erhöht oder senkt ein Oligopolist die Preise, ziehen die Konkurrenten in der Regel nach (Preisführerschaft).

unvollkommenes Polypol, die monopolistische Konkurrenz *(siehe dort)*.

Veblen-Effekt, der Prestigeeffekt *(siehe dort)*.

verbundene Unternehmen, Unternehmen, die in einem Konzern *(siehe dort)* zusammengeschlossen und durch gegenseitige Kapitalbeteiligung miteinander verflochten sind. Sie bleiben rechtlich selbstständig, geben ihre wirtschaftliche Selbstständigkeit jedoch auf und unterstellen sich einer einheitlichen Leitung.

Verdrängungswettbewerb, ruinöse Konkurrenz, Bezeichnung für ein Marktverhalten von Unternehmen, vor allem auf Märkten mit wenigen, relativ großen Anbietern (Oligopolmärkten), bei dem versucht wird, einen oder mehrere Wettbewerber durch Angebote zu Preisen unter den Selbstkosten und ohne Rücksicht auf eigene Verluste vom Markt zu verdrängen.

Verkäufermarkt, Situation am Markt, in der die Nachfrage nach Gütern und Leistungen größer ist als das Angebot (Nachfrageüberhang); Gegenteil: Käufermarkt. Die Konkurrenz der Nachfrager führt aufgrund des zu geringen Angebots zu Preiserhöhungen, sodass sich die Verkäufer in der besseren Marktposition befinden.

vollkommener Markt, in der Wirtschaftstheorie der ideale Markt, für den angenommen wird, dass alle Anbieter und Nachfrager nur nach ökonomischen Grundsätzen handeln und bei dem verschiedene Bedingungen (Prämissen) erfüllt sein müssen. Die auf vollkommenen Märkten gehandelten Güter müssen sachlich gleichartig sein und dürfen sich weder durch Qualität, Aufmachung, Farbe, Geschmack oder Verpackung unterscheiden. Solche homogenen

VOLLKOMMENER MARKT

Bedingungen für den vollkommenen Markt

Bereits der englische Nationalökonom William Stanley Jevons (1835–1882) prägte den Begriff des vollkommenen Marktes. Dieser Markt ist dadurch charakterisiert, dass auf ihm zu einem bestimmten Zeitpunkt nur ein Preis herrscht, zu dem alle Umsätze getätigt werden (Gesetz der Unterschiedslosigkeit der Preise).
Die noch heute gültigen Bedingungen für die Existenz eines vollkommenen Marktes sind:

1. Das gehandelte Gut ist sachlich gleichartig (homogen). Die Homogenität des Gutes ist dann gegeben, wenn sie sich im Urteil der Nachfrager weder in der Qualität noch in Aufmachung oder Verpackung unterscheidet.
2. Einziges Kriterium für den Abschluss einer Transaktion ist, dass weder für Käufer noch für Verkäufer ein besseres Geschäft möglich ist. Es bestehen also keine persönlichen Präferenzen zwischen den Marktteilnehmern. Es ist unerheblich, bei wem gekauft und an wen verkauft wird.
3. Es gibt keine räumlichen Differenzierungen. Käufer und Verkäufer befinden sich z. B. am selben Ort.
4. Es gibt keine zeitlichen Differenzierungen, z. B. in Form von unterschiedlichen Lieferfristen.
5. Jeder Marktteilnehmer kennt alle Preisforderungen bzw. Gebote der anderen Marktseite, es herrscht also vollständige Markttransparenz.

Wenn eine oder mehrere dieser Bedingungen nicht erfüllt sind, wird der Markt als unvollkommen bezeichnet.

vollkommener Markt. Bedingungen für den vollkommenen Markt

Güter wie Banknoten, Aktien, Rohöl in Barrel oder Edelmetalle in Unzen schließen sachliche Präferenzen (Vorlieben) der Käufer für bestimmte Erzeugnisse oder Waren z. B. wegen besonders ansprechender Werbung oder Gestaltung der Produkte aus. Auf vollkommenen Märkten haben die Nachfrager keine persönlichen, räumlichen und zeitlichen Präferenzen. Fehlende persönliche Präferenzen schließen die Bevorzugung eines bestimmten Anbieters durch den Nachfrager, z. B. wegen besonders freundlicher Bedienung, aus. Die Abwesenheit räumlicher Präferenzen verschafft keinem Anbieter oder Nachfrager Standortvorteile wie einen besonders günstigen Standort für sein Geschäft. Angebot und Nachfrage treffen gemäß den Annahmen vielmehr auf einem Punktmarkt *(siehe dort)* zum gleichen Zeitpunkt an einem gleichen Ort (z. B. auf Wochenmärkten, Auktionen oder Börsen) zusammen. Der Ausschluss von zeitlichen Präferenzen bedingt, dass z. B. keine Lieferfristen oder Abnahmetermine bestehen. Sämtliche Anbieter müssen vielmehr in der Lage sein, sofort zu liefern, und alle Nachfrager müssen bereit sein, die Güter sofort abzunehmen. Damit ist z. B. ausgeschlossen, dass ein Nachfrager nur aus dem Grund bei einem Anbieter kauft, weil dieser schneller liefern kann als seine Konkurrenten. Darüber hinaus wird unterstellt, dass vollständige Markttransparenz herrscht. Alle Marktteilnehmer haben also eine vollständige Marktübersicht: Die Anbieter wissen, bei welchen Preisen und Mengen die Nachfrager die angebotenen Güter kaufen möchten, und die Nachfrager sind darüber informiert, zu welchen Preisen und Mengen die Anbieter ihre Güter verkaufen möchten. Das Modell des vollkommenen Marktes dient in der Wirtschaftstheorie als Grundlage für eine Analyse der Wirkungszusammenhänge von Angebot, Nachfrage und Preisbildung auf unterschiedlichen Märkten und liefert wichtige Erkenntnisse zur Untersuchung von unvollkommenen Märkten. In der wirtschaftlichen Realität sind die Bedingungen des vollkommenen Marktes in der Regel nicht erfüllt. Der Handel mit Wertpapieren an der Börse (im Börsensaal) kommt den Bedingungen des vollkommenen Marktes jedoch sehr nahe, da die Güter, die gehandelt werden, gleichartig sind, die Händler entsprechende Marktübersicht besitzen und die Bedingungen des Punktmarktes vorliegen.

vollständige Konkurrenz, das Polypol *(siehe dort)* auf einem vollkommenen Markt.

Weltmarkt, Bezeichnung für einen räumlich nicht zu bestimmenden Markt, auf dem Waren und Leistungen weltweit von Unternehmen oder ganzen Volkswirtschaften gehandelt werden. Die Preise für Güter am Weltmarkt, z. B. Rohstoffe, werden als Weltmarktpreise bezeichnet.

Wettbewerb, die Konkurrenz der Teilnehmer auf einem Markt, vor allem der Wettkampf der Verkäufer von Erzeugnissen und Leistungen um die Gunst der Käufer. Der Wettbewerb ist das wichtigste Gestaltungselement der Marktwirtschaft (*siehe* Kapitel 1). Er sorgt dafür, dass die volkswirtschaftlichen Produktionsfaktoren den bestmöglichen Verwendungen zugeführt werden und somit für die bestmögliche Güterversorgung in der Volkswirtschaft (Steuerungsfunktion).
Der Wettbewerb ist weiterhin Motor für technischen Fortschritt, für neue qualitativ hochwertige Produkte und für das Bestreben der Unternehmen nach möglichst kostengünstiger Produktion (Antriebsfunktion). Der Wettbewerb bewirkt auch eine leistungsgerechte Verteilung der Gewinne, indem er dafür sorgt, dass nur solche Unternehmen dauerhaft am Markt bestehen können, die wettbewerbsfähig produzieren.

Wettbewerbsbeschränkungen, Beeinträchtigungen der marktwirtschaftlichen Konkurrenz durch abgestimmte Verhaltensweisen und vertragliche Vereinbarungen zwischen Unternehmen, z. B. durch die Bildung von Kartellen oder die Preisbindung oder durch Unternehmenszusammenschlüsse und die damit mögliche Bildung einer marktbeherrschenden Stellung. Wettbewerbsbeschränkungen sollen durch die Wettbewerbspolitik (*siehe* Kapitel 4) verhindert werden.

Widerspruchskartell, Zusammenschluss von rechtlich selbstständigen Unternehmen gleicher Produktions- oder Handelsstufe, der vom grundsätzlichen Kartellverbot des § 1 Gesetz gegen Wettbewerbsbeschränkungen (Kartellgesetz) ausgenommen ist. Diese Kartelle werden wirksam, wenn die Kartellbehörde nicht innerhalb einer Dreimonatsfrist nach deren Anmeldung widerspricht. Zu den Widerspruchskartellen gehören z. B. Normen- und Typenkartelle sowie Konditionen- und Spezialisierungskartelle. Auch die wirksam gewordenen Kartelle unterliegen der Missbrauchsaufsicht durch die Kartellbehörde.

3
Was steckt hinter dem Auf und Ab der Wirtschaft?

Das wirtschaftliche Geschehen in einer Volkswirtschaft läuft nicht gleichmäßig und stetig ab, sondern unterliegt dauernden Veränderungen durch unterschiedliche Einflussfaktoren, wie die Höhe des privaten Konsums und die Sparneigung der Bevölkerung, die Summe des öffentlichen Verbrauchs, die Höhe staatlicher und privater Investitionen oder die Höhe der Importe und Exporte. Alle diese Faktoren haben Einfluss auf die volkswirtschaftliche Gesamtnachfrage und bestimmen damit maßgeblich die gesamtwirtschaftliche Produktion und Beschäftigung. Veränderungen dieser Faktoren sind der Auslöser für zyklische, sich über mehrere Jahre erstreckende mittelfristige Wirtschaftsschwankungen, die als Konjunktur bezeichnet werden. Bei eher kurzfristigen Schwankungen der Wirtschaftslage, die in der Regel nur einzelne Wirtschaftszweige wie die Baubranche betreffen, wird dagegen von Saisonschwankungen gesprochen.

Das vorliegende Kapitel macht dem Leser deutlich, welche Faktoren Einfluss auf die Wirtschaftslage und die ökonomische Entwicklung in der Volkswirtschaft haben. Er wird mit Begriffen wie Konjunktur und Konjunkturphasen oder Stagnation und Stagflation vertraut gemacht und er erkennt, dass Wirtschaftswachstum an verschiedene Voraussetzungen geknüpft ist und durchaus auch Grenzen haben kann. Der Leser erfährt, dass die Regelung und Kontrolle der Geldmenge eine erhebliche Bedeutung für eine reibungslose Funktion aller Wirtschaftsabläufe in der Volkswirtschaft hat und dass Geldmenge und Gütermenge im richtigen Verhältnis stehen müssen, um negative Auswirkungen auf den Geldwert zu vermeiden. Dem Leser wird in diesem Zusammenhang der Begriff Inflation verdeutlicht und ihre verschiedenen Ursachen und Arten dargelegt. Darüber hinaus tragen verschiedene Stichwörter unter dem Leitgedanken Beschäftigung und Arbeitslosigkeit wie Arbeitslosenquote und Arbeitsmarkt oder Erwerbsquote und Vollbeschäftigung zum besseren Verständnis dieser aktuellen Thematik bei.

Abschwung, Rezession, eine Konjunkturphase *(siehe dort),* in der die wirtschaftlichen Tätigkeiten rückläufig sind. Güternachfrage und Güterproduktion gehen zurück, Einkommen, Investitionen und Gewinne sinken, während die Zahl der Arbeitslosen und der Kurzarbeiter sowie die Zahl der Unternehmenskonkurse in der Volkswirtschaft langsam ansteigen.

Akzelerationsprinzip, das Beschleunigungsprinzip *(siehe dort).*

angebotsbedingte Inflation, Form der Inflation, bei der das allgemeine Preisniveau durch gestiegene Kosten der Unternehmen (z. B. höhere Lohn- oder Rohstoffkosten) oder durch steigende Unternehmensgewinne nach oben gedrückt wird. Unterschieden wird folglich zwischen Kosteninflation *(siehe dort)* und Gewinninflation *(siehe dort).*

Arbeitslosenquote, der prozentuale Anteil der registrierten Arbeitslosen an der Gesamtzahl der zivilen Erwerbspersonen. In Deutschland sind registrierte **Arbeitslose** im Unterschied zu den Erwerbslosen Arbeitssuchende zwischen 15 und 65 Jahren, die sich bei der zuständigen Agentur für Arbeit gemeldet haben und der Arbeitsvermittlung zur Verfügung stehen, die eine zumutbare, die Beitragspflicht begründende abhängige Beschäftigung ausüben können und dürfen, dazu auch bereit und für die Arbeitsagentur erreichbar sind, die ferner zum Zeitpunkt der Meldung weniger als 15 Stunden pro Woche oder gar nicht arbeiten. **Erwerbslose** sind alle Arbeit suchende Personen ohne Arbeitsverhältnis, unabhängig davon, ob sie bei der Arbeitsagentur als arbeitslos gemeldet sind. Zivile Erwerbspersonen sind abhängige Erwerbstätige (Arbeiter, Angestellte, geringfügig Beschäftigte, Beamte, aber keine Soldaten), Selbstständige sowie registrierte Arbeitslose. Manchmal wird die Zahl der registrierten Arbeitslosen nur auf die Zahl der zivilen abhängigen Erwerbspersonen bezogen.

Die Arbeitslosenquote ist die wichtigste Kennzahl zur Darstellung der Beschäftigungslage und des Ausmaßes der Arbeitslosigkeit *(siehe dort),* in ihrer Aussagefähigkeit aber aus verschiedenen Gründen begrenzt. Bei der Berechnungsmethode werden z. B. Personen, die an Maßnahmen der aktiven Arbeitsmarktpolitik (*siehe* Kapitel 4) teilnehmen, krank sind, eine Kur machen oder besondere Leistungen der Arbeitslosenversicherung empfangen (Kurzarbeiter-, Schlechtwettergeld), nicht erfasst, da sie nicht als arbeitslos gelten. Darüber hinaus werden Arbeitslose, die sich nicht bei der Arbeitsagentur melden (sogenannte stille Reserve), weil sie z. B. keinen Anspruch auf Arbeitslosengeld haben wie ehemalige Selbstständige, ebenfalls nicht in der Statistik erfasst. Demgegenüber sind Beschäftigte im öffentlichen Dienst und Beamte in der Gesamtzahl der abhängigen Erwerbstätigen enthalten, obwohl das Risiko der Arbeitslosigkeit bei dieser Personengruppe gering oder nicht vorhanden ist.

Arbeitslosigkeit, Ungleichgewicht am Arbeitsmarkt, bei dem die angebotene Art und Menge von Arbeitsleistungen die nachgefragte Art und Menge übersteigt, sodass ein Teil der arbeitswilligen und der arbeitsfähigen Erwerbspersonen zeitweise keine Beschäftigung hat. Bei Arbeitslosigkeit spricht man auch von einer Unterauslastung des Produktionsfaktors Arbeit im Sinne von Unterbeschäftigung *(siehe dort),* d. h., das verfügbare Angebot an Arbeitskräften (Arbeitskräftepotenzial) wird nicht im

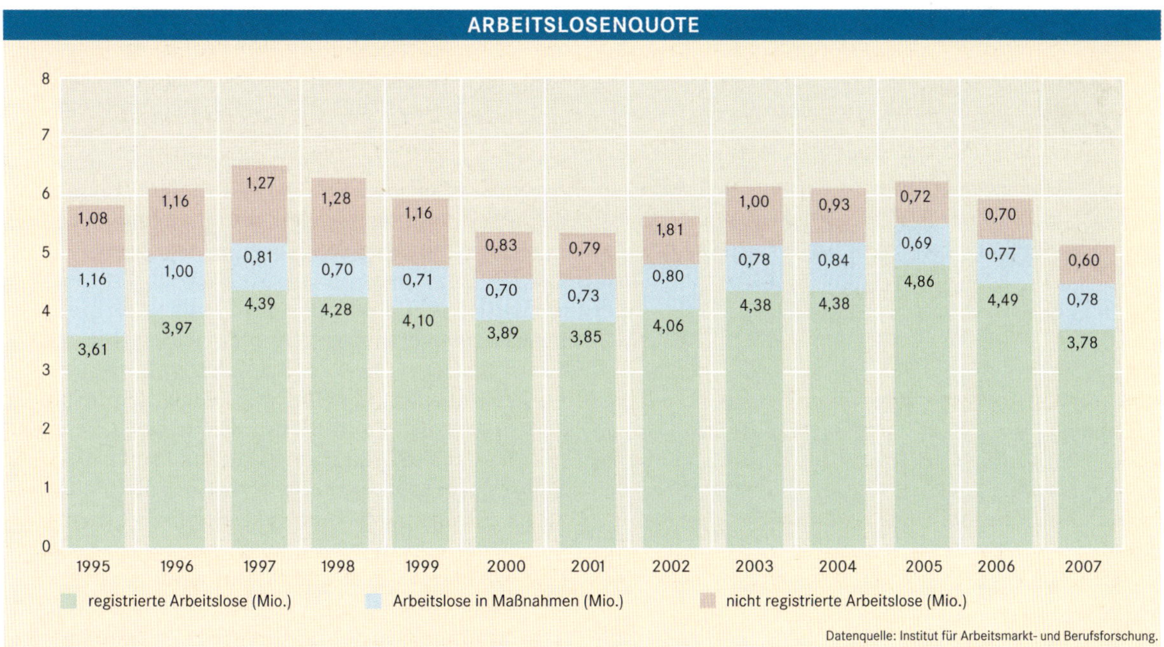

Arbeitslosenquote. Entwicklung der Zahl der Arbeitslosen, die registriert bzw. nicht registriert sind oder sich in arbeitsmarktpolitischen Maßnahmen befinden

vollen Umfang zur Produktion von Gütern und Dienstleistungen herangezogen.
Unterschieden werden kann grundsätzlich zwischen freiwilliger Arbeitslosigkeit (z. B. bei einem Arbeitsplatzwechsel) und unfreiwilliger Arbeitslosigkeit (z. B. bei Verlust des Arbeitsplatzes durch Kündigung) sowie zwischen dauernder und vorübergehender Arbeitslosigkeit. In Abhängigkeit von den Ursachen der Arbeitslosigkeit werden die Begriffe friktionelle Arbeitslosigkeit *(siehe dort),* saisonale Arbeitslosigkeit *(siehe dort),* konjunkturelle Arbeitslosigkeit *(siehe dort)* und strukturelle Arbeitslosigkeit *(siehe dort)* abgegrenzt. Auch eine Differenzierung nach anderen Merkmalen wie Jugendarbeitslosigkeit oder Langzeitarbeitslosigkeit ist üblich.
Die Verringerung von Arbeitslosigkeit und die Förderung der Beschäftigung durch geeignete Maßnahmen ist das wichtigste Ziel der Arbeitsmarktpolitik (*siehe* Kapitel 4) und ein wirtschaftspolitisches Ziel (*siehe* Kapitel 4). Gleichwohl können Konflikte mit anderen gesamtwirtschaftlichen Zielen (z. B. Preisniveaustabilität) auftreten, wie sie in der Phillips-Kurve *(siehe dort)* zum Ausdruck kommen.
Hohe Arbeitslosigkeit hat u. a. negative Auswirkungen auf die gesamtwirtschaftliche Entwicklung, auf das Wachstum der Wirtschaft und auf die Finanzierung der Sozialsysteme, da einerseits hohe Kosten z. B. für die Zahlung von Lohnersatzleistungen (*siehe* Kapitel 12) und die Finanzierung von arbeitsmarktpolitischen Maßnahmen verursacht werden.

ARBEITSLOSIGKEIT

Deutschland	Arbeitslose	Arbeitslosenquote in %
1995	3 612	9,4
1998	4 281	11,1
1999	4 100	10,5
2000	3 890	9,6
2001	3 853	9,4
2002	4 061	9,8
2003	4 377	10,5
2004	4 381	10,6
2005	4 861	11,7
2006	4 487	10,8
2007	3 776	9,0
2008	3 267	7,8
Bundesgebiet West		
1995	2 427	8,1
1998	2 752	9,2
1999	2 605	8,6
2000	2 381	7,6
2001	2 321	7,2
2002	2 498	7,6
2003	2 753	8,4
2004	2 783	8,5
2005	3 247	9,9
2006	3 007	9,1
2007	2 485	7,5
2008	2 144	6,4
Bundesgebiet Ost		
1995	1 185	13,9
1998	1 529	17,8
1999	1 496	17,3
2000	1 509	17,1
2001	1 532	17,3
2002	1 563	17,7
2003	1 624	18,5
2004	1 599	18,4
2005	1 614	18,7
2006	1 480	17,3
2007	1 290	15,1
2008	1 123	13,1

Quelle: Bundesagentur für Arbeit.

Arbeitslosigkeit. Zahl der Arbeitslosen und Arbeitslosenquoten für Deutschland

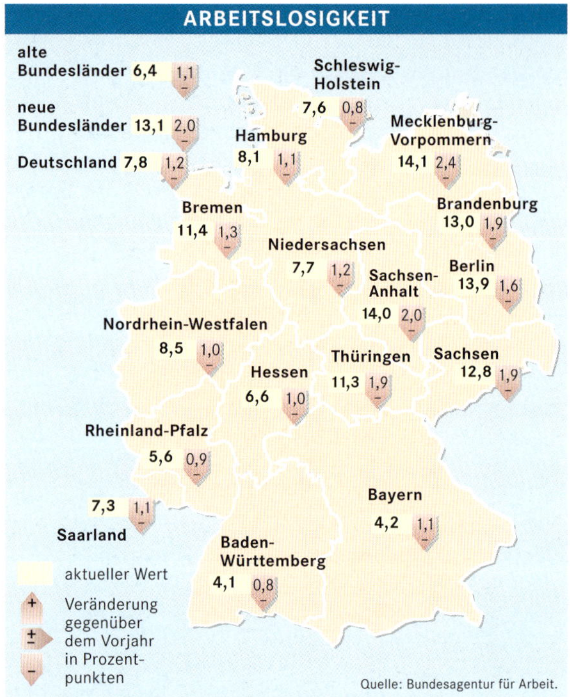

Arbeitslosigkeit. Jahresdurchschnittliche Arbeitslosenquoten nach Bundesländern 2008

Andererseits hat hohe Arbeitslosigkeit staatliche Mindereinnahmen durch Steuerausfälle, z. B. bei der Lohn- und Einkommenssteuer oder bei der Umsatzsteuer durch sinkenden Güterkonsum, zur Folge. Zudem ist der Kampf gegen Arbeitslosigkeit auch aus sozial- und gesellschaftspolitischen Gründen (materielle Einbußen, Beeinträchtigung des Selbstwertgefühls) unerlässlich.

Arbeitsmarkt, der Markt, auf dem private Haushalte als Anbieter und private Unternehmen und öffentliche Haushalte als Nachfrager gemäß dem Produktionsfaktor Arbeit zusammentreffen. Arbeitsleistungen sind in Kombination mit den Produktionsfaktoren Boden und Realkapital die Grundlage einzel- und gesamtwirtschaftlicher Produktion und Wertschöpfung. Arbeit ist für die meisten Menschen Hauptquelle von Einkommen, Status und Selbstwertgefühl; sie ist nicht von der Person des Arbeitenden zu trennen. Hieraus ergibt sich eine gewisse Sonderstellung des Arbeitsmarkts im Vergleich zu anderen Faktormärkten.
Das **Arbeitsangebot** wird bestimmt von der Bevölkerungsentwicklung, der Erwerbsbeteiligung, dem Arbeitsentgelt (Lohnsatz) und den Präferenzen für Freizeit und Arbeitszeit (gewünschte Arbeitszeit). Das Arbeitskräfteangebot wird im Erwerbspersonenpotenzial zusammengefasst. Durch Multiplikation des Erwerbspersonenpotenzials mit der gewünschten jahresdurchschnittlichen Arbeitszeit gelangt man zum gewünschten Arbeitsvolumen (Angebot an Arbeitsleistungen). Bestimmungsgründe der **Arbeitsnachfrage** sind v. a. die gesamtwirtschaftliche Nachfrage nach Waren und Dienstleistungen, das Arbeitsentgelt, die Produktionsbedingungen (gesamtwirtschaftliches Produktionspotenzial und Technologieniveau), Zukunftserwartungen der Unternehmen und Rahmenbedingungen (z. B. Arbeitsrecht, Lohnnebenkosten, Mitbestimmung). Die Arbeitsnachfrage (Nachfrage nach Arbeitsleistungen) umfasst das Beschäftigungsvolumen (effektives Arbeitsvolumen), das sich zusammensetzt aus angebotener Beschäftigungszeit (effektive Jahresarbeitszeit je Erwerbstätigen) und den bereitstehenden Arbeitsplätzen (entspricht der Anzahl der Beschäftigten).
Ein wesentlicher Grund für die Sonderstellung des Arbeitsmarkts liegt z. B. darin, dass sich der Lohn als Preis für den Faktor Arbeit nicht frei nach Angebot und Nachfrage bildet, sondern von Tarifvertragsparteien in Verhandlungen festgesetzt wird. Der Arbeitsmarkt zerfällt in Teilarbeitsmärkte: Unterschieden werden z. B. fachliche Teilarbeitsmärkte für bestimmte Berufe oder Berufsgruppen. Weitere

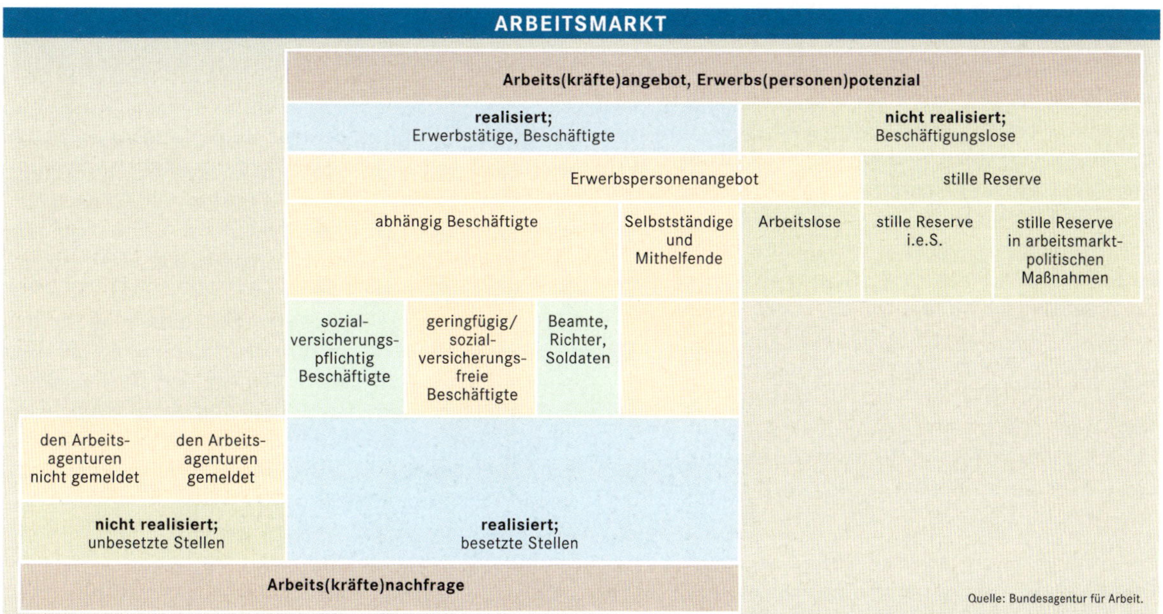

Arbeitsmarkt. Angebot und Nachfrage nach Arbeitskräften

Ansatzpunkte sind die Gliederung nach Vollzeit- und Teilzeitarbeit, nach Arbeitern und Angestellten sowie nach Stamm- und Randbelegschaft. Schließlich wird zwischen offiziellem Arbeitsmarkt und informellem Arbeitsmarkt (Schattenwirtschaft) unterschieden.

Arbeitsmarkttheorien, Bezeichnung für die wissenschaftlichen Beiträge, welche die Funktionsweise des Arbeitsmarktes, seine typischen Kennzeichen, seine Unterschiede zu anderen Märkten und die Ursachen von Arbeitslosigkeit zu erklären versuchen. Aus traditioneller, neoklassischer Sicht funktioniert der Arbeitsmarkt genauso wie jeder andere Markt für Güter: Durch den Marktmechanismus (*siehe* Kapitel 2) kommen Angebot und Nachfrage über den Preis ins Gleichgewicht. Da sich der Arbeitsmarkt ständig in Bewegung befindet, kann nach der neoklassischen Arbeitsmarkttheorie jeder Arbeitnehmer, der bereit ist, zum entstandenen Marktpreis für Arbeit, dem Reallohn, zu arbeiten, auch einen Arbeitsplatz finden. Angebot und Nachfrage kommen am Arbeitsmarkt ins Gleichgewicht, da Arbeitslose das Angebot an Arbeit erhöhen würden, was eine Preisanpassung auf diesem Markt, eine Lohnsenkung, zur Folge hätte. Im klassischen Modell gibt es daher Arbeitslosigkeit nur, wenn der einzelne Arbeitnehmer aus persönlichen Gründen, wie bei der Suche eines neuen Arbeitsplatzes, nicht arbeiten will.
Im Gegensatz zur neoklassischen Arbeitsmarkttheorie geht der britische Ökonom JOHN MAYNARD KEYNES (* 1883, † 1946) davon aus, dass Konjunkturflauten mit hoher Arbeitslosigkeit nicht durch das bloße Zusammenwirken von Angebot und Nachfrage am Markt beseitigt werden, sondern durch eine rechtzeitige Ausgabenerhöhung des Staates. Die gestiegenen Staatsausgaben erhöhen die gesamtwirtschaftliche Nachfrage. Mehr Nachfrage führt zu mehr Beschäftigung, zu mehr Einkommen der Haushalte und folglich zu mehr Kaufkraft, die wiederum die gesamtwirtschaftliche Nachfrage erhöht. Der Ökonom lieferte mit seinem Modell des Unterbeschäftigungsgleichgewichts *(siehe dort)* eine neue Erklärung für die Weltwirtschaftskrise und die Massenarbeitslosigkeit der 1930er-Jahre.

Aufschwung, Expansion, Erholung, eine Konjunkturphase *(siehe dort)* mit wachsender Produktion und Kapazitätsauslastung in der Wirtschaft bei einem noch relativ geringen Preisanstieg. Die Beschäftigung nimmt stetig zu, was grundsätzlich die Schaffung neuer Arbeitsplätze bewirkt.

Baukonjunktur, die wirtschaftliche Situation, z. B. der Auftragsbestand oder die Beschäftigungslage, in den Unternehmen der Bauwirtschaft. Gerade die Baubranche hat in der Volkswirtschaft eine gewisse Schlüsselstellung inne, da vermehrte Bauinvestitionen z. B. im Bereich Wohnungsbau, beim Bau gewerblicher Einrichtungen oder im Verkehrswegebau einen konjunkturellen Aufschwung einleiten können, indem die wirtschaftliche Erholung auf andere Branchen ausstrahlt. Eine höhere Nachfrage nach Bauleistungen bewirkt normalerweise die Schaffung von Arbeitsplätzen in der Bauwirtschaft selbst, aber auch in vorgelagerten und in nachfolgenden Wirtschaftsbranchen wie in Bauzulieferbetrieben, in Bau- und Ausbauhandwerksbetrieben oder in Unternehmen der Gebrauchsgüterindustrie.

Beschäftigung, die tatsächliche Auslastung der gesamtwirtschaftlichen Produktionskapazität durch die Faktoren Arbeit und Kapital. Bezogen auf den Produktionsfaktor Arbeit ist Beschäftigung das Gegenteil von Arbeitslosigkeit. Beschäftigungserhöhungen führen somit zu einem Rückgang der Arbeitslosigkeit. Umgekehrt erhöhen Beschäftigungsrückgänge die Arbeitslosigkeit. Ein Ziel staatlicher Wirtschaftspolitik ist die Erreichung eines möglichst hohen Beschäftigungsstandes (*siehe* Kapitel 4).

Beschäftigungsgrad, das Verhältnis von tatsächlicher Beschäftigung und möglicher Beschäftigung, ausgedrückt in einem Prozentsatz. Die Beschäftigung wird dabei in der Regel in Arbeitsstunden, Maschinenstunden oder Produktionsmengen gemessen.
Für die maximal mögliche Beschäftigung in der Volkswirtschaft kann ein Beschäftigungsgrad von 100 % angesehen werden. Unter der Berücksichtigung von friktioneller Arbeitslosigkeit *(siehe dort)* kann aber auch schon ein niedrigerer Beschäftigungsgrad von z. B. 90 % als Grad der Vollbeschäftigung festgelegt werden. Die maximal mögliche Beschäftigung in der Volkswirtschaft (100 %) muss demnach nicht mit der bestmöglichen Beschäftigung (90 % Vollbeschäftigung) übereinstimmen. In Anlehnung an den jeweiligen Beschäftigungsgrad wird die Beschäftigungssituation in der Volkswirt-

schaft als Vollbeschäftigung *(siehe dort),* Überbeschäftigung *(siehe dort)* oder Unterbeschäftigung *(siehe dort)* bezeichnet.

Beschleunigungsprinzip, Akzelerationsprinzip, Bezeichnung für den Zusammenhang, dass eine stark steigende Nachfrage der Verbraucher nach Konsumgütern (z. B. Fernsehgeräte) normalerweise zu steigenden Investitionen in der Verbrauchsgüterindustrie führt. Die Unternehmen der Verbrauchsgüterindustrie werden eine Anpassung ihrer Kapazitäten durch Erweiterungsinvestitionen (Anschaffung zusätzlicher Maschinen zur Produktion von Fernsehgeräten) an die gestiegene Nachfrage insbesondere dann vornehmen, wenn sie die Steigerung der Nachfrage als langfristig ansehen und ihre Kapazitätsgrenze bereits erreicht haben.
Die Kapazitätserweiterung in der Konsumgüterindustrie führt dann wiederum zu höheren Investitionen in der Investitionsgüterindustrie (Hersteller von Maschinen zur Produktion von Fernsehgeräten), da in diesem Wirtschaftsbereich die Maschinen und Anlagen hergestellt werden, die von der Verbrauchsgüterindustrie benötigt werden. Eine höhere oder verminderte Nachfrage der Verbraucher nach Konsumgütern führt also nicht nur zu Veränderungen im Bereich der Industrie für Konsumgüter, sondern auch in der Investitionsgüterindustrie. Der jeweilige Konjunkturverlauf wird durch diese Zusammenhänge verstärkt bzw. beschleunigt.

Binnenwert, die Kaufkraft *(siehe dort)* des Geldes im Inland, d. h. der Tauschwert des Geldes beim Kauf von inländischen Gütern.

Bodensatzarbeitslosigkeit, Sockelarbeitslosigkeit, Restarbeitslosigkeit, die Arbeitslosigkeit, die unter günstigsten konjunkturellen Bedingungen und bei geringstmöglicher friktioneller Arbeitslosigkeit nicht abzubauen ist. Bodensatzarbeitslosigkeit entsteht z. B. durch Arbeitslose, die keinen Arbeitsplatz mehr finden, weil sie relativ kurz vor der Rente stehen oder wegen gesundheitlicher Probleme nicht vermittelbar sind; weiterhin dadurch, dass nicht jeder Arbeitslose zur Aufnahme jeder Tätigkeit bereit ist oder nicht jeder Arbeitssuchende für jede Arbeit anforderungsgerecht qualifiziert ist. Insoweit ist Bodensatzarbeitslosigkeit fast identisch mit der von den Monetaristen beschriebenen **natürlichen Arbeitslosigkeit,** die allerdings auch die friktionelle Arbeitslosigkeit umfasst.

Boom, Hochkonjunktur, Prosperität, eine Konjunkturphase *(siehe dort),* in der die wirtschaftliche Aufwärtsbewegung einen Höhepunkt erreicht. In der Hochkonjunktur herrscht ein hohe Güternachfrage, die Produktionskapazitäten der Unternehmen sind voll ausgelastet. Die Unternehmen haben Schwierigkeiten, qualifizierte Arbeitnehmer am Arbeitsmarkt zu finden; es herrscht Vollbeschäftigung oder sogar Überbeschäftigung. Die Löhne und Gehälter der Arbeitnehmer sowie die Preise steigen. Es besteht die Gefahr der Inflation.

Branchenkonjunktur, das Auf und Ab der wirtschaftlichen Entwicklung in einem bestimmten Wirtschaftsbereich wie der Automobilindustrie, der chemischen Industrie, dem Maschinenbau, der Bauwirtschaft oder dem Einzelhandel.

Deflation, Prozess stetiger Preissenkungen in der Volkswirtschaft, d. h., Waren und Dienstleitungen werden fortwährend billiger. Deflation liegt vor, wenn der gesamtwirtschaftlichen Gütermenge eine zu geringe Geldmenge gegenübersteht, die Gesamtnachfrage also geringer ist als das volkswirtschaftliche Gesamtangebot. Die Deflation entsteht z. B. als Folge einer übermäßigen Verringerung der Geldmenge durch einschränkende, geldpolitische Maßnahmen der Zentralbank, durch hohe Einfuhrüberschüsse, die mit dem Abfluss von Geldmitteln in das Ausland verbunden sind, oder durch die Überproduktion von Gütern. Die Folge ständiger Preissenkungen sind geringere Gewinnerwartungen der Unternehmen, deren Investitionsbereitschaft nachlässt und die Senkung der Güterproduktion z. B. durch Betriebseinschränkungen wie Kurzarbeit oder durch die Schließung ganzer Standorte bewirkt. Die Arbeitslosigkeit steigt und führt zu Einkommensverlusten, die Nachfrage nach Konsumgütern schrumpft und die Steuereinnahmen des Staates sinken. Die gesamte Wirtschaftsleistung verringert sich zunehmend. Eine Deflation tritt meist zusammen mit einer wirtschaftlichen Depression auf und verlangt somit grundsätzlich wirtschaftspolitische Gegenmaßnahmen, d. h. Maßnahmen zur Steigerung der gesamtwirtschaftlichen Nachfrage. Deflationäre Tendenzen sind viel seltener als inflationäre Tendenzen.

Deflator, Maßstab für die Inflation, der das Verhältnis des nominalen Bruttoinlandsproduktes (*siehe* Kapitel 1) eines Jahres zum realen Bruttoinlandsprodukt darstellt. Im Unterschied zu anderen Preisindizes wie dem Verbraucherpreisindex für Deutschland (*siehe* Kapitel 1) beruht der **BIP-Deflator** nicht auf einem festen Warenkorb (*siehe* Kapitel 1), der jedes Jahr gleich bleibt, sondern bewertet alle in der Volkswirtschaft in dem berechneten Jahr produzierten Güter und Leistungen. Er ist damit ein Preisindex *(siehe dort)* auf breiter Grundlage, mit dem Preissteigerungen und Inflationsraten über einen längeren Zeitraum berechnet werden können.

deflatorische Lücke, eine volkswirtschaftliche Situation, in der bei einem bestimmten Preisniveau die gesamtwirtschaftliche Güternachfrage geringer ist als das gesamtwirtschaftliche Güterangebot. Es besteht also eine Nachfragelücke, die zu weiteren Preissenkungen oder zur Verringerung der Güterproduktion und Beschäftigung führen kann.

Depression, Kontraktion, Krise, Tiefpunkt eines wirtschaftlichen Abschwungs im Konjunkturzyklus. Kennzeichen für diese Konjunkturphase *(siehe dort)* sind z. B. geringe Auslastung der Kapazitäten und hohe Arbeitslosigkeit breiter Massen. Die Einkommen der privaten Haushalte sinken und die Nachfrage nach Konsumgütern geht stark zurück. Die Gewinne der Unternehmen fallen und die Investitionsbereitschaft sinkt.

Disinflation, Desinflation, Bezeichnung für eine Situation, in der die Inflationsraten im Zeitverlauf zwar sinken, aber immer noch über null liegen. Fallen die Inflationsraten unter null, wird die Disinflation zur Deflation.

Einkommensverteilung, *siehe* Kapitel 1.

Erholung, der Aufschwung *(siehe dort).*

Erwerbslosigkeit, meist gleichbedeutend mit Arbeitslosigkeit *(siehe dort).*

Erwerbspersonen, in der amtlichen Statistik alle Erwerbstätigen, d. h. alle Arbeitnehmer in einem Arbeitsverhältnis, die Selbstständigen und die Angehörigen der freien Berufe, sowie die Erwerbslosen, d. h. die Arbeitslosen, die einen Arbeitsplatz suchen, unabhängig davon, ob sie bei der Agentur für Arbeit gemeldet sind oder nicht. Auch kommt es weder auf die Bedeutung des Ertrags dieser Tätigkeit für den Lebensunterhalt noch auf die tatsächlich geleistete oder vertragsmäßig zu leistende Arbeitszeit an. Den Gegensatz bilden die **Nichterwerbspersonen,** die keinerlei auf Erwerb gerichtete Tätigkeit ausüben oder suchen, z. B. Kinder, Schüler, Studenten, ältere Personen und Frauen oder Männer, die ausschließlich im eigenen Haushalt tätig sind.

Erwerbspersonenpotenzial, Arbeitskräftepotenzial, die Gesamtheit aller Erwerbspersonen einschließlich einer geschätzten stillen Reserve (bei der Agentur für Arbeit nicht registrierter Personen), die auf dem Arbeitsmarkt zur Verfügung stehen können. Zum Erwerbspersonenpotenzial zählen somit alle Personen, die bei einer günstigen Arbeitsmarktsituation (Vollbeschäftigung) bereit, geeignet und nach den persönlichen Voraussetzungen (Gesundheitszustand, Ausbildung) in der Lage sind, eine entsprechende Beschäftigung auszuüben.

Erwerbsquote, der Anteil der Erwerbspersonen an der Wohnbevölkerung in einer Volkswirtschaft, ausgedrückt in %. In der amtlichen Statistik werden

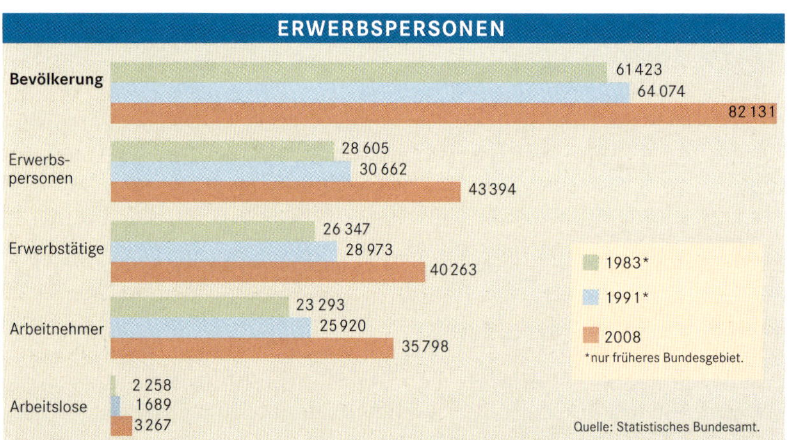

Erwerbspersonen.
Bevölkerung und Erwerbstätigkeit in Deutschland

Erwerbsquoten auch für bestimmte Bevölkerungsgruppen und Alterstufen berechnet.

Erwerbstätige, alle Arbeitnehmer (Arbeiter, Angestellte, Auszubildende, Beamte, Soldaten, mithelfende Familienangehörige) in einem Arbeitsverhältnis, die Selbstständigen und die Angehörigen der freien Berufe. Nach ihrer Stellung im Beruf werden Selbstständige und mithelfende Familienangehörige von den **abhängigen Erwerbstätigen** unterschieden, zu denen Arbeiter, Angestellte, Beamte und Auszubildende gezählt werden. Dem gegenüber sind **sozialversicherungspflichtig Beschäftigte** alle Arbeiter, Angestellten und Auszubildende, die in der gesetzlichen Renten-, Kranken-, Pflege- und Arbeitslosenversicherung pflichtversichert sind.

Erzeugerpreise, die Preise, die der Hersteller für seine Produkte verlangt. Sie dienen im Rahmen der Inflationsmessung, z. B. beim Index der landwirtschaftlichen und industriellen Erzeugerpreise, zur Bestimmung der Inflationsrate.

Expansion, der Aufschwung *(siehe dort).*

Exportkonjunktur, Bezeichnung für eine Belebung der Wirtschaft durch hohe Ausfuhren. Exporte wirken auf die konjunkturelle Entwicklung belebend und unterstützen damit das wirtschaftliche Wachstum. Importe haben den umgekehrten Effekt.
Für die deutsche Wirtschaft sind Exporte eine der wichtigsten Stützen der Konjunktur, da einige Wirtschaftsbereiche wie der Maschinen- und Anlagenbau oder die Automobilindustrie einen erheblichen Teil ihrer Umsätze im Ausland tätigen.

Exportmultiplikator, Bezeichnung für den Umstand, dass aus Exporten stammende Geldmittel eine Vervielfältigungswirkung auf die Einkommen in der Volkswirtschaft haben. So bewirken steigende Exporte neues Einkommen bei privaten Haushalten, die dann einen Teil des zusätzlichen Einkommens für den Kauf von Gütern wieder ausgeben, was neues Einkommen entstehen lässt.

Flucht in die Sachwerte, Bezeichnung für die Reaktion von Sparern, die bei anhaltenden Preissteigerungen (Inflation) ihre Ersparnisse auflösen und das Geld in Sachwerten anlegen, um einer Entwertung ihrer gesparten Gelder zuvorzukommen. Wird von den Banken z. B. ein Zinssatz von 2 % für Spareinlagen gezahlt und die Preise in der Volkswirtschaft steigen im gleichen Zeitraum um 7 %, werden die Ersparnisse gemessen an der Kaufkraft von der Inflation quasi aufgefressen. Aus Furcht vor einer drohenden Entwertung der Ersparnisse wird nicht nur weniger gespart, sondern die Sparer werden ihre Ersparnisse bei den Banken abheben und zur Werterhaltung z. B. Immobilien oder Edelmetalle kaufen.

friktionelle Arbeitslosigkeit, Sucharbeitslosigkeit, durch den Wechsel des Arbeitsplatzes bedingte Arbeitslosigkeit, die den Zeitraum der Arbeitsplatzsuche zwischen der Aufgabe der alten Tätigkeit und der Aufnahme einer neuen Beschäftigung bezeichnet. Diese Form der Arbeitslosigkeit ist kurzfristig, kann freiwillig sein (z. B. Eigenkündigung) oder auch unfreiwillig durch Arbeitgeberkündigung.

galoppierende Inflation, Bezeichnung für eine Inflation *(siehe dort),* bei der die Preise rasend schnell steigen (Inflationsraten über 20 %) und sich ins Gigantische zur Hyperinflation *(siehe dort)* ausweiten können. Die Situationen in Deutschland nach dem Ersten Weltkrieg, in einigen Ländern der ehemaligen Sowjetunion oder in verschiedenen lateinamerikanischen Ländern sind hierfür Beispiele.

Geld, allgemeines Tauschmittel, mit dessen Hilfe Güter getauscht werden können; mit Geld werden Güter bezahlt. Für die Vermittlung von Käufen und Verkäufen ist das Geld als allgemein anerkanntes Zahlungsmittel in einer arbeitsteiligen Wirtschaft unentbehrlich. Weiterhin dient Geld als Wertmesser oder Recheneinheit (mit Geld sind Güterwerte messbar und vergleichbar), als Wertaufbewahrungsmittel (mit Geld können Werte aufbewahrt und gespart werden und bei Bedarf in Güter umgetauscht werden) und als Wertübertragungsmittel (mithilfe von Geld können Werte an andere Personen z. B. durch Verkauf oder Schenkung übertragen werden).

Geldentwertung, die ständige Verringerung der Kaufkraft *(siehe dort)* des Geldes, die bei einer Inflation *(siehe dort)* vorliegt.

Geldillusion, Begriff der Geldtheorie. Sie liegt vor, wenn sich Personen oder Einrichtungen in ihrem wirtschaftlichen Verhalten nicht nach dem realen Wert des Geldes richten, sondern an dessen nominalem Wert orientieren. Der Geldillusion unterliegt z. B. ein Arbeitnehmer, der eine Erhöhung seines Nominallohns von 5 % zum Anlass nimmt, seine

Nachfrage nach Konsumgütern zu steigern, obwohl gleichzeitig die Inflationsrate ebenfalls 5% beträgt, sein Reallohn also unverändert geblieben ist.

Geldmarkt, im engeren Sinn ein Markt für den Handel mit Finanzmitteln kurzer Fristigkeit (Laufzeit bis zu einem Jahr). Gehandelt werden Zentralbankguthaben vornehmlich in Form von Tagesgeld, Monatsgeld und Dreimonatsgeld mit vereinbarter Laufzeit (Festgeld) oder mit vereinbarter Kündigungsfrist und unbestimmter Laufzeit (Kündigungsgeld) sowie **Geldmarktpapiere** wie Schatzwechsel und unverzinsliche Schatzanweisungen. Teilnehmer am Geldmarkt sind die Geschäftsbanken untereinander, die Europäische Zentralbank (EZB) und für diese in Deutschland die Deutsche Bundesbank. Die Zinsen am Geldmarkt, die **Geldmarktsätze,** werden wesentlich von den Zinsen bestimmt, zu denen die Zentralbank den Kreditinstituten Liquidität bereitstellt.
Im weiteren Sinn ist der Geldmarkt ein Markt, an dem die Geldnachfrage, also der Bedarf an Geld (z. B. kurzfristige Kredite oder Darlehen) und das Geldangebot zusammentreffen. Neben dem Kapitalmarkt und dem Kreditmarkt gehört der Geldmarkt zu den Finanzmärkten (*siehe* Kapitel 11).

Geldmenge, Geldvolumen, der Bestand an Geld (Bargeld und Geld auf Bankkonten), das sich in den Händen von Nichtbanken (z. B. Privatpersonen, Unternehmen) befindet. Die Bargeldbestände der Banken werden, um Doppelzählungen auszuschließen, also nicht zur Geldmenge gerechnet, da mit den Kassenbeständen der Banken keine Güter nachgefragt werden, sondern nur Geld auf Konten (Buchgeld) in Bargeld getauscht wird.
Die Bestimmung der Geldmenge erfolgt in der Praxis nach unterschiedlichen Gesichtspunkten, sodass verschiedene Geldmengen unterschieden werden. Die gängigste Bestimmung der Geldmenge ist die Unterscheidung von Zentralbankgeldmenge sowie der Geldmengen M 1, M 2 und M 3, wobei M vom englischen ›money‹ für Geld abgeleitet ist. Die **Zentralbankgeldmenge** umfasst den gesamten Bargeldumlauf (Banknoten und Münzen), jedoch ohne den Kassenbestand der Kreditinstitute, aber zuzüglich der Mindestreserve der Kreditinstitute bei der Zentralbank. Zur Geldmenge M 1 gehören der Bargeldumlauf (ohne den Kassenbestand von Kreditinstituten) sowie die täglich fälligen Guthaben der Privatpersonen und Unternehmen auf Girokonten bei Banken (Sichteinlagen). Die Geldmenge M 2 umfasst die Geldmenge M 1 und zusätzlich Termineinlagen mit einer Laufzeit bis zu zwei Jahren und Spareinlagen mit einer Kündigungsfrist bis zu drei Monaten. Die Geldmenge M 3 setzt sich aus der Geldmenge M 2 sowie bestimmten Geldmarktpapieren (z. B. Geldmarktfondsanteile) und Schuldverschreibungen mit kurzen Laufzeiten von zwei Jahren zusammen. Die wichtigste Rolle in der Geldpolitik (*siehe* Kapitel 4) spielt für die Europäische Zentralbank (EZB) die Geldmenge M 3.

GELDMENGE

	Symbole	Mrd. Euro (Februar 2009)
Bargeldumlauf	C	721,0
+ täglich fällige Einlagen (Sichteinlagen)	D	3 417,0
= Geldmenge M 1	**M 1 = C+D**	**4 138,0**
+ Einlagen mit vereinbarter Laufzeit von bis zu zwei Jahren	T	2 331,3
+ Einlagen mit vereinbarter Kündigungsfrist von bis zu drei Monaten	S	1 621,2
= Geldmenge M2	**M2 = C+D+T+S**	**8 090,5**
+ Repogeschäfte		330,9
+ Geldmarktfondsanteile		782,2
+ Schuldverschreibungen mit einer Laufzeit von bis zu zwei Jahren und Geldmarktpapiere		223,5
= Geldmenge M3	**M3**	**9 427,1**

Geldmenge. Die verschiedenen Geldmengenbegriffe der Europäischen Zentralbank

Die Regelung und Kontrolle der Geldmenge hat eine erhebliche Bedeutung für die reibungslose Funktion aller Wirtschaftsabläufe in der Volkswirtschaft. Geldmenge und Gütermenge müssen in der Volkswirtschaft im richtigen Verhältnis stehen. Eine starke Zunahme der Geldmenge löst inflatorische Entwicklungen, d. h. Preissteigerungen aus, während eine Unterversorgung der Wirtschaft mit Geld zur Deflation führt. Die Steuerung und Überwachung der Geldmenge mit dem Ziel, die Stabilität des Euro zu sichern und eine Inflation oder Deflation im Euroraum zu verhindern, ist die wichtigste Aufgabe der EZB.

Geldschöpfung, die Vermehrung der Geldmenge durch Schaffung von zusätzlichem Geld. Unterschieden wird die Bargeldschöpfung durch die Ausgabe von Banknoten und Münzen und die **Giralgeldschöpfung** über das Bankensystem durch die Gewährung von Krediten, aber auch durch den Ankauf von Devisen oder Wertpapieren (Gegenteil: Geldvernichtung).

Der Prozess der Giralgeldschöpfung erfolgt über die Erhöhung der Menge an Giral- oder Buchgeld (Geld auf Konten), da die Banken Geld ihrer Kunden, das auf Giro- oder Sparkonten gutgeschrieben ist, nicht im Tresor aufbewahren, sondern zum überwiegenden Teil dazu benutzen, als Kredit an andere Kunden weiterzugeben. Der Kreditbetrag wird dem Kunden auf einem Konto zur Verfügung gestellt, der damit z.B. ein Auto kauft und den Kaufpreis auf ein Konto des Kfz-Händlers überweist. In jedem Schritt wird dabei quasi neues Geld geschaffen und die umlaufende Geldmenge erhöht. Ähnliches geschieht, wenn Banken von ihren Kunden z.B. Wechsel ankaufen und den Gegenwert auf dem Konto des Kunden gutschreiben.

Geldüberhang, Kaufkraftüberhang, eine Situation, bei der die gesamtwirtschaftliche Geldmenge die gesamtwirtschaftliche Gütermenge als Folge einer zurückgestauten Inflation *(siehe dort)* übersteigt. Eine solche Situation lag in Deutschland in der Zeit des Zweiten Weltkriegs und nach dem Krieg bis zur Währungsreform am 21. 6. 1948 vor, als die Geldmenge zur Finanzierung der Kriegswirtschaft bis 1945 ständig erhöht wurde und das Preisniveau durch einen Preisstopp unverändert blieb.

Geldumlaufgeschwindigkeit, die Häufigkeit, mit der das Geld in einer bestimmten Zeit den Besitzer wechselt und umgesetzt wird. Die Geldumlaufgeschwindigkeit ist also umso höher, je schneller das Geld von der Bevölkerung wieder für den Kauf von Gütern ausgegeben wird. Die **Umlaufgeschwindigkeit des Geldes** hat Einfluss auf den Geldwert *(siehe dort)*. Eine Steigerung (Verringerung) der Geldumlaufgeschwindigkeit wirkt sich dabei wie eine Vergrößerung (Verkleinerung) der Geldmenge in der Volkswirtschaft aus. Die Geschwindigkeit, mit der das Geld ausgegeben wird, hängt von verschiedenen Einflüssen und Gründen wie den Zahlungsgewohnheiten, der Abwicklung von Zahlungsvorgängen (bar oder bargeldlos) oder von den zukünftigen Erwartungen an die Preisentwicklung ab.

Geldvernichtung, die Verringerung der Geldmenge, z.B. durch die Umwandlung von Bargeld oder Geld auf Girokonten in Sparguthaben oder durch die Rückzahlung von Krediten.

Geldvolumen, die Geldmenge *(siehe dort)*.

Geldwert, einerseits die Kaufkraft *(siehe dort)* des Geldes innerhalb eines Währungsgebiets und andererseits der Tauschwert einer Währung gegenüber anderen Währungen, z.B. der Wert des Euro im Verhältnis zum US-Dollar.

Geldwertstabilität, die Preisstabilität *(siehe dort)*.

Gewinninflation, Gewinndruckinflation, eine Form der angebotsbedingten Inflation *(siehe dort)*, bei der die Preise in der Volkswirtschaft steigen, weil z.B. große Unternehmen auf Märkten mit wenigen Anbietern (oligopolistische Märkte) unter Ausnutzung ihrer Marktmacht Preiserhöhungen durchsetzen, um ihre Gewinne zu erhöhen.

Grenzen des Wachstums: Unter diesem Leitgedanken wurde besonders durch den Club of Rome (*siehe* Kapitel 6) eine kritische Auseinandersetzung mit den Auswirkungen und Folgen des wirtschaftlichen Wachstums auf die natürliche Umwelt des Menschen eingeleitet. Dazu führte eine Gruppe von Wissenschaftlern des Massachusetts Institute for Technology (MIT) um DENNIS L. MEADOWS (* 1942) eine Studie im Auftrag des Club of Rome durch, die 1972 unter dem Titel ›Die Grenzen des Wachstums‹ veröffentlicht und in 29 Sprachen übersetzt wurde.

Ziel der Forschungsarbeit war es, die Ursachen und Folgen des ständigen Wachstums der Weltbevölkerung, der Industrie, des Verbrauchs an Rohstoffen, der Produktion von Nahrungsmitteln und der Umweltverschmutzung zu untersuchen. MEADOWS und seine Mitarbeiter zeichneten in ihrem Bericht ein beklemmendes Bild und sagten über das Jahr 2050 hinaus eine Besorgnis erregende Zukunft voraus, die z.B. gekennzeichnet ist durch ein starkes Anwachsen der Weltbevölkerung, die auch bei weiterer Steigerung der Nahrungsmittelproduktion nicht ausreichend ernährt werden kann, eine durch steigende industrielle Produktion verursachte, beschleunigte Umweltzerstörung und Erschöpfung der wichtigsten Rohstoffe wie Erdöl, Erdgas und Eisenerz.

Zur Vermeidung zukünftiger Katastrophen wurde deshalb vom Club of Rome eine freiwillige Begrenzung des industriellen Wachstums und eine Umorientierung zu einem qualitativen Wachstum mit mehr Lebensqualität empfohlen. Die Prognosen von MEADOWS und seinen Mitarbeitern erregten in der Öffentlichkeit damals große Aufmerksamkeit und bewirkten, dass die Folgen des Wachstums auf die Umwelt des Menschen bei wirtschaftlichen und politischen Entscheidungen heute stärker in Betracht gezogen werden als früher, z. B. im Konzept einer nachhaltigen Entwicklung *(siehe dort)*.

harmonisierter Verbraucherpreisindex, Abkürzung **HVPI,** für jeden Mitgliedsstaat der Europäischen Union, für die gesamte EU sowie für die Mitglieder der Europäischen Währungsunion (Eurozone) ermittelter Index der Verbraucherpreise, mit dem länderspezifische Besonderheiten der Lebenshaltung ausgeschaltet werden sollen, um so zu einer größtmöglichen Vergleichbarkeit der Inflationsraten der EU-Staaten zu gelangen. Rund zwei Drittel des Gesamtindex beziehen sich auf Warenpreise (z. B. unverarbeitete und verarbeitete Nahrungsmittel, Industrieerzeugnisse, Energie) und ein Drittel auf Dienstleistungspreise.

Hochkonjunktur, der Boom *(siehe dort)*.

Humankapital, Human Capital, die Summe der wirtschaftlich nutzbaren Fähigkeiten, Kenntnisse und auch Verhaltensweisen der Erwerbsbevölkerung einer Volkswirtschaft. Der Begriff bringt zum Ausdruck, dass erst die Ausbildung ein Individuum wirklich befähigt, volkswirtschaftlich produktiv tätig zu werden, so wie analog beim Boden die Urbarmachung nötig ist. Statistisch kann das Humankapital nur indirekt anhand sozialer Indikatoren (z. B. Art der schulischen Ausbildung) gemessen werden. Als Investitionen in Humankapital sind demnach die Ausgaben für Erziehung, Aus- und Weiterbildung anzusehen.
Dem volkswirtschaftlichen Begriff Humankapital als wirtschaftliches Leistungspotenzial der Bevölkerung **(Arbeitsvermögen)** entspricht auf betriebswirtschaftlichem Gebiet der Begriff **Humanvermögen (Human resource)** als Gesamtheit der Leistungspotenziale, die Arbeitnehmer einem Unternehmen zur wirtschaftlichen Nutzung zur Verfügung stellen (Arbeitszeit, Leistungsfähigkeit, Motivation).

Hyperinflation, eine Inflation mit gigantischen Preissteigerungen. Die Inflationsraten liegen mindestens bei 50 %, meist sogar höher. Bei Hyperinflation nimmt die Umlaufgeschwindigkeit des Geldes ständig zu, da jeder sein Geld möglichst sofort für Güter ausgibt, um weiteren Preissteigerungen zuvorzukommen. Die Folge ist eine immer schnellere Nachfrage und immer schnellere Preissteigerungen, bis schließlich das Vertrauen der Bevölkerung in die inländische Währung total verloren geht. Spätestens in dieser Situation weicht die Bevölkerung auf wertbeständiges ausländisches Geld oder auf knappe Sachgüter als Ersatzwährung aus (z. B. amerikanische Zigaretten nach dem Zweiten Weltkrieg in Westdeutschland), um sich auf dem Schwarzmarkt mit notwendigen Gütern zu versorgen.

importierte Inflation, Inflationsursache für eine offene Volkswirtschaft, die z. B. dauerhaft hohe Exportüberschüsse aufweist oder wegen Rohstoffabhängigkeit den internationalen Preisschwankungen ausgesetzt ist. Eine importierte Inflation kann z. B. entstehen, wenn auf internationalen Rohstoffmärkten etwa für Mineralöl die Preise steigen und die inländischen Unternehmen ihre gestiegenen Produktionskosten als Preiserhöhungen weitergeben.

Inflation, anhaltender Prozess der Geldentwertung, der sich durch allgemeine Preiserhöhungen bemerkbar macht. Mit einer Geldeinheit kann dann ständig weniger gekauft werden, d. h., die Kaufkraft *(siehe dort)* des Geldes vermindert sich dauernd. Nicht als Inflation gelten einmalige, vorübergehende, durch ungewöhnliche Vorkommnisse (z. B. Missernten, Streiks) verursachte Preisniveauerhöhungen sowie Preissteigerungen für bestimmte Güter oder Produktionsfaktoren. Die Inflation wird gemessen am Anstieg eines das allgemeine Preisniveau am besten widerspiegelnden Preisindexes *(siehe dort)* wie z. B. des Verbraucherpreisindexes für Deutschland (*siehe* Kapitel 1). Der prozentuale Anstieg des Preisindexes in einem bestimmten Zeitraum wird als Inflationsrate *(siehe dort)* bezeichnet. Beim Entstehen einer Inflation spielt besonders die Geldmenge in der Volkswirtschaft eine große Rolle. Steht der gesamtwirtschaftlichen Gütermenge eine zu große Geldmenge gegenüber (Aufblähung der Geldmenge), ist eine Bedingung für die Inflation gegeben. Übersteigt die gesamtwirtschaftliche Güternachfrage das gesamtwirtschaftliche Güterangebot, das kurzfristig nicht erhöht werden kann, sind steigende Preise die Folge, die Inflation setzt ein. Die Preissteigerungen lösen steigende Löhne aus, wegen des höheren Einkommens steigt die Nachfrage nach

INFLATION

Veränderung gegenüber dem Vorjahr in %

	Rohstoffpreise[1]	Einfuhrpreise	Erzeugerpreise[2]	Verbraucherpreise	Harmonisierter Verbraucherpreisindex	BIP-Deflator
2001	-8,6	+0,6	+3,0	+2,0	+1,9	+1,3
2002	-5,8	-2,2	-0,6	+1,4	+1,3	+1,5
2003	-3,7	-2,2	+1,7	+1,1	+1,1	+0,8
2004	+22,3	+1,0	+1,6	+1,6	+1,8	+0,4
2005	+37,6	+4,3	+4,6	+2,0	+1,9	+0,6
2006	+17,5	+5,2	+5,5	+1,7	+1,8	-0,5
2007	+13,4	+1,2	+2,0	+2,3	+2,3	+1,9
2008	+23,2	+5,2	+6,0	+2,6	+2,8	+1,6

1) HWWA-Rohstoffpreisindex, 1990 = 100. 2) Gewerbliche Produkte (Inlandsabsatz).

Inflation. Eckdaten der Preisentwicklung in Deutschland

Gütern an. Die höheren Löhne bewirken jedoch auch steigende Kosten der Unternehmen, was wiederum zu Preissteigerungen für Güter führt. Außerdem wird der Preisauftrieb durch die gestiegene Nachfrage zusätzlich verstärkt. Als Folge steigen die Löhne und anschließend wiederum die Preise. Es entsteht eine Lohn-Preis-Spirale *(siehe dort)*. Da in einer solchen Situation in der Bevölkerung die Angst vor weiteren Preissteigerungen und dem Verlust der gesparten Gelder ständig wächst, geben viele ihr Geld möglichst schnell für den Kauf von Gütern aus oder legen Geld zur Werterhaltung in Sachwerten an (Flucht in die Sachwerte), bevor neue Preiserhöhungen zu weiteren Kaufkraftverlusten führen. Eine Inflation kann sich deshalb dauernd selbst verstärken.

Nach der Geschwindigkeit des Prozesses der Geldentwertung (Inflationstempo) unterscheidet man zwischen schleichender Inflation *(siehe dort)*, trabender Inflation *(siehe dort)*, galoppierender Inflation *(siehe dort)* und Hyperinflation *(siehe dort)*. Nach der Erkennbarkeit wird zwischen offener Inflation *(siehe dort)* und versteckter oder zurückgestauter Inflation *(siehe dort)* unterschieden, nach dem Auslöser für die Preissteigerungen angebotsbedingte Inflation *(siehe dort)* und nachfragebedingte Inflation *(siehe dort)*.

Eine Inflation führt zur Entwertung von Ersparnissen mit der Folge, dass die Sparneigung in der Bevölkerung zurückgeht oder gespartes Geld in Sachwerten angelegt wird. Das schränkt die Möglichkeiten der Banken ein, Kredite an Unternehmen zur Finanzierung von Investitionen zu vergeben. Produktionseinschränkungen und Arbeitslosigkeit sind die Folge. Von einer Inflation sind besonders solche Personen betroffen, die ihr Einkommen nicht an die steigenden Preise anpassen können, z. B. Arbeitslose oder Rentner. Die Verhinderung einer Inflation ist ein wichtiges Ziel der Wirtschaftspolitik.

Inflationsrate, Preissteigerungsrate, Teuerungsrate, der prozentuale Anstieg des allgemeinen Preisniveaus innerhalb eines bestimmten Zeitraums (meistens ein Jahr), gemessen an den Veränderungen eines Preisindex *(siehe dort)*. Zur Ermittlung der Inflationsrate werden z. B. die Veränderungen der in einem Warenkorb (*siehe* Kapitel 1) enthaltenen Güterpreise in einem bestimmten Jahr, z. B. 2009, mit einem festgelegten Basisjahr, z. B. 2005, verglichen. Die Inflationsrate als Prozentzahl ist dabei von der absoluten Veränderung des Preisindex zu unterscheiden: Steigt der Preisindex um zehn Indexpunkte von 200 auf 210, so errechnet sich eine Inflationsrate von 5 % (Grafik S. 106).

Inflationstheorie, Bezeichnung für die wirtschaftswissenschaftlichen Beiträge zur Erklärung der Ursachen, Folgen und Möglichkeiten der Bekämpfung der Inflation. Als allgemein anerkannt gilt, dass eine Inflation langfristig immer ein monetäres Problem ist, also auf ein zu starkes Wachstum der Geldmenge zurückzuführen ist.

inflatorische Lücke, Situation in der Volkswirtschaft, in der bei gegebenen Preisen die geldmäßige Gesamtnachfrage größer ist als das gesamte Güterangebot. Eine inflatorische Lücke kann auf Märkten für Güter oder Produktionsfaktoren auftreten.

Innovation, die Erzeugung und Umsetzung von Neuerungen, wie die Schaffung neuer Produkte oder die Verbesserung vorhandener Produkte, die

Entwicklung neuer Produktions- und Herstellungsverfahren oder die Einführung neuer Methoden der Organisation und des Managements sowie die Erschließung neuer Kundenkreise und Absatzmärkte. Die ständige Bereitschaft der Unternehmen, Innovationen zu schaffen, und die Fähigkeit, diese auch umzusetzen, ist im Sinne des Prozesses der schöpferischen Zerstörung (*siehe* Kapitel 1) eine entscheidende Voraussetzung zur Erhaltung der Konkurrenzfähigkeit der Unternehmen im Wettbewerb.

Investitionen: Der Verlauf der Konjunktur ist eng mit der Investitionsbereitschaft der Unternehmen verbunden. Konjunkturelle Phasen des Abschwungs sind von verminderten Investitionen begleitet, und Phasen des Aufschwungs und der Hochkonjunktur gehen in der Regel mit einer hohen Investitionstätigkeit einher. Investitionen führen zu einer Belebung der Konjunktur und bewirken Wirtschaftswachstum.

Bei der Durchführung von Investitionen entsteht zunächst zusätzliches Einkommen, das als zusätzliche Nachfrage am Markt wirksam wird (Einkommenseffekt). Die Einkommenserhöhung ist dabei um ein Vielfaches höher als die eigentliche Investitionssumme. Man spricht auch von Multiplikatoreffekt *(siehe dort).* Werden z. B. 2 Mrd. € investiert und entstehen dadurch 4 Mrd. € neue Einkommen, so beträgt der Investitionsmultiplikator 2.

Die Erhöhung der gesamtwirtschaftlichen Nachfrage wirkt sich auf Beschäftigung und Konjunktur belebend aus. Die Produktionsmöglichkeiten in der Volkswirtschaft werden als Folge der Investitionen im Sinne des Kapazitätseffekts *(siehe dort)* vergrößert und verbessert. Investitionen sind somit eine Voraussetzung für gleichmäßiges Wirtschaftswachstum und die Schaffung von Arbeitsplätzen.

Investitionsinflation, eine Form der nachfragebedingten Inflation *(siehe dort),* bei der eine Steigerung der gesamtwirtschaftlichen Nachfrage nach Investitionsgütern wie Maschinen oder Anlagen über das vorhandene Angebot zu Preissteigerungen im Bereich dieser Güter führt.

Investitionsquote, der Anteil der gesamten in der Volkswirtschaft getätigten Investitionen an einer Sozialproduktgröße (meist Bruttoinlandsprodukt).

Jugendarbeitslosigkeit, Bezeichnung für die Arbeitslosigkeit der Altersgruppe zwischen 15 und 24 Jahren. Eine Unterteilung in ›Heranwachsende‹ (15 bis 19 Jahre) und ›junge Erwachsene‹ (20 bis 24 Jahre) trägt der erkennbar unterschiedlichen Entwicklung der Jugendarbeitslosigkeit in beiden Gruppen Rechnung. Jugendarbeitslosigkeit entsteht vor allem, wenn Jugendliche nach ihrem Schulabschluss keinen Ausbildungsplatz finden oder nach abgeschlossener Ausbildung keine Erwerbstätigkeit aufnehmen können oder befristete Beschäftigungsverhältnisse auslaufen. Neben der schlechten Wirtschaftslage gilt als eine der Ursachen für die Jugendarbeitslosigkeit in Deutschland u. a. das Bildungssystem, das Jugendliche nicht ausreichend auf das Arbeitsleben vorbereite. So ergaben z. B. die von der OECD initiierten PISA-Studien bei deutschen Jugendlichen ein geringeres Problemlösevermögen im Vergleich zu anderen Ländern. Bemängelt wird auch

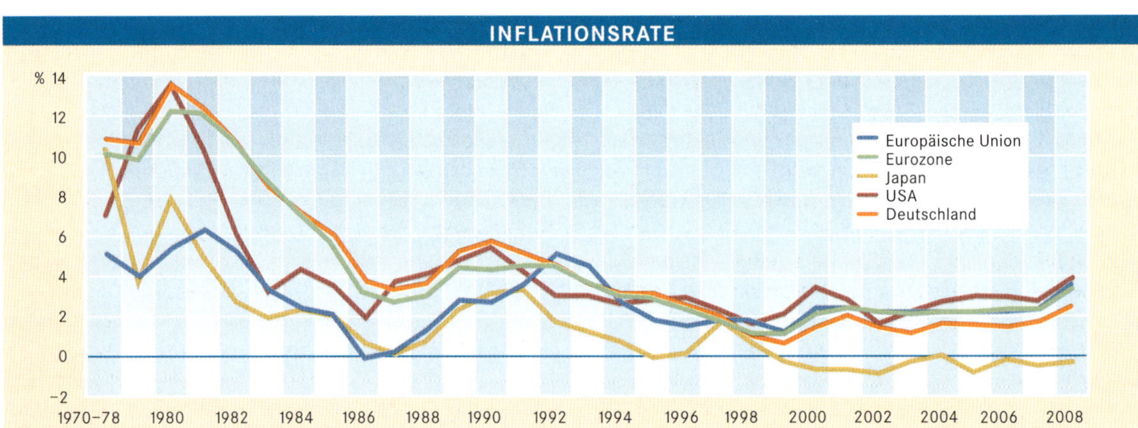

Inflationsrate. Jährliche Veränderung des Verbraucherpreisindexes im internationalen Vergleich in Prozent

das duale Ausbildungssystem, das zahlreiche Kritiker als nicht mehr zeitgemäß ansehen.

Kapazität, das Leistungsvermögen eines Produktionsgutes (Maschine), eines Betriebes oder des gesamten für die Produktion einsetzbaren Sachkapitals in der Volkswirtschaft. Die Kapazität wird an der Produktionsmenge gemessen. Aus gesamtwirtschaftlicher Sicht entspricht der Kapazität das Produktionspotenzial *(siehe dort)* als theoretisch mögliche Produktion. Die Auslastung der gesamtwirtschaftlichen Produktionskapazität ist gleichbedeutend mit dem Bruttoinlandsprodukt (*siehe* Kapitel 1). In dieser Größe schlägt sich die tatsächliche volkswirtschaftliche Produktion nieder.

Kapazitätseffekt, die als Folge von Investitionen eingetretene Vergrößerung der Produktionsmöglichkeiten in der Volkswirtschaft. Positive Nettoinvestitionen erhöhen den Kapitalstock bzw. das gesamtwirtschaftliche Produktionspotenzial.

Kapitalflucht, die Übertragung von Vermögenswerten, vor allem von Geld oder Wertpapieren ins Ausland. Kapitalflucht dient vor allem der Sicherung des Kapitals bei unsicherer wirtschaftlicher Lage (Gefahr der Inflation).

Kassenhaltung, die Bargeldhaltung der einzelnen Wirtschaftssubjekte; sie beeinflusst die gesamtwirtschaftliche Geldnachfrage und damit die Geldmenge, die von der Zentralbank so gesteuert wird, dass der Geldwert möglichst stabil bleibt und die Geldversorgung der Wirtschaft sichergestellt ist. Gesamtwirtschaftlich ist die Geldnachfrage der Wirtschaftssubjekte also von Bedeutung, da nur bei einer stabilen, d.h. kurz- bzw. mittelfristig vorhersehbaren, Geldnachfrage die Zentralbank die Möglichkeit hat, die Geldversorgung der Wirtschaft unter Beachtung ihrer geldpolitischen Ziele zu verwirklichen.
Da für Bargeld keine bzw. nur geringe Zinsen erzielt werden, wird die Bargeldhaltung und damit die Geldnachfrage in der Regel auf die unbedingt notwendigen Geldbeträge reduziert. Als Gründe für die Kassenhaltung der Wirtschaftssubjekte werden Transaktions-, Vorsichts- und Spekulationsmotive unterschieden. Die Wirtschaftssubjekte fragen Bargeld nach, um z. B. ihre täglichen Käufe abzuwickeln (Transaktionskasse). Da nicht alle wirtschaftlichen Transaktionen vorher bekannt sind, wird ein bestimmter Betrag als Vorsichtskasse bereitgehalten, um z. B. günstige Angebote ausnutzen zu können. Die Spekulationskasse dient als Alternative zur Anlage in Wertpapieren. In Abhängigkeit von den zu erwartenden Zinsen halten die Wirtschaftssubjekte ihr Geldvermögen in Form von Bargeld oder Wertpapieren.

Kaufkraft, Geldwert, der Maßstab für den Wert des Geldes. Die Kaufkraft des Geldes gibt an, welche Gütermenge mit einer Geldeinheit oder einem bestimmten Geldbetrag gekauft werden kann. Die Preise der Güter verändern sich jedoch ständig. So wird z. B. Heizöl im Winter teurer, während andere Güter wie Fahrräder oder Computer im gleichen Zeitraum billiger werden. Die Kaufkraft des Geldes kann deshalb nur in Bezug auf bestimmte Güter gemessen werden. Dazu wird ein Warenkorb zusammengestellt, der die typischen Güter enthält, die von einem Haushalt gekauft werden, und der bei der Berechnung des Verbraucherpreisindex (*siehe* Kapitel 1) zugrunde gelegt wird.
Ist der Preisindex der Lebenshaltung gestiegen (gesunken), hat sich die Kaufkraft des Geldes in Bezug auf die Güter des Warenkorbs verringert (erhöht). Die Kaufkraft des Geldes ist also gestiegen (gesunken), wenn für eine Geldeinheit mehr (weniger) Güter als zu einem früheren Zeitpunkt gekauft werden können. Geldwert und Preisniveau *(siehe dort)* verhalten sich also umgekehrt. Wenn die Kaufkraft bei gleich hohem Nominaleinkommen sinkt, wird von Geldentwertung oder Inflation gesprochen. Steigt die Kaufkraft des Geldes bei gleich hohem Einkommen, spricht man von Deflation.
Im allgemeinen Sprachgebrauch bezeichnet man auch das verfügbare Einkommen einer Person oder Personengruppe als Kaufkraft.

Keynesianismus, nach dem britischen Nationalökonomen JOHN MAYNARD KEYNES (* 1883, † 1946) in seinem 1936 veröffentlichten Hauptwerk ›Allgemeine Theorie der Beschäftigung, des Zinses und des Geldes‹ benannte makroökonomische Theorie und wirtschaftspolitisches Konzept.
In seiner berühmten Theorie zeigte KEYNES insbesondere, dass Angebot und Nachfrage auf den Märkten nicht automatisch zu einem gesamtwirtschaftlichen Gleichgewicht führen, bei dem auch Vollbeschäftigung herrscht. Danach gibt es also auch in marktwirtschaftlichen Wirtschaftsordnungen häufiger Arbeitslosigkeit, ohne dass die Marktkräfte allein einen Aufschwung bewirken können und z. B. über Lohnsenkungen die Arbeitslosigkeit

beendet und Vollbeschäftigung erreicht wird. Nach KEYNES liegt der Grund für konjunkturelle Einbrüche begleitet von Arbeitslosigkeit in einer zu geringen Nachfrage nach Gütern, vor allem nach Investitionsgütern. Die Investitionsgüternachfrage wiederum ist abhängig von den zukünftigen Gewinnerwartungen der Unternehmen. Die Unternehmen werden dabei nur so viele Arbeitnehmer beschäftigen, wie sie für die Herstellung ihrer Gütermengen benötigen. Sinkt die gesamtwirtschaftliche Nachfrage nach Gütern, wird weniger produziert und die Unternehmen entlassen einen Teil der Arbeitnehmer. Arbeitslosigkeit wiederum führt zu verringerten Einkommen, was die gesamtwirtschaftliche Nachfrage nach Konsumgütern weiter sinken lässt und noch höhere Arbeitslosigkeit bewirkt.

Um nun wieder Vollbeschäftigung zu erreichen, muss die gesamtwirtschaftliche Güternachfrage steigen. Insbesondere die Investitionsgüternachfrage muss zunehmen, denn steigende Investitionen schaffen Arbeitsplätze und damit Einkommen, was wiederum die Nachfrage nach Konsumgütern ankurbelt und weitere Investitionen zur Folge hat. Die Investitionsneigung der Unternehmen hängt jedoch von der Höhe der Zinsen ab. Ist der Zins hoch, wird die Investitionsneigung der Unternehmen gering sein, was keine positiven Auswirkungen auf die konjunkturelle Lage hat. Ist der Zins für Kredite dagegen niedrig, haben die Unternehmen eine höhere Gewinnerwartung und damit einen größeren Anreiz zu investieren. Aber selbst bei sinkenden Zinsen kann die Investitionsneigung der Unternehmen gering sein, weil sie z. B. hoffen, dass die Zinsen noch weiter fallen.

In dieser Situation ist nach Ansicht von KEYNES der Staat gefragt, der dafür sorgen muss, dass die fehlende private Nachfrage durch staatliche Nachfrage ersetzt und so die Wirtschaft aus der Krise (Unterbeschäftigungsgleichgewicht) herausgeführt wird. Indem der Staat die gesamtwirtschaftliche Nachfrage direkt durch Erhöhung seiner Ausgaben z. B. für öffentliche Aufträge wie den Bau von Straßen, Schienenwegen oder öffentlichen Gebäuden, oder indirekt, z. B. durch Steuervergünstigungen für Investitionen, steuert, trägt er zur Belebung der Wirtschaft bei. Das schafft neue Arbeitsplätze und Einkommen bei den privaten Haushalten, die wiederum mehr Konsumgüter nachfragen, was wieder Investitionen der Unternehmen bewirkt und weitere Arbeitsplätze schafft.

JOHN MAYNARD KEYNES

Der britische Wirtschaftswissenschaftler wurde 1883 geboren. 1915 trat er als Berater in das britische Schatzamt ein und leitete dessen Delegation auf der Friedenskonferenz von Versailles. 1919 trat Keynes von dieser Position zurück, da er die alliierten Reparationsforderungen für volkswirtschaftlich nicht vertretbar hielt. Von 1920 bis 1946 war Keynes Professor am King's College in Cambridge, gleichzeitig Publizist, Finanzfachmann und Wirtschaftspolitiker. 1942 wurde er geadelt und trug den offiziellen Titel Baron Keynes of Tilton. Unter dem Eindruck der Weltwirtschaftskrise gelangte Keynes zu der Auffassung, dass die Grundlagen der bisherigen ökonomischen Theorien (v. a. des wirtschaftlichen Laissez-faire) infrage zu stellen seien. Er wurde zum Begründer einer eigenen Richtung der Volkswirtschaftslehre. Als Berater des Schatzamtes während des Zweiten Weltkriegs erarbeitete Keynes z. B. Pläne für die Kriegsfinanzierung durch Zwangssparen und für eine neue internationale Währungsordnung. Seine Vorschläge wurden jedoch von der amerikanischen Regierung abgelehnt. Der 1946 verstorbene Keynes galt bis Anfang der 1970er-Jahre als der führende Theoretiker einer modernen Volkswirtschaftslehre.

Die staatliche Steuerung der Konjunktur im Sinne einer Fiskalpolitik (*siehe* Kapitel 4) erfolgt dabei je nach konjunktureller Lage, d. h., im Abschwung soll der Staat die gesamtwirtschaftliche Nachfrage beleben, indem er mehr ausgibt, als er einnimmt, und dadurch seine Schulden erhöht; man spricht auch von Defizitfinanzierung (*siehe* Kapitel 4). Im Aufschwung müssen die gesamtwirtschaftliche Nachfrage dagegen gebremst und die entstandenen Schulden durch Steuererhöhungen getilgt werden. Eine solche antizyklische Wirtschaftspolitik (*siehe* Kapitel 4) und Globalsteuerung (*siehe* Kapitel 4) der Wirtschaft im Sinne von KEYNES wurde in den 1960er- und 1970er-Jahren auch in der Bundesrepublik Deutschland betrieben und hat im Stabilitätsgesetz (*siehe* Kapitel 4) ihren Niederschlag gefunden.

Kondratieff-Zyklen, lange Wellen der Konjunktur, die von dem russischen Wirtschaftswissenschaftler NIKOLAI D. KONDRATIEFF (* 1892, † 1938) im Jahre 1926 erstmalig beschriebenen, in langen Wellen verlaufenden Schwankungen der Weltkonjunktur. Diese langfristigen Konjunkturbewegungen werden dabei in Zeitabschnitte von etwa 50 bis 60 Jahren eingeteilt. Am Beginn jedes langfristigen Wirtschaftsaufschwungs steht dabei, wie vom österreichischen Nationalökonomen JOSEPH ALOIS SCHUMPETER (* 1883, † 1950) festgestellt wurde, eine neue, umwälzende Technik, die tief greifende Veränderungen in der Wirtschaft bewirkt. Die erste lange Welle von 1787 bis 1842 wurde danach durch die Erfindung der Dampfmaschine ausgelöst und war besonders durch die industrielle Revolution gekennzeichnet. Die zweite lange Welle von 1843 bis 1894 war vor allem gekennzeichnet durch die Entwicklung der Eisenbahn und Dampfschifffahrt, aber auch den Ausbau des Bergbauwesens und die Erfindung der Telegrafie. Die dritte lange Welle der Weltkonjunktur von 1895 bis etwa Ende der 1930er-Jahre war insbesondere gekennzeichnet durch die Elektrifizierung, den Verbrennungsmotor und das beginnende Zeitalter des Automobils sowie von Erfindungen im Bereich der Chemie. Die sich anschließende vierte lange Welle wurde besonders von der Entwicklung und dem Wachstum der Automobilindustrie, der Luft- und Raumfahrttechnik und der Kunststoffindustrie bestimmt. Der Beginn einer neuen langen Welle der Weltkonjunktur wird nach Ansicht der Anhänger dieser Theorie zurzeit durch die einsetzenden, revolutionären Veränderungen in der Mikroelektronik, der Telekommunikationstechnik und der Biotechnologie ausgelöst.

Konjunktur, allgemeine Bezeichnung für die Geschäftslage oder die wirtschaftliche Lage eines Landes. In der Volkswirtschaftslehre spricht man von Konjunktur, wenn Nachfrage- und Produktionsschwankungen zu Veränderungen des Auslastungsgrades der Produktionskapazitäten führen (in Abgrenzung von der Entwicklung der Kapazitäten im Sinne von wirtschaftlichem Wachstum selbst) und wenn sie eine gewisse Regelmäßigkeit aufweisen (in Abgrenzung von einmaligen Sondereinflüssen). Das mittelfristige Auf und Ab in der gesamtwirtschaftlichen Entwicklung kann gesamtwirtschaftlich betrachtet werden, aber auch bezogen auf einzelne Wirtschaftszweige (Branchenkonjunktur) oder auch bestimmte Zeiträume (saisonale Schwankungen). Die nach Konjunkturphasen *(siehe dort)* eingeteilten Schwankungen ergeben zusammen einen Konjunkturzyklus *(siehe dort).*

konjunkturelle Arbeitslosigkeit, Form der Arbeitslosigkeit, die durch zyklische Schwankungen der gesamtwirtschaftlichen Entwicklung und die dabei auftretenden Nachfrageschwankungen und Produktionsrückgänge vor allem in einer Abschwungphase verursacht wird und zu Massenarbeitslosigkeit führen kann.

Konjunkturforschung, ein Arbeitsgebiet der Wirtschaftsforschung, das sich mit der Untersuchung der Konjunktur und den konjunkturellen Schwankungen befasst. Ziel der Konjunkturforschung ist die Bestimmung der konjunkturellen Situation (Konjunkturdiagnose) sowie, aufbauend darauf, die Voraussage der künftigen wirtschaftlichen Entwicklung (Konjunkturprognose) und die Beratung der für die Wirtschaftpolitik verantwortlichen Einrichtungen. Konjunkturforschung führen in Deutschland insbesondere der Sachverständigenrat

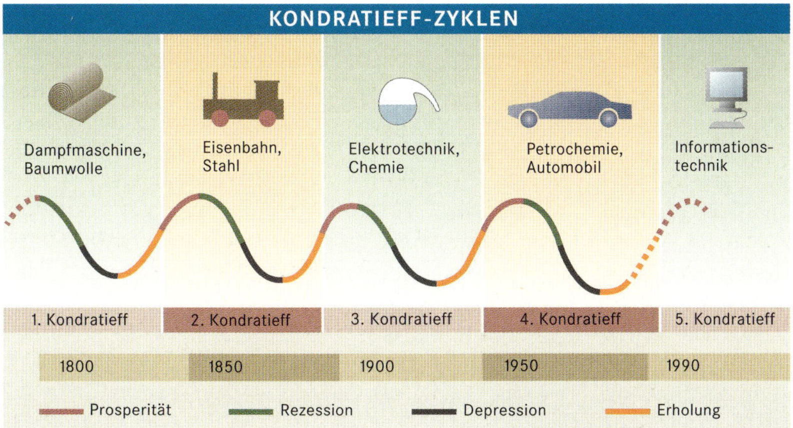

Kondratieff-Zyklen.
Die langen Wellen der Konjunktur

zur Begutachtung der gesamtwirtschaftlichen Entwicklung (*siehe* Kapitel 4) und die Wirtschaftsforschungsinstitute (*siehe* Kapitel 1) durch.

Konjunkturindikatoren, wirtschaftliche Kenngrößen wie die Entwicklung der Preise, der Löhne, der Zinsen oder die Auftragseingänge im verarbeitenden Gewerbe, die Produktion im produzierenden Gewerbe sowie die Entwicklung der Zahl der Arbeitslosen, der Arbeitslosenquote und der offenen Stellen, die zur Untersuchung, Beurteilung und Voraussage der konjunkturellen Entwicklung herangezogen werden.

Konjunkturphasen, die verschiedenen Abschnitte der wellenförmigen Bewegung der wirtschaftlichen Entwicklung **(Konjunkturschwankungen),** die zusammen einen Konjunkturzyklus *(siehe dort)* bilden. Vier Konjunkturphasen lassen sich unterscheiden: Aufschwung (Erholung, Expansion), Hochkonjunktur (Boom, Prosperität), Abschwung (Rezession) und Tief (Krise, Depression).
Entscheidenden Einfluss auf den **Konjunkturverlauf** haben die Nachfrage der privaten Haushalte, die Investitionen der Unternehmen, die Einnahmen und Ausgaben des Staates sowie die Importe und Exporte. Veränderungen der genannten Größen beeinflussen den Konjunkturverlauf einerseits positiv, wirken also belebend auf die Konjunktur und erzeugen damit einen konjunkturellen Aufschwung. Andererseits können Veränderungen dieser Faktoren den Konjunkturverlauf auch negativ beeinflussen, die Konjunktur dämpfen und einen Abschwung auslösen oder verstärken. Eine positive, belebende Wirkung auf den Konjunkturverlauf haben z. B. ein Anstieg der Investitionen, eine höhere Nachfrage der privaten Haushalte, erhöhte öffentliche Ausgaben sowie steigende Exporte und geringere Importe. Einen negativen, dämpfenden Einfluss auf den Konjunkturverlauf haben z. B. eine sinkende Nachfrage der privaten Haushalte, eine rückläufige Investitionstätigkeit, verringerte Staatsausgaben und höhere Einnahmen durch steigende Steuern und sinkende Exporte bei wachsenden Ausgaben für Einfuhren.
Die konjunkturellen Auswirkungen von Veränderungen der Investitionen, der Staatsausgaben sowie der Exporte und Importe werden durch den Multiplikatoreffekt *(siehe dort)* sowohl in ihrer belebenden Wirkung als auch in ihrer dämpfenden Wirkung auf den Konjunkturverlauf noch verstärkt. Bei der Wirkung der privaten Nachfrage auf den Konjunkturverlauf ist noch das Beschleunigungsprinzip *(siehe dort)* zu beachten. Auch psychologische Aspekte wie optimistische oder pessimistische Einstellungen und Zukunftserwartungen beeinflussen den Konjunkturverlauf.

Konjunkturtheorie: Die Konjunkturtheorie untersucht und beschreibt die Ursachen und Auswirkungen der Konjunktur und des Konjunkturzyklus. Zur Erklärung der konjunkturellen Schwankungen und deren Folgen wurden in der Vergangenheit zahlreiche Theorien aufgestellt wie die exogene Konjunkturtheorie, die äußere Faktoren wie die Bevölkerungsentwicklungen oder den technischen Fortschritt für Schwankungen in der Wirtschaft verantwortlich macht. Die endogene Konjunkturtheorie dagegen erklärt Veränderungen der konjunkturellen Entwicklung mit Einflüssen innerhalb des Wirtschaftsprozesses, z. B. durch zu geringe gesamtwirtschaftliche Nachfrage. Die monetäre Konjunkturtheorie sieht als Ursache des wirtschaftlichen Auf und Ab die im Zeitablauf unterschiedliche Versorgung der Wirtschaft mit Geld und Krediten. Die Zinsen spielen dabei eine wichtige Rolle.

Konjunkturzyklus, der gesamte Zeitraum, in dem die wirtschaftliche Entwicklung die einzelnen Konjunkturphasen *(siehe dort)* von einem Aufschwung bis zum nächsten Aufschwung durchläuft. Die gesamtwirtschaftliche Entwicklung vollzieht sich da-

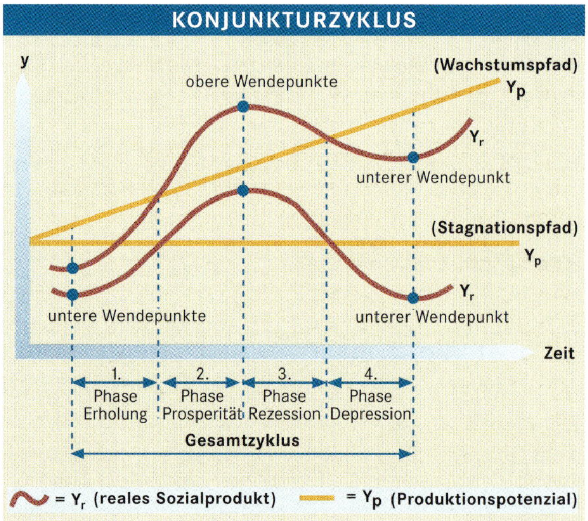

Konjunkturzyklus. Die einzelnen Phasen des Konjunkturzyklus

bei mit gewisser Regelmäßigkeit in Wellenbewegungen oder zyklischen Schwankungen (Konjunkturschwankungen).

Konsuminflation, eine Form der nachfragebedingten Inflation *(siehe dort),* bei der z. B. durch steigende Löhne, erhöhte Kreditaufnahme der privaten Haushalte oder auch durch die Auflösung von Ersparnissen eine Steigerung der Nachfrage nach Konsumgütern am Markt wirksam wird. Die hohe gesamtwirtschaftliche Nachfrage (Nachfragesog) führt zu steigenden Preisen für Konsumgüter.

Kontraktion, die Depression *(siehe dort).*

Kosteninflation, Kostendruckinflation, Form der angebotsbedingten Inflation *(siehe dort),* bei der die Preise in der Volkswirtschaft steigen, weil die Unternehmen gestiegene Produktionskosten auf den Preis ihrer Waren und Dienstleistungen überwälzen. Auslöser für steigende Kosten in den Unternehmen können z. B. höhere Lohnkosten **(Lohndruckinflation)** oder höhere Rohstoffkosten sein.
Höhere Lohnkosten bzw. Arbeitskosten (*siehe* Kapitel 4) lösen meistens dann Preiserhöhungen der Unternehmen aus, wenn die Löhne und Gehälter stärker steigen als die Arbeitsproduktivität, d. h. die Produktionsmenge je Arbeitsstunde. Ist dies der Fall, erhöht sich der Anteil der Lohnkosten für die hergestellten Güter und die Unternehmen geben diese Kostensteigerung über Preiserhöhungen an die Verbraucher weiter. Ein hoher Kostendruck geht vor allem von den Lohnnebenkosten aus.
Höhere Rohstoffkosten ergeben sich für die Unternehmen vor allem als Folge von Preiserhöhungen auf internationalen Märkten für Rohstoffe, z. B. für Mineralöl. Gestiegene Kosten für Rohstoffe werden die Unternehmen in der Regel als Preiserhöhungen für ihre Erzeugnisse weitergeben. Insoweit kann es auch zu einer importierten Inflation kommen.

Kreislaufwirtschaft, die Organisation des volkswirtschaftlichen Produktionsprozesses nach Möglichkeit in der Form geschlossener Kreisläufe. Ziele der Kreislaufwirtschaft sind ein möglichst sparsamer Umgang mit knappen Rohstoffen und ihre wirksame Nutzung. Nach dem Kreislaufwirtschafts- und Abfallgesetz von 1996 soll der Verbrauch der Rohstoffvorräte durch möglichst abfallarme Produktionsverfahren und Erzeugnisse reduziert werden. Die Hersteller haben danach z. B. dafür zu sorgen, dass bei der Produktion möglichst wenige Abfälle entstehen und dass die Erzeugnisse nach dem Gebrauch umweltverträglich entsorgt werden können oder besser noch verwertbar sind.

Krise, zum einen die Konjunkturphase der Depression *(siehe dort),* zum anderen auch Bezeichnung einer lang andauernden Störung der wirtschaftlichen Entwicklung. Solche **Wirtschaftskrisen** können auf einzelne Wirtschaftsbereiche beschränkt bleiben (Krise der Stahl- und Textilindustrie), eine nationale Wirtschaft erfassen in Form von Agrar-, Struktur-, Wachstums- und Währungskrisen, aber auch Weltregionen oder die gesamte Weltwirtschaft wie die Weltwirtschaftskrise (*siehe* Kapitel 6). Die im Spätsommer 2007 ausgebrochene Krise an den Weltfinanzmärkten (Finanzmarktkrise), die ihren Ursprung wiederum in geplatzten Spekulationen in den USA auf steigende Wohnimmobilienpreise hatte, erfasste mit einiger Verzögerung auch die Realwirtschaft. Man spricht auch von einer allgemeinen Wirtschaftskrise, die sich aufgrund der Globalisierung und der weltweit vernetzten Märkte für Güter, Dienstleistungen und Finanzprodukten zu einer neuen Weltwirtschaftskrise auswuchs.

lange Wellen der Konjunktur, die Kondratieff-Zyklen *(siehe dort).*

Langzeitarbeitslosigkeit, Form der Arbeitslosigkeit, bei der ein Arbeitssuchender ein Jahr oder länger ohne Beschäftigung ist. Die Zahl der Langzeitarbeitslosen hat in Deutschland seit 1990 merklich zugenommen. Die Wiederbeschäftigung dieses Personenkreises ist u. a. wegen des Verlustes an beruflicher

LANGZEITARBEITSLOSIGKEIT

	Langzeitarbeitslose			
Jahr	Deutschland	West	Ost	Anteil an Arbeitslosen in %
1997	1 407 181	1 027 285	379 896	32,1
1998	1 599 270	1 085 927	513 343	37,4
1999	1 530 453	1 031 108	499 345	37,3
2000	1 454 189	936 570	517 620	37,4
2001	1 354 166	817 298	536 868	35,1
2002	1 369 388	793 565	575 823	33,7
2003	1 521 410	872 479	648 931	34,8
2004	1 680 945	983 715	697 230	38,4
2005	1 588 089	990 280	597 809	32,7
2006	1 676 032	1 124 022	522 010	37,4
2007	1 386 748	901 884	484 864	36,7
2008	1 088 252	697 909	390 344	33,3

Quelle: Bundesagentur für Arbeit.

Langzeitarbeitslosigkeit. Entwicklung in Deutschland

Qualifikation mit zunehmender Dauer der Arbeitslosigkeit besonders schwierig. Deshalb werden verschiedene Maßnahmen der aktiven Arbeitsmarktpolitik (*siehe* Kapitel 4) eingesetzt, um diese hartnäckige Form der Arbeitslosigkeit zu verringern.

Lohn-Preis-Spirale, Preis-Lohn-Spirale, bildlicher Ausdruck für die wechselseitigen Zusammenhänge zwischen dem Anstieg der Löhne als Folge von Preiserhöhungen und der Preise als Folge von Lohnsteigerungen, besonders in dem Sinn, dass die Unternehmen gestiegene Löhne zur Rechtfertigung von Preiserhöhungen heranziehen, die Gewerkschaften wiederum ihre Lohnforderungen mit erhöhten Preisen begründen. Die fortgesetzten Lohn- und Preissteigerungen lösen eine Kettenreaktion weiterer Lohn- und Preissteigerungen aus.
Gestiegene Löhne führen zu wachsender Nachfrage der privaten Haushalte und zu steigenden Produktionskosten, die von den Unternehmen, insbesondere wenn die Lohnerhöhungen über den Produktivitätssteigerungen liegen, durch Preissteigerungen wieder weitergegeben werden. Gestiegene Preise wiederum führen zu erneuten höheren Lohnforderungen der Gewerkschaften, zu weiteren Preissteigerungen usw. Die Lohn-Preis-Spirale ist dabei weniger eine Ursache der Inflation als mehr eine dauernde Anpassungsreaktion von Haushalten und Unternehmen auf eine inflationäre Entwicklung, die dadurch jedoch weiter verstärkt wird.

Massenentlassung, insbesondere in Phasen des konjunkturellen Abschwungs oder bei strukturellen Krisen innerhalb bestimmter Branchen (z. B. im Bergbau oder in der Eisen- und Stahlindustrie) vorkommende Form des Arbeitsplatzabbaus. Massenentlassungen liegen dann vor, wenn innerhalb von 30 Kalendertagen einer größeren Anzahl von Arbeitnehmern gekündigt wird (z. B. in Betrieben mit 20 bis unter 60 Beschäftigten schon bei 5 Kündigungen, in Betrieben mit 60 bis unter 500 Beschäftigten bei 25 Kündigungen). Massenentlassungen müssen gegenüber der Agentur für Arbeit angezeigt werden.

Monetarismus, auf den amerikanischen Volkswirtschaftler Milton Friedman (* 1912, † 2006) zurückgehende volkswirtschaftliche Lehrauffassung, nach der die Geldmenge der wichtigste Faktor zur Steuerung des Wirtschaftsablaufs ist. Theoretische Grundlage des Monetarismus ist die Quantitätstheorie *(siehe dort)*. Danach soll die Geldmenge durch die Zentralbanken so gesteuert werden, dass sie möglichst ohne Schwankungen mit dem Wachstum der volkswirtschaftlichen Produktion (reales Sozialprodukt) ausgeweitet wird. Ausschläge der Konjunktur sollen damit verhindert und eine stetige Wirtschaftsentwicklung gesichert werden.
Staatliche Eingriffe in die Wirtschaft, z. B. antizyklische Maßnahmen der Wirtschaftspolitik zur Steuerung der Konjunktur, wie vom Keynesianismus gefordert, lehnen die Monetaristen grundsätzlich ab. Maßnahmen der antizyklischen Konjunkturpolitik wie Investitionszulagen im Abschwung oder Steuererhöhungen im Aufschwung verstärken die konjunkturellen Schwankungen weiter und wirken demnach nicht stabilisierend auf die Konjunktur. Je weniger der Staat also zur Steuerung der Konjunktur in die Wirtschaft eingreift, desto bes-

MILTON FRIEDMAN

Der amerikanische Wirtschaftswissenschaftler, der als einer der einflussreichsten Ökonomen des 20. Jahrhunderts gilt, wurde 1912 geboren und verstarb 2006. Von 1948 bis 1977 war er Professor in Chicago, danach arbeitete er bis zu seinem Tod für die Hoover Institution der Universität Stanford. Als Friedmans wichtigstes Werk gilt »A Monetary History of the United States, 1867-1960«, das im Jahre 1963 erschienen ist. Friedman wird als führender Vertreter des Monetarismus angesehen und entwickelte die Quantitätstheorie weiter. Er vertrat v. a. die These, dass der Prozentsatz der Geldmengenänderung sich an der langfristigen Wachstumsrate des realen Sozialproduktes orientieren müsse, um ein Höchstmaß an Geldwertstabilität und Wirtschaftswachstum zu erreichen. Auch die Sozialversicherungen sowie das staatliche Gesundheits- und Bildungswesen sollen nach Friedman der marktwirtschaftlichen Selbststeuerung überlassen werden, um soziale Gerechtigkeit und individuelle Freiheit erreichen zu können. Besonders der amerikanische Präsident Ronald Reagan (* 1911, † 2004; ›Reaganomics‹) und die britische Premierministerin Margaret Thatcher (* 1925; ›Thatcherism‹) haben Elemente der wirtschaftspolitischen Auffassung Friedmans übernommen. Friedman erhielt 1976 den Nobelpreis für Wirtschaftswissenschaften für seine Beiträge zur Konsumanalyse, Geldgeschichte und Geldtheorie.

ser. Die Grundlage für eine stetige Aufwärtsentwicklung der Wirtschaft sehen die Monetaristen somit in der Selbstregelungskraft des Marktes über Angebot und Nachfrage und in der an der volkswirtschaftlichen Produktion orientierten Steuerung der Geldmenge durch die Zentralbank.

Multiplikatoreffekt, in der Wirtschaftstheorie diejenige Größe, mit der die Auswirkungen von zusätzlichen Ausgaben des Staates, der privaten Haushalte oder des Auslands sowie vermehrter Investitionsausgaben der Unternehmen auf das Volkseinkommen gemessen wird. Grundsätzlich lässt sich dabei eine Vervielfältigungswirkung (multiplikative Wirkung) feststellen.
So entstehen infolge steigender Investitionen der Unternehmen auch neue Arbeitsplätze und damit neues Einkommen bei den privaten Haushalten, die dann einen Teil ihres zusätzlichen Einkommens wieder ausgeben, was wiederum weiteres Einkommen entstehen lässt. Die Einkommenserhöhung ist dabei um ein Vielfaches höher als der ursprünglich für die Investition eingesetzte Geldbetrag. Führt eine Investition von 1 Mrd. € zu neu entstehendem Einkommen von 3 Mrd. €, beträgt der Investitionsmultiplikator 3. Die Vervielfältigungswirkung ist umso größer, je mehr Einkommen für Konsumzwecke ausgegeben wird und je weniger vom Einkommen gespart wird. Die gleiche Vervielfältigungswirkung gilt für zunehmende Konsumausgaben der privaten Haushalte, für steigende Exporte (Exportmultiplikator) und höhere Ausgaben des Staates (Staatsausgabenmultiplikator).
Bedeutung hat dieses **Multiplikatorprinzip** vor allem für die Beschreibung der konjunkturellen Entwicklung, für das Wachstum der Wirtschaft und bei der Entscheidung über den Einsatz der wirtschaftspolitischen Mittel des Staates.

nachfragebedingte Inflation, Nachfragesoginflation, Inflationsart, bei der die Preissteigerungen durch eine überhöhte Nachfrage nach Gütern und Leistungen ausgelöst werden. Übersteigt die volkswirtschaftliche Nachfrage nach Gütern das Angebot und herrscht gleichzeitig Vollbeschäftigung, d. h., die Unternehmen können die überhöhte Nachfrage nicht durch Produktionsausweitungen kurzfristig befriedigen, werden sich die Preise ihrer Güter erhöhen. Die Folge sind inflationäre Prozesse. Die Steigerung der Nachfrage kann von den privaten Haushalten (Konsuminflation), vom Staat, von den Unternehmen (Investitionsinflation) oder vom Ausland (importierte Inflation) ausgehen.

nachhaltige Entwicklung, Prinzip der Entwicklungs- und Umweltpolitik, zunehmend aber auch der Wirtschaftspolitik, nach dem die Lebenssituation und die Lebensqualität der derzeitigen Generation verbessert werden soll, ohne die Lebenschancen kommender Generationen zu verschlechtern oder zu gefährden. Im Mittelpunkt steht dabei der Erhalt der natürlichen Umwelt, z. B. durch die Vermeidung von Umweltschäden bei Produktion und Konsum mittels Prüfung der Umweltverträglichkeit von Produkten und Herstellungsverfahren.
Unter dem Gesichtspunkt der **Nachhaltigkeit** ist die schonende Nutzung von nicht erneuerbaren Rohstoffen wie Erdöl genauso eine Forderung wie die Entwicklung von Alternativen für knappe Ressourcen oder die Verwendung nachwachsender Rohstoffe und der Einsatz erneuerbarer Energien sowie die Wiederverwendung von Rohstoffen. Der Gedanke einer nachhaltigen Entwicklung wird dabei nicht als lokal begrenzter oder auf Deutschland bezogener Prozess gesehen. Nachhaltigkeit ist vielmehr ein globaler Vorgang, der Übereinkünfte zwischen den entwickelten Industrienationen und den weniger entwickelten Ländern erfordert.

natürliche Arbeitslosigkeit, Form der Arbeitslosigkeit, die auch unter bestmöglichen Bedingungen normalerweise vorhanden ist, da z. B. immer eine gewisse Anzahl von Arbeitnehmern gerade auf der Suche nach einem neuen Arbeitsplatz ist (friktionelle Arbeitslosigkeit) und auch eine Bodensatzarbeitslosigkeit *(siehe dort)* besteht.

nominales Wachstum, das Wachstum des nominalen Bruttoinlandsprodukts oder Bruttonationaleinkommens. Bei der Berechnung des nominalen Wachstums werden im Unterschied zum realen Wachstum eventuelle Preissteigerungen, die eine Vergrößerung der gesamtwirtschaftlichen Produktion nur vortäuschen, nicht berücksichtigt.

Nominallohn, das tatsächlich in € gezahlte Entgelt für geleistete Arbeit (Gegensatz: Reallohn). Der Nominallohn lässt keine Aussagen über die Kaufkraft zu, da die Preisentwicklung nicht berücksichtigt wird. Werden in einem Tarifvertrag z. B. Lohnsteigerungen von 3 % vereinbart, und die Inflationsrate beträgt gleichzeitig 2 %, so steigen die Löhne nominal um 3 %, tatsächlich (real) aber nur um 1 %.

PHILLIPS-KURVE

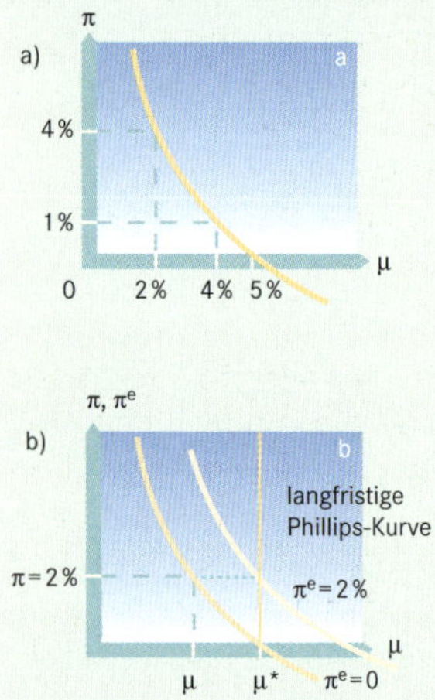

a) Die traditionelle Phillips-Kurve geht davon aus, dass man sich entlang der Kurve bewegen kann, also z. B. die Wahl hat, bei einer Inflationsrate von 1 % eine Arbeitslosenquote von 4 % oder bei einer Inflationsrate von 4 % eine Arbeitslosenquote von 2 % zu akzeptieren.

b) Im Fall der langfristig senkrechten Phillips-Kurve besteht kein Trade-off. Milton Friedmann argumentierte, dass die Lage der Phillips-Kurve von den Inflationserwartungen abhängt, wobei die Inflationserwartungen ein Lageparameter sind. Steigen die Inflationserwartungen, dann wandert die Phillips-Kurve nach rechts.

Ausgangspunkt in der Darstellung ist eine Inflationserwartung von $\pi^e = 0$. Zur Senkung der Arbeitslosenquote betreibt die Zentralbank eine expansive Geldpolitik, die die Inflationsrate auf 2 % erhöht. Da die Wirtschaftssubjekte eine Inflationsrate von 0 % erwarteten, sinkt zunächst die Arbeitslosigkeit unter ihre „natürliche" Quote. Dann lernen die Marktteilnehmer, dass tatsächlich eine Inflationsrate von 2 % realisiert wurde, und passen dementsprechend ihre Erwartungen an. Für die nächste Periode erwarteten sie einen Preisanstieg von 2 %. In der Grafik zeigt sich dies durch eine Verschiebung der Phillips-Kurve nach rechts bei $\pi^e = 2$ %. Die Arbeitslosenquote ist wieder auf ihrem natürlichen Niveau und die Inflationsrate ist auf 2 % gestiegen. Daher gilt: Geldpolitik kann langfristig keine Beschäftigung schaffen.

π = Inflationsrate
π^e = erwartete Inflationsrate
μ = Arbeitslosenquote
μ* = natürliche Arbeitslosenquote

Phillips-Kurve.
Der theoretische Zusammenhang von Inflationsrate und Arbeitslosenquote

Nullwachstum, Bezeichung für einen Zustand der Volkswirtschaft, in dem wesentliche wirtschaftliche Größen (z. B. Bruttoinlandsprodukt, Produktionspotenzial, Kapital, Bevölkerung) Steigerungsraten von 0 % aufweisen. Im Zusammenhang mit der Diskussion um die Grenzen des Wachstums *(siehe dort)* wurde auch die Forderung nach Nullwachstum erhoben, konkret in Form eines realen Wachstums des Bruttoinlandsprodukts (BIP) bzw. des realen BIP-Wachstums je Einwohner von 0 %.

offene Inflation, Form der Inflation, bei der im Unterschied zur versteckten Inflation bzw. zur zurückgestauten Inflation *(siehe dort)* die Steigerung des allgemeinen Preisniveaus für jeden erkennbar ist.

Phillips-Kurve, nach dem britischen Volkswirtschaftler ALBAN WILLIAM PHILLIPS (* 1914, † 1975) benannter und für die Jahre 1861–1957 für Großbritannien beobachteter Zusammenhang zwischen der Zuwachsrate der Nominallöhne und der Arbeitslosenquote. Die amerikanischen Wirtschaftsnobelpreisträger PAUL ANTHONY SAMUELSON (* 1915) und ROBERT MERTON SOLOW (* 1924) bezogen als Erste diese ursprüngliche Phillips-Kurve auf die Inflationsrate und gaben ihr dadurch wirtschaftspolitische Bedeutung: Die modifizierte Kurve zeigt, dass höhere Inflationsraten von geringen Arbeitslosenquoten begleitet sind und umgekehrt. Dadurch wird der Eindruck erweckt, dass es eine Wahlmöglichkeit zwischen Arbeitslosigkeit und Inflation gibt und dass die Beschäftigungspolitik im Sinne des Keynesianismus durch expansive Geld- und Fiskalpolitik die Beschäftigung erhöhen kann, wenn sie bereit ist, dafür eine höhere Inflationsrate in Kauf zu nehmen. Die tatsächlichen Werte der Inflationsraten und Arbeitslosenquoten in der Bundesrepublik Deutschland seit 1960 zeigen jedoch, dass eine einfache Beziehung zwischen Arbeitslosigkeit und Inflation nicht besteht.

In der Wirtschaftstheorie wurde diese Wahlmöglichkeit zwischen Arbeitslosigkeit und Inflation von den Monetaristen mit dem Argument bestritten, durch die Phillips-Kurve werde nur eine kurzfristige Beziehung beschrieben. Langfristig ergebe sich eine ausschließlich durch strukturelle Faktoren bestimmte Arbeitslosenquote, die MILTON FRIEDMAN (* 1912, † 2006) als natürliche Arbeitslosenquote bezeichnete. Jeder Versuch, durch wirtschaftspolitische, insbesondere geldpolitische Maßnahmen die Arbeitslosenquote auf Dauer unter dieses natürliche Niveau zu drücken, führt nach monetaristischer Auffassung nur zu immer weiter sich beschleunigender Inflation. Langfristig sei die

Phillips-Kurve daher keine Kurve, sondern eine Senkrechte über der natürlichen Arbeitslosenquote.

Preisindex, Maßstab für den Anstieg des Preisniveaus in der Volkswirtschaft und besondere Form eines Index (*siehe* Kapitel 1). Die prozentuale Steigerung des Preisindex in einem festgelegten Zeitraum wird Inflationsrate *(siehe dort)* genannt. Wichtige Preisindizes sind z. B. der Verbraucherpreisindex für Deutschland (*siehe* Kapitel 1), der Deflator *(siehe dort)* des Bruttoinlandsprodukts, der Preisindex für die Verbraucherpreise, der die Güter einbezieht, die über den Einzelhandel an den Konsumenten verkauft werden, oder die Indizes der Erzeugerpreise, die z. B. Agrarprodukte, Rohmaterialien oder Halbfabrikate umfassen und so Preisveränderungen in der Produktionsstufe messen. Zur Vergleichbarkeit der Inflationsraten in der EU wurde vom Statistischen Amt der EU der harmonisierte Verbraucherpreisindex *(siehe dort)* eingeführt.

Preis-Lohn-Spirale, die Lohn-Preis-Spirale *(siehe dort).*

Preisniveau, Bezeichnung für den Durchschnitt aller Preise in einer Volkswirtschaft. In der Praxis wird eine solche statistische Berechnung nicht vorgenommen, sondern die Preisentwicklung anhand eines Preisindex *(siehe dort)* festgestellt. Steigt (sinkt) das Preisniveau in der Volkswirtschaft, sinkt (steigt) die Kaufkraft *(siehe dort).* Das Preisniveau und die Kaufkraft des Geldes stehen somit in einem umgekehrten Verhältnis. Das allgemeine Preisniveau möglichst stabil zu halten ist ein wichtiges wirtschaftspolitisches Ziel.
Die von der amtlichen Statistik gemessene prozentuale Veränderung des allgemeinen Preisniveaus in Gestalt einer Inflationsrate *(siehe dort)* kann von der subjektiven Inflationswahrnehmung der Verbraucher abweichen. Diese **gefühlte Inflation,** gemessen durch den **Index der wahrgenommenen Inflation (IWI),** lag nach Umfragen v. a. nach Einführung des Euro über der offiziellen Inflationsrate. Ein Grund dafür ist, dass die Verbraucher Preissteigerungen bei häufig gekauften Gütern des täglichen Bedarfs (z. B. Lebensmitteln) stärker wahrnehmen als bei selten gekauften Gütern (z. B. Möbel, Autos). Daneben vergleichen die Konsumenten die aktuellen Preise häufig nicht mit den Preisen vom Vorjahr, sondern auch mit Güterpreisen aus weiter zurückliegenden Jahren. Weiterhin werden Preissenkungen bei bestimmten Gütern (z. B. Strom, Erdgas) von Verbrauchern geringer wahrgenommen als vorangegangene Preissteigerungen. Bei der Berechnung des IWI, den das Statistische Bundesamt 2005 in Kooperation mit der Universität Freiburg (Schweiz) entwickelt hat, werden deshalb die subjektive Wahrnehmung und die Kaufhäufigkeit berücksichtigt.

Preisstabilität, Preisniveaustabilität, Geldwertstabilität, eines der wirtschaftspolitischen Ziele (*siehe* Kapitel 4), nach dem das Preisniveau in der Volkswirtschaft über einen längeren Zeitraum möglichst gleich bleiben soll. Die Inflationsrate *(siehe dort)* als Größe für die prozentuale Veränderung des allgemeinen Preisniveaus soll möglichst niedrig sein.

Preissteigerungsrate, die Inflationsrate *(siehe dort).*

Produktionspotenzial, die Produktionsleistung, die in einer Volkswirtschaft in einer Periode erbracht werden kann. Das gesamtwirtschaftliche Produktionspotenzial hängt ab von: 1) Menge und Qualität der verfügbaren Produktionsfaktoren, 2) den bei der Erzeugung der Produkte nutzbaren technischen Kombinationsmöglichkeiten der Produktionsfaktoren und 3) der Wirtschaftsstruktur.
Unter dem Produktionspotenzial wird nicht das Produktionsergebnis verstanden, das kurzfristig bei maximaler Auslastung der Produktionsfaktoren und damit auch der Kapazität möglich wäre. Vielmehr kommt nur das Produktionsvolumen in Betracht, das unter normalen Arbeitsbedingungen möglich erscheint. Die Veränderung des Produktionspotenzials hängt in erster Linie von der Veränderung des Bestandes an Kapital und Arbeitskräften, von Arbeits- und Maschinenlaufzeiten sowie vom technischen Fortschritt und dem Strukturwandel ab.
Ein Vergleich des Produktionspotenzials mit der tatsächlich erzeugten Gütermenge (Bruttoinlandsprodukt als gesamtwirtschaftliches Angebot) lässt erkennen, inwieweit die Produktionskapazitäten vollständig oder nur zum Teil ausgelastet sind, und gibt damit Aufschluss über die konjunkturelle Situation eines Landes.

Prosperität, zum einen eine Konjunkturphase, der Boom *(siehe dort)*, zum anderen die Bezeichnung für die Zunahme des Wohlstandes.

qualitatives Wachstum, Form des Wirtschaftswachstums *(siehe dort)*.

quantitatives Wachstum, Form des Wirtschaftswachstums *(siehe dort)*.

Quantitätstheorie, Lehrmeinung, nach der zwischen der Geldmenge und dem Preisniveau ein direkter Zusammenhang besteht. Angenommen wird dabei, dass sich jede Änderung der umlaufenden Geldmenge auf die Preise der Güter niederschlägt, dass z. B. eine Ausdehnung der Geldmenge die Ursache für eine nachfolgende Steigerung des Preisniveaus ist. Die Quantitätstheorie bildet die Grundlage für die geldpolitische Auffassung des Monetarismus.
Grundüberlegung ist, dass bei jedem Verkauf oder Kauf von Gütern gegen Geld der gezahlte Geldbetrag genau der Gütermenge multipliziert mit dem Einzelpreis entsprechen muss. Dieser Zusammenhang auf die gesamte Volkswirtschaft übertragen führt zu der Feststellung, dass der Geldstrom genau dem wertmäßigen Güterstrom entspricht. Die Beziehung zwischen Geld- und Güterseite wurde vom amerikanischen Wirtschaftswissenschaftler Irving Fisher (* 1867, † 1947) in Form einer Gleichung formuliert. Dabei wird die umlaufende Geldmenge mit G bezeichnet, die Umlaufgeschwindigkeit des Geldes mit U, das Preisniveau mit P und das Handelsvolumen (d. h. alle umgesetzten Güter und Dienstleistungen in einer Periode) mit H. Diese **Quantitätsgleichung** oder Verkehrsgleichung lautet: $G \times U = H \times P$ oder Geldseite = Güterseite.
Mit der Quantitätsgleichung können wesentliche Zusammenhänge und Veränderungen der Geld- und der Güterseite in einer Volkswirtschaft dargestellt und erklärt werden. Sie zeigt z. B., dass jede Veränderung der Geldseite eine entsprechende Veränderung auf der Güterseite bewirkt und umgekehrt. Eine Erhöhung der Geldmenge auf der einen Seite wird danach immer dann zu Preiserhöhungen und damit zu inflationären Entwicklungen auf der anderen Seite führen, wenn Vollbeschäftigung in der Wirtschaft herrscht, die Gütermenge also nicht gleichzeitig erhöht werden kann. Der Geldwert bzw. die Kaufkraft des Geldes hängt demnach von der Geldmenge, der Umlaufgeschwindigkeit des Geldes und dem Handelsvolumen ab. Das bedeutet, dass die Geldmenge und die Gütermenge gesamtwirtschaftlich immer im richtigen Verhältnis stehen müssen, damit der Geldwert stabil bleibt. Für den Fall, dass die Geldmenge schneller ansteigt als die Gütermenge, ist die Folge eine Inflation *(siehe dort)*. Steigt die Gütermenge schneller als die Geldmenge, ist die Folge eine Deflation *(siehe dort)*.

reales Wachstum, das Wachstum des realen Bruttoinlandsprodukts oder Bruttonationaleinkommens. Bei der Berechnung des realen Wachstums werden, um eventuelle Preissteigerungen bei der Berechnung auszuschließen, die Preise eines Basisjahres herangezogen. Ist das Bruttoinlandsprodukt z. B. von 1 000 Mrd. € auf 1 100 Mrd. € gestiegen und die Inflationsrate lag im gleichen Zeitraum bei 4 %, beträgt das nominale Wachstum 10 %, das reale Wachstum nur 6 %.

Reallohn, das Entgelt für geleistete Arbeit unter Berücksichtigung der Inflationsrate (Gegensatz: Nominallohn) und damit ein Maßstab für die Kaufkraft der Löhne und Gehälter. Lohnerhöhungen führen für die Arbeitnehmer nur zu einer Steigerung der Kaufkraft, wenn der Preisanstieg geringer ist als der gleichzeitige Anstieg der Güterpreise. Beträgt z. B. eine Lohnerhöhung 5 % und die Preise steigen im gleichen Zeitraum um 3 %, bedeutet das eine Reallohnsteigerung von 2 %.

Restarbeitslosigkeit, die Bodensatzarbeitslosigkeit *(siehe dort)*.

Rezession, der Abschwung *(siehe dort)*.

saisonale Arbeitslosigkeit, Form der Arbeitslosigkeit, die durch jahreszeitliche Änderungen der Nachfrage bewirkt werden. So ist z. B. die Nachfrage nach Bauleistungen in Wintermonaten wegen der ungünstigeren Wetterlage geringer als in den Sommermonaten und die Bauwirtschaft hat durch diese **saisonalen Schwankungen** witterungsbedingte Beschäftigungsrückgänge zu verzeichnen.

saysches Theorem, nach dem französischen Nationalökonomen Jean Baptiste Say (* 1767, † 1832) bezeichneter ökonomischer Lehrsatz, bei dem angenommen wird, dass sich jedes volkswirtschaftliche Angebot seine eigene Nachfrage selbst schafft, da mit der Herstellung von Gütern gleichzeitig das Geld verdient wird, um diese Güter zu kaufen. Gesamtwirtschaftliches Angebot und Nachfrage haben

danach die Tendenz zu einem Gleichgewichtszustand, bei dem Vollbeschäftigung herrscht.
Unterstellt wird also, dass durch die Produktion von Gütern in der Volkswirtschaft Einkünfte erwirtschaftet werden, die in ihrer Höhe dem Preis der produzierten Güter entsprechen. Das führt dazu, dass automatisch die gesamte Menge der erstellten Güter und Leistungen abgesetzt wird, da das Einkommen entsprechend den Annahmen von SAY entweder zum Güterkauf oder zur Ersparnis verwendet werden kann. Was die Verwendung des Einkommens zum Kauf von Gütern betrifft, steigt die Nachfrage in der Volkswirtschaft. Aber auch das gesparte Geld fließt dem Wirtschaftskreislauf den Annahmen zufolge komplett wieder zu, da die Sparer ihr Geld anlegen, um dafür Zinsen zu bekommen. Die Bildung von Ersparnissen bewirkt eine Steigerung des Geldangebots in der Volkswirtschaft, die zu sinkenden Zinsen führen muss. Bei niedrigeren Zinsen fragen die Unternehmen verstärkt Gelder in Form von Krediten zur Finanzierung von Investitionen für Fabrikhallen, Maschinen und Anlagen nach. Die gesamte Nachfrage nach Konsum- und Investitionsgütern in der Volkswirtschaft nähert sich somit nach und nach automatisch dem gesamten Angebot dieser Güter an und es entsteht ein volkswirtschaftliches Gleichgewicht bei Vollbeschäftigung.
Die Annahmen und Folgerungen des sayschen Theorems wurden insbesondere von JOHN MAYNARD KEYNES (* 1883, † 1946) abgelehnt, der vor allem den Zusammenhang von Ersparnissen und Investitionen und seine Auswirkungen auf die Beschäftigung kritisierte. KEYNES ging davon aus, dass nicht die gesamten Ersparnisse über den Finanzmarkt dem Wirtschaftskreislauf zufließen und deshalb der Kreislauf zwischen Sparen und Investition unterbrochen wird, was dazu führt, dass die gesamte Nachfrage geringer ist als das Angebot.

schleichende Inflation, Bezeichnung für eine Inflation *(siehe dort),* bei der die Preise langsam, nahezu unmerklich steigen. Meist wird von schleichender Inflation bei relativ geringen jährlichen Preissteigerungsraten von unter 5% gesprochen.

Sockelarbeitslosigkeit, die Bodensatzarbeitslosigkeit *(siehe dort).*

Sparen, der momentane Verzicht auf Konsum, der in die Zukunft verschoben wird. Der Haushalt spart aus verschiedenen Gründen, z. B. um Vermögen und Eigentum zu bilden oder zur Absicherung. Sparen spielt gesamtwirtschaftlich eine bedeutende Rolle, da die Sparneigung der privaten Haushalte, also die Menge des gesparten Geldes in % vom Nettoeinkommen (Sparquote) in seiner Gesamtheit Auswirkungen auf die Wirtschaft hat.
Einerseits wirkt Sparen auf die Konjunktur dämpfend, da die Nachfrage nach Gütern verringert wird. Andererseits ist Sparen die Voraussetzung für Investitionen. Der Volkswirtschaft wird durch Sparen das notwendige Kapital für Investitionen bereitgestellt. Investitionen wiederum haben eine positive Wirkung auf die Einkommensentwicklung und die Bedingungen der Produktion. Durch die Träger der Konjunkturpolitik wird deshalb versucht, das Sparverhalten zu beeinflussen. Bei einem steigenden Preisniveau werden z. B. die Zinsen erhöht, was die Sparneigung verstärkt und den Konsum verteuert. Die Nachfrage geht deshalb zurück und die Preissteigerungen werden gedämpft. In einem Abschwung und bei niedrigem Preisniveau wird durch Zinssenkungen versucht, die Bildung von Ersparnissen unattraktiver zu machen, um damit die Nachfrage nach Gütern anzukurbeln.

Stagflation, Kurzwort aus **Stag**nation und **Inflation,** eine konjunkturelle Situation, die dadurch gekennzeichnet ist, dass die Wirtschaft nicht wächst und gleichzeitig Inflation und Unterbeschäftigung herrschen. Als Hauptursache wird die Unvereinbarkeit von Verteilungsansprüchen und Inlandsprodukt angesehen. Steigen z. B. die Rohölpreise auf dem Weltmarkt, schränkt dies die inländischen Verteilungsspielräume ein. Beharren die gesellschaftlichen Gruppen (Arbeitgeber, Gewerkschaften) trotzdem auf ihren Ansprüchen und sind sie in der Lage, entsprechende Lohn- bzw. Preisforderungen durchzusetzen, kann es zu einem Anstieg des inländischen Preisniveaus sowie zu einem Rückgang von Produktion und Beschäftigung kommen.

Stagnation, eine konjunkturelle Situation, die durch kein oder nur ein geringes Wirtschaftswachstum gekennzeichnet ist. Stagnation ist häufig in der Abschwungphase des Konjunkturzyklus anzutreffen, verbunden mit steigender Arbeitslosigkeit bei zunehmender Arbeitsproduktivität.

stille Reserve, Arbeitsmarktreserve, Bezeichnung für Arbeitnehmer, die nicht in der amtlichen Statistik als Beschäftigte oder Arbeitslose auftauchen, erfahrungsgemäß aber dem Arbeitmarkt unter bestimmten Bedingungen zur Verfügung stehen und somit zum Erwerbspersonenpotenzial *(siehe dort)* gehören. Dazu zählen z. B. Personen, die sich nicht als arbeitslos melden, weil sie entweder keinen Anspruch auf Arbeitslosengeld haben oder nicht damit rechnen, dass sie von der Agentur für Arbeit vermittelt werden.

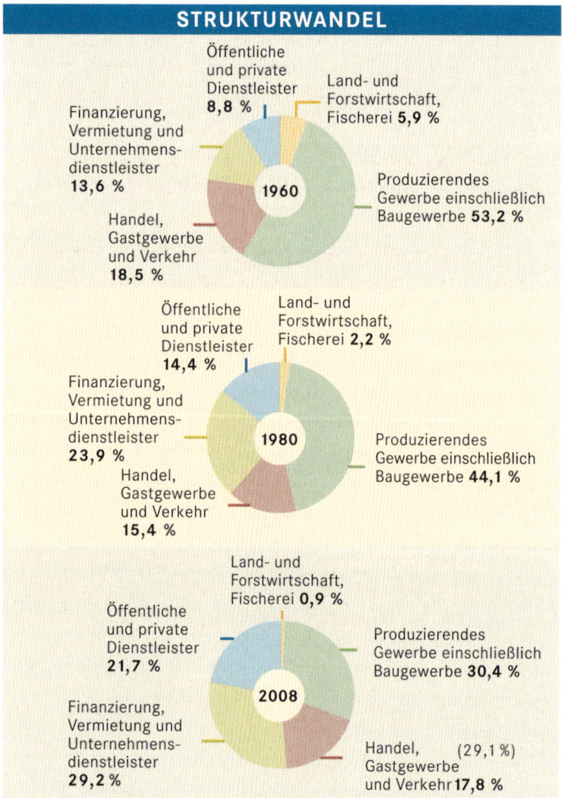

Strukturwandel. Der Strukturwandel in Deutschland gemessen an der Verteilung der Bruttowertschöpfung auf die Wirtschaftssektoren

strukturelle Arbeitslosigkeit, Form der Arbeitslosigkeit, die dadurch entsteht, dass durch nachhaltige Veränderungen der Nachfrage in einzelnen Wirtschaftszweigen (z. B. im Kohlebergbau), durch den Einsatz neuer Techniken und Technologien oder durch Veränderungen auf dem Weltmarkt Arbeitsplätze entweder abgebaut oder betroffene Unternehmen ganz stillgelegt werden. Strukturelle Veränderungen erfordern in der Regel einen langen Anpassungs- und Umstellungsprozess der betroffenen Wirtschaftsbereiche. Strukturelle Arbeitslosigkeit ist meist langfristig.

Strukturwandel, die mit der marktwirtschaftlichen Dynamik verbundenen, mehr oder weniger stetigen Veränderungen der wertmäßigen Beiträge der einzelnen Wirtschaftszweige und Wirtschaftssektoren zum Sozialprodukt. Der Beitrag zum gesamtwirtschaftlichen Produktionsergebnis einzelner Wirtschaftsbereiche wie der Land- und Forstwirtschaft nimmt dabei verhältnismäßig ab, während der Anteil anderer Wirtschaftssektoren, z. B. des Dienstleistungsbereichs, zunimmt. Beschleunigt und verstärkt wird der Strukturwandel durch neue Techniken und Technologien sowie den zunehmenden internationalen Wettbewerb.
Den Strukturwandel kann man auf die Zusammensetzung der Produktion eines Landes (Produktionsstruktur) nach Wirtschaftszweigen (sektorale Struktur) beziehen, aber auch auf Regionen oder Wirtschaftsräume (regionale Struktur) oder auf die entsprechenden Änderungen der Aufteilung der Beschäftigten (Erwerbsstruktur, Beschäftigungsstruktur) nach Sektoren, Regionen, Qualifikation oder Alter. Strukturveränderungen erfordern ständige Anpassungsprozesse und vorausschauende Maßnahmen der Strukturpolitik.

technischer Fortschritt, Veränderungen und Neuerungen in der Technik, die sich in der Anwendung neuen technischen Wissens, in verbesserten oder neuartigen Methoden, Arbeitsabläufen, Fertigungsverfahren, Produkten niederschlagen. Technischer Fortschritt führt zu Produktivitätssteigerungen und zu einer Änderung der bisher als effizient erkannten Beziehungen zwischen den eingesetzten Produktionsfaktoren und der damit erzielbaren Produktion. Die Produktionsweise ändert sich so, dass die gleiche Ausbringung mit geringeren Faktormengen bzw. dass mit gleichen Faktormengen eine größere Produktmenge erzielbar ist.
Der technische Fortschritt wird durch umfangreiche Bemühungen für Forschung und Entwicklung (*siehe* Kapitel 7) sowie die Umsetzung von Innovationen *(siehe dort)* geprägt und durch wirtschaftspolitische Maßnahmen, z. B. der Technologiepolitik (*siehe* Kapitel 4), auch gefördert.

Teuerungsrate, die Inflationsrate *(siehe dort).*

trabende Inflation, beschleunigte Inflation, Bezeichnung für eine Inflation *(siehe dort),* bei der die

Inflationsraten nach allgemeiner Auffassung zwischen 10% und 20% liegen. Manchmal wird die Untergrenze auch bei 5% gesehen.

Überbeschäftigung, wirtschaftliche Situation, in der das Produktionspotenzial einer Volkswirtschaft über ein als normal angesehenes Maß hinaus beansprucht wird. Für den Arbeitsmarkt bedeutet dies z. B., dass der Beschäftigungsgrad sehr hoch ist und mehr offene Stellen vorhanden als Arbeitslose registriert sind. Überbeschäftigung kann in der Konjunkturphase des Booms *(siehe dort)* auftreten.

Umlaufgeschwindigkeit des Geldes, die Geldumlaufgeschwindigkeit *(siehe dort).*

Unterbeschäftigung, wirtschaftliche Situation, in der das Produktionspotenzial einer Volkswirtschaft nicht ausreichend genutzt wird. Für den Arbeitsmarkt bedeutet dies z. B., dass der Beschäftigungsgrad niedrig ist und Arbeitslosigkeit herrscht. Aber auch Kurzarbeit ist ein Zeichen für Unterbeschäftigung, da die in den Unternehmen beschäftigten Mitarbeiter nicht so lange arbeiten können, wie es im Arbeitsvertrag vereinbart ist. Unterbeschäftigung ist typisch für die Konjunkturphasen des Abschwungs und der Depression.

Unterbeschäftigungsgleichgewicht, vom britischen Volkswirtschaftler JOHN MAYNARD KEYNES (* 1883, † 1946) beschriebene gesamtwirtschaftliche Situation, in der auf dem Güter- und Geldmarkt ein Gleichgewicht von Angebot und Nachfrage herrscht, während auf dem Arbeitsmarkt das Arbeitsangebot größer ist als die Arbeitsnachfrage, d. h. Arbeitslosigkeit besteht. Die Volkswirtschaft pendelt sich dabei auf einer Produktionsmenge ein, die als Folge einer unzureichenden gesamtwirtschaftlichen Nachfrage niedriger liegt, als für die Vollbeschäftigung notwendig wäre.

versteckte Inflation, verdeckte Inflation, die zurückgestaute Inflation *(siehe dort).*

Vollbeschäftigung, wirtschaftliche Situation, in der das Produktionspotenzial einer Volkswirtschaft ausreichend genutzt wird. Für den Arbeitsmarkt bedeutet dies z. B., dass der Beschäftigungsgrad hoch ist. Die Zahl der offenen Stellen in der Volkswirtschaft stimmt mit der Zahl der Arbeitssuchenden überein, d. h., alle arbeitswilligen Arbeitnehmer können einen zumutbaren Arbeitsplatz finden. In der Praxis wird davon ausgegangen, dass immer eine bestimmte Menge an Arbeitnehmern den Arbeitsplatz gerade wechselt (friktionelle Arbeitslosigkeit), sodass Vollbeschäftigung nicht erst bei einer Arbeitslosenquote von 0% vorliegt, sondern bereits bei 2%. Vollbeschäftigung zählt zu den wichtigsten wirtschaftspolitischen Zielen (*siehe* Kapitel 4).

Wachstumsrate, die prozentuale Veränderung einer wirtschaftlichen Größe, z. B. des Bruttoinlandsproduktes (BIP), im Vergleich zu einem vorangegangenen Zeitraum. Die Wachstumsrate des BIP oder des BIP je Einwohner bezieht die jeweilige absolute Zunahme in einer Periode auf das Niveau der Vorperiode. Dies bedeutet mathematisch, dass auch bei einer konstanten Wachstumsrate das BIP exponentiell (überproportional) zunimmt.

Wachstumstheorie, wirtschaftswissenschaftliche Beiträge und Modelle, die sich mit der Untersuchung des Wirtschaftswachstums befassen. Im Mittelpunkt der Wachstumstheorie stehen neben der Erforschung der Bestimmungsfaktoren des Wirtschaftswachstums Fragestellungen, inwieweit der Wachstumsprozess durch vermehrten Einsatz von Produktionsfaktoren zu einem stabilen Gleichgewicht führt und gesamtwirtschaftlich optimal ist.

Ausgangspunkt der Analyse sind private Unternehmen, die eigenes oder fremdes Geldkapital in Produktionsprozessen einsetzen, um dauerhaft Gewinne zu erzielen. Da Unternehmen für ihre Produktion Produktionsfaktoren benötigen und nachfragen, ist zu untersuchen, ob ein geeignetes Angebot an diesen Faktoren zur Verfügung steht. Diese Fragestellung bezieht sich auf die Ausstattung eines Landes mit Boden (z. B. als Landwirtschafts-, Industrie- oder Verkehrsfläche) und Bodenschätzen, mit Arbeit (Erwerbsbevölkerung mit bestimmter Alters-, Sozial- und Qualifikationsstruktur) und Sachkapital (z. B. Maschinen, Gebäude) sowie auch auf den Grad der Mobilität der Faktoren Arbeit und Kapital.

Bestimmungsgrößen, die Einfluss auf das Wirtschaftswachstum haben, sind z. B. die Wirtschaftsordnung eines Landes, die Wirtschaftsstruktur, die Ziele und Maßnahmen staatlicher Wirtschaftspolitik, die Energie- und Rohstoffquellen, die Kapazität und die Qualität der Produktionsanlagen, der Sparwille und der Bildungsstand in der Bevölkerung sowie besonders der technische Fortschritt.

Wachstumstrend, die langfristige Tendenz der wirtschaftlichen Entwicklung in einem Land.

Wirtschaftskrise, die Krise *(siehe dort).*

Wirtschaftswachstum, Wachstum: Im weiteren Sinn beschreibt Wachstum die Zunahme einer wirtschaftlichen Größe im Zeitablauf, z. B. bezogen auf Unternehmen (Unternehmenswachstum, gemessen an Eigenkapital, Wertschöpfung oder Umsatz) oder auf private Haushalte (z. B. Wachstum des verfügbaren Einkommens, der Konsumausgaben, des Geldvermögens). Wirtschaftliches Wachstum wird meist angegeben als prozentuale Veränderung im Zeitablauf im Sinn von monatlichen, vierteljährlichen oder jährlichen Wachstumsraten *(siehe dort).* Da Wachstum grundsätzlich als Normalfall angesehen wird, spricht man bei Konstanz wirtschaftlicher Größen auch von Nullwachstum (Stagnation), schrumpft die wirtschaftliche Größe, von ›Minuswachstum‹.

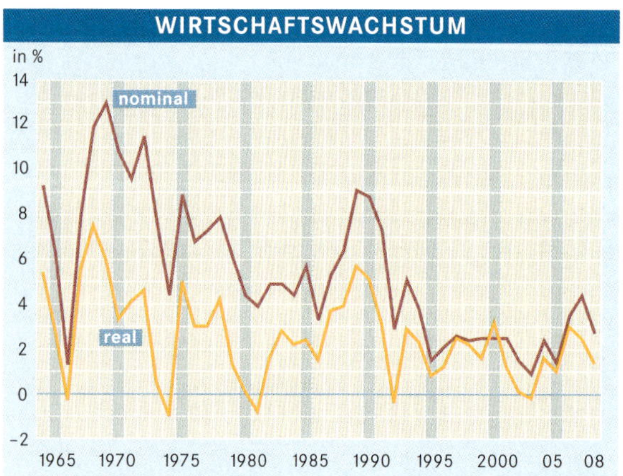

Wirtschaftswachstum. Wachstumsraten des Bruttoinlandsprodukts in Deutschland

Der Wachstumsbegriff wird im engeren Sinn auf gesamtwirtschaftliche Größen bezogen und interpretiert als dauerhafte (langfristige) Zunahme des realen Bruttoinlandsprodukts (BIP). Dieses reale Wachstum *(siehe dort)* bedeutet Zunahme des Inlandsprodukts in Preisen eines Basisjahres. Veränderungen des allgemeinen Preisniveaus (Inflationsrate) im Betrachtungszeitraum werden im Gegensatz zum nicht preisbereinigten nominalen Wachstum *(siehe dort)* herausgerechnet (Deflationierung).

Um den langfristigen Aspekt des Wirtschaftswachstums hervorzuheben und um das Wachstum von den eher kurzfristigen, konjunkturell bedingten Veränderungen des Sozialprodukts abzugrenzen, wird statt des tatsächlich erarbeiteten Sozialprodukts einer Volkswirtschaft deren Produktionspotenzial *(siehe dort)* herangezogen, d. h. dasjenige Inlandsprodukt, das erwirtschaftet werden könnte, wenn der vorhandene Bestand an Sachkapital und Arbeitskräften im Produktionsprozess voll ausgelastet wäre. Berechnet man das BIP je Einwohner, so führt eine Zunahme zu einer besseren materiellen Güterversorgung der Bevölkerung. Wird das BIP dagegen auf die Zahl der Erwerbstätigen bezogen, resultiert daraus eine Aussage über deren Produktivität (Arbeitsproduktivität).

Wirtschaftswachstum kann unter mengenmäßigen, materiellen Gesichtspunkten betrachtet werden (quantitatives Wachstum) oder unter qualitativen Aspekten (qualitatives Wachstum). **Quantitatives Wachstum** zielt auf die rein mengenmäßige Zunahme der gesamtwirtschaftlichen Produktion im Sinne der Zunahme einer Sozialproduktgröße (z. B. BIP) ab. **Qualitatives Wachstum** beinhaltet neben der reinen Steigerung der gesamtwirtschaftlichen Produktionsmenge die Verbesserung der Lebensqualität (*siehe* Kapitel 1) der Menschen, die Schonung der Umwelt oder die gerechte Einkommensverteilung. Die Messung des qualitativen Wachstums und die Steigerung des Wohlstands (*siehe* Kapitel 1) in einer Gesellschaft ist jedoch mit erheblichen Schwierigkeiten verbunden. In Deutschland ist angemessenes und stetiges Wirtschaftswachstum ein wirtschaftspolitisches Ziel (*siehe* Kapitel 4).

Zentralbankgeldmenge, eine bestimmte Geldmenge *(siehe dort).*

zurückgestaute Inflation, versteckte Inflation, Form der Inflation *(siehe dort),* die nicht für jeden in der Bevölkerung sofort erkennbar ist, da das Preisniveau durch staatliche Eingriffe in die Preisbildung unveränderlich gehalten wird und lebensnotwendige Güter, z. B. durch die Ausgabe von Bezugsscheinen, rationiert werden. Durch solche Maßnahmen entstehen in der Regel Schwarzmärkte.

Die versteckte Inflation wird auch als **Kassenhaltungsinflation** bezeichnet, da das im Verhältnis zur Geldmenge zu geringe Güterangebot (Geldüberhang) zu einer nicht erwünschten Erhöhung der Kassenhaltung bei den Wirtschaftssubjekten führt.

4

Wie und von wem wird das Wirtschaftsgeschehen politisch beeinflusst?

Der Wirtschaftsablauf und die gesamtwirtschaftliche Entwicklung in der Volkswirtschaft sind durch wellenförmige Auf- und Abbewegungen, die Konjunkturschwankungen, gekennzeichnet. Wichtige ökonomische Daten wie das Inlandsprodukt, also der Wert aller innerhalb eines Jahres erzeugten Sachgüter und Leistungen, die Höhe der privaten und staatlichen Investitionen, die Höhe des Konsums oder die Beschäftigung in der Volkswirtschaft unterliegen dabei der ständigen Veränderung. Insbesondere vom Staat bzw. von den Trägern der Wirtschaftspolitik wird in diesem Zusammenhang erwartet, dass geeignete Mittel und Maßnahmen ergriffen werden, durch deren Einsatz sich die gesamtwirtschaftliche Entwicklung verstetigt und negative Entwicklungen auf den Konjunkturverlauf und die Wirtschaftslage durch rechtzeitige Gegensteuerung verhindert werden. Dabei hat sich der Staat bei der Wahl seiner Mittel und Maßnahmen an den wirtschaftspolitischen Zielen im Sinne des Gesetzes zur Förderung der Stabilität und des Wachstums der Wirtschaft (Stabilitätsgesetz) auszurichten, wonach ein hoher Beschäftigungsstand, ein angemessenes und stetiges Wirtschaftswachstum, ein stabiles Preisniveau und außenwirtschaftliches Gleichgewicht anzustreben sind, um letztlich den Wohlstand der Bevölkerung zu sichern und nach Möglichkeit weiter zu verbessern.

Das Wirtschaftsgeschehen in der Volkswirtschaft wird jedoch nicht nur durch Maßnahmen der staatlichen Wirtschaftspolitik beeinflusst, sondern auch durch Aktivitäten anderer nationaler Institutionen und Verbände der Wirtschaft wie bei der Lohnpolitik durch die Tarifpartner, also Arbeitgeberverbände und Gewerkschaften. Aber auch überstaatliche Einrichtungen, vor allem Institutionen der Europäischen Union oder die Europäische Zentralbank, haben Einfluss auf das Wirtschaftsgeschehen (diese werden in Kapitel 6 dargestellt).

Wie störanfällig und fragil das gesamte Wirtschaftsgeschehen ist, zeigte sich an der Finanzkrise seit Ende 2007, die sich ausgehend von den USA zu einer Krise an den Weltfinanzmärkten und dem Bankensektor ausgeweitet und dann auch die Realwirtschaft erfasst hat, sodass von einer neuen Weltwirtschaftskrise gesprochen werden kann. Wichtige in Deutschland ergriffene wirtschaftspolitische Maßnahmen werden in diesem Kapitel erläutert.

Ablaufpolitik, die Prozesspolitik *(siehe dort).*

Abwrackprämie, die Umweltprämie *(siehe dort).*

Agentur für Arbeit, die unterste Verwaltungsebene der Bundesagentur für Arbeit (BA; *siehe* Kapitel 12).

Agrarpolitik, Bereich der Wirtschaftspolitik, der die Verhältnisse in der Land- und Forstwirtschaft sowie der Fischerei beeinflusst. Ziel der Agrarpolitik ist, den in der Landwirtschaft beschäftigten Personen ihr Einkommen zu sichern, die Bevölkerung mit guten und gesunden Lebensmitteln zu erschwinglichen Preisen zu versorgen und den Agrarmarkt zu festigen. Bereiche der Agrarpolitik sind die Agrarpreispolitik, die Agrarstrukturpolitik und die Agrarsozialpolitik.

Die Agrarpreispolitik ist auf die Preise für landwirtschaftliche Erzeugnisse ausgerichtet. Die Europäische Union (EU) hat über eine Reihe von **Agrarmarktordnungen** einen einheitlichen europäischen Agrarmarkt mit festgelegten Preisen für landwirtschaftliche Erzeugnisse geschaffen. Die Festpreise für landwirtschaftliche Produkte liegen dabei höher, als sie sich bei freier Preisbildung ergeben würden. Sinken die Preise für wichtige landwirtschaftliche Erzeugnisse z. B. unter eine bestimmte Marke, werden die Produkte zu festen Preisen (Interventionspreise) von staatlichen Stellen aufgekauft und eingelagert. Zum Schutz der Preishöhe innerhalb der EU werden Schwellenpreise festgelegt, die Grundlage für die Abschöpfungen sind, die bei der Einfuhr von landwirtschaftlichen Erzeugnissen aus Ländern außerhalb der EU erhoben werden.

Die Agrarstrukturpolitik ist auf die veränderten Bedingungen der landwirtschaftlichen Produktion gerichtet. Die Landwirtschaft hat sich in den vergangenen Jahrzehnten vor allem durch einen Anstieg der Produktivität erheblich gewandelt. Höhere Produktionsmengen haben sinkende Preise für landwirtschaftliche Erzeugnisse bewirkt. Das hat zur Folge, dass heute immer weniger Erwerbspersonen in der Landwirtschaft tätig sind. Ziel der Agrarstrukturpolitik ist es, solche strukturellen Veränderungen und ihre wirtschaftlichen Folgen in der Landwirtschaft sozial abzumildern. Agrarstrukturelle Maßnahmen sind z. B. Fördermittel für benachteiligte Gebiete, Beihilfen oder Vergünstigungen bei der Vergabe von Krediten für Investitionen.

Die soziale Sicherung der selbstständigen Landwirte und ihrer Familien ist das Ziel der Agrarsozialpolitik. Sie hat vor allem die Aufgabe, Risiken für in der Landwirtschaft beschäftigte Personen zu mildern. Dazu wurde ein System der sozialen Sicherung für Landwirte eingerichtet, an dessen Finanzierung sich der Bund durch Zuschüsse beteiligt.

Träger der Agrarpolitik sind der Staat (Bund und Länder), die EU und öffentlich-rechtliche Körperschaften (z. B. Landwirtschaftskammern) und Verbände (z. B. Deutscher Bauernverband). Die Agrarpolitik wird in den EU-Mitgliedstaaten zum überwiegenden Teil nicht mehr auf nationaler Ebene betrieben, sondern durch die EU im Rahmen der Europäischen Agrarpolitik (*siehe* Kapitel 6) wesentlich bestimmt. Probleme der Agrarpolitik auf EU-Ebene sind die Produktion von Überschüssen bei

ANGEBOTSPOLITIK			
traditionelle Elemente			
Wettbewerbspolitik	**Geldpolitik**	**Fiskalpolitik**	**Lohnpolitik**
Verbot von Kartellen Verhinderung von Marktmacht Privatisierung Deregulierung Abbau von Subventionen	regelgebundene statt diskretionäre Maßnahmen Unabhängigkeit der Zentralbank flexible Wechselkurse	geringerer Staatsverbrauch Reduktion der gesamten Steuerbelastung durchsichtigeres Steuersystem Abbau der Staatsverschuldung	am Produktivitätsfortschritt orientierte Lohnsteigerungen regionale und sektorale Differenzierungen im Lohn Flexibilisierung des Arbeitsmarktes (z. B. reduzierter Kündigungsschutz) Minderung der Lohnzusatzkosten
neuere Elemente			
Sozialpolitik	**Forschungspolitik**	**Bildungspolitik**	**Umweltpolitik**
insgesamt niedrigeres Niveau sozialer Unterstützung Unterstützung anreizkompatibel gestalten, damit z. B. die Aufnahme einer Arbeit lohnend bleibt	Förderung von Grundlagenforschung gezieltere Förderung von Wachstumstechnologien	kürzere Ausbildungszeiten mehr marktwirtschaftliche Elemente (z.B. freie Wahl des Studienplatzes, Studiengebühren, Entlohnung der Professoren nach Leistung)	weniger ordnungsrechtliche Regulierungen mehr marktwirtschaftliche Elemente (z. B. Handel von Umweltzertifikaten) wenn Ökosteuern, dann europaweit, um Wettbewerbsnachteile zu vermeiden

Angebotspolitik.
Elemente und Forderungen der moderaten Angebotspolitik

landwirtschaftlichen Erzeugnissen sowie eine grundsätzliche Umsteuerung der Ausgaben für die Gemeinsame Agrarpolitik der EU.
Aktuelle Probleme der Agrarpolitik zeigen sich z. B. bei der Milchpreisentwicklung der vergangenen Jahre. Seit 2008 sind die Preise für Milch am Markt stark gesunken und bedrohen die Existenz der Milchviehhalter, da die Verkaufspreise pro Liter zum Teil unter den Erzeugungskosten liegen, v. a. in kleineren und mittleren landwirtschaftlichen Betrieben.

Angebotspolitik, angebotsorientierte Wirtschaftspolitik, wirtschaftspolitisches Konzept, mit dem die Wachstumsschwäche und Massenarbeitslosigkeit hoch entwickelter Marktwirtschaften durch verbesserte Produktionsbedingungen und erhöhte Anpassungsfähigkeit des privatwirtschaftlichen Sektors bekämpft und überwunden werden soll. Wirtschaftliches Wachstum und die Schaffung von Arbeitsplätzen sollen über die Verbesserung der Bedingungen auf der Angebotsseite erreicht werden. Die Angebotspolitik spiegelt die Abkehr vom nachfrageorientierten Konzept des Keynesianismus (*siehe* Kapitel 3) hin zum Monetarismus (*siehe* Kapitel 3) wider.
Angebotspolitik ist auf die Produktion, d. h. auf die Unternehmen, gerichtet. Höhere Gewinne sollen dabei die finanziellen Voraussetzungen für Investitionen der Unternehmen verbessern. Höhere Investitionen verbessern die Produktionsbedingungen sowie die internationale Wettbewerbsfähigkeit und bewirken eine Steigerung der Beschäftigung, was zu mehr Einkommen bei den privaten Haushalten führt. Maßnahmen der Angebotspolitik sind deshalb auf die Förderung der Investitionstätigkeit ausgerichtet, über die das Wirtschaftswachstum verstärkt werden soll, um so die Schaffung von Arbeitsplätzen zu erreichen. Mittel der Angebotspolitik sind z. B. Senkung von Unternehmenssteuern, die Verbesserung der steuerlichen Abschreibungsmöglichkeiten, die Förderung von Forschungs- und Entwicklung, die Förderung von Existenzgründungen und Maßnahmen der Deregulierung.
Weitere wichtige Programmpunkte sind: eine sich am Wachstum des Produktionspotenzials orientierende, inflationsvermeidende Geldpolitik; eine Fiskalpolitik, die den Staatsanteil am Sozialprodukt senkt, die Neuverschuldung verringert, die Investitionsausgaben zulasten der konsumtiven Ausgaben erhöht, das Steuersystem leistungs- und investitionsfördernd verändert, eine zurückhaltende, sich am Produktivitätsfortschritt orientierende Lohnpolitik, verbunden mit einer Förderung der Mobilität der Erwerbspersonen und der Flexibilität von Löhnen, Arbeitszeit und Beschäftigungsbedingungen.

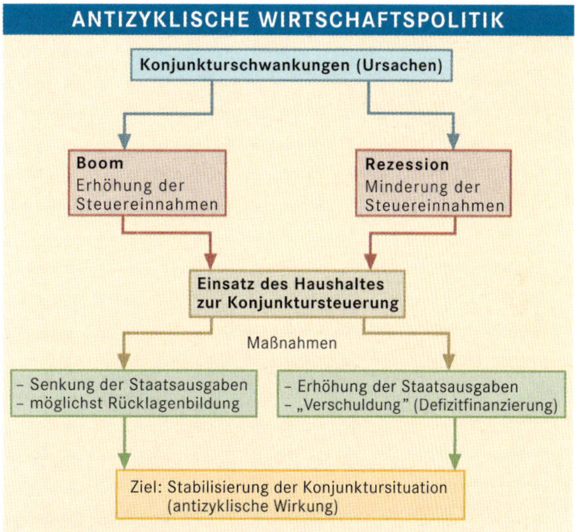

antizyklische Wirtschaftspolitik. Der Mechanismus zur Konjunktursteuerung

antizyklische Wirtschaftspolitik, Bezeichnung für eine Wirtschaftspolitik, die das Ziel verfolgt, die konjunkturellen Ausschläge durch geeignete Maßnahmen und rechtzeitiges Gegensteuern zu glätten, um die wirtschaftliche Entwicklung zu verstetigen. Theoretische Grundlage ist die Beschäftigungstheorie von JOHN MAYNARD KEYNES (* 1883, † 1946), der den Grund für Beschäftigungsschwankungen und Arbeitslosigkeit in der Volkswirtschaft in einer zu geringen gesamtwirtschaftlichen Nachfrage sieht.

Konjunkturelle Schwankungen können danach gemildert werden, wenn eine rechtzeitige Steuerung der gesamtwirtschaftlichen Nachfrage durch finanzpolitische Maßnahmen des Staates entgegengesetzt zum Konjunkturverlauf erfolgt **(antizyklische Finanzpolitik).** Im Abschwung muss der Staat deshalb die Nachfrage beleben und z. B. durch Erhöhung der Ausgaben für öffentliche Projekte, Subventionen oder Steuersenkungen die Investitionsbereitschaft der Unternehmen erhöhen und den privaten Konsum stimulieren. Im Boom soll der Staat entsprechend die Nachfrage z. B. durch Steuererhöhungen oder Senkung seiner Ausgaben für öffentliche Aufträge dämpfen, um eine Überhitzung der Konjunktur zu verhindern. Die Belebung der Nachfrage im Abschwung sollte nach dieser Auffassung auch dann erfolgen, wenn die höheren öffentlichen Ausgaben über höhere Schulden finanziert werden müssen (Defizitfinanzierung). Die im Abschwung entstandenen Defizite im öffentlichen Haushalt sollen jedoch in folgenden Aufschwungphasen wieder abgebaut werden.

Arbeitgeberverbände, freiwillige Zusammenschlüsse von Arbeitgebern zur Wahrung ihrer gemeinsamen sozialpolitischen und arbeitsrechtlichen Interessen, die sie gegenüber dem Staat, der Gesellschaft und den Gewerkschaften vertreten. Als Tarifpartner der Gewerkschaften vertreten sie vor allem in Tarifverhandlungen die Interessen ihrer Mitglieder. Arbeitgeberverbände sind fachlich, als Fachverbände der einzelnen Branchen wie der Holz bearbeitenden Industrie, der chemischen Industrie oder der Metallindustrie, und regional gegliedert. Sie haben sich in der Regel zu Landes- und Bundesvereinigungen zusammengeschlossen. Spitzenverband ist die Bundesvereinigung der Deutschen Arbeitgeberverbände *(siehe dort).*

Arbeitsbeschaffungsmaßnahmen, Abkürzung **ABM,** von der Bundesagentur für Arbeit geförderte Beschäftigungen, um Langzeitarbeitslosen einen Wiedereinstieg in das Erwerbsleben zu ermöglichen (*siehe* Kapitel 8).

Arbeitskosten, Kosten, die für den Einsatz der Mitarbeiter im Unternehmen anfallen. Dazu zählen das Arbeitsentgelt wie Löhne für Arbeiter und Gehälter der Angestellten **(Arbeitsgrundkosten)** und die gesetzlich, tariflich oder arbeitsvertraglich festgelegten **Lohnnebenkosten** oder **Personalzusatzkosten** wie Sozialversicherungsaufwendungen des Arbeitgebers, vermögenswirksame Leistungen, Weihnachtsgeld, Urlaubsgeld, Lohnfortzahlung im Krankheitsfall oder Fahrtkostenzuschüsse **(Arbeitsnebenkosten).**
Eine erhebliche Bedeutung haben die Arbeitskosten im Zusammenhang mit der Beschäftigung. Steigen die Arbeitskosten und liegt diese Steigerung über dem Anstieg der Arbeitsproduktivität, sind verstärkte Rationalisierungsbemühungen der Unternehmen, verbunden mit dem vermehrten Einsatz des Produktionsfaktors Kapital und dem Abbau von Arbeitsplätzen die Folge. Aus diesem Grund wird angemahnt, die Lohnpolitik an den Produktivitätszuwächsen der Wirtschaft zu orientieren. Besonders die Lohnnebenkosten sind in den vergangenen Jahrzehnten stärker gestiegen als der eigentliche Lohn, was dazu beigetragen hat, dass die Arbeitskosten in Deutschland vergleichsweise höher sind als in anderen Ländern. Deshalb verliert der Wirtschaftsstandort Deutschland im internationalen Vergleich für ausländische Unternehmen an At-

ARBEITSKOSTEN

Arbeitskosten im produzierenden Gewerbe in % des Bruttogehalts*	Westdeutschland		Ostdeutschland	
	2000	2007	2000	2007
Vergütung arbeitsfreier Tage	22,90	16,60	21,30	16,30
Urlaub	13,50	9,80	12,90	9,80
Entgeltfortzahlung im Krankheitsfall	4,00	2,80	3,90	2,90
Bezahlte Feiertage	5,40	3,90	4,50	3,60
Sonderzahlungen	14,00	7,50	7,40	4,60
Vermögensbildung	1,00	0,60	0,40	0,40
Urlaubs-, Weihnachtsgeld, Gratifikationen u. a.	13,00	6,90	7,00	4,20
Sozialversicherungsbeiträge der Arbeitgeber	27,40	18,80	27,80	20,20
Betriebliche Altersversorgung	7,10	7,20	2,20	2,60
Sonstige Personalzusatzkosten	6,00	4,30	7,00	4,30
Insgesamt	77,40	130,30	65,70	127,10

*In Unternehmen mit zehn und mehr Beschäftigten

Quelle: Institut der deutschen Wirtschaft.

Arbeitskosten.
Die Personalzusatzkosten im produzierenden Gewerbe in Deutschland

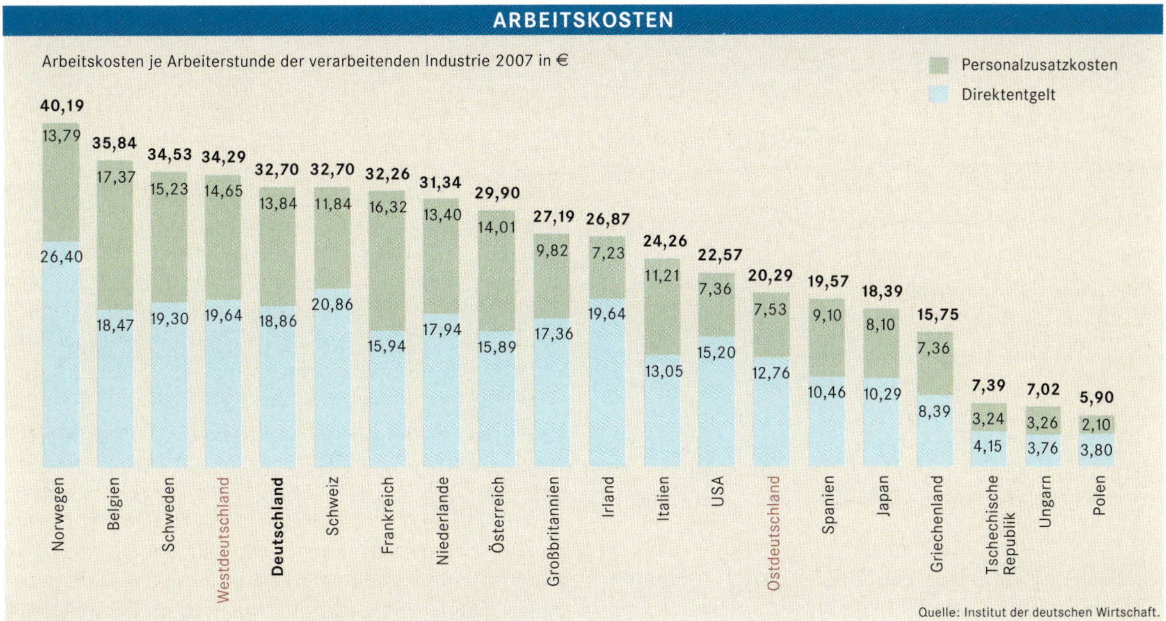

Arbeitskosten. Internationaler Vergleich der Arbeitskosten

traktivität. Aus diesen Gründen ist in Deutschland bereits seit den 1990er-Jahren eine nachhaltige Diskussion über die Höhe der Lohnnebenkosten im Gange, in deren Rahmen auch der Gesetzgeber immer wieder aufgefordert wird, u. a. durch Reformen im Bereich der Sozialversicherung den Anteil der Lohnnebenkosten an den Arbeitskosten zu reduzieren.

Arbeitslosengeld, *siehe* Kapitel 12.

Arbeitslosenhilfe, *siehe* Kapitel 12.

Arbeitsmarktpolitik, Gesamtheit aller Maßnahmen, die das Angebot und die Nachfrage auf dem Arbeitsmarkt beeinflussen sollen. Unterschieden wird zwischen aktiver und passiver Arbeitsmarktpolitik. Aktive Arbeitsmarktpolitik hat als Ziel die Wiedereingliederung von Arbeitslosen in den Arbeitsmarkt. Passive Arbeitsmarktpolitik hat insbesondere die Linderung der wirtschaftlichen Folgen von Arbeitslosigkeit durch Lohnersatzleistungen wie Arbeitslosengeld (*siehe* Kapitel 12) oder Arbeitslosengeld II (*siehe* Kapitel 12), Kurzarbeitergeld (*siehe* Kapitel 8) oder Insolvenzgeld (*siehe* Kapitel 8) im Blick.

Im Rahmen der aktiven Arbeitsmarktpolitik soll die Wiedereingliederung in den Arbeitsmarkt z. B. durch Arbeitsvermittlung und Berufsberatung, Maßnahmen zur beruflichen Fort- und Weiterbildung, Arbeitsbeschaffungsmaßnahmen, Maßnahmen zur Förderung der beruflichen Mobilität wie die Finanzierung von Umzugskosten, Eingliederungs- und Gründungszuschüsse oder Arbeitsgelegenheiten (Ein-Euro-Jobs) erreicht werden. Mit aktiver Arbeitsmarktpolitik soll die Arbeitslosigkeit insgesamt bekämpft werden. Die aktive Arbeitsmarktpolitik ist in der jüngeren Vergangenheit zunehmend in die Kritik geraten. Vor allem aufgrund der Erkenntnis, dass die aktive Arbeitsmarktpolitik das Problem der Arbeitslosigkeit in der Vergangenheit insgesamt nicht gelöst hat, werden manche Instrumente nur noch für die Wiedereingliederung bestimmter Personengruppen wie Langzeitarbeitslose, gering Qualifizierte oder ältere Arbeitnehmer eingesetzt.

Arbeitsmarktpolitik ist nach heutiger Auffassung nicht mehr nur auf die Bekämpfung oder Linderung von Arbeitslosigkeit ausgerichtet, sondern verfolgt z. B. durch die Förderung des Wirtschaftswachstums und die Verbesserung der Wettbewerbsfähigkeit auf internationalen Märkten sowie den Abbau

ARBEITSMARKTPOLITIK				
Jahresdurchschnittlicher Teilnehmerbestand	**Ostdeutschland**		**Westdeutschland**	
	2007	**2008**	**2007**	**2008**
Beratung und Unterstützung für Arbeitsuchende	20333	32068	61570	98664
Qualifizierung (v.a. berufliche Weiterbildung)	62897	69270	144050	157967
Berufsberatung und Förderung der Berufsausbildung	145710	145431	238636	259486
Beschäftigungsbegleitende Leistungen	140559	126232	245032	233865
darunter: Förderung der Selbstständigkeit (z. B. Gründungszuschüsse)	82663	55031	153493	123547
Beschäftigung schaffende Maßnahmen	155396	152715	166052	155259
darunter: Arbeitsangelegenheiten	123209	121039	157074	148240
darunter: Arbeitsbeschaffungsmaßnahmen	29893	31014	8924	7011
Sonstiges	53607	42168	135611	122345
Insgesamt	**578502**	**567885**	**990950**	**1027586**

Quelle: Bundesagentur für Arbeit.

Arbeitsmarktpolitik. Teilnehmer an ausgewählten arbeitsmarktpolitischen Maßnahmen der Bundesagentur für Arbeit

staatlicher Regulierungsmaßnahmen auf dem Arbeitsmarkt das Ziel, die Voraussetzungen für die Schaffung von Arbeitsplätzen durch die Unternehmen zu verbessern. Außerdem wird zunehmend mehr auf die Eigenverantwortung der von Arbeitslosigkeit betroffenen Personen, sich um Arbeit zu bemühen, gesetzt, z. B. durch die Reduzierung der Lohnersatzleistungen oder das Arbeitslosengeld II. Zuständig als Träger der Arbeitsmarktpolitik ist neben dem Gesetzgeber v. a. die Bundesagentur für Arbeit (*siehe* Kapitel 12). Daneben können noch Arbeitgeberverbände und Gewerkschaften als Träger der Arbeitsmarktpolitik angesehen werden.

Arbeitsmarktreformen, Sammelbegriff für verschiedene Konzepte zur Reform des Arbeitsmarktes, um die Arbeitslosigkeit nachhaltig zu senken. 2002 wurden von der Kommission ›Moderne Dienstleistungen am Arbeitsmarkt‹ (**›Hartz-Kommission‹**) unter Leitung des ehemaligen VW-Managers Peter Hartz (* 1941) Vorschläge erarbeitet, die in vier Gesetze einflossen (Hartz I–IV, *siehe* Kapitel 8). Dazu gehören eine schnellere Arbeitsvermittlung durch die Arbeitsämter (Jobcenter, Hartz I), ein verstärkter Einsatz von Leiharbeit durch Personal-Service-Agenturen (Hartz II, *siehe* Kapitel 8), die Förderung der Selbstständigkeit durch die Möglichkeit, eine Ich-AG (*siehe* Kapitel 8) zu gründen oder Überbrückungsgeld zu erhalten, eine Reform der geringfügigen Beschäftigung (Hartz III, *siehe* Kapitel 8) und die Zusammenlegung von steuerfinanzierten Leistungen Arbeitslosenhilfe und Sozialhilfe zum Arbeitslosengeld II (Hartz IV, *siehe* Kapitel 12).
Auch in der Großen Koalition werden Arbeitsmarktreformen fortgeführt, etwa der Ausbildungspakt zur Bekämpfung der Jugendarbeitslosigkeit, die ›Initiative 50plus‹ für ältere Arbeitslose oder Mindestlöhne (*siehe* Kapitel 8).

Aufbau Ost, Bezeichnung für alle wirtschaftspolitischen Maßnahmen und Anstrengungen, die das Ziel haben, die wirtschaftlichen Lebensverhältnisse in den ostdeutschen Bundesländern an den Westen der Bundesrepublik anzupassen. Der wirtschaftliche Aufbau in Ostdeutschland erfolgte durch eine Vielzahl von Maßnahmen sowohl auf gesamtwirtschaftlicher als auch auf einzelwirtschaftlicher Ebene. Besonders schwerwiegende Probleme nach der deutschen Wiedervereinigung 1989 wie unklare Eigentumsfragen, die Bereitstellung gewerblich nutzbarer Flächen oder Schwierigkeiten bei der Telekommunikation wurden bereits in den ersten Jahren gelöst. Die Privatisierung der ehemaligen DDR-Betriebe, die im Kollektiveigentum standen, übernahm dabei die Treuhandanstalt *(siehe dort)*.
In den 1990er-Jahren wurden verschiedene Maßnahmen im Rahmen des Aufbaus Ost ergriffen, z. B. der Ausbau der überregionalen Straßen und Schienenwege, die Verbesserung der kommunalen Infrastruktur, der Aufbau wettbewerbsfähiger Strukturen, insbesondere die Ausweisung von Gewerbeflä-

chen, der Bau von Büro- und Industriegebäuden sowie die Sanierung, Modernisierung oder der Neubau von Wohnungen. Das hat besonders in der Bauwirtschaft zu einem Aufschwung geführt. Finanzielle Unterstützung von Bund und Ländern sind vor allem im 1. und 2. Solidarpakt *(siehe dort)* geregelt; Letzterer läuft noch bis 2019. Der 1991 eingeführte Solidaritätszuschlag *(siehe dort)* zur Einkommensteuer besteht weiterhin.
Die jährlichen Berichte der Bundesregierung zum Stand der Einheit und des Aufbaus Ost zeigen viele Fortschritte wie ein über dem bundesdeutschen Durchschnitt liegendes Wirtschaftswachstum im Jahr 2008 oder einen leichten Rückgang der Arbeitslosigkeit. Insgesamt ist das Ziel, den Anschluss der neuen Bundesländer an die westdeutsche Wirtschaft zu erreichen und die Abhängigkeit der ostdeutschen Bundesländer von Transferzahlungen zu verringern, jedoch auch heute noch nicht realisiert und bedarf auch in Zukunft weiterer Anstrengungen. Der Aufbau neuer industrieller Strukturen, v. a. im verarbeitenden Gewerbe, hat sich in der Vergangenheit zwar verbessert, insbesondere weiterhin höhere Arbeitslosenzahlen im Osten als im Westen zeigen jedoch, dass noch viele Probleme zu lösen sind.

außenwirtschaftliches Gleichgewicht, eines von vier wirtschaftspolitischen Zielen nach dem Stabilitätsgesetz; wird oft mit Zahlungsbilanzgleichgewicht *(siehe dort)* gleichgestellt. Außenwirtschaftliches Gleichgewicht liegt vor, wenn die vom Ausland empfangenen Zahlungseingänge den im gleichen Zeitraum ins Ausland geflossenen Zahlungsausgängen entsprechen. Die Teilbilanzen der Zahlungsbilanz (*siehe* Kapitel 6) sind dann ausgeglichen. Der Sachverständigenrat zur Begutachtung der gesamtwirtschaftlichen Entwicklung spricht von außenwirtschaftlichem Gleichgewicht, wenn bei Zahlungsbilanzgleichgewicht von außenwirtschaftlicher Seite keine negativen Auswirkungen auf den Geldwert und die Beschäftigung im Inland zu erwarten sind.

Außenwirtschaftspolitik, alle Maßnahmen, mit denen die internationalen Wirtschaftsbeziehungen, also der internationale Waren-, Dienstleistungs- und Kapitalverkehr, beeinflusst und gesteuert werden sollen. Teilgebiete der Außenwirtschaftspolitik sind z. B. Außenhandels- und Zahlungsbilanzpolitik, Währungspolitik *(siehe dort)* und Wechselkurspolitik *(siehe dort)*. Ziele der Außenwirtschaftspolitik sind etwa die Förderung der außenwirtschaftlichen Beziehungen zur Sicherung des Wirtschaftswachstums und des Wohlstands in der Bevölkerung, die Verbesserung der Zahlungsbilanz oder der Schutz der einheimischen Wirtschaft vor internationaler Konkurrenz.
Die **Außenhandelspolitik** umfasst alle Maßnahmen, die sich auf den Warenverkehr mit dem Ausland erstrecken. Der Außenhandel spielt in Deutschland eine bedeutende Rolle und ist eine wichtige Stütze der Konjunktur. Maßnahmen der Außenhandelspolitik sind deshalb darauf gerichtet, das außenwirtschaftliche Gleichgewicht zu erreichen und einen lebhaften Handel mit anderen Staaten zu ermöglichen. Maßnahmen dazu sind z. B. die Förderung des Exports durch Exportsubventionen, die Beschränkung des Imports durch Einfuhrverbote oder Einfuhrkontingente oder die Beteiligung und Mitarbeit in internationalen Wirtschaftsorganisationen wie der Welthandelsorganisation (WTO) zur weltweiten Öffnung der Märkte und der Schaffung eines freien Welthandels. Außenwirtschaftsförderung erfolgt auch durch den Abschluss von Investitionsschutzabkommen mit Entwicklungs- und Schwellenländern, die deutschen Unternehmen Rechtsschutz im Ausland garantieren und vor allem kleinen und mittleren Unternehmen hilft, Auslandsmärkte zu erschließen. Die Übernahme staatlicher Ausfuhrgewährleistungen (Hermes-Bürgschaften) sichert deutsche Unternehmen gegen Risiken bei Exportgeschäften ab. Darüber hinaus werden die Auslandshandelskammern unterstützt, die Dienstleistungen für deutsche Unternehmen im Ausland anbieten. In der Außenhandelspolitik können außer wirtschaftlichen auch politische Gesichtspunkte, z. B. Sicherheitsinteressen, eine Rolle spielen.

Basistender, das längerfristige Refinanzierungsgeschäft *(siehe dort)* der Europäischen Zentralbank.

Beschäftigungsförderungsgesetz, im Jahre 1985 in Kraft getretenes Gesetz, das 2001 vom Teilzeit- und Befristungsgesetz *(siehe dort)* abgelöst wurde.

Beschäftigungsgesellschaft, Arbeitsförderungsgesellschaft, Einrichtung, die von Arbeitslosigkeit betroffene Arbeitnehmer mithilfe öffentlicher Förderung befristet beschäftigt, umschult oder weiterbildet. Beschäftigungsgesellschaften werden oft von der öffentlichen Hand, Arbeitgeberverbänden und Gewerkschaften getragen.

Beschäftigungspolitik, der Einsatz solcher Maßnahmen der Wirtschaftspolitik, die das Ziel haben, Vollbeschäftigung zu erreichen und Arbeitslosigkeit abzubauen. Unterschieden wird zwischen angebotsorientierter Beschäftigungspolitik (z. B. durch Verbesserung der Investitionstätigkeit der Unternehmen) und nachfrageorientierter Beschäftigungspolitik, bei der zur Schaffung von Arbeitsplätzen z. B. auf höhere staatliche Investitionen oder Beschäftigungsprogramme mit Arbeitsbeschaffungsmaßnahmen sowie auf die Steigerung der Nachfrage (z. B. durch steuerliche Entlastungen von privaten Haushalten) gesetzt wird. Zur Beschäftigungspolitik zählen auch die Maßnahmen der Bundesagentur für Arbeit im Rahmen der Arbeitsmarktpolitik *(siehe dort)* sowie die tarifvertraglichen Regelungen zwischen Gewerkschaften und Arbeitgeberverbänden im Rahmen der Tarifpolitik *(siehe dort)*.

Beschäftigungsstand, Auslastung des volkswirtschaftlichen Produktionspotenzials (*siehe* Kapitel 3) durch den Produktionsfaktor Arbeit, gemessen anhand der Arbeitslosenquote (*siehe* Kapitel 3). Wirtschaftspolitisch wird gemäß Stabilitätsgesetz ein möglichst hoher Beschäftigungsstand angestrebt; die Zahl der Arbeitslosen soll möglichst gering sein. Ein Minimum an Arbeitslosigkeit ist dabei in der Regel unvermeidbar, da eine gewisse Zahl von Arbeitnehmern z. B. durch saisonale Schwankungen oder als Folge eines Arbeitsplatzwechsels zum Zeitpunkt der statistischen Registrierung keiner Beschäftigung nachgeht.
Ein hoher Beschäftigungsstand im Sinne von Vollbeschäftigung (*siehe* Kapitel 3) gilt deshalb bereits als erreicht, wenn die Arbeitslosenquote bei etwa 2 % liegt, obwohl theoretisch eine Arbeitslosenquote von 0 % bestehen müsste.

Bildungspolitik, Maßnahmen des Staates, die auf den Ausbau und die Reform des Bildungssystems ausgerichtet sind. Das Bildungssystem muss dabei einerseits das Recht des Einzelnen auf eine seinen individuellen Fähigkeiten entsprechende Bildung gewährleisten und andererseits der wirtschaftspoli-

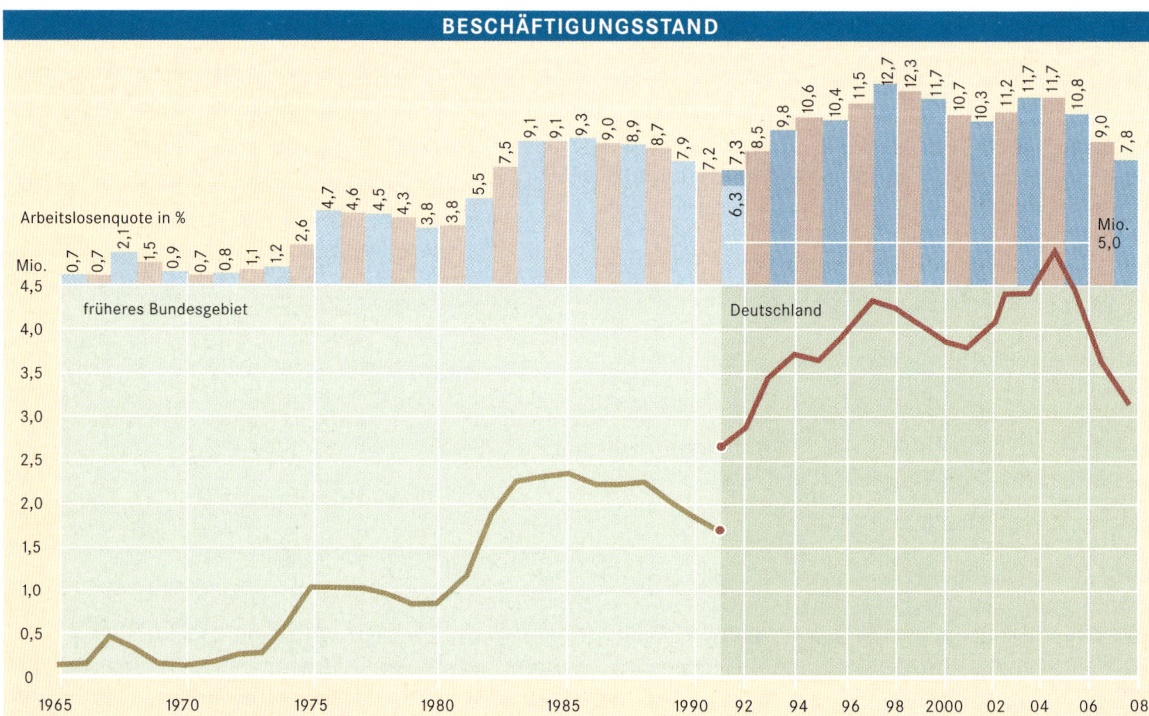

Beschäftigungsstand. Die langfristige Entwicklung der Arbeitslosenquote und der Arbeitslosenzahl in Deutschland

tischen Bedeutung für eine moderne Industrie- und Dienstleistungsgesellschaft gerecht werden. Wirtschaftspolitisch spielen deshalb das allgemeine Bildungsniveau und die berufliche Bildung eine zentrale Rolle. Staatliche Bildungsausgaben sind gerade mit Blick auf die 2002 veröffentlichte PISA-Studie als Investitionen in Humankapital (*siehe* Kapitel 3) zu verstehen und damit v. a. für Volkswirtschaften wie Deutschland, die nicht über große Mengen natürlicher Rohstoffe verfügen, die Basis für die Wirtschaftskraft und für die Sicherung der Wettbewerbsfähigkeit.
Die Bildungspolitik des Staates muss deshalb auch sicherstellen, dass auf dem Arbeitsmarkt genügend ausgebildete Fachkräfte verfügbar sind, und zwar einerseits, was die Anzahl betrifft, andererseits hinsichtlich der Qualität, also bezogen auf die technischen und wirtschaftlichen Anforderungen der modernen, globalen Wirtschaftswelt. Darüber hinaus werden durch ein funktionierendes Bildungssystem die sozialen Sicherungssysteme entlastet, da eine qualifizierte, anforderungsgerechte berufliche Bildung des Einzelnen die Chancen am Arbeitsmarkt verbessert und so zu einem hohen Beschäftigungsstand beigetragen wird.

Built-in-Flexibility, Form der Fiskalpolitik *(siehe dort)*, bei der die fiskalpolitischen Mittel wie höhere, durch Kredite finanzierte öffentliche Ausgaben in einer Rezession nicht fallweise eingesetzt, sondern so gestaltet werden, dass sie automatische Änderungen der Staatseinnahmen und -ausgaben in Abhängigkeit von der jeweiligen Konjunkturphase bewirken. Hierbei sollen z. B. Steuersätze der Einkommensteuer so strukturiert sein, dass sie im wirtschaftlichen Boom automatisch eine Dämpfung der Konjunktur bewirken und in der Rezession die Konjunktur beleben und stützen.

Bundesagentur für Arbeit, *siehe* Kapitel 12.

Bundesamt für Wirtschaft und Ausfuhrkontrolle, Abkürzung **BAFA,** Bundesoberbehörde im Geschäftsbereich des Bundesministeriums für Wirtschaft und Technologie mit Sitz in Eschborn und Bochum. Das BAFA nimmt wichtige administrative Aufgaben des Bundes wahr. Im Bereich Außenwirtschaft ist die Hauptaufgabe die Exportkontrolle als Genehmigungsbehörde in enger Kooperation mit anderen Bundesbehörden. Ein weiterer Schwerpunkt liegt in der Wirtschaftsförderung und in der Abwicklung von Förderprogrammen insbesondere für kleine und mittlere Unternehmen sowie in der Abwicklung der Umweltprämie *(siehe dort)*.

Bundeskartellamt, Abkürzung **BKartA,** eine selbstständige Bundesbehörde im Geschäftsbereich des Bundesministeriums für Wirtschaft und Technologie. Rechtsgrundlage ist das Gesetz gegen Wettbewerbsbeschränkungen (GWB) vom 1. 1. 1958. Das Bundeskartellamt ist als Träger der Wettbewerbspolitik *(siehe dort)* zuständig für den Schutz des Wettbewerbs, der eine der tragenden Säulen der Wirtschaftsordnung Deutschlands ist. Zu seinen Aufgaben gehört z. B. die Überwachung und Durchsetzung des Kartellverbots, die Genehmigung von anmeldepflichtigen Kartellen, die Fusionskontrolle, die Missbrauchsaufsicht sowie die Wahrnehmung der Aufgaben im Zusammenhang mit Wettbewerbsregeln des EG-Vertrages. Neben dem deutschen wendet das Kartellamt auch europäisches Wettbewerbsrecht an, sofern nicht die Europäische Kommission zuständig ist.
Das Kartellamt ist von Weisungen des Bundeswirtschaftsministeriums unabhängig und trifft seine Entscheidungen nach Wettbewerbsgesichtspunkten in nach Wirtschaftszweigen gegliederten Beschlussabteilungen. Verstöße gegen das GWB werden als Ordnungswidrigkeit mit einem Bußgeld geahndet. Alle zwei Jahre veröffentlicht das Kartellamt einen Tätigkeitsbericht. Präsident ist seit April 2007 der promovierte Volkswirt BERNHARD HEITZER (* 1949). Anschrift: Kaiser-Friedrich-Straße 16, 53113 Bonn; Telefon: 0228 94990; Internet: www.bundeskartellamt.de.

Bundesministerium für Arbeit und Soziales, *siehe* Kapitel 12.

Bundesministerium für Wirtschaft und Technologie, Abkürzung **BMWi,** oberste Bundesbehörde, entstand nach der Bundestagswahl 2005 durch die Aufteilung des bisherigen Bundesministeriums für Wirtschaft und Arbeit (BMWA) in das BMWi und das Bundesministerium für Arbeit und Soziales (BMAS). Das BMWi ist zuständig für die an den Prinzipien der sozialen Marktwirtschaft ausgerichteten Zielsetzungen und Aufgaben der Wirtschaftspolitik. Dazu gehört insbesondere, die Grundlagen für wirtschaftlichen Wohlstand in Deutschland zu schaffen, zu erhalten und zu verbessern, sodass möglichst alle Bürger davon profitieren. Aus dieser grundsätzlichen Zielsetzung leiten sich die weiteren wirtschaftspolitischen Ziele und Aufgaben des BMWi ab. Weitere Ziele sind der wirtschaftliche Anschluss der ostdeutschen Bundesländer, Sicherung des technischen Fortschritts zur Erhaltung der Wettbewerbsfähigkeit, Verknüpfung wirtschaftlicher Ziele mit ökologischen Zielen, die Förderung des Leistungsstands in der Bevölkerung durch anforderungsgerechte Ausbildung und Fortbildung, die Erleichterung des Übergangs in die Informationsgesellschaft, die Sicherung der Energieversorgung bei angemessenen Energiepreisen sowie die Sicherung eines freien Welthandels und die Verbesserung der internationalen Arbeitsteilung.

Diesen Zielsetzungen entsprechend, werden vom BMWi verschiedene Maßnahmen z. B. in der Wettbewerbs-, Energie-, Mittelstands- und Technologiepolitik oder der Regional- und Außenwirtschaftspolitik ergriffen. Wirtschaftspolitische Aufgaben im weiteren Sinn nehmen auch andere Bundesministerien wahr, z. B. das Bundesministerium für Verkehr, Bau- und Stadtentwicklung für Verkehrspolitik, das Bundesministerium für Ernährung, Landwirtschaft und Verbraucherschutz für Agrarpolitik oder das Bundesministerium für Umwelt, Naturschutz und Reaktorsicherheit für Umweltpolitik. Nachgeordnete Behörden sind u. a. das Bundeskartellamt *(siehe dort)*, die Bundesnetzagentur für Elektrizität, Gas, Telekommunikation, Post und Eisenbahnen *(siehe dort)* oder das Bundesamt für Wirtschaft und Ausfuhrkontrolle *(siehe dort)*. Anschrift: Scharnhorststraße 34–37, 10115 Berlin; Telefon: 01888 6150; Internet: www.bmwi.de.

Bundesnetzagentur für Elektrizität, Gas, Telekommunikation, Post und Eisenbahnen, Abkürzung **BNetzA,** eine selbstständige Oberbehörde im Geschäftsbereich des Bundesministeriums für Wirtschaft und Technologie (BMWi). Am 1. 1. 1998 nahm sie als **Regulierungsbehörde für Telekommunikation und Post (RegTP)** ihren Geschäftsbetrieb auf und wurde zum 13. 7. 2005 umbenannt in Bundesnetzagentur. Die Behörde soll in Deutschland durch Liberalisierung und Deregulierung für einen funktionsfähigen Wettbewerb auf den Märkten für Elektrizität, Gas, Post und Telekommunikation sorgen, seit 1. 1. 2006 auch für Eisenbahnen. Ihre Beschlusskammern treffen die Regulierungsentscheidungen, die von der Aufsichtsbehörde, dem BMWi, nicht aufgehoben werden können. Präsident der Bundesnetzagentur ist der Jurist MATTHIAS KURTH (* 1952). Anschrift: Tulpenfeld 4, 53113 Bonn; Telefon: 0228 140; Internet: www.bundesnetzagentur.de.

BUNDESVERBAND DER DEUTSCHEN INDUSTRIE

BDI Bundesverband der Deutschen Industrie e. V.

Bundesverband der Deutschen Industrie. Das Logo des BDI

Bundesverband der Deutschen Industrie, Abkürzung **BDI,** Dachverband der auf Bundesebene zusammengeschlossenen 36 fachlichen Spitzenverbände der Industrie von der Automobil- bis zur Zuckerindustrie, gegründet 1949. Der BDI nimmt v. a. die wirtschaftspolitischen Interessen seiner angeschlossenen Verbände wahr und vertritt diese gegenüber Parlament, Regierung, Parteien oder Gewerkschaften und auf internationaler Ebene z. B. gegenüber der EU. Präsident des BDI ist seit 1. 1. 2009 der Industriemanager HANS-PETER KEITEL (* 1947). Anschrift: Haus der Deutschen Wirtschaft, Breite Straße 29, 10178 Berlin; Telefon: 030 20280; Internet: www.bdi.eu.

Bundesvereinigung der Deutschen Arbeitgeberverbände, Abkürzung **BDA,** die Spitzenorganisation der Arbeitgeberverbände auf Bundesebene. Als Dachorganisation nimmt sie die sozial- und tarifpolitischen Interessen der über 1 000 rechtlich und wirtschaftlich selbstständigen Arbeitgeberverbände der verschiedenen Branchen aus den Bereichen Industrie, Dienstleistungen, Handwerk und Landwirtschaft wahr. Der BDA führt selbst keine Tarifverhandlungen und schließt keine Tarifverträge ab, vertritt jedoch grundlegende Ansichten der Arbeitgeberpolitik, z. B. gegenüber dem Parlament, der Regierung oder den Gewerkschaften. Anschrift: Haus der Deutschen Wirtschaft, Breite Straße 29, 10178 Berlin; Telefon: 030 20330; Internet: www.bda-online.de.

Bündnis für Arbeit, Bezeichnung für eine Gesprächsrunde aus Vertretern der Bundesregierung, der Arbeitgeber und der Gewerkschaften zur Verringerung der Arbeitslosigkeit in Deutschland und zur Verbesserung der Wettbewerbsfähigkeit der deutschen Wirtschaft. Das **Bündnis für Arbeit, Ausbildung und Wettbewerbsfähigkeit,** so die genaue Bezeichnung, war die Neuauflage der 1995 vom Vorsitzenden der IG Metall KLAUS ZWICKEL (* 1939) vorgeschlagenen, 1996 unter Bundeskanzler HELMUT KOHL (* 1930) allerdings gescheiterten Konsensgespräche. Die konstituierende Sitzung des neuen Bündnisses fand am 7. 12. 1998 unter Leitung des damaligen Bundeskanzlers GERHARD SCHRÖDER (* 1944) statt. Im März 2003 erklärte SCHRÖDER das abermalige Scheitern des Bündnisses für Arbeit, da es keine Reformen im Konsens beschließen konnte. Nach der Bundestagswahl 2002 wurde das Bündnis für Arbeit nicht fortgesetzt.

Defizitfinanzierung, Deficitspending, ein wirtschaftspolitisches Vorgehen, bei dem im Sinne des Keynesianismus eine Stärkung der gesamtwirtschaftlichen Nachfrage zur Belebung der Konjunktur über höhere Staatsausgaben erreicht werden soll, auch wenn dadurch Fehlbeträge (Defizite) im öffentlichen Haushalt entstehen. Der Staat soll dabei in einer Phase des konjunkturellen Abschwungs mit steigender Arbeitslosigkeit und sinkender Auslastung der Unternehmen die öffentlichen Ausgaben erhöhen und Steuern senken, um damit die Nachfrage anzukurbeln. Dabei entstehende Defizite im Staatshaushalt sollen durch die Auflösung von Guthaben, die im konjunkturellen Aufschwung bei der Zentralbank angelegt wurden (Konjunkturausgleichsrücklage) oder durch die Aufnahme von Krediten am Kapitalmarkt, also durch Erhöhung der öffentlichen Schulden, finanziert werden.

DIETER HUNDT

Der Unternehmer und Verbandsfunktionär wurde 1938 geboren. Hundt studierte in Zürich Maschinenbau mit abschließender Promotion. Von 1964 bis 1975 arbeitete er im Bereich Kernenergietechnik bei der AEG Telefunken AG (Frankfurt am Main). Seit 1976 ist Hundt Alleingeschäftsführer des mittelständischen Maschinenbauunternehmens Allgaier-Werke GmbH (Uhingen). Als Verhandlungsführer der Metall-Arbeitgeber in Baden-Württemberg prägte er die Tarifpolitik in den 90er-Jahren wesentlich mit. Seit Dezember 1996 ist der begeisterte Sportler Präsident der Bundesvereinigung der Deutschen Arbeitgeberverbände. Bereits seit 1990 war er Mitglied im BDA-Präsidium und BDA-Vorstand.

Deregulierung, Maßnahmen im Rahmen angebotsorientierter Wirtschaftspolitik zur Verringerung staatlicher Eingriffe (Regulierung) in das Marktgeschehen. Deregulierung verfolgt das Ziel, ineffiziente Normen und ordnungsrechtliche Vorschriften sowie Marktzutrittsbeschränkungen abzubauen, um für Unternehmen größere Entscheidungsspielräume zu schaffen, wirtschaftliches Wachstum zu begünstigen, Arbeitsplätze zu schaffen und die Schattenwirtschaft einzudämmen.
Der Staat soll sich durch die Zurücknahme von Reglementierungen auf die Schaffung von Rahmenbedingungen für die marktwirtschaftliche Selbststeuerung beschränken. Maßnahmen der Deregulierung sind z. B. der Abbau staatlicher Auflagen, Genehmigungen oder die Auflösung von Monopolen und die Privatisierung öffentlicher Unternehmen. So wurde z. B. das Fernmeldemonopol der früheren Deutschen Bundespost und später der Deutschen Telekom am 1. 1. 1998 aufgelöst. Die Freigabe des Telekommunikationsmarktes für den Wettbewerb hat bislang zu erheblichen Preissenkungen bei den Kosten für Ferngespräche geführt.
Durch Auflösung von Monopolen und leichteren Marktzutritt für neue Unternehmen entsteht also mehr Wettbewerb, der zu sinkenden Preisen für die Verbraucher führt. Darüber hinaus wird die Produkt- und Leistungsvielfalt zunehmen, da neue Anbieter Kunden gewinnen wollen. Andererseits bewirkt die Auflösung von Monopolen zumindest kurzfristig den Abbau von Arbeitsplätzen, da der ehemalige Monopolist aus Kostengründen zu große Personalbestände verringern wird. Durch die steigende Nachfrage werden jedoch langfristig zusätzliche Anbieter auf den Markt streben, sodass es im Regelfall zu einer Steigerung der Beschäftigung kommen sollte.

Deutsche Bundesbank, Abkürzung **Bbk,** die Zentralbank der Bundesrepublik Deutschland; sie wurde 1957 aus der Bank Deutscher Länder und den bis dahin rechtlich selbstständigen Landeszentralbanken *(siehe dort)* errichtet. Die Bundesbank,

die auch als ›Hüterin der Währung‹ bezeichnet wird, hatte die Aufgabe, die Währung der Bundesrepublik nach innen und außen zu sichern. Sie regelte mithilfe ihrer währungs- und geldpolitischen Befugnisse den Geldumlauf und die Kreditversorgung der Wirtschaft.
Die Deutsche Bundesbank ist seit Eintritt in die Endstufe der Europäischen Wirtschafts- und Währungsunion (EWWU) neben den anderen Zentralbanken der Teilnehmerländer Bestandteil des Europäischen Systems der Zentralbanken (ESZB) und wirkt an der Durchführung seiner Aufgaben mit. Das wichtigste Ziel dabei ist die Gewährleistung von Preisstabilität in der Eurozone und darüber hinaus die bankmäßige Durchführung des Zahlungsverkehrs im Inland und mit dem Ausland. Dabei sorgt die Bundesbank wie die anderen Zentralbanken im Euroraum dafür, dass die Beschlüsse der Europäischen Zentralbank (*siehe* Kapitel 6) national umgesetzt werden. Um diesen Auftrag erfüllen zu können, hat die Bundesbank, nur soweit ihre Aufgabe es im ESZB zulässt, die allgemeine Wirtschaftspolitik der Bundesregierung zu unterstützen. Präsident der Bundesbank ist seit 2004 der Finanzfachmann AXEL A. WEBER (* 1957). Anschrift: Postfach 100602, 60009 Frankfurt am Main; Telefon: 069 95661; Internet: www.bundesbank.de.

Deutscher Gewerkschaftsbund, Abkürzung **DGB,** der Dachverband von Einzelgewerkschaften. Der Zusammenschluss von vier DGB-Gewerkschaften, der Gewerkschaft Öffentliche Dienste, Transport und Verkehr (ÖTV), der Gewerkschaft Handel, Banken und Versicherungen (HBV), der Deutschen Postgewerkschaft (DPG) und der IG Medien, mit der Deutschen Angestellten-Gewerkschaft (DAG) zur Vereinten Dienstleistungsgewerkschaft ›ver.di‹ machte diese zur zweiten großen Einzelgewerkschaft (2008: 2,2 Mio. Mitglieder) neben der IG Metall (2,3 Mio. Mitglieder). Weitere Einzelgewerkschaften sind die IG Bergbau, Chemie, Energie (BCE), die IG Bauen, Agrar, Umwelt (BAU), die Gewerkschaft der Eisenbahner Deutschlands (Transnet), die Gewerkschaft Erziehung und Wissenschaft (GEW), die Gewerkschaft Nahrung, Genuss, Gaststätten (NGG) und die Gewerkschaft der Polizei (GdP).
Der DGB wurde 1949 gegründet und vertritt vor allem die sozialen, wirtschaftlichen und gesellschaftlichen Interessen der Arbeitnehmer (genauer: der Ende 2008 knapp 6,4 Mio. Gewerkschaftsmitglieder) gegenüber Arbeitgeberverbänden und Regierung. Der DGB führt selbst keine Tarifverhandlungen und schließt keine Tarifverträge ab. Anschrift: Henriette-Herz-Platz 2, 10178 Berlin; Telefon: 030 240600; Internet: www.dgb.de.

MICHAEL SOMMER

Der studierte Politikwissenschaftler wurde 1952 geboren und ist seit 1971 gewerkschaftlich in der Deutschen Postgewerkschaft (DPG) engagiert, seit 1997 war Sommer stellvertretender Vorsitzender. Seit 1981 ist er Mitglied der SPD. Im März 2001 wurde er zum stellvertretenden Vorsitzenden der Vereinten Dienstleistungsgewerkschaft ›ver.di‹ gewählt. Seit Mai 2002 ist Sommer Vorsitzender des Deutschen Gewerkschaftsbundes.

DEUTSCHER INDUSTRIE- U. HANDELSKAMMERTAG

DIHK

Deutscher Industrie- und Handelskammertag. Das Logo des DIHK

Deutscher Industrie- und Handelskammertag, Abkürzung **DIHK,** die Spitzenorganisation aller 80 Industrie- und Handelskammern (IHK) in Deutschland. Der DIHK hat die Aufgabe, die Interessen der gewerblichen Wirtschaft z. B. gegenüber dem Bund, der Europäischen Union und der Öffentlichkeit zu vertreten und die Zusammenarbeit und den Erfahrungsaustausch der Industrie- und Handelskammern untereinander zu fördern sowie mit ausländischen Kammern und den Außenhandelskammern zusammenzuarbeiten. Der DIHK hieß bis Juni 2001 **Deutscher Industrie- und Handelstag (DIHT).** Präsident ist seit 26. 3. 2009 der Unternehmer und Wirtschaftspsychologe HANS HEINRICH DRIFTMANN (* 1948). Anschrift: Haus der Deutschen

Wirtschaft, Breite Straße 29, 10178 Berlin; Telefon: 030 203080; Internet: www.dihk.de.

Dirigismus, Form der staatlichen Wirtschaftslenkung; im weitesten Sinn die vollständige zentrale Lenkung in einer Planwirtschaft, im engeren Sinn nicht systemkonforme Maßnahmen in einer Marktwirtschaft (z. B. Lohn- und Preisstopps, Devisenbewirtschaftung, Investitionslenkung).

Diskontpolitik, bis zum 1. 1. 1999, als die Europäische Zentralbank (EZB) die Verantwortung für eine einheitliche Geldpolitik im Euro-Währungsraum übernommen hat, das wichtigste geldpolitische Instrument der Deutschen Bundesbank. Die Diskontpolitik betrieb die Bundesbank durch die Veränderung des **Diskontsatzes,** des Zinssatzes, zu dem die Geschäftsbanken an die Bundesbank Wechsel verkaufen konnten. Der Diskontsatz galt auch als Leitzins.

Einkommenspolitik, wirtschaftspolitische Maßnahmen, die darauf gerichtet sind, die Entstehung von Einkommen wie Arbeitseinkommen, Zinsen oder Gewinnen so zu beeinflussen, dass die Einkommensentwicklung mit den konjunkturpolitischen Zielen wie der Stabilität des Preisniveaus vereinbar ist und diese nicht gefährdet. Die Notwendigkeit der Einkommenspolitik wird insbesondere mit der Annahme begründet, dass Anbieter oder Nachfrager auf Märkten unabhängig von der konjunkturellen Lage ihre Marktmacht ausnutzen können. Dabei erlaubt es die jeweilige Machtposition der Unternehmen oder auch der Arbeitnehmer, die Preise für ihre Waren oder für ihre Arbeitleistungen unabhängig von der gesamtwirtschaftlichen Nachfragesituation und der konjunkturellen Lage zu erhöhen.
Einkommenspolitik kann indirekt oder direkt betrieben werden. Indirekte Maßnahmen können z. B. auf die Erhaltung und Verbesserung des marktwirtschaftlichen Wettbewerbs gerichtet sein. Direkte Maßnahmen der Einkommenspolitik sind z. B. ein staatlich verordneter Lohn- oder Preisstopp, was in Deutschland bei der Tarifautonomie kaum möglich ist. Zur Einkommenspolitik werden auch alle wirtschafts- und sozialpolitischen Maßnahmen gezählt, die auf eine Verbesserung der Einkommensverteilung sowie auf die Förderung der Vermögensbildung gerichtet sind (Einkommensverteilungs- und Vermögenspolitik).

Einlagefazilität, ein geldpolitisches Mittel der Europäischen Zentralbank. Dabei haben die Geschäftsbanken die Möglichkeit, bei den nationalen Zentralbanken im Rahmen des Europäischen Systems der Zentralbanken überschüssige Gelder bis zum nächsten Geschäftstag zu einem festen Zinssatz anzulegen. Der Zinssatz hierfür gilt im Rahmen der Zinspolitik *(siehe dort)* als Untergrenze der Geldmarktzinsen.

Embargo, *siehe* Kapitel 6.

Emissionshandel, Emissionsrechtehandel, ein Mittel der staatlichen Umweltpolitik *(siehe dort),* um klimawirksame Treibhausgase dauerhaft zu reduzieren und so den Klimaschutz zu verbessern. Energieintensive Industrieunternehmen erhalten im Rahmen des Emissionshandels vom Staat **Emissionszertifikate,** die das Unternehmen berechtigen, eine bestimmte Menge Schadstoffe wie Kohlendioxid (CO_2) auszustoßen. Die Zertifikate können gehandelt werden. Da der Staat die Zahl der ausgegebenen Zertifikate nach und nach reduziert, sind die Unternehmen gezwungen, ihren Schadstoffausstoß zu verringern.
In der EU wurde der Emissionshandel (EU-Emissionshandelssystem, EU-Emission Trading Scheme, Abkürzung EU-ETS) für CO_2 und andere klimawirksame Gase zum 1. 1. 2005 eingeführt. Damit sollen die im Kyoto-Protokoll eingegangenen Verpflichtungen umgesetzt werden. Das System erfasst zunächst nur CO_2-Emissionen und gilt für deren Verursacher wie Kraftwerke, Eisen- und Stahlwerke, Raffinerien, Kokereien, Unternehmen der Zement-, Glas- und Papierindustrie (insgesamt über 1 600 Anlagen). In der ersten Handelsperiode von 2005 bis 2007 wurden die Zertifikate den Unternehmen kostenlos zur Verfügung gestellt, in der zweiten von 2008 bis 2012 werden etwa 10% veräußert.

Energiepolitik, Teil der allgemeinen Wirtschaftspolitik; beinhaltet die Maßnahmen, mit denen der Umfang des Energiebedarfs und die Art und Weise der Energieversorgung beeinflusst werden sollen. Eine gesicherte Energieversorgung hat für eine moderne, industriell produzierende Volkswirtschaft, vor allem unter Berücksichtigung der Begrenztheit des Angebots von Energieträgern wie Erdöl, Erdgas, Stein- und Braunkohle, eine entscheidende Bedeutung. Dieser Zusammenhang erfordert einerseits den möglichst wirtschaftlichen Einsatz der

Energieträger, gleichzeitig aber auch deren umweltschonende Nutzung. Als Ziel staatlicher Energiepolitik wird somit eine möglichst sichere, preiswerte Energieversorgung der Volkswirtschaft durch die günstigste Nutzung der Energieträger bei bestmöglichem Schutz der Umwelt angesehen.
Die Energiepolitik in der Bundesrepublik Deutschland war bis zur Erdölkrise 1973, die durch Preiserhöhungen der Erdölförderländer (OPEC-Staaten) ausgelöst wurde, hauptsächlich auf Erdöl als Rohstoff ausgerichtet. Der Erdölpreisschock wurde zum Anlass genommen, den Anteil von Erdöl als Primärenergieträger zu verringern. Des Weiteren wurde verstärkt die Nutzung anderer Energieträger wie der politisch umstrittenen Kernenergie vorangetrieben. Durch staatliche Förderung wird die Nutzung unbedenklicher Energiequellen wie Sonnen- oder Windenergie (erneuerbare Energien) verbessert.
Im Rahmen der Energiepolitik werden auch Maßnahmen ergriffen, die v. a. auf der Verbraucherseite zu einem sparsameren Umgang mit Energie führen sollen (Energiesparen). Dazu gehörten z. B. häufige Erhöhungen der Mineralölsteuer, die Wärmeschutzverordnung, die Heizungsanlagenverordnung, die Energieeinsparverordnung oder die Einführung der Ökosteuer.
Seit der Auflösung der Absatzmonopole auf dem deutschen Strommarkt im Jahr 1999 müssen die Energieversorgungsunternehmen Wettbewerbspreise kalkulieren. Die positiven Folgen der Wettbewerbsbedingungen waren Preissenkungen bei Industriestrom und bei Haushaltsstrom auf dem deutschen Strommarkt. Eine solche Entwicklung wird in Zukunft für den gesamten europäischen Strom- bzw. Energiemarkt erwartet. Da die Energiemärkte etwa für Strom und Erdgas von wenigen Anbietern dominiert werden, kommt es aus verbraucherpolitischer Sicht trotz der Vereinfachung beim Anbieterwechsel immer wieder zu Auseinandersetzungen über ungerechtfertigte Preiserhöhungen

Enteignung, der Entzug des Eigentums (*siehe* Kapitel 1) durch den Staat. In Artikel 14 Grundgesetz wird das Privateigentum garantiert. Enteignung ist aber möglich, jedoch nur aufgrund eines Gesetzes, das Art und Umfang der Entschädigung regelt, und wenn sie zum Wohl der Allgemeinheit geschieht. So kann z. B. ein Grundeigentümer enteignet werden, wenn eine Straße gebaut werden soll. Durch das Rettungsübernahmegesetz wurde im April 2009 die Grundlage für die Enteignung der durch die Finanzkrise schwer angeschlagenen Bank Hypo Real Estate gelegt.

Entflechtung, die durch den Staat bewirkte Aufspaltung von Konzernen oder marktbeherrschenden Unternehmen mit dem Ziel, den Wettbewerb zu verbessern.

ERP-Sondervermögen, seit 1953 bestehendes Sondervermögen des Bundes, das aus den DM-Gegenwerten der Marshallplanhilfen (*siehe* Kapitel 6) entstanden ist. ERP steht für **E**uropean **R**ecovery **P**rogram (Europäisches Wiederaufbauprogramm). Die Vermögensverwaltung obliegt dem Bundesministerium für Wirtschaft und Technologie, das die Mittel über die KfW-Bankengruppe der Wirtschaft zur Verfügung stellt. In der Regel werden sie als

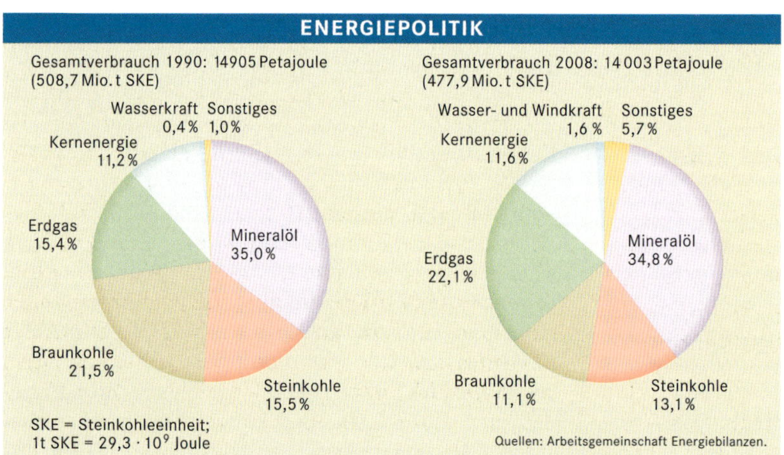

Energiepolitik.
Der Primärenergieverbrauch nach Energieträgern und der Endenergieverbrauch nach Verbrauchsbereichen in Deutschland

Kredite vergeben, wobei die Tilgungsleistungen und Zinsen dem Sondervermögen wieder zufließen. ERP-Kredite sind vor allem durch günstige Zinsen, lange Laufzeiten, durch den Verzicht auf Tilgungsleistungen in den ersten Jahren sowie eine jederzeitige Rückzahlungsmöglichkeit gekennzeichnet.
ERP-Mittel wurden in den ersten Jahren zum Wiederaufbau der deutschen Wirtschaft, vor allem zum Ausbau des Verkehrswesens und der Energieversorgung eingesetzt. Nach Beendigung der eigentlichen Phase des Wiederaufbaus wurden ERP-Kredite zur Unterstützung der Exportwirtschaft und insbesondere zur Förderung kleinerer und mittlerer Unternehmen verwendet. Seit der deutsch-deutschen Vereinigung dienten ERP-Mittel vermehrt zur Förderung von Investitionen und Existenzgründungen in Ostdeutschland (Aufbau Ost).
In der jüngeren Vergangenheit kamen vor allem Förderprogramme zur Verbesserung der Energieeffizienz in kleineren und mittleren Betrieben sowie im privaten Haus- und Wohnungsbau hinzu. So können aus dem seit 2008 aufgelegten ERP-Energieeffizienzprogramm Maßnahmen zur Energieeinsparung umgesetzt werden. Finanzielle Mittel aus dem ERP-Sondervermögen werden weiterhin zur Stärkung der Eigenkapitalbasis kleinerer und mittlerer Unternehmen, zur Existenzgründung oder zur Förderung von Innovationen in der deutschen Wirtschaft in speziellen Programmen vergeben. Neben der Wirtschaftsförderung in Deutschland werden Mittel auch im Rahmen der deutschen Entwicklungshilfe verwendet.

erster Arbeitsmarkt, Bezeichnung für den ›normalen‹ Arbeitsmarkt, auf dem Arbeits- und Beschäftigungsverhältnisse bestehen, die im Unterschied zum zweiten Arbeitsmarkt *(siehe dort)* ohne Maßnahmen der aktiven Arbeitsmarktpolitik zustande gekommen sind.

Europäische Zentralbank, Abkürzung **EZB,** seit Eintritt in die Endstufe der Europäischen Wirtschafts- und Währungsunion (EWWU) 1999 die für die Geldpolitik *(siehe dort)* zuständige Institution und quasi Nachfolgerin der Deutschen Bundesbank *(siehe dort)*. Wichtigste Aufgabe der Europäischen Zentralbank (*siehe* Kapitel 6) ist die Sicherung der Stabilität des Euro.

Existenzgründungspolitik, staatliche Maßnahmen, mit denen die Gründung von Unternehmen gefördert wird. Dazu gehört z. B. die finanzielle Förderung von Existenzgründungen (*siehe* Kapitel 7) durch Vergabe spezieller Fördermittel wie im ERP-Existenzgründungsprogramm, die Förderung der beruflichen Weiterbildung, die Beratung und Information von Existenzgründern oder steuerliche Erleichterungen für junge Unternehmen für eine bestimmte Zeit nach der Gründung.

Exportförderung, alle Maßnahmen, mit denen das Ziel verfolgt wird, der inländischen Wirtschaft den Zugang zu internationalen Märkten zu erleichtern und die Chancen auf dem Weltmarkt zu verbessern.

Feinsteuerungsoperationen, Mittel im Rahmen der Offenmarktpolitik *(siehe dort)* der Europäischen Zentralbank (EZB), die zum Ziel haben, unvorhergesehene Liquiditätsschwankungen (Veränderungen in der Versorgung mit flüssigen Mitteln) am Markt auszugleichen. Dazu werden von den Zentralbanken mit einem begrenzten Kreis von Banken Käufe oder Verkäufe von Wertpapieren ausgeführt.

Finanzmarktstabilisierungsfonds, Sonderfonds Finanzmarktstabilisierung, Abkürzung **SoFFin,** im Oktober 2008 zur Bekämpfung der internationalen Finanzmarktkrise (*siehe* Kapitel 6) geschaffenes Sondervermögen des Bundes, das von der Finanzmarktstabilisierungsanstalt mit Sitz in Frankfurt am Main verwaltet wird. Die Kosten des Fonds werden zu 65 % vom Bund und zu 35 %, höchstens jedoch 7,7 Mrd. €, von den Bundesländern getragen.
Der Fonds hat ein Volumen von 100 Mrd. € und dient der Risikoübernahme und Beteiligung an Banken, Kapitalanlagegesellschaften, Pensionsfonds und Versicherungsunternehmen mit Sitz im Inland, die durch die internationale Finanzkrise in Schwierigkeiten geraten sind. Bis zu 80 Mrd. € können für Kredite zur Beteiligung an solchen Unternehmen aufgenommen werden, 20 Mrd. € sind für die Inanspruchnahme von Garantien vorgesehen. Darüber hinaus können bis zu 400 Mrd. € als Garantien und Bürgschaften für Kredite der Banken untereinander (Interbankkredite) übernommen werden, damit der Kreditverkehr der Finanzinstitute wieder aktiviert wird (Kreditklemme, *siehe* Kapitel 10). Wer Mittel aus dem SoFFin in Anspruch nimmt, muss eine marktübliche Vergütung oder angemessene Verzin-

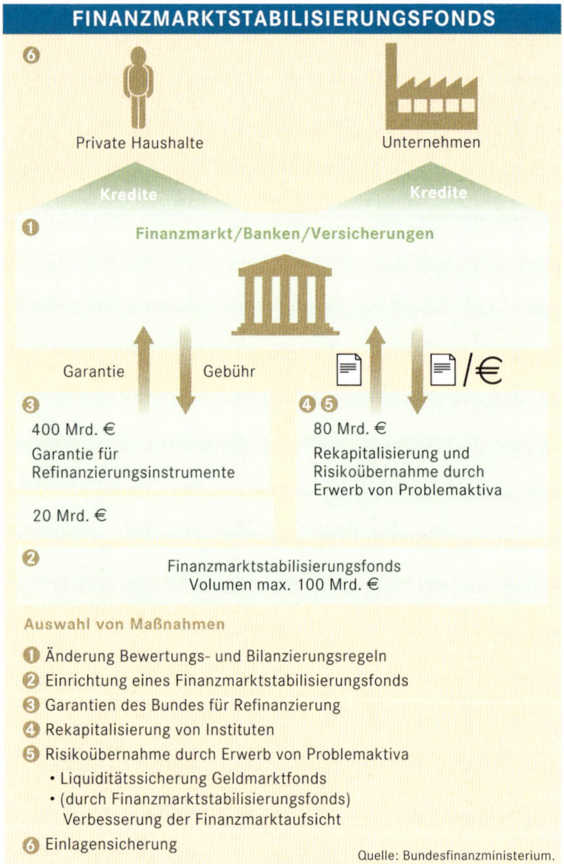

Finanzmarktstabilisierungsfonds. Ausgewählte Maßnahmen zur Stabilisierung der Finanzmärkte

sung entrichten und auch bestimmte Auflagen (z. B. bezüglich Geschäftspolitik und Managergehälter) erfüllen.

Fiskalpolitik, alle Maßnahmen des Staates, mit denen über die Veränderung der öffentlichen Einnahmen und öffentlichen Ausgaben die konjunkturelle Entwicklung gelenkt werden soll. Basierend auf den Annahmen von JOHN MAYNARD KEYNES (* 1883, † 1946) soll der Staat dabei vor allem die gesamtwirtschaftliche Nachfrage beeinflussen, um die Beschäftigung in der Volkswirtschaft zu verbessern. Die Staatsausgaben und Staatseinnahmen sollen antizyklisch, also entgegen dem Konjunkturverlauf, ausgerichtet werden. In einer Rezession muss der Staat folglich durch eine Erhöhung seiner Ausgaben über die Einnahmen die gesamtwirtschaftliche Nachfrage im Sinne einer Defizitfinanzierung *(siehe dort)* beleben und im konjunkturellen Hoch seine Ausgaben verringern, seine Einnahmen z. B. durch Steuererhöhungen steigern und Rücklagen bilden, um die wirtschaftliche Entwicklung zu drosseln.
Eine solche antizyklische Wirtschaftspolitik *(siehe dort),* die auch keynesianische Konjunkturpolitik genannt wird, wurde in der Bundesrepublik in den 1960er-Jahren und bis Mitte der 1970er-Jahre zunächst mit recht gutem Erfolg betrieben. Spätestens jedoch mit dem Auftreten der Stagflation (sinkendes Wachstum bei steigender Inflation) Mitte der 1970er-Jahre versagten die Rezepte der Globalsteuerung *(siehe dort):* Die konjunkturellen Ausschläge wurden verstärkt und die Verschuldung der öffentlichen Haushalte stieg stark an.

Fördergebiete, strukturschwache Regionen, die im Rahmen der Regionalpolitik *(siehe dort)* wirtschaftlich besonders gefördert werden, um gleiche Lebensverhältnisse für die Bevölkerung in allen Teilen Deutschlands zu erreichen. Regionen, denen eine besondere wirtschaftliche Förderung zuteil wird, sind z. B. die neuen Bundesländer oder die Küstengebiete von Nord- und Ostsee.

Forschungspolitik, Teil der Technologiepolitik *(siehe dort).*

Fünf Weise, umgangsprachliche Bezeichnung für den Sachverständigenrat zur Begutachtung der gesamtwirtschaftlichen Entwicklung *(siehe dort).*

Fusionskontrolle, Zusammenschlusskontrolle, Maßnahme zur Sicherung des marktwirtschaftlichen Wettbewerbs. Unternehmenszusammenschlüsse, aus denen eine marktbeherrschende Stellung entstehen könnte, sollen verhindert und der wirtschaftliche Konzentrationsprozess eingedämmt werden. In Deutschland wird die Fusionskontrolle aufgrund des Gesetzes gegen Wettbewerbsbeschränkungen (Kartellgesetz) durch das Bundeskartellamt *(siehe dort)* ausgeübt. Auf europäischer Ebene obliegt die Überwachung von Unternehmenszusammenschlüssen der EU-Kommission.
Unternehmen müssen nach dem Kartellgesetz beabsichtigte Fusionen (*siehe* Kapitel 2) beim Bundeskartellamt anmelden, sobald festgelegte Größen, Beschäftigtenzahlen oder Marktanteile überschritten werden. Sofern durch die Fusion eine marktbeherrschende Stellung entsteht, kann ein Unternehmenszusammenschluss untersagt werden.

Geldmengenziel, vor Beginn der Europäischen Wirtschafts- und Währungsunion von der Deutschen Bundesbank und seit Beginn des Jahres 1999 von der Europäischen Zentralbank jährlich im Voraus festgelegte, beabsichtigte Ausweitung der Geldmenge (*siehe* Kapitel 3).

GELDMENGENZIEL

Am 1. Dezember 1998 hat der EZB-Rat das erste Geldmengenziel beschlossen, das eine wichtige Rolle im Rahmen der geldpolitischen Strategie des ESZB spielt. Danach soll die Geldmenge in der Definition M3 um jährlich 4,5 Prozent wachsen. Den Spielraum für das Geldmengenwachstum hat der EZB-Rat folgendermaßen berechnet:

	Inflationsrate der Eurozone (gemessen anhand des harmonisierten Verbraucherpreis-Index):	0 - 2 Prozent
+	trendmäßiges Wachstum des Bruttoinlandprodukts in der Eurozone	2 - 2,5 Prozent
+	Abnahme der Umlaufgeschwindigkeit der Eurogeldmenge	0,5 - 1 Prozent
=	**Spielraum für das Euro-Geldmengenwachstum**	2,5 - 5,5 Prozent

Geldmengenziel. Die Ableitung des Geldmengenziels der Europäischen Zentralbank

Geldpolitik, alle Maßnahmen, mit denen vor allem die Zentralbank den Geldumlauf und die Geld- und Kreditversorgung der Wirtschaft steuert. Wichtigstes Ziel ist dabei die Sicherung der Währung, also die Erhaltung des Geldwertes innerhalb der Volkswirtschaft (Preisniveaustabilität) und die Stabilität der Kaufkraft nach außen. Das erfordert vor allem die Steuerung der umlaufenden Geldmenge (*siehe* Kapitel 3), da Geld einerseits so knapp sein muss, dass der Geldwert nicht leidet, andererseits aber eine ausreichende Versorgung der Wirtschaft mit Geld gewährleistet werden muss, um sämtliche Geldgeschäfte abwickeln zu können.

Die Steuerung der Geldmenge erfolgt dabei über Maßnahmen zur Beeinflussung der Zinssätze durch die Zinspolitik *(siehe dort)* und über die Beeinflussung der Bankenliquidität durch die Liquiditätspolitik *(siehe dort)*. Träger der Geldpolitik war in Deutschland bis Ende 1998 die Deutsche Bundesbank *(siehe dort)*. Seit dem 1. 1. 1999 ist das Europäische System der Zentralbanken (ESZB) mit der Europäischen Zentralbank (EZB) an der Spitze für die Geldpolitik in der Europäischen Wirtschafts- und Währungsunion (EWWU) verantwortlich. Zur Erfüllung ihrer Aufgaben verfügt die EZB über verschiedene geldpolitische Mittel der Offenmarktpolitik *(siehe dort)*, der Mindestreservepolitik *(siehe dort)* sowie über ständige Fazilitäten *(siehe dort)*, die zum Teil der Lombardpolitik *(siehe dort)* der Bundesbank entsprechen. Die Diskontpolitik *(siehe dort)* gibt es nicht mehr.

Gemeinlastprinzip, Leitlinie der Umweltpolitik, nach der die Kosten, die mit der Vermeidung oder der Beseitigung von Umweltschäden verbunden sind, der Allgemeinheit angelastet werden. Angewendet wird das Gemeinlastprinzip z. B. bei öffentlichen Kläranlagen oder Mülldeponien (Gegenteil: Verursacherprinzip).

gesamtwirtschaftliches Gleichgewicht, die gleichzeitige Verwirklichung der wirtschaftspolitischen Hauptziele des magischen Vierecks *(siehe dort)*: Preisstabilität, Vollbeschäftigung, außenwirtschaftliches Gleichgewicht sowie stetiges und angemessenes Wirtschaftswachstum.

Gewerkschaften, freiwillige Vereinigungen von Arbeitnehmern zur Vertretung ihrer sozialen und wirtschaftlichen Interessen. Im Rahmen der durch das Grundgesetz garantierten Tarifautonomie (*siehe* Kapitel 8) haben die Gewerkschaften zusammen mit den Arbeitgeberverbänden das Recht, die Arbeitsbedingungen (z. B. Lohnhöhe, Arbeitszeit oder Urlaub) selbstständig festzulegen. Einzelne Aufgaben der Gewerkschaften sind z. B. die Verbesserung der Arbeitsbedingungen, die Sicherung von Arbeitsplätzen, die Vertretung von Arbeitnehmern vor Arbeitsgerichten oder das Führen von Tarifverhandlungen und der Abschluss von Tarifverträgen (*siehe* Kapitel 8). Die wichtigste Dachorganisation ist der Deutsche Gewerkschaftsbund *(siehe dort)*.

Globalsteuerung, die Beeinflussung volkswirtschaftlicher Gesamtgrößen wie Wachstum, Volkseinkommen, Preisniveau, Investitionen, Außenhandel oder Beschäftigung durch die Wirtschafts- und Geldpolitik. Die Globalsteuerung ist darauf gerichtet, Konjunkturschwankungen und deren negative Begleiterscheinungen (Arbeitslosigkeit, Inflation) zu verhindern und ein gesamtwirtschaftliches Gleichgewicht zu erreichen.
Die Beeinflussung der gesamtwirtschaftlichen Größen soll entsprechend der konjunkturellen Lage

durch verschiedene Maßnahmen der Fiskalpolitik (z. B. Steuererhöhungen oder -senkungen), der Geldpolitik (z. B. Zinssatzveränderungen), der Außenwirtschaftspolitik (z. B. Wechselkursänderungen) oder der Einkommens- und Tarifpolitik erfolgen. Die Maßnahmen der Globalsteuerung sind darauf gerichtet, die konjunkturelle Entwicklung zu verstetigen, was einen antizyklischen Einsatz der wirtschaftspolitischen Mittel erforderlich macht. Entscheidungsträger im Rahmen der Globalsteuerung sind Bund, Länder und Gemeinden sowie die Zentralbank. Darüber hinaus tragen die Tarifpartner eine Mitverantwortung.
Wirtschaftspolitik unter dem Aspekt der Globalsteuerung und im Sinne des Keynesianismus (*siehe* Kapitel 3) wurde vor allem während der Amtszeit (1966–72) des Wirtschaftsministers KARL SCHILLER (* 1911, † 1994) betrieben. Die Hoffnungen, die mit diesem Konzept und dem Stabilitätsgesetz *(siehe dort)* verbunden wurden, erfüllten sich jedoch spätestens mit dem Auftreten der Stagflation Mitte der 1970er-Jahre nicht. Dass die Globalsteuerung damals nicht die gewünschten Wirkungen hatte, lag neben dem Einfluss von Interessengruppen auf die Wirtschaftspolitik auch am Problem des zeitgerechten Einsatzes der wirtschaftspolitischen Instrumente begründet. Verzögerungen, die Timelags *(siehe dort)*, zwischen der richtigen Vorhersage oder Erkennung einer konjunkturellen Situation und der Auswahl sowie dem Einsatz der richtigen wirtschaftspolitischen Mittel können eine Verstärkung konjunktureller Ausschläge bewirken, statt sie zu glätten.

Handwerkskammer, Abkürzung **HWK,** die gesetzlich vorgeschriebene Einrichtung zur Interessenvertretung und Selbstverwaltung des Handwerks in einem bestimmten Bezirk. Die Handwerksbetriebe sind zur Mitgliedschaft in der Handwerkskammer verpflichtet. Aufgaben der Handwerkskammern sind z. B. die Führung der Handwerksrolle, in die sämtliche Mitgliedsbetriebe eingetragen werden, die Organisation und Durchführung von Prüfungen, die Regelung und Überwachung der Berufsausbildung oder die betriebswirtschaftliche, rechtliche oder organisatorische Beratung von Handwerksbetrieben.
Die 53 Handwerkskammern sind Körperschaften des öffentlichen Rechts und unterstehen der Aufsicht durch das jeweilige Landeswirtschaftsministerium. Sie gehören dem Zentralverband des Deutschen Handwerks *(siehe dort)* an.

Hauptrefinanzierungsgeschäfte, wichtiges geldpolitisches Mittel im Rahmen der Offenmarktpolitik *(siehe dort)* der Europäischen Zentralbank (EZB). Mithilfe der Hauptrefinanzierungsgeschäfte steuert die EZB im Euroraum die Zinsen, die Entwicklung der Geldmenge und setzt für den Bankensektor Signale für ihren geldpolitischen Kurs.
Die Hauptrefinanzierungsgeschäfte der EZB entsprechen den von der Bundesbank früher durchgeführten Wertpapierpensionsgeschäften *(siehe dort)*. Die EZB bietet dabei wöchentlich den Kreditinstituten Zentralbankgeld auf dem Ausschreibungsweg als Standardtender mit 14-tägiger Laufzeit an. Sie werden entweder als Mengentender *(siehe dort)* mit Zinsfestlegung durch die EZB oder als Zinstender mit Abgabe von Zinsgeboten durch die Geschäftsbanken angeboten. Die Geschäftsbanken können bei Bedarf wöchentlich ihre Zins- oder Mengengebote abgeben und sich dadurch zeitlich befristet Zentralbankgeld bei der EZB beschaffen. Dafür müssen sie jedoch Sicherheiten in Form von Wertpapieren bei der EZB hinterlegen. Jede Verteuerung ihrer Geldbeschaffung bei der EZB werden die Geschäftsbanken über die Zinssätze für Kredite an ihre Kunden weitergeben. Der für die Hauptrefinanzierungsgeschäfte von der EZB festgelegte Zinssatz ist damit der wichtigste Leitzins im Euroraum und hat Einfluss auf sämtliche Zinsen der Banken.

Hochlohnland Deutschland, Begriff, der deutlich machen soll, dass in Deutschland die Arbeitskosten *(siehe dort)* im internationalen Vergleich überproportional hoch sind.

Hochzinspolitik, ein geldpolitischer Kurs der Zentralbank, bei dem die Zinsen für wichtige Refinanzierungsgeschäfte mit Geschäftsbanken erhöht oder auf hohem Niveau gehalten werden. Damit wird eine Senkung der Nachfrage nach Krediten bei den Banken angestrebt, die steigende Kosten der Geldbeschaffung an ihre Kunden weitergeben.

Importbeschränkung, staatliche Maßnahmen zur Begrenzung von Einfuhren mit dem Ziel, den Binnenmarkt zu schützen oder die Handelsbilanz zu verbessern. Eine Form von Importbeschränkungen sind z. B. Importkontingente, mit denen eine mengenmäßige Begrenzung von Einfuhren festgelegt

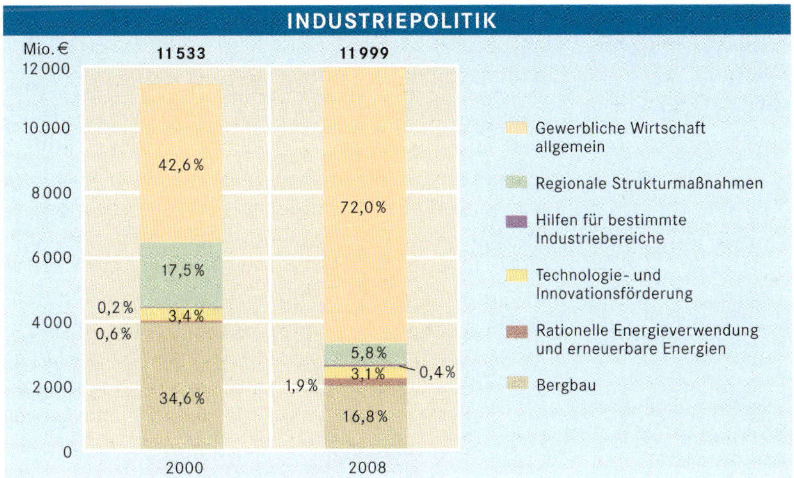

Industriepolitik. Entwicklung der Finanzhilfen und Steuervergünstigungen des Bundes für die gewerbliche Wirtschaft

wird. Auch können Importabgaben z. B. in Form von Zöllen oder Steuern (Einfuhrumsatzsteuer) auf Einfuhren erhoben werden.

Industriepolitik, die Gesamtheit aller auf Erhaltung, Gestaltung, Anpassung und Förderung der Industrie gerichteten regional- und strukturpolitischen Maßnahmen des Staates (Bund, Länder, Kommunen) bzw. der Europäischen Union. Im neueren Sprachgebrauch auch Synonym für die gesamte sektorale Strukturpolitik *(siehe dort).* Wichtige Instrumente sind Subventionen (*siehe* Kapitel 5) und Steuervergünstigungen, aber auch die Schaffung günstiger Standortbedingungen im Rahmen der Infrastrukturpolitik *(siehe dort)* oder der Technologiepolitik *(siehe dort).*

Industrie- und Handelskammern, Abkürzung **IHK,** die gesetzlich bestimmten Interessenvertretungen der Unternehmen aus den Bereichen Industrie, Handel und Verkehr. Alle im Kammerbezirk tätigen Gewerbetreibenden, außer selbstständige Handwerker, Angehörige freier Berufe und landwirtschaftlicher Betriebe, gehören der IHK als Pflichtmitglieder an. Mitglied bei einer IHK ist damit sowohl die Großbank als auch der Einzelhändler oder der Tankstellenbesitzer.
Die Aufgaben der Industrie- und Handelskammern sind im Wesentlichen die Vertretung der Interessen der ihnen angehörenden Betriebe, die Beratung und Unterstützung von Behörden sowie die Aufgaben im Rahmen der Berufsbildung im gewerblichen und kaufmännischen Bereich wie die Abnahme von Prüfungen. Spitzenorganisation ist der Deutsche Industrie- und Handelskammertag *(siehe dort).*

Infrastrukturpolitik, staatliche Maßnahmen, die darauf gerichtet sind, die Infrastruktur eines Landes oder einer Region zu verbessern. Die Infrastruktur wird z. B. gebildet durch Verkehrswege (Straßen, Flughäfen, Eisenbahnlinien), Energieversorgung (Strom, Gas, Wasser), Kommunikationseinrichtungen, Bildungseinrichtungen (Schulen, Universitäten) oder öffentliche Einrichtungen (Krankenhäuser, Kindergärten). Sie hat einen großen Einfluss auf das reibungslose Funktionieren aller Wirtschaftsabläufe. Ist sie gut entwickelt, fördert sie die wirtschaftliche Entwicklung von Regionen und der Volkswirtschaft und ist damit auch ein wichtiger Standortfaktor für Unternehmen.

Innovationspolitik, Teil der Technologiepolitik *(siehe dort).*

Intervention, staatlicher Eingriff in den Wirtschaftsablauf, um Marktentwicklungen so zu gestal-

INDUSTRIE- UND HANDELSKAMMERN

IHK Rhein-Neckar

Industrie- und Handelskammern. Das Logo der Industrie- und Handelskammer Rhein-Neckar in Mannheim

ten, wie es wünschenswert ist. Interventionen der Zentralbanken sind an den Devisenmärkten eine übliche Vorgehensweise, um durch An- und Verkäufe den Wechselkurs ihrer Währungen zu beeinflussen.

Interventionismus, Bezeichnung für eine Wirtschaftspolitik, bei der vom Staat in den Wirtschaftsprozess eingegriffen wird, um bestimmte Ziele wie Vollbeschäftigung zu erreichen. Interventionismus wird damit gerechtfertigt, dass der Markt nicht in der Lage ist, bestimmte wirtschafts- und sozialpolitische Vorstellungen zu verwirklichen.

Investitionslenkung, alle staatlichen Maßnahmen zur Beeinflussung unternehmerischer Investitionsentscheidungen. Investitionslenkung kann indirekt erfolgen, z. B. über steuerliche Anreize für bestimmte Investitionen, staatliche Zuschüsse oder die Verbesserung von Abschreibungsmöglichkeiten. Direkte Investitionslenkung geschieht durch Verbot (staatliche Genehmigungen) oder Gebot bestimmter Investitionen. In Deutschland wird Investitionslenkung nur auf indirektem Weg betrieben.

Investitionspolitik, Investitionsförderung, alle Maßnahmen staatlicher Wirtschaftspolitik, die auf die Beeinflussung der Investitionstätigkeit von Unternehmen ausgerichtet sind. Dazu zählen auch **Investitionsprogramme** als staatliche Maßnahmenpakete zur Belebung der Investitionstätigkeit. Solche Programme beinhalten z. B. die verstärkte Vergabe staatlicher Aufträge, Investitionszulagen oder steuerliche Anreize für Investoren und werden aufgelegt, um z. B. Arbeitslosigkeit abzubauen und die Beschäftigung in der Volkswirtschaft zu verbessern.

Investitionszulage, vom Staat für die Durchführung von bestimmten Investitionen, die aus gesamtwirtschaftlicher Sicht wünschenswert sind, gewährter Zuschuss. Sie sind für das begünstigte Unternehmen staatliche Geldmittel, die nicht zurückgezahlt werden müssen. Investitionszulagen haben im Vergleich zu Sonderabschreibungen den Vorteil, dass auch solche Unternehmen davon begünstigt werden, die keine Gewinne erwirtschaften, da sie ihnen direkt zufließen.

Jahresgutachten, jährlich Mitte November vom Sachverständigenrat zur Begutachtung der gesamtwirtschaftlichen Entwicklung *(siehe dort)* vorgelegter Bericht. Darin nimmt der Sachverständigenrat zur konjunkturellen Lage sowie deren weiterer Entwicklung Stellung und gibt Empfehlungen für mögliche wirtschaftspolitische Maßnahmen an die Bundesregierung ab.

Jahreswirtschaftsbericht, nach dem Stabilitätsgesetz von der Bundesregierung jährlich im Januar dem Bundestag vorzulegender Bericht. Darin müssen die wirtschafts- und finanzpolitischen Ziele des laufenden Jahres sowie die geplanten Maßnahmen mitgeteilt und zum Jahresgutachten des Sachverständigenrats zur Begutachtung der gesamtwirtschaftlichen Entwicklung Stellung genommen werden.

Kartellbehörden, Wettbewerbsbehörden, Bezeichnung für die staatlichen Dienststellen, die für die Kontrolle und Anwendung des Gesetzes gegen Wettbewerbsbeschränkungen (Kartellgesetz) zuständig sind. Grundsätzlich sind dies das Bundeskartellamt *(siehe dort)* und der Bundeswirtschaftsminister sowie auf europäischer Ebene die Europäische Kommission.

Kartellgesetz, Gesetz gegen Wettbewerbsbeschränkungen, Bundesgesetz, das die rechtlichen Voraussetzungen zur Sicherung und Erhaltung des Wettbewerbs, eines wesentlichen Gestaltungselements der sozialen Marktwirtschaft, schaffen soll. Das GWB, so die Abkürzung, ist wesentliche Grundlage für die Wettbewerbspolitik *(siehe dort).*

Kartellverbot: Nach dem Gesetz gegen Wettbewerbsbeschränkungen (§ 1 GWB) sind grundsätzlich alle Verträge, die zwischen Unternehmen zu dem Zweck geschlossen werden, die Marktverhältnisse durch Beschränkung des Wettbewerbs zu beeinflussen, verboten. Mit dem allgemeinen Verbot von Kartellen (*siehe* Kapitel 2) werden die rechtlichen Voraussetzungen zur Sicherung der Wettbewerbsordnung geschaffen. Allerdings gibt es auch eine Anzahl von kartellrechtlichen Ausnahmen.

KfW Bankengruppe, Abkürzung **KfW,** öffentlich-rechtliches Kreditinstitut, an dem der Bund (80 %) und die Länder (20 %) beteiligt sind. Die Bank entstand 2003 aus der 1948 gegründeten **Kreditanstalt für Wiederaufbau** (KfW) und der 1950 unter dem Namen Bank für Vertriebene und Geschädigte (Lastenausgleichsbank) gegründeten **Deutschen**

Ausgleichsbank (DtA, Name seit 1986, seit 2003 als KfW Mittelstandsbank integriert).
Zur KfW Bankengruppe gehören heute die KfW Mittelstandsbank, die KfW Privatkundenbank und KfW Kommunalbank, die KfW IPEX-Bank und die KfW Entwicklungsbank sowie die Deutsche Investitions- und Entwicklungsgesellschaft (DEG). Die KfW hat die grundsätzliche Aufgabe, der Förderung der deutschen Wirtschaft und damit z. B. in den Bereichen Mittelstand und Existenzgründung, Wohnungswirtschaft, Umweltschutz und Infrastruktur sowie Bildungsförderung oder Export- und Projektfinanzierung in Entwicklungsländern zu einer dauernden Verbesserung der wirtschaftlichen, sozialen und ökologischen Wirtschafts- und Lebensbedingungen beizutragen. Bei der Privatisierung von Bundesunternehmen wirkt die KfW zudem als Beraterin des Bundes.
Anschrift: Palmengartenstraße 5–9, 60325 Frankfurt am Main; Telefon: 069 74310; Internet: www.kfw.de.

Kohlepfennig, umgangssprachliche Bezeichnung für die von allen Stromverbrauchern zu bezahlende Ausgleichsabgabe, mit der 1974–95 die Verstromung deutscher Steinkohle bezuschusst wurde. 1995 musste der Kohlepfennig abgeschafft werden.

Konjunkturausgleichsrücklage, im Stabilitätsgesetz vorgesehenes Mittel der Konjunkturpolitik. Der Staat soll dabei im Sinne einer antizyklischen Wirtschaftspolitik in Zeiten der Hochkonjunktur erzielte Steuermehreinnahmen bei der Zentralbank so lange stilllegen, bis eine rückläufige konjunkturelle Entwicklung eintritt und die Wirtschaft wieder durch höhere Staatsausgaben und zusätzliche öffentliche Aufträge belebt werden muss.

Konjunkturpaket, Kurzbezeichnung für zwei Konjunkturprogramme der Bundesregierung. Das **Konjunkturpaket I** ›Beschäftigungssicherung durch Wachstumsstärkung‹ vom 5. 11. 2008 sollte die als Folge der Finanzmarktkrise (*siehe* Kapitel 6) ausgelöste konjunkturelle Abschwächung im Jahr 2008 verringern. Zu dem Maßnahmepaket zählten u. a. verbesserte Abschreibungsmöglichkeiten für Unternehmen, Erhöhungen der Finanzmittel des Gebäudesanierungsprogramms, ein Investitionsprogramm Verkehr, Verlängerung der Bezugsdauer von Kurzarbeitergeld, Ausbau des Sonderprogramms für ältere und geringqualifizierte Arbeitnehmer.
Das **Konjunkturpaket II** ›Entschlossen in der Krise, stark für den nächsten Aufschwung‹ vom 12. 1. 2009 sollte die sich abzeichnende Rezession im Jahr 2009 abmildern. Wichtige Maßnahmen waren u. a. ein Programm für öffentliche Investitionen in Bildung, Infrastruktur und Informationstechnologie von insgesamt 14 Mrd. €, ein Kredit- und Bürgschaftsprogramm der KfW Bankengruppe für eine bessere Kreditversorgung von Unternehmen im Umfang von 100 Mrd. €, die Erhöhung der Mittel für Qualifizierungsmaßnahmen der Bundesagentur für Arbeit, die Senkung der Beitragsätze zur Arbeitslosenversicherung von 3,2 auf 2,8 % und zur Krankenversicherung von 15,5 auf 14,9 %, die Verringerung des Eingangsteuersatzes und Erhöhung des Grundfreibetrags beim Einkommensteuertarif (*siehe* Kapitel 5) sowie die Reform der Kraftfahrzeugsteuer (*siehe* Kapitel 5) und die befristete Einführung einer Umweltprämie *(siehe dort)* für Pkw-Käufe.

Konjunkturpolitik, alle wirtschaftspolitischen Maßnahmen des Staates, die darauf gerichtet sind, die gesamtwirtschaftlichen Schwankungen, die Konjunktur *(siehe dort),* zu glätten und eine möglichst beständige wirtschaftliche Entwicklung zu bewirken. Die stetige Wirtschaftsentwicklung soll dabei vor allem bei Vollbeschäftigung erreicht werden, weshalb häufig auch von Konjunktur- und Beschäftigungspolitik *(siehe dort)* gesprochen wird.
Die Konjunkturpolitik basiert vor allem auf den Erkenntnissen von JOHN MAYNARD KEYNES (* 1883, † 1946) und seiner Beschäftigungstheorie, dem Keynesianismus (*siehe* Kapitel 2). Die konjunkturpolitischen Ziele und Mittel sind in der Bundesrepublik in verschiedenen Gesetzen, vor allem aber im Stabilitätsgesetz verankert: Stabilität des Preisniveaus, hoher Beschäftigungsstand, außenwirtschaftliches Gleichgewicht sowie stetiges und angemessenes Wirtschaftswachstum.
Wesentliche Teilbereiche der Konjunkturpolitik sind: 1) die Fiskalpolitik *(siehe dort),* vor allem als antizyklische, d. h. gegen den Konjunkturverlauf gerichtete Einnahmen- und Ausgabenpolitik; 2) die Geldpolitik *(siehe dort),* für die seit 1999 nicht mehr die Deutsche Bundesbank zuständig ist, sondern die Europäische Zentralbank; 3) die Außenwirtschaftspolitik *(siehe dort);* 4) die Lohnpolitik *(siehe dort),* für die Gewerkschaften und Arbeitgeberverbände verantwortlich sind.

Konjunkturprogramm, ein zeitlich befristetes Maßnahmenbündel, das der Staat im Rahmen seiner Konjunkturpolitik zur Belebung der Wirtschaft und vor allem zur Verbesserung der Beschäftigung im Abschwung einsetzt. Konjunkturprogramme enthalten z. B. verstärkte öffentliche Aufträge (z. B. Bau von Straßen, Stadtsanierungen, Umweltschutzinvestitionen), Gewährung von Investitionszulagen (z. B. in strukturschwachen Regionen zur Schaffung von Arbeitsplätzen) oder die Gewährung steuerlicher Vergünstigungen (z. B. verbesserte Abschreibungsmöglichkeiten).
Konjunkturprogramme wurden im Rahmen der antizyklischen Wirtschaftspolitik häufig in den 1970er-Jahren aufgelegt, um die Beschäftigung zu fördern. Solche Eingriffe des Staates in die Wirtschaft haben jedoch häufig nur kurzfristig eine positive Wirkung und verringern oft die wirtschaftliche Dynamik. Eine Rennaissance erlebten sie im Rahmen der Bekämpfung der internationalen Finanzmarkt- und Wirtschaftskrise seit 2008 durch die sogenannten Konjunkturpakete *(siehe dort).*

Konjunkturrat für die öffentliche Hand, durch das Stabilitätsgesetz geschaffenes Gremium, um die konjunkturpolitischen Maßnahmen von Bund, Ländern und Gemeinden abzustimmen.

Konsumgutschein, eine vom Staat ausgegebene Gutschrift oder ein Bon über einen bestimmten Geldbetrag mit dem Ziel, den Bürgern mehr Geld für Konsumausgaben zu verschaffen. Der Konsumgutschein ist eine in Deutschland nicht realisierte Maßnahme der Konjunkturpolitik zur Ankurbelung der Wirtschaft, um die Auswirkungen der Finanzmarktkrise zu bekämpfen.

Konzertierte Aktion, nach dem Stabilitätsgesetz das aufeinander abgestimmte Verhalten der Gebietskörperschaften (Bund, Länder) und der Tarifparteien (Gewerkschaften und Arbeitgeberverbände) zur Erreichung der gesamtwirtschaftlichen Ziele Preisniveaustabilität, hoher Beschäftigungsstand, außenwirtschaftliches Gleichgewicht, stetiges und angemessenes Wirtschaftswachstum; zugleich auch Bezeichnung für das dazu 1967 eingerichtete Gesprächsforum. Nach Konflikten zwischen den beteiligten Arbeitgeberverbänden und Gewerkschaften wurde die Arbeit 1977 eingestellt.

Kreditanstalt für Wiederaufbau, die KfW Bankengruppe *(siehe dort).*

Landeszentralbanken, Abkürzung **LZB,** bis April 2002 Bezeichnung für die **Hauptverwaltungen** der Deutschen Bundesbank. Die wichtigsten Aufgaben der neun Hauptverwaltungen sind die Versorgung der Geschäftsbanken mit Bargeld vor Ort und die Abwicklung des Zahlungsverkehrs.

längerfristige Refinanzierungsgeschäfte, Basistender, geldpolitische Mittel der Europäischen Zentralbank (EZB) im Rahmen der Offenmarktpolitik *(siehe dort)* zur Beeinflussung der Zinssätze und der Geldmenge im Euroraum. Dabei bietet die EZB den Geschäftsbanken im monatlichen Rhythmus Zentralbankgeld im Ausschreibungsverfahren mit einer Laufzeit von drei Monaten an, in der Regel als Zinstender, also gegen Abgabe eines Zinsgebots durch die Geschäftsbanken. Die Basistender der EZB ermöglichen den Geschäftsbanken eine längerfristige Versorgung mit Zentralbankgeld (Basisrefinanzierung) und ergänzen damit die in der Laufzeit kürzeren Hauptrefinanzierungsgeschäfte.

Leitzinssatz, Zinssatz der Zentralbank für Refinanzierungskredite an die Geschäftsbanken. Der Leitzins dient als Instrument der Geldpolitik, da er das allgemeine Zinsniveau beeinflusst; eine Anhebung signalisiert einen restriktiven geldpolitischen Kurs. Als Leitzinssätze galten bei der Deutschen Bundesbank der Diskontsatz, der Lombardsatz und der Zinssatz für Wertpapierpensionsgeschäfte. Die Europäische Zentralbank orientiert sich bei ihrer Zinspolitik *(siehe dort)* an den Zinssätzen für die ständigen Fazilitäten *(siehe dort)* sowie für die Hauptrefinanzierungsgeschäfte *(siehe dort)* und die längerfristigen Refinanzierungsgeschäfte *(siehe dort).*

Liberalisierung, die Beseitigung von gesetzlichen Vorschriften, die den Wettbewerb behindern oder den freien Zutritt zu Märkten erschweren. Vor allem durch die Europäische Kommission wurden im Zusammenhang mit der Schaffung des Europäischen Binnenmarktes verschiedene Maßnahmen zur Liberalisierung z. B. im Telekommunikations- und im Verkehrsbereich in Europa umgesetzt. In Deutschland wurden Ende der 1990er-Jahre die Märkte für Telekommunikation und Energie geöffnet und dadurch Wettbewerb ermöglicht. Weitere Maßnahmen der Deregulierung *(siehe dort)* waren die Reform der Deutschen Bundesbahn und der Deutschen Bundespost.

Liquiditätspolitik, die Möglichkeit der Zentralbank, über geldpolitische Mittel wie die Veränderung von Mindestreservesätzen im Rahmen der Mindestreservepolitik *(siehe dort)* oder durch Veränderungen der Zinssätze für Refinanzierungsgeschäfte im Rahmen der Zinspolitik *(siehe dort)* die Liquidität der Geschäftsbanken zu beeinflussen.

Lohnleitlinien, verbindliche Vorgaben des Staates für die Tarifvertragsparteien, in deren Rahmen sich die Verhandlungen über die Höhe von Löhnen und Gehältern abspielen sollen. In Deutschland wird die Höhe der Arbeitsentgelte in Tarifverhandlungen für die einzelnen Branchen von Arbeitgeberverbänden und Gewerkschaften ohne staatlichen Eingriff und ohne bindende Vorgaben festgelegt.

Lohnnebenkosten, Teil der Arbeitskosten *(siehe dort).*

Lohnpolitik: In Deutschland wird die Lohnpolitik nicht durch den Staat vorgenommen oder bestimmt, sondern von Arbeitgeberverbänden und Gewerkschaften (Tarifvertragsparteien), die in Tarifverhandlungen die Höhe von Löhnen und Gehältern, aber auch die sonstigen Arbeitsbedingungen für die Arbeitnehmer einer Branche oder eines Tarifgebietes aushandeln. Deshalb wird auch von Tarifpolitik *(siehe dort)* gesprochen.
Die Tarifautonomie, also das Recht der Tarifvertragsparteien, Arbeitsbedingungen und Lohnhöhe ohne staatlichen Eingriff auszuhandeln, wird vom Grundgesetz garantiert. Durch arbeits- und sozialrechtliche Gesetze, Verordnungen und Vorschriften nimmt der Staat jedoch erheblichen Einfluss auf die Arbeitsbedingungen und setzt einen gesetzgeberischen Rahmen, innerhalb dessen sich die Tarifpartner bewegen.
Die Höhe von Löhnen und Gehältern bestimmt wesentlich die Arbeitskosten mit und beeinflusst die Situation am Arbeitsmarkt (*siehe* Kapitel 3). Im Zusammenhang mit der Konjunktur- und Beschäftigungspolitik wird immer wieder darauf hingewiesen, dass die Löhne und Gehälter nur im Ausmaß der Steigerung der Arbeitsproduktivität erhöht werden sollen **(produktivitätsorientierte Lohnpolitik).**

Lombardpolitik, ein geldpolitisches Instrument der Deutschen Bundesbank. Dabei wurde ein Zinssatz festgesetzt (Lombardsatz), zu dem die Geschäftsbanken bei der Bundesbank bestimmte Wertpapiere beleihen konnten (Lombardkredit). Unter den geldpolitischen Instrumenten der Europäischen Zentralbank entspricht dem Lombardkredit die Spitzenrefinanzierungsfazilität *(siehe dort).*

magisches Viereck, die vier wirtschaftspolitischen Hauptziele nach dem Stabilitätsgesetz: Stabilität des Preisniveaus, hoher Beschäftigungsgrad, außenwirtschaftliches Gleichgewicht sowie stetiges und angemessenes Wirtschaftswachstum. Diese vier Ziele werden deshalb als ›magisch‹ bezeichnet, weil sie nicht alle gleichzeitig verwirklicht werden können. Zwischen den einzelnen Zielen bestehen vielmehr Konflikte und Wechselwirkungen, sodass sich wirtschaftspolitische Maßnahmen zur Erreichung eines Ziels negativ auf die Realisierung anderer Ziele auswirken können. Dies wird auch durch die Phillips-Kurve (*siehe* Kapitel 3) verdeutlicht.
Konflikte bestehen z. B. zwischen den Zielen Preisstabilität und hoher Beschäftigungsgrad. So werden z. B. Zinserhöhungen als Maßnahme zur Stabilisierung des Preisniveaus die Investitionstätigkeit drosseln, was wiederum negativ für die Erreichung eines hohen Beschäftigungsgrades ist.

magisches Viereck. Das magische Viereck der Wirtschaftspolitik

Marktkonformität, Bezeichnung für ein Merkmal, das zur Beurteilung von wirtschaftspolitischen Handlungsweisen des Staates herangezogen wird. Staatliche Maßnahmen gelten dann als marktkonform, wenn sie mit der marktwirtschaftlichen Ordnung vereinbar sind und das Zusammenwirken von Angebot und Nachfrage am Markt nicht behindern, sondern begünstigen, z. B. Gesetze, die den Wettbewerb sichern sollen. Nicht marktkonform sind staatliche Maßnahmen, die den Markt- und Preismechanismus stören, wie Höchst- oder Mindestpreise.

Marktversagen: Marktversagen liegt vor, wenn der Marktmechanismus aus Angebot und Nachfrage nicht zu den volkswirtschaftlich wünschenswerten Ergebnissen führt und die Produktionsfaktoren nicht so verwendet werden, dass sie den größtmöglichen Ertrag für die Gesamtwirtschaft bringen.
In Fällen des Marktversagens, z. B. bei externen Effekten (*siehe* Kapitel 2), öffentlichen Gütern (*siehe* Kapitel 5) oder Monopolen (*siehe* Kapitel 2), greift der Staat in das Marktgeschehen ein, um Nachteile von Verbrauchern oder anderen Anbietern zu verhindern oder volkswirtschaftlich sinnvollere Ergebnisse zu erreichen.
So werden vom Staat z. B. Forschungs- und Entwicklungsarbeiten von Unternehmen finanziell unterstützt, um damit einen Anreiz zu schaffen, Grundlagenforschung zu betreiben, die für das einzelne Unternehmen hohe Kosten verursacht, gleichzeitig aber das Know-how in der gesamten Volkswirtschaft verbessert, wovon auch andere Unternehmen profitieren. Ohne solche staatlichen Aktivitäten würde in Unternehmen eventuell weniger geforscht, da die Kosten ausschließlich das forschende Unternehmen treffen, Konkurrenten aber nicht vom Nutzen ganz ausgeschlossen werden können, weil auch Patentrechte nach einer bestimmten Zeit auslaufen. Geringe Forschungsaktivitäten sind jedoch nachteilig für die Entwicklung des Wissensstandes in der Gesamtwirtschaft und führen im internationalen Wettbewerb zu Standortnachteilen.
Auch die Ende 2007 entstandene Finanzmarktkrise, die sich zu einer weltweiten Wirtschaftskrise ausweitete, zeigt, dass der Marktmechanismus auf den Geld- und Kapitalmärkten nicht mehr zu optimalen Ergebnissen führte. Eine Folge des Zusammenbruchs internationaler Banken war, dass auch die Kreditvergabe der Banken untereinander nahezu zum Erliegen kam. Der Zusammenbruch des Bankensystems und die Kreditklemme (*siehe* Kapitel 10) konnten nur durch staatliche Eingriffe wie Beteiligungen an Banken, Garantien und finanzielle Hilfen für Kreditinstitute im Rahmen des Finanzmarktstabilisierungsfonds *(siehe dort)* verhindert werden.

Mengentender, ein Ausschreibungs- bzw. Zuteilungsverfahren für Wertpapierpensionsgeschäfte *(siehe dort),* das die Europäische Zentralbank (EZB) im Rahmen ihrer Offenmarktpolitik *(siehe dort)* einsetzt. Dabei legt die EZB den Zins (Pensionssatz) fest, zu dem Kreditinstitute Wertpapiere an die EZB verkaufen können, während die Kreditinstitute Gebote darüber abgeben, wie viele Wertpapiere sie abgeben wollen. Zugeteilt wird dann der Betrag, der den Vorstellungen der EZB bezüglich der Geldmenge entspricht. Das einzelne Kreditinstitut erhält dann den Betrag, der seinem Anteil am Gesamtbetrag sämtlicher abgegebenen Verkaufsangebote aller Kreditinstitute entspricht. Die EZB setzt durch die Festlegung des Zinssatzes für den Ankauf von Wertpapieren ein geldpolitisches Signal.

Mindestreservepolitik, ein Mittel der Geldpolitik, bei dem prozentuale Sätze für den Anteil von Kundeneinlagen, die von Banken und Sparkassen bei der Zentralbank als zinslose Guthaben unterhalten werden müssen, festgelegt werden. In Abhängigkeit von der Art der Einlagen (Sichteinlagen, Termineinlagen oder Spareinlagen) sind diese **Mindestreservesätze** unterschiedlich hoch. Je höher die Mindestreservesätze von der Zentralbank festgelegt werden, umso knapper wird dadurch die Geldmenge gehalten. Den Geschäftsbanken steht weniger Geld zur Vergabe von Krediten an ihre Kunden zur Verfügung. Senkt die Zentralbank dagegen die Mindestreservesätze, so verbessert sie die Liquidität der Geschäftsbanken, und deren Geldschöpfung durch die Vergabe von Krediten steigt. Wie vor 1999 die Deutsche Bundesbank, so setzt auch die Europäische Zentralbank (EZB) Mindestreservesätze zur Beeinflussung der Bankenliquidität fest.

Ministererlaubnis: Ein Kartell (*siehe* Kapitel 2) oder eine Fusion (*siehe* Kapitel 2) kann der Bundesminister für Wirtschaft nach dem Gesetz gegen Wettbewerbsbeschränkungen ausnahmsweise erlauben, wenn die Beschränkung des Wettbewerbs aus überwiegenden Gründen der Gesamtwirtschaft und des Gemeinwohls notwendig ist.

Missbrauchsaufsicht, nach dem Kartellgesetz eine Aufgabe der Wettbewerbsbehörden. Dadurch soll verhindert werden, dass Unternehmen oder Gruppen von Unternehmen, die eine marktbeherrschende Stellung einnehmen, diese Marktmacht missbräuchlich, z. B. durch überhöhte Preise, Behinderung von Wettbewerbern oder Ausbeutung von Lieferanten, zum Nachteil ihrer Konkurrenten oder Abnehmer ausnutzen. Die Kartellbehörden können missbräuchliches Verhalten untersagen und Verträge für unwirksam erklären sowie Zuwiderhandlungen mit Geldbußen belegen. Auch erlaubte Kartelle unterliegen der Missbrauchsaufsicht.

Mittelstandspolitik, die wirtschaftspolitischen Maßnahmen des Staates, die auf die Sicherung und Stärkung der mittelständischen Wirtschaft, d. h. der kleineren und mittleren Unternehmen des Handwerks, der Industrie, des Dienstleistungsbereichs sowie der freien Berufe (z. B. Architekten oder Steuerberater), ausgerichtet sind. Ziele der Mittelstandspolitik sind z. B. die Erhaltung und Verbesserung der Wettbewerbsfähigkeit mittelständischer Betriebe gegenüber Großunternehmen, die Erleichterung der Anpassung an Veränderungsprozesse in der Wirtschaft (z. B. Strukturwandel, Globalisierung) oder die Stärkung und Förderung der Leistungsfähigkeit kleiner und mittlerer Unternehmen. Der Zielerreichung dienen verschiedene mittelstandspolitische Maßnahmen wie die Mittelstandsförderung oder die verstärkte Beachtung von Interessen und Bedürfnissen der mittelständischen Wirtschaft, z. B. im Rahmen des Steuerrechts (Gewerbesteuerfreibeträge), Arbeitsrechts (z. B. Pflicht zur Einstellung von Schwerbehinderten erst ab 16 Arbeitsplätzen) oder Wettbewerbsrechts (z. B. Kooperationserleichterungen für kleinere und mittlere Betriebe).
Schwerpunkte in der **Mittelstandsförderung** sind: 1) Schaffung günstiger Rahmenbedingungen für kleinere und mittlere Unternehmen, z. B. durch verbesserte steuerliche Absetzbarkeit von handwerklichen und haushaltsnahen Dienstleistungen oder die finanzielle Förderung der energetischen Gebäudesanierung, Reform der Erbschaftsteuer für einen leichteren Betriebsübergang, 2) Abbau von Bürokratie, z. B. durch Beseitigung besonders für Kleinbetriebe belastender Vorschriften, was die Befreiung von Statistikpflichten betrifft, 3) Verbesserung der Hilfen für Existenzgründer, z. B. durch Beschleunigung der Eintragungen in das Handelsregister, Reform des GmbH-Gesetzes zur leichteren Gründung einer GmbH, 4) Verbesserung der Innovationsfähigkeit mittelständischer Betriebe, z. B. höhere finanzielle Mittel für mittelstandsorientierte Technologieförderung, 5) Modernisierung der beruflichen Bildung und Sicherung des Nachwuchses an Fachkräften, z. B. Modernisierung und Anpassung von Ausbildungsordnungen, verbesserte Verzahnung von Aus- und Weiterbildung, 6) Verbesserung der Finanzierungssituation des Mittelstands, z. B. aus ERP-Mitteln oder Mitteln der KfW Bankengruppe, 7) Bereitstellung von Wagniskapital für Innovationen, z. B. Entwicklung eines Netzwerks für Eigenkapitalinvestitionen in junge Technologieunternehmen, 8) bessere Unterstützung der mittelständischen Wirtschaft auf Auslandsmärkten, z. B. Übernahme von Exportkreditgarantien und Investitionsgarantien.

Monopolkommission, nach dem Gesetz gegen Wettbewerbsbeschränkungen vorgeschriebenes Gremium, das alle zwei Jahre in einem Hauptgutachten den Stand und die Entwicklung der Unternehmenskonzentration in Deutschland sowie die Tätigkeit des Bundeskartellamts bei Missbrauchsaufsicht und Fusionskontrolle zu beurteilen hat. Die Monopolkommission setzt sich aus fünf unabhängigen Sachverständigen (jeweils für vier Jahre berufen) zusammen und wurde 1974 gegründet.

Nachfragepolitik, der Einsatz konjunkturpolitischer Maßnahmen mit dem Ziel, die gesamtwirtschaftliche Nachfrage so zu beeinflussen, dass konjunkturelle Schwankungen mit negativen Auswirkungen auf die Beschäftigung und Preissteigerungen möglichst vermieden werden. In einer Abschwungphase soll der Staat deshalb über höhere Ausgaben die Nachfrage beleben, damit zu einer besseren Auslastung der Unternehmen beitragen und so weitere Investitionen veranlassen. Die eher kurzfristig orientierte Nachfragepolitik steht der eher längerfristig orientierten Angebotspolitik *(siehe dort)* gegenüber.
Nachfragepolitik als antizyklische Wirtschaftspolitik *(siehe dort)* ist aus dem Konzept des Keynesianismus (*siehe* Kapitel 3) und der daraus entwickelten Fiskalpolitik *(siehe dort)* entstanden. Sie wurde in Deutschland vor allem in den 1970er-Jahren betrieben, als man hoffte, mithilfe staatlicher Konjunkturprogramme die Wirtschaft aus der Krise führen zu können. Der Erfolg der damaligen nachfrageorientierten Politik auf die Konjunktur war jedoch

nicht wie gewünscht, sondern verstärkte häufig die konjunkturellen Ausschläge mehr, als sie zu glätten.

Nachtwächterstaat, Bezeichnung für einen Staat, der sich am Prinzip des Laissez-faire (*siehe* Kapitel 1) orientiert und nicht in den Wirtschaftsprozess eingreift, also keine aktive Wirtschaftspolitik betreibt, sondern lediglich Rahmenbedingungen für die Wirtschaft setzt und z. B. Privateigentum gewährleistet oder für Sicherheit sorgt. Der Begriff wurde vom Gründer des Allgemeinen Deutschen Arbeitervereins FERDINAND LASSALLE (* 1825, † 1864) geprägt.

Niedrigzinspolitik, ein geldpolitischer Kurs der Zentralbank, bei dem die Zinsen für wichtige Refinanzierungsgeschäfte mit Geschäftsbanken gesenkt werden. Damit wird eine Steigerung der Kreditnachfrage bei den Geschäftsbanken angestrebt, insbesondere soll die Investitionsneigung der Unternehmen damit erhöht werden.

Notenbank, die Zentralbank *(siehe dort).*

Notenprivileg, Notenmonopol, das ausschließliche Recht, Banknoten in Umlauf zu bringen. Dieses Notenausgabemonopol lag bis zur Einführung des Euro-Bargelds am 1. 1. 2002 bei der Deutschen Bundesbank, ab dann beim Europäischen System der Zentralbanken (ESZB).

Offenmarktpolitik, Bezeichnung für den Ankauf und Verkauf von Wertpapieren durch die Zentralbank am Geld- oder Kapitalmarkt. Der Handel kann dabei mit kurz- oder langlaufenden Wertpapieren und von der Zentralbank endgültig oder nur für eine bestimmte Frist erfolgen. Endgültige Offenmarktgeschäfte sind Käufe oder Verkäufe von Wertpapieren durch die Zentralbank ohne eine Rücknahmevereinbarung. Werden die Wertpapiere dagegen von der Zentralbank nur für eine bestimmte Zeit angekauft und wird das verkaufende Kreditinstitut verpflichtet, diese wieder zurückzukaufen, liegt ein Wertpapierpensionsgeschäft *(siehe dort)* vor.

Offenmarktgeschäfte der Zentralbank haben Auswirkungen auf die Geldmenge und die Kosten für Kredite in der Volkswirtschaft. Werden von der Zentralbank Wertpapiere am offenen Markt gekauft, ist eine Vergrößerung der Geldmenge in der Volkswirtschaft die Folge, da dem Bankensektor Zentralbankgeld zugeführt wird. Steht mehr Geld für die Kreditvergabe zur Verfügung, sinken tendenziell die Zinsen, die Kredite werden billiger. Der Verkauf von Wertpapieren seitens der Zentralbank verteuert dagegen Kredite und bewirkt eine Verringerung der Geldmenge.

Offenmarktpolitik wurde in der Vergangenheit von der Deutschen Bundesbank eingesetzt. Offenmarktgeschäfte bilden auch im Rahmen der geldpolitischen Mittel der Europäischen Zentralbank (EZB) einen Schwerpunkt. Dabei kann die Zentralbank bei manchen, im Tenderverfahren ausgeschriebenen Geschäften (Mengen- bzw. Zinstender) über die Konditionen (Laufzeit, Zinssatz und Zuteilungsvolumen) äußerst flexibel auf die jeweiligen li-

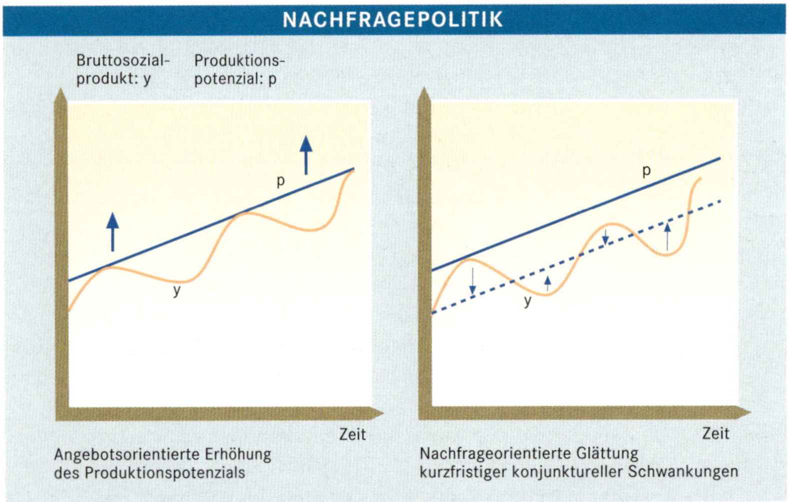

Nachfragepolitik. Gegenüberstellung der potenzialorientierten Angebotspolitik und der zyklusorientierten Nachfragepolitik

quiditätspolitischen Erfordernisse reagieren. Folgende Offenmarktgeschäfte werden unterschieden: Hauptrefinanzierungsgeschäfte *(siehe dort),* längerfristige Refinanzierungsgeschäfte *(siehe dort),* Feinsteuerungsoperationen *(siehe dort)* und strukturelle Operationen *(siehe dort).*

Ordnungspolitik, die wirtschaftspolitischen Grundsätze und Regeln, die für einen längeren Zeitraum die Rahmenbedingungen für wirtschaftliches Handeln in einer Volkswirtschaft festlegen wie die Verteilung des Eigentums und die Bedingungen, unter denen der Wettbewerb stattfindet. Der Ablauf des Wirtschaftsprozesses innerhalb des Ordnungsrahmens wird durch die Prozesspolitik *(siehe dort)* zu steuern versucht.

Politikberatung, wissenschaftliche Politikberatung, die Beratung der unterschiedlichen Träger der Wirtschaftspolitik durch verschiedene Einrichtungen wie den Sachverständigenrat zur Begutachtung der gesamtwirtschaftlichen Entwicklung *(siehe dort),* durch unabhängige Wirtschaftsforschungsinstitute (*siehe* Kapitel 1) oder Wissenschaftliche Beiräte *(siehe dort).* Daneben leisten internationale Einrichtungen wie der Internationale Währungsfonds (IWF) oder die Organisation für wirtschaftliche Zusammenarbeit und Entwicklung (OECD) einen wesentlichen Beitrag zur Unterstützung ihrer Mitgliedstaaten bei der Beratung in wirtschaftspolitischen Fragen.
Unabhängige, wissenschaftliche Politikberatung der Entscheidungsträger der Wirtschaftspolitik ist v.a. aufgrund der Vielschichtigkeit wirtschaftspolitischer Probleme, Beziehungen und Wechselwirkungen notwendig und soll letztlich dazu beitragen, die wirtschaftspolitische Zielerreichung zu verbessern.

Preisniveaustabilität, ein wirtschaftspolitisches Ziel nach dem Stabilitätsgesetz. **Stabilität des Preisniveaus** bedeutet, dass die Preise über einen möglichst langen Zeitraum möglichst unverändert bleiben sollen. In der Praxis gilt das Ziel als erreicht, wenn die Inflationsrate (*siehe* Kapitel 3) möglichst gering gehalten werden kann. Preisniveaustabilität ist auch das vorrangige Ziel der Tätigkeit der Europäischen Zentralbank.

Privatisierung, die Umwandlung von öffentlichem Vermögen, z.B. von staatlichen Beteiligungen an Industrieunternehmen, in Privatbesitz. Auch die

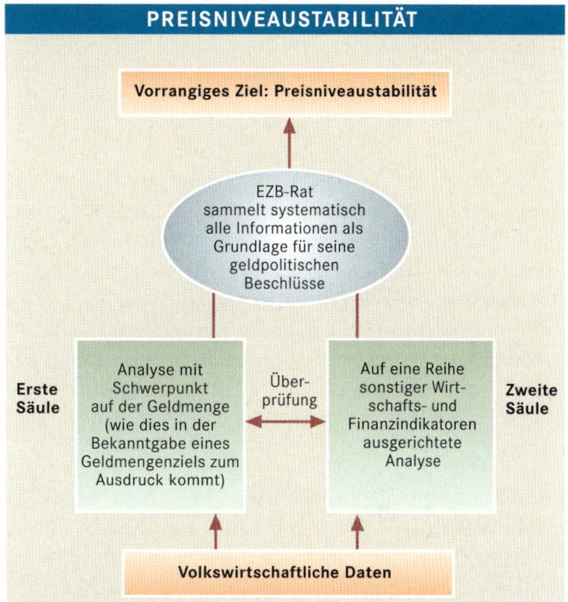

Preisniveaustabilität. Die geldpolitische Strategie der Europäischen Zentralbank zur Erreichung des Ziels Preisniveaustabilität

Umwandlung von öffentlichen Unternehmen in private Rechtsformen (AG, GmbH) gilt als erster Schritt zur Privatisierung.
Die staatliche Beteiligung an Unternehmen hat verschiedene Gründe, z.B. die Versorgung der Bevölkerung mit bestimmten Gütern oder Dienstleistungen zu angemessenen Bedingungen sicherzustellen oder die Sicherung und Mitgestaltung des Wettbewerbs. Grundsätzlich ist jedoch bei der staatlichen Wirtschaftstätigkeit zu prüfen, ob sie nicht besser ganz Privaten überlassen werden sollte.
Privatisierung wird v.a. damit begründet, dass private Unternehmen wirtschaftlicher arbeiten und gleiche Güter und Leistungen kostengünstiger bereitstellen. Andererseits sollen mit den aus der Privatisierung erzielten Erlösen auch Defizite in öffentlichen Haushalten verringert werden.
In Deutschland wurde v.a. in den 1980er-Jahren ein großer Teil der Bundesbeteiligungen an Industrieunternehmen wie VW, VEBA, Salzgitter oder Lufthansa ganz oder teilweise aufgegeben und privatisiert. Aber auch in den Bundesländern und auf kommunaler Ebene wurden viele öffentliche Betriebe privatisiert. Privatisierungsmaßnahmen in erheblich größerem Umfang wurden in den 1990er-

Jahren im Rahmen der Umstellung der Planwirtschaft der ehemaligen DDR ergriffen. Mit dieser Aufgabe war die Treuhandanstalt *(siehe dort)* betraut. Auch die teilweise Privatisierung durch die Börsengänge von Deutscher Telekom AG und Deutscher Post AG ist zu nennen.

Prozesspolitik, Ablaufpolitik, wirtschaftspolitische Maßnahmen, die im Unterschied zur Ordnungspolitik *(siehe dort)* auf die direkte Steuerung des Wirtschaftsablaufs gerichtet sind. Je nachdem, ob die Maßnahmen an Einzel- oder übergeordneten Größen ansetzen, unterscheidet man einzelwirtschaftliche Prozesspolitik (z. B. Preiskontrollen, Subventionen) und gesamtwirtschaftliche Prozesspolitik (z. B. Geldpolitik, Fiskalpolitik).

Public-Choice-Theorie, Theorie der öffentlichen Wahl, auf den amerikanischen Wirtschaftswissenschaftler JAMES MCGILL BUCHANAN (* 1919) zurückgehende Theorie über den Einfluss gesellschaftlicher Gruppen auf die Politik. Danach haben politisch Verantwortliche zunächst ihren individuellen Nutzen und erst danach das Gemeinwohl im Sinn. Der persönliche Nutzen eines Politikers ist z. B. sein Ansehen aus einem öffentlichen Amt. Daher wird er sein politisches Handeln dem Ziel einer Wiederwahl unterordnen und Interessengruppen bevorzugen, die ihm helfen können, das zu erreichen. Da nur gut organisierte Gruppen hilfreich sind, werden deren Interessen zuerst befriedigt. Aus Sicht der Public-Choice-Theorie werden so die unwirtschaftliche Verwendung und Verteilung öffentlicher Mittel begünstigt (z. B. durch Subventionen).

Refinanzierungspolitik, Maßnahmen der Zentralbank zur Beeinflussung der Geldbeschaffung der Geschäftsbanken. Die Zentralbank legt dabei Konditionen wie Zinsen, Laufzeiten oder Sicherheiten fest, zu denen sich Banken bei ihr Geld beschaffen können. Wird die Refinanzierung der Geschäftsbanken durch die Zentralbank erleichtert, wird die Möglichkeit der Banken, durch die Vergabe von Krediten Geld zu schöpfen, verbessert.
Ein Mittel der Refinanzierungspolitik der Deutschen Bundesbank war z. B. im Rahmen der Diskontpolitik die Festlegung des Diskontsatzes. Der Europäischen Zentralbank stehen als Mittel der Refinanzierungspolitik z. B. das Hauptrefinanzierungsgeschäft, die längerfristigen Refinanzierungsgeschäfte und die Spitzenrefinanzierungsfazilität zur Verfügung.

Regionalpolitik, regionale Strukturpolitik, als Teil der allgemeinen Wirtschaftspolitik alle Maßnahmen mit dem Ziel, wirtschaftliche Nachteile schwächer entwickelter Gegenden (z. B. die neuen Bundesländer oder die Küstengebiete von Nord- und Ostsee) zu fördern, um der Bevölkerung überall gleiche Lebensbedingungen zu schaffen. Dazu sollen z. B. regionale Entwicklungsunterschiede abgebaut, der Strukturwandel erleichtert und in Regionen mit geringem Arbeitsplatzangebot wettbewerbsfähige Arbeitsplätze geschaffen werden. Maßnahmen der Regionalpolitik sind vor allem darauf gerichtet, Investitionen in den Fördergebieten *(siehe dort)* anzuregen, was direkt oder indirekt erfolgt. Direkt werden Unternehmen z. B. durch die Gewährung von Investitionszulagen oder Sonderabschreibungen unterstützt. Indirekt sollen regionale Standortnachteile über eine Verbesserung der Infrastruktur ausgeglichen und Investitionen angeregt werden.
In Deutschland ist die Regionalpolitik v. a. auf die neuen Bundesländer gerichtet, da dort eine flächendeckende Umstellung der Wirtschaft verkraftet werden musste. In Westdeutschland werden insbesondere ländliche, strukturschwache Gebiete gefördert, in denen ein Mangel an qualifizierten Arbeitsplätzen besteht, oder solche Gebiete, die einseitig auf spezielle Industriebereiche ausgerichtet sind und deshalb vom Strukturwandel besonders betroffen sind. Die Regionalpolitik gehört zu den Gemeinschaftsaufgaben von Bund und Ländern, wobei jedoch die regionale Strukturpolitik der Europäischen Union, v. a. über den Europäischen Fonds für regionale Entwicklung (*siehe* Kapitel 6), an Gewicht gewinnt.

Regulierung, direkte Eingriffe des Staates in Marktabläufe und die staatliche Beeinflussung des Verhaltens von Unternehmen durch Vorschriften zur Erreichung bestimmter, im allgemeinen Interesse stehender Ziele (Gegenteil: Deregulierung). Der Staat bestimmt z. B. Qualitätsnormen für Produkte und Leistungen oder die Ladenöffnungszeiten im Einzelhandel. Er legt fest, wer sich in bestimmten Bereichen selbstständig machen darf. So ist z. B. die Niederlassungsfreiheit von Ärzten beschränkt oder die Gewerbefreiheit im Handwerk, indem die selbstständige Ausübung eines Handwerksberufes grundsätzlich an den Meisterbrief gekoppelt ist. Der Meisterbrief dient als Voraussetzung zur Selbstständigkeit in 41 zulassungspflichtigen Handwerken u.a. dem Verbraucherschutz, da Kunden auf diese Weise vor Handwerksleistungen minderer Qualität durch nicht befähigte Handwerker geschützt werden. Regulierung wird mit einem Versagen der Marktkräfte begründet, d.h. Angebot und Nachfrage allein führen nicht zu den gewünschten Ergebnissen.

Sachverständigenrat zur Begutachtung der gesamtwirtschaftlichen Entwicklung, Gremium aus fünf Experten der Wirtschaftswissenschaften, die auf Vorschlag der Bundesregierung vom Bundespräsidenten für einen Zeitraum von fünf Jahren berufen werden. Aufgabe des Sachverständigenrats im Rahmen wissenschaftlicher Politikberatung ist es, die gesamtwirtschaftliche Situation und deren voraussichtliche Entwicklung zu untersuchen und aufzuzeigen, wie die wirtschaftspolitischen Ziele Preisniveaustabilität, hoher Beschäftigungsstand und außenwirtschaftliches Gleichgewicht bei angemessenem und stetigem Wirtschaftswachstum erreicht werden können. Der Sachverständigenrat, der umgangssprachlich auch als die ›**Fünf Weisen**‹ bezeichnet wird, verfasst und veröffentlicht jährlich im November ein Jahresgutachten *(siehe dort).*

SACHVERSTÄNDIGENRAT

Sachverständigenrat zur Begutachtung der gesamtwirtschaftlichen Entwicklung

Vorsitzender:
Prof. Dr. Dr. mult. Wolfgang Franz
(* 1944, Universität Mannheim, seit 2003)

Prof. Dr. Peter Bofinger (* 1954, Universität Würzburg, seit 2004)

Prof. Dr. Christoph M. Schmidt, Ph. D.
(* 1962, Universität Bochum, seit 2009)

Prof. Dr. Beatrice Weder di Mauro (* 1965, Universität Mainz, seit 2004)

Prof. Dr. Wolfgang Wiegard (* 1946, Universität Regensburg, seit 2001)

Internet: http://www.sachverstaendigenrat-wirtschaft.de

Sachverständigenrat zur Begutachtung der gesamtwirtschaftlichen Entwicklung.

sektorale Strukturpolitik, wirtschaftspolitische Maßnahmen, die auf bestimmte Wirtschaftszweige (Sektoren) ausgerichtet sind. Die sektorale Strukturpolitik kann darauf gerichtet sein, bestehende Strukturen zu erhalten, ihre Anpassung an die sich wandelnden Bedingungen zu erleichtern oder die künftige Wirtschaftsstruktur zu gestalten.
Die Erhaltung bestehender Strukturen liegt vor allem im Interesse derer, die in tendenziell schrumpfenden Sektoren beschäftigt sind oder ihr Kapital investiert haben (z.B. Kohlebergbau, Landwirtschaft). Die Anpassung einzelner Sektoren an den gesamtwirtschaftlich erforderlichen Strukturwandel zu erleichtern und damit soziale Härten abzuschwächen, ist gerechtfertigt, weil vom Strukturwandel alle profitieren, aber nur ein Teil negativ betroffen wird: Wenn ein Sektor schrumpft oder stagniert (z.B. Textilindustrie, Schiffbau), dann verlieren Teile der dort Beschäftigten ihren Arbeitsplatz (strukturelle Arbeitslosigkeit). Diesen negativ Betroffenen kann durch Anpassungsinterventionen geholfen werden (z.B. Umschulung oder Weiterbildung für Beschäftigte, Gründung von Beschäftigungsgesellschaften, Finanzhilfen zum Abbau von Überkapazitäten für Unternehmen). In den Bereich der Anpassungspolitik fallen aber auch Maßnahmen zur Wiederherstellung der Wettbewerbsfähigkeit gefährdeter Branchen (z.B. Investitionshilfen für Rationalisierungen). Die Gestaltung künftiger Strukturen wird auch als vorausschauende Strukturpolitik bezeichnet und kann z.B. in Form der Subventionierung als zukunftsträchtig geltender Branchen oder Aktivitäten (z.B. Luft- und Raumfahrt, Elektronik, Umwelt- und Energietechnik) umgesetzt werden.

SoFFin, Abkürzung für den Finanzmarktstabilisierungsfonds *(siehe dort).*

Solidarpakt, Bezeichnung für die Einigung zwischen Bund und Bundesländern, den neuen Bundesländern im Rahmen des Ausbaus Ost *(siehe dort)* besondere Transferleistungen im Rahmen des Länderfinanzausgleichs für Sonderlasten und Kosten aus der Wiedervereinigung zuzuweisen.
Im Solidarpakt I von 1995 bis 2004 einigten sich Bundesregierung und Ministerpräsidenten u.a. darauf, dass der Fonds Deutsche Einheit letztmalig auf 160,7 Mrd. DM aufgestockt wird und Zahlungen daraus ab 1995 entfallen, ein Erblastentilgungsfonds eingerichtet wird, der die Schulden der Treuhandanstalt mit anderen einigungsbedingten Schulden übernimmt und nur durch den Bund verzinst und getilgt wird.
Im Solidarpakt II von 2005 bis 2019 stellt der Bund den ostdeutschen Ländern weitere insgesamt 156,6 Mrd.€ zur Verfügung, die sich jährlich vom Beginn 2005 (10,5 Mrd.€) bis zum Ende 2019 (2,1 Mrd.€)

verringern. Zwei Drittel der Gesamtsumme dienen dem Ausgleich der schlechten Finanzkraft ostdeutscher Gemeinden.

Sonderfonds Finanzmarktstabilisierung, der Finanzmarktstabilisierungsfonds *(siehe dort).*

Sozialisierung, die Aufhebung des privaten Eigentums und seine Überführung in staatliches Eigentum, Gesellschaftseigentum oder Gemeinschaftseigentum (Gegenteil: Privatisierung).

Sozialpolitik, alle Maßnahmen, die darauf gerichtet sind, ein Mindestmaß an sozialer Sicherheit, vor allem die Sicherung eines ausreichenden Einkommens, z. B. bei Krankheit, bei Erwerbslosigkeit oder im Alter, zu gewährleisten. Über das wirtschaftliche Ziel der Einkommenssicherung hinaus soll die staatliche Sozialpolitik den sozialen Frieden in der Gesellschaft aufrechterhalten.
Sozialpolitische Aktivitäten des Staates lassen sich ökonomisch unterteilen in die Bereitstellung einer gesetzlichen Sozialversicherung (*siehe* Kapitel 12), zu der Kranken-, Renten-, Arbeitslosen-, Pflege- und Unfallversicherung zählen, und in staatliche Maßnahmen der Umverteilung für den Fall besonderer Belastungen, z. B. durch Zahlung von Kinder-, Eltern- und Wohngeld, durch Sozialhilfe, BAföG und Arbeitslosengeld II.
Die Höhe der Ausgaben für Sozialleistungen, die im Sozialbudget (*siehe* Kapitel 5) erfasst werden, ist in der Vergangenheit stetig gewachsen. Als zunehmend problematisch erweist sich dabei die hohe Belastung von Haushalten und Unternehmen mit Sozialabgaben (*siehe* Kapitel 12). Steigende Sozialabgaben erhöhen für die Unternehmen die Lohnnebenkosten, was sich wiederum als Standortfaktor negativ auf beabsichtigte Investitionen am Standort Deutschland auswirken kann.

Spitzenrefinanzierungsfazilität, ein geldpolitisches Mittel der Europäischen Zentralbank. Dabei gewähren die nationalen Zentralbanken im Rahmen des Europäischen Systems der Zentralbanken den Geschäftsbanken die Möglichkeit, Geld zu einem vorgegebenen Zinssatz mit einem Tag Laufzeit (Übernachtkredit) gegen die Verpfändung von Wertpapieren aufzunehmen. Der Zinssatz für diese Art der Geldbeschaffung markiert im Rahmen der Zinspolitik *(siehe dort)* ähnlich wie vormals der Lombardsatz der Deutschen Bundesbank die Obergrenze der Geldmarktzinsen.

Staatsversagen, Beschreibung des Sachverhalts, wenn eine unternehmerische Tätigkeit des Staates zu schlechteren volkswirtschaftlichen Ergebnissen oder ineffizienteren Lösungen wirtschaftlicher Probleme führt als eine Organisation über den Markt unter Wettbewerbsbedingungen (Gegenteil: Marktversagen).
Die Maßnahmen der Deregulierung und Privatisierung im Telekommunikations- und Verkehrssektor haben z. B. gezeigt, dass der Marktprozess in diesen Bereichen zu effizienteren Ergebnissen führt als staatliche Unternehmerschaft. Der Ende der 1990er-Jahre zugelassene Wettbewerb, insbesondere unter den privaten Anbietern von Telekommunikationsdienstleistungen, hat hier rasch zu einem breiteren Leistungsangebot und verbraucherfreundlicherer Preisgestaltung geführt.

Stabilität des Preisniveaus, die Preisniveaustabilität *(siehe dort).*

Stabilitätsgesetz, Kurzbezeichnung für das 1967 in Kraft getretene **Gesetz zur Förderung der Stabilität und des Wachstums der Wirtschaft,** nach dem Bund und Länder bei ihrer Wirtschaftspolitik die Bedingungen des gesamtwirtschaftlichen Gleichgewichts zu berücksichtigen haben. Es bildet die rechtliche Grundlage für den Einsatz einer an den Lehren des Keynesianismus (*siehe* Kapitel 3) orientierten Fiskalpolitik *(siehe dort)* und das Konzept der Globalsteuerung *(siehe dort).*
Ziele der staatlichen Wirtschaftspolitik nach dem Stabilitätsgesetz sind: Stabilität des Preisniveaus, hoher Beschäftigungsgrad (Vollbeschäftigung), außenwirtschaftliches Gleichgewicht sowie stetiges und angemessenes Wirtschaftswachstum. Diese vier Ziele werden auch als magisches Viereck *(siehe dort)* bezeichnet. Im Stabilitätsgesetz werden verschiedene Elemente staatlicher Einnahmen- und Ausgabenpolitik beschrieben, um die genannten Ziele im Sinne einer antizyklischen Wirtschaftspolitik *(siehe dort)* zu erreichen.

Stabilitätspolitik, Stabilisierungspolitik, im weiteren Sinn die Gesamtheit aller wirtschaftspolitischen Maßnahmen, um den Wirtschaftsablauf zu stabilisieren und die Volkswirtschaft möglichst im Zustand des gesamtwirtschaftlichen Gleichgewichts zu halten; im engeren Sinn die auf Preisniveaustabilität ausgerichtete Wirtschaftspolitik.

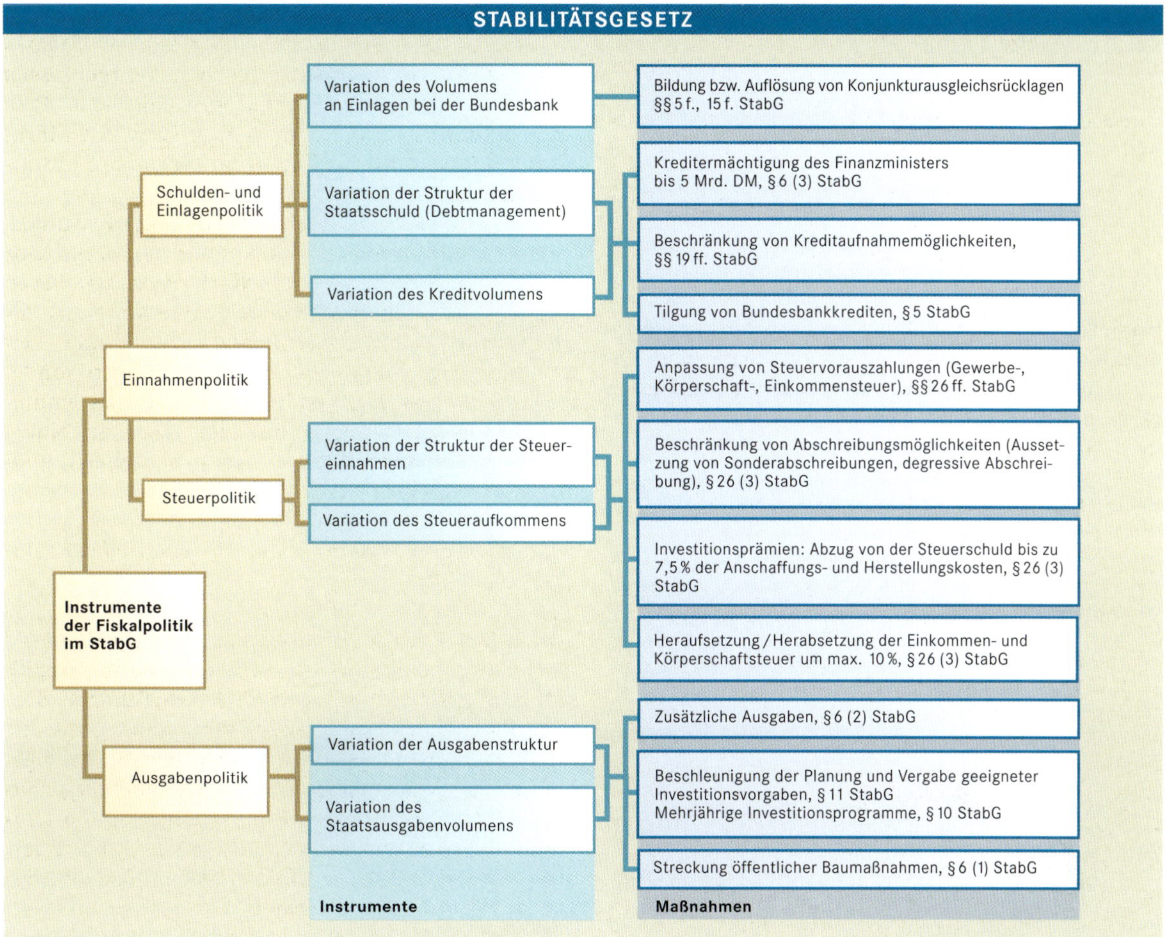

Stabilitätsgesetz. Instrumente der Fiskalpolitik nach dem Stabilitätsgesetz

ständige Fazilitäten, geldpolitische Mittel der Europäischen Zentralbank in Form von Krediten, die den Geschäftsbanken zur Refinanzierung eingeräumt werden. Unterschieden werden die Spitzenrefinanzierungsfazilität *(siehe dort)* und die Einlagefazilität *(siehe dort)*.

Standort Deutschland, die Attraktivität der deutschen Volkswirtschaft als Wirtschaftsstandort im internationalen Vergleich. Zur Beurteilung der Wettbewerbsfähigkeit unterschiedlicher Staaten als Standort für Unternehmen werden verschiedene Kriterien und Standortfaktoren herangezogen. Dazu gehören z. B. die Infrastruktur und der technologische Stand in der Wirtschaft, das Steuersystem des Landes, die Kreditwürdigkeit des Staates sowie der Umfang staatlicher Eingriffe und Regulierung, die Subventionspraxis und staatliche Förderungen für Forschung und Entwicklung oder Existenzgründungen, aber auch Merkmale wie das Qualifikationsniveau der Erwerbspersonen, die Lohnpolitik oder arbeitsrechtliche Bestimmungen wie Kündigungsschutz und Mitbestimmungsrechte der Arbeitnehmer spielen eine Rolle.
In der Vergangenheit wurde Deutschland als Wirtschaftsstandort im internationalen Vergleich mit Ländern wie den USA, Kanada, Norwegen, Schweden oder Frankreich im Mittelfeld eingeordnet. Faktoren wie die Infrastruktur oder der Ausbildungsstand der Arbeitnehmer wurden dabei häufig

als positiv eingestuft, während vor allem Regulierungsmaßnahmen und Subventionen negativ beurteilt wurden.

strukturelle Operationen, spezielle geldpolitische Mittel, die von der Europäischen Zentralbank (EZB) eingesetzt werden, um die Abhängigkeit des Bankensektors von Refinanzierungsgeschäften mit der EZB zu erhalten. Hintergrund ist dabei, dass die EZB das Zinsniveau im Euroraum über den Geld- und Kapitalmarkt nur dann beeinflussen kann, wenn die Kreditinstitute bei ihr Geldmittel in Form von Krediten aufnehmen müssen. Spezielle regelmäßig oder unregelmäßig durchgeführte Eingriffe (z. B. der Verkauf von speziellen Anleihen) sollen dem Markt Geld entziehen.

Strukturpolitik, wirtschaftspolitische Maßnahmen, die darauf gerichtet sind, die Veränderungen in der Wirtschaft, die durch neue Produkte und Erzeugnisse, durch den dauernden technischen Wandel und zunehmenden internationalen Wettbewerb hervorgerufen werden, abzuschwächen oder sozialverträglich zu gestalten. Weiterhin soll durch gezielte Maßnahmen die Wirtschaft in einer bestimmten Region oder Branche gestärkt werden, um den Strukturwandel besser zu verkraften.
Maßnahmen der Strukturpolitik wie Subventionen sollen also negative Auswirkungen des Strukturwandels ausgleichen sowie Anpassungen erleichtern und werden deshalb befristet eingesetzt. Im Rahmen der Strukturpolitik lassen sich Regionalpolitik *(siehe dort)* und sektorale Strukturpolitik *(siehe dort)* unterscheiden. Auch die Agrarpolitik, die Mittelstandspolitik, die Industriepolitik und die Technologiepolitik können dazugezählt werden.

Subvention, *siehe* Kapitel 5.

Tarifpolitik, alle Maßnahmen der Tarifvertragsparteien (Gewerkschaften, Arbeitgeberverbände) zur Gestaltung der Arbeitsbedingungen in Tarifverträgen (*siehe* Kapitel 8), z. B. Arbeitsentgelte (Lohn, Gehalt), Arbeitszeiten und sonstige Arbeitsbedingungen. Der Begriff geht damit weiter als die Lohnpolitik. Tarifpolitik kann auch als Teil der Beschäftigungspolitik angesehen werden.

Technologiepolitik, alle Maßnahmen des Staates, die darauf gerichtet sind, Erfindungen (Inventionen) und ihre Umsetzung in marktfähige Produkte zum gewerblichen Einsatz (Innovationen) in der Wirtschaft zu fördern. Deutschland ist ein Land mit geringen Rohstoffvorkommen und hohem Lohnniveau. Ein dauernder Zuwachs an Wissen und technischem Know-how ist deshalb erforderlich, um auf internationalen Märkten wettbewerbsfähig zu bleiben, damit der Wohlstand in der Bevölkerung gesichert und vergrößert werden kann. Die Forschungs- und Entwicklungsarbeit in Universitäten, Forschungseinrichtungen und gewerblichen Unternehmen z. B. nach neuen technischen Verfahren, Materialien oder Werkstoffen hat daher eine große Bedeutung für die Vergrößerung des Wissens und damit für den Standort Deutschland.
Aus ökonomischer Sicht macht die staatliche Förderung von Forschung und Entwicklung im Sinne von **Forschungspolitik** oder **Innovationspolitik** deshalb Sinn, weil privaten Unternehmen damit ein Anreiz geschaffen wird, Forschungs- und Entwicklungsarbeit zu leisten. Hintergrund dabei ist, dass Forschung und Entwicklung mit hohen Kosten für die forschenden Unternehmen verbunden ist und darüber hinaus ein großes Risiko des Scheiterns in sich birgt, da nicht jede Entwicklung auch in marktfähige Produkte und Erzeugnisse umgesetzt werden kann. Unternehmen kalkulieren ihre Tätigkeiten jedoch unter Kosten- und Nutzenaspekten und nicht unter volkswirtschaftlichen Gesichtspunkten. Die Forschungstätigkeit der Unternehmen könnte deshalb unter das volkswirtschaftlich wünschenswerte Maß fallen, wenn die Unternehmen entweder risikoscheu sind oder Forschungstätigkeit als nicht gewinnbringend einstufen. Von Bund und Ländern werden deshalb im Rahmen der Technologiepolitik die Forschung und Entwicklung sowie die Umsetzung und der Einsatz neuer Technologien auf vielfältige Weise gefördert.
Maßnahmen der Technologiepolitik betreffen z. B. die Schaffung günstiger, innovationsfördernder Rahmenbedingungen durch eine weitere Verbesserung der wirtschaftlichen und technischen Infrastruktur, etwa durch die Schaffung von **Technologiezentren** bzw. **Technologieparks,** oder durch Bereitstellung von Beteiligungskapital für junge, innovative Unternehmen. Der wirtschaftliche Anreiz für Unternehmen, in Forschung und Entwicklung zu investieren, soll durch die Vergabe von Patenten oder Gebrauchsmustern, die dem Erfinder für eine bestimmte Zeit das Recht zur wirtschaftlichen Verwertung seiner Erfindung geben, erhöht werden. Weitere Maßnahmen sind die Gewährung von Sub-

ventionen, Steuervergünstigungen und zinsgünstigen Krediten (ERP-Innovationsprogramm) an Unternehmen, die sich mit Forschung und Entwicklung in den neuen Technologiebereichen wie Kommunikations-, Gen-, Laser- oder Biotechnologie befassen.

Teilzeit- und Befristungsgesetz, gesetzliche Vorschrift v. a. zur Regelung der befristeten Arbeitsverträge (*siehe* Kapitel 8) und der Teilzeitarbeit (*siehe* Kapitel 8). Das Gesetz vom 21. 12. 2000 wurde aufgrund einer EU-Richtlinie erlassen und löste das Beschäftigungsförderungsgesetz ab.

Tenderverfahren, ein Ausschreibungs- bzw. Zuteilungsverfahren beim Verkauf von Wertpapieren, das von der Europäischen Zentralbank (EZB) im Rahmen ihrer Offenmarktpolitik *(siehe dort)* eingesetzt wird. Die EZB setzt verschiedene Tender zur befristeten Versorgung der Kreditinstitute mit Liquidität (flüssigen Mitteln) ein. Beim Mengentender legt die EZB den Zins fest und die Kreditinstitute geben Gebote über die Menge von Wertpapieren ab, die sie an die EZB abgeben wollen. Beim Zinstender geben die Kreditinstitute den Zinssatz an, zu dem sie eine bestimmte Menge Wertpapiere an die EZB abgeben wollen. Beim Zinstender überlässt die EZB also die Zinsfindung dem Markt und setzt damit im Gegensatz zum Mengentender kein geldpolitisches Signal.

Timelags, Bezeichnung für Zeitverzögerungen, die zwischen dem Auftreten eines wirtschaftlichen Ereignisses und den aus diesem Ereignis entstehenden wirtschaftlichen Folgen vorkommen. So haben z. B. Preiserhöhungen auf dem internationalen Rohölmarkt mit einer gewissen Verzögerung Auswirkungen auf das Preisniveau in der Volkswirtschaft, da als Folge die Preise für Mineralölprodukte ansteigen werden. In der Wirtschaftspolitik treten Timelags zwischen der Verabschiedung einer wirtschaftspolitischen Maßnahme und dem Eintritt des erhofften Effekts auf. Zwischen dem Einsatz wirtschaftspolitischer Mittel und deren Wirkung am Markt vergehen also Zeiträume verschiedener Länge, wobei grundsätzlich das Problem besteht, dass sich während dieser Zeit die wirtschaftlichen Umfeldbedingungen so verändert haben, dass die eingesetzten wirtschaftspolitischen Mittel ihre gewünschte Wirkung verfehlen.

Treuhandanstalt, die Einrichtung, der gemäß dem Einigungsvertrag und dem Treuhandgesetz von 1990 bis Ende 1994 die Aufgabe anvertraut war, das ehemalige volkseigene Vermögen der früheren DDR zu verwalten und zu verwerten. Die Treuhandanstalt war als öffentlich-rechtliche Anstalt organisiert und unterstand der Fachaufsicht des Bundesfinanzministers. Hauptaufgabe war, die ehemaligen DDR-Betriebe und großen Kombinate zu-

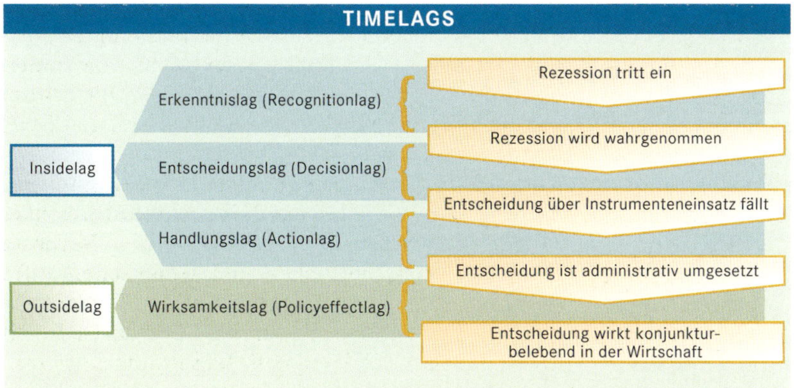

Die Verzögerungen zwischen Auftreten einer Rezession und dem Zeitpunkt, in dem eine konjunkturpolitische Gegenmaßnahme wirksam wird, lassen sich in zwei Arten aufspalten. Das „Insidelag" beschreibt die Verzögerungen, für welche die Träger der Fiskalpolitik die Verantwortung tragen. Das „Outsidelag" hingegen wird durch die Reaktionsgeschwindigkeit der privatwirtschaftlichen Akteure auf veränderte fiskalpolitische Daten bestimmt. Das erhebliche Ausmaß dieser Verzögerungen insgesamt kann dazu führen, dass eine eigentlich antizyklisch motivierte Politik schließlich prozyklisch wirkt und die Wirtschaft destabilisiert. So ist es denkbar, dass Maßnahmen zur Konjunkturbelebung erst dann Wirksamkeit entfalten, wenn ohnehin schon durch andere Faktoren wieder eine Konjunkturbelebung erfolgt ist.

Timelags.
Das Problem der Zeitverzögerung bei wirtschaftspolitischen Maßnahmen

UMWELTPOLITIK

1. Verursacherprinzip:

- Kooperationslösungen (z. B. „freiwillige Selbstverpflichtung“)
- Verursacherhaftung
- Obergrenzen für Schadstoffemissionen
- Steuern auf Schadstoffemissionen
- Handel von Emissionslizenzen
- Verbote

2. Gemeinlastprinzip:

- Subventionen
- Öffentliche Ausgaben (z. B. für Kläranlagen, die Beseitigung von Altlasten)

Umweltpolitik.
Einteilung umweltpolitischer Instrumente nach Verursacher- und Gemeinlastprinzip

nächst in kleinere wirtschaftliche Einheiten zu gliedern, wenn nötig zu sanieren, um sie anschließend zu privatisieren. Die Privatisierung der Betriebe war jedoch der Sanierung vorzuziehen. Unwirtschaftliche Betriebe und Betriebsteile wurden stillgelegt.

Umweltpoltik, alle Maßnahmen der Wirtschaftspolitik, die dazu beitragen sollen, die Qualität der Umwelt zu verbessern und die natürliche Umwelt vor negativen Auswirkungen der wirtschaftlichen Tätigkeit zu schützen. Die Bedeutung des Umweltschutzes und damit der Umweltpolitik ist in Deutschland seit Ende der 1970er-Jahre stetig gewachsen. Das Ziel staatlicher Umweltpolitik ist kurzfristig vor allem die Verminderung der Emission von Schadstoffen in Böden, Wasser und Luft; langfristig das nachhaltige Wirtschaften, also die Vereinbarung von wirtschaftlichen und ökologischen Interessen und deren Aufnahme in die ökonomischen Zielvorstellungen der Wirtschaft, um die dauernde Sicherung der Umwelt zu gewährleisten.
Die verschiedenen umweltpolitischen Instrumente führen beim Hersteller in der Regel zu einer Erhöhung der Produktionskosten. Der Produzent wird also gezwungen, die Umwelt nicht als kostenloses Gut zu betrachten, in die er z. B. Luftschadstoffe oder gewässergefährdende Flüssigkeiten kostenlos entsorgen kann. Die Produktionskosten für nicht umweltfreundlich hergestellte Güter steigen also an. Der Produzent erhält dadurch den Anreiz, umweltfreundlichere, schadstoffärmere Produktionsverfahren einzusetzen. Umweltschädlich hergestellte Güter werden vergleichsweise teurer und als Folge vom Verbraucher weniger nachgefragt. Der Einsatz schadstoffärmerer Herstellungsverfahren führt letztlich zur Verringerung umweltschädlicher Emissionen.

Der Schutz der natürlichen Umwelt durch die Wirtschaftspolitik kann auf unterschiedliche Weise verbessert und erreicht werden. Bei schädlichen Substanzen werden häufig gesetzliche Vorgaben wie Obergrenzen oder Grenzwerte festgesetzt, durch die Emissionen auf ein erträgliches Maß begrenzt werden sollen. So darf z. B. ein Heizkraftwerk nur eine bestimmte Menge von verunreinigenden Abgasen an die Luft abgeben. Als neues Instrument der Umweltpolitik wurde am 1. 1. 2005 ein System des Emissionshandels *(siehe dort)* eingeführt. So sollen europäische Verursacher klimawirksamer Emissionen zur Reduktion ihrer Schadstoffmengen veranlasst werden.

Umweltprämie, Abwrackprämie, Verschrottungsprämie, Zuschuss des Staates in Höhe von 2 500 €, der bis Ende 2009 unter bestimmten Bedingungen für den Kauf eines Neu-, Vorführ- oder Jahreswagens gezahlt wurde, wenn gleichzeitig das alte Fahrzeug, das mindestens seit neun Jahren zugelassen sein musste (Erstzulassung 13. 1. 2000), bei einem zertifizierten Verwertungsbetrieb verschrottet wurde. Die staatliche Umweltprämie, die beim Bundesamt für Wirtschaft und Ausfuhrkontrolle zu beantragen war, konnten nur Privatpersonen erhalten. Sie wurde im Rahmen des Konjunkturpakets II im Januar 2009 beschlossen und diente der Stützung der Automobilindustrie und auch dem Klimaschutz (umweltfreundliche Neuwagen).

Verbraucherpolitik, *siehe* Kapitel 9.

Verkehrspolitik, spezieller Bereich der Wirtschaftspolitik, der alle Maßnahmen des Staates beinhaltet, die in Verbindung mit der Überwindung von räumlichen Entfernungen stehen. Gegenstände der Verkehrspolitik sind damit der Personen- und Gütertransport sowie alle Dienstleistungen, die mit dem Austausch und der Übermittlung von Nachrichten und Informationen verbunden sind. Ein funktionierendes und gut entwickeltes Verkehrssystem mit einer entsprechenden Verkehrsinfrastruktur, bestehend aus Verkehrswegen und Umschlagzentren wie Straßen, Schienenwegen, Wasserstraßen, Bahnhöfen, Flughäfen und Seehäfen, ist von großer Bedeutung, da so der Güteraustausch, die reibungslose Güterversorgung von Produzenten und Verbrauchern, die erforderliche räumliche Beweglichkeit der Bürger und der notwendige Informationsaustausch gewährleistet werden. Träger der Verkehrspolitik sind der Bund, die Länder sowie die Kommunen und zunehmend auch die Europäische Union. Der Bund ist dabei für die nationalen und überregionalen Verkehrswege wie Bundesautobahnen, Bundesstraßen und Bundeswasserstraßen sowie das Bundeseisenbahnnetz zuständig, während in die Verantwortlichkeit der Länder und Kommunen die regionalen Verkehrswege wie Kreis- oder Landstraßen fallen.

Staatliche Eingriffe in das Verkehrswesen werden ökonomisch damit begründet, dass freier Wettbewerb in diesem Bereich zu gesamtwirtschaftlich nicht wünschenswerten, unwirtschaftlichen Ergebnissen führen würde und z. B. im Verlust bringenden Nahverkehr eine mögliche Unterversorgung bestimmter, vor allem ländlicher Regionen zur Folge hätte. Direkter staatlicher Eingriff im Verkehrssektor geschieht durch die Einrichtung und Aufrechterhaltung der Verkehrsinfrastruktur, indirekter Eingriff durch Regulierung des Marktzutritts und der Preise. Ein Instrument der Mitfinanzierung von Autobahnen und Bundesstraßen ist die 2005 eingeführte Lkw-Maut (*siehe* Kapitel 5).

Vermögenspolitik, wirtschaftspolitische Maßnahmen mit dem Ziel, eine möglichst gerechte Vermögensverteilung zu erreichen. Grundsätzlich ist dabei von einer Gesellschaft zu klären, was hinsichtlich der Verteilung der Vermögen als gerecht angesehen wird. Mittel der Vermögenspolitik sind die Vermögensumverteilung und die Vermögensbildung. Vermögensumverteilung erfolgt durch verschiedene Steuern wie die Erbschaftsteuer, Vermögensbildung durch die staatliche Sparförderung. Dabei zahlt der Staat z. B. eine Arbeitnehmersparzulage, wenn bestimmte Einkommensgrenzen nicht überschritten werden.

Verschrottungsprämie, die Umweltprämie *(siehe dort).*

Verstaatlichung, Bezeichnung für die Überführung von Privateigentum z. B. an Unternehmen oder Grundstücken in Staatseigentum oder Gesellschaftseigentum. Das Grundgesetz lässt eine Enteignung *(siehe dort)* grundsätzlich zwar zu, sie muss jedoch im allgemeinen Interesse sein, dem sozialen Wohl dienen und der ehemalige Eigentümer muss entschädigt werden.

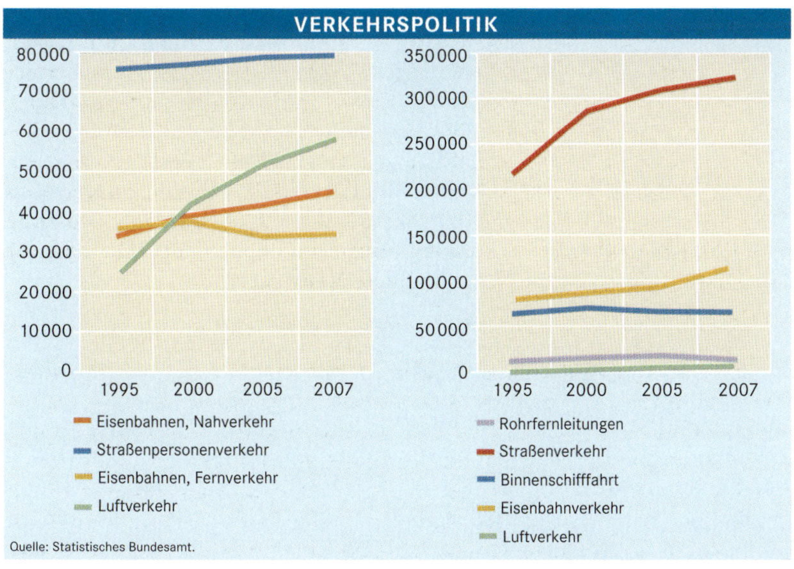

Verkehrspolitik.
Anteile der verschiedenen Verkehrsträger an den Verkehrsleistungen im Personen- und Güterverkehr

Verteilungspolitik, die staatliche Berichtigung von unerwünschten Entwicklungen, die durch das Marktgeschehen hervorgerufen werden und im Widerspruch vor allem zu sozialpolitischen Zielen stehen. Maßnahmen der **Umverteilung** erfolgen z. B. durch Einkommensumverteilung oder durch Vermögensumverteilung. Im Rahmen der Finanzpolitik erfolgt eine Umverteilung z. B. durch unterschiedlich hohe Steuerabzüge (Steuerprogression) vom Einkommen. Das belastet die Bezieher höherer Einkommen stärker als die Bezieher niedrigerer Einkommen. Eine Vermögensumverteilung erfolgt z. B. durch die Erbschaftsteuer, bei der die Höhe der zu zahlenden Steuer von der Höhe des geerbten Vermögens abhängt und so höhere Erbschaften stärker besteuert als niedrigere. Maßnahmen der Umverteilung sind aber auch die Zahlung von Sozialgeld, Arbeitslosengeld II oder Wohngeld, da sie bedürftigen Haushalten zufließen und ohne Gegenleistung erfolgen.

Verursacherprinzip, Leitlinie in der Umweltpolitik, nach der diejenigen die Kosten der Umweltbelastung und Umweltverschmutzung zu tragen haben, von denen sie herbeigeführt bzw. verursacht wurde. Die direkte Kostenbelastung des Verursachers von Umweltschäden schafft dabei für diesen den Anreiz, schädigende Verhaltensweisen zu verringern oder einzustellen. Die Anwendung des Verursacherprinzips ist in der Praxis jedoch immer dann problematisch, wenn der Verursacher einer Umweltschädigung nicht eindeutig ermittelt werden kann.

Vollbeschäftigung, *siehe* Kapitel 3.

Wachstumspolitik, alle staatlichen Maßnahmen, mit denen das Ziel eines angemessenen und stetigen Wirtschaftswachstums gefördert werden. Wachstumspolitische Mittel des Staates setzen deshalb zunächst an grundlegenden Voraussetzungen wie dem marktwirtschaftlichen Wettbewerb oder der wirtschaftlichen Infrastruktur an. Die Wettbewerbspolitik, die einen funktionierenden Leistungswettbewerb gewährleisten soll, gehört deshalb im weiteren Sinne zur Wachstumspolitik. Weitere Ansatzpunkte der Wachstumspolitik sind vor allem auf die Faktoren Kapital und Bildung gerichtet. Technischer Fortschritt sowie die ständige Verbesserung des technischen Wissens sind ebenso Voraussetzungen für Wirtschaftswachstum wie gut ausgebildete, über entsprechendes Know-how verfügende Mitarbeiter auf allen Ebenen der Unternehmen. Technologie- und Bildungspolitik gehören deshalb genauso zur

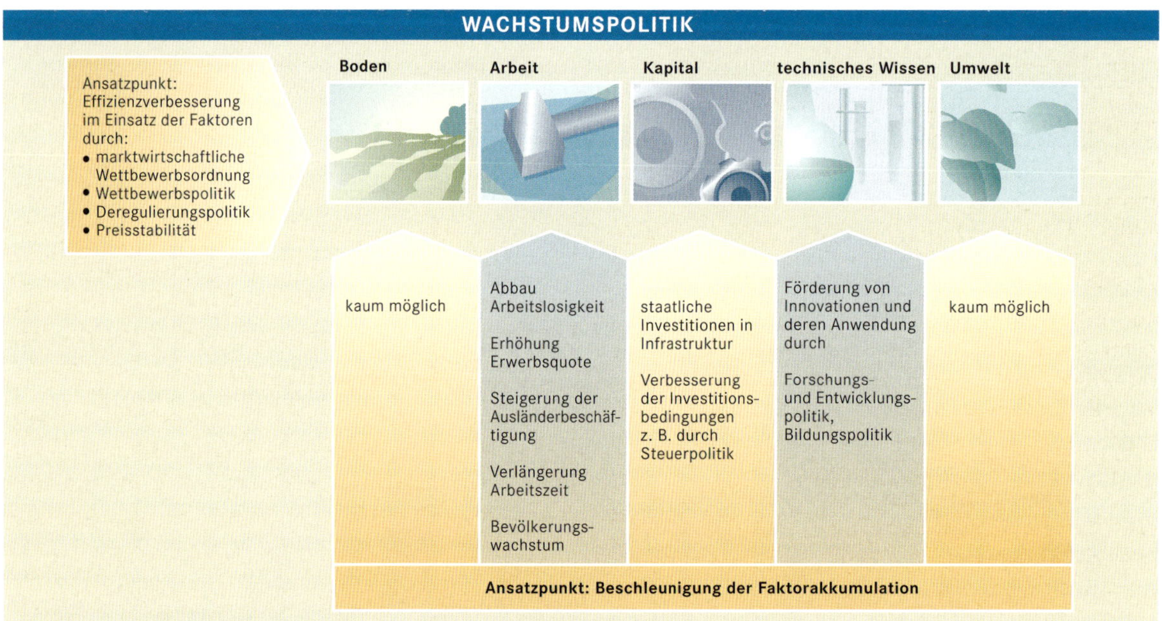

Wachstumspolitik. Ansatzpunkte für wachstumspolitische Maßnahmen

Wachstumspolitik wie Regionalpolitik oder Mittelstandspolitik.

Währungspolitik, alle Maßnahmen zur Gestaltung und Stabilität des inneren und äußeren Geldwertes auf nationaler (Bundesregierung), europäischer (Europäische Zentralbank) und internationaler Ebene (Internationaler Währungsfonds), die auf die optimale Gestaltung der Währung und des Währungsgeschehens verschiedener Länder gerichtet sind, wobei die auf das Land gerichteten währungspolitischen Maßnahmen auch als Geldpolitik *(siehe dort)* bezeichnet werden und der Begriff Währungspolitik auf die Gestaltung der Währungsbeziehungen mit dem Ausland und die Sicherung des außenwirtschaftlichen Gleichgewichts begrenzt wird.

Wechselkurspolitik, alle Maßnahmen, mit denen der Außenwert der Währung beeinflusst werden soll wie die Anpassung von Leitkursen oder Käufe zur Stützung des Wechselkurses. Die Zuständigkeit für die Wechselkurspolitik ist mit der Europäischen Währungsunion (EWU) auf die Europäische Zentralbank übergegangen.

Wertpapierpensionsgeschäfte, Mittel der Geldpolitik, das von der Europäischen Zentralbank wie vormals von der Deutschen Bundesbank im Rahmen ihrer Offenmarktpolitik *(siehe dort)* zur Beeinflussung der Geldmenge eingesetzt wird. Dabei werden von der Zentralbank festverzinsliche Wertpapiere von den Kreditinstituten unter der Bedingung angekauft, dass sie diese Wertpapiere zu einem festgelegten Zeitpunkt wieder zurückkaufen (die Wertpapiere werden quasi in Pension genommen). Dem Bankensystem werden dadurch Geldmittel (Liquidität) entzogen oder zugeführt. Für diese Geschäfte berechnet die Zentralbank einen Zinssatz **(Pensionssatz),** der auch als ein Leitzinssatz gilt. Der Kauf von Wertpapieren durch die Zentralbank erhöht dabei die Geldmenge und verbilligt Kredite. Der Verkauf von Wertpapieren bewirkt die Verteuerung von Krediten und eine Verringerung der Geldmenge. Wertpapierpensionsgeschäfte werden den Kreditinstituten im Tenderverfahren *(siehe dort)* angeboten. Diese Geschäfte heißen bei der Europäischen Zentralbank Hauptrefinanzierungsgeschäfte *(siehe dort)* und längerfristige Refinanzierungsgeschäfte *(siehe dort).*

Wettbewerbspolitik, alle staatliche Maßnahmen, die der Sicherung des Wettbewerbs und dem Abbau von Wettbewerbsbeschränkungen dienen. Der Wettbewerb als eines der wesentlichen Gestaltungsmerkmale der sozialen Marktwirtschaft sorgt für die bestmögliche Verwendung der knappen Produktionsfaktoren. Seine Erhaltung ist deshalb von zentraler Bedeutung.
Die Wettbewerbspolitik bedient sich verschiedener gesetzlicher Regelungen wie des Kartellgesetzes (Kartellverbot, Missbrauchsaufsicht, Fusionskontrolle) oder des Gesetzes gegen den unlauteren Wettbewerb (Verbot unwahrer Werbung, Vorschriften über Sonderverkäufe), um auf die Wettbewerbssituation Einfluss zu nehmen, die Unternehmenskonzentration und eventuelle Marktmacht zu begrenzen. Träger der Wettbewerbspolitik ist der Staat. Zuständig für Wettbewerbsbeschränkungen sind als **Wettbewerbsbehörden** das Bundeskartellamt *(siehe dort)* und auf europäischer Ebene die Europäische Kommission.

Wirtschaftsförderung, alle wirtschaftspolitischen Maßnahmen, mit denen spezifische wirtschaftliche Sachverhalte oder Verhaltensweisen gefördert werden. In diesem weiten Sinn gehören dazu Struktur-, Regional-, Technologie-, Mittelstands-, Existenzgründungs- und Industriepolitik. Nicht zur Wirtschaftsförderung zählen dagegen gesamtwirtschaftliche Maßnahmen wie die allgemeine Förderung von Beschäftigung oder Wachstum, da diese nicht selektiv wirken bzw. wirken sollen.

Wirtschaftspolitik, Bezeichnung für alle Maßnahmen, mit denen die Wirtschaftsordnung eines Landes sowie die wirtschaftlichen Abläufe und Strukturen beeinflusst und gestaltet werden sollen. In diesem Sinne wird unterschieden zwischen Ordnungs-, Ablauf- (Prozess-) und Strukturpolitik sowie weiter differenziert in die unterschiedlichsten Politikbereiche, die sich teilweise erheblich überschneiden: Wettbewerbs-, Verbraucher-, Konjunktur-, Stabilitäts-, Geld-, Fiskal-, Einkommens-, Arbeitsmarkt-, Beschäftigungs-, Verteilungs-, Außenwirtschafts-, Währungs-, Entwicklungs-, Wachstums-, Regional-, Forschungs- und Technologiepolitik sowie sektorale Strukturpolitik (z. B. Agrar-, Verkehrs-, Industrie-, Mittelstandspolitik). Auch bestehen enge Beziehungen zur Sozial-, Bildungs- und Umweltpolitik. Richtet sich die Wirtschaftspolitik auf die gesamte Volkswirtschaft, spricht man von allgemeiner Wirtschaftspolitik, ist sie nur auf Teile der Volks-

WIRTSCHAFTSPOLITIK

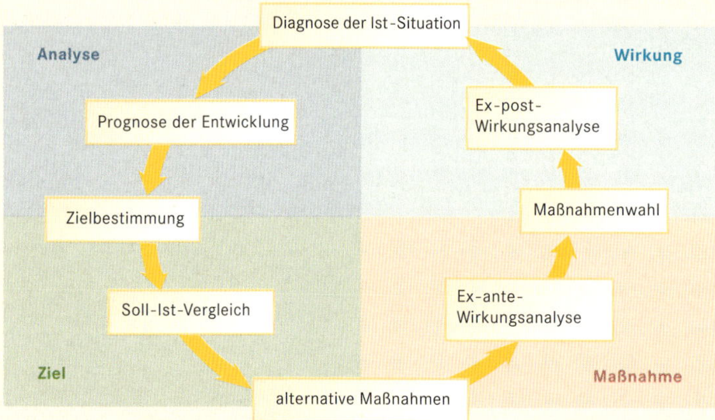

Die Zieldefinition alleine reicht nicht aus, um rationale Wirtschaftspolitik zu betreiben. In einer Prognose muss jeweils ermittelt werden, inwieweit der Soll-Ist-Vergleich eine Zielverfehlung erwarten lässt. Ist eine Zielverfehlung zu erwarten, dann sind verschiedene Maßnahmen im Wege einer Ex-ante-Wirkungsanalyse (im Vorhinein) zu überprüfen im Hinblick darauf, ob sie eine Annäherung an die Zielsetzung erwarten lassen. Auf dieser Basis erfolgt dann die Wahl einer bestimmten Maßnahme. Nach Durchführung der Maßnahme ist im Rahmen einer Ex-post-Wirkungsanalyse (im Nachhinein) festzustellen, inwieweit die Maßnahme tatsächlich die erhoffte Zielerreichung erbracht hat.

Wirtschaftspolitik.
Methodik einer rationalen Wirtschaftspolitik

wirtschaft gerichtet, wird von spezieller Wirtschaftspolitik gesprochen.
Wirtschaftspolitik dient durch den Einsatz wirtschaftspolitischer Instrumente *(siehe dort)* der Verwirklichung der wirtschaftspolitischen Ziele *(siehe dort)*. Dabei werden bei der Entscheidung über bestimmte Maßnahmen auch unterschiedliche wirtschaftspolitische Konzepte *(siehe dort)* zugrunde gelegt, um dem Ideal einer in sich stimmigen, rationalen Wirtschaftspolitik nahezukommen.
Die Träger der Wirtschaftspolitik, also die Einrichtungen, die wirtschaftspolitische Entscheidungen treffen und umsetzen können, sind z. B. der Bundestag und die Landtage, die Bundesregierung und die Landesregierungen, die Deutsche Bundesbank und Arbeitsgerichte, die Industrie- und Handelskammern oder Handwerkskammern, die Arbeitgeberverbände und Gewerkschaften. Träger der Wirtschaftspolitik auf europäischer Ebene sind z. B. die Europäische Kommission und die Europäische Zentralbank.

wirtschaftspolitische Instrumente, die konkreten Maßnahmen, die von den verschiedenen Trägern der Wirtschaftspolitik *(siehe dort)* ergriffen und durchgeführt werden, um die Wirtschaftsordnung, den Wirtschaftsablauf oder die Wirtschaftsstruktur entsprechend den wirtschaftspolitischen Zielen *(siehe dort)* zu beeinflussen.
Wirtschaftspolitische Instrumente können nach verschiedenen Gesichtspunkten systematisiert werden: im Hinblick auf den Träger der Wirtschaftspolitik z. B. zwischen Fiskalpolitik *(siehe dort)* und Geldpolitik *(siehe dort)*. Bezüglich der Wirkung der Instrumente auf die wirtschaftspolitischen Ziele werden Instrumente mit direkter Wirkung solchen mit indirekter Zielwirkung gegenübergestellt.
Beim Einsatz direkt wirkender Instrumente verhalten sich die Träger der Wirtschaftspolitik wie Marktteilnehmer und versuchen, das Marktgeschehen hinsichtlich der jeweils angestrebten Ziele zu beeinflussen. So kann der Staat z. B. über eine Steigerung seiner Ausgaben für öffentliche Investitionen direkt die gesamtwirtschaftliche Nachfrage beeinflussen und damit zur Belebung der Konjunktur beitragen. Der Einsatz indirekt wirkender Instrumente soll das Verhalten der privaten Marktteilnehmer so beeinflussen, dass über deren Reaktionen

auf staatliche Maßnahmen die angestrebten wirtschaftspolitischen Ziele erreicht werden.
Berichte zur gesamtwirtschaftlichen Situation oder die Bekanntgabe wichtiger Wirtschaftsdaten durch staatliche Einrichtungen dienen der Information der Öffentlichkeit und sollen damit zur Verbesserung der individuellen wirtschaftlichen Entscheidungen der privaten Marktteilnehmer beitragen. Weitere Instrumente mit indirekter Zielwirkung sind beispielsweise staatliche Anreize und Maßnahmen wie die Gewährung von Sparprämien unter bestimmten Bedingungen oder staatliche Appelle wie Mahnungen an die Tarifpartner zu maßvollen Lohnabschlüssen.

wirtschaftspolitische Konzepte, grundlegende wirtschaftspolitische Programme, die auf volkswirtschaftlichen Erkenntnissen beruhen und mit ihren Schlussfolgerungen eine rationale Wirtschaftspolitik und eine bestmögliche Erreichung der wirtschaftspolitischen Ziele gewährleisten wollen. Grundsätzlich werden die beiden Konzepte der Angebotspolitik *(siehe dort),* die auf den Erkenntnissen des Monetarismus (*siehe* Kapitel 3) fußt, und der Nachfragepolitik *(siehe dort),* die den Anschauungen des Keynesianismus (*siehe* Kapitel 3) entspricht, unterschieden.

wirtschaftspolitische Ziele, die v.a. durch das Stabilitätsgesetz vorgegebenen Ziele: Stabilität des Preisniveaus, hoher Beschäftigungsstand, außenwirtschaftliches Gleichgewicht sowie stetiges und angemessenes Wirtschaftswachstum. Diese Ziele werden auch als magisches Viereck *(siehe dort)* bezeichnet.
Das Beschäftigungsziel wird auch als Vollbeschäftigung (*siehe* Kapitel 3) bezeichnet und mit einer möglichst geringen Arbeitslosenquote (*siehe* Kapi-

WIRTSCHAFTSPOLITISCHE KONZEPTE

NACHFRAGEPOLITIK: Keynesianische Nachfragesteuerung		ANGEBOTSPOLITIK: Angebotsorientierung mit Geldmengensteuerung
kurzfristige Beseitigung von Gleichgewichtsstörungen (= Symptombekämpfung)	Ziele	mittel- bis längerfristige Beseitigung gleichgewichtsstörender Auslösefaktoren (= Ursachenbekämpfung)
Stärkung der gesamtwirtschaftlichen Nachfrage durch Konsumsteigerung	Ansatzpunkte	• Stärkung des gesamtwirtschaftlichen Angebots durch Verbesserung der Produktionsbedingungen • Verstetigung des gesamtwirtschaftlichen Spielraums durch Geldmengensteuerung
• Stärkung der Massenkaufkraft durch Lohnerhöhungen und/oder höhere staatliche Zuschüsse für bzw. geringere Abgaben der Privathaushalte • Erhöhung des Staatskonsums durch öffentliche Ausgabenprogramme • Ausweitung des öffentlichen Sektors • stärkere Regulierung • Schaffung verbrauchsfördernder Rahmenbedingungen	Maßnahmen	• Erhöhung der Unternehmensrentabilität durch Kostendämpfung (Lohnmäßigung und/oder Verringerung der Unternehmensteuerbelastung) • Verringerung des effizienzschwachen Staatskonsums • Ausweitung des privaten Sektors • Investitionsförderung • Deregulierung • Abbau von Subventionen • Schaffung leistungsanreizender, innovationsfördernder Rahmenbedingungen

Quelle: Bundesverband deutscher Banken

wirtschaftspolitische Konzepte. Angebots- und Nachfragepolitik im Vergleich

tel 3) verbunden, das Ziel Preisstabilität mit einer möglichst niedrigen Inflationsrate (*siehe* Kapitel 3). Wirtschaftswachstum wird gemessen an der prozentualen Zunahme einer Sozialproduktgröße (z. B. Bruttoinlandsprodukt) oder des Pro-Kopf-Einkommens.
Das Wachstumsziel wird heute stärker unter dem Gesichtspunkt der Nachhaltigkeit betrachtet und als solches erweitert und angestrebt. Nachhaltiges Wachstum bedeutet dabei, dass heutiges Wirtschaftswachstum die Grundlagen für zukünftiges Wachstum nicht durch Umweltbelastungen und hemmungslose Ausbeutung der natürlichen Rohstoffe zerstören sollte. Weitere verteilungspolitische Ziele der Wirtschaftspolitik sind eine gerechte Einkommens- und Vermögensverteilung sowie die soziale Sicherung der Bevölkerung.

Wirtschaftsverbände, freiwillige Vereinigungen von Unternehmen innerhalb eines bestimmten Wirtschaftszweigs, z. B. der Industrie, des Handels oder der Banken. Ihre Aufgabe ist die Förderung und Vertretung der gemeinsamen Interessen ihrer Mitglieder gegenüber dem Staat, der Öffentlichkeit und anderen Wirtschaftsbranchen sowie die Beratung in fachlichen, wirtschaftlichen, steuerlichen oder betrieblichen Fragen. Spitzenverbände der Wirtschaft sind z. B. der Bundesverband der Deutschen Industrie *(siehe dort),* der Deutsche Industrie- und Handelskammertag *(siehe dort)* und der Zentralverband des Deutschen Handwerks *(siehe dort).*

Wirtschaftswunder, Bezeichnung für den rasanten wirtschaftlichen Aufstieg der Wirtschaft in Westdeutschland nach dem Zweiten Weltkrieg. Das Wirtschaftswunder war gekennzeichnet z. B. durch hohe Wachstumsraten des realen Sozialprodukts besonders in den 1950er-Jahren, wachsenden materiellen Wohlstand sowie den Abbau der Arbeitslosigkeit trotz Zustroms von Flüchtlingen.
Der schnelle Aufstieg wurde durch verschiedene Rahmenbedingungen wie die Währungsreform (*siehe* Kapitel 6), den Marshallplan (*siehe* Kapitel 6) und die Einführung der sozialen Marktwirtschaft (*siehe* Kapitel 1) sowie die Leistungsbereitschaft und den Aufbauwillen der Bevölkerung ermöglicht und v. a. mit LUDWIG ERHARD (* 1897, † 1977), dem ersten Wirtschaftsminister der Bundesrepublik Deutschland, verbunden.

Wissenschaftliche Beiräte, bei verschiedenen Bundesministerien wie dem Bundesministerium der Finanzen oder dem Bundesministerium für Wirtschaft und Technologie eingerichtete Kommissionen, die im Rahmen wissenschaftlicher Politikberatung Gutachten erstellen und veröffentlichen.

Zahlungsbilanzgleichgewicht, häufige Bezeichnung für das wirtschaftspolitische Ziel des außenwirtschaftlichen Gleichgewichts. Die Zahlungsbilanz (*siehe* Kapitel 6) als Ganzes ist jedoch stets ausgeglichen, während die Teilbilanzen der Zahlungsbilanz wie die Leistungsbilanz oder die Kapitalbilanz unausgeglichen sind. Mit Zahlungsbilanzgleichgewicht wird deshalb in der Regel vor allem eine ausgeglichene Leistungsbilanz (*siehe* Kapitel 6) gleichgesetzt. Mithilfe der **Zahlungsbilanzpolitik** soll das Zahlungsbilanzgleichgewicht erreicht und gesichert werden.

Zentralbank, Zentralnotenbank, Notenbank, die Bank des Staates und der Banken. Zentralbanken geben die Banknoten eines Staates aus und sind für die Geld- und Währungspolitik verantwortlich. Aufgaben sind neben der Versorgung der Wirtschaft mit Zahlungsmitteln die Erleichterung der Abwicklung des Zahlungsverkehrs, die Regulierung der Geldmenge entsprechend den Bedürfnissen der Wirtschaft, die Sicherung der Stabilität des inneren und äußeren Wertes der Währung, der Ausgleich der Zahlungsbilanz und die Verwaltung der Währungsreserven. Zentralbanken sind letzte Refinanzierungsquelle der Kreditinstitute (›Bank der Banken‹), sind in die Bankenaufsicht einbezogen, fungieren als ›Hausbank‹ des Staates (z. B. Abwicklung des Giroverkehrs für den Staat) und übernehmen auch die Vertretung eines Landes bei internationalen Währungsinstitutionen. Zentralbank in Deutschland ist die Deutsche Bundesbank *(siehe dort),* die in das Europäische System der Zentralbanken (*siehe* Kapitel 6) eingebunden ist.

Zentralverband des Deutschen Handwerks, Abkürzung **ZDH,** die Spitzenorganisation des deutschen Handwerks, der 53 Handwerkskammern und 36 Zentralfachverbände angehören sowie weitere wirtschaftliche Einrichtungen, die das Handwerk fördern und unterstützen. Die 53 Handwerkskammern bilden den **Deutschen Handwerkskammertag (DHKT).** Der ZDH wurde 1949 gegründet, nimmt

die Gesamtinteressen des deutschen Handwerks auf den Gebieten der Wirtschafts-, Steuer- und Sozialpolitik wahr.
Mit rund 960 000 Betrieben und 4,8 Mio. Beschäftigten ist das Handwerk einer der wichtigsten Wirtschaftsbereiche. Präsident des ZDH und des DHKT ist seit 2004 der Installateurmeister OTTO KENTZLER (* 1941). Anschrift: Mohrenstraße 20–21, 10117 Berlin; Telefon: 030 206190; Internet: www.zdh.de.

ZENTRALVERBAND DES DEUTSCHEN HANDWERKS

Zentralverband des Deutschen Handwerks. Das Logo des ZDH

Zinspolitik, alle Maßnahmen der Zentralbank, mit denen das allgemeine Zinsniveau beeinflusst werden soll. Zinsen stellen für Kreditnehmer Kosten dar. Über die Veränderung von Zinssätzen, die zwischen Zentralbank und Geschäftsbank berechnet werden, will die Zentralbank deshalb die Nachfrage nach Investitionskrediten der Unternehmen oder Konsumkrediten der Haushalte sowie die Kreditnachfrage des Staates beeinflussen.
Erhöht die Zentralbank z. B. ihre Zinsen, um im konjunkturellen Hoch Preissteigerungen zu verringern, werden die Geschäftsbanken die Zinsen, die sie ihren Kunden in Rechnung stellen, ebenfalls erhöhen. Höhere Zinsen bewirken eine geringere Nachfrage nach Krediten z. B. für Investitionen, da die Gewinnaussichten der Unternehmen sinken. Die Folge ist eine verringerte Geldnachfrage, das Preisniveau stabilisiert sich. Eine ähnliche Wirkung haben Zinserhöhungen auf die Konsumgüternachfrage der privaten Haushalte. Sinkende Zinsen haben die gegenteilige Wirkung.
Die Europäische Zentralbank (EZB) steuert vor allem über die Zinssätze für ihre Hauptrefinanzierungsgeschäfte *(siehe dort)* und für ihre längerfristigen Refinanzierungsgeschäfte *(siehe dort)* das Zinsniveau im Euroraum. Als Obergrenze für die Geldmarktzinsen gilt der Zinssatz für die Spitzenrefinanzierungsfazilität, als Untergrenze der Zinssatz für die Einlagefazilität.

zweiter Arbeitsmarkt, der Arbeitsmarkt, der sich vom ersten Arbeitsmarkt dadurch unterscheidet, dass auf ihm Arbeitsplätze oder Beschäftigungsverhältnisse nur mithilfe von öffentlichen Fördermitteln erhalten oder geschaffen werden können. Die Arbeitsplätze des zweiten Arbeitsmarktes würden also ohne die Maßnahmen der aktiven Arbeitsmarktpolitik wie Arbeitsbeschaffungsmaßnahmen oder finanzielle Zuschüsse wie Ein-Euro-Jobs nicht zur Verfügung stehen. Den betroffenen Arbeitslosen soll der spätere Übergang in den normalen ersten Arbeitsmarkt ermöglicht werden.

5

Was nimmt der Staat, was gibt der Staat?

In jedem Gemeinwesen gibt es Aufgaben, die der einzelne Bürger allein nicht lösen kann: Bildung, öffentliche Infrastruktur wie Autobahnen, Bahnverbindungen und Wasserstraßen, soziale Sicherheit, Gesundheitswesen, innere und äußere Sicherheit, also Polizei und Bundeswehr, sowie Rechtspflege sind Bereiche, in denen der Staat für alle Bürger tätig sein muss. Um diese Aufgaben erfüllen zu können, benötigt der Staat Einnahmen. Die wichtigsten davon sind die Steuern.

Während dem Bund der Ertrag aus dem Branntweinmonopol, das Aufkommen der Zölle, der meisten Verbrauchsteuern (außer der Biersteuer) zusteht, wurden den Bundesländern das Aufkommen der Erbschaftsteuer, Kraftfahrzeugsteuer, Biersteuer und die Spielbankabgaben zugewiesen. Das Aufkommen der Realsteuern Gewerbe- und Grundsteuer und der örtlichen Steuern, z. B. Vergnügungssteuer, blieb den Gemeinden und Städten überlassen. Hinzu kommt der Steuerverbund mit den Gemeinschaftsteuern: Das sind vor allem die Einkommensteuer (einschließlich Lohnsteuer) und Körperschaftsteuer sowie die Umsatzsteuer.

Die Bürger erwarten Steuerentlastungen, aber auch eine gerechte Verteilung der Steuereinnahmen. Deshalb hat Steuerpolitik nicht nur eine Einnahmeseite, sondern sie greift weit in die Sozial-, Umwelt- und Beschäftigungspolitik, also in die Ausgabenseite, hinein. Familien werden durch Kindergeld, Kinderfreibeträge und Wohngeld entlastet, Arbeitsplätze werden durch Investitionszuschüsse an Unternehmen geschaffen oder gesichert. Der Umweltschutz wird durch Zuschüsse an Unternehmen und Privathaushalte für energiesparende und umweltschonende Maßnahmen vorangetrieben.

Durch die Auswirkungen der weltweiten Finanz- und Wirtschaftskrise auch auf Deutschland, insbesondere auf den Bankensektor, aber auch auf viele Wirtschaftszweige, ist auch der Staat gefordert. Durch Beteiligung an Banken, milliardenschwere Bürgschaften und finanzielle Zuschüsse versuchen Bund und Länder der krisenhaften Entwicklung entgegenzusteuern. Finanziert werden solche Maßnahmen durch eine dramatische Erhöhung der öffentlichen Schulden.

Das folgende Kapitel informiert über die Thematik der öffentlichen Einnahmen und Ausgaben und die Besonderheiten der öffentlichen Haushalte (z. B. Haushaltsplan) in seiner ganzen Breite von A wie Abgaben bis Z wie Zweitwohnungsteuer. Die wirtschaftspolitischen Aktivitäten des Staates werden in Kapitel 4 dargestellt.

Abgaben, Geldzahlungen an öffentlich-rechtliche Körperschaften, die an Bund, Länder, Gemeinden und die Religionsgemeinschaften per Gesetz abzuführen sind. Dazu gehören Steuern und Zölle als Abgaben ohne besondere Gegenleistung sowie Beiträge *(siehe dort)* und Gebühren *(siehe dort)* als Pflichtzahlungen für die Inanspruchnahme einer öffentlichen Leistung, z. B. für die Straßenreinigung.

ABGABENQUOTEN

Steuern und Sozialabgaben in Prozent des Bruttoinlandsprodukts

Land	1980	1990	2000	2007
Deutschland	36,4	34,8	37,2	36,2
Belgien	41,3	42,0	44,9	44,4
Dänemark	43,0	46,5	49,4	48,9
Finnland	35,7	43,5	47,2	43,0
Frankreich	40,1	42,0	44,4	43,6
Griechenland [1]	21,6	26,2	34,1	31,3
Großbritannien	35,1	36,1	37,1	36,6
Irland	31,0	33,1	31,7	32,2
Italien	29,7	37,8	42,3	43,3
Japan [2]	25,4	29,1	27,0	27,9
Luxemburg	35,7	35,7	39,1	36,9
Niederlande	42,9	42,9	39,7	38,0
Österreich	39,0	39,6	42,6	41,9
Portugal	22,9	27,7	34,1	36,6
Schweden	46,4	52,2	51,8	48,2
Schweiz	24,7	25,8	30,0	29,7
Spanien	22,6	32,5	34,2	37,2
USA	26,4	27,3	29,9	28,3

[1] Nach den Abgrenzungsmerkmalen der OECD. [2] Nicht vergleichbar mit Quoten in der Abgrenzung der Volkswirtschaftlichen Gesamtrechnung oder der deutschen Finanzstatistik.

Abgabenquote. Steuern und Sozialabgaben in Prozent des Bruttoinlandsprodukts im internationalen Vergleich

Abgabenordnung, Abkürzung **AO,** die Grundlage für das Besteuerungsverfahren in Deutschland mit grundlegenden steuerrechtlichen Begriffen und Verfahren. Die AO regelt, wer wann wie viel Steuern zu zahlen hat.

Abgabenquote, Verhältnis zwischen den gesamten Steuer- und Sozialabgaben und dem Bruttoinlandsprodukt. Die Quote dient besonders bei internationalen Vergleichen als Anzeiger für die Belastung einer Volkswirtschaft mit Abgaben.

Abgeltungsteuer, am 1. 1. 2009 eingeführte pauschale Steuer auf Erträge aus Kapitalanlagen wie Zinsen, Dividenden und Kursgewinne, mit der zugleich die Einkommensteuer abgegolten ist. Sie ist rechtlich eine besondere Erhebungsform der Kapitalertragsteuer *(siehe dort)* und ersetzt den Zinsabschlag *(siehe dort)*.
Der Steuersatz beträgt 25 %; zuzüglich Solidaritätszuschlag und Kirchensteuer errechnet sich eine Steuerbelastung von 27,8 %. Die Abgeltungsteuer ist eine Quellensteuer, die Banken und Finanzdienstleister einbehalten und an das Finanzamt abführen. Damit ist auch die Steuerschuld abgegolten. Eine mögliche höhere Einkommensteuer kommt nicht mehr zur Anwendung. Wer aber einen niedrigeren persönlichen Einkommensteuersatz hat, kann im Rahmen der Einkommensteuererklärung die zu viel gezahlte Abgeltungsteuer geltend machen.

Absetzung für Abnutzung, steuerlicher Begriff für Abschreibungen (*siehe* Kapitel 7).

Äquivalenzprinzip, Grundsatz, nach dem eine vom Bürger verlangte Abgabe der Leistung entsprechen muss, die er vom Staat empfangen kann – eine unrealistische Betrachtung der Wirklichkeit bei Steuern und Sozialversicherungsabgaben, realistisch aber bei der Bemessung kommunaler Beiträge.

Arbeitnehmersparzulage, Teil der vermögenswirksamen Leistungen (*siehe* Kapitel 8).

Arbeitsförderung, *siehe* Kapitel 8.

Ausbildungsbeihilfen, von öffentlicher und privater Seite gezahlte Leistungen, die Personen in der Ausbildung fördern. Die bekanntesten öffentlichen Hilfen sind Leistungen nach dem BAföG *(siehe*

ABGELTUNGSTEUER

	Zinsabschlag (30 %)		Abgeltungsteuer (25 %)	
	Individueller Steuersatz 20 %	Individueller Steuersatz 45 %	Individueller Steuersatz 20 %	Individueller Steuersatz 45 %
Steuerpflichtig	100 €	100 €	100 €	100 €
Endgültige Steuerfestsetzung	20 €	45 €	20 €	25 €
Anrechnung Zinsabschlag	30 €	30 €	25 €	25 €
Erstattung an/Nachzahlung vom Steuerzahler	Erstattung: 10 €	Nachzahlung: 15 €	Erstattung: 5 €	–

Abgeltungsteuer.
Vergleich von Zinsabschlag und Abgeltungsteuer

dort) und die Hilfen der Bundesagentur für Arbeit im Rahmen der Arbeitsmarktpolitik (*siehe* Kapitel 4). Private Ausbildungsbeihilfen leisten Stiftungen wie die Studienstiftung des Deutschen Volkes oder Stiftungen der politischen Parteien.

Ausbildungsfreibetrag: Hat ein Steuerpflichtiger ein oder mehrere Kinder in Ausbildung (Schule, Studium, Beruf), dann kann seit 2002 ein Freibetrag nur noch in Anspruch genommen werden, wenn das Kind volljährig und auswärts untergebracht ist. Der Freibetrag *(siehe dort)* ist auf 924€ jährlich begrenzt. Die Höhe der Ausbildungskosten braucht nicht besonders nachgewiesen zu werden. Ausbildungskosten können auch im Rahmen des Betreuungsfreibetrags *(siehe dort)* geltend gemacht werden.

Ausschreibung, Submission, eine veröffentlichte Aufforderung, z. B. durch den Staat oder eine Gemeinde, an infrage kommende Unternehmen, ein Angebot für eine Lieferung oder Leistung abzugeben. Die Ausschreibung ist ein Verfahren bei der öffentlichen Auftragsvergabe *(siehe dort)*.

außergewöhnliche Belastungen, Ausgaben eines Steuerpflichtigen, die aufgrund besonderer Umstände zwangsläufig anfallen. Die Ausgaben z. B. für Krankheit, Körperbehinderung, Pflegeaufwendungen, Beerdigung oder Ehescheidung können in der Einkommensteuererklärung angegeben und vom Gesamtbetrag der Einkünfte abgezogen werden, sofern sie den zumutbaren Teil der Belastung übersteigen und nicht von anderer Stelle ersetzt werden. Die **zumutbare Belastung** errechnet sich als Prozentsatz vom Gesamtbetrag der Einkünfte, gestaffelt nach Familienstand und Kinderzahl.

BAföG, Abkürzung für **Bundesausbildungsförderungsgesetz:** BAföG soll die finanzielle Belastung während der Ausbildung mildern; wer aufgrund seiner finanziellen Situation nicht in der Lage ist, eine seinen Neigungen und Leistungen entsprechende Ausbildung zu absolvieren, wird auf Grundlage dieses Gesetzes unterstützt. Mittel beantragen können danach Schüler, die eine weiterführende allgemeinbildende Schule ab der 10. Klasse oder eine Berufsfachschule, Fach- oder Fachoberschule besuchen und deshalb nicht bei ihren Eltern wohnen können, Schüler für Ausbildungen an mindestens zweijährigen Berufsfachschul- und Fachschulklassen, die noch keine abgeschlossene Ausbildung haben, Schüler für Ausbildungen an Abendschulen und Kollegs sowie Berufsaufbauschulen und Fachschulen, wobei hier eine abgeschlossene Berufsausbildung vorliegen muss, Studenten für Ausbildungen an Höheren Fachschulen, Akademien und Hochschulen. Die Förderung erfolgt für die Schülerinnen und Schüler vollständig durch Zuschuss, der nicht zurückgezahlt werden muss. Für alle anderen erfolgt die Förderung während der Regelstudienzeit

BAföG

Bedarfssätze je Monat

Ausbildungsstätten	bei den Eltern wohnend	nicht bei den Eltern wohnend	Geförderte 2007
weiterführende allgemeinbildende Schulen, Berufsschulen, Fach- und Fachoberschulen (ohne abgeschlossene Berufsausbildung)	keine Förderung	514€	200 000
zumindest zweijährige Berufsfachschul- und Fachschulklassen, die in einem zumindest zweijährigen Bildungsgang einen berufsqualifizierenden Abschluss vermitteln (ohne abgeschlossene Berufsausbildung)	271€	514€	
Abendhaupt- und Abendrealschulen, Berufsaufbauschulen, Fachoberschulen (mit abgeschlossener Berufsausbildung)	442€	590€	
Fachschulen (mit abgeschlossener Berufsausbildung), Abendgymnasien, Kollegs	448€	618€	
Höhere Fachschulen, Akademien, Hochschulen	473€	643€	345 000
insgesamt			**545 000**

BAföG. Monatliche Bedarfssätze und Zahl der Geförderten

je zur Hälfte als Zuschuss und als Staatsdarlehen. Das Staatsdarlehen, das nach dem Ende des Studiums in einem Zeitraum von 20 Jahren zurückgezahlt werden muss, ist für die Studenten besonders günstig durch seine Zinslosigkeit, die sozialen Rückzahlungsbedingungen und die Erlassmöglichkeiten, z. B. bei vorzeitiger Beendigung des Studiums. Die Rückzahlungssumme beträgt höchstens 10 000 €. Nach dem **Aufstiegsfortbildungsförderungsgesetz** wird die Fortbildung zum Handwerks- oder Industriemeister oder einem ähnlichen Abschluss unterstützt. Wer die Ausbildung in einem anerkannten Ausbildungsberuf abgeschlossen hat, kann dieses Meister-BAföG (*siehe* Kapitel 8) für Fortbildungskurse beanspruchen.

Bagatellsteuer, Steuern, die einen geringen Ertrag erbringen und auch aus Gründen der Steuervereinfachung z. T. abgeschafft worden sind. Dazu gehörten z. B. die Essigsäure-, die Salz- und die Spielkartensteuer.

Bauabzugsteuer: Der Auftraggeber einer Bauleistung, die über 5 000 € liegt, muss 15 % der Zahlung für diese Bauleistung an das Finanzamt des Bauunternehmens abführen. Damit soll der Eingang der Umsatzsteuer beim Staat gesichert und ein Beitrag zur Eindämmung von Schwarzarbeit und illegaler Betätigung im Baugewerbe geleistet werden. Die Bauabzugsteuer entfällt, wenn der Bauunternehmer dem Auftraggeber eine Freistellungsbescheinigung des Finanzamts vorlegt.

Beamte, alle Beschäftigten im öffentlichen Dienst, die in einem besonderen Dienst- und Treueverhältnis stehen, kein Streikrecht haben, unkündbar sind (wenn sie Beamte auf Lebenszeit sind) und von ihrem Dienstherrn versorgt werden (Anspruch auf Beamtenbezüge und im Ruhestand auf Pension). Beamte nehmen eigentlich hoheitliche Aufgaben wahr, z. B. als Richter, Polizeibeamte, Beamte in Ministerien, und können aus dienstlichen Gründen versetzt werden. Bei Verletzung ihrer Dienstpflichten haftet ihr Dienstherr. Bei Straftaten (auch als Privatperson) werden in einem Disziplinarverfahren auch dienstrechtliche Konsequenzen geprüft. Das **Berufsbeamtentum** in Deutschland steht häufig in der Diskussion, gerade wenn es um Flexibilität, Modernität des Staates und weniger Bürokratie geht. Auch wird darauf hingewiesen, dass viele nicht hoheitliche Aufgaben eher von Angestellten (z. B. bei Lehrern und in vielen Verwaltungsberufen) übernommen werden könnten.

Beiträge, Abgaben an den Staat oder kommunale Einrichtungen, denen eine Gegenleistung durch die Stadt, Gemeinde oder Sozialversicherungsträger gegenübersteht. Hierzu sind die Abgaben an die Renten-, Kranken-, Arbeitslosen- und Pflegeversicherung zu zählen **(Sozialbeiträge),** aber auch Erschließungs- und Anliegerbeiträge der Grundstückseigentümer an die Gemeinde oder Stadt. Bei der Bemessung kommunaler Beiträge spielt das Äquivalenzprinzip *(siehe dort)* eine Rolle.

Bemessungsgrundlage, die Steuerbemessungsgrundlage *(siehe dort).*

Besitzsteuern, Steuern, bei denen Einkommen und/oder Vermögen besteuert werden. Dazu gehören Einkommensteuer und Erbschaftsteuer. Da die persönlichen Verhältnisse hier eine Rolle spielen (z. B. Familienstand), heißen diese Steuern auch **Personensteuern.** Bei der Gewerbesteuer und Grundsteuer wird die Sache (Grundstück, Betrieb) besteuert. Diese Besitzsteuern werden auch als **Realsteuern** bezeichnet.

Betreuungsfreibetrag, zusätzlich zum Kinderfreibetrag *(siehe dort)* gewährter Freibetrag. Eltern wird ein **Freibetrag für den Betreuungs-, Erziehungs- und Ausbildungsbedarf** von 1 080 € (bzw. 2 160 € bei Verheirateten) pro Kind und Jahr gewährt.

Betriebsausgaben, die Aufwendungen eines Betriebs oder Unternehmens, die durch seine Tätigkeit veranlasst sind, z. B. Gehälter, Löhne, Wareneinkäufe, Zinsen für Darlehen, anteilige Ausgaben für die Nutzung von Maschinen (Absetzung für Abnutzung). Diese Aufwendungen werden den Einnahmen aus dem Verkauf von Waren und Dienstleistungen **(Betriebseinnahmen)** gegenübergestellt, mindern den steuerlichen Gewinn und damit die Steuerbelastung.

Betriebsprüfung: Die Betriebsprüfung, von den Finanzbehörden **Außenprüfung** genannt, dient der Nachprüfung der Angaben der Steuerpflichtigen für einen Zeitraum von fünf Jahren nicht nur im Finanzamt, sondern an Ort und Stelle, also im Betrieb. Dieses Verfahren verlangt vom Steuerpflichtigen ein hohes Maß an Mitwirkung, sichert ihm aber auch in weitem Umfang rechtliches Gehör und Widerspruchsmöglichkeiten. Wie häufig ein Unternehmen geprüft wird, hängt entscheidend vom Umsatz und vom steuerlichen Gewinn ab. Laut Statistik werden Kleinbetriebe etwa alle 30, Mittelbetriebe alle 14 und Großbetriebe alle fünf Jahre geprüft.

Biersteuer, eine der ältesten Abgaben auf Verbrauchsgüter. Schon im Mittelalter wurde sie in Städten erhoben, vom 15. Jahrhundert an war sie für die Landesfürsten ein wichtiger Bestandteil ihrer Besteuerung. Heute ist die Biersteuer eine bundesgesetzlich geregelte Verbrauchsteuer, die von der Zollverwaltung erhoben wird und den Ländern zusteht. Bier aus Malz wird besteuert, alkoholfreies Bier nicht; das Steueraufkommen beträgt jährlich knapp 1 Mrd. €.

Branntweinsteuer: Die Steuer auf Branntwein (Alkohol) ist eine Verbrauchsteuer, die dem Bund zufließt. Ihr Aufkommen beträgt etwa 2 Mrd. €. Grundsätzlich ist Alkohol, der in Deutschland erzeugt wird, an die Bundesmonopolverwaltung für Branntwein in Offenbach/Main abzuliefern (Ausnahme: Alkohol aus Korn, Obst und Wein). Diese Bundesoberbehörde sorgt für die Durchführung des **Branntweinmonopols,** d.h. der alleinigen Aufsicht und Kontrolle über die Alkoholerzeugung in Deutschland. Die Bundesmonopolverwaltung reinigt den von ihr übernommenen Branntwein und verkauft ihn an die Verwender, die dafür je Hektoliter einen Steuersatz von 1 303 € zu zahlen haben.

Budget, der Haushaltsplan *(siehe dort)*.

Bund der Steuerzahler: Neben den Rechnungshöfen *(siehe dort)* ist der Bund der Steuerzahler e. V. eine private Einrichtung, die überparteilich und gemeinnützig die Interessen der Steuerzahler gegenüber dem Staat vertritt. Zu seinen Aufgaben zählt insbesondere auch, Sparsamkeit und Wirtschaftlichkeit in der öffentlichen Verwaltung anzumahnen und öffentliche Verschwendung aufzuzeigen. Anschrift: Französische Straße 9–12, 10117 Berlin; Telefon: 030 2593960; Internet: www.steuerzahler.de.

Bundesministerium der Finanzen, Teil der Bundesregierung in Berlin, zu dessen Aufgaben es gehört, den Haushaltsplan für das jeweilige Jahr vorzubereiten, den Haushaltsvollzug zu überwachen (einschließlich der Rechnungslegung über Einnahmen, Ausgaben, Vermögen und Schulden des Bundes) und die dem Bund zustehenden Aufgaben im Rahmen der Steuern zu erfüllen. Der Bund hat die ausschließliche Gesetzgebung über die Zölle und Finanzmonopole (zurzeit besteht nur noch das Branntweinmonopol) sowie über die Steuern, die dem Bund ganz (Verbrauchsteuern, außer Biersteuer) oder teilweise zustehen (Umsatz-, Einkommensteuer). Ein weiteres wichtiges Aufgabenfeld ist die Geld- und Währungspolitik. Anschrift: Wilhelmstraße 97, 10117 Berlin; Telefon: 030 22420; Internet: www.bundesfinanzministerium.de.

Bundessteuern, alle ausschließlich dem Bund zustehenden Steuern: alle Verbrauchsteuern außer der Biersteuer, alle Zölle aus Importen aus Nicht-EU-Ländern sowie der Solidaritätszuschlag. Außerdem steht dem Bund ein gewichtiger Anteil der Umsatz- und Einkommensteuer zu.

Bürokratie, der in zahlreiche Zuständigkeitsbereiche (z. B. Ministerien, Gerichte, Dezernate, Ämter) gegliederte gesamte Verwaltungsapparat eines Staates (Bund, Länder und Gemeinden); in einem abwertenden Sinn zielt der Begriff auch auf die ›unbewegliche und kleinkarierte‹ Herrschaft der Behörden in einem Gemeinwesen ab (Beamtenstaat).

Defizit, ein Fehlbetrag, der entsteht, wenn die im Haushaltsplan veranschlagten öffentlichen Ausgaben die regelmäßigen öffentlichen Einnahmen übersteigen. Dieser **Finanzierungssaldo** muss durch Kreditaufnahme ausgeglichen werden, wodurch sich die öffentlichen Schulden *(siehe dort)* erhöhen. Im Rahmen der Haushaltskonsolidierung *(siehe dort)* wird unterschieden in ein konjunkturelles Defizit, das sich bei einer wirtschaftlichen Erholung durch die Defizitfinanzierung (*siehe* Kapitel 4) automatisch wieder zurückbildet, und in ein strukturelles Defizit, das auch bei normaler Konjunktur dauerhaft bestehen bleibt.

Dezemberfieber, umgangssprachlicher Begriff für das tatsächliche oder vermeintliche Verhalten der öffentlichen Verwaltung, die noch nicht verbrauchten Haushaltsmittel für das Jahr noch um jeden Preis auszugeben (im Dezember), um für das neue Haushaltsjahr wieder die entsprechenden Mittel bewilligt zu bekommen.

direkte Steuern, Steuern, die beim Steuerpflichtigen (Steuerschuldner) direkt erhoben werden. Steuerzahler und Steuerträger, das ist die Person, die durch die Steuer tatsächlich belastet wird, sind hier dieselbe Person. So wird die Einkommen-, Lohn-, Gewerbe-, Grund- und Erbschaftsteuer direkt beim Steuerschuldner erhoben, während etwa die Umsatz- und Mineralölsteuer als typische indirekte Steuern zwar vom Verbraucher mit der Ware bezahlt, aber vom Verkäufer als Steuerschuldner überwiesen werden muss.

Dividendenbesteuerung: Auch für Dividenden aus Aktienbesitz gilt die Steuerpflicht im Rahmen der Abgeltungsteuer *(siehe dort)*. Bei der Reform der Unternehmensbesteuerung hat sich auch die Art der Verrechnung der Körperschaftsteuer *(siehe dort)* bei der Dividendenbesteuerung geändert.

Doppelbesteuerung: Besitzt ein Bürger Deutschlands beispielsweise Aktien einer schweizerischen Gesellschaft und diese zahlt ihm Dividende, dann zieht ihm der schweizerische Staat 35 % Steuer ab. Müsste der Bürger diese Kapitaleinkünfte in Deutschland noch einmal versteuern, dann würde er somit doppelt besteuert. Deshalb sind zwischen Deutschland und zahlreichen anderen Staaten Doppelbesteuerungsabkommen geschlossen worden: Die im Ausland entrichteten Steuern können auf die Steuerschuld im Inland angerechnet werden.

Ehegattensplitting, das Splittingverfahren *(siehe dort)*.

Eigenheimzulage, staatliche Förderung für den Bau eines Hauses oder den Kauf einer selbst genutzten Wohnung. Das seit 1. 1. 1996 geltende Gesetz sollte vorrangig Familien fördern und schloss auch Bezieher kleinerer Einkommen, die steuerlich nicht oder kaum belastet sind, in vollem Umfang in die Förderung ein. Vorgesehen war eine für alle Bürger gleich hohe Zulage, die durch die Finanzverwaltung ausgezahlt wurde. Unabhängig von der Steuerschuld betrug die jährliche Eigenheimzulage bis zu 2 556 € für Neubauten und bis zu 1 278 € für Altbauten. Für Kinder erhöhte sich die Zulage um 767 € jährlich. Die Eigenheimzulage wurde für Neufälle ab 1. 1. 2006 gestrichen.

Einfuhrumsatzsteuer, auf Einfuhren erhobene Steuer. Sie hat das Ziel die aus anderen Ländern eingeführten Waren, die dort von der Umsatzsteuer *(siehe dort)* entlastet sind, der Besteuerung in unserem Land anzugleichen. Damit werden auch gleiche Wettbewerbsverhältnisse zwischen Waren aus dem In- und Ausland hergestellt. Der Handel innerhalb der Europäischen Union ist von der Einfuhrumsatzsteuer befreit, da die EU umsatzsteuerlich Inland ist. Beim Warenverkehr mit Drittländern (Nicht-EU-Gebiet), z. B. Schweiz, Japan, USA, wird die Einfuhrumsatzsteuer vom Zoll erhoben. Der Steuersatz für Einfuhren ist der gleiche wie für Umsätze im Inland: 19 % allgemein, 7 % ermäßigt. Grundlage für die Ermittlung der Einfuhrumsatzsteuer ist der Zollwert *(siehe dort)*.

Eingangssteuersatz, die zweite Steuerzone beim Einkommensteuertarif *(siehe dort)*, wenn das zu versteuernde Einkommen über dem Grundfreibetrag liegt.

Einheitswert, der steuerliche Wert für Grundstücke und Gewerbebetriebe, der für mehrere Steuerarten wie Grund-, Gewerbe- und Erbschaftsteuer als einheitliche Besteuerungsgrundlage herangezogen wird. Beim Grundvermögen werden unbebaute Grundstücke mit dem **gemeinen Wert** bewertet; das ist der Wert, der normalerweise bei einer Veräußerung zu erzielen wäre.

Einkommensteuer, eine Personensteuer, bei der das Einkommen des Steuerzahlers Quelle, Objekt und Bemessungsgrundlage ist. Ihr unterliegen das Gehalt, der Lohn, Zinsen, Mieten und Gewinne aus selbstständiger Tätigkeit. Steuerpflichtig sind natürliche Personen (z. B. Arbeitnehmer, Gewerbetreibende). Kapitalgesellschaften unterliegen der Körperschaftsteuer, bei Personengesellschaften wird jeder Gesellschafter als natürliche Person besteuert. Auch die Lohnsteuer *(siehe dort)* gehört zur Einkommensteuer; sie ist nur die Bezeichnung für eine besondere Erhebungsform der Einkommensteuer. Die Einkommensteuer ist für den Staat die wichtigste Einnahmequelle unter den Steuern *(siehe dort)*. Die gesetzliche Grundlage bildet das Einkommensteuergesetz (EStG), ergänzt um die Einkommensteuer-Durchführungsverordnung und die Einkommensteuer-Richtlinien.
Die Einkommensteuer knüpft an die Einkommensentstehung an und bemisst sich nach der Höhe des Gesamteinkommens des Steuerpflichtigen (sieben Einkunftsarten), berücksichtigt allerdings dessen steuerliche Leistungsfähigkeit gemäß dem Leistungsfähigkeitsprinzip *(siehe dort)*. So wird das Existenzminimum *(siehe dort)* steuerfrei gelassen und der Einkommensteuertarif *(siehe dort)* ist so gestaltet, dass die zu zahlende Steuer mit dem zu ver-

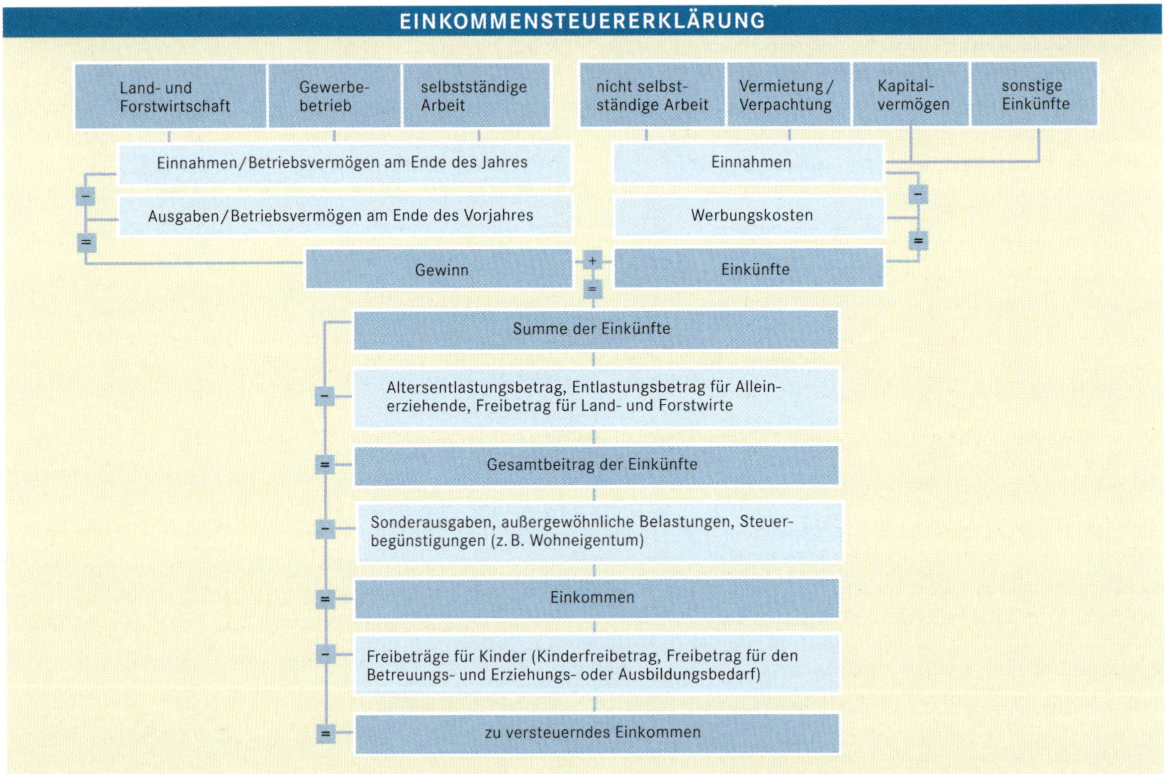

Einkommensteuererklärung. Einkunftsarten und Ermittlung des zu versteuernden Einkommens

steuernden Einkommen überproportional steigt (Steuerprogression).
Unbeschränkt einkommensteuerpflichtig sind alle Personen (auch Ausländer), die ihren Wohnsitz oder gewöhnlichen Aufenthalt in Deutschland haben. Alle Personen, die in Deutschland weder einen Wohnsitz noch ihren gewöhnlichen Aufenthalt haben, sind nur beschränkt einkommensteuerpflichtig. Ein Sänger aus den USA, der in Deutschland auftritt, muss daher nur seine Gage versteuern.
Bei Einkünften aus nichtselbstständiger Arbeit (Löhne, Gehälter) wird die Einkommensteuer durch Abzug vom Arbeitslohn (Lohnsteuer) erhoben; der Arbeitgeber behält sie ein und führt sie an das Finanzamt ab (Steuerabzugsverfahren). Weiterhin wird die Einkommensteuer nach Ablauf des jeweiligen Jahres nach dem Einkommen veranlagt. Dazu muss der Steuerpflichtige bei seinem Finanzamt eine Einkommensteuererklärung *(siehe dort)* einreichen. Das Finanzamt teilt dann im Steuerbescheid dem Steuerpflichtigen die endgültig festgesetzte Höhe der Einkomensteuer mit. Daraus ergibt sich, ob eine Nachzahlung fällig oder eine Rückerstattung geleistet wird. Freiberufler und Selbstständige (Arzt, Rechtsanwalt, Lektoren usw.) erfahren gleichzeitig die neue Höhe ihrer vierteljährlichen Steuervorauszahlung. Drittens wird bei Einnahmen aus Kapitalanlagen (z. B. Zinsen) die Kapitalertragsteuer *(siehe dort)* erhoben.
Zur Einkommensteuer treten die Belastungen durch den Solidaritätszuschlag *(siehe dort)* und gegebenenfalls die Kirchensteuer *(siehe dort)*. Beide Steuern werden in einem festen prozentualen Verhältnis zur Einkommensteuer berechnet.

Einkommensteuererklärung, die Darlegung der Einkommensverhältnisse von natürlichen Personen (Arbeitnehmer, Handwerker, Gewerbetreibender). Arbeitnehmer müssen eine Steuererklärung nur in bestimmten Fällen abgeben, z. B. wenn die Einkünfte, von denen keine Lohnsteuer einbehalten worden ist, im Jahr mehr als 410 € betragen oder wenn ein

Arbeitnehmer von mehreren Arbeitgebern gleichzeitig Arbeitslohn bezogen hat. Lohnen kann sich eine Einkommensteuererklärung auf Antrag **(Antragsveranlagung)** dann, wenn die Höhe des Arbeitslohns im Laufe des Jahres geschwankt hat, wenn das Arbeitsverhältnis nicht ununterbrochen im Jahr bestand, wenn sich die Steuerklasse durch Heirat oder die Kinderfreibeträge durch Geburt eines Kindes geändert haben. Die Einkommensteuererklärung von Arbeitnehmern wurde früher auch als **Lohnsteuerjahresausgleich** bezeichnet.
Die Einkommensteuererklärung besteht aus verschiedenen Vordrucken, der eigentlichen Steuererklärung mit persönlichen Angaben, der Steuernummer und Angaben über Sonderausgaben, Spenden, außergewöhnliche Belastungen und Freibeträge (Mantelbogen) sowie Anlagen zu den verschiedenen Einkunftsarten und gegebenenfalls zu Kindern. Auch die erforderlichen Belege sind beizufügen.
Insgesamt werden sieben **Einkunftsarten** zur Einkommensteuer herangezogen. Ein Lottogewinn ist steuerfrei und gehört nicht zum **steuerpflichtigen Einkommen,** das aus folgenden Einkunftsarten besteht, den Einkünften (mit den Anlagen) aus: 1) Land- und Forstwirtschaft (z. B. Einkommen des Landwirts, Anlage L zur Einkommensteuererklärung), 2) Gewerbebetrieb (z. B. Einkommen des Kraftfahrzeughändlers, Anlage GSE), 3) selbstständiger Arbeit (z. B. Einkommen des selbstständigen Steuerberaters, Anlage GSE), 4) nichtselbstständiger Arbeit (z. B. Lohn des Facharbeiters, Gehalt der Sachbearbeiterin, Anlage N), 5) Kapitalvermögen (z. B. Zinsen auf Spareinlagen, Anlage KAP), 6) Vermietung und Verpachtung (z. B. Einnahmen aus dem Mietshaus, Anlage V), 7) sonstige Einkünfte (z. B. Rente, deren Ertragsanteil zu versteuern ist, oder Spekulationsgeschäfte mit Aktien, Anlage SO). Weitere Anlagen betreffen ausländische Einkünfte (Anlage AUS), Kinder (Anlage Kinder), Unterhaltsleistungen (Anlage U), mögliche Verlustabzüge (Anlage VA) sowie die steuerliche Förderung eigengenutzten Wohneigentums (Anlage FW) und der privaten Altersvorsorge (Anlage AV).
Die Einkünfte werden bei den Einkunftsarten 1) bis 3) als Gewinn (Betriebseinnahmen minus Betriebsausgaben) ermittelt **(Gewinneinkünfte).** Bei den Einkunftsarten 4) bis 7) erfolgt die Ermittlung der Einkünfte als Überschuss der Einnahmen über die Werbungskosten, also allen auf die Einkünfte bezogenen Aufwendungen **(Überschusseinkünfte).**

Nach Ermittlung der gesamten Einkünfte und nach Abzug von Sonderausgaben *(siehe dort),* außergewöhnlichen Belastungen *(siehe dort)* und Freibeträgen *(siehe dort),* ist das **zu versteuernde Einkommen** festgestellt. Dies ist die Bemessungsgrundlage für die Besteuerung. Die zu zahlende Einkommensteuer (Steuerschuld) ergibt sich, wenn das Finanzamt den Einkommensteuertarif *(siehe dort)* auf das zu versteuernde Einkommen anwendet.
Seit 2005 hat der Unternehmer die Anmeldungen zur Einkommensteuer und zur Umsatzsteuer sowie der Lohnsteuerdaten seiner Arbeitnehmer elektronisch zu übermitteln. Auch Arbeitnehmer, Rentner und Pensionäre können ihre Steuererklärung elektronisch ›abgeben‹. Mit dem **Elster-Formular** (Elster steht für **el**ektronische **St**eu**er**erklärung) stellt die Finanzverwaltung dafür kostenfreie Software zur Verfügung (www.elster.de).

Einkommensteuertarif, in Prozent ausgedrückter Steuersatz zur Berechnung der Einkommensteuer. Je nach Familienstand des Steuerpflichtigen wird sie nach der Grundtabelle (für Alleinstehende und

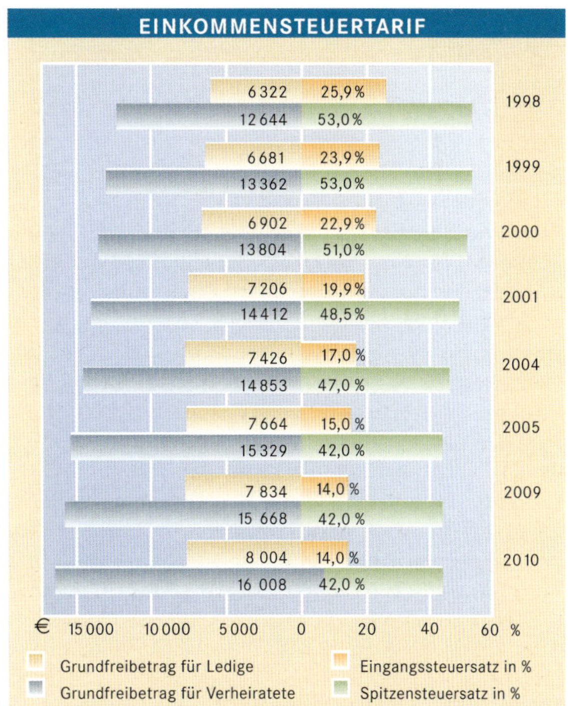

Einkommensteuertarif. Veränderung der Elemente Grundfreibetrag, Eingangs- und Spitzensteuersatz bis zum Jahr 2010

EINKOMMENSTEUERTARIF

Grenz-und Durchschnittssteuerbelastung
Tarif 1998/Tarif 2005

Grenzsteuersatz, Durchschnittssteuersatz
Der **Grenzsteuersatz** gibt die zusätzliche Steuerbelastung bei einer Zunahme der Bemessungsgrundlage (z.B. einer Erhöhung des zu versteuernden Einkommens) an, rechnerisch das Verhältnis von einer Änderung der Bemessungsgrundlage (Nenner) und der hierdurch ausgelösten Änderung des Steuerbetrags (Zähler). Demgegenüber beschreibt der **Durchschnittssteuersatz** das Verhältnis der jeweiligen gesamten Einkommensteuerschuld zum jeweiligen zu versteuernden Einkommen.

Durchschnittssteuersatz

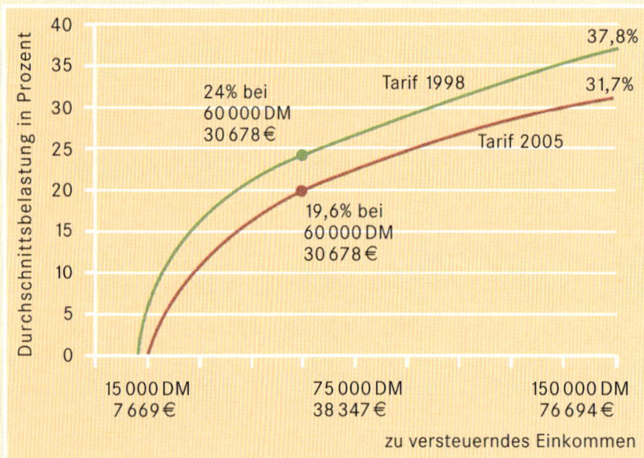

Grenzsteuersatz

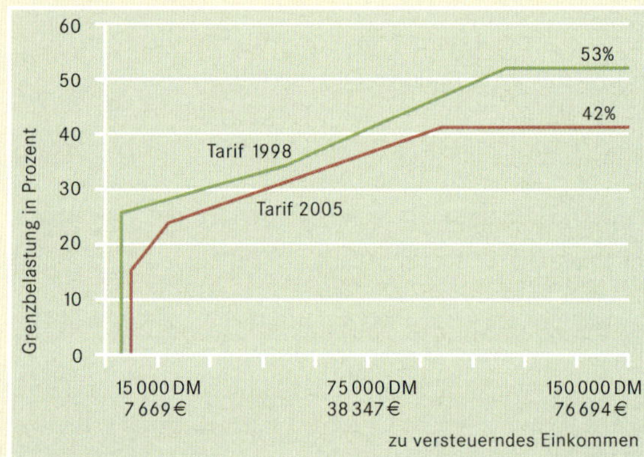

Quelle: Bundesfinanzministerium

Einkommensteuertarif. Die Grenz- und Durchschnittssteuerbelastung nach den Steuertarifen 1998 und 2005

vom Ehepartner getrennt Lebende) oder nach der Splittingtabelle *(siehe dort),* die regelmäßig für Verheiratete gilt, ermittelt. In den Tabellen ist jeder Höhe des zu versteuernden Einkommens ein Steuerbetrag zugeordnet.

Der deutsche Einkommensteuertarif ist durch folgende Merkmale gekennzeichnet: 1) Bis zu einem bestimmten zu versteuernden Einkommen (2010: 8 004 € in der Grundtabelle, 16 008 € in der Splittingtabelle) besteht Steuerfreiheit; dieser **Grundfreibetrag** wird auch als Nullzone bezeichnet und soll das Existenzminimum steuerfrei stellen. 2) Über dem Grundfreibetrag wird das zu versteuernde Einkommen zunächst mit steigenden Grenzsteuersätzen belastet; diese **Progressionszone** oder **linear-progressive Zone** beginnt mit einem **Eingangssteuersatz** (ab 2009: 14,0 %) und endet mit dem **Spitzensteuersatz** (42,0 %). 3) Alle zu versteuernden Einkommen ab dem Einkommen beim Spitzensteuersatz (2010: 52 882 € bzw. 105 764 €) werden mit diesem Höchstsatz besteuert; dieser Teil des Steuertarifs wird auch als **Linearzone** oder **obere Proportionalzone** bezeichnet. 4) Bezieher von besonders hohen Einkommen (2010: über 250 731 € bei Ledigen, und 501 462 € bei Verheirateten) müssen einen Zuschlag von 3 % (Reichensteuer, *siehe dort*) bezahlen. Der Einkommensteuertarif steht immer wieder im Mittelpunkt der Diskussionen um Steuerreformen *(siehe dort).*

Einkünfte, im Einkommensteuerrecht die verschiedenen Einkommen der Steuerpflichtigen. Dabei werden in der Einkommensteuererklärung *(siehe dort)* sieben Einkunftsarten unterschieden.

Einnahmen-Überschuss-Rechnung: Sind Steuerpflichtige nicht buchführungspflichtig wie die Angehörigen freier Berufe (Ärzte, Steuerberater, Anwälte) oder Kleingewerbetreibende, dann ermitteln diese ihren steuerlichen Gewinn nach dem Überschuss der Betriebseinnahmen über die Betriebsausgaben. Bei dieser auch als **Einnahmen-Ausgaben-Rechnung** bezeichneten vereinfachten Form der Gewinnermittlung werden grundsätzlich nur tatsächliche Geldeingänge und Geldausgänge berücksichtigt. Bei Wirtschaftsgütern des abnutzbaren Anlagevermögens kann jedoch der anteilige Werteverzehr (Abschreibungen) als Betriebsausgabe abgesetzt werden. Dazu gehören der dienstlich genutzte Pkw, die Betriebs- und Geschäftsausstattung (z. B. auch PC), das Gebäude.

Elterngeld, *siehe* Kapitel 8.

Energiesteuer, zusammenfassende Bezeichnung für sämtliche Steuern auf Energieerzeugnisse wie Kraftstoffe (v. a. Benzin, Diesel) und Heizstoffe (v. a. Heizöl, Erdgas). Am 1. 8. 2006 trat das Gesetz zur Neuregelung der Besteuerung von Energieerzeugnissen und zur Änderung des Stromsteuergesetzes (Energiesteuergesetz) in Kraft. Es fasst die verschiedenen Gesetze (Mineralölsteuergesetz, Stromsteuergesetz usw.) zusammen. Die bis dahin geltenden Regelsteuersätze für die verschiedenen Energieträger änderten sich dabei nicht. So liegt die Steuer auf Benzin seit 1. 1. 2003 bei 65,45 Cent je Liter, auf Diesel bei 47,04 Cent je Liter, auf leichtem Heizöl bei 61,45 Cent je Liter. Das Aufkommen der vormaligen Mineralölsteuer *(siehe dort)* von (2008) 39,2 Mrd. € steht dem Bund zu. Steuerlich gefördert werden u. a. Biokraftstoffe; steuerlich besonders entlastet wird die Land- und Forstwirtschaft bei der Verwendung von Dieselkraftstoff (Agrardiesel) sowie der öffentliche Personennahverkehr.

Entfernungspauschale, Pendlerpauschale, pauschaler Betrag, der bei der Lohn- und Einkommensteuer als Werbungskosten für die Fahrten zur Arbeit steuermindernd geltend gemacht werden kann, soweit der Arbeitgeber Fahrtkosten nicht erstattet. Die von der Art des benutzten Verkehrsmittels unabhängige Pauschale beträgt 0,30 € je Entfernungskilometer (einfache Fahrtstrecke). Sie kann seit 2009 wieder ab dem 1. Kilometer beansprucht werden. Bis zu einem Betrag von 4 500 € sind besondere Nachweise (z. B. Tankquittungen, Fahrkarten) nicht notwendig.

Erbschaftsteuer: Die Erbschaftsteuer wird erhoben von dem Nachlass eines Verstorbenen, den Personen (Erben) erhalten. Die **Schenkungsteuer** ergänzt die Erbschaftsteuer. Sie wird als notwendig angesehen, damit die Erbschaftsteuer nicht durch Schenkungen unter Lebenden umgangen wird. Deshalb entspricht sie auch denselben Maßstäben wie die Erbschaftsteuer. Um die Erben nicht zu überfordern, aber auch den Staat angemessen an dem Nachlass zu beteiligen, gibt es Freibeträge und unterschiedliche Steuersätze und Steuerklassen. Nach der Entscheidung des Bundesverfassungsgerichts vom 31. 1. 2007 hat der Gesetzgeber im Dezember 2008 die Erbschaftsteuer so gestaltet, dass alle Vermögensarten nunmehr gleich besteuert werden. Vorher ist Immobilienvermögen geringer besteuert worden als Geldvermögen.

ERBSCHAFTSTEUER

Ehegatte	500 000 €
Kind und Kind von verstorbenem Kind	400 000 €
andere Personen mit der Steuerklasse I	200 000 €
Personen der Steuerklasse II	20 000 €
Personen der Steuerkasse III	20 000 €

Erbschaftsteuer. Die persönliche Steuerbefreiung

Kleinere Erbschaften sind durch Freibeträge vor dem Zugriff des Staates geschützt, wobei das Gesetz nach dem Grad der familiären Nähe von Erblasser und Erbe unterscheidet. So hat ein Ehepartner nach dem Tod des Gatten 500 000 € frei; hinzu kommt ein sogenannter Versorgungsfreibetrag von 256 000 €. Kinder des Erblassers haben jeweils einen Freibetrag von 400 000 €. Erst darüber hinaus fordert das Finanzamt von jedem zusätzlichen Euro seinen – prozentual steigenden – Anteil.

ERBSCHAFTSTEUER

Wert des steuerpflichtigen Erwerbs bis einschließlich	Steuersatz in der Steuerklasse in %		
	I	II	III
75 000 €	7	30	30
300 000 €	11	30	30
600 000 €	15	30	30
6 000 000 €	19	30	30
13 000 000 €	23	50	50
26 000 000 €	27	50	50
über 26 000 000 €	30	50	50

Steuerklasse I	Ehegatten, Kinder, Stiefkinder, Enkel, Urenkel, beim Erwerb von Todes wegen auch Eltern und Voreltern
Steuerklasse II	Eltern und Voreltern (bei Schenkung unter Lebenden), Geschwister, Neffen, Nichten, Stiefeltern, Schwiegerkinder, Schwiegereltern, geschiedene Ehepartner
Steuerklasse III	Alle übrigen Erwerber (z. B. auch juristische Personen, Lebensgefährten, Lebenspartner, Freunde)

Erbschaftsteuer. Steuersätze und Steuerklassen

Ertragsteuern, alle Steuern, die das wirtschaftliche Ergebnis – Gewinn, zu versteuerndes Einkommen, Überschuss – für die Steuerermittlung zugrunde legen (im Unterschied zu Substanzsteuern und Verkehrssteuern). Die wichtigsten Arten sind Einkommensteuer für natürliche Personen, Gewerbesteuer und Körperschaftsteuer für Unternehmen.

Erziehungsfreibetrag, *siehe* Betreuungsfreibetrag.

Etat, der Haushaltsplan *(siehe dort)*.

Existenzminimum: Aus steuerlicher Sicht bedeutet Existenzminimum, dass der Staat vom Einzelnen nur dann Steuern verlangen kann, wenn er zur Zahlung in der Lage ist. Das Bundesverfassungsgericht hat dazu entschieden, dass ein im Wesentlichen am Sozialhilferecht orientierter Betrag nicht besteuert werden darf **(steuerliches Existenzminimum).** Bei der Einkommensteuer wird dies z. B. im Einkommensteuertarif *(siehe dort)* durch den steuerfreien Grundfreibetrag ausgedrückt.

Familienlastenausgleich, Familienleistungsausgleich, alle finanziellen Leistungen (Sozialleistungen, steuerliche Förderung) und Sachaufwendungen, mit denen der Staat und die Sozialversicherungsträger Ehe und Familie unterstützen. Elemente des Familienlastenausgleichs sind beispielsweise Kindergeld, Kinder- und Betreuungsfreibetrag sowie das Ehegattensplitting in der Einkommensteuer, steuerliche Berücksichtigung von Kinderbetreuungskosten, Elterngeld, Erziehungsurlaub, die Anerkennung von Kindererziehungszeiten und die Hinterbliebenenrente in der gesetzlichen Rentenversicherung, die Mitversicherung von Familienangehörigen und das Mutterschaftsgeld in der gesetzlichen Krankenversicherung. Meist werden die Leistungen für Kinder gesondert betrachtet und von **Kinderlastenausgleich** gesprochen. Die Vielfalt aller Maßnahmen des Staates für die Familie spiegelt sich im Sozialbudget *(siehe dort)* wider.

Feuerschutzsteuer, zur Förderung des vorbeugenden Brandschutzes und des Feuerlöschwesens erhobene Steuer. Ihr Aufkommen (2008 rund 325 Mio. €) fließt den Ländern zu. Die Feuerschutzsteuer wird von den Versicherungsbeiträgen für Feuerversicherungen berechnet.

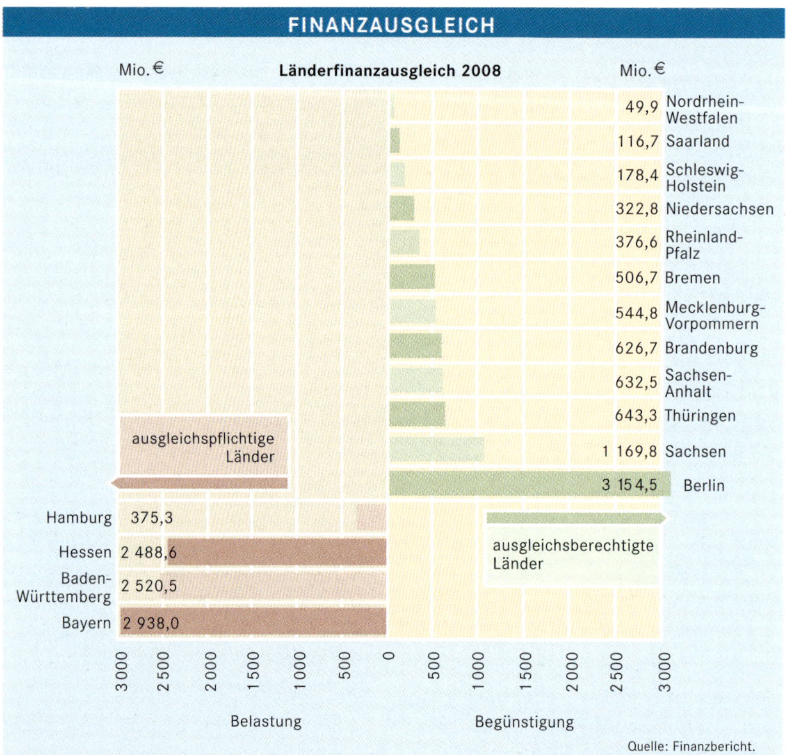

Finanzausgleich.
Der Länderfinanzausgleich 2008

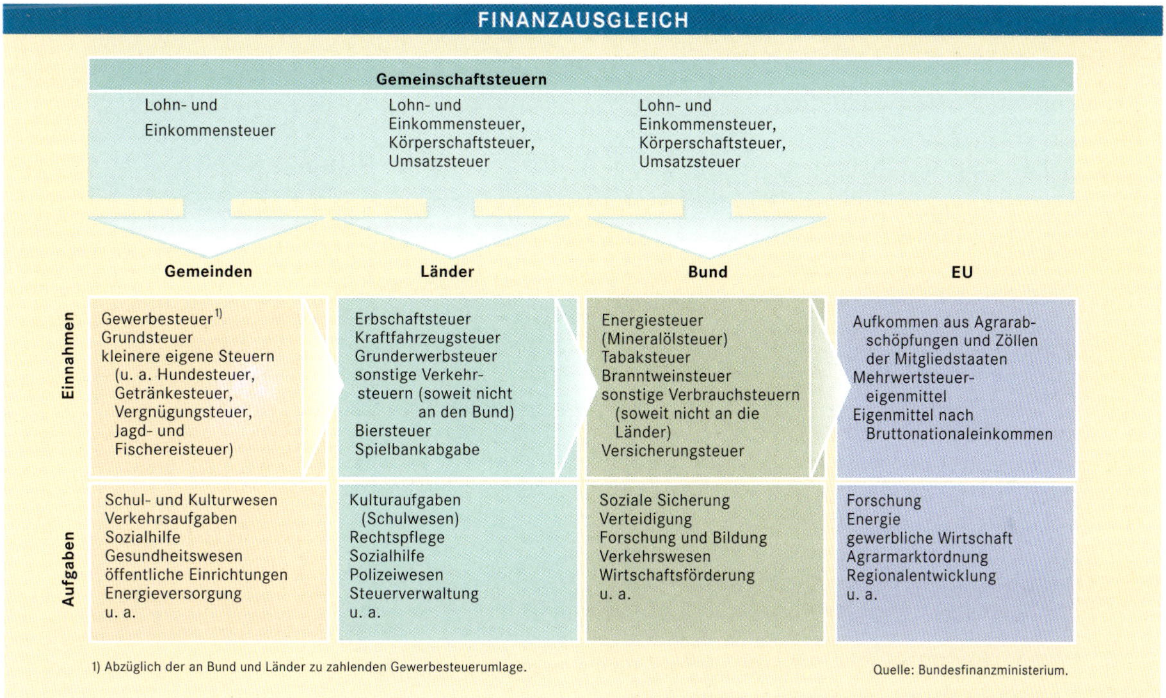

Finanzausgleich. Die Steuer- und Aufgabenverteilung zwischen Bund, Ländern und Gemeinden in Deutschland

Finanzamt, Teil der Finanzverwaltung *(siehe dort).*

Finanzausgleich, der finanzielle Ausgleich bei den öffentlichen Einnahmen zwischen den verschiedenen staatlichen Ebenen, um einheitliche Lebensverhältnisse im Sinne der Forderung des Grundgesetzes in ganz Deutschland zu schaffen. Denn der Verteilung der Aufgaben auf Bund, Länder und Gemeinden muss auch eine Verteilung der öffentlichen Einnahmen, besonders der Steuereinnahmen entsprechen. Der Großteil der Steuereinnahmen steht dabei nicht ausschließlich einer Ebene zu (Bundes-, Länder- und Gemeindesteuern), sondern fließt in einen gemeinsamen ›Topf‹, den Gemeinschaftsteuern, der auf Bund, Länder und teilweise auch auf Gemeinden aufgeteilt wird.
Der Finanzausgleich kann vorgenommen werden, um Unterschiede in der Finanzkraft derselben staatlichen Ebene auszugleichen, wie es im **Länderfinanzausgleich** geschieht. Dies wird auch als horizontaler Finanzausgleich bezeichnet. Dem gegenüber tritt der vertikale Finanzausgleich zwischen den verschiedenen Ebenen, d.h. der finanzielle Ausgleich zwischen Bund und Ländern als bundesstaatlicher Finanzausgleich durch Bundesergänzungszuweisungen oder zwischen einem Bundesland und seinen Kreisen, Städten und Gemeinden als **kommunaler Finanzausgleich** durch verschiedene Zuweisungen *(siehe dort).*

Finanzgericht, besondere Gerichtsbarkeit für Steuersachen. Ist ein Steuerzahler auch nach dem Widerspruch gegen den Steuerbescheid seines zuständigen Finanzamtes noch nicht mit der Antwort zufrieden, kann er Klage vor dem Finanzgericht erheben. Die Finanzgerichte der Bundesländer entscheiden als einzige Tatsacheninstanz; Berufungsgerichte gibt es nicht. Der Kläger kann, um Kosten zu senken, um schriftliche Abwicklung des Verfahrens bitten, dann wird ohne mündliche Verhandlung entschieden. Beträgt der Streitwert z.B. 25 000 €, fallen ohne Urteil – bei verlorenem Prozess – rund 350 € Kosten an, mit Urteil etwa 1 200 €. Eine Revision beim **Bundesfinanzhof** in München (Abkürzung BFH) als oberster Instanz der Finanzgerichtsbarkeit ist unter bestimmten Bedingungen möglich, allerdings sehr zeit- und kostenaufwendig (ein Steuerberater oder Anwalt ist nötig).

Finanzhilfe, Form einer Subvention *(siehe dort).*

Finanzierungssaldo, *siehe* Defizit.

Finanzmarktstabilisierungsfonds, *siehe* Kapitel 4.

Finanzpolitik, alle Maßnahmen des Staates, mit denen über die Veränderung der öffentlichen Einnahmen und Ausgaben die wirtschaftliche Entwicklung beeinflusst werden soll. Dazu zählen z. B. die Fiskalpolitik (*siehe* Kapitel 4), die Konjunkturpolitik (*siehe* Kapitel 4), die Wachstumspolitik (*siehe* Kapitel 4), die Strukturpolitik (*siehe* Kapitel 4) und die Sozialpolitik (*siehe* Kapitel 4).

Finanzverwaltung, der Teil der öffentlichen Verwaltung, der sich mit der Festsetzung und Erhebung von Steuern **(Steuerverwaltung),** der Vermögensverwaltung des Staates (Gebäude, Grundstücke) und der Einziehung von Gebühren und Beiträgen befasst. Dabei gibt es Bundes- und Landesbehörden. So werden Zölle durch Bundesfinanzbehörden, die Einkommen- und Umsatzsteuer durch Landesfinanzbehörden, vor Ort von dem **Finanzamt** verwaltet, auch wenn sie ganz oder teilweise letztlich dem Bund zufließen. Neben dem Finanzamt gibt es die Oberfinanzdirektionen, die sowohl Bundes- als auch Landesbehörden sind. An oberster Stelle der Finanzverwaltung eines Bundeslandes steht der Landesfinanzminister. Der Bundesfinanzminister repräsentiert den Bund und steht weiteren Behörden wie der Zollverwaltung vor.

Finanzwissenschaft, Teildisziplin der Wirtschaftswissenschaft, deren Untersuchungsobjekt die wirtschaftlichen Aktivitäten der Gebietskörperschaften und Sozialversicherungen sind. Die Finanzwissenschaft beschäftigte sich zunächst vor allem mit der finanziellen Seite, den öffentlichen Ausgaben, Einnahmen, Schulden und Vermögen im öffentlichen Haushalt. Heute zählen nicht allein die öffentlichen Finanzen, sondern alle wirtschaftlichen Aspekte der Staatstätigkeit zum Untersuchungsgegenstand der Finanzwissenschaft, von dem Zustandekommen der kollektiven Entscheidungen bis zur Analyse der Wirkungen und zur Beurteilung der Zweckmäßigkeit der Maßnahmen.

Fiskus: Der Begriff aus dem Lateinischen (›Geldkorb‹) bezieht sich auf den Staat mit seinem Vermögen; deshalb häufig auch die Gleichsetzung von Staat mit Staatskasse und Staatsvermögen.

Freibeträge, Teile des Einkommens, die von der Besteuerung ausgenommen sind, und damit das zu versteuernde Einkommen und die Steuerlast senken. Dazu gehören der Grundfreibetrag, der im Einkommensteuertarif *(siehe dort)* eingearbeitet ist, und der Sparerfreibetrag *(siehe dort).* Daneben gibt es Freibeträge, die von den persönlichen Verhältnissen des Steuerpflichtigen bestimmt sind, z. B. Kinderfreibetrag *(siehe dort),* Betreuungsfreibetrag *(siehe dort)* oder Ausbildungsfreibetrag *(siehe dort).* Von den Freibeträgen sind die Freigrenzen und die Pauschbeträge zu unterscheiden.

Freigrenze: Erzielt ein Arbeitnehmer aus einer Sachleistung des Arbeitgebers (z. B. Kantinenessen) einen geldwerten Vorteil, so muss dieser nur dann nicht versteuert werden, wenn er 44 € monatlich nicht übersteigt. Liegt der geldwerte Vorteil bei 80 € monatlich, muss nicht nur die Differenz von 36 €, sondern der Gesamtbetrag von 80 € versteuert werden. Deshalb wird auch von Freigrenze und nicht von Freibetrag gesprochen.

Freistellungsauftrag: Die Bundesregierung will das Sparen und den privaten Vermögensaufbau der Bevölkerung fördern; deshalb gewährt sie jedem Anleger einen Freibetrag auf Zinserträge von 750 € plus 51 € Werbungskostenpauschale pro Jahr (Sparerfreibetrag). Um diese Zinserträge steuerfrei kassieren zu können, müssen die Anleger bei ihrer Bank lediglich den Freistellungsauftrag ausfüllen. Wird die Erklärung nicht abgegeben, führt die Bank die Abgeltungsteuer *(siehe dort)* direkt an das Finanzamt ab.

Fürsorgeprinzip: Der Staat greift danach ein, wenn sich Menschen in Not befinden und bedürftig sind. Insbesondere die Zahlung von Sozialhilfe oder Wohngeldzahlungen an einkommensschwächere Mieter beruhen auf dem Fürsorgeprinzip.

Gebietskörperschaften, die Summe der öffentlichen Verwaltungen, das sind Bund, Länder, Kreise und Gemeinden bzw. Städte. Die Gebietskörperschaften sind Körperschaften des öffentlichen Rechts *(siehe dort)* und bilden zusammen mit den Trägern der Sozialversicherung den öffentlichen Sektor.

Gebühren, Form einer öffentlichen Abgabe, die der Einzelne für die Inanspruchnahme von öffentlichen Leistungen entrichtet. Dazu gehören z. B. Gebühren für die Ausstellung eines Personalausweises durch die Stadt bzw. Gemeinde **(Verwaltungsgebühren).**

Gefälligkeitsrechnungen, Rechnungen, die Geschäftspartnern von einem Unternehmen erstellt werden, ohne dass diese in der eigenen Buchführung erfasst sind. Da der Empfänger diese in seiner nächsten Steuererklärung verwenden wird, hat der Aussteller mögliche Konsequenzen bei der nächsten Betriebsprüfung zu erwarten, wenn seine Daten dadurch in die Überprüfung mit einbezogen werden.

Gemeindesteuern, alle Steuern *(siehe dort),* die den Städten, Gemeinden und Landkreisen zustehen. Dazu gehören die Grund- und Gewerbesteuer sowie die örtlichen Verbrauch- und Aufwandsteuern wie Vergnügungs-, Getränke-, Hunde-, Jagd- und Fischerei-, Schankerlaubnis- und Zweitwohnungsteuer. Im weiteren Sinn werden zu den Gemeindesteuern auch deren Anteile an den Gemeinschaftsteuern (z. B. Einkommensteuer) gezählt.

Gemeinschaftsteuern, alle Steuern, die die Gebietskörperschaften Bund, Länder und Gemeinden unter sich nach einem vereinbarten Schlüssel aufteilen. So teilen sich Bund und Länder je zur Hälfte das Aufkommen der Einkommen- und Körperschaftsteuer, wobei vorab bei der Einkommensteuer 15% und bei der Zinsabschlagsteuer 12% als Gemeindeanteil abgezogen werden. Bund und Länder teilen sich auch die Gewerbesteuerumlage, ein Teil (rund 14%) des Gewerbesteueraufkommens der Gemeinden. Diese Regelungen stehen im Grundgesetz. Die Aufteilung der Umsatzsteuer wird dagegen durch ein Gesetz nur befristet geregelt (Anteile 2009: 51,4% Bund, 46,5% Länder, 2,1% Gemeinden). Gemeinschaftsteuern machen inzwischen rund 70% der gesamten Steuereinnahmen aus.

Gewerbesteuer, bedeutendste Gemeindesteuer, sie zählt zu den Real- oder Sachsteuern. Steuerpflichtig sind gewerbliche Unternehmen, also Handwerks-, Handels- und Industrieunternehmen. Die sogenannten freien Berufe (Anwälte, Ärzte, Lektoren) und Kliniken sind von der Steuerpflicht ausgenommen. Im deutschen Steuersystem kommt der Gewerbesteuer eine wichtige Bedeutung für die Gemeinden zu, denen das Aufkommen (2008: rund 40 Mrd. €) zusteht. Bund und Länder erhalten als ihren Anteil davon die **Gewerbesteuerumlage.** Die Gemeinde setzt die Höhe der Gewerbesteuer fest und zieht sie auch ein. Bei der Berechnung wird der Gewerbeertrag (korrigierter Gewinn des Gewerbebetriebs) mit der Steuermesszahl von 3,5% multipliziert. Auf den sich ergebenden Steuermessbetrag wird der **Hebesatz** angewandt, der von Gemeinde zu Gemeinde unterschiedlich hoch ist. Der Gewerbesteuerhebesatz ist für die Gemeinden ein wichtiges Instrument ihrer Industrieansiedlungspolitik.
1998 wurde die lange kritisierte **Gewerbekapitalsteuer,** die als Substanzsteuer das gewerbliche Vermögen besteuerte, abgeschafft. Seitdem existiert nur noch die **Gewerbeertragsteuer,** die abhängig vom Gewinn erhoben wird.

GEWERBESTEUER

zu versteuernder Gewinn aus Gewerbebetrieb	950 000 €
- Kürzungen	50 000 €
+ Hinzurechnungen	100 000 €
= Gewerbeertrag	1 000 000 €
x Steuermesszahl	3,5 %
= Steuermessbetrag	35 000 €
- Freibetrag	24 500 €
= Steuermessbetrag (bereinigt)	10 500 €
x Hebesatz	350 %
= Gewerbesteuerschuld	36 750 €

Gewerbesteuer. Berechnung der Gewerbeertragsteuer an einem Beispiel

Grenzsteuersatz, eine Größe im Einkommensteuertarif *(siehe dort),* die angibt, mit wie viel Prozent das zu versteuernde Einkommen belastet wird, das über dem Grundfreibetrag liegt. Der Grenzsteuersatz gibt die zusätzliche Steuerbelastung bei einer Erhöhung des zu versteuernden Einkommens an. Jeder Euro, der zusätzlich verdient wird, führt im deutschen Steuertarif zwischen dem Eingangssteuersatz (seit 2009: 14%) und dem Spitzensteuersatz (42%) zu steigenden steuerlichen Abzügen. Dies wird auch als Steuerprogression bezeichnet.

Grunderwerbsteuer, beim Kauf von Grundstücken erhobene Steuer in Höhe von 3,5% vom Kaufpreis. Wenn die Steuer gezahlt ist, erteilt das Finanzamt eine **Unbedenklichkeitsbescheinigung,** ohne die der Erwerber des Grundstücks nicht in das Grundbuch als Eigentümer eingetragen werden kann. Das Aufkommen der Grunderwerbsteuer steht den Ländern zu, die es aber ganz oder teilweise den Gemeinden überlassen.

Grundfreibetrag, der steuerfreie Teil des zu versteuernden Einkommens im Einkommensteuertarif *(siehe dort)*.

Grundsteuer: Durch sie besteuert die Gemeinde Grundbesitz, dazu gehören Betriebe der Land- und Forstwirtschaft (Grundsteuer A) und insbesondere bebaute Wohn- und Betriebsgrundstücke (Grundsteuer B). Wie bei der Gewerbesteuer *(siehe dort)* wird die Grundsteuer nach einem mehrstufigen Verfahren berechnet: Grundlage der Berechnung ist der Einheitswert *(siehe dort)* des Grundbesitzes. Die Gemeinde wendet auf den Steuermessbetrag den vom Gemeindeparlament beschlossenen **Hebesatz** an und setzt die Grundsteuer durch Grundsteuerbescheid fest. Die Grundsteuer zählt zu den Realsteuern; ihr Aufkommen fließt den Gemeinden zu.

Haushaltskonsolidierung, die Verringerung oder Stabilisierung der öffentlichen Schulden *(siehe dort)*. Haushaltskonsolidierung bedeutet demnach, Schuldentilgung und Kreditaufnahmen so zu gestalten, dass die dauerhaft bestehenden öffentlichen Schulden (strukturelles Defizit) mittelfristig verringert werden bis zum ausgeglichenen Haushalt.

haushaltsnahe Dienstleistungen, Beschäftigungsverhältnisse, Pflege-, Betreuungs- und Handwerkerleistungen im privaten Haushalt, für die eine Steuerermäßigung *(siehe dort)* gewährt wird.

Haushaltsplan, Etat, Budget, Grundlage für die Haushaltswirtschaft des Bundes, des Landes, der Stadt oder der Gemeinde. Er enthält alle im Haushaltsjahr für die Erfüllung der Aufgaben zu erwartenden öffentlichen Einnahmen (z. B. Steuern, Gebühren, Beiträge), voraussichtlich zu leistenden öffentliche Ausgaben (z. B. Personalausgaben, Sachausgaben, öffentliche Investitionen, Sozialleistungen) und voraussichtlich benötigten Verpflichtungsermächtigungen der folgenden Jahre. Der Haushaltsplan ist in einen **Verwaltungshaushalt** (laufende Rechnung, z. B. Personal- und laufende Sachausgaben) und in einen **Vermögenshaushalt** (Kapitalrechnung, z. B. Investitionen) zu gliedern. Weitere Gliederungsmöglichkeiten sind die in Verantwortungsbereiche (Ministerien, Ressorts), in Aufgabenbereiche (z. B. soziale Sicherung, Verteidigung)

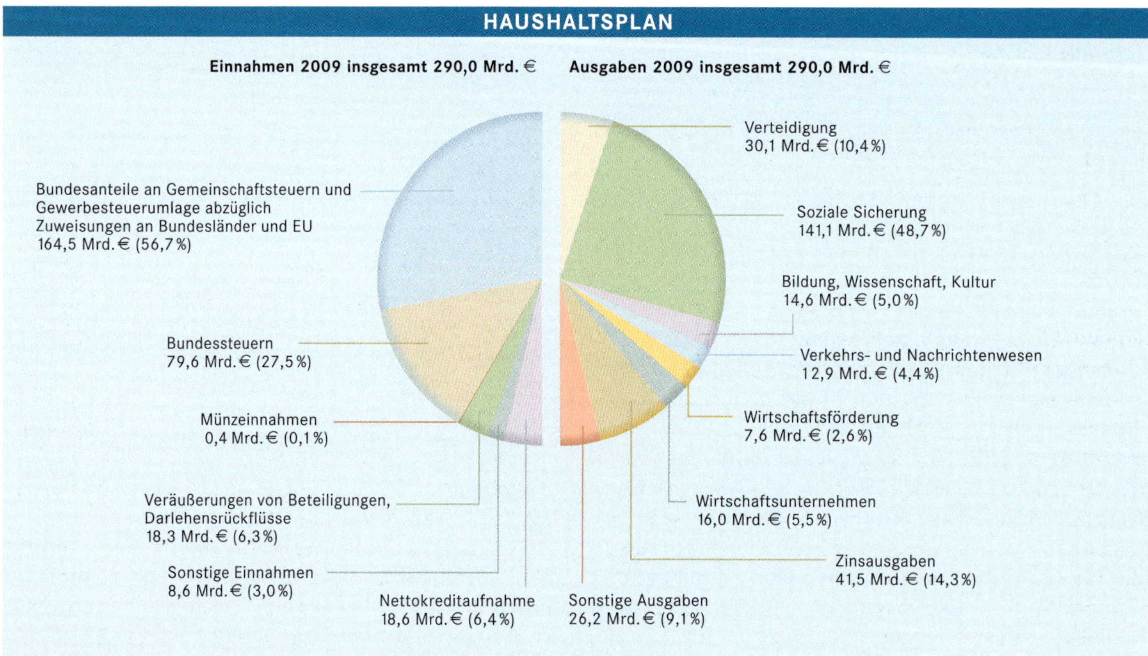

Haushaltsplan. Die Einnahmen und Ausgaben im Bundeshaushalt

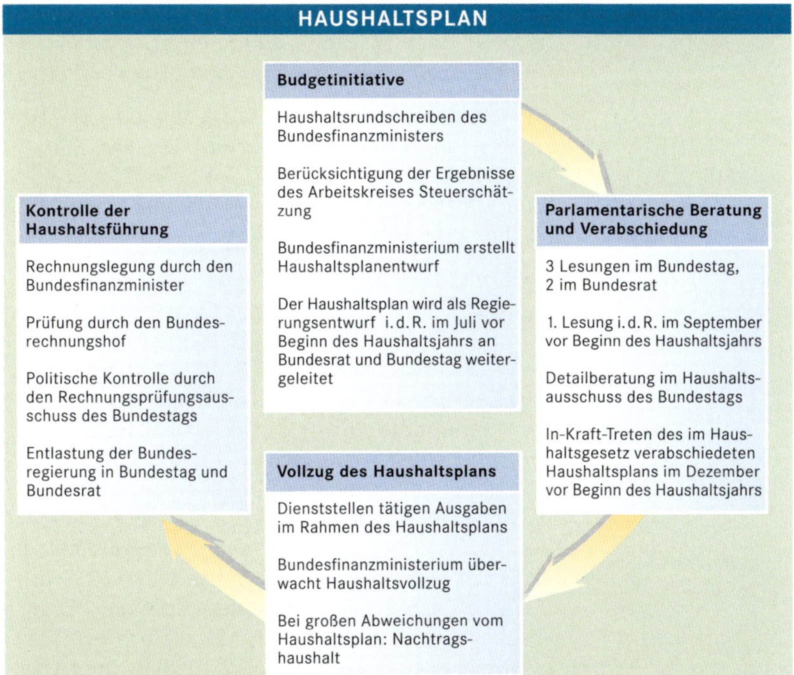

Der Budgetzyklus beginnt etwa ein Jahr vor Beginn der Haushaltsperiode mit der Aufforderung des Finanzministeriums an alle Behörden zur Bedarfsmeldung (Voranschläge). Er endet mit der Entlastung der Regierung lange nach Ende der Haushaltsperiode. Aus diesem Grunde laufen zu einem festen Zeitpunkt stets verschiedene Phasen der Budgetzyklen für verschiedene Haushaltsjahre parallel: Während der Haushalt des einen Jahres vollzogen wird, laufen die Kontrolle des Vorjahreshaushalts und gleichzeitig die Vorbereitung des Haushaltsplans für das kommende Jahr.

Haushaltsplan.
Der Budgetkreislauf des Bundeshaushalts vom Entwurf bis zur Kontrolle

oder volkswirtschaftliche Arten (z. B. Personalausgaben, Zinsausgaben, laufender Sachaufwand, Investitionen). Der Stellenplan für die Beamten, Angestellten und Arbeiter ist Teil des Haushaltsplans.
Der Haushaltsplan wird als Soll-Etat von der Gemeindevertretung, im Landtag oder im Bundestag in einem Beratungs- und Gesetzgebungsverfahren **(Budgetzyklus, Haushaltskreislauf)** verabschiedet und ermächtigt dann die Regierung bzw. den Gemeindevorstand, Ausgaben zu leisten und Verpflichtungen einzugehen. In der Vergangenheit ist es meist so gewesen, dass mehr ausgegeben als eingenommen wurde. Es ergab sich also ein **Haushaltsdefizit,** das durch Kreditaufnahme gedeckt werden musste und die öffentlichen Schulden erhöhte. Deshalb muss dem Haushaltsplan auch eine Berechnung des Defizits *(siehe dort)* und der Krediteinnahmen und Tilgungsausgaben beigefügt werden.
Die nachträgliche Haushaltsrechnung (Ist-Etat) enthält die im abgelaufenen Haushaltsjahr tatsächlich entstandenen Ausgaben und Einnahmen. Die einjährige Haushaltsplanung wird ergänzt um die mittelfristige Finanzplanung *(siehe dort)*. – Weitere Grafik S. 178

Hebesatz, derjenige Prozentsatz, der als Multiplikator des Steuermessbetrages verwendet wird, um die Gewerbesteuer *(siehe dort)* und die Grundsteuer *(siehe dort)* zu errechnen. Den Hebesatz bestimmt das jeweilige Gemeindeparlament.

Heizölsteuer, Teil der Mineralölsteuer *(siehe dort)*.

Hundesteuer, eine Gemeindesteuer, mit deren Hilfe ordnungspolitische Ziele (kommunale Lenkungssteuern) verfolgt werden. Sie soll dazu beitragen, die Zahl der Hunde zu begrenzen. Die Gemeinden haben bei der Festlegung von Hundesteuern einen Gestaltungsspielraum, sodass für sogenannte Kampfhunde eine wesentlich höhere Abgabe als für andere Hunde verlangt werden kann.

HAUSHALTSPLAN	
Einzelpläne	Soll 2009 in Mio.€
01 Bundespräsident und Bundespräsidialamt	27,63
02 Deutscher Bundestag	677,09
03 Bundesrat	21,28
04 Bundeskanzlerin und Bundeskanzleramt	1805,63
05 Auswärtiges Amt	3028,00
06 Inneres	5620,45
07 Justiz	500,50
08 Finanzen	4868,30
09 Wirtschaft und Technologie	6133,35
10 Ernährung, Landwirtschaft und Verbraucherschutz	5290,89
11 Arbeit und Soziales	123599,56
12 Verkehr, Bau- und Stadtentwicklung	26690,24
14 Verteidigung	31179,48
15 Gesundheit	4426,36
16 Umwelt, Naturschutz und Reaktorsicherheit	1418,45
17 Familie, Senioren, Frauen und Jugend	6383,23
19 Bundesverfassungsgericht	22,93
20 Bundesrechnungshof	116,64
23 Wirtschaftliche Zusammenarbeit und Entwicklung	5813,78
30 Bildung und Forschung	10204,21
32 Bundesschuld	42402,50
60 Allgemeine Finanzverwaltung	9769,50
Insgesamt	290000,00

Quelle: Bundesministerium der Finanzen.

Haushaltsplan. Die Ausgaben nach Ressorts im Haushaltsplan des Bundes

indirekte Steuern, Steuern, die durch den Kauf von Waren mit erhoben werden und im Kaufpreis enthalten sind. Der Käufer, der die Steuer letztlich tragen soll (Steuerträger), zahlt sie mit, der Verkäufer überweist als Steuerschuldner und Steuerzahler den Steueranteil an das Finanzamt. Beispiele sind die Umsatzsteuer bei jedem Produkt, die Mineralölsteuer bei Benzin, die Tabaksteuer bei Zigaretten (Gegenteil: direkte Steuern).

Jagd- und Fischereisteuer, örtliche Steuer, die von den Gemeinden erhoben wird. Rechtsgrundlage sind die Kommunalabgabengesetze der Länder, wobei Berlin, Bremen und Hamburg diese Steuer nicht erheben, Bayern nur die Fischereisteuer.

juristische Personen, Vereinigungen von Personen, denen eine eigene Rechtsfähigkeit verliehen wird; sie dürfen damit Geschäfte (Verträge) tätigen, erben, klagen und verklagt werden. Neben den **juristischen Personen des Privatrechts,** zu denen eingetragene Vereine (e.V.) und Kapitalgesellschaften gehören, sind die **juristischen Personen des öffentlichen Rechts** zu nennen. Diese Einrichtungen übernehmen staatliche Aufgaben, wie Industrie- und Handelskammern, Stadt- und Kreissparkassen oder öffentlich-rechtliche Rundfunkanstalten.

Kaffeesteuer, eine dem Bund zustehende Verbrauchsteuer, die auf Kaffee erhoben wird, der in Deutschland hergestellt oder eingeführt wird. Der Steuersatz beträgt 2,19€ je kg Röstkaffee, das Aufkommen etwa 1 Mrd.€ jährlich.

Kapitalertragsteuer, eine besondere Erhebungsform der Einkommen- und Körperschaftsteuer. Sie wurde auf bestimmte Kapitalerträge erhoben, z.B. auf Dividenden aus Aktien deutscher Unternehmen. Die Beträge wurden als Quellensteuer direkt vom Schuldner der Kapitalerträge oder von der auszahlenden Stelle (Bank) einbehalten und an das zuständige Finanzamt abgeführt. Die Kapitalertragsteuer betrug vor 2009 25% bei Aktiendividenden, 30% bei Bundesschatzbriefen und anderen festverzinslichen Wertpapieren sowie bei Zinsen aus Guthaben bei Banken oder Bausparkassen. Dieser Zinsabschlag *(siehe dort)* wurde auf die Einkommensteuer angerechnet, bei der Dividendenbesteuerung *(siehe dort)* galt bei der Anrechnung das Halbeinkünfteverfahren bei Käufen bis 2008. Seit 1. 1. 2009 wird die Kapitalertragsteuer als Abgeltungsteuer *(siehe dort)* erhoben.
Der Sparer kann die Steuerzahlung auf Kapitalerträge teilweise vermeiden, wenn er seiner Bank einen Freistellungsauftrag *(siehe dort)* einreicht. Ebenso kann sich der Sparer diese Steuer ersparen, wenn er sich eine **Nicht-Veranlagungsbescheinigung** vom Finanzamt ausstellen lässt.

Kinderbetreuungskosten: Erwerbstätige Alleinerziehende und beiderseits erwerbstätige Paare können seit 1. 1. 2006 für ihre bis 14 Jahre alten Kinder zwei Drittel der Kinderbetreuungskosten, maximal 4000€ pro Kind und Jahr, wie Werbungskosten von ihren steuerpflichtigen Einkünften abziehen, allerdings nur Kosten, die nicht durch den Kinder- oder den Betreuungsfreibetrag abgedeckt sind wie Kindergartengebühren.

Kinderfreibetrag, (pauschaler) Abzug der durch Kinder entstehenden Aufwendungen bei der Ermittlung des zu versteuernden Einkommens der Eltern neben dem Betreuungsfreibetrag *(siehe dort)*. Im Regelfall wird für Kinder allerdings Kindergeld *(siehe dort)* bezahlt. Das Finanzamt prüft bei der Einkommensteuererklärung automatisch, ob für den Steuerpflichtigen der Kinderfreibetrag (3 864 € je Kind) und der Betreuungsfreibetrag (2 160 € je Kind), zusammen also ein Freibetrag von 6 024 € je Kind, oder das im Voraus gezahlte Kindergeld die bessere steuerliche Lösung ist. Da sich Kinderfreibeträge jedoch auf die Höhe des Solidaritätszuschlags und der Kirchensteuer auswirken, wird dieser Freibetrag weiterhin auf der Lohnsteuerkarte eingetragen. Hat ein Arbeitnehmer ein Kind, für das er kein Kindergeld erhält, so wird der Kinderfreibetrag auf Antrag als Freibetrag auf der Lohnsteuerkarte eingetragen und mindert damit das zu versteuernde Einkommen.

Kindergeld. Höhe des Kindergelds und des Kinderfreibetrags

Kindergeld, staatliche Maßnahme des Familienlastenausgleichs für Familien und Alleinerziehende als finanzieller Beitrag für den Lebensunterhalt von Kindern. Wer in Deutschland wohnt oder eine vorübergehende Zeit im Ausland tätig ist, hat Anspruch auf Kindergeld. Der Anspruch besteht für eheliche, nicht eheliche, adoptierte, Stief- und Pflegekinder; für Enkelkinder dann, sofern sie im Haushalt der Großeltern leben. Das je nach Kinderzahl unterschiedlich hohe Kindergeld wird ohne Weiteres gezahlt für Kinder, die das 18. Lebensjahr noch nicht vollendet haben. Darüber hinaus kann bis zum 25. Lebensjahr Kindergeld beansprucht werden, wenn die Schul- oder Berufsausbildung andauert und die Einkünfte des Kindes nicht mehr als 8 004 € (im Jahr 2010) betragen.

Das Kindergeld wird über die **Familienkasse** bei den Arbeitsagenturen ausgezahlt. 2009 wurde ein Einmalbetrag von 100 € je Kind gezahlt **(Kinderbonus).** Seit 2005 gibt es für gering verdienende Familien unter bestimmten Bedingungen einen **Kinderzuschlag** zum Kindergeld von 140 € je Kind.

Kinderlastenausgleich, Teil des Familienlastenausgleichs *(siehe dort).*

Kirchensteuer, die den Kirchen zustehende Steuer, die mit der Lohnsteuer abgezogen wird und den Kirchen zur Erfüllung ihrer Aufgaben dient. Durch Artikel 137 der Weimarer Verfassung von 1919, dieser wurde 1949 auch Bestandteil des Grundgesetzes, hat der Staat das Besteuerungsrecht der Religionsgemeinschaften, die Körperschaften des öffentlichen Rechts sind, garantiert. Bemessungsgrundlage ist grundsätzlich die Jahreseinkommensteuer, wovon je nach Bundesland 8 % oder 9 % als Kirchensteuer erhoben wird. Bei der Veranlagung zur Einkommensteuer wird sie von den Finanzämtern festgesetzt. Bei den Lohnsteuerpflichtigen berechnet der Arbeitgeber die Kirchensteuer nach dem am Wohnsitz geltenden Steuersatz und führt sie zusammen mit der Einkommensteuer (Lohnsteuer) an das Finanzamt ab.

Kontrollmitteilung, Begriff aus der Abgabenordnung, wonach Betriebsprüfer Vorgänge, die sie in einem Unternehmen feststellen und Kunden und Lieferanten betreffen, an deren Finanzämter weiterleiten. Davon wird den Betroffenen nichts mitgeteilt.

Körperschaft des öffentlichen Rechts, Einrichtungen, die als juristische Personen der öffentlichen Rechts für den Staat Aufgaben übernehmen, z. B. Ortskrankenkassen, Handwerkskammern, Industrie- und Handelskammern, Hochschulen, Sparkassen, öffentlich-rechtliche Rundfunkanstalten.

Körperschaftsteuer: Die Bürger als natürliche Personen zahlen Einkommensteuer, juristische Personen, insbesondere Kapitalgesellschaften wie AG, GmbH und Genossenschaften, zahlen Körperschaftsteuer, also eine besondere Art der Einkommensteuer. Beide Steuern bestehen nebeneinander. Der Steuersatz für Unternehmensgewinne beträgt seit 2008 15 %. Die Körperschaftsteuer wurde beim Anteilseigner im Rahmen der Dividendenbesteuerung mit dem **Halbeinkünfteverfahren** verrechnet. Dieses Verfahren wurde ab 2009 durch die Abgeltungsteuer *(siehe dort)* ersetzt. Kapitaleinkünfte im betrieblichen Bereich unterliegen allerdings dem **Teileinkünfteverfahren,** nach dem bei Personengesellschaften Dividenden zu 60 % steuerpflichtig sind und beim Gesellschafter der Einkommensteuer unterliegen.

Korruption, Bestechung von Amtsinhabern durch Überlassung von Geld oder Sachen. Korruption wird häufig bei Vorgängen genannt, bei denen Entscheidungen von Politikern oder Behördenmitarbeitern angeblich oder nachweislich nicht nach sachlichen Gesichtspunkten getroffen werden, sondern danach, wie er für die Beteiligten persönlich den größten Gewinn erbringt. Geld oder auch Sachwerte können die Entscheidung zugunsten des Bevorteilten entscheidend beeinflussen. Durch Korruptionserlasse versuchen Bund und Länder dem entgegenzuwirken.

Kraftfahrzeugsteuer, Kfz-Steuer, für das Halten von Fahrzeugen zum Verkehr auf öffentlichen Straßen erhobene Steuer. Die Steuerpflicht beginnt mit der Zulassung und endet mit der Abmeldung des Fahrzeugs bei der Zulassungsstelle. Die Steuer wird vom Finanzamt grundsätzlich für ein Jahr im Voraus erhoben. Mithilfe der Kraftfahrzeugsteuer versucht der Staat erwünschte Verhaltensweisen der Kraftfahrer zu befördern, z. B. durch Steuererleichterungen für Dieselfahrzeuge mit Rußpartikelfiltern deren Einbau zu erreichen.
Seit dem 1. 7. 2009 berechnet sich die Kfz-Steuer für Neuzulassungen nicht mehr nur aus der Motorart und dem Hubraum, sondern auch nach dem CO_2-Ausstoß. Der steht wiederum im direkten Zusammenhang mit dem Kraftstoffverbrauch. Steuergewinner sind Käufer, deren Fahrzeug unter 120 g CO_2 je km ausstößt. Denn bis zu diesem Wert wird ausschließlich der Hubraum besteuert. Ab 120 g je km kommt die CO_2-Steuer hinzu. Bei Benzinmotoren kosten jede angefangenen 100 cm^3 Hubraum 2 €. Beim Dieselmotor sind es pro 100 cm^3 9,50 €. Ab 120 g CO_2-Ausstoß je km kostet jedes weitere Gramm CO_2 2 € zusätzlich. Künftig steht das Aufkommen dem Bund zu; bisher war die Kfz-Steuer eine Ländersteuer.
Die sogenannten Bestandsfahrzeuge werden bis Ende 2012 nach dem bisherigen Recht behandelt: Die Kfz-Steuer wird bei Motorrädern und Pkw nach Hubraum, bei Lkw und Anhängern nach zulässigem Gesamtgewicht berechnet; außerdem spielen bei Pkw und Lkw Schadstoffgrenzwerte (Schadstoffklassen) eine Rolle. So beträgt die Kfz-Steuer für Pkw in der Schadstoffklasse Euro-3 und Euro-4 je angefangene 100 cm^3 Hubraum 6,75 € (Benzinmotor) bzw. 15,44 € (Dieselmotor), in der Schadstoffklasse Euro-1 15,13 € bzw. 27,35 €.

Kreditaufnahme, *siehe* öffentliche Schulden.

Länderfinanzausgleich, der Finanzausgleich *(siehe dort)* der Bundesländer untereinander.

Ländersteuern, alle Steuern *(siehe dort),* die den Bundesländern zustehen, z. B. Grunderwerbsteuer, Biersteuer. Im weiteren Sinn werden zu den Ländersteuern auch deren Anteile an den Gemeinschaftsteuern (z. B. Einkommen- und Umsatzsteuer) gezählt.

Lastenausgleich, durch eine Vermögensabgabe finanzierte Vermögensumverteilung nach dem Zweiten Weltkrieg als materieller Ausgleich zwischen durch den Krieg Geschädigten (z. B. Vertriebene und Flüchtlinge) und Nichtbetroffenen.

Leistungsfähigkeitsprinzip, Grundsatz im Einkommensteuerrecht, wonach der Steuerpflichtige bei der Berechnung der Steuerschuld persönliche Merkmale steuermindernd geltend machen kann, z. B. Sonderausgaben, außergewöhnliche Belastungen. Allgemein soll sich nach dem Leistungsfähigkeitsprinzip die Höhe einer öffentliche Abgabe nach der wirtschaftlichen Leistungsfähigkeit des Bürgers richten und Bürger mit unterschiedlicher Leistungsfähigkeit unterschiedlich belastet werden. Mit diesem Prinzip wird auch die Steuerprogression begründet: Wer ein relativ hohes Einkommen hat, kann prozentual mehr davon als Steuer bezahlen als jemand mit einem niedrigen Einkommen.

Lkw-Maut, besondere Straßenverkehrsabgabe für Lkw auf dem deutschen Autobahnnetz. Das schon 2001 beschlossene Gebührensystem für Lkw ab 12 t Gesamtgewicht auf Bundesautobahnen wurde nach mehreren Pannen 2005 endgültig eingeführt. Der Mautsatz beträgt durchschnittlich 20 Cent; 2007 konnte der Bund etwa 3,5 Mrd. € einnehmen. Die Maut muss nach Abzug von Verwaltungsgebühren für den Betreiber Toll Collect und die Kontrollbehörde Bundesamt für Güterverkehr zweckgebunden in den Ausbau der Verkehrsinfrastruktur fließen (Straßenbau und -unterhalt, Schienen- und Wasserwege).

Lohnsteuer, bei Arbeitnehmern durch Abzug vom Lohn bzw. Gehalt erhobene Steuer. Sie ist nur eine Erhebungsform der Einkommensteuer *(siehe dort),* also keine Steuer eigener Art. Nach Abzug der Lohnsteuer hat der Arbeitgeber diese bis zum 10. des folgenden Monats im Quellenabzugsverfahren

(Steuerabzugsverfahren) an das Finanzamt abzuführen **(Lohnsteuerabzugsverfahren).** Der steuerpflichtige Arbeitslohn umfasst alle Einnahmen des Arbeitnehmers aus nichtselbstständiger Arbeit. Zu den Einnahmen gehören das Bruttoarbeitsentgelt, zusätzliche Leistungen (Urlaubs- und Weihnachtsgeld), Überstundenvergütungen, vermögenswirksame Leistungen des Arbeitgebers, geldwerte Vorteile (z. B. Belegschaftsrabatte). Die Höhe der Lohnsteuer ist abhängig vom Arbeitslohn und der Steuerklasse *(siehe dort),* in die der Arbeitnehmer entsprechend seinem Familienstand einzuordnen ist. Der Arbeitgeber benutzt dabei besondere Steuertabellen *(siehe dort),* die **Lohnsteuertabellen.** Zu viel erhobene Lohnsteuer wird dem Arbeitnehmer nach Ablauf des Jahres erstattet. Dazu gibt er beim Finanzamt eine **Antragsveranlagung** zur Einkommensteuer (frühere Bezeichnung **Lohnsteuerjahresausgleich**) ab, die einer Einkommensteuererklärung *(siehe dort)* entspricht.

Lohnsteuerkarte, amtliche Urkunde, die von der Gemeinde anhand ihrer Unterlagen (z. B. Einwohnerkartei) vor Beginn eines Kalenderjahres allen Arbeitnehmern ihres Bezirks zugestellt wird. Sie enthält Name und Anschrift, Familienstand, Steuerklasse *(siehe dort)* und Zahl der zu berücksichtigenden Kinder für die Kinderfreibeträge *(siehe dort).* Die Lohnsteuerkarte ist beim Arbeitgeber abzugeben. Die Steuerkarte ist im Rahmen der Einkommensteuererklärung dem Finanzamt nicht mehr vorzulegen, da die Arbeitgeber die Lohnsteuerbescheinigungsdaten (z. B. abgeführte Lohnsteuer, Sozialabgaben) der Steuerverwaltung elektronisch übermitteln.

Lotteriesteuer, Teil der Rennwett-, Lotterie- und Sportwettsteuer *(siehe dort).*

Mehrwertsteuer, Form der Umsatzsteuer *(siehe dort).*

Mineralölsteuer, Verbrauchsteuer auf Mineralölprodukte. Mit einem Aufkommen von über 35 Mrd. € ist die Mineralölsteuer die ertragreichste Verbrauchsteuer. Sie wird von der Bundeszollverwaltung erhoben und fließt dem Bund zu. Mit Inkrafttreten des Energiesteuergesetzes zum 1. 8. 2006 wurde sie in die Energiesteuer *(siehe dort)* integriert. Die Ökosteuer *(siehe dort)* ist wesentlicher Bestandteil der Mineralölsteuer.
Beispiel: Im Jahr 2008 enthält eine Tankfüllung von 70 € 35,62 € Mineralölsteuer und 11,18 € Mehrwertsteuer, woraus sich ein Steueranteil von 46,80 € bzw. 67 % der Tankrechnung ergibt.

mittelfristige Finanzplanung: Durch die Planung der Einnahmen und Ausgaben des Staates über mehrere Jahre soll ein wirksamerer Einsatz öffentlicher Mittel (Steuern) gewährleistet werden; zur Ergänzung des jährlichen Haushaltsplans werden die Ausgaben und Einnahmen für einen Zeitraum von fünf Jahren dargestellt. Damit hat die jeweilige Bundesregierung die Pflicht, bei Gesetzgebungsvorhaben die finanziellen Auswirkungen im Rahmen dieses Finanzplans in Zahlen anzugeben.

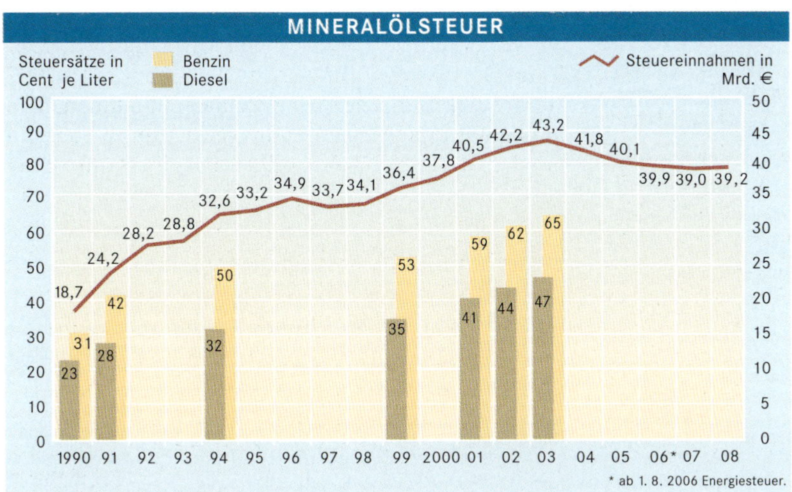

Mineralölsteuer.
Steueraufkommen und Steuersätze

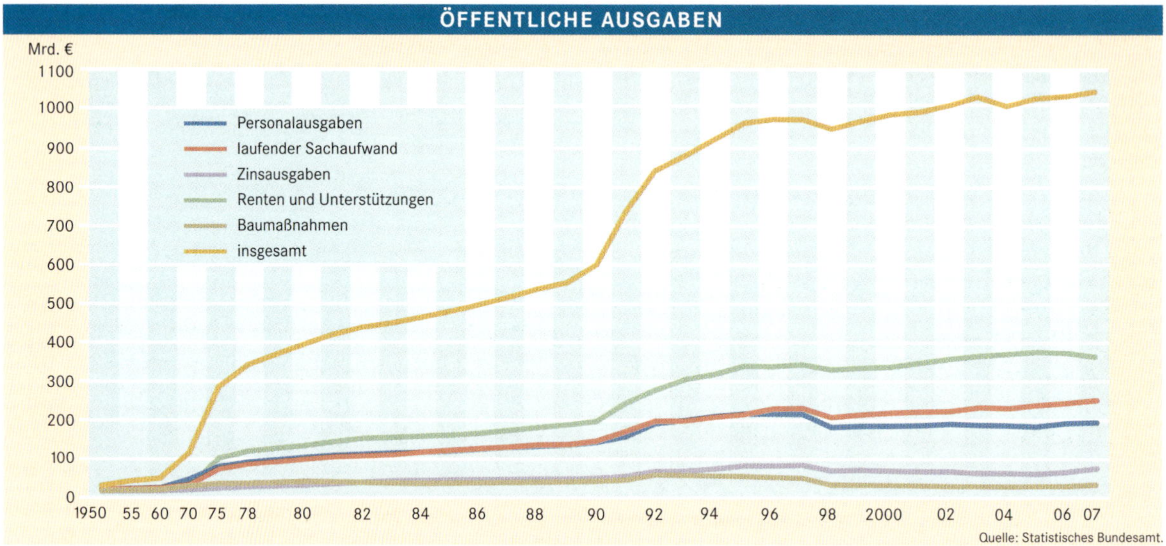

öffentliche Ausgaben. Ausgaben der öffentlichen Haushalte nach Arten

nachgelagerte Besteuerung, Form der Rentenbesteuerung (*siehe* Kapitel 12).

Nettokreditaufnahme, *siehe* öffentliche Schulden.

Objektsteuern, die Realsteuern *(siehe dort)*.

öffentliche Auftragsvergabe: Da der Staat ein wichtiger Auftraggeber für Güter und Dienstleistungen ist, kommt der Ausgestaltung der Auftragsvergabe von Europäischer Union, Bund und Ländern (auch Kreisen und Gemeinden) eine wichtige Bedeutung zu. Grundsatz muss sein, wirtschaftlich zu handeln, das heißt die Beschaffung des laufenden Sachaufwandes und die öffentlichen Investitionen (z. B. Straßenbau, Kanalisation, Verwaltungsgebäude, Schulen) zu möglichst geringen Kosten durchzuführen.
Bei der Auftragsvergabe **(Submission, Verdingung)** unterscheidet man drei Arten: 1) öffentliche Ausschreibung in Zeitungen: Jedes Unternehmen kann ein Angebot abgeben; 2) beschränkte Ausschreibung: Nur ein begrenzter Kreis von potenziellen Anbietern wird zur Abgabe eines Angebots aufgefordert; 3) freihändige Vergabe: Der Auftraggeber entscheidet ohne ein bestimmtes Verfahren nach seinem Ermessen über die Auftragsvergabe. Bei den beiden Verfahren der **Ausschreibung** erhält das kostengünstigste Angebot den Zuschlag. Dagegen besteht bei der **freihändigen Vergabe** die Gefahr, dass die Güter und Dienstleistungen nicht zu den niedrigsten Kosten beschafft werden.

öffentliche Ausgaben, die Ausgaben der Gebietskörperschaften Bund, Länder und Gemeinden **(Staatsausgaben)** sowie der Sozialversicherungen (Arbeitslosen-, Renten-, Kranken-, Pflege- und Unfallversicherung). Die öffentlichen Ausgaben lassen sich nach verschiedenen Merkmalen aufgliedern. In der volkswirtschaftlichen Gesamtrechnung wird zwischen Staatsverbrauch, Investitionen, Übertragungen und Zinsen unterschieden.
Der Staatsverbrauch (*siehe* Kapitel 1) umfasst Ausgaben für Personal und Käufe von Gütern, die für die Verwaltung nötig sind. **Öffentliche Investitionen** sind u. a. öffentliche Baumaßnahmen wie Schulen oder Straßen. Zu den Übertragungen zählen Finanzhilfen und Steuererleichterungen für Unternehmen (Subventionen) und Transferzahlungen an private Haushalte (z. B. Renten und Sozialleistungen). Die im Haushaltsplan *(siehe dort)* vorgenommene Unterteilung nach dem Ministerialprinzip zeigt an, von welchem Verwaltungsressort die öffentlichen Ausgaben getätigt werden, die nach dem Funktionalprinzip, für welche Zwecke die Gelder ausgegeben werden.

öffentliche Einnahmen, die Einnahmen der Gebietskörperschaften Bund, Länder und Gemeinden **(Staatseinnahmen)** sowie der Sozialversicherungen

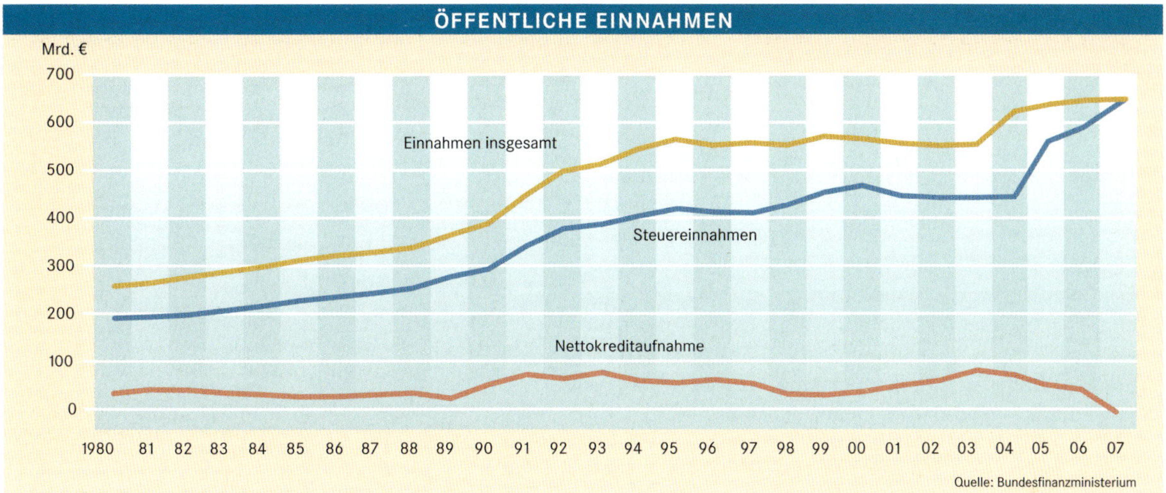

öffentliche Einnahmen. Entwicklung aller Einnahmen, der Steuereinnahmen und der Nettokreditaufnahme des öffentlichen Gesamthaushalts

(Arbeitslosen-, Renten-, Kranken-, Pflege- und Unfallversicherung). Meist werden dazu nur die öffentlichen Abgaben wie **Gebühren, Beiträge** und als Haupteinnahmequelle **Steuern** gezählt. Zu den öffentlichen Einnahmen zählen aber auch **Erwerbseinkünfte** (z. B. Erlöse aus der Privatisierung öffentlicher Unternehmen) und die Einnahmen aus der Kreditaufnahme (öffentliche Schulden).

öffentliche Güter, allgemein alle tatsächlich vom Staat angebotenen Güter und Dienstleistungen **(Kollektivgüter);** in der Wirtschaftstheorie alle wirtschaftlichen Güter, die bei der Nutzung durch eine Person gleichzeitig von einer anderen Person genutzt werden können (z. B. Straßenbeleuchtung, äußere Sicherheit). Von der Nutzung öffentlicher Güter können Einzelne nicht ausgeschlossen werden. So können z. B. Bürger, die nicht bereit sind, für die Landesverteidigung Geld zu bezahlen, von der Nutzung dieses öffentlichen Gutes nicht ausgeschlossen werden. In diesem Fall muss der Staat für das Güterangebot sorgen und dieses Angebot durch öffentliche Abgaben finanzieren.

öffentliche Hand, Bezeichnung für den gesamten öffentlichen Sektor, also die Gebietskörperschaften (Bund, Länder, Gemeinden), Sozialversicherungen und andere Körperschaften des öffentlichen Rechts.

öffentliche Investitionen, die öffentlichen Ausgaben für dauerhafte Wirtschaftsgüter wie Ausrüstungen (z. B. Computer) und Bauten (z. B. Straßen, Kindergärten).

öffentlicher Dienst, alle Personen, die im Dienst einer juristischen Person des öffentlichen Rechts stehen, also die Bediensteten von Bund, Ländern, Gemeinden und Körperschaften, Anstalten sowie Stiftungen des öffentlichen Rechts; das sind Beamte *(siehe dort),* Angestellte und Arbeiter. Für sie gelten jeweils unterschiedliche arbeitsrechtliche Regelungen.

öffentlicher Haushalt, die Finanzwirtschaft der Gebietskörperschaften und Sozialversicherungen

ÖFFENTLICHE GÜTER

Merkmal		Rivalität im Konsum	
		ja	nein
Ausschließbarkeit	ja	**Private Güter** Brot Wohnen Kleidung Autobahnen (ausgelastet und mit Benutzerentgelt)	**Mautgüter** Kabelfernsehen Autobahnen (nicht ausgelastet und mit Benutzerentgelt)
	nein	**Allmendegüter** Hochseefischgründe Autobahnen (ausgelastet ohne Benutzerentgelt)	**Öffentliche Güter** Hochwasserschutz Rechtsordnung Autobahnen (nicht ausgelastet, ohne Benutzerentgelt)

öffentliche Güter. Klassifikation wirtschaftlicher Güter

mit ihren Einnahmen, Ausgaben und Schulden; manchmal auch die Bezeichnung für den Haushaltsplan *(siehe dort)*.

öffentlicher Sektor, *siehe* Kapitel 1.

öffentliche Schulden, öffentliche Verschuldung, die Verbindlichkeiten der Gebietskörperschaften Bund, Länder und Gemeinden **(Staatsschulden)** sowie der Sozialversicherungen aus der Kreditaufnahme zur Finanzierung von Defiziten *(siehe dort)* in den öffentlichen Haushalten. Die Differenz zwischen der Aufnahme neuer Kredite (Bruttokreditaufnahme, Bruttoneuverschuldung) und der Tilgung bestehender Schulden einer Periode wird als **Nettokreditaufnahme (Nettoneuverschuldung)** bezeichnet. Um diesen Betrag wächst der Schuldenstand einer Periode.
Wie in vielen anderen Industriestaaten sind auch in Deutschland entgegen dem Konzept der Defizitfinanzierung (*siehe* Kapitel 4) die öffentlichen Schulden stark angestiegen. In Deutschland hat sich die **Schuldenquote (Schuldenstandsquote),** das ist das Verhältnis von staatlichem Schuldenstand und dem Bruttoinlandsprodukt, von 1991 bis 2008 von 39,1 % auf 63,4 % stark erhöht. Die Situation verschärft sich durch niedrigere Steuereinahmen und erhöhte Ausgaben zur Bekämpfung der Finanz- und Wirtschaftskrise etwa durch die Konjunkturpakete, da dadurch die Nettokreditaufnahme des Bundes von (2009) 49,1 Mrd. € auf (2010) über 86,1 Mrd. € steigt. Mit den gestiegenen Schulden erhöhen sich auch die Zinsausgaben und die Zins-Ausgaben-Quote *(siehe dort)*.
Deshalb wird versucht, die Nettokreditaufnahme möglichst gering zu halten oder sogar den ›Schuldenberg‹ abzubauen (Haushaltskonsolidierung). Zwischen 1991 und 2008 war man auf einem guten Weg, da sich die **Defizitquote,** das Verhältnis von Nettokreditaufnahme bzw. Finanzierungssaldo zu Bruttoinlandsprodukt, von 4,1 % auf 0,3 % verringerte (2009 wird mit einer Defizitquote von 3,9 %, 2010 mit 5,9 % gerechnet).
Schuldengrenzen gibt es durch die verfassungsrechtliche Begrenzung der Neuverschuldung auf die Höhe öffentlicher Investitionen, sofern das gesamtwirtschaftliche Gleichgewicht nicht gestört ist, und durch die 2009 eingeführte **Schuldenbremse,** nach der die nicht konjunkturbedingte Nettokreditaufnahme des Bundes ab 2011 auf 0,35 % des Bruttoinlandsprodukts begrenzt wird und ab 2016 ein ausgeglichener Haushalt vorgesehen ist (für die Bundesländer ab 2020). Bei Naturkatastrophen und Wirtschaftskrisen sind Ausnahmen möglich, jedoch nur in Verbindung mit verbindlichen Tilgungsplänen. Auf europäischer Ebene wirken die Regeln des Stabilitäts- und Wachstumspakts (*siehe* Kapitel 6) als Schuldengrenzen.

öffentliche Unternehmen, Unternehmen im alleinigen Eigentum oder unter maßgeblicher Beteiligung und Einflussnahme einer Gebietskörperschaft, z. B. Bundesbetriebe und Landesbetriebe, die auch als **Staatsunternehmen** bezeichnet werden, sowie kommunale Betriebe. Zu den öffentlichen Unternehmen gehörten früher bis zu ihrer Privatisierung (*siehe* Kapitel 4) Bahn und Post. Wenn der Staat als Unternehmer auftritt, ist oft der faire

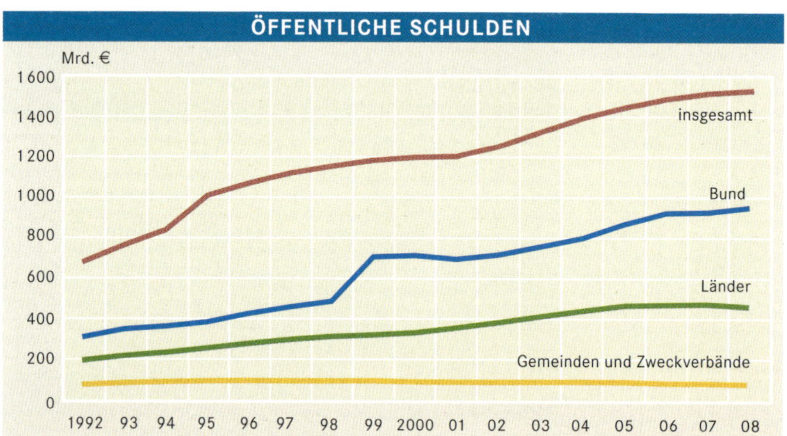

öffentliche Schulden. Entwicklung der Schulden öffentlicher Haushalte

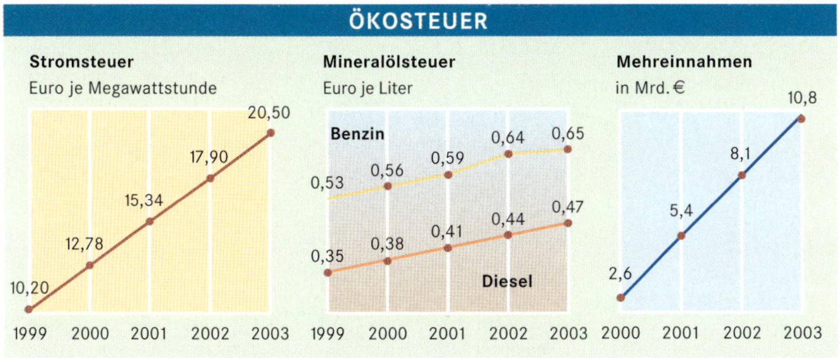

Ökosteuer. Jährliche Erhöhung der Steuersätze und geplante Mehreinnahmen 2000 bis 2003

Wettbewerb gefährdet, allein schon aufgrund der Zahlungsmöglichkeiten (Bonität) des Eigners Staat. Ein Beispiel ist die staatliche Garantie der Kommunen für ihre Sparkassen, wodurch diesen die Kapitalbeschaffung im Vergleich zu Privatbanken sehr verbilligt wird.
Öffentliche Unternehmen können einerseits organisiert sein als juristische Personen des öffentlichen Rechts wie öffentlich-rechtliche Rundfunkanstalten, kommunale Zweckverbände oder als Teile von Gebietskörperschaften wie städtische Verkehrsunternehmen (Regiebetriebe) oder andererseits als privatrechtliche Unternehmen (AG, GmbH, Genossenschaft) wie eine Stadtwerke AG.

öffentliche Verschwendung, eine unwirtschaftliche und unsachgemäße Ausgabe öffentlicher Mittel; im Jahresbericht des Bundesrechnungshofes und dem ›Schwarzbuch‹ des Bundes der Steuerzahler werden diese Verschwendungen regelmäßig öffentlich gemacht.

Ökosteuer, Kurzform für einen Sachverhalt, der im Gesetz zur Fortführung der **ökologischen Steuerreform** formuliert ist. Die Mineralölsteuer für Benzin und Dieselkraftstoff wurde danach zwischen 1999 und 2003 jährlich um 6 Pfennig (bzw. 3,07 Cent) je Liter erhöht, die Stromsteuer jährlich um 0,5 Pfennig (bzw. 0,26 Cent) je Kilowattstunde. Durch die Erhebung von Ökosteuern sollten umweltschädigende Aktivitäten (z. B. Autofahren) finanziell belastet und Anreize zum schonenden Umgang mit den natürlichen Ressourcen (z. B. Erdöl) gesetzt werden. Außerdem wurden die Einnahmen aus den Ökosteuern zur Finanzierung einer Senkung der Rentenversicherungsbeiträge genutzt.

Pendlerpauschale, die Entfernungspauschale *(siehe dort).*

Personensteuern, Subjektsteuern, alle Steuern, bei denen die persönlichen Verhältnisse (Familienstand, Kinderzahl) bei der Besteuerung berücksichtigt werden. Beispiele sind die Einkommen- und die Erbschaftsteuer.

Progression, Steuerprogression, die Zunahme des Durchschnittsteuersatzes bei zunehmender Steuerbemessungsgrundlage. Sie wird steuertechnisch erreicht durch einen Steuertarif mit ansteigendem Grenzsteuersatz. Ein hohes Einkommen wird durch die Steuer prozentual höher belastet als ein niedriges Einkommen. So ist die Progressionszone im Einkommensteuertarif *(siehe dort)* gestaltet.

Quellensteuer, Bezeichnung für Steuern, die durch Steuerabzug am Ort der Entstehung der steuerpflichtigen Einkünfte erhoben werden. Nach diesem Abzugsverfahren ›an der Quelle‹ werden in Deutschland Zinsen und Dividenden besteuert: Die Bank, der die Kapitalerträge zufließen, führt diese seit 2009 als Abgeltungsteuer *(siehe dort)* an das Finanzamt ab. Nach dem Prinzip der Quellenbesteuerung werden auch die Lohnsteuer *(siehe dort)* und die Sozialversicherungsbeiträge der Arbeitnehmer behandelt.

Realsteuern, Objektsteuern, Sachsteuern, die Steuern, bei denen einzelne Vermögensgegenstände (Grundstück, Betrieb) besteuert werden. Beispiele sind die Gewerbe- und Grundsteuer. Das Aufkommen der Realsteuern steht grundsätzlich den Gemeinden zu.

Rechnungshof, unabhängige, mit der Rechnungsprüfung für die Haushalte der öffentlichen Verwaltung betraute Behörde. Das Ausgabeverhalten der staatlichen Bereiche unterliegt in einer Demokratie der parlamentarischen Kontrolle (Bundestag, Landtage, Gemeindevertretungen). Diese **Finanzkontrolle** kann jedoch nicht immer einen wirtschaftlichen Einsatz der Steuergelder sicherstellen. Zudem ist die Verzahnung von Parlamentsmehrheit und Regierung manchmal zu groß. Neben dem **Bundesrechnungshof** und den Landesrechnungshöfen in den Bundesländern gibt es auf europäischer Ebene den Europäischen Rechnungshof (*siehe* Kapitel 6).

Reichensteuer, umgangssprachliche Bezeichnung für den seit 1. 1. 2007 geltenden Zuschlag von 3% zur Einkommensteuer für die Bezieher hoher Einkommen. Private Einkommen von (2010) über 250 731 € bei Ledigen und 501 462 bei gemeinsam veranlagten Eheleuten werden mit einem Steuersatz von 45% statt 42% belastet. Für Gewinneinkünfte aus Land- und Forstwirtschaft, Gewerbebetrieben oder selbstständiger Arbeit wird ein Entlastungsbetrag eingeführt, damit solche Einkünfte nicht bei der Reichensteuer angerechnet werden.

Rennwett-, Lotterie- und Sportwettsteuer: Diese Landessteuern belasten die von den Wettern oder Spielern geleisteten Einsätze, bei Lotterien den Preis sämtlicher Lose. Die **Sportwettsteuer** wird in einigen Ländern für Sportwetten (Fußballtoto) anstelle der Lotteriesteuer erhoben. Der **Rennwettsteuer** unterliegen die aus Anlass von Pferderennen an einem Totalisator (amtliche Wettstelle) oder bei einem Buchmacher (Vermittler von Rennwetten) abgeschlossenen Wetten. Der **Lotteriesteuer** unterliegen im Inland veranstaltetete öffentliche Ausspielungen (Zahlenlotto, Fußballtoto). Der Steuersatz beträgt $16^2/_3$% der Einsätze. 2007 wurden mit dieser Steuer insgesamt rund 1,7 Mrd. € Einnahmen erzielt.

Rentenbesteuerung, *siehe* Kapitel 12.

Schaumweinsteuer, eine Verbrauchsteuer, die von der Zollverwaltung erhoben wird. Das Aufkommen (2007 etwa 370 Mio. €) steht dem Bund zu. Der Steuertarif für Sekt und Champagner beträgt 136 € je Hektoliter.

Schenkungsteuer, *siehe* Erbschaftsteuer.

Schmiergeld, Geldbeträge, die an Mitarbeiter beim Staat oder in Unternehmen gezahlt werden, um unter Ausschaltung des Wettbewerbs an einen Auftrag zu gelangen, der dann häufig überhöht kalkuliert wird.
Steuerlich waren Schmiergelder bis 1998 als Betriebsausgaben abzugsfähig, es sei denn, Unternehmer oder Schmiergeldempfänger waren dafür rechtskräftig verurteilt worden oder hatten ein Bußgeld erhalten.

Schuldenbremse, verfassungsrechtliche Begrenzung der Nettokreditaufnahme und damit des Zuwachses an öffentlichen Schulden *(siehe dort).*

Schuldenquote, das Verhältnis des Stands der öffentlichen Schulden *(siehe dort)* zum Bruttoinlandsprodukt.

Schwarzgeld, das gesamte Geldvermögen eines Steuerpflichtigen, über das dieser verfügt oder das er anlegen will, ohne es vorher versteuert zu haben. Dadurch kann der Tatbestand der Steuerhinterziehung *(siehe dort)* begründet werden.

Selbstanzeige: Wer dem Finanzamt gegenüber falsche oder unvollständige Angaben macht, die seine Steuererklärung wesentlich betreffen, wird bestraft. Wer später diese falschen, unvollständigen oder unterlassenen Angaben berichtigt, geht straffrei aus. Dazu gehört auch, dass er die nicht abgeführten Steuern nachzahlt. Diese Selbstanzeige führt dann nicht zur Straffreiheit, wenn die richtigen Angaben erst nach Tätigwerden der Steuerbehörden gemacht werden oder ein Verfahren schon eingeleitet wurde.

Solidaritätszuschlag: Um die ungleichen Lebensverhältnisse in den neuen und alten Bundesländern nach der Wiedervereinigung anzugleichen und entsprechende Maßnahmen mitzufinanzieren, wurde vom 1. 1. 1995 an ein Zuschlag zur Lohn-, Einkommen- und Körperschaftsteuer von allen Steuerzahlern erhoben. Von der zu zahlenden Steuer wurden zuerst 7,5% zusätzlich einbehalten, seit 1. 1. 1998 beträgt der ›Soli‹ 5,5%. Dieser Zuschlagssatz ist nicht befristet und wurde den neuen Bundesländern im Solidarpakt II bis 2019 zugesagt. Das Aufkommen (2008 rund 11 Mrd. €) steht dem Bund zu.

Sonderausgaben, im Einkommensteuerrecht private Aufwendungen, die keine Werbungskosten *(siehe dort)* sind und meist bis zu bestimmten Höchstbeträgen bei der Einkommensteuererklärung *(siehe dort)* vom Gesamtbetrag der Einkünfte abgezogen

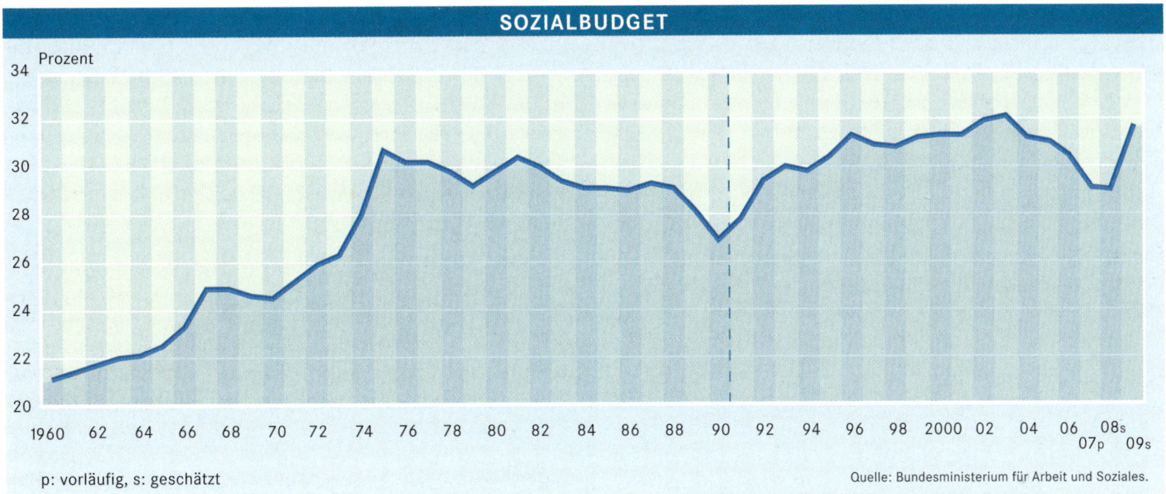

Sozialbudget. Entwicklung der Sozialleistungsquote (Sozialleistungen in Prozent des Bruttoinlandsprodukts)

werden dürfen. Dazu gehören die **Vorsorgeaufwendungen,** das sind einerseits Beiträge zu Arbeitslosen-, Kranken- und Pflegeversicherungen, Lebens- sowie Unfall- und Haftpflichtversicherungen (nicht Sachversicherungen wie Rechtsschutz- und Hausratversicherung) sowie andererseits die Beiträge zu gesetzlichen und zu privaten Rentenversicherungen **(Altersvorsorgeaufwendungen).** Die sogenannte Basisversorgung in der Rentenversicherung wird im Zuge der Neuordnung der Rentenbesteuerung (*siehe* Kapitel 12) sukzessive ab 2005 bis 2025 voll abzugsfähig, die Basisversorgung in der Kranken- und Pflegeversicherung ab 2010.

Unterhaltsleistungen (bis zu 13 805 € im Jahr), Aufwendungen für die eigene Berufsausbildung (bis zu 4 000 € im Jahr), außerdem die steuerlich voll abzugsfähige Kirchensteuer sowie **Spenden** für mildtätige, kirchliche, religiöse, wissenschaftliche oder als besonders förderungswürdig anerkannte gemeinnützige Zwecke (bis zu 20 % des Gesamtbetrags der Einkünfte; bei Spenden an politische Parteien die Hälfte der Spendensumme bis zum Betrag von 825 € direkt von der Einkommensteuerschuld) sind allgemeine Sonderausgaben.

Sondervermögen, eine verwaltungsmäßig vom übrigen öffentlichen Vermögen getrennte und zur Erfüllung spezieller Aufgaben bestimmte Vermögensmasse, für die meist ein besonderer Haushalts- bzw. Wirtschaftsplan geführt wird. Solche Neben- oder Sonderhaushalte mit spezifischen Zweckbestimmungen sind z. B. das ERP-Sondervermögen (*siehe* Kapitel 4) oder der Fonds ›Deutsche Einheit‹.

Sozialbudget, die Darstellung aller sozialen Leistungen und ihre Finanzierung. Die Leistungen werden nach verschiedenen Gesichtspunkten gegliedert, z. B. nach der Art der Leistung (Einkommensleistung, Sachleistung), nach der Finanzierung (z. B. Beiträge der Versicherten und Arbeitgeber, Zuweisungen) und nach den Funktionen (z. B. Alter und Hinterbliebene, Gesundheit, Ehe und Familie, Beschäftigung). Die Zahlen des Sozialbudgets sind auch Grundlage für internationale Vergleiche. Die **Sozialleistungsquote** setzt die Ausgaben im Sozialbudget oder auch in einzelnen Funktionsbereichen ins Verhältnis zum Bruttoinlandsprodukt.

Sozialgeld, öffentliche Leistung für nicht erwerbsfähige Angehörige, die mit erwerbsfähigen Hilfebedürftigen, die Arbeitslosengeld II erhalten (*siehe* Kapitel 12), in einer Bedarfsgemeinschaft zusammenleben.

Sozialhilfe: Die bisherige Sozialhilfe für grundsätzlich erwerbsfähige Leistungsempfänger wurde zum 1. 1. 2005 mit der bisherigen Arbeitslosenhilfe zum Arbeitslosengeld II (*siehe* Kapitel 12) zusammengeführt. Die verbleibende, im Sozialgesetzbuch XII (SGB XII) geregelte Sozialhilfe ist eine öffentliche Hilfe für nicht erwerbsfähige Hilfebedürf-

tige (2007: 312 000 Menschen) insbesondere zur Abgeltung des Bedarfs an Ernährung, dem hauswirtschaftlichen Bedarf einschließlich Energiekosten sowie den persönlichen Bedürfnissen des täglichen Lebens. Auch die Grundsicherung (*siehe* Kapitel 12) im Alter und bei Erwerbsminderung (733 000 Menschen) sowie Hilfen für Behinderte und Pflegebedürftige (792 000 Menschen) sind Teil des SGB XII.
Die Sozialhilfeausgaben werden durch Steuern finanziert. Die Höhe der Regelsätze für die Hilfe zum Lebensunterhalt wird von den Landesregierungen durch Rechtsverordnung bestimmt; Grundlage ist der bundesweite Eckregelsatz, der seit 1. 7. 2009 359 € beträgt. Es gibt zwei Altersklassen für Haushaltsangehörige: bis zur Vollendung des 14. Lebensjahres (60 % des Regelsatzes), ab Vollendung des 14. Lebensjahres (80 % des Regelsatzes). Leben Ehegatten oder Lebenspartner zusammen, beträgt der Regelsatz jeweils 90 % des Eckregelsatzes. Die von den Bundesländern festzulegenden Regelsätze werden entsprechend den Werten in der gesetzlichen Rentenversicherung jährlich angehoben.

Sozialleistungen, alle Leistungen, die für die soziale Sicherung erbracht werden. Dazu gehören z. B. Kindergeld, Sozialhilfe, Wohngeld, die der Staat aus Steuermitteln finanziert. Etwa 70 % der Sozialleistungen entfallen auf die Sozialversicherungen (*siehe* Kapitel 12).

Sozialstaat, sozialer Rechtsstaat: Nach dem Grundgesetz ist Deutschland ein demokratischer und sozialer Bundesstaat. Damit wird gesetzlich bestimmt, dass jeder Bürger Anspruch auf einen angemessenen Lebensstandard und ein menschenwürdiges Leben hat. Auch wird die Tätigkeit des Staates an Gesetz und Recht gebunden.

Sozialversicherung, *siehe* Kapitel 12.

Sparerfreibetrag, ein Freibetrag für Einkünfte aus Kapitalvermögen. Zinserträge bis zu 750 € (seit 2007) zuzüglich 51 € Werbungskostenpauschale pro Jahr bleiben pro Person steuerfrei, sofern der jeweiligen Bank ein Freistellungsauftrag *(siehe dort)* vorliegt.

Spekulationssteuer, Bezeichnung für die Besteuerung von Gewinnen aus Spekulationsgeschäften, seit Anfang 1999 **private Veräußerungsgeschäfte.** Wer z. B. ein Wirtschaftsgut innerhalb der einjährigen Spekulationsfrist (bei Immobilien 10 Jahre) wiederverkauft und dabei einen Spekulationsgewinn von unter 600 € erzielt, muss dafür keine Steuer bezahlen. Liegt der Gewinn z. B. bei 2 000 €, muss jedoch der gesamte Spekulationsgewinn versteuert werden. Der Betrag von 600 € bei der Spekulationssteuer ist eine Freigrenze *(siehe dort)*. Verluste im laufenden Jahr können nur mit Spekulationsgewinnen verrechnet werden; eine Verlustverrechnung *(siehe dort)* ist möglich.
Die einjährige Spekulationsfrist bei Wertpapieren wurde mit Einführung der Abgeltungsteuer abgeschafft; Altverluste sind noch bis 2013 mit Spekulationsgewinnen verrechenbar, Kursgewinne ab 2009 stets steuerpflichtig

Spenden, im Einkommensteuerrecht eine Form der Sonderausgaben *(siehe dort)*.

Spielbankabgabe, eine den Ländern zustehende Steuer, die von den Spielbankunternehmen zu entrichten ist. Jede öffentliche Spielbank hat diese Abgabe zu leisten, die vom Bruttospielertrag (Einnahmen minus Gewinnen der Spieler) berechnet wird und in der Regel 80 % dieser Erträge ausmacht.

Spitzensteuersatz, der Steuersatz am Ende der Progressionszone beim Einkommensteuertarif *(siehe dort)*. Es ist gleichzeitg der Höchstsatz, mit dem Einkommen besteuert werden.

Splittingverfahren: Sind Ehegatten unbeschränkt steuerpflichtig, dann lassen sie sich meist zusammen zur Einkommensteuer veranlagen (Zusammenveranlagung). Dazu wird das Splittingverfahren angewandt, wobei die Einkommen beider addiert, dann durch 2 geteilt und der für dieses Einkommen errechnete Steuerbetrag wieder mit 2 multipliziert wird. Durch dieses **Ehegattensplitting** ergibt sich bei unterschiedlich hohem Einkommen der Ehepartner aufgrund des Einkommensteuertarifs ein Steuervorteil.
Beispiel: Ein Angestellter hat ein zu versteuerndes Einkommen von 55 000 €, seine Frau von 15 000 €; 70 000 € geteilt durch 2 ergibt 35 000 €, wofür eine Steuer von 5 064 € zu entrichten ist; multipliziert mit 2, ergibt sich für das Ehepaar eine Einkommensteuer von 10 128 €. Bei getrennter Veranlagung wären für beide zusammen 18 651 € abzuführen.

Sportwettsteuer, Teil der Rennwett-, Lotterie- und Sportwettsteuer *(siehe dort)*.

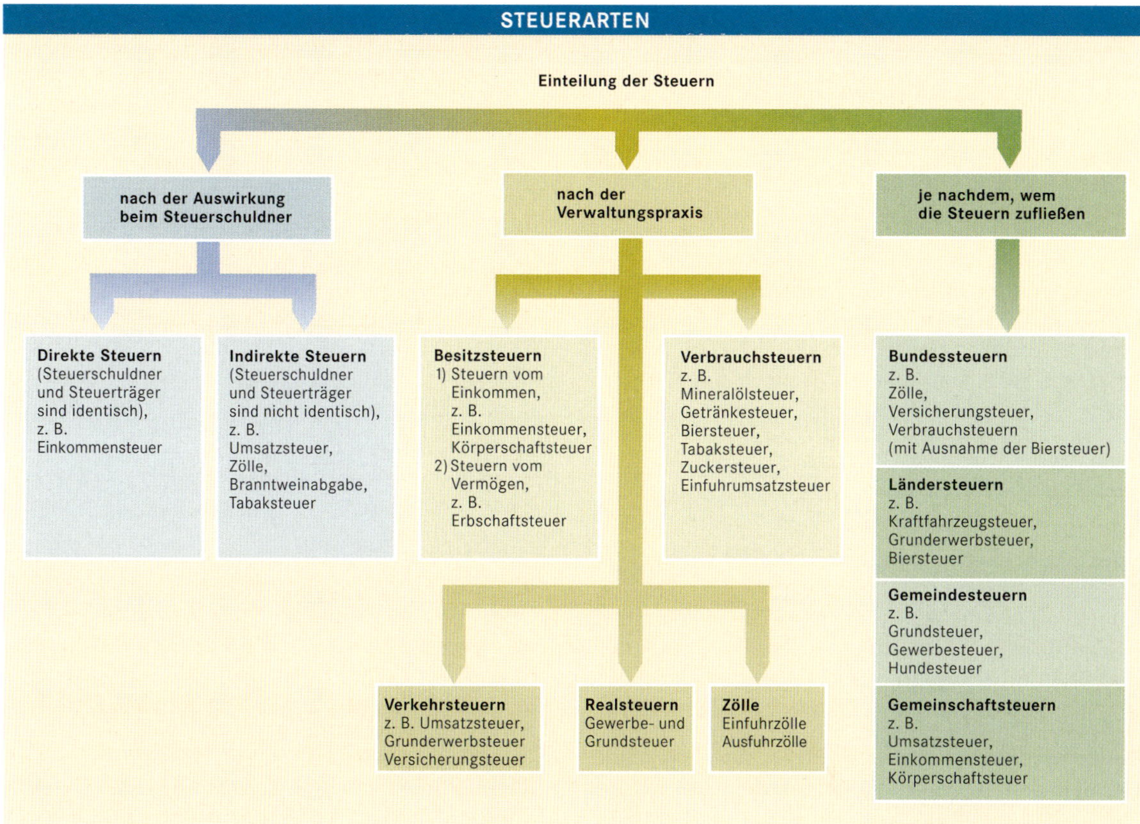

Steuerarten. Einteilung der Steuern nach verschiedenen Gesichtspunkten

Staat, die Summe aus öffentlicher Verwaltung und politischer Führung in Bund, Ländern und Gemeinden, die auch für die öffentlichen Ausgaben **(Staatsausgaben),** öffentlichen Einnahmen **(Staatseinnahmen)** und öffentlichen Schulden **(Staatsschulden)** zuständig ist.

Um den Umfang der staatlichen Aktivität im Rahmen der Gesamtwirtschaft **(Staatsanteil)** zu messen, werden Kennzahlen berechnet. So misst etwa die **Staatsausgabenquote (Staatsquote)** das Verhältnis der gesamten öffentlichen Ausgaben (Gebietskörperschaften und Sozialversicherung) zu einer Sozialproduktgröße (meist das Bruttoinlandsprodukt). Sie ist zwischen 1991 und 2008 von 46,3 % auf 43,9 % gesunken (Höchstwert 1996: 49,5 %). Bei ihrer Beurteilung und bei internationalen Vergleichen sind eine Reihe von Einschränkungen der Aussagekraft zu berücksichtigen. So misst die Staatsquote lediglich die ausgabenwirksame Staatstätigkeit, nicht aber die staatlichen Maßnahmen durch Setzung von Normen, Auflagen, Geboten und Verboten (z. B. Umweltpolitik). Auch können für bestimmte Ziele der Wirtschaftspolitik als Instrumente alternativ Ausgaben oder der Verzicht auf Steuereinnahmen (Steuervergünstigungen) eingesetzt werden (z. B. Wohnungsbauförderung, Kindergeld und Kinderfreibeträge).

Steuerabzugsverfahren, neben der Veranlagung *(siehe dort)* angewendete Erhebungsform bei der Einkommensteuer; dabei hat der Arbeitgeber die Lohnsteuer *(siehe dort)* vom Arbeitslohn des Arbeitnehmers einzubehalten und am 10. des folgenden Monats an das Finanzamt abzuführen.

Steuerarten: Steuern können nach verschiedenen Merkmalen unterteilt werden, z. B. nach ihren Auswirkungen beim Steuerschuldner, nach der Verwaltungspraxis oder danach, wem die Steuereinnahmen zufließen (Ertragshoheit).

Steuerbemessungsgrundlage, die technisch-physische Größe, z. B. bei der Kraftfahrzeugsteuer der Hubraum in cm^3, oder die Geldgröße in Euro, die der Berechnung der Steuerschuld zugrunde gelegt wird. Im ersten Fall spricht man auch von **Mengensteuer,** im zweiten Fall von **Wertsteuer.**

Steuerberater, freier Beruf, der sich mit der Hilfe in Steuersachen befasst: Beratung für Privatleute, Unternehmen u. a., kann auch die Vertretung beim Finanzamt oder bei anderen Steuerbehörden umfassen. Als Steuerberater wird nur zugelassen, wer eine entsprechende Ausbildung durchlaufen und die Prüfung bestanden hat. Von den Steuerberatern zu unterscheiden sind **Lohnsteuerhilfevereine** als Selbsthilfeeinrichtungen von Arbeitnehmern zur Unterstützung ihrer Mitglieder in Lohnsteuerfragen. Im Rahmen der Einkommensteuererklärung können die **Steuerberatungskosten,** z. B. auch die Anschaffung entsprechender Fachliteratur, seit 2006 nicht mehr als Sonderausgaben, sondern nur noch als Werbungskosten abgesetzt werden.

Steuerbescheid: Werden Steuern vom Finanzamt festgelegt, so müssen sie durch einen Steuerbescheid dem Steuerpflichtigen mitgeteilt werden. Der Bescheid bestimmt die Steuerschuld oder die Steuerrückzahlung. Einsprüche gegen Steuerbescheide müssen innerhalb eines Monats erfolgen.

Steuerbonus, die Steuerermäßigung *(siehe dort).*

Steuererklärung, die Darlegung der Einkommens- und Vermögensverhältnisse durch den Steuerpflichtigen, z. B. in der Einkommensteuererklärung *(siehe dort)* oder die Steuererklärung und Voranmeldung bei der Umsatzsteuer *(siehe dort).*

Steuerermäßigung, Steuerbonus, Abzug von der Steuerschuld, seit 2006 im Rahmen der Einkommensteuer bei **haushaltsnahen Dienstleistungen** möglich: Handwerkerleistungen für Renovierungs- oder Modernisierungsmaßnahmen 20% der Arbeitskosten, höchstens 1 200 €, geringfügige Beschäftigungsverhältnisse 20% der Aufwendungen, höchstens 510 €, andere haushaltsnahe Beschäftigungsverhältnisse sowie Inanspruchnahme von Dienstleistungen (Pflege- und Betreuungsleistungen) 20% der Aufwendungen, höchstens 4 000 €.

Steuerfahndung: Die Steuerfahndung hat laut Abgabenordnung folgende Aufgaben: Erforschung von Steuerstraftaten, Ermittlung der Besteuerungsgrundlagen bei Steuerstraftaten, Aufdeckung und Ermittlung unbekannter Steuerfälle. Die Steuerfahndung ist Teil der Finanzbehörden, daneben ist sie auch Strafverfolgungsstelle und somit den Weisungen der Staatsanwaltschaft unterworfen.

Steuerflucht, die Verlagerung von steuerpflichtigen Einkünften in Länder mit keinen oder niedrigen Steuern. Steuerflucht bedeutet z. B. Geld ins Ausland bringen, dort anlegen und Zinsen in Deutschland nicht angeben. Um auch mögliche Besteuerungen im Ausland zu vermeiden, werden **Steueroasen (Steuerparadiese)** ausgesucht, das sind bei Geldanlagen Länder wie Liechtenstein oder Luxemburg, die keine Quellensteuer erheben und das Bankgeheimnis wahren.

Steuerfreiheit: Zu den einkommensteuerfreien Einnahmen gehören Arbeitslosengeld, Kurzarbeitergeld, Kindergeld, Wohngeld, Sozialhilfe und Leistungen von Kranken- und Unfallversicherung. Auch ein **Lottogewinn** ist steuerfrei, da die Vermögensteuer abgeschafft wurde und steuerlich keine Einkünfte vorliegen. Erst bei Zinsgewinnen oder Mieteinnahmen aus dem Lottogewinn entsteht grundsätzlich eine Einkommensteuerpflicht. Steuerfrei sind seit 2002 auch **Veräußerungsgewinne** von Kapitalgesellschaften: Verkauft eine Großbank ihre Anteile an einem Großunternehmen, dann müssen die dadurch angefallenen Gewinne nicht versteuert werden.

Steuergeheimnis, eine wichtige Regelung der Abgabenordnung für den Steuerpflichtigen. Da er dem Finanzamt seine steuerlichen Verhältnisse vollständig offenzulegen hat, muss die Geheimhaltung seiner Angaben gewährleistet sein. Die Verletzung des Steuergeheimnisses ist strafbar. Nur in Ausnahmefällen dürfen geschützte Sachverhalte weitergegeben werden, z. B. zur Bekämpfung illegaler Beschäftigung oder bei Wirtschaftsstraftaten.

Steuergerechtigkeit: Die Verteilung der Steuerlast zur Finanzierung der öffentlichen Aufgaben wird sicher subjektiv sehr unterschiedlich gesehen. Steuergerechtigkeit bedeutet nicht, dass jeder gleich viel zahlen muss. Der Gesetzgeber beachtet die persönlichen Lebensverhältnisse jedes Steuerpflichti-

gen: Einkommen, Familienstand und Kinder werden bei der Festlegung der Steuerlast berücksichtigt. Maßgebend ist das **Leistungsfähigkeitsprinzip,** d.h., die Höhe einer öffentlichen Abgabe richtet sich nach der individuellen Leistungsfähigkeit des Bürgers. Das bedeutet, dass z.B. für Besserverdienende ein höherer Einkommensteuersatz gilt, während Geringverdiener u.U. völlig von einer Steuer befreit sind.
Zur Steuergerechtigkeit gehört auch, dass alle, die die gleiche Besteuerungsgrundlage erfüllen, auch steuerlich gleich belastet werden **(Gleichmäßigkeit der Besteuerung).** Damit ist eine ›Verhandlung‹ mit dem Finanzamt über die Höhe und den Zeitpunkt der Zahlung eigentlich nicht möglich.

Steuerharmonisierung, die Abstimmung und Angleichung der nationalen Steuern innerhalb der Europäischen Union. Nach einem gemeinsamen Zolltarif und der dann folgenden Zollunion nach Gründung der Europäischen Wirtschaftsgemeinschaft (EWG) 1957 ist den EU-Mitgliedstaaten die Steuerharmonisierung zur Pflicht gemacht worden. Speziell gilt dies für die Umsatzsteuer *(siehe dort)* und die Verbrauchsteuern (insbesondere Alkohol- und Tabaksteuer).

Steuerhinterziehung: Steuerhinterziehung liegt vor, wenn ein Steuerpflichtiger seiner eindeutig bestehenden Steuerzahlung nicht nachkommt. Gerade bei Einkünften aus Kapitalvermögen ist die illegale Steuerflucht *(siehe dort)* weitverbreitet. Dabei ist die Verlagerung von Kapital in Länder ohne Zinsbesteuerung (»Steueroasen«, »Steuerparadiese«) keineswegs illegal, allerdings müssen die aus dieser Geldanlage **(Schwarzgeld)** zufließenden Zinsen in Deutschland versteuert werden. Wer in seiner Steuererklärung Einkünfte wie Zinseinnahmen ›vergisst‹, riskiert neben der Nachzahlung von Steuern und Zinsen darauf auch eine Geld- oder Gefängnisstrafe.
Das Finanzamt hat vier Jahre Zeit, eine Steuer festzusetzen. Die Frist verlängert sich bei Steuerhinterziehung auf zehn Jahre. Wird der Steuerhinterzieher erwischt, hat er zusätzlich 0,5% pro Monat auf die Steuerschuld Nachzahlungszinsen zu leisten. Das Steuerstrafrecht sieht bei **Steuerstraftaten** eine Verjährungsfrist von fünf Jahren vor: Wer innerhalb dieser Frist nach Erhalt des Steuerbescheids ›erwischt‹ wird, dem droht zusätzlich eine Geldstrafe.

Steuer-Identifikationsnummer, Steuer-ID, jeder steuerpflichtigen Person zugewiesene, aus zehn Ziffern und einer Prüfziffer bestehende Nummer, die im Unterschied zu den bisherigen, von den Finanzämtern vergebenen Steuernummern unveränderlich ist und von Geburt bis höchstens 20 Jahre nach dem Tod gilt. Zur Steuer-ID werden zentral auch persönliche Angaben wie Geburtsdaten, Anschrift, zuständiges Finanzamt gespeichert. Sie soll Missbrauch von Sozialleistungen und Steuerhinterziehung erschweren.

Steuerklassen, Einteilung der Lohn- oder Einkommensteuerpflichtigen nach persönlichen oder familiären Verhältnissen in sechs Gruppen. Diese **Lohnsteuerklassen** werden auf der Lohnsteuerkarte eingetragen, damit der Arbeitgeber die richtigen Lohnsteuerabzüge vornehmen kann. Steuerklassen gibt es auch bei der Erbschaftsteuer *(siehe dort).*

STEUERKLASSEN

Steuerklassen	**Personenkreise** (vereinfachte Angaben)
I	Ledige, Geschiedene und Verwitwete oder dauernd getrennt lebende Ehepartner.
II	Ledige, Geschiedene und Verwitwete mit mindestens einem Kind, für das sie einen Kinderfreibetrag haben.
III	Verheiratete, wenn nur ein Ehegatte Arbeitslohn bezieht, oder wenn beide arbeiten und einer Steuerklasse V wählt.
IV	Verheiratete, wenn beide Ehegatten Arbeitslohn beziehen.
V	Wenn Verheiratete beide Arbeitslohn beziehen, kann einer der Ehegatten die Steuerklasse V, der andere Klasse III wählen.
VI	Wenn mehrere Arbeitsverhältnisse bestehen, wird auf der benötigten zweiten und weiteren Lohnsteuerkarte die Steuerklasse VI eingetragen. Nach Klasse VI wird auch versteuert, wenn die Lohnsteuerkarte nicht oder nicht rechtzeitig abgegeben wurde oder verloren ging.

Steuerklassen. Die Einteilung der Steuerklassen bei der Lohnsteuer

Steuermoral, die subjektive Einstellung zur Erfüllung der Steuerpflicht. Schlechte Steuermoral wird gleichgesetzt mit Überlegungen zur Steuerhinterziehung bzw. bei entsprechenden Möglichkeiten – eher am Rande der Legalität – sein Steuerzahlen nach eigenem Gutdünken zu gestalten.

Steuern, Abgaben, die Gebietskörperschaften natürlichen und juristischen Personen auferlegen. Im Unterschied zu Gebühren und Beiträgen hat der Steuerpflichtige keinen Anspruch auf eine bestimmte besondere Gegenleistung des Staates; anders z. B. bei der Arbeitslosenversicherung: Wer Arbeitslosengeld empfangen will, muss vorher Beiträge entrichtet haben.
Steuern dienen v. a. dazu, den Finanzbedarf von Bund, Ländern und Gemeinden zu decken. Wie bei der Tabaksteuer oder der Ökosteuer können aber auch wirtschaftspolitische Zwecke verfolgt werden. Das Recht des Staates, Steuern zu erheben, wird auch als **Steuerhoheit** bezeichnet. Eine Steuer darf dem Steuerpflichtigen aber nur dann auferlegt werden, wenn der Tatbestand zutrifft (z. B. das Halten eines Kraftfahrzeugs), an den das entsprechende Steuergesetz die Steuerpflicht knüpft (z. B. Kraftfahrzeugsteuer). In Deutschland gibt es etwa 50 Steuerarten *(siehe dort).*

STEUERN

Steuereinnahmen 2008	in Mio. €	Anteil in %
Gemeinschaftsteuern	**396 471,7**	**70,6**
Lohnsteuer	141 895,4	25,3
Umsatzsteuer (Mehrwertsteuer)	130 789,0	23,3
Einfuhrumsatzsteuer	45 200,1	8,1
Veranlagte Einkommensteuer	32 684,7	5,8
Nicht veranlagte Steuern vom Ertrag	16 575,3	2,9
Körperschaftsteuer	15 868,1	2,8
Zinsabschlag	13 459,3	2,4
Bundessteuern	**86 302,4**	**15,4**
Energiesteuer (Mineralölsteuer)	39 247,5	7,0
Tabaksteuer	13 574,3	2,4
Solidaritätszuschlag	13 145,8	2,3
Versicherungsteuer	10 478,3	1,9
Stromsteuer	6 260,6	1,1
Branntweinsteuer	2 125,9	0,4
Kaffeesteuer	1 008,1	0,2
Sonstige Bundessteuern	461,9	0,1
Zölle (EU)	**4002,4**	**0,7**
Ländersteuern	**21 937,3**	**3,9**
Kraftfahrzeugsteuer	8 841,8	1,5
Grunderwerbsteuer	5 728,3	1,0
Erbschaftsteuer	4 771,1	0,9
Rennwett-, Lotterie- und Sportwettsteuer	1 536,0	0,3
Biersteuer	739,5	0,1
Feuerschutzsteuer	327,2	0,1
Vermögensteuer	-6,6	0,0
Gemeindesteuern	**52 468,2**	**9,4**
Gewerbesteuer	41 036,9	7,3
Grundsteuer B (sonstige Grundstücke)	10 451,3	1,9
Grundsteuer A (Land- und Forstwirtschaft)	355,8	0,1
Sonstige Steuern	624,2	0,1
Steuereinnahmen insgesamt	**561 182,0**	**100,0**

Quelle: Bundesfinanzministerium.

Steuern. Struktur des Steueraufkommens

Steueroase, Land mit niedriger oder keiner Besteuerung, in das ein Steuerpflichtiger Einkünfte durch Steuerflucht *(siehe dort)* verlagert.

Steuerpflicht, die gesetzliche Verpflichtung, Steuern *(siehe dort)* zu entrichten.

Steuerpolitik, sämtliche Maßnahmen des Staates im steuerlichen Bereich. Zielsetzungen können sein, mehr Einnahmen für den Staat zu erzielen oder durch Steuersenkungen das verfügbare Einkommen der Bürger zu erhöhen. Auch eine Förderung der Familien, z. B. durch Erhöhung der Kinderfreibeträge, kann als steuerpolitische Maßnahme verfolgt werden. Neben diesem sozialpolitischen Ziel kann auch die Förderung der Gesundheit durch Erhöhung der Tabaksteuer ein Ziel sein.

Steuerprogression, die Progression *(siehe dort).*

Steuerquote, das Verhältnis zwischen den Steuereinnahmen und dem Bruttoinlandsprodukt. Die Steuerquote im internationalen Vergleich verdeutlicht die unterschiedlich hohe steuerliche Belastung.

Steuerreform, Veränderung des Steuersystems u. a. mit den Zielen, die Steuerlast gerecht zu verteilen, die Steuerquote zu senken und trotzdem den Finanzbedarf des Staates zu sichern. So sah z. B. die Reform der Einkommensteuer eine Entlastung der Steuerzahler und die Senkung der Steuerquote vor. Das Steuerentlastungsgesetz aus dem Jahr 2000 sollte bis 2005 durch Erhöhung des Grundfreibetrages sowie die weitere Senkung des Eingangs- und des Spitzensteuersatzes eine deutliche Nettoentlastung erbringen. Aufgrund der gesunkenen Steuereinnahmen und der hohen Schulden wurde jedoch der Spitzensteuersatz als Reichensteuer *(siehe dort)* zum 1. 1. 2007 wieder angehoben, ebenso der Mehrwertsteuersatz auf 19 % erhöht (*siehe* Umsatzsteuer).
Wichtige Maßnahmen der Bundesregierung seit 2005 waren u. a. die Reformen der Unternehmensteuern *(siehe dort),* der Erbschaftsteuer *(siehe dort)*

STEUERQUOTE

Steuern in Prozent des Bruttoinlandsprodukts [1)]

Land	1980	1990	2000	2007
Deutschland	23,9	21,8	22,7	23,0
Belgien	29,4	28,1	31,0	30,7
Dänemark	42,5	45,6	47,6	47,9
Finnland	27,4	32,4	35,3	31,1
Frankreich	23,0	23,5	28,4	27,4
Griechenland	14,5	18,3	23,6	-
Großbritannien	29,3	30,0	30,8	29,8
Irland	26,6	28,2	27,5	27,3
Italien	18,4	25,4	30,2	30,2
Japan	18,0	21,4	17,5	-
Luxemburg	25,4	26,0	29,1	26,7
Niederlande	26,6	26,9	24,2	24,2
Österreich	26,9	26,6	28,1	27,8
Portugal	16,1	20,2	23,8	24,9
Schweden	33,0	38,0	38,1	35,6
Schweiz	18,9	19,7	22,7	22,8
Spanien	11,6	21,0	22,0	25,0
USA	20,6	20,5	23,0	21,6

[1)] Nach den Abgrenzungsmerkmalen der OECD.

Steuerquote. Steuern in Prozent des Bruttoinlandsprodukts im internationalen Vergleich

und der Besteuerung von Kapitalerträgen durch die Einführung der Abgeltungsteuer *(siehe dort)* sowie Verbesserungen bei der Einkommensteuer (Erhöhung des Kindergelds und des Grundfreibetrags, Senkung des Eingangssteuersatzes, verbesserte Absetzbarkeit von Ausgaben für haushaltsnahe Dienstleistungen und von Beiträgen zur Kranken- und Pflegeversicherung).

Steuerschlupflöcher: Neben der (illegalen) Steuerflucht gibt es Tatbestände, bei denen unklare steuerliche Gesetzesregelungen zur Vermeidung oder Minderung der Steuerbelastung genutzt werden; hierbei spricht man von Steuerschlupflöchern, bei einer missbräuchlichen Nutzung steuerlicher Möglichkeiten von **Steuerumgehung.**

Steuerschuldner, *siehe* Steuerzahler.

Steuerstraftaten, *siehe* Steuerhinterziehung.

Steuerstundung: In der Betriebsprüfungsordnung ist geregelt, wann eine Steuer fällig wird und welche Folgen bei einer verspäteten Zahlung eintreten. Stundung bedeutet, die Steuer in Raten zahlen zu können, wobei ein bestimmter Zinssatz für den Verzug bezahlt werden muss.

Steuertabelle, Übersicht, aus der die zu zahlende Steuer abgelesen werden kann. So ist die Höhe der zu zahlenden Lohn- und Kirchensteuer aus Lohnsteuertabellen ablesbar. Bestimmte Freibeträge und Pauschbeträge, z. B. Werbungskostenpauschbetrag, Kinderfreibetrag, Sonderausgabenpauschbetrag sind bereits eingearbeitet.

Steuertarif, die Zuordnung einer bestimmten steuerlichen Belastung auf die jeweilige Höhe der Steuerbemessungsgrundlage (z. B. steuerpflichtiges Einkommen). Ein Beispiel für einen Steuersatztarif ist der Einkommensteuertarif *(siehe dort).*

Steuertermine: Aus der Fälligkeit der Steuern ergeben sich feste jährliche Steuertermine; die wichtigsten sind: 1) Einkommen- und Körperschaftsteuer 10. 3., 10. 6., 10. 9., 10. 12.; 2) Gewerbe- und Grundsteuer 15. 2., 15. 5., 15. 8., 15. 11.; 3) Umsatzsteuer und einbehaltene Lohnsteuer jeweils am 10. des folgenden Monats.

Steuerüberwälzung: Steuerüberwälzung bedeutet, dass der Steuerzahler, z. B. der Kaffeeimporteur, die Kaffeesteuer an das Finanzamt abzuführen hat; dieser ›wälzt‹ sie aber weiter an den Kaffeekonsumenten, der sie mit dem Kaffeekauf mitbezahlt; der Steuerträger ist der Konsument.

Steuervergünstigung, Steuersubvention, eine Form der Subvention *(siehe dort),* bei der bestimmte Ausnahmen von der Steuerpflicht eingeführt wer-

STEUERREFORM

zu versteuerndes Einkommen in €	Einkommensteuer 2000 in €	Durchschnittsbelastung in Prozent	Einkommensteuer 2005 in €	Durchschnittsbelastung in Prozent
Grundtabelle				
11 248	1 083	9,6	651	5,8
31 700	7 540	23,8	6 656	20,1
52 152	16 175	31,0	13 989	26,8
72 603	26 499	36,5	22 579	31,1
Splittingtabelle				
16 631	612	3,7	158	1,0
36 813	6 183	16,8	4 840	13,1
57 265	12 868	22,5	10 752	18,8
154 410	57 700	37,4	49 024	31,7

Quelle: Bundesfinanzministerium

Steuerreform. Zu zahlende Einkommensteuer nach dem Grund- und nach dem Splittingtarif im Jahr 2000 und im Jahr 2005, die auch noch 2010 wirksam sind

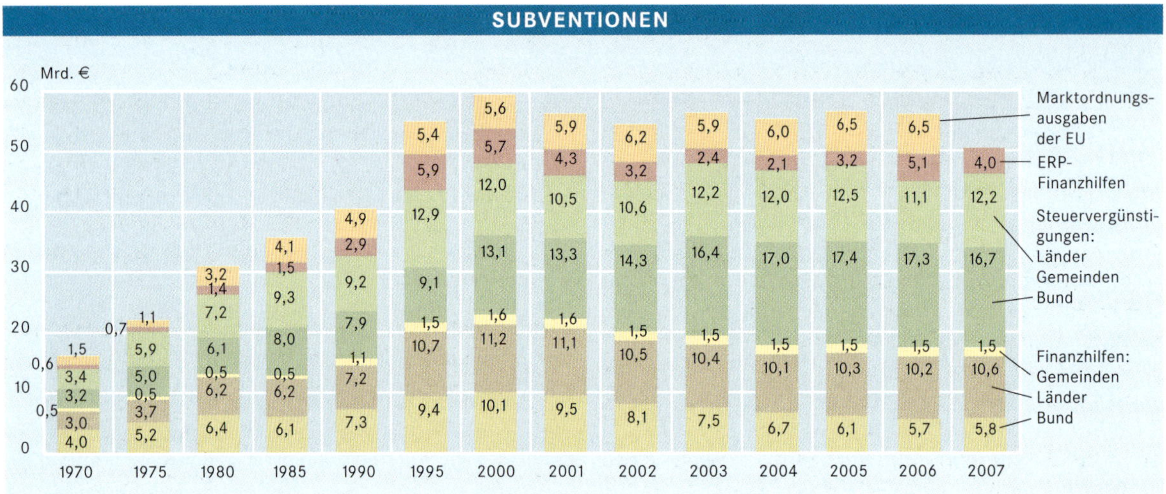

Subventionen. Gesamtvolumen der Subventionen in Deutschland

den. Beispiel: Ein Unternehmen wird bei Ansiedlung in einer Gemeinde für fünf Jahre von der Gewerbesteuerzahlung befreit.

Steuerzahler, derjenige, der die Steuer an das Finanzamt abführt. **Steuerschuldner** ist derjenige, der dem Finanzamt eine Steuerzahlung schuldet. So ist z. B. der Arbeitgeber bei der Lohnsteuer der Steuerzahler, der Arbeitnehmer der Steuerschuldner. **Steuerträger** ist die Person, die durch die Steuer tatsächlich belastet wird oder werden soll, z. B. bei der Lohnsteuer der Arbeitnehmer. Bei der Umsatzsteuer ist der Käufer der Steuerträger, der Verkäufer der Steuerschuldner, da er die Umsatzsteuer an das Finanzamt zu überweisen hat.

Straßenverkehrsabgaben, diejenigen Steuern, Gebühren und Beiträge, die den Straßenverkehr belasten, indem sie entweder am Transportvorgang selbst oder aber am Transportmittel und an seinen Treibstoffen ansetzen. Dazu zählen die Kraftfahrzeugsteuer *(siehe dort),* die Mineralölsteuer *(siehe dort)* sowie **Straßenbenutzungsgebühren,** die ausgestaltet sein können als zeitbezogene pauschale Abgabe (z. B. Autobahnvignette in der Schweiz) oder als spezielle Nutzungsentgelte **(Maut)** für bestimmte Straßen (z. B. Autobahnen, Alpenpässe).

Stromsteuer, Verbrauchsteuer auf Strom, wurde zum 1. 8. 2006 zusammen mit anderen Steuern in der Energiesteuer zusamengefasst. Am 1. 4. 1999 trat das Gesetz zum Einstieg in die ökologische Steuerreform in Kraft. Die Einführung der Stromsteuer sollte im Rahmen der Ökosteuer *(siehe dort)* das knappe Gut Energie verteuern, um Anreize zu schaffen, den Energieverbrauch zu reduzieren. Der Steuertarif erhöhte sich von (1999) 10,20 € je Megawattstunde auf 20,50 € (seit 2003). Das Aufkommen von (2008) 6,3 Mrd. € steht dem Bund zu.

Subjektsteuern, die Personensteuern *(siehe dort).*

Subsidiaritätsprinzip, Prinzip, nach dem eine höhere staatliche oder gesellschaftliche Einheit erst dann helfend eingreifen und Funktionen an sich ziehen darf, wenn die Kräfte der untergeordneten Einheit nicht ausreichen, die Funktion wahrzunehmen. Im Sozialrecht erhalten nach diesem Prinzip Personen nur dann Unterstützungsleistungen, wenn sie weder von anderen Einrichtungen (z. B. Arbeitsagentur, Krankenkasse) Leistungen erhalten noch in ihrer Familie oder selbst über genügend Vermögen oder Einkommen verfügen, um sich selbst zu helfen. Bekommt z. B. eine Alleinerziehende, vermögenslose Mutter keine Leistungen aus der Arbeitslosenversicherung, weil sie in der Erziehungsphase dem Arbeitsmarkt nicht zur Verfügung steht, steht ihr Sozialhilfe zu.

Substanzsteuern, alle Steuerarten, bei denen Vermögen die Besteuerungsgrundlage ist; Beispiele sind Erbschaftsteuer, Grundsteuer.

Subventionen, Zuwendungen, z. B. direkte Geldleistungen **(Finanzhilfen)** oder steuerliche Nachlässe **(Steuervergünstigungen, Steuersubventionen),** die der Staat bestimmten Unternehmen oder Wirtschaftsbereichen (Bergbau, Landwirtschaft) ohne direkte marktwirtschaftliche Gegenleistung gewährt. Subventionen an private Haushalte (z. B. Sozialhilfe, Wohngeld) bezeichnet man auch als Transferzahlungen *(siehe dort)* oder Sozialleistungen. Der alle zwei Jahre von der Bundesregierung zu erstellende **Subventionsbericht** bezieht auch solche Leistungen an private Haushalte mit ein, durch die bestimmte Güter verbilligt werden, etwa bei der Wohnungsbauförderung.
Mit Subventionen an Unternehmen soll ein wirtschaftliches Verhalten gefördert (z. B. Hilfen zur Existenzgründung oder für Umweltschutzinvestitionen), die Anpassung an eine veränderte Wirtschaftslage erleichtert (z. B. Hilfen für den Kapazitätsabbau in der Stahlindustrie) oder auch bestimmte Wirtschaftsbereiche erhalten werden (z. B. Hilfen für Landwirtschaft und Bergbau). Subventionen werden in einer Marktwirtschaft kritisch betrachtet, da sie das Marktgeschehen verfälschen.

Tabaksteuer, Steuer auf Tabakwaren (Zigaretten, Zigarillos, Zigarren, Rauchtabak), nach der Mineralölsteuer die ertragreichste Verbrauchsteuer. Das Aufkommen von (2008) etwa 13,5 Mrd. € steht dem Bund zu. Rund 96 % des Gesamtaufkommens ergeben sich aus der steuerlichen Belastung der Zigarette; für diese wird seit 1. 9. 2005 ein Steuersatz von mindestens 8,27 Cent je Stück zuzüglich 24,66 % des Packungspreises erhoben.

Transferzahlungen, Zahlungen, die ein Empfänger ohne die Verpflichtung zu einer wirtschaftlichen Gegenleistung erhält. Staatliche Transferzahlungen an private Haushalte werden auch als Sozialleistungen, die Zahlungen an Unternehmen auch als Subventionen bezeichnet. Aus Sicht der privaten Haushalte sind die Geldleistungen **Transfereinkommen (Sozialeinkommen).** Dazu zählen Leistungen der Sozialversicherungen, Kindergeld und Ausbildungsbeihilfen.

Umsatzsteuer, die häufig auch als **Mehrwertsteuer** bezeichnete Steuer ist in Deutschland nach der Einkommen- und Lohnsteuer die vom Aufkommen her wichtigste Steuer (2008: 176 Mrd. €). Als Gemeinschaftsteuer *(siehe dort)* steht sie Bund, Ländern und Gemeinden zu. Nach dem Umsatzsteuergesetz (UStG) wird die Umsatzsteuer (USt) fällig: 1) bei allen Lieferungen und Leistungen, die ein Unternehmen gegen Entgelt im Inland ausführt, 2) bei Eigenverbrauch, d. h., wenn ein Unternehmer für sich oder seine Familie Gegenstände dem Betrieb entnimmt, 3) bei der Einfuhr von Gegenständen aus Staaten außerhalb der Europäischen Union (Drittländer); die dann anfallende **Einfuhrumsatzsteuer** wird vom Zoll erhoben. Importe aus EU-Mitgliedstaaten werden als innergemeinschaftlicher Erwerb bezeichnet. Die Umsatzsteuer ist abzuführen, kann aber als gezahlte Umsatzsteuer (Vorsteuer) geltend gemacht werden. Die USt wird bei Lieferungen und Leistungen vom Nettobetrag berechnet, die der Empfänger aufwenden muss. Bei Importen wird die USt nach dem Zollwert *(siehe dort)* erhoben.

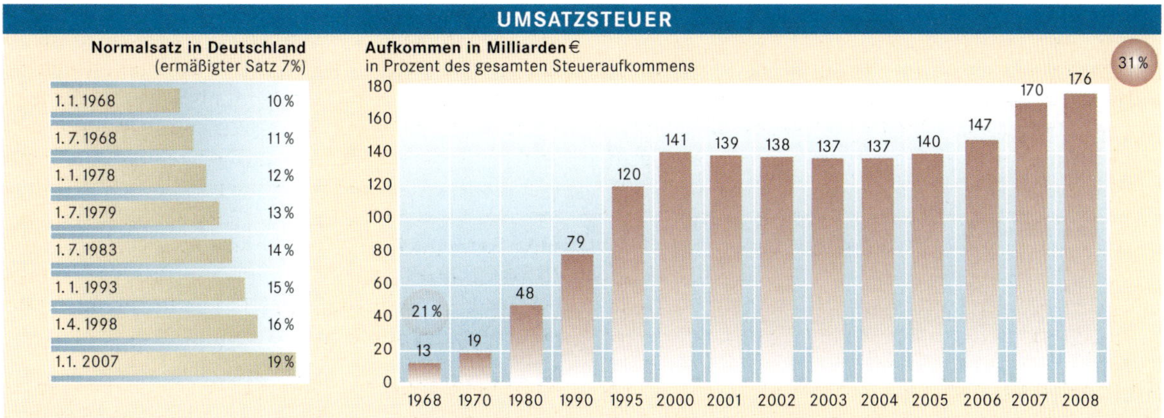

Umsatzsteuer. Steuersätze und Aufkommen der Mehrwertsteuer

Keine Umsätze im Sinne des UStG sind Erbschaften oder Krankengeld, Geld- und Kreditumsätze, ärztliche und heilberufliche Leistungen; Ausfuhrlieferungen sind von der Umsatzsteuer befreit; allerdings beim Export in andere EU-Länder nur der an andere Unternehmen, nicht an Privatpersonen.
Die Umsatzsteuer trägt allein der Endverbraucher (Konsument) mit dem Kauf der Ware. Er bezahlt auf die Ware 19 % (allgemeiner Steuersatz) bzw. 7 % (ermäßigter Steuersatz) für fast alle Lebensmittel einschließlich Getränken, Zeitungen, Büchern, Fahrkarten im Personennahverkehr.
Für das jeweilige Unternehmen soll die Umsatzsteuer keine Belastung (Kosten) darstellen. Sie ist für dieses ein sogenannter durchlaufender Posten, d. h., der Unternehmer kann seine gezahlte Umsatzsteuer, diese wird **Vorsteuer** genannt, mit der vom Kunden erhaltenen Umsatzsteuer verrechnen. Nur diese Differenz ist als Zahllast an das Finanzamt abzuführen.
Beispiel: Der Einzelhändler Maier kauft Waren im Wert von 5 000 € netto zuzüglich 19 % Mehrwertsteuer (MwSt.), d. h., er zahlt 5 950 €, wovon 950 € Umsatzsteuer sind. Wenn er die Waren an die Verbraucher verkauft, dann erlöst er beispielsweise 8 000 € plus 19 % MwSt., also insgesamt 9 520 €, sodass die Kunden ihm 1 520 € Umsatzsteuer zahlen. Der Unternehmer Maier führt nun am 10. des folgenden Monats (das ist die Regel) die erhaltene Umsatzsteuer abzüglich der gezahlten Umsatzsteuer (1 520 € minus 950 €, also 570 €) als Zahllast an das Finanzamt ab.
Besonderheiten der Umsatzsteuer in der unternehmerischen Praxis sind: 1) Bei jeder Rechnung über 100 € ist die Umsatzsteuer gesondert auszuweisen; bis 100 € reicht es aus, den Gesamtbetrag zu nennen

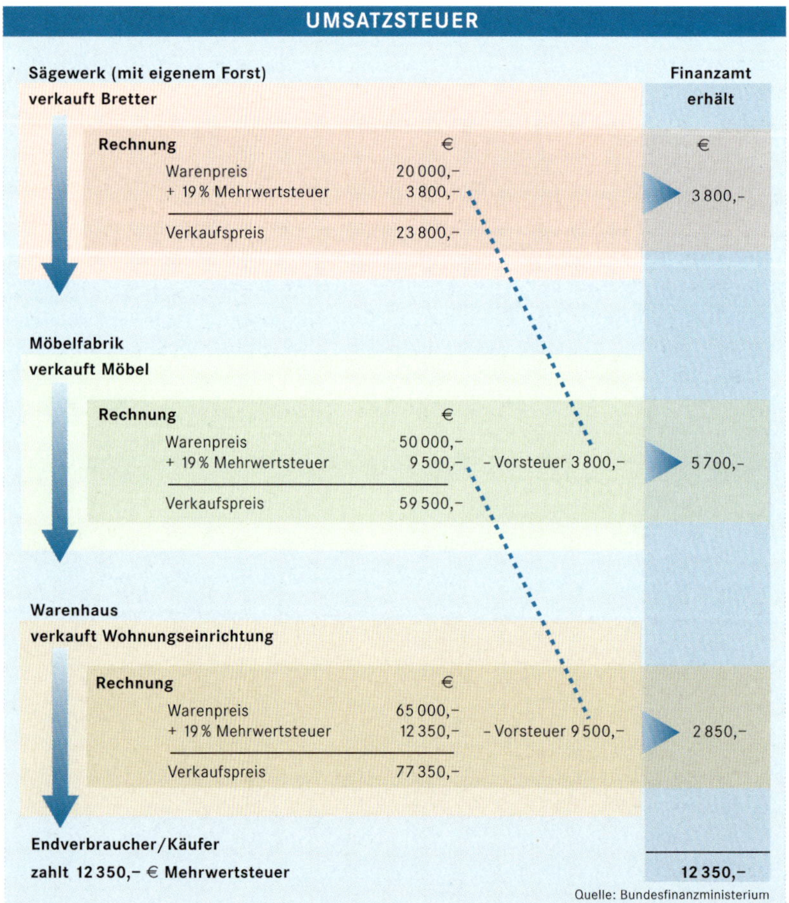

Umsatzsteuer.
Vereinfachtes Beispiel zum Vorsteuerabzug bei der Mehrwertsteuer

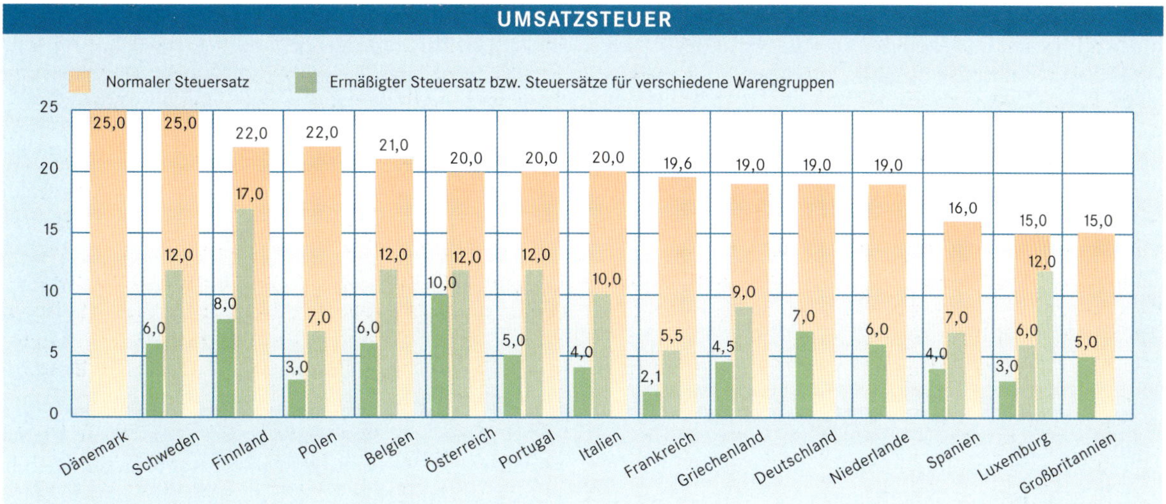

Umsatzsteuer. Mehrwertsteuersätze in Prozent in den EU-Staaten

und den Steuersatz in % zu vermerken; 2) am Jahresende ist eine **Umsatzsteuererklärung** für das abgelaufene Jahr abzugeben und eine sich ergebende Restschuld innerhalb eines Monats zu zahlen.

Unternehmensteuern, alle von Unternehmen zu tragenden Steuern wie die Körperschaftsteuer für Kapitalgesellschaften und Einkommensteuer für Einzelunternehmer und Personengesellschaften sowie die für alle Unternehmensformen geltende Gewerbesteuer. Die Unternehmensbesteuerung steht mit Blick auf die internationale Wettbewerbsfähigkeit immer wieder in der Diskussion. Durch die Unternehmensteuerreform von 2008 ist u.a. die Besteuerung von Körperschaften von 25% auf 15% gesunken, kleinere Unternehmen können wieder Ansparabschreibungen bilden und bei der Abzugsbeschränkung von Zinskosten im Rahmen der Gewerbesteuer ist ein Freibetrag von 100 000 € eingeführt worden.

Veranlagung, das förmliche steuerliche Verfahren, in dem die Besteuerungsgrundlagen und die Steuerschuld ermittelt werden. Nach Einreichung

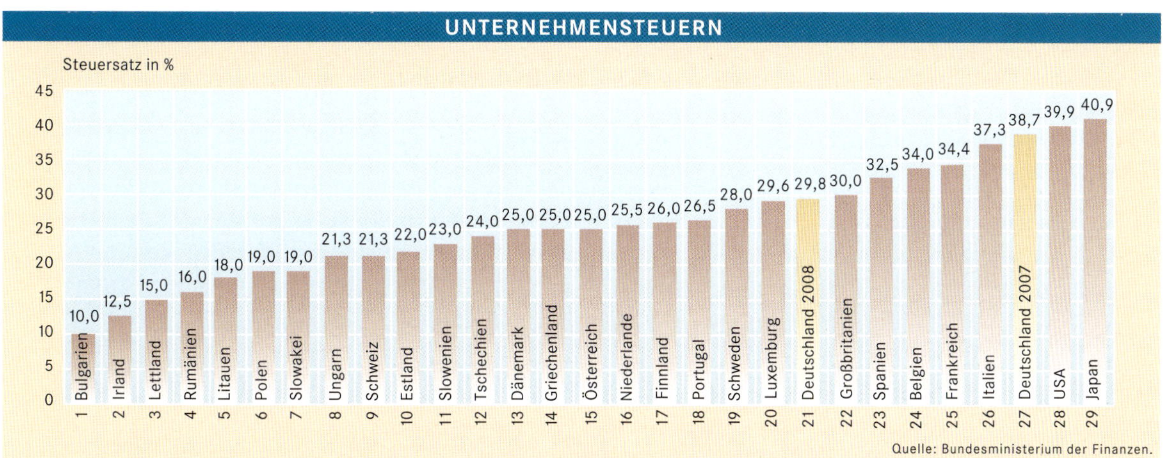

Unternehmensteuern. Die tarifliche Steuerbelastung des Gewinns von Kapitalgesellschaften im internationalen Vergleich 2007 in Prozent (Körperschaft-, Gewerbeertrag- und vergleichbare Steuern)

der Steuererklärung, z. B. der Einkommensteuererklärung *(siehe dort)* wird die Steuerschuld berechnet und dem Steuerpflichtigen durch den Steuerbescheid mitgeteilt.

Verbrauchsteuern, Steuern, die beim Kauf von Waren mitbezahlt werden, z. B. die Tabaksteuer beim Kauf von Zigaretten, die Mineralölsteuer beim Tanken an der Tankstelle, die Sektsteuer beim Kauf von Sekt. Die Verbrauchsteuern sind somit indirekte Steuern. Das Aufkommen steht dem Bund zu (Ausnahme: Biersteuer; sie ist eine Landessteuer). Die Verbrauchsteuern sind nach der Lohn- und Umsatzsteuer die wichtigsten Steuerquellen.

Vergnügungssteuer, eine örtliche Steuer, die die Gemeinden erheben und deren Aufkommen (2008 etwa 220 Mio. €) ihnen auch zusteht. Besteuert werden nach Länder- bzw. Kommunalabgabengesetzen Tanzveranstaltungen und der Betrieb von Spielapparaten. Die Besteuerung von Spielapparaten hat in den vergangenen Jahren an Bedeutung gewonnen. Damit will die Gemeinde aus ordnungs- und sozialpolitischen Gründen Einfluss nehmen auf die Einrichtung und den Betrieb von Spielhallen.

Verkehrssteuern, Steuern, die bestimmte Vorgänge belasten, z. B. die Grunderwerbsteuer den Hauskauf, die Umsatzsteuer jeden Warenkauf, die Kraftfahrzeugsteuer das Halten eines Pkw, die Versicherungsteuer Versicherungsprämien.

Verlustverrechnung, Verlustausgleich, Bezeichnung für die vom Staat gestattete Möglichkeit, Verluste bei einzelnen steuerpflichtigen Einkunftsarten (z. B. bei Vermietung und Verpachtung) gegen Gewinne oder Überschüsse aus derselben oder aus anderen Einkunftsarten (z. B. aus selbstständiger Tätigkeit) im selben Jahr zu verrechnen. Beim **Verlustabzug** kann ein Jahresverlust mit positiven Einkünften vorangegangener (Verlustrücktrag) oder künftiger Veranlagungszeiträume (Verlustvortrag) verrechnet werden.

Vermietung und Verpachtung, eine der sieben Einkunftsarten im Steuerrecht, die der Einkommensteuer unterliegen. Zur Ermittlung der Einkünfte sind von den Einnahmen (z. B. Mieten) die jeweiligen Aufwendungen dieser Einkunftsart (z. B. Reparaturen, Zinsen) abzuziehen, die zur Erwerbung, Sicherung und Erhaltung der Einnahmen bestimmt sind (Werbungskosten).

Vermögensteuer, Steuer, die früher das Privat- und Betriebsvermögen besteuerte und infolge der Entscheidung des Bundesverfassungsgerichts von 1995 seit dem 1. 1. 1997 nicht mehr erhoben wird.

vermögenswirksame Leistungen, *siehe* Kapitel 8.

Verschuldung, *siehe* öffentliche Schulden.

Versicherungsteuer, zu den Verkehrssteuern zählende Steuer, die vom Versicherungsentgelt (Prämie) berechnet wird. Der Steuersatz beträgt in der Regel 19 %; niedrigere Sätze gelten etwa für die Feuerversicherung (14 %) oder die Unfallversicherung mit Prämienrückgewähr (3,8 %). Die Steuer wird von den Versicherungsunternehmen anstelle der Umsatzsteuer erhoben und abgeführt. Das Aufkommen von etwa (2008) 10,5 Mrd. € steht dem Bund zu. Lebens- und private Krankenversicherungen unterliegen nicht der Steuer.

Versorgungsprinzip, Grundsatz für die Zahlung staatlicher Leistungen. Entschädigt werden einzelne Bürger, die Opfer oder besondere Leistungen für die Gemeinschaft erbracht haben. Nicht die eigene Vorsorge durch Beitragsleistung führt zur Versorgung, sondern diese wird aus Steuermitteln finanziert. Zu den Empfängern dieser Leistungen gehören Kriegsopfer, Opfer von Gewalttaten, politische Häftlinge; auch Kindergeldempfänger werden dazugerechnet.

Vorsorgeaufwendungen, im Einkommensteuerrecht eine Form von Sonderausgaben *(siehe dort).*

Vorsorgeprinzip, die Verpflichtung der Bürger, sich gegen die Grundrisiken des Lebens zu versichern. Dies ist der Fall bei den Sozialversicherungen (*siehe* Kapitel 12).

Vorsteuer: Bezieht ein Unternehmen bei einem anderen Unternehmen Lieferungen oder Leistungen, dann bezahlt es auch die Umsatzsteuer *(siehe dort)* von 19 % oder 7 % auf den Nettowarenwert. Diese Steuer im Einkauf heißt Vorsteuer, weil das empfangende Unternehmen diese mit der erhaltenen Umsatzsteuer aus dem Verkauf seiner Waren von den Kunden verrechnen kann. Die Vorsteuer ist sozusagen ein Guthaben gegenüber dem Finanzamt – denn nur der Konsument soll letztlich mit der Umsatzsteuer belastet werden.

ZINS-AUSGABEN-QUOTE

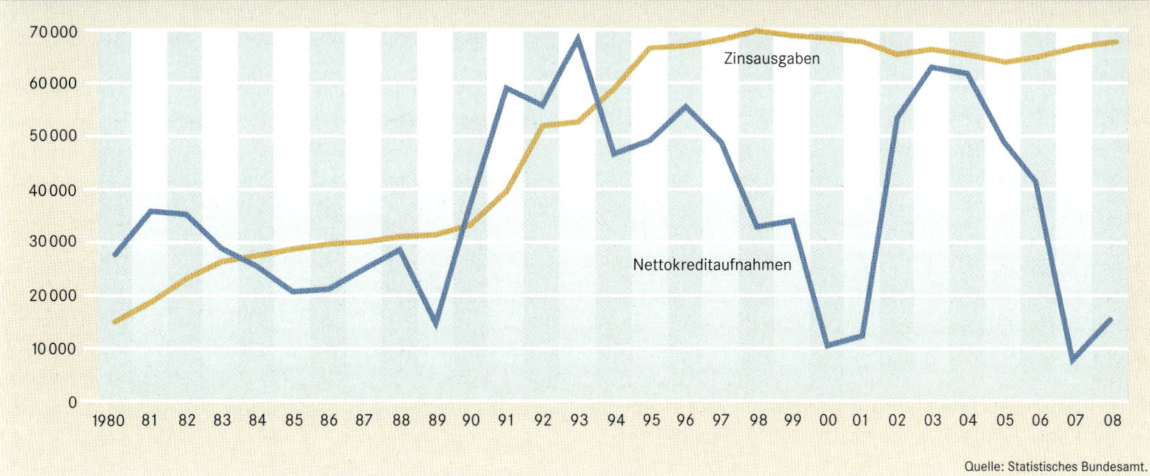

Zins-Ausgaben-Quote. Entwicklung der Zinsausgaben und der Nettokreditaufnahme des Bundes

Werbungskosten, alle Ausgaben, die im Zusammenhang mit steuerpflichtigen Einnahmen aus nicht selbstständiger Arbeit, Kapitalvermögen, Vermietung und Verpachtung und sonstigen Einkünften (z. B. Renten) entstehen. Diese Aufwendungen müssen dem Erwerb, der Sicherung und Erhaltung der entsprechenden Einnahmen dienen.

Bei Einkünften aus nicht selbstständiger Arbeit (Löhne, Gehälter) sind im Wesentlichen Fahrtkosten zur Arbeit, Fortbildungsaufwendungen, Aufwendungen für Berufskleidung, Beiträge für Gewerkschaften und Berufsverbände, Fachliteratur oder Bewerbungskosten als Werbungskosten ›absetzbar‹, d. h., diese vermindern die steuerpflichtigen Einnahmen und damit das zu versteuernde Einkommen. Im Rahmen dieser abzusetzenden Ausgaben gibt es einen **Werbungskostenpauschbetrag** von 920 € pro Jahr, der in der Steuertabelle eingearbeitet ist und pauschal für jeden Arbeitnehmer gilt: Nur die darüber hinausgehenden Ausgaben wirken sich steuermindernd aus.

Bei den Einkünften aus Vermietung und Verpachtung *(siehe dort)* sind alle mit dem Haus entstehenden Ausgaben Werbungskosten, die durch Abzug von den Mieteinnahmen die Steuerlast mindern. Bei Einkünften aus Kapitalvermögen ist der Pauschbetrag von 51 € im Zusammenhang mit dem Sparerfreibetrag *(siehe dort)* absetzbar.

Wirtschaftsförderung, alle Maßnahmen, mit denen Bund, Länder, Städte und Gemeinden sowie die Europäische Union Unternehmen fördern. Dazu gehören z. B. preiswerte Bereitstellung von Gewerbeflächen, Beschäftigungsförderung durch Zuschüsse für ausbildende Betriebe, Förderung von Existenzgründungen, Maßnahmen des Stadtmarketings, Verbesserung der Verkehrsanbindung.

Wohngeld, Zuschuss zu den Mietkosten. Mieter, aber auch Eigentümer können Wohngeld erhalten, wenn die Höhe der Miete oder die zu tragende Belastung ihre finanzielle Leistungsfähigkeit überfordert. Das monatlich gezahlte Wohngeld ist vor allem von Familiengröße, Familieneinkommen und Höhe der zuschussfähigen Miete oder Belastung abhängig.

Wohnungsbauförderung, die Unterstützung des Erwerbs von Wohnungseigentum, z. B. durch vermögenswirksame Leistungen (*siehe* Kapitel 8).

Zinsabschlag: Die Bank behielt bei der Auszahlung von Zinsen den Zinsabschlag in Höhe von 30 % bei Zinseinnahmen aus festverzinslichen Wertpapieren (z. B. Bundesschatzbriefe), Termin- und Spareinlagen und 35 % bei Tafelgeschäften (*siehe* Kapitel 10) ein, wenn ihr kein Freistellungsauftrag *(siehe dort)* erteilt wurde. Der Zinsabschlag wurde allerdings bei der Veranlagung zur Einkommensteuer im Zusammenhang mit der Kapitalertragsteuer *(siehe dort)* angerechnet. Ab 1. 1. 2009 ist der Zinsabschlag durch die Abgeltungsteuer *(siehe dort)* ersetzt worden.

Zins-Ausgaben-Quote, der Anteil der Zinsausgaben an den öffentlichen Ausgaben. Mit dieser Quote wird ausgedrückt, wie hoch der Anteil ist, den die Zinsen für die öffentlichen Schulden an den Gesamtausgaben ausmachen. Die Zins-Ausgaben-Quote des Bundes stieg von (1990) 9,0% auf (2008) 14,2%. Analog betrachtet wird auch die **Zins-Steuer-Quote** als Relation von Zinsausgaben zu den Steuereinnahmen. Diese Quote erhöhte sich beim Bund von (1990) 13,2% auf (2008) 16,8%. – Grafik S. 199

Zölle, Abgaben an den Staat für eingeführte Güter. Sie werden von der Zollverwaltung beim Überschreiten der Grenze erhoben. Durch die Entwicklung des Gemeinschaftsrechts der Europäischen Union gestaltet die EU das Zollrecht und behält auch das Aufkommen dieser Abgabe. Im Jahr 2008 sind das rund 4 Mrd. €. Innerhalb der EU sind die Zölle (*siehe* Kapitel 6) abgeschafft.

Zollwert, Bemessungsgrundlage für die Zollsätze bei Erhebung von Zöllen und für die Einfuhrumsatzsteuer. Der Zollwert entspricht dem Bezugspreis der Ware (Warenwert minus Skontoabzug, zuzüglich Verpackungs- und Transportkosten).

Zusammenveranlagung, die gemeinsame Erfassung steuerpflichtiger Einkünfte mehrerer Personen. Bei der Einkommensteuer werden die Einkünfte der Ehepartner zusammengerechnet. Soweit nicht eine getrennte Veranlagung vereinbart ist, wird die Einkommensteuer nach dem Splittingverfahren *(siehe dort)* berechnet.

Zuweisungen, Zahlungen zwischen Gebietskörperschaften eines Staates im Rahmen des Finanzausgleichs *(siehe dort)*, z. B. die Zahlung einer übergeordneten an eine untergeordnete Ebene. Zahlungen untergeordneter an übergeordnete Gebietskörperschaften wie Zahlungen der Gemeinden an die Landkreise heißen **Umlagen.**
Unterschieden werden Zuweisungen des Bundes an die Länder (Bundesergänzungszuweisungen) sowie Zuweisungen von Bund und Ländern an die Gemeinden. Die Zahlungen der Bundesländer untereinander im Rahmen des Länderfinanzausgleichs werden auch als Ausgleichszuweisungen bezeichnet. Die Zuweisungen der Länder an die Gemeinden werden entweder als Zweckzuweisungen zur Mitfinanzierung bestimmter Ausgaben wie kommunaler Investitionen gezahlt oder als allgemeine Zuweisung ohne Zweckbindung, die teilweise nach einem bestimmten Schlüssel zum Ausgleich der Steuerkraftunterschiede zwischen den Gemeinden berechnet werden (Schlüsselzuweisungen).

Zweitwohnungsteuer, eine örtliche Steuer, die von einigen Gemeinden, insbesondere Fremdenverkehrsgemeinden oder Universitätsstädten, erhoben wird. Diese Steuer knüpft an das Nutzen einer Zweitwohnung an. Bemessungsgrundlage für die Steuer ist der jährliche Mietaufwand.

6
Wie sind die Volkswirtschaften miteinander verflochten?

Mit der Schaffung des Europäischen Binnenmarktes und mit der Globalisierung der Märkte nicht nur begrenzt auf Europa, sondern weltweit expandierten die wirtschaftlichen Verflechtungen zwischen den Ländern in den vergangenen Jahren in einem enormen Tempo. Im Vordergrund stehen zunehmende Effizienz, Markterschließungen, internationale Verflechtungen von Konzernen und Unternehmensfusionen. Die Produkte und Dienstleistungen von Unternehmen werden so weit standardisiert, dass sie möglichst weltweit vermarktungsfähig sind.

Täglich erfahren wir, wie eng die Welt zusammengerückt und wie sehr unser Lebensalltag in vielfältige erdumspannende Verflechtungen eingebunden ist. Nachrichtensendungen berichten ohne Verzögerung über das Flüchtlingselend in Afrika, über riesige Waldbrände in den Tropen, Entführungen von Touristen oder über Turbulenzen auf den Weltfinanzmärkten, die die Geldanleger weltweit beunruhigen oder in Euphorie versetzen. Dies sind nur einige Beispiele, die deutlich machen, dass unsere Welt zeitlich und räumlich immer enger zu einem globalen Dorf (›global village‹) zusammengerückt ist.

Nach dem Ende des Ost-West-Konflikts haben die Europäische Union und die europäische Integration eine neue Qualität bekommen. Die europäische Integration bestimmt inzwischen weite Teile des täglichen Lebens der EU-Bürger, angefangen vom Binnenmarkt über die Zusammenarbeit im Bereich der Justiz und der Innenpolitik bis hin zum Verbraucherschutz. Seit dem 1. 1. 1999 haben wir eine gemeinsame Währung, den Euro. Die höchste Stufe einer wirtschaftlichen Integration wurde Realität und die Europäische Zentralbank übernahm von den nationalen Zentralbanken die Zuständigkeit für die Geldpolitik in der Eurozone.

Negative Folgen der Globalisierung zeigten sich in jüngster Zeit an der Finanzmarktkrise, die sich zu einer Wirtschaftskrise ausgeweitet und den gesamten Globus erfasst hat. Auslöser der internationalen Finanzkrise waren die Vergabepraxis und mangelnde Besicherung von Hypotheken und die Verbriefung von Krediten auf dem US-Immobilienmarkt. Zunächst waren vor allem amerikanische Banken betroffen. Dann weitete sich die Finanzkrise auf europäische Kreditinstitute aus. Die Finanzkrise entwickelte sich zunehmend zur Liquiditätskrise, da die Vergabe von Krediten unter Banken nahezu zum Erliegen kam. Funktioniert die gegenseitige Kreditvergabe der Banken jedoch nicht, sind Auswirkungen auf die Realwirtschaft die Folge. Die Bekämpfung dieser internationalen Finanz- und Wirtschaftskrise stellte die Regierungen vor neue Herausforderungen, besonders bezüglich einer internationalen Koordination der Maßnahmen zur Stabilisierung der Banken, der Finanzmärkte und der Weltwirtschaft.

Abschöpfungen, eine Art Importabgabe auf landwirtschaftliche Produkte aus Drittstaaten. Durch das Erheben von Abschöpfungen an den Außengrenzen der EU werden die Importe um die Differenz zwischen den niedrigeren Weltmarktpreisen und den innerhalb der Gemeinschaft gültigen Agrarpreisen verteuert. Abschöpfungen sind also variable Zölle, die je nach Preissituation auf dem Weltmarkt schwanken. Sie sichern den EU-Landwirten im Rahmen der Europäischen Agrarpolitik *(siehe dort)* hohe Absatzpreise und sind eine wichtige Einnahmequelle der EU. Das Gegenstück zu den Abschöpfungen beim Export sind Ausfuhrerstattungen *(siehe dort)* zum Ausgleich des genannten Preisgefälles.

Abwertung, Rückgang des Außenwerts einer Währung (Gegenteil: Aufwertung). Der Wechselkurs der Währung sinkt (eine Einheit der Währung ist weniger Einheiten fremder Währung wert), d. h., es steigen die Devisenkurse (für den Kauf fremder Währung müssen mehr Einheiten der abgewerteten Währung aufgewendet werden). Bei flexiblen Wechselkursen folgt die Abwertung aus einem Überangebot der Währung am Devisenmarkt, was auf ein Defizit in der Zahlungsbilanz des betreffenden Landes zurückzuführen ist. Bei festen Wechselkursen ist sie eine meist bei anhaltendem Zahlungsbilanzdefizit ergriffene Maßnahme der Regierung, die das Austauschverhältnis (die Parität) der eigenen Währung gegenüber anderen Währungen herabsetzt.

Akkreditiv, *siehe* Kapitel 10.

AKP-Staaten, Bezeichnung für die 79 Entwicklungsländer in **A**frika, in der **K**aribik und im **P**azifik, die mit der Europäischen Union durch die Lomé-Abkommen *(siehe dort)* verbündet sind. Diese Länder sind meist ehemalige Kolonien von einigen Mitgliedsstaaten der EU.

Allgemeines Zoll- und Handelsabkommen, das GATT *(siehe dort).*

Amsterdamer Vertrag: Der Vertrag von Amsterdam ist nach der Einheitlichen Europäischen Akte *(siehe dort)* und dem Maastricht-Vertrag *(siehe dort)* die dritte umfassende Reform der europäischen Gemeinschaftsverträge. Der Vertrag wurde am 2. 10. 1997 im Rahmen eines Gipfeltreffens von den Staats- und Regierungschefs der Mitgliedstaaten der EU unterzeichnet. Der Vertrag sieht eine Stärkung des Europäischen Parlaments vor, die stärkere Zusammenarbeit der Justiz und der Innenpolitik durch das Schengener Abkommen, die Erweiterung der gemeinsamen Außen- und Verteidigungspolitik, eine größere Bürgernähe und einen besseren Verbraucherschutz.

Antidumpingzölle, spezielle Zölle, die erhoben werden, wenn Waren zu niedrigeren Preisen (Dumpingpreisen) eingeführt werden, als sie auf dem heimischen Markt des Exportlandes erzielen. Werden Waren im Exportland durch Subventionen gestützt, erhebt man **Ausgleichszölle.** Diese Zölle haben durch den Zollabbau in den vergangenen Jahren an Bedeutung gewonnen. Voraussetzung für ihre Erhebung ist die wettbewerbsverzerrende, mit dem Europäischen Binnenmarkt unvereinbare Begünstigung bestimmter Unternehmen oder Wirtschaftszweige.

ASEAN, Abkürzung für englisch **A**ssociation of **S**outh-**E**ast **A**sian **N**ations, deutsch Vereinigung südostasiatischer Staaten, 1967 von Indonesien, Malaysia, den Philippinen, Singapur und Thailand als antikommunistisches Staatenbündnis gegründet. Später traten Brunei (1984), Vietnam (1995), Laos und Myanmar (1997) sowie Kambodscha (1999) bei. Ziel dieser Vereinigung auf wirtschaftspolitischem Gebiet ist die Bildung einer Freihandelszone, der **AFTA,** Abkürzung für **A**SEAN **F**ree **T**rade **A**rea. Die Freihandelszone trat am 1. 1. 2003 in Kraft.

Asiatisch-Pazifische Wirtschaftliche Zusammenarbeit, englisch **A**sia **P**acific **E**conomic **C**ooperation, abgekürzt **APEC,** 1989 in Canberra (Australien) auf einer Konferenz der Außen- und Innenminister aus zwölf Staaten gegründet; zurzeit ein loser Zusammenschluss von 21 Anrainerstaaten des Pazifiks zur Liberalisierung ihrer Handels- und Investitionspolitik. Ziel ist eine Freihandelszone der APEC-Industrieländer (einschließlich Japan und USA) bis 2010 und eine Freihandelszone für alle APEC-Länder (einschließlich Volksrepublik China) bis 2020.

Attac, 1998 in Frankreich gegründete, seit 2000 auch in Deutschland tätige Organisation von Kritikern der Globalisierung *(siehe dort).* Die Bezeichnung ist die französische Abkürzung für ›Vereinigung zur Besteuerung von Finanztransaktionen im Interesse der Bürger‹ und weist auf eine Forderung,

AUSSENHANDEL

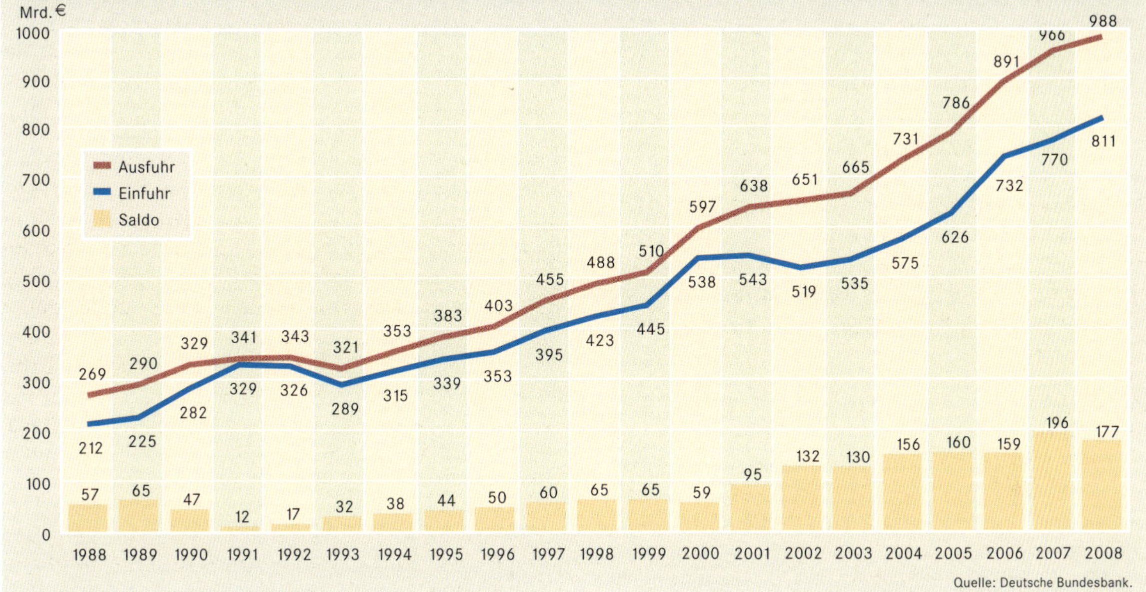

Außenhandel. Entwicklung des deutschen Außenhandels

die Einführung einer Devisenumsatzsteuer **(Tobinsteuer)** für eine bessere Regulierung der Weltfinanzmärkte, hin. Attac fordert eine demokratische Kontrolle internationaler Märkte und streitet für ökologische und soziale Ziele im Sinne einer nachhaltigen Entwicklung (*siehe* Kapitel 3). Die Globalisierungskritiker wollen auch die Öffentlichkeit über die komplexen Zusammenhänge der Weltwirtschaft aufklären.

Aufwertung, Zunahme des Außenwertes einer Währung (Gegenteil: Abwertung). Der Wechselkurs der betreffenden Währung steigt (eine Einheit dieser Währung ist mehr Einheiten fremder Währung wert) oder es sinken die Devisenkurse (für den Kauf fremder Währungen sind weniger Einheiten der aufwertenden Währung notwendig).

Ausfuhrerstattung: Beim Export von Agrarerzeugnissen in Drittländer gewährt die EU den Landwirten Ausfuhrerstattungen, die die Differenz zwischen hohem Verkaufspreis innerhalb der EU und niedrigerem Weltmarktpreis ausgleichen.

Ausgleichszölle, *siehe* Antidumpingzölle.

Ausschuss der Regionen, unabhängiges beratendes Organ, mit dem die regionalen und lokalen Gebietskörperschaften im Rahmen der Europäischen Union an Meinungsbildungs- und Entscheidungsprozessen beteiligt werden. Ihm gehören 344 Vertreter an (darunter 24 aus Deutschland und zwölf aus Österreich).

Außenhandel, Austausch von Gütern zwischen einem Land und allen übrigen Ländern der Welt. Güterlieferungen in das Ausland heißen Ausfuhr (Export), Güterlieferungen aus dem Ausland Einfuhr (Import). Die Werte dieser Warenströme werden in der Handelsbilanz *(siehe dort)* erfasst.
Der Außenhandel hat in Deutschland in den vergangenen Jahrzehnten stark zugenommen. In den 1960er-Jahren stand die Ausdehnung des Handels mit den übrigen Industriestaaten (vor allem in Westeuropa) im Vordergrund. In den 1970er-Jahren weitete sich der Warentausch auch mit den Entwicklungs- und Erdölländern aus. Neuerdings gewinnt ferner der Handel mit den Reformländern Mittel- und Osteuropas an Bedeutung. Der regionale Schwerpunkt des Handels liegt aber weiterhin in Westeuropa. Am gesamten Welthandel beträgt der Anteil Deutschlands knapp 10%. Damit ist Deutschland nach den USA der zweitgrößte Handelspartner in der Weltwirtschaft *(siehe dort)*.

Außenwert, zum einen der Wert einer Währung, gemessen in fremder Währung. Wird z. B. der US-Dollar am Devisenmarkt zu 1,10 Euro je US-$ gehandelt, dann ist der Außenwert des Euro 0,91 US-$. Zum anderen gibt der Außenwert die reale Kaufkraft der über den Wechselkurs umgerechneten inländischen Währung im Ausland an. Tauscht man 1 000 Euro in US-Dollar um und kann damit in den USA mehr Güter kaufen als mit 1 000 Euro in Deutschland, dann ist der Außenwert des Euro in den USA höher als der **Binnenwert,** die Kaufkraft des Euro in ›Euroland‹. Wenn der Binnenwert und der Außenwert übereinstimmen, wird von **Kaufkraftparität** gesprochen.

Außenwirtschaft, die Gesamtheit aller Wirtschaftsbeziehungen zwischen Staaten. Ihre Bestandteile sind der Waren-, Dienstleistungs-, Kapital-, Zahlungs- und sonstiger Wirtschaftsverkehr des Inlands mit dem Ausland. Die Außenwirtschaftstheorie als Teilgebiet der allgemeinen Wirtschaftstheorie beschäftigt sich mit der Analyse der Bestimmungsgründe und Auswirkungen außenwirtschaftlicher Transaktionen, z. B. mit den Fragen, warum Außenhandel *(siehe dort)* zustande kommt, wie sich Wechselkurse *(siehe dort)* bilden oder wie ein Ausgleich der Zahlungsbilanz *(siehe dort)* erreicht wird. Die Gesamtheit aller staatlichen Handlungen und Maßnahmen zur Beeinflussung der Außenwirtschaft wird als Außenwirtschaftspolitik (*siehe* Kapitel 4) bezeichnet.

außenwirtschaftliches Gleichgewicht, *siehe* Kapitel 4.

Autarkie, die vollständige oder teilweise Selbstversorgung eines Haushalts, einer Region oder eines Staates mit Gütern und Dienstleistungen. Wirtschaftlich autark ist ein Land, das alles selbst besitzt oder erzeugt, was es benötigt, oder das seinen Bedarf auf das beschränkt, was es selbst erzeugt.

Bandbreite, in einem System fester Wechselkurse *(siehe dort)* die Spanne, innerhalb der der Devisenkurs einer Währung schwanken kann, ohne dass die Währungsbehörde eingreift.

Bank für Internationalen Zahlungsausgleich, Abkürzung **BIZ,** englisch Bank for International Settlements (BIS), 1930 gegründetes zwischenstaatliches Institut mit Sitz in Basel (Schweiz). Aufgaben der BIZ sind die Förderung der Zusammenarbeit der Zentralbanken, die Erleichterung internationaler Finanzoperationen und das Erstellen von währungs- und wirtschaftspolitischen Analysen.

Beneluxstaaten, die organisierte, vor allem ökonomische Zusammenarbeit von **Be**lgien, den Niederlanden (**Ne**derland) und von **Lux**emburg. 1944 beschlossen die Staaten in einem Vertrag die Errichtung einer Zollunion (seit 1922 bestand bereits die belgisch-luxemburgische Wirtschaftsunion). Diese Zollunion ist 1948 in Kraft getreten; seit 1960 besteht auch eine Wirtschaftsunion. Die Benelux-Union hat ihren Sitz in Brüssel.

Bestimmungslandprinzip: Wird die Umsatzsteuer (*siehe* Kapitel 5) nach dem Bestimmungslandprinzip erhoben, so wird die Ware beim Export zunächst entlastet, d. h., die Umsatzsteuer des Ursprungslandes wird abgezogen und dann mit der Umsatzsteuer des Bestimmungslandes belastet. Die Europäische Kommission ist im Rahmen der Vollendung des Europäischen Binnenmarkts bemüht, bei den Umsatzsteuern zum Ursprungslandprinzip *(siehe dort)* überzugehen. Dann würde die steuerliche Ent- und Belastung der Waren beim Ex- bzw. Import entfallen und unabhängig vom Bestimmungsland die Umsatzsteuer des Ursprungslandes gelten.

Binnenmarkt, ein Gebiet, wo sich das gesamte wirtschaftliche Geschehen nach weitgehend einheitlichen Regeln und gleichen Bedingungen abspielt. Der Binnenmarkt ist gewöhnlich identisch mit dem Hoheitsgebiet eines Staates. Besteht er aus mehreren Staatsgebieten wie der Europäische Binnenmarkt *(siehe dort),* ist er wirtschaftlich gesehen Inland.

Boykott, eine Zwangsmaßnahme in Politik und Wirtschaft, mit der die Beziehungen oder der Handel mit bestimmten Staaten teilweise oder ganz abgebrochen werden, um ein bestimmtes Verhalten zu erzwingen. Im zwischenstaatlichen Bereich beruht ein Boykott meist auf UNO-Sanktionen *(siehe dort).* Die Bezeichnung Boykott rührt vermutlich von dem englischen Gutsverwalter CHARLES C. BOYCOTT (* 1832, † 1897) her, der aufgrund seiner Rücksichtslosigkeit gegen irische Landpächter 1880 durch die irische Landliga zum Verlassen Irlands gezwungen wurde. Mit Boykotts belegt wurden z. B. Südafrika wegen seiner Apartheidpolitik, Irak wegen der Besetzung Kuwaits und Serbien wegen des Krieges in

Bosnien-Herzegowina. Als Boykott (*siehe* Kapitel 2) wird auch eine Kampfmaßnahme zwischen Unternehmen bezeichnet.

Bretton Woods, Ort in New Hampshire (USA), in dem 1944 eine Währungs- und Finanzkonferenz der UNO mit 44 Teilnehmerstaaten stattfand. Auf der Konferenz wurde die Errichtung des Internationalen Währungsfonds *(siehe dort)* und der Weltbank *(siehe dort)* beschlossen. Die 1946 in Kraft getretenen Verträge von Bretton Woods dienten der Neuordnung der Weltwirtschaft und bildeten die Grundlage für eine neue Weltwährungsordnung *(siehe dort)* mit festen Wechselkursen.

Briefkastenfirma, Unternehmen im Ausland (z. B. in Steueroasen), auf die Einkommen oder Vermögen übertragen wird, um der Besteuerung im Inland auszuweichen. Derartige Gesellschaften können für wenige Hundert Euro gekauft werden, residieren meist bei einem Büroservice und haben lediglich eine Postanschrift, meist ein Postfach (daher der Begriff Briefkastenfirma).

Bufferstocks, häufig in Verbindung mit Rohstoffabkommen benutzter Begriff für Ausgleichslager. **Rohstoffabkommen** sind vertragliche Vereinbarungen zwischen Erzeugerländern (meist Entwicklungsländer) und Verbraucherländern (meist Industrieländer) mit dem Ziel, den Absatz der Rohstoffe zu angemessenen und stabilen Preisen zu sichern. Die Abkommen enthalten Ausfuhrquoten (Höchstmengen) für die einzelnen Erzeugerländer und Höchst- und Mindestpreise. Häufig wird ein Ausgleichslager durch eine zentrale Stelle eingerichtet, die beim Erreichen der Preisgrenzen den Rohstoff kauft, um ein Unterschreiten des Mindestpreises zu verhindern, oder aus eigenen Beständen verkauft, um ein Überschreiten des Höchstpreises zu vermeiden.

Cent, kleine Währungseinheit, meist – vom lateinischen Wort ›centum‹ für ›hundert‹ abgeleitet – der hunderste Teil einer Währung. So sind auch der Euro und der US-Dollar in Cent unterteilt.

Club of Rome, eine informelle Vereinigung von Wirtschaftsführern, Politikern und Wissenschaftlern aus 53 Ländern, gegründet 1968 in Rom auf Anregung des italienischen Industriellen Aurelio Peccei (* 1908, † 1984); Sitz: Paris. Die Zahl der Mitglieder ist auf 100 begrenzt. Anlass war eine gemeinsame Besorgnis hinsichtlich weltweiter Krisenerscheinungen, gegen die die Gesellschaften von heute mit ihren Einstellungen, Werten, Interessen sowie Programmen und Institutionen schlecht gerüstet zu sein scheinen. Ziel ist es, diese weltweiten und eng miteinander verknüpften Probleme der Menschheit (z. B. Bevölkerungswachstum, Umweltzerstörung, Rohstoffverbrauch, materieller Wohlstand) durchschaubarer und allgemein bekannt zu machen. Zu diesem Zweck werden Forschungsarbeiten geschrieben, mit denen mehr Einsichten in solche komplexe Problemsituationen gewonnen werden können. Bekannt wurde der Club of Rome durch eine Publikation zu den Grenzen des Wachstums (*siehe* Kapitel 3). Des Weiteren sucht der Club of Rome das Gespräch mit Entscheidungsträgern in Politik und Wirtschaft, um auf die zur Lösung der Probleme notwendigen Änderungen der Verhaltensweisen hinzuwirken.

Deutsche Mark. Mit Beginn der Europäischen Währungsunion 1999 war die Deutsche Mark nur noch eine Untereinheit des Euro.

Deutsche Mark, Abkürzung **DM,** die Währungseinheit in Deutschland (ISO-Währungscode DEM). Die DM-Währung wurde mit Wirkung vom 21. 6. 1948 anstelle der Reichsmark eingeführt. Ihre Rechnungseinheit war die D-Mark, unterteilt in 100 Deutsche Pfennige (Abk. Pf.). Noch vor der Herstellung der deutschen Einheit wurde die D-Mark am 1. 7. 1990 als alleiniges gesetzliches Zahlungsmittel in der DDR eingeführt. Mit Beginn der Europäischen Währungsunion *(siehe dort)* am 1. 1. 1999 war die D-Mark durch die Währungsumstellung *(siehe dort)* nur noch eine Untereinheit der neuen Währung Euro *(siehe dort).* Mit der Einführung des Euro-Bargelds am 1. 1. 2002 verschwanden nach einer kurzen Übergangszeit auch die DM-Banknoten und DM-Münzen.

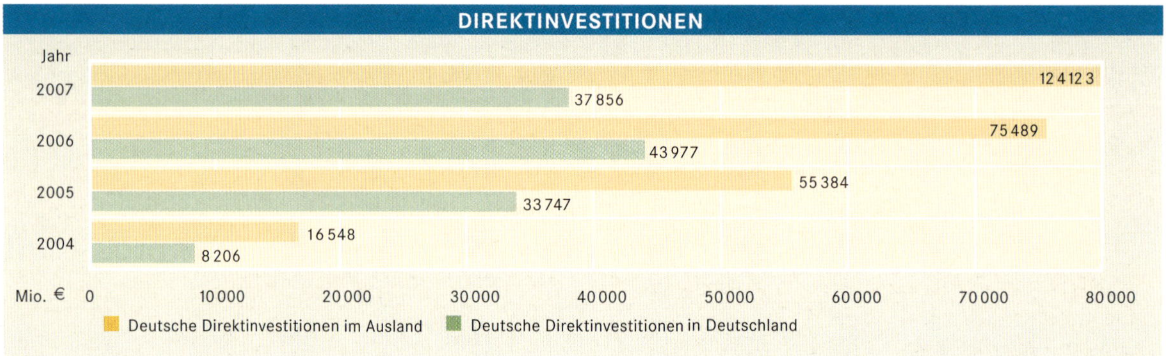

Direktinvestitionen. Deutsche Direktinvestitionen im Ausland und ausländische Direktinvestitionen in Deutschland

Devisen, ausländische Zahlungsmittel im Besitz von Inländern (*siehe* Kapitel 10).

Devisenbilanz, statistische Erfassung der Änderungen der von der Zentralbank gehaltenen Bruttowährungsreserven nach Abzug der Auslandsverbindlichkeiten; Teilbilanz der Zahlungsbilanz *(siehe dort)*. Ein positiver Saldo (Devisenzufluss) lässt auf eine Überschussposition der Wirtschaft im grenzüberschreitenden Wirtschaftsverkehr schließen, d.h., Leistungsexporte (Vermögensübertragungen aus dem Ausland und Kapitalimporte) übersteigen Leistungsimporte (Vermögensübertragungen an das Ausland und Kapitalexporte).

Devisenkurs, der Wechselkurs *(siehe dort)*.

Devisenmarkt, der Handel mit ausländischen Währungen an der Börse (*siehe* Kapitel 11).

Devisenreserven, Teil der Währungsreserven *(siehe dort)*.

Dienstleistungsbilanz, wertmäßige Gegenüberstellung der Exporte und Importe von Dienst- und Faktorleistungen einer Volkswirtschaft in einer bestimmten Periode; Teil der Zahlungsbilanz *(siehe dort)*. Erfasst werden insbesondere der Reiseverkehr, Transportleistungen, Versicherungen, Regierungsleistungen (z.B. Einnahmen von ausländischen militärischen Dienststellen), Provisionen, Werbe- und Messekosten, Lizenzen und Patente.

Direktinvestitionen, Kapitalanlagen eines Unternehmens im Ausland zur Gründung von oder zur Beteiligung mit unternehmerischer Verantwortung an Unternehmen, Produktionsstätten oder Niederlassungen. Der jährliche Fluss an Direktinvestitionen von Inländern ins Ausland sowie von Ausländern ins Inland wird aus der Kapitalbilanz, einer Unterbilanz der Zahlungsbilanz *(siehe dort)*, ersichtlich. Dabei ist der Zufluss an Direktinvestitionen aus dem Ausland auch ein Maß für die Attraktivität eines Landes als Unternehmensstandort.

Dollar, als US-Dollar die Währungseinheit der USA; 1 Dollar (Abkürzung US-$; ISO-Währungscode USD) entspricht 100 Cents. Auch in anderen Staaten und Gebieten gilt der Dollar, gekoppelt mit der Landesbezeichnung, als Währungseinheit. Der US-Dollar wurde 1792 als offizielles Zahlungsmittel mit fester Gold- und Silberparität (1 US-$ = 24,057 g Silber bzw. 1,604 g Gold) eingeführt. Das Wort Dollar stammt von der deutschen Münzbezeichnung Taler. Seit der Konferenz in Bretton Woods 1944 gilt der US-Dollar als Leitwährung, d.h., alle Mitgliedstaaten des Internationalen Währungsfonds hatten ein grundsätzlich festes Austauschverhältnis zum Dollar (Parität). Durch die vollständige Konvertibilität gegenüber anderen Währungen wurde der US-Dollar die wichtigste internationale Währung. Seit März 1973 schwanken die Wechselkurse der Währungen der großen Industriestaaten gegenüber dem US-Dollar. 1973 kostete der Dollar in Deutschland 2,6590 DM, 1980 zahlte man 1,8177 DM und seinen historischen Tagestiefstpunkt erreichte der Dollar am 19. 4. 1995 mit 1,3620 DM. Trotz dieser Schwankungen spielt der US-Dollar weiterhin eine wichtige Rolle im internationalen Zahlungsverkehr und auf den internationalen Finanzmärkten.

Doppelbesteuerungsabkommen, Abkommen zur Vermeidung der Doppelbesteuerung (*siehe* Kapitel 5).

Dritte Welt, umstrittene Bezeichnung für wirtschaftlich unterentwickelte Staaten Afrikas, Asiens und Lateinamerikas, die früher meist Kolonien waren. Die Zuordnung wird aufgrund verschiedener Kennzahlen, z. B. Pro-Kopf-Einkommen, industrieller Entwicklungsstand, Bildungsstand und Lebenserwartung vorgenommen. Dritte Welt war ursprünglich die Sammelbezeichnung für die Staaten, die während der Zeit des Ost-West-Konflikts zwischen den demokratischen westlichen Industriestaaten (›Erste Welt‹) und den kommunistischen östlichen Staaten (›Zweite Welt‹) standen.

Dumping, Warenverkauf zu Preisen, die unter dem üblichen Marktpreis oder sogar unter den Selbstkosten liegen, also verschleudert werden (vom englischen Wort ›to dump‹). Durch den Verkauf auf Auslandsmärkten zu Preisen, die unter den Inlandspreisen liegen, sollen Marktanteile auf den Auslandsmärkten gewonnen werden.

Dutyfree, abgabenfreier Verkauf von Waren außerhalb eines Zollgebietes, also hinter der Zollkontrolle in Flughäfen, auf internationalen Flügen im Luftraum, außerhalb der Hoheitsgewässer oder in Zollausschlussgebieten, z. B. Freihäfen. Innerhalb der Europäischen Union ist der zollfreie Einkauf auf Flughäfen und in Flugzeugen ab 1. 7. 1999 entfallen. Für Reisende in Länder außerhalb der EU geht Dutyfree nach dem 1. 7. 1999 genauso weiter wie bisher. Des Weiteren dürfen bei der Einreise aus Ländern außerhalb der EU folgende **Zollfreimengen (Reisefreigrenzen)** eingeführt werden: 200 Zigaretten oder 100 Zigarillos oder 50 Zigarren oder 250 g Tabak, 1 Liter Alkohol mit mehr als 22 Volumenprozent oder 2 Liter Wein, sonstige Waren (auch Kosmetik) bis zu einem Warenwert von 300 € (bei See- und Flugreisen 430 €).

ECOFIN-Rat, Rat der Wirtschafts- und Finanzminister, zentrales Koordinierungsorgan auf EU-Ebene für die Bereiche Wirtschaft und Finanzen. Das Kurzwort ECOFIN steht für **Eco**nomic and **Fi**nancial Minister. Die Fachminister der einzelnen EU-Staaten kommen halbjährlich als Ministerräte zusammen. In erster Linie zielt die wirtschaftliche Koordinierung darauf ab, Widersprüche im Bereich der Wirtschafts- und Finanzpolitik des EU-Raumes zu verhindern, z. B. durch Überwachung des Stabilitäts- und Wachstumspakts.

ECU, Abkürzung für **E**uropean **C**urrency **U**nit, die Europäische Währungseinheit *(siehe dort).*

EFTA, Abkürzung für **E**uropean **F**ree **T**rade **A**ssociation, die Europäische Freihandelszone *(siehe dort).*

EG, Abkürzung für **E**uropäische **G**emeinschaften *(siehe dort).*

EGKS, Abkürzung für **E**uropäische **G**emeinschaft für **K**ohle und **S**tahl *(siehe dort).*

Einheitliche Europäische Akte: Am 1. 7. 1987 trat mit der Einheitlichen Europäischen Akte (Abkürzung EEA) die erste größere Reform der EG-Gründungsverträge (Europäische Gemeinschaft) in Kraft. Die Gemeinschaft erhielt größere Zuständigkeiten in den Bereichen Forschung, Technologie und Umweltschutz; das Europäische Par-

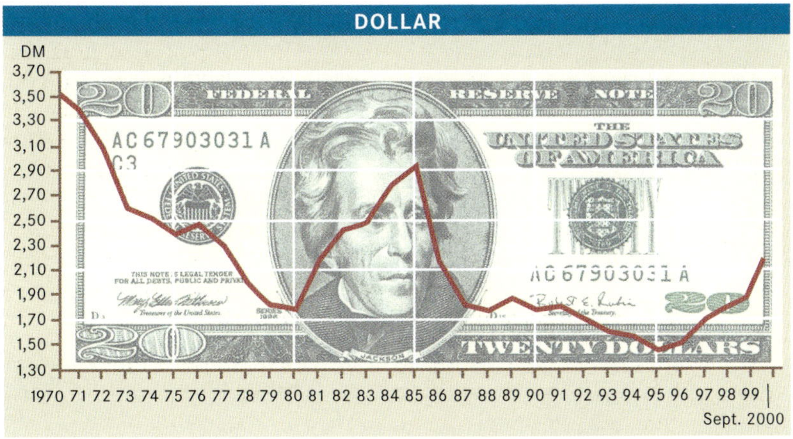

Dollar.
Kursentwicklung des US-Dollar in D-Mark von 1970 bis 2000

lament wurde durch ein Zustimmungsrecht in der Zusammenarbeit bei der Gesetzgebung und in der Vollendung des Binnenmarktes durch die EEA gestärkt.

Einschleusungspreis, ein Preis im Agrarpreissystem der Europäischen Union, der sich aus dem Selbstkostenpreis für landwirtschaftliche Veredelungsprodukte (z. B. Eier, Geflügel, Schweinefleisch), der Abschöpfung *(siehe dort)* und einer Zusatzabgabe zusammensetzt. Zusätzlich zu den Abschöpfungen gibt es bei diesen Produkten eine besondere Schutzmaßnahme, deren Zweck es ist, Angebotspreisen unter dem Selbstkostenpreis bei der Einfuhr aus Drittländern zu begegnen. Auf Grundlage der durchschnittlichen Produktionskosten auf dem Weltmarkt errechnet sich der Selbstkostenpreis. Durch die Zusatzabgabe werden darunterliegende Angebotspreise auf das Niveau des Einschleusungspreises angehoben.

Embargo, ein aus politischen Gründen verordnetes Handelsverbot mit bestimmten Ländern (z. B. Kriegsgebiete) oder bestimmten Waren (z. B. Rüstungsgüter). Der Begriff geht auf das spanische Wort ›embarger‹ (deutsch ›verhindern‹) zurück.

Entwicklungshilfe, Gesamtheit aller staatlichen und privaten Maßnahmen, die von Industrieländern und internationalen Organisationen (z. B. Weltbank) zur wirtschaftlichen und sozialen Förderung von Entwicklungsländern getroffen werden. Statt von Entwicklungshilfe wird auch von **Entwicklungszusammenarbeit** oder **wirtschaftlicher Zusammenarbeit** gesprochen. Die Bedürfnisse der Entwicklungsländer beziehen sich vor allem auf Beratungshilfe (z. B. durch Entwicklungshelfer wie Ingenieure, Ärzte) und technische Hilfe (Bereitstellung von Fachleuten, technischen Hilfsmitteln, Material und Ausbildungsmöglichkeiten für einzelne Projekte), auf ihre Beteiligung am internationalen Warenaustausch (Handelshilfe), auf finanzielle Unterstützungsmaßnahmen (Kapitalhilfen) sowie auf Nahrungsmittelhilfe und humanitäre Hilfe in Notsituationen (z. B. Erdbeben, Dürrekatastrophen).
Der Entwicklungshilfe-Ausschuss der OECD (Development Assistance Commitee, Abk. DAC) führt seit 1962 eine Liste über die Empfängerländer öffentlicher Entwicklungshilfe und den Umfang der Zahlungen. Aufgabe des DAC ist auch die Überprüfung, ob alle DAC-Länder 0,7% ihres Bruttoinlandsprodukts für öffentliche Entwicklungshilfe aufwenden.

Entwicklungsländer, Staaten, die im Vergleich zu den Industrieländern (Erste Welt) unter anderem ein deutlich geringeres Sozialprodukt pro Kopf, eine geringe Arbeitsproduktivität, hohe Analphabetenquote und einen hohen Anteil landwirtschaftlicher Erwerbstätigkeit aufweisen. Das Ende des Ost-West-Konflikts hat die Dreiteilung der Welt in Ers-

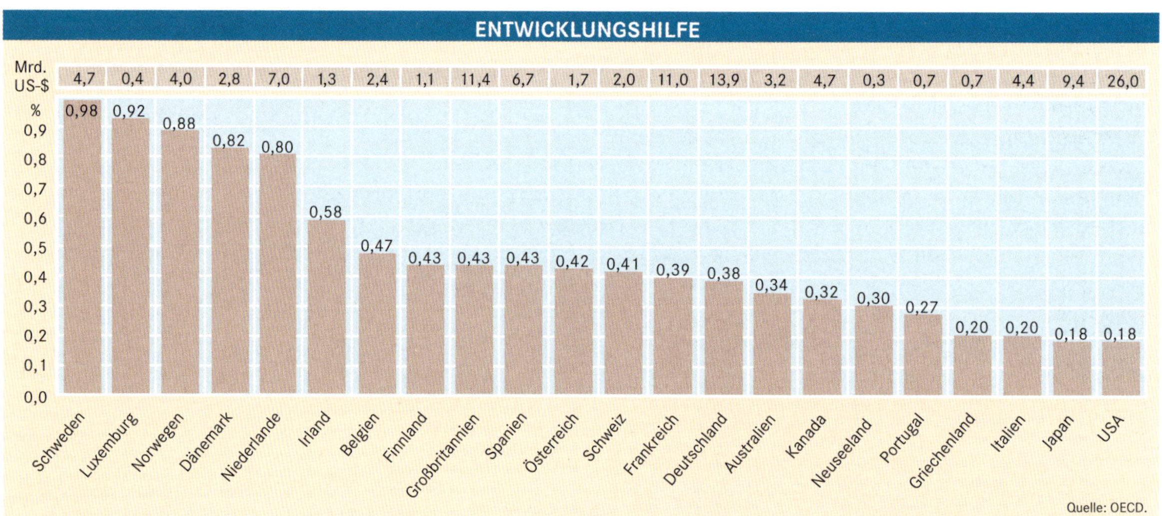

Entwicklungshilfe. Öffentliche Entwicklungshilfe in Mrd. US-Dollar und in Prozent des Bruttoinlandsprodukts im Jahr 2007

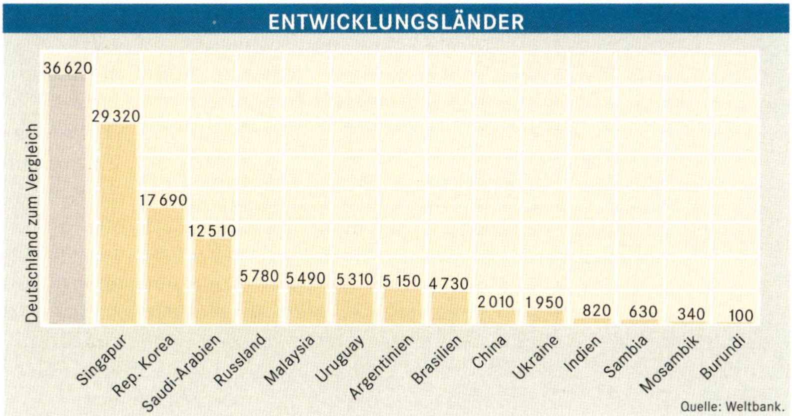

Entwicklungsländer. Das Bruttonationaleinkommen in US-Dollar pro Kopf in ausgewählten Entwicklungsländern im Jahr 2007

te, Zweite und Dritte Welt brüchig werden lassen. Die Zweite Welt, der ehemalige sozialistische Staatenblock, existiert nicht mehr und die Dritte Welt hat als Einheit allenfalls in der Endphase der Kolonialzeit bestanden, als alle Kolonialländer einig waren in ihrem Streben nach Unabhängigkeit. Die Zweite Welt wird heute eher als Gruppe der Transformationsländer bezeichnet. Die Länder der Dritten Welt, die Entwicklungsländer, sind nach ihrer kulturellen Herkunft, ihren politischen und wirtschaftlichen Strukturen und ihrer sozialen Schichtung untereinander sehr verschieden, und diese Unterschiede haben in den vergangenen Jahrzehnten zugenommen.

Die Weltbank unterscheidet nach dem Hauptkriterium Pro-Kopf-Einkommen *(siehe dort)* folgende Ländergruppen: Länder mit niedrigem Einkommen (**Low income Countries, LIC,** bis 935 US-$ Bruttonationaleinkommen), Länder mit mittlerem Einkommen **(Middle income Countries, MIC),** Entwicklungsländer mit hohem Einkommen sowie marktwirtschaftliche Industrieländer (über 11 456 US-$). Bei den MIC wird eine untere (936 bis 3 705 US-$) und eine obere (3 706 bis 11 455 US-$) Einkommenskategorie unterschieden. Schwellenländer sind jene Entwicklungsländer, von denen angenommen wird, dass ihr Entwicklungsstand so weit fortgeschritten ist, dass sie aufgrund ihrer wirtschaftlichen Eigendynamik und des exportorientierten Wachstums bei zunehmender Industrialisierung die typischen Merkmale eines Entwicklungslandes selbst überwinden können (z. B. Brasilien, Mexiko, Malaysia, Singapur, Südkorea).

Als Gruppe der 77 *(siehe dort)* tritt die Gesamtheit der Entwicklungsländer seit 1967 bei Verhandlungen im Bereich der meisten Organisationen der UNO auf. Eine weitere Gruppe sind die Erdöl exportierenden Staaten, die teilweise der OPEC *(siehe dort)* angehören. Mit der Europäischen Union durch die Lomé-Abkommen assoziiert sind die AKP-Staaten *(siehe dort)*.

Erziehungszölle, Zölle, die eine im Aufbau befindliche inländische Industrie vorübergehend vor ausländischer Konkurrenz schützen sollen; es werden auf die importierten Industriegüter höhere Zölle erhoben.

ESZB, Abkürzung für **E**uropäisches **S**ystem der **Z**entral**b**anken *(siehe dort)*.

EU, Abkürzung für **E**uropäische **U**nion *(siehe dort)*.

EURATOM, Kurzwort für **Eur**opäische **Atom**gemeinschaft *(siehe dort)*.

Euro, die Währungseinheit, die zum 1. 1. 2002 in den Ländern der Europäischen Wirtschafts- und Währungsunion *(siehe dort)* in Form von Banknoten und Münzen in Umlauf gebracht wurde, allerdings bereits seit 1. 1. 1999 die gemeinsame und alleinige Währung der an der Europäischen Währungsunion *(siehe dort)* teilnehmenden Staaten ist. Die in der Übergangszeit bis Januar 2002 maßgeblichen nationalen Währungseinheiten wie die D-Mark waren keine eigenständigen Währungen mehr, sondern nur noch Untereinheiten des Euro. Der Euro (ISO-Währungscode EUR) ist unterteilt in 100 Cent (Eurocent). Die Umrechnungskurse des Euro wurden am 31. 12. 1998 von den Teilnehmerstaaten gegenüber dem Euro unwiderruflich festgelegt. Ein Euro kostet 1,95583 D-Mark. Das Euro-Signet (Euro-Zeichen) kombiniert das griechische Epsilon mit dem Initial E für Europa und den Parallelen als Symbol für eine stabile Währung.

Euro-Banknoten werden von der Europäischen Zentralbank *(siehe dort)* und den nationalen Zentralbanken ausgegeben. Sie weisen keine nationalen Merkmale mehr auf. Die Banknotenserie umfasst sieben Werte: Noten zu fünf, zehn, 20, 50, 100, 200 und 500 €. Die Noten behandeln das Thema Zeitalter und Baustile aus sieben Epochen der europäischen Kulturgeschichte (Klassik, Romanik, Gotik, Renaissance, Barock, Eisen- und Glasarchitektur, moderne Architektur des 20. Jahrhunderts). Auf ihren Vorderseiten bilden Fenster und Tore die Hauptelemente. Hinzu kommen die zwölf Sterne der Europäischen Union. Auf den Rückseiten sind Brücken und eine europäische Landkarte sowie die Flagge der Europäischen Union abgebildet. Die Geldscheine haben unterschiedliche Farben und Abmessungen, tastbare Elemente für Sehbehinderte und eine Reihe von Sicherheitsmerkmalen. Die Währungsbezeichnung Euro steht in lateinischer und griechischer Schrift, die Abkürzung EZB in fünf sprachlichen Ausprägungen. Außerdem tragen die Banknoten die Unterschrift des EZB-Präsidenten.

Die **Euro-Münzen** werden im Wert von einem und zwei Euro geprägt, im Wert unter einem Euro heißen sie Euro-Cent und werden in Werten zu 1, 2, 5, 10, 20 und 50 Cent geprägt. Die Münzen unterscheiden sich in Größe, Gewicht, Material, Farbe und Dicke. Die Vorderseiten der Münzen sind für alle Länder der Währungsunion einheitlich mit in großen Ziffern eingeprägter Wertangabe. Auf den Münzen zu einem, zwei und fünf Cent ist zusätzlich ein Globus abgebildet, der die Lage Europas markiert, die Münzen zu 10, 20 und 50 Cent enthalten die Umrisse der EU-Staaten als Relief. Die Münzen zu einem und zwei Euro stellen die EU ohne Landesgrenzen dar, ein Symbol für das vereinte Europa. Für die Rückseite kann jedes Land nationale Motive gestalten. Auf den deutschen Rückseiten werden Eichenzweig (ein, zwei und fünf Cent), Brandenbur-

EURO

Euro: Die vom Rat des Europäischen Währungsinstituts (EWI) 1996 entschiedene Gestaltung der Euro-Banknoten (oben jeweils Vorderseite, unten Rückseite)

Euro.
Die Gestaltung der Euro-Banknoten

EURO

Euro.
Die einheitliche Vorderseite und die deutsche Rückseite der Euro- und Centmünzen

ger Tor (zehn, 20, 50 Cent) und Bundesadler (ein und zwei Euro) abgebildet. Die zwölf Sterne der Europäischen Union umrahmen auf allen Geldstücken die deutschen Symbole. Die Münzen zu einem und zwei Euro sind in Bimetall ausgeführt.

Euro-Gruppe, inoffizielle Zusammenkünfte der für Währungspolitik zuständigen Minister (meist Finanzminister) der Teilnehmerstaaten der Europäischen Währungsunion (EWU) sowie auch Vertreter der Europäischen Kommission und der Europäischen Zentralbank, die dazu dienen, über Probleme zu beraten, die sich besonders aus der Beteiligung an der EWU ergeben. Die Euro-Gruppe soll ein (politisches) Gegengewicht zur Europäischen Zentralbank darstellen.

Europa, in der griechischen Mythologie eine phönikische Königstochter, die von Zeus in Stiergestalt nach Kreta entführt wurde.

Europäische Agrarpolitik: Die Grundlagen der **Gemeinsamen Agrarpolitik,** Abkürzung **GAP,** wur-

EURO

	Währungseinheiten für 1 Euro		Euro für 100 Währungseinheiten	
Belgischer Franc	40,3399	bfr	2,47894	€
Deutsche Mark	1,95583	DM	51,1292	€
Finnmark	5,94573	Fmk	16,8188	€
Französischer Franc	6,55957	FF	15,2449	€
Irisches Pfund	0,787564	Ir£	126,974	€
Italienische Lira	1936,27	Lit	0,516457[1]	€
Luxemburgischer Franc	40,3399	lfr	2,47894	€
Holländischer Gulden	2,20371	hfl	45,3780	€
Österreichischer Schilling	13,7603	S	7,26728	€
Portugiesischer Escudo	200,482	Esc	0,498798	€
Spanische Peseta	166,386	Pta	0,601012	€
Griechische Drachme[2]	340,750	Dr.	0,29347	€
Slowenischer Tolar[3]	239,640	SIT	0,41729	€
Maltesische Lira[4]	0,429300	MTL	255,98	€
Zypern-Pfund[4]	0,585274	CYP	188,8201	€
Slowakische Krone[5]	30,1260	SKK	3,32	€

1) Für 1000 Italienische Lira 2) Seit 1.1. 2001 3) Seit 1.1. 2007 4) Seit 1.1. 2008 5) Seit 1.1. 2009

Euro.
Die Umrechnungskurse des Euro für die Währungen der Teilnehmerländer der Eurozone

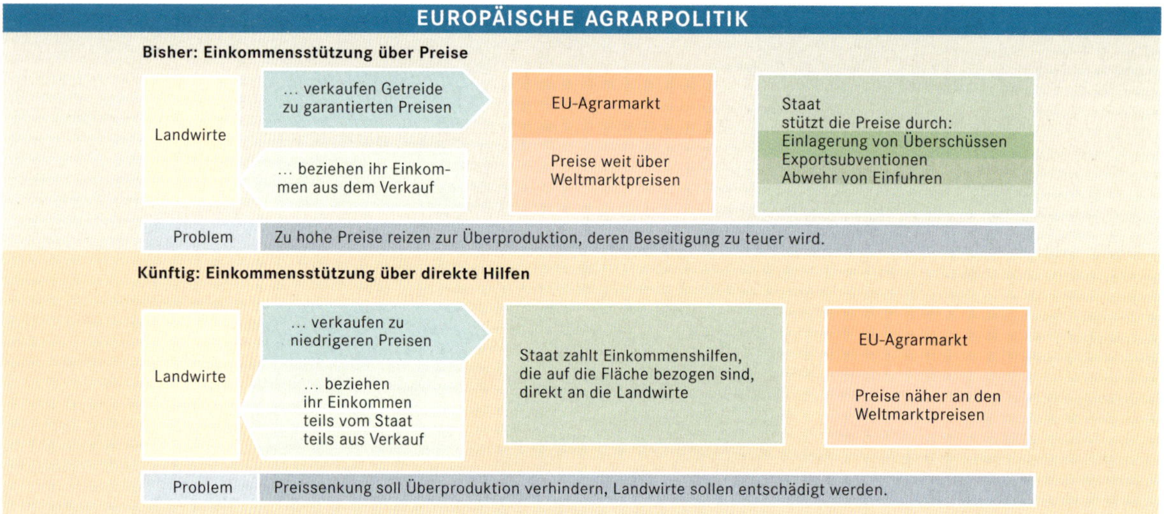

Europäische Agrarpolitik. Agrarreform in der Europäischen Union

den Ende der 1950er-Jahre geschaffen. Damals war die Kriegszeit mit Hunger und Lebensmittelknappheit noch in lebhafter Erinnerung. Schon vor der Gründung der Europäischen Wirtschaftsgemeinschaft (EWG) hatten viele europäische Staaten **Marktordnungen** zum Schutz ihrer Landwirtschaft geschaffen. Ein Ausgleich der Interessen von Bauern (möglichst hohe Erzeugerpreise) und Nichtbauern (möglichst niedrige Verbraucherpreise) ist in Industriestaaten durch freie Preisbildung nicht möglich. Die auf dem freien Markt und bei freier Einfuhr erzielbaren Preise für einheimische landwirtschaftliche Produkte würden die hiesigen Erzeugerkosten nicht decken. Deshalb wird der Agrarmarkt in allen hoch industrialisierten Staaten durch Marktordnungen reguliert. Sie legen beispielsweise Mindestpreise für Agrarprodukte fest und garantieren den Bauern die Abnahme ihrer Erzeugnisse zu diesen Preisen.

Die fünf Ziele der Gemeinsamen Agrarpolitik waren: 1) die Produktivität in der Landwirtschaft zu steigern, 2) das Pro-Kopf-Einkommen in der Landwirtschaft zu erhöhen, 3) die Märkte zu stabilisieren, also unabhängig zu machen von Schwankungen der Preise und der Erntemengen auf den Weltmärkten, 4) die Versorgung sicherzustellen, 5) für angemessene Verbraucherpreise zu sorgen.

Der hohe Anteil der Agrarausgaben am EU-Haushalt bedingt durch die Kosten der Agrarmarktordnung sowie internationale Verpflichtungen im Rahmen der Welthandelsrunden (Abbau der Preisstützung, Senkung von Einfuhrzöllen und Ausfuhrbeihilfen) führten zu einer Strukturänderung der GAP weg von Markt- und Preisstützung hin zur direkten Einkommensstützung. Durch die Agrarreformen 2000 und 2003 sollen einerseits die Marktordnungsausgaben zugunsten von Direktzahlungen deutlich reduziert werden. Andererseits hat die Entwicklung des ländlichen Raums angesichts der erreichten Selbstversorgung der EU sowie des Schutzes der natürlichen Umwelt und einer ökologisch nachhaltigen Landwirtschaft an Bedeutung in der Agrarpolitik (*siehe* Kapitel 4) gewonnen. Hierzu wurde auch der Europäische Ausrichtungs- und Garantiefonds für die Landwirtschaft (EAGL) 2007 umgewandelt in den Europäischen Landwirtschaftsfonds für die Entwicklung des ländlichen Raumes (ELER) und den Europäischen Garantiefonds für die Landwirtschaft (EGFL). Die GAP ist allerdings weiterhin der mit Abstand größte Ausgabenblock im EU-Haushalt (2008: 46% der Ausgaben; 1976: 77%).

Europäische Atomgemeinschaft, Abkürzung **EAG,** Kurzwort **EURATOM,** zusammen mit der Europäischen Wirtschaftsgemeinschaft (EWG) durch die Römischen Verträge vom 25. 3. 1957 (am 1. 1. 1958 in Kraft getreten) gegründete supranationale Organisation zur friedlichen Nutzung der Kernenergie (Sitz: Brüssel); seit 1967 verbunden mit

EWG und Europäischer Gemeinschaft für Kohle und Stahl. Ziele sind die Entwicklung und Erforschung der Kernenergie, Schaffung eines gemeinsamen Marktes für Kernbrennstoffe und die Kontrolle der Atomindustrie zwecks Missbrauchsverhütung und Gesundheitsschutz.

Europäische Bank für Wiederaufbau und Entwicklung, Abkürzung **EBWE,** Kurzbezeichnung **Osteuropabank,** am 15. 4. 1991 gegründetes internationales Finanzinstitut zur Unterstützung der Staaten Mittel- und Osteuropas beim Übergang von der Zentralverwaltungswirtschaft zur Marktwirtschaft (Sitz: London). Die Bank hat die Aufgabe, Kredite zur Entwicklung der Privatwirtschaft und des öffentlichen Sektors (besonders der Infrastruktur) zu vergeben, eine Beraterrolle beim Übergang zur Marktwirtschaft zu spielen sowie Umweltprojekte zu unterstützen, darf aber im Unterschied zum Internationalen Währungsfonds den Regierungen keine Auflagen erteilen.

Europäische Freihandelszone, Abkürzung **EFTA,** englisch **European Free Trade Association,** am 4. 1. 1960 als Reaktion auf die Bildung der Europäischen Wirtschaftsgemeinschaft gegründete und am 3. 5. 1960 in Kraft getretene Freihandelszone (Sitz: Genf). Gründungsmitglieder waren Dänemark, Großbritannien, Norwegen, Österreich, Portugal, Schweden und die Schweiz. Im Laufe ihres Bestehens hat sich die Zusammensetzung der EFTA stark verändert: 1973 traten Großbritannien und Dänemark, 1986 Portugal den Europäischen Gemeinschaften (EG) sowie 1995 Finnland (Vollmitglied seit 1985), Österreich und Schweden der Europäischen Union bei und schieden damit aus der EFTA aus. Die Freihandelszone besteht nunmehr aus Island (Mitglied seit 1970), Liechtenstein (seit 1991), Norwegen und der Schweiz. Zur Beseitigung von Handelshemmnissen schlossen EG und EFTA im Jahr 1992 das Abkommen über die Schaffung des Europäischen Wirtschaftsraums *(siehe dort)* ab, dem bis auf die Schweiz auch alle Staaten der ›Rest-EFTA‹ angehören. Im Juli 2009 beantragte Island die EU-Mitgliedschaft.

Europäische Gemeinschaften, gemeinsame Bezeichnung für die Europäische Gemeinschaft **(EG),** die bis zur Vertragsänderung vom 1. 11. 1993 (Maastrichter Vertrag) Europäische Wirtschaftsgemeinschaft *(siehe dort)* hieß, die Europäische Ge-

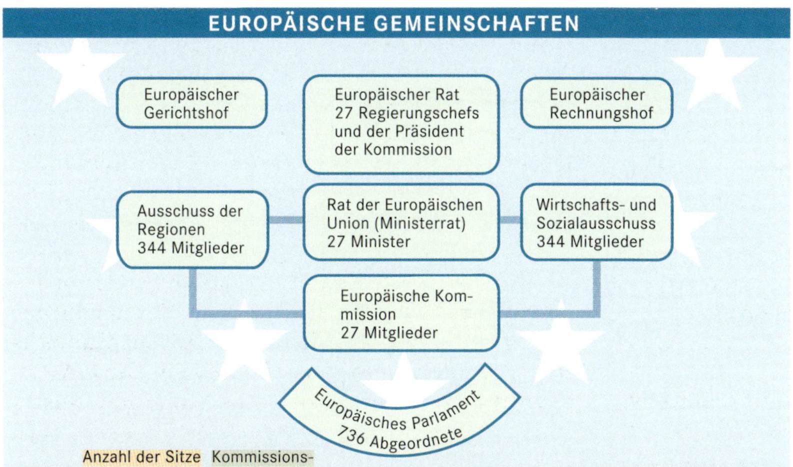

	Anzahl der Sitze im Parlament	Kommissionsmitglieder						
Belgien	22	1	Irland	12	1	Portugal	22	1
Bulgarien	17	1	Italien	72	1	Rumänien	33	1
Dänemark	13	1	Lettland	8	1	Schweden	18	1
Deutschland	99	1	Litauen	12	1	Slowakei	13	1
Estland	6	1	Luxemburg	6	1	Slowenien	7	1
Finnland	13	1	Malta	5	1	Spanien	50	1
Frankreich	72	1	Niederlande	25	1	Tschechien	22	1
Griechenland	22	1	Österreich	17	1	Ungarn	22	1
Großbritannien	72	1	Polen	50	1	Zypern	6	1

Europäische Gemeinschaften.
Die Organe der Europäischen Gemeinschaften

meinschaft für Kohle und Stahl *(siehe dort)* und die Europäische Atomgemeinschaft *(siehe dort)*. Die für alle drei Gemeinschaften oftmals anzutreffende Bezeichnung ›Europäische Gemeinschaft‹ stammt aus dem politischen Bereich; durch ihre Einbürgerung und Verwendung sollte die politische Einheit der in den EG zusammengeschlossenen Staaten betont werden. Während formalrechtlich die drei EG selbstständig nebeneinander, mit eigener Rechtspersönlichkeit und eigenen Zuständigkeiten bestehen, sind sie durch gemeinsame Organe, gemeinsame vertragliche Bestimmungen und die durch die Rechtsprechung des Europäischen Gerichtshofes anerkannten allgemeinen Rechtsgrundsätze miteinander verbunden. Dies kommt besonders im Fusionsvertrag vom 8. 4. 1965 zum Ausdruck, der am 1. 7. 1967 in Kraft trat, jedoch auf die Fusion von Ministerrat und Europäischer Kommission beschränkt blieb. Die darin vorgesehene weitergehende rechtliche Einheit der EG durch eine Verschmelzung auch der Verträge, die die Grundlage der einzelnen EG bilden, ist bislang nicht zustande gekommen. Seit Inkrafttreten des Vertrages über die EU (Maastrichter Vertrag) bilden die EG eine der drei Säulen der Europäischen Union *(siehe dort)*.

JOSÉ MANUEL DURÃO BARROSO

Der 1956 geborene Portugiese studierte Jura und politische Wissenschaften u. a. in Lissabon, Genf und New York. Nach dem Studium lehrte er als Dozent an Hochschulen in Washington und Genf. Während seines Studiums in Portugal 1974 gehörte er kurzzeitig zu einer maoistischen Splittergruppe in Portugal, brach aber mit dem Linksradikalismus und schloss sich nach seiner Rückkehr aus dem Ausland dem sozial-konservativen Partido Social Democrata an. 1985 trat er als Staatssekretär in die Regierung ein und war 1987–92 Außenminister. In dieser Funktion konnte er ein Friedensabkommen im angolanischen Bügerkrieg erzielen. 1999 übernahm er den Parteivorsitz des PSD und wurde nach einem knappen Wahlsieg 2002 portugiesischer Ministerpräsident. Ende Juni 2004 nominierte ihn der Europäische Rat einstimmig zum EU-Kommissionspräsidenten, im Juli 2009 erneut einstimmig für eine zweite Amtszeit.

Europäische Gemeinschaft für Kohle und Stahl, Abkürzung **EGKS,** Kurzbezeichnung **Montanunion,** supranationale Organisation, die auf eine partielle wirtschaftliche Zusammenarbeit zielt und den Anfang der europäischen Integration nach 1945 bildete. Die Montanunion wurde durch den ›Pariser Vertrag‹ vom 18. 4. 1951 zwischen Belgien, der Bundesrepublik Deutschland, Frankreich, Italien, Luxemburg und den Niederlanden gegründet. Ziele sind Produktivitätssteigerung im Kohle- und Stahlsektor, Einrichtung eines gemeinsamen Marktes für Kohle, Stahl und Schrott, Steigerung der Beschäftigung und Anhebung der Lebenshaltung.
Der Vertrag (seit 23. 7. 1952 in Kraft) geht auf die Initiative des damaligen französischen Außenministers ROBERT SCHUMAN (* 1886, † 1963) zurück **(Schumanplan).** Im Unterschied zu den zeitlich unbefristeten Verträgen von Europäischer Wirtschaftsgemeinschaft und Europäischer Atomgemeinschaft ist der Vertrag auf 50 Jahre begrenzt. Die EGKS behält auch im Rahmen der EU ihren Status als eigenständige Organisation bei. Nach Ablauf des EGKS-Vertrages im Jahre 2002 wird das auf seiner Grundlage erlassene Recht in die Europäische Gemeinschaft überführt.

Europäische Investitionsbank, Abkürzung **EIB,** am 1. 1. 1958 gegründete Bank und eigenständige Institution der Europäischen Gemeinschaft mit Sitz in Luxemburg. Sie gewährt Darlehen und Bürgschaften für die Finanzierung von Investitionsvorhaben, die zu einer ausgewogenen Entwicklung der Gemeinschaft beitragen (z. B. Regionalentwicklung, Kohäsion, Transeuropäische Netze, Innovationen und Klimaschutz) oder der Entwicklungszusammenarbeit dienen (z. B. AKP-Staaten).

Europäische Kommission, das Kollegium der 27 Kommissare (einschließlich ihres Präsidenten) und der ihnen unterstellte Verwaltungsapparat mit Hauptsitz in Brüssel. Die **Kommission der Europäischen Gemeinschaft,** so die juristische Bezeichnung, ist eines der wichtigsten Organe der EG. Jedes Mitgliedsland entsendet einen Kommissar. Die Amtszeit beträgt fünf Jahre. Während der Amtszeit dürfen sie keine Anweisungen einer Regierung oder einer anderen Stelle weder anfordern noch entgegennehmen. Sie sind also unabhängig und unterliegen keinen Weisungen ihrer Regierungen. Die Verwaltung ist in 27 Generaldirektionen gegliedert, etwa

vergleichbar den Ministerien eines Staates. Zurzeit sind rund 20 000 Bedienstete bei der Kommission beschäftigt.
In den Gründungsverträgen der EU ist vereinbart, dass allein die Kommission Entwürfe für europaweit geltende Gesetze (Verordnungen, Richtlinien, Entscheidungen) formulieren und vorlegen darf, da nur sie frei von nationalen Interessen dem europäischen Interesse verpflichtet ist. Die Kommission macht Vorschläge für Gesetze, die vom Europäischen Rat *(siehe dort)* und dem Europäischen Parlament *(siehe dort)* verabschiedet werden können. Sie stellt als ausführendes Organ den Vorentwurf des Haushalts der Europäischen Union auf, wirkt mit bei den weiteren Beratungen bis zur Verabschiedung und verwaltet die Strukturfonds *(siehe dort)*. Die Europäische Kommission hat darüber zu wachen, dass die Verträge und das EU-Recht eingehalten werden; sie wird deshalb ›Hüterin der Verträge‹ genannt. Verstößt ein Mitgliedstaat gegen Gemeinschaftsrecht, muss die Kommission einschreiten und notfalls vor dem Europäischen Gerichtshof gegen den Mitgliedstaat Klage erheben. Die Kommission ist zwar keine den Regierungen der EU-Staaten vergleichbare ›europäische Regierung‹, vertritt die EU aber nach außen, indem sie z. B. Handelsabkommen mit Ländern und Ländergruppen aushandeln kann und durch ihren Präsidenten auch bei wichtigen Organisationen wie den G-8-Staaten *(siehe dort)* vertreten ist.

Europäischer Binnenmarkt, zum 1. 1. 1993 in Kraft getretene Vereinbarung auf dem Weg zur wirtschaftlichen Integration innerhalb der Europäischen Gemeinschaften (EG) mit dem Ziel der Schaffung einer Europäischen Wirtschafts- und Währungsunion *(siehe dort)*. Diese Vereinbarung geht zurück auf die Einheitliche Europäische Akte *(siehe dort)* von 1987. Der Europäische Binnenmarkt umfasst die 15 Mitgliedstaaten der EU sowie die Staaten Island, Norwegen und Liechtenstein, die mit der EU den Europäischen Wirtschaftsraum bilden.
In einem Binnenmarkt müssen die sogenannten ›vier Freiheiten‹ verwirklicht sein, die schon im EWG-Vertrag von 1957 genannt sind: Freiheit des Personen-, des Waren-, des Dienstleistungs- sowie des Kapitalverkehrs. Im Rahmen der **Personenverkehrsfreiheit** genießen alle EU-Bürger das Recht, sich in jedem Land der EU aufzuhalten, einen Beruf auszuüben und dort zu verbleiben. Arbeitnehmer haben seit 1957 das Recht, in jedem Mitgliedsland zu leben und zu arbeiten. Mit der Errichtung des Europäischen Binnenmarktes dürfen Selbstständige seit 1992 ebenfalls in jedem Land tätig werden (Niederlassungsfreiheit). Kein Unionsbür-

Europäischer Binnenmarkt.
Die vier Freiheiten im Binnenmarkt

ger darf aufgrund seiner Staatsangehörigkeit benachteiligt werden (Diskriminierungsverbot). Der freie Warenaustausch innerhalb der Staaten der EU wird im Rahmen der **Warenverkehrsfreiheit** gewährleistet. Ziel ist es dabei, über die Öffnung der nationalen Märkte das Produktangebot auf allen Märkten zu verbessern und zu erweitern sowie knappe Güter sogar zu verbilligen. Sowohl Zölle als auch mengenmäßige Beschränkungen wurden in der EG bis 1968 abgeschafft, tarifäre und teilweise auch nicht tarifäre Handelshemmnisse also untersagt (Zollunion). **Dienstleistungsfreiheit** bedeutet die Liberalisierung der Erbringung von Dienstleistungen; dazu zählen z. B. Versicherungsabschlüsse, Beratungstätigkeiten und andere Serviceleistungen. Die Kapitalflüsse zwischen den Mitgliedstaaten unterliegen keinerlei Restriktion im Rahmen der **Kapitalverkehrsfreiheit.** Durch die Europäische Wirtschafts- und Währungsunion *(siehe dort)* wurde der Geld-, Kapital- und Zahlungsverkehr in der EU zum 1. 7. 1990 vollständig liberalisiert sowie die Fiskal- und Geldpolitik verstärkt koordiniert.

Europäischer Entwicklungsfonds, Abkürzung **EEF,** 1959 gegründeter Fonds zur Finanzierung von Projekten in den Entwicklungsländern. Die jeweils für fünf Jahre laufenden EEF sind nicht Bestandteil des EG-Haushalts, sondern werden aus Beiträgen der Mitgliedstaaten finanziert. Der EEF stellt heute die Mittel für die in den Lomé-Abkommen *(siehe dort)* vereinbarten Zusagen an die AKP-Staaten *(siehe dort)* sowie Finanzierungshilfen für Entwicklungsprojekte (in Zusammenarbeit mit der Europäischen Investitionsbank) zur Verfügung.

Europäischer Fonds für regionale Entwicklung, Abkürzung **EFRE,** Kurzbezeichnung **Regionalfonds,** 1975 gegründeter Fonds der EG, der als Förderinstrument zum Abbau wirtschaftlicher, sozialer und regionaler Ungleichgewichte innerhalb der Mitgliedstaaten dient. Der zu den Strukturfonds *(siehe dort)* zählende EFRE ist ein wichtiges Instrument der Regionalpolitik (*siehe* Kapitel 4).

Europäischer Garantiefonds für die Landwirtschaft, Abkürzung **EGFL,** Teil des EU-Haushalts, aus dem nach der Reform der Europäischen Agrarpolitik *(siehe dort)* seit 2007 v. a. die Direktzahlungen der verbleibenden Marktordnungsmaßnahmen finanziert werden.

Europäischer Gerichtshof, Abkürzung **EuGH,** Organ der Europäischen Union, das die Einhaltung des Gemeinschaftsrechts (Auslegung und Anwendung des EG- und des EU-Vertrages) überwacht (Sitz: Luxemburg).

Europäischer Landwirtschaftsfonds für die Entwicklung des ländlichen Raumes, Abkürzung **ELER,** Teil des EU-Haushalts, aus dem nach der Reform der Europäischen Agrarpolitik *(siehe dort)* seit 2007 Programme zur Entwicklung des ländlichen Raums finanziert werden.

Europäischer Rat, Zusammenkunft der Staats- und Regierungschefs der Mitgliedstaaten der Europäischen Union (EU) sowie dem Präsidenten der Europäischen Kommission, unterstützt von den Ministern für Auswärtige Angelegenheiten und einem Mitglied der Europäischen Kommission. Der Europäische Rat tagt zwei-, meist dreimal im Jahr. Er wird in den Verträgen im Unterschied zum Ministerrat *(siehe dort)* nicht als Organ der EU bezeichnet, ist aber die oberste Instanz in der Union. Er hat sich sozusagen als ›Europäischer Gipfel‹ 1974 ›aus Gewohnheit‹ gebildet und wurde erst 1986, als man durch die Einheitliche Europäische Akte die Gründungsverträge der EU änderte, namentlich in die Vertragstexte aufgenommen.
Der Europäische Rat verhandelt die Grundsatzfragen der Weiterentwicklung der EU, bestimmt die Grundsätze und Leitlinien der Gemeinsamen Außen- und Sicherheitspolitik der EU und arbeitet eng mit der Europäischen Kommission und dem Europäischen Parlament zusammen. Der Rat kann einem EU-Mitgliedstaat bei schweren und anhaltenden Verletzungen der Grundrechte das Stimmrecht und sonstige Rechte entziehen. Der Europäische Rat ist nicht zu verwechseln mit dem Europarat.

Europäischer Rechnungshof: Durch Vertrag vom 22. 7. 1975 wurde für die Europäische Gemeinschaft ein Rechnungshof eingesetzt, der in völliger Unabhängigkeit die Rechtmäßigkeit und Ordnungsmäßigkeit der Ein- und Ausgaben der Gemeinschaft prüft, die Wirtschaftlichkeit der Haushaltsführung überwacht und jährlich einen Rechnungsprüfungsbericht veröffentlicht. Diese Institution wurde auf besonderes Drängen des Europäischen Parlaments eingerichtet und durch den Maastrichter Vertrag zu einem mit allen Rechten und Pflichten ausgestatteten Organ der Gemeinschaft.

Europäischer Sozialfonds, Abkürzung **ESF,** 1960 aufgrund des EWG-Vertrages geschaffener Fonds zur Finanzierung der Gemeinschaftsaufgaben im Rahmen der Sozialpolitik. Ursprüngliches Ziel des ESF war es, die Beschäftigungsmöglichkeiten für Arbeitnehmer innerhalb der EG zu verbessern sowie ihre Mobilität durch Berufsausbildung und Umschulung zu fördern. Seit 1993 dient der ESF im Rahmen der Strukturfonds *(siehe dort)* als Instrument der gemeinschaftlichen Arbeitsmarktpolitik.

Europäischer Wirtschaftsraum, Abkürzung **EWR,** die zwischen den Mitgliedstaaten von Europäischer Union (EU) und Europäischer Freihandelszone (EFTA) vertraglich vereinbarte Integration der beiden Zusammenschlüsse zur Schaffung eines großen europäischen Binnenmarkts. Das am 2. 5. 1992 in Porto unterzeichnete Abkommen trat erst am 1. 1. 1994 in Kraft, nachdem die Schweiz eine Teilnahme durch Referendum vom 6. 12. 1992 abgelehnt hatte. Der EWR setzt sich zusammen aus den 15 EU-Staaten und den drei EFTA-Staaten Norwegen, Island und Liechtenstein (seit 1. 5. 1995). Durch den Vertrag gelten auch für die EFTA-Staaten die ›vier Freiheiten‹ des Europäischen Binnenmarktes *(siehe dort),* darüber hinaus besteht eine enge Zusammenarbeit in den Bereichen Wissenschaft, Bildung, Umwelt, Verbraucher- und Sozialpolitik. Ausnahmen bzw. Abweichungen vom Europäischen Binnenmarkt gibt es in den Bereichen Landwirtschaft, Regionalpolitik und Außenhandelsbeziehungen.

Europäisches Parlament, Abkürzung **EP,** das parlamentarische Organ der Europäischen Gemeinschaften bzw. der Europäischen Union mit Sitz in Straßburg, Brüssel und Luxemburg. Seit 1979 wird es alle fünf Jahre direkt gewählt. Sein Vorläufer war die gemeinsame Versammlung der Europäischen Gemeinschaft für Kohle und Stahl. In mehreren Schritten erstritt sich das EP eine deutliche Ausweitung seiner Kompetenzen, zuletzt durch den Maastrichter Vertrag und den Amsterdamer Vertrag. Heute verfügt es über eine Kompetenzausstattung, die mit derjenigen der nationalen Parlamente durchaus vergleichbar ist. Das EP hat Gesetzgebungsrechte, Haushaltsrechte und Kontrollrechte, z. B. auch ein Klagerecht vor dem Europäischen Gerichtshof und ein Misstrauensvotum gegen die Europäische Kommission. Die Anzahl der Abgeordneten beläuft sich auf (2009) 736, wobei für jeden Mitgliedstaat entsprechend seiner Bevölkerungsgröße nur eine bestimmte Anzahl von Abgeordneten gewählt werden kann: 99 Abgeordnete kommen aus Deutschland, 17 aus Österreich.

Europäisches Patentamt, Abkürzung **EPA,** Behörde zur Erteilung europäischer Patente nach dem Europäischen Patentübereinkommen. Das EPA wurde am 1. 11. 1977 eröffnet und nimmt seit 1. 6. 1978 europäische Patentanmeldungen entgegen (Sitz: München). Dadurch, dass es Patente in einem einheitlichen Verfahren erteilt und schützt, die innerhalb aller Mitgliedstaaten der Europäischen Patentorganisation gültig sind, trägt es zur Vereinheitlichung des Patentschutzes in Europa bei.

Europäisches System der Zentralbanken, Abkürzung **ESZB,** das aus der Europäischen Zentralbank *(siehe dort)* und den nationalen Zentralbanken bestehende Zentralbanksystem im Rahmen der Europäischen Währungsunion *(siehe dort).* Das ESZB ähnelt durch seinen zweistufigen Aufbau dem deutschen Zentralbanksystem.

Europäisches Währungsinstitut, Abkürzung **EWI,** institutioneller Vorgänger der Europäischen Zentralbank *(siehe dort).* Das EWI nahm am 1. 1. 1994 in Frankfurt am Main seine Tätigkeit auf. Die Aufgabe des EWI bestand darin, die für eine einheitliche Geldpolitik erforderlichen Instrumente und Verfahren zu entwickeln und die Voraussetzungen für den erfolgreichen Start der Europäischen Währungsunion *(siehe dort)* zu schaffen. Auch das Europäische Währungssystem wurde durch das EWI überwacht.

Europäisches Währungssystem, Abkürzung **EWS,** am 13. 3. 1979 durch Beschluss des Europäischen Rates errichtetes System fester Wechselkurse innerhalb der EG. Dem EWS gehörten die Zentralbanken aller Mitgliedsländer der Europäischen Union an. Das EWS sollte dazu beitragen, eine größere wirtschaftliche Stabilität, besonders bezogen auf Preisniveau und Wechselkurse (vor allem gegenüber dem US-Dollar), zu schaffen (›Stabilitätsgemeinschaft‹), den Waren-, Dienstleistungs- und Kapitalverkehr zu erleichtern sowie über eine gemeinsame Währungspolitik zu einer gemeinsamen Wirtschafts- und Finanzpolitik zu gelangen (Ausbau der EG zu einer Wirtschafts- und Währungsunion). Wesentliche Elemente des EWS waren die Schaffung der Europäischen Währungseinheit *(siehe dort)* und ein Wechselkurs- und Interventionsmechanismus, um die Wechselkurse der teilnehmenden Währungen zu stabilisieren.

Mit der Einführung des Euro und der Errichtung der Europäischen Zentralbank ab dem 1. 1. 1999 wurde das Ziel der Schaffung einer Europäischen Währungsunion mit dem EWS erreicht. In dieser Währungsunion leistet das EWS II die Anbindung der Währungen der noch nicht an der Währungsunion teilnehmenden EU-Staaten an den Euro. Dies dient der Vorbereitung auf eine spätere Teilnahme an der Europäischen Währungsunion.

Europäisches Wiederaufbauprogramm, der Marshallplan *(siehe dort).*

Europäische Union, Abkürzung **EU:** Der erste Schritt zu einer wirtschaftlichen Integration in Westeuropa war die Schaffung der Europäischen Gemeinschaft für Kohle und Stahl *(siehe dort).* Die Montanunion, wie die EGKS auch genannt wird, wurde 1952 aufgrund des Schuman-Plans mit Sitz in Luxemburg gegründet. Gründungsmitglieder waren Belgien, die Bundesrepublik Deutschland, Frankreich, Italien, Luxemburg und die Niederlande. Der zweite Schritt war die Gründung der Europäischen Wirtschaftsgemeinschaft *(siehe dort)* durch die sechs Mitgliedsländer der Montanunion. Der EWG-Vertrag trat am 1. 1. 1958 in Kraft. Zusammen mit der EWG wurde die Europäische Atomgemeinschaft *(siehe dort)* gegründet.

Mit dem Beitritt 1973 von Dänemark, Großbritannien und Irland zu den Europäischen Gemeinschaften (EGKS, EWG und EURATOM) hat die EG eine wesentliche Stärkung erfahren. Im Sprachgebrauch setzte sich für die rechtlich weiterhin selbstständigen Europäischen Gemeinschaften die zusammenfassende Bezeichnung ›Europäische Gemeinschaft‹ (EG) durch. Seit dem 1. 1. 1981 gehören auch Griechenland, seit 1986 Portugal und Spanien der EG an. Auf ihrem Gipfeltreffen in Maastricht im Dezember 1991 billigten die Staats- und Regierungschefs der Europäischen Gemeinschaft den

Europäische Union. Entwicklung der europäischen Integration

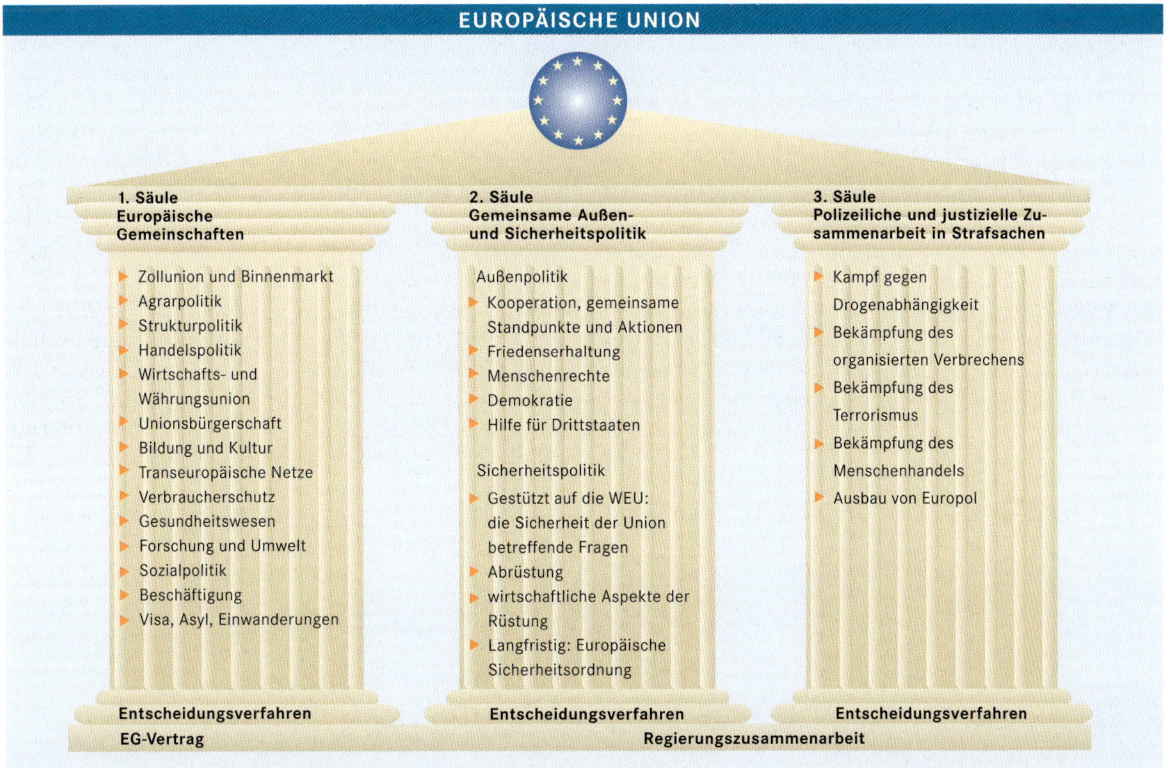

Europäische Union. Die drei Säulen der EU

Vertrag über die Europäische Union (Maastricht-Vertrag). Mit Inkrafttreten dieses Vertrages am 1. 11. 1993 wurde die EWG offiziell in Europäische Gemeinschaft umbenannt, der EWG-Vertrag in EG-Vertrag. 1995 erweiterte sich die EG um Finnland, Österreich und Schweden. Im politischen Sprachgebrauch hat sich die Bezeichnung Europäische Union (EU) durchgesetzt, auch wenn inhaltlich und rechtlich nur der Teilbereich der EG gemeint ist. Der im Juni 1997 beschlossene und 1999 in Kraft getretene Amsterdamer Vertrag und der 2001 unterzeichnete Vertrag von Nizza führen die Reform der EU fort. Mit der sogenannten Osterweiterung traten zum 1. 5. 2004 zehn weitere Staaten der EU bei: Estland, Lettland, Litauen, Polen, Tschechien, Slowakische Republik, Ungarn, Slowenien, Malta und Zypern. Zum 1. 1. 2007 erweiterte sich die EU nochmals um Bulgarien und Rumänien, sodass sie nun 27 Staaten umfasst. Mit der Türkei und mit Kroatien begannen im Oktober 2005 offiziell Beitrittsverhandlungen.

Insbesondere durch die Erweiterung auf 27 Mitglieder sind eine Reihe institutioneller Fragen aufgeworfen worden. Lösungsansätze finden sich im Vertrag von Lissabon, auf den sich die EU-Staaten nach der 2007 gescheiterten EU-Verfassung geeinigt haben. Dieser sieht u. a. eine Reform der Größe und Zusammensetzung der Europäischen Kommission, einen dauerhaften EU-Ratspräsidenten, eine Stärkung des Europäischen Parlaments, eine Grundrechtscharta sowie den Übergang von Einstimmigkeitsentscheidungen zu Entscheidungen mit qualifizierter Mehrheit im Europäischen Rat vor, ist aber derzeit (Juli 2009) noch nicht von allen EU-Staaten ratifiziert.

Die Ziele der EU, die zum Teil bereits verwirklicht sind, lassen sich wie folgt umschreiben: Die Förderung eines ausgewogenen und dauerhaften wirtschaftlichen und sozialen Fortschritts, insbesondere durch Schaffung eines Raums ohne Binnengrenzen, durch Stärkung des wirtschaftlichen und sozialen Zusammenhalts, Abstimmung der Außen- und Sicherheitspolitik und der Innenpolitik und durch Errichtung einer Wirtschafts- und Währungsunion mit einer einheitlichen Währung. Die nationalen und regionalen Identitäten sollen dabei gewahrt bleiben. Aus diesen Zielen wurde ein Drei-Säulen-Modell abgeleitet: Die erste Säule bilden die Europäischen Gemeinschaften auf Grundlage des EG-Vertrags mit den wirtschaftlichen Schwerpunkten wie Europäischer Binnenmarkt *(siehe dort)* und Europäische Wirtschafts- und Währungsunion *(siehe dort)*. Basis der beiden anderen Säulen ist die Zusammenarbeit auf Regierungsebene. Das ist als zweite Säule die Gemeinsame Außen- und Sicherheitspolitik (GASP) sowie als dritte Säule die Zusammenarbeit von Polizei und Justiz.

Organe der EU sind die Europäische Kommission *(siehe dort)*, der Europäische Rat *(siehe dort)* und der Ministerrat *(siehe dort)* sowie das Europäische Parlament *(siehe dort)*, die in der Rechtsstellung zusammenwirken, ferner der Europäische Gerichtshof *(siehe dort)* sowie der Europäische Rechnungshof *(siehe dort)*.

Der Europäische Haushalt, die Ausgaben und Einnahmen der EU, unterscheidet sich grundlegend von öffentlichen Haushalten ihrer Mitglieder. So hat die EU keine Finanzhoheit, kann ihre Einnahmen nicht unmittelbar als Steuern erheben und darf sich nicht verschulden. Die Gelder werden vielmehr von den einzelnen Mitgliedstaaten erhoben und dann der EU zur Verfügung gestellt. Die Eigenmittel setzen sich wie folgt zusammen: 1) alle Zölle und ähnlichen Abgaben wie Abschöpfungen, die an den Außengrenzen der EU bei der Einfuhr erhoben werden; 2) Umsatzsteuereinnahmen: Die Mitgliedstaaten haben einen Prozentanteil (2009: 0,3 %) der Bemessungsgrundlage für die Mehrwertsteuer an die Union abzuführen. 3) Wenn diese Einnahmen die vereinbarte Höchstgrenze der Ausgaben nicht erreichen, wird der Rest durch einen Anteil am Bruttonationaleinkommen (BNE) erhoben. Die BNE-Eigenmittel machen seit 2004 etwa zwei Drittel der Einnahmen aus. Die EU-Eigenmittel insgesamt dürfen nicht mehr als 1,24 % des BNE der Gemeinschaft betragen (für den Zeitraum 2007 bis 2013 lediglich 1,045 %). Auf der Ausgabenseite dominieren die Zahlungen im Rahmen der Europäischen Agrarpolitik *(siehe dort)* und die strukturpolitischen Maßnahmen, die Ausgaben der Strukturfonds *(siehe dort)*.

Anschrift: Europäische Kommission Vertretung in der Bundesrepublik Deutschland, Unter den Linden 78, 10117 Berlin; Telefon: 030 22802000; Internet: www.europa.eu.int.

Europäische Währungseinheit, Abkürzung **ECU,** für englisch **E**uropean **C**urrency **U**nit, als Europäische Rechnungs- und Währungseinheit eine künstliche Korbwährung, die sich aus einstimmig festgelegten Anteilen der Währungen der Mitglieder des Europäischen Währungssystems (EWS) am Währungskorb *(siehe dort)* errechnete. Die ECU war zentraler Bestandteil des EWS. Für jede Währung wurde ein Austauschverhältnis zur ECU festgelegt. Daraus ließen sich Leitkurse der EWS-Währungen untereinander bestimmen. Die Wechselkurse der einzelnen Währungen durften nur innerhalb bestimmter Bandbreiten um diese Leitkurse schwanken. Ansonsten mussten die Zentralbanken eingreifen, um diese festen Wechselkurse zu stabilisieren. Die ECU wurde mit der Einführung des Euro *(siehe dort)* abgeschafft.

Europäische Währungsunion, Abkürzung **EWU:** Anfang Mai 1998 fiel die Entscheidung über die Teilnehmerländer der Währungsunion. Am 1. 6. 1998 nahm die Europäische Zentralbank (EZB) ihre Arbeit auf. Die nationalen Zentralbanken wurden zu Gliedern des von der EZB geleiteten Europäischen Systems der Zentralbanken (ESZB). Soweit sie es noch nicht waren, mussten sie bis dahin durch entsprechende Änderungen der Gesetze und Satzungen unabhängig sein von Weisungen ihrer Regierungen. Am 31. 12. 1998 wurden die Umrechnungskurse zwischen den nationalen Währungen der Teilnehmerländer und dem Euro *(siehe dort)* unwiderruflich festgelegt. Mit Beginn der Währungsunion am 1. 1. 1999 wurde die Europäische Zentralbank zuständig für die gemeinsame Geldpolitik. Am 1. 1. 2002 wurden Euro-Banknoten und Euro-Münzen eingeführt. Der Euro wurde gesetzliches Zahlungsmittel neben den nationalen Währungen. Seit dem 1. 3. 2002 ist der Euro alleiniges gesetzliches Zahlungsmittel. Die nationalen Währungen verloren ihre Gültigkeit und wurden eingezogen, können aber unbegrenzt lang umgetauscht werden. Die EWU ist Bestandteil und markiert gleichzeitig die Endstufe der Europäischen Wirtschafts- und Währungsunion.

Europäische Wirtschaftsgemeinschaft, Abkürzung **EWG,** die durch die Römischen Verträge, unterzeichnet am 25. 3. 1957 zwischen Belgien, der Bundesrepublik Deutschland, Frankreich, Italien, Luxemburg und den Niederlanden, begründete überstaatliche Gemeinschaft zum Zweck der wirtschaftlichen Integration in Westeuropa (Schaffung einer Zollunion, eines gemeinsamen Marktes und einer Wirtschafts- und Währungsunion). Durch den am 1. 11. 1993 in Kraft getretenen Vertrag zur Gründung der Europäischen Union ist die EWG in Europäische Gemeinschaft (EG) umbenannt worden, weil die Ziele nunmehr über die rein wirtschaftliche Integration hinausgehen. Der zeitlich unbefristete EWG-Vertrag trat am 1. 1. 1958 in Kraft und wurde zum 1. 11. 1993 nach Erweiterung in wesentlichen Punkten in EG-Vertrag umbenannt. Seit dem 1. 7. 1967 ist die EWG/EG neben der Europäischen Gemeinschaft für Kohle und Stahl und der Europäischen Atomgemeinschaft durch den Fusionsvertrag organisatorisch integrierter Bestandteil der Europäischen Gemeinschaften *(siehe dort)*. Sie ist zugleich die wichtigste Teilorganisation, da sie sich nicht auf bestimmte Wirtschaftsbereiche beschränkt.

Europäische Wirtschafts- und Währungsunion, Abkürzung **EWWU,** der auf der Grundlage des Vertrags von Maastricht in drei Stufen angestrebte wirtschaftliche Zusammenschluss der Länder der Europäischen Union (EU). Ziele waren unter anderem die Schaffung der Europäischen Zentralbank *(siehe dort),* die Einführung des Euro *(siehe dort)* als gemeinsame Währung und der Europäische Binnenmarkt *(siehe dort),* ergänzt durch eine vollständige Liberalisierung des Kapitalverkehrs.

Die erste Stufe hatte bereits am 1. 7. 1990 begonnen, zugleich mit dem Start für einen freien Kapitalmarkt in Europa, und endete 1993. In dieser ersten Stufe haben die Staaten begonnen, ihre Wirtschafts- und Währungspolitik stärker aufeinander abzustimmen, eine allmähliche Annäherung volkswirtschaftlicher Größen zu erreichen, beispielsweise überdurchschnittlich hohe Inflationsraten abzubauen.

Die zweite Stufe der EWWU begann am 1. 1. 1994 und endete am 31. 12. 1998. In dieser Zeit mussten sich alle Staaten der EU bemühen, die strengen Aufnahmebedingungen für die Europäische Währungsunion zu erfüllen. Es wurden fünf Bedingungen **(Konvergenzkriterien)** festgelegt. 1) Preisstabilität: Der Anstieg der Verbraucherpreise durfte 1997 nicht mehr als 1,5 Prozentpunkte über dem der drei preisstabilsten EU-Länder liegen. 2) Haushaltsdefizit: Das Haushaltsdefizit des Staates darf dauerhaft höchstens 3% bezogen auf das Bruttoinlandsprodukt (BIP) betragen. 3) Schuldenstand: Die öffentlichen Schulden dürfen 60% bezogen auf das BIP nicht überschreiten. 4) Zinsen: Die langfristigen Zinssätze durften 1997 nicht höher liegen als zwei Prozentpunkte über dem Durchschnitt in den drei preisstabilsten Ländern. 5) Währungsstabilität: Die Währung muss in den letzten Jahren vor Eintritt in die Währungsunion im Rahmen des Europäischen Währungssystems gegenüber den anderen EU-Währungen stabil geblieben sein. Mit Beginn der zweiten Stufe der EWWU wurde das Europäische Währungsinstitut *(siehe dort)* gegründet, das den Aufbau der Europäischen Zentralbank (EZB) organisatorisch vorbereitet hat. Es wurde aufgelöst, als die EZB gegründet wurde und am 1. 6. 1998 in Frankfurt am Main ihre Arbeit aufnahm.

Die dritte Stufe der EWWU, die eigentliche Währungsunion, begann am 1. 1. 1999. Entscheidend für die Teilnahme war die Erfüllung der Konvergenzkriterien. Auf der Grundlage der statistischen Daten in den Konvergenzberichten von Europäischer Kommission und Europäischem Währungsinstitut gab der Europäische Rat am 1. 5. 1998 die zunächst elf Staaten bekannt, die an der Währungsunion ab 1999 teilnahmen: Deutschland, Frankreich, Belgien, die Niederlande, Luxemburg, Österreich, Irland, Finnland, Spanien, Portugal und Italien. Obwohl Großbritannien, Dänemark und Schweden die Kriterien erfüllen, blieben sie bis jetzt der EWWU fern. Zum 1. 1. 2001 kam Griechenland als zwölftes Mitglied hinzu, Slowenien wurde zum 1. 1. 2007, Malta und Zypern zum 1. 1. 2008 sowie die Slowakische Republik zum 1. 1. 2009 ebenfalls Mitglied, sodass inzwischen 16 von 27 EU-Mitgliedern der EWWU angehören.

Europäische Zentralbank, Abkürzung **EZB,** die Zentralbank der an der Europäischen Währungsunion teilnehmenden Staaten. Die EZB bildet zusammen mit den nationalen Zentralbanken das Europäische System der Zentralbanken (ESZB) und nahm am 1. 6. 1998 ihre Arbeit auf (Sitz: Frankfurt am Main). Sie ging aus dem Europäischen Währungsinstitut *(siehe dort)* hervor, das bis dahin die Vorarbeiten für die einheitliche europäische Geldpolitik koordinierte.

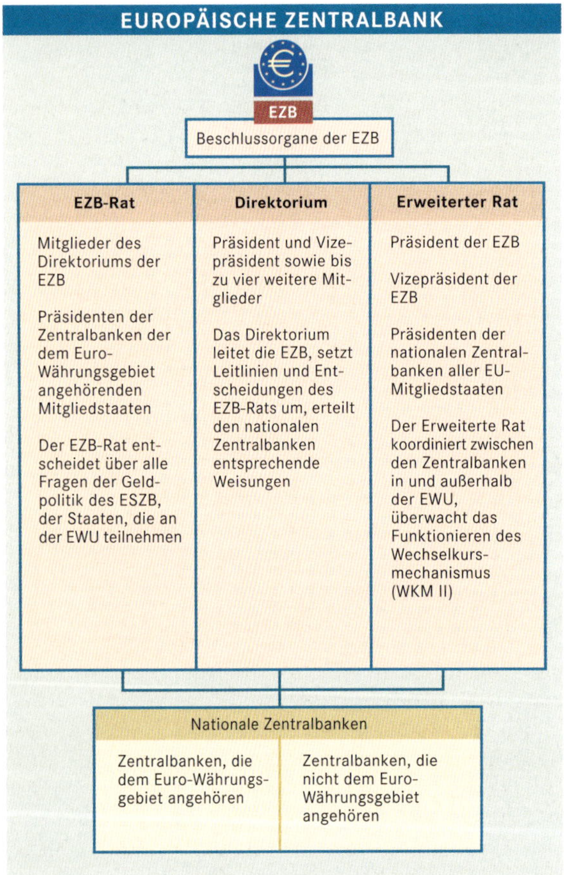

Europäische Zentralbank. Die Organisation der EZB

Das vorrangige Ziel des ESZB ist nach dem Maastrichter Vertrag, die Preisstabilität zu gewährleisten. Soweit dies ohne Beeinträchtigung des Ziels der Preisstabilität möglich ist, unterstützt die EZB die allgemeine Wirtschaftspolitik in der Gemeinschaft. Die Verantwortung für die Geldpolitik (*siehe* Kapitel 4) liegt nunmehr bei der EZB und nicht mehr bei den nationalen Zentralbanken. Die EZB ist von den Organen der EU und den nationalen Regierungen unabhängig und hat das alleinige Recht, Banknoten auszugeben.
Zentrales Entscheidungsorgan des Europäischen Zentralbanksystems ist der EZB-Rat. Er tagt alle vierzehn Tage. Das Direktorium besteht aus dem Präsidenten und Vizepräsidenten der EZB sowie weiteren vier Direktoriumsmitgliedern, führt die laufenden Geschäfte und bereitet die Sitzungen des EZB-Rats vor. Der EZB-Rat setzt sich zusammen aus den sechs Direktoriumsmitgliedern und den Zentralbankpräsidenten der EU-Staaten, die an der Europäischen Währungsunion (EWU) teilnehmen. Zum erweiterten Rat der EZB gehören auch die Zentralbankpräsidenten der zunächst nicht an der EWU teilnehmenden EU-Mitglieder. Anschrift: Postfach 160319, 60066 Frankfurt am Main; Telefon: 069 13446000; Internet: www.ecb.int.

Europarat, internationale Vereinigung europäischer Staaten mit dem Ziel, den wirtschaftlichen und sozialen Fortschritt der Mitgliedsländer zu fördern. Der Europarat wurde am 5. 5. 1949 von zehn europäischen Staaten gegründet (Sitz: Straßburg). Dem Europarat gehören derzeit 46 Mitgliedsländer an. Der Europarat ist die erste politische Organisation nach dem Zweiten Weltkrieg mit dem Ziel, Einheit und Zusammenarbeit in Europa zu fördern. Wichtigstes Abkommen ist die 1950 abgeschlossene Europäische Konvention zum Schutze der Menschenrechte und Grundfreiheiten. Der Europarat ist nicht zu verwechseln mit dem Europäischen Rat *(siehe dort)*.

Eurostat, Kurzwort für das Statistische Amt der Europäischen Gemeinschaften (*siehe* Kapitel 1).

JEAN-CLAUDE TRICHET

Der Franzose Jean-Claude Trichet wurde 1942 geboren. Im November 2003 trat er als Nachfolger WIM DUISENBERGS (* 1935, † 2005) sein Amt als Präsident der Europäischen Zentralbank an. Trichet studierte zunächst Bergbau, dann in Paris am Institut für Politische Studien und 1969–71 an der Elitehochschule ENA. Anschließend trat er in die Finanzverwaltung ein. 1987 wurde er Leiter des Schatzamtes im Finanzministerium und 1993 Gouverneur der französischen Notenbank Banque de France. In dieser Funktion war Trichet zugleich Vizegouverneur des Internationalen Währungsfonds und der Weltbank und ab 1998 – nach Errichtung der Europäischen Zentralbank (EZB) – stellvertretender Präsident der EZB. Bereits bei seiner Berufung in dieses Amt hatten sich die Staats- und Regierungschefs der EU-Staaten auf Trichet als Nachfolger DUISENBERGS festgelegt.

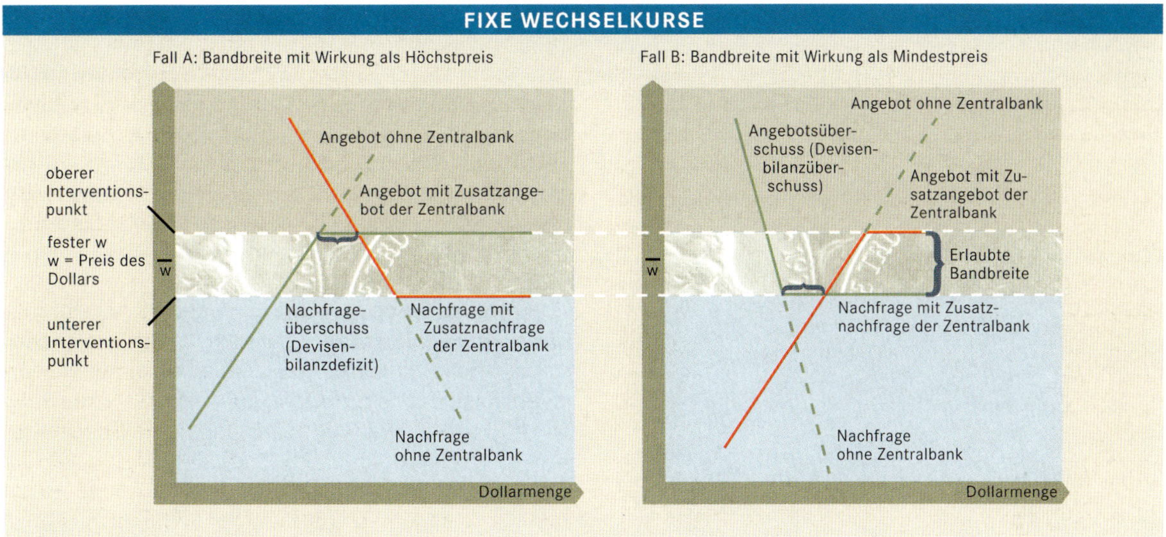

feste Wechselkurse. Die Funktionsweise des Systems fester Wechselkurse mit Bandbreiten

Eurozone, Bezeichnung für das Währungsgebiet der Mitgliedstaaten der Europäischen Währungsunion, in dem der Euro als einheitliche Währung gilt. Die Europäische Zentralbank bezeichnet dieses Gebiet auch als **Eurosystem,** in den Medien wird auch von **Euroland** gesprochen.

EWG, Abkürzung für **E**uropäische **W**irtschafts**g**emeinschaft *(siehe dort).*

EWR, Abkürzung für **E**uropäischer **W**irtschafts**r**aum *(siehe dort).*

EWU, Abkürzung für **E**uropäische **W**ährungs**u**nion *(siehe dort).*

EWWU, Abkürzung für **E**uropäische **W**irtschafts- und **W**ährungs**u**nion *(siehe dort).*

EZB, Abkürzung für **E**uropäische **Z**entral**b**ank *(siehe dort).*

feste Wechselkurse, fixe Wechselkurse, aufgrund internationaler Vereinbarungen oder Verträge (z. B. Internationaler Währungsfonds) festgelegte Wechselkurse verschiedener Währungen.
Kursschwankungen sind nur sehr begrenzt innerhalb bestimmter Bandbreiten möglich oder sogar ausgeschlossen. Feste Wechselkurse lagen der Weltwährungsordnung *(siehe dort)* von Bretton Woods zugrunde.

Wechselkurse bilden sich durch Angebot und Nachfrage, die von Tag zu Tag unterschiedlich sein können. Ein fester Wechselkurs lässt sich nur aufrechterhalten, wenn eine Instanz dafür sorgt, dass sich Angebot und Nachfrage zu diesem Kurs ausgleichen. Dies sind die Zentralbanken. Sie sind bei festen Wechselkursen verpflichtet, den Kurs der eigenen Währung am Devisenmarkt durch Käufe und Verkäufe von Devisen stabil zu halten (Interventionspflicht). In einem System fester Wechselkurse kann es auch erforderlich werden, durch Abwertung oder Aufwertung den Kurs einer Währung an grundlegend veränderte Situationen anzupassen.

Finanzmarktkrise, internationale Finanzkrise, die im Jahr 2007 beginnende und sich danach verstärkende weltweite Krise an den internationalen Finanzmärkten, die zu extrem hohen Kreditausfällen und Abschreibungen auf spekulative Anlagen bei Banken und Finanzinstituten führte. Ausgelöst wurde diese Krise durch die Vergabepraxis und mangelnde Besicherung von Hypotheken und die Verbriefung von Krediten am Immobilienmarkt der USA **(Hypothekenkrise).** Die Spekulation auf steigende Immobilienpreise in den USA platzte, risikoreiche Anleihepapiere verloren dramatisch an Wert. Deshalb betraf die Krise zunächst v. a. amerikanische Investmentbanken, die zum Teil zahlungsunfähig wurden. Durch die Verflechtung der internationalen Finanzmärkte weitete sich die Krise auch auf Banken in Europa und Deutschland aus, die am US-Immobilienmarkt engagiert waren und hohe Kreditausfälle zu verzeichnen hatten.

Die Finanzmarktkrise entwickelte sich zu einer Liquiditätskrise, da die Vergabe von Krediten der Banken, die über freie Liquidität verfügen, an Banken, die flüssige Mittel in Form von Krediten benötigen, trotz Senkung der Leitzinsen durch die wichtigsten Zentralbanken auf unter 1 % nahezu zum Erliegen kamen. Dieser Interbanken-Kreditverkehr funktionierte aufgrund mangelnden Vertrauens der Banken untereinander nicht mehr. Aus der Liquiditätskrise wurde eine **Bankenkrise.**

Funktioniert aber die gegenseitige Kreditvergabe der Banken nicht mehr, sind Auswirkungen auf die Realwirtschaft die Folge, da die Kreditversorgung für Industrie- und Dienstleistungsunternehmen und damit deren Liquidität nicht mehr gesichert ist. Die Folge einer solchen Kreditklemme können Liquiditätsengpässe und Insolvenzen von Unternehmen sein.

Ausgehend von den Finanzmärkten pflanzte sich die Krise auf die Gütermärkte fort. Es kam zu einem weltweiten Rückgang der Nachfrage, zu einer weltweiten Rezession mit sinkender Wirtschaftsleistung gemessen am Bruttoinlandsprodukt, sinkendem Welthandel, was Deutschland als Exportweltmeister besonders trifft, steigender Arbeitslosigkeit. Die Schwere des Konjunktureinbruchs weckte Erinnerungen an die Depression der 1930er-Jahre; man sprach auch von einer neuen Weltwirtschaftskrise *(siehe dort).*

Die Finanzmarktkrise und allgemeine **Wirtschaftskrise** zu bekämpfen, stellte die Regierungen vor neue Herausforderungen. Zum einen waren erhebliche Finanzhilfen des Staates in den wichtigsten Industrienationen erforderlich, um das Banken- und Finanzsystem zu stabilisieren, in Deutschland v. a. durch den Finanzmarktstabilisierungsfonds (*siehe* Kapitel 4). Zum andern wurden in fast allen Industriestaaten umfangreiche Konjunkturprogramme aufgelegt, in Deutschland v. a. die beiden sogenannten Konjunkturpakete (*siehe* Kapitel 4). Weiterhin wurden Voraussetzungen geschaffen, in Schieflage geratene Banken, Versicherungsunternehmen oder große Industrieunternehmen teilweise oder ganz zu verstaatlichen oder sich staatlicherseits vorübergehend an solchen Unternehmen zu beteiligen. Die staatlichen Maßnahmen führten allerdings zu einem sprunghaften Anstieg der öffentlichen Schulden (*siehe* Kapitel 5). Verstärkt wurde auch die internationale Abstimmung von Maßnahmen auf Weltwirtschafts- bzw. Weltfinanzgipfeln etwa im Rahmen der G-20-Staaten *(siehe dort).* In Diskussion ist eine bessere Kontrolle der internationalen Finanzmärkte.

flexible Wechselkurse, freie Wechselkurse, Wechselkurse, die sich durch freies Spiel von Angebot und Nachfrage am Devisenmarkt (*siehe* Kapitel 11) bilden, ohne dass Währungsbehörden durch Interventionen, also Ankauf oder Verkauf von Devisen, eingreifen würden. Änderungen der Wechsel-

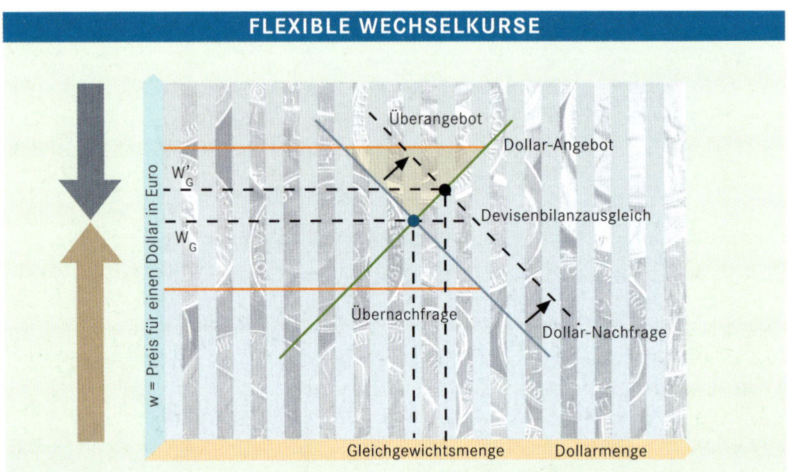

flexible Wechselkurse.
Bei flexiblen Wechselkursen bestimmen Angebot und Nachfrage am Devisenmarkt den Preis einer Währung.

kurse sind dann auf Verschiebungen des Devisenangebots (Erlöse aus Güterexporten oder Kapitalimporten) oder der Devisennachfrage (zur Finanzierung von Güterimporten oder Kapitalexporten) zurückzuführen. Zwischen wichtigen Währungen (US-Dollar, Euro, Yen, Schweizer Franken, Pfund Sterling) sind die Austauschrelationen nicht mehr fest, sondern beweglich. Die Bildung frei schwankender Wechselkurse wird auch als **Floating** bezeichnet (vom englischen Wort ›to float‹, deutsch ›fließen, treiben‹). Kommt es doch zu gelegentlichen Interventionen der Währungsbehörden an den Devisenmärkten, so liegt kontrolliertes Floating vor. Kontrolliertes Floating kann sinnvoll sein, wenn z. B. spekulative Übersteigerungen der Wechselkursbewegungen bekämpft werden sollen.

Freihandel, Grundsatz des Liberalismus, nach dem der Wohlstand aller Länder am größten ist, wenn staatliche Beschränkungen des internationalen Handels beseitigt sind (Gegenteil: Protektionismus). Der weltweite Austausch von Gütern und Dienstleistungen ist frei von Zöllen, nicht tarifären Handelshemmnissen und Devisenbewirtschaftung. Nach dem Grundgedanken des Liberalismus hemmt jeder von außen kommende Eingriff den Wirtschaftsablauf; nur ein völlig unbehinderter Handelsverkehr und ein freier Wettbewerb könne zu einer optimalen Arbeitsteilung zwischen den einzelnen Volkswirtschaften mit optimaler Produktion und größtmöglichem Wohlstand für alle beteiligten Länder führen. In der Praxis werden zwischen Staaten auch **Freihandelsabkommen** geschlossen oder weitere Formen der wirtschaftlichen Integration gebildet (z. B. Freihandelszone, Zollunion, Wirtschafts- und Währungsunion).

Freihandelszone, die Vereinigung mehrerer Staaten zu einem einheitlichen Zollgebiet. Die Freihandelszone ist eine Form der regionalen wirtschaftlichen Integration von Volkswirtschaften wie die Europäische Freihandelszone *(siehe dort),* die Nordamerikanische Freihandelszone *(siehe dort)* oder die ASEAN *(siehe dort).* Die Binnenzölle sowie mengenmäßige Beschränkungen im Güteraustausch innerhalb der Freihandelszone werden abgebaut, die Mitgliedsländer errichten jedoch im Unterschied zur Zollunion keine gemeinsamen Zollgrenzen und behalten das Recht, gegenüber den Drittländern eigene, von den anderen Mitgliedstaaten abweichende Außenzölle zu erheben.

GATT, Abkürzung für **G**eneral **A**greement on **T**ariffs and **T**rade, deutsch **Allgemeines Zoll- und Handelsabkommen,** am 30. 10. 1947 in Genf von 23 Staaten abgeschlossenes, am 1. 1. 1948 in Kraft getretenes Abkommen zur Erleichterung des gegenseitigen Handels auf der Basis der Meistbegünstigung und zur Neuordnung des Welthandels. Eigentlich war das GATT nur ein multilaterales Handelsabkommen, faktisch aber anderen internationalen Organisationen gleichgesetzt. Ziele: Abbau der Zölle und nicht tarifären Handelshemmnisse, Beseitigung diskriminierender Eingriffe in die internationale Arbeitsteilung. Durch verstärkten Warenaustausch sollen Produktion und Lebensstandard erhöht, ein hoher Beschäftigungsgrad und steigende Realeinkommen erreicht sowie die weltweiten Ressourcen besser erschlossen werden. Das GATT wurde zum 1. 1. 1996 durch die am 1. 1. 1995 gegründete Welthandelsorganisation, die WTO *(siehe dort),* abgelöst. – Grafik S. 226

gemeinsamer Markt, Form der wirtschaftlichen Integration, die über die Zollunion hinausgeht. Ziel ist die Verschmelzung der Volkswirtschaften zu einem einzigen großen Binnenmarkt. Beispiele sind der Europäische Binnenmarkt *(siehe dort)* und der Europäische Wirtschaftsraum *(siehe dort).*

Globalisierung, Bezeichnung für die zunehmende Entstehung weltweiter Märkte für Waren, Kapital und Dienstleistungen sowie die damit verbundene internationale Verflechtung der Volkswirtschaften. Der Globalisierungsprozess der Märkte wird vor allem durch neue Technologien im Kommunikations-, Informations- und Transportwesen sowie neu entwickelte Organisationsformen der betrieblichen Produktionsprozesse vorangetrieben. Weltweite Datennetze, Satellitenkommunikation, computergestützte Logistik und hoch entwickelte Verkehrsmittel lösen Arbeit und Produktion, Produkte und Dienstleistungen von den nationalen Standorten und ermöglichen es den Unternehmen, die für sie günstigsten Produktions- bzw. Lieferstandorte auszuwählen und ihre Aktivitäten weltweit zu koordinieren. In immer stärkerem Maße werden dadurch Angebot und Nachfrage aus der ganzen Welt zusammengefasst und die Preisbildung vereinheitlicht. Hauptakteure der Globalisierung sind multinationale Unternehmen *(siehe dort),* die mit ihren Investitions-, Produktions- und Produktstrategien zunehmend Charakter und Formen des internationalen

GATT				
Jahr	Ort/Name	Behandelte Gebiete	Ergebnisse	Teilnehmende Länder
1947	Genf	Zölle	Zollsenkungen von insgesamt 23,8 Prozent	23
1949	Annecy	Zölle		13
1951	Torquay	Zölle		38
1956	Genera	Zölle	Probleme schwächerer Staaten besser berücksichtigt	26
1960-1961	Genf („Dillon-Runde“)	Zölle	Zollsenkungen von insgesamt 42 Prozent	26
1964-1967	Genf („Kennedy-Runde“)	Zölle und Anti-Dumping-Maßnahmen		62
1973-1979	Genf („Tokio-Runde“)	Zölle, nicht tarifäre Maßnahmen, Handelsabkommen	Abkommen für Getreide, Milchprodukte und Rindfleisch, plurilaterale Abkommen zur zivilen Luftfahrt und zum öffentlichen Beschaffungswesen	102
1986-1993	Genf („Uruguay-Runde“)	Zölle, nicht tarifäre Maßnahmen, Regelungen, Streitschlichtung, Textilien, Landwirtschaft etc.	Gründung der WTO, Abkommen über Handel mit Dienstleistungen (GATS) und zum Schutz geistigen Eigentums (TRIPS), Welttextilabkommen (ATC), Zölle im Durchschnitt bereits auf 4,6 Prozent des Einfuhr- zollwerts gesenkt, Plan zur weiteren Reduktion auf 2,3 Prozent	123
seit 2001	Doha („ Doha-Entwicklungsrunde“)	Industriezölle, nicht tarifäre Maßnahmen, Sonderbehandlung von Entwicklungsländern, technische Hilfen für Entwicklungsländer, Landwirtschaft, (interne Stützungen und Exportsubventionen, Dienstleistungen, Sozialstandards, multilaterale Umweltabkommen, Investition und Wettbewerb	Nach einer Unterbrechung im Jahr 2003, einer Wiederaufnahme im Jahr 2004, einer Aussetzung auf unbestimmte Zeit im Jahr 2006 und zwei neuen Anläufen in den Jahren 2006 und 2008 ergebnisloser Abbruch der Gespräche Ende Juli 2008	147

GATT.
Die verschiedenen Welthandelsrunden

Handels bestimmen. Auf den Finanzmärkten schließen sich weltweit nicht nur die Börsen verschiedener Standorte aus unterschiedlichen Ländern zusammen, sondern auch der weltweite Handel mit Wertpapieren hat in den vergangenen Jahren enorm zugenommen. Anbieter und Nachfrager können Preise und Informationen über Wertpapiere z. B. auf den weltweiten Aktienmärkten miteinander vergleichen.
Seit einigen Jahren ruft die Globalisierung auch Ängste und Kritik hervor. Insbesondere Nichtregierungsorganisationen *(siehe dort)* wie Attac *(siehe dort)* weisen auf negative Folgen überwiegend wirtschaftlicher Globalisierung hin. Die Finanzmarktkrise *(siehe dort)* seit Ende 2007 machte die Schattenseiten einer unzureichend regulierten Weltwirtschaft überdeutlich und stellte die Regierungen bei der Bekämpfung der neuen Weltwirtschaftskrise vor große Herausforderungen.

Goldwährung, Währungsordnung, bei der die Währungseinheit in Mengeneinheiten von Gold definiert ist. Über den Goldgehalt der einzelnen Währungen ist zugleich ihr Austauschverhältnis untereinander (als Goldparität bezeichnet) festgelegt. Das Gold kann entweder (zu Münzen geprägt) als gesetzliches Zahlungsmittel umlaufen oder es wird bei der Zentralbank deponiert **(Goldreserven).** Die Zentralbank ist dann zum An- und Verkauf von Gold gegen ihre Banknoten verpflichtet.

Gruppe der 77, Zusammenschluss von ursprünglich 77 Entwicklungsländern mit dem Ziel, die wirtschaftlichen Belange der Entwicklungsländer in den bestehenden internationalen Organisationen (z. B. Weltbank, Internationaler Währungsfonds) zu vertreten. Die Gruppe der 77 geht auf die erste Welthandelskonferenz *(siehe dort)* in Genf (1964) zurück, in deren Vorfeld sich die damals 77 Staaten zusammengeschlossen hatten. der **G 77** gehören derzeit 134 Länder an. Die Gruppe der 77 ist keine internationale Organisation mit eigenem Verwaltungsapparat, konnte sich aber als Interessenvertretung der Entwicklungsländer etablieren. Seit 1971 gibt es für die währungs- und finanzpolitische Interessenvertretung der Entwicklungsländer die **Gruppe der 24 (G 24).**

G-10-Staaten, Zehnergruppe, Gremium innerhalb des Internationalen Währungsfonds, das inzwischen aus Vertretern der elf wichtigsten Industrienationen der Welt besteht: USA, Italien, Japan, Kanada, Großbritannien, Frankreich und Deutschland; dazu kommen noch Belgien, die Niederlande, Schweden und die Schweiz. Die G 10 dient der Abstimmung und gemeinsamen Vertretung ihrer währungspolitischen Interessen und der gegenseitigen Unterstützung bei Zahlungsbilanzproblemen. Auch Repräsentanten des Internationalen Währungsfonds, der OECD und der Bank für Internationalen Zahlungsausgleich nehmen an den Sitzungen teil. Die Zehnergruppe entwickelte sich zum einflussreichsten Beratungsgremium für Fragen der internationalen Währungsordnung und -politik.

G-20-Staaten, Forum für die Weiterentwicklung des internationalen Wirtschafts- und Finanzsystems. Es wurde 1999 auf Betreiben der USA gegründet. Neben den G-8-Staaten und der EU gehören ihm Australien und die Schwellenländer Argentinien, Brasilien, China, Indien, Indonesien, Mexiko, Saudi-Arabien, Südafrika, Süd-Korea, Türkei an. Teilnehmer der Gespräche sind auch Vertreter der Weltbank, des Internationalen Währungsfonds und der Europäischen Zentralbank.
Die G-20-Staaten gewannen 2008 als Gremium zur Koordinierung der Bekämpfung der Finanzmarkt- und Wirtschaftskrise unter der Bezeichnung **Weltfinanzgipfel** eine neue Bedeutung.

G-8-Staaten, Zusammenschluss der acht wichtigsten Industriestaaten (USA, Italien, Japan, Kanada, Großbritannien, Frankreich, Deutschland und Russland). Die Staats- und Regierungschefs der jeweiligen Länder sowie seit 1977 der Präsident der Europäischen Kommission treffen sich mehrmals (unregelmäßig) im Jahr zum Weltwirtschaftsgipfel *(siehe dort).*

Handelsbilanz: Der außerwirtschaftliche Warenverkehr (Außenhandel) wird von der Handelsbilanz erfasst. Sie ist eine Gegenüberstellung der Ausfuhr (Export) und Einfuhr (Import) von Waren in einer Volkswirtschaft. Die Handelsbilanz ist stets unausgeglichen. Eine ausgeglichene Handelsbilanz, bei der der Wert der Importe genau dem Wert der Exporte entsprechen würde, wäre ein purer Zufall. Aktiv ist die Handelsbilanz, wenn der Wert der Exporte den Wert der Importe übersteigt (Handelsbilanzüberschuss), passiv ist sie im umgekehrten Fall (Handelsbilanzdefizit). Gegliedert ist die Handelsbilanz nach Warengruppen (z. B. Nahrungsmittel, Rohstoffe, Fertigwaren) oder auch nach Ländern und Ländergruppen. Die Handelsbilanz ist Teil der Leistungsbilanz *(siehe dort)* und der Zahlungsbilanz *(siehe dort).*

HANDELSHEMMNISSE

Gruppe 1	Gruppe 4	Gruppe 5
• Subventionen • Staatshandel • Regierungskäufe • Wettbewerbsbeschränkungen **Gruppe 2** • Konsularformalitäten • Zollwertbestimmungen • Antidumpingzölle • Zolltarifierung **Gruppe 3** • Industrie-, Gesundheits-, Sicherheits- und andere Normen • Verpackung, Etikettierung und Ursprungsangaben	• Mengenmäßige Beschränkungen und Importlizenzen • Embargos und andere Beschränkungen • Filmkontingente • Diskriminierung aufgrund bilateraler Verträge • Devisenkontrollen • Maßnahmen zur Regulierung inländischer Preise • Exporteinschränkungen • Diskriminierung bezüglich Lieferanten • Zollkontingente • Andere Beschränkungen	• Zusatzabgaben, Hafen- und statistische Gebühren • Grenzausgleichsteuer • Diskriminierende Filmsteuer • Vorherige Einfuhrdepots • Veränderliche Abschöpfungen • Diskriminierende Kreditbeschränkungen • Notstandsmaßnahmen Quelle: Senti.

Handelshemmnis.
Auflistung nicht tarifärer Handelshemmnisse

Handelshemmnis, jede Einschränkung des internationalen Freihandels entweder durch Zölle (tarifäre Handelshemmnisse) oder durch Sanktionen, aber auch durch unterschiedliche Rechts- und Wirtschaftsordnungen. Die Beseitigung von Zöllen und Mengenbeschränkungen (Kontingente) im Warenverkehr zwischen den Mitgliedstaaten der Europäischen Union war ein wichtiger Schritt zum Europäischen Binnenmarkt. Darüber hinaus kann der freie Warenverkehr aber auch durch indirekte (nicht tarifäre) Handelshemmnisse behindert werden. Durch Harmonisierung, Normung und Rechtsangleichung unter den EU-Mitgliedern wurden die bestehenden Handelshemmnisse bis zur Vollendung des Gemeinsamen Marktes Ende 1992 weitgehend beseitigt. – Grafik S. 227

Handelsklauseln, *siehe* Kapitel 7.

Harmonisierung, Ausdruck für die Angleichung aller rechtlichen und wirtschaftlichen Bedingungen innerhalb der Länder der Europäischen Union, besonders mit Blick auf die Vollendung der Europäischen Wirtschafts- und Währungsunion. Die Harmonisierung der EU-Steuern soll z. B. eine einheitliche Belastung der wichtigsten Wirtschaftsvorgänge erreichen. Drängend ist die **Steuerharmonisierung** wegen des Europäischen Binnenmarktes, weil unterschiedliche Steuersätze vor allem im freien Warenverkehr diskriminierend wirken können.

Hermesbürgschaften: Die Ausfuhrgewährleistungen des Bundes in Form von Bürgschaften oder Garantien sind ein bedeutender Bestandteil der deutschen Exportförderungspolitik. Für deutsche Unternehmen besteht mit den Hermesausfuhrgewährleistungen die Möglichkeit, ihre Exporte gegen wirtschaftliche und politische Risiken abzusichern.

Incoterms, Kurzwort für **In**ternational **Co**mmercial **Terms,** internationale Handelsklauseln (*siehe* Kapitel 7).

Industrieländer, Bezeichnung für Staaten, deren Wirtschaft hauptsächlich durch die Industrie getragen wird. Diese Länder verfügen über ein hohes Pro-Kopf-Einkommen, einen hohen Technologiestandard, kapitalintensive Güterproduktionen, sehr hohe Produktivität, hohes Bildungsniveau, rege außenwirtschaftliche Beziehungen sowie eine konvertible und meistens stabile Währung. In der Weltwirtschaft wurden der Gruppe der westlichen Industrieländer (Erste Welt, Mitgliedstaaten der OECD) die Gruppe der Transformationsländer (vormals Zweite Welt) und die Gruppe der Entwicklungsländer (Dritte Welt) gegenübergestellt. Inzwischen ist diese Einteilung überholt, da viele ehemalige Transformationsländer EU-Mitglied wurden und bei den Entwicklungsländern verschiedene Gruppen von den Schwellenländern bis zu den ärmsten Ländern zu unterscheiden sind.

internationale Finanzkrise, die Finanzmarktkrise *(siehe dort).*

Internationaler Währungsfonds, Abkürzung **IWF,** Sonderorganisation der UNO, am 27. 12. 1945 auf der Grundlage des Abkommens von Bretton Woods zusammen mit der Weltbank errichtet (Aufnahme der Geschäftstätigkeit: 1. 3. 1947); Sitz: Washington (USA). Dem IWF, englische Bezeichnung **International Monetary Fund,** gehören 185 Länder an.
Ziele: Förderung der internationalen Zusammenarbeit auf dem Gebiet der Währungspolitik, Unterstützung eines ausgewogenen Wirtschaftswachstums sowie eines hohen Beschäftigungsgrades, Förderung der Stabilität der Währungen durch Sicherung geordneter Währungsbeziehungen, Errichtung eines multilateralen Zahlungssystems und Beseitigung von Beschränkungen im Devisenverkehr, Kreditgewährung an Mitgliedsländer zur Erleichterung von Zahlungsbilanzanpassungen. Diese kurzfristigen Kredite werden häufig an Auflagen zur Sanierung der Wirtschaft des Empfängerlandes geknüpft. Kredite finanziert der IWF aus den Kapitaleinlagen der Mitgliedsländer. Diese Quote und die Stimmrechte richten sich nach der Finanzkraft der Länder. Daher haben die Industrieländer in den IWF-Gremien meist die Mehrheit. Wichtige Beschlüsse bedürfen einer Mehrheit von 85 %. Die Stimmrechtsanteile der USA betragen (Juli 2009) 16,77 %, Japans 6,02 %, Deutschlands 5,99 %, Frankreichs und Großbritanniens je 4,85 %. Seit der Gründung gilt die Regel, dass die USA das Vorschlagsrecht für den Präsidenten der Weltbank haben und die Westeuropäer den Generaldirektor des IWF nominieren. Eine Wahl gegen den Willen der USA ist wegen deren Sperrminorität unmöglich.
Das IWF-Abkommen, das auf der Reservewährung US-Dollar, auf Gold sowie auf festen Wechselkursen basierte, wurde zweimal wesentlich geändert: 1969 wurde mit den **Sonderziehungsrechten** eine

neue künstliche Reservewährung geschaffen, die als Zahlungsmittel zwischen den Währungsbehörden dient. Seit 1978 ist den Mitgliedstaaten die Wahl ihres Wechselkurssystems freigestellt. Im Zuge der Bekämpfung der Ende 2007 ausgebrochenen internationalen Finanz- und Wirtschaftskrise wird eine Erweiterung der IWF-Aufgaben bei der Überwachung der internationalen Finanzmärkte diskutiert.

IWF, Abkürzung für **I**nternationaler **W**ährungs**f**onds *(siehe dort)*.

Kapitalbilanz, statistische Erfassung der grenzüberschreitenden Kapitalbewegungen eines Landes innerhalb einer Periode; Teilbilanz der Zahlungsbilanz *(siehe dort)*. Zu unterscheiden sind die Kapitalbilanz im engeren Sinn, in der die Kapitalbewegungen der Geschäftsbanken und der Nichtbanken (Unternehmen, private Haushalte) erfasst werden, und die Devisenbilanz, in der sich die Kapitaltransaktionen der Zentralbanken mit dem Ausland niederschlagen.

Kapitalverkehr, die Gesamtheit aller finanziellen Transaktionen entweder als Gegenleistung für den Bezug von Waren und Dienstleistungen oder für die Änderung von Forderungen (Kapitalexport) und Verbindlichkeiten (Kapitalimport) zwischen Ländern mit verschiedenen Währungen. Diese Kapitalbewegungen werden in der Kapitalbilanz, einer Unterbilanz der Zahlungsbilanz *(siehe dort)*, erfasst. Wegen seiner Auswirkungen auf die Zahlungsbilanz und damit auf die Währungsstabilität eines Landes unterliegt der Kapitalverkehr zwischen den meisten Staaten Beschränkungen. Solche **Kapitalverkehrsbeschränkungen** sind z. B. das Verbot für ausländische Unternehmen, sich an inländischen Unternehmen zu beteiligen, oder die Regelung für Inländer, nur bis zu bestimmten Summen ausländische Währungen kaufen zu dürfen. Der EU-Rat beschloss 1988 im Zusammenhang mit der Schaffung des Europäischen Binnenmarktes *(siehe dort)* die vollständige Liberalisierung des Kapitalverkehrs in den Mitgliedstaaten der EU bis zum 1. 7. 1990.

Kohäsionsfonds, strukturpolitisches Instrument zur Förderung des wirtschaftlichen und sozialen Zusammenhalts (Kohäsion) in der Europäischen Union. Der 1993 eingerichtete Fonds zählt zu den Strukturfonds *(siehe dort)* und trägt zu Vorhaben in den Bereichen Umwelt und Verkehrsinfrastruktur finanziell bei.

komparative Kosten, das Verhältnis der Produktionskosten zweier Güter, wobei die Produktionskosten des Gutes A im Verhältnis zu den Produktionskosten des Gutes B ausgedrückt werden. Nach Adam Smith (* 1723, † 1790) ist der Außenhandelsgewinn für die Welt dann am größten, wenn sich jedes Land auf die Produktion derjenigen Güter spezialisiert, die es am preiswertesten herstellen kann (absoluter Kostenvorteil). Die von David Ricardo (* 1772, † 1823) entwickelte Theorie der komparativen Kosten besagt, dass sich jedes Land auf Produktion und Export derjenigen Güter spezialisieren sollte, die es mit dem kleinsten absoluten Kostennachteil (relativer komparativer Kostenvorteil) produzieren kann. Außenhandel lohnt sich denmnach auch, wenn ein Land bei der Produktion aller Güter dem Ausland unterlegen ist. Werden die Produktionskosten zweier Güter für zwei Länder miteinander verglichen, so kann das Land mit den für beide Güter zusammen absolut höheren Produktionskosten trotzdem ein günstigeres Kostenverhältnis haben, nämlich den komparativen Kostenvorteil, der seine Ursache in Produktivitätsunterschieden oder unterschiedlicher Ausstattung mit Produktionsfaktoren haben kann.

Kompensationsgeschäft, Außenhandelsgeschäft, bei dem Güter gegen Güter getauscht werden.

Kontingent, wert- oder mengenmäßige Beschränkung für bestimmte Handelsgeschäfte. Eine Kontingentierung im Außenhandel ist meist eine formale Handelsbeschränkung zum Schutz der heimischen Wirtschaft. Das zu den nicht tarifären Handelshemmnissen zählende Kontingent ist die nach Menge, Wert oder Herkunftsland bestimmte Ausnahme von einem generellen Aus- oder Einfuhrverbot. Exportkontingente werden nur bei strategisch wichtigen Gütern und im Rahmen von Rohstoffabkommen eingesetzt (z. B. durch Festlegung von Exportquoten). Einfuhr- oder Importkontingente herrschen vor.

Konvergenzkriterien: Die im Vertrag von Maastricht festgelegten Konvergenzkriterien sind die Eintrittsbedingungen für die Europäische Wirtschafts- und Währungsunion *(siehe dort)*. Diese Eintrittskriterien sollen zusammen mit dem 1997 vereinbarten

LEISTUNGSBILANZ					
Mrd. Euro 2008	Außenhandel	Dienstleistungen	Erwerbs- und Vermögenseinkommen	laufende Übertragungen	Leistungsbilanz
Einnahmen	1583,0	502,0	604,9	88,5	2778,4
Ausgaben	1587,2	450,8	627,0	180,8	2845,8
Saldo	-4,2	+51,2	-22,1	-92,3	-67,4

Leistungsbilanz. Die Leistungsbilanz des Euro-Währungsgebiets

Stabilitäts- und Wachstumspakt *(siehe dort)* die Stabilität der gemeinsamen europäischen Währung Euro sicherstellen.

Konvertibilität, die freie Austauschbarkeit von Währungen. Eine Währung ist dann frei konvertierbar, wenn Banken die eigene Währung im Besitz von Ausländern gegen Devisen einlösen und Inländern die Inlandswährung gegen Devisen eintauschen. Die Währungen der Industrieländer gelten als konvertierbar. Der freie Umtausch kann aber auch begrenzt sein, z. B. auf bestimmte Zwecke (z. B. Zahlungsverkehr) oder auf bestimmte Mengen (z. B. bei Auslandsreisen). Die starke Beschränkung des grenzüberschreitenden Zahlungsverkehrs wird auch als **Devisenbewirtschaftung** bezeichnet.

Leistungsbilanz, die zusammenfassende statistische Gegenüberstellung aller Bewegungen von Waren (Handelsbilanz) und Dienstleistungen (Dienstleistungsbilanz), die in das Ausland geliefert werden bzw. vom Ausland bezogen werden, sowie die Erwerbs- und Vermögenseinkommen (z. B. Arbeitsentgelte, Kapitalerträge) sowie die Übertragungen (z. B. Heimatüberweisungen ausländischer Arbeitnehmer, Entwicklungshilfezahlungen). Des Weiteren werden Transportleistungen, Patent- und Lizenzgebühren sowie Ausgaben und Einnahmen aus dem Tourismus ausgewiesen. Unterbilanzen der Leistungsbilanz sind demnach die Handelsbilanz für den Warenverkehr (Außenhandel), die Dienstleistungsbilanz, die Bilanz der Erwerbs- und Vermögenseinkommen sowie die Bilanz der laufenden Übertragungen. Die Leistungsbilanz ist eine Teilbilanz der Zahlungsbilanz *(siehe dort)*. Ein Leistungsbilanzdefizit deutet darauf hin, dass das betreffende Land mehr verbraucht als produziert, also Auslandsvermögen abbaut bzw. sich im Ausland verschuldet. Weist die Leistungsbilanz einen Überschuss aus, so bedeutet dies, dass das Land mehr produziert hat, als es selbst an eigenen und fremden Gütern nachfragt. Dieses Land wird Geldvermögen (Auslandsvermögen) bilden und mehr Deviseneinnahmen als -ausgaben erzielen.

Leitkurs, das Austauschverhältnis einer Währung in einem System fester Wechselkurse, z. B. der festgelegte Kurs (Parität) einer Währung als Teil der Europäischen Währungseinheit *(siehe dort)* im Europäischen Währungssystem.

Leitwährung, Währung, die auf internationalen Märkten (Devisen-, Geld-, Kapital- und Rohstoffmärkten) gegenüber anderen Währungen eine hervorgehobene Rolle einnimmt und an der sich andere Länder bei währungs- und geldpolitischen Maßnahmen orientieren. Im internationalen Handel werden Rechnungen häufig in der Leitwährung gestellt und Währungsreserven in dieser Währung gehalten (Reservewährung). Der US-Dollar gilt als wichtigste Leitwährung. Auf Rohstoffmärkten werden die Preise auch heute noch vielfach in US-Dollar ermittelt (z. B. bei Gold, Erdöl). Auf den internationalen Finanzmärkten ist der US-Dollar mit Abstand die wichtigste Anlagewährung. Im Europäischen Währungssystem hatte die D-Mark teilweise eine Leitwährungsfunktion. Deren Rolle in Europa hat der Euro übernommen.

Liberalisierung, die Beseitigung von vorhandenen nationalen Beschränkungen des grenzüberschreitenden Waren-, Dienstleistungs-, Zahlungs- und Kapitalverkehrs, die dem freien Wettbewerb zwischen den Staaten entgegenstehen.

Lissaboner Vertrag: Der am 13. 12. 2007 von den Staats- und Regierungschefs der EU-Staaten unterzeichnete Vertrag von Lissabon ist ein Kompromiss als Folge der 2007 in Volksabstimmungen gescheiterten Europäischen Verfassung (Vertrag über die Europäische Verfassung vom 29. 10. 2004). Der Vertrag sieht u. a. vor: das Amt eines Präsidenten des Europäischen Rats und eines EU-Außenministers, eine Verschärfung der Beitrittskriterien und auch die Möglichkeit eines EU-Austritts, die Erweiterung der Mehrheitsentscheidungen im Rat der EU und eine Verkleinerung der EU-Kommission. Derzeit (Juli 2009) ist der Vertrag noch nicht von allen EU-Staaten ratifiziert.

Lomé-Abkommen: Die Abkommen von Lomé (Hauptstadt von Togo) sind multilaterale Handels- und Entwicklungsabkommen zwischen der Europäischen Union und den AKP-Staaten *(siehe dort)* mit einer Laufzeit von jeweils fünf Jahren. Die AKP-Staaten erhalten neben Finanzhilfen auch Handelsvorteile beim Export von Waren in die EU, z. B. durch Zollerleichterungen oder Maßnahmen zur Stabilisierung der Exporterlöse durch Stabex *(siehe dort)*. Schwerpunkt der Abkommen ist die langfristige Entwicklung der beteiligten Drittländer, aber auch Vereinbarungen zum Schutz der Menschenrechte und zur Entwicklung der Demokratien. Die Lomé-Abkommen bilden die Grundlage der Zusammenarbeit zwischen EU und Entwicklungsländern. Sie wurden durch das am 23. 6. 2000 unterzeichnete **Abkommen von Cotonou** abgelöst, das, als Partnerschaftsabkommen konzipiert, die Abkommen von Lomé auf eine neue Grundlage stellt.

Maastricht-Vertrag: Mit der Gipfelkonferenz in Maastricht 1991 wurden die Vorstellungen einer Europäischen Union in einem Vertrag konkretisiert, der im Jahr 1992 abgeschlossen wurde und am 1. 11. 1993 in Kraft trat. Das Vertragswerk wurde 1996 durch den Amsterdamer Vertrag ergänzt. Neben der Wirtschafts- und Währungsunion gehörten die Gemeinsame Außen- und Sicherheitspolitik (GASP) und die Zusammenarbeit in den Bereichen Justiz und Inneres zu den wesentlichen Elementen und Inhalten des Vertrags über die Gründung der Europäischen Union (so die offizielle Bezeichnung).

Made in ..., von Großbritannien 1887 eingeführte Herkunftsbezeichnung (›hergestellt in ...‹) für Waren zum Schutz der heimischen Industrie. Das Ziel, durch die Kennzeichnung ausländische, insbesondere deutsche Erzeugnisse zu diskriminieren, wurde nicht erreicht. Später wurde diese Urspungsbezeichnung auch von anderen Staaten angewendet und 1891 in einem Abkommen über die Unterdrückung falscher oder irreführender Herkunftsangaben auf Waren (Madrider Herkunftsabkommen) international geregelt.

Nach den Einfuhrvorschriften verschiedener Länder ist die Kennzeichnung ›made in ...‹ obligatorisch. Ein Missbrauch der Herkunftsangabe gilt als unlauterer Wettbewerb. Nach dem Zweiten Weltkrieg wurde die Herkunftsbezeichnung **Made in Germany** zum Markenzeichen der exportorientierten Bundesrepublik Deutschland. In der DDR mussten seit 1970 (bis 1990) die für den Export bestimmten Waren die Bezeichnung ›Hergestellt in der DDR‹ tragen.

Marshallplan. Verteilung der Gelder des Marshallplans auf die westlichen Staaten Europas

Marshallplan, Bezeichnung für das **Europäische Wiederaufbauprogramm,** englisch **European Recovery Program,** benannt nach dem amerikanischen Politiker und General GEORGE C. MARSHALL (* 1880, † 1959), der das Vorhaben 1947 verkündete. Bis 1952 erhielten 18 westeuropäische Länder 14 Mrd. US-$ als Kredite, nicht rückzahlbare Zuschüsse, Sach- oder Lebensmittelhilfen. Der Marshallplan hatte entscheidenden Anteil am Wiederaufbau der westeuropäischen, besonders auch der westdeutschen Wirtschaft nach dem Zweiten Weltkrieg. Aus den nicht zurückzuzahlenden Mitteln wurde in Deutschland das ERP-Sondervermögen (*siehe* Kapitel 4) gebildet.

Meistbegünstigungsklausel, Vereinbarung im internationalen Handel, wonach ein Staat einem anderen alle außenhandelspolitischen Vorteile (z. B. Zollermäßigungen) einräumt, die er bereits einem dritten Staat zugestanden hat. Dieses Prinzip verhindert die Benachteiligung einzelner Länder im Welthandel, ist Grundbestandteil des GATT *(siehe dort)* und anderer Handelsabkommen.

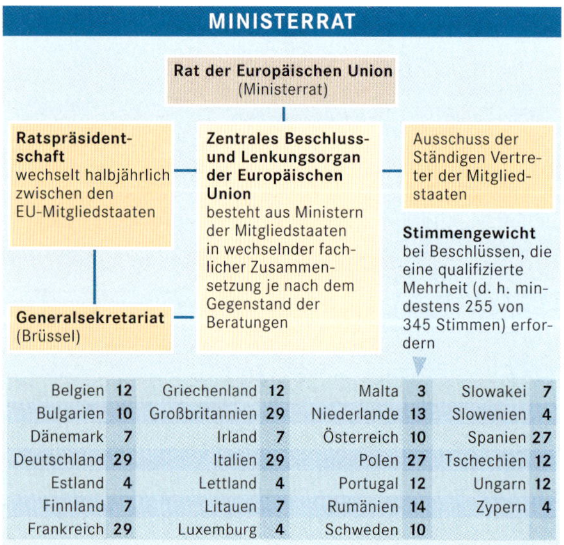

Ministerrat. Zusammensetzung und Aufgaben des Europäischen Ministerrats

Mercosur, Kurzbezeichnung für **Mer**cado **Com**ún del Cono **Sur,** deutsche Bezeichnung Gemeinsamer Markt im südlichen Lateinamerika, regionale Wirtschaftsgemeinschaft in Lateinamerika; gegründet am 26. 3. 1991, in Kraft getreten am 1. 1. 1995. Gründungsmitglieder waren Argentinien, Brasilien, Paraguay und Uruguay; Venezuela trat 2006 bei. Assoziierte Mitglieder sind Chile, Bolivien, Peru, Kolumbien und Ecuador. Wichtigste Ziele: stufenweiser Abbau von Zöllen und Handelshemmnissen (Zollunion), Handelsliberalisierung mit Drittstaaten sowie Schaffung eines gemeinsamen Außenzollsystems und Koordinierung der Wirtschaftspolitik.

Ministerrat, Rat der Europäischen Union: Der Ministerrat mit Sitz in Brüssel ist eines der fünf gemeinsamen Organe der Europäischen Gemeinschaften. Er setzt sich zusammen aus je einem Vertreter jedes Mitgliedstaats auf Ministerebene, der befugt ist, für die Regierung des Mitgliedstaats verbindlich zu handeln. Der Ministerrat **(Europäischer Ministerrat)** ist vom Europäischen Rat *(siehe dort)* zu unterscheiden.
Obwohl er ein einheitliches Organ ist, kann der Ministerrat in verschiedenen Besetzungen zusammentreten; je nach Gegenstand der jeweiligen Ratssitzung können das die Außen-, Finanz-, Wirtschafts-, Agrar- oder andere Fachminister sein. Ein besonderer Ministerrat ist der Rat der Wirtschafts- und Finanzminister (ECOFIN-Rat). Der Vorsitz (Ratspräsidentschaft) wechselt halbjährlich unter den Mitgliedstaaten. Der Ministerrat ist das Koordinierungs- und Beschlussfassungsgremium der Regierungsvertreter der EU-Staaten und arbeitet eng mit der Europäischen Kommission zusammen.

Montanunion, Kurzbezeichnung für die Europäische Gemeinschaft für Kohle und Stahl *(siehe dort)*.

multinationale Unternehmen, transnationale Unternehmen, international tätige Unternehmen, die durch Tochtergesellschaften oder Betriebsstätten sowie Niederlassungen in zahlreichen Staaten präsent sind. Ihre Absatzmärkte sind auf mehrere Länder verteilt und sie steuern ihre Aktivitäten von einer Zentrale im Heimatland aus. Die Unternehmen nutzen günstige Standortvorteile und preiswerte Bezugsquellen von Rohstoffen, liefern aber im Gegenzug dem Gastland neue Technologien und Maschinen und schaffen dort auch Arbeitsplätze.
Kritik an den multinationalen Unternehmen, umgangssprachlich auch als **Multis** bezeichnet, hat sich im Zusammenhang mit der zunehmenden Globalisierung insbesondere aufgrund ihres erheblichen ökonomischen Einflusses in den Zielländern entwickelt. Sie haben häufig auf ihrem Absatz- und Beschaffungsmarkt eine marktbeherrschende Stellung inne. Ihre Zentrale befindet sich überwiegend in westlichen Industrieländern. Der Umsatz zahlreicher Unternehmen übersteigt nicht selten den öffentlichen Haushalt in ihren Zielländern. Sie kön-

nen Gewinne international verlagern und damit Steuerzahlungen umgehen.

nachhaltige Entwicklung, *siehe* Kapitel 3.

nationale Zentralbanken, Abkürzung **NZB:** Während im Europäischen System der Zentralbanken die geldpolitischen Entscheidungen ausschließlich im Rat der Europäischen Zentralbank *(siehe dort)* getroffen werden, liegt die Durchführung der Geldpolitik (*siehe* Kapitel 4) weitestgehend bei den nationalen Zentralbanken der EU-Mitgliedstaaten, die an der Europäischen Währungsunion teilnehmen. Bei ihnen unterhalten z. B. die Kreditinstitute ihre Zentralbankkonten.

Nettozahler, Bezeichnung für ein Land, das mehr zur Finanzierung der Europäischen Union beiträgt, als es aus EU-Mitteln erhält. Deutschland ist ein großer Nettozahler der EU.

Nichtregierungsorganisationen, Abkürzung **NGO** für englisch **Non-Governmental Organizations,** nicht staatliche Organisationen, Institutionen, Vereine oder Gruppierungen, die international, national, regional oder lokal tätig sind. Sie sind heute als eigenständige Träger von Entwicklung international anerkannt und bilden ein wichtiges Element bei internationalen Konferenzen, insbesondere im Rahmen der UNO. Das Spektrum der NGO reicht von lokalen Gruppen und Initiativen bis zu weltweit tätigen Organisationen wie Ärzte ohne Grenzen, Greenpeace oder Amnesty International, von kirchlichen Hilfswerken wie Misereor und Brot für die Welt über die den politischen Parteien nahestehenden Stiftungen und die in der Solidaritätsbewegung verankerten Organisationen (z. B. Terre des hommes, Medico International, Weltfriedensdienst).

Niederlassungsfreiheit, das Recht von Bürgern der Europäischen Union auf Niederlassung in einem anderen Mitgliedstaat zur selbstständigen Ausübung gewerblicher, landwirtschaftlicher oder freiberuflicher Erwerbstätigkeiten. Obwohl eine Beschränkung der Niederlassungsfreiheit seit dem 1. 1. 1970 verboten ist, findet diese in der Praxis durch unterschiedliche Berufsregelungen und abweichende nationale Zulassungsvoraussetzungen weiterhin statt. Durch Harmonisierung und gegenseitige Anerkennung von Berufsabschlüssen und Diplomen wurde dieses Hindernis bis Ende 1992 in den meisten Bereichen aus dem Weg geräumt.

Nordamerikanische Freihandelszone, Abkürzung **NAFTA** für englisch **North American Free-Trade Area,** durch das Nordamerikanische Freihandelsabkommen (North American Free-Trade Agreement), unterzeichnet am 18. 12. 1992 (in Kraft seit 1. 1. 1994), zwischen den USA, Kanada und Mexiko geschaffene Freihandelszone, die bis 2015 verwirklicht sein soll. Das Abkommen ersetzt das Freihandelsabkommen von 1989 zwischen den USA und Kanada. Nach dem Vorbild der EU soll in Nordamerika der zweitgrößte Wirtschaftsmarkt entstehen.

NETTOZAHLER

Nettozahler	in Mio. €	in % vom BNE	Nettoempfänger	in Mio. €	in % vom BNE
Belgien	868,9	0,3	Bulgarien	335,0	1,2
Dänemark	604,9	0,3	Estland	226,3	1,5
Deutschland	7420,2	0,3	Griechenland	5436,4	2,4
Finnland	172,0	0,1	Irland	671,8	0,4
Frankreich	3001,5	0,2	Lettland	488,7	2,6
Großbritannien	4168,2	0,2	Litauen	793,1	3,0
Italien	2016,8	0,1	Malta	28,1	0,5
Luxemburg	114,9	0,4	Polen	5135,7	1,8
Niederlande	2865,5	0,5	Portugal	2474,1	1,6
Österreich	563,7	0,2	Rumänien	595,6	0,5
Schweden	995,5	0,3	Slowakei	617,7	1,2
Zypern	102,4	0,1	Slowenien	88,5	0,3
			Spanien	3649,5	0,4
			Tschechische Republik	656,4	0,6
			Ungarn	1605,7	1,7

Nettozahler.
Die Geberländer (Nettozahler) und Nehmerländer (Nettoempfänger) im Haushalt der Europäischen Union 2006

OECD. Die Mitgliedstaaten der OECD mit Beitrittsjahr

OECD, Abkürzung für **O**rganization for **E**conomic **C**o-operation and **D**evelopment, deutsch **Organisation für wirtschaftliche Zusammenarbeit und Entwicklung,** durch das Pariser Übereinkommen vom 14. 12. 1960 (in Kraft seit 30. 9. 1961) gegründete Nachfolgeorganisation der OEEC mit (2009) 30 Mitgliedsstaaten; Sitz: Paris. Ziele: Erreichung eines angemessenen Wirtschaftswachstums, eines hohen Beschäftigungsstandes und eines steigenden Lebensstandards bei Geldwert- und Preisstabilität in den Mitgliedsländern; Förderung des wirtschaftlichen Wachstums auch in Nichtmitgliedsländern, besonders in den Entwicklungsländern; Ausweitung und Liberalisierung des Welthandels.
Die OECD ist die bedeutendste Organisation der westlichen Industrieländer zur Koordinierung der Wirtschafts-, Handels- und Entwicklungspolitik. Mit der Aufnahme Mexikos gehören inzwischen auch einige Schwellenländer und Transformationsländer zum ›Club der reichen Nationen‹. Die Organisation berät bei allgemeinen wirtschaftlichen Problemen, veröffentlicht Länderberichte über die wirtschaftliche Lage der Mitglieder und koordiniert die öffentliche Entwicklungshilfe *(siehe dort).*

OEEC, Abkürzung für **O**rganization for **E**uropean **E**conomic **C**o-operation, deutsch **Organisation für europäische wirtschaftliche Zusammenarbeit,** Vorläuferin der OECD, gegründet 1948 in Paris zur Durchführung des Marshallplans *(siehe dort).*

OPEC, Abkürzung für **O**rganization of the **P**etroleum **E**xporting **C**ountries, deutsch **Organisation**

Erdöl exportierender Staaten, am 14. 9. 1960 in Bagdad von Irak, Iran, Kuwait, Saudi-Arabien und Venezuela gegründete Organisation, um eine gemeinsame Erdölpolitik zu betreiben und das Preisdiktat der multinationalen Erdölgesellschaften zu durchbrechen; Sitz: Wien (bis 1965 Genf). Weitere Mitglieder sind Algerien, Indonesien, Katar, Libyen, Nigeria und die Vereinigten Arabischen Emirate; Ecuador und Gabun schieden 1992 bzw. 1996 aus. Die Preispolitik der OPEC führte zu Beginn der 1970er- und 1980er-Jahre in den westlichen Industrienationen zu Wirtschaftskrisen und war eine der Ursachen für die Schuldenkrise der dritten Welt. Wirtschaftlich ist die OPEC ein Quotenkartell (*siehe* Kapitel 2), da Verabredungen über Erdölfördermengen getroffen werden. Die Macht der OPEC hängt dabei davon ab, wie hoch ihr Anteil am Rohölmarkt ist.

Osteuropabank, Kurzbezeichnung für die Europäische Bank für Wiederaufbau und Entwicklung *(siehe dort)*.

Parität, Währungsparität, das festgelegte Austauschverhältnis einer Währung zu einer anderen Währung oder zum Gold, das im Wechselkurs *(siehe dort)* zum Ausdruck kommt.

Pro-Kopf-Einkommen, als allgemein benutzter Wohlstandsindikator für internationale Vergleiche das Verhältnis der Wirtschaftskraft eines Landes, gemessen am Bruttoinlandsprodukt oder Bruttonationaleinkommen, geteilt durch die Bevölkerungszahl. Seit 1990 wird diese wirtschaftliche Kenngröße ergänzt um verschiedene soziale Indikatoren (*siehe* Kapitel 1), die die Lebensqualität besser beschreiben, und ein **Index für die menschliche Entwicklung** (englisch **Human Development Index,** Abkürzung **HDI**) berechnet. – Grafik S. 236

Protektionismus, staatliche Eingriffe zum Schutz inländischer Erzeuger bzw. Erzeugnisse vor ausländischer Konkurrenz. Ziel kann auch der Aufbau neuer, noch nicht wettbewerbsfähiger Industriezweige sein. Protektionistische Maßnahmen sind alle Arten von Handelshemmnissen wie Zölle oder Einfuhrkontingente und auch Devisenbewirtschaftung. Der Protektionismus steht im Gegensatz zum Freihandel.

Rat der Europäischen Union, *siehe* Europäischer Rat, *siehe* Ministerrat.

Rat der Wirtschafts- und Finanzminister, der ECOFIN-Rat *(siehe dort)*.

Regionalfonds, Kurzbezeichnung für den Europäischen Fonds für regionale Entwicklung *(siehe dort)*.

Reservewährung, meist eine Leitwährung, in der im internationalen Handel Geschäfte oder Transaktionen durchgeführt werden und in der Zentralbanken anderer Staaten vorzugsweise ihre Währungsreserven *(siehe dort)* anlegen. Reservewährungen ha-

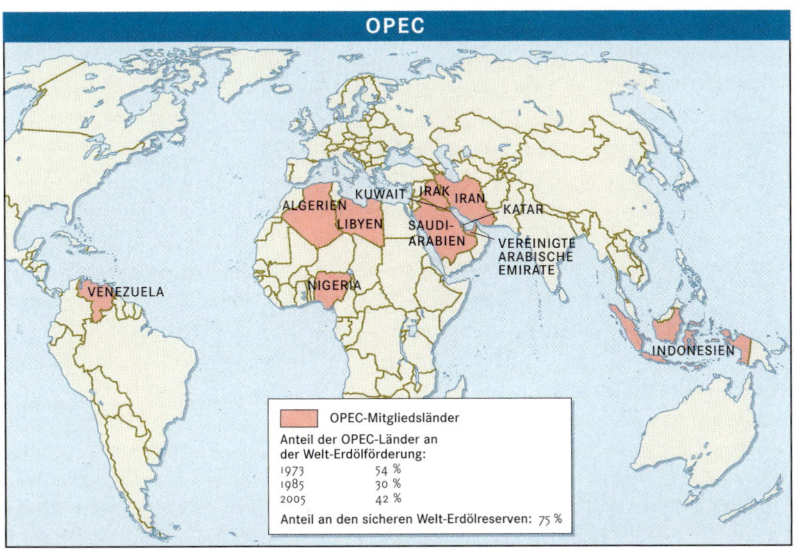

OPEC.
Die Mitgliedsländer der OPEC

PRO-KOPF-EINKOMMEN				
2006				
	Bevölkerung in Mio.	**Bevölkerungsdichte** Personen pro km²	**Bruttonationaleinkommen (BNE)** in Mrd. US-$	**BNE pro Kopf** in US-$
Niedriges Einkommen	2 403	85	1 562,3	650
Mittleres Einkommen	3 086	45	9 415,4	3 051
Mittleres Einkommen, untere Kategorie	2 276	81	4 635,2	2 037
Mittleres Einkommen, obere Kategorie	810	20	4 789,7	5 913
Niedriges und mittleres Einkommen	5 489	57	10 977,7	2 000
Afrika südlich der Sahara	770	33	648,3	842
Europa und Zentralasien	460	20	2 205,8	4 796
Lateinamerika und Karibik	556	28	2 650,3	4 767
Naher Osten und Nordafrika	311	35	771,2	2 481
Ostasien und Pazifik	1 900	120	3 539,1	1 863
Südasien	1 493	312	1 142,7	766
Hohes Einkommen	1 029	31	37 528,9	36 487
Welt gesamt	6 518	50	48 481,8	7 439

Quelle: Weltbank

Pro-Kopf-Einkommen. Einteilung der Staaten nach Einkommensniveau und Region

ben eine hohe Wertstabilität und sind voll konvertibel zu anderen Währungen. Typische Reservewährungen sind US-Dollar und Schweizer Franken.

Römische Verträge, die Gründungsverträge der Europäischen Wirtschaftsgemeinschaft *(siehe dort).*

Schengener Abkommen: Das 1985 in Schengen (Luxemburg) abgeschlossene und 1995 in Kraft getretene Abkommen zwischen 15 EU-Staaten (außer Großbritannien und Irland), Norwegen und Island sieht z. B. den schrittweisen Abbau der Kontrollen an den Binnengrenzen der Mitgliedstaaten vor. Inzwischen gehören 25 EU-Staaten sowie seit 2008 auch die Schweiz dem **Schengen-Raum** an.

Schutzzölle, Einfuhrzölle auf bestimmte Produkte. Durch diese handelspolitischen Maßnahmen, die die importierten Waren verteuern, sollen die inländischen Hersteller dieser Erzeugnisse vor der ausländischen Konkurrenz geschützt werden. Schutzzölle werden z. B. gefordert, um einen sich im Aufbau befindlichen Wirtschaftszweig vor ausländischen Wettbewerbern zu schützen.

Schwellenländer, Bezeichnung für eine Gruppe relativ fortgeschrittener Entwicklungsländer, die aufgrund ihrer hohen wirtschaftlichen Eigendynamik (hohe Wachstumsraten, besonders in der Industrie) beachtliche Industrialisierungsfortschritte erzielen konnten und in ihrem Entwicklungsstand gegenüber den Industriestaaten deutlich aufgeholt haben. Vielfach entsprechen soziale Indikatoren (z. B. Alphabetisierungsgrad und Lebenserwartung) und politische Entwicklung (demokratische Strukturen) nicht dem wirtschaftlichen Entwicklungsstand.
Als Schwellenländer gelten je nach Abgrenzung mehr als 40 Staaten, z. B. Israel, Südafrika, einige Erdöl exportierende Staaten wie Saudi-Arabien und Kuwait, lateinamerikanische Länder wie Argentinien, Brasilien, Mexiko, Chile und Venezuela sowie insbesondere einige auch als Tigerstaaten *(siehe dort)* bezeichnete asiatische Länder wie Südkorea

und Singapur. Mexiko und Südkorea gehören inzwischen auch der OECD *(siehe dort)* an.

Schwellenpreise, Marktpreise, zu denen Agrarprodukte in die Europäische Union importiert werden dürfen. Unter den Schwellenpreisen liegende Preise für Agrarprodukte werden durch Abschöpfungen *(siehe dort)* und auch Zölle so stark verteuert, dass sie den Schwellenpreis erreichen. Ziel dieser Maßnahme ist der Schutz einheimischer Landwirte vor billiger produzierenden Bauern aus Drittländern.

Selbstbeschränkungsabkommen, internationale Handelsabkommen, in dem sich die Exporteure bereit erklären, die Ausfuhr bestimmter Waren in das Bestimmungsland mengen- oder wertmäßig zu reduzieren bzw. nicht über eine bestimmte Menge oder einen bestimmten Wert (Ausfuhrkontingente) hinaus zu steigern. Formal sind es freiwillige Vereinbarungen, die allerdings meist nur unter massivem Druck des Einfuhrlandes auf das Exportland, andernfalls stärkere Abwehrmaßnahmen zu ergreifen, zustande kommen. Mit Selbstbeschränkungsabkommen sollen vor allem Importe aus Billiglohnländern begrenzt werden.

Sonderziehungsrechte: Um einen weltweiten Mangel an internationalem Geld zu verhindern, wurden den Mitgliedstaaten des Internationalen Währungsfonds (IWF) 1970 Sonderziehungsrechte (Abkürzung SZR) zugeteilt. Sie sind eine Art Kunstgeld, mit dem bewusst und gezielt Währungsreserven aufgrund internationaler Vereinbarung geschaffen wurden. Mitglieder des IWF haben bei Finanzierungsbedarf das Recht, gegen SZR andere Währungen zu kaufen. SZR können nur vom IWF und den Währungsbehörden der Teilnehmerstaaten für Transaktionen untereinander verwendet werden.

Sozialcharta: Um die soziale Dimension in dem von ökonomischen Überlegungen geprägten Europäischen Binnenmarkt *(siehe dort)* zu berücksichtigen, beschloss der Europäische Rat am 9. 12. 1989 eine Gemeinschaftscharta der sozialen Grundrechte mit sozialen Mindestanforderungen.

Sozialdumping, ein Vorwurf an jene Staaten, die sich aufgrund ihres niedrigen Lohnniveaus, geringer Sozialleistungen und der weniger umfassenden Vorschriften zum Arbeitsschutz Wettbewerbsvorteile gegenüber Ländern mit höheren Standards versprechen.

Sozialfonds, Kurzbezeichnung für den Europäischen Sozialfonds *(siehe dort).*

Stabex, Kurzwort für das System zur **Stab**ilisierung der **Ex**porterlöse von Entwicklungsländern und ein Grundpfeiler der europäischen Entwicklungspolitik. Die Europäische Union garantiert im Rahmen der Lomé-Abkommen den AKP-Staaten *(siehe dort)* Mindesteinnahmen aus dem Export von knapp 40 Agrarprodukten, die für die Entwicklungsländer die wichtigsten Exportprodukte sind. Sinken die Ausfuhrerlöse im Vergleich zum Durchschnittserlös der Vorjahre, dann gleicht die EU den Verlust entweder mit einem Überbrückungskredit oder mit einem nicht rückzahlbaren Zuschuss aus. Ein ähnliches System gibt es auch für mineralische Rohstoffe (Kurzwort Sysmin).

Stabilitäts- und Wachstumspakt: Der im Juni 1997 in Dublin ausgehandelte Stabilitäts- und Wachstumspakt soll im Sinne der Konvergenzkriterien *(siehe dort)* die Budgetdisziplin der Mitgliedstaaten sichern. Außer in Zeiten einer konjunkturellen Rezession oder bei außerordentlichen Ereignissen wie Naturkatastrophen belegt die Vereinbarung die Mitgliedstaaten, deren Defizite (*siehe* Kapitel 5) im öffentlichen Haushalt über 3 % bezogen auf das Bruttoinlandsprodukt (BIP) liegen, mit Sanktionen. Beträgt der Rückgang des BIP eines Mitgliedstaates in einem Jahr weniger als 0,75 %, dann müssen Länder mit übermäßigen Defiziten innerhalb einer bestimmten Frist Budgetkorrekturen vornehmen. Geschieht dies nicht, wird der EU-Rat in der Regel Sanktionen beschließen, zunächst in Form einer unverzinslichen Einlage. Die Sanktionen zwischen 0,2 und 0,5 % des BIP werden nach zwei Jahren in eine Geldbuße umgewandelt, wenn das betreffende Haushaltsdefizit weiter übermäßig ausfällt. So wurde 2003 auch gegen Deutschland ein Verfahren wegen übermäßigen Haushaltsdefizits eingeleitet, eine Frühwarnung (›blauer Brief‹) beschlossen und Maßnahmen empfohlen. Das Verfahren wurde 2007 endgültig eingestellt. Infolge der Finanzmarkt- und Wirtschaftskrise, deren Bekämpfung zur starken Ausweitung der Neuverschuldung führte, kann es zu neuen Defizitverfahren kommen.
Mit dem Stabilitäts- und Wachstumspakt sollen die Haushaltsdisziplin auch nach Beginn der Europäi-

schen Währungsunion gewahrt und die Bedingungen für ein nachhaltiges Wirtschaftswachstum verbessert werden.

Strukturfonds, Oberbegriff für verschiedene Programme zur Abschwächung des wirtschaftlichen und sozialen Gefälles zwischen hoch entwickelten und benachteiligten Regionen bzw. zwischen den Lebensbedingungen unterschiedlicher Bevölkerungsgruppen innerhalb der Europäischen Union. Es sind dies der Europäische Fonds für regionale Entwicklung (EFRE), der Europäische Sozialfonds (ESF) sowie der Fonds im Bereich der Fischerei (FIAF). Der Kohäsionsfonds unterstützt die strukturpolitischen Ziele der Gemeinschaft. Der Europäische Ausrichtungs- und Garantiefonds für die Landwirtschaft (EAGFL) zählte bis Ende 2006 bzw. bis zur Reform der Europäischen Agrarpolitik *(siehe dort)* auch dazu.
Die der Verwaltung der Europäischen Kommission unterstehenden Strukturfonds der EU finanzieren Strukturhilfen. Damit soll der wirtschaftliche und soziale Zusammenhalt in der EU so verstärkt werden, dass die Anforderungen des Europäischen Binnenmarktes überall in der EU bewältigt werden können. Ein wichtiges Prinzip bei der Mittelvergabe ist die Partnerschaft, d. h., die Maßnahmen der EU sind nur als Beitrag bzw. als Ergänzung zu strukturpolitischen Aktivitäten auf regionaler und nationaler Ebene gedacht.

Subsidiaritätsprinzip: Das Prinzip besagt auf europäischer Ebene, dass in den Bereichen, die nicht in ihre ausschließliche Zuständigkeit fallen, die Gemeinschaft (EU) nur tätig wird, sofern und soweit die Ziele der in Betracht gezogenen Maßnahmen auf der Ebene der Mitgliedstaaten nicht ausreichend erreicht werden können.

Subsistenzwirtschaft, Produktion von Gütern oder Anbau von landwirtschaftlichen Produkten nicht für den Export, sondern für den Eigenbedarf.

Terms of Payment, Zahlungsbedingungen im Außenhandelsgeschäft, welche Zahlungsformen und -zeiträume bestimmend sind.

Terms of Trade, das Verhältnis des Preisindex für Einfuhrgüter zum Preisindex für Ausfuhrgüter entweder für einzelne oder für alle Warengruppen. Die Terms of Trade geben das reale Austauschverhältnis der Güter im Außenhandel wieder. Steigen z. B. die Ausfuhrpreise bei konstanten oder sinkenden Einfuhrpreisen oder sinken die Einfuhrpreise bei konstanten Ausfuhrpreisen, verbessern sich die Terms of Trade, weil für die gleiche Exportmenge mehr Importgüter eingeführt werden können. Durch die Berechnung der Terms of Trade in der Außenhandelsstatistik wird versucht, die durch den Außenhandel entstehende Wohlfahrtssteigerung bzw. -minderung eines Landes zu messen.

Tigerstaaten, Bezeichnung für die wirtschaftlich aufstrebenden ost- und südostasiatischen Staaten Taiwan, Südkorea, Singapur und die Sonderverwaltungszone Hongkong, später auch für Thailand, Malaysia, Indonesien und die Philippinen. Die wegen ihrer dynamischen Wirtschaftsentwicklung als Vorbild für Entwicklungsländer gepriesenen Tigerstaaten oder ›kleinen Tiger‹ zählen auch zu den Schwellenländern *(siehe dort)*.

Transeuropäische Netze: Um in vollem Umfang die Vorteile des Europäischen Binnenmarktes auszunutzen, trägt die Gemeinschaft zum Auf- und Ausbau transeuropäischer Netze bei. Dieser Ausdruck umfasst grenzüberschreitende Infrastrukturen in den Bereichen Verkehr, Energie, Telekommunikation und Umwelt.

Transfair, Kurzbezeichnung für den 1992 gegründeten Verein zur Förderung des fairen Handels mit der ›Dritten Welt‹ (Sitz: Köln). Transfair verfolgt das Ziel, die Lebens- und Arbeitsbedingungen benachteiligter Produzenten in Entwicklungsländern zu verbessern. Die Organisation vergibt das Transfairsiegel an Lizenznehmer (z. B. an Unternehmen der Nahrungs- und Genussmittelindustrie und entwicklungspolitisch orientierte Unternehmen), die sich an mit den Produzenten erarbeitete Richtlinien für fairen Handel halten (z. B. Direkteinkauf beim Erzeuger, garantierter Mindestpreis, langfristige Lieferverträge, Umstellung auf ökologische Landwirtschaft). Lizenznehmer können ihre Produkte (vor allem Kaffee, Tee, Honig) mit dem Siegel versehen und in den Handel bringen – ergänzend zu traditionellen Vertriebswegen wie **Dritte-Welt-Läden** bzw. **Eine-Welt-Läden** oder **Weltläden.**

Transformationsländer, die ehemaligen Länder in Mittel- und Osteuropa und Asien (Volksrepublik China, Vietnam) sowie die Nachfolgestaaten der ehemaligen Sowjetunion, die sich im Übergang (Transformation) von der Zentralverwaltungswirtschaft in eine marktwirtschaftliche Wirtschaftsordnung befinden. Die Transformationsländer werden teilweise zu den Entwicklungsländern gerechnet, im Einzelfall zählen sie aber auch bereits zu den OECD-Staaten bzw. sind Mitglied der Europäischen Union (z. B. Tschechische Republik, Polen, Ungarn, Slowakische Republik).

Transithandel, im engeren Sinne der Warenhandel, der durch ein Land hindurchgeleitet wird, ohne darin gelagert, verändert oder gar be- oder verarbeitet zu werden. Diese Durchfuhr von Gütern wird auch als **Transitverkehr** bezeichnet. Im weiteren Sinne alle geschäftlichen Transaktionen, bei denen Waren aus einem Ursprungsland durch einen Transithändler in einem dritten Land an einen Käufer im Einfuhrland veräußert werden.

transnationale Unternehmen, andere Bezeichnung für multinationale Unternehmen *(siehe dort).*

Übertragungsbilanz, im weiteren Sinn die Bilanz der laufenden Übertragungen und der einmaligen Vermögensübertragungen; Teilbilanz der Zahlungsbilanz *(siehe dort).* In der Übertragungsbilanz werden private oder öffentliche unentgeltliche Leistungen, d. h. finanzielle oder reale Leistungen ohne Gegenleistungen (Transfers), an das bzw. vom Ausland gebucht. Während in der **Bilanz der laufenden Übertragungen** die Transfers erfasst werden, die vom Leistungsempfänger als laufende Einkommen betrachtet werden (z. B. Heimatüberweisungen ausländischer Arbeitnehmer, Entwicklungshilfe), gelten als **Bilanz der Vermögensübertragungen** jene Transfers, die als einmalig und somit vermögensverändernd anzusehen sind (z. B. Schuldenerlasse, Erbschaften).

UNCTAD, Abkürzung für **U**nited **N**ations **C**onference on **T**rade and **D**evelopment, die Welthandelskonferenz *(siehe dort).*

UNIDO, Abkürzung für **U**nited **N**ations **I**ndustrial **D**evelopment **O**rganization, deutsch Organisation der Vereinten Nationen für industrielle Entwicklung. Die UN-Sonderorganisation wurde am 17. 11. 1966 gegründet (Sitz: Wien). Sie verfolgt das Ziel, die industrielle und technologische Entwicklung und die Wettbewerbsfähigkeit der Entwicklungsländer sowie der Reformstaaten Mittel- und Osteuropas durch Förderung der technischen und industriellen Zusammenarbeit mit den Industrieländern sowie der Ausbildung von Fachkräften voranzutreiben.

UNO, Abkürzung für **U**nited **N**ations **O**rganization, deutsch Organisation der Vereinten Nationen, internationale überstaatliche Organisation mit ständigem Sitz in New York zur Wahrung des Weltfriedens sowie zur Förderung der internationalen Zusammenarbeit auf allen Gebieten, der Förderung der Kultur und der Menschenrechte; 1945 in San Francisco gegründet; oberstes Organ ist die Generalversammlung. Weitere Organe sind z. B. der Sicherheitsrat, der Wirtschafts- und Sozialrat und der Internationale Gerichtshof. Einige internationale Wirtschaftsorganisationen sind Teil der UNO, z. B. der Internationale Währungsfonds, die Weltbank, die Welthandelsorganisation WTO, die Welthandelskonferenz.

UNO-Sanktionen, wirtschaftliche und politische Zwangsmaßnahmen gegen einen Staat, um diesen zu einem bestimmten Verhalten zu zwingen. Diese Maßnahmen reichen vom Abbruch kultureller Beziehungen bis zu Lieferverboten für bestimmte Güter (Embargo, Boykott) und dem vollständigen Abbruch der diplomatischen Beziehungen. UNO-Sanktionen werden vom Sicherheitsrat verhängt.

Ursprungslandprinzip, Regelung für die zolltarifliche und einfuhrrechtliche Behandlung von Importgütern; Importe unterliegen demnach den mit dem Ursprungsland (Herkunftsland) vereinbarten Bestimmungen. In der steuerlichen Behandlung findet das Ursprungslandprinzip keine Anwendung: Da die Angleichung der indirekten Steuern in der EU noch nicht gelungen ist, werden im gewerblichen Warenverkehr zwischen zwei Staaten die Waren bei der Ausfuhr an der Grenze von der Umsatzsteuer entlastet und bei der Einfuhr wieder belastet. Die Besteuerung findet also im Bestimmungsland statt (Bestimmungslandprinzip).

Ursprungsregelung: Da es oft schwierig ist, festzustellen, welches Land das Ursprungsland einer in mehreren Unternehmen nacheinander hergestellten Ware ist, bestimmen Ursprungsregelungen, welches Land als Ursprungsland des Produkts anzusehen ist. Die EU will mittels Ursprungsregelungen verhindern, dass Unternehmen aus Drittländern durch Verlagerung einzelner Produktionsschritte in die Gemeinschaft die Außengrenzen des Europäischen Binnenmarktes unterlaufen. So werden von Zollbehörden oder Handelskammern des Herkunftslandes **Ursprungszeugnisse** ausgestellt, die die tatsächliche Herkunft sowie Menge, Art und Beschaffenheit einer Ware belegen. Davon zu unterscheiden ist die **Ursprungsbezeichnung** Made in ... *(siehe dort)* mit dem Namen des Herkunftslandes auf den Waren, die eine Art Markenzeichen geworden ist.

Währung, im weiteren Sinn die gesetzliche Ordnung des Geldwesens eines Landes (Geldordnung, Währungsordnung), besonders die Festlegung des Münzsystems, die Bestimmung der mit Annahmezwang ausgestatteten gesetzlichen Zahlungsmittel und die Festlegung ihres Austauschverhältnisses gegenüber den ausländischen Währungen (Währungsparität, Wechselkurs); im engeren Sinn die Geldeinheit, das gesetzliche Zahlungsmittel eines Landes, wobei man im internationalen Wirtschaftsverkehr die einzelnen nationalen Währungen (Valuten, Währungseinheiten) nach dem Namen der Geldeinheit unterscheidet (z.B. Euro-, Dollar-Währung). **Harte Währungen** sind Währungen, die sich als wertstabil erwiesen haben, als besonders sicher angesehen werden und durch vollständige Konvertibilität *(siehe dort)* gekennzeichnet sind. Als harte Währungen im Unterschied zu **weichen Währungen** gelten z. B. der Schweizer Franken oder auch Leitwährungen wie der US-Dollar.
Als Währungspolitik (*siehe* Kapitel 4) bezeichnet man alle Maßnahmen, die auf die optimale Gestaltung des Währungsgeschehens eines Landes sowie das Miteinander der Währungen verschiedener Länder gerichtet sind. Ein oder auch mehrere Länder mit einheitlicher Währung bilden ein Währungsgebiet. Eine solche Währungsunion *(siehe dort)* ist z.B. die Europäische Währungsunion (EWU) mit dem Euro als Einheitswährung. Wichtigster Träger der Währungspolitik ist die Zentralbank (in der EWU die Europäische Zentralbank), international auch der Internationale Währungsfonds.

Währungskorb, Zusammenfassung verschiedener Währungen zu einer Einheit. Die beteiligten Länder legen für die Korbwährungen die Währungskomponenten fest, das sind die Mengen der einzelnen Währungen, die zusammen eine Einheit der Korbwährung ergeben sollen. Über die Devisenkurse der einzelnen Währungen gegenüber einer gemeinsamen Währung lassen sich dann die Gewichte der einzelnen Währungen im Korb berechnen. Die Währungskomponenten werden grundsätzlich so gewählt, dass die Gewichte in etwa die wirtschaftliche Bedeutung der beteiligten Länder widerspiegeln. Eine solche Korbwährung war z. B. die Europäische Währungseinheit *(siehe dort)*.

Währungspolitik, *siehe* Kapitel 4.

Währungsreform, völlige Neuordnung des Geldwesens eines Landes, die als Folge einer zurückgestauten Inflation (*siehe* Kapitel 3) notwendig wird, um den überhöhten Bestand an Geldmitteln in einer Volkswirtschaft abzuschöpfen. Eine Währungsreform wurde am 21. 6. 1948 in dem Gebiet des heutigen Westdeutschland vorgenommen, als die Reichsmark von der D-Mark abgelöst wurde, da die Reichsmark wegen der zurückgestauten Inflation im Zweiten Weltkrieg und der anschließenden Nachkriegszeit als Zahlungsmittel wertlos war. Dabei wurden Guthaben in Reichsmark im Verhältnis 100 : 6,5 auf DM umgestellt und Schulden in Reichsmark im Verhältnis 10 : 1 DM umgerechnet. Völlig anders war die Situation bei der Einführung des Euro; hier ging es um einen Zusammenschluss stabiler Währungen in Europa, denn mit dem Euro kam eine Währungsumstellung *(siehe dort)* nach marktgerechten Umtauschkursen.

Währungsreserven, der Bestand an international einsetzbaren liquiden Mitteln eines Landes. Dazu zählen z. B. der Goldbestand, Guthaben bei ausländischen Banken und Geldanlagen im Ausland sowie Kredite an das Ausland. In einer engeren Abgrenzung sind Währungsreserven die von der zentralen Währungsbehörde (Zentralbank) gehaltenen Bestände (Reserven).
Die Deutsche Bundesbank zählt zu ihren Reserven den Goldbestand, die Devisenreserven, die Reserveposition im Internationalen Währungsfonds und die Sonderziehungsrechte. Im Rahmen der Europäischen Währungsunion haben die nationalen Zentralbanken Währungsreserven im Gegenwert von 40 Mrd. € auf die Europäische Zentralbank übertragen. Über diese Reserven hat die EZB ein uneingeschränktes Verfügungsrecht. Die nationalen Zentralbanken verwalten aber weiterhin die gesamten Währungsreserven, auch die auf die Europäische Zentralbank übertragenen.

Währungsumstellung, die Überführung aller auf eine nationale Währung (z. B. D-Mark) lautenden Vermögensgegenstände, Zahlungsverpflichtungen,

WÄHRUNGSUMSTELLUNG

Kriterium	Währungsreform z.B. 1923, 1948	Einführung des Euro 1999/2002
Stabilität der Altwährung	Reichsmark ausgehöhlt durch offene oder zurückgestaute Inflation	historisch niedrige Inflationsraten im Vorfeld
Akzeptanz der Altwährung	Währung war verdrängt durch Tauschwirtschaft	voll konvertible Währung, verwendet als internationale Anlage und Reservewährung
Umstellungskurs	unterschiedlich für laufende Zahlungen und für Geldvermögen	einheitlich für laufende Zahlungen und für Geldvermögen
Auswirkungen auf die Kaufkraft des vorhandenen Geldvermögens	weitgehend reale Entwertung	realer Wert wird durch Umstellung nicht berührt

Währungsumstellung. Unterschiede zwischen Währungsumstellung und Währungsreform

Preise usw. auf eine neue Währung (z. B. Euro) im Rahmen einer Währungsunion. Die Umstellungskurse in Euro *(siehe dort)* im Rahmen der Europäischen Währungsunion wurden in einem recht komplizierten zweistufigen Verfahren festgelegt. In einem ersten Schritt hatte der Europäische Rat im Mai 1998 beschlossen, die bilateralen Leitkurse im Europäischen Währungssystem *(siehe dort)* als Grundlage für die Berechnung der Euro-Umrechnungskurse zu verwenden. Im zweiten Schritt wurden dann zum Jahreswechsel 1998/99 die Umtauschkurse des Euro zu den jeweiligen nationalen Währungen festgelegt. Dies war vorher nicht möglich, weil nach dem Maastrichter Vertrag der Wert des Euro mit dem Wert der Europäischen Währungseinheit ECU am Jahresende 1998 übereinstimmen musste. Da die ECU auch Währungen wie das Pfund Sterling, die Dänische Krone und die Griechische Drachme enthielt, die zunächst nicht an der Währungsunion teilnahmen, konnten Kursbewegungen dieser Währungen den ECU-Wechselkurs aber bis zum letzten Tag des Jahres 1998 verändern. Aufgrund des einheitlichen Umstellungskurses kam es im Umstellungszeitraum nicht zu einer Veränderung der realen Kaufkraft des Einkommens oder des Vermögens. In dieser Hinsicht unterscheidet sich die Währungsumstellung auf Euro grundlegend von einer Währungsreform. Seit der Umstellung auf den Euro war die D-Mark bis zu ihrer Abschaffung keine eigenständige Währung mehr, sondern nur noch eine Untereinheit des Euro.

Währungsunion, die Gesamtheit von Ländern, die eine einheitliche gemeinsame Geld- und Währungspolitik betreiben. Meist wird in diesen Ländern gleichzeitig auch eine einheitliche Währung eingeführt (Währungsintegration). Die Einführung einer Einheitswährung mit gleichzeitiger Errichtung einer für die Geldpolitik allein verantwortlichen Zentralbank zeichnet eine ›echte‹ Währungsunion aus. Im Gegensatz dazu spricht man von einer Pseudowährungsunion, wenn die nationale Geldpolitik zwar koordiniert, aber weiterhin eigenständig von nationalen Zentralbanken durchgeführt wird. Die Europäische Währungsunion ist ein Beispiel für eine echte Währungsunion, weil hier gleichzeitig mit der Einführung des Euro auch ein einheitliches Zentralbankensystem geschaffen wurde. Das Europäische Währungssystem war hingegen eine Pseudowährungsunion.

Die Währungsunion ist eine Form der wirtschaftlichen Integration von Staaten, die über die Schaffung eines gemeinsamen Marktes (z. B. Europäischer Binnenmarkt) und eine Koordinierung verschiedener wirtschaftspolitischer Bereiche wie in einer Wirtschaftsunion hinausgeht und zur Wirtschafts- und Währungsunion als engster Form der wirtschaftlichen Integration von selbstständigen Staaten führt (z. B. Europäische Wirtschafts- und Währungsunion).

Wechselkurs, Devisenkurs, der Preis für eine ausländische Währungseinheit. Dieser wird bei flexiblen Wechselkursen gemäß Angebot und Nachfrage nach Devisen am Devisenmarkt bestimmt. In einem System fixer Wechselkurse wird der Wechselkurs politisch festgesetzt (Währungsparität, Parität) und durch Devisenkauf bzw. Devisenverkauf der Zentralbank (Interventionen) im Rahmen ihrer Wechselkurspolitik (*siehe* Kapitel 4) gestützt.

Der Wechselkurs kann in der Preisnotierung oder der Mengennotierung angegeben sein. Die Preisnotierung gibt den Preis einer ausländischen Währungseinheit in inländischer Währung wieder (z. B. 0,90 € je US-Dollar). Die Mengennotierung drückt aus, welche Menge an ausländischer Währung man für eine Einheit an inländischer Währung erhält (z. B. 1,11 US-Dollar für 1 €). Die Höhe des Wechselkurses einer Währung beeinflusst nicht nur das Geschehen an den Finanzmärkten, sondern auch den Außenhandel. Sinkt der Wechselkurs des Euro gegenüber dem US-Dollar (der Euro verliert gegenüber dem US-Dollar an Wert), dann werden Waren aus Euroland in den USA billiger (der Export wird steigen) und Waren aus den USA in Euroland teurer (der Import wird sinken).

Weltbank, Sonderorganisation der UNO, am 27. 12. 1945 auf der Grundlage des Abkommens von Bretton Woods zusammen mit dem Internationalen Währungsfonds errichtet (Aufnahme der Geschäftstätigkeit: 25. 6. 1946) mit derzeit 186 Mitgliedstaaten; Sitz: Washington (USA). Die amtliche englische Bezeichnung ist **International Bank for Reconstruction and Development,** Abkürzung **IBRD,** deutsch **Internationale Bank für Wiederaufbau und Entwicklung.**

Ziele: Aufgabe der Weltbank ist die Förderung der wirtschaftlichen Entwicklung der Mitgliedsländer und des Lebensstandards der Bevölkerung durch Erleichterung der Kapitalanlagen für produktive Zwecke, durch Förderung privater Direktinvestitionen und des Außenhandels sowie durch Förderung von Maßnahmen zur Armutsbekämpfung. Dazu dienen vor allem die Vergabe von Darlehen (Finanzhilfen), die Gewährung von technischer Hilfe bei Entwicklungsprojekten, Koordinierung von Entwicklungshilfe und Zusammenarbeit mit anderen Entwicklungshilfeorganisationen.
Die Weltbank, die Internationale Entwicklungsorganisation (IDA), die z. B. günstigere Kredite als die Weltbank für ärmere Entwicklungsländer vergibt, die Internationale Finanz-Corporation (IFC), die auch private Direktinvestitionen in Entwicklungsländer fördert, und die Multilaterale Investitions-Garantie-Agentur (MIGA), die Garantien gegen politische Ausfallrisiken von privaten Direktinvestitionen übernimmt, bilden zusammen die **Weltbankgruppe.**

Weltgipfel, Bezeichnung für große UNO-Konferenzen zu den wichtigsten sozialen, ökologischen und wirtschaftlichen Fragen im Sinne einer nachhaltigen Entwicklung (*siehe* Kapitel 3). An den auch als **Erdgipfel** bezeichneten Konferenzen (etwa 1992

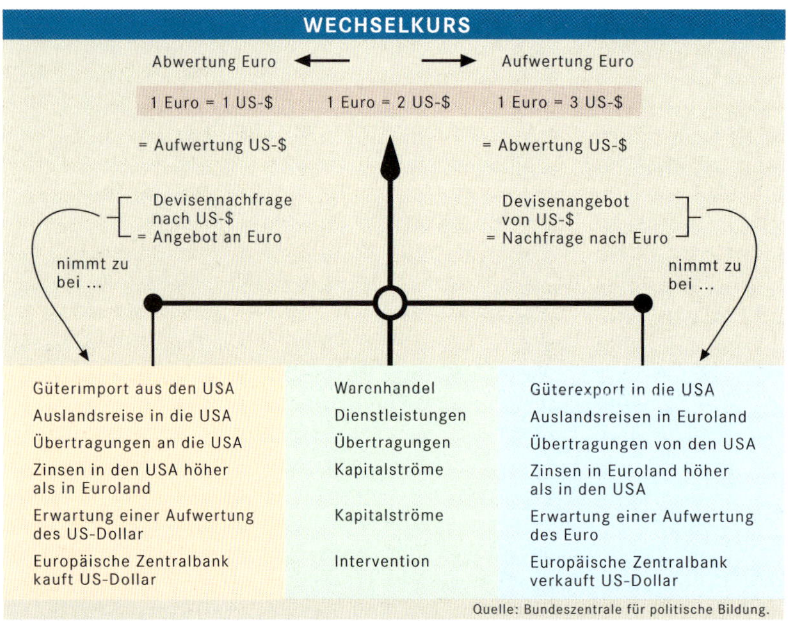

Wechselkurs.
Faktoren der Wechselkursbildung

WECHSELKURS

Wechselkurs. Der Wechselkurs des Euro zum US-Dollar (durchschnittlicher monatlicher Referenzkurs)

in Rio de Janeiro, 1997 in Kyoto und 2002 in Johannesburg) nehmen nicht nur Vertreter von Staaten, sondern auch von Nichtregierungsorganisationen teil.

Welthandel, Teil der Weltwirtschaft *(siehe dort).*

Welthandelskonferenz, Kurzbezeichnung für die **United Nations Conference on Trade and Development,** Abkürzung **UNCTAD,** deutsch Konferenz der Vereinten Nationen für Handel und Entwicklung, 1964 als Organisation der UN-Vollversammlung gegründet (Sitz: Genf) mit dem Ziel, den internationalen Handel und die wirtschaftliche Entwicklung zu fördern, entsprechende Grundsätze und Politiken zu entwickeln und die Handelspolitik mit der Entwicklungspolitik zu koordinieren und zu harmonisieren. Die Welthandelskonferenzen finden in der Regel alle vier Jahre statt. Entstanden ist die UNCTAD aus der Unzufriedenheit der in der Gruppe der 77 organisierten Entwicklungsländer mit der Politik des Internationalen Währungsfonds und des GATT.

Welthandelsorganisation, die WTO *(siehe dort).*

Weltwährungsordnung: Die Weltwährungsordnung von Bretton Woods basierte auf vereinbarten festen Wechselkursen, die von den Staaten nicht willkürlich geändert werden durften. Ein System fester Wechselkurse funktioniert relativ reibungslos, solange die Zahlungsbilanz jedes einzelnen am Welthandel teilnehmenden Staates, d.h. der Wert seiner außenwirtschaftlichen Transaktionen (Handels-, Dienstleistungs-, Kapital- und Devisenbilanz), ausgeglichen ist. Vorübergehende Zahlungsbilanzdefizite der Mitgliedsländer des Internationalen Währungsfonds (IWF) können durch kurzfristige Kredite des IWF ausgeglichen werden.

Größere, sich über längere Zeiträume erstreckende Ungleichgewichte in den Zahlungsbilanzen können dagegen zu gravierenden Störungen des Weltwährungs- und -handelssystems führen. Genau das trat Anfang der 1970er-Jahre ein, nachdem die Zahlungsbilanz der USA längerfristig unausgeglichen war und die USA ihre Garantie, US-Dollar unbegrenzt in Gold einzutauschen, aufkündigten. Das System von Bretton Woods brach zusammen. Mit der Freigabe der Wechselkurse der wichtigsten Währungen der Welt fand das bisherige System fester Wechselkurse 1973 sein Ende. Der IWF erhielt in den folgenden Jahren ein neues Regelwerk zur Überwachung der Wechselkurspolitik der Mitgliedsländer.

Weltwirtschaft, alle globalen und ökonomischen Verflechtungen und Beziehungen zwischen verschiedenen Staaten der Erde, die durch den Außenhandel sowie durch Transaktionen und Bewegungen von Kapital und Arbeitskräften zwischen unterschiedlichen Volkswirtschaften entstehen. Die Entwicklung der Weltwirtschaft ist dabei in zunehmendem Maße mit der Entwicklung des **Welthandels** verknüpft, wobei unter Welthandel die Gesamtheit des Warenhandels zwischen allen Ländern der Erde verstanden wird. Der sich intensivierende Prozess der internationalen Arbeitsteilung und des internationalen Handels bezieht sich auf Güter und Dienstleistungen, Finanz- und Realkapital sowie technisches Wissen. Seine wesentliche Ursache ist der weltweite Abbau von Zöllen und anderen Handelshemmnissen. Durch die zunehmende Internationalisierung und Globalisierung in der Wirtschaft, wobei die multinationalen Unternehmen die wichtigsten Akteure sind, entstehen enorme weltwirtschaftliche Ungleichgewichte zwischen den einzelnen Staatengruppen. So findet über die Hälfte des Welthandels zwischen den westlichen Industrieländern untereinander statt. Die regionalen Blockbildungen in Europa (Europäische Union, Europäischer Wirtschaftsraum), in Nordamerika (Nordamerikanische Freihandelszone), in Lateinamerika (Mercosur) und auch im asiatisch-pazifischen Raum (APEC) sollen die Positionen im Kampf um die Marktanteile am Welthandel verbessern.

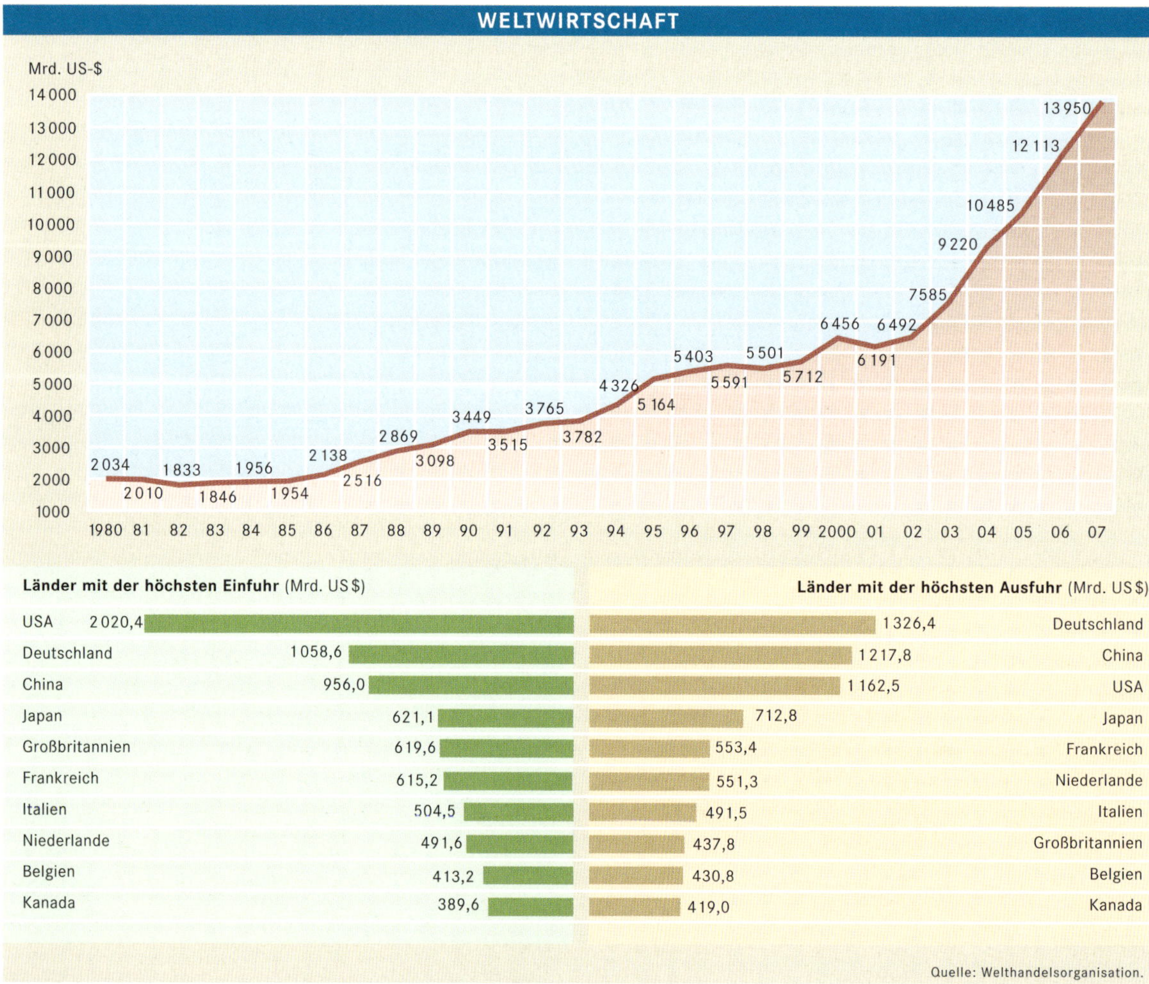

Weltwirtschaft. Die Entwicklung des Welthandels gemessen an den Exporten in Mrd. US-Dollar und die wichtigsten Welthandelsnationen 2007

Weltwirtschaftsforum, englisch **World Economic Forum,** Treffen von Topmanagern, Spitzenpolitikern, Wissenschaftlern und Vertretern unterschiedlicher Organisationen, das seit 1971 jährlich in Davos stattfindet und der Beratung von Problemen sowie künftigen Entwicklungen der Weltwirtschaft und Weltpolitik dient. Das Forum als Organisation besteht aus rund 2 700 Mitgliedern, wurde 1971 vom deutschen Wirtschaftswissenschaftler KLAUS SCHWAB als Stiftung »European Management Forum« gegründet und erhielt 1987 die heutige Bezeichnung.

Weltwirtschaftsgipfel, seit 1975 mindestens einmal jährlich abgehaltene Konferenz der Staats- und Regierungschefs der sieben führenden westlichen Industrieländer Deutschland, Frankreich, Großbritannien, Italien, Japan, Kanada, USA **(Siebenergruppe, G-7-Staaten)** sowie des Präsidenten der Europäischen Kommission (seit 1977) mit dem Ziel, Probleme der Weltwirtschaft einer Lösung näherzubringen. Neben globalen wirtschafts-, entwicklungs- und währungspolitischen Fragen (z. B. Bekämpfung der internationalen Finanz- und Wirtschaftskrise) werden auch wirtschaftlich relevante Sonderprobleme der Weltpolitik erörtert (z. B. Terrorismus, Drogen- und Waffenhandel, organisierte Kriminalität, Kernenergie, bewaffnete Konflikte, Umweltschutz). Seit 1994 nimmt auch der Präsident Russlands als gleichberechtigter Partner an den Beratungen zu politischen Fragen teil, seit 1998 als Vollmitglied. Seit Ausbruch der Finanzmarkt- und Wirtschaftskrise treffen sich die G-8-Staaten *(siehe dort)* mit weiteren Ländern und internationalen Organisationen zum Weltfinanzgipfel im Rahmen der G-20-Staaten *(siehe dort).*

Weltwirtschaftskrise, Bezeichnung für einen wirtschaftlichen Zusammenbruch, von dem die meisten Länder der Erde betroffen sind. Die erste Weltwirtschaftskrise ereignete sich 1857–1859 und wurde durch Bankenzusammenbrüche als Folge von Fehlspekulationen und Preisstürzen bei Gold ausgelöst. Das bekannteste Beispiel ist jedoch die Weltwirtschaftskrise 1929–32, die durch Unternehmenszusammenbrüche, fallende Löhne und Preise sowie Massenarbeitslosigkeit in den wichtigsten Industrieländern gekennzeichnet war.
Die Ende 2007 in den USA ausgebrochene Finanzmarktkrise *(siehe dort)* hat mit einiger Verzögerung auch die Realwirtschaft erfasst. Die Schwere des Konjunktureinbruchs mit schrumpfender Wirtschaftsleistung, schrumpfendem Welthandel und steigender Arbeitslosigkeit weckt Erinnerungen an die Depression in den 1930er-Jahren und wird auch als neue Weltwirtschaftskrise bezeichnet.

Weltwirtschaftsordnung: Während die Wirtschaftsordnung eines Staates alle verbindlichen Regeln und Einrichtungen für den Aufbau und Ablauf in einer Volkswirtschaft umfasst, so umschreibt eine Weltwirtschaftsordnung als formelles und informelles System die Abkommen, Vereinbarungen, Vorschriften und Gesetze zwischen den verschiedenen Staaten sowie die internationalen Konferenzen, um vor allem einen störungsfreien Weltwirtschaftsverkehr aus Waren, Dienstleistungen und Kapital zu gewährleisten und den Wohlstand aller Nationen zu erhöhen.
Während der Außenhandel eines Landes durch die nationale Wirtschaftspolitik gelenkt und unterstützt wird, ist eine vergleichbare Beeinflussung der Weltwirtschaft nicht möglich, weil auf internationaler Ebene beschlussfähige Organe fehlen. Die größten Nutznießer dieser liberalen Weltwirtschaftsordnung sind die Industriestaaten bzw. die multinationalen Unternehmen *(siehe dort),* die weltweit agieren und ihre Aktivitäten in alle Länder der Erde ausbauen. Es bestehen zwar sehr viele multilaterale Verträge und eine große Anzahl von internationalen Organisationen zur Verbesserung der weltwirtschaftlichen Integration wie die Weltbank *(siehe dort),* die WTO *(siehe dort)* oder der Internationale Währungsfonds *(siehe dort),* trotzdem bleiben die Entwicklungsländer im Gegensatz zu den Handelsnationen durch die Weltwirtschaftsordnung benachteiligt, weil sie sich nur sehr schwer in diesen Organisationen durchsetzen können. Sie verfügen in den meisten internationalen Gremien wie der UNO oder der Welthandelskonferenz *(siehe dort)* über eine überwältigende Stimmenmehrheit. Weil aber diese Gremien keine verbindlichen Beschlüsse fassen können, sind die Entwicklungsländer immer wieder rasch an die Grenzen ihrer Möglichkeiten gestoßen.
Die Finanzmarktkrise *(siehe dort)* verdeutlichte auch die Unzulänglichkeiten der Regelungen zur Weltwirtschaftsordnung und führte zu Forderungen nach neuen Kompetenzen etwa für den Internationalen Währungsfonds zur Überwachung der internationalen Finanzmärkte.

Wettbewerbsfähigkeit, die gegenwärtige Stellung und die zukünftigen Aussichten eines Unternehmens, einer Branche oder einer Volkswirtschaft im Wettbewerb an nationalen und internationalen Märkten. In diesem weiten Sinn reicht der Begriff von der Wettbewerbsfähigkeit eines Arbeitslosen am Arbeitsmarkt über die Fähigkeit eines Unternehmens, sich in Konkurrenz mit anderen Anbietern am Markt zu behaupten, bis zur Leistungsfähigkeit und wirtschaftlichen Dynamik einer Volkswirtschaft in der Weltwirtschaft **(internationale Wettbewerbsfähigkeit).**

Wirtschaftsgemeinschaft, Zusammenschluss mehrerer Staaten mit dem Ziel einer wirtschaftlichen Integration in Form von Präferenzzonen, Freihandelszonen, Zollunionen, gemeinsamen Märkten, Wirtschafts- und Währungsunionen. Oft wird die wirtschaftliche Integration verknüpft mit der Zusammenarbeit auf anderen Gebieten, bis hin zu einer politischen Union.

Wirtschafts- und Sozialausschuss, Abkürzung **WSA,** beratendes Gremium der Europäischen Union, das zur Vertretung der Interessen der verschiedenen Gruppen des wirtschaftlichen und sozialen Lebens eingesetzt wurde. Die 344 Mitglieder des WSA sind in drei Gruppen organisiert: Arbeitnehmer, Arbeitgeber und verschiedene Interessengruppen (z. B. freie Berufe, Landwirtschaft, Genossenschaften, Handelskammern und Verbraucherverbände). Durch den WSA haben diese Gruppen die Möglichkeit erhalten, sich innerhalb der EU vor allem an der Verwirklichung des Europäischen Binnenmarktes und somit am Integrationsprozess zu beteiligen. Der WSA kann bzw. muss in bestimmten Fällen vom Rat der EU und von der Europäischen Kommission gehört werden (fakultative bzw. obligatorische Anhörung) und hat zudem das Recht, eigene Stellungnahmen abzugeben.

Wirtschafts- und Währungsunion, allgemein eine Form der wirtschaftlichen Integration von Staaten, bei der eine Wirtschaftsunion *(siehe dort)* mit einer Währungsunion *(siehe dort)* verknüpft wird; speziell auch benutzt als Bezeichnung für die Europäische Wirtschafts- und Währungsunion *(siehe dort).*

Wirtschaftsunion, Form der wirtschaftlichen Integration von Staaten, die durch Freiheit des zwischenstaatlichen Warenverkehrs (Freihandelszone, Zollunion), Freiheit des zwischenstaatlichen Geld- und Kapitalverkehrs, Niederlassungsfreiheit und freie Wahl von Wohnung und Arbeitsplatz (gemeinsamer Markt) sowie durch eine weitgehende Harmonisierung der nationalen Wirtschaftspolitiken der Mitgliedsstaaten gekennzeichnet ist. Die Wirtschaftsunion ist verbunden mit der Schaffung entsprechender supranationaler Institutionen mit eigenen Kompetenzen, sodass nationales Recht zunehmend durch supranationales Recht abgelöst wird. Durch die Wirtschaftsunion wird ein einheitlicher Binnenmarkt geschaffen.

Wird dieser Binnenmarkt verknüpft mit einem einheitlichen Währungssystem im Sinne einer Währungsunion *(siehe dort),* spricht man von einer Wirtschafts- und Währungsunion wie bei der Europäischen Wirtschafts- und Währungsunion *(siehe dort).* Diese ist die engste Form der wirtschaftlichen Integration selbstständiger Staaten: Die Volkswirtschaften der Mitgliedsstaaten verschmelzen zu einem einheitlichen Wirtschaftsgebiet; die nationalen Währungen werden zugunsten einer einheitlichen Währung aufgegeben. Inwieweit der wirtschaftlichen eine politische Union folgt, bleibt offen.

WTO, Abkürzung für **W**orld **T**rade **O**rganization, deutsch **Welthandelsorganisation,** Sonderorganisation der UNO zur Gewährleistung eines freien Welthandels, gegründet am 15. 4. 1994 auf der Ministerkonferenz in Marrakesch (Marokko); Sitz: Genf. Die WTO trat am 1. 1. 1995 in Kraft und löste zum 1. 1. 1996 das GATT *(siehe dort)* endgültig ab. 150 Vertragsstaaten und die Europäische Kommission sind Mitglied der WTO.

Mit ihrer Gründung wurde eine völkerrechtlich selbstständige Organisation geschaffen, die als dritter Pfeiler der Weltwirtschaftsordnung neben Internationalem Währungsfonds und Weltbank tritt. Die WTO soll die internationalen Handelsbeziehungen innerhalb verbindlicher Regelungen organisieren und überwachen und bei Handelskonflikten für eine effektive Streitschlichtung sorgen. Wichtigste Prinzipien für die Gewährleistung eines freien Welthandels sind: Reziprozität (Prinzip der Gegenseitigkeit), Liberalisierung (Abbau von Zöllen und nicht tarifären Handelshemmnissen), Nichtdiskriminierung (insbesondere Meistbegünstigung). Angestrebt wird, in den Mitgliedstaaten den Lebensstandard und die Realeinkommen zu erhöhen, Vollbeschäftigung zu erreichen und zu sichern und zu diesem

WIRTSCHAFTSGEMEINSCHAFTEN

Amerika

Gemeinschaft	Vertrag/Gründungsjahr	Mitglieder
Andengemeinschaft	Cartagena-Abkommen, 1969	Bolivien, Kolumbien, Ecuador, Peru
Karibische Gemeinschaft (CARICOM)	Vertrag von Chaguaramas, 1973	Antigua und Barbuda, Bahamas, Barbados, Belize, Dominica, Grenada, Guyana, Haiti, Jamaika, Montserrat, Saint Kitts und Nevis, Saint Lucia, Saint Vincent und die Grenadinen, Suriname, Trinidad und Tobago
Mercado Común del Cono Sur (Mercosur)	Asunción-Abkommen, 1991	Argentinien, Brasilien, Paraguay, Uruguay, Venezuela sowie die assoziierten Mitglieder Chile, Bolivien, Peru, Kolumbien und Ecuador
North American Free Trade Area (NAFTA)	North American Free Trade Agreement, 1992	Kanada, Mexiko, Vereinigte Staaten von Amerika
Free Trade Area of the Americas (FTAA)	Absichtserklärung der Gipfelkonferenz der 34 Staaten der Organisation Amerikanischer Staaten (OAS) in Miami, 1994	Alle 34 Staaten des Amerikanischen Kontinents und in der Karibik, ausgenommen Kuba

Europa

Gemeinschaft	Vertrag/Gründungsjahr	Mitglieder
Europäische Union (EU)	Römische Verträge, 1957	Belgien, Bulgarien, Dänemark, Deutschland, Estland, Finnland, Frankreich, Griechenland, Großbritannien, Irland, Italien, Lettland, Litauen, Luxemburg, Malta, Niederlande, Österreich, Polen, Portugal, Rumänien, Schweden, Slowakei, Slowenien, Spanien, Tschechische Republik, Ungarn, Zypern
European Free Trade Association (EFTA)	Konvention von Stockholm, 1960	Island, Liechtenstein, Norwegen, Schweiz
Europäische Währungsunion (EWU)	Maastricht-Vertrag, 1992	Belgien, Deutschland, Finnland, Frankreich, Griechenland, Irland, Italien, Luxemburg, Malta, Niederlande, Österreich, Portugal, Slowakei, Slowenien, Spanien, Zypern
Europäischer Wirtschaftsraum (EWR)	Vertrag von Porto, 1992	EU-Mitglieder, EFTA-Mitglieder, ausgenommen die Schweiz

Afrika

Gemeinschaft	Vertrag/Gründungsjahr	Mitglieder
Economic Community of West African States (ECOWAS)	Vertrag von Lagos, 1975	Benin, Burkina Faso, Côte d'Ivoire, Gambia, Ghana, Guinea, Guinea-Bissau, Kap Verde, Liberia, Mali, Niger, Nigeria, Senegal, Sierra Leone, Togo
South African Development Community (SADC)	Deklaration von Lusaka, 1980	Angola, Botswana, Demokratische Republik Kongo, Lesotho, Madagaskar, Malawi, Mauritius, Mosambik, Namibia, Sambia, Simbabwe, Republik Südafrika, Swaziland, Tansania
Communauté Économique des États de l'Afrique Centrale (CEEAC)	Vertrag von Libreville, 1983	Angola, Äquatorialguinea, Burundi, Demokratische Republik Kongo, Gabun, Kamerun, Republik Kongo, Ruanda, Sao Tomé und Principe, Tschad, Zentralafrikanische Republik

Asien – Pazifik

Gemeinschaft	Vertrag/Gründungsjahr	Mitglieder
Association of South-East Asian Naations (ASEAN)	Deklaration von Bangkok, 1967	Brunei, Indonesien, Malaysia, Philippinen, Singapur, Thailand, Vietnam, Laos, Myanmar, Kambodscha
Australisch-neuseeländische Wirtschaftszone (Closer Economic Relations – CER)	Australia-New Zealand Closer Economic Relations Trade Agreement (ANZCERTA), 1983	Australien, Neuseeland
ASEAN Free Trade Area (AFTA)	Agreement on the Common Effective Preferential Tariff (CEPT), Singapur, 1992	Brunei, Indonesien, Malaysia, Philippinen, Singapur, Thailand

Asien – Pazifik – Amerika

Gemeinschaft	Vertrag/Gründungsjahr	Mitglieder
Asia-Pacific Economic Cooperation (APEC)	Erstmaliger Staatendialog in Canberra, 1989	Australien, Brunei, Kanada, Chile, China, Hongkong, Indonesien, Japan, Südkorea, Malaysia, Mexiko, Neuseeland, Papua-Neuguinea, Peru, Philippinen, Russland, Singapur, Taiwan, Thailand, Vereinigte Staaten von Amerika, Vietnam

Zweck den Handel auszuweiten und den Protektionismus zu bekämpfen.

Das Regelsystem der WTO für den Welthandel basiert auf drei Säulen: 1) dem GATT mit seinen Unterabkommen und Entscheidungen, 2) dem Abkommen für den internationalen Austausch von Dienstleistungen und 3) dem Abkommen, das handelsbezogene Aspekte der Rechte am geistigen Eigentum regelt.

ZAHLUNGSBILANZ

	Einnahmen und Kapitalimporte	Ausgaben und Kapitalexporte
Leistungsbilanz	Warenausfuhr Dienstleistungen (Einnahmen)	Wareneinfuhr Dienstleistungen (Ausgaben)
	Außenbeitrag zum BIP	
Leistungsbilanz	Erwerbs- und Vermögenseinkommen (empfangene Faktoreinkommen)	Erwerbs- und Vermögenseinkommen (geleistete Faktoreinkommen)
	Außenbeitrag zum BSP	
Leistungsbilanz	laufende Übertragungen (empfangen)	laufende Übertragungen (geleistet)
	Saldo aus Ersparnis und Nettoinvestitionen	
	Vermögensübertragungen (empfangen)	Vermögensübertragungen (geleistet)
	Finanzierungssaldo	
Kapitalbilanz	Kapitalimporte (Zunahme der Verbindlichkeiten gegenüber dem Ausland bzw. Abnahme von Forderungen an das Ausland)	Kapitalexporte (Zunahme von Forderungen an das Ausland bzw. Abnahme von Verbindlichkeiten gegenüber dem Ausland)
Devisenbilanz	Verminderung der Nettoposition der Notenbank gegenüber dem Ausland (einschließlich Goldverkäufe)	Erhöhung der Nettoposition der Notenbank gegenüber dem Ausland (einschließlich Goldkäufe)

Zahlungsbilanz. Struktur der Zahlungsbilanz

Zahlungsbilanz, nach den Grundsätzen der doppelten Buchführung erfolgende Darstellung sämtlicher das Ausland berührender Wirtschaftsaktivitäten eines Landes. In der Zahlungsbilanz werden systematisch alle ökonomischen Transaktionen zwischen Inländern und Ausländern in einem bestimmten Zeitraum aufgezeichnet. Mit ihrer Hilfe lässt sich ein Überblick über die Leistungen und Zahlungen während eines Monats oder Jahres gewinnen. Transaktionen oder Leistungen, die zu Zahlungseingängen (Einnahmen) im Inland führen, werden auf der Habenseite, Transaktionen oder Leistungen, die zu Zahlungsausgängen (Ausnahmen) führen, werden auf der Sollseite gebucht. Die Zahlungsbilanz stellt eine wichtige Unterlage für wirtschaftspolitische Entscheidungen der Regierungen und der Zentralbanken dar. Ferner dient sie als Konjunkturindikator.
Die Zahlungsbilanz besteht aus verschiedenen Teilbilanzen. Die Aktivseite (linke Seite) der Zahlungsbilanz setzt sich aus Leistungsbilanz und der Bilanz der Vermögensübertragungen zusammen. Die **Leistungsbilanz** beinhaltet den Warenaustausch (Export und Import), die Lohnveredelung, bestimmte Reparaturen sowie die Lieferungen von Schiffs- und Flugzeugteilen. Die Gegenüberstellung der Einfuhren und Ausfuhren wird auch als **Handelsbilanz** bezeichnet. In der **Dienstleistungsbilanz** werden z. B. Auslandsreiseverkehr, Transport- und Telekommunikationsleistungen, die Wertschöpfung der Versicherungen sowie der Transithandel erfasst. In der **Bilanz der Erwerbs- und Vermögenseinkommen** finden sich die Arbeitseinkommen und Kapitalerträge, die Inländern aus dem Ausland zufließen bzw. Ausländer aus dem Inland beziehen. Laufende Übertragungen sind Geld- und Sachleistungen an das Ausland bzw. vom Ausland, denen keine unmittelbaren Gegenleistungen gegenüberstehen. Des Weiteren werden auch Heimatüberweisungen ausländischer Arbeitnehmer sowie Zahlungen an internationale Organisationen wie z. B. an die EU und die UNO in der **Übertragungsbilanz** erfasst. Einmalige Transfers (Übertragungen) wie Schuldenerlasse, Erbschaften und Schenkungen sowie Vermögensmitnahmen von Ein- und Auswanderern werden in der **Bilanz der Vermögensübertragung** ausgewiesen.
Die Passivseite (rechte Seite) der Zahlungsbilanz setzt sich aus der **Kapitalbilanz,** einschließlich der Devisenbilanz, zusammen. Deswegen werden Einnahmen (Kapitalimporte) auf der rechten Seite und die Ausgaben (Kapitalexporte) auf der linken Seite gebucht. Zu den Ausgaben rechnen zunächst die kurzfristigen Zahlungen an das Ausland, Schecks, Wechsel und Zahlungsanweisungen. Ferner zählen zu den Ausgaben Verbindlichkeiten gegenüber dem Ausland. Zu den Einnahmen gehören die kurzfristi-

gen Zahlungen aus dem Ausland und die Forderungen gegenüber dem Ausland. Die Direktinvestitionen umfassen z. B. Beteiligungen (Aktien und andere Kapitalanteile) und langfristige Darlehen. Unter der Kategorie Wertpapiere werden Aktien bzw. Wertpapieranlagen (Investment- und Geldmarktfonds) eingeordnet. Der Kreditverkehr enthält kurz- und langfristige Finanzbeziehungen inländischer Unternehmen und Privatpersonen zum Ausland. In der **Devisenbilanz** als Teil der Kapitalbilanz schlagen sich die Veränderungen der Währungsreserven bei der Zentralbank nieder.
Die Zahlungsbilanz wird durch einen statistisch nicht aufgliederbaren Teil buchungstechnisch ausgeglichen. Wenn man von Zahlungsbilanzungleichgewichten (Überschuss und Defizit) im Sinne einer Verletzung des Ziels außenwirtschaftlichen Gleichgewichts *(siehe dort)* spricht, meint man immer unausgeglichene Teilbilanzen. Ein Zahlungsbilanzüberschuss kann auftreten, wenn die Exporte wertmäßig größer als die Importe sind. Ein Zahlungsbilanzdefizit tritt auf, wenn die Exporte wertmäßig geringer als die Importe sind. Aber auch zu hohe unentgeltliche Leistungen an das Ausland, z. B. durch Beschäftigung von ausländischen Arbeitnehmern oder Zahlungen an internationale Organisationen, können dazu führen.

Zehnergruppe, die G-10-Staaten *(siehe dort).*

Zentraleuropäische Freihandelszone, Abkürzung **CEFTA** für englisch **C**entral **E**uropean **F**ree **T**rade **A**ssociation, 1992 von Polen, Slowenien, der Slowakischen Republik, Rumänien, der Tschechischen Republik und Ungarn gegründete Wirtschaftsorganisation für mehr wirtschaftliche Zusammenarbeit, den Abbau von Zöllen sowie die Schaffung eines gemeinsamen Marktes. Nach dem Austritt der Gründungsstaaten (sie wurden Mitglied der Europäischen Union) besteht die CEFTA mit Kroatien (2002), Makedonien (2006), Albanien, Bosnien und Herzegowina, Moldawien, Montenegro, Kosovo (2007) sowie Serbien (2008) fort.

Zoll, Abgaben an den Staat, die beim Übergang über die Zollgrenze eines Landes oder eines Zollgebietes zu entrichten sind. In den vergangenen Wirtschaftsepochen dienten Zölle als Instrument der Einnahmebeschaffung für den Staat **(Finanzzölle)** sowie zur Beeinflussung der Wirtschaftsstruktur, z. B. als **Schutzzölle,** um die inländischen Anbieter vor der Auslandskonkurrenz zu schützen.
Man unterscheidet die Zölle nach der Art der Warenbewegung: Einfuhrzölle sind auch als Schutzzölle geeignet einerseits, um die Einfuhr bestimmter Erzeugnisse zu drosseln, und andererseits, wenn sie entsprechend gesenkt werden, steigenden Preistendenzen auf dem Inlandsmarkt entgegenzuwirken. Ausfuhrzölle werden nicht erhoben. Der Zoll ist eine indirekte Steuer wie die Umsatzsteuer, die aber nur bestimmten Gütern, nämlich importierten Gütern gilt. Die Abgabe muss entweder als **Mengenzoll (spezifischer Zoll)** nach Stückzahl, Gewicht, Länge oder als **Wertzoll** auf den Handelswert einer Ware geleistet werden. Zölle sind tarifäre Handelshemmnisse *(siehe dort)* und sollen eine Verteuerung der Importgüterpreise erreichen, um somit die inländische Produktion zu schützen. Der Abbau von Zöllen ist ein wichtiges Ziel sowohl für regionale Freihandelszonen und Zollunionen als auch weltweit im Rahmen des GATT und der WTO.

Zollkontingente, ein Verfahren, bestimmte Waren in begrenzten Mengen zu einem ermäßigten Zoll oder zollfrei einzuführen.

Zollrechtsharmonisierung: Die Angleichung des Zollrechts war eine Voraussetzung für die Europäische Gemeinschaft, um nach der Verwirklichung der Zollunion die einheitliche Anwendung des **Gemeinsamen Zolltarifs** sicherzustellen. Maßnahmen dazu sind die Einführung eines Zollkodex und neuer, gemeinsamer Vorschriften zur Abwehr von Produkten aus Drittländern, die die Schutzrechte in der Europäischen Union verletzen.

Zollunion, der Zusammenschluss mehrerer Zollgebiete zu einem einheitlichen Zollgebiet. Dabei fallen die Binnenzölle zwischen den Mitgliedern weg. Im Unterschied zur Freihandelszone kann bei der Einfuhr von Waren aus Drittländern kein Mitgliedsland eigene Zölle erheben, stattdessen werden einheitliche Außenzölle erhoben. Die Zollunion stellt eine Form der wirtschaftlichen Integration von Volkswirtschaften dar, die über die Freihandelszone hinausgeht und die Vorstufe eines gemeinsamen Marktes bildet. Obwohl sie gegen das Meistbegünstigungsprinzip verstößt, ist sie nach den Bestimmungen der WTO zulässig.

7
Wie arbeitet ein Unternehmen?

Jeder merkt es in seinem Leben. Die Wirtschaft hat einen großen Einfluss darauf; das Wissen über die Zusammenhänge der Wirtschaft eines Unternehmens (Betriebswirtschaft) macht viele Aussagen und Redewendungen im Bekannten- und Freundeskreis, Informationen aus Zeitungen, Fernsehen und Hörfunk, Gespräche unter Kollegen verständlicher; auch ist man eher in der Lage ›mitzureden‹, man wird selbstbewusster und ist im modernen Sinne des Wortes ›gebildet‹.
Auch ist ein Aufstieg in Schule und Beruf heute ohne betriebswirtschaftliches Wissen kaum noch möglich. Auch wenn das Internet und die moderne Telekommunikation heute vordergründig in den Medien und in der Politik dominieren – ohne Kenntnis der betriebswirtschaftlichen Grundlagen der Arbeit eines Unternehmens (Produktions-, Handels- wie Dienstleistungsunternehmen) lassen sich diese Zusammenhänge letztlich nicht verstehen und sinnvoll nutzen.
Die Arbeit eines Unternehmens umfasst: 1) die Unternehmensführung mit den Entscheidungsbereichen des Managements, beispielsweise Führungsstil, Qualitätsmanagement, Outsourcing, Projektmanagement, Unternehmensberatung, Organisation; 2) den Bereich der Beschaffung und Lagerhaltung mit Begriffen wie ABC-Analyse, Lagerkennzahlen, Logistik, Materialwirtschaft, eiserner Bestand; 3) den Produktions- oder Fertigungsbereich, der gekennzeichnet ist durch Begriffe wie Arbeitsvorbereitung, Automatisierung, Betriebsmittel, CA-Techniken, Fertigungsverfahren, Just-in-time-Fertigung, Kaizen, Lean Production, Produktivität, Werkstoffe; 4) den immer wichtiger werdenden Marketing- und Absatzbereich mit den Begriffen Benchmarking, Callcenter, Corporate Identity, Diversifikation, E-Business, Handelsvertreter, Lebenszyklus, Marktforschung, Merchandising, Preis- und Produktpolitik, Sponsoring, Verkaufsförderung und Werbung; 5) Finanzierungsfragen; dazu gehört ein Finanzplan, Factoring, Abwägung des Einsatzes von Finanzierungsformen aus dem Unternehmen (Innenfinanzierung) oder von außen (Außenfinanzierung), Leasing, Venture Capital; 6) das große Gebiet des Rechnungswesens mit Buchführung, Bilanz, Gewinn-und-Verlust-Rechnung und Kostenrechnung einschließlich der Bilanz- und Erfolgsanalyse, des Jahresabschlusses und des Controllings.
Das folgende Kapitel versucht, Licht in die Begrifflichkeit der Betriebswirtschaftslehre zu bringen. Manche Begriffe findet der Leser auch in den Kapiteln speziell für Arbeitnehmer (Kapitel 8), Verbraucher (Kapitel 9) und bezogen auf die Aktiengesellschaft auch in Kapitel 11 zum Börsenwesen.

ABC-ANALYSE

Güterklasse	Anteil am mengenmäßigen Verbrauch in Prozent	Anteil am wertmäßigen Verbrauch in Prozent
A	18	75
B	40	20
C	42	5

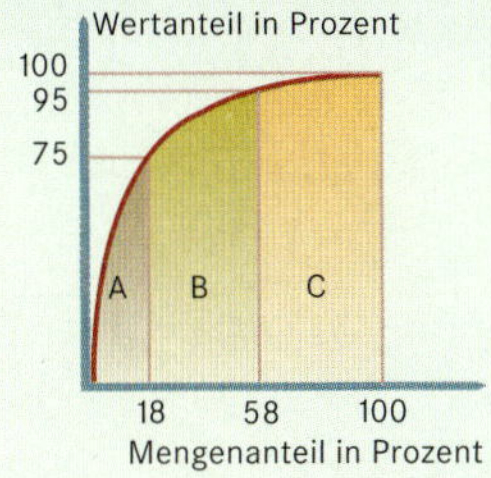

ABC-Analyse.
Beispiel für die ABC-Analyse

ABC-Analyse, eine Methode, insbesondere die Beschaffung von Gütern zu gewichten und in Euro zu bewerten. Inwieweit sich Beschaffungsmühe und -aufwand ›lohnen‹, hängt insbesondere von den Gütern ab, die den Hauptteil des gesamten Einkaufswertes ausmachen. Bei diesen A-Gütern (z.B. Hauptrohstoffe, wichtige Bauteile) ist ein hoher Beschaffungsaufwand etwa durch intensiven Vergleich der Angebote der Lieferanten und dadurch mögliche Einsparungen (Rabatte) gerechtfertigt. Bei den sogenannten C-Gütern, die insgesamt nur geringfügig an dem gesamten Einkaufswert beteiligt sind, ist auch der Beschaffungsaufwand klein zu halten. Hier erfolgt nicht selten ein Einkauf auch ohne vorherige Einholung mehrerer Angebote. Die B-Güter nehmen eine Mittelstellung ein.

Ablauforganisation: Der Arbeitsablauf ist das zeitliche und örtliche Hinter- und Nebeneinander der notwendigen auszuführenden Arbeiten. Dabei sind folgende Ziele zu beachten: 1) möglichst kurze Durchlaufzeiten und Transportwege für die Arbeitsobjekte (Fertigungsteile); 2) gleichmäßige Auslastung von Arbeitskräften und Maschinen, 3) gut abgestimmte räumliche und zeitliche Arbeitsabläufe (Terminplanung). Diese Abstimmung (der Betriebswirt spricht von Optimierung) ist in Großunternehmen eine wichtige Aufgabe der Logistik *(siehe dort)*. Die Ablauforganisation ergänzt die Aufbauorganisation *(siehe dort)*.

Absatz, letzte Stufe im betrieblichen Leistungsprozess nach Beschaffung und Produktion, häufig wird dafür auch der Begriff Marketing *(siehe dort)* benutzt. Die Absatzaufgabe **(Absatzwirtschaft)** befasst sich mit der Erforschung des **Absatzmarktes,** seiner Beeinflussung durch **absatzpolitische Instrumente,** z.B. durch Produktpolitik *(siehe dort),* Preispolitik *(siehe dort)* oder Werbung *(siehe dort)* und dem **Verkauf** (oder der Vermietung) der betrieblichen Produktion.
Um Produkte oder Dienstleistungen verkaufen zu können, muss im Rahmen der **Absatzforschung** oder Marktforschung *(siehe dort)* aus einer Vielzahl von Informationen systematisch herausgefunden werden: Was wollen die Verbraucher? Wie ist die Konkurrenzsituation? Wie sind die Produkte am Markt unterzubringen? Danach muss die Fragestellung erweitert werden: Welche Zielgruppe kommt als Käufer infrage? Worin liegt der besondere Nutzen für ihn? Wo soll das Produkt preislich einzuordnen sein? Nach dieser Produktkonzeption ist die **Absatzplanung** anzugehen. Neben der Einschätzung der Absatzmengen (Absatzprognose) sind die Absatzkosten zu ermitteln und es muss ein Werbeplan entwickelt werden. Diese Vorgänge werden im **Absatzplan** festgehalten.
Schon vor Beginn der Produktion ist die **Absatzpolitik** festzulegen: Wie hoch soll der Preis sein? Wie soll das Produkt gestaltet sein? Wie soll geworben werden? Wie soll der Vertrieb, also der **Absatzweg** im Rahmen der Vertriebspolitik *(siehe dort),* gewählt werden?

Abschluss, Kurzbezeichnung für einen Geschäftsabschluss und für den Jahresabschluss *(siehe dort);* dessen Prüfung, meist durch einen Wirtschaftsprüfer, heißt **Abschlussprüfung.**

Abschreibungen, Verfahren zur Erfassung der Wertminderungen und richtigen Verteilung der Anschaffungs- oder Herstellungskosten von betrieblichen Vermögensgegenständen. Die Buchführung erfasst Wertminderungen von Anlagegütern als **bilanzielle Abschreibungen** auf dem Aufwandskonto. Das Gegenteil sind **Zuschreibungen,** also Wertsteigerungen, wenn sich z.B. eine planmäßige Abschreibung als zu hoch erwiesen hat und korrigiert werden muss.

Beispiel: Ein Pkw des Betriebes (Anschaffungswert 60000 €) wird 5 Jahre genutzt, sodass pro Jahr 12000 € (20%) **lineare Abschreibungen** vom Anschaffungswert im Rahmen der Absetzung für Abnutzung *(siehe dort)* anzusetzen sind. Im Gewinn- und Verlustkonto erscheinen die 12000 € als Aufwand, das Konto Fahrzeuge weist im Jahresabschluss einen Endbestand **(Buchwert)** von 48000 € (Anschaffungswert 60000 € minus Abschreibung 12000 €) auf. Am Ende der Nutzungsdauer ist das Anlagegut vollständig abgeschrieben, wobei 1 € als **Erinnerungswert** beibehalten wird, solange das Anlagegut noch genutzt wird.

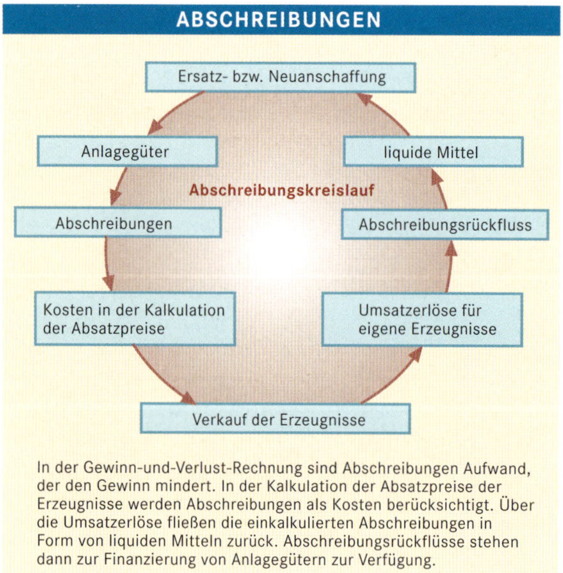

Abschreibungen. Der Abschreibungskreislauf

Das Anlagevermögen kann nicht nur linear abgeschrieben werden; auch eine **degressive Abschreibung** ist möglich, d.h., die Abschreibung erfolgt vom jeweiligen Buchwert; zulässig sind höchstens 25% des Rest- oder Buchwertes. Beispiel: Pkw (60000€ Anschaffungswert); bei degressiver Abschreibung von 25% (15000€) ergibt sich am Ende des 1. Jahres ein Buchwert von 45000 €. Von diesem Buchwert werden weitere 25% (11250€) abgeschrieben, sodass sich 33750€ Buchwert am Ende des 2. Jahres ergeben usw. Da die degressive Abschreibung den Nullwert nach Ablauf der Nutzungsdauer nicht erreicht, kann einmal zur linearen Abschreibung gewechselt werden. Ab 1. 1. 2009 angeschaffte bewegliche Güter dürfen im Rahmen des 1. Konjunkturprogramms (2008) zeitlich befristet für zwei Jahre mit 25% degressiv abgeschrieben werden.

Sofern die Wertminderung weitgehend zeitunabhängig ist, die Nutzung eines Anlagegutes (z. B. eine Maschine) jährlich schwankt und sich eine Bezugsgröße für die Leistungsabgabe errechnen lässt (z. B. Maschinenstunden) kann auch die **Leistungsabschreibung** gewählt werden: Anschaffungswert geteilt durch die gesamten Maschinenstunden. Der Wert pro Leistungseinheit wird dann mit den unterschiedlich hohen Maschinenstunden pro Jahr multipliziert, um den Abschreibungsbetrag zu erhalten.

Bewegliche, abnutzbare Wirtschaftsgüter des Anlagevermögens müssen im Jahr der Anschaffung oder Herstellung voll abgeschrieben werden, wenn ihre Anschaffungs- oder Herstellungskosten 150€ netto nicht übersteigen. Steuerrechtlich spricht man von **geringwertigen Wirtschaftsgütern (GWG).**

Während die bilanziellen Abschreibungen in der Finanzbuchhaltung hauptsächlich aus steuerlichen Gründen angesetzt werden, um durch mehr Aufwand den Gewinn zu schmälern, drücken die **kalkulatorischen Abschreibungen** den tatsächlichen Werteverbrauch der betrieblich genutzten Anlagegüter aus. Dieser geht als Teil der Kosten in den Verkaufspreis ein und soll über die Erlöse die **Wiederbeschaffungskosten** dieses Anlagegutes sichern.

Beispiel: Eine Maschine (Anschaffungskosten 50000€), die über 5 Jahre bilanziell abgeschrieben wird (z.B. im ersten Jahr maximal degressiv 25%, entspricht 12500€), nutzt der Betrieb aufgrund der Erfahrung 10 Jahre. Da nach 10 Jahren mit einem Wiederbeschaffungswert von 70000€ gerechnet wird, sind jährlich 7000 € (gleichmäßige Nutzung über 10 Jahre unterstellt) in die Kostenrechnung als **kalkulatorische Abschreibungen** einzusetzen und auf die jeweiligen Erzeugnisse oder Aufträge zu verteilen.

Abschreibungsfinanzierung: Ein Unternehmen fertigt z.B. mit 6 gleichen Maschinen zu je 3000€ ihre Produkte. Pro Jahr verliert jede Maschine 20% ihres Wertes, also 600€. Da diese Wertverluste den Kunden im Verkaufspreis mit in Rechnung gestellt werden, bekommt der Unternehmer dieses Geld jedes Jahr über die Verkaufserlöse wieder herein. Da dieses Geld für die Neuanschaffung der genutzten Maschinen erst nach vollständiger Abschreibung

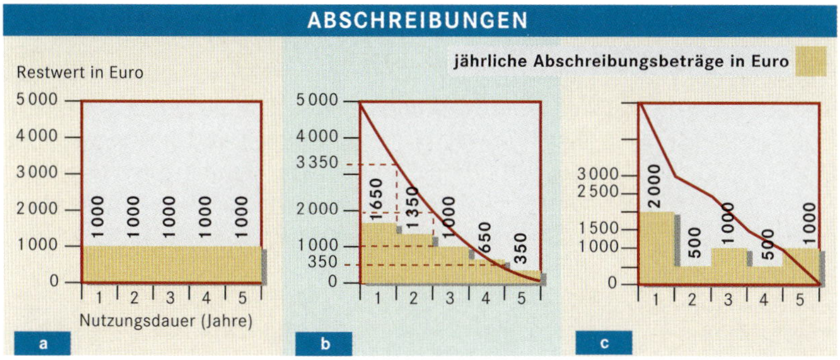

Abschreibungen.
Je nach Abschreibungsmethode linear (a), degressiv (b) oder nach der Leistung (c) ergeben sich unterschiedliche Abschreibungsbeträge und Restwerte für eine Maschine mit einer geplanten Nutzungsdauer von fünf Jahren und einem Anschaffungswert von 5000€

der Maschinen, hier mit Beginn des 6. Jahres, benötigt wird, können vorher mit den ›verdienten‹ Abschreibungen regelmäßig neue Maschinen beschafft werden.
Diesen modellhaften Ablauf haben die Wissenschaftler Ernst Lohmann (* 1901) und Hans Ruchti (* 1903, † 1988) zu folgender Gesetzmäßigkeit **(Lohmann-Ruchti-Effekt)** geführt: Mit der Einrechnung des Maschinenwertverlustes in die Verkaufspreise der Produkte **(kalkulatorische Abschreibungen)** fließen die Abschreibungen regelmäßig wieder in den Betrieb auf das Bankkonto oder in die Kasse zurück. Diese in den Betrieb fließenden Mittel müssten zwar als Ertrag versteuert werden, wenn sie gewinnerhöhend wirken, da sie aber gleichzeitig als Aufwand in der Gewinn-und-Verlust-Rechnung als **bilanzielle Abschreibungen** eingesetzt sind, neutralisieren sie eine mögliche Steuerzahlung. Das Geld der Kunden bleibt also im Betrieb. Das Unternehmen kann somit das jeweils eingehende Geld umgehend zum Kauf neuer Maschinen nutzen; diese nachhaltige Erhöhung der Maschinenzahl ermöglicht eine Umsatzausweitung. Deshalb wird die Abschreibungsfinanzierung auch als **Kapazitätserweiterungseffekt** bezeichnet.

Absetzung für Abnutzung, Abkürzung **AfA:** Täglich, monatlich, jährlich verlieren Anlagegüter wie Maschinen, Gebäude, Fahrzeuge, die Betriebs- und Geschäftsausstattung durch ihre Nutzung im Betrieb an Wert. Dem Sachverhalt des Wertverlustes trägt der Staat dadurch Rechnung, dass er diese als Aufwand und damit gewinnmindernd in der Steuerbilanz *(siehe dort)* anerkennt.
Diese **planmäßige Abschreibung** richtet sich nach der betriebsgewöhnlichen Nutzungsdauer des Anlagegutes; dafür sind die von der Finanzverwaltung herausgegebenen **AfA-Tabellen** verbindlich, die die Nutzungsdauer und die entsprechende lineare (gleichförmige) Abschreibung beinhalten. Diese Tabellen gelten dabei nur für abnutzbare Anlagegüter, Grundstücke beispielsweise nutzen sich im Regelfall nicht ab und dürfen deshalb nicht planmäßig abgeschrieben werden.
Daneben gestattet der Staat auch zusätzliche Abschreibungen. Diese **außerplanmäßigen Abschrei-**

ABSCHREIBUNGSFINANZIERUNG

Ein Unternehmen beginnt mit 6 gleichen Maschinen zu je 3000 Euro, die linear mit 20 Prozent abgeschrieben werden sollen

Anfang des Jahres	Maschinenzahl (Kapazität)	Anschaffungswert (Summe in Euro)	Gesamtabschreibung (in Euro)	Mögliche Neuanschaffungen	Abgang	Rest (in Euro)
1.	6	18000	3600	+1		600
2.	7	21000	4200	+1		1800
3.	8	24000	4800	+2		600
4.	10	30000	6000	+2		600
5.	12	36000	7200	+2	-6	1800
6.	8	24000	4800	+2	-1	600
7.	9	27000	5400	+2	-1	–
8.	10	30000	6000	+2	-2	–
9.	10	30000	6000	+2	-2	–
10.	10	30000	6000	+2	-2	–

Abschreibungsfinanzierung.
Beispiel für den Kapazitätserweiterungseffekt von sechs auf zehn Maschinen

ABSETZUNG FÜR ABNUTZUNG		
Anlagegegenstand	**Nutzungsdauer (Jahre)**	**Lineare AfA in Prozent**
Betriebsgebäude	33	$3\frac{1}{3}$
LKW	9	11
PKW	6	$16\frac{2}{3}$
Elektrokarren, Stapler	8	12,5
Drehbänke, Fräs-, Hobelmaschinen	16	6,25
Einrichtungen für Lager, Werkstätten	14	7,14
Büromöbel	13	7,7
Kopierer	7	$14\frac{1}{3}$
Computer	3	$33\frac{1}{3}$

Absetzung für Abnutzung. Beispiele für steuerliche Abschreibungssätze für Anlagegüter, die nach dem 31. 12. 2000 angeschafft oder hergestellt worden sind

bungen gelten für Klein- und Mittelbetriebe, die als Anreiz für den Kauf neuer Anlagegüter diese schneller abschreiben dürfen **(Sonderabschreibungen),** und für Betriebe, die Maschinen beispielsweise nicht mehr nutzen (Brandschaden, Einsatz wirtschaftlich unrentabel), sodass diese mit dem Buchwert voll abgeschrieben werden können **(Vollabschreibung).**

Abteilung, die Zusammenfassung mehrerer Stellen in einem Unternehmen unter einer einheitlichen Leitung (Abteilungsleiter). Abteilungen sind ein Element der Aufbauorganisation *(siehe dort).*

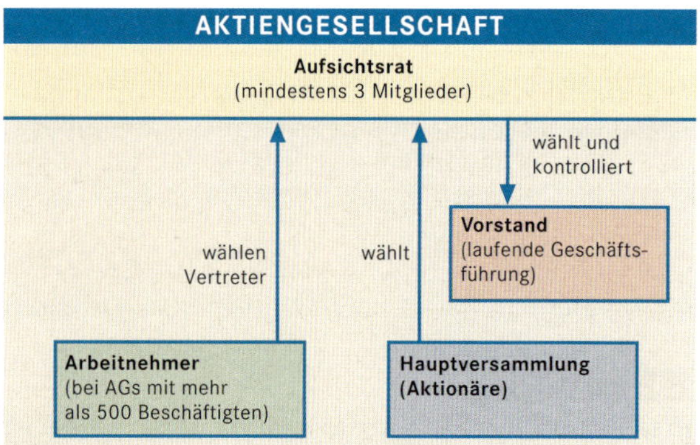

Aktiengesellschaft. Machtverhältnisse in einer AG

Aktiengesellschaft, Abkürzung **AG,** eine Kapitalgesellschaft mit eigener Rechtspersönlichkeit (juristische Person), deren Firmenbezeichnung immer den Zusatz ›Aktiengesellschaft‹ oder die Abkürzung AG enthalten muss. Rechtsgrundlage ist das Aktiengesetz.
Eine AG kann durch eine **(kleine AG)** oder mehrere Personen gegründet werden mit einem Grundkapital von mindestens 50 000 €. Dieses Grundkapital wird aufgeteilt in Anteile (Aktien), die für die Anteilseigner oder Aktionäre (*siehe* Kapitel 11) bestimmte Rechte verbriefen. Der Nennwert einer Aktie (*siehe* Kapitel 11) muss mindestens auf 1 € lauten, Stückaktien benötigen keinen Nennbetrag. Die AG haftet mit ihrem Firmenvermögen für Schulden; die Aktionäre tragen nur das Risiko des Wertverlustes ihrer Aktien, was bis zum Totalausfall führen kann.
Organe einer AG sind der Vorstand *(siehe dort)* als Leitungsgremium der Gesellschaft, der Aufsichtsrat *(siehe dort)* als Kontrollorgan für den Vorstand und die Hauptversammlung *(siehe dort)* als Zusammenkunft der Aktionäre, die z. T. den Aufsichtsrat wählt und formal über die Geschäftspolitik beschließt.

Aktiva, sämtliche in ihrem Geldwert dargestellten Vermögenswerte eines Unternehmens wie Gebäude, Maschinen oder Forderungen; sie stehen im Unterschied zu den Passiva *(siehe dort)* auf der linken Seite der Bilanz *(siehe dort).* Von **Aktivierung** wird gesprochen, wenn ein Vermögensgegenstand in die Bilanz auf die Aktivseite aufgenommen wird, z. B. bei Kauf einer Maschine oder eines Fahrzeugs.
Ist bei einem Geschäftsvorfall nur die Aktivseite betroffen, dann spricht man von einem **Aktivtausch.** Hebt z. B. der Unternehmer Geld von seinem Geschäftskonto ab und legt diesen Betrag in seine Betriebskasse, vermindert sich der Aktivposten Bank, der Kassenbestand hingegen erhöht sich.

Angebot: Ein Angebot enthält üblicherweise Angaben über 1) Art, Güte, Beschaffenheit der Ware; 2) Preis und Menge der Ware; 3) Verpackungskosten und Verpackungsart; 4) Lieferungsbedingungen, d. h. Beförderungskosten einschließlich Lieferzeit; 5) Zahlungsbedingungen, z. B. Skonto; 6) Erfüllungsort und Gerichtsstand (Wer haftet für die Ware? Wo wird geklagt?).
Neben diesen im Angebot enthaltenen Angaben enthält der **Angebotsvergleich** weitere Merkmale wie Zuverlässigkeit des Lieferers, Qualität der Erzeugnisse, Kundendienst, Abwicklung von Reklamationen usw., um den günstigsten Lieferanten zu ermitteln. Mithilfe der Bezugskalkulation werden für verschiedene Angebote die Bezugspreise und Bezugskosten *(siehe dort)* für eine bestimmte Einheit (Stück, kg) ermittelt und miteinander verglichen.

Anhang, für Kapitalgesellschaften und Genossenschaften gesetzlich vorgeschriebener Teil des Jahresabschlusses. Er dient der näheren Erläuterung von Bilanz und Gewinn-und-Verlust-Rechnung. Der Anhang gibt Auskunft u.a. über Abschreibungsformen, Zusammensetzung des Vermögens und Laufzeit der Verbindlichkeiten.

Anlagendeckung, Kennziffer zur Beurteilung der finanziellen Verhältnisse eines Unternehmens. Wird das Anlagevermögen durch Eigenkapital und eventuell auch durch langfristig zur Verfügung stehendes Fremdkapital mindestens zu 100% gedeckt, so spricht man von einem stabilen Unternehmen. Der Deckungsgrad sollte nicht unter 100% liegen.

Anlagevermögen, Anlagen, alle Wirtschaftsgüter, die dazu bestimmt sind, dauerhaft dem Geschäftsbetrieb zu dienen, z.B. Grundstücke, Gebäude, Maschinen, Fahrzeuge, Betriebs- und Geschäftsausstattung. Neben diesen **Sachanlagen** gehören in Großunternehmen auch **Finanzanlagen** wie Beteiligungen sowie immaterielle Vermögensgegenstände wie Patente und Lizenzen zum Anlagevermögen. Zusammen mit dem Umlaufvermögen *(siehe dort)* bildet das Anlagevermögen im Wesentlichen die Aktivseite der Bilanz *(siehe dort)*.

ANSCHAFFUNGSKOSTEN

Anschaffungspreis	18 000 €
+ Nebenkosten	3 000 €
	21 000 €
– 2% Skonto	420 €
= **Anschaffungskosten**	20 580 €

Anschaffungskosten. Beispiel für die Ermittlung der Anschaffungskosten

Anschaffungskosten, alle Aufwendungen, die zu leisten sind, um das Wirtschaftsgut zu erwerben und in einen betriebsbereiten Zustand zu versetzen; dazu sind dem Anschaffungspreis alle Nebenkosten hinzuzurechnen und Preisminderungen abzuziehen. Beispiel: Wir beziehen eine Maschine von 20 000 € netto mit 10% Rabatt und Transport- und Montagekosten von 3 000 € netto; die angebotenen 2% Skonto werden ausgenutzt; die in den Rechnungen ausgewiesenen 19% Umsatzsteuer werden hier nicht benötigt. Die errechneten Anschaffungskosten sind in der Bilanzposition Maschine zu aktivieren.

Ansparrücklage, eine Regelung für kleine und mittlere Unternehmen (Eigenkapital bis 204 517 €), die für geplante neue Investitionen bis zu 154 000 € (maximal 40% der Investitionssumme) in eine steuersparende Rücklage stellen dürfen.
Beispiel: Möchte ein Unternehmer im Jahr 2 eine Maschine im Wert von 100 000 € erwerben, dann kann er im Jahr 1 eine steuerfreie Rücklage von 40 000 € bilden, die in dem Jahr 1 zu einem buchungsmäßigen Aufwand (aber eben nicht zu einer tatsächlichen Ausgabe) von 40 000 € führt. Der Gewinn im Jahr 1 wird also um die Abschreibung von 40 000 € vermindert. Diese angesparte Rücklage erhöht im Jahr 1 die flüssigen Mittel, muss allerdings in dem tatsächlichen Investitionsjahr (hier 2) aufgelöst werden, sodass dann der Gewinn um die 40 000 € erhöht wird.

Arbeitsgemeinschaft, Abkürzung **ARGE,** Form der Kooperation von Unternehmen bei Großprojekten, häufig im Baubereich. So übernehmen mehrere Bauunternehmen z. B. den Auftrag zum Bau einer neuen ICE-Strecke. Mit einer solchen **Gelegenheitsgesellschaft** verfolgen die rechtlich und wirtschaftlich selbstständig bleibenden Unternehmen das Ziel, das Projekt gemeinsam erfolgreich durchzuführen. Eine ähnliche Arbeitsgemeinschaft ist das **Konsortium,** das meist als Bankenkonsortium (*siehe* Kapitel 10) bekannt ist, sowie die **Interessengemeinschaft.**

Arbeitsvorbereitung, sämtliche Maßnahmen, mit denen der Fertigungsprozess geplant, organisiert und gesteuert wird. Die Arbeitsvorbereitung umfasst die **Fertigungsplanung,** d.h. die Aufstellung von Stücklisten, Bedarfsplanung (Bereitstellung von Material, Personal und Maschinen) und Ablaufplanung (Terminplanung), die **Fertigungssteuerung** als Durchführung eines Fertigungsauftrags und die **Vorkalkulation,** d.h. die Ermittlung des Angebotspreises und der Stückkosten, bevor die eigentliche Produktion beginnt.

Audit: Ein neutrales, anerkanntes Institut begutachtet die Arbeit eines Betriebes hinsichtlich ihres Qualitätsmanagements oder hinsichtlich des Umweltmanagements beim Öko-Audit *(siehe dort)*. Bei Bestehen der Überprüfung erhält das Unternehmen ein Zertifikat (Urkunde), das die gute Qualitätsarbeit in allen Bereichen bescheinigt. Dieses Verfahren wird auch **Zertifizierung** genannt. Als Audit wird auch die Revision *(siehe dort)* bezeichnet.

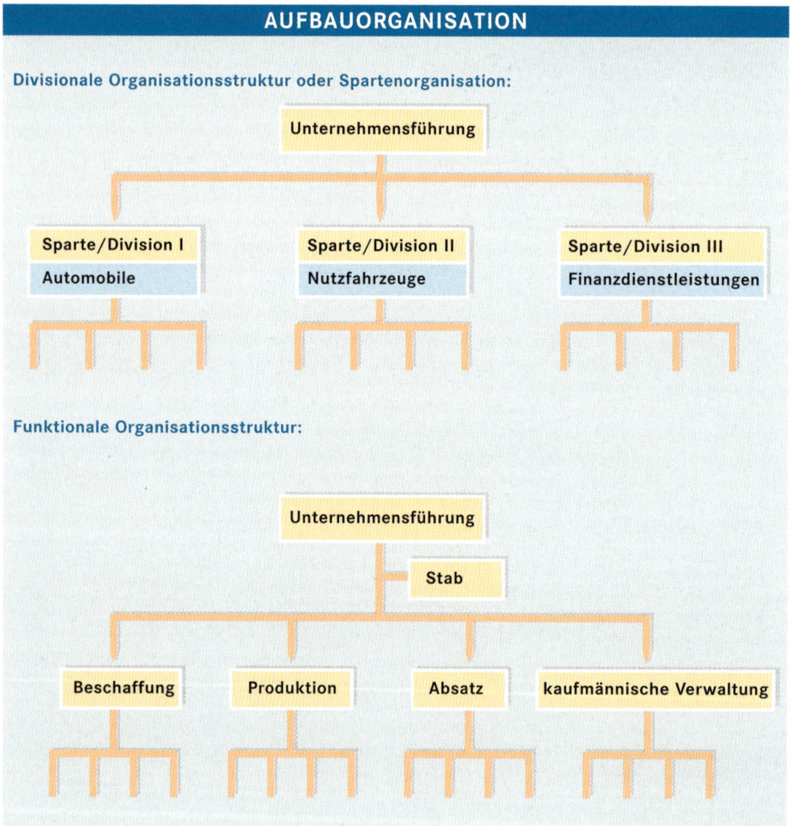

Aufbauorganisation.
Ein Unternehmen kann z. B. seine Organisation nach den Produkten (Sparten) divisional oder nach den Verrichtungen (Haupttätigkeiten) funktional gliedern.

Aufbauorganisation, die Gliederung der betrieblichen Gesamtaufgabe in Hauptaufgaben, Teilaufgaben und Elementaraufgaben und die Bestimmung der organisatorischen Einheiten (Abteilungen und Stellen), in denen die Aufgaben erledigt werden. Mithilfe der Aufbauorganisation wird somit einerseits festgelegt, welche Betriebsabteilungen welche Aufgaben haben, und andererseits bestimmt, wie die Abteilungen und Stellen zusammenarbeiten und welche Kompetenzen (Zuständigkeiten) mit den Aufgaben verbunden sind.
Der betriebliche oder unternehmerische Aufbau wird anhand eines Organisationsplanes **(Organigramm)** dargestellt. Dabei kann grundsätzlich nach den Haupttätigkeiten **(funktionale Organisation)** oder nach Produktgruppen oder Regionen **(divisionale Organisation, Spartenorganisation)** vorgegangen werden. Bei der **Matrixorganisation** wird die Gliederung nach Haupttätigkeiten mit der Gliederung nach Sparten verbunden.

Aufbewahrungspflicht: Der Kaufmann hat Belege laut Handelsgesetzbuch und Abgabenordnung mit unterschiedlichen **Aufbewahrungsfristen** aufzubewahren. Bücher, Inventare, Bilanzen, dazu notwendige Arbeitsanweisungen, Rechnungen, Organisationsunterlagen und Buchungsbelege (Lohnlisten, Kontoauszüge) sind 10 Jahre, Handels- und Geschäftsbriefe (Angebote, Bestellungen) und sonstige Besteuerungsunterlagen sind 6 Jahre aufzubewahren.

Aufsichtsrat, Abkürzung **AR,** gesetzlich vorgeschriebenes Kontrollorgan bei einer Genossenschaft, einer KGaA und einer Aktiengesellschaft; auch eine GmbH mit mehr als 500 Arbeitnehmern muss über einen AR verfügen.
Der Aufsichtsrat hat in erster Linie die Geschäftsführung bzw. den Vorstand zu berufen und abzuberufen, zu beraten und zu überwachen sowie den Jahresabschluss zu prüfen, darf aber nicht in die unmit-

telbare Leitung des Unternehmens eingreifen. Im Aufsichtsrat sitzen vor allem Vertreter der Anteilseigner, je nach Regelung der unternehmerischen Mitbestimmung (*siehe* Kapitel 8) auch Vertreter der Belegschaft und der Gewerkschaft.

Aufwand, Aufwendungen, Wert sämtlicher in einem Geschäftsjahr verbrauchter Güter und Dienstleistungen ohne Rücksicht auf den betrieblichen Zweck **(Gesamtaufwand).**
Die in der Finanzbuchhaltung verbuchten Aufwendungen sind z. B. Löhne, Gehälter, Materialeinsatz, gesetzliche Sozialabgaben, Energiekosten. Da sie betrieblich bedingt sind, werden sie auch als **Zweckaufwand** bezeichnet. Nichts mit dem Betriebszweck zu tun hat der **neutrale Aufwand,** der gesondert erfasst wird und sich unterteilt in: 1) **betriebsfremde Aufwendungen,** z. B. Spenden an Greenpeace, Verluste aus Aktienspekulationen; 2) **periodenfremde Aufwendungen,** d. h., Vorfälle des jetzigen Geschäftsjahres haben ihre Ursache in vorherigen Geschäftsjahren, z. B. Gewerbesteuernachzahlungen für das vergangene Jahr; 3) **außerordentliche Aufwendungen,** d. h. Vorfälle, die den Betriebszweck betreffen, aber nicht regelmäßig geschehen, z. B. Verluste beim Verkauf von nicht mehr benötigten Maschinen. Sämtliche Aufwendungen werden in der Gewinn-und-Verlust-Rechnung *(siehe dort)* erfasst und den Erträgen gegenübergestellt.

Ausgaben, im Rechnungswesen alle baren oder bargeldlosen **Auszahlungen** als Abfluss von liquiden Mitteln sowie auch alle Schuldenzugänge, die durch erhaltene Rechnungen entstehen und zu einem Anwachsen der Verbindlichkeiten führen (Gegenteil: Einnahmen und Einzahlungen).

Außenfinanzierung: Dem Unternehmen wird Kapital von außen zugeführt. Die Außenfinanzierung erfolgt z. B. durch die Aufnahme von Bankkrediten oder durch Einlagen und Beteiligungen von Gesellschaftern. Unterschieden werden also Beteiligungsfinanzierung *(siehe dort)* und Fremdfinanzierung *(siehe dort)*. Das Kapital bei der Außenfinanzierung stammt also nicht aus dem betrieblichen Umsatz- und Leistungsprozess wie bei der Innenfinanzierung.

Außenprüfung, die Betriebsprüfung (*siehe* Kapitel 5).

Außenstände, die Forderungen *(siehe dort)* eines Unternehmens aus Lieferungen und Leistungen, die von den Kunden noch nicht beglichen wurden.

AUFWAND

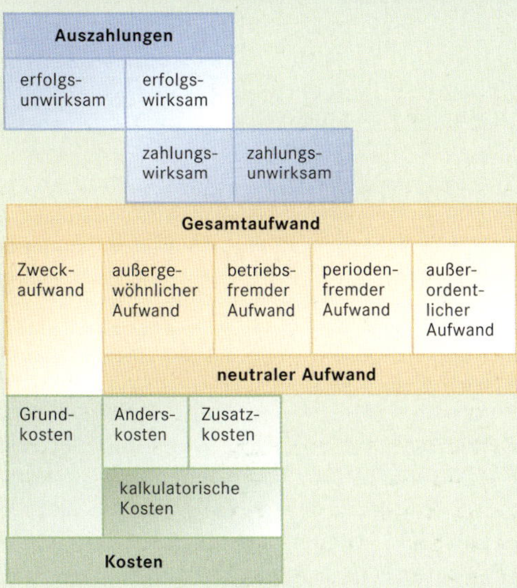

Die Kosten sind abzugrenzen sowohl von den Auszahlungen (Abfluss liquider Mittel) als auch vom Aufwand (bewerteter, periodisierter Verbrauch an Gütern und Dienstleistungen), der auch unabhängig von der betrieblichen Leistungserstellung anfallen kann (neutraler Aufwand). Es gibt Auszahlungen, die nicht erfolgswirksam sind, d. h., es erfolgt keine Erfassung in der Gewinn-und-Verlust-Rechnung (z. B. Rückzahlungen eines Kredits). Sind Auszahlungen sowohl zahlungs- als auch erfolgswirksam, sind sie Teil des Gesamtaufwands, der auch zahlungsunwirksam sein kann (z. B. Abschreibung einer Maschine). Der neutrale Aufwand entsteht unabhängig von der betrieblichen Leistungserstellung als periodenfremder Aufwand (z. B. Steuernachzahlung), außerordentlicher Aufwand (z. B. Brandschäden der Produktionsstätte), betriebsfremder Aufwand (z. B. Aktienhandel bei einem Industriebetrieb) und außergewöhnlicher Aufwand, der infolge von Bewertungsunterschieden anfällt. Die kalkulatorischen Kosten führen im Gegensatz zu den Grundkosten nie zu Auszahlungen, da sie als Anderskosten durch die unterschiedliche Bewertung von Vorgängen in der Kosten- und Leistungsrechnung im Vergleich zum Jahresabschluss entstehen (z. B. kalkulatorische Abschreibungen), oder da sie als Zusatzkosten nur in der Kosten- und Leistungsrechnung berücksichtigt werden (z. B. kalkulatorischer Unternehmerlohn).

Aufwand. Abgrenzung der Begriffe Aufwand, Auszahlungen und Kosten

Automatisierung.
Der Einsatz von Industrierobotern in der Automobilproduktion

Automatisierung, die Einrichtung und Durchführung von Arbeits- und Produktionsprozessen in einer Weise, dass der Mensch für ihren Ablauf nicht unmittelbar tätig zu werden braucht, sondern alle Prozesse (einschließlich ihrer Steuerung, Regelung und teilweise auch Kontrolle) selbsttätig erfolgen. Während durch die **Mechanisierung** der Produktion die Arbeitsleistung durch mechanische Werkzeuge und Maschinen unterstützt oder ersetzt wird, ist Automatisierung dadurch gekennzeichnet, dass durch sie auch die Regulation und Organisation des logisch notwendigen Ablaufs der einzelnen Arbeitsschritte von technischen Anlagen übernommen werden, der Mensch den Ablauf lediglich überwacht.
Es können einzelne Arbeitsvorgänge automatisiert werden (Verfahrensautomatisierung), ein bestimmter Produktionsprozess wie durch den Einsatz von Industrierobotern in der Automobilherstellung (Prozessautomatisierung) oder die gesamte Herstellung wie bei der Massenproduktion von Zigaretten (Systemautomatisierung). Die Automatisierung ist ein wichtiges Instrument zur Rationalisierung *(siehe dort)*.

Bankrott, die schuldhafte Herbeiführung einer Überschuldung oder Zahlungsunfähigkeit eines Unternehmens, die zur Insolvenz *(siehe dort)* führt.

Basel II, umgangssprachliche Bezeichnung für ein 1999 bis 2006 erarbeitetes Konzept zur Erhöhung der Sicherheit und Solidität des internationalen Finanzsystems. Ziel ist es, die Kapitalanforderungen an Banken stärker vom wirtschaftlichen Risiko abhängig zu machen sowie neuere Entwicklungen auf den Finanzmärkten und im Risikomanagement der Institute zu berücksichtigen.
Die Vereinbarung enthält drei Säulen, die sich gegenseitig ergänzen: 1) Die Mindestkapitalanforderungen richten sich nach einem Kapitalkoeffizienten, der mindestens 8 % (Eigenkapital im Verhältnis zum Risikovolumen) betragen soll, außerdem sollen operationelle Risiken stärker berücksichtigt werden; 2) das bankenaufsichtliche Überprüfungsverfahren wird neu geregelt; 3) die Kreditinstitute müssen erhöhten Offenlegungsanforderungen genügen.
Vor allem die Auswirkungen der neuen Eigenkapitalregeln auf die Verfügbarkeit von Bankkrediten und die Kreditbedingungen für mittelständische Unternehmen waren umstritten.

Beleg, Grundlage, um von einem Geschäftsfall sprechen zu können, aus dem eine Buchung wird (z. B. Rechnung, Quittung). Es gilt der Grundsatz: Keine Buchung ohne Beleg (Belegprinzip).
Ein Beleg muss bestimmte Informationen enthalten: Belegtext, Belegnummer, Buchungsbetrag und -datum, Aussteller. Es gibt **Fremdbelege,** die von außen in das Unternehmen gelangen, z. B. Eingangsrechnungen, Quittungen, Geschäftsbriefe, Bankbelege, Postbelege und Gutschriften, daneben auch **Eigenbelege,** die im Unternehmen selbst erstellt werden, z. B. Durchschriften von Ausgangsrech-

nungen, Lohn- und Gehaltslisten, Belege über Materialentnahmen.
Sollten **Originalbelege** abhanden gekommen sein (z. B. Verlust, Zerstörung) oder sind Fremdbelege nicht zu erhalten, so sind Ersatzbelege zu erstellen, die Zeitpunkt, Grund und Höhe der Ausgabe enthalten (z. B. fehlende Taxifahrtquittungen).

Benchmarking, eine Methode, mit der Arbeits- und Produktionsprozesse, Managementtechniken, Produkte oder Bereiche im eigenen Unternehmen oder mit denen von Wettbewerbern verglichen werden. Dadurch sollen eigene Schwächen festgestellt und Möglichkeiten zur Verbesserung genutzt werden. Die Benchmark definiert somit Vergleichswerte, die zur Messung der tatsächlichen Zielsetzung verwendet werden, z. B. Organisation des Vertriebs im Ausland.

Beschaffung, diejenigen Tätigkeiten eines Unternehmens, die darauf gerichtet sind, alle für die Leistungserstellung notwendigen Produktionsfaktoren zu erlangen und bereitzustellen. Im weiteren Sinn zählen zur Beschaffung Material, Anlagegüter (Betriebsmittel), Arbeitskräfte, Kapital, Dienstleistungen (Steuer- und Betriebsberatung, Schulung), Rechte, externe Informationen, im engeren Sinn allerdings nur Sachgüter (Roh-, Hilfs-, Betriebsstoffe und Halbfabrikate) und Dienstleistungen (einschließlich Rechte und Informationen). In der Praxis werden die Begriffe Beschaffung und **Einkauf** gleichbedeutend verwendet, über die Beschaffung hinaus geht die Materialwirtschaft *(siehe dort)*.
Zur Beschaffung gehören die folgenden Tätigkeiten: 1) Bedarfsermittlung, bestimmt durch Kundenaufträge und Lagerbestand, 2) Bezugsquellenermittlung durch Angebotsvergleich, 3) Bestellung des Materials, 4) Materialannahme mit Eingangsprüfung von Menge und Qualität, 5) Lagerung des Materials. Ziel der Beschaffung auf den verschiedenen **Beschaffungsmärkten** ist es, die benötigten Güter in richtiger Qualität und Menge, am richtigen Ort, zur richtigen Zeit, zu möglichst geringen **Beschaffungskosten,** einschließlich der Bezugskosten *(siehe dort)* und Lagerhaltungskosten, bereitzustellen.

Beschäftigung, das Ausnutzen der betrieblichen Kapazität *(siehe dort)* als mengenmäßiges Leistungsvermögen der betrieblichen Produktionsfaktoren. Der **Beschäftigungsgrad** oder Kapazitätsausnutzungsgrad stellt das Verhältnis der tatsächlichen Produktion zur möglichen Produktionsmenge dar. Können mit den vorhandenen Maschinen und Arbeitskräften z. B. 100 000 Stück monatlich produziert werden, tatsächlich sind es aber 70 000 Stück, dann beträgt der Beschäftigungsgrad 70 %.

Beteiligung, Kapitalbeteiligung, das Eigentum von Anteilen an einem Unternehmen, z. B. in Form von Aktien einer AG oder Kommanditeinlagen in einer KG, zum Zwecke einer langfristigen kapitalmäßigen Bindung. Anteile an Personengesellschaften stellen immer eine Beteiligung dar. Bei Kapitalgesellschaften gilt im Zweifel der Besitz von 25 % des Grund- oder Stammkapitals als Beteiligung; eine Beteiligung von mehr als 25 % verschafft dem Eigentümer die **Sperrminorität,** um Satzungsänderungen des Unternehmens zu verhindern. Beteiligungen unter 25 % werden als Minderheitsbeteiligungen, über 50 % als Mehrheitsbeteiligungen bezeichnet. Durch die kapitalmäßige Verflechtung entsteht ein Konzern (*siehe* Kapitel 2).

Beteiligungsfinanzierung, Form der Außenfinanzierung und Eigenfinanzierung, wobei Eigenkapital durch Geld- oder Sacheinlagen von bereits vorhandenen oder neu hinzutretenden Gesellschaftern eines Unternehmens beschafft wird; die Kapitalgeber werden Miteigentümer (Aktionäre, Gesellschafter). Die Beteiligungsfinanzierung erfolgt bei einer AG durch Ausgabe neuer Aktien und bei der GmbH durch Übernahme von Anteilen am Stammkapital. Personengesellschaften beschaffen sich Eigenmittel durch Einlagen der Gesellschafter. Einem Einzelunternehmen kann neues Eigenkapital durch Übertragung von Privatvermögen in das Betriebsvermögen zugeführt werden.

Betrieb, eine Wirtschaftseinheit, die Güter bzw. Leistungen erstellt und auf Märkten anbietet. Es wird der Begriff ›Betrieb‹ häufig mit technisch-organisatorischer Einheit gleichgesetzt, das Unternehmen *(siehe dort)* dann eher mit juristisch-finanzieller Einheit. Beispiel: Die Volkswagen AG ist das Unternehmen, die einzelnen Werke des Unternehmens weltweit sind Betriebe.

Betriebsabrechnung, die zahlenmäßige Abbildung des Produktionsprozesses im Rahmen der Kostenrechnung. Ein wichtiges Hilfsmittel für die Kostenstellenrechnung *(siehe dort)* ist dabei der Betriebsabrechnungsbogen (BAB).

BETRIEBSGRÖSSE				
Rang	Unternehmen	Branche	Umsatz (Mio. €) 2007	Beschäftigte 2007
1	Volkswagen	Automobil	108 897	329 305
2	Daimler	Automobil	99 399	272 382
3	Siemens	Mischkonzern	72 488	398 200
4	E.ON	Energie	68 731	87 815
5	Metro	Handel	64 337	242 378
6	Deutsche Post	Logistik	63 512	475 100
7	Deutsche Telekom	Telekommunikation	62 516	241 426
8	BASF	Chemie	57 951	95 175
9	BMW	Automobil	56 018	107 539
10	ThyssenKrupp	Mischkonzern	51 723	191 350
11	Schwarz-Gruppe (Lidl/Kaufland)	Handel	49 600	260 000
12	Robert Bosch	Autozulieferer	46 320	271 265
13	Rewe Group	Handel	45 060	290 421
14	Aldi (Nord und Süd)	Handel	42 038	200 000
15	RWE	Energie	41 053	63 439
16	Edeka	Handel	37 830	253 531
17	Bayer	Pharma	32 385	106 200
18	Deutsche Bahn	Logistik, Verkehr	31 309	237 078
19	Deutsche BP	Erdöl	29 947	6 076
20	Franz Haniel & Cie. GmbH	Mischkonzern	29 173	56 261

Quelle: Süddeutsche Zeitung.

Betriebsgröße.
Die größten deutschen Industrie- und Handelsunternehmen

Betriebsbuchhaltung: Die Betriebsbuchhaltung hat die Aufgabe, die angefallenen Kosten im Betrieb aufzuzeichnen und den Stellen (Kostenstellen) und Produkten (Kostenträgern) zuzurechnen, die sie verursacht haben. Die unternehmensbezogene **Geschäftsbuchhaltung** oder **Finanzbuchhaltung** nennt man auch Buchführung *(siehe dort)* oder externes Rechnungswesen, während die Betriebsbuchhaltung auch als internes Rechnungswesen oder Kostenrechnung *(siehe dort)* bezeichnet wird.

Betriebsergebnis, Betriebserfolg, das Ergebnis der betrieblichen Tätigkeit, d. h. der Betriebsgewinn oder Betriebsverlust. Der **Betriebsgewinn** ist die Differenz zwischen Leistungen (insbesondere den Erlösen, also den Absatzleistungen) des Betriebes und den Kosten, die dafür verursacht werden. Dieses Ergebnis darf nicht mit dem Gesamtergebnis des Unternehmens verwechselt werden, das sich aus der Differenz der Erträge und der Aufwendungen in der Gewinn-und-Verlust-Rechnung *(siehe dort)* als Jahresüberschuss oder Jahresfehlbetrag darstellt. Darin werden auch Erträge und Aufwendungen erfasst, die mit der eigentlichen Betriebstätigkeit nichts zu tun haben und deshalb als neutrale Posten bezeichnet werden, z. B. Erträge aus Geldanlagen.

Betriebsgröße: Für die Beurteilung der Größe eines Unternehmens gibt es mehrere Merkmale: zuerst den Umsatz (Erlöse), die Zahl der Beschäftigten, die Bilanzsumme (Summe des Vermögens bzw. des Kapitals), die Marktstellung, den Wirtschaftszweig. Eine Tischlerei mit 30 Beschäftigten ist im Handwerk ein größeres Unternehmen, eine Möbelfabrik mit 30 Beschäftigten ist in der Industrie ein Kleinbetrieb – die Unterscheidung in Betriebsgrößen ist also nicht immer pauschal zu beurteilen. Von einer **optimalen Betriebsgröße** spricht man dann, wenn eine bestimmte Ausbringungsmenge mit den niedrigsten Stückkosten hergestellt werden kann.

Betriebsmittel, alle betrieblichen Produktionsfaktoren *(siehe dort),* die der Leistungserstellung dienen, z. B. Grundstücke, Gebäude, Maschinen, Werkzeuge, Transport- und Fördermittel, Lagereinrichtungen, Büro- und Geschäftsausstattung sowie Rechte (Patente, Lizenzen), aber nicht in den Produkten aufgehen wie Rohstoffe.

betriebsnotwendiges Kapital, das Eigen- und Fremdkapital, das zur Erreichung der Betriebsziele notwendig ist. Das gesamte **Betriebsvermögen** wird um alle nicht betriebsnotwendigen Teile bereinigt (z. B. Privatfahrzeuge). Das betriebsnotwendige Kapital ist die Berechnungsgrundlage für die kalkulatorischen Zinsen als Teil der kalkulatorischen Kosten *(siehe dort).*

Betriebsstoffe, alle Stoffe zur Durchführung des Produktionsprozesses, z. B. Energie, Kühl- und

Schmierstoffe. Betriebsstoffe gehen im Unterschied zu Roh- und Hilfsstoffen nicht in die Erzeugnisse ein, sondern dienen zum Betreiben der Fertigungsanlagen.

Betriebs- und Geschäftsausstattung, Teil des Anlagevermögens *(siehe dort).*

Betriebsvergleich, Teil der Bilanzanalyse *(siehe dort).*

Betriebswirtschaftslehre, Abkürzung **BWL,** die Lehre von den Unternehmen (Betrieben); neben der Volkswirtschaftslehre stellt sie die andere bedeutende Teildisziplin der Wirtschaftswissenschaften dar. Ziel der BWL ist die Beschreibung und Erklärung einzelwirtschaftlicher Phänomene (betriebswirtschaftliche Theorie) sowie die Erarbeitung von Handlungsempfehlungen und Verfahrensregeln für die in der Praxis Tätigen (angewandte BWL). Dabei geht es um die Festlegung von Betriebszielen, die Gestaltung und Steuerung betrieblicher Leistungs- und Austauschprozesse und die Ausformung der Entscheidungen hinsichtlich Art und Menge der zu beschaffenden Produktionsfaktoren, deren Einsatz (Faktorkombination in der Leistungserstellung) sowie die Verwertung der erbrachten Leistung am Markt.
Die allgemeine BWL befasst sich mit Erscheinungen und Problemen, die allen Betrieben gemeinsam sind. Zum **Leistungssystem** zählen die Teilfunktionen Beschaffung und Logistik (Materialwirtschaft), Produktion (Produktionswirtschaft) und Absatz (Absatzwirtschaft, Marketing, einschließlich Werbung, Vertrieb und Marktforschung). Diese Bereiche werden ergänzt durch finanzwirtschaftliche Funktionen (Investition und Finanzierung). Das **Lenkungssystem** umfasst die Bereiche Informationswirtschaft (Controlling, Rechnungswesen), Personalwesen (Personalwirtschaft) und Unternehmensführung (Organisation und Führung, Planung und Kontrolle, Management).
Die Kernbereiche der allgemeinen BWL werden ergänzt durch spezielle Betriebswirtschaftslehren. Traditionell wird zwischen Industrie-, Handels-, Bank-, Versicherungs- und landwirtschaftlicher Betriebslehre sowie der Lehre von den öffentlichen Betrieben und der öffentlichen Verwaltung unterschieden.

Bewegungsbilanz: Die in einem Geschäftsjahr (es beträgt immer 12 Monate) zu verzeichnenden Veränderungen der Bilanzpositionen werden in Form eines Bilanzschemas gegenübergestellt. Dabei werden auf der linken Seite (Aktivseite) positive oder auch negative Veränderungen aufgeführt, die die Mittelverwendung betreffen, z. B. Zugang an Aktiva wie Kauf einer Maschine sowie Verminderung der Passiva wie Rückzahlung von Verbindlichkeiten oder private Entnahme. Die rechte Seite (Passivseite) dagegen enthält alle Veränderungen, die die Mittelbeschaffung betreffen, z. B. Zugang an Passiva wie Aufnahme von Darlehen, der Eigentümer stellt dem Unternehmen private Mittel zur Verfügung sowie Abgang an Aktiva wie Geldausgabe und Verkauf eines Lkw. Diese Bewegungen der Bilanzpositionen in mehreren aufeinanderfolgenden Jahren geben einen genauen Überblick über das Finanzierungsgeschehen (Zahlungseingänge und -ausgänge) des jeweiligen Unternehmens.

Bewertung, die Zuordnung einer Geldgröße auf bestimmte Güter oder Handlungsalternativen. Die Wertansätze im Jahresabschluss (Bilanz, Gewinn-und-Verlust-Rechnung) gründen sich entsprechend den handels- und steuerrechtlichen Vorschriften auf die Anschaffungskosten *(siehe dort),* die Herstellungskosten *(siehe dort),* den Teilwert und den gemeinen Wert. Die Kostenrechnung legt den Tageswert zugrunde, um nicht Scheingewinne oder -verluste auszuweisen, oder benutzt Verrechnungspreise. Bei der Bewertung ganzer Unternehmen werden meist der Substanzwert und der Ertragswert herangezogen.
Bewertungsgrundsätze dienen dazu, den gesetzlichen Regeln des Handelsgesetzbuches und der Abgabenordnung zu entsprechen, die Unternehmensführung wirklichkeitsnah zu informieren und Gläubiger und Gesellschafter zu schützen. So darf ein Grundstück, das für 500 000 € 1981 gekauft wurde, heute nicht mit einem vielleicht zu erzielenden Verkaufspreis von 10 Mio. € in die Bilanz eingesetzt werden. Es würde ein Wert dargestellt, der beim tatsächlichen Verkauf dann doch nicht erreicht wird. Deshalb bildet das **Vorsichtsprinzip** die Grundlage jeder Bewertung. Im Einzelnen gelten folgende Bewertungsgrundsätze:
1) Nicht abnutzbare Anlagegüter wie Grundstücke sind höchstens mit den Anschaffungskosten zu bewerten (hier also mit 500 000 €). Ein niedrigerer Wert muss angesetzt werden, wenn z. B. ein Grund-

stück durch Dioxin verseucht ist. Die Wertminderungen werden jeweils durch außerplanmäßige Abschreibungen berücksichtigt.

2) Abnutzbare Anlagegüter wie Maschinen, Fuhrpark, Gebäude werden zu Anschaffungs- oder Herstellungskosten, vermindert um planmäßige Abschreibungen, bewertet **(Niederstwertprinzip).** Außerplanmäßige Abschreibungen sind vorzunehmen, um diese Wirtschaftsgüter mit dem tatsächlichen Marktwert zu bemessen (strenges Niederstwertprinzip). Der dann bilanzierte Wert ist nach dem Einkommensteuergesetz der **Teilwert.** Verliert ein PC durch den technischen Fortschritt so viel an Wert, dass der Buchwert von 6 000 € auf heute 2 000 € fällt, so sind 4 000 € außerplanmäßig auf den Teilwert von 42 000 € abzuschreiben.

3) Güter des Umlaufvermögens (z. B. Stahl, Holz) können handelsrechtlich nach verschiedenen Verfahren bewertet werden, sofern die Ergebnisse nicht gegen das strenge Niederstwertprinzip verstoßen. Üblich, auch steuerrechtlich nur zulässig, ist das Durchschnittsverfahren, d. h., der Durchschnittspreis der angeschafften Güter wird errechnet.

4) Schulden sind mit dem Rückzahlungsbetrag anzusetzen; nach dem **Höchstwertprinzip** ist der höhere Tageswert anzusetzen.

BEZUGSKOSTEN

Listenpreis	20 000 €
- Liefererrabatt (10 %)	2 000 €
= Rechnungspreis	18 000 €
- Liefererskonto (2 %)	360 €
= Bareinkaufspreis	17 640 €
+ Bezugskosten	560 €
= **Bezugspreis**	18 200 €

Bezugskosten. Beispielrechnung für die Ermittlung des Bezugspreises

Bezugskosten, solche Kosten, die bei der Beschaffung von Gütern neben dem eigentlichen Kaufpreis anfallen. Dazu gehören Verpackungskosten (vom Kunden zu tragende Versandverpackung), Frachtgebühren für z. B. Bahn-, Lkw-Transport, Rollgeld (dieses erhebt der Spediteur bei Anlieferung), Kosten der Transportversicherung, Einfuhrzölle bei Einfuhren aus Nicht-EU-Ländern. Mithilfe der Bezugskosten lässt sich der **Bezugspreis** oder **Einstandspreis** ermitteln.

BGB-Gesellschaft, Gesellschaft des bürgerlichen Rechts, Abkürzung **GbR,** eine Personenvereinigung, die für gewerbliche und nicht gewerbliche Zwecke gegründet werden kann. Sie ist keine Handelsgesellschaft, da sie den Vorschriften des Bürgerlichen Gesetzbuches (BGB) und nicht des Handelsgesetzbuches (HGB) unterliegt. Die BGB-Gesellschaft ist eine häufig vorkommende Unternehmensform, um z. B. gemeinschaftlich eine Arztpraxis oder eine Steuerberaterkanzlei zu betreiben. Die Zahl der Gesellschafter ist unbegrenzt, die Geschäftsführung und Vertretung steht allen Gesellschaftern gemeinsam zu, die Finanzierung leisten alle Gesellschafter durch ihre gleichen Beiträge, wenn nichts anderes vereinbart wird. Das Vermögen der Gesellschaft ist gemeinschaftliches Vermögen der Gesellschafter, wobei ein einzelner Gesellschafter nicht über seinen Anteil gegen den Willen der anderen am Gesellschaftsvermögen verfügen kann. Für Verbindlichkeiten haften die Gesellschafter unmittelbar, unbeschränkt und gesamtschuldnerisch, also gemeinsam.

Bilanz, die nach bestimmten Vorgaben gegliederte Gegenüberstellung von bestimmten Positionen in Kontenform; in der Außenwirtschaft die Zahlungsbilanz (*siehe* Kapitel 6); in der Betriebswirtschaftslehre die Gegenüberstellung der **Aktiva** (Vermögen) und der **Passiva** (Kapital) eines Unternehmens zu einem bestimmten Zeitpunkt, dem Bilanzstichtag.
Bilanz stammt vom italienischen Wort ›bilancia‹, das ›Gleichgewicht‹ oder ›Waage‹ bedeutet, und beschreibt ein wichtiges Merkmal der Unternehmensbilanz, nämlich dass die zwei Seiten der Bilanz sich immer im Gleichgewicht befinden. Während die linke Seite das Vermögen darstellt und in Anlagevermögen *(siehe dort)* und Umlaufvermögen *(siehe dort)* unterteilt ist, gibt die rechte Seite das Eigenkapital *(siehe dort)* und das Fremdkapital *(siehe dort)* wieder; die (gleiche) Endsumme der beiden Seiten ist die **Bilanzsumme.**
Bei Beginn der Tätigkeit ist jeder Kaufmann, jedes Unternehmen nach Handels- und Steuerrecht grundsätzlich verpflichtet, eine **Eröffnungsbilanz** zu erstellen. Nach Abschluss des Geschäftsjahres ist eine Jahresbilanz **(Schlussbilanz)** aufzustellen und vom Inhaber bzw. Vorstand zu unterschreiben. Zusammen mit der Gewinn-und-Verlust-Rechnung bildet die Bilanz den Jahresabschluss *(siehe dort).*

BILANZ

Aktiva (Aktivseite)	Passiva (Passivseite)
A. Anlagevermögen	**A. Eigenkapital**
I. Immaterielle Vermögensgegenstände (Konzessionen, Lizenzen, Geschäfts- oder Firmenwert)	I. Gezeichnetes Kapital
	II. Kapitalrücklage
II. Sachanlagen (Grundstücke, technische Anlagen und Maschinen, Betriebs- und Geschäftsausstattung)	III. Gewinnrücklagen
	IV. Gewinnvortrag/Verlustvortrag
III. Finanzanlagen (Anteile und Ausleihungen an verbundene Unternehmen, Beteiligungen, Wertpapiere des Anlagevermögens)	V. Jahresüberschuss/Jahresfehlbetrag
	B. Rückstellungen (Pensions- und Steuerrückstellungen)
B. Umlaufvermögen	**C. Verbindlichkeiten** (gegenüber Kreditinstituten und Lieferanten, erhaltene Anzahlungen auf Bestellungen, sonstige Verbindlichkeiten, z. B. aus Steuern oder im Rahmen der sozialen Sicherheit)
I. Vorräte (Roh-, Hilfs- und Betriebsstoffe, unfertige Erzeugnisse und Leistungen, fertige Erzeugnisse und Waren)	
II. Forderungen und sonstige Vermögensgegenstände	**D. Rechnungsabgrenzungsposten**
III. Wertpapiere	
IV. Schecks, Kassenbestand, Bundesbank- und Postgiroguthaben, Guthaben bei Kreditinstituten	
C. Rechnungsabgrenzungsposten	

Bilanz.
Grobgliederung einer Bilanz für Kapitalgesellschaften nach § 266 Handelsgesetzbuch (stark vereinfacht)

Welche Informationen liefern Bilanzen? Die Passivseite beantwortet die Frage, woher das Kapital stammt, das im Unternehmen angelegt ist; damit ist die Finanzierung angesprochen. Die Aktivseite gibt darüber Auskunft, in welchen Vermögenswerten das Kapital angelegt ist; damit ist die Investierung angesprochen. Bilanzen zeigen allen Interessierten (Banken, Kunden, Finanzamt) Vermögen und Kapital (Schulden) sowie den Erfolg des Unternehmens im Sinne des Bilanzgewinns *(siehe dort)* an. Bilanzen legen in Zahlen die wirtschaftliche Lage dar, was insbesondere die Geldgeber (Banken, Aktionäre) im Rahmen einer Bilanzanalyse *(siehe dort)* interessiert. Die Unternehmensleitung (Vorstand, Geschäftsführung) kann ablesen, ob und wie erfolgreich sie gearbeitet hat.
Für die Aufstellung der Bilanz gibt es Bilanzierungsgrundsätze *(siehe dort),* aber auch Gestaltungsspielräume im Sinne einer Bilanzpolitik *(siehe dort).*

Bilanzanalyse, Untersuchung der Bilanz und der Gewinn-und-Verlust-Rechnung nach bestimmten Merkmalen. Das Ziel ist, die Entwicklung des eigenen Unternehmens über mehrere Jahre zu betrachten (innerbetrieblicher Vergleich) und die eigenen Daten mit denen anderer Betriebe der gleichen oder anderer Branchen zu vergleichen (Betriebsvergleich).

Der **Betriebsvergleich** wird durch Kennzahlen ausgedrückt. Die Kennzahl **Kapitalstruktur** bezieht sich auf die Zusammensetzung des Kapitals; dabei wird z. B. das Verhältnis von Eigenkapital zu Gesamtkapital (Eigenkapitalquote) oder das Verhältnis von Fremdkapital zu Gesamtkapital (Verschuldungsgrad) analysiert, wobei unter Gesamtkapital die Bilanzsumme verstanden wird.

Bei der **Vermögensstruktur,** die sich auf das Vermögen der Aktivseite der Bilanz bezieht, wird u. a. das Verhältnis von Anlagevermögen zu Umlaufvermögen (oder auch Bilanzsumme) betrachtet. Für ein produzierendes Unternehmen bedeutet ein hoher Anteil des Anlagevermögens eine moderne Betriebseinrichtung und eine gute kaufmännische Auftragsabwicklung mit einem funktionierenden Mahnwesen.

Weitere wichtige Kennziffern sind die Anlagendeckung *(siehe dort),* die Liquidität *(siehe dort)* sowie die Rentabilität *(siehe dort).*

Bilanzgewinn, der Gewinn des Jahresergebnisses von Kapitalgesellschaften, der noch verteilt werden kann; er wird auf der Passivseite der Bilanz *(siehe dort)* unter Eigenkapital ausgewiesen und setzt sich im Wesentlichen zusammen aus dem Jahresüberschuss des laufenden Jahres, dem Gewinnvortrag (oder Verlustvortrag) aus dem Vorjahr und den Einstellungen in die Rücklagen, in die die Gewinne der Vorjahre geflossen sind. Bei einem Jahresfehlbetrag entsteht in der Regel ein **Bilanzverlust.**

Bilanzierungsgrundsätze, Regeln und Prinzipien, die ein Kaufmann bzw. ein Unternehmen bei der Erstellung von Bilanzen bzw. Jahresabschlüsse einzuhalten hat. Wichtige Bilanzierungsgrundsätze sind: 1) **Bilanzwahrheit,** wonach die Vermögens- und Schuldenwerte richtig einzusetzen sind; 2) **Bilanzklarheit,** wonach die Bilanz ausreichend und übersichtlich zu gliedern ist, Verrechnungen von z. B. Aufwendungen und Erträgen nicht gestattet sind. 3) Die **Bilanzvorsicht** fordert, dass mögliche Verluste (Wertverlust eines Grundstücks durch schlechtere Verkehrsanbindung) in der Bilanz dargestellt werden müssen (das Grundstück muss außerplanmäßig abgeschrieben werden), noch nicht realisierte Gewinne (ein Grundstück würde heute ... € bringen) aber nicht ausgewiesen werden dürfen. Diese ›Ungleichbehandlung‹ wird auch als **Imparitätsprinzip** bezeichnet. 4) Nach der **Bilanzkontinuität** sind die auf den vorhergehenden Jahresabschluss angewandten Bewertungsmethoden beizubehalten, z. B. wird die gewählte Form der Abschreibung unverändert fortgeführt.

Bilanzkosmetik, Window-Dressing, die Anwendung legaler, bilanzieller Tricks, um sich als Unternehmen ärmer oder reicher zu rechnen. Beispiele: Um den auszuweisenden Jahresüberschuss zu kürzen (damit die Aktionäre nicht zu gierig auf hohe Dividenden werden), kann man z. B. Vorräte niedriger bewerten (der Verbrauch und damit der Aufwand ist dann höher). Um einen schwachen Jahresabschluss besser aussehen zu lassen, als er tatsächlich ist, kann man niedrig bewertete Vermögensgegenstände (z. B. Grundstücke) zum höheren Verkehrswert verkaufen und damit höhere Erträge erzielen, die das Eigenkapital erhöhen.

Bilanzpolitik, die Möglichkeit, bei Erstellung des Jahresabschlusses unter Beachtung gesetzlicher Vorschriften bestimmte Wahlrechte bei der Bilanzierung oder Bewertung *(siehe dort)* auszunutzen. So kann z. B. ein im November angeschaffter Lkw für die restlichen zwei Monate des Jahres abgeschrieben werden, aber er kann auch für das komplette 2. Halbjahr (6 Monate) abgeschrieben werden. Allein diese Abschreibungsmöglichkeiten würden den zu verbuchenden Aufwand und somit auch den Gewinn der Rechnungsperiode entsprechend beeinflussen.

Brainstorming, eine Technik zur Ideenfindung; sie wird mithilfe der Gruppendiskussion durchgeführt, wobei jeder Diskussionsteilnehmer völlig frei seine Gedanken und Vorschläge zu dem (betrieblichen) Problemfeld äußern soll. Auch zunächst ›unsinnige‹ oder ›nicht durchführbare‹ Lösungen werden aufgenommen. Kritik an den Vorschlägen ist während der Diskussion nicht erlaubt. In einem weiteren Prozess werden die Ideen dann z. B. hinsichtlich ihrer Tauglichkeit zur Problemlösung bewertet.

Break-even-Point, englisch für **Gewinnschwelle,** kennzeichnet diejenige Produktionsmenge, bei der die Summe der Erlöse für ein Produkt die Gesamtkosten gerade ausgleichen. Unterhalb des Break-even-Points befindet man sich in der Verlust-, oberhalb in der Gewinnzone.

Buchführung, Finanzbuchhaltung, Geschäftsbuchhaltung, die planmäßige, lückenlose und ordnungsmäßige Erfassung und Aufzeichnung **(Buchung)** der Geschäftsfälle eines Unternehmens auf der Grundlage von Belegen *(siehe dort)* und ein wesentliches Teilgebiet des Rechnungswesens im Unternehmen. Die Buchführung dient 1) der Information des Unternehmers (Dokumentation), 2) der Rechenschaftslegung gegenüber den Gesellschaftern, 3) als Besteuerungsgrundlage, 4) dem Gläubigerschutz und 5) als Beweismittel in einem Prozess. Der Unternehmer informiert sich, wie sich sein Vermögen und seine Schulden zusammensetzen und verändern, welchen Gewinn oder Verlust er innerhalb eines Zeitraums erwirtschaftet hat, welche Aufwendungen und Erträge seinen Erfolg im Einzelnen beeinflusst haben, wie hoch seine Privatentnahmen und -einlagen sind.

Wesentliche Besteuerungsgrundlagen ergeben sich aus der Buchführung (z. B. Umsatz, Gewinn). Das

BREAK-EVEN-POINT

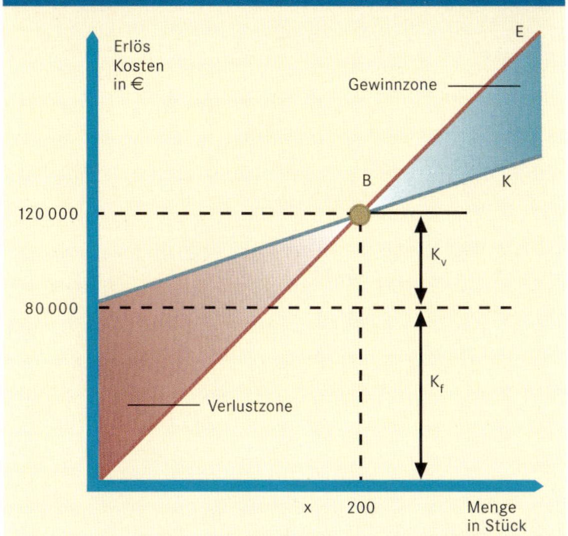

Break-even-Point. Bei einem Umsatzerlös E von 120 000 €, der mit einer Ausbringungsmenge x von 200 Stück erzielt wird, ist die Gewinnschwelle erreicht; in diesem Punkt betragen die fixen Kosten K_f 80 000 € und die variablen Kosten K_v 40 000 € (200 € x 200 Stück).

Finanzamt hat das Recht, nachzuprüfen, ob die angegebenen Besteuerungsgrundlagen stimmen. Bei einer Betriebsprüfung dient die Buchführung als Kontrollmittel zur Feststellung der zu entrichtenden Steuern.
Der direkte **Gläubigerschutz** besteht darin, dass sich eine Bank anhand geprüfter Buchführungszahlen vor der Kreditgewährung ein Urteil über die Kreditwürdigkeit des Kreditnehmers bildet und sich damit Kenntnisse über dessen wirtschaftliche Lage verschafft.

Buchführungspflicht: Wer buchführungspflichtig ist, ergibt sich aus dem Handelsgesetzbuch (HGB). Danach ist jeder Kaufmann verpflichtet, Bücher zu führen und in diesen seine Handelsgeschäfte und die Lage seines Vermögens nach den Grundsätzen ordnungsmäßiger Buchführung ersichtlich zu machen. Das gilt grundsätzlich für alle **Kaufleute.** Die Buchführungspflicht gilt nicht für Betriebe, wo ›das Unternehmen nach Art und Umfang einen in kaufmännischer Weise eingerichteten Geschäftsbetrieb (kaufmännische Organisation) nicht erfordert.‹ Hier spricht man von **Nichtkaufleuten,** die somit nicht buchführungspflichtig sind.
Die Abgabenordnung (AO) regelt die steuerrechtliche Buchführungspflicht, die für alle Kaufleute gilt. Die AO erweitert noch den buchführungspflichtigen Kreis. Danach sind alle gewerblichen Unternehmer (auch Kleinbetriebe) verpflichtet, für ihren Betrieb Bücher zu führen 1) bei Umsätzen von mehr als 500 000 € im Jahr oder 2) bei einem Gewinn aus dem Gewerbebetrieb von mehr als 30 000 €.
Selbstständig Tätige (z. B. Ärzte, Lektoren, Steuerberater) sind als Nichtkaufleute nicht buchführungs-, sondern nur aufzeichnungspflichtig (Betriebseinnahmen und Betriebsausgaben).

Buchführungssysteme: Buchführungssysteme sind 1) die **einfache Buchführung,** üblich in Kleinstbetrieben und bei Nichtkaufleuten (Ärzten, Anwälten); dabei werden die Geschäftsvorfälle in zeitlicher Abfolge in verschiedene Bücher (Kassenbuch, Wareneingangsbuch) eingetragen; der Gewinn (oder Verlust) wird durch Gegenüberstellung von tatsächlichen Einnahmen und Ausgaben des Geschäftsjahres ermittelt. Man spricht auch von **(Einnahmen-Überschuss-Rechnung).**
2) Die heute in der Praxis gebräuchliche, auch durch EDV unterstützte **doppelte Buchführung.** Dabei wird jeder Geschäftsvorfall doppelt, also auf mindestens zwei Konten *(siehe dort)* erfasst; Beispiel: Eine Maschine wird durch Überweisung gekauft, der Unternehmer ›bucht‹ dieses auf den Konten Maschinen als Zugang und auf dem Konto Bank als Minderung. Der Erfolg (Gewinn oder Verlust) wird hier sowohl über die Bilanz (durch Kapitalvergleich) als auch durch die Gewinn-und-Verlust-Rechnung ermittelt. 3) Die **kameralistische Buchführung** ist die Behördenbuchführung, die nur die Einnahmen- und Ausgabenrechnung umfasst. – Grafik S. 266

Buchwert, der Wert, mit dem ein Vermögens- oder Schuldenwert in der Finanzbuchhaltung dargestellt ist. Er muss mit dem tatsächlichen Wert nicht immer übereinstimmen; Beispiel: Ein Gebäude steht mit Herstellungskosten von 1 Mio. € in den Büchern, der Verkehrswert heute würde voraussichtlich 8 Mio. € betragen; damit würde beim Verkauf ein **Buchgewinn** von 7 Mio. € erzielt werden können.

Callcenter, Telefonzentren, die rund um die Uhr Servicedienste anbieten; Anrufer können z. B. Waren bestellen oder Reisen buchen. Sie werden themengerecht – auch automatisch oder computerge-

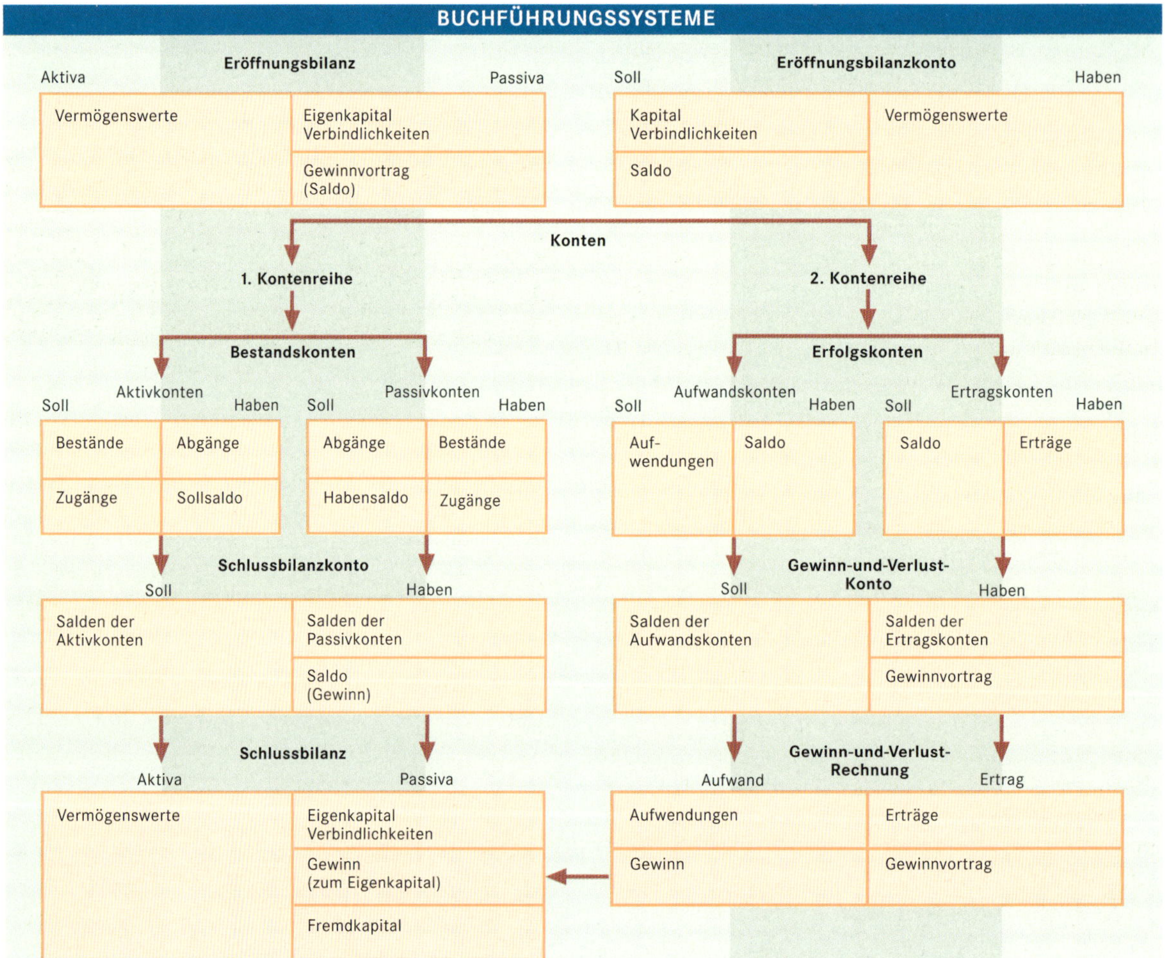

Buchführungssysteme. Die schematische Darstellung eines Buchungsgangs in der doppelten Buchführung

steuert – zum richtigen Gesprächspartner geleitet. Diese Telefonagenturen werden häufig aus Kostensenkungsgründen eingerichtet (auch außerhalb des Unternehmens) oder bieten sich als selbstständige Dienstleister an. Zielsetzung ist eine immer umfassendere Kundenberatung und -betreuung.

Cashflow, in der Bilanz- und Unternehmensanalyse verwendete Kennzahl zur Beurteilung der Finanz- und Ertragskraft eines Unternehmens. Sie wird aus dem Jahresabschluss ermittelt und erweitert diesen um alle nicht auszahlungswirksamen Aufwendungen (z. B. Abschreibungen, Erhöhung der Rückstellungen) und alle nicht einzahlungswirksamen Erträge (z. B. Bestandserhöhungen unfertiger bzw. fertiger Erzeugnisse). Der Cashflow weist somit den aus dem betrieblichen Umsatzprozess resultierenden Betrag aus, der dem Unternehmen während der Abrechnungsperiode z. B. für Investitionsausgaben, Tilgungszahlungen, Gewinnausschüttung zur Verfügung steht. Das Verhältnis von Cashflow zu Umsatzerlösen ist eine Kennzahl für die Rentabilität.

CA-Techniken, rechnergestützte Techniken (CA steht für ›Computer Aided‹), die mehrere Computersysteme einbeziehen und auch Kunden und Lieferanten. Ziele sind vor allem eine durchgängige Kosten- und Zeiteinsparung sowie eine Verbesserung der Fertigungsflexibilität. Ein wichtiges Konzept der vollständigen Rationalisierung ist **CIM** als Abkürzung für **Computer Integrated Manufacturing,** die computerintegrierte Produktion. Diese Computertechnik besteht aus einzelnen Bausteinen: 1) **CAD,** computerunterstütztes Konstruieren (Computer Aided Design): Der Rechner entwickelt, konstruiert, berechnet und zeichnet Produkte; 2) **CAM,** computerunterstütztes Produzieren (Computer Aided Manufacturing): Der Rechner organisiert und automatisiert den gesamten Fertigungsprozess; 3) **CAP,** computerunterstützte Arbeitsvorbereitung und -planung (Computer Aided Planning): Der Rechner nimmt die Informationen von CAD und CAM auf und erstellt Programme für die elektronische Steuerung von Werkzeugmaschinen; 4) **CAQ,** computerunterstützte Qualitätssicherung (Computer Aided Quality Assurance): Der Rechner kontrolliert in der Fertigung und Konstruktionsphase Fehlerursachen.

CEO, Abkürzung für **Chief Executive Officer,** im englischsprachigen Raum Bezeichnung für einen alleinigen Geschäftsführer, Vorstandsvorsitzenden oder Generaldirektor. Im Zuge der Internationalisierung verwenden auch deutsche Unternehmen immer häufiger diese Bezeichnungen. Für Personen in deutschen Unternehmen ist der Titel CEO nur ein Zusatztitel ohne die besondere rechtliche Bedeutung, wie sie in den deutschen Bezeichnungen zur Geschäftsführung enthalten ist.

Controlling, abgeleitet aus dem Wort ›to control‹ im Sinne von steuern und regeln; der Controller sammelt Informationen aus allen betrieblichen Bereichen (von Beschaffung bis zur Finanzbuchhaltung, vor allem aber Daten aus dem Rechnungswesen), unterstützt die Erarbeitung der Unternehmensziele, erstellt Planungen, analysiert Abweichungen, informiert regelmäßig die Geschäftsleitung und macht Vorschläge zur Steuerung und Veränderung der Vorgaben.

Corporate Identity, Abkürzung **CI,** alle Maßnahmen eines Unternehmens, mit denen dieses nach innen und außen ein einheitliches, überzeugendes Erscheinungsbild abgeben und ein positives Unternehmensimage am Markt und in der Öffentlichkeit aufbauen will. Dazu zählen insbesondere grafische Symbole **(Logos, Firmenzeichen),** meist verbunden mit einer besonderen Firmenfarbe und Schrifttype, aufeinander abgestimmte Werbemittel oder Vorschriften für die Korrespondenz. Die Mitarbeiter sollen für ihr Unternehmen ein ›Wir-Gefühl‹ entwickeln und sich mit ihm und seinen Produkten identifizieren.

DUDEN

Corporate Identity. Das Logo der Marke Duden

Customer Relationship Management, Abkürzung **CRM,** alle auf eine dauerhafte Kundenbindung gerichteten Marketingaktivitäten eines Unternehmens. Ziel des CRM ist es, die umsatzstärksten und auf Dauer wertvollsten Kunden zu identifizieren und zu halten. Ein erfolgreiches CRM erfordert die Konzentration aller vorhandenen Kundeninformationen an einer Stelle.

Debitoren, Kurzbezeichnung für Schuldner eines Unternehmens; Debitoren sind in der Buchführung noch offene Forderungen *(siehe dort)* gegenüber Kunden aus Warenlieferungen und Leistungen (Gegenteil: Kreditoren).

Deckungsbeitragsrechnung, besonderes Verfahren der Kostenrechnung, das die Kosten in **fixe Kosten,** unabhängig von der jeweiligen Produktionsmenge anfallende Kosten, und in **variable Kosten,** mit der Produktionsmenge ansteigende Kosten, trennt. Der **Deckungsbeitrag** ergibt sich als Differenz zwischen Erlösen und variablen Kosten. Ist er positiv, dann leistet er einen Beitrag zur Deckung der fixen Kosten, die im Betrieb insgesamt anfallen. Bei einer guten Auftragslage und damit einer Auslastung des Betriebes dient der Deckungsbeitrag auch zur Erzielung eines Gewinns. Die Deckungs-

DECKUNGSBEITRAGSRECHNUNG

Nettoerlöse (720 x 100)	= 72 000 €
– variable Kosten (530 x 100)	= 53 000 €
Deckungsbeitrag insgesamt	= 19 000 €
– Fixkosten insgesamt	= 15 000 €
Gewinn	= 4 000 €

Deckungsbeitragsrechnung. Beispiel für eine Gesamtabrechnung

beitragsrechnung ist eine Form der Teilkostenrechnung *(siehe dort)*.
Beispiel: Für ein verkauftes Einzelstück wird ein Erlös von netto 720 € erzielt. Werden die variablen Stückkosten von 530€ (Fertigungsmaterial und Fertigungslohn) abgezogen, so ergibt sich ein Differenzbetrag von 190€ als Deckungsbeitrag je Stück. Der Unternehmer konnte in 3 Monaten 100 Stück eines Produkts absetzen; seine Fixkosten belaufen sich in dieser Zeit auf 15 000 €. Der Deckungsbeitrag dieses Produkts deckt nicht nur die fixen Kosten ab, sondern trägt zum Gewinn mit 4000€ bei.

Dienstleistungsbetrieb, Unternehmen, die durch Neugründungen, Beschäftigtenzahlen und Entwicklungsdynamik immer mehr zum Motor einer modernen Wirtschaftsgesellschaft werden. Dazu gehören so unterschiedliche Betriebe wie Arztpraxis, Friseur, Steuerberater, Bankbetrieb und neuerdings viele Betriebe rund um Computer und Internet. Die typischen Merkmale sind: Das Produkt ist eine Leistung, kein Sachgut, Produzent und Konsument müssen i. d. R. persönlich zusammenkommen, die Leistung ist individuell auf den Konsumenten zugeschnitten, kein genormtes Produkt, die Möglichkeit der Rationalisierung (Ersatz von Mensch durch Maschine) ist nur begrenzt möglich.

dispositiver Faktor, dispositive Arbeit, als Teil der betrieblichen Produktionsfaktoren *(siehe dort)* die Betriebs- und Geschäftsleitung bzw. das Management.

Distributionspolitik, Teilbereich des Marketings, der alle Entscheidungen und Maßnahmen umfasst, die die Akquisition von Aufträgen im Verkauf *(siehe dort)* sowie die Verteilung (Distribution) der hergestellten Güter als Aufgabe von Vertrieb *(siehe dort)* und Logistik *(siehe dort)* betreffen, um ein Erzeugnis vom Hersteller zum Verbraucher zu bringen. Zu dieser Verteilung gehören Entscheidungen über die äußere Absatzorganisation (z. B. zentraler Verkauf durch eine Vertriebsabteilung oder dezentraler Verkauf über mehrere Vertriebssysteme oder Vertragshändler) ebenso dazu wie solche zur inneren Absatzorganisation, d. h. der Aufbau des Absatzbereichs im Unternehmen, z. B. nach Produktgruppen (produktorientiert) oder Abnehmergruppen (kundenorientiert).

Diversifikation, die Erweiterung des Leistungsangebots eines Unternehmen; es wird auf neuen Märkten aktiv. Erwirbt z. B. ein Autoproduzent einen anderen Autoproduzenten, spricht man von horizontaler Diversifikation; kauft der Autoproduzent einen Reifenhersteller, dann wäre dies eine vertikale Diversifikation (vor- oder nachgelagerte Wirtschaftsstufen). Übernimmt der Autoproduzent zu 100% eine Baumarktkette, dann steht dieses mit der Branche des kaufenden Unternehmens in keinerlei Beziehung; man spricht dann von lateraler oder konglomerater Diversifikation.

Divisionskalkulation, ein Kalkulationsverfahren *(siehe dort)*.

doppelte Buchführung, das bekannteste Buchführungssystem *(siehe dort)*.

EBDIT, Abkürzung für **E**arnings **B**efore **D**epreciation, **I**nterest and **T**axes, Ergebnis vor Abschreibungen auf Sachanlagen, Zinsen und Steuern.

EBIT, *siehe* Kapitel 11.

EBITDA, *siehe* EBIT (Kapitel 11).

EBT, Abkürzung für **E**arnings **B**efore **T**axes, Ergebnis eines Unternehmens vor Steuern.

EBTA, Abkürzung für **E**arnings **B**efore **T**axes and **A**mortization, Ergebnis eines Unternehmens vor Steuern und Abschreibung auf Sachanlagen.

E-Business, alle Geschäftsvorgänge in und zwischen Unternehmen, die über das Internet oder ein firmeninternes Netz (Intranet) abgewickelt werden. Gemeint ist damit in der Endstufe die komplette Vernetzung aller Datenflüsse, weshalb E-Business (elektronische Geschäfte) zu einer grundlegenden Veränderung von Betriebsstrukturen und -abläufen führt. Darin eingeschlossen sind die eigenen Aktivitäten als Service- oder Informationsprovider im World Wide Web (WWW). Zum E-Business zählt auch der Handel über das Internet bzw. Intranet, der als **E-Commerce (elektronischer Handel)** bezeichnet wird.

Eigenfinanzierung, die Zuführung und Erhöhung des Eigenkapitals eines Unternehmens entweder durch Einlagen von den bisherigen oder neu hinzutretenden Gesellschaftern als Beteiligungsfinanzierung *(siehe dort)*. Eigenfinanzierung liegt ebenfalls vor, wenn das Eigenkapital aus dem betrieblichen Umsatzprozess durch Einbehaltung von Gewinnen als Selbstfinanzierung *(siehe dort)* gebildet wird.

Das Gegenteil zur Eigenfinanzierung ist die Fremdfinanzierung.

Eigenkapital, eigene Mittel, der auf den oder die Eigentümer (Eigenkapitalgeber) eines Unternehmens entfallende Teil des zu einem bestimmten Zeitpunkt in das Unternehmen investierten Kapitals (Gegenteil: Fremdkapital). Das Eigenkapital steht dem Unternehmen langfristig (dauerhaft) zur Verfügung und ergibt sich als Differenz aus Vermögen (Aktiva) und Fremdkapital. Das Eigenkapital steht auf der Passivseite der Bilanz *(siehe dort)* und setzt sich vor allem aus dem gezeichneten Kapital *(siehe dort),* den Rücklagen *(siehe dort)* und dem Jahresüberschuss (Bilanzgewinn) zusammen. Aus der Bilanz nicht ersichtliche Teile des Eigenkapitals bilden die stillen Reserven.
Das Eigenkapital trägt das Verlustrisiko und übernimmt für die Verbindlichkeiten gegenüber den Gläubigern eine auf seine Höhe beschränkte Haftung **(Haftungskapital).** Der Eigenkapitalgeber hat keinen Anspruch auf Verzinsung oder Tilgung, sondern auf die erwirtschafteten Gewinne und den Liquidationserlös. Erhöhungen des Eigenkapitals entstehen durch Gewinn oder Einlagen, Verringerungen durch Verlust oder Entnahmen. Die Zuführung von Eigenkapital (Eigenfinanzierung) geschieht durch Beteiligungsfinanzierung *(siehe dort)* oder Selbstfinanzierung *(siehe dort).*

Einkauf, die Stelle oder Abteilung im Betrieb, die für die Beschaffung *(siehe dort)* der Roh-, Hilfs- und Betriebsstoffe, Fremdbauteile zuständig ist.

Einlagen, die Privateinlagen *(siehe dort).*

Einnahmen, im Rechnungswesen alle baren oder bargeldlosen **Einzahlungen** als Zuflüsse von liquiden Mitteln sowie auch alle Forderungszugänge, die durch Rechnungen an Kunden entstehen und zu einem Anwachsen des Forderungsbestandes führen (Gegenteil: Ausgaben und Auszahlungen).

Einstandspreis, Bezugspreis, ergibt sich aus dem **Einkaufspreis** netto einer Ware zuzüglich der Beschaffungskosten oder Bezugskosten *(siehe dort)* und abzüglich der Minderungen des Einstandspreises etwa durch Rabatt, Skonto, Bonus. Der Einstandspreis bildet im Einzelhandel eine der Grundlagen zur Ermittlung des Verkaufspreises.

Einzelfertigung, ein Fertigungstyp, bei dem jedes Produkt nach Kundenauftrag nur einmal hergestellt wird, z. B. Skisprungschanze.

Einzelkosten, Kosten, die sich direkt dem Kostenträger, d. h. einer bestimmtem Leistung (z. B. Reparatur) oder einem bestimmten Auftrag, zurechnen lassen (Gegenteil: Gemeinkosten); dazu zählen: Fertigungsmaterial, Fertigungslöhne, Sondereinzelkosten der Fertigung (Modelle), Sondereinzelkosten des Vertriebs (Vertreterprovision).

Einzelunternehmen: Der einzelne Unternehmer bestimmt allein, was gemacht wird; er bringt das gesamte benötigte Kapital auf und erhält auch den Gewinn allein; er trägt dafür auch das Risiko ganz allein und haftet mit seinem gesamten Vermögen auch aus seinem Privatbesitz.
Diese für kleine Betriebe gebräuchlichste Rechtsform ist im Handelsgesetzbuch (HGB) gesetzlich geregelt. Die **Firma,** also der Name, unter dem der Unternehmer seine Geschäfte betreibt und auch die Unterschrift abgibt **(Einzelfirma),** muss seinen Familiennamen und mindestens einen ausgeschriebenen Vornamen enthalten. Nötig ist auch ein Rechtsformzusatz, z. B. ›e. K.‹ (eingetragener Kaufmann) bzw. ›e. Kfr.‹ (eingetragene Kauffrau). Die Firma kann also lauten: ›Alex Bitzel e. K.‹.

eiserner Bestand, Mindestbestand, derjenige Bestand an Waren bzw. Roh-, Hilfs- und Betriebsstoffen, der jederzeit vorrätig sein muss zur Sicherung der Produktions- und Lieferbereitschaft, deshalb auch **Sicherheitsbestand.** Seine Höhe ist abhängig von dem Bedarf, der Bestellmenge und den Lieferzeiten; auch für unvorhergesehene Störungen (Streik) ist ein Mindestbestand nötig.

Entscheidung, wichtigste Aufgabe der Führung *(siehe dort)* eines Unternehmens bzw. des Managements in den zentralen Fragen der Unternehmenspolitik. Diese strategischen Entscheidungen sind unumgänglich, wenn neue, wesentliche Umstände eingetreten sind, z. B. zwei Wettbewerber schließen sich zusammen. Der Entscheidungsprozess umfasst alle Tätigkeiten der Problemanalyse, der Suche nach Handlungsalternativen, deren Vergleich und Bewertung, der Entscheidung (Entschluss) selbst und den damit verbundenen weiteren Aufträgen an andere organisatorische Einheiten. Die Entscheidung selbst besteht z. B. in der Festlegung der weiteren Unternehmenspolitik, z. B. einer Änderung der bisherigen Produkt-, Preis- und Werbepolitik.

Erfolg, das Ergebnis der wirtschaftlichen Tätigkeit des Unternehmens während eines Betrachtungszeitraumes. Je nachdem, ob die gesamte Werteentstehung einer Periode größer oder kleiner ist als der gesamte Werteverzehr der gleichen Periode, kann der Erfolg als Differenz beider Größen positiv (Gewinn) oder negativ (Verlust) sein.
Neben der Bilanz und seinen Kennzahlen sind die Zahlen der Gewinn-und-Verlust-Rechnung **(Erfolgsrechnung)** und der Kosten und Leistungsrechnung nötig, um den Erfolg des Unternehmens aussagefähiger zu gestalten. **Wirtschaftlichkeit** ist etwa dann gegeben, wenn die Erträge größer sind als die Aufwendungen oder die Erlöse über den Kosten liegen.
In der **Erfolgsanalyse** als Teil der Bilanzanalyse wird versucht, Höhe und Zustandekommen des Erfolgs möglichst unabhängig von bilanzpolitischen, steuer- und handelsrechtlichen Einflüssen anhand von Kennzahlen wie Cashflow *(siehe dort)* oder Rentabilität *(siehe dort)* zu beurteilen.

Erinnerungswert, der Wert eines Wirtschaftsguts (meist 1 €) nach vollständiger Abschreibung *(siehe dort)*.

Erlöse, die Einnahmen aus Verkauf, Vermietung und Verpachtung von Gütern oder Dienstleistungen, im weitesten Sinn jedes Entgelt für Lieferungen und Leistungen an Dritte, also die Summe der Beträge, die den Kunden netto in Rechnung gestellt werden, also der Umsatz *(siehe dort)*. In der Erfolgsrechnung werden als Erlöse nur die Umsätze ausgewiesen, die aus dem eigentlichen Betriebszweck resultieren (Umsatzerlöse). Die Erlöse sind identisch mit dem regelmäßigen betrieblichen Ertrag *(siehe dort)*.

Ertrag, die erfolgswirksamen Einnahmen eines Unternehmens in einer Periode (z. B. aus Verkauf der erstellten Güter und Leistungen). Der Ertrag stellt die positive Seite des im Rahmen der Finanzbuchhaltung (Gewinn-und-Verlust-Rechnung) ermittelten Erfolges dar; übersteigt (unterschreitet) der Ertrag den Aufwand, erzielt das Unternehmen einen Gewinn (Verlust).
Die Erträge bestehen zum einen aus dem **betrieblich bedingten Ertrag (Betriebsertrag),** d. h. aus der Summe der Nettobeträge, die den Kunden in Rechnung gestellt werden für Erzeugnisse und Dienstleistungen. Zum anderen gibt es Erträge, die in keinem Zusammenhang mit der betrieblichen Leistung stehen oder unregelmäßig anfallen. Zu diesen **neutralen Erträgen** zählen betriebsfremde Erträge wie Miet- und Zinserträge, periodenfremde Erträge wie Steuerrückerstattungen und außerordentliche Erträge wie der Verkauf von Betriebsteilen über dem Buchwert. Der regelmäßige Betriebsertrag ist identisch mit dem Erlös *(siehe dort)*. Mit **Ertragskraft** wird die Fähigkeit eines Unternehmens bezeichnet, auf Dauer Gewinne zu erzielen.

Ertragswert, der Wert eines Vermögensobjektes, z. B. eines zum Verkauf anstehenden Betriebes. Beispiel: Will der Käufer einen Zins von 15 % erzielen und der künftige Gewinn wird auf 150 000 € geschätzt, dann ergibt sich ein Ertragswert von 10 000 € für das Unternehmen (Gewinn geteilt durch Zinssatz). Daneben kann auch der Substanzwert *(siehe dort)* für die Berechnung des Unternehmenswerts herangezogen werden.

Existenzgründung, Unternehmensgründung, mehrstufiger Prozess, der alle Aktivitäten umfasst, um eine Geschäftsidee in ein wettbewerbsfähiges Unternehmen **(Start-up)** umzusetzen. Ziel einer Neugründung durch einen Unternehmer ist es im Allgemeinen, eine auf Dauer angelegte Existenz für sich und seine Familie aufzubauen. Zu beachten in dem zu erstellenden **Gründungskonzept (Geschäftsplan, Businessplan)** sind dazu (etwas vereinfacht) folgende Schritte: 1) Marktanalyse (Welche Kunden kann ich gewinnen?), 2) Konkurrenzbeobachtung (Welche Stärken und Schwächen haben meine Wettbewerber?), 3) Standortwahl, 4) Finanzplanung (Wann benötige ich wie viel Geld?), 5) Erfolgsplanung (Wann kann ich mit ersten mir zufließenden Umsätzen rechnen?), 6) Unternehmensform (Welche Rechtsform ist für mich und meine Mitgesellschafter am sinnvollsten?), 7) Personalbedarf.
Ist diese Phase abgeschlossen, dann muss eine neue unternehmerische Tätigkeit zunächst bei der Stadt- oder Gemeindeverwaltung (Gewerbeamt) angemeldet werden. Damit wird zugleich die Anmeldung beim Finanzamt, bei der Berufsgenossenschaft und bei der Industrie- und Handelskammer (oder Handwerkskammer) bewirkt. Wichtig für Existenzgründer ist die fundierte Beratung und die Prüfung, ob öffentliche Hilfen im Rahmen der Existenzgrün-

dungspolitik (*siehe* Kapitel 4) in Anspruch genommen werden können.

Fabrik, vorherrschende Form des Industriebetriebes, der durch eine maschinelle bis automatische Fertigung gekennzeichnet ist.

Factoring, ein Finanzierungsgeschäft, bei dem eine Unternehmung Forderungen aus Waren- oder Dienstleistungsverkäufen an eine Factoring-Bank (Spezialbank) verkauft. Diese Bank schreibt dem Unternehmen nach Abzug von Provision und Zinsen den Forderungsbetrag gut und übernimmt das Mahnwesen, das Eintreiben der Forderungen und den eventuellen Forderungsausfall.

Fertigerzeugnis, Fertigfabrikat, ein hergestelltes Produkt, das zum Verkauf bzw. Absatz am Lager bereitsteht. Im Gegensatz dazu steht das **Halbfertigerzeugnis** (Halbfabrikat), das zwar schon Kosten in der Produktion verursacht hat, aber noch nicht Fertigerzeugnis geworden ist. Der Wert dieser Erzeugnisse im Lager richtet sich nach den Herstellungskosten.

Fertigung, im weiteren Sinn die Produktion *(siehe dort),* im engeren Sinn die Vorbereitung, Durchführung und Überwachung aller technischen Verfahren zur qualitäts-, quantitäts- und termingemäßen Bereitstellung der Erzeugnisse und Versorgungsleistungen im Rahmen eines Industriebetriebs. In der Arbeitsvorbereitung *(siehe dort)* werden nach der Fertigungsplanung und der Bestimmung des Fertigungsprogramms (welche Erzeugnisse, welche Mengen) und des Fertigungsablaufs in der Vorkalkulation die Stückkosten errechnet, um den Angebotspreis zu ermitteln. Abhängig von Produkt und Menge sind dann die Fragen nach der Gestaltung des **Fertigungsprozesses** zu beantworten:
Welches **Fertigungsverfahren** nach der Art der Anordnung der Maschinen ist zu wählen? Als Organisationstypen der Fertigung werden neben der Baustellenfertigung die Werkstattfertigung *(siehe dort),* die Gruppenfertigung *(siehe dort)* und die Fließfertigung *(siehe dort)* unterschieden.
Welches Fertigungsverfahren nach Art und Umfang der Wiederholung der Fertigung ist einzusetzen? Hierbei geht es um die Prozesstypen der Fertigung wie Einzelfertigung *(siehe dort),* Serienfertigung *(siehe dort),* Sortenfertigung *(siehe dort)* und Massenfertigung *(siehe dort).*
Welches Fertigungsverfahren nach dem Grad der Automatisierung ist einsetzbar? Handarbeit (manuelle Fertigung), wie dies Facharbeiter im Handwerksbetrieb leisten? Mechanische Fertigung, wobei die menschliche Arbeit durch Maschinen ergänzt bzw. ersetzt wird? Automatische Fertigung: Die Maschinen steuern und regeln sich selbsttätig, wobei im höchsten Grad der Automatisierung die Maschinen (Roboter) die Fertigung allein leisten.

Fertigungskosten, alle Kosten, die in der Fertigung anfallen; dazu gehören **Fertigungseinzelkosten** (Fertigungslöhne), **Fertigungsgemeinkosten,** d. h. alle fertigungsbezogenen Kosten, die in der Kostenstellenrechnung *(siehe dort)* der Kostenstelle Fertigung zugerechnet werden und Sondereinzelkosten der Fertigung.

Finanzierung, Sammelbezeichnung der Geldbeschaffung für das Unternehmen; sie kann von außen kommen (Banken, Aktionären, Gesellschaftern) und heißt deshalb Außenfinanzierung *(siehe dort),* wobei wiederum Eigen- oder Beteiligungsfinanzierung *(siehe dort)* und Fremdfinanzierung *(siehe dort)* unterschieden werden. Die Geldmittel können aber auch im Unternehmen erwirtschaftet worden sein; man spricht dann von Innenfinanzierung *(siehe dort)* durch Einbehaltung von Gewinnen oder Bildung von Rücklagen, Rückstellungen oder stillen Reserven als Selbstfinanzierung *(siehe dort)* oder durch Abschreibungsfinanzierung *(siehe dort).* – Grafik S. 272

Finanzplan, enthält den zukünftig benötigten Kapitalbedarf (Ausgaben) und die dazu erwarteten Einnahmen bezogen auf einen Monat, ein Vierteljahr, ein Halbjahr oder ein Jahr. Mithilfe der Übersicht lässt sich ein möglicher Finanzierungsbedarf planen unter Berücksichtigung jederzeitiger Liquidität *(siehe dort).*

Firma, Name des Kaufmanns, unter dem er seine Geschäfte betreibt und auch die Unterschrift abgibt, er kann unter seiner Firma klagen und verklagt werden. Die im Handelsregister eingetragenen Unternehmen (Einzelunternehmen, OHG, KG, GmbH, AG, Genossenschaft, GmbH & Co. KG) haben volle Freiheit bei der Wahl ihrer Firma. Nach dem Handelsgesetzbuch sind einige Grundsätze zu beachten: 1) Firmenöffentlichkeit, d. h. Eintrag der Firma in das Handelsregister; 2) Firmenausschließlichkeit, d. h., jede Firma am Ort muss sich von an-

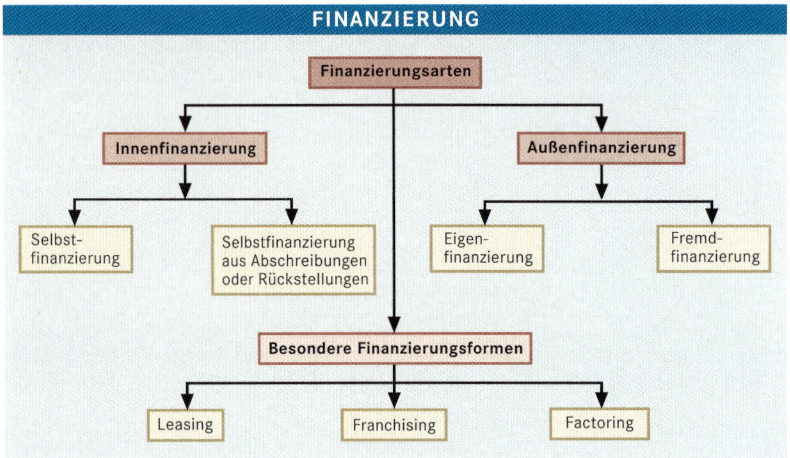

Finanzierung. Überblick über die wichtigsten Finanzierungsarten

deren in der Bezeichnung unterscheiden; 3) Firmenwahrheit, d. h., ein Firmenname darf nichts Irreführendes enthalten wie ›Internationales Möbelhaus‹ für ein kleines Möbelgeschäft.

Firmenwert, Geschäftswert, Wert eines Unternehmens, der über die Summe der vorhandenen Vermögenswerte abzüglich der bestehenden Verbindlichkeiten hinaus besteht; dieser auch **Goodwill** genannte Wert würde von einem Käufer des Unternehmens zu zahlen sein. Begründet ist dieser (eigentlich) immaterielle Wert durch den Ruf der Firma, seine umfangreichen und wertvollen Geschäftsverbindungen (Kunden), seine Qualitätsprodukte (Markenartikel), sein qualifiziertes Personal.

FIRMENWERT

Vermögen	Eigenkapital Fremdkapital	Bilanz (100 Mio. €)
Ruf der Firma, Kundennetz, Markenartikel, Standort, Personal usw.		Firmenwert (80 Mio. €)
Wert des Unternehmens bei Verkauf		180 Mio. €

Firmenwert. Der Unternehmenswert als Summe aus Bilanzvermögen und Firmenwert

fixe Kosten, Fixkosten, Kosten, die sich bei einer Änderung der Produktionsmenge nicht verändern und deshalb auch als beschäftigungsunabhängige Kosten bezeichnet werden im Unterschied zu den variablen Kosten *(siehe dort)*. Dazu zählen z. B. Gehälter der Angestellten, Miete, Zinskosten, dies sind absolut fixe Kosten. Werden ab einer bestimmten Produktionsmenge mehr Personal, mehr Räume benötigt, dann steigen die Gehälter und Mieten sprunghaft an, man spricht dann von **sprungfixen Kosten.**

Fließfertigung, Organisationstyp der industriellen Fertigung, ordnet die Arbeitsplätze und Betriebsmittel (Maschinen der Zubring-, Bearbeitungs-, Mess- und Steuereinrichtungen) in der Abfolge der an dem Erzeugnis vorzunehmenden Arbeitsgänge an. Kennzeichnend sind die **Fertigungsstraßen** mit der Sonderform der **Fließbandfertigung,** z. B. bei der Produktion von Pkw, Fernsehgeräten. Vorteile der Fließfertigung sind niedrige Durchlaufzeiten des Produkts, dadurch entfallen weitgehend Zwischenlager; ein sehr standardisierter Produktionsprozess ermöglicht schnelle Fehlerkontrollen. Nachteile sind geringe Anpassungsmöglichkeiten der Produktion an sich verändernde Nachfrageschwankungen, die Umrüstung ist teuer und langwierig; kleine Störungen können den gesamten Produktionsprozess blockieren; auch sind die Arbeitnehmer sehr monoton beschäftigt.

flüssige Mittel, liquide Mittel, die Kassenbestände und sofort fällige Einlagen bei Banken (z. B. auf Girokonten); dienen der Liquidität *(siehe dort)* des Unternehmens.

Forderungen, Ansprüche eines Unternehmens gegenüber Geschäftspartnern. Zum **Forderungsbestand** zählen z. B. geleistete Anzahlungen, Ausleihungen, Wertpapiere, Forderungen gegenüber ver-

bundenen Unternehmen und Unternehmen, mit denen ein Beteiligungsverhältnis besteht, sowie vor allem Forderungen aus Lieferungen und Leistungen (auch **Außenstände,** in der Buchhaltung Debitoren genannt). Aufgrund der Rechnung besteht bei diesen Forderungen ein Guthaben gegenüber dem Kunden, sodass das Forderungskonto als Aktivkonto erscheint.
Neben einwandfreien Forderungen gibt es solche, die zweifelhaft sein können. Diese werden im Aktivkonto ›zweifelhafte Forderungen‹ (dubiose Forderungen) nicht mit ihrem Nennwert, sondern mit ihrem wahrscheinlichen Wert angesetzt. Sind Forderungen uneinbringlich, weil der Kunde z. B. einen Insolvenzantrag gestellt hat, dann werden diese Forderungen abgeschrieben (›bilanzielle Abschreibungen auf Forderungen‹), den ursprünglichen Erlösen in der Gewinn-und-Verlust-Rechnung steht damit ein entsprechender Aufwand gegenüber. Um Forderungsausfällen zukünftig vorzubeugen, wird beim Jahresabschluss eine Wertberichtigung *(siehe dort)* gebildet.

Fließfertigung. Der amerikanische Industrielle Henry Ford (* 1863, † 1947) gilt als Begründer der Fließfertigung. Seit 1913 lief das Automobil Modell T (›Tin Lizzy‹) vom Band.

Forderungsabtretung, Zession, Überlassung (Abtretung) von Forderungen aus Warenlieferungen vom Kreditnehmer auf den Kreditgeber (Bank) zur Sicherung seines Kredits. Dazu schließen Kreditgeber und Kreditnehmer einen Abtretungsvertrag (Zession) ab. Durch die Zession wird der Kreditgeber Gläubiger mit allen Rechten.

Forschung und Entwicklung, Abkürzung **F&E,** unternehmerische Teilfunktion zur Gewinnung neuen Wissens, um über Innovationen *(siehe dort)* am Markt konkurrenzfähig zu bleiben. Der Bereich F&E bestimmt die Schlagkraft eines Unternehmens auf den Zukunftsmärkten wesentlich mit.
Neben der Grundlagenforschung wird in Unternehmen vor allem angewandte **Forschung** zur Lösung konkreter Einzelfragen (z. B. verbesserte Fertigungsverfahren, neue Produkte) betrieben. **Entwicklung** betrifft vor allem die Abstimmung des technologisch Möglichen mit dem ökonomisch Gebotenen. Neben einem Ideenanstoß aus dem Betrieb heraus oder von außen ist die Schnelligkeit bis zum fertigen Produkt wesentlich (›Nicht die Großen fressen die Kleinen, sondern die Schnellen die Langsamen‹). In den F&E-Abteilungen der Unternehmen muss deshalb im Sinne einer optimalen Entwicklungsleistung ein Kompromiss zwischen einem perfekten Produkt (Nimmt der Kunde die Qualitätssteigerung wahr, ist er bereit, diese besser zu bezahlen?) und der notwendigen Schnelligkeit der Markteinführung gefunden werden.

Franchising, ein Absatzsystem rechtlich selbstständiger Unternehmer auf der Basis eines langfristigen Vertrags in Form einer vertikalen Vertriebskooperation. Das System wie bei McDonald's, Eismann oder Benetton tritt dem Kunden gegenüber einheitlich auf und wird geprägt durch das arbeitsteilige Programm der Vertragspartner. Der Franchisegeber (McDonald's) bietet dem Franchisenehmer (Unternehmer) ein Beschaffungs-, Absatz- und Organisationskonzept, verschafft ihm das Nutzungsrecht für eine Marke oder einen Firmennamen, bildet den Franchisenehmer aus und übernimmt die Verpflichtung, ihn aktiv und laufend zu unterstützen (z. B. Werbung) und das Konzept ständig weiterzuentwickeln (z. B. Sortimentspolitik). Der Franchisenehmer ist im eigenen Namen und für eigene Rechnung tätig; er hat das Recht und die Pflicht, das angebotene Franchisepaket gegen Entgelt zu nutzen. Dazu hat er Arbeitskräfte und Kapital zu stellen.

Fremdfinanzierung, Kreditfinanzierung, Maßnahme zur Beschaffung von Finanzmitteln, die dem Unternehmen im Unterschied zur Eigenfinanzierung nur eine begrenzte Zeit zur Verfügung stehen. Durch die Fremdfinanzierung wird dem Unternehmen Kapital von außen durch kurz-, mittel- oder

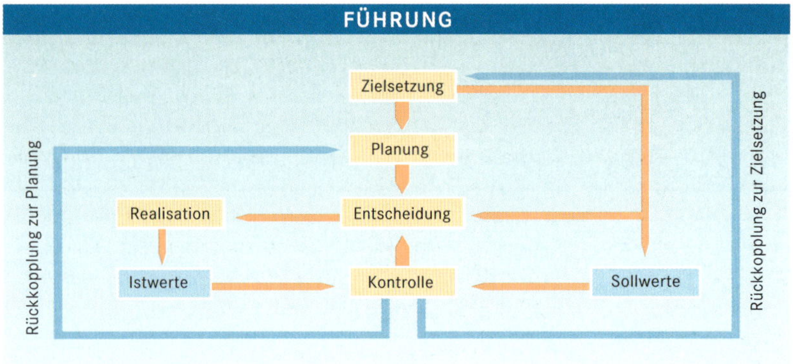

Führung. Unternehmensführung im Modell des Regelkreislaufs von Planung, Entscheidung, Realisation und Kontrolle

langfristige Kredite von externen Gläubigern zugeführt. Die Fremdfinanzierung führt zu Tilgungs- und Zinszahlungen (Ausnahme: Lieferantenkredit). Vorteile sind: Die Kapitalgeber üben keinen unmittelbaren Einfluss auf die Unternehmensleitung aus und sind normalerweise nicht am Gewinn beteiligt. Nachteile sind: Das Fremdkapital steht zeitlich nur beschränkt zur Verfügung; bei nachhaltiger Unfähigkeit, den Zins- und Tilgungszahlungen nachzukommen, besteht Insolvenzgefahr wegen Illiquidität oder Überschuldung.

Fremdkapital, alle Geldmittel, die sich das Unternehmen von außen (Banken, Lieferanten) beschafft hat und die nicht als Eigenkapital in der Bilanz *(siehe dort)* erscheinen, sondern als Verbindlichkeiten. Das Fremdkapital ergibt sich aus der Differenz zwischen Vermögenswerten (Anlage- und Umlaufvermögen auf der Aktivseite) und dem Eigenkapital (auf der Passivseite).

Führung, Unternehmensführung, die planende, leitende, koordinierende und kontrollierende Tätigkeit der Unternehmensleitung einschließlich der **Mitarbeiterführung** durch Unternehmer, Vorstand, Geschäftsführung, Chef (Vorgesetzter). Je größer das Unternehmen, desto mehr Führungsebenen **(Führungshierarchien)** gibt es im Management *(siehe dort)*.
Führung heißt auch, **Führungsaufgaben** wahrzunehmen, das sind vor allem: 1) Festlegung der **Unternehmensziele,** z.B. den Gewinn verdoppeln, 2) Bestimmung der **Geschäftspolitik,** z.B. neue Produkte aufnehmen, neue Vertriebswege suchen, 3) Planung *(siehe dort)* und Entscheidung *(siehe dort)* über Vorhaben (Wann sollen welche Produkte in welcher Stückzahl produziert werden?) und Kontrolle der Realisierung der Planung, 4) Controlling *(siehe dort),* das neben der Kontrolle der angestrebten Ziele die Planung und Steuerung (Koordination) des gesamten Unternehmens mithilfe der Daten des Rechnungswesens umfasst.
Vorgesetzte haben aufgrund ihrer jeweiligen Persönlichkeit und vielfältigen Erfahrung eine sehr unterschiedliche Art, Führungsaufgaben wahrzunehmen. Grundsätzlich werden zwei **Führungsstile** unterschieden: Während die Führungsperson beim **autoritären Führungsstil** die Entscheidungen ohne aktive Beteiligung der Mitarbeiter trifft, bezieht der **demokratische Führungsstil** diese in die Entscheidungsfindung durch Konferenzen, Befragen oder Anhören mit ein.
Zu den demokratischen Führungsstilen gehören der **partizipative Führungsstil,** der eine Mitwirkung der Mitarbeiter vorsieht, und der **kooperative Führungsstil,** der eine Mitbestimmung und Mitentscheidung der Mitarbeiter bedeutet. Typisch ist dabei die **Delegation** von Verantwortung, d.h., den Mitarbeitern oder Betriebsabteilungen werden bestimmte Tätigkeiten übertragen, die diese selbstständig ausführen.

Gemeinkosten, Kosten, die einem Kostenträger (erzeugtes Produkt, erbrachte Leistung) nicht direkt zugerechnet werden können. Abschreibungen, Mieten, Gehälter der Angestellten in der Personalabteilung oder Energiekosten entstehen für mehrere oder alle Produkte; sie werden verursachungsgerecht mithilfe von Schlüsseln (z.B. qm-Anteile der Räume für die Mietkosten) im Betriebsabrechnungsbogen im Rahmen der Kostenstellenrechnung *(siehe dort)* auf die Kostenstellen und dann auf die Kostenträger (Produkte) verteilt.

Genossenschaft, zu den Gesellschaftsunternehmen zählende Unternehmensform mit dem Ziel, den Erwerb und die Wirtschaft ihrer Mitglieder **(Genossen)** durch gemeinschaftlichen Betrieb zu fördern. Die Mitglieder bleiben einerseits selbstständig als Bauern, Gewerbetreibende, Handwerker oder Privatpersonen, gehen andererseits einen Zusammenschluss ein, um von einem gemeinsam getragenen Unternehmen Leistungen zu empfangen. Gemeinsam betrieben werden z. B. Einkauf, Lagerung, Maschinenhaltung, Weiterverarbeitung und Verkauf. Beispiele sind u. a. **Einkaufsgenossenschaften** (Edeka), **Verkaufsgenossenschaften** (fränkische Winzergenossenschaft), **Kreditgenossenschaften** oder Genossenschaftsbanken (*siehe* Kapitel 10).

FRIEDRICH WILHELM RAIFFEISEN

Der deutsche Begründer der landwirtschaftlichen Genossenschaften wurde 1818 geboren. Die Not der Landwirtschaft Mitte des 19. Jahrhunderts (Überschuldung, Wucherzinsen, Zwangsversteigerungen) ließ die Idee einer Genossenschaft reifen, die er zunächst als rein karitative Einrichtung auf christlich-sozialer Grundlage ansah. Bei späteren Gründungen betonte er stärker den Selbsthilfegedanken. Im Unterschied zu Hermann Schulze-Delitzsch, dem Begründer der Kreditgenossenschaften, der von 1808 bis 1883 lebte, trat die ausschließlich wirtschaftliche Zielsetzung zunächst in den Hintergrund. Raiffeisens Genossenschaftsgrundsätze waren: örtliche Beschränkung auf das Nachbarschaftsgebiet, ehrenamtliche Leitung durch Ortsansässige, unbeschränkte Haftung und Vereinigung des Kredit- und Warengeschäfts. Im Jahr seines Todes 1888 existierten bereits 423 Raiffeisen-Vereine.

Zur Gründung einer Genossenschaft als juristischer Person und Kaufmann sind nach dem Genossenschaftsgesetz mindestens sieben Personen erforderlich. Die Genossenschaft muss eine Firma führen, die vom Gegenstand des Unternehmens entlehnt sein und den Zusatz ›eingetragene Genossenschaft‹ (eG, e. G.) enthalten muss. Sie entsteht durch Eintragung in das beim Amtsgericht geführte Genossenschaftsregister. Die Genossen zeichnen Geschäftsanteile; die Haftung beschränkt sich auf diese Anteile.

Organe der eingetragenen Genossenschaft sind: Generalversammlung, Vorstand und Aufsichtsrat. In der **Generalversammlung** als oberstem Willensbildungsorgan hat jeder Genosse eine Stimme. Ab 1 500 Mitgliedern kann eine Vertreterversammlung an die Stelle der Generalversammlung treten. Der Vorstand, mindestens zwei von der Generalversammlung gewählte Genossen, leitet die Genossenschaft unter eigener Verantwortung. Der Aufsichtsrat besteht aus mindestens drei von der Generalversammlung gewählten Genossen.

geringwertige Wirtschaftsgüter, Wirtschaftsgüter des Anlagevermögens, für die besondere Regelungen bei der Abschreibung *(siehe dort)* bestehen.

Geschäftsbericht, Bezeichnung für den veröffentlichten Jahresabschluss *(siehe dort)*.

Geschäftsführung, die mit der Leitung eines Unternehmens ausgeübte Tätigkeit, bezieht sich auf das Innenverhältnis der Gesellschafter einer OHG oder der Mitglieder eines Vorstands untereinander, d. h. ihre Rechte und Pflichten im Unternehmen. Die Beziehungen im Außenverhältnis, zu Kunden, Banken, Lieferanten betrifft die **Vertretung,** z. B., wer im Vorstand verhandelt mit Banken, wer schließt Kaufverträge mit Lieferanten.

Geschäftsjahr, Wirtschaftsjahr, der Zeitraum, in dem der Jahresabschluss einschließlich des Inventars nach dem Handelsgesetzbuch aufzustellen ist. Danach darf dieser zwölf Monate nicht überschreiten; allerdings muss das Geschäftsjahr nicht mit dem Kalenderjahr übereinstimmen.

Gesellschaftsvertrag, vertragliche Grundlage einer Gesellschaft, die die Rechtsverhältnisse der Gesellschafter in Unternehmen untereinander regelt; enthält Bestimmungen u. a. über Sitz und Gegenstand des Unternehmens, Geschäftsführungs- und Vertretungsbefugnisse. Personengesellschaften (OHG, KG, GmbH & Co. KG) sind frei in der Gestaltung eines Gesellschaftsvertrags. GmbH und AG, dort heißt der Vertrag **Satzung,** müssen den Vertrag notariell beurkunden lassen, bei der Genossenschaft, Bezeichnung: **Statut,** genügt Schriftform.

Gewinn, Ausdruck für den Erfolg des betrieblichen Handelns. Bei Unternehmen in Marktwirtschaften wird das Streben nach größtmöglichem **Unternehmensgewinn** unterstellt (Gewinnmaximie-

rung). Betriebswirtschaftlich gesehen gibt es unterschiedliche Gewinnbegriffe, die sich in der Regel auf den **Periodengewinn,** den Gewinn in einem Geschäftsjahr, beziehen.
In der Buchhaltung (Bilanz, Gewinn-und-Verlust-Rechnung) ist der Bilanzgewinn *(siehe dort)* oder Jahresüberschuss *(siehe dort)* der (positive) Saldo zwischen gesamten Erträgen und Aufwendungen oder der Überschuss des Eigenkapitals am Ende zweier Abrechnungsperioden (Geschäftsjahre) zuzüglich möglicher Privatentnahmen, abzüglich möglicher Einlagen in dem Zeitraum.
In der Kostenrechnung ist der **Betriebsgewinn** als positives Betriebsergebnis *(siehe dort)* der (positive) Saldo zwischen Leistungen (Erlösen) und Kosten des Betriebes. Bezogen auf ein Produkt oder eine Dienstleistung spricht man von **Stückgewinn.** Die Differenz zwischen Leistungen und (nur) Materialverbrauch ist der **Rohgewinn** oder **Rohertrag,** eine Kennzahl für materialintensive Betriebe.
Der **steuerpflichtige Gewinn** wird meist durch Betriebsvermögensvergleich (Differenz des Reinvermögens am Anfang und Ende einer Periode) oder durch die Einnahmen-Überschuss-Rechnung (*siehe* Kapitel 5) ermittelt.
Für den Unternehmer oder das Unternehmen soll der Gewinn eine angemessene Verzinsung des Eigenkapitals erbringen, das Risiko der unternehmerischen Tätigkeit mit abgelten (deshalb wird der Gewinn im Verkaufspreis mit einkalkuliert) und die Mitarbeit der Gesellschafter entgelten.
Die **Gewinnverteilung** erfolgt in der Regel nach den Vereinbarungen im Gesellschaftsvertrag. Möglichkeiten der **Gewinnverwendung** sind die Auszahlung an die Gesellschafter bzw. Anteilseigner **(Gewinnausschüttung),** die Einstellung in die Rücklagen *(siehe dort)* als Gewinnrücklage oder der **Gewinnvortrag,** die Übertragung von Gewinnresten auf die Bilanz des nächsten Jahres.

Gewinnschwelle, der Break-even-Point *(siehe dort).*

Gewinn-und-Verlust-Rechnung, Abkürzung **GuV, Erfolgsrechnung,** Teil des Jahresabschlusses *(siehe dort).* Durch die Erfassung aller in einem Geschäftsjahr angefallenen Erträge und Aufwendungen ist der Differenzbetrag der Erfolg als Gewinn oder Verlust bzw. Jahresüberschuss oder Jahresfehlbetrag. Die GuV hat somit die Aufgabe, das Zustandekommen des Erfolgs aus den einzelnen Erfolgsquellen nach Art und Höhe erkennbar zu machen, dadurch einen Einblick in das Zustandekommen des Jahresergebnisses zu vermitteln und so die Bilanz zu ergänzen. Zu diesem Zweck verlangt das Handelsgesetzbuch die unsaldierte Gegenüberstellung sämtlicher Aufwands- und Ertragsarten (Bruttoprinzip). Der Jahresüberschuss ist meist nicht oder nur eingeschränkt aussagefähig darüber, wie erfolgreich das Geschäft läuft (es wird auch vom **operativen Ergebnis** gesprochen), denn außeror-

GEWINN-UND-VERLUST-RECHNUNG
1. Umsatzerlöse
2. Erhöhung oder Verminderung des Bestands an fertigen und unfertigen Erzeugnissen
3. andere aktivierte Eigenleistungen
4. sonstige betriebliche Erträge
5. Materialaufwand:
a) Aufwendungen für Roh-, Hilfs- und Betriebsstoffe und für bezogene Waren
b) Aufwendungen für bezogene Leistungen
6. Personalaufwand:
a) Löhne und Gehälter
b) soziale Abgaben und Aufwendungen für Altersversorgung und für Unterstützung, davon für Altersversorgung
7. Abschreibungen:
a) auf immaterielle Vermögensgegenstände des Anlagevermögens und Sachanlagen sowie auf aktivierte Aufwendungen für die Ingangsetzung und Erweiterung des Geschäftsbetriebs
b) auf Vermögensgegenstände des Umlaufvermögens, soweit diese die in der Kapitalgesellschaft üblichen Abschreibungen überschreiten
8. sonstige betriebliche Aufwendungen
9. Erträge aus Beteiligungen, davon aus verbundenen Unternehmen
10. Erträge aus anderen Wertpapieren und Ausleihungen des Finanzanlagevermögens, davon aus verbundenen Unternehmen
11. sonstige Zinsen und ähnliche Erträge, davon aus verbundenen Unternehmen
12. Abschreibungen auf Finanzanlagen und auf Wertpapiere des Umlaufvermögens
13. Zinsen und ähnliche Aufwendungen, davon an verbundene Unternehmen
14. **Ergebnis der gewöhnlichen Geschäftstätigkeit**
15. außerordentliche Erträge
16. außerordentliche Aufwendungen
17. außerordentliches Ergebnis
18. Steuern vom Einkommen und vom Ertrag
19. sonstige Steuern
20. **Jahresüberschuss / Jahresfehlbetrag**

Gewinn-und-Verlust-Rechnung. Vereinfachtes Beispiel für eine GuV nach dem Gesamtkostenverfahren

dentliche Erfolgsfaktoren, die mit der gewöhnlichen Geschäftstätigkeit nichts zu tun haben, wie Erträge aus Aktienverkäufen, Spenden, Reparaturen für vermietete Gebäude auf dem Betriebsgelände, beeinflussen das Jahresergebnis häufig.

gezeichnetes Kapital, das in der Bilanz auf der Passivseite auszuweisende Nominalkapital von Kapitalgesellschaften, d.h. das Grundkapital *(siehe dort)* der AG bzw. das Stammkapital *(siehe dort)* der GmbH. Es ist das Kapital, das von den Gesellschaftern bzw. Aktionären in ein Unternehmen eingebracht wird, das die Haftung der Gesellschafter bzw. Aktionäre ausmacht und das relativ konstant als Eigenkapital *(siehe dort)* bestehen bleibt (Ausnahme: Es erfolgt eine Kapitalerhöhung oder Kapitalherabsetzung.).

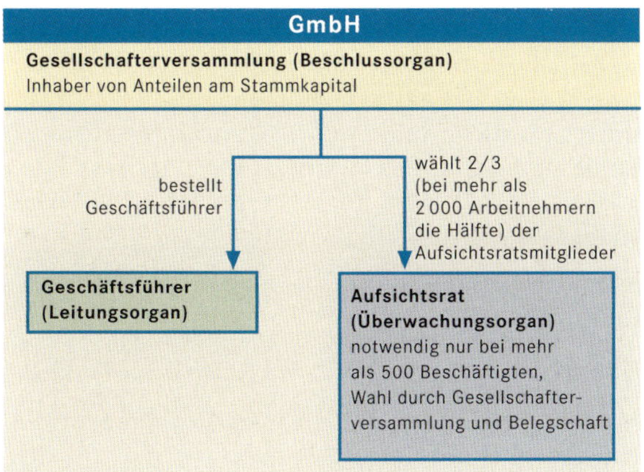

GmbH. Die Struktur der GmbH

GmbH, Abkürzung für **Gesellschaft mit beschränkter Haftung,** eine Kapitalgesellschaft mit eigener Rechtspersönlichkeit, deren Gesellschafter nur mit ihrer Einlage haften. Die Gründung erfolgt durch notariell beurkundeten Gesellschaftsvertrag mit mindestens einem Gesellschafter **(Einmann-GmbH).** Das zur Gründung notwendige Stammkapital *(siehe dort)* beträgt mindestens 25 000 €, die Stammeinlage jedes Gesellschafters mindestens 100 €. Seit Juni 2008 kann eine GmbH als Unternehmergesellschaft *(siehe dort)* auch mit 1 € gegründet werden.
Die GmbH erlangt Rechtsfähigkeit durch Eintragung ins Handelsregister. Der Firmenname muss immer den Zusatz der Rechtsform enthalten, z. B. mindestens GmbH. Gesetzliche Grundlage ist das GmbH-Gesetz. Die GmbH kann auch nicht kaufmännische Zwecke verfolgen (z. B. als gemeinnützige GmbH).
Organe der GmbH sind der Geschäftsführer und die Gesellschafterversammlung. Der oder die **Geschäftsführer** übernehmen die Leitung der Gesellschaft und vertreten die GmbH gegenüber Dritten. Die Vertretungsmacht der Geschäftsführer ist nach außen unbeschränkt. Im Innenverhältnis sind sie an die Weisungen der Gesellschafterversammlung gebunden. Die **Gesellschafterversammlung** ist das oberste Organ der GmbH. Sie beschließt über die Feststellung und Verwendung des Gewinns. Sie bestellt den Geschäftsführer, kann ihn abberufen und ihm Weisungen erteilen. Jeder Gesellschafter hat ein Recht auf Gewinnanteile, der laut Gesellschaftervertrag verteilt wird. Ein **Aufsichtsrat** ist erst ab 500 Beschäftigten erforderlich.
Wegen der Beschränkung der persönlichen Haftung gilt die GmbH als ideale Unternehmensform für mittlere, aber auch für kleine Betriebe.

GmbH & Co. KG, zu den Personengesellschaften zählende Unternehmensform, bei der eine Gesellschaft mit beschränkter Haftung (GmbH) mit einer Kommanditgesellschaft (KG) verknüpft wird. Dabei ist der Komplementär (vollhaftender Gesellschafter) keine natürliche Person wie bei der ›reinen‹ KG, sondern eine GmbH. Die Kommanditisten sind rechtlich denen der KG gleichgestellt. Für den Unternehmer hat diese Rechtskonstruktion den Vorteil, nur mit seinen Einlagen in beiden Gesellschaften (GmbH und KG) haften zu müssen.

goldene Bilanzregel, eine von Kreditgebern geforderte Finanzierungsregel, wonach das dauerhaft

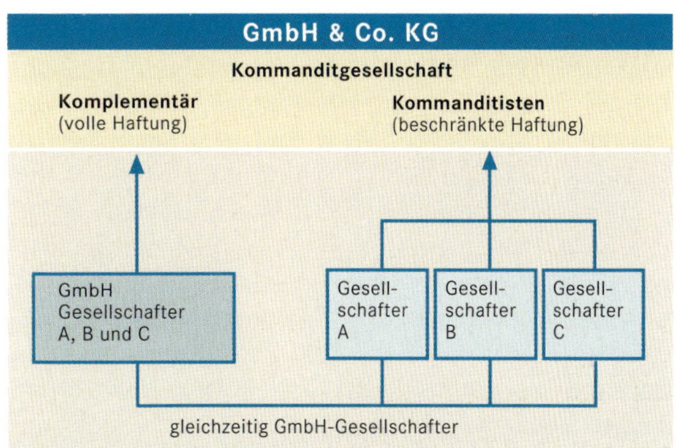

GmbH & Co. KG. Die Struktur einer GmbH &Co. KG

gebundene und benötigte Anlagevermögen (manchmal auch das dauerhaft gebundene Umlaufvermögen, der eiserne Bestand) mit Eigenkapital und langfristigem Fremdkapital finanziert sein sollte. Nur dann gilt die Überlebensfähigkeit eines Unternehmens auf Dauer als gesichert. Wird die Bilanzregel nur auf das Anlagevermögen bezogen, spricht man auch von Anlagendeckung *(siehe dort).*

Grundkapital, das Eigenkapital einer Aktiengesellschaft. Das Grundkapital ist eine feste, auf einen bestimmten Nennbetrag in der Landeswährung lautende Größe und wird über die Ausgabe von Aktien beschafft. Gibt die AG z. B. 10 Mio. Aktien zum Nennbetrag von 1 € aus (darunter darf kein einzelner Betrag liegen), dann beträgt das Grundkapital 10 Mio. €. In der Bilanz wird das Grundkapital als gezeichnetes Kapital *(siehe dort)* ausgewiesen; der Mindestnennbetrag des Grundkapitals beträgt laut Aktiengesetz 50 000 €.

Grundkosten, Kosten wie Löhne und Gehälter, Materialeinsatz, Steuern, Energiekosten, denen in der Finanzbuchhaltung entsprechende verbuchte Aufwendungen (betriebliche Aufwendungen) in gleicher Höhe gegenüberstehen. Diese **aufwandsgleichen Kosten** werden direkt in die Kostenrechnung übernommen.

Grundsätze ordnungsmäßiger Buchführung, Abkürzung **GoB,** vom Kaufmann zu beachtende Grundsätze, die im Handelsgesetzbuch und der Abgabenordnung genannt werden. Die wesentlichen sind: 1) Die Buchführung muss so beschaffen sein, dass sie einem sachverständigen Dritten innerhalb angemessener Zeit einen Überblick über die Geschäftsfälle und über die Lage des Unternehmens vermittelt. 2) Die Geschäftsfälle müssen sich in ihrer Entstehung und Abwicklung verfolgen lassen. 3) Es darf keine Buchung ohne Beleg vorgenommen werden. 4) Die Buchungen sind in einer lebenden Sprache vorzunehmen; Abkürzungen, Symbole usw. sind im Einzelfall in ihrer Bedeutung auszuführen. 5) Die Buchungen sind vollständig, richtig, zeitgerecht und geordnet vorzunehmen; dabei hat der Jahresabschluss sämtliche Vermögensgegenstände, Schulden, Aufwendungen und Erträge zu enthalten, wobei diese nicht gegenseitig verrechnet werden dürfen (Bruttoprinzip). 6) Konten dürfen nicht auf falschen oder ausgedachten Namen geführt werden. 7) Eine Buchung darf nicht in einer Weise verändert werden, dass der ursprüngliche Inhalt nicht mehr feststellbar ist. 8) Kasseneinnahmen und -ausgaben sollen täglich festgehalten werden. 9) Bücher und qualifizierte Belege sind 10 Jahre und einfache Belege (Rechnungen) 6 Jahre geordnet aufzubewahren. Die GoB ergänzen die Bilanzierungsgrundsätze *(siehe dort).*

Gruppenfertigung: Gruppen von mehreren Arbeitnehmern sind zusammen verantwortlich für den Zusammenbau größerer Bausätze, z. B. Autoelektrikmontage, oder bearbeiten auf **Fertigungsinseln** Produkte mit ähnlichen Fertigungsanforderungen komplett. Nach dem Prinzip der Gruppenarbeit (*siehe* Kapitel 8) erfolgt in den Fertigungsinseln nach zentraler Zuweisung der Aufträge und Vorgabe von Endterminen eine dezentrale, eigenständige Steuerung des Produktionsprozesses, die auch Arbeits- und Terminplanung, Qualitätskontrolle sowie Instandhaltung der Maschinen und Anlagen einschließt **(teilautonome Arbeitsgruppen).** Innerhalb der Vorgaben bestimmt die Gruppe selbst das Tempo der Arbeit, ihre Arbeitsteilung und manchmal auch die Entlohnung für die Gruppe als Ganzes.

GuV, Abkürzung für die Gewinn-und-Verlust-Rechnung *(siehe dort).*

Haben, die rechte Seite eines Kontos *(siehe dort).*

Handel, die Handelsbetriebe im Einzelhandel (*siehe* Kapitel 9) und Großhandel (*siehe* Kapitel 9), aber auch die Tätigkeit, sich mit der Weiterleitung (Distribution) von Waren zu beschäftigen, ohne dass diese bearbeitet oder verarbeitet werden.

Handelsbilanz, eine Bilanz *(siehe dort),* die nach den Bewertungsvorschriften des Handelsgesetzbuches erstellt wurde. Sie dient dazu, Unternehmensfremden Einblick in die finanziellen Verhältnisse des Unternehmens zu geben. Die Wertansätze der Handelsbilanz sind meist auch für die Steuerbilanz *(siehe dort)* maßgebend.

Handelsgeschäfte, Handelskauf, im Sinne des Handelsgesetzbuches alle Geschäfte, an denen Kaufleute beteiligt sind. Beim einseitigen Handelsgeschäft ist nur ein Vertragspartner Kaufmann (der andere Konsument oder auch Rechtsanwalt; alle Freiberufler sind handelsrechtlich keine Kaufleute), beim zweiseitigen Handelsgeschäft sind beide Vertragspartner Kaufmann.

Handelsgesetzbuch, Abkürzung **HGB,** das Sonderrecht für die Kaufleute, das angewandt wird, wenn es um Handelsgeschäfte von Kaufleuten geht. Neben dem Bürgerlichen Gesetzbuch (BGB) von 1896, das die Rechte der Bürger in Vertragsangelegenheiten untereinander regelt, ist das HGB von 1900 das bedeutendste Gesetz des Privatrechts.

Handelsklauseln, Vereinbarungen im Geschäftsleben, mit denen man in Form von Abkürzungen die Rechte und Pflichten der Vertragspartner bei Versendung, Lieferung, Bezahlung, Haftung bei Verlust oder Schäden regelt; manchmal auch als **Handelsbräuche** oder **Usancen** bezeichnet. Wird z. B. im Vertrag ›frei Haus‹ vereinbart, hat der Lieferant alle Beförderungskosten bis zum Kunden zu tragen, er haftet auch für die ordnungsgemäße Lieferung bis zum Kunden.
Wesentliche Handelsklauseln im Außenhandel sind die **Incoterms,** Kurzwort für **In**ternational **Co**mmercial **Terms,** die 1936 von der Internationalen Handelskammer in Paris geschaffen und mehrfach neu gefasst wurden. Sie sichern die einheitliche und klare Auslegung insbesondere der Lieferbedingungen. Bekannte Vertragsbedingungen sind etwa **cif,** Abkürzung für **c**ost, **i**nsurance, **f**reight, d. h., der Verkäufer trägt Kosten und Fracht bis zum Bestimmungshafen, auch die Gefahr des Untergangs oder von Schäden an der Ware trägt er bis dort, oder **fob,** Abkürzung für **f**ree **o**n **b**oard, d. h., der Verkäufer hat Kosten und Risiko der Ware bis an Bord im Verschiffungshafen zu tragen.

Handelsmakler, selbstständiger Kaufmann, der gewerbsmäßig für andere von Fall zu Fall Verträge über den Kauf oder Verkauf von Waren (Warenmakler), Wertpapieren (Börsenmakler) oder Versicherungen (Versicherungsmakler) vermittelt. Als Vergütung ist eine Gebühr (Maklergebühr, Courtage) zu zahlen.

Handelsregister, öffentliches Verzeichnis, in dem die rechtlichen Verhältnisse der Handelsgewerbe, das sind alle Betriebe des Gewerbes (*siehe* Kapitel 1), aufgezeichnet sind. Es wird von den Amtsgerichten geführt (seit 2007 elektronisch über ein gemeinsames Registerportal der Bundesländer) und besteht aus den Abteilungen A (Einzelkaufleute, Personengesellschaften) und B (Kapitalgesellschaften).
Das Handelsregister enthält Angaben über Firma und Sitz des Unternehmens, Haftungsverhältnisse, Namen der Gesellschafter, Höhe des Kapitals bei Kapitalgesellschaften, Umfang der Vertretungsbefugnis (Prokurist, Handlungsbevollmächtigter). Jedermann kann einen kostenpflichtigen Ausdruck über eine Eintragung anfordern. Auch das Genossenschaftsregister wird im Handelsregister geführt.

Handelsspanne, Differenz zwischen dem Einstandspreis *(siehe dort),* zu dem ein Händler seine Waren bezieht, und dem **Verkaufspreis,** zu dem die Waren weiterverkauft werden. Die Handelsspanne umfasst die Geschäftskosten des Betriebes und einen Gewinnanteil, sie wird als auf den Verkaufspreis bezogener Prozentsatz dargestellt. Beispiel: Bei einem Einstandspreis von 80 €, Geschäftskosten von 30 € und einem Gewinn von 10 € ergibt sich ein Verkaufspreis von 120 €. Daraus errechnet sich eine Handelsspanne von 33,33 %, da die Geschäftskosten und der Gewinn (zusammen 40 €) auf den Verkaufspreis bezogen werden.

Handelsvertreter, selbstständiger Kaufmann, der für ein anderes Unternehmen Geschäfte (Vermittlungsvertreter) vermittelt oder diese im Namen des Unternehmens abschließt (Abschlussvertreter). Für diese Tätigkeit erhält er eine Provision.

Hauptbuch, das wichtigste der in der Buchführung geführten Bücher; es enthält sämtliche Sachkonten des **Kontenplans** (Bezeichnung für die Konten, die das jeweilige Unternehmen benötigt), in die Geschäftsfälle systematisch gebucht werden. Die Buchung der Endbestände der Sachkonten erfolgt in dem Sammelkonto Schlussbilanzkonto, das damit den Abschluss des Hauptbuches bildet. Diese Endbestände sind mit den Endbeständen des Inventars *(siehe dort)* abzustimmen, die in der Schlussbilanz dargestellt werden.

Hauptversammlung, Abkürzung **HV,** eine wesentliche Einrichtung (Organ) insbesondere bei einer Aktiengesellschaft *(siehe dort).* In der Hauptversammlung üben die Aktionäre ihre Rechte in den Angelegenheiten der Gesellschaft aus. Sie beschließen im Wesentlichen über 1) die Bestellung von Aufsichtsratsmitgliedern der Anteilseigner, 2) die Verwendung des Bilanzgewinns, 3) die Entlastung von Vorstand und Aufsichtsrat, 4) Kapitalerhöhungen oder -herabsetzungen.

Die Aktionäre haben in der HV ein Auskunftsrecht gegenüber dem Vorstand. Ihr Stimmrecht bemisst sich nach der Zahl der gehaltenen Aktien.

Herstellungskosten, Maßstab und Obergrenze für die Bewertung jener Vermögensgegenstände in der Bilanz, die selbst hergestellt bzw. bearbeitet wurden (Halb- und Fertigerzeugnisse sowie selbst erstellte Anlagen). Die Herstellungskosten in der Handelsbilanz dürfen alle Kosten umfassen, die im Zeitraum der Herstellung entstanden sind; Vertriebskosten einschließlich der Sondereinzelkosten des Vertriebs dürfen nicht, Forschungs- und Entwicklungskosten nur in besonderen Fällen einbezogen werden. Herstellungskosten in der Steuerbilanz dürfen auch alle Kosten umfassen, aber nicht Vertriebskosten, Fremdkapitalzinsen und Forschungs- und Entwicklungskosten.
Von den Herstellungskosten sind die **Herstellkosten** in der Kostenrechnung zu unterscheiden. Sie ergeben sich in der Kostenstellenrechnung *(siehe dort)* aus der Summe von Materialkosten und Fertigungskosten, enthalten auch kalkulatorische Kosten und sind Teil der Selbstkosten *(siehe dort)*.

Hilfsstoffe, Nebenbestandteile der Fertigerzeugnisse, z. B. Leim in der Holzproduktion. Da sie mengen- und wertmäßig pro Erzeugnis unbedeutend sind, werden sie nicht gesondert erfasst.

Incoterms, Handelsklauseln *(siehe dort)* im Außenhandel.

Industriebetrieb, Betrieb des industriellen Sektors zur Gewinnung von Rohstoffen (Eisenerz, Erdöl), zur Produktion von Investitionsgütern (z. B. Maschinen) oder von Konsumgütern (z. B. Bekleidung, Nahrungs- und Genussmittel, Kühlschränke, Fernsehapparate). Typisch für ein Unternehmen aus dem Industriebereich sind: 1) häufig große Betriebe oder Konzerne, in einer Aktiengesellschaft organisiert, 2) überwiegend maschinelle oder automatische Fertigung, 3) ein hoher Kapitaleinsatz zur Finanzierung der Betriebs- und Geschäftsausstattung (z. B. Produktionsanlagen), 4) Produktion für einen anonymen Markt im Inland und häufig auch Ausland, d. h., der einzelne Kunde ist nicht bekannt, 5) Großserien- oder Massenfertigung, 6) Spezialisierung der Arbeitskräfte (Arbeitsteilung).

Innenfinanzierung, Form der Finanzierung, bei der sich das Unternehmen Finanzmittel aus dem eigenen Betriebs- und Umsatzprozess beschafft. Es fließen dem Unternehmen also keine Mittel von außen zu, sodass auch keine Ansprüche von außen an das Unternehmen gestellt werden können, wie dies bei der Außenfinanzierung der Fall ist; eine Ausnahme ist die Finanzierung aus Rückstellungen für die betriebliche Altersversorgung; diese Pensionsrückstellungen stammen aus dem Betrieb, zählen rechtlich aber zum Fremdkapital.
Innenfinanzierung ist möglich durch: 1) **Kapitalfreisetzung,** wozu die Abschreibungsfinanzierung *(siehe dort)* und der Verkauf von nicht mehr benötigten Vermögensgegenständen zählen; 2) **Kapitalbildung,** die durch Einbehaltung von erwirtschafteten Gewinnen als Selbstfinanzierung *(siehe dort),* Bildung stiller Reserven und langfristiger Rückstellungen möglich ist.

Innovation, Begriff, der die in einem Unternehmen entwickelten technisch neuen Produkte bzw. technische Verbesserungen der bereits vorhandenen Produkte **(Produktinnovation)** beschreibt; bei technischen Fortschritten in der Herstellung oder Verteilung (Beispiel: Verkauf über Internet) spricht man von **Prozessinnovation** oder **Verfahrensinnovation.** Innovationen (*siehe* Kapitel 3) tragen wesentlich zum Wirtschaftswachstum bei.

Input, Summe der für die Leistungserstellung eines Betriebes eingesetzten Produktionsfaktoren (Betriebsmittel, Werkstoffe, Arbeitskräfte); das Ergebnis dieses Faktoreinsatzes (die erstellten Leistungen) ist dann der **Output.** Das Verhältnis von Output zu Input beschreibt die Produktivität *(siehe dort)*.

Insolvenz, die Zahlungsunfähigkeit eines Unternehmens. Sie liegt vor: 1) wenn es seine fälligen Zahlungen nicht mehr leistet; 2) wenn Überschuldung vorliegt, d. h., die Verbindlichkeiten höher als das Vermögen sind; 3) wenn der Schuldner seine Zahlungspflichten im Zeitpunkt der Fälligkeit nicht erfüllen kann.

International Accounting Standards, Abkürzung **IAS,** Grundsätze und Regelungen des International Accounting Standards Commitee mit Sitz in London, das international die Bilanzierung von Unternehmen vereinheitlichen will. Ähnlich der US-GAAP (Generally Accepted Accounting Principles) versuchen beide Konzepte die Aktionärsinteressen stärker zu berücksichtigen, als es das deutsche Handelsgesetzbuch verlangt. So müssen stille Reserven offen ausgewiesen werden. Börsennotierte deutsche Unternehmen wenden diese Konzepte schon häufig deshalb an, um eher auf ausländische Investoren oder Kapitalmärkte zugreifen zu können.

Inventar: Nach Handelsgesetzbuch und Abgabenordnung ist der Kaufmann verpflichtet, Vermögen und Schulden seines Unternehmens festzustellen, bei Gründung, zum Schluss eines Geschäftsjahres (häufig zum 31. 12.) und bei Auflösung oder Verkauf seines Unternehmens.
Diese Bestandsaufnahme oder **Inventur** soll alle Vermögensteile und Schulden des Unternehmens nach Art, Menge und Wert zu einem bestimmten Zeitpunkt (Stichtag) erfassen. Neben der körperlichen Inventur (Roh-, Hilfs- und Betriebsstoffe, Handelswaren) gibt es die sogenannte Buchinventur. Dabei werden nicht körperliche Gegenstände wie Forderungen, Darlehensschulden mithilfe von Belegen und buchhalterischen Aufzeichnungen aufgenommen.

Investition, Verwendung finanzieller Mittel zum Erwerb von materiellen Gütern wie Maschinen, Fahrzeugen **(Investitionsgüter),** Grundstücken, Vorräten und immateriellen Gütern (Patente, Lizenzen); auch Beteiligungen an anderen Unternehmen **(Finanzinvestitionen)** sind häufig üblich. Es gibt Anfangsinvestitionen bei Gründung oder Kauf des Unternehmens; danach laufende Investitionen; diese können als Ersatz nicht mehr funktionsgerechter Anlagen **(Ersatzinvestition)** dienen, dem Austausch veralteter, aber noch funktionsfähiger Anlagen, um Kosten zu sparen **(Rationalisierungsinvestition),** und/oder dem Ausbau der Kapazitäten zur Umsatzerweiterung **(Erweiterungsinvestition).**

Investitionsrechnung, Rechenverfahren zur Beurteilung der Wirtschaftlichkeit von Investitionsvorhaben, um bei der Anlage von Kapital (Finanzierung) von mehreren zur Auswahl stehenden Alternativen die beste bestimmen zu können. Bei der **Gewinnvergleichsrechnung** wird z. B. die Investition mit dem maximalen Gewinn gewählt und den Erlösen werden alle Kosten gegenübergestellt, die sich infolge der Investition ändern. Die **Kostenvergleichsrechnung** wählt die Investition mit den geringsten Kosten. Die **Rentabilitätsvergleichsrechnung** wählt die Investition mit der höchsten Rentabilität. Investitionsrechnungen sind Teil der **Investitionsplanung.** Dort werden z. B. auch die optimalen Ersatzzeitpunkte für neue Maschinen bestimmt.

ISO, Abkürzung für **International Organization for Standardization,** die weltweite Dachorganisation der nationalen Normungsinstitute; ihre Normen werden weltweit akzeptiert. Besondere Bedeutung haben die **ISO-Normen 9000** bis **9004,** die die Einführung und Überprüfung innerbetrieblicher Qualitätssicherungssysteme regeln, sodass Fehler und Mängel im Fertigungsprozess von vornherein vermieden werden. Die Unternehmen können sich die Erfüllung der ISO-Normen durch das Zertifikat eines unabhängigen Prüfungsinstituts (TÜV) bestätigen lassen **(Zertifizierung).** Beispiel: Die DIN EN ISO 9001 für Qualitätsmanagementsysteme hilft Betrieben bei der Optimierung der betrieblichen Prozesse.

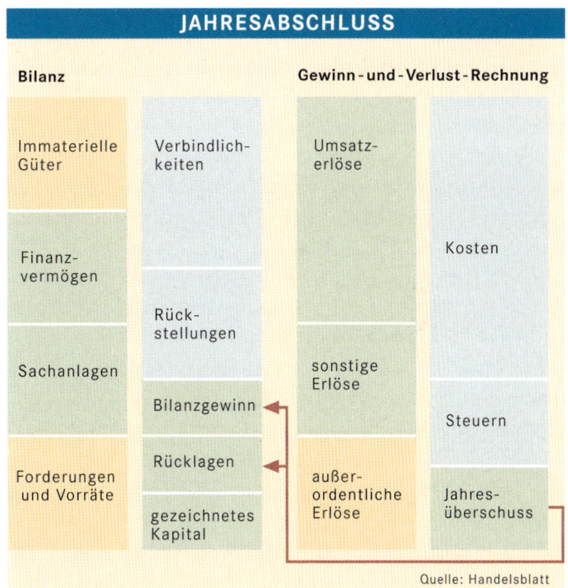

Jahresabschluss. Der Zusammenhang zwischen Bilanz und Gewinn-und-Verlust-Rechnung

Jahresabschluss, der nach dem Handelsgesetzbuch aufzustellende Abschluss der Buchführung am Ende eines Geschäftsjahres. Der Jahresabschluss besteht aus Bilanz *(siehe dort)* und Gewinn-und-Verlust-Rechnung *(siehe dort)*.
Bei Kapitalgesellschaften ist der Jahresabschluss durch einen Anhang *(siehe dort)* und einen Lagebericht *(siehe dort)* zu ergänzen und zusammen mit

dem Bericht von Vorstand und Aufsichtsrat sowie dem Bestätigungsvermerk des Abschlussprüfers als **Geschäftsbericht** zu veröffentlichen.

Jahresüberschuss, Reingewinn, der in der Gewinn-und-Verlust-Rechnung festgestellte Überschuss der Erträge über die Aufwendungen. Beim **Jahresfehlbetrag (Reinverlust)** sind die Aufwendungen höher als die Erträge. Eine neutrale Bezeichnung für beide Begriffe ist das **Jahresergebnis.**

Joint Venture: Die wörtliche Übersetzung von vereintem Risiko trifft nicht unbedingt den Kern. Praktisch gründen zwei rechtlich und wirtschaftlich selbstständige Unternehmen für ein gemeinsames Projekt mit ihrem Kapital ein neues Unternehmen **(Gemeinschaftsunternehmen),** wobei Kenntnisse von beiden und Geldmittel bei gleichzeitiger Teilung von Gewinn und Risiko zusammengelegt werden.

Just-in-time-Fertigung, Organisationsprinzip der Produktion und der Materialwirtschaft, mit dem versucht wird, durch Standardisierung der Bestellvorgänge und unter Ausnutzung der Möglichkeiten der Informations- und Kommunikationstechnik die genaue Abstimmung von Materialzuliefer- und Produktionsterminen zu ermöglichen (fertigungssynchrone Bereitstellung). Roh-, Hilfs- und Betriebsstoffe werden ›gerade zur richtigen Zeit‹ beschafft und bereitgestellt, damit ohne Unterbrechung produziert werden kann. Im Lager werden nur kleine Sicherheitspuffer vorgehalten. Der Produzent spart dadurch Lagerhaltungskosten.

Kaizen, Begriff aus der japanischen Wirtschaft, der sich auf die permanente, schrittweise Verbesserung der gesamten Arbeitsbereiche durch die Initiative der Mitarbeiterinnen und Mitarbeiter auf allen Unternehmensebenen bezieht. Voraussetzung eines solchen **kontinuierlichen Verbesserungsprozesses (KVP)** sind Teamgeist und Kommunikationsfähigkeit innerhalb der Belegschaft; alle sollen sich aufgefordert fühlen, zur Verbesserung ihres Arbeitsprozesses beizutragen. Jeder einzelne **Verbesserungsvorschlag** von Betriebsangehörigen soll dazu beitragen, die Produktivität des Unternehmens zu steigern und die Kosten zu senken. Viele Unternehmen spornen ihre Belegschaft zur Ideenentwicklung dadurch an, dass sie jeden Verbesserungsvorschlag mit einer Prämie belohnen.

Kalkulation, Kostenträgerstückrechnung, Stückkostenrechnung, die Ermittlung der Selbstkosten einer Leistungs- oder Produkteinheit oder eines Gesamtauftrags. Die Kalkulation kann auch der Berechnung von Stückerfolg und Preisuntergrenze dienen sowie Daten für die Produktions- und Absatzplanung liefern.
Die **Vorkalkulation (Angebotskalkulation)** ist eine Rechnung, die zeitlich vor dem Produktionsprozess liegt. Der Kunde möchte wissen, was ihn die Leistung kosten wird. Die Vorkalkulation rechnet daher mit Soll-Kosten, d. h., die Gemeinkosten werden auf Basis von Durchschnittssätzen vergangener Abrechnungsperioden angesetzt.
Dagegen erfolgt die **Nachkalkulation** nach Beendigung des betrieblichen Leistungsprozesses. Sie wird erst dann vorgenommen, wenn die Kosten in der tatsächlichen Höhe bekannt sind. Die Nachkalkulation rechnet sowohl bei den Einzelkosten als auch bei den Gemeinkosten mit den Istkosten. Sie dient somit als Kontrollrechnung und vergleicht die tatsächlich angefallenen Kosten nach der Fertigstellung des Erzeugnisses mit den im **Kostenvoranschlag** (Angebotspreis) angegebenen Kosten.
Die **Rückkalkulation** geht von einem vorgegebenen Preis (Marktpreis) aus. Der Betrieb ermittelt durch Vorkalkulation seine Selbstkosten. Zieht er vom Marktpreis seine Selbstkosten ab, erkennt er, ob er mit Gewinn den Auftrag übernehmen kann oder ob ein Verlust für ihn entstehen würde.

Kalkulationsverfahren: In der Praxis werden verschiedene Kalkulationsverfahren angewendet:
1) Bei der **Divisionskalkulation** werden die Gesamtkosten einer Rechnungsperiode durch die Gesamtmenge der produzierten Güter geteilt und die Kosten pro Erzeugnis ermittelt. Ein Betrieb könnte diese Methode anwenden, wenn er gleichbleibende Serien produziert, nur ein Erzeugnis herstellt oder als Zulieferer für die Industrie ausschließlich gleiche Werkstücke be- oder verarbeitet.
2) Bei der **Äquivalenzziffernrechnung** wird ein Erzeugnis zur Bezugsbasis erhoben und mit der Ziffer 1 versehen. Die Äquivalenzziffern 0,5 bzw. 1,5 bedeuten, dass das Erzeugnis, dem eine solche Äquivalenzziffer zugeordnet wird, im Vergleich zur Bezugssorte 50% weniger bzw. 50% mehr Kosten verursacht. Dieses Verfahren können Betriebe nutzen, die gleichzeitig nebeneinander ungleichartige, aber

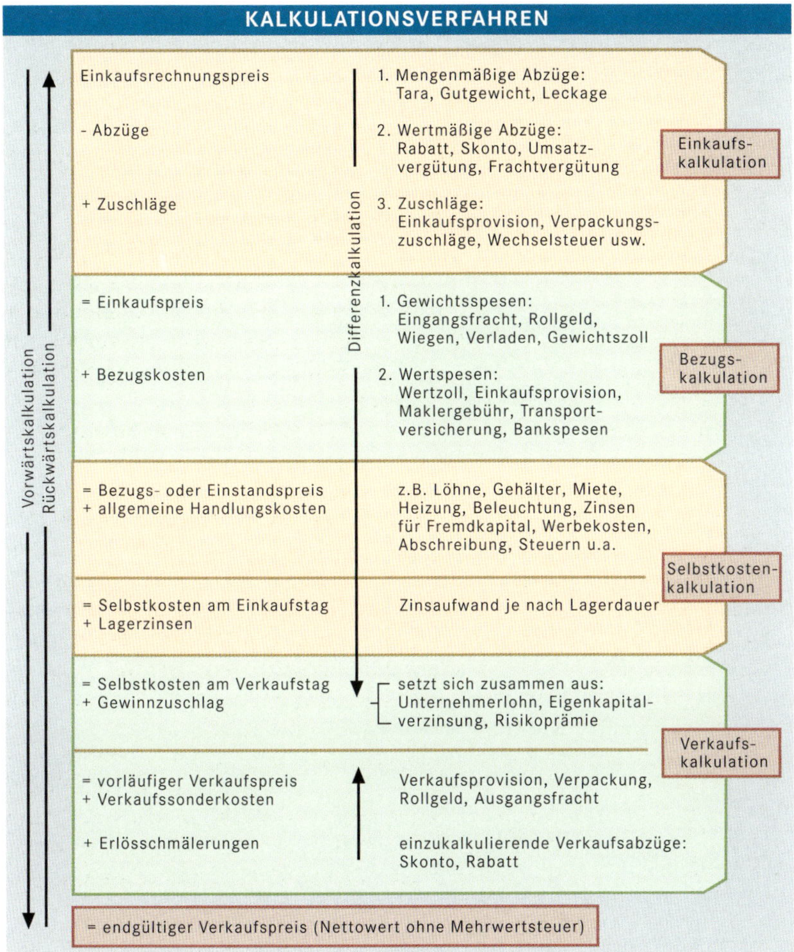

Kalkulationsverfahren. Verschiedene Arten der Kalkulation zur Bestimmung des Verkaufspreises

fertigungstechnisch verwandte Erzeugnisse herstellen (z. B. verschiedene Biersorten in einer Brauerei). 3) Bei der Zuschlagskalkulation *(siehe dort)* werden die Gemeinkosten als prozentuale Zuschläge den Einzelkosten hinzugerechnet.

kalkulatorische Kosten: Neben den Grundkosten *(siehe dort),* die den Zweckaufwendungen entsprechen, muss ein Betrieb in seiner Kostenrechnung mit Kosten rechnen, denen kein Aufwand *(siehe dort)* gegenübersteht. Zu diesen kalkulatorischen Kosten zählen:
1) **Anderskosten,** denen in der Finanzbuchhaltung ein Aufwand in anderer Höhe gegenübersteht, z. B. **kalkulatorische Abschreibungen** und **kalkulatorische Zinsen** (Zinsen auf das betriebsnotwendige Kapital); Beispiel: Das betriebsnotwendige Gesamtvermögen beträgt 900 000 € und der Marktzins 10 %, dann sind 90 000 € kalkulatorische Zinskosten anzusetzen.

2) **Zusatzkosten,** denen keine Aufwendungen gegenüberstehen. Zum einen arbeitet der Unternehmer produktiv mit **(kalkulatorischer Unternehmerlohn),** sodass sich der direkt verrechenbare Lohn (Fertigungslohn) vergrößert. Beispiel: Die Lohnkosten betragen 200 000 €, sodass durch 30 000 € produktiver Anteil des Unternehmers insgesamt 230 000 € Fertigungslöhne anzusetzen sind. Weiterhin steht dem Unternehmer ein Entgelt für die leitende und überwachende Tätigkeit im Betrieb zu. Für diese Leitung sollte das Gehalt eines vergleichbaren Angestellten angesetzt werden, z. B. für einen Betrieb zwischen 5 und 10 Beschäftigten 70 000 €,

KAPITALVERÄNDERUNG

Bilanzverlust 300 000 €

1. Bilanz **vor** der **Kapitalherabsetzung:**

Aktiva		**Bilanz**	**Passiva**
Anlagevermögen	900 000 €	Eigenkapital	1 000 000 €
Umlaufvermögen	400 000 €	Fremdkapital	600 000 €
Bilanzverlust	300 000 €		
=	1 600 000 €	=	1 600 000 €

2. Bilanz **nach** der **Kapitalherabsetzung**

Aktiva		**Bilanz**	**Passiva**
Anlagevermögen	900 000 €	Eigenkapital	700 000 €
Umlaufvermögen	400 000 €	Fremdkapital	600 000 €
=	1 300 000 €	=	1 300 000 €

Kapitalveränderung.
Beispiel für eine Kapitalherabsetzung

für einen Betrieb zwischen 10 und 20 Beschäftigten 80 000 €.
Zusätzlich zu den buchmäßigen Gemeinkosten, den Mietaufwendungen aus der Finanzbuchhaltung, geht der Unternehmer bei der Bemessung seiner eigenen, betrieblich genutzten Räume von der ortsüblichen Miete aus, wie sie bei einer Verpachtung zu erzielen wäre **(kalkulatorische Miete).**

Kapazität, das mengenmäßige Leistungsvermögen von Betriebsmitteln (z. B. Produktionsanlagen) pro Zeiteinheit. Dabei kann es sich um die Leistungsfähigkeit einer Maschine, z. B. Ausbringungsmenge je Stunde, handeln oder um die Leistungsfähigkeit eines Betriebes, z. B. maximal mögliche Fertigungsmenge pro Jahr. Zu unterscheiden ist die technisch mögliche Maximalleistung **(Kapazitätsgrenze),** die möglicherweise zu erhöhtem Verschleiß und Ausschuss führt, und die wirtschaftlich optimale Auslastung der Anlagen (z. B. Kapazität mit den geringsten Kosten pro Ausbringungseinheit).
Der **Kapazitätsausnutzungsgrad** ist das Verhältnis der tatsächlichen zur möglichen Erzeugung, z. B. können 100 000 Stück monatlich produziert werden, tatsächlich sind es aber 70 000 Stück: der Kapazitätsausnutzungsgrad beträgt somit 70 %.

Kapital, im betriebswirtschaftlichen Sinn die Summe aller langfristig nutzbaren Produktionsmittel (Betriebsmittel). Dazu gehören Gebäude, Maschinen, Fahrzeuge und Geschäftsausstattung. In der Bilanz *(siehe dort)* erscheinen diese im Anlagevermögen.
Im Rechnungswesen werden auch die Gegenwerte des Vermögens auf der rechten Seite der Bilanz als Kapital bezeichnet (Bilanzkapital) und das Eigenkapital *(siehe dort)* vom Fremdkapital *(siehe dort)* unterschieden. Weitere Begriffe sind das gezeichnete Kapital *(siehe dort)* und das betriebsnotwendige Kapital *(siehe dort).*

Kapitalgesellschaft, Oberbegriff für Unternehmensformen, bei denen die Kapitalbeschaffung im Vordergrund steht (Gegenteil: Personengesellschaften). Die bekanntesten sind die Aktiengesellschaft *(siehe dort)* und die GmbH *(siehe dort).* Die Kapitalgesellschaften sind **juristische Personen,** die damit eine eigene Rechtspersönlichkeit besitzen und somit auch selbstständig steuerpflichtig sind, z. B. Körperschaftsteuer (*siehe* Kapitel 5) entrichten. Die Haftung ist auf die Einlagen der Gesellschafter bzw. Aktionäre beschränkt (Grundkapital, Stammkapital), Geschäftsführer bzw. Vorstand müssen nicht Gesellschafter oder Aktionär sein.

Kapitalveränderung: Bei einer **Kapitalerhöhung** wird das Eigenkapital durch Einlagen alter oder neuer Gesellschafter erhöht. Dazu werden z. B. bei einer Aktiengesellschaft neue Aktien ausgegeben oder vorhandene Rücklagen werden in Form von Berichtigungsaktien (Gratisaktien) den Altaktionären zur Verfügung gestellt.
Zu einer **Kapitalherabsetzung** gehören Maßnahmen, durch die das Eigenkapital eines Unternehmens verringert wird, im Regelfall bei finanziellen

Schwierigkeiten. Der Bilanzverlust wird durch Herabsetzung des Eigenkapitals ›ausgeglichen‹.

Kassenbuch, Nebenbuch zur Erfassung der mit Ein- und Auszahlungen verbundenen (baren) Geschäftsvorfälle eines Tages. Das Kassenbuch enthält Spalten für die laufende Nummer des Geschäftsvorfalls, Datum, Belegnummer, Buchungstext, Ein- bzw. Auszahlungsbetrag sowie auf der Einzahlungsseite den Kassenanfangsbestand und auf der Auszahlungsseite den Kassenendbestand. Das Kassenbuch dient als Sammelbeleg für das Sachkonto Kasse (Kassenkonto) des Hauptbuchs.

Kaufmann: Wer ein Gewerbe (*siehe* Kapitel 1) betreibt und seinen Betrieb (Handelsgewerbe) in das Handelsregister *(siehe dort)* eintragen lässt, ist nach dem Handelsgesetzbuch Kaufmann. Nicht nur Einzelpersonen können Kaufleute sein **(Istkaufmann),** sondern auch Handelsgesellschaften wie Aktiengesellschaft und GmbH **(Formkaufmann).**

Kommanditgesellschaft, Abkürzung **KG,** eine Personengesellschaft, die mehrere (mindestens zwei) Personen unter gemeinschaftlicher Firma betreiben; im Unterschied zur offenen Handelsgesellschaft *(siehe dort)* gibt es mindestens einen Gesellschafter, der nur mit seiner Einlage haftet **(Kommanditist)** und auch nicht die Führung und Vertretung der Gesellschaft ausübt. Bei den **Komplementären** ist dagegen die Haftung unbeschränkt. Sie führen und vertreten auch die Gesellschaft, können die Unternehmensleitung aber auch in die Hände eines Geschäftsführers legen. Der Kommanditist hat ein Informationsrecht, er ist am Gewinn zu beteiligen und kann außergewöhnlichen Geschäften widersprechen. Organe der KG sind die Gesellschafterversammlung und die Geschäftsführung. Der Firmenname muss mindestens den Zusatz KG tragen.

Kommanditgesellschaft auf Aktien, Abkürzung **KGaA,** eine Mischform zwischen Kommanditgesellschaft und Aktiengesellschaft. Diese seltene Unternehmensform besitzt wie die AG eine eigene Rechtspersönlichkeit und zählt zu den Kapitalgesellschaften. Mindestens ein Gesellschafter haftet unbeschränkt (persönlich haftender Gesellschafter), er ist Vorstandsmitglied, führt und vertritt die Gesellschaft; die Aktionäre (Kommanditaktionäre) sind in Höhe des Nennwerts ihrer Aktien am Grundkapital beteiligt und haften nur mit dieser Einlage.

Kommissionär, selbstständiger Kaufmann, der Waren oder Wertpapiere für Rechnung eines anderen, aber im eigenen Namen kauft oder verkauft (Kommissionsgeschäft); für diese Tätigkeit erhält er Provision.

Kommunikationspolitik, im Marketing alle Maßnahmen der Werbung, Verkaufsförderung, Öffentlichkeitsarbeit (Public Relations) und des persönlichen Verkaufs (Personal Selling).

Konditionenpolitik, als Teil des Marketing alle Maßnahmen der Produkt- und Preispolitik zur Festlegung von allgemeinen Geschäftsbedingungen (*siehe* Kapitel 9), Lieferbedingungen (*siehe* Kapitel 9), Zahlungsbedingungen (*siehe* Kapitel 9), Rabatten (*siehe* Kapitel 9) und Garantien (*siehe* Kapitel 9) zum Zweck der Produkt- und Preisdifferenzierung. Diese **Konditionen** sind auch als Teil eines Angebots (*siehe* Kapitel 9) anzusehen. Kundenfreundliche Regelungen können den Absatz der Erzeugnisse oder Dienstleistungen verbessern.

Konkurs, die Zahlungsunfähigkeit oder Insolvenz *(siehe dort)* eines Unternehmens.

Konto, allgemein übliche Grundlage der kaufmännischen Buchführung; dient der übersichtlichen Aufzeichnung von Bestands- und Erfolgsvorgängen. Unterschieden wird zwischen **Aktivkonten,** auf denen Veränderungen des Anlage- und Umlaufvermögens festgehalten werden, und **Passivkonten,** die Veränderungen beim Eigen- und Fremdkapital aufzeichnen, sowie Aufwands- und Ertragskonten, die den Erfolg beeinflussen **(Erfolgskonten).**

Ein Konto besteht aus der Sollseite (links) und der Habenseite (rechts); bei einem **Aktivkonto** nimmt die Sollseite den Anfangsbestand und die Zugänge auf, Minderungen werden auf der Habenseite erfasst (bei den Passivkonten ist es umgekehrt). Die Differenz beider Seiten, der **Saldo,** ist dann der Endbestand des Vermögens oder der Schulden. Die Aufwendungen werden im Konto immer auf der Sollseite, die Erträge immer auf der Habenseite dargestellt. Dabei verändert jeder Geschäftsfall mindestens zwei Bilanzposten (deshalb spricht man von **doppelter Buchführung).** – Grafik S. 286

Konventionalstrafe, die Vertragsstrafe *(siehe dort).*

KONTO

Soll	Rohstoffe		Haben
Anfangsbestand	20 000 €	**Endbestand**	21 000 €
Zugang	+ 1 000 €		

Soll	Kasse		Haben
Anfangsbestand	5 000 €	Kauf von Rohstoffen	- 1 000 €
		Endbestand	4 000 €

Soll	Verbindlichkeiten		Haben
Zahlung der Lieferschulden	- 5 000 €	Anfangsbestand	15 000 €
Endbestand	10 000 €		

Soll	Darlehen		Haben
		Anfangsbestand	10 000 €
Endbestand	15 000 €	Darlehens-aufnahme	+ 5 000 €

Konto. Beispiele für die Verbuchung von Geschäftsfällen bei der doppelten Buchführung: zum einen der Barkauf von Rohstoffen in Höhe von 1 000€ (oben), zum andern eine Darlehensaufnahme von 5 000€, zur Minderung von Lieferschulden (unten)

Kosten, der in Geld bewertete Verzehr von Produktionsfaktoren und Dienstleistungen, der zur Erstellung und Verwertung der betrieblichen Leistungen sowie zur Aufrechterhaltung der Betriebsbereitschaft erforderlich ist. Grundmerkmale für Kosten sind: 1) Es liegt stets ein Güterverbrauch vor; als Einsatzgüter kommen Sachgüter, Arbeitsleistungen, Dienste und Rechte infrage. 2) Der Güterverbrauch muss leistungsbezogen, d.h. auf die Erstellung betrieblicher Güter, ausgerichtet sein. 3) Der Güterverbrauch wird durch Multiplikation der verbrauchten Menge mit einem Geldbetrag je Mengeneinheit (Preis) bewertet.

Die Kosten sind abzugrenzen sowohl von den Ausgaben (Geldausgängen) als auch vom Aufwand *(siehe dort)*. Es gibt z.B. aufwandsgleiche Kosten oder Grundkosten *(siehe dort)* und kalkulatorische Kosten *(siehe dort)*, die nie zu Ausgaben führen. Steigen die Kosten mit der Produktmenge, so heißen sie beschäftigungsabhängige oder variable Kosten *(siehe dort)*. Diesen stehen die fixen Kosten *(siehe dort)* gegenüber (z.B. die zur Bereithaltung der Fertigungskapazität anfallenden Bereitschaftskosten).

Je nachdem, ob sich die Kosten einem Kostenträger (z.B. Fertigerzeugnis) zurechnen lassen, spricht man von Einzelkosten *(siehe dort)* oder Gemeinkosten *(siehe dort)*. Werden nur die tatsächlich angefallenen Kosten verrechnet, dann spricht man von **Istkosten,** wenn geplante Kosten verrechnet werden, sagt man dazu **Plankosten** oder **Sollkosten.**

Kostenrechnung, Teilgebiet des Rechnungswesens; bildet zusammen mit der Leistungsrechnung die Betriebsbuchhaltung **(Kosten- und Leistungsrechnung).** Mithilfe der Betriebsbuchhaltung sollen der kurzfristige Erfolg, die Differenz zwischen Leistungen und Kosten, als Betriebsergebnis *(siehe dort)* ermittelt und die Selbstkosten *(siehe dort)* eines Erzeugnisses oder Auftrags festgestellt werden. Weiterhin sollen die Wirtschaftlichkeit des Unternehmensprozesses kontrolliert (Kostenkontrolle und Kostenplanung) und Entscheidungen untermauert werden (z.B. Kalkulation, Produktions- und Investitionsprogramm).

Die Kostenrechnung verfolgt die Entstehung der Kosten bei der Leistungserstellung schrittweise. Dabei wird nach folgenden Stufen vorgegangen: 1) Die **Kostenartenrechnung** erfasst alle Kosten der Abrechnungsperiode als Einzelkosten *(siehe dort)* und Gemeinkosten *(siehe dort)*. 2) Danach schließt sich im Rahmen der Kostenstellenrechnung *(siehe dort)* die verursachungsgerechte Verrechnung der Gemeinkosten auf die einzelnen betrieblichen Teilbereiche **(Kostenstellen)** an.

3) Die **Kostenträgerrechnung** ermittelt die Gesamtkosten, die innerhalb einer Abrechnungsperiode insgesamt auf die Produktarten entfallen **(Kostenträgerzeitrechnung)** oder errechnet als Kalkulation *(siehe dort)* die für die Herstellung oder den Absatz eines Produktes oder einer Dienstleistung jeweils anfallenden Kosten **(Kostenträgerstückrechnung)** pro Stück oder Auftrag.

Kostensenkungsprogramm, Kostenmanagement: Die Kosten eines Betriebes im Griff zu haben, ist eine unternehmerische Daueraufgabe. Zu einem erfolgreichen Kostenmanagement gehört: 1) Überprüfung der Verwaltungsabläufe durch regelmäßige Betriebsvergleiche (u.a. unnötige, doppelte Arbeiten); 2) systematische Überprüfung der Lieferantenkonditionen und der Lagerbestände; 3) kürzere Durchlaufzeiten und Verringerung des Ausschusses in der Produktion; 4) mehr Zukauf und weniger Eigenfertigung (›Make or buy‹); 5) Kapazitätsauslastung durch Lohnaufträge oder Verkauf von nicht mehr benötigten Maschinen; 6) Wirksamkeit der Werbung durch geeignete Erfolgskontrolle; 7) Verkürzung der Zahlungsziele durch Anreize über Skonto und Prüfung des Mahnwesens.

Kostenstellenrechnung: Die Kostenstellenrechnung soll mithilfe des **Betriebsabrechnungsbogens** (BAB) die Gemeinkosten auf die Kostenstellen verteilen und die Kontrolle der Kostenentwicklung in den einzelnen Kostenstellen gewährleisten, um die Wirtschaftlichkeit zu sichern.
Beispiel: Die in einem Monat anfallenden Gemeinkosten werden nach einem Verteilungsschlüssel verursachungsgerecht auf die Kostenstellen verteilt. In einem kleinen Betrieb genügen **Hauptkostenstellen,** denen die Kosten zugeordnet werden. Zur Vereinfachung lautet z. B. der Schlüssel für die Verteilung der Kosten auf die Hauptkostenstellen Material, Fertigung, Verwaltung und Vertrieb 3 : 5 : 2.
Zu den errechneten Gemeinkosten der Hauptkostenstellen Material (Lager) mit 32 550 €, Fertigung (Herstellung) mit 54 250 € sowie Verwaltung und Vertrieb mit 21 700 € sind weiterhin die Kosten einzubeziehen, die als Einzelkosten direkt dem Kostenträger zugerechnet werden.
Die Zuschlagsätze für Material- und Fertigungsgemeinkosten werden aus dem Verhältnis der Gemeinkosten zu den Einzelkosten je Hauptkostenstelle errechnet. Basis der Verwaltungs- und Vertriebsgemeinkosten sind die Herstellkosten, die aus der Summe der gesamten Material- und Fertigungskosten bestehen. – Grafik S. 288

Kreditfinanzierung, die Fremdfinanzierung *(siehe dort).*

Kreditoren, Kurzbezeichnung für Gläubiger eines Unternehmens; Kreditoren sind in der Buchführung Verbindlichkeiten *(siehe dort)* gegenüber Lieferanten aus Warenlieferungen und Leistungen (Gegenteil: Debitoren).

Kundenorientierung, im Marketing die noch deutlichere Ausrichtung der Tätigkeit an den Kundenwünschen, speziell der Kundenservice *(siehe* Kapitel 9).

Kuppelproduktion, Fertigungsverfahren, bei denen in einem (meist chemischen) Fertigungsprozess zwangsläufig mehrere, verschiedenartige Erzeugnisse (Kuppelprodukte) anfallen, z. B. bei der Rohölverarbeitung Benzin, Heizöl, Gas und Teer.

Lagebericht, von den größeren Kapitalgesellschaften zu erstellender Bericht, der den Jahresabschluss durch zusätzliche Informationen, z. B. Produktpalette, Marktanteile des Unternehmens, ergänzt und über den Geschäftsverlauf des abgelaufe-

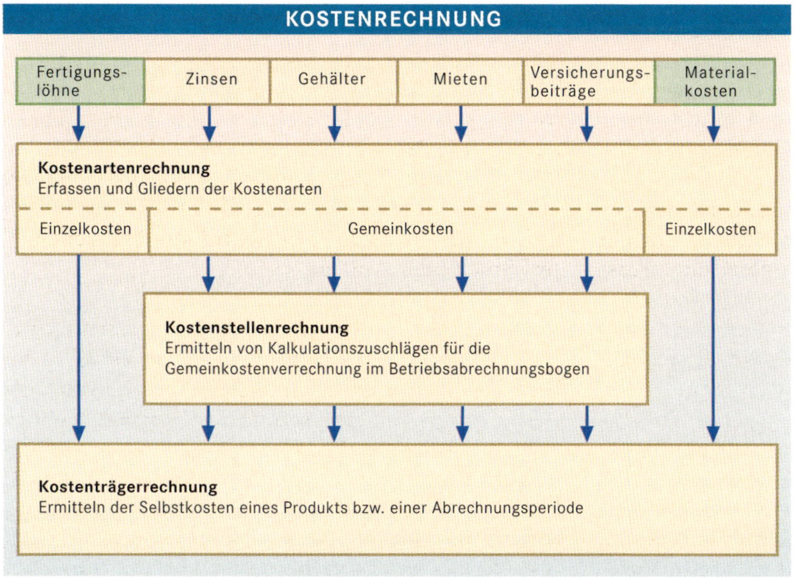

Kostenrechnung.
Der Zusammenhang zwischen Kostenarten-, Kostenstellen- und Kostenträgerrechnung

KOSTENSTELLENRECHNUNG

Kostenarten	Gemein-kosten	Hauptkostenstellen Material	Fertigung	Verwaltung und Vertrieb
Aufwendungen für Hilfsstoffe	10 000 €	3000 €	5 000 €	2 000 €
Gehälter	20 000 €	6 000 €	10 000 €	4 000 €
soziale Abgaben	15 000 €	4 500 €	7 500 €	3 000 €
kalkulatorische Abschreibungen	25 000 €	7 500 €	12 500 €	5 000 €
Zinskosten	12 500 €	3 750 €	6 250 €	2 500 €
Steuern	5 000 €	1 500 €	2 500 €	1 000 €
Instandhaltung und Energie	8 000 €	2 400 €	4 000 €	1 600 €
Miete	6 000 €	1800 €	3 000 €	1 200 €
verschiedene Gemeinkosten	3 000 €	900 €	1 500 €	600 €
kalkulatorischer Unternehmerlohn	4 000 €	1 200 €	2 000 €	800 €
Summe Gemeinkosten	**108 500 €**	**32 550 €**	**54 250 €**	**21 700 €**
Einzelkosten		60 000 €	44 000 €	
Material- bzw. Fertigungskosten		92 550 €	98 250 €	
Herstellkosten		**190 800 €**		

Zuschlagsätze für:

1. Materialgemeinkosten $\frac{32\,550 \times 100}{60\,000} = 54{,}25\ \%$

2. Fertigungsgemeinkosten $\frac{54\,250 \times 100}{44\,000} = 123{,}30\ \%$

3. Vewaltungs- und Vertriebsgemeinkosten $\frac{21\,700 \times 100}{190\,800} = 11{,}37\ \%$

Kostenstellenrechnung. Verteilung der Kosten im Betriebsabrechnungsbogen und Berechnung der Zuschlagsätze

nen Jahres und die voraussichtliche Entwicklung Auskunft gibt.

Lager, der Bereich im Unternehmen, in dem die Roh-, Hilfs- und Betriebsstoffe, die halbfertigen und fertigen Erzeugnisse aufbewahrt werden. Handelt es sich dabei um Güter für die Produktion, dann wird von einem **Materiallager** gesprochen, dem sich produktionsbedingte **Zwischenlager** anschließen können. Es wird ein Mindestbestand **(eiserner Bestand)** ständig gehalten, um jederzeit die Produktion aufrechterhalten zu können. Darüber hinausgehende Bestände werden gebildet, um Mengenrabatte bei der Beschaffung ausnutzen zu können, wenn diese höher sind als die **Lagerhaltungskosten:** Zinsen für das gebundene Kapital, eventuell zusätzliche Raum- und Personalkosten.
Eine weitere Form der Lagerhaltung ist das **Absatzlager,** in dem die Bestände an Fertigerzeugnissen bis zum Absatz verbleiben. Eine wirtschaftliche Lagerhaltung strebt eine kurze **Lagerdauer** und einen hohen **Lagerumschlag** an. Wird also eine Ware achtfach umgeschlagen (Umsatz 10 Mio. €, Lagervorräte 1,25 Mio. €), dann beträgt die Lagerdauer 45 Tage (360 Tage, geteilt durch 8).

Lean Management, Managementkonzept, das auf Steigerung der Wettbewerbsfähigkeit durch Kostensenkung, Kundenorientierung und hohe Qualitätsstandards ausgerichtet ist. Das ›schlanke Management‹ steht in erster Linie für den Abbau von Führungsebenen in Großunternehmen (flache Hierarchien). Die verbleibenden Führungsebenen werden neu geordnet; es sollen neue Verantwortungs- und Entscheidungsspielräume geschaffen und die Berichts- und Entscheidungswege zwischen den Ebenen verkürzt werden. Ziel ist der Abbau überflüssiger betrieblicher Bürokratie, mehr Flexibilität und größere Eigenverantwortlichkeit der Mitarbeiter.

Lean Production, ein konsequent am Wirtschaftlichkeitsprinzip ausgerichteter Produktionsansatz (›schlankere Produktion‹), nach dem vor allem durch Dezentralisierung, Gruppenarbeit, Kaizen, Just-in-time-Fertigung, Outsourcing und Automatisierung des Materialflusses eine erhebliche Senkung des Zeit- und Kostenaufwandes in Entwicklung und Produktion sowie eine höhere Produktivität erzielt werden soll.

Leasing, die Gebrauchsüberlassung von Gütern wie beispielsweise Autos oder Computer auf der Grundlage eines **Leasingvertrags. Leasinggeber** ist im Regelfall eine Leasinggesellschaft, die das Wirtschaftsgut erworben hat und dessen rechtlicher und wirtschaftlicher Eigentümer bleibt. Der **Leasingnehmer** nutzt das geleaste Objekt und zahlt ein Entgelt. Mit dieser **Leasingrate** wird das Leasinggut zurückgezahlt, die Kosten des Leasinggebers gedeckt und ihm noch ein Gewinn ermöglicht. Vorteile für den Leasingnehmer: kaum Kapitalabfluss, keine umfangreichen Kredite nötig, die Leasingrate ist in der Regel steuerlich als Betriebsausgabe absetzbar.

Leistungen, im Rechnungswesen alle in Geld bewerteten Güter und Dienstleistungen, die ein Betrieb in einem Geschäftsjahr in Form von Absatzleistungen (Erlöse), Lagerleistungen (Erhöhung des Lagerbestandes) und Eigenleistungen (der Betrieb baut sich eine Montageeinrichtung selbst) erzielt. Den Leistungen stehen Kosten *(siehe dort)* gegenüber, die Differenz ist das Betriebsergebnis *(siehe dort)*.
Der **betriebliche Leistungsprozess** umfasst die Gesamtheit des betrieblichen Handelns von der Beschaffung der Produktionsfaktoren über den Produktionsprozess bis zum Absatz der fertigen Produkte oder Dienstleistungen und die damit verbundenen Güter- und Geldströme.

Lieferantenkredit, ein Kredit, den Lieferanten ihren Kunden durch die Gewährung von Zahlungszielen einräumen (›...zahlbar innerhalb von 30 Tagen netto, binnen zehn Tagen 3% Skonto...‹). Die Laufzeit eines Lieferantenkredits beträgt in der Praxis einen bis drei Monate. Dieser scheinbar zinslose Kredit wird allerdings vom Lieferanten in den Verkaufspreis einkalkuliert, ebenso das Skonto *(siehe dort)*.

Limited, Abkürzung **Ltd.,** eine britische Rechtsform für Unternehmen, in Deutschland seit 2003 zugelassen. Eine in Deutschland agierende Limited muss im englischen Handelsregister angemeldet und eingetragen sein.
Rechtlich und steuerlich bestehen Ähnlichkeiten zur GmbH. Das Stammkapital beträgt mindestens 1£ (= 1,50€), die persönliche Haftung des Gesellschafters oder Geschäftsführers und der Zugriff auf das Privatvermögen sind ausgeschlossen.

Liquidation, teilweise oder ganze Auflösung eines Unternehmens durch Einzug der Forderungen und Verkauf der übrigen Vermögensteile. Das nach Bezahlung der Verbindlichkeiten verbleibende Vermögen erhält der Unternehmer bzw. wird unter die Gesellschafter verteilt. Die Liquidation ist in das Handelsregister einzutragen; die Gesellschaft führt dann den Zusatz i. L. im Firmennamen.

Liquidität, Fähigkeit und Bereitschaft eines Unternehmens, jederzeit seine bestehenden Zahlungsverpflichtungen der Höhe nach und fristgerecht erfüllen zu können. Die notwendigen Mittel **(liquide Mittel, flüssige Mittel),** um die Verbindlichkeiten jederzeit begleichen zu können, sind die Kassenbestände und Guthaben auf den Girokonten (Sichtguthaben). Um die Liquidität eines Unternehmens differenziert beurteilen zu können, werden entsprechende Kennzahlen **(Liquiditätsgrade)** herangezogen; man unterscheidet: 1) **Liquidität 1. Grades,** bei der die liquiden Mittel ins Verhältnis zum kurzfristigen

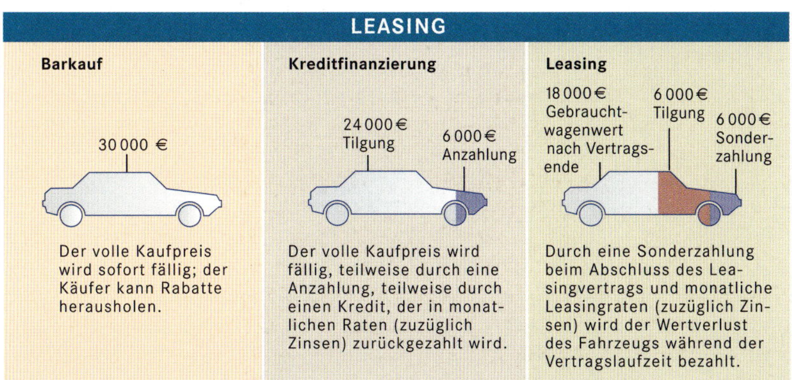

Leasing.
Beispiel für den Vergleich von Leasing, Barkauf und Kreditfinanzierung

MANAGEMENTPRINZIPIEN

Managementprinzipien

Management by Delegation	Management by Objectives	Management by Results
Partizipatives Führungskonzept, das durch die Übertragung weit gehender Entscheidungsfreiheit und Verantwortung an Mitarbeiter gekennzeichnet ist. Voraussetzung ist klare Aufgabendefinition und Kompetenzabgrenzung. Das Konzept ist eine auch im Harzburger Modell verwendete Führungstechnik.	Führung durch Zielvereinbarung. Dieses Führungskonzept betont die Bedeutsamkeit gemeinsamer Zielvereinbarungen mit den Mitarbeitern. Entscheidungsbefugnisse werden weitgehend an die Mitarbeiter delegiert. Es findet eine regelmäßige Rückkopplung über die Zielerreichung statt. Auch die Belohnungen sind an den Grad der Zielerreichung gekoppelt.	Ergebnisorientiertes Führungskonzept, das die Zielplanung zum Führungsinstrument entwickelt. Eine reine Orientierung am Ergebnis steht im Vordergrund. Eine exakte Leistungsvorgabe und eine ergebnisorientierte Leistungskontrolle werden verbunden.

Management by Participation	Management by Motivation	Management by Exception
Führungskonzept mit starker Betonung der Mitarbeiterbeteiligung an den sie betreffenden Zielentscheidungen. Ausgangspunkt ist die These, dass eine Identifikation der Mitarbeiter mit den Unternehmenszielen wächst und damit die Leistung erhöht wird, wenn sie an der Formulierung dieser Ziele mitwirken können.	Führungskonzept, das darauf basiert, den Fähigkeiten und der Verantwortungsbereitschaft der Mitarbeiter entsprechenden Spielraum zu gewähren.	Führung im Ausnahmefall. Das bedeutet, dass alle im normalen Betriebsablauf anfallenden Entscheidungen von dafür zuständigen Stellen getroffen werden. Ein Eingriff des Vorgesetzten erfolgt nur, wenn fixierte Toleranzwerte überschritten werden, die den Ermessensspielraum der jeweiligen Stellen überschreiten. Dazu müssen die Aufgaben klar abgegrenzt sein, sich messbare Toleranzwerte festlegen lassen, muss die Planung realistisch sein und die Kontrolle tatsächlich durchgeführt werden.

Managementprinzipien. Beispiele für Führungsmodelle

Fremdkapital (kurzfristige Verbindlichkeiten) gesetzt werden. 2) Die **Liquidität 2. Grades** ist das Verhältnis aus der Summe von liquiden und kurzfristigen Forderungen zum kurzfristigen Fremdkapital; dieses Verhältnis sollte immer über 100 % liegen. 3) Bei der **Liquidität 3. Grades** wird das gesamte Umlaufvermögen zum kurzfristigen Fremdkapital in Bezug gesetzt; eine wenig praxisgerechte Kennzahl.

Lizenz, das Recht, ein fremdes Recht, z. B. eine Erfindung (Patent), wirtschaftlich zu nutzen. Der Nutzer hat hierfür eine Lizenzgebühr zu bezahlen.

Logistik, alle Aufgaben, die mit der Lagerung und dem Transport des Materials oder der Güter von Beschaffung über Produktion bis zum Absatz zu tun haben. Die Logistik soll als wichtiger Teil der Ablauforganisation sicherstellen, dass das benötigte Material bzw. die hergestellten Güter zur rechten Zeit, am rechten Ort und in den benötigten Mengen kostengünstig zur Verfügung stehen.

Losgröße, die Produktionsmenge bei der Serien- oder Sortenfertigung, die hintereinander ohne Unterbrechung des Fertigungsprozesses (z. B. durch Umrüstung der Produktionsanlagen) hergestellt wird; Beispiel: Fertigungslos 5 000 VW Cabrio.

Management, alle Personen, die in einem Unternehmen Führungspositionen einnehmen **(Manager),** ohne Eigentümer des Unternehmens zu sein. Diese Unternehmer *(siehe dort)* sollen die für den Betrieb bedeutsamen Entscheidungen fällen, die entsprechenden Maßnahmen planen und anweisen sowie deren Ausführung kontrollieren. Nach dem **Top-Management,** d. h. der obersten Hierarchie, be-

stehend aus Vorstand, Geschäftsführer (sie leiten den Betrieb), ist das **Middle-Management** angesiedelt, das für betriebliche Teilbereiche mit entsprechenden Abteilungen (abhängig von Betriebsgröße und Aufgaben) die Verantwortung (Kompetenz) trägt (Direktoren, Bereichsleiter). Das **Lower-Management** besteht aus Abteilungsleitern, Werkstattmeistern. Manager werden auch als leitende Angestellte (*siehe* Kapitel 8) bezeichnet.
Management umfasst aber auch die Tätigkeit der Führung *(siehe dort)* und Leitung eines Unternehmens oder Verantwortungsbereichs eines Unternehmens oder spezifische Tätigkeiten (z. B. Qualitätsmanagement, Krisenmanagement).

Management-Buy-out, Abkürzung **MBO,** die Übernahme eines Unternehmens durch seine eigenen Führungskräfte (Management); von einem **Management-Buy-in** spricht man, wenn die Übernahme durch ein von außen kommendes (externes) Management vorgenommen wird. Finanziert werden solche Vorhaben durch Bankkredite, Ausgabe von Aktien und Verkauf von Unternehmensteilen.

Managementprinzipien, organisatorische Maßnahmen zur Verwirklichung bestimmter (kooperativer) Führungsstile, wie sie von den Vorgesetzten (Managern) gegenüber den Mitarbeitern ausgeübt werden können. Wenn etwa der Mitarbeiter in seinem Arbeitsbereich selbstständig Entscheidungen trifft und nur in Ausnahmefällen die Unternehmensführung eingreift, spricht man von **Management by Exception.** Beim **Management by Objectives** hat jeder Mitarbeiter zu Beginn eines Jahres vereinbarte Ziele (Zielvereinbarung) durch eigene Entscheidungen und Handeln zu erreichen. **Management by Delegation** bedeutet, dass jeder Mitarbeiter einen bestimmten Aufgaben- und Zuständigkeitsbereich erhält, in dem er selbstständig handeln soll.

Marke: Eine Marke soll als Zeichen die Waren und Dienstleistungen eines Unternehmens von denen eines anderen Unternehmens als unverwechselbar kennzeichnen. Dabei können beim **Deutschen Patent- und Markenamt** in München (www.dpma.de) nicht nur Worte geschützt werden, sondern auch spezielle Schriftzüge und Buchstaben (T für Telekom AG), Zahlen (4711), Abbildungen, Melodien oder auch Formen (Coca-Cola-Flasche). Der Schutz der Marke wird EU-weit zunächst für zehn Jahre gewährt, kann auf Antrag aber beliebig verlängert und ausgeweitet werden. Mit einer Marke verknüpft sind meist bestimmte Produkte, die Markenartikel (*siehe* Kapitel 9).

Marketing, beinhaltet eine marktorientierte Unternehmensführung, die durch Einsatz aller Marke-

Marketing.
Systematik der absatzpolitischen Instrumente und ihre Kombination nach Heribert Meffert

tinginstrumente den Markt zu beeinflussen versucht, d. h., Marketing ist alles, was letztlich den Absatz fördert. Die **Marketinginstrumente** können wie folgt zusammengefasst werden:
1) Die systematische Erforschung der Kunden- und der Konkurrenzsituation durch die Marktforschung *(siehe dort);* 2) die Produktpolitik *(siehe dort),* zu der auch die Markenbildung und der Kundendienst sowie die Sortimentspolitik und Programmpolitik zählen, d. h., welche Produkte biete ich an, welche müssen neu aufgenommen, welche ausgesondert werden; 3) die Preispolitik *(siehe dort)* und die Konditionenpolitik; 4) der Weg zur Verteilung der Erzeugnisse bis zum Kunden durch die Distributionspolitik *(siehe dort);* 5) die Maßnahmen der Werbung *(siehe dort),* der Verkaufsförderung *(siehe dort)* und der Öffentlichkeitsarbeit *(siehe dort)* zählen zur Kommunikationspolitik *(siehe dort).*
Die optimale Kombination und Koordination der Marketinginstrumente ist der **Marketingmix.**

Marktanteil, umsatz- bzw. mengenmäßiger Anteil des Unternehmens am betreffenden Gesamtmarkt. Beispiel: VW hat einen Marktanteil von 19 %; das bezieht sich auf alle verkauften Pkw in Deutschland für einen bestimmten Zeitraum.

Marktforschung: Ein Unternehmen sammelt Informationen über den Absatzmarkt, dazu gehört die Analyse der Kunden (Kaufkraft, Kaufmotive) und der Händler, die Erforschung der Konkurrenz und ihrer Produkte und auch die Wirkung der eigenen Absatzbemühungen. Ziel kann auch die Erkundung des aktuellen Marktvolumens und des als möglich erachteten Marktvolumens (Marktpotenzial) sein. Wird der Markt über längere Zeit dauernd erforscht, dann spricht man von **Marktbeobachtung,** wird ein Teilmarkt aufwendig untersucht, dann ist dies eine **Marktanalyse.** Beschafft sich ein Unternehmen die Informationen durch eigene Untersuchungen, dann liegt Primärforschung vor, greift man auf bereits vorhandenes Datenmaterial zurück, dann spricht man von Sekundärforschung. Marktforschung kann sich auch auf die Beschaffungsmärkte beziehen.

Massenfertigung, die Herstellung gleicher Erzeugnisse in sehr großen Stückzahlen im Unterschied zur Einzel- oder Serienfertigung. Die Verbrauchsgüter werden z. B. in nahezu unbegrenzter Menge durch automatische Maschinen hergestellt, z. B. Kaugummi, Schrauben, Zement.
Das **Gesetz der Massenproduktion** besagt: Je höher die Kapazitätsauslastung und die Ausbringungsmenge zur Herstellung von Massengütern ist, desto geringer werden die fixen Kosten (Kosten, die unabhängig von der Herstellungsmenge immer anfallen, z. B. Miete, Gehälter, Versicherungen) pro Stück und umso niedriger werden damit die gesamten Stückkosten *(siehe dort).*

Materialkosten, Summe aus den Kosten für Fertigungsmaterial (Einzelkosten) und den entsprechenden Materialgemeinkosten. Im Rahmen der Kostenstellenrechnung *(siehe dort)* sind Materialkosten Teil der Herstellkosten.

Materialwirtschaft, der Unternehmensbereich, der sich mit der Planung und Steuerung des Material- und Warenflusses von Einkauf bis Logistik befasst. Dazu zählen: Materialplanung, Ermittlung des Materialbedarfs, Beschaffung, Kontrolle des Materialeingangs (Warenannahme) und Materialprüfung (Qualitätsprüfungen), innerbetrieblicher Transport und Warenverteilung für die Produktion, Bevorratung auf allen Lagerstufen im Sinne der Materialbereitstellung, Materialentsorgung und Verwertung von Abfallstoffen.

Mechanisierung, die Ersetzung der menschlichen Arbeitskraft durch Maschinen bis hin zur Automatisierung *(siehe dort).*

Mediaplan, Zusammenfassung der einzelnen Schritte und Maßnahmen der Mediaplanung. Als Teil des Marketingplans steht er in Wechselwirkung mit Marketingfaktoren wie Produkteigenschaften, Distribution, Kommunikation und Preispolitik. Die Erarbeitung des Mediaplans als einer optimalen Kombination der Medien berücksichtigt im Wesentlichen die anzusprechende Zielgruppe und die verfügbaren Informationen aus Mediaanalysen.

Merchandising, abgeleitet aus dem Englischen ›to merchandise‹, was ›verkaufen, den Absatz steigern‹ bedeutet. Daraus ist ein umfassender Begriff für alle Maßnahmen der Produktpolitik *(siehe dort)* geworden. In einem speziellen Sinn bedeutet Merchandising die Übertragung einer Marke oder eines Logos auf Produkte, die mit der Marke oder dem Logo eigentlich wenig zu tun haben. Aus dem Bekanntheitsgrad etablierter Marken wird ein verkaufsfördernder Effekt für das Produkt erhofft.

Moratorium, die Bereitschaft von Gläubigern, einem in Zahlungsschwierigkeiten geratenen Schuldner die rückständigen Beträge für eine gewisse Zeit zu stunden, d. h., sie gewähren ein Moratorium.

Normalkosten, die Durchschnittskosten vergangener Abrechnungsperioden, um die normalen Zuschläge (Soll- oder Plankosten) im Rahmen der Zuschlagskalkulation zu berechnen. Sie ermöglichen die Kalkulation vor Beginn der Produktion; Istkosten sind die tatsächlich entstandenen Kosten.

Normung, einheitliche Festlegung von Begriffen, Verfahren, Messtechniken oder Produkt- und Materialeigenschaften wie Qualität, Form, Farbe oder Abmessungen; Reparaturen und Ersatzteillieferungen werden dadurch erleichtert. Bedeutsam sind die Normen des **Deutschen Instituts für Normung,** Abkürzung **(DIN),** die europäischen Normen, Abkürzung **EN** und die Normen der ISO *(siehe dort).* Die Normung dient der Rationalisierung.

Nutzungsdauer, der Zeitraum, in dem ein Wirtschaftsgut des abnutzbaren Anlagevermögens üblicherweise betrieblich genutzt wird. Sie ist eine Schätzgröße und für die Höhe der Abschreibungen *(siehe dort)* maßgebend. Die **betriebsgewöhnliche Nutzungsdauer** muss nicht zwangsläufig mit der wirtschaftlichen Nutzungsdauer übereinstimmen, die zum gewinnmaximalen Einsatz des Anlagegutes führt. Beide Begriffe sind zu unterscheiden von der meist längeren technisch möglichen Nutzungsdauer (Lebensdauer) des Betriebsmittels.

offene Handelsgesellschaft, Abkürzung **OHG,** Personengesellschaft, die zwei oder mehr Gesellschafter errichten zum Betrieb eines Handelsgewerbes unter gemeinsamer Firma. Jeder Gesellschafter wirkt grundsätzlich bei der Geschäftsführung und Vertretung mit. Jeder haftet unmittelbar, unbeschränkt mit Privat- und Geschäftsvermögen und solidarisch (ein Gesellschafter haftet für alle Geschäftsschulden). Die Eintragung ins Handelsregister ist erforderlich; der Firmenname muss mindestens die Bezeichnung OHG enthalten. Rechtliche Grundlage ist v. a. das Handelsgesetzbuch.

Öffentlichkeitsarbeit, Public Relations, Abkürzung **PR,** die Kommunikationsbeziehungen zwischen dem Unternehmen und der Öffentlichkeit bzw. alle Maßnahmen, die im Zuge dieser Aktivitäten zur kontinuierlichen Information über Einstellungen, Meinungen und Verhalten eingesetzt werden, um das Ansehen des Unternehmens in der Öffentlichkeit zu stärken und zu pflegen. Aus diesem positiven Image ergeben sich dann (möglicherweise eher mittel- und langfristig) positive Auswirkungen auf den Absatz der Produkte oder auf die Gewinnung qualifizierter Arbeitskräfte. PR-Maßnahmen können sein: Betriebsbesichtigungen, Informationsveranstaltungen, Förderung lokaler Sportvereine oder sozialer Einrichtungen. Im Unterschied zur Öffentlichkeitsarbeit preist die Werbung konkrete Produkte an, um den Absatz zu steigern.

Ökoaudit: Während bei einem Audit ein neutrales Institut Betriebe begutachtet hinsichtlich ihres Qualitätsmanagements, ist der Ökoaudit ein System zur Überprüfung der Umweltschutzarbeit eines Betriebes. Am Ökoaudit können Betriebe freiwillig teilnehmen. Sie müssen sich in einem längeren Verfahren der Überprüfung durch zugelassene Umweltgutachter stellen. Bei positivem Abschluss dürfen sie dann an ihren Produkten das Ökoaudit-Zeichen benutzen.

Organigramm, Darstellungsform der Aufbauorganisation *(siehe dort).*

Organisation, System bestimmter Regelungen zur zielgerichteten Steuerung betrieblichen Handelns. Entsprechende Gestaltungsmaßnahmen betreffen einerseits die Bildung und Koordination aufgabenteiliger, funktionsfähiger Teileinheiten im Sinne einer Aufbauorganisation *(siehe dort),* andererseits die Strukturierung von aufgabenbezogenen Arbeits- und Bewegungsvorgängen als Ablauforganisation *(siehe dort).* Die organisatorische Gestaltung basiert auf einer vorhergehenden Zerlegung der Gesamtaufgabe in Teilaufgaben. Mit Organisation wird sowohl die Tätigkeit des Organisierens wie auch dessen Ergebnis bezeichnet.

Outsourcing, Maßnahme, Aufgaben oder Bereiche des Unternehmens, z. B. Forschung und Entwicklung, EDV-Beratung, in eigene Gesellschaften auszulagern, um Kosten zu sparen und mehr Flexibilität in das eigene Unternehmen zu bekommen. Outsourcing betrifft auch die Vergabe bestimmter Tätigkeiten (z. B. Haustechnik, Büromaterialbeschaffung) an externe Dienstleister.

parkinsonsches Gesetz, von dem britischen Soziologen CYRIL NORTHCOTE PARKINSON (* 1909, † 1993) formuliertes (ironisch-satirisches) Gesetz über das Wachstum der Bürokratie; danach weisen hierarchisch aufgebaute Verwaltungen (auch in Unternehmen) die Tendenz zur Selbstaufblähung auf. Dadurch wächst die Gefahr der Unwirtschaftlichkeit, des Leerlaufs und letztlich des Zusammenbrechens.
Ähnlich ist das **Peterprinzip** zu sehen. Das nach dem kanadischen Bildungsforscher LAURENCE J. PETER (* 1919, † 1990) benannte Prinzip besagt, dass in einer Organisation jeder Beschäftigte so lange aufsteigen wird, bis er die Stelle seiner eigenen Unfähigkeit erreicht hat.

Partiefertigung: Unterschiedliche Qualität der Rohstofflieferung, z. B. bei Kaffee, führt zu Unterschieden bei dem Endprodukt; eine gelieferte einheitliche Rohstoffmenge ist eine Partie.

Passiva, gesamtes Kapital eines Unternehmens. Es steht im Unterschied zu den Aktiva *(siehe dort)* auf der rechten Seite der Bilanz *(siehe dort).* Nicht nur das Fremdkapital *(siehe dort)* zählt zu den Passiva, sondern auch das Eigenkapital *(siehe dort),* da dieses ›Schulden‹ des Unternehmens gegenüber den Eigentümern darstellt.
Von einem **Passivtausch** wird gesprochen, wenn ein Geschäftsfall nur die Passivseite der Bilanz betrifft; nimmt der Unternehmer ein Darlehen auf, um seine Lieferanten zu bezahlen, dann nimmt das Passivkonto ›Darlehen‹ zu, das Passivkonto ›Verbindlichkeiten‹ nimmt ab.

Patent, ein Schutzrecht auf eine neue technische Erfindung, die dem Inhaber das alleinige Nutzungsrecht sichert. Es wird beim **Deutschen Patent- und Markenamt** oder dem Europäischen Patentamt (*siehe* Kapitel 6, beide in München) beantragt und eingetragen und schützt für höchstens 20 Jahre die Erfindung **(Patentschutz);** danach kann jeder die Erfindung nutzen.

Personalführung, Mitarbeiterführung, die zielgerichtete Beeinflussung von Mitarbeitern durch ihre Vorgesetzten, die Menschenführung im Unternehmen. Ihre konkrete Ausübung wird wesentlich von den zugrunde liegenden Personalführungsmodellen geprägt. Personalführung zielt ab auf das Verhalten der Vorgesetzten zu den Mitarbeitern und umfasst den Führungsstil als Teil der Führung *(siehe dort)* und die Entscheidungssysteme als Teil der Managementprinzipien *(siehe dort).*

Personalwirtschaft, Sammelbegriff für alle Einrichtungen und Maßnahmen mit dem Ziel, dem Unternehmen zur Erfüllung seiner Aufgaben personelle Kapazität (Arbeitskräfte) in der erforderlichen Quantität und Qualität zum richtigen Zeitpunkt, Ort und für die benötigte Dauer bereitzustellen. Neben rechtlichen und verwaltungstechnischen Personalfragen sind auch soziale Angelegenheiten zu lösen, die die Berücksichtigung und Wahrnehmung der Interessen der Mitarbeiter betreffen, d. h. die Kooperation mit Betriebsrat, Förderung Einzelner, Form der Information der Mitarbeiter über zukünftige betriebliche Vorhaben und die Entwicklung von Merkmalen zur Personalbeurteilung. Personalwirtschaft umfasst neben der Personalverwaltung (*siehe* Kapitel 8) auch die Personalführung *(siehe dort).*

Personengesellschaften, zusammenfassende Bezeichnung für die offene Handelsgesellschaft, die Kommanditgesellschaft (KG), die BGB-Gesellschaft und die GmbH & Co. KG (Gegenteil: Kapitalgesellschaft). Diese Unternehmensformen zeichnen sich dadurch aus, dass die Gesellschafter für die Gesellschaftsschulden persönlich haften. Anders als bei der Kapitalgesellschaft existieren keine gesetzlichen Vorschriften über die Aufbringung und Erhaltung eines bestimmten Mindestkapitals. Die Personengesellschaft hat keine eigene Rechtspersönlichkeit, auch wenn OHG und KG den juristischen Personen weitgehend angeglichen sind. Die handelnden Personen stehen im Vordergrund. Diese Personen (Gesellschafter) sind nicht nur Inhaber, sondern auch für die Leitung (Ausnahme: Kommanditisten bei der KG) zuständig.

Planung, zielgerichteter und systematischer Vorgang der Informationsgewinnung und -verarbeitung zur Lösung künftiger unternehmerischer Fragen. Planung fordert Unternehmen (besonders das Management) heraus, möglichst viele Informationen über alles zu haben, was künftig für sie bedeutend sein könnte. Je höher der Informationsstand, desto sicherer sind die Plangrößen, über die Entscheidungen gefällt werden müssen.
Die Inhaltsbereiche von Planung sind: 1) Bestimmung des Planungsobjekts mithilfe der Festlegung der Planungsebenen (strategische, taktische, operative Planung) und der Planungsbereiche (For-

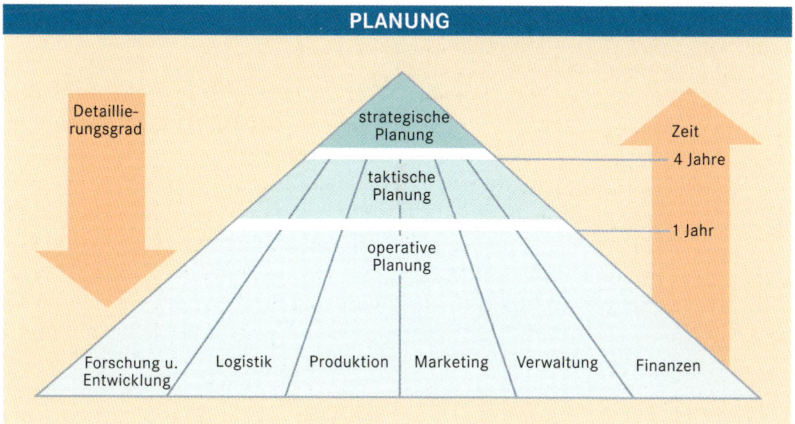

Planung.
Hierarchie der Planungsstufen

schung, Beschaffung, Produktion usw.); 2) Bestimmung der Planungsorganisation (z. B. Planungsteams), wobei deren Verhältnis zur jeweiligen betrieblichen Grundorganisation zu klären ist; 3) Bestimmung von Planungsprozess und Planungssystem. Letztlich führt die Planung zu einem unternehmerischen Gesamtplan, der sich aus einer Reihe von Einzelplänen (Beschaffungs-, Produktions-, Absatz-, Finanzierungsplan) zusammensetzt.

Preisnachlässe, Abschläge vom Verkaufs- oder Einkaufspreis in Form von Bonus (*siehe* Kapitel 9), Rabatt (*siehe* Kapitel 9) oder Skonto *(siehe dort).*

Preispolitik, alle Entscheidungen zur Bestimmung und Durchsetzung von Beschaffungs- bzw. Absatzpreisen. Dazu zählen neben Maßnahmen der Marktforschung nicht nur die an den Kosten orientierte Kalkulation *(siehe dort),* sondern auch die Festlegung einer langfristigen Preisstrategie, die Preisdifferenzierung, die Abstimmung der Angebotspreise innerhalb des Sortiments (Preislinienpolitik) sowie Maßnahmen zur Preisdurchsetzung, die in andere Bereiche des Marketings hineinreichen (z. B. Konditionenpolitik). Die betriebliche Preispolitik kann nicht losgelöst von der Produktpolitik betrieben werden, da für den Markterfolg das Preis-Leistungs-Verhältnis entscheidend ist.
Wichtige Aspekte sind die Kosten- und Liquiditätssituation, die Attraktivität des eigenen Angebots sowie die Wettbewerbsbedingungen am Markt. Demzufolge vermischen sich in der Praxis kostenorientierte Preisfindungsmethoden (z. B. Berechnung einer Preisuntergrenze) mit markt- und konkurrenzorientierten Methoden (Soll z. B. ein Wettbewerber durch niedrige Preise aus dem Markt gedrängt werden, um den eigenen Marktanteil zu erhöhen?).
Verkauft ein Unternehmen Produkte gleicher Art zu verschiedenen Preisen, wird von **Preisdifferenzierung** gesprochen; Gründe können unterschiedliche Märkte sein (In- und Ausland), saisonbedingte Preise (Winter, Sommer), Preisdifferenzierung bei der Absatzmenge (verschiedene Rabattsätze).

Privateinlagen, Einlagen, alle Wirtschaftsgüter einschließlich Bargeld, die ein Einzelunternehmer oder Gesellschafter seinem Unternehmen im Laufe eines Geschäftsjahres zugeführt hat; Beispiele: Ein Gesellschafter zahlt aus seinem Privatvermögen einen Bargeldbetrag in die Kasse des Unternehmens ein, ein privater Pkw wird dem Betrieb zur Nutzung übergeben. Werden dagegen Wirtschaftsgüter für private Zwecke dem Betrieb entnommen (z. B. Bargeld, Überweisung der Lebensversicherungsprämie des Inhabers vom Betriebskonto), dann spricht man von **Privatentnahmen.** Eine Einlage erhöht, eine Entnahme mindert das Eigenkapital.

Productplacement, eine Form von Werbung, wobei vor allem in Fernseh- und Kinofilmen die Schauspieler Markenartikel benutzen (z. B. Getränke) oder tragen (z. B. Bekleidung), diese Produkte damit hervorheben, deren Markennamen ganz bewusst zeigen und diese damit vom Zuschauer aufgenommen werden. Der Hersteller bezahlt für diese **Produktplatzierung,** die damit als eine Form der Schleichwerbung angesehen werden kann.

Produktion, Herstellung, die Hervorbringung von Produkten durch den Einsatz betrieblicher Pro-

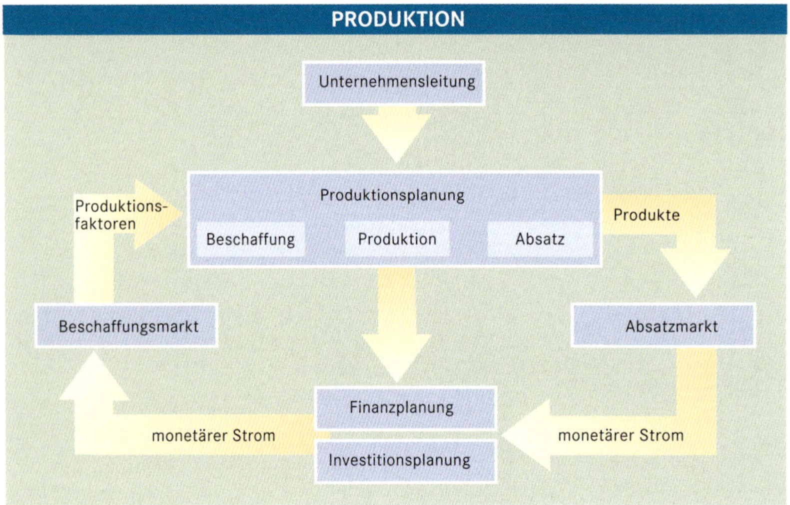

Produktion.
Produktion als Bestandteil des betrieblichen Regelkreislaufs

duktionsfaktoren *(siehe dort).* Demnach zählt zur Produktion nicht nur die **Leistungserstellung** im fertigungstechnischen Sinne, sondern auch die Bereitstellung von Dienstleistungen (z. B. Kreditvermittlung, Taxifahrt) und die Erstellung von Informationen (z. B. Forschung und Entwicklung), die als immaterielle Güter in Form von Patenten und Lizenzen ebenso gehandelt werden können wie materielle Güter.

Die Produktion im Industriebetrieb **(Fertigung)** vollzieht sich in unterschiedlichen **Produktionsverfahren,** deren konkrete Ausgestaltung vor allem von der Art des Produkts und technischen Erfordernissen bestimmt wird und zu den verschiedenen Formen der industriellen Fertigung *(siehe dort)* führt.

Jede Produktion setzt eine gedankliche Vorbereitung voraus. Bei dieser **Produktionsplanung** sind folgende Teilaufgaben zu unterscheiden: 1) die Organisation der Produktion (Wie soll der Aufbau, wie der Ablauf der Fertigung geregelt sein?); 2) die Festlegung des **Produktionsprogramms** (Welche Produkte oder Produktgruppen? Wie groß soll darin die Zahl der Erzeugnisse sein, d. h. die Programmbreite? Wie viele Varianten innerhalb der Erzeugnisse sollen hergestellt werden, d. h. die Programmtiefe? Welche Teile sollen dazugekauft, welche selbst hergestellt werden, d. h. die Frage nach ›Make or buy‹?); 3) Bestimmung des Fertigungsverfahrens; 4) Steuerung und Kontrolle des gesamten Fertigungsprozesses.

Die **Produktionstheorie** als Teilgebiet der Wirtschaftswissenschaften analysiert besonders die Beziehungen zwischen Faktoreinsatz **(Input)** und Produktionsergebnis **(Output).** Ziel ist die Formulierung von Produktionsfunktionen (*siehe* Kapitel 2).

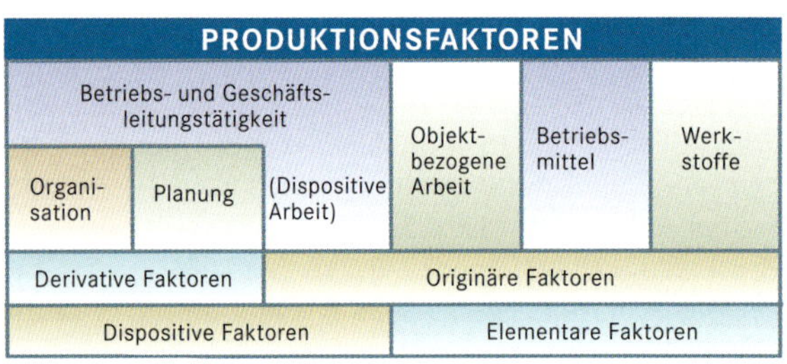

Produktionsfaktoren. Unterteilung der Produktionsfaktoren in der Betriebswirtschaftslehre

Produktionsfaktoren: In der Betriebswirtschaftslehre unterscheidet man als betriebliche Produktionsfaktoren: ausführende, objektbezogene menschliche Arbeit, Werkstoffe (Material wie Rohstoffe, Halb- und Fertigerzeugnisse sowie Betriebs- und Hilfsstoffe), Betriebsmittel (z. B. Maschinen, Anlagen, Werkzeuge, Transportmittel usw.) sowie Betriebs- und Geschäftsleitung für Leitung, Planung, Organisation und Kontrolle.

Produktionsgüter, alle Güter, die im Produktionsprozess verwendet werden; dazu gehören **Verbrauchsgüter** wie Leim, Schmieröl, Schrauben und auch **Gebrauchsgüter** wie Maschinen, Betriebs- und Geschäftsausstattung, Fahrzeuge.

Produktivität, eine wichtige Kennzahl zur Messung der Wirtschaftlichkeit eines Betriebs; darunter versteht man das Verhältnis von Ausbringungsmenge (Output) zu Einsatzmenge an Produktionsfaktoren (Input). Dieses mengenmäßige Ergebnis soll zeigen, wie rationell gearbeitet wird: Werden z. B. 1 000 Pkw in 300 Arbeits- und 400 Maschinenstunden produziert, würde die Produktivität deutlich gesteigert, wenn dieser gleiche Output mit 200 Arbeitsstunden zu leisten ist. Setzt man als Input nur die Arbeitsstunden ein, dann spricht man von **Arbeitsproduktivität.**

Produktlebenszyklus, Begriff aus dem Marketing, das bei den Produkten auf dem Markt von einer bestimmten Lebensdauer ausgeht.

Produktpolitik, Kernbereich des Marketings, bei dem es zum einen um die optimale Ausgestaltung bzw. Kombination von Produkteigenschaften und produktbegleitenden Serviceeigenschaften und zum anderen um die Marktpräsenz von Produkten geht. Zur **Produktgestaltung** zählen einerseits die Festlegung der Funktions- und Gebrauchseigenschaften einschließlich Stoffqualität, Lebensdauer, Wirtschaftlichkeit, Wiederverwertbarkeit (Grundnutzen), andererseits auch Kundendienst, Gestaltung von Verpackung, Produktdesign, Markenimage (Zusatznutzen).

Hinsichtlich der Marktpräsenz sind Entscheidungen zu treffen über: 1) Entwicklung **(Produktinnovation)** und Einführung neuer Produkte; 2) Veränderung eingeführter Produkte **(Produktdifferenzierung)** in zusätzlich angebotene Produktvarianten **(Produktvariation),** durch die das Produktionsprogramm, das Sortiment *(siehe dort)* des Unterneh-

PRODUKTLEBENSZYKLUS

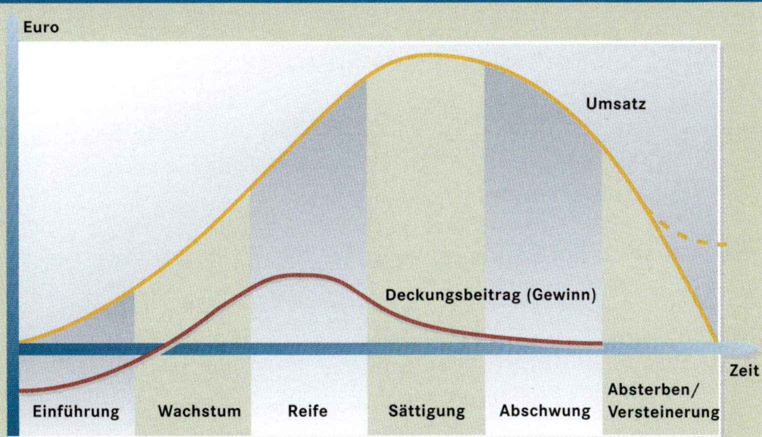

Beim Produktlebenszyklus wird unterstellt, dass ein Produkt unabhängig von seiner Lebensdauer hinsichtlich des Umsatzverlaufs folgende Phasen durchläuft:

1. Einführungsphase:
Nach der Entwicklungsphase, in der nur Kosten entstanden sind, führt die Markteinführung zu ersten Erlösen, die allerdings noch nicht ausreichen, um die Kosten der marketingpolitischen Instrumente zu kompensieren.

2. Wachstumsphase:
Setzt sich das Produkt als neue Problemlösung bei den Kunden durch, führen Wiederholungskäufe und steigender Bekanntheitsgrad zu höheren Umsätzen und zum Überschreiten der Gewinnschwelle. In dieser Phase treten z. T. bereits erste Konkurrenzprodukte auf, die sich hinsichtlich der Eigenschaften und dem Preis unterscheiden.

3. Reifephase:
Das absolute Marktvolumen des Produkts steigt zwar weiterhin an, aber die Zuwachsraten des Umsatzes sinken. Die erzielbaren Gewinne sind in dieser Phase am höchsten.

4. Sättigungsphase:
Der Markt ist gesättigt, d. h., es findet kein Umsatzwachstum mehr statt. Nur durch Produktveränderungen in Design, Preiszugeständnissen usw. kann der Eintritt in die letzten Phasen hinausgezögert werden.

5. Abschwungphase (Degenerationsphase):
Der Umsatz geht zurück, weil neue Produkte aufgrund von Innovationen das alte Produkt mehr und mehr ablösen.

6. Absterbephase (Versteinerungsphase):
Das Produkt scheidet entweder vollständig aus dem Markt aus (Absterben) oder der Umsatz pendelt sich auf einem niedrigen Niveau ein (Versteinerung).

Produktlebenszyklus.
Die Phasen des Produktlebenszyklus

mens, ausgeweitet wird; 3) Herausnahme von Produkten aus dem Programm **(Produkteliminierung).** Organisatorisch gibt es oftmals ein **Programmmanagement** für die übergeordnete Programm- und Produktpolitik sowie ein **Produktmanagement** bzw. **Produktmanager,** die für einzelne Produkte oder Produktgruppen verantwortlich sind.

Profitcenter, organisatorische selbstständige Einheiten im Unternehmen, die nicht nur eigene Entscheidungen für ihren Bereich treffen, sondern auch beim Umsatz, den Kosten und dem Ergebnis als eigenständige Einheiten betrachtet werden. So verantwortet in Konsumgüterkonzernen je ein **Produktmanager** ein Produkt selbstständig. Profitcenter führen zu einer divisionalen Aufbauorganisation *(siehe dort).* Die Konzeption beabsichtigt, die Flexibilität des Unternehmens und die Motivation seiner Entscheidungsträger durch die Eigenverantwortung für den Erfolg zu steigern, über die Kostenverantwortlichkeit in einem **Costcenter** hinaus.

Projektmanagement, die Gesamtheit der Planungs-, Steuerungs- und Kontrollaktivitäten für zeitlich befristete Vorhaben (z. B. Bau eines Gebäudes, Entwicklung eines neuen Produkts, Organisation einer Veranstaltung) mit definierten Qualitätsanforderungen, vorgegebenen Terminen und limitierten Kosten (Vorgabe eines bestimmten Budgets). Die mit Projektaufgaben betrauten Personen werden einer selbstständigen organisatorischen Einheit zugeordnet **(Projektteam).** Die Verantwortung für das Projektziel obliegt dem **Projektleiter,** der über Entscheidungs- und Weisungsrechte verfügt.

Prokurist, der führende Mitarbeiter in einem Betrieb (Manager), dem **Prokura** erteilt wurde, d. h., er ist ermächtigt zu allen Arten von gerichtlichen und außergerichtlichen Geschäften und Handlungen, die der Betrieb eines Handelsgewerbes mit sich bringt. Dazu gehören Einstellen und Entlassen von Mitarbeitern, Erteilung von Vollmacht an Mitarbeiter, Aufnahme von Darlehen, Kauf von Betriebsgrundstücken; nicht erlaubt ist das Unterschreiben von Bilanz und Steuererklärung oder die Auflösung der Firma.
Diese umfassendste Art der **Vollmacht** kann sich auf eine Person beziehen **(Einzelprokura),** für alle Prokuristen gemeinsam gelten **(Gesamtprokura),** aber auch nur für eine Zweigstelle des Unternehmens gelten **(Filialprokura).** Prokuristen unterzeichnen mit dem Zusatz ›pp‹ oder ›ppa‹ (per procura).

Public Relations, Abkürzung **PR,** die Öffentlichkeitsarbeit *(siehe dort)* des Unternehmens.

Qualitätsmanagement, eine Unternehmenskonzeption, die die Verantwortung für die Qualität aller Leistungen (z. B. Produkte, Verfahren, Arbeitsabläufe) sowohl den Führungskräften als auch allen Mitarbeitern überträgt, d. h., jeder Einzelne ist für die Qualität seiner Arbeit verantwortlich. Diese durchgängige Konzeption der Betonung der Qualität **(Total Quality Management,** Abkürzung **TQM)** verlangt eine intensive Einbeziehung der Mitarbeiter in die Entscheidungsprozesse. Zum Qualitätsmanagement zählen Elemente wie das Benchmarking *(siehe dort)* oder das Kaizen *(siehe dort).* Letztlich soll das Qualitätsmanagement nach außen zu einer optimalen Kundenorientierung mit erfolgreichen Produkten und nach innen zu effizienten Abläufen und zufriedenen Mitarbeitern führen.

Rabatt, (*siehe* Kapitel 9).

Rationalisierung, alle Maßnahmen, um bestehende betriebliche Regelungen und Abläufe zu verbessern, d. h. den teuren Faktor Arbeit durch Maschinen, Veränderung der Arbeitsabläufe, Zukauf von Teilen zu ersetzen. Rationalisierung dient der Kostensenkung im Betrieb, z. B. durch Verbesserung der Auftragsabwicklung, besserer Organisation der Lagerhaltung und der kostengünstigeren Produktion. Sie soll die Produktivität, die Wirtschaftlichkeit und die Rentabilität verbessern, d. h., je größer das Verhältnis dieser Kennzahlen ist, desto rationeller arbeitet der Betrieb.
Rationalisierungsmöglichkeiten ergeben sich in der Fertigung z. B. durch Automatisierung *(siehe dort),* Beschaffung leistungsfähigerer Maschinen (gleicher Preis, doppelte Leistung), Verringerung der Lagervorräte durch ein verändertes Zulieferersystem im Rahmen der Just-in-time-Fertigung *(siehe dort),* Vereinheitlichung von Teilen durch Normung *(siehe dort)* und Typisierung *(siehe dort)* wie der Einsatz eines **Baukastensystems,** sodass bestimmte Teile zur Herstellung mehrerer Erzeugnisse verwendet werden (Automobilindustrie, z. B. Motor, Chassis).

Rechnungsabgrenzung: Aufwendungen und Erträge werden normalerweise gebucht, wenn sie gezahlt bzw. vereinnahmt werden. Wollte man z. B. die dem Unternehmen für dieses Geschäftsjahr zustehenden Zinsen, die erst im Januar gutgeschrieben werden, auch erst im neuen Jahr als Ertrag buchen, würde der Erfolg im neuen Jahr fälschlich vergrößert, der im alten Jahr damit kleiner ausfallen. Um den Jahreserfolg für den richtigen Zeitraum zu ermitteln, schreibt das Handelsgesetzbuch vor, die Aufwendungen und Erträge, unabhängig vom tatsächlichen Geldfluss, dem Geschäftsjahr zuzuordnen, zu dem sie wirtschaftlich gehören.

Beispiel: Die Vertreterprovision für das letzte Quartal überweisen wir erst im Januar. Die Ausgabe erfolgt erst im neuen Jahr. Da der Vertreter die Leistung im alten Jahr erbracht hat, muss diese auch im jetzigen Jahresabschluss als Aufwand erfasst und als ›Sonstige Verbindlichkeiten‹ gegenüber dem Vertreter dargestellt werden.

Diese Vorgänge werden als **antizipative Posten** bezeichnet, weil die Zahlung immer im neuen Jahr erfolgt. Daneben gibt es **transitorische Posten,** wenn die Zahlung im alten Jahr erfolgt, die Gegenleistung aber ganz oder zum Teil im neuen Jahr. Beispiel: Für die Miete betrieblich genutzter Garagen zahlen wir aufgrund des Mietvertrags immer zum 1. Dezember die Miete für $^1/_4$ Jahr im Voraus (1 800 €). Werden im alten Jahr Zahlungen geleistet, die ganz oder teilweise in das neue Rechnungsjahr ›gehören‹, so sind diese Beträge aus der Erfolgsrechnung dieses Geschäftsjahres buchungstechnisch herauszunehmen.
Da wir in diesem Fall ›mehr‹ gezahlt haben, als auf dieses Jahr tatsächlich wirtschaftlich entfällt, müssen wir ein Konto einrichten, das diese ›überzähligen‹ Aufwendungen (für zwei Monate 1 200 €) zum Jahresabschluss aufnimmt. Es heißt **aktive Rechnungsabgrenzung,** ist also ein Aktivkonto, das dann zu Beginn des neuen Jahres wieder aufgelöst wird. Analog wird verfahren, wenn Mittel zufließen, die das neue Geschäftsjahr betreffen. Das entsprechende Konto heißt dann **passive Rechnungsabgrenzung.**

Rechnungswesen: Das betriebliche Rechnungswesen dient der Abbildung von Vorgängen und Zuständen des Wirtschaftsgeschehens im Unternehmen sowie zwischen Unternehmen und Umwelt in einem System von Plan-, Soll- oder Istgrößen. Die Aufgaben sind Vorbereitung von Entscheidungen (Dispositionsfunktion), Rechenschaftslegung (Dokumentationsfunktion) sowie Überwachung (Kontrollfunktion) und Lenkung des Unternehmensgeschehens (Steuerungsfunktion). Die Informationen können an Adressaten im Unternehmen (z. B. Unternehmensleitung) oder außerhalb des Unternehmens (z. B. Kreditgeber) gerichtet sein. Daraus leitet sich die Einteilung in internes und externes Rechnungswesen ab.

RECHNUNGSWESEN

Externes Rechnungswesen (an Adressaten außerhalb des Unternehmens)		Internes Rechnungswesen (an Adressaten innerhalb des Unternehmens: Unternehmer)
Buchführungspflicht nach Handels- und Steuerrecht	**gesetzliche Grundlage**	ohne gesetzliche Regelungen, abhängig vom Informationsbedarf
Vergangenheit	**Zeitbezug**	Gegenwart und Zukunft
Buchführung (Finanzbuchhaltung) und Jahresabschluss (Bilanz und GuV)	**Teilgebiete**	Kosten- und Erlösrechnung, Planungsrechnung, Betriebsstatistiken
Rechnungslegung zur Vermögens-, Finanz- und Ertragslage, Dokumentation aller Geschäftsvorfälle	**Ziele**	Planung, Steuerung und Kontrolle des Geschäftsverlaufs, Vorbereitung und Unterstützung von Entscheidungen
Kapitalgeber, Lieferanten, Kunden, Staat	**Adressaten**	Unternehmensführung Management

Rechnungswesen.
Unterschiede zwischen externem und internem Rechnungswesen

Rechtsformen, die Unternehmensformen *(siehe dort).*

Rentabilität, das meist auf der Basis von Werten aus der Gewinn-und-Verlust-Rechnung, Bilanz, Kosten- und Leistungsrechnung ermittelte, in Prozent ausgedrückte Verhältnis einer Erfolgsgröße und einer als sinnvoll erachteten Bezugsgröße. Bei der **Kapitalrentabilität** oder dem **Return on Investment,** Abkürzung **ROI,** wird die Erfolgsgröße (z. B. Gewinn im Sinne des ausgewiesenen Jahresüberschusses vor Steuern oder des Betriebsergebnisses) auf den eingesetzten Produktionsfaktor Kapital bezogen; je höher das Verhältnis ist, desto besser ist die Kapitalrentabilität und damit die Verzinsung.
Bei der **Eigenkapitalrentabilität** wird der aus Eigentümer- oder Anlegersicht wichtige Quotient aus Gewinn und Eigenkapital betrachtet. Zur Beurteilung des gesamten Unternehmens eignet sich die **Gesamtkapitalrentabilität** als Verhältnis des Jahresüberschusses vor Steuern zuzüglich der Fremdkapitalzinsen zum gesamten Kapital. Während die Gesamtkapitalrentabilität angibt, wie viel Gewinne und Zinsen für das im Durchschnitt während einer Periode eingesetzte Kapital erwirtschaftet wurden, verdeutlicht die **Umsatzrentabilität,** wie viel Prozent der Umsatzerlöse dem Unternehmen als Betriebsgewinn verbleiben. Ein Unternehmen arbeitet rentabel, wenn die Eigen- und Gesamtkapitalrentabilität z. B. über dem Marktzins für langfristig angelegte Gelder liegt. Eine weitere Kennzahl für die Rentabilität ist der Cashflow *(siehe dort).*

Revision, die nachträgliche, kritische Untersuchung von Sachverhalten durch Personen, die außerhalb des geprüften Bereichs stehen. Überprüft werden z. B. Unterlagen des betrieblichen Rechnungswesens auf ihre Ordnungs-, Gesetz- oder Zweckmäßigkeit sowie Richtigkeit. Interne Revision (Innenrevision) nennt man die Überprüfung durch Angehörige des eigenen Unternehmens, der **Revisionsabteilung.** Externe Revision (Audit) bedeutet Überprüfung durch Dritte, z. B. durch Wirtschaftsprüfer *(siehe dort).*

Risiko, das Wagnis *(siehe dort).*

Rohstoffe, Hauptbestandteile der Fertigerzeugnisse, z. B. Holz bei der Möbelproduktion, Aluminium bei der Autoproduktion.

rote Zahlen: Wenn ein Unternehmen im Jahresabschluss Verluste aufweist, schreibt es rote Zahlen; der Gegenbegriff sind **schwarze Zahlen,** also mindestens kein Verlust bzw. erzielte Gewinne.

Rücklagen, einbehaltene Gewinne, die nur in Kapitalgesellschaften unter diesem Begriff gebildet werden, berechnet als Überschuss des in einem Unternehmen insgesamt eingesetzten Eigenkapitals über das laut Gesellschaftsvertrag gezeichnete Eigenkapital zuzüglich Gewinnvortrag und Jahresüberschuss. Sie stellen Eigenkapital *(siehe dort)* dar und werden in der Bilanz *(siehe dort)* deshalb in diesem Bereich als **Gewinnrücklagen** ausgewiesen. Ein Teil dieser Rücklagen muss bei einer AG gebildet werden **(gesetzliche Rücklage).**
Daneben gibt es **Kapitalrücklagen,** die z. B. bei Ausgabe von Aktien (1 Mio.) als Differenz zwischen Kurswert (z. B. 20 €) und Nennwert der Aktie (5 €) gebildet werden (hier: 15 Mio. € Kapitalrücklage). Auch diese dem Unternehmen von außen zufließenden Beträge sind Teil des Eigenkapitals.
Gewinn- und Kapitalrücklagen werden auch als **offene Rücklagen** bezeichnet, da sie in der Bilanz ausgewiesen werden. Dem stehen **stille Rücklagen (stille Reserven)** gegenüber, die sich aus der Unterbewertung von Aktivposten und der Überbewertung von Passivposten in der Bilanz ergeben.

Rückstellungen: Das Ergebnis eines Geschäftsjahres (Gewinn oder Verlust) muss auch die Aufwendungen für Risiken enthalten, deren Höhe und Fälligkeitstermin noch nicht bekannt sind, die jedoch wirtschaftlich dem Abschlussjahr zugerechnet werden müssen. Für diese Aufwendungen sind die Beträge zu schätzen und als Verbindlichkeiten in Form von Rückstellungen auf der Passivseite der Bilanz auszuweisen.
Kaufleute müssen Rückstellungen bilden für: 1) ungewisse Verbindlichkeiten, z. B. Prozesskosten, Steuernachzahlungen **(Steuerrückstellungen)** oder Versorgungszusagen wie Betriebsrenten **(Pensionsrückstellungen);** 2) drohende Verluste aus schwebenden Geschäften, z. B. wenn der vereinbarte Preis einer Ware, die im neuen Jahr geliefert wird, über dem am Bilanzstichtag geltenden Preis liegt; 3) unterlassene Instandhaltungsaufwendungen, die im neuen Jahr innerhalb von drei Monaten nachgeholt werden; 4) Gewährleistungen ohne rechtliche Verpflichtung **(Kulanz).**

Da Rückstellungen für Aufwendungen gebildet werden, vermindert sich der Gewinn und damit auch die zu zahlende Gewerbeertragsteuer. Die Bildung von Rückstellungen wirkt sich somit positiv auf die flüssigen Mittel aus und verbessert damit die Zahlungsfähigkeit (Liquidität) des Unternehmens.

Saldo, Unterschied zwischen der ›stärkeren‹ und ›schwächeren‹ Seite eines Kontos *(siehe dort).* Bei Bestandskonten ist dies der End- oder Schlussbestand, bei Erfolgskonten der Aufwand oder Ertrag.

Sanierung, Maßnahme zur Abwendung eines Insolvenzverfahrens wegen drohender Zahlungsunfähigkeit oder hoher Verluste. Ursachen können sowohl auf innerbetrieblichen Faktoren (z. B. zu hohe Produktionskosten) als auch auf außerbetrieblichen Faktoren (z. B. konjunkturell bedingter Nachfragerückgang) beruhen. Zu **Sanierungskonzepten** zählen z. B. Änderungen der Organisationsstrukturen, Auswechseln des Managements, Entlassungen, Verkauf Verlust bringender Unternehmensteile sowie Zuführung neuer Finanzmittel.

Selbstfinanzierung, Kapitalbildung, durch die Teile des erwirtschafteten Gewinns nicht an die Eigentümer oder Gesellschafter ausgeschüttet werden, sondern als einbehaltene Gewinne im Betrieb verbleiben **(Gewinnthesaurierung).** Diese Gewinnteile stehen damit für Investitionszwecke zur Verfügung. Es bestehen keine Abhängigkeiten gegenüber Gläubigern, es entfallen regelmäßige Zins- und Tilgungszahlungen. Da die Finanzmittel aus dem betrieblichen Umsatzprozess entstehen, ist die Selbstfinanzierung eine Form der Innenfinanzierung *(siehe dort)* und Teil der Eigenfinanzierung *(siehe dort).*

Selbstkosten, die Summe aller Kosten, die in einem Betrieb durch Produktion und Absatz von Erzeugnissen insgesamt oder je Mengeneinheit des Erzeugnisses entstehen. Die Selbstkosten können im Rahmen von Kalkulationen *(siehe dort)* berechnet werden; Ziel ist die Kostenkontrolle im Rahmen der Kostenrechnung *(siehe dort).* Die Selbstkosten bilden auch eine Grundlage für die Preisermittlung im Rahmen der Preispolitik *(siehe dort).*

Selbstständige, ein Unternehmer *(siehe dort).*

Serienfertigung, Prozesstyp der industriellen Fertigung, bei dem konstruktiv und technologisch gleichartige oder ähnliche Erzeugnisse, Baugruppen oder Einzelteile zeitlich zusammenhängend im Wechsel mit anderen Produkten auf den gleichen Produktionsanlagen in begrenzten Stückzahlen (Serien) hergestellt werden. Der Stückzahlbereich bei Kleinserien nähert sich der Einzelfertigung, der bei Großserien der Massenfertigung. Bevorzugtes Prinzip der Serienfertigung (typisches Beispiel: Autoproduktion) ist die Fließfertigung *(siehe dort).*

Shareholder-Value-Management, Form der Unternehmensführung, die sich auf die Steigerung des Unternehmenswertes konzentriert und weniger auf die traditionellen Ziele wie Umsatz oder Gewinn. Nach diesem Konzept ist es die Kernaufgabe des Managements, für die Aktionäre einen nachhaltigen Wert zu erwirtschaften, der langfristig über dem Wert alternativer Geldanlagen liegt. Aktionärs- und Managerinteressen dominieren. Dies hat allerdings im Management zu einer eher am kurzfristigen Erfolg orientierten Politik und auch zu den als exorbitant empfundenen Gehältern mancher Spitzenmanager geführt.
Das **Stakeholder-Management** dagegen fordert die Orientierung des Unternehmens an den Anforderungen aller Interessengruppen, nicht nur der Aktionäre. Zu den ›Stakeholdern‹ (Anspruchsgruppen) zählen u. a. Mitarbeiter, Lieferanten, Kunden, aber auch Staat, Umwelt oder Öffentlichkeit.

SELBSTKOSTEN

Materialeinzelkosten	50 000 €	Fertigungslöhne	40 000 €
+ Materialgemeinkosten	15 000 €	+ Fertigungsgemeinkosten	15 000 €
= **Materialkosten**	65 000 €	= **Fertigungskosten**	55 000 €

= **Herstellkosten**	120 000 €
+ Verwaltungsgemeinkosten	25 000 €
+ Vertriebsgemeinkosten	15 000 €
= **Selbstkosten**	160 000 €

Selbstkosten.
Beispiel für die Ermittlung der Selbstkosten

Skonto, prozentualer Abschlag vom Preis einer Ware oder Dienstleistung (Preisnachlass) beim Barkauf. Der oder das Skonto wird deshalb auch als **Barzahlungsrabatt** bezeichnet und zählt zu den Zahlungsbedingungen (*siehe* Kapitel 9).

SKONTO

1. Wie viele € sind bei Skontoausnutzung zu überweisen?

Rechnungsbetrag	11 500 €
- 2 % Skonto	230 €
= Überweisungsbetrag	11 270 €

2. Lohnt sich die Kreditaufnahme, um Skonto auszunutzen?

Kreditkosten

$$\frac{K \cdot p \cdot t}{100 \cdot 360} \quad \frac{11\,270 \cdot 10 \cdot 20}{100 \cdot 360} = 62{,}61\ €$$

Skonto	230,00 €
Kreditkosten	62,61 €
Finanzierungsgewinn	167,39 €

K = Kreditsumme, p = Zinssatz, t = Tage

Skonto. Beispielrechnung

Mit einem Lieferanten (Rechnungsbetrag 11 500 €) wurde folgende Zahlungsbedingung vereinbart: ›Zahlbar innerhalb von zehn Tagen unter Abzug von 2 % Skonto, innerhalb von 30 Tagen netto.‹ Um Skonto ausnutzen zu können, müsste ein Kredit zu 10 % (pro Jahr = p. a.) in Höhe des Überweisungsbetrages aufgenommen werden. Das Beispiel zeigt, dass eine Skontoinanspruchnahme sinnvoll sein kann.

Soll, die linke Seite eines Kontos *(siehe dort).*

Sortenfertigung, Prozesstyp der Fertigung, bei dem im Unterschied zur Serienfertigung eigenschaftsverwandte Produkte (Sorten) hintereinander mit denselben Betriebsmitteln hergestellt werden. Das Produktprogramm setzt sich aus Varianten des gleichen Grunderzeugnisses zusammen, die in ähnlichen Herstellungsverfahren produziert werden (z. B. Bier-, Zigarettensorten).

Sortiment, Bezeichnung für das spezielle Angebot aus Waren, Dienstleistungen (einschließlich Serviceleistungen), das vornehmlich Handelsunternehmen ihren Kunden aus dem gesamten Warenangebot zusammenstellen; bei Herstellungsbetrieben spricht man eher von Produktionsprogramm als Ergebnis der Produktpolitik *(siehe dort).* Die **Sortimentspolitik** als Entscheidung über die Auswahl und Zusammensetzung der Warenarten unter Berücksichtigung der Wünsche und Bedürfnisse der Kunden kann eine Sortimentserweiterung (neue Waren aufnehmen) oder eine Sortimentsbereinigung (unwirtschaftliche Produkte herausnehmen) umfassen. Enthält das Sortiment viele Warenarten, spricht man von einem breiten Sortiment; wird von einer Warenart eine große Auswahl angeboten, liegt ein tiefes Sortiment vor.

Sponsoring, Zuwendungen von Unternehmen an Sport- , Kunst-, Kultur- und Sozialeinrichtungen, um wirtschaftliche Vorteile für ihr Unternehmen oder ihr Produkt anzustreben. Der durch entsprechende Werbung nach außen sichtbare Auftritt soll auch das unternehmerische Ansehen des Sponsors sichern oder erhöhen. Auf Plakaten, in Ausstellungskatalogen oder im Fernsehen weist der Empfänger der Leistung auf den Sponsor hin oder die Medien berichten entsprechend darüber.

Stab, Stelle im Leitungssystem eines Unternehmens, die auf bestimmte Aufgaben spezialisiert (z. B. Rechtsberatung) und einer Leitungsstelle (z. B. Geschäftsführung) zugeordnet ist, aber direkt keine Entscheidungs- und Weisungsbefugnis gegenüber anderen Abteilungen und Stellen hat. Werden mehrere Stabsstellen zu einer Abteilung zusammengefasst, spricht man von **Stabsabteilung.**

Stammkapital, das Eigenkapital der GmbH *(siehe dort),* das bei der Gründung mindestens 25 000 € betragen muss. In der Bilanz wird das Stammkapital als gezeichnetes Kapital *(siehe dort)* ausgewiesen. Das Stammkapital setzt sich zusammen aus den **Stammeinlagen** der einzelnen Gesellschafter der GmbH, deren Mindestbetrag 100 € lautet.

Standort: Die unternehmerische Entscheidung zur **Standortwahl** ist von nachhaltiger Wirkung, weil sie den Betrieb und seine Entwicklung langfristig festlegt. **Standortfaktoren** sind: Verkehrslage, Arbeitskräfteangebot, Nähe zu Kunden (Absatzmöglichkeiten), Lieferanten (Beschaffungsmöglichkeiten), Dienstleistungsanbietern oder zu Unternehmen der gleichen Branche, Verkehrslage und Kommunikationsmöglichkeiten, Angebot an Betriebsflächen und Grundstücksreserven sowie Entsorgungseinrichtungen, Angebot an Arbeitskräften und Bildungseinrichtungen, Wirtschaftsförderung, öffentliche Abgaben (Steuern), als weiche Faktoren auch soziale Einrichtungen, Angebot an Wohnraum, Image der Region sowie Kultur- und Freizeitangebot.

Start-up, die Phase der Gründung eines Unternehmens und die damit zusammenhängenden Schritte der Existenzgründung *(siehe dort).*

Stelle, Zusammenfassung der Aufgaben, die von einem Mitarbeiter in seiner Tätigkeit und Arbeitszeit erledigt werden muss; die einzelnen Teilaufgaben, z. B. in einer Werkstatt, werden zu Aufgabenbündeln zusammengefasst **(Stellenbildung),** um dafür z. B. den Werkstattmeister einzusetzen **(Stellenbesetzung).** Die Aufgaben werden in der **Stellenbeschreibung** schriftlich festgehalten, womit der Handlungs- und Entscheidungsspielraum für diese Stelle dokumentiert ist.

Steuerbilanz, die Bilanz *(siehe dort),* die unter Berücksichtigung steuerlicher Vorschriften (Abgabenordnung, Einkommensteuergesetz) aufgestellt wird; danach wird das Unternehmen besteuert. Nach dem **Maßgeblichkeitsgrundsatz** des Handelsgesetzbuches richtet sich die Steuerbilanz nach der Handelsbilanz *(siehe dort).*

Stiftung, eine mit juristischer Persönlichkeit ausgestattete Vermögensmasse (Stiftungsvermögen) zur Verwirklichung des vom Stifter bestimmten Zwecks, z. B. Förderung der Wissenschaft durch die VW-Stiftung. Die Stiftung benötigt die staatliche Genehmigung durch das Bundesland, in dem die Stiftung ihren Sitz haben soll, um auch steuerlich anerkannt zu werden. Die Stiftung handelt durch den Vorstand.

stille Gesellschaft, die nach außen nicht sichtbare (auch nicht im Handelsregister) Beteiligung eines Gesellschafters als Kapitalgeber an einer Einzelfirma. Die Einlage des **stillen Teilhabers** geht in das Vermögen des Einzelunternehmers über (sie wird Eigenkapital). Der stille Gesellschafter haftet nur mit seiner Einlage, er ist nicht geschäftsführend tätig, am Gewinn laut Vertrag beteiligt, von der Übernahme eines Verlusts meist ausgeschlossen.

Storno, Berichtigungsbuchungen, um einen Vorgang buchungstechnisch rückgängig zu machen.

Stückkosten, Kosten für eine Mengeneinheit eines produzierten Stücks; sie lassen sich ermitteln aus der Division der Gesamtkosten und der Zahl der produzierten Einheiten und dienen der Kalkulation *(siehe dort).* Verteilen sich die fixen Kosten auf eine immer größere Zahl an produzierten Einheiten wie bei der Massenfertigung *(siehe dort),* sinken auch die Stückkosten **(Stückkostendegression).** Der **Stückerlös** ist der auf eine Einheit bezogene Erlös aus dem Verkauf, der **Stückgewinn** der Unterschied zwischen Erlös und Kosten pro Einheit.

Substanzwert, Reproduktionswert, die Summe der Wiederbeschaffungswerte aller Vermögensgegenstände eines Unternehmens, eventuell noch ergänzt um den Firmenwert *(siehe dort)* und korrigiert um die Verbindlichkeiten. Der Substanzwert gibt an, welcher Betrag aufgewendet werden müsste, um ein vergleichbares Unternehmen mit gleicher Leistungsfähigkeit zu errichten.

Synergieeffekt, positive Wirkungen, die sich aus einem geschickten Zusammenwirken der Produktionsfaktoren ergeben. Von solchen Verbundeffekten spricht man z. B. auch dann, wenn bei einem Zusammenschluss von Unternehmen bedeutende Kostenvorteile zu erwarten sind.

Teilkostenrechnung, Form der Angebotskalkulation und Kostenrechnung, bei der für einen Auftrag zunächst nur die variablen Kosten (auftragsabhängige Kosten) als **Teilkosten** einbezogen werden; die fixen Kosten sollen in einem bestimmten Zeitraum abgedeckt werden. Die bekannteste Methode dieser Kostenrechnungsart ist die Deckungsbeitragsrechnung *(siehe dort).*

Typisierung, Typung, Vereinheitlichung von Einzelteilen, Baugruppen oder Arbeitsabläufen. Die Typisierung ist ein besonderer Zweig der Normung *(siehe dort).* Durch die Gleichartigkeit von Abmessung, Funktion und Leistung können bestimmte als Grundtypen entwickelte Erzeugnisse mit verschiedenen Anbauteilen unterschiedlicher Ausstattung zu einer Vielzahl von Produkten variiert werden. Die Typisierung dient der Rationalisierung.

Überschuldung, Zustand, bei dem das Vermögen eines Unternehmens die Schulden (Verbindlichkeiten) nicht mehr deckt und das gesamte Eigenkapital infolge von Verlusten oder zu hoher Kapitalentnahme durch die Eigentümer aufgezehrt ist. Folge ist die Eröffnung eines Insolvenzverfahrens.

Umlaufvermögen, diejenigen Vermögensteile eines Unternehmens, die zum kurzfristigen Ver-

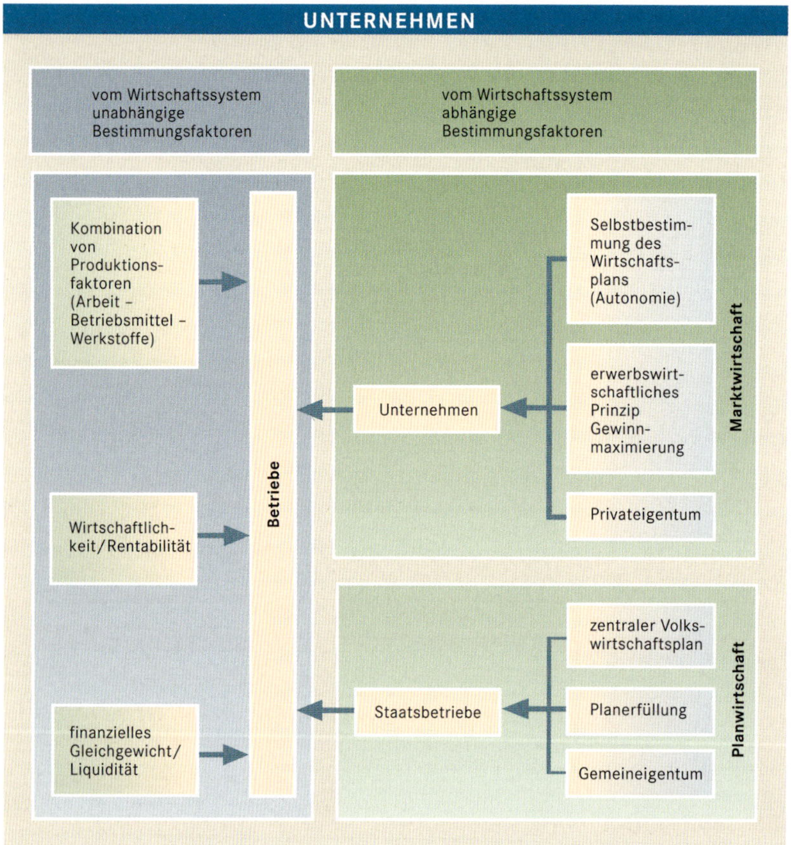

Unternehmen. Bestimmungsfaktoren von Betrieb und Unternehmen nach dem deutschen Betriebswirtschaftler Erich Gutenberg

brauch oder zur Weiterveräußerung bestimmt sind oder der finanziellen Abwicklung der Geschäfte dienen. Das Umlaufvermögen wird nach dem strengen Niederstwertprinzip bewertet. Zu diesen Vermögenswerten zählen **Vorräte** (Roh-, Hilfs-, Betriebsstoffe), **Forderungen** (Guthaben gegenüber Kunden aus Lieferungen und Leistungen) und **flüssige Mittel** (Kassenbestand, Bankguthaben). Zusammen mit dem Anlagevermögen *(siehe dort)* bildet das Umlaufvermögen im Wesentlichen die Aktivseite der Bilanz *(siehe dort)*.

Umsatz, allgemein die Menge der verkauften Produkte oder erbrachten Dienstleistungen multipliziert mit dem Verkaufspreis je Stück bzw. je Leistung. In der Gewinn-und-Verlust-Rechnung erscheint diese Größe als **Umsatzerlöse:** Summe des Absatzes aller betrieblichen Leistungen einer bestimmten Abrechnungsperiode (Monat, Vierteljahr, Jahr) nach Abzug der Umsatzsteuer in Euro; auch Schmälerungen dieser Erlöse (Rabatt, Skonto) sind dabei schon abgezogen. Bezugsgrößen für den Umsatz können die einbezogenen Unternehmensteile (Gesamtunternehmen, Einzelbetriebe, Abteilungen) und Leistungsgruppen (Gesamtsortiment, Produktgruppen, Produktart) sein. Der Umsatz ist die wichtigste positive Komponente bei der Erfolgsermittlung (Gewinn-und-Verlust-Rechnung, Kostenrechnung) und eine der wesentlichen Kennzahlen zur Ermittlung von Wirtschaftlichkeit *(siehe dort)* und Rentabilität *(siehe dort)*.

Umweltschutz: Umweltschutz gewinnt als Unternehmensziel zunehmend an Bedeutung; der Nutzen für das Unternehmen liegt dabei nicht nur in der Verringerung betrieblicher Risiken (Umweltschäden können dem Verursacher heute bekanntlich teuer zu stehen kommen), sondern rechnet sich in aller Regel auch durch den kostensenkenden Effekt besser organisierter Betriebsabläufe.

Umweltmanagement erstreckt sich bereits auf die Vorlieferanten und Rohstoffhersteller und sorgt dafür, dass nur ökologisch unbedenkliche Stoffe in den Produktionsprozess gelangen. Auf der anderen Seite reicht es bis zum Verbraucher, dem über umweltgerechte Produktionsweisen und Entsorgungsangebote (Mehrwegverpackung) nicht nur die ökologische Kompetenz des Unternehmens signalisiert, sondern auch ökologisch eigenverantwortliche Verhaltensweisen in der Verwendung des Produkts vermittelt werden (Recycling).

Unkosten, umgangssprachlich der Begriff für Kosten, Aufwendungen oder Ausgaben; im kaufmännisch-betriebswirtschaftlichen Sprachgebrauch ist dieser Begriff nicht gebräuchlich.

Unternehmen, Unternehmung, unterschiedlich verwendeter Begriff, der häufig auch mit Betrieb *(siehe dort)* gleichgesetzt wird; ein in der Marktwirtschaft vorkommendes wirtschaftliches Gebilde, das nach einem von der Unternehmensleitung bestimmten Wirtschaftsplan durch Einsatz der Produktionsfaktoren Güter hervorbringt, vorrangig mit der Zielsetzung, einen möglichst hohen Gewinn zu erwirtschaften (Gewinnmaximierung).
Wird der Betrieb nur als technisch-organisatorische Einheit betrachtet im Sinne eines Werks oder einer Produktionsstätte, kann ein Unternehmen mehrere Betriebe umfassen. Das Unternehmen ist dann dem Betrieb übergeordnet. Unterschieden wird z. B. nach der Unternehmensform *(siehe dort),* nach dem Eigentümer des Unternehmens (Privatunternehmen, öffentliches Unternehmen, gemischtwirtschaftliches Unternehmen), nach der Größe in kleine, mittelständische und Großunternehmen wie bei der Betriebsgröße *(siehe dort).*

Unternehmensberatung, Wirtschaftsberatung, Consulting, von unabhängigen Unternehmen (Wirtschaftsberatungsunternehmen wie McKinsey, Roland Berger) oder Selbstständigen (Unternehmensberatern, Betriebsberatern, Consultants) durchgeführte Beratung des Managements von Unternehmen in betriebswirtschaftlichen Fragen; diese besteht in der Identifizierung der Probleme sowie der Unterstützung bei der Problemlösung durch Erarbeitung von Lösungskonzepten. Ziel ist der Erhalt und die Steigerung der Wettbewerbsfähigkeit.

Unternehmensformen, Rechtsformen, die verschiedenen Möglichkeiten für die rechtliche Struktur eines Unternehmens. Unterschieden werden Einzelunternehmen (auch stille Gesellschaft und freie Berufe), Personengesellschaften *(siehe dort),* Kapitalgesellschaften *(siehe dort)* sowie Genossenschaften *(siehe dort).* Bei der wichtigen Entscheidung über die Unternehmensform geht es z. B. um Fragen der Geschäftsführungs- und Vertretungsbefugnis, der Haftung, der Gewinn- und Verlustverteilung, der Gründungskosten sowie um steuerliche Aspekte.

Unternehmensführung, Unternehmensleitung, zum einen das Management *(siehe dort)* eines Unternehmens (Unternehmer, Geschäftsführer, Vor-

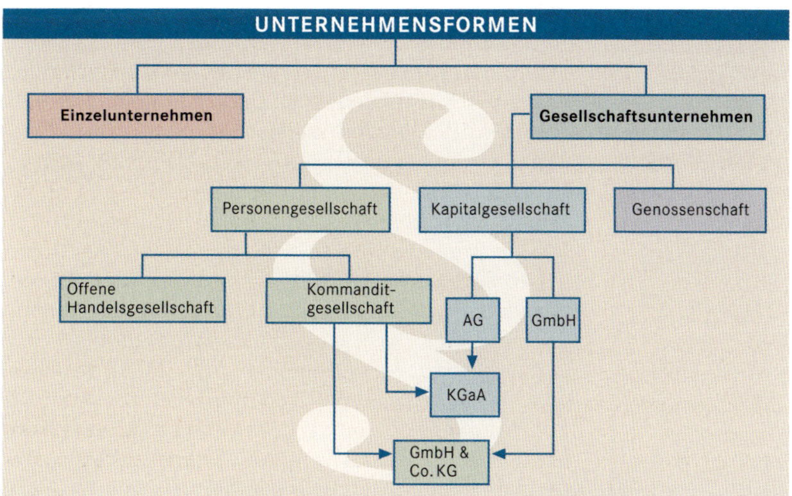

Unternehmensformen. Systematisierung der Rechtsformen nach dem Handelsgesetzbuch

stand), zum anderen die Tätigkeit der Führung *(siehe dort)* eines Unternehmens.

Unternehmensgründung, die Existenzgründung *(siehe dort).*

Unternehmenskultur, die von den Mitgliedern eines Unternehmens hinsichtlich dessen Zweck gemeinsam getragenen Grundüberzeugungen, Werte und Einstellungen. Unternehmenskultur drückt z. B. aus, welche Wertvorstellungen das Management hat, die Art und Weise ihres Umgangs miteinander, mit ihren Mitarbeitern. Die Gestaltung der Unternehmenskultur muss vor allem die drei Hauptströmungen im modernen Unternehmen in Einklang bringen: Unternehmensziele, Mitarbeiterzufriedenheit und Kundenorientierung – je besser diese aufeinander abgestimmt sind, desto besser kann sich das Unternehmen am Markt behaupten.

Unternehmenswert, der Wert eines Unternehmens als Ganzes bei bestimmten Anlässen (z. B. Kauf oder Verkauf eines Unternehmens, Ein- und Austritt eines Gesellschafters, Fusion, Erbauseinandersetzungen). Für die **Unternehmensbewertung** sind weder die Handels- noch die Steuerbilanz geeignet, da in ihnen gewisse Unter- und Überbewertungen möglich sind und immaterielle Wirtschaftsgüter wie der Firmenwert *(siehe dort)* nicht berücksichtigt werden. Für börsennotierte Gesellschaften ist der Unternehmenswert aus den Börsenkursen ableitbar. Ansonsten kann nach dem Ertragswert *(siehe dort)* oder dem Substanzwert *(siehe dort)* bewertet werden.

JOHN DAVISON ROCKEFELLER

Der 1839 geborene amerikanische Unternehmer gründete 1859 eine Produktenhandlung, der er 1863 eine Erdölraffinerie angliederte. Der 1870 von ihm errichteten Standard Oil Corporation of Ohio gelang es bis 1873, nahezu alle dort ansässigen Raffinerien aufzukaufen. 1882 wurde der Standard Oil Trust organisiert, der (mit zweifelhaften Geschäftsmethoden) 95 % des Raffineriegeschäfts der USA kontrollierte und Beteiligungen an Eisenerzminen und Industrieunternehmen besaß. Die Standard Oil Co. of Ohio, Dachgesellschaft des Trusts, wurde 1892 aufgrund von Wettbewerbsgesetzen aufgelöst. Aus Rockefellers Imperium ging später die Exxon Corporation hervor. Die Gewinne, die Rockefeller aus seinen Unternehmen zog, machten ihn zum damals reichsten Mann der Erde. Er war Mitbegründer der University of Chicago (1890) und Gründer von Stiftungen, zum Beispiel der Rockefeller Foundation, in die er über 500 Mio. US-Dollar einbrachte. Rockefeller starb 1937 im Alter von fast 98 Jahren.

Unternehmensziele: Nach dem **erwerbswirtschaftlichen Prinzip** ist in einer Marktwirtschaft das oberste Ziel eines Unternehmens, einen möglichst hohen Gewinn zu erzielen. Der **Unternehmensgewinn** ist dabei Risikoprämie für das Wagnis des Kapitaleinsatzes und der Lohn für die Tätigkeit des Unternehmers **(Unternehmerlohn).** Unterziele, die der Gewinnerzielung, in der Theorie spricht man von Gewinnmaximierung (*siehe* Kapitel 1), direkt oder indirekt dienen, sind: Umsatzsteigerung, Sicherung und Vergrößerung des Marktanteils, Kostensenkung, Streben nach Ansehen und Prestige.

Unternehmer, Person, die Eigentümer eines Unternehmens ist **(Eigentümerunternehmer)** oder dieses als leitender Angestellter an oberster Stelle der Geschäftsführung **(Manager)** leitet. In der Wirtschaftsstatistik sind **Selbstständige** alle Erwerbstätigen, die auf eigenes Risiko und eigene Rechnung wirtschaftlich tätig sind und dabei einen Betrieb oder eine Arbeitsstätte wirtschaftlich als Eigentümer oder Pächter führen, also Handwerker, Landwirte, Hoteliers, Angehörige freier Berufe. Die als Kapitalgesellschaften geführten Großunternehmen sind durch Manager gekennzeichnet, während bei den kleineren und mittleren Unternehmen der Eigentümerunternehmer vorherrscht.

Die Wirtschaftsgeschichte wurde immer wieder geprägt von herausragenden Unternehmertypen, die dem Bild des dynamischen, einfallsreichen Unternehmers im Sinne JOSEPH ALOIS SCHUMPETERS (* 1883, † 1950) und seines Prozesses der schöpferischen Zerstörung (*siehe* Kapitel 1) entsprechen.

Die weltweite Krise seit 2008 offenbarte auch Mängel an Verantwortung und Transparenz in den Führungsetagen von Banken und Großunternehmen mit der Folge eines großen Vertrauensverlustes gegenüber Managern allgemein und deren Kompetenz. Hinzu kommt die Außendarstellung mancher Top-Manager. Diese werden, auch bezogen auf als exorbitant hoch empfundene Managergehälter, etwa durch sogenannte Bonuszahlungen bei den Ver-

BILL GATES

Der amerikanische Computerfachmann und Unternehmer William Henry Gates wurde 1955 geboren. Gates, der bereits als Schüler Computerprogramme entwickelt und vermarktet hatte, gründete 1975 mit seinem früheren Mitschüler Paul Allen die Firma Microsoft Corp. Nach ersten Erfolgen mit dem Betriebssystem MS-DOS und der Benutzeroberfläche Windows baute er das Softwareunternehmen mit einem ausgeprägten Gespür für Marktentwicklungen von einem Zweimannbetrieb zu einem weltweit agierenden Branchenführer aus. Das Privatvermögen von Gates wird auf (2009) 40 Mrd. US-Dollar geschätzt und macht ihn zum reichsten Mann der Erde. Anfang Januar 2000 zog sich Gates als Chef von Microsoft zurück, übernahm die Funktion des Aufsichtsratsvorsitzenden und widmete sich stärker der Entwicklung neuer Produkte (Chefentwickler bis Mitte 2008). Die ›Bill & Melinda Gates Foundation‹, die z. B. Gesundheits- und Bildungsprojekte unterstützt, ist mit einem Kapital von rund 30 Mrd. US-Dollar die vermutlich vermögendste Stiftung der Erde.

gütungen (*siehe* Kapitel 8), als gierig angesehen. Eingefordert wird mehr Bescheidenheit und Angemessenheit sowie eine höhere Verantwortung gegenüber Mitarbeitern und Kunden.

Unternehmergesellschaft, Abkürzung **UG,** seit November 2008 zugelassene, v. a. für Existenzgründer interessante Variante der traditionellen GmbH. Diese haftungsbeschränkte Unternehmergesellschaft **(Mini-GmbH)** kann mit einem Startkapital von 1 € gegründet werden, sie muss so lange ein Viertel ihres Jahresüberschusses ansparen, bis sie das reguläre Stammkapital der GmbH von 25 000 € erreicht hat. Erst dann kann die Eintragung in das Handelsregister erfolgen. Die Einbringung von Sacheinlagen ist nicht möglich. Zur Gründung der Mini-GmbH genügt die Anfertigung eines Musterprotokolls mit einer Mustersatzung, von einem Notar beurkundet (Kosten 20 €, bei der GmbH 300 €). Die Zahl der Gesellschafter beträgt maximal drei; ihre Haftung ist auf die Geschäftseinlagen begrenzt.

variable Kosten, Kosten, die sich in Abhängigkeit von der Produktionsmenge ändern und deshalb auch als beschäftigungsabhängige Kosten bezeichnet werden im Unterschied zu den fixen Kosten *(siehe dort)*. Typische variable Kosten sind die Löhne der in der Fertigung Beschäftigten (Fertigungslöhne) sowie der Verbrauch von Roh-, Hilfs- und Betriebsstoffen.

Verbindlichkeiten, alle Verpflichtungen eines Unternehmens oder einer Einzelperson. In der Bilanz eines Unternehmens werden solche Verpflichtungen (Schulden) als Rückstellungen oder als Verbindlichkeiten im eigentlichen Sinn ausgewiesen. Diese Verbindlichkeiten werden in der Bilanz auf der Passivseite nach Gläubigergruppen (z. B. Banken, Lieferanten), Laufzeit und Fälligkeit sowie Art und Sicherung gegliedert. In der Buchführung werden sie als Kreditoren bezeichnet.

Verkauf, als Teil der Distributionspolitik einerseits die Organisation des Absatzes, d. h. Verkaufsabteilung, zentraler bzw. dezentraler Verkauf mit eigenem Außendienst oder über Handelsvertreter, andererseits die Verkaufsabwicklung, d. h. die Gewinnung von Kunden (Akquisition), das Kundengespräch besonders beim persönlichen Verkauf, verschiedene Dienstleistungen des Verkaufspersonals während, auch vor oder nach dem Kauf (Service), die Sammlung und Aufbereitung der für die Auftragsbearbeitung und den Versand erforderlichen Daten bis zur Überwachung des Zahlungseingangs.

Verkaufsförderung, Salespromotion, absatzstimulierende Maßnahmen am Ort des Verkaufs, z. B. Warenproben, Gutscheine, Sonderpreise, Vorführungen, Preisausschreiben bei Verbraucherpromotions, Rabatte, Verkaufsaktionen, Displaywerbung und andere Aktivitäten des Merchandisings sowie Prämien, Wettbewerbe, Schulungen bei Promotions für Verkaufspersonal und Außendienst.

Verkaufskalkulation, ein Begriff aus dem Handel für ein Kalkulationsverfahren *(siehe dort),* das vom Bezugspreis ausgehend zum **Verkaufspreis** führt. Durch Aufschlag der im Betrieb entstehenden **Geschäftskosten** oder **Handlungskosten** auf den Bezugspreis ergeben sich die Selbstkosten. Durch Zuschlag des Gewinns erhält man den Barverkaufspreis. Darauf werden – im Hundert – Kundenskonti prozentual aufgeschlagen, womit sich der Zielverkaufspreis ergibt; durch den ebenfalls im Hundert zugeschlagenen Kundenrabattsatz wird der Nettoverkaufspreis ermittelt. Nettoverkaufspreis plus Umsatzsteuer ergibt den Bruttoverkaufspreis.

Verlust, der negative Erfolg eines Unternehmens im Gegensatz zum Gewinn *(siehe dort)*. Ein Verlust im Sinne des Jahresabschlusses liegt vor, wenn in einem Geschäftsjahr der Aufwand größer ist als der Ertrag (in der Kostenrechnung, wenn die Kosten die Erlöse übersteigen). Er wird bei der Gewinnermittlung in der Gewinn-und-Verlust-Rechnung als Jahresfehlbetrag ausgewiesen, bei der Gewinnverwendungsrechnung unter Berücksichtigung von Gewinn- bzw. Verlustvorträgen und Rücklagenbewegungen als Bilanzverlust. Verluste mindern das Eigenkapital eines Unternehmens, können sogar zu einem negativen Kapitalkonto bzw. zu einer Überschuldung führen.

Vermögen, die auf der linken Seite der Bilanz *(siehe dort)* ausgewiesene Summe der Aktiva, bestehend einerseits aus dem Anlagevermögen *(siehe dort)*, d.h. allen Wirtschaftsgütern, die dazu bestimmt sind, dauerhaft dem Geschäftsbetrieb zu dienen; zum anderen aus dem Umlaufvermögen *(siehe dort)*, d.h. allen Wirtschaftsgütern, die dem Geschäftsbetrieb nur vorübergehend dienen.
Die Summe der Aktiva wird auch als **Bruttovermögen** bezeichnet, aus dem sich nach Abzug der Verbindlichkeiten (Schulden) das Nettovermögen als **Reinvermögen** oder Eigenkapital ergibt.

Verrechnungspreise: Bei der Plankostenrechnung eingesetzt, werden die Materialverbrauchsmengen zu festen Verrechnungspreisen bewertet; diese werden aus den Anschaffungspreisen der Vergangenheit abgeleitet und über einen längeren Zeitraum unverändert beibehalten. Weiterhin werden interne Verrechnungspreise für die zwischen einzelnen betrieblichen Teilbereichen, z.B. zwischen Werkstatt I und II, ausgetauschten Leistungen ermittelt.

Vertragsstrafe, Konventionalstrafe, eine vertraglich festgehaltene Geldstrafe für den Schuldner, der eine vereinbarte Leistung überhaupt nicht oder zu spät erbringt; bei Verzug muss gezahlt werden. Verpflichtet sich z.B. ein Unternehmen, eine Klinik bis zu einem bestimmten Datum fertigzustellen, und wird der Termin überschritten, ist laut Vertrag eine Strafe von 50000€ pro Tag Verzug zu zahlen.

Vertrieb, alle Maßnahmen und Einrichtungen zur Vorbereitung und Durchführung der Verwertung von Sachgütern und Dienstleistungen am Markt, insofern gleichbedeutend mit Absatz. Meist wird der Begriff eingeengt auf den Verkauf (im Sinne des Abschlusses von Kaufverträgen durch entsprechende Vetriebsorgane) und die Verteilung (physische Distribution) von Waren als Teil der Logistik. In diesem Sinn ist Vertriebspolitik Teil der Distributionspolitik eines Unternehmens.
Zu den vertriebspolitischen Instrumenten zählt besonders die Festlegung, auf welchen Wegen ein Produkt vom Hersteller zum Verbraucher gelangt. Mit der Wahl der **Absatzwege (Vertriebswege)** wird bestimmt, ob das Produkt direkt an den Verbraucher gelangt – so werden z.B. Vorwerk-Staubsauger über den **Direktvertrieb** abgesetzt – oder indirekt durch die Einschaltung der Absatzmittler (Großhandel, Einzelhandel). Mit der Bestimmung der **Absatzorganisation** wird geregelt, ob die Produkte zentral von der Vertriebsabteilung oder dezentral, wie z.B. Verkauf durch unternehmenseigene Mitarbeiter im Außendienst (Reisende), in Verkaufsniederlassungen, oder durch selbstständige Vertreter (Handelsvertreter) abgesetzt werden.

Vollkostenrechnung, System der Kostenrechnung, das alle in einem Betrieb entstehenden Kosten **(Vollkosten),** die innerhalb einer bestimmten Periode (Monat) anfallen, auf die Kostenträger (Produkt oder Auftrag) verteilt (Gegenteil: Teilkostenrechnung). Die Vollkostenrechnung dient vor allem der Erfolgsrechnung und der Kalkulation (Ermittlung der Durchschnitts- oder Stückkosten). Für diese Kostenrechnung spricht, dass die Erlöse der abgesetzten Produkte letztlich sämtliche Kosten vollständig decken müssen, wenn sich ein Unternehmen auf Dauer am Markt behaupten will.

Vollmacht, die Ermächtigung eines Mitarbeiters, das Unternehmen oder den Unternehmer bei Rechtsgeschäften zu vertreten. Vollmachtsformen laut Handelsgesetzbuch sind z.B.: 1) **Prokura** oder **Handlungsvollmacht;** 2) **Einzelvollmacht** oder **Gesamtvollmacht** (die Vertretung kann nur von mehreren gemeinsam ausgeübt werden); 3) **Spezialvollmacht,** ermächtigt nur zur Vornahme einzelner Rechtsgeschäfte, z.B. Einlösen eines Schecks.
Der häufig gebrauchte Begriff **Generalvollmacht** ist gesetzlich nicht geregelt; sie ermächtigt zur Vertretung des Unternehmers oder des Vorstandes in allen, auch außergewöhnlichen Geschäften. In ihrem Umfang kann sie die Prokura übertreffen.

Vorratsvermögen, Vorräte, wesentliche Position auf der Aktivseite der Bilanz *(siehe dort),* Teil des Umlaufvermögens. Zum Vorratsvermögen gehören im Wesentlichen Roh-, Hilfs- und Betriebsstoffe sowie unfertige und fertige Erzeugnisse, die noch nicht verkauft sind.

Vorstand, das gesetzlich vorgeschriebene geschäftsführende Organ (Leitungsorgan) einer juristischen Person des bürgerlichen Rechts (Stiftung, Verein) und des Handelsrechts (Aktiengesellschaft, Genossenschaft). Der Vorstand vertritt die Gesellschaft gerichtlich und außergerichtlich; er wird für eine bestimmte Zeit bestellt bzw. gewählt.

Wagnis, Risiko, das Unternehmen hat immer wieder Forderungen, die ausfallen. Um sich gegen diese und andere **Einzelrisiken** abzusichern, kalkuliert es diese über einen Aufschlag in seinem Verkaufspreis mit ein. Dies sind die **kalkulatorischen Wagnisse (Wagniskosten)** als Teil der kalkulatorischen Kosten. Das allgemeine unternehmerische Risiko wird als **Risikoprämie** durch den Gewinn des Unternehmens abgedeckt.

Wagniskapital, Venture-Capital, Risikokapital, Sammelbezeichnung aller Phasen von Investitionen in Unternehmen mit der Chance, später damit Geld zu verdienen. Unternehmensbeteiligungsgesellschaften oder Einzelpersonen legen Geld in beginnende oder schon bestehende Unternehmen an, die sich damit gründen wollen oder schon am Markt sind und sich dort behaupten müssen. Diese Kapitalspritzen sind zum Teil bis zum Börsengang notwendig, die Kapitalgeber werden häufig an den Unternehmen beteiligt.

Werbeagentur, selbstständiges Unternehmen, das gegen Entgelt Werbung für Unternehmen aller Branchen plant, ausarbeitet und betreut.

Werbeplanung, systematische Vorgehensweise bei der Werbung, um die Werbewirkung und den Werbeerfolg zu verbessern. Folgende Schritte sollten dabei eingehalten werden: 1) Bestimmung der **Werbeziele** bzw. der Zielgruppen; 2) Festlegung der **Werbeaussage,** des Inhalts der Werbebotschaft; 3) Bestimmung der Werbemittel und der Werbeträger; 4) Festlegung des **Werbebudgets,** der Geldmittel für Werbung; 5) Durchführung einer **Werbeerfolgskontrolle,** z. B. Messung der Umsatzsteigerung oder Befragung von Käufern.

Werbung, im Rahmen des Marketings ein Instrument der Kommunikationspolitik neben der Verkaufsförderung, der Öffentlichkeitsarbeit und dem persönlichen Verkauf. Werbung hat folgende Funktionen: 1) eine Bekanntmachungsfunktion, indem sie auf Produkte, Dienstleistungen oder Ideen hinweist; 2) eine Informationsfunktion, indem

Werbung. Werbemittel für ein Buch

sie auf Merkmale wie Produkteigenschaften, -qualitäten, -verwendung, -preise hinweist; 3) eine Suggestionsfunktion, weil Werbung emotionale Kräfte durch Elemente wie Farben, Bilder, Musik freisetzt, die dem Umworbenen den Eindruck vermitteln, mit dem beworbenen Objekt den Zielen seiner Wunsch- und Traumwelt näherzukommen; 4) eine Imagefunktion, wenn Werbung das Werbeobjekt so präsentiert, dass es sich positiv von Konkurrenzprodukten unterscheidet; 5) eine Erinnerungsfunktion, da sie durch mehrfaches Wiederholen der Werbebotschaft Gedächtniswirkungen und

Lernprozesse bezüglich des Werbeobjekts hervorruft.
Diese gesteuerte Form der Beeinflussung von Menschen geschieht durch den Einsatz von **Werbemitteln** (Anzeigen, Fotos, Werbespots, Warenproben) und **Werbeträgern** oder **Werbemedien** (Zeitung, Radio, Fernsehen, Plakatwände), um den Absatz von Waren und Dienstleistungen zu fördern, vorhandene Käufer zu erhalten, neue zu gewinnen, neue Waren und Dienstleistungen einzuführen.
Bei der **Einzel- oder Alleinwerbung** wirbt ein Unternehmen für seine Leistung allein; **Kollektivwerbung** betreiben mehrere Unternehmen gemeinsam für ihr Produkt, als Gemeinschaftswerbung (›Milch machts‹), wobei die Unternehmen anonym bleiben, oder die Betriebe werden namentlich genannt wie bei der Sammelwerbung (Autohändler werben gemeinsam für eine Automarke). Nach der Art der Ansprache wird differenziert zwischen **Massenwerbung,** die sich an eine größere Personengruppe richtet, und der **Direktwerbung,** die sich gezielt an einzelne Personen wendet.

Werkstattfertigung, Zusammenfassung der Maschinen, die gleichartige Arbeiten verrichten, zu organisatorischen Einheiten (Werkstätten), z. B. Bohrerei, Stanzerei, Dreherei. Die Produkte müssen zu der Bearbeitung transportiert werden, sie wandern somit von Werkstatt zu Werkstatt. Werkstattfertigung ist ein sehr flexibles Verfahren bei schneller Nachfrageveränderung, aber Liege- und Transportzeiten sind ebenso aufwendig wie der Raumbedarf.

Werkstoffe, Produktionsfaktoren, die als eigene Güter untergehen und entweder in das Produkt eingehen (Roh- und Hilfsstoffe) oder zur Produktion benötigt werden (Betriebsstoffe). Zu den Rohstoffen zählen z. B. Holz, Glas, Stahl, aber auch Teile, die bezogen werden (Türen, Getriebe) und unverändert in das Produkt eingebaut werden; Hilfsstoffe (Farbe, Leim) sind Nebenbestandteile der Erzeugnisse; Betriebsstoffe (Schmierstoffe, Strom) gehen nicht in das Produkt ein, sondern werden bei der Produktion verbraucht.

Wertanalyse, ein Verfahren zur Verbesserung des Kosten-Nutzen-Verhältnisses in sämtlichen Betriebsbereichen. So können die Arbeitsabläufe und die Gemeinkosten analysiert werden, um Kosteneinsparungen zu erreichen.

Wertberichtigung, eine Position auf der Passivseite der Bilanz *(siehe dort),* die mögliche Ausfälle von Kundenforderungen sammelt. Diese können sich auf den Forderungsausfall einzelner Kunden beziehen **(Einzelwertberichtigung)** oder als Pauschale in Prozent auf den gesamten Bestand an Forderungen angesetzt werden **(Pauschalwertberichtigung).** Bei beiden Varianten wird der wahrscheinliche Forderungsausfall abgeschrieben, sodass der Aufwand zunimmt und der mögliche Gewinn kleiner wird.

Wiederbeschaffungswert, der Geldwert eines Vermögensgegenstandes (Maschine, Fahrzeug, Ausstattung), der benötigt wird, um diesen erneut zu beschaffen; Grundlage zur Ermittlung der kalkulatorischen Abschreibungen.

Window-Dressing, die Bilanzkosmetik *(siehe dort).*

Wirtschaftlichkeit: Ein Unternehmen arbeitet wirtschaftlich, wenn es gemäß der Gewinn-und-Verlust-Rechnung höhere Erträge als Aufwendungen hat oder der Quotient aus Ertrag und Aufwendungen größer als eins ist, oder wenn es gemäß der Kosten- und Leistungsrechnung höhere Leistungen als Kosten hat oder der Quotient aus Leistungen und Kosten größer als eins ist. Im Unterschied zur mengenmäßigen Produktivität *(siehe dort)* beschreibt die Wirtschaftlichkeit das mit Verkaufspreisen bewertete Produktionsergebnis in Euro.

Wirtschaftsprüfer, öffentlich bestellte und vereidigte Person, deren Hauptaufgabe es ist, betriebswirtschaftliche Prüfungen, besonders der Jahresabschlüsse von Unternehmen, durchzuführen. Wirtschaftsprüfer haben das alleinige Recht, als Abschluss- oder Bilanzprüfer die Jahresabschlüsse von mittelgroßen und großen Kapitalgesellschaften zu prüfen (externe Revision). Bei anderen Unternehmen kann die Prüfung auch von vereidigten **Buchprüfern** oder Buchprüfungsgesellschaften vorgenommen werden.
Sind bei der **Prüfung des Abschlusses** keine Einwände zu erheben, entsprechen die Unterlagen somit den gesetzlichen Vorschriften und den Bestimmungen des Gesellschaftsvertrags oder der Satzung, dann wird dies durch den **Bestätigungsvermerk** dokumentiert. Die Wirtschaftsprüfer oder Wirtschaftsprüfungsgesellschaften beraten auch die Unternehmen (Mandanten) in steuerlichen und unternehmerischen Fragen; für ihre Tätigkeit benötigen

ZUSCHLAGSKALKULATION

	Fertigungsmaterial	(Einzelkosten)	1400,00 €
+	Materialgemeinkosten	(47,22 % auf Fertigungsmaterial)	661,08 €
=	Materialkosten		2061,08 €
+	Fertigungslöhne	(Einzelkosten)	1680,00 €
+	Fertigungsgemeinkosten	(85,13 % auf Fertigungslöhne)	1430,18 €
+	Sondereinzelkosten der Fertigung		-,- €
=	Herstellkosten		5171,26 €
+	Verwaltungsgemeinkosten	(11,67 % auf Herstellkosten)	603,49 €
+	Vertriebsgemeinkosten	(5,84 % auf Herstellkosten)	302,00 €
+	Sondereinzelkosten des Vertriebs		-,- €
=	Selbstkosten		6076,75 €
+	Gewinnzuschlag	(7,00 % auf Selbstkosten)	425,37 €
=	Barverkaufspreis		6502,12 €
+	Kundenskonto	(2,00 % vom Zielverkaufspreis)	132,70 €
+	Vertreterprovision	(in % vom Zielverkaufspreis)	
=	Zielverkaufspreis		6634,82 €
+	Kundenrabatt	(8,00 % vom Nettopreis)	530,79 €
=	**Angebotspreis (netto)**		7165,61 €

Zuschlagskalkulation. Schema und Beispiel für eine Zuschlagskalkulation

sie eine besondere Ausbildung und eine staatliche Zulassung.

Zertifizierung, das Audit *(siehe dort).*

Zuschlagskalkulation, ein sehr verbreitetes Kalkulationsverfahren *(siehe dort),* das dann angewandt wird, wenn ein Unternehmen verschiedene Produkte mit unterschiedlichen Fertigungsverfahren herstellt. Sämtliche Kosten werden in Einzelkosten (Löhne, Materialverbrauch) und Gemeinkosten im Rahmen der Kostenstellenrechnung *(siehe dort)* zerlegt, sodass sie dem Produkt (Kostenträger) exakt zugerechnet werden können.

Ein Beispiel: Möbelfabrikant Schilling hat die Gemeinkostenzuschlagsätze für Material (47,22%), Fertigung (85,13%), Verwaltung (11,67%) und Vertrieb (5,84%) ermittelt. Nun beschäftigt er sich mit der Kalkulation von Kundenaufträgen. Eine Kundenanfrage betrifft die Neuerstellung einer Treppe. Der Unternehmer will mit einem Materialaufwand von 1400€, Lohnkosten von 1680€ und einem Gewinn von 7% kalkulieren. Für Skonto beabsichtigt er, vorsorglich 2% und für einen Kundenrabatt 8% zu verrechnen; mithilfe der Zuschlagskalkulation ermittelt er den Angebotspreis von 7165,61€.

8
Welche Rechte und Pflichten hat ein Arbeitnehmer?

Arbeit in der modernen Industrie- und Dienstleistungsgesellschaft bestimmt das Leben von Millionen von Arbeitnehmerinnen und Arbeitnehmern. Rechte und Pflichten, infolge geschichtlicher Entwicklung nicht in einem einzigen Gesetz, sondern in zahlreichen Vorschriften festgelegt, regeln das Arbeitsverhältnis. Hinzu kommen sozialversicherungsrechtliche Inhalte, die auch durch mögliche Phasen der Arbeitslosigkeit das Arbeitsleben berühren und prägen können (dazu mehr in Kapitel 12).
Im Einzelnen wird das Arbeitsverhältnis besonders durch Verfassungsrecht, verschiedene Gesetze (z. B. Betriebsverfassungsgesetz, Kündigungsschutzgesetz, Arbeitszeitgesetz, Arbeitssicherheitsgesetz, Urlaubsgesetz, Entgeltfortzahlungsgesetz), Tarifverträge, Betriebsvereinbarungen, Arbeitsverträge und betriebliche Übung gestaltet.
Werden Ansprüche nicht erfüllt oder gibt es andere Konflikte im Arbeitsalltag, dann entscheidet u. U. das Arbeitsgericht. Das von dieser Gerichtsbarkeit ausgehende Richterrecht setzt häufig Maßstäbe für viele arbeitsrechtliche Regelungen. Auch diese Institution trägt dazu bei, unnötige Auseinandersetzungen zwischen den Beteiligten zu vermeiden und damit einen Beitrag zum Rechtsfrieden zu leisten.
Das folgende Kapitel versucht, über die Arbeitswelt des Arbeitnehmers und der Arbeitnehmerin mit all ihren Facetten von A wie Abfindung bis Z wie zweiter Bildungsweg umfassend zu informieren.

Abfindung, eine einmalige geldliche Entschädigung, um den Verlust eines Arbeitsplatzes abzugelten. Ein Arbeitnehmer hat seit 1. 1. 2004 Anspruch auf eine Abfindung, wenn die Kündigung aus dringenden betriebsbedingten Gründen erfolgt, der Arbeitgeber im Kündigungsschreiben eine Abfindung für den Fall anbietet, dass der Arbeitnehmer auf eine Kündigungsschutzklage verzichtet und die Abfindung mindestens ein halbes Monatsgehalt pro Jahr der Betriebszugehörigkeit beträgt. Klagt der Arbeitnehmer innerhalb von drei Wochen gegen die Kündigung *(siehe dort),* muss das Arbeitsgericht feststellen, ob die Kündigung rechtmäßig ist und ob das Arbeitsverhältnis trotzdem (auf Wunsch des Arbeitnehmers oder des Arbeitgebers) aufgelöst wird. Die ›vertrauensvolle‹ Zusammenarbeit wird wegen des Kündigungsschutzprozesses oft nicht mehr als gegeben angesehen. Einigen sich die Parteien nicht, setzt das Arbeitsgericht die Höhe der Abfindung fest. Abfindungen unterliegen seit 1. 1. 2006 der vollen Steuerpflicht.

Abmahnung, schriftliche Rüge des Arbeitgebers für ein konkret bezeichnetes Fehlverhalten des Arbeitnehmers. Die Abmahnung muss ›zeitnah‹ zum gerügten Verhalten bzw. zu dessen Kenntnisnahme durch den Arbeitgeber erfolgen und der Personalakte beigefügt werden. Im Allgemeinen hat der Arbeitnehmer einen Anspruch darauf, dass eine Abmahnung aus der Personalakte entfernt wird, wenn er sich mehrere Jahre kein Fehlverhalten mehr zuschulden kommen lässt. Sie ist notwendige Voraussetzung zur Kündigung eines Arbeitnehmers aus verhaltensbedingten Gründen (z. B. Störung des Betriebsfriedens, Nichtbeachtung von Sicherheitsvorschriften, alkoholbedingtes Fehlverhalten).

Abzüge, die Summe aller Beträge (Steuern, Sozialversicherungsbeiträge, vermögenswirksame Leistungen), die der Arbeitgeber vom Arbeitsentgelt einbehält.

Akkordlohn, Lohnform, bei der sich die Entlohnung des Mitarbeiters unmittelbar nach seiner Leistung richtet; man spricht deshalb auch von **Leistungslohn.** Gemessen wird, in welcher Zeit die Arbeit bzw. der Arbeitsvorgang bewältigt wird oder welche Stückzahlen der Arbeitnehmer in einer bestimmten Zeit produziert.

AKKORDLOHN

Beispiel:

Tariflohn 12 €
\+ Akkordzuschlag 20% 2,40 €

= Grundlohn 14,40 €

Normalleistung je Stunde: 15 Stück
geleistete Stückzahl: 18 Stück

Lösung zu **Stückgeldakkord:**

$$\text{Stücklohnsatz} = \frac{14{,}40\ €}{15\ \text{Stück}} = 0{,}96\ €\ \text{pro Stück}$$

Geldakkord = 18 Stück x 0,96 € = 17,28 €

Lösung zu **Stückzeitakkord:**

Stückzeitakkord mit Normalstunde:
Zeitakkord = Menge x Minutenfaktor x Vorgabezeit pro Stück

$$= \text{Stück} \times \left(\frac{\text{Grundlohn}}{60}\right) \times \left(\frac{60}{\text{Normalleistung}}\right)$$

= 18 x 0,24 x 4 = 17,28 €

Akkordlohn. Berechnungsbeispiel zum Stückgeldakkord und Stückzeitakkord

Beim **Stückgeldakkord** wird dem Arbeitnehmer pro gefertigtem Stück ein bestimmter Geldbetrag gezahlt (Geldakkordsatz). Der Verdienst berechnet sich somit aus der gefertigten Stückzahl multipliziert mit dem Geldakkordsatz. Beim **Stückzeitakkord** wird für eine bestimmte Leistung eine bestimmte, feste Zeit vorgegeben (Vorgabezeit). Wird diese Zeit von Mitarbeitern unterschritten, dann erhöht sich entsprechend der Lohn.
Der Akkord kann entweder für den einzelnen Arbeitnehmer **(Einzelakkord)** oder für eine Arbeitsgruppe festgesetzt werden **(Gruppenakkord),** die z. B. Getriebe gemeinsam fertigt.

Allgemeines Gleichbehandlungsgesetz, Abkürzung **AGG,** seit 18. 8. 2006 gültiges Gesetz zum umfassenden Schutz der Beschäftigten vor Benachteiligungen aus Gründen der Rasse, der ethnischen Herkunft, des Geschlechts, einer Behinderung, des Alters, der Religion und der sexuellen Identität. Alle Phasen des Arbeitsverhältnisses – von der Stellenbeschreibung über Einstellung und Beförderung bis zur Beendigung – müssen so gestaltet sein, dass eine Benachteiligung ausgeschlossen ist. Als Benachteiligung gelten unmittelbare Benachteiligung, z. B. die Bevorzugung eines Geschlechts ohne Begründung bei der Stellenausschreibung, aber auch mittelbare Benachteiligungen, wie sie z. B. in firmeninternen Beförderungsrichtlinien enthalten sein können. Auch Anweisungen zur Belästigung (Mobbing) gehören zu den Benachteiligungen. Verstößt der Arbeitgeber gegen die gesetzlichen Bestimmungen, hat der Arbeitnehmer ggf. einen Anspruch auf Schadensersatz. So kann z. B. eine Ausschreibung mit dem Text »Junge, dynamische Führungskraft« den Ersatzanspruch eines gleich qualifizierten aber abgelehnten, älteren Bewerbers begründen.

Allgemeinverbindlichkeit, die Ausdehnung der Gültigkeit eines Tarifvertrags auch für bis dahin tarifungebundene Arbeitgeber und Arbeitnehmer. Die **Allgemeinverbindlichkeitserklärung** erlässt der Bundesminister für Arbeit und Soziales. Den dazu notwendigen Antrag muss ein Ausschuss aus je drei Mitgliedern von Gewerkschaft und Arbeitgeberverband stellen. 2008 waren 500 von den insgesamt 64 000 beim Arbeitsministerium registrierten Tarifverträgen für allgemein verbindlich erklärt worden.

Altersteilzeit, Form der Teilzeitarbeit für Arbeitnehmer, die älter als 55 Jahre sind. Altersteilzeit bedeutet Reduzierung der Arbeitszeit um die Hälfte durch Verminderung der täglichen Arbeitszeit oder durch Aufteilung der verbleibenden Arbeitszeit bis zur Rente (frühestens mit 60 Jahren) in eine Arbeitsphase und eine Freistellungsphase geschehen. Dabei entscheiden Arbeitnehmer in Absprache mit den Arbeitgebern, ob eine Altersteilzeitvereinbarung abgeschlossen werden soll; in Tarifverträgen kann allerdings ein Rechtsanspruch auf Altersteilzeit gelten. Arbeitgeber können nach dem Altersteilzeitgesetz Zuschüsse der Bundesagentur für Arbeit erhalten, wenn sie die durch Altersteilzeit frei gewordenen Stellen mit Arbeitslosen besetzen oder Auszubildende übernehmen und die Altersteilzeit spätestens am 31. 12. 2009 angetreten wird.

Änderungskündigung, schriftliches Angebot des Arbeitgebers an den Arbeitnehmer, das Beschäftigungsverhältnis auf einem anderen Arbeitsplatz oder zu geänderten Bedingungen (z. B. niedrigere

Bezüge, veränderte Arbeitszeiten) fortzusetzen, um eine Kündigung zu vermeiden. Lehnt der Arbeitnehmer dies ab, gilt die zugegangene schriftliche Kündigung. Auch für eine Änderungskündigung gelten die betriebliche Mitbestimmung und die bei einer Kündigung zu wahrenden Fristen.

Angestellter, nicht mehr klar vom Arbeiter abgrenzbarer abhängig Beschäftigter. Typisch sind: monatlich festes Gehalt und überwiegend geistige Arbeit. Die beruflichen Tätigkeiten reichen vom angelernten Angestellten bis zum leitenden Angestellten im Management.

Arbeiter, abhängig Beschäftigter, der überwiegend körperliche Arbeit in der Produktion verrichtet und Zeit- oder Leistungslohn bezieht. Die Tätigkeiten reichen vom ungelernten Arbeiter **(Hilfsarbeiter)** über den angelernten bis zum gelernten Arbeiter **(Facharbeiter)** mit abgeschlossener Berufsausbildung.

Arbeitgeber, alle Unternehmer, die mindestens eine Person abhängig beschäftigen. Arbeitgeber und Arbeitnehmer schließen einen Arbeitsvertrag, der z. B. die Vergütungspflicht des Arbeitgebers regelt, seine Fürsorgepflicht beinhaltet und den Erholungsurlaub enthält. Auch hat der Arbeitgeber grundsätzlich die Hälfte der Beiträge zur Renten-, Kranken-, Arbeitslosen-, und Pflegeversicherung und zu 100% den Beitrag zur gesetzlichen Unfallversicherung zu tragen **(Arbeitgeberanteil).**

Arbeitgeberdarlehen, zinsgünstige Darlehen, die Arbeitgeber Mitarbeitern gewähren.

Arbeitgeberverbände, *siehe* Kapitel 4.

Arbeitnehmer, abhängig Beschäftigter in einem Unternehmen als Arbeiter, Angestellter, Auszubildender, Heimarbeiter. Nicht als Arbeitnehmer gelten Beamte und Selbstständige. Der Arbeitnehmer schließt mit dem Arbeitgeber einen Arbeitsvertrag ab, der ihn zur Dienstleistung für das Unternehmen verpflichtet. Er muss seiner Arbeitspflicht bzw. Dienstpflicht nachkommen, den Weisungen des Arbeitgebers Folge leisten, Betriebsgeheimnisse wahren und darf nicht in Wettbewerb zu seinem Unternehmen treten (Wettbewerbsverbot). Der Arbeitnehmer hat Anspruch auf Vergütung (Lohn, Gehalt), Urlaub und Fürsorge des Arbeitgebers. Im Prinzip muss der Arbeitnehmer die Hälfte der Beiträge zur Renten-, Kranken-, Arbeitslosen- und Pflegeversicherung tragen **(Arbeitnehmeranteil).**

Arbeitnehmerhaftung: Nach den Grundsätzen des Bundesarbeitsgerichts muss ein Arbeitnehmer für betriebliche Schäden nur haften, wenn er grob fahrlässig oder vorsätzlich gehandelt hat.

Arbeitnehmersparzulage, staatlicher Zuschuss für vermögenswirksame Leistungen *(siehe dort).*

Arbeitnehmerüberlassung, Personalleasing, die befristete Überlassung eines Arbeitnehmers an Dritte (Entleiher). Der Arbeitnehmer unterliegt dem Weisungsrecht des Entleihers, behält aber seinen Vergütungsanspruch gegenüber dem eigentlichen Arbeitgeber (Verleiher). Grundsätzlich sind für die Zeit der Überlassung die im Betrieb geltenden wesentlichen Arbeitsbedingungen maßgeblich. Die gewerbliche Arbeitnehmerüberlassung muss genehmigt werden.

Arbeitsbedingungen, die für ein Arbeitsverhältnis geltenden wesentlichen Bedingungen wie Beginn und gegebenenfalls auch Ende des Arbeitsverhältnisses, Arbeitsort, Bezeichnung bzw. Beschreibung der zu leistenden Tätigkeit, Höhe und Fälligkeit des Arbeitsentgelts, Arbeitszeit, jährliche Urlaubsdauer, Kündigungsfristen, Hinweise auf Tarifverträge.

Arbeitsbeschaffungsmaßnahmen, Abkürzung **ABM,** von der Bundesagentur für Arbeit geförderte Beschäftigungen, um Arbeitslosen eine Beschäftigungsmöglichkeit zu geben. Wichtige Mittel der Arbeitsbeschaffung sind Lohnkostenzuschüsse an Unternehmen und die Finanzierung öffentlicher Arbeiten, z. B. im sozialen Bereich oder im Umweltschutz, die ohne Arbeitsbeschaffung nicht erledigt würden. ABM waren besonders in den 1990er-Jahren ein wichtiges, in ihrer Wirksamkeit umstrittenes Instrument der Arbeitsmarktpolitik (*siehe* Kapitel 4). Mit der Einführung des Arbeitslosengelds II wurden ABM-Mittel für Langzeitarbeitslose zunehmend in Richtung der sogenannten Ein-Euro-Jobs *(siehe dort)* umgesteuert.

Arbeitsdirektor, das für Sozial- und Personalangelegenheiten zuständige Mitglied in Vorstand oder Geschäftsführung von Großunternehmen, die dem Mitbestimmungsgesetz unterliegen.

Arbeitsentgelt, Entgelt, Summe sämtlicher Einnahmen eines unselbstständig Beschäftigten (Arbeitnehmers) für seine Tätigkeit. Dazu zählen z. B.: Lohn oder Gehalt, Provision, vermögenswirksame Leistungen des Arbeitgebers, Essenszuschüsse, Urlaubsgeld, weitere Zuwendungen.

Arbeitserlaubnis, von der Ausländerbehörde erteilte Erlaubnis für eine Beschäftigung ausländischer Arbeitnehmer aus Staaten außerhalb der EU.

Arbeitsförderung, im Dritten Buch des Sozialgesetzbuches enthaltene Leistungen der Bundesagentur für Arbeit im Rahmen der Arbeitsmarktpolitik (*siehe* Kapitel 4).

Arbeitsgemeinschaft, Abkürzung **ARGE,** im Allgemeinen eine Kooperation mehrerer Unternehmen, z. B. zur Abwicklung von Aufträgen. Im engeren Sinn versteht man darunter die Zusammenarbeit kommunaler Stellen mit den örtlichen Agenturen für Arbeit zur Verwaltung von Leistungen nach dem Zweiten Buch des Sozialgesetzbuchs (SGB II) im Rahmen der Grundsicherung für Arbeitslose (Arbeitslosengeld II). Durch die starke lokale Präsenz erhofft man sich durch diese auch **Jobcenter** genannten Einrichtungen eine bessere Betreuung und Vermittlung der Arbeitslosen.

Arbeitsgericht, zuständiges Gericht für Auseinandersetzungen zwischen Arbeitgeber und Arbeitnehmer aus dem Arbeitsverhältnis, Ausbildenden und Auszubildenden aus dem Ausbildungsvertrag, Arbeitgeber und Betriebsrat im Rahmen der betrieblichen Mitbestimmung sowie Arbeitgeberverband und Gewerkschaft aus dem Tarifvertrag.
Eine Klage kann mündlich auf der Geschäftsstelle des Gerichts zu Protokoll gegeben oder schriftlich eingereicht werden vom Kläger oder einem Rechtsanwalt. Örtlich zuständig ist das Arbeitsgericht, an dem der Beklagte seinen Geschäfts- oder Wohnsitz hat. Es besteht aus einem Berufsrichter und je einem Arbeitnehmer- und Arbeitgebervertreter. Man benötigt in der ersten Instanz keinen Anwalt. Vor der eigentlichen Gerichtsverhandlung wird eine **Güteverhandlung** angesetzt, wobei der Vorsitzende des Arbeitsgerichts eine gütliche Einigung zwischen den Prozessparteien versucht.
Wird der Prozess verloren, kann der Unterlegene Berufung beim **Landesarbeitsgericht** einlegen. Der Streitwert muss höher als 600 € sein und man muss einen Rechtsanwalt beauftragen. Das **Bundesarbeitsgericht** (als Revisionsinstanz) kann nur angerufen werden, wenn das vorher urteilende Gericht dies ausdrücklich zulässt oder die Entscheidung von früheren grundlegenden Gerichtsentscheidungen abweicht.
Im Arbeitsgerichtsverfahren trägt jede Partei in der ersten Instanz ihre Anwaltskosten selbst, auch wenn sie den Prozess gewinnt. In den folgenden Instanzen trägt der Verlierer die Gesamtkosten. Die Gerichtskosten sind stark ermäßigt; Beschlussverfahren sind gerichtskostenfrei.

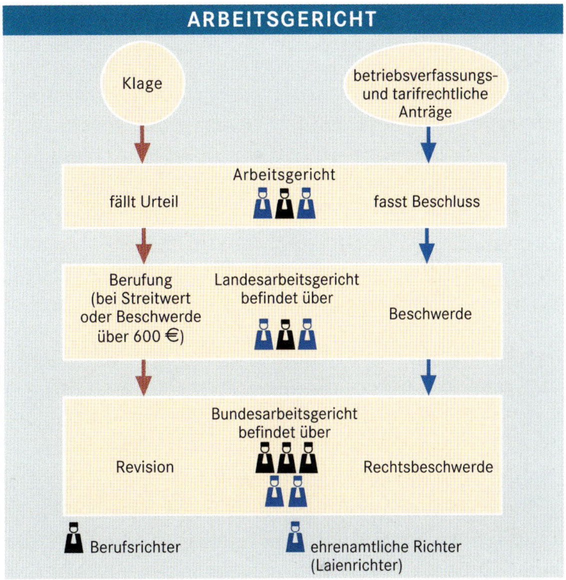

Arbeitsgericht. Der Instanzenweg bei den Arbeitsgerichten

Arbeitskampf: Läuft ein Tarifvertrag aus und die Vertreter von Arbeitgeberverband und Gewerkschaft haben noch keine neuen Bedingungen ausgehandelt, dann haben die Gewerkschaften die Möglichkeit, einen Streik *(siehe dort)* ihrer Mitglieder auszurufen. Die Arbeitgeber können dann mit Aussperrung *(siehe dort)* reagieren.

Arbeitslosengeld I, *siehe* Kapitel 12.

Arbeitslosengeld II, Bezeichnung für die ehemalige Arbeitslosenhilfe, *siehe* Kapitel 12.

Arbeitspapiere, alle im Zusammenhang mit einem Arbeitsverhältnis stehenden Unterlagen. Dazu zählen neben dem Bewerbungsschreiben vor allem die Lohnsteuerkarte, die elektronische Lohnsteuerbescheinigung, die Meldung zur Sozialversicherung (Sozialversicherungsausweis, den die Rentenversicherung ausstellt), ggf. die Arbeitsbescheinigung für die Agentur für Arbeit, die Urlaubsbescheinigung, um über die Zahl der vom letzten Arbeitgeber bereits gewährten Urlaubstage zu informieren, und das Arbeitszeugnis. In besonderen Fällen kann auch eine Arbeitserlaubnis oder ein Gesundheitszeugnis verlangt werden.

Arbeitspflicht, die Verpflichtung des Arbeitnehmers zur vertragstreuen Erfüllung des Arbeitsvertrags. Nur in diesem Fall steht ihm eine Vergütung für seine Arbeitsleistung (Gehalt, Lohn) zu.

Arbeitsrecht, Teil des Rechts, der die Rechtsverhältnisse zwischen Arbeitgebern und Arbeitnehmern regelt. Arbeitnehmer sind in der Regel wirtschaftlich und im Rahmen des Arbeitsvertrags teilweise persönlich vom Arbeitgeber abhängig. Sie benötigen deshalb den Schutz des Arbeitsrechts, das Mindestregeln festschreibt, die für alle Arbeitnehmer gelten und nicht unterschritten werden dürfen. Es wird unterschieden zwischen dem Individualarbeitsrecht, das die Beziehungen zwischen dem einzelnen Arbeitnehmer und Arbeitgeber im Arbeitsvertrag regelt (Vergütung, Urlaub, Kündigung usw.), und dem kollektiven Arbeitsrecht, das die Wahrnehmung der Interessen der Gesamtheit der Arbeitnehmer ordnet (z. B. durch Betriebsräte, Gewerkschaften). Grundlagen des Arbeitsrechts sind Gesetze (z. B. Betriebsverfassungsgesetz, Mutterschutzgesetz), Tarifverträge, Betriebsvereinbarungen und Einzelarbeitsverträge.
Grundsätzlich geht im Recht die übergeordnete Regelung der nachfolgenden Regelung vor, d. h. Gesetze gehen Tarifverträgen, diese den Betriebsvereinbarungen vor usw. (Überordnungsprinzip). Im Arbeitsrecht gilt darüber hinaus die Regelung, die für den Arbeitnehmer am günstigsten ist **(Günstigkeitsprinzip).** Beispiel: Das Bundesurlaubsgesetz enthält als Mindestregelung 24 Werktage pro Jahr, im Tarifvertrag sind 28 Tage genannt, im Arbeitsvertrag 30 Tage. Rechtswirksam sind 30 Tage, die für den Arbeitnehmer günstigere Regelung.

Arbeitsschutz, alle sozialpolitischen und technischen Maßnahmen gegen Schädigungen und Gefahren aus der beruflichen Tätigkeit in Betrieben. Die Regelungen reichen von der Unfallverhütung durch technische Einrichtungen bis hin zu Fragen der Arbeitsorganisation, vom Umgang mit Gefahrstoffen (besser: dessen Vermeidung) bis zur Softwaregestaltung an Bildschirmarbeitsplätzen. Arbeitsschutz soll auch körperliche Belastungen durch Heben und Tragen bis zur Beanspruchung durch Stress vermeiden oder mindern. Geschlechtsspezifische Regelungen am Arbeitsplatz sind nur zulässig, wenn dies aus biologischen Gründen zwingend geboten ist (Frauenarbeitsschutz, Mutterschutz). Schutzvorschriften beziehen sich u. a. auf einzelne Gewerbezweige, Berufe, die Gestaltung von Arbeitsplätzen, den Einsatz von Maschinen, Geräten und bestimmten Stoffen. Grundlage ist das **Arbeitsschutzgesetz.**

Arbeitssicherheit: Nach dem Arbeitssicherheitsgesetz sind Betriebe verpflichtet, Fachkräfte für Arbeitssicherheit wie Sicherheitsbeauftragte sowie Betriebsärzte zu bestellen. Deren Zusammenarbeit soll die Arbeitgeber in Fragen des Arbeitsschutzes und Unfallverhütung beraten, sicherheitstechnische Überprüfungen von Maschinen, Geräten usw. vornehmen, die getroffenen Maßnahmen des Betriebes beobachten, Missstände ansprechen und bei der Schulung der Sicherheitsbeauftragten mitwirken. **Betriebsärzte** sollen zusätzlich die Beschäftigten arbeitsmedizinisch betreuen.

Arbeitsstättenverordnung, Regelungen für die Gestaltung und Ausstattung von Arbeitsstätten (Fabrikhallen, Büroräume). Die Vorschriften (Gesetz vom 12. 8. 2004) betreffen u. a. die Größe der Arbeitsräume, Beleuchtung, Lüftung, Flucht- und Rettungswege, Schutz gegen Gase, Errichtung von Sozial- und Sanitärräumen.

Arbeitsstudien, Untersuchungen über betriebliche Arbeitsvorgänge. Die **Arbeitsgestaltungsstudie** unter Verwendung einer Bewegungsstudie dient durch Analyse der einzelnen Arbeitsvorgänge und des Arbeitsplatzaufbaus **(Arbeitsplatzstudie)** besonders der Rationalisierung des Arbeitsablaufs **(Arbeitsablaufstudie). Arbeitszeitstudien** sind Verfahren zur Messung der für die einzelnen Arbeitsverrichtungen benötigten Zeit, um Vorgabezeiten bei Akkordlohn zu ermitteln. Mit **Arbeitswertstudien** werden Arbeitsprozesse bewertet, um die Anforderungen an einem Arbeitsplatz zu bestimmen und die Entlohnung leistungsgerecht vornehmen zu können.

Arbeitsunfähigkeit, Krankheitsgeschehen, das den Arbeitnehmer hindert, seine arbeitsvertraglichen Verpflichtungen zu erfüllen. Eine krankheitsbedingte Arbeitsunfähigkeit ist dem Arbeitgeber unverzüglich anzuzeigen. Dauert die Krankheit länger als drei Tage, muss die Arbeitsunfähigkeit gegenüber dem Arbeitgeber durch eine ärztliche Bescheinigung nachgewiesen werden, aus der auch die voraussichtliche Dauer der Krankheit hervorgeht. Arbeitnehmer haben während der Erkrankung ein Recht auf Entgeltfortzahlung *(siehe dort).*

Arbeitsunfall, Unfall bei der Verrichtung der Arbeit im Betrieb oder auf dem Weg zur bzw. von der Arbeitsstätte **(Wegeunfall).** Arbeitsunfälle unterliegen dem Versicherungsschutz in der gesetzlichen Unfallversicherung (*siehe* Kapitel 12).

Arbeitsverhältnis, das zwischen Arbeitgeber und Arbeitnehmer bestehende, durch Arbeitsvertrag besiegelte Rechtsverhältnis.

Arbeitsvermittlung, wichtigster Leistungsbereich der Bundesagentur für Arbeit. Dazu gehören die Berufsberatung *(siehe dort),* die Arbeitsmarktberatung der Arbeitgeber sowie die Vermittlung offener Stellen. Nach einer Analyse der Fähigkeiten und Einsatzmöglichkeiten des Arbeitsuchenden (Profiling) wird eine **Eingliederungsvereinbarung** abgeschlossen, in der sowohl die Vermittlungsbemühungen der Arbeitsagentur als auch die des Arbeitsuchenden (z. B. eigene Bewerbungen) festgehalten werden.
Falls ein Arbeitsloser nach zwei Monaten noch nicht vermittelt worden ist, hat er Anspruch auf einen **Vermittlungsgutschein** über 2000 €, der drei Monate lang gültig ist und mit dem er einen privaten Arbeitsvermittler einschalten kann. Gelingt die Vermittlung in ein sozialversicherungspflichtiges Beschäftigungsverhältnis, erhält der private Vermittler den Gutschein ausbezahlt. Der schnelleren Arbeitsvermittlung dienen auch die Schaffung von Personalserviceagenturen *(siehe dort),* die Verschärfung der Kriterien der Zumutbarkeit (*siehe* Kapitel 12) sowie die Verpflichtung des Arbeitnehmers, die Arbeitsagentur nach Aushändigung des Kündigungsschreibens sofort zu informieren.

Arbeitsvertrag, Dienstvertrag, zwischen Arbeitgeber und Arbeitnehmer geschlossene Vereinbarung über die zu erbringenden gegenseitigen Leitungen. Wird die Dauer des Arbeitsverhältnisses vertraglich vereinbart, spricht man von einem **befristeten Arbeitsvertrag.** Dieser endet nach Zeitablauf; eine Kündigung ist nicht notwendig.
Grundsätzlich können Arbeitsverträge mündlich und schriftlich abgeschlossen werden. Das **Nachweisgesetz** verpflichtet den Arbeitgeber, spätestens einen Monat nach Beginn des Arbeitsverhältnisses die wesentlichen Vertragsbedingungen schriftlich zu fixieren. Diese Niederschrift muss unterzeichnet und dem Arbeitnehmer ausgehändigt werden.
Ein Arbeitsvertrag muss folgende Punkte enthalten: Personalien der Parteien, genauer Arbeitsplatz, Stellenbeschreibung bzw. Amtsbezeichnung, Beginn des Arbeitsvertrages, Dauer des Jahresurlaubes, Kündigungsfristen, Höhe des Arbeitsentgeltes, Tages- oder Wochenarbeitszeit, gegebenenfalls Angabe der Tarifverträge oder anderer kollektiver Vereinbarungen, z. B. Betriebsvereinbarungen.
Regelungen der Tarifverträge und der Betriebsvereinbarungen dürfen in den Einzelarbeitsverträgen nur abgeändert werden, wenn sie für den Arbeitnehmer günstiger sind **(Günstigkeitsprinzip).** In den Arbeitsverträgen darf nichts vereinbart werden, was Gesetzen widerspricht, z. B. Verzicht auf gesetzliche Sozialabgaben, Unterschreitung des gesetzlichen Mindesturlaubs, Eingriffe in die private Familienplanung oder Regelungen, die einen Verstoß gegen das Gleichheitsprinzip beinhalten.

Arbeitsverweigerung, unbefugtes Verweigern der Arbeitsleistung, das zur Kündigung führen kann.

Arbeitszeit, die durch Tarifvertrag, Betriebsvereinbarung oder Arbeitsvertrag geregelte Zeit vom Beginn bis zum Ende der Arbeit, wobei die Ruhepausen nicht zählen. Das seit 1. 7. 1994 geltende **Arbeitszeitgesetz** setzt den Rahmen dafür, wann und wie lange Arbeitnehmer höchstens arbeiten dürfen. Unterschieden werden tarifliche Arbeitszeit (z. B. Wochenarbeitszeit), tatsächlich geleistete Arbeitszeit (mit Überstunden) und bezahlte Arbeitszeit, die auch Urlaubs-, Feier- und Krankheitstage einschließt.
Bereitschaftsdienste werden seit 1. 1. 2007 voll auf die reguläre Wochenarbeitszeit angerechnet. Arbeit in Rufbereitschaft ist nur noch dann erlaubt, wenn die gesetzliche Höchstarbeitszeit von 48 Stunden pro Woche eingehalten wird. Allerdings ist es zulässig, dass Arbeitnehmer kurzfristig bis zu zehn Stunden arbeiten, wenn innerhalb von sechs Monaten im Durchschnitt acht Stunden werktäglich nicht überschritten werden. Bei mehr als sechs bis zu neun Stunden täglich ist eine Ruhepause von mindestens 30 Minuten, bei mehr als neun Stunden eine Ruhepause von 45 Minuten einzuhalten.

Arbeitszeitkonto, Dokumentation der tatsächlich geleisteten Arbeitszeit im Rahmen von Regelungen zur Gleitzeit oder Jahresarbeitszeit. Durch Arbeitszeitkonten soll für Arbeitgeber und Arbeitnehmer mehr Flexibilität als bei starren Arbeitszeiten erreicht werden. Damit können Phasen der Mehrarbeit durch Phasen der Unterbeschäftigung ausgeglichen werden. Das Arbeitszeitkonto erfasst die Plus- oder Minusstunden des jeweiligen Monats (im Vergleich zur tariflichen Sollarbeitszeit), ermittelt mögliche Differenzen und soll Überstunden durch spätere bezahlte Freistellung ausgleichen. Überstundenarbeit und -bezahlung kann verringert bzw. vermieden werden. Auch können Zeitguthaben für längere Freistellungen (Sabbatical) oder ein früheres Ausscheiden aus dem Berufsleben angesammelt werden.

Arbeitszeugnis, schriftliche Bescheinigung des Arbeitgebers, die er dem Arbeitnehmer bei der Beendigung des Arbeitsverhältnisses auszustellen hat. Der Arbeitnehmer hat einen gesetzlichen Anspruch auf ein Zeugnis bei Beendigung des Arbeitsverhältnisses (§ 630 BGB). Da das Zeugnis ein wichtiges Element der Bewerbung des Arbeitnehmers um einen neuen Arbeitsplatz ist, muss es in der äußeren Form tadelsfrei sein, z. B. fehlerfrei und sauber.
Das Zeugnis muss vollständig, klar, wahr und wohlwollend formuliert sein. Das Letztere ist möglicherweise schwierig für den Arbeitgeber bei negativen Leistungen. Gibt es Zweifel, muss ein **einfaches Zeugnis** ausgestellt werden, wobei es allein im Ermessen des Arbeitgebers liegt, welche Formulierung er benutzt. Der Arbeitnehmer hat kein Anrecht auf einen bestimmten Wortlaut. Ein einfaches Zeugnis enthält nur Angaben zur Person des Arbeitnehmers und Informationen über Art und Dauer der Beschäftigung, wobei die Tätigkeit des Arbeitnehmers vollständig, wahrheitsgemäß und genau beschrieben werden muss. In dem Zeugnis werden Leistungen und Verhalten des Arbeitnehmers nicht bewertet.
Zum **qualifizierten Zeugnis** gehört auch eine Beurteilung der Leistung und des Verhaltens. Dabei enthält die Leistungsbeurteilung neben den fachlichen Fähigkeiten auch Aussagen über Arbeitsqualität, Kreativität, Belastbarkeit und Entscheidungskompetenz. Beim Verhalten des Arbeitnehmers wird Lernfähigkeit, Zuverlässigkeit, Verhalten gegenüber Kunden, Kollegen und Vorgesetzten beurteilt. Werden dem Arbeitnehmer wahrheitswidrig Leistungen bescheinigt, besteht sogar die Gefahr von Schadensersatzansprüchen des neuen Arbeitgebers.

Assessment-Center, ein spezielles Auswahlverfahren für neue Mitarbeiter, um ein umfassendes Bild von den Bewerbern zu erhalten. Merkmale des Verfahrens sind: Nach einer Vorauswahl (Test) wer-

ARBEITSZEUGNIS

Das schreiben sie...	...und das meinen sie
Sie hat die ihr übertragenen Arbeiten stets zu unserer vollsten Zufriedenheit erledigt.	sehr gute Leistungen
Sie hat die ihr übertragenen Arbeiten stets zu unserer vollen Zufriedenheit erledigt.	gute Leistungen
Sie hat die ihr übertragenen Arbeiten stets zu unserer Zufriedenheit zu erledigt.	ausreichende Leistungen
Sie hat die ihr übertragenen Arbeiten im Großen und Ganzen zu unserer Zufriedenheit erledigt.	mangelhafte Leistungen
Sie hat sich bemüht, die ihr übertragenen Arbeiten zu unserer Zufriedenheit zu erledigen.	unzureichende Leistungen
Wir haben uns im gegenseitigen Einvernehmen getrennt.	Wir haben gekündigt.
Sie bemüht sich, den Anforderungen gerecht zu werden.	Sie hat versagt.
Sie hat sich im Rahmen ihrer Fähigkeiten eingesetzt.	Sie hat getan, was sie konnte, aber das war nicht viel.
Alle Arbeiten erledigte sie mit großem Fleiß und Interesse.	Sie war eifrig, aber nicht besonders tüchtig.
Sie zeigte für ihre Arbeit Verständnis.	Sie war faul und hat nichts geleistet.
Durch Ihre Geselligkeit trug sie zur Verbesserung des Betriebsklimas bei.	Sie neigt zu übertriebenem Alkoholgenuss.

Arbeitszeugnis.
Entschlüsselung des Geheimcodes in Arbeitszeugnissen

den mehrere Bewerber gemeinsam zu einem Auswahlverfahren eingeladen; in mehrtägigen Veranstaltungen werden praktische Fertigkeiten wie Sorgfalt, Teamfähigkeit, Kommunikations- und Kritikfähigkeit, Kreativität und Flexibilität in bestimmten Aufgabenstellungen abverlangt, um den am besten geeigneten Bewerber herauszufinden. Beurteilungsverfahren wie Gruppendiskussionen und Rollenspiele werden eingesetzt und von Unternehmensmitarbeitern beurteilt.

Aufhebungsvertrag, ein schriftlicher Vertrag zwischen Arbeitgeber und Arbeitnehmer, der von beiden unterzeichnet ist und zur gütlichen Beendigung des Arbeitsverhältnisses führt. Er kann unter Umständen auch eine Kündigung vermeiden. Da der Arbeitnehmer bei der Beendigung des Arbeitsverhältnisses mitwirkt, drohen ihm Sperrzeiten *(siehe dort)* beim Bezug von Arbeitslosengeld.

Ausbildungsvertrag, Berufsausbildungsvertrag, ein Vertrag zwischen dem Ausbildenden (derjenige, der einen anderen zur Ausbildung einstellt) und dem Auszubildenden (derjenige, der ausgebildet werden möchte). **Ausbilder** ist der für die berufliche Ausbildung im Betrieb Verantwortliche; das kann der Ausbildende selbst sein oder ein von ihm Beauftragter.
Das **Berufsbildungsgesetz** regelt alle für das Ausbildungsverhältnis wichtigen Punkte, u. a. dass vor Beginn der Ausbildung ein schriftlicher Ausbildungsvertrag abgeschlossen sein und dieser bei Minderjährigen auch von den Eltern des Auszubildenden unterschrieben werden muss. Anschließend muss der ausbildende Betrieb den Vertrag der jeweils zuständigen Kammer (z. B. Industrie- und Handelskammer, Handwerkskammer, Ärztekammer) vorlegen. Dort wird er geprüft und im Verzeichnis der Berufsausbildungsverhältnisse registriert.
Ein Ausbilder muss fachlich und persönlich zur Ausbildung geeignet sein. Fachliche Eignung bedeutet die für den jeweiligen Beruf erforderlichen fachlichen Fähigkeiten und Kenntnisse. Die berufs- und arbeitspädagogische Eignung muss seit 1. 8. 2009 nach der **Ausbildereignungsverordnung** durch ein Zeugnis oder einen anderen Nachweis nachgewiesen werden.

Ausgleichsabgabe, Sonderabgabe, die öffentliche und private Arbeitgeber an das Integrationsamt zahlen müssen, wenn sie nicht die gesetzlich vorgeschriebenen 5 % ihrer Arbeitsplätze mit Schwerbehinderten besetzen. Die Höhe dieser **Schwerbehindertenabgabe** ist davon abhängig, in welchem Umfang Arbeitgeber (mit mindestens 20 Beschäftigten) Schwerbehinderte eingestellt haben: Je weniger Schwerbehinderte ein Betrieb einstellt, desto höher ist die Ausgleichsabgabe pro Fehlplatz. Hat z. B. ein Betrieb mit 100 Beschäftigten die vorgeschriebenen fünf Arbeitsplätze nicht mit Schwerbehinderten besetzt, müssen monatlich 260 € Ausgleichsabgabe pro Fehlplatz bezahlt werden, sind nur drei Arbeitsplätze mit Schwerbehinderten besetzt, reduziert sich die Abgabe auf monatlich 105 € pro Fehlplatz.

Aushilfe, befristete Einstellung eines Arbeitnehmers auf Basis eines Stundenlohns bei Ausfall eines anderen Mitarbeiters oder zur Überbrückung bei besonderem Arbeitsanfall, z. B. als Verkäuferin im Sommerschlussverkauf.

außerordentliche Kündigung, eine Kündigungsart *(siehe dort)*.

Aussperrung, Arbeitskampfmaßnahme der Arbeitgeber. Dabei werden die Arbeitnehmer durch den Arbeitgeber planmäßig von der Arbeit ausgeschlossen. Das Arbeitsverhältnis ruht während dieser Zeit, d. h., die Rechte und Pflichten gelten nicht. Danach wird das Arbeitsverhältnis fortgesetzt. Kündigungen wegen Streiks oder Aussperrung sind nicht möglich. Rechtlich zulässig ist nur die Aussperrung, die als Reaktion auf einen ausgebrochenen Streik erfolgt oder bei Gefahr eines Streiks **(Abwehraussperrung).** Eine **Angriffsaussperrung** zur Verhinderung eines Streiks ist unzulässig.

Auszubildender, Kurzform **Azubi,** früher **Lehrling,** derjenige, der im Rahmen des **dualen Systems** (Lernorte sind Betrieb und Berufsschule) auf der Grundlage eines Ausbildungsvertrags *(siehe dort)* ausgebildet wird.

befristeter Arbeitsvertrag, zeitlich begrenztes Arbeitsverhältnis, das ohne besondere Kündigung zu dem im Arbeitsvertrag genannten Zeitpunkt endet. Das **Teilzeit- und Befristungsgesetz** vom 1. 1. 2001 regelt, dass ein solcher Arbeitsvertrag zulässig ist, wenn er durch einen sachlichen Grund gerechtfertigt ist (z. B. vorübergehender Arbeitsbedarf, Schwangerschaftsvertretung). Ohne sachlichen Grund kann er nur bis zur Dauer von zwei Jahren bei Neueinstellungen abgeschlossen und höchstens

drei Mal verlängert werden. Die Gesamtdauer von zwei Jahren muss auch dann eingehalten werden.
Ein befristeter Arbeitsvertrag ist unzulässig, wenn zu einem vorhergehenden unbefristeten Vertrag mit demselben Arbeitgeber ein enger sachlicher Zusammenhang besteht. Damit soll verhindert werden, dass unbefristete Arbeitsverträge in befristete umgewandelt werden. Befristet Beschäftigte müssen über unbefristete Arbeitsplätze informiert und angemessen an Fort- und Weiterbildung beteiligt werden.
In den ersten vier Jahren nach Gründung eines Unternehmens ist eine Befristung des Arbeitsvertrags auch ohne Vorliegen eines sachlichen Grundes bis zur Dauer von vier Jahren zulässig. In diesem Zeitraum ist auch die mehrfache Verlängerung der Befristung zulässig.

Beruf, die auf Ausbildung bzw. auf spezielle Kenntnisse, Fertigkeiten und Erfahrungen gegründete, auf Dauer angelegte, sinnerfüllte innere Bindung einer Person an einen Kreis von Tätigkeiten aus der arbeitsteilig strukturierten Wirtschaft. Mit dem Beruf wird die Erwartung verbunden, als Arbeitnehmer ein dauerhaftes geregeltes Einkommen erzielen zu können. Im Unterschied dazu wird mit **Job** meist eine mehr oder weniger vorübergehende Erwerbstätigkeit bezeichnet.

berufliche Bildung, einerseits der gesamte Bereich der Ausbildung, der im beruflichen Bildungswesen stattfindet (Berufsschulen, Berufsfachschulen, Fachoberschulen, Berufsakademien usw.) und berufsbezogene Inhalte vermittelt (Gegensatz: allgemeine Bildung im traditionellen Gymnasium). Zur beruflichen Bildung gehört die Berufsausbildungsvorbereitung an Berufsschulen, die Berufsausbildung *(siehe dort),* die Fortbildung *(siehe dort)* und die Umschulung *(siehe dort).*
Andererseits bedeutet **Berufsbildung** auch die Entstehung von Berufen, d. h. die Spezialisierung auf einen bestimmten Arbeitsbereich (Berufszweig). Beispiel: Der klassische Kaufmannsberuf fächerte sich im Laufe der Zeit auf zum Bank-, Industrie-, Büro-, Groß- und Einzelhandelskaufmann sowie Datenverarbeitungskaufmann.

Berufsausbildung, die breit angelegte berufliche Grundbildung und die für die Ausübung einer qualifizierten beruflichen Tätigkeit notwendigen fachlichen Fertigkeiten und Kenntnisse in einem geordneten Ausbildungsgang. Damit ist meist die betriebliche Ausbildung in einem der über 350 staatlich anerkannten Ausbildungsberufe gemeint. Gesetzliche Grundlage ist das Berufsbildungsgesetz *(siehe dort).*

Berufsausbildungsbeihilfe, Zuschuss der Bundesagentur für Arbeit, wenn eine Ausbildung am Geld scheitern würde, weil ein Ausbildungsplatz in weiterer Entfernung vom Wohnort der Eltern gefunden wurde. Der monatliche Zuschuss wird für den Lebensunterhalt (Miete) und die Fahrtkosten gewährt.

Berufsausbildungsordnung, Grundlage für die Inhalte, die sich auf eine ganz bestimmte Berufsausbildung beziehen, z. B. die Verordnung über die Ausbildung zum Bürokaufmann/zur Bürokauffrau. Für jeden staatlich anerkannten Ausbildungsberuf gibt es eine entsprechende Rechtsverordnung. Inhalte sind z. B. Ausbildungsdauer, Berufsbild mit den zu vermittelnden Fertigkeiten und Kenntnissen, sachliche und zeitliche Gliederung der Ausbildung (Ausbildungsrahmenplan), das vom Auszubildenden während der Ausbildungszeit zu führende Berichtsheft, Zwischen- und Abschlussprüfungsinhalte.

Berufsausbildungsvertrag, der Ausbildungsvertrag *(siehe dort).*

Berufsberatung, Beratung für Jugendliche und Erwachsene durch die örtlichen Stellen der Bundesagentur für Arbeit. Diese umfasst Rat und Auskunft zur Berufswahl, beruflichen Entwicklung, zum Berufswechsel, zur Lage und Entwicklung des Arbeitsmarktes einschließlich der Berufe und zu den Möglichkeiten der beruflichen Bildung. Dazu gehört auch die **Berufsorientierung,** die durch Berufsberater in den Schulen oder in den Berufsinformationszentren der Arbeitsämter (BIZ) stattfindet, wozu auch die berufliche Einzelberatung gehört. Daneben bietet die Berufsberatung die Vermittlung betrieblicher und schulischer Ausbildungsstellen an.
Die kostenlose Dienstleistung bezieht sich im Einzelnen auf alle Fragen der Arbeitsplatzwahl, der beruflichen Entwicklung, zum Berufs- und Arbeitsplatzwechsel, zur Lage und Entwicklung des Arbeitsmarktes und der Berufe, zu den individuellen Vermittlungsmöglichkeiten, zu den Möglichkeiten der beruflichen Bildung und zu Leistungen der Arbeitsförderung.

Berufsbildungsgesetz, regelt die Ziele und die Rechte und Pflichten des Auszubildenden und des Ausbildenden in der Berufsbildung und der betrieblichen Berufsausbildung (die Ausbildung in berufsbildenden Schulen untersteht den Schulgesetzen der Bundesländer). Daneben enthält es Vorschriften zum Prüfungswesen und der Organisation der Berufsbildung.

Berufskrankheiten, Krankheiten, die nach Erkenntnissen der Medizin durch schädigende Einwirkung des Arbeitsplatzes (Arbeitsweise, -verfahren, zu verarbeitende Stoffe) verursacht sind, d. h., bestimmte Berufsgruppen sind durch ihre Tätigkeit in erheblich höherem Grade der Krankheit ausgesetzt als die übrige Bevölkerung. Berufskrankheit ist ein Versicherungsfall für die gesetzliche Unfallversicherung (*siehe* Kapitel 12).

Beschäftigungspflicht, die Verpflichtung des Arbeitgebers, den Arbeitnehmer gemäß der vereinbarten Tätigkeit zu beschäftigen. Nach dem Persönlichkeitsrecht darf der Arbeitgeber nicht beliebig mit der Arbeitskraft seiner Arbeitnehmer verfahren.

Beschäftigungsverbote: Solche Verbote gelten an Sonn- und gesetzlichen Feiertagen grundsätzlich für alle Arbeitnehmergruppen (Gesetz zur Vereinheitlichung und Flexibilisierung des Arbeitszeitrechts vom 30. 7. 1996), für jugendliche Arbeitnehmer bei bestimmten Arbeiten und zu bestimmten Zeiten gemäß Jugendarbeitsschutzgesetz *(siehe dort)* und für werdende Mütter nach dem Mutterschutzgesetz *(siehe dort)*.

Beschwerderecht, Recht jedes Arbeitnehmers, sich bei den zuständigen Stellen des Betriebs zu beschweren, wenn er sich vom Arbeitgeber oder seinen Kollegen benachteiligt oder ungerecht behandelt oder in sonstiger Weise beeinträchtigt fühlt. Er kann ein Betriebsratsmitglied dabei hinzuziehen. Das hierfür geltende Betriebsverfassungsgesetz betont ausdrücklich, dass dem Arbeitnehmer wegen der Beschwerde keine Nachteile entstehen dürfen.

besonderer Kündigungsschutz: Nicht gekündigt werden darf (Ausnahme: außerordentliche Kündigung): 1) Betriebsräten und Jugendvertretern; auch Mitgliedern des Wahlvorstandes hierzu kann nicht gekündigt werden; 2) werdenden Müttern nach dem Mutterschutzgesetz *(siehe dort)*; 3) Schwerbehinderten (mindestens zu 50% Erwerbsunfähigen darf nach dem Schwerbehindertengesetz nur mit Zustimmung des Integrationsamtes beim Versorgungsamt gekündigt werden); 4) Wehrpflichtigen oder Zivildienstleistenden, denen gemäß Arbeitsplatzschutzgesetz während ihrer Dienstzeit und zwei Monate danach der Arbeitsplatz erhalten bleiben muss; 5) Elternzeitberechtigten: Während der Elternzeit darf der Arbeitgeber das Arbeitsverhältnis nicht kündigen.

betriebliche Übung: Eine betriebliche Übung liegt vor, wenn bestimmte Verhaltensweisen des Arbeitgebers regelmäßig wiederholt werden und die Arbeitnehmer darauf vertrauen, dass auch zukünftig entsprechend verfahren wird; die betriebliche Übung begründet nach der Rechtsprechung Ansprüche der Arbeitnehmer.

Betriebsänderungen, die Einschränkung oder Stilllegung des ganzen Betriebs oder von wesentlichen Betriebsteilen, die mit erheblichen Nachteilen für die Arbeitnehmer verbunden sein kann. Das Betriebsverfassungsgesetz verlangt dann in Unternehmen mit mehr als 20 vollbeschäftigten (und wahlberechtigten) Arbeitnehmern ein Mitwirkungs- und Mitbestimmungsrecht des Betriebsrats.
Zwar ist der Arbeitgeber in seiner Entscheidung zur Betriebsänderung frei, muss aber mit dem Betriebsrat einen **Interessenausgleich** zur Milderung oder zum Ausgleich der wirtschaftlichen Nachteile für die Arbeitnehmer erarbeiten. Auch ein Sozialplan *(siehe dort)* muss gegebenenfalls abgeschlossen werden. Gelingt dies nicht, kann der Präsident der jeweiligen Landesagentur für Arbeit als Vermittler eingeschaltet werden. Es ist auch möglich, die Einigungsstelle einzuberufen, diese hat aber kein Letztentscheidungsrecht. Dies bleibt beim Arbeitgeber.

Betriebsarzt, *siehe* Arbeitssicherheit.

betriebsbedingte Kündigung, *siehe* Kündigungsgründe.

Betriebsferien, Zeitraum, in dem nicht produziert wird und der Betrieb als Ganzes nicht arbeitet. Die Werksangehörigen haben dann alle Urlaub. Dieser Maßnahme muss der Betriebsrat zustimmen.

Betriebsfrieden, der Zeitraum der Gültigkeit des Tarifvertrags, in dem weder gestreikt noch ausgesperrt werden darf. Es herrscht Friedenspflicht.

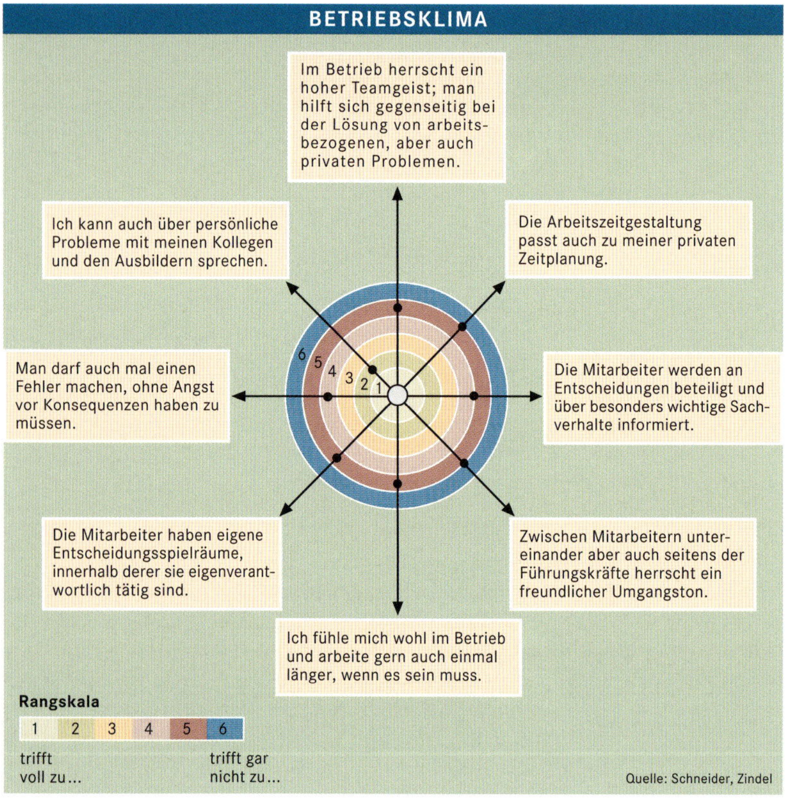

Betriebsklima.
Mögliche Kriterien zur Beurteilung des Betriebsklimas

Betriebsklima, ein Ausdruck für die allgemeine Atmosphäre in einem Betrieb, für den Umgang miteinander, aber auch für den Umgangston untereinander. Zu den Faktoren, die ein gutes Betriebsklima ausmachen, gehören die Zufriedenheit der Arbeitnehmer mit der Arbeitszeitgestaltung, wie vertrauensvoll und reibungslos die Zusammenarbeit untereinander verläuft, ob ein eigenständiges Arbeiten weitgehend möglich ist, wozu auch die Beteiligung an Entscheidungen gehört. Hinzu kommt, inwieweit der Teamgeist gefördert wird, Informationen über das Betriebsgeschehen regelmäßig von der Führung an die Mitarbeiter fließen, dass die Arbeit mit Freude verrichtet wird, weil gute Leistungen anerkannt und auch Fehler zugestanden werden.

Betriebsobmann: Aufgrund des Betriebsverfassungsgesetzes haben Arbeitnehmer Anspruch auf Wahl eines Betriebsrates, wenn mindestens fünf Arbeitnehmer in dem Betrieb ständig beschäftigt sind; bei Betrieben mit bis 20 vollbeschäftigten Arbeitnehmern besteht der Betriebsrat nur aus einer Person, dem Betriebsobmann.

Betriebsrat, Abkürzung **BR,** Arbeitnehmervertretung, deren Zusammensetzung, Wahl, Amtszeit und Aufgaben das Betriebsverfassungsgesetz regelt.
Der Betriebsrat wird auf Verlangen der Arbeitnehmer gewählt, wobei in dem Betrieb mindestens fünf Arbeitnehmer ständig beschäftigt sein müssen. Diese müssen über 18 Jahre alt sein, Teilzeitkräfte werden anteilig gerechnet. Von den ständig Beschäftigten müssen drei wählbar sein und dem Betrieb mindestens sechs Monate angehören. Die Amtszeit beträgt vier Jahre. Die Zahl der Betriebsratsmitglieder ist abhängig von der Zahl der Betriebsangehörigen; z. B. bei 1 001 bis 2 000 Arbeitnehmern 15 Betriebsratsmitglieder, wovon wiederum drei Betriebsräte von ihrer normalen Arbeit freizustellen sind.
Der Betriebsrat hat ein **Mitbestimmungsrecht** in sozialen Angelegenheiten (z. B. Entlohnungsfragen und -grundsätze, Betriebsordnung, Beginn und Ende der Arbeitszeit, Urlaubsgrundsätze, Einführung

von Einrichtungen zur Kontrolle der Arbeitnehmer) und in personellen Angelegenheiten wie Einstellungen, Umsetzungen, Kündigungen. **Mitbestimmung** bedeutet, dass grundsätzlich erst mit Zustimmung des Betriebsrats Entscheidungen des Arbeitgebers wirksam werden.
Zur Beilegung von Konflikten zwischen Arbeitgeber und Betriebsrat kann von beiden Seiten die Einigungsstelle *(siehe dort)* angerufen werden.
Das **Mitwirkungsrecht** gilt für wirtschaftliche Angelegenheiten, z. B. Betriebsstilllegung, -erweiterung, Rationalisierungsvorhaben. **Mitwirkung** bedeutet, dass der Betriebsrat die Entscheidungen nicht verhindern kann, er wird aber über diese Maßnahmen unterrichtet und entscheidet über die Folgen mit. Der Betriebsrat hat auch allgemeine Aufgaben (z. B. Überwachung der Einhaltung von Gesetzen und Tarifverträgen), ist wichtige Anlaufstelle für Arbeitnehmer bei Problemen am Arbeitsplatz und trägt wesentlich zu einem guten allgemeinen Betriebsklima bei.

Betriebsvereinbarung, schriftliche Vereinbarung zwischen der Geschäftsleitung eines Betriebes und dem Betriebsrat, in der gegenseitige Rechte und Pflichten enthalten sind, die nicht durch Tarifvertrag geregelt sind, z. B. Arbeitszeitregelungen bei gleitender Arbeitszeit, Errichtung von Sozialeinrichtungen, Maßnahmen zur Förderung der Vermögensbildung.

Betriebsverfassungsgesetz, gesetzliche Grundlage für die betriebliche Mitbestimmung, ausgehend vom Grundsatz der vertrauensvollen Zusammenarbeit zwischen Geschäftsleitung (Arbeitgeber) und Betriebsrat. Es geht insbesondere um Mitwirkung und Mitbestimmung des Betriebsrats in personellen, sozialen und wirtschaftlichen Angelegenheiten.

Betriebsversammlung, als Organ der betrieblichen Mitbestimmung die Versammlung aller Arbeitnehmer des Betriebs. Dazu soll der Betriebsrat einmal im Vierteljahr einladen und einen Tätigkeitsbericht erstatten. Zu den in der Arbeitszeit stattfindenden Versammlungen ist der Arbeitgeber unter Mitteilung der Tagesordnung einzuladen; er hat ein Rederecht.

Bewerbung: Die Einstellung von Mitarbeitern wird i. d. R. unter Beachtung folgender Schritte vorgenommen: 1) **Stellenausschreibung,** entweder im Betrieb (intern) oder extern, d. h. in lokaler, regionaler Presse oder im Internet; 2) Begutachtung der **Bewerbungsunterlagen;** dazu gehören Bewerbungsschreiben, Lebenslauf, Zeugnisse und ein Foto; 3) nach einer Vorauswahl folgen i. d. R. **Tests** (evtl. Eignungsprüfungen) und ein **Vorstellungsgespräch;**

BETRIEBSRAT

allgemeine Aufgaben des Betriebsrats (§ 80)	erzwingbare Mitbestimmungsrechte des Betriebsrats (§ 87)
Überwachung der Einhaltung der zugunsten der Arbeitnehmer geltenden Gesetze, Verordnungen, Betriebsvereinbarungen, Tarifverträge	Fragen der betrieblichen Ordnung und des Verhaltens von Arbeitnehmern im Betrieb
Beantragung von Maßnahmen, die der Belegschaft und dem Betrieb dienen	Regelung der täglichen und wöchentlichen Arbeitszeit sowie der Pausen
Förderung der Eingliederung von Schwerbehinderten und Schutzbedürftigen	Anordnung von Überstunden und Einführung von Kurzarbeit
Förderung der Beschäftigung älterer Arbeitnehmer im Betrieb	Einführung und Anwendung von technischen Einrichtungen, die geeignet sind, das Verhalten oder die Leistung der Arbeitnehmer zu überwachen
Durchführung der Wahl der Jugend- und Auszubildendenvertretung	allgemeine Grundsätze der Urlaubsregelung und Urlaubsplanung
Entgegennahme und ggf. Weiterleitung von Anregungen der Arbeitnehmer	Regelungen zur Verhütung von Arbeitsunfällen und Berufskrankheiten
Integration von Ausländern im Betrieb und Förderung des Verständnisses zwischen ausländischen und deutschen Arbeitnehmern	Form, Ausgestaltung und Verwaltung von Sozialeinrichtungen
Förderung des betrieblichen Umweltschutzes	Fragen der betrieblichen Lohngestaltung; Festsetzung von Akkord- und Prämiensätzen; Zeit, Ort und Art der Auszahlung der Arbeitsentgelte
Förderung der Vereinbarkeit von Familie und Beruf	Grundsätze über das betriebliche Vorschlagswesen

Betriebsrat.
Wichtige Aufgaben des Betriebsrats nach dem Betriebsverfassungsgesetz

4) **Auswahl** und **Einstellung** des Bewerbers mit Abschluss des Arbeitsvertrags.

Bildschirmarbeitsplatz: Die Bildschirmarbeitsverordnung regelt die Mindestanforderungen an das Bildschirmgerät, den Arbeitsplatz, die Arbeitsumgebung, die Arbeitsorganisation und die Softwareausstattung zum Schutz von Sicherheit und Gesundheit der Beschäftigten. Dazu zählen neben Anforderungen der Ergonomie *(siehe dort)* z. B. regelmäßige Augenuntersuchungen und Unterbrechungen der Arbeit (›Bildschirmpausen‹).

Bildungsurlaub: In einigen Bundesländern haben Arbeitnehmer einen Anspruch auf Freistellung von der Arbeit, um an einer allgemeinen oder politischen Weiterbildung teilzunehmen. Für die in der Regel einwöchige Veranstaltung wird der Arbeitnehmer unter Fortzahlung der Vergütung freigestellt. Die Träger des Bildungsurlaubs müssen anerkannt sein, die Bezahlung der Veranstaltung hat nicht der Arbeitgeber zu übernehmen.

Bonus, Form einer Vergütung *(siehe dort),* die leistungsbezogen ist.

Bossing, entsprechend dem Mobbing *(siehe dort)* Ausdruck für die über einen längeren Zeitraum vorgenommenen feindlichen, systematischen, häufig nicht immer erkennbaren Handlungen von Vorgesetzten (›Bossen‹) gegenüber Untergebenen, um sie loszuwerden.

Coaching, eine Form der Beratung für Führungskräfte. In Unternehmen geht es darum, die Persönlichkeit eines (meist leitenden) Mitarbeiters zu entwickeln und zu fördern, damit er oder sie die betrieblichen Aufgaben besser meistern kann, geistig flexibler wird und die Fähigkeit zur Lösung anspruchsvollerer Aufgaben erlangt.

Datenschutz: Persönliche Daten eines Menschen (personenbezogene Daten) dürfen nur dann gespeichert und verarbeitet werden, wenn eine Rechtsvorschrift dies erlaubt oder der Betroffene einwilligt **(Datengeheimnis). Datenschutzgesetze** des Bundes und der Länder sollen den Einzelnen davor schützen, dass er durch den Umgang anderer mit seinen personenbezogenen Daten in seinem Persönlichkeitsrecht beeinträchtigt wird. Dies gilt für öffentliche Stellen (Bund, Länder, Städte, Gemeinden) wie für nicht öffentliche Stellen (Banken, Arztpraxen, Apotheken, Anwälte). Die ordnungsgemäße Durchführung der gesetzlichen Datenschutzmaßnahmen soll durch **Datenschutzbeauftragte** des Bundes und der Länder erfolgen.
Die Einhaltung des Datenschutzes auf betrieblicher Ebene ist Aufgabe des Betriebsrats und des betrieblichen Datenschutzbeauftragten. Das unrechtmäßige Abhören von Mitarbeitern, deren Überwachung per Video oder die missbräuchliche Auswertung elektronisch gespeicherter Daten bzw. des E-Mail-Verkehrs in manchen Unternehmen führte zu Forderungen nach weiteren gesetzlichen Regelungen.

Dienstvertrag, meist in Form eines Arbeitsvertrages geläufig (auch der Behandlungsvertrag eines Arztes ist ein Dienstvertrag); er verpflichtet den einen Vertragspartner zur Dienstleistung (Arbeitspflicht des Arbeitnehmers bzw. des Arztes), den anderen zur Vergütung dieser Dienste (Arbeitgeber zahlt das Gehalt bzw. Patient zahlt das Arzthonorar). Diese Regelungen finden sich im BGB (§ 611 ff.). Im Unterschied zum **Werkvertrag** ist der Arbeitnehmer nur verpflichtet, tätig zu werden, nicht aber auch einen bestimmten Erfolg herbeizuführen. Arbeitet der Arbeitnehmer in den Augen seines Chefs nicht zufriedenstellend, hat er dennoch Anspruch auf das vereinbarte Gehalt.

Direktionsrecht, das Weisungsrecht *(siehe dort).*

Direktversicherung: Der Arbeitgeber schließt zugunsten eines Mitarbeiters eine Lebens- oder private Rentenversicherung ab und zahlt die Prämien selbst (arbeitgeberfinanzierte Direktversicherung) oder er schafft die Möglichkeit für seine Mitarbeiter im Rahmen der Entgeltumwandlung (arbeitnehmerfinanzierte Direktversicherung). In beiden Fällen werden die Prämien vom Arbeitgeber ›direkt‹ an die Versicherungsgesellschaft überwiesen. Die Direktversicherung ist eine Form der betrieblichen Altersvorsorge (*siehe* Kapitel 12).

Ein-Euro-Job, gesetzliche Möglichkeit, die Bezieher von Arbeitslosengeld II zu gemeinnütziger Arbeit zu verpflichten. Wer eine angebotene Stelle nicht annimmt, bekommt das Arbeitslosengeld II gekürzt (bis zu 30 % für drei Monate). Die Ein-Euro-Jobs (offiziell **Arbeitsgelegenheiten mit Mehraufwandentschädigung** von 1 € bis 2,50 €) sollen von kommunalen Beschäftigungsgesellschaften und gemeinnützigen Organisationen angeboten werden und dürfen nur solche Arbeiten umfassen, die ohne die billigen Arbeitskräfte nicht zu leisten wären. Damit soll der Wegfall regulärer Arbeitsstellen verhindert werden. Durch Ein-Euro-Jobs entstehen keine Arbeitsverhältnisse; als arbeitslos gelten die Betroffenen auch nicht.

Eingliederungszuschuss, finanzielle Leistung der Bundesagentur für Arbeit an Arbeitgeber, wenn diese förderungsbedürftige Arbeitnehmer wie Langzeitarbeitslose, Schwerbehinderte oder ältere Arbeitnehmer einstellen. Der Zuschuss zum Arbeitsentgelt soll die mögliche Minderleistung der Geförderten ausgleichen.

Eingruppierung, die (richtige) Zuordnung in eine Lohn- bzw. Gehaltstarifgruppe. In Betrieben mit mehr als 20 Beschäftigten unterliegt die Eingruppierung der Mitbestimmung des Betriebsrats.

Einigungsstelle, zur Beilegung von Meinungsverschiedenheiten zwischen Arbeitgeber und Betriebsrat bei Bedarf einzurichtende Stelle, geregelt im Betriebsverfassungsgesetz. Die Entscheidung der Einigungsstelle ersetzt die Einigung zwischen diesen beiden Vertragspartnern; sie besteht aus einer gleichen Anzahl von Mitgliedern, die von Arbeitgeber und Betriebsrat bestellt werden, und einem unparteiischen Vorsitzenden. Auf diese Person müssen sich beide Parteien einigen; gelingt dies nicht, beruft das Arbeitsgericht den Vorsitzenden.

Einstellungsgespräch, das Vorstellungsgespräch *(siehe dort).*

E-Learning, das Lernen oder Fortbilden mithilfe elektronischer Medien wie Internet, CD-ROM.

Elterngeld, früher **Erziehungsgeld,** staatliche Geldleistung an Eltern, die ihr Berufsleben unterbrechen, um sich der Erziehung und Pflege eines Neugeborenen zu widmen. Ab 1. 1. 2007 erhält der das Kind erziehende Elternteil bei der Geburt eines Kindes zwölf Monate lang 67% seines letzten monatlichen Nettoeinkommens, höchstens aber 1 800€. Zwei weitere Monate stehen dem Partner zu, wenn er in dieser Zeit seine Erwerbstätigkeit für die Kindererziehung einschränkt. Ist das Einkommen geringer als 1 000 € monatlich, kann das Elterngeld bis zu 100% des monatlichen Nettoeinkommens betragen. Ein Sockelbetrag von 300€ steht allen Eltern zu, dieser wird auch nicht auf andere Sozialleistungen angerechnet.

Elternzeit, früher **Erziehungsurlaub:** Erwerbstätige Mütter bzw. Väter in einem festen Arbeitsverhältnis haben Anspruch auf Elternzeit für maximal drei Jahre. Sie besitzen einen besonderen Kündigungsschutz. Die Elternzeit können Väter und Mütter ganz oder teilweise auch gemeinsam nehmen. Jeder Elternteil in Elternzeit darf bis zu 30 Stunden wöchentlich arbeiten. Wärend der Elternzeit besteht teilweise Anspruch auf Elterngeld *(siehe dort).*

emotionale Intelligenz, Begriff aus der Personalwirtschaft, der ausdrücken soll, dass für Führungspositionen gezielt nach Menschen gesucht wird, die mehr können als Lesen und Schreiben; sie sollen auch über ›emotionale Intelligenz‹ verfügen. Dazu werden z. B. Selbstbewusstsein, Einfühlungsvermögen, Umgang mit sozialen Konflikten und Motivation der Bewerber getestet.

Entgelt, das Arbeitsentgelt *(siehe dort).*

Entgeltersatzleistungen, Lohnersatzleistungen, finanzielle Leistungen, die anstelle des Lohns bzw. Gehalts gezahlt werden, z. B. Arbeitslosengeld (*siehe* Kapitel 12), Insolvenzgeld *(siehe dort),* Kurzarbeitergeld *(siehe dort)* oder Krankengeld (*siehe* Kapitel 12).

Entgeltfortzahlung, Lohnfortzahlung, das Recht aller Arbeitnehmer und Auszubildenden (auch der kurzfristig und geringfügig Beschäftigten), im Krankheitsfall (bei unverschuldeter Arbeitsunfähigkeit) sechs Wochen lang von seinem Arbeitgeber den Lohn bzw. das Gehalt in Höhe von 100% weitergezahlt zu bekommen **(Entgeltfortzahlungsgesetz).** Ab der siebten Woche hat die Krankenkasse bei Fortbestehen der Krankheit Krankengeld (*siehe* Kapitel 12) zu entrichten.

Entgelttarifvertrag, ein Tarifvertrag *(siehe dort),* der im Unterschied zum Manteltarifvertrag nur Entgeltstufen (Tarifgruppen) und Entgelte regelt.

Entlassung, die Kündigung *(siehe dort).*

Entsendegesetz, Arbeitnehmer-Entsendegesetz, Bestimmung, die insbesondere in der Bauwirtschaft und im Gebäudereinigerhandwerk Lohndumping durch ausländische Billiglohnanbieter und die daraus resultierenden Wettbewerbsverzerrungen zulasten inländischer Unternehmen und der dort bestehenden Arbeitsplätze verhindern soll. Deshalb müssen diese Arbeitgeber ihren nach Deutschland geschickten Arbeitnehmern festgelegte Arbeitsbedingungen gewähren, z. B. Mindestlöhne *(siehe dort).* zahlen. Die Kontrolle obliegt der Bundesagentur für Arbeit und den Hauptzollämtern. Bei Verstößen können hohe Geldbußen und der Ausschluss von der Vergabe öffentlicher Aufträge erfolgen.

Erfolgsbeteiligung, Form der Mitarbeiterbeteiligung *(siehe dort).*

Ergonomie: Abgeleitet von den griechischen Wörtern ›ergon‹ für Arbeit und ›nomos‹ für Gesetz oder Regel, umschreibt der Begriff die Erforschung der Eigenschaften und Fähigkeiten des Menschen mit dem Ziel, Arbeitsplatz, Arbeitsmittel und Arbeitsabläufe ›menschengerecht‹ zu gestalten, d. h., der Arbeitsplatz soll an den Menschen angepasst werden, nicht der Mensch an den Arbeitsplatz.

Erholungsurlaub, Form von Urlaub *(siehe dort).*

Erziehungsgeld: staatliche Leistung pro Kind von maximal 300 € monatlich für zwei Jahre für Mütter oder Väter, die keine volle Erwerbstätigkeit ausüben. 2007 wurde das Erziehungsgeld durch das Elterngeld *(siehe dort)* ersetzt.

flexible Arbeitszeit, einerseits die nach individuellen Wünschen vereinbarte flexible Arbeitszeitgestaltung, sehr häufig unterhalb der betrieblichen Regelarbeitszeit für Vollzeitkräfte von 35 bis 40 Stunden wöchentlich **(Mobilzeit),** andererseits eine andere Bezeichnung für Gleitzeit *(siehe dort).*
Die Möglichkeiten der Arbeitszeitregelung bei Mobilzeitarbeit sind abhängig von der sozialen Absicherung, die der einzelne Arbeitnehmer wünscht, und ansonsten sehr vielfältig: Verkürzung der Tagesarbeitszeit auf vier bis fünf Stunden im Sinne von Teilzeitarbeit *(siehe dort),* nur Nachmittagsbeschäftigung, einige Stunden Nachtarbeit, abgestufte Jahresarbeitszeitregelungen, gleitender Altersruhestand. Es kann aber auch nur bestimmte Tage Vollzeit bedeuten (drei Tage pro Woche oder zehn von zwölf Monaten). Außerdem gibt es Langzeiturlaub (ohne Gehalt) oder Sabbaticals *(siehe dort).*

Fortbildung, alle Maßnahmen mit dem Ziel, die beruflichen Kenntnisse und Fertigkeiten zu erhalten, zu erweitern, der technischen Entwicklung an-

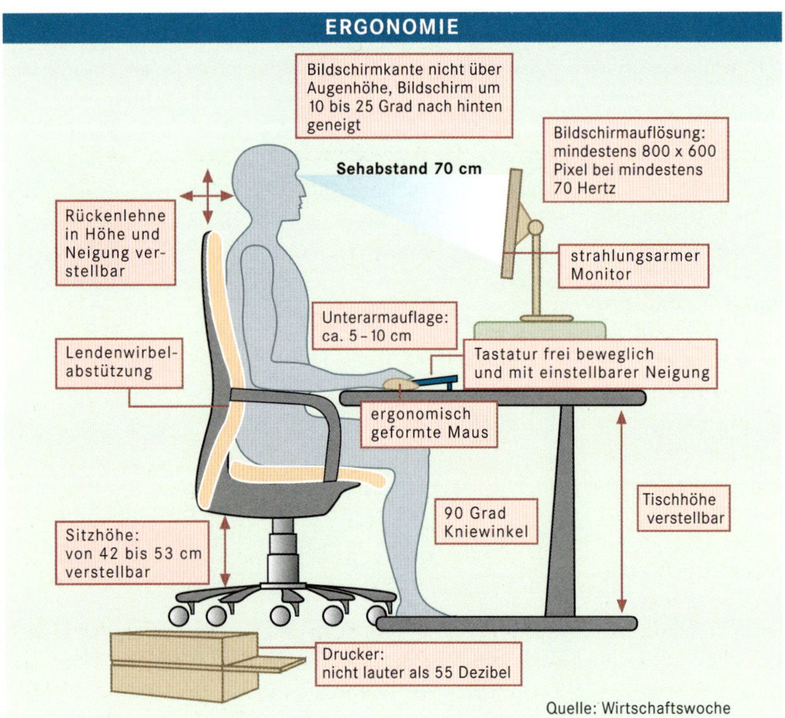

Ergonomie.
Die wichtigsten ergonomischen Anforderungen an einen Bildschirmarbeitsplatz

GEFAHRSTOFFVERORDNUNG

Gefahrstoffverordnung. Verschiedene Gefahrensymbole

zupassen oder beruflich aufzusteigen. Diese Fortbildung im erlernten Beruf wird oft der **Weiterbildung** gegenübergestellt, bei der man auch neue Berufe erlernen kann. Ziel der beruflichen Fort- und Weiterbildung ist es, den sich ständig verändernden Anforderungen im Berufsleben im Sinne des **lebenslangen Lernens** gerecht zu werden.
Die qualifizierende Weiterbildung oder berufliche Fortbildung dient Erwachsenen, die bereits eine berufliche Qualifikation besitzen oder auch erstmals eine erwerben wollen. Sie umfasst Maßnahmen der beruflichen Aufstiegs- und Anpassungsfortbildung einschließlich der Umschulung. Maßnahmen der Fort- und Weiterbildung können auch von der örtlichen Agentur für Arbeit unterstützt werden.

Frauenarbeitsschutz, im Arbeitsleben ein besonderer Schutz für erwerbstätige Frauen. Neben dem Mutterschutzgesetz *(siehe dort)* gibt es für Arbeitnehmerinnen auch den Schutz vor Geschlechterdiskriminierung. Der Arbeitgeber ist verpflichtet, Männer und Frauen am Arbeitsplatz gleichzustellen und gleich zu entlohnen (Allgemeines Gleichbehandlungsgesetz). Eine Einstellung darf nicht deshalb abgelehnt werden, weil der Bewerber eine Frau ist; Ausnahmen: ›wenn das Geschlecht unverzichtbare Voraussetzung für die Tätigkeit ist‹ (z. B. weibliche oder männliche Schauspielerrolle). Werden Beschäftigte diskriminiert und beruflich benachteiligt, haben sie Anspruch auf Schadenersatz.

freie Berufe, Gruppe von Selbstständigen, die nicht Gewerbetreibende sind, und deren Einkommen (Honorar) sich meist nach Gebührenordnungen berechnet. Beispiele: Ärzte, Apotheker, Steuerberater, Rechtsanwälte, Architekten, Sachverständige.

freie Mitarbeit, im Gegensatz zur unselbstständigen Arbeitnehmerarbeit die Dienstleistung eines selbstständig auftretenden Mitarbeiters, der seine Tätigkeit im Wesentlichen frei gestaltet (z. B. seine Arbeitszeit selbst bestimmt) und organisatorisch unabhängig von seinem Auftraggeber ist.

Freistellung, Befreiung von der Arbeitspflicht aus beruflichen oder persönlichen Gründen unter Fortzahlung der Bezüge im Unterschied zur **Beurlaubung** ohne Fortzahlung der Bezüge. Tarifvertraglich geregelte Freistellung gibt es etwa für Fortbildungsmaßnahmen, bei Verpflichtungen aus öffentlichen Ehrenämtern, bei Umzug, Eheschließung, Tod von Familienangehörigen oder auch bei Krankheit eines Kindes.

Friedenspflicht, im Arbeitsrecht die Verpflichtung der Tarifparteien, den Arbeitsfrieden zu wahren und während der Laufzeit eines Tarifvertrags weder zu streiken noch Arbeitnehmer auszusperren.

fristgerechte Kündigung, eine Kündigungsart *(siehe dort).*

fristlose Kündigung, eine Kündigungsart *(siehe dort).*

Fürsorgepflicht, Verpflichtung des Arbeitgebers, den Arbeitnehmer vor ungerechter oder ausbeuterischer Behandlung durch Vorgesetzte, vor rechtswidrigen Handlungen von Arbeitskollegen (z. B. Körperverletzung, Mobbing) in Schutz zu nehmen. Zur Fürsorgepflicht zählt auch, dass der Arbeitnehmer den ihm zustehenden Urlaub nehmen kann.

Gefahrstoffverordnung, Regelung für den Umgang mit Gefahrstoffen. Die Vorschriften über die Einstufung und Kennzeichnung gefährlicher Stoffe und Zubereitungen versetzen den Arbeitgeber in die

Lage, wirksame Schutzmaßnahmen zu treffen. Die Verordnung enthält auch besondere Anforderungen an den Umgang mit krebserzeugenden und erbgutverändernden Gefahrstoffen; auch werden Verwendungsbeschränkungen für bestimmte gefährliche Stoffe und Erzeugnisse wie Asbest aufgezeigt.

Gefälligkeitsattest: Bei Vorlage eines Attestes, das von einem Arzt aus Gefälligkeit ausgestellt wurde, muss der Arbeitnehmer damit rechnen, dass dieses einem unentschuldigten Fehlen entspricht. In bestimmten Fällen kann dies zur Kündigung führen.

Gehalt, Vergütung für Angestellte, die i. d. R. monatlich ausgezahlt wird. Entgelttarifverträge heben die Trennung der Bezahlung von Angestellten (Gehalt) und Arbeitern (Lohn) auf.

geringfügige Beschäftigung, eine Beschäftigung mit einem Monatsverdienst von höchstens 400 €. Der Arbeitgeber muss bei diesen Beschäftigungsverhältnissen **(Minijobs)** pauschal 15 % des Entgelts an die Renten- und 13 % an die Krankenversicherung sowie 2 % als Pauschalsteuer bezahlen; bei haushaltsnahen Dienstleistungen verringern sich die Pauschalabgaben an Renten- und Krankenversicherung auf jeweils 5 %. Für Arbeitnehmer bleiben die Minijobs steuer- und abgabenfrei, sofern die Minijobs eine Nebenbeschäftigung zu einer versicherungspflichtigen Hauptbeschäftigung sind.
Bei Beschäftigungen oberhalb der Geringfügigkeitsgrenze bis 800 € muss der Arbeitgeber den üblichen Arbeitgeberanteil an Sozialabgaben abführen, für Arbeitnehmer wird eine Gleitzone eingeführt von 4 % Sozialabgaben bei 400,01 € bis zum üblichen Arbeitnehmeranteil. Diese **Midijobs** unterliegen daneben der normalen Lohnsteuer.

Gewerbeaufsicht, staatliches Amt für Arbeitsschutz und Sicherheitstechnik, organisiert von den jeweiligen Bundesländern, das die Einhaltung der Gewerbeordnung und Regelungen zum Arbeitsschutz *(siehe dort)* und zur Arbeitssicherheit *(siehe dort)* überwacht. Dazu gehören das Mutterschutzgesetz, das Schwerbehindertengesetz, das Jugendarbeitsschutzgesetz und die Arbeitsstättenverordnung.

Gewerkschaften, *siehe* Kapitel 4.

Gewinnbeteiligung, Form der Mitarbeiterbeteiligung *(siehe dort).*

Gleichberechtigung: Frauen wie Männer müssen als Arbeitnehmer für die gleiche Arbeit den gleichen Lohn erhalten; Grundgesetz, BGB und Allgemeines Gleichbehandlungsgesetz verbieten eine Schlechterstellung der Geschlechter. Mit den Gleichberechtigungs- und Gleichstellungsgesetzen sind die Beschäftigungs- und Aufstiegsmöglichkeiten für Frauen ebenso verbessert worden wie die Möglichkeiten für Teilzeitarbeit.

Gleitzeit. Beispiel für die Kernelemente einer Gleitzeitregelung

Gleitzeit, gleitende Arbeitszeit, die Aufteilung der täglichen Arbeitszeit in die Kernzeit, in der alle Arbeitnehmer anwesend sein müssen, und in eine Gleitzeitspanne: Der Arbeitnehmer kann in den Grenzen des Gleitzeitrahmens, überwacht durch eine genaue Arbeitszeitkontrolle (›Stechuhr‹) und dokumentiert durch monatliche Arbeitszeitkonten, Beginn und Ende seiner täglichen Arbeitszeit selbst bestimmen. Die Ausgestaltung der Gleitzeit als Form einer flexiblen Arbeitszeit wird meist durch Betriebsvereinbarung geregelt.

Gratifikation, eine Sonderzuwendung *(siehe dort).*

Gründungszuschuss, zum 1. 8. 2006 eingeführter Zuschuss für Arbeitslose, die sich selbstständig machen möchten. Der Gründungszuschuss ersetzt die Förderung der sogenannten Ich-AG *(siehe dort)* und das Überbrückungsgeld *(siehe dort).* Die Förderdauer beträgt 15 Monate. Existenzgründer erhalten zunächst neun Monate lang einen Zuschuss in Höhe ihres individuellen Arbeitslosengelds I. Zusätzlich wird eine Pauschale von 300 € gezahlt. In den folgenden sechs Monaten erhalten sie dann nur noch die Pauschale.

Gruppenarbeit, Teamarbeit, Form der Arbeitsorganisation, bei der Gruppen (Teams) gebildet werden, um bessere Arbeitsergebnisse zu erzielen und die sozialen Bedürfnisse der Mitarbeiter besser zu berücksichtigen. Die Gruppe mit einem aus ihrer Mitte gewählten Gruppensprecher teilt sich die Arbeit selbst ein, kann Arbeitsabläufe verbessern und übernimmt die volle Verantwortung für alle Arbeitsvorgänge und die Qualität der erzeugten Produkte oder die Dienstleistung. Gruppenarbeit bietet mehr Abwechslung und erfordert höhere Qualifikation sowie die Übernahme größerer Verantwortung.

Heimarbeit: Die zu leistende Arbeit wird ausschließlich in der Wohnung des Arbeitnehmers ausgeübt (z. B. Schreibarbeiten); die Entlohnung ist i. d. R. leistungsbezogen.

Homeoffice, Form der Telearbeit *(siehe dort).*

Humanisierung der Arbeit, alle Maßnahmen, die dem Gesundheits- und Arbeitsschutz am Arbeitsplatz dienen (Lärmschutz, bessere Beleuchtung), die Arbeitsorganisation verbessern (weniger Fließband-, mehr Gruppenarbeit, gleitende Arbeitszeit), das Betriebsklima positiv gestalten (Informationsfluss wird besser), die Mitbestimmung als anerkanntes Merkmal mit Leben erfüllen.

Humanvermögen, das Humankapital (*siehe* Kapitel 3).

Ich-AG, Begriff, der die Aufnahme einer selbstständigen Tätigkeit eines vormals Arbeitslosen umschreibt. Die Bundesagentur für Arbeit förderte bis Juni 2006 solche Existenzgründungen von Beziehern von Arbeitslosengeld oder -hilfe sowie von Beschäftigten in Arbeitsbeschaffungs- und Strukturanpassungsmaßnahmen durch einen dreijährigen steuerfreien monatlichen **Existenzgründungszuschuss,** sofern das voraussichtliche Jahresarbeitseinkommen 25 000 € nicht überschritt. Die Förderung der Ich-AG wurde durch den Gründungszuschuss *(siehe dort)* abgelöst.

illegale Beschäftigung, Beschäftigung von Arbeitnehmern, die gegen Arbeitsschutzbestimmungen verstößt; im weiteren Sinn auch eine andere Bezeichnung für Schwarzarbeit *(siehe dort).*

Industriegewerkschaft, Abkürzung **IG,** Einzelgewerkschaften, die für einen Industriezweig zuständig sind, z. B. IG Metall.

Insolvenzgeld, früher **Konkursausfallgeld,** von der Agentur für Arbeit an Arbeitnehmer zu zahlende Entgeltersatzleistung, wenn ein Arbeitgeber wegen Zahlungsunfähigkeit das Arbeitsentgelt in den letzten Monaten vor der Insolvenz nicht mehr aufbringen kann. Die Arbeitnehmer müssen das Insolvenzgeld spätestens zwei Monate nach Eröffnung des Insolvenzverfahrens bei der zuständigen Agentur für Arbeit beantragen. In der Höhe entspricht es dem rückständigen Nettogehalt der letzten drei Monate. Auch die noch offenen Sozialversicherungsbeiträge werden von der Arbeitsagentur gezahlt.

Integrationsamt, früher **Hauptfürsorgestelle** genanntes, staatliches Amt als Teil des Versorgungsamts. Das Integrationsamt muss bei der Kündigung von Schwerbehinderten zustimmen und leistet begleitende Hilfen für diese Arbeitnehmergruppe.

Investivlohn, der Teil des Arbeitsentgeltes, der im eigenen oder in fremden Unternehmen sofort wieder investiert wird. Das kann aufgrund tariflicher oder gesetzlicher Regelungen erfolgen. Der Arbeitnehmer erhält vermögenswirksame Rechte übertragen und kann in der Regel erst nach einer Sperrfrist über die Vermögensanlage verfügen. Befürworter sehen im Investivlohn eine Möglichkeit, die Löhne anzuheben, ohne dass es zu einem Preisschub kommt. Dagegen meinen die Kritiker, dass es aufgrund des Wettbewerbs zu keinen substanziellen Veränderungen an der produktivitätsorientierten Entlohnung kommen werde. Stattdessen seien die Arbeitnehmer bei der Verwendung des Arbeitsentgelts beschränkt, was sich gegebenenfalls auch nachteilig auf die Konjunktur auswirken könne.

Jahresarbeitszeit, die tarifvertraglich geregelte Arbeitszeit in einem Kalenderjahr, die unter Abzug von Urlaubs- und Feiertagen bei internationalen Vergleichen herangezogen wird.

Jahreseinkommen, Jahresarbeitsverdienst, im Kalenderjahr bezogenes Arbeitsentgelt, das steuer- und sozialabgabenrechtlich bedeutsam ist als Bemessungsgrundlage für Beiträge und Leistungen. Im Unterschied zum Monatsverdienst enthält das Jahreseinkommen auch alle unregelmäßigen Sonderzahlungen wie Weihnachts-, Urlaubsgeld oder Gratifikationen. – Grafik S. 330

Jobenrichment, Arbeitsbereicherung, Personalmaßnahme, die das Arbeitsgebiet eines Mitarbeiters um Aufgaben erweitert, die höhere Anforderungen an ihn stellen, sodass die Arbeit wieder eher als sinnvoll empfunden wird; der Verantwortungs- und Entscheidungsspielraum wird größer. Der ähnliche Begriff **Jobenlargement (Arbeitserweiterung)**

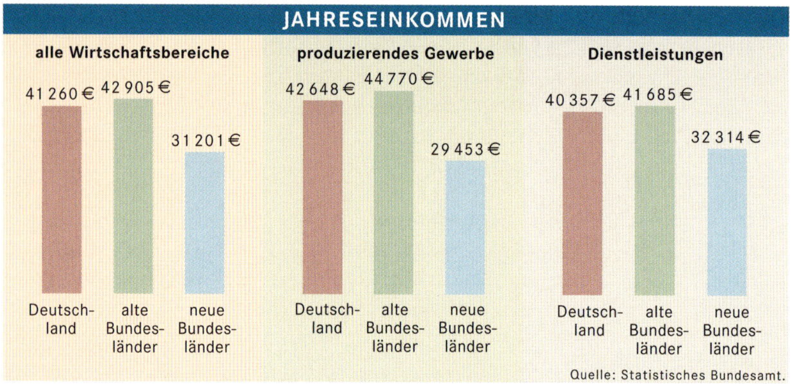

Jahreseinkommen.
Die durchschnittlichen Bruttojahresverdienste vollzeitbeschäftigter Arbeitnehmer in Deutschland

erweitert lediglich das bisherige Arbeitsgebiet des Mitarbeiters um gleichartige Tätigkeiten.

Jobrotation, vorübergehender oder regelmäßiger Arbeitsplatzwechsel; der Arbeitnehmer wechselt innerhalb eines Arbeitsbereichs (Produktion, Lager) häufiger seinen Arbeitsplatz, um die aufkommende Monotonie abzubauen. Jobrotation ist auch eine Methode der Einarbeitung von Führungskräften.

Jobsharing, Form der Teilzeitarbeit *(siehe dort).*

Jugendarbeitsschutzgesetz, Schutzvorschriften für alle Jugendlichen unter 18 Jahren, die in einem Ausbildungs- oder Arbeitsverhältnis stehen. Ziel dieses Gesetzes ist es, die jungen Menschen vor einer Gefährdung ihrer Gesundheit oder einer Störung in ihrer Entwicklung zu bewahren. Jeder Arbeitgeber ist verpflichtet, diese Vorschriften einzuhalten; Kontrollen nimmt das Gewerbeaufsichtsamt vor, Verstöße werden entsprechend geahndet.
Im Einzelnen enthält das Gesetz z.B. folgende Regelungen: 1) Die Beschäftigung von Kindern (Jugendliche unter 15 Jahren) ist grundsätzlich verboten; 2) Beschäftigungsverbot für Jugendliche zwischen 20 und 6 Uhr (Ausnahmeregelung für Bäcker u.a.); 3) grundsätzlich Samstags- und Sonntagsarbeitsverbot; 4) Fünftagewoche ist Regelfall, mit nicht mehr als 40 Stunden Arbeit pro Woche und nicht mehr als acht Stunden täglich; 5) regelmäßige Ruhepausen von mindestens 15 Minuten; mindestens 60 Minuten bei mehr als 6 Stunden Beschäftigung; 6) Verbot der Akkord- und Fließbandarbeit; 7) Freistellung für den Berufsschulunterricht, für Prüfungen und außerbetriebliche Ausbildungsmaßnahmen.

Jugend- und Auszubildendenvertretung, Abkürzung **JAV:** Arbeiten mindestens fünf jugendliche Arbeitnehmer oder Auszubildende, die noch nicht 25 Jahre alt sind, in einem Betrieb, so sollen diese eine JAV wählen. Die regelmäßigen Wahlen finden alle zwei Jahre statt. Alle Fragen und Wünsche, die die jugendlichen Arbeitnehmer betreffen, sind an den Betriebsrat direkt zu richten. Dieser hat die Punkte zu beraten (Stimmrecht für die JAV bei diesen Punkten) und die JAV zu Besprechungen auch mit dem Arbeitgeber einzuladen.

Kinderarbeitsschutz: Ein Kinderarbeitsverbot gilt laut Jugendarbeitsschutzgesetz für Personen bis 15 Jahre; Kinder über 13 Jahre dürfen aber mit Einwilligung des Sorgeberechtigten leichten und für Kinder geeigneten Beschäftigungen nachgehen, z.B. Austragen von Zeitungen, Prospekten, Nachhilfeunterricht, Botengänge, Tätigkeiten in Haushalt und Garten. Weiterhin dürfen sie Handreichungen beim Sport ausführen und bei nicht gewerblichen Aktionen der Kirchen, Verbände, Vereine mitwirken. Diese Tätigkeiten sind begrenzt auf bis zu zwei Stunden täglich (nicht zwischen 18 und 8 Uhr, auch nicht vor oder während des Schulunterrichts).

Koalitionsfreiheit: Es steht Arbeitgebern und Arbeitnehmern frei, sich in Gewerkschaften und Arbeitgeberverbänden zusammenzuschließen; diese Freiheit ist grundgesetzlich abgesichert.

Kombilohn, eine Kombination aus Grundlohn und staatlichem Zuschuss, um gering qualifizierten Arbeitslosen oder Langzeitarbeitslosen eine Beschäftigung zu ermöglichen. Seit dem 1. 5. 2007 können über 50 Jahre alte Empfänger des Arbeitslosengeldes I in den ersten beiden Jahren der Beschäftigung

Zuschüsse erhalten, wenn sie eine Stelle mit niedrigerer Entlohnung annehmen. Die Höhe beträgt im ersten Jahr 50 %, im zweiten Jahr 30 % der Differenz zum früheren Nettoeinkommen.
Der Begriff Kombilohn umfasst auch Lohnkostenzuschüsse an Arbeitgeber, die einen Anreiz zur Beschäftigung gering qualifizierter Mitarbeiter erhalten sollen. Hierbei ist an einen Zuschuss von 20 % bis 40 % des Lohns für maximal 24 Monate gedacht.

Konfliktmanagement: Der Gang vor ein Gericht ist teuer, nervenaufreibend, zeitaufwendig und im Ausgang ungewiss. Deshalb setzen immer mehr Unternehmen bei internen Streitfällen auf neue Verfahren zur Konfliktbewältigung.
Das **Schlichtungsverfahren** ist ein außergerichtlicher Weg zur Beilegung von Konflikten. Mithilfe neutraler Dritter, z. B. von der Handwerkskammer vorgeschlagener Juristen, wird versucht, Lösungen zu erarbeiten. Eine Grundbedingung für die Schlichtung ist allerdings die freiwillige Teilnahme der Kontrahenten. Kaufmännisch-finanzielle Streitigkeiten können derart häufig beigelegt werden.
Wenn es allerdings um menschliche Probleme in Unternehmen geht, um Konflikte zwischen Mitarbeitern oder zwischen Führungskräften und ihren Mitarbeitern (verletzte Eitelkeit, Angst um den Job), greift weniger die juristische als eher die psychologisch orientierte Schlichtung, die **Mediation.** Bei diesem Konfliktlösungsverfahren versucht ein einfühlsamer Mediator (häufig Psychologe) die verhärteten Fronten zwischen den Mitarbeitern aufzubrechen und unter seiner Vermittlung Wege für ein friedliches und produktives Miteinander zu finden.

Konkursausfallgeld, das Insolvenzgeld *(siehe dort).*

Krankengeld, *siehe* Kapitel 12.

Kündigung, eine einseitige, empfangsbedürftige Willenserklärung des Arbeitgebers oder Arbeitnehmers, mit dem Ziel, ein Arbeitsverhältnis auch gegen den Willen der Vertragspartei zu beenden. Seit dem 1. 5. 2000 ist für die Beendigung von Arbeitsverhältnissen die Schriftform vorgeschrieben (§ 623 BGB). Die Kündigung muss mit der Originalunterschrift versehen sein, Kündigungen per E-Mail, Telex oder Telefax sind unwirksam. **Entlassung** ist jede durch Kündigung vom Arbeitgeber herbeigeführte Beendigung des Arbeitsverhältnisses.

Für den Zugang z. B. der Arbeitgeberkündigung gibt es mehrere Möglichkeiten: 1) Die Kündigung wird dem Mitarbeiter im Betrieb ausgehändigt und er bestätigt deren Empfang. 2) Die Kündigung erfolgt durch einen Brief. Dieser gilt als zugegangen zu dem Zeitpunkt, zu dem üblicherweise mit der Leerung des Hausbriefkastens durch den Kündigungsempfänger zu rechnen ist. 3) Die Kündigung erfolgt per Übergabeeinschreiben. Hier gilt die Kündigung als zugegangen, wenn der Arbeitnehmer oder ein Angehöriger den Empfang quittiert. Die Post übermittelt dem Absender einige Tage nach Aushändigung des Einschreibens einen Kontrollschein (= Rückschein). Darauf ist vermerkt, wann der Arbeitnehmer die Kündigung erhalten hat (= Beleg vor Arbeitsgericht).
Für einen Arbeitnehmer, der in Urlaub ist, gilt die Kündigung in der Regel nach Einwurf des Briefes als zugegangen. Eine Annahmeverweigerung des Arbeitnehmers nützt diesem nichts. Urlaubsbedingte Fristversäumnisse sind hingegen heilbar.

Kündigungsarten: Bei der **ordentlichen (fristgerechten) Kündigung** endet nach einer vertraglichen, tariflichen oder gesetzlichen Kündigungsfrist *(siehe dort)* das Arbeitsverhältnis; dies gilt nur für unbefristete Arbeitsverhältnisse und verlangt vom Arbeitgeber das Vorliegen eines sozial gerechtfertigten Grundes, falls das Kündigungsschutzgesetz zutrifft.
Bei der **außerordentlichen (fristlosen) Kündigung** gilt: Das Arbeitsverhältnis wird in der Regel mit sofortiger Wirkung beendet. Diese fristlose Kündigung ist zulässig bei schwerwiegenden personen- oder verhaltensbedingten Gründen; z. B. der Mitarbeiter zettelt eine Schlägerei an, Diebstahl von Firmeneigentum. Dieser schwerwiegende Grund macht es dem Arbeitgeber unmöglich, das Arbeitsverhältnis bis Auslauf der Kündigungsfrist fortzusetzen. Der schwerwiegende Grund ist vor dem Arbeitsgericht nachweisbar darzustellen. Ansonsten ist die Kündigung unwirksam. Eine fristlose Kündigung muss innerhalb von zwei Wochen ab dem Tag erfolgen, an dem der Arbeitgeber von den Tatsachen erfahren hat, die für die Kündigung maßgeblich sind. Dies gilt auch bei einer Kündigung durch den Arbeitnehmer. Auf Verlangen des Gekündigten muss der Kündigungsgrund unverzüglich schriftlich mitgeteilt werden.
Ist eine Kündigung immer zu rechtfertigen? Nein, denn der Gesetzgeber verlangt von jedem Arbeitge-

ber, dass er vor der Kündigung alle anderen arbeitsrechtlichen Mittel wie Versetzung in eine andere Abteilung oder eine **Änderungskündigung** (d. h. dem Arbeitnehmer wird im Betrieb eine andere Arbeitsstelle mit niedrigeren Bezügen angeboten; lehnt er ab, gilt die Kündigung) vornimmt.

KÜNDIGUNGSFRISTEN

Grundsatz:
Das Arbeitsverhältnis eines Arbeiters oder eines Angestellten (Arbeitnehmers) kann von beiden Seiten mit einer Frist von vier Wochen zum Fünfzehnten oder zum Ende eines Kalendermonats gekündigt werden (§ 622 BGB).
Für eine Kündigung durch den Arbeitgeber gelten abhängig von der Beschäftigungsdauer folgende Fristen (jeweils zum Monatsende):

Beschäftigungsdauer	Frist
2 Jahre	1 Monat
5 Jahre	2 Monate
8 Jahre	3 Monate
10 Jahre	4 Monate
12 Jahre	5 Monate
15 Jahre	6 Monate
20 Jahre	7 Monate

Bei der Berechnung der Beschäftigungsdauer werden die Zeiten, die vor der Vollendung des 25. Lebensjahres des Arbeitnehmers liegen, nicht berücksichtigt. Während der Probezeit (bis 6 Monate) beträgt die Kündigungsfrist 2 Wochen.

Kündigungsfristen. Die Kündigungsfristen nach dem Bürgerlichen Gesetzbuch

Kündigungsfristen: Für Arbeitnehmer gilt eine gesetzliche Mindestkündigungsfrist von vier Wochen (Ausnahme: Probezeit), und zwar zum 15. oder zum Ende eines Monats. Beispiel: Wird einem Arbeitnehmer am 15. 4. gekündigt, so kann das Ausscheiden zum 15. 5. verlangt werden, wenn der Arbeitnehmer weniger als zwei Jahre beschäftigt ist. Beträgt die Beschäftigungsdauer mehr als zwei Jahre, so gelten andere gesetzliche Kündigungsfristen. Ein Arbeitnehmer hat das Recht auf längere Kündigungsfristen – dabei gelten alle Beschäftigungszeiten nach dem 25. Lebensjahr –, wenn ihm der Arbeitgeber kündigen will. Im Arbeitsvertrag darf für den Arbeitnehmer keine längere Kündigungsfrist vereinbart werden als für die Kündigung durch den Arbeitgeber. In Tarifverträgen können für den Arbeitnehmer günstigere Fristen vereinbart sein.

Kündigungsgründe: Das **Kündigungsschutzgesetz** sieht folgende drei Kategorien von Kündigungen vor: 1) **personenbedingte Kündigung,** z. B. bei fehlender körperlicher oder geistiger Eignung für die Stelle. Auch Krankheit kann dazugehören, allerdings gelten dafür strenge Bedingungen. 2) Eine **verhaltensbedingte Kündigung** liegt z. B. bei Tätlichkeit, Diebstahl, Störung des Betriebsfriedens, schlechter Arbeitserfüllung, alkoholbedingtem Fehlverhalten, Nichtbeachtung von Sicherheitsvorschriften vor. Diese Gründe verlangen eine vorherige Abmahnung, die aber erfolglos geblieben ist. 3) Eine **betriebsbedingte Kündigung** kann ausgesprochen werden, wenn z. B. eine schlechte Auftragslage vorliegt oder Arbeitsplätze abgebaut werden müssen, um den Betrieb als Ganzen zu erhalten. Eine betriebsbedingte Kündigung muss sozial gerechtfertigt sein. Das heißt, der Arbeitgeber muss zunächst prüfen, ob dem Arbeitnehmer ein anderer Arbeitsplatz im Betrieb angeboten werden kann, eventuell auch zu schlechteren Bedingungen **(Änderungskündigung),** und soziale Gründe (z. B. Dauer der Betriebszugehörigkeit, Alter, Familienstand, Unterhaltsverpflichtungen) in seine Entscheidung einbeziehen. In die soziale Auswahl müssen keine Arbeitnehmer einbezogen werden, deren Kenntnisse, Fähigkeiten und Leistungen für den Betrieb besonders wichtig sind.
Besteht im Betrieb ein Betriebsrat, so ist dieser nach dem Betriebsverfassungsgesetz vor jeder Kündigung anzuhören. Kündigt der Unternehmer einem leitenden Angestellten, dann ist dem Betriebsrat diese personelle Veränderung lediglich mitzuteilen. Der Betriebsrat muss nicht angehört werden, wenn ein befristeter Vertrag ausläuft, der Arbeitnehmer gekündigt hat oder durch einen Aufhebungsvertrag das Arbeitsverhältnis einvernehmlich aufgelöst worden ist.

Kündigungsschutz, rechtliche Regelungen, die Arbeitnehmer vor Entlassungen ohne sachlichen Grund schützen sollen. Der allgemeine gesetzliche Kündigungsschutz besteht für Arbeitnehmer in einem Betrieb mit mehr als zehn Beschäftigten, wobei Auszubildende nicht und Teilzeitbeschäftigte anteilig berücksichtigt werden. Der Arbeitnehmer muss mindesten sechs Monate im Betrieb beschäftigt sein, um Kündigungsschutz zu genießen.
Nach dem **Kündigungsschutzgesetz** darf nicht entlassen werden, wenn die Kündigung sozial ungerechtfertigt ist. Dies ist dann der Fall, wenn sie nicht durch Gründe bedingt ist, die in der Person oder im

Verhalten des Arbeitnehmers liegen, oder wenn der Arbeitgeber keine dringenden betrieblichen Erfordernisse geltend machen kann. Eine Kündigung ist außerdem unwirksam, wenn es in dem Betrieb einen Betriebsrat gibt und dieser vor der Kündigung nicht angehört wurde. Hält der Betriebsrat die Kündigung für sozial ungerechtfertigt, so kann er binnen einer Woche nach Anhörung Widerspruch einlegen. Außerdem kann der Arbeitnehmer **Kündigungsschutzklage** beim Arbeitsgericht erheben. Diese muss innerhalb von drei Wochen nach Zugang der Kündigung erfolgen. Während eines Kündigungsstreits hat der Arbeitnehmer Anspruch auf Weiterbeschäftigung bis zum Abschluss des Kündigungsschutzprozesses, wenn der Widerspruch des Betriebsrats vorliegt. Dasselbe gilt, wenn die Kündigung nach Feststellung des Gerichts (erste Instanz) unwirksam ist und dem Arbeitgeber die Weiterbeschäftigung zugemutet werden kann. Bestimmte Personengruppen haben einen besonderen Kündigungsschutz *(siehe dort)*.

Kurzarbeitergeld, Abkürzung **KuG,** Entgeltersatzleistung der Bundesagentur für Arbeit bei vorübergehender Herabsetzung der betriebsüblichen Arbeitszeit. Zweck dieser **Kurzarbeit** ist die Erhaltung von Arbeitsplätzen trotz fehlender Kapazitätsauslastung infolge Auftragsmangels. Haben Arbeitgeber oder Betriebsrat bei der zuständigen Agentur für Arbeit Kurzarbeit beantragt, besteht unter bestimmten Voraussetzungen Anspruch auf Kurzarbeitergeld. Demnach erhalten Arbeitnehmer mit Kindern 67 % ihres letzten Nettoverdienstes, Ledige ohne Kinder 60 % für die Ausfallstunden. Die geleisteten Arbeitsstunden zahlt der Betrieb. Die Bezugsdauer beträgt grundsätzlich sechs Monate. Um Massenentlassungen im Zuge der Finanz- und Wirtschaftskrise seit 2008 zu verhindern, wurde die Bezugsdauer 2009 auf zunächst 18 und später 24 Monate verlängert, sofern der Anspruch bis 31. 12. 2009 entsteht.
Bei Betriebsänderungen kann für längstens zwölf Monate Transferkurzarbeitergeld gezahlt werden, wenn von Entlassung betroffene Arbeitnehmer in eine Transfergesellschaft *(siehe dort)* wechseln.

Leiharbeitnehmer, Arbeitnehmer, die mit einer Zeitarbeitsfirma einen Vertrag abgeschlossen haben und von dieser an andere Unternehmen für eine bestimmte Zeit ›ausgeliehen‹ werden.

Leistungsmissbrauch, das unrechtmäßige Beziehen öffentlicher Leistungen (z. B. Arbeitslosengeld).

leitender Angestellter, nach dem Betriebsverfassungsgesetz Arbeitnehmer, die selbstständig Beschäftigte einstellen und entlassen dürfen, Generalvollmacht oder Prokura haben und im Wesentlichen eigenverantwortlich unternehmerische Aufgaben wahrnehmen; sie dürfen bei der Betriebsratswahl nicht wählen und nicht gewählt werden. Ein leitender Angestellter übernimmt also unternehmensleitende oder betriebsleitende Aufgaben (gehört also zur Leitungsebene bzw. zum Management) und erhält ein regelmäßiges Jahresgrundeinkommen, meist zuzüglich gewinnabhängige Vergütungsbestandteile wie Prämien, Tantiemen oder Bonuszahlungen.

Lohn, das Arbeitseinkommen des gewerblichen Arbeitnehmers, des Arbeiters; im weiteren Sinn die Bezeichnung für jegliches Einkommen aus unselbstständiger Tätigkeit. Dieses Verständnis schließt auch den Unternehmerlohn mit ein und folgt aus der Sichtweise, dass Lohn das Entgelt für den Einsatz des Produktionsfaktors Arbeit ist. Da Lohn gegenüber den Begriffen Entgelt, Entlohnung, Vergütung, Verdienst nicht scharf abgegrenzt ist, werden diese oft synonym verwendet.

Lohnformen: Beim Lohn für Arbeiter werden im Wesentlichen die Lohnformen Zeit-, Leistungs- und Prämienlohn unterschieden. Beim **Zeitlohn** erfolgt die Entlohnung des Mitarbeiters ausschließlich nach der geleisteten Arbeitszeit (Stunden, Wochen, Monat), beim **Leistungslohn** steht der Verdienst des Mitarbeiters in unmittelbarem Zusammenhang mit seiner Mengenleistung. Der **Prämienlohn** ist eine Lohnform, bei der zum Grundlohn eine Prämie gezahlt wird. – Grafik S. 334

Lohnfortzahlung, die Entgeltfortzahlung *(siehe dort)*.

Lohnkostenzuschuss, Zuschuss an Arbeitnehmer oder Arbeitgeber zum Arbeitsentgelt wie beim Eingliederungszuschuss *(siehe dort)* oder Kombilohn *(siehe dort)*.

Lohnpfändung: Wenn ein Arbeitnehmer einem Dritten (z. B. Händler) Geld schuldet, wird durch einen Pfändungsbeschluss des Amtsgerichts der Arbeitgeber angewiesen, bestimmte Beträge vom Einkommen des Schuldners (Arbeitnehmer) einzubehalten und an den Gläubiger (z. B. Händler) abzuführen. Ein bestimmter Betrag des Einkommens ist unpfändbar (Existenzminimum seit 2005: 990€ netto).

Lohn- und Gehaltsabrechnung: Zur Lohn- und Gehaltszahlung als Pflicht des Arbeitgebers gehört die Entgeltabrechnung; auf diese haben alle Arbeitnehmer Anspruch mit Angabe über Art, Berechnung, Höhe und Abzüge des Arbeitsentgelts.
Aus der regelmäßigen (monatlichen) **Entgeltabrechnung** erkennt der Arbeitnehmer, wie sich das Nettoentgelt errechnet und wie dann der Auszahlungsbetrag lautet.

Manteltarifvertrag, ein Tarifvertrag *(siehe dort).*

Mediation, *siehe* Konfliktmanagement.

Mehrarbeit, arbeitsrechtlich die Arbeit, die über die gemäß Arbeitszeitgesetz zulässige regelmäßige Arbeitszeit hinaus geleistet wird. Von der gesetzlich zulässigen Regelarbeitszeit ist die meist kürzere tarifliche, betriebliche oder vertragliche Arbeitszeit zu unterscheiden. Wird die tarifliche oder betriebliche Arbeitszeit überschritten, liegen Überstunden *(siehe dort)* vor.

Meister-BAföG: Als **Aufstiegsfortbildungsförderungsgesetz** seit Januar 1996 in Kraft, dient es der finanziellen Absicherung von Vorbereitungen auf Meisterprüfungen im Handwerk und anderen vergleichbaren Abschlüssen in Industrie, Handel, in freien Berufen und im Gesundheitswesen. Das ›Meister-BAföG‹ trägt v. a. zur Finanzierung von Vollzeitfortbildungen bei. Die Leistungen richten sich nach den Familien-, Einkommens- und Vermögensverhältnissen. Der monatliche Bedarfssatz beträgt seit 1. 7. 2009 für Alleinstehende 675€, davon 229 € als Zuschuss, der Rest als zinsgünstiges Darlehen. Für den Ehegatten gibt es 215€ sowie für jedes Kind 210€, wovon die Hälfte als Zuschuss geleistet wird. Ebenfalls gefördert werden Teilnahme- und Prüfungsgebühren (maximal 10 226€, von denen 30,5 % Zuschuss und der Rest Darlehen sind). Für die Anfertigung des Meisterstücks kann zusätzlich ein zinsgünstiges Darlehen von höchstens 1 534€ beantragt werden.

Mindestlohn, im Allgemeinen in Tarifverträgen festgelegte Untergrenze für den vom Arbeitgeber zu zahlenden Lohn. Im engeren Sinn versteht man darunter gesetzlich bestimmte Lohnnormen, die nicht unterschritten werden dürfen..
Gesetzliche Mindestlöhne gibt es bereits in zahlreichen Ländern (u. a. USA und den meisten EU-Mit-

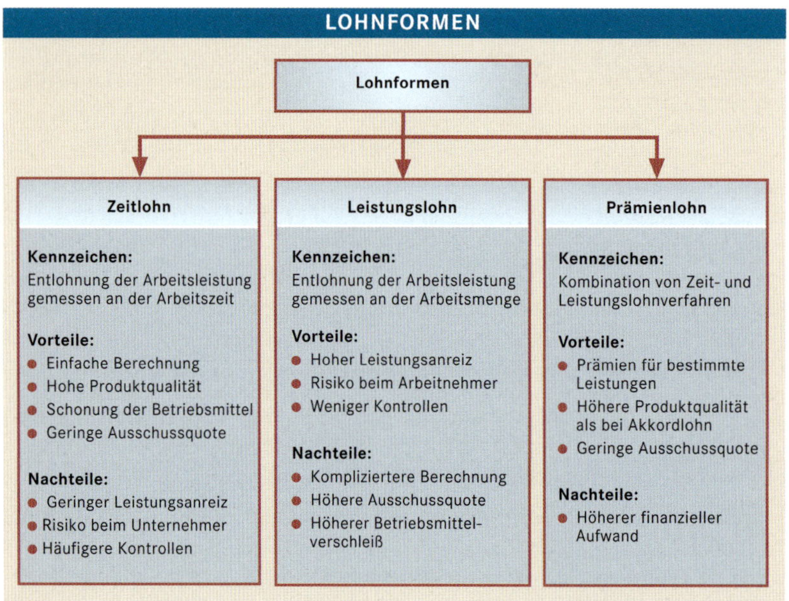

Lohnformen.
Kennzeichen der verschiedenen Entlohnungsformen

LOHN- UND GEHALTSABRECHNUNG			
Stufen	**Höhe**	**€**	**Grundlagen**
Bruttoverdienst		**2 500,00**	Arbeitsvertrag, Tarifvertrag, Betriebsvereinbarung, Lohnscheine, Fehlzeitenkartei, Personalstammblatt
+ Arbeitgeberanteil vermögenswirksame Leistungen	7 € bis 40 € monatlich	26,00	Arbeitsvertrag, Tarifvertrag, Betriebsvereinbarung
+ weitere Zahlungen		100,00	z. B. Treueprämie, Kontoführungsgebühr
= steuerpflichtiges Bruttoentgelt		**2 626,00**	
- Lohnsteuer Steuerklasse IV		395,00	Lohnsteuerkarte, Lohnsteuertabelle
- Kirchensteuer	9 % von der Lohnsteuer	35,55	
- Solidaritätszuschlag	5,5 % von der Lohnsteuer	21,73	
- Arbeitslosenversicherung (50 % von 2,8 %)		36,76	Gesamtabzugstabelle Beitragsbemessungsgrenze
- Krankenversicherung (50 % von 14,0 %)		183,82	
- Zusatzbeitrag zur Krankenversicherung (100 % von 0,9 %)		23,63	
- Rentenversicherung (50 % von 19,9 %)		261,29	
- Pflegeversicherung (50 % von 1,95 %)		25,60	
- Zuschlag zur Pflegeversicherung für kinderlose Arbeitnehmer (50 % von 0,5 %)		6,57	
= Nettoentgelt		**1 636,05**	
- VL-Sparbetrag		40,00	5. Vermögensbildungsgesetz
= Auszahlungsbetrag		**1 596,05**	

Lohn- und Gehaltsabrechnung. Beispielrechnung für 2009

gliedsstaaten). Sie sollen den Arbeitskräften eine als mindestens erforderlich erachtete (Güter-)Versorgung sichern. Kritiker befürchten jedoch, dass bindende Mindestlöhne die Arbeitskosten über das gleichgewichtige, markträumende Niveau heben, sodass in der Regel Arbeitslosigkeit entsteht oder zunimmt. Stattdessen wurden für den Niedriglohnbereich Kombilöhne *(siehe dort)* vorgeschlagen.
Wegen der Tarifautonomie gibt es in Deutschland keinen allgemeinen gesetzlichen Mindestlohn, sondern lediglich auf Basis des Entsendegesetzes *(siehe dort)* und der Möglichkeit, Tarifverträge für allgemeinverbindlich erklären zu lassen, branchenweite Mindestlöhne, sofern mindestens 50 % der Arbeitnehmer einer Branche tarifgebunden sind. Liegt die Tarifbindung unter 50 %, können Mindestlöhne auf Basis des **Mindestarbeitsbedingungsgesetzes** festgelegt werden. Mindestlöhne gibt es etwa im Bauhauptgewerbe, bei der Gebäudereinigung und für Briefdienstleister. 2009 wurden für sechs weitere Branchen wie die Alten- und Krankenpflege sowie die Abfallwirtschaft Mindestlöhne ermöglicht.

Minijob, geringfügige Beschäftigung *(siehe dort).*

Mitarbeiterbeteiligung, Beteiligung von Betriebsangehörigen am Erfolg des Unternehmens, die zusätzlich zum regulären Arbeitsentgelt vertraglich vereinbart wird (individuell oder über Betriebsvereinbarungen). Bemessungsgrundlage der Mitarbeiterbeteiligung als **Erfolgsbeteiligung** können Produktionsmenge und Produktivität (Leistungsbeteiligung), Umsatz oder Wertschöpfung sowie Betriebs- bzw. Unternehmensgewinn als **Gewinnbeteiligung** sein. Die Mitarbeiterbeteiligungen können bar ausgezahlt werden oder das Unternehmen ermöglicht durch die Ausgabe von Belegschaftsaktien, Genossenschafts- oder GmbH-Anteilen eine Beteiligung am Kapital des Unternehmens im Sinne von Miteigentum **(Kapitalbeteiligung).**
Durch die Mitarbeiterbeteiligung sollen Leistungsanreize geschaffen, die Identifikation der Mitarbeiter mit dem Unternehmen erhöht, ein qualifizierter Mitarbeiterstamm herausgebildet und erhalten sowie Vermögensbildung von Arbeitnehmern gefördert werden.

Mitbestimmung, ein tragendes Element der sozialen Marktwirtschaft, das eine abgestufte Teilhabe an den Entscheidungen der Arbeitgeber beinhaltet. Die Mitbestimmung im Betrieb und in den Unternehmen beruht auf der grundsätzlichen Überzeugung: Demokratie darf nicht auf den Staat beschränkt bleiben, sondern muss in allen gesellschaftlichen Bereichen gelten.

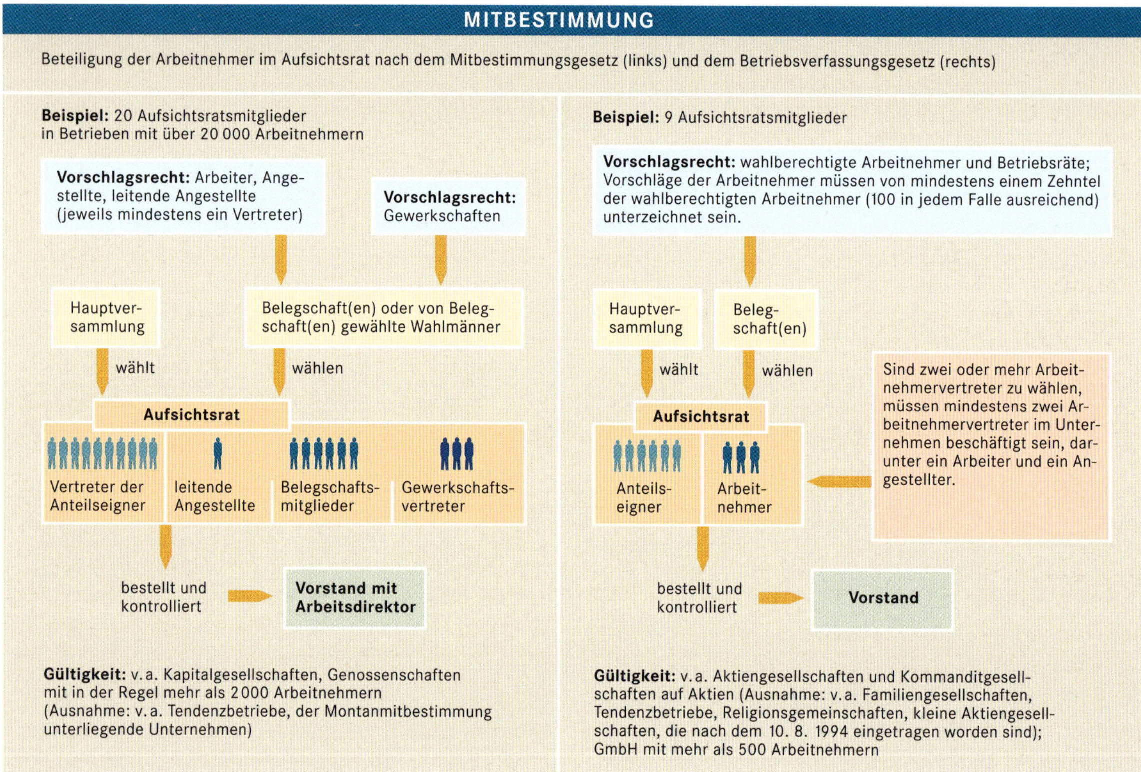

Mitbestimmung. Formen der unternehmerischen Mitbestimmung

Deshalb zielen alle Mitbestimmungsgesetze auf eine fruchtbare, konstruktive Zusammenarbeit von Arbeitgebern und Beschäftigten bzw. ihrer Vertreter ab: Das gilt für das Betriebsverfassungsgesetz *(siehe dort)* und das Personalvertretungsgesetz (es regelt für den öffentlichen Dienst die Mitwirkung und Mitbestimmung der Beschäftigten) als Grundlage für die **betriebliche Mitbestimmung** sowie für das Montanmitbestimmungsgesetz von 1951 (gilt für Unternehmen des Bergbaus und der Eisen und Stahl erzeugenden Industrie), das Mitbestimmungsgesetz von 1976 und das Drittelbeteiligungsgesetz von 2004 als Grundlagen für die **Unternehmensmitbestimmung** durch Einflussnahme der Arbeitnehmer- bzw. Gewerkschaftsvertreter im Aufsichtsrat von Kapitalgesellschaften.

Mobbing, ein Symptom der Arbeitswelt von heute, das zunächst ein Konflikt am Arbeitsplatz ist, aus dem sich dann später für den Betroffenen schwere physische und psychosomatische Störungen entwickeln. Der Begriff stammt aus dem Englischen und lässt sich mit ›Anpöbeln, Anmachen, Belästigen, Schikanieren‹ übersetzen.
Mobbing beschreibt feindselige, systematische Handlungen in einem Unternehmen von Vorgesetzten oder Mitarbeitern gegenüber Kollegen, die sehr oft über einen längeren Zeitraum erfolgen und damit die Beziehung zwischen Täter und Opfer kennzeichnen. Das Ziel ist, diese Person aus der Gruppe, der Abteilung, dem Betrieb auszustoßen. Mobbing verläuft in Phasen, wobei der Druck auf das Opfer mit der Zeit immer größer wird. Die Betroffenen werden krank oder gehen immer weniger motiviert ihrer Arbeit nach, verlieren den Arbeitsplatz und werden auch sozial isoliert. Das Bundesarbeitsgericht hat die Arbeitgeber verpflichtet, gegen Mobbing einzuschreiten und die Opfer zu schützen. Dies wird oft im Rahmen des Konfliktmanagements *(siehe dort)* versucht.

Mutterschaftsgeld, *siehe* Kapitel 12.

Mutterschutz, der arbeitsrechtliche Schutz für berufstätige werdende Mütter und Kernbereich des Frauenarbeitsschutzes.
Danach darf eine Schwangere in den letzten sechs Wochen vor der Entbindung, eine Wöchnerin bis zum Ablauf von acht Wochen nach der Entbindung nicht beschäftigt werden.
Die werdende Mutter soll die Schwangerschaft, sobald sie bekannt ist, dem Arbeitgeber mitteilen. Innerhalb der Mutterschutzfristen besteht ein absolutes Verbot für körperlich schwere Arbeiten, für Akkordarbeit, Fließbandarbeit und Arbeiten mit gesundheitsgefährdenden Stoffen. Das Mutterschutzgesetz regelt ferner ein Verbot für Mehr-, Nacht-, Sonn- und Feiertagsarbeit. Des Weiteren besteht ein Anspruch auf Stillzeiten. Die Kündigung einer Frau ist während ihrer Schwangerschaft und bis zum Ablauf von vier Monaten nach der Entbindung verboten.

Nachtarbeit, jede Arbeit zwischen 23 und 6 Uhr, die mehr als zwei Stunden dauert. Nachtarbeitnehmer (wer mindestens 48 Tage im Jahr nachts arbeitet) stehen unter einem besonderen gesundheitlichen Schutz: regelmäßige arbeitsmedizinische Untersuchung, Umsetzung auf einen Tagesarbeitsplatz bei Gefährdung der Gesundheit. Auch darf die Nachtarbeit acht Stunden grundsätzlich nicht überschreiten. Das Arbeitszeitgesetz sieht auch vor, dass der Arbeitgeber als Ausgleich für die Nachtarbeit bezahlte freie Tage gewähren oder einen Zuschlag auf das Arbeitsentgelt zahlen muss.

Nebentätigkeit: Voraussetzung für die Nebentätigkeit eines Arbeitnehmers ist, dass er sich nicht vertraglich verpflichtet hat, Nebentätigkeiten zu unterlassen, er damit seinem Arbeitgeber keine Konkurrenz macht (Wettbewerbsverbot), seine Arbeitskraft darunter nicht leidet und er die gesetzlich vorgeschriebenen Höchstarbeitszeiten zusammen nicht überschreitet.

Nichtraucherschutz, der Schutz der Nichtraucher vor Belästigung und Gesundheitsbeeinträchtigung durch rauchende Dritte. Der gesetzliche Schutz in Deutschland ist zurzeit noch lückenhaft. Seit 2006 besteht ein Rauchverbot für die öffentlichen Gebäude, in Bahnhöfen und Flughäfen sind gesonderte Raucherbereiche ausgewiesen. In den Betrieben sind sowohl der Unternehmer als auch der Betriebsrat verpflichtet, die nicht rauchenden Mitarbeiter vor Gesundheitsgefahren oder Belästigung durch den Tabakrauch zu schützen. Hierbei sind die Belange der Raucher wie der Nichtraucher im Betrieb gegeneinander abzuwägen, wobei im Endergebnis den Gesundheitsinteressen der Nichtraucher der Vorrang vor einem Recht auf ungestörten Rauchgenuss eingeräumt werden muss. Damit ist auch ein generelles Rauchverbot für alle geschlossenen betrieblichen Räume gerechtfertigt.
In den meisten Bundesländern sind 2008 Gesetze in Kraft getreten, die das Rauchen in Gaststätten grundsätzlich verbieten. Das Bundesverfassungsgericht hat 2008 die entsprechenden Gesetze von Baden-Württemberg und Berlin für verfassungswidrig erklärt, weil diese kleinere Einraumgaststätten bis $75\,m^2$ benachteiligen, und eine Neuregelung verlangt.

Niedriglohn, die Entlohnung eines Arbeitnehmers in der Regel unterhalb des jeweiligen Tariflohns, ohne dass er damit trotz Vollzeitbeschäftigung sein Existenzminimum sichern kann. Dem soll durch Mindestlöhne *(siehe dort)* oder Kombilöhne *(siehe dort)* entgegengewirkt werden.

ordentliche Kündigung, eine Kündigungsart *(siehe dort)*. Die ordentliche Kündigung braucht grundsätzlich keinen sachlichen Grund, um wirksam zu sein, verlangt vom Arbeitgeber das Vorliegen eines sozial gerechtfertigten Grundes, falls das Kündigungsschutzgesetz zutrifft, ist i. d. R. an eine Frist gebunden und gilt nur für unbefristete Arbeitsverhältnisse.

Personal, Gesamtheit der abhängig Beschäftigten.

Personalkosten, das gesamte Entgelt für die geleistete Arbeit in einem Unternehmen. Die Personalkosten werden auch als Arbeitskosten (*siehe* Kapitel 4) bezeichnet. Neben dem normalen Lohn oder Gehalt spielen aus Unternehmenssicht besonders die **Personalzusatzkosten** zunehmend eine wichtigere Rolle.

Personalleasing, die Arbeitnehmerüberlassung *(siehe dort)*.

Personalrat, Arbeitnehmervertretung in den Verwaltungen und Betrieben des Bundes, der Länder, der Gemeinden und anderer Einrichtungen des öffentlichen Dienstes; privatrechtlich geführte öffentliche Unternehmen (z. B. Verkehrs-GmbH einer Stadt) haben Betriebsräte. Das **Personalvertretungsgesetz** beschränkt sich ähnlich dem Betriebsverfassungsgesetz auf die Beteiligungsrechte bei sozialen und personellen Angelegenheiten.

Personal-Service-Agentur, Abkürzung **PSA,** Instrument der Arbeitsmarktpolitik zur schnelleren Arbeitsvermittlung. Die Arbeitsagenturen mussten PSA einrichten, die befristet Arbeitslose an Unternehmen als Zeitarbeitnehmer gemäß einem Tarifvertrag für Arbeitnehmerüberlassung vermittelten. In den ersten sechs Wochen erhalten diese Zeitarbeitnehmer ein Entgelt in Höhe ihres Arbeitslosengeldes. In den verleihfreien Zeiten sollen die PSA ihre Beschäftigten qualifizieren und weiterbilden. Seit 1. 1. 2006 besteht für die Arbeitsagenturen keine Verpflichtung mehr, eine PSA zu gründen.

Personalverwaltung, alle Aufgaben des Betriebs, die mit der Bearbeitung der Personalunterlagen (Personalakte) der Arbeitnehmer, dem Führen der Lohn- und Gehaltskonten, dem Erstellen von Personalstatistiken und der Personalwirtschaft (Personalwesen) zu tun haben.
Zum Personalwesen zählen die Ermittlung und Planung des **Personalbedarfs;** dabei unterscheidet man den Ersatzbedarf für ausscheidende Mitarbeiter, Neubedarf für zusätzliche Mitarbeiter und auch Personalverringerung; der Personalbedarf kann intern (aus dem Unternehmen) oder auch extern (von außen) beschafft werden.
Hinzu kommen die **Personalbeschaffung** (Auswahl, Einweisung, Einstellung), der **Personaleinsatz** (der Eignung entsprechende Zuordnung zu einem Arbeitsplatz) und die **Personalentwicklung** (Maßnahmen, um die Qualifikation der Mitarbeiter zu verbessern; dazu gehören ständige berufliche Weiterbildung und die Vermittlung von Schlüsselqualifikationen wie Teamfähigkeit, Kreativität, Fachkompetenz). Auch sozial- und tarifpolitische Aufgaben und die Zusammenarbeit mit dem Betriebsrat spielen eine wichtige Rolle.

personenbedingte Kündigung, *siehe* Kündigungsgründe.

personenbezogene Daten, *siehe* Datenschutz.

Praktikant, arbeitsrechtlich ein Arbeitnehmer, der auch einen entsprechenden Arbeitsvertrag mit den Praktikantenbedingungen (Vergütung) abschließt. Das Praktikum ist eine Tätigkeit, die einführenden oder übenden Charakter hat bzw. der Vermittlung einschlägiger Kenntnisse dient.

Prämienlohn, eine Kombination von Zeit- und Leistungslohn. Neben einer festen Grundentlohnung, die i. d. R. als Zeitlohn erfolgt, zahlt der Betrieb den Mitarbeitern eine festgelegte Prämie für bestimmte Mehr- oder Besserleistungen, z. B. für die Einhaltung von Terminen, eine schnellere Fertigung, sparsamen Energieverbrauch, eine geringere Ausschussquote oder weniger Reklamationen.
Allgemein können **Prämien** im Einzelfall bei außergewöhnlichen Leistungen oder als Form einer leistungs- oder erfolgsorientierten Vergütung *(siehe dort)* gezahlt werden.

Probezeit, die erste Zeit des Arbeitsverhältnisses. Innerhalb der maximal sechsmonatigen Probezeit kann jederzeit mit einer Frist von zwei Wochen ohne Angabe von Gründen schriftlich gekündigt werden (geregelt im Arbeitsvertrag). Dies gilt für Arbeitgeber wie für Arbeitnehmer. Die Probezeit in der Berufsausbildung beträgt ein bis vier Monate (Berufsbildungsgesetz).

Provision, Vergütung für die Vermittlung von Geschäften durch Handelsvertreter u. a. selbstständige Kaufleute; auch fest angestellte Mitarbeiter eines Betriebes (Reisende, Verkäufer) können neben einem Grundgehalt den leistungsbezogenen Gehaltsanteil (i. d. R. ein bestimmter Prozentsatz des Umsatzes) beziehen.

REFA, Abkürzung für den 1924 gegründeten **Re**ichsausschuß **f**ür **A**rbeitszeitermittlung; 1977 wurde er umbenannt in REFA-Verband für Arbeitsstudien und Betriebsorganisation e. V. Wesentliche Aufgabe ist die Entwicklung praktikabler Methoden zur Verbesserung der Wirtschaftlichkeit und zur Humanisierung der Arbeit in den Betrieben.

Ruhepausen, nach dem Arbeitszeitgesetz vorgeschriebene Arbeitsunterbrechungen bei einer Arbeitszeit von mehr als sechs Stunden (mindestens 30 Minuten Pause) und bei mehr als neun Stunden (mindestens 45 Minuten Pause). Die Ruhepausen können in Zeitabschnitte von jeweils mindestens 15 Minuten aufgeteilt werden. Nach Beendigung der täglichen Arbeitszeit müssen die Arbeitnehmer eine ununterbrochene **Ruhezeit** von mindestens elf Stunden haben.

Sabbatical, ursprünglich Freisemester eines Dozenten, heute auch ein Begriff aus der Arbeitswelt, der lange Arbeitspausen bis hin zu einem ganzen

Urlaubsjahr ausdrückt. Mit dem Berufsalltag gewöhnlicher Arbeitnehmer haben solche Auszeiten bislang wenig zu tun. Allmählich werden aber auch deutsche Unternehmen aufgeschlossener für Langzeiturlaube (ohne Gehalt).

Scheinselbstständige, Erwerbstätige, die nach außen hin als Selbstständige auftreten, aber in der wirtschaftlichen Praxis abhängig beschäftigt sind: Arbeitgeber ersparen sich Sozialversicherungsbeiträge, die Arbeitnehmer sind häufig gezwungen, diese Position einzunehmen, um wirtschaftlich existieren zu können.
Nach geltendem Recht dürfen die Sozialversicherungsträger bei Selbstständigen ein abhängiges Beschäftigungsverhältnis vermuten, wenn mindestens zwei der folgenden Bedingungen erfüllt sind: 1) Der Selbstständige beschäftigt außer Familienangehörigen keine pflichtversicherten Arbeitnehmer; 2) er ist im Wesentlichen nur für einen Auftraggeber tätig; 3) er ist weisungsabhängig vom Arbeitgeber und Teil seiner Arbeitsorganisation, z. B. im Vertrieb tätig; 4) er tritt nicht unternehmerähnlich gegenüber seinen Partnern (Kunden, Lieferanten) auf.
Können Auftragnehmer und Auftraggeber die Vermutung der Scheinselbstständigkeit nicht widerlegen, gilt der Betreffende als Arbeitnehmer: Er ist in allen Versicherungszweigen sozialversicherungspflichtig. Auch der Auftraggeber muss (dann) als Arbeitgeber seinen Anteil dazuzahlen.

Schichtarbeit, Aufteilung der Betriebszeit, die die individuelle Arbeitszeit eines Arbeitnehmers übersteigt, in einen Arbeitsturnus mit regelmäßig mehrmals täglich wechselnder Besetzung eines Arbeitsplatzes. Es wird in aufeinanderfolgenden Schichten gearbeitet, wobei die Arbeitnehmer (häufig in produzierenden Betrieben) in einem bestimmten Rhythmus von einer Schicht in die andere wechseln können (Wechselschicht). Folgende Formen werden unterschieden: 1) Zweischichtbetrieb, z. B. Frühschicht von 6 bis 14 Uhr, Spätschicht von 14 bis 22 Uhr; 2) Dreischichtbetrieb, z. B. Früh-, Spät- und Nachtschicht (24-Stunden-Schicht); 3) Schichtbetrieb an Werktagen und an Wochenenden.

Schlichtung, Verfahren zur Beilegung von Streitigkeiten zwischen Gewerkschaften und Arbeitgeberverband bei Tarifverhandlungen. Finden diese keine Verhandlungslösung, so wird i. d. R. ein unparteiischer Schlichter bemüht, einen Kompromiss zu finden. Der Schlichter wird von beiden Seiten akzeptiert und ist häufig eine Person des öffentlichen Lebens, z. B. ein ehemaliger Minister. Der Arbeitskampf (Streik und Aussperrung) erfolgt i. d. R. erst dann, wenn die Vermittlungsbemühungen des Schlichters gescheitert sind. Der Spruch des Schlichters ist für die Parteien aber nicht bindend.

Schwarzarbeit und illegale Beschäftigung: Die Arbeitnehmer arbeiten, ohne Abgaben an das Finanzamt und die Sozialversicherung zu leisten, die Arbeitgeber beschäftigen Ausländer ohne Arbeitserlaubnis oder ohne die geschuldete Sozialversicherung zu entrichten. Auf Kosten der Gemeinschaft gehen auf diese Weise (legale) Arbeitsplätze verloren, es werden Unternehmer vom fairen Wettbewerb ausgeschlossen und der Staat einschließlich der Sozialversicherungszweige wird um Steuern und Abgaben gebracht.
Illegale Beschäftigung und Schwarzarbeit schaden dem Einzelnen und der Solidargemeinschaft: Die ›Schwarzarbeiter‹ sind zu schlechteren Lohn- und Arbeitsbedingungen tätig, sodass sie auf Dauer fast immer benachteiligt sind. Bei Aufträgen in Schwarzarbeit lassen sich kaum Ersatz- und Garantieansprüche durchsetzen. Bestehende ›normale‹ Arbeitsplätze werden gefährdet, neue behindert – die Arbeitslosigkeit nimmt zu bzw. wird nicht abgebaut. Die Vorschriften zur Renten-, Kranken-, Pflege- und Unfallversicherung werden umgangen und damit Geld für die Sicherung aller Arbeitnehmer entzogen. Die Solidargemeinschaft wird betrogen, wenn Leistungsempfänger von Arbeitslosengeld die Tätigkeit nicht melden. Gesetzestreue Unternehmen sind gegenüber illegal arbeitenden Konkurrenten im Nachteil.

Schwerbehinderte, Behinderte mit einem Behinderungsgrad von mindestens 50 %. Ihnen steht ein besonderer Kündigungsschutz zu, sie haben Anspruch auf fünf Tage zusätzlichen Urlaub im Jahr und erhalten auf Antrag einen speziellen Ausweis vom Integrationsamt.
Die Integrationsämter und die Bundesagentur für Arbeit unterstützen finanziell die behindertengerechte Umrüstung des Arbeitsplatzes. Unternehmen müssen 5 % der Arbeitsplätze mit Schwerbehinderten besetzen. Andernfalls müssen sie eine Ausgleichsabgabe *(siehe dort)* zahlen.
In einem Betrieb mit mindestens fünf dauerhaft beschäftigten Schwerbehinderten soll als **Schwerbe-**

hindertenvertretung eine Vertrauensperson gewählt werden, die die Interessen dieser Arbeitnehmergruppe gegenüber Arbeitgeber und Betriebsrat vertritt. Sie ist u. a. bei Stellenbesetzungen und der Einrichtung von Arbeitsplätzen anzuhören.

Sicherheitsbeauftragte, vom Arbeitgeber unter Mitwirkung des Betriebsrats bestellte Person, die das Unternehmen bei Maßnahmen zur Verhütung von Arbeitsunfällen unterstützt. Die Anzahl der Sicherheitsbeauftragten richtet sich nach der Art des Unternehmens und der Zahl der Beschäftigten und ist in den Unfallverhütungsvorschriften geregelt. Sicherheitsbeauftragte sind von den Fachkräften für Arbeitssicherheit **(Sicherheitsingenieure)** zu unterscheiden, die der Betrieb aufgrund des Arbeitssicherheitsgesetzes bestellen muss. Sie sollen Arbeitsschutzmaßnahmen beobachten und beurteilen, die Arbeitgeber in Sicherheitsfragen beraten sowie Maschinen oder Geräte vor ihrer Einführung technisch überprüfen.

Sonderurlaub, Freistellung von der Arbeit für besondere persönliche bzw. familiäre Ereignisse, z. B. Tod eines Angehörigen, Hochzeit, Geburt eines Kindes, Silberhochzeit. Da es für Sonderurlaub keine gesetzliche Regelung gibt, sind diese Punkte im Arbeitsvertrag, in einer Betriebsvereinbarung oder tarifvertraglich geregelt.

Sonderzuwendungen, Gratifikation, Zahlungen bei besonderen Anlässen, z. B. Weihnachten, Jubiläen. Durch Tarifvertrag, Betriebsvereinbarung, Arbeitsvertrag oder wiederholte Gewährung ohne Vorbehalt kann ein Rechtsanspruch auf diese Zahlung (auch in der Höhe) entstehen. In allen anderen Fällen kann der Arbeitgeber nach freiem Ermessen bestimmen, ob, wann und in welcher Höhe er zahlt.

Sonntagsarbeit, ebenso wie **Feiertagsarbeit** gemäß Arbeitszeitgesetz grundsätzlich nicht zulässige Arbeit. Ausnahmen sind 16 genau definierte Bereiche, z. B. Gastronomie, Feuerwehr, Polizei, Krankenhäuser, Bäckereien und Konditoreien (bis zu drei Stunden an dem Tag). Müssen Beschäftigte allgemein an Sonn- bzw. Feiertagen arbeiten, stehen ihnen mindestens 15 beschäftigungsfreie Sonntage pro Jahr zu. Zusätzlich erhalten sie für jeden dieser Arbeitstage einen Ersatzruhetag.

Sozialabgaben, *siehe* Kapitel 12.

Sozialauswahl, die dem Arbeitgeber bei einer betriebsbedingten Kündigung vorgeschriebene Berücksichtigung sozialer Gesichtspunkte.

Sozialleistungen, aus Sicht des Arbeitgebers alle Aufwendungen, die für die Mitarbeiter zusätzlich zum Lohn oder Gehalt gezahlt werden (Lohnnebenkosten, Personalzusatzkosten). Dabei ist zwischen gesetzlichen, tariflichen und freiwilligen betrieblichen Sozialleistungen zu unterscheiden.

Sozialpartner, die Tarifpartner *(siehe dort).*

Sozialplan, Ergebnis der Einigung von Unternehmensführung und Betriebsrat, um in Betrieben mit mehr als 20 Beschäftigten wirtschaftliche Nachteile für Arbeitnehmer auszugleichen oder zu mildern, die bei Betriebsänderungen, z. B. Stilllegungen, Verlegung von Betrieben oder Betriebsteilen, entstehen. Vereinbart werden z. B. Abfindungsregelungen bei Arbeitsplatzverlust oder Arbeitszeitreduzierung, Versetzungen, Qualifikationsmaßnahmen, Umschulungen, Existenzgründungshilfen, Umzugskostenhilfen. Der Sozialplan ist verbindlich wie eine Betriebsvereinbarung. Kommt ein Sozialplan nicht zustande, so entscheidet die Einigungsstelle über seine Aufstellung.

Sperrzeit, von der Bundesagentur für Arbeit bestimmter Zeitraum, in der der Anspruch auf Leistungen aus der Arbeitslosenversicherung ruht, also kein Arbeitslosengeld gezahlt wird. Sie wird als Strafmaßnahme immer dann verhängt, wenn der arbeitslose Arbeitnehmer eine vermittelte Stelle grundlos nicht angetreten hat oder sich weigert, an einer zumutbaren Fortbildung, Trainings- oder Eingliederungsmaßnahme teilzunehmen. Zu einer Sperrzeit kommt es auch, wenn der Arbeitnehmer von sich aus kündigt oder durch Abschluss eines Aufhebungsvertrags das Arbeitsverhältnis beendet, ohne dass dafür ein wichtiger Grund vorliegt. Die Sperrzeit beträgt bis zu zwölf Wochen und führt dazu, dass sich die Anspruchsdauer auf Leistungen um diese Zeit verkürzt. Im Jahr 2008 wurden von der Bundesagentur für Arbeit gegen rund 400 000 Arbeitslose Sperrzeiten (durchschnittlich fünf Wochen) verhängt.

Sprecherausschuss, eigenes Vertretungsorgan für leitende Angestellte im Rahmen der betrieblichen Mitbestimmung, für die nicht das Betriebsverfassungsgesetz gilt. Wenigstens drei Wahlberechtigte können einen Sprecherausschuss wählen. Er ist vor jeder Kündigung eines leitenden Angestellten zu hören, ansonsten ist eine Kündigung unwirksam.

Stechuhr, früher ein mechanisches, heute meist ein elektronisches Gerät zur Registrierung und Überwachung von Arbeitszeiten. Das Zeiterfassungsgerät wird meist bei Gleitzeit *(siehe dort)* eingesetzt, weniger bei festen Arbeitszeiten.

Stellenausschreibung, die Veröffentlichung freier Stellen am schwarzen Brett des Unternehmens oder in einer Annonce. Dabei muss der Arbeitgeber die Bestimmungen des Allgemeinen Gleichbehandlungsgesetzes beachten. Ein Betriebsrat kann verlangen, dass Arbeitsplätze vor ihrer Besetzung zunächst firmenintern ausgeschrieben werden.

Stellenbeschreibung, die verbindliche, schriftlich festgelegte Beschreibung eines Arbeitsplatzes und dessen Eingliederung in den Betriebsaufbau. Sie enthält den Stellenzweck (z. B. Überwachung der Einhaltung von Zahlungsterminen), die Aufzählung der einzelnen Aufgaben, die der Stelle zugeordnet sind (z. B. auch Kompetenzen, Verantwortungsbereiche, Pflichten, Stellvertretungsregelungen), und Anforderungen an denjenigen, der die Stelle besetzt (z. B. abgeschlossene Prüfung als Industrie- oder Bürokaufmann). Die Inhalte einer Stellenbeschreibung gelten grundsätzlich für den Arbeitsplatz und sind nicht auf die Person des Stelleninhabers abgestellt. Stellenbeschreibungen dienen der Personalführung und der Entgeltfindung.

Streik, die gemeinsame vorübergehende Arbeitsniederlegung der gewerkschaftlich organisierten Arbeitnehmer eines Betriebs. Der Streik ist ein gesetzlich zulässiges Arbeitskampfmittel der Gewerkschaft zur Durchsetzung arbeitsrechtlicher Forderungen, z. B. Lohnerhöhungen, Arbeitszeitverkürzung. Dabei wird nur der Streik anerkannt, der von der Gewerkschaft nach vergeblichen Tarifverhandlungen mit den Arbeitgebern organisiert und geleitet wird (nicht von der Gewerkschaft organisierte **wilde Streiks** sind verboten), planmäßig einen Teil der Betriebe erfasst (Teilstreik, Schwerpunktstreik) oder bei Verhandlungsstillstand die Arbeitgeber durch mehrstündige Unterbrechung der Arbeit zum Nachgeben auffordern soll **(Warnstreiks).**
Während eines Streiks entfällt die Vergütungspflicht der Arbeitgeber. Die Gewerkschaft zahlt (nur) ihren Mitgliedern Streikgeld. Arbeitsrechtlich ›ruht‹ das Arbeitsverhältnis während der Streikdauer. Auch enthalten die Satzungen der meisten Gewerkschaften die Regelung, dass nach der satzungsmäßigen Befragung **(Urabstimmung)** mindestens 75 % der Mitglieder dem Streik zustimmen müssen.

Tantieme, der Teil der Vergütung für Mitglieder des Managements, der sich auf den Jahresgewinn des Unternehmens bezieht.

Tarifautonomie, das grundgesetzlich geschützte Recht der Tarifpartner, durch freie Vereinbarungen Tarifverträge auszuhandeln, ohne dass eine staatliche Stelle mitwirkt oder sich einmischt. Zur Tarifautonomie gehört auch das Streik- und das Aussperrungsrecht als Arbeitskampfmittel von Gewerkschaft und Arbeitgeberverband.

Tarifbindung: Grundsätzlich gelten die Regelungen des Tarifvertrags nur zwischen den Mitgliedern der Tarifparteien **(Tarifgebundene).** Der Arbeitgeber muss also dem tarifschließenden Arbeitgeberverband, der Arbeitnehmer der tarifschließenden Gewerkschaft angehören. Tritt ein Unternehmen aus dem Arbeitgeberverband aus, bleibt es dennoch in vollem Umfang an den Tarifvertrag gebunden, bis dieser endet. Endet der Tarifvertrag, gilt er weiter, bis er durch eine andere Abmachung, z. B. eine einzelvertragliche Regelung mit den Mitarbeitern oder eine Betriebsvereinbarung, ersetzt wird. Dies formuliert sinngemäß das **Tarifvertragsgesetz.**

Tarifpartner, Tarifvertragsparteien, Sozialpartner, Bezeichnung für die Verbände der Arbeitnehmer und Arbeitgeber (Gewerkschaften, Arbeitgeberverbände).

Tarifverträge, zwischen Arbeitgeberverband und Gewerkschaft auf Bezirks-, Landes- oder Bundesebene geschlossene Verträge (Verbandstarifverträge). Schließt ein einzelner Arbeitgeber mit einer Gewerkschaft einen Tarifvertrag, so handelt es sich hierbei um einen Firmen-, Werks-, Betriebs- bzw. Haustarifvertrag.
Während die Gewerkschaften die sozialen und wirtschaftlichen Lebensbedingungen der Arbeitnehmer verbessern wollen (Lohn, Arbeitszeit, Arbeitsbedingungen), nehmen die Arbeitgeberverbände die sozialpolitischen und arbeitsrechtlichen Interessen ihrer Mitgliedsunternehmen wahr. Tarifverträge sind Rechtsnormen, die zwingend die einzelnen Arbeitsverhältnisse zwischen den Mitgliedern der Tarifparteien regeln. Dadurch wird sichergestellt, dass

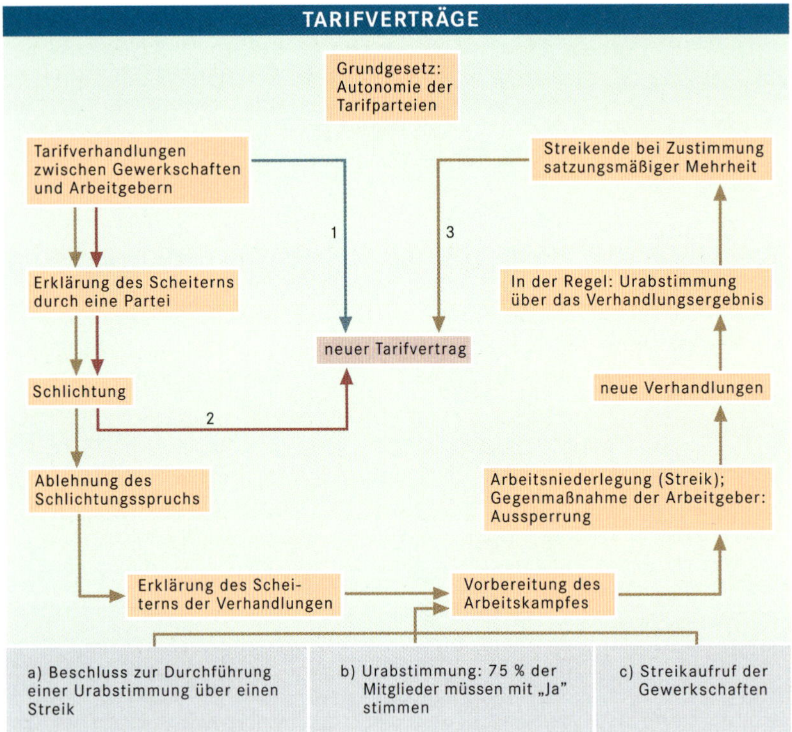

Tarifverträge.
Die drei Wege, auf denen ein neuer Tarifvertrag zustande kommen kann

1) der Tarifvertrag nicht durch eine Vereinbarung im Arbeitsvertrag zum Nachteil des Arbeitnehmers verändert werden kann, 2) einzelvertragliche Abmachungen, die für den Arbeitnehmer günstiger als die Tarifnormen sind, weiterhin gelten (Günstigkeitsprinzip), 3) abgelaufene tarifliche Regelungen so lange weitergelten, bis sie durch eine andere Abmachung ersetzt werden.

Bei den Tarifverträgen werden **Lohntarifverträge, Gehaltstarifverträge** bzw. **Entgelttarifverträge** und **Manteltarifverträge** unterschieden. Im Lohn- bzw. Gehaltstarifvertrag wird die Höhe des Arbeitsentgeltes festgelegt mit der Beschreibung von Tätigkeitsmerkmalen der einzelnen Tarifgruppen. Das tarifliche Entgelt (Tariflohn, Tarifgehalt) darf vom Arbeitgeber nicht unterschritten werden. Der Manteltarifvertrag ist ein Rahmentarifvertrag über mindestens einzuhaltende Arbeitsbedingungen, z. B. über Wochenarbeitszeit, Urlaub, Freistellungen, Fortbildungsmaßnahmen, Kündigungsfristen und Abfindungsregelungen.

Taylorismus, Begriff, der auf den englischen Arbeitswissenschaftler FREDERICK WINSLOW TAYLOR (* 1856, † 1915) zurückgeht, der in den Mitarbeitern lediglich ›Arbeitsmaschinen‹ sah, die durch Arbeitsbewertung und gerechte Entlohnung ihre Leistung steigern. Die moderne Betrachtungsweise mit dem Menschen im Mittelpunkt erkennt demgegenüber an, dass der Mitarbeiter Wünsche und Vorstellungen hat, die seine Arbeitsmotivation entsprechend positiv oder negativ beeinflussen.

Teilzeitarbeit, eine regelmäßige Wochenarbeitszeit, die kürzer ist als diejenige vergleichbarer vollzeitbeschäftigter Arbeitnehmer eines Betriebes.

Insofern kann der Begriff im Sinne von flexibler Arbeitszeit eine große Bandbreite haben: Teilzeitarbeit ist z. B. eine 30-Stunden-Woche an sechs Tagen im Einzelhandel, ein Wochenenddienst in der Pflege oder die Beschäftigung von sechs Stunden pro Woche in einem Haushalt. Vorherrschende Form der Teilzeitarbeit ist die **Halbtagsarbeit,** bei der die Hälfte der betrieblichen Arbeitszeit gleichbleibend vor- oder nachmittags erbracht wird. Unterformen sind die Anpassung der Arbeitszeit an den Arbeitsanfall (Abrufarbeit), die Altersteilzeit *(siehe dort)* sowie das **Jobsharing,** die Aufteilung einer Vollzeit-

stelle auf mehrere Arbeitnehmer, wobei diese Aufgaben und Arbeitszeiten untereinander selbst regeln. Eine Teilzeitarbeit, die weniger als 15 Stunden wöchentlich beträgt und ein Arbeitsentgelt von 400 € nicht übersteigt, wird als geringfügige Beschäftigung *(siehe dort)* bezeichnet.
Durch Teilzeitarbeit versuchen i. d. R. Frauen, seltener auch Männer, die Pflege von Angehörigen, den Haushalt und die Kindererziehung miteinander zu vereinbaren. Es ist inzwischen nachgewiesen, dass Teilzeitbeschäftigte hoch motiviert sind, sich in der kürzeren Arbeitszeit konzentriert engagieren und gute Arbeitsergebnisse vorweisen.
Durch das **Teilzeit- und Befristungsgesetz** wurde ab 1. 1. 2001 ein Recht auf Teilzeitarbeit geschaffen. In Unternehmen mit mehr als 15 Beschäftigten kann ein Arbeitnehmer mit einer Ankündigungsfrist von drei Monaten die Verringerung seiner Arbeitszeit verlangen. Arbeitnehmer und Arbeitgeber haben eine einvernehmliche Lösung anzustreben. So kann der Anspruch auf Teilzeitarbeit nur bei Vorliegen betrieblicher Gründe abgewiesen werden, wenn die Verringerung der Arbeitszeit Arbeitsorganisation und -abläufe wesentlich beeinträchtigt und unverhältnismäßig hohe Kosten verursacht. Teilzeitkräfte dürfen nicht schlechter gestellt werden als Vollzeitkräfte (z. B. bezüglich Bezahlung, Fortbildung, Aufstiegschancen). Stellen sind auch als Teilzeitarbeitsplätze auszuschreiben.

Telearbeit, eine Arbeitsform mit dem PC, die zu Hause ausgeübt werden kann, abwechselnd im Betrieb und zu Hause oder an einem dezentralen Arbeitsplatz, z. B. in einem ›Nachbarschaftsbüro‹. Je nach individueller Situation kann diese Art der Heimarbeit (Office at home oder **Homeoffice**) ein abhängiges Beschäftigungsverhältnis sein oder im Rahmen einer selbstständigen oder freiberuflichen Tätigkeit ausgeübt werden. Diese Arbeitsform kann ein hohes Maß an Zeitgewinn erbringen und eigenverantwortliches Arbeiten fördern.

Transfergesellschaft: Als betriebsorganisatorisch eigenständige Einheit übernimmt sie Arbeitnehmer, die kurz vor der Kündigung stehen, in einen befristeten Arbeitsvertrag. Der Übergang der Mitarbeiter in die Transfergesellschaft ist freiwillig. Sie verzichten dabei auf die Einhaltung der Kündigungsfrist; dafür erhalten sie bis zu einem Jahr **Transferkurzarbeitergeld** wie bei Kurzarbeit *(siehe dort)* und meist noch einen in Sozialplänen vereinbarten Aufstockungsbetrag des Arbeitgebers. Im Rahmen seiner **Transferleistungen** beteiligt sich die zuständige Arbeitsagentur über das Transferkurzarbeitergeld hinaus zur Hälfte, jedoch höchstens 2 500 € je geförderten Arbeitnehmer an den Maßnahmen einer Transfergesellschaft. Die Mitarbeiter reduzieren ihre Arbeitszeit auf Null, werden stattdessen von der Transfergesellschaft beraten und weiterqualifiziert. Am Ende haben sie im günstigen Fall eine neue Stelle oder Anspruch auf Arbeitslosengeld I mit voller Bezugsdauer.

Treuepflicht, Verpflichtung des Arbeitnehmers, seine Arbeit so auszuführen, dass die Interessen des Arbeitgebers und des Betriebs immer gewahrt sind. Dazu zählen u. a. die Wahrung von Betriebsgeheimnissen, die Beachtung von Wettbewerbsverboten oder die Verpflichtung, den Ruf des Arbeitgebers nicht zu untergraben.

Überbrückungsgeld, bis 31. 7. 2006 mögliche Form der Förderung von Existenzgründungen in Höhe des Arbeitslosengeldes für die Dauer von sechs Monaten. Es wurde vom Gründungszuschuss *(siehe dort)* abgelöst.

Überstunden, im Unterschied zur Mehrarbeit die über die tarifliche, betriebliche oder arbeitsvertragliche Arbeitszeit hinaus auf Anordnung (durch den Vorgesetzten oder auch von ihm geduldet) geleistete Arbeit. Für die Überschreitung der tariflichen Arbeitszeit sind in den Tarifverträgen zumeist Zuschläge *(siehe dort)* oder aber ein Ausgleich in Freizeit vorgesehen. Überstunden müssen beim Betriebsrat beantragt und von diesem auch genehmigt werden. – Grafik S. 344

Umschulung, die Ausbildung von bereits qualifizierten Arbeitskräften für einen anderen Beruf. Die Umschulung kann notwendig werden durch Arbeitslosigkeit, veränderte Anforderungen des Arbeitsmarktes, Arbeitsunfall oder Erkrankung und soll zu einer anderen beruflichen Tätigkeit befähigen. Die Bundesagentur für Arbeit fördert in solchen Fällen die Umschulung in zukunftsträchtigere Berufe.

Unfallverhütung, alle vorbeugenden organisatorischen und betrieblichen Maßnahmen zum Schutz vor Arbeitsunfällen. Die betriebliche Unfallverhütung liegt in der Verantwortung der Unternehmen. Diese arbeiten mit dem Betriebsrat, den Sicherheitsbeauftragten, den Fachkräften für Arbeitssi-

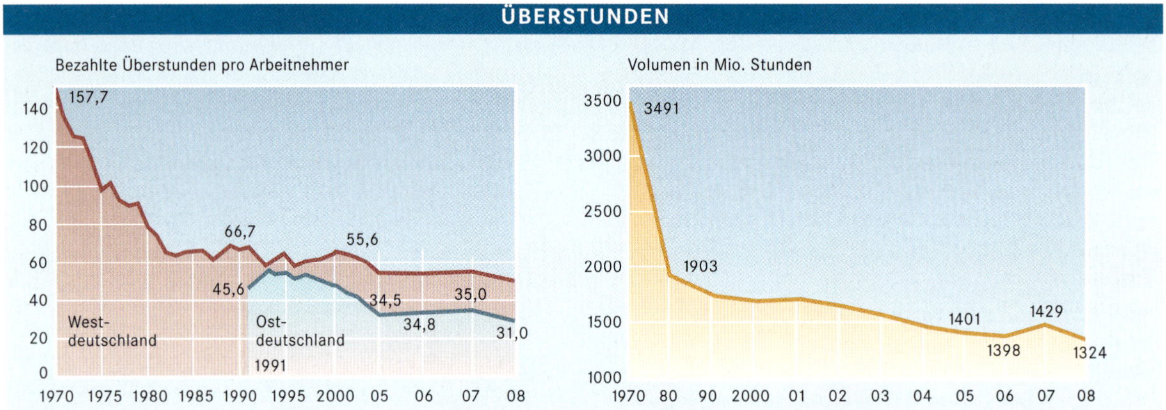

Überstunden. Entwicklung der bezahlten Überstunden je Arbeitnehmer (links) sowie Umfang der Überstunden in Millionen (rechts)

cherheit sowie den Betriebsärzten zusammen. Die staatlichen Aufsichtsorgane (Gewerbeaufsicht) sowie die Berufsgenossenschaften wirken dabei mit.

Unterhaltsgeld, finanzielle Unterstützung der Bundesagentur für Arbeit für Personen, die an einer für die Weiterbildungsförderung anerkannten Vollzeitmaßnahme teilnehmen.

Urabstimmung, die Befragung (mit Abstimmung) aller organisierten Mitglieder der Gewerkschaft. Um einen Streik durchführen zu können, müssen 75% der Mitglieder laut Satzung der meisten Gewerkschaften zustimmen. Um den Streik zu beenden und den Kompromiss, der dann gefunden worden ist, zu billigen, ist die Zustimmung von 25% der Mitglieder erforderlich.

Urlaub, die dem Arbeitnehmer zur Erholung gewährte Befreiung von der Arbeitspflicht. Jeder Arbeitnehmer hat jährlich Anspruch auf bezahlten **Erholungsurlaub.** Der gesetzliche Mindesturlaub beträgt bundesweit 24 Werktage (Bundesurlaubsgesetz), allerdings liegt die durchschnittliche tarifliche Urlaubsdauer heute bei fast 30 Werktagen (1975: 23 Tage).
Nach einer Wartezeit von sechs Monaten (häufig die Probezeit) besteht voller Urlaubsanspruch, ansonsten pro Monat ein Zwölftel des Jahresurlaubs. Bei der zeitlichen Festlegung des Urlaubs, die dem Weisungsrecht des Arbeitgebers unterliegt, hat der Betriebsrat ein Mitbestimmungsrecht; ebenso bei der Anordnung von Betriebsferien durch den Arbeitgeber.
Die Übertragung des Urlaubs auf das nächste Kalenderjahr ist nur statthaft, wenn dringende betriebliche (starker Auftragseingang) oder persönliche Gründe des Arbeitnehmers dies rechtfertigen. Der Urlaub muss dann in den ersten drei Monaten des folgenden Jahres gewährt und genommen werden (also bis 31. März).
Weist der Arbeitnehmer durch ärztliches Attest Krankheitstage im Urlaub nach, dann werden diese Tage nicht auf den Urlaub angerechnet. **Unbezahlter Urlaub** kann wegen dringender persönlicher Angelegenheiten gewährt werden.

Urlaubsgeld: Zusätzlich zum regulären Entgelt auch während des Erholungsurlaubs **(Urlaubsentgelt)** gibt es Urlaubsgeld nur bei besonderer Vereinbarung im Arbeitsvertrag, gemäß Betriebsvereinbarung oder Tarifvertrag (als zusätzliche Leistung).

Verbesserungsvorschlag: Ein Verbesserungsvorschlag setzt eine Änderung oder Neuerung gegenüber dem bestehenden Zustand voraus und ist von der Arbeitnehmererfindung abzugrenzen. Er ist als Sonderleistung zu vergüten, soweit er betrieblich verwertet werden kann, falls die Beschäftigung mit bestimmten Verbesserungen nicht an sich zum Aufgabenbereich oder Arbeitsgebiet des Mitarbeiters gehört. Einzelheiten zum **betrieblichen Vorschlagswesen** können sich aus Betriebsvereinbarungen oder Tarifverträgen ergeben.

Vergütung, Hauptpflicht des Arbeitgebers, die als Lohn oder Gehalt gezahlt wird. Gilt ein Tarifvertrag, dann sind die Tariflöhne Mindestlöhne (auch

Gehälter). Nicht tarifgebundene Arbeitnehmer können die tariflichen Vergütungen vereinbaren, aber auch ganz individuelle Vergütungsvereinbarungen treffen. Nach Meinung der Arbeitsgerichte dürfen die tariflichen Vergütungen um höchstens 20 % unterschritten werden.

Arbeitgeber zahlen häufig übertarifliche Vergütungen. Für den Arbeitnehmer besteht jedoch keine Garantie, dass der Abstand zum Tariflohn, die übertarifliche Zulage *(siehe dort)*, auch in der Zukunft gewahrt bleibt. Nach dem arbeitsrechtlichen Gleichbehandlungsgrundsatz darf ohne sachlichen Grund bei einer allgemeinen Lohnerhöhung niemand ausgeschlossen werden. Der gesetzliche Gleichberechtigungsgrundsatz verbietet es, bei gleicher oder gleichwertiger Arbeit wegen des Geschlechts eine geringere Vergütung zu zahlen. Auch Teilzeitbeschäftigte dürfen nicht schlechter gestellt werden als Vollzeitbeschäftigte.

Übertarifliche Vergütungen können auch als Prämien gezahlt werden. Kriterium können etwa Umsatzziele **(Umsatzprämie)** oder in Zielvereinbarungen festgelegte nicht finanzielle Ziele sein **(Zielerreichungsprämie)**.

Im Management ist es üblich, neben einer Grundvergütung eine leistungs- oder erfolgsabhängige Zusatzvergütung bzw. variable Vergütung zu vereinbaren. Kriterium für den Erfolg kann der erzielte Jahresüberschuss des Unternehmens sein, Leistungskriterium können andere, in Zielvereinbarungen oder Verträgen festgelegte Größen wie eine erfolgreiche Umstrukturierung eines Unternehmens sein. Besonders wegen ihrer teilweise exorbitanten Höhe in Folge von **Bonuszahlungen** sind Managergehälter großer Unternehmen oder Banken in starke Kritik geraten und haben zu gesetzlichen Regelungen der Begrenzung geführt. Diese sollen zu angemessenen Vergütungen führen, die sich weniger am kurzfristigen Unternehmenserfolg orientieren.

verhaltensbedingte Kündigung, *siehe* Kündigungsgründe.

Vermittlungsgutschein, Instrument zur schnelleren Arbeitsvermittlung *(siehe dort)*.

vermögenswirksame Leistungen, Abkürzung **VL,** staatliche Zulage und tarifliche bzw. betriebliche Leistung, um Arbeitnehmer beim Vermögensaufbau zu unterstützen. Meist wird in Tarifverträgen oder in Betriebsvereinbarungen festgelegt, dass ein bestimmter Betrag als vermögenswirksame Leistung (z. B. 13, 26, 40 € monatlich) vom Arbeitgeber direkt auf entsprechende VL-Verträge eingezahlt wird.

URLAUB

Land	Urlaub	Feiertage	Zusatztage als Form der Arbeitszeitverkürzung	Gesamtzahl der arbeitsfreien Tage (ohne Wochenenden)
Italien	20	11	15	46
Deutschland	30	8,8		38,8
Ungarn	26	11		37
Dänemark	25	7	5	37
Spanien	23	14		37
Niederlande	25,3	7,1	4,2	36,6
Österreich	26,5	9,5		36
Schweden	25	9		34
Slowakische Rep.	24	10		34
Schweiz	24,4	9		33,4
Tschechische Rep.	25	8		33
Großbritannien	24,4	8		32,4
Frankreich	25	7		32
Portugal	22	10		32
Polen	20	12		32
Griechenland	22	9		31
Belgien	20	11		31
Japan*	18	13		31
Irland	20	9		29
USA	12	10		22

*) Schätzung.

Urlaub.
Anzahl der Urlaubs- und Feiertage für Arbeitnehmer im verarbeitenden Gewerbe im internationalen Vergleich

Nach dem Vermögensbildungsgesetz können Arbeitnehmer mit einem zu versteuernden Einkommen von höchstens 17 900€ (Ledige) bzw. 35 800€ (Verheiratete) zusätzlich eine staatliche **Arbeitnehmersparzulage** erhalten. Diese beträgt für die Anlage in Bausparverträgen 9% der vermögenswirksamen Leistung bis maximal 470€ jährlich, also höchstens 42,30€. Bei Anlage in Produktivkapital, also bei Unternehmensbeteiligungen in Form von Aktien oder Investmentfonds, gibt es vom Staat eine Sparzulage von 20% auf höchstens 400€ Sparsumme, d.h. maximal 80€ pro Jahr. Hier betragen die Einkommensgrenzen 20 000€ (Ledige) bzw. 40 000€ (Verheiratete). Arbeitnehmer können somit jährlich bis zu 870€ an vermögenswirksamen Leistungen zulagebegünstigt anlegen und dafür eine Sparzulage von bis zu 122,30€ (Verheiratete 244,60€) erhalten.
Beträgt das zu versteuernde Einkommen maximal 25 600€ (Alleinstehende, 51 200€ bei Verheirateten), haben Bausparer darüber hinaus Anspruch auf die **Wohnungsbauprämie.** Sie beträgt 8,8% der begünstigten Aufwendungen (maximal 512€ bei Ledigen, 1 024€ bei Verheirateten). Daraus errechnet sich eine jährliche Höchstprämie von 45,06€ bzw. 90,11€. Die Wohnungsbauprämie wird nach sieben Jahren von der Bausparkasse beim Finanzamt angefordert und mit der Zuteilung der Bausparsumme ausgezahlt.

Verschwiegenheitspflicht, die Pflicht des Arbeitgebers, über Tatsachen, an deren Geheimhaltung der Arbeitnehmer ein berechtigtes Interesse hat, z.B. Einkommen, Gesundheitszustand, persönliche Verhältnisse des Arbeitnehmers, zu schweigen. Dabei ist ohne Bedeutung, auf welche Weise der Arbeitgeber die geheimhaltungsbedürftigen Tatsachen erfahren hat.
Gesetzlich besonders genannt ist die Verschwiegenheitspflicht des Arbeitgebers bei Kenntnis einer Schwangerschaft (Mutterschutzgesetz), bei geschützten personenbezogenen Daten (Bundesdatenschutzgesetz), bei Erfindungen von Arbeitnehmern (Gesetz über Arbeitnehmererfindungen).

Versetzung, dem Direktionsrecht des Arbeitgebers unterliegende Befugnis, Mitarbeitern andere sachbezogene Aufgaben im Betrieb zuzuweisen (betriebliche Umsetzung). In Betrieben mit i.d.R. mehr als 20 wahlberechtigten Arbeitnehmern hat der Arbeitgeber vorher den Betriebsrat zu unterrichten. Verweigert der Betriebsrat seine Zustimmung, so hat er dies innerhalb einer Woche nach Unterrichtung dem Arbeitgeber schriftlich mitzuteilen. Wird diese Frist versäumt, so gilt die Zustimmung als erteilt; verweigert der Betriebsrat die Zustimmung, kann sie sich der Arbeitgeber vom Arbeitsgericht ersetzen lassen.

Vorruhestand, tarifliche oder arbeitsvertragliche Regelung, um ältere Arbeitnehmer zum Teil oder vollständig mithilfe betrieblicher Zuschüsse von der Arbeit freizustellen.

Vorstellungsgespräch, Einstellungsgespräch, eine Situation, die jeder mitmacht, der eine neue Arbeitsstelle sucht. Der mögliche neue Arbeitgeber darf alles fragen, was für die Einstellungsentscheidung wichtig ist. Folgende Fragen müssen deshalb auf jeden Fall wahrheitsgemäß beantwortet werden: beruflicher Werdegang, Zeugnis- und Prüfungsnoten, Wehr- und Zivildienstzeiten, allgemeine Fragen zum Gesundheitszustand, Vorstrafen (soweit diese Informationen für den angestrebten Arbeitsplatz wesentlich sind). Fragen, die den privaten Bereich betreffen, müssen nicht (oder können unwahr) beantwortet werden, z.B. Frage nach Schwangerschaft, Zugehörigkeit zu einer Gewerkschaft, Partei oder Religionsgemeinschaft.
Wird einem Bewerber eine unzulässige Frage gestellt, ist er zu einer Antwort nicht verpflichtet. Da dieses Verhalten seine Einstellungschancen verringern kann, darf der Bewerber eine unzulässige Frage auch unrichtig beantworten. Erfährt der Arbeitgeber später die Wahrheit, muss der Bewerber dennoch nicht mit einer Anfechtung des Arbeitsvertrages oder einer fristlosen Kündigung rechnen. Nach der Rechtsprechung hat der Bewerber das Recht auf ›Lüge‹.

Vorstellungskosten, vom Arbeitgeber zu ersetzende Aufwendungen, wenn dieser den Bewerber zur Vorstellung wegen einer neuen Arbeitsstelle auffordert. Zu den typischen Vorstellungskosten (Auslagen und Verdienstausfälle) gehören Fahrt-, Übernachtungs- und Verpflegungskosten. Ein Anspruch auf Abgeltung eines genommenen Urlaubstags besteht nicht.

Warnstreik, ein besonderer Streik *(siehe dort).*

Wegeunfall, eine versicherte Tätigkeit des Arbeitnehmers auf dem Weg von der eigenen Wohnung zum Arbeitsplatz und zurück. Damit sind Unfälle auf diesem Weg Arbeitsunfälle und unterliegen dem Versicherungsschutz in der gesetzlichen Unfallversicherung (*siehe* Kapitel 12).

Weihnachtsgeld, eine vom Arbeitgeber gezahlte Gratifikation oder Sonderzuwendung, die nicht direkt in der Abgeltung erbrachter Arbeitsleistung besteht. Ein Rechtsanspruch auf Zahlung eines Weihnachtsgeldes kann sich aus dem Arbeitsvertrag, einem Tarifvertrag (als zusätzliche Leistung), der Gleichbehandlungspflicht und aus einer betrieblichen Übung ergeben.

Weisungsrecht, Direktionsrecht, das Recht des Arbeitgebers, Zeit, Ort und Art der Arbeit sowie das Verhalten der Arbeitnehmer im Betrieb festzulegen **(Betriebsordnung),** z. B. Rauchverbot im Betrieb. Somit ist ein Arbeitnehmer weisungsgebunden.
Der Umfang des Weisungsrechts wird durch gesetzliche Bestimmungen (z. B. Arbeitsicherheits-, Arbeitszeit-, Kündigungsschutzgesetz) sowie Mitbestimmungs- und Mitwirkungsrechte des Betriebsrats eingeschränkt. Besonderheiten: Die Befolgung einer rechtswidrigen Weisung kann grundsätzlich verweigert werden, in Notfällen muss der Arbeitnehmer vorübergehend Arbeiten übernehmen, die nicht in seinem Arbeitsvertrag genannt sind.

Weiterbildung, die Fortbildung *(siehe dort).*

Wettbewerbsverbot, Konkurrenzklausel: Der Arbeitnehmer darf nicht durch eine Tätigkeit in der gleichen Branche seinem Arbeitgeber tatsächlich oder vermeintlich Konkurrenz machen. Mit Beendigung des Arbeitsverhältnisses endet grundsätzlich auch diese Pflicht. Der Arbeitgeber kann sich vor einer anschließenden konkurrierenden Tätigkeit des ehemaligen Arbeitnehmers nur dadurch schützen, dass er mit diesem schriftlich gegen Entschädigung ein auf höchstens zwei Jahre befristetes Wettbewerbsverbot vereinbart.

Wirtschaftsausschuss, im Rahmen der betrieblichen Mitbestimmung ein vom Betriebsrat in Unternehmen mit mehr als 100 Beschäftigten gebildetes Organ. Er berät wirtschaftliche Angelegenheiten mit der Unternehmensleitung, u. a. die wirtschaftliche und finanzielle Situation des Unternehmens, Investitions- und Rationalisierungsvorhaben, Einführung neuer Arbeitsmethoden, organisatorische Veränderungen in den Betriebsstätten, z. B. Einschränkung oder Stilllegung von Betrieben oder Betriebsteilen. Der Wirtschaftsausschuss (drei bis sieben Mitglieder aus dem Unternehmen, darunter mindestens ein Betriebsratsmitglied) hat den Betriebsrat zu informieren.

Wochenarbeitszeit, die Arbeitszeit, die normalerweise in einer Woche gearbeitet wird. Sie dient als Orientierungsgröße im Arbeitszeitgesetz und bei

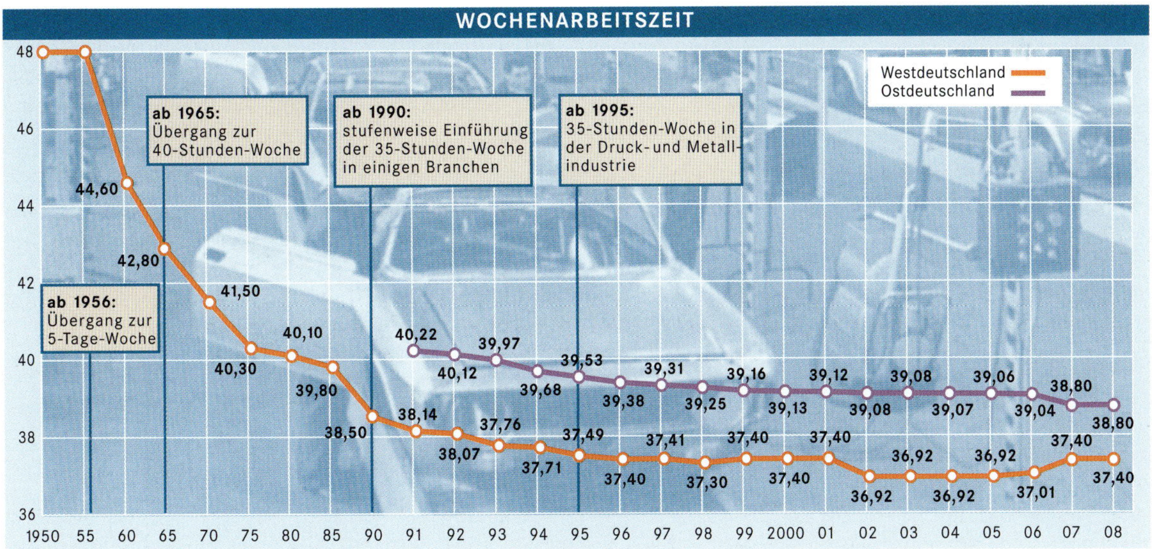

Wochenarbeitszeit. Entwicklung der durchschnittlichen tariflichen Wochenarbeitszeit in Deutschland

Tarifverhandlungen. In der Regel wird in Tarifverträgen von einer Fünftagewoche ausgegangen, das Arbeitszeitgesetz nennt allerdings als Rahmen die Sechstagewoche mit Achtstundentag, also eine maximal mögliche Wochenarbeitszeit von 48 Stunden. Seit der zweiten Hälfte der 1970er-Jahre wird diskutiert, ob und gegebenenfalls inwieweit die Verringerung der Arbeitszeit zur Reduzierung der Arbeitslosigkeit beitragen kann. Während die Gewerkschaften neben der Verkürzung der Lebensarbeitszeit insbesondere die Verkürzung der Wochenarbeitszeit anstrebten, setzten sich die Arbeitgeberverbände primär für mehr Arbeitszeitflexibilisierung ein, um eine kostensenkende Anpassung der Arbeitszeit an die Auftragsschwankungen zu erreichen.

Workaholics, Bezeichnung für die Arbeitnehmer und Manager, die karriereorientiert als Arbeitssüchtige auffallen. Workaholics arbeiten viel, sie werden getrieben von ihrer Arbeit. Negativer Stress kann zu Überarbeitung und Krankheit führen, zum ›Ausgebranntsein‹ (Burn-out-Syndrom), und die Kollegen belasten.

Zeitarbeit, die legale Beschäftigung und Überlassung von Arbeitnehmern auf Basis des Gesetzes zur Arbeitnehmerüberlassung *(siehe dort)* unter Beachtung aller arbeits- und sozialrechtlichen Bestimmungen. Dabei versteht man unter der Personaldienstleistung Zeitarbeit die Durchführung zeitlich begrenzter Arbeitsleistungen in Unternehmen (der Arbeitseinsatz in einem Betrieb darf höchstens zwei Jahre dauern). Die Zeitarbeitsfirma muss etwa auch dann Arbeitsentgelt zahlen, wenn für den Leiharbeitnehmer vorübergehend keine Beschäftigung gefunden wird. Zeitarbeit ist mit der Schaffung von Personalserviceagenturen *(siehe dort)* auch ein Instrument der Arbeitsmarktpolitik.

Zeitlohn, eine Lohnform *(siehe dort).*

Zeitstudien, die Analyse und Ermittlung von Arbeitszeiten. Ein in einzelne Arbeitsgänge zerlegter Arbeitsablauf wird jeweils exakt gemessen, um die Gesamtausführungszeit zu erhalten. Unter Berücksichtigung von Erholungszeiten und betrieblicher Wartezeiten (Verteilzeiten) erhält man mit der Ausführungszeit die **Vorgabezeit,** die verbindlich vorgegebene Zeit für einen Arbeitsablauf. Danach richtet sich die Zahl der Arbeitnehmer und die Lohnbemessung, z. B. beim Akkordlohn.

Zeugnis, das Arbeitszeugnis *(siehe dort).*

Zulage, über den Tariflohn hinausgehender einmaliger oder regelmäßiger Geldbetrag **(übertarifliche Zulage).** Sie wird freiwillig oder aufgrund einer nicht tarifvertraglichen Verpflichtung des Arbeitgebers gezahlt; oft ergibt sie sich aus dem Arbeitsvertrag oder einer betrieblichen Übung.

zusätzliche Leistung, Begriff in Tarifverträgen für das Urlaubsgeld *(siehe dort)* und das Weihnachtsgeld *(siehe dort)* im Sinne eines 13. oder 14. Monatsgehalts.
Einen tarifvertraglichen Anspruch auf Urlaubsgeld hatten (2008) 80 % der Arbeitnehmer (Ostdeutschland: 80 %), auf Weihnachtsgeld 85 % (Ostdeutschland: 75 %). Die zusätzlichen Leistungen entsprachen insgesamt durchschnittlich 65 % eines tariflichen Bruttomonatsentgelts (Ostdeutschland: 50 %).

Zuschläge, Zahlungen für besondere Leistungen oder Belastungen des Arbeitnehmers, z. B. für ungünstige Arbeitszeiten (Nachtarbeit, Spätschicht), Erschwernisse (Schmutz, Hitze). Hat der Arbeitgeber Überstunden angeordnet, muss er auch die meist in Tarifverträgen vereinbarten Überstunden- bzw. Mehrarbeitszuschläge bezahlen.

zweiter Bildungsweg, für berufstätige Erwachsene ein weiterer Schulabschluss in Bildungseinrichtungen (Abendrealschulen, Einrichtungen der Kammern, Abendfachschulen), um sich nach der Erstausbildung und beruflicher Tätigkeit weiterzuqualifizieren, z. B. in Abendgymnasien, Kollegs (Vollzeitunterricht) oder über Fernunterricht.

9

Wie werden Verbraucher geschützt?

Die bestmögliche Versorgung der Verbraucher – das ist eines der wichtigsten Ziele der marktwirtschaftlichen Ordnung. Dazu gehört, dass jeder in seiner Kauf- und Vertragsentscheidung frei ist. Es gilt der Grundsatz der Konsum- und Vertragsfreiheit. Dieses selbstverantwortliche Handeln der Verbraucher setzt ein entsprechendes Angebot der Produzenten, Händler oder anderer Vertragspartner, zum Beispiel aus dem Dienstleistungsbereich, voraus: Sie müssen die von den Verbrauchern nachgefragten Lebensmittel, Zeitschriften, Wohnungen, Urlaubsreisen in guter Qualität zu einem günstigen Preis bereithalten.

Die starke Stellung am Markt, wie sie sich für die Gesamtheit der Verbraucher in dieser vereinfachten Betrachtung ergibt, gilt allerdings nicht für jeden Verbraucher uneingeschränkt. Um die ihm zugedachte Rolle in der sozialen Marktwirtschaft zu spielen, müsste jeder Verbraucher einen umfassenden Marktüberblick haben, was aber wegen der Vielfalt des Angebots sehr erschwert ist. Da es auch immer wieder Versuche der Anbieterseite gibt, den Wettbewerb untereinander einzuschränken, muss der Staat auch im Interesse der Verbraucher Regeln vorgeben und durch verbraucherpolitische Maßnahmen unerwünschte Entwicklungen verhindern.

Dabei ist die Rechtsposition des Verbrauchers durch eine große Zahl wichtiger Gesetze gestärkt worden. Neben der Reform des Rechts der allgemeinen Geschäftsbedingungen, der Einführung eines befristeten Widerrufsrechts bei Haustürgeschäften und Abzahlungskäufen, der Neufassung der Preisangabenverordnung, der Reform des Lebensmittelrechts ist auch der verbesserte Schutz der Mieter zu nennen. Daneben fördern Bund und Länder die Information und Beratung der Verbraucher, indem sie beispielsweise zahlreiche Verbraucherorganisationen unterstützen. Auch die Europäische Union (EU) hat zahlreiche Richtlinien erlassen, die die Verbraucherinteressen besonders betonen.

Im folgenden Kapitel werden Begriffe aus dem Bereich der Verbraucherpolitik und des Verbraucherschutzes erläutert. Die Lektüre ersetzt allerdings keinesfalls eine gegebenenfalls notwendige Rechtsberatung.

Abstandszahlungen, eine besonders in Großstädten häufig von Hausmeistern oder Hausverwaltern geforderte Zahlung, um durch eine Art ›Eintrittsgeld‹ in eine bessere Wohnung gelassen zu werden. Eine solche Vermittlungsleistung verstößt gegen das Wohnungsvermittlungsgesetz: Ein Hausverwalter darf nicht gleichzeitig Wohnungsvermittler gegen Entgelt sein. Das Geld kann somit zurückgefordert werden. Auch Abstandszahlungen an den Vormieter (z. B. für Möbel) können zurückgefordert werden, soweit das Entgelt in einem auffälligen Missverhältnis zum Wert dieser Waren steht.

Abzahlungsgeschäft, der Ratenkauf *(siehe dort).*

AGB-Regelungen: Da der Wirtschaftskreislauf immer vielfältiger und die Zeit ein immer wirtschaftlicheres Gut wurde, haben Industrie und Handel Regelungen entwickelt, die als allgemeine

Geschäftsbedingungen (AGB), als vorformulierte, vertragsergänzende Klauseln in den Vertrag einbezogen werden. Da die Kunden (nur die Endverbraucher) durch dieses Kleingedruckte häufig in eine benachteiligte Vertragssituation geraten, wirkte seit 1977 das **Gesetz zur Regelung der Allgemeinen Geschäftsbedingungen** für eine ausgewogene Handhabung nach dem Grundsatz: Der Kunde darf nicht unangemessen benachteiligt werden. Seit 1. 1. 2002 sind die AGB Teil des Bürgerlichen Gesetzbuches (§§ 305 ff. BGB).
Nach dem BGB gehört das ›Kleingedruckte‹ nicht automatisch zum Vertrag, sondern nur, 1) wenn der Käufer ausdrücklich auf die AGB hingewiesen wurde (Hinweis auf der Vorderseite des Vertrages), 2) der Käufer in zumutbarer Weise von ihrem Inhalt Kenntnis nehmen kann (z. B. durch deutlich sichtbaren Aushang), 3) die AGB normal lesbar und verständlich sind, 4) der Käufer mit den AGB einverstanden ist.
Folgende wesentliche Bestimmungen gelten: 1) Persönliche Absprachen (die der Käufer dann natürlich belegen muss, am besten schriftlich) haben Vorrang vor den AGB. Wird beispielsweise der Skontoabzug im Vertrag genannt und im AGB dann verneint, so gilt nach den AGB die Zahlungsbedingung mit Skontoabzug. 2) Überraschende Klauseln sind nicht wirksam. So sind auch nicht automatisch regelmäßige spätere Wartungen, die der Käufer jeweils bezahlen muss, mit eingeschlossen. 3) Verbotene Klauseln sind unwirksam. Es ist beispielsweise nicht möglich, mit einem Preiserhöhungsvorbehalt Preise zu erhöhen, wenn die Lieferung innerhalb von vier Monaten nach Vertragsabschluss erfolgt. Auch kann keine Verkürzung der gesetzlichen Gewährleistungsfrist bei mangelhafter Lieferung (mindestens zwei Jahre) vorgenommen werden. 4) Ein Nachbesserungsvorbehalt in den AGB kann beinhalten, dass die bestellten Waren bei Fehlern nachgebessert werden. Eine Nachbesserung darf später allerdings nicht sichtbar sein. Ansonsten muss die Neulieferung oder der Rücktritt vom Vertrag möglich sein.

allgemeine Geschäftsbedingungen, vorformulierte Vertragsbedingungen für eine Vielzahl von gleichartigen Geschäften. Wer einen PC kauft, die Eröffnung eines Bankkontos beantragt oder eine Reise bucht, nimmt normalerweise die vertragliche Einbeziehung der allgemeinen Geschäftsbedingungen (AGB) hin. Der Bürger spricht vom Kleingedruckten, der Kaufmann nennt es Angebotsinhalt, im Marketing spricht man von Konditionenpolitik. Häufig werden diese Klauseln erst dann richtig gelesen, wenn bei der Vertragserfüllung Schwierigkeiten auftreten und dem Käufer dann – häufig zu spät – die Nachteile der Regelungen klar werden. Die AGB-Regelungen *(siehe dort)* haben die Rechtsposition der Verbraucher gegenüber unangemessener Benachteiligung wesentlich verbessert.

Anfrage, die rechtlich unverbindliche und formfreie Bitte an ein Unternehmen, Informationen über Produkte, Preise, Lieferungs- und Zahlungsbedingungen zu erhalten.

Angebot: Mit dem Angebot, rechtlich **Antrag** genannt, richtet sich der Anbieter (Händler, Dienstleistungsunternehmer) an eine bestimmte Person und erklärt dieser, unter welchen Bedingungen er bereit ist, Waren zu liefern oder eine Dienstleistung zu erfüllen. Der Anbieter ist rechtlich grundsätzlich an sein Angebot gebunden.
Bei den **Angebotsarten** gibt es an die Allgemeinheit gerichtete Angebote wie Massendrucksachen, Werbespots, Schaufensterauslagen. Sie sind nicht verbindlich. Deshalb muss eine im Schaufenster ausgestellte Ware für einen Kunden nicht herausgenommen werden. Bei den persönlichen Angeboten unterscheidet man neben den Freizeichnungsklauseln *(siehe dort)* auch befristete und unbefristete Angebote. Bei einem befristeten Angebot, z. B. ›gültig bis zum 31. Juli dieses Jahres‹, ist der Anbieter auch nur bis zum 31. Juli an sein Angebot gebunden. Das unbefristete Angebot ist zeitlich dennoch nicht unbefristet gültig. Der Kunde muss es auf dem gleichen Weg annehmen, wie es versendet wurde: Ein telefonisches Angebot muss sofort, eines per Fax oder E-Mail am gleichen Tag und ein briefliches Angebot innerhalb höchstens einer Woche (Postlaufzeit + Überlegungsfrist) angenommen werden; sonst ist es erloschen.
Die Bindung an sein Angebot ist dann nicht mehr gegeben, wenn ein rechtzeitiger Widerruf des Anbieters vorliegt (es muss spätestens mit Eintreffen des Angebots beim Kunden sein), eine Bestellung des Kunden eingeht, die vom Angebotsinhalt abweicht (z. B. Preis), oder eine zu späte Bestellung erfolgt.
Ein **Angebotsinhalt** sollte umfassen: Beschreibung der Ware nach Art, Güte und Beschaffenheit, Preis

einschließlich Nachlässen, Lieferungsbedingungen einschließlich Lieferzeit, Zahlungsbedingungen (bar oder auf Rechnung), Erfüllungsort (wer haftet bei Beschädigung der Ware auf dem Weg zum Kunden?) und Gerichtsstand (an welchem Ort werden eventuell Prozesse geführt?).

Annahme: Die Annahme des Angebots ist nötig, um zu einem gültigen Vertrag zu gelangen. Ein Schweigen auf ein Angebot gilt grundsätzlich als Ablehnung.
Die Zusendung **unbestellter Ware** ist ein Angebot. Ein Vertrag mit dem Versender kommt nur bei ausdrücklicher Annahme (insbesondere Zahlung) zustande. Ansonsten ist der Empfänger zu nichts verpflichtet; er kann die Sache sogar verbrauchen. Rücksendekosten trägt der ursprüngliche Versender.

Anwaltshonorar: Wurde keine besondere Vereinbarung getroffen, so bestimmt sich das Honorar nach dem Gesetz; Grundlage ist seit 2004 das Rechtsanwaltsvergütungsgesetz. Die gesetzlichen Gebühren richten sich nach dem Gegenstandswert und sind Mindestgebühren.

Anzahlung, Abschlagszahlung, Akontozahlung, bei Vertragsabschluss gegebene Teilzahlung.

Arbeitsgemeinschaft der Verbraucherverbände, Abkürzung **AgV,** Vorgängerin des Verbraucherzentrale Bundesverbandes *(siehe dort).*

arglistige Täuschung, die bewusste Angabe falscher oder die Unterdrückung wahrer Tatsachen trotz der Pflicht zur Aufklärung, z. B. wenn ein Vertrag über ein Handy als Festnetzvertrag ausgegeben wird oder der Verkäufer des Gebrauchtwagens einen Unfallschaden trotz Nachfrage verschweigt. Die getäuschte Person kann den Vertrag innerhalb eines Jahres nach der Entdeckung der Täuschung anfechten (§§ 123, 124, 143 BGB). Damit wird das Geschäft von Anfang an nichtig und die Vertragsparteien müssen bereits erbrachte Leistungen zurückgewähren. Ist ein Schaden eingetreten (z. B. ein Unfall mit Verletzung des Fahrers und Schaden am Auto), dann hat der Verkäufer u. U. zusätzlich Schadensersatz zu leisten. Die Verjährungsfrist beträgt bis zu 10 Jahre.

Arzneimittelrecht, gesetzliche Regelungen, die vor gesundheitlichen Gefahren schützen und zusätzlich den Verbraucher vor wirtschaftlichen Nachteilen bewahren sollen. Das Gesetz sorgt z. B. dafür, dass durch Arzneimittel Geschädigte einen Schadensersatzanspruch haben; dabei haftet der Hersteller für einen von seinem Arzneimittel verursachten Schaden auch dann, wenn er den Schaden nicht verschuldet hat. Das Gesetz unterwirft die Herstellung und den Vertrieb von Arzneimitteln strengen Regeln und eingehender staatlicher Kontrolle. Neue Arzneimittel dürfen grundsätzlich erst nach Prüfung und Zulassung durch das (staatliche) **Bundesinstitut für Arzneimittel und Medizinprodukte** (Sitz: Berlin) verkauft werden.

Auftragsbestätigung, die schriftliche Annahme eines Vertragsangebots durch den Verkäufer.

Ausverkauf, Sonderveranstaltungen zur Gewährung besonderer Kaufvorteile, zulässig als Schlussverkäufe *(siehe dort),* als Jubiläumsverkäufe (z. B. 25 Jahre Bestehen eines Unternehmens) und als Räumungsverkäufe wegen Schäden, Geschäftsaufgabe oder Umbau.

Barzahlung, eine Form der Zahlung, die meist durch persönliche Übergabe der Geldsumme erfolgt. Dabei ist eine Quittung *(siehe dort)* zu verlangen, um später den Nachweis der Zahlung belegen zu können.

Beratungs- und Prozesskostenhilfe: Mit diesen gesetzlichen Regelungen sollen Bürger mit geringem Einkommen auch zu ihrem Recht kommen können. Die **Beratungshilfe** beim Amtsgericht durch den Rechtspfleger gewährt eine fast kostenlose Rechtsberatung außerhalb eines gerichtlichen Verfahrens. Bei der im Rahmen eines Gerichtsverfahrens vom Gericht zu prüfenden **Prozesskostenhilfe** werden bei positiver Entscheidung die Kosten des Antragstellers für das Gericht und den eigenen Rechtsanwalt (vom Staat) übernommen.

Besitz, die tatsächliche Gewalt über eine Sache. Wenn die Tochter das Auto ihres Vaters fährt, ist sie Besitzerin, der Vater bleibt Eigentümer (ihm gehört das Auto, nachgewiesen durch den Kfz-Brief). Wird ein Haus vermietet, bleibt der Vermieter Eigentümer, der Mieter wird Besitzer. **Eigentum** ist definiert als rechtliche Herrschaft über eine Sache.

Bestellung, die Annahme eines Angebots durch den Kunden; auch der Antrag an den Lieferanten, der kein verbindliches Angebot vorgelegt hat.

Beurkundung, eine besondere Formvorschrift für jeden Kauf eines Grundstücks als gesetzlich vorgeschriebene notarielle Beurkundung durch einen Notar. Dabei berät der Notar die Beteiligten, weist auf mögliche Gefahren hin und kontrolliert, dass der Käufer das Grundstück erst erhält, wenn der Verkäufer den Kaufpreis erhalten hat. Dann erst folgt die Eintragung in das **Grundbuch** beim Amtsgericht. Die Notargebühren sind gesetzlich geregelt und richten sich nach der Kostenordnung.

Beweislastumkehr: Kauft ein Verbraucher eine neue Sache, beträgt die Gewährleistung *(siehe dort)* zwei Jahre. Tritt innerhalb der ersten sechs Monate ein Sachmangel auf, so ist immer davon auszugehen, dass die Sache bereits beim Kauf mangelhaft war (Beweislastumkehr nach § 476 BGB). Nach dieser Frist liegt die Beweislast beim Käufer.

Bioprodukte, Bezeichnung für Produkte aus dem ökologischen Landbau, die in einer EU-Verordnung lebensmittelrechtlich geregelt sind. Nur die pflanzlichen Lebensmittel, die die Vorgaben der Verordnung erfüllen, dürfen Bezeichnungen wie ›ökologisch‹, ›biologisch‹ tragen und mit dem Hinweis ›Ökologische Agrarwirtschaft – EWG-Kontrollsystem‹ gekennzeichnet werden. Auch ökologische Lebensmittel *(siehe dort)* der Mitglieder der Arbeitsgemeinschaft Ökologischer Landbau tragen das entsprechende Warenzeichen.

Bioprodukte. Das 2001 in Deutschland eingeführte Biosiegel

Seit Ende 2001 regelt ein Gesetz die Einführung eines eigenen Ökokennzeichens, das auf freiwilliger Basis für ökologische Lebensmittel verwendet werden kann. Dieses **Biosiegel** wird gemäß den Vorgaben der EG-Ökoverordnung überwacht, um Missbrauch auszuschließen.

blauer Umweltengel, eine Orientierungshilfe für den umweltbewussten Verbraucher. Das seit 1978 vergebene Symbol kennzeichnet Produkte, die über

blauer Umweltengel. Das deutsche Umweltzeichen

vergleichsweise günstige Umwelteigenschaften verfügen, z. B. weil das Produkt 1) kaum oder nur wenig Schadstoffe enthält (Asbest, Schwermetalle), 2) mehrfach verwendet werden kann (Mehrwegflaschen), 3) aus Altstoffen hergestellt wurde (Recyclingpapier), 4) energiesparend und schadstoffarm ist (Gasheizungen) oder 5) zum sparsamen Verbrauch anhält (Wasser sparende Armaturen). Das deutsche **Umweltzeichen** enthält das Umweltemblem der Vereinten Nationen (›blauer Engel‹) und wird befristet (meist für vier Jahre mit Verlängerungsmöglichkeit) von einer unabhängigen Jury vergeben. Das Prüfverfahren übernimmt das RAL *(siehe dort).*

Bonus, ein Preisnachlass, der einem Kunden nachträglich, meistens am Jahresende, in Form einer Gutschrift gewährt wird. Der Bonus ist als Belohnung für eine langjährige Geschäftsbeziehung bzw. für eine bestimmte Umsatzhöhe anzusehen.

Bundesministerium für Ernährung, Landwirtschaft und Verbraucherschutz, Abkürzung **BMELV,** im Januar 2001 im Zusammenhang mit der BSE-Krise und der Diskussion um Lebensmittelsicherheit neu strukturiertes Ministerium **(Verbraucherschutzministerium).** Es bündelt auf Bundesebene die Zuständigkeiten für Verbraucherpolitik und Verbraucherschutz, so auch die bis 2001 beim Bundeswirtschaftsministerium angesiedelte Kompetenz für die Verbraucherzentralen und die Stiftung Wa-

rentest. Seit Oktober 2002 ist das BMELV auch für die Gentechnik federführend.
Zu den Hauptaufgaben zählen ein vorsorgender gesundheitlicher Verbraucherschutz bei Lebensmitteln und kosmetischen Produkten, eine Verbesserung von Verbraucherinformation und -aufklärung, eine umwelt- und tiergerechte Erzeugung landwirtschaftlicher Produkte in hoher Qualität, die Entwicklung ländlicher Räume, die Weiterentwicklung der gemeinsamen Agrarpolitik in der EU. Zum Geschäftsbereich gehören neben sieben Bundesforschungsanstalten auch die Bundesanstalt für Landwirtschaft und Ernährung, das Bundesamt für gesundheitlichen Verbraucherschutz und Lebensmittelsicherheit und die Zentralstelle für Agrardokumentation und -information. Anschrift: Postfach 140270, 53107 Bonn; Telefon: 0228 995290; Internet: www.bmelv.de.

Bürgerliches Gesetzbuch, Abkürzung **BGB,** ein wichtiges Gesetzeswerk, das seit dem 1. 1. 1900 in Kraft ist und den wesentlichen Inhalt des Privatrechts bildet. Es gliedert sich in fünf Bücher. 2002 ist das BGB durch ein neues Schuldrecht reformiert worden. – Grafik S. 352

Bürgschaft, ein Vertrag, der den Bürgen verpflichtet, gegebenenfalls für Schulden eines Dritten (Schuldners) gegenüber dem Gläubiger aufzukommen. Die Bürgschaft ist für Privatpersonen nur gültig, wenn sie schriftlich abgeschlossen wurde. Dabei haftet der Bürge erst bei Ausfall der Zahlung durch den Schuldner, wobei vorher die Pfändung in dessen Vermögen versucht werden musste **(Ausfallbürgschaft).** Banken verlangen dagegen eine **selbstschuldnerische Bürgschaft.** Dabei haftet der Bürge wie der Schuldner selbst. Der Gläubiger kann in diesem Fall bei Nichtzahlung durch den Schuldner sofort den Bürgen zur Zahlung heranziehen.

Chemikaliengesetz, 1982 in Kraft getretenes Gesetz, das Menschen und Umwelt vor gefährlichen chemischen Stoffen schützen soll. Alle neuen Gefahrstoffe müssen vor Markteinführung geprüft und gekennzeichnet werden. Verboten ist z. B. der Einsatz von PCB. Daneben gibt es weitere Rechtsvorschriften, die den Verbraucher schützen sollen, z. B. das Gesetz über das Verbot des Pflanzenschutzmittels DDT, das Benzin-Blei-Gesetz, das den Bleigehalt des Benzins regelt, das Waschmittelgesetz zur Minderung der Schadstoffe im Abwasser.

Datenschutz, *siehe* Kapitel 8.

Dauerlieferungsverträge, Geschäfte, bei denen es um die regelmäßige Lieferung von Sachen gleicher Art geht, z. B. Bestellung einer Lexikonreihe, eines Zeitschriftenabonnements. Diese Verträge können innerhalb von zwei Wochen ohne Angabe von Gründen (schriftlich) widerrufen werden.

DIN, Abkürzung für **D**eutsche **I**ndustrie-**N**orm. Zuständig für die Normung (*siehe* Kapitel 7) ist das **DIN Deutsche Institut für Normung e. V.** (Sitz: Berlin). Inzwischen existieren mehr als 25 000 DIN-Normen und Normentwürfe, die im Zusammenhang mit Produkten nur verwandt werden dürfen, wenn sie diesen Regeln genau entsprechen.

BÜRGERLICHES GESETZBUCH

Allgemeiner Teil §§ 1–240	Schuldrecht §§ 241–853	Sachenrecht §§ 854–1296	Familienrecht §§ 1297–1921	Erbrecht §§ 1922–2385
Natürliche Personen Juristische Personen Rechtsgeschäfte Vertretung und Vollmacht Fristen und Termine Verjährung Sicherheitsleistung	Schuldverhältnis Gläubiger-Schuldner Begründung und Erlöschen von Schuldverhältnissen Schuldübertragung Schuldübernahme Einzelne Schuldverhältnisse Kauf, Tausch, Miete, Pacht, Leihe, Schenkung, Darlehen, Dienstvertrag, Werkvertrag, Bürgschaft, unerlaubte Handlungen, Schadenersatz	Besitz Eigentum Eigentumsübertragung, Aneignung, Fund, Miteigentum Nutzungsrecht an beweglichen Sachen Pfandrecht, Nießbrauch Grundpfandrecht Hypothek, Grundschuld, Rentenschuld	Verlöbnis Ehe Eheschließung, eheliches Güterrecht, Gütertrennung Ehescheidung Verwandtschaft Unterhaltspflicht Elterliche Sorge Annahme als Kind Vormundschaft Betreuung Pflegschaft	Gesetzliche und testamentarische Erbfolge Rechtsstellung des Erben Erbschein Pflichtteil Erbverzicht Testament Testamentsvollstrecker Erbvertrag

Bürgerliches Gesetzbuch. Die Gliederung des BGB

Direktkauf, Einkauf des Verbrauchers direkt beim Hersteller ohne Einschaltung anderer Absatzorgane (Händler), z. B. Damenmode bei Escada, Herrenbekleidung bei Hugo Boss. Aus Produzentensicht spricht man von **Direktvertrieb, Direktabsatz** oder **Direktverkauf.** Bei diesem Vertriebssystem werden Dienstleistungen sowie Konsum- und Investitionsgüter vom Erzeuger unmittelbar an den letzten Verwender oder Verbraucher ohne Einschaltung eines Groß- oder Einzelhandelsunternehmens verkauft. Der Verkauf findet meist über Außendienstmitarbeiter in der Wohnung oder am Arbeitsplatz der entsprechenden Zielperson, auf Straßen, Märkten, Messen, aber auch in Versand- und Filialgeschäften des Herstellers statt. Zunehmend verbreitet ist auch der eigene Verkauf im Produktionsbetrieb **(Fabrikverkauf)** oder in einem besonderen Einkaufszentrum, dem Factory-Outlet-Center *(siehe dort).* Spezielle Publikationen **(Schnäppchenführer)** weisen auf die Möglichkeiten des Direktkaufs hin.

Discounter, Einzelhandelsgeschäft, das ein begrenztes, auf raschen Umschlag ausgerichtetes Sortiment von Waren dauerhaft zu niedrig kalkulierten Preisen anbietet und auf Dienstleistungen (Bedienung, Beratung, Kundendienst) weitgehend verzichtet wie **Lebensmitteldiscounter.**

Duales System Deutschland. Der grüne Punkt auf einer Einwegverpackung

Duales System Deutschland, Abkürzung **DSD,** zusätzlich zur öffentlichen Abfallentsorgung aufgebautes zweites System zur Erfassung und Verwertung von Verpackungsmaterial. Gesetzliche Grundlage für die vom Handel und von der Verpackungsindustrie gegründete **Duales System Deutschland GmbH** ist die Verpackungsverordnung *(siehe dort).* Seit 2005 gehört das Unternehmen einem amerikanischen Finanzinvestor.

Das DSD vergibt nach Vorlage einer Verwertungsgarantie der Verpackungshersteller Lizenzen gegen Entgelte. Verpackungen mit solchen Lizenzen sind am **grünen Punkt** erkennbar.

In den meisten Städten und Gemeinden werden Verpackungsmaterialien mit dem grünen Punkt in ›gelben Tonnen‹ oder ›gelben Säcken‹ bei den Haushalten gesammelt. Aufgabe des DSD ist der Abtransport sowie die Weiterleitung der sortierten Abfälle an die Entsorgungsunternehmen. Neben dem DSD gibt es weitere Anbieter dualer Entsorgungssysteme, allerdings hat das DSD weiterhin eine marktbeherrschende Stellung.

Duty-free, *siehe* Kapitel 6.

EAN-System, internationales System zur Kennzeichnung von Erzeugnissen. EAN steht für **E**uropäische **A**rtikel**n**ummerierung. Die aus 13 Stellen bestehende **EAN-Nummer** kennzeichnet mit den beiden ersten Stellen das Herkunftsland der Ware (Deutschland hat die Ziffern 40 bis 43), mit den folgenden fünf den Hersteller; die fünf weiteren Stellen bezeichnen den eigentlichen Artikel, die 13. Stelle enthält eine Prüfziffer. Zur Produktkennzeichnung wird die EAN-Nummer im maschinell lesbaren **EAN-Strichcode** verschlüsselt, der eine automatische Erfassung der Verkaufsdaten an Computerkassen des Handels ermöglicht (Scanning).

E-Commerce, Kurzwort für **Electronic Commerce,** Oberbegriff für alle Handelsgeschäfte, die über das **Internet** abgewickelt werden. Dabei ist in der Mehrheit der Fälle gemeint, dass Endverbraucher im Rahmen des Internetshoppings *(siehe dort)* elektronisch bestellen.

Eigentum, *siehe* Besitz.

Eigentumsvorbehalt, Vereinbarung darüber, dass der Verkäufer einer Sache so lange Eigentümer bleibt, bis der Käufer den Kaufpreis vollständig bezahlt hat. Kommt der Schuldner in Zahlungsverzug, dann hat der Lieferant das Recht, die Ware zurückzunehmen und vom Vertrag zurückzutreten.

Einkaufszentrum, einheitlich geplante und errichtete Anlage mit rechtlich selbstständigen Einzelhandels- und Dienstleistungsbetrieben. Merkmale sind

EAN-SYSTEM

Präfix	Herstellernummer		
= Bundeseinheitliche Betriebsnummer der Leguan Schreibwaren GmbH		Individuelle Artikelnummer des Herstellers	Prüfziffer
4 0	1 2 3 4 5	0 0 3 1 5	4
Leguan Schulfüller >de Luxe<, metallicfarben, Goldfeder, Etui Rindleder			

4 012345 003154

EAN-System.
Beispiel für eine Artikelnummer und deren Strichcode auf den Produkten

die einheitliche Verwaltung (Werbung, Bewachung, Raumpflege, Mietverträge usw.), die auf das Einzugsgebiet abgestimmte Mischung von Anbietern (nach Anzahl und Art), eine verkehrsgünstige Lage und ein umfassendes Parkplatzangebot.

Einwegpfandregelung: Seit 1. 5. 2006 sind Einzelhändler verpflichtet, alle Getränkeverpackungen zurückzunehmen und Pfand zu erstatten. Sie müssen alle Einweggetränkeverpackungen der Materialart zurücknehmen, die sie im Sortiment führen. So muss ein Händler, der nur PET-Einwegflaschen anbietet, keine Dosen oder Einweg-Glasflaschen zurücknehmen, wohl aber alle PET-Einwegflaschen, unabhängig von der Form, Größe oder Marke. Kleine Geschäfte (unter 200 m^2) dürfen die Rücknahme auf die bei ihnen verkauften Marken beschränken. Der Handel hat als gemeinsames Rücknahmesystem die **Deutsche Pfandsystem GmbH** (DPG) gegründet.
Darüber hinaus unterliegen neben den bereits bepfandeten Getränken in Einwegverpackungen (wie Bier, Mineralwasser oder kohlensäurehaltige Erfrischungsgetränke) folgende Getränke in Einwegverpackungen der Pfandpflicht: Erfrischungsgetränke ohne Kohlensäure (z. B. Eistee oder aromatisiertes Wasser), alkoholische Mischgetränke mit einem Alkoholgehalt von weniger als 15 Vol.-% (sogenannte Alkopops) und bestimmte Sportlergetränke. Pfandfrei bleiben weiterhin Fruchtsäfte, Fruchtnektare, Gemüsesäfte, Gemüsenektare, Milch, Mischgetränke mit einem Anteil von mindestens 50 % Milch/Milcherzeugnissen, diätetische Getränke im Sinne der Diätverordnung, Spirituosen, Wein und Mischgetränke mit einem Anteil von mindestens 50 % Wein und Einwegverpackungen, die als ökologisch vorteilhaft gelten wie der Getränkekarton, der Folien-Standbodenbeutel und der Schlauchbeutel. Nach der Verpackungsverordnung dürfen pfandpflichtige Einweggetränkeverpackungen nicht mehr über duale Systeme (also über die haushaltsnahe Sammlung) entsorgt werden. Handelsunternehmen, die Einweggetränkeverpackungen verkaufen, werden somit zu sogenannten Selbstentsorgern und haben die Rücknahme und Pfanderhebung selbst zu organisieren.

Einwegverpackung, eine Verpackung *(siehe dort).*

Einzelhandel, alle Handelsbetriebe, die an den Endverbraucher (Konsument) verkaufen. Die Waren erhalten diese Unternehmen beispielsweise vom Großhandel *(siehe dort)* oder vom Hersteller. Unterschieden wird der stationäre Einzelhandel mit festen Verkaufsräumen, der ambulante Einzelhandel (z. B. Verkaufsstand auf dem Wochenmarkt), der Versandhandel *(siehe dort)* und der E-Commerce *(siehe dort).*
Zu den Betriebsformen des stationären Handels gehören der Tante-Emma-Laden *(siehe dort),* das Fachgeschäft *(siehe dort),* das Spezialgeschäft, Warenhäuser *(siehe dort)* und Kaufhäuser *(siehe dort),* Discounter *(siehe dort),* Filialbetriebe *(siehe dort),* Fachmärkte *(siehe dort),* Supermärkte *(siehe dort),* Verbrauchermärkte *(siehe dort)* sowie Selbstbedienungswarenhäuser und Einkaufszentren *(siehe dort).*

Energiekennzeichnung: Große Elektrogeräte müssen seit dem 1. 1. 1998 mit den wesentlichen Umweltdaten (bei Waschmaschinen z. B. Energieverbrauch, Wasch-, Schleuderwirkung, Wasserverbrauch, Geräusch) gekennzeichnet sein. Das neue Etikett dieser Energieverbrauchskennzeichnungsverordnung gibt dem Verbraucher Hilfe bei der Kaufentscheidung für Elektrogeräte.

E-Nummern, die Zusatzstoffe *(siehe dort)* bei Lebensmitteln.

Erfüllungsort, der Leistungsort. An diesem Ort hat der jeweilige Schuldner seine Leistung zu erbringen, d. h., der Lieferant hat seine Ware bereitzustellen, der Käufer das Geld bereitzuhalten.
Der **gesetzliche Erfüllungsort** ist der Wohnsitz oder Geschäftssitz des Schuldners (für die Ware der Geschäftssitz des Lieferers, für die Zahlung der Wohnsitz des Käufers). Der **vertragliche Erfüllungsort** wird durch Vereinbarung festgelegt, z. B. ›Erfüllungsort für beide Teile ist Kassel‹.

erste Wahl, Produkte, die sich qualitativ unterscheiden, z. B. keine Fehler aufweisen wie bei Porzellan, Textilien. Sind Fehler sichtbar, wird von zweiter Wahl oder dritter Wahl gesprochen.

Fachgeschäft, Form des stationären Einzelhandels i. d. R. in Innenstädten mit einem tiefen Sortiment (von den geführten Warengattungen, z. B. Textilien, Elektrogeräte, sind zahlreiche alternative Qualitäten, Farben, Größen, Preislagen vorhanden); der Kunde erwartet neben der Auswahl eine professionelle Beratung sowie einen umfangreichen und kompetenten Service. Das **Spezialgeschäft** bietet nur einen Ausschnitt des Sortiments eines Fachgeschäftes, diesen jedoch in sehr großer Tiefe.

Fachmarkt, großflächige Betriebsform des stationären Einzelhandels, die ein spezialisiertes Sortiment (zielgruppen- oder bedarfsorientiert) im Non-Food-Bereich in großer Breite und Tiefe überwiegend in Selbstbedienung anbietet. Das Prinzip des Fachgeschäfts wird durch ein abgesenktes Beratungs- und Serviceniveau, geringeren Bedienungsgrad, gut gegliederte und meist großflächige Warenpräsentation sowie ein mittleres bis niedriges Preisniveau und häufige Sonderangebote abgewandelt oder mit dem des Discounters kombiniert. Fachmärkte existieren z. B. in Form von Bau- und Heimwerker-, Bekleidungs-, Drogerie-, Sport-, Büro-, Möbel-, Elektro- und Elektronik- sowie Gartenbedarfsmärkten.

Factory-Outlet-Center, Abkürzung **FOC,** Einkaufszentren, die Handelsbetriebe von Herstellern von Markenartikeln und/oder Designerprodukten (z. B. Textilien, Schuhe) unter Ausschaltung des Groß- und Einzelhandels ›auf der grünen Wiese‹ zusammenfassen. Findet der herstellereigene Verkauf in dem Produktionsbetrieb statt, spricht man von **Fabrikverkauf.**

Fälligkeit, Zeitpunkt, zu dem der Gläubiger vom Schuldner die Leistung (Lieferung, Dienstleistung) verlangen kann. Ist dafür im Vertrag keine Zeit festgelegt, so kann der Leistungsempfänger die Leistung sofort verlangen, der Schuldner sie auch sofort bewirken, z. B. bezahlen. Ist dagegen eine Zeit der Leistung bestimmt, dann kann der Gläubiger diese nicht vor Ablauf dieser Zeit verlangen, der Schuldner sie allerdings schon vorher bewirken.

Fernabsatzverträge, Geschäfte zwischen Verbraucher und Unternehmen, die ausschließlich per Telefax, E-Mail oder Internet (das BGB spricht von Fernkommunikationsmitteln) abgeschlossen werden. Verbraucher können während einer Frist von 14 Tagen Waren zurückgeben und erhalten den Kaufpreis zurück. Bei einem Warenwert unter 40 € liegen die Kosten der Rücksendung beim Kunden. Die Anbieter werden im Sinne des Verbraucherschutzes verpflichtet, Waren, Dienstleistungen und Vertragsbedingungen transparent zu beschreiben, einschließlich der Preisangabe wie im sonstigen Einzelhandel.

Fertigpackungen: Diese Form der Verbrauchsgewohnheiten gibt dem Verbraucher weder die Möglichkeit, die gewünschte Menge frei zu wählen, noch die Füllmenge zu kontrollieren. Deshalb hat der Gesetzgeber in der Verpackungsverordnung *(siehe dort)* die Pflicht zur Angabe der Füllmenge vorgeschrieben.
Auch muss neben dem Endpreis zusätzlich der **Grundpreis,** d. h. der Preis für ein Kilogramm oder einen Liter oder 100 Gramm (bei kleineren Mengen), angegeben werden, z. B. für Lebensmittel, Wasch- und Reinigungsmittel, kosmetische Mittel, gebrauchsfertige Lacke und Anstrichmittel. Bei Lebensmitteln in Fertigpackungen sind die Zutaten und das Mindesthaltbarkeitsdatum anzugeben.

Filialbetrieb, Unternehmen mit mehreren räumlich voneinander getrennten Zweigbetrieben (Filialen). Kennzeichnend sind eine zentrale Unternehmenspolitik (gemeinsame Preispolitik, Werbung, Ladengestaltung), ein zentrales Warenlager sowie eine einheitliche Beschaffung, Abrechnung und Kontrolle. Zu diesen Betrieben (im Lebensmitteleinzelhandel auch als Massenfilialbetriebe bezeichnet) zählen z. B. Warenhausunternehmen, Verbrauchermärkte, SB-Warenhäuser und freiwillige Ketten.

FORMVORSCHRIFTEN			
Formfreiheit	**Schriftform**	**Öffentliche Beglaubigung**	**Öffentliche Beurkundung**
Hier gibt es weder inhaltlich noch formal irgendwelche Rechtsvorschriften. Gültig sind alle Willenserklärungen im Rahmen der bestehenden Gesetze.	Willenserklärungen müssen schriftlich abgefasst werden, damit sie gültig sind. Dies ist vor allem wichtig, damit eventuell rechtliche Schritte dagegen unternommen werden können.	Die Echtheit der Unterschrift unter dem geäußerten Willen wird von einem Notar oder dem Amtsgericht bestätigt.	Nicht nur die Unterschrift, sondern der gesamte Inhalt der Willenserklärung wird von einem Notar bestätigt.
Beispiel:	Beispiele:	Beispiele:	Beispiele:
Kaufvertrag	Arbeitsverträge Kündigungen Haustürgeschäfte Kreditverträge private Bürgschaftserklärungen Ausbildungsverträge längere Mietverträge	Eintragung einer Hypothek im Grundbuch Beglaubigung eines Testaments durch den Notar Eintragung einer Gesellschaft (OHG, GmbH) in das Handelsregister	Grundstücksvertrag Gütertrennung in der Ehe (Ehevertrag)

Formvorschriften. Die verschiedenen Formvorschriften

Fixkauf, Fixgeschäft, ein Vertrag, in dem die Leistung (Lieferung/Dienstleistung) zu einem kalendermäßig festen Termin (›Lieferung am 31. 8. fix‹) oder innerhalb einer bestimmten Frist (›Lieferung bis zum 31. 8.‹) ausgeführt sein soll. Erfüllt der Schuldner diesen Vertrag nicht fristgerecht, so ist der andere Vertragsteil zum Rücktritt berechtigt.

Formvorschriften: Formvorschriften gibt es für die Abgabe von Willenserklärungen im Normalfall ebenso wenig wie über den Inhalt. Bestimmte Verträge schränken diese Formfreiheit ein.

Freizeichnungsklausel: Freizeichnungsklauseln werden vom Anbieter festgelegt und heben das Angebot auf oder schränken es ein. Beispiele: ›unverbindlich‹ = das Angebot kann geändert oder zurückgenommen werden; ›Preise freibleibend‹ = die angegebenen Preise können sich ändern; ›solange der Vorrat reicht‹ = die Menge ist unverbindlich, sie kann nach einiger Zeit ausverkauft sein, ohne dass man als Käufer einen Anspruch auf den ›alten‹ Preis geltend machen kann.

Garantie, die freiwillige vertragliche Verpflichtung des Verkäufers oder Herstellers für die Funktionsfähigkeit einer Sache und dafür, aufgetretene Mängel innerhalb einer Frist (›Garantie drei Jahre‹) unentgeltlich zu beseitigen. Diese Garantieerklärung ist dem Käufer schriftlich mitzuteilen (§ 477 BGB). Während eine Garantie lediglich eine Mängelbeseitigung vorsieht, nicht jedoch einen Rücktritt vom Vertrag, ist der Käufer ausdrücklich auf die Möglichkeit des Rücktritts vom Vertrag hinzuweisen, sofern die Garantiereparaturen fehlschlagen. Dies ist das gesetzliche Recht der Gewährleistung *(siehe dort).*

Garantiekarte, vom Hersteller vielen Haushaltsgeräten beigelegtes Dokument, in dem er sich innerhalb einer bestimmten Frist zum kostenlosen Austausch fehlerhafter Teile verpflichtet.
Für den Käufer sollte allerdings innerhalb der ersten zwei Jahre nach Übergabe der Sache bei auftretenden Fehlern der Händler erster Ansprechpartner sein. Erst nach Ablauf dieser Frist ist der Hersteller anzusprechen, wenn dieser in seiner Garantiekarte eine längere Frist einräumt (etwa drei Jahre). Dieser muss eine Reparatur vornehmen, kann dafür allerdings keine Anfahrt- oder auch Arbeitskosten in Rechnung stellen.

Gattungskauf, der Kauf von Waren, die der Gattung (Art) nach bestimmt werden und austauschbar sind wie Zeitschriften, Bekleidung, Heizöl, Lebensmittel (z. B. 2 kg spanische Orangen der Handelsklasse I). Im Kaufvertrag werden diese **Gattungswaren** durch Angaben wie Farben, Muster, Qualität, Preis, Menge näher bestimmt. Der Verkäufer ist verpflichtet, eine mittlere Qualität der Ware zu liefern, wenn nichts anderes vereinbart ist. Der Gegenbegriff ist der **Spezieskauf,** z. B. der bestimmte Pkw der Frau Meier, den diese verkaufen will.

Gebrauchsanweisungen, Unterlagen, die i. d. R. Gebrauchsgütern beigelegt werden, die erklärungsbedürftig sind, z. B. Waschmaschine, Geschirrspüler, oder durch die sie in einen nutzbaren Zustand versetzt werden, z. B. Möbel, die zusammengebaut werden müssen.

Gebrauchsgüter, *siehe* Kapitel 1.

Gebrauchsmusterschutz, auch als kleines Patent bezeichnet, schützt eine Erfindung (z. B. ein neuer Griff beim Pkw) ohne die für ein Patent zwingend notwendige Prüfung auf Weltneuheit und Erfindungsgeist. Die Eintragung erfolgt in die Gebrauchsmusterrolle beim Deutschen Patent- und Markenamt in München. Allerdings wird der Ideengeber höchstens zehn Jahre geschützt.

Gebrauchtwaren, schon benutzte (englisch auch ›second-hand‹, aus zweiter Hand) Waren, die meist in besonderen **Secondhandshops**, aber auch über Internetauktionshäuser angeboten werden, z. B. Bekleidung, Spielsachen. Bei hochwertigen und auch hochpreisigen Gütern, z. B. Schmuck, sollte sich der Kunde die Echtheit bescheinigen lassen, um seine Rechte wahren zu können.
Nach dem Schuldrecht des BGB gilt ab 2002 generell für Gebrauchtwaren die Gewährleistungsfrist von zwei Jahren für Händler; dieser kann sie bis auf ein Jahr verkürzen. Dies gilt auch für den Kauf von **Gebrauchtwagen.** Hier muss der Verkäufer auch für die Eigenschaften des Fahrzeugs einstehen, die er bei Vertragsabschluss zugesichert hat; dafür haftet er auch. Dazu gehören z. B. Angaben über das Alter/Baujahr, Kilometerleistung, Begriffe wie ›unfallfrei‹ (das Fahrzeug darf vorher keinen erheblichen Schaden erlitten haben), ›TÜV neu …‹ (der Wagen muss bei der Übergabe verkehrssicher sein). Fehlt dem Gebrauchtwagen eine zugesicherte Eigenschaft oder wurde ein Unfall verschwiegen, dann steht dem Käufer ein Anspruch auf Schadensersatz zu und er kann vom Vertrag zurücktreten. Für unbekannte oder später auftretende Mängel kann aber die Einstandspflicht vertraglich ausgeschlossen werden.

gelber Sack, gelbe Tonne, Sammelform für wiederverwertbare Verpackungen, die im Auftrag des Dualen Systems Deutschland *(siehe dort)* ohne Entgelt abgeholt und der Wiederverwertung zugeführt werden.

Geld-zurück-Garantie, eine Form der Produktanpreisung, die den Kunden verspricht, Produkte bei Nichtgefallen (sie müssen auch keine Mängel aufweisen) zurückzunehmen und den Kaufpreis zurückzuzahlen.

Genlebensmittel, Novel Food, Bezeichnung für Lebensmittel, die aus gentechnisch veränderten Organismen bestehen, mit deren Hilfe hergestellt werden oder gentechnisch hergestellte Zusatzstoffe enthalten. Zum Schutz der Verbraucher ist nach der Novel-Food-Verordnung der EU von 1997 stets sicherzustellen, dass ein Produkt unbedenklich ist. Die gesundheitliche Bewertung neuartiger Lebensmittel erfolgt durch das Bundesinstitut für Risikobewertung und das Bundesamt für Verbraucherschutz und Lebensmittelsicherheit in Berlin. Genlebensmittel dürfen nur dann auf den Markt gebracht werden, wenn sie keine Gefahr für den Verbraucher darstellen, sie keine Irreführung bewirken und sie gegenüber einem traditionellen Produkt zu keinen Ernährungsmängeln führen.

Gerätesicherheitsgesetz, Gesetz, das die Hersteller und Importeure verpflichtet, nur solche Arbeitsmittel, Maschinen und Werkzeuge in den Verkehr zu bringen, die europäischen oder deutschen Schutzvorschriften entsprechen. Ziel ist der wirksame Schutz vor Unfallgefahren. Das Gesetz umfasst auch Spielzeug, Haushalts- und Sportgeräte, Bastelmaterial und sieht die Verleihung eines Sicherheitszeichens, des GS-Zeichens *(siehe dort),* vor.

Gerichtsstand: Es geht um die Frage, welchen **Gerichtsort** ein Verbraucher bei Auseinandersetzungen mit einem Verkäufer zu wählen hat. Nach dem BGB besteht der Gerichtsstand am Wohnsitz des Schuldners (bei fehlender Zahlung also am Wohn- oder Geschäftssitz des Käufers); liefert der Verkäufer nicht, wäre der Gerichtsstand sein Geschäftssitz. Bei Haustürgeschäften ist der Gerichtsstand immer am Wohnort des Kunden. Abweichende Vereinbarungen über den Gerichtsstand sind nur unter Kaufleuten zulässig.

Gerichtswesen: Die Gerichte des Staates haben dafür Sorge zu tragen, dass jeder Bürger ›sein‹ Recht erhält. Dazu ist die Judikative – neben dem Bundesverfassungsgericht – gegliedert in die **ordentliche Gerichtsbarkeit** mit Zivil- und Strafgerichten und die **besondere Gerichtsbarkeit** mit Verwaltungs-, Finanz-, Sozial- und Arbeitsgerichten. Die Zuständigkeiten sind sehr unterschiedlich.
Beispiel: Verlangt ein Käufer Schadensersatz oder klagt ein Händler auf Zahlung des Kaufpreises, dann ist ein **Zivilprozess** fällig, der mit einer Klage beginnt. Dafür ist das **Amtsgericht** zuständig, in dessen Bezirk der Schuldner seinen Wohn- bzw. Firmensitz (Gericht am Erfüllungsort) hat, wenn der Streitwert bis zu 5 000 € beträgt. Außerdem ist das

Amtsgericht (unabhängig von der Höhe des Streitwerts) bei Mietstreitigkeiten, Zwangsvollstreckungen, Insolvenzen zuständig. Auch werden dort die Familiengerichte gebildet.
Das **Landgericht** ist in erster Instanz in Zivilsachen mit einem höheren Streitwert zuständig, wobei Anwaltszwang besteht. Der Aufbau der ordentlichen Gerichtsbarkeit ist vierstufig: 1) Amtsgericht, 2) Landgericht (LG), 3) Oberlandesgericht (OLG), 4) Bundesgerichtshof (BGH). Allerdings kann jeder Prozess höchstens drei Instanzen durchlaufen.
Mit dem **Berufungsverfahren** erfolgt ein neues Rechtsfindungsverfahren, wobei neue Tatsachen ermittelt und auch neue Gesetzesanwendungen möglich sind, sodass ein anderes Urteil als in der Vorinstanz gefällt werden kann. Bei der **Revision** überprüft das OLG oder der BGH nur, ob das angefochtene Urteil gesetzliche Bestimmungen verletzt hat. Neue Tatsachen und Beweismittel werden nicht erhoben.
Das zivilrechtliche Verfahren ist in der **Zivilprozessordnung** (ZPO) geregelt, die auch die Kostenpflicht – auch für die Gutachter – festlegt. Demnach hat die unterliegende Partei alle Kosten des Rechtsstreits zu tragen, auch die Aufwendungen des Gegners (§ 91 ZPO).
Häufig wird ein **Vergleich** der streitenden Parteien gefunden, wobei durch diese Abmachungen ein gegenseitiges Nachgeben verlangt wird. Der Richter muss dann kein Urteil formulieren und begründen.

Geschäftsfähigkeit: Als geschäftsfähig gelten Personen, die Willenserklärungen rechtsgültig abgeben und entgegennehmen können. Die unbeschränkte oder volle Geschäftsfähigkeit erreicht man mit 18 Jahren. Nur **voll geschäftsfähige** Personen können eigenständig ein Konto eröffnen oder wesentliche Kaufverträge oder Kreditverträge abschließen.
Um Menschen vor den Gefahren des Rechts- und Geschäftsverkehrs zu schützen, versagt das Gesetz Geschäftsunfähigen selbstständige Handlungsmöglichkeiten. **Geschäftsunfähig** und damit handlungsunfähig sind Kinder unter sieben Jahren und dauernd Geisteskranke. Die Willenserklärung eines Geschäftsunfähigen ist nichtig, d. h. von Anfang an ungültig. Hat also ein 30-jähriger Geisteskranker seinen PC verkauft für eine Flasche Bier, so gilt dieses Geschäft nicht, auch wenn der Vertrag schriftlich abgeschlossen wurde.
Kinder bzw. Jugendliche zwischen sieben und 18 Jahren sind **beschränkt geschäftsfähig.** Sie benötigen grundsätzlich die Zustimmung der Eltern bzw. Sorgeberechtigten für den wirksamen Abschluss von Rechtsgeschäften. Weiterhin sind beschränkt geschäftsfähig Personen, die unter Betreuung stehen.
Werden Rechtsgeschäfte von Minderjährigen ohne vorherige Zustimmung der Eltern abgeschlossen, dann ist der Vertrag schwebend unwirksam, d. h., er ist entweder unwirksam bei Ablehnung durch die Eltern oder er wird wirksam bei nachträglicher Genehmigung. Minderjährige dürfen Geschenke auch ohne Zustimmung der Eltern annehmen (Schenkung ist ein Vertrag) sowie Kaufverträge mit dem ihnen zur Verfügung gestellten Geld abschließen, wobei Barzahlung Bedingung ist (§ 110 BGB = Taschengeldparagraf).

Geschmacksmuster, Muster (z. B. Tapetenmuster) und Modelle (z. B. neue Flaschenform), die neu sind und demnach auf einer schöpferischen Leistung beruhen. Sie sind rechtlich schutzfähig. Der Urheber allein darf das Geschmacksmuster verbreiten, wenn er dies beim Deutschen Patent- und Markenamt in München angemeldet hat. Der **Geschmacksmusterschutz** dauert fünf Jahre und kann bis auf höchstens 20 Jahre verlängert werden.

Gewährleistung, die Haftung des Verkäufers für den Vertragsinhalt; die Unterscheidung erfolgt nach Rechtsmängeln (der Nachbar verkauft uns einen PC; er haftet dann dafür, dass dieser ihm auch gehört) und Sachmängeln (der Verkäufer haftet für die vereinbarte Beschaffenheit der Sache).
Treten **Mängel** auf in der Art (z. B. falsche Ware wird geliefert), in der Güte (z. B. eine zugesicherte Eigenschaft fehlt), in der Beschaffenheit (z. B. die Ware ist beschädigt), in der Menge (z. B. zu wenig oder zu viel wird geliefert), so hat der Käufer die festgestellten Mängel dem Verkäufer in Form einer **Mängelrüge** schriftlich mitzuteilen. Beim Kauf zwischen Privatleuten (bürgerlicher Kauf) bzw. beim einseitigen Handelskauf (die Vertragspartner sind Kaufmann und Privatmann) sind Mängel innerhalb von zwei Jahren nach Lieferung zu rügen **(Gewährleistungsfrist).**
Dem Käufer einer neuen Ware, der die bemängelte Ware auf Kosten des Verkäufers aufzubewahren hat, werden nach dem BGB folgende **Gewährleistungsansprüche** eingeräumt: zunächst Nacherfül-

lung *(siehe dort),* also Nachbesserung (Reparatur) oder Ersatzlieferung; danach hat der Käufer die Wahl zwischen Rücktritt *(siehe dort)* vom Vertrag oder Minderung *(siehe dort)* des Kaufpreises. Auch Schadensersatz *(siehe dort)* oder Ersatz vergeblicher Aufwendungen sind möglich, wenn der Käufer selbst Ersatz beschaffen muss.

Gläubiger, jemand, der berechtigt ist, von einem andern (dem Schuldner) eine Leistung zu fordern.

Großhandel, alle Betriebsformen im Handel, die Waren an andere Unternehmen wie Wiederverkäufer (Einzelhandel), gewerbliche Verwender (andere Unternehmen) oder Großverbraucher (Hotels, Kliniken) absetzen. Beispiele: Lebensmittel-, Schuh- und Textilgroßhandel, Abholgroßhandel (cash and carry, wie Metro).

grüner Punkt, *siehe* Duales System Deutschland.

GS-ZEICHEN

GS-Zeichen. Das Zeichen für geprüfte Sicherheit

GS-Zeichen, nach dem Gerätesicherheitsgesetz *(siehe dort)* mögliche Kennzeichnung von technischen Arbeitsmitteln, sofern diese einer sicherheitstechnischen Bauartprüfung bei einer anerkannten Prüfstelle unterzogen worden sind (Sicherheitszeichen). GS steht dabei für **g**eprüfte **S**icherheit.
Das durch EG-Recht eingeführte **CE-Zeichen** bestätigt, dass das in EU-Staaten hergestellte Erzeugnis die Sicherheits- und Normvorschriften der jeweiligen EG-Richtlinien (Europa-Normen) erfüllt. CE steht für **C**onformité **E**uropéenne (europäische Einheitlichkeit).

Güteklassen, Information der Verbraucher über die Qualität von Eiern, Obst und Gemüse, die im Unterschied zu den Handelsklassen *(siehe dort)* als EU-Normen verbindlich sind. Bei Eiern gibt es die Güteklassen A, B und C; bestimmte Merkmale (Schale, Eiweiß, Dotter, Geruch) spielen die wichtigste Rolle für die Einordnung in die Klassen. Die Güteklassen für Obst und Gemüse reichen von ›Extra‹ (höchste Qualität) bis ›II‹ (marktfähige Qualität; z. B. umfangreichere Fehler in Form und Farbe plus stärkere Abweichungen hinsichtlich der Gleichmäßigkeit).

Gütezeichen, Wort- und/oder Bildzeichen, die als Garantieausweis zur Kennzeichnung von Waren oder Leistungen Verwendung finden, die die wesentlichen, an objektiven Maßstäben gemessenen, nach der Verkehrsauffassung die Güte einer Ware oder Leistung bestimmenden Eigenschaften erfüllen. Es handelt sich bei ihnen immer um Gemeinschaftszeichen von Gütegemeinschaften, in denen sich Hersteller gleichartiger Produkte zusammengeschlossen haben. Diese Hersteller versprechen sich von dem Zeichen Kaufanreize für ihre Produkte. Die Gütezeichen werden zentral durch das RAL Deutsche Institut für Gütesicherung und Kennzeichnung e. V. *(siehe dort)* vergeben.

Gutschrift, aus der Sicht eines Kunden ein Guthaben gegenüber einem Handelsbetrieb aufgrund von Reklamationen; dieses kann er sich beim nächsten Einkauf verrechnen lassen.

Handelsklassen, Einteilungsnormen für landwirtschaftliche Produkte, um deren Qualität zu verbessern, die Marktübersicht und damit den Absatz zu fördern sowie den Verbraucher über die Qualität der Lebensmittel aufzuklären. Die Einteilung (Auslese, A, B, C) wurde inzwischen bei Obst und Gemüse weitgehend durch die innerhalb der EU geltende Einteilung in Güteklassen *(siehe dort)* abgelöst. Eingeteilt werden diese Produkte nach Größe, Aussehen und Geschmack. Merkmale wie der Mineralstoff-, Vitamin- und Schadstoffgehalt werden nicht berücksichtigt. Weitere Merkmale sind: Qualität, Herkunft, Angebotszustand, Reinheit, Zusammensetzung, Sortierung, Beständigkeit, Art und Weise sowie Zeitpunkt der Erzeugung.

Haustürgeschäft: Das **Haustürwiderrufsrecht** will die Verbraucher vor unüberlegten Käufen bei Direktvertriebsfirmen schützen, indem es ein Widerrufs- oder Rückgaberecht von zwei Wochen ohne Nennung von Gründen (schriftlich!) zugesteht.

GÜTEZEICHEN

Kraftfutter, landwirtschaftliche Reinigungsmittel	Bier	Butter, Käse	CMA	Holzschutzmittel	Recycling-Baustoffe	Wäschepflege

Gütezeichen. Verschiedene Zeichen

Dies gilt, wenn der Verbraucher zum Kauf bei sich zu Hause (also auch an der Haustür), am Arbeitsplatz, in öffentlichen Verkehrsmitteln, auf der Straße oder öffentlichen Plätzen, auf Kaffeefahrten oder anderen Freizeitveranstaltungen veranlasst worden ist. Das Widerrufsrecht besteht nicht, wenn der Verbraucher z. B. den Vertreter ausdrücklich zu sich bestellt hat, der Wert der Leistung geringer als 40 € ist und dies bar bezahlt wurde.

Heilmittelwerbegesetz, Gesetz zum Schutz der Verbraucher vor falscher oder missbräuchlicher Anwendung von Arzneimitteln, wie sie durch irreführende Werbung möglich wäre. Verboten ist somit Werbung für verschreibungspflichtige Arzneimittel wie Schlafmittel, für bestimmte Krankheiten wie Geschwulstkrankheiten, Leukämie, Zuckerkrankheit. Verboten ist auch die Werbung mit ärztlichen Gutachten, Dank- und Anerkennungsschreiben und Preisausschreiben von Praxen oder Kliniken.

Homepage, Startseite beim Auftritt im World Wide Web (WWW); mit ihr stellen sich Organisationen, Unternehmen und Personen im Internet dar, sie wird genutzt als Informations- und Kommunikationsmedium.

Hotline, direkte telefonische Verbindung zu einem Serviceunternehmen, sodass Verbraucher für hochwertige und/oder erklärungsbedürftige Produkte schnelle Hilfe erhalten können.

Internet, weltweites Netzwerk, das den globalen Datenaustausch zwischen Computern ermöglicht.

Internetauktion, Onlineauktion, Versteigerung von eigenen oder fremden Waren im Internet. Die Anbieter und Käufer treten dazu über die technischen Plattformen von **Internetauktionshäusern** (z. B. eBay®) mit einander in Verbindung. Bei der Versteigerung legt im Allgemeinen der Anbieter eine Zeitspanne fest, nach deren Ablauf die Auktion endet, gegebenenfalls bestimmt er auch einen Mindestpreis. Wer am Schluss des Versteigerungszeitraums das höchste Gebot abgegeben hat, gewinnt die Auktion. Nach Abschluss der Auktion kommt ein Vertrag zwischen dem Verkäufer und dem Höchstbietenden zustande, der von beiden Seiten erfüllt werden muss.
Außer Onlineauktionen ermöglicht das System auch den Handel zu Festpreisen (E-Commerce). Für immer mehr Menschen sind diese Auktionshäuser zu lohnenden Geschäftsmodellen geworden, die neben- und hauptberuflich genutzt werden (Internetshopping, *siehe dort*). Die Betreiber einer Plattform für Versteigerungen im Internet können laut Entscheidung des Bundesgerichtshofs auf Unterlassung in Anspruch genommen werden, wenn Anbieter auf dieser Plattform gefälschte Markenprodukte anbieten. Versteigerungserlöse müssen gegebenenfalls versteuert werden.

Internetshopping, Onlineshopping: Immer mehr Verbraucher erledigen ihre Einkäufe per Mausklick, den elektronischen Handel im Internet **(E-Commerce).** Es kann Risiken geben. Die Seriosität der Internethändler lässt sich an Merkmalen festmachen wie: Gibt der Händler nicht nur den Preis, sondern auch Versand- und Verpackungskosten an? Ist die genaue Anschrift sowie die Telefonnummer des Anbieters feststellbar? Hat die Kundenserviceabteilung keinen teuren Telefontarif? Sind die allgemeinen Geschäftsbedingungen verständlich formuliert? Kann die Ware bei Nichtgefallen zurückgegeben werden? Verbraucherschutzbestimmungen enthält das Gesetz über Fernabsatzverträge *(siehe dort).*

Kaffeefahrt, Butterfahrt, Werbefahrt, Verkaufsveranstaltung, die mit einer Ausflugsfahrt verbunden ist. Veranstaltet werden diese Fahrten von Direktvertriebsunternehmen; Zielgruppe sind in erster Linie ältere Personen. Gelockt wird mit sehr niedrigen Fahrpreisen und kleinen Geschenken (z. B. Kaffee und Kuchen gratis). Mittelpunkt der Fahrt ist meistens eine Verkaufsveranstaltung, bei der psychologisch geschulte Verkäufer Waren (Rheumadecken, Bettwäsche) anpreisen. Die Teilnahme an diesen Produktpräsentationen muss freiwillig sein. Alle Kaufverträge können wie bei Haustürgeschäften innerhalb von zwei Wochen ohne Begründung schriftlich widerrufen werden.

Kasse: Im Geschäftsverkehr meint per Kasse sofortige Zahlung, netto Kasse zahlbar ohne weitere Abschläge, Vorkasse Zahlung im Voraus.

Katalogkauf, spezielle Bestellform bei den Versandhäusern: Der telefonische Abschluss eines Abzahlungsgeschäftes ist zulässig, wenn sich aus dem Katalog Barzahlungs- und Teilzahlungspreis, Anzahl und Fälligkeit der Raten sowie der effektive Jahreszins ersehen lassen. Weiterhin wird das Widerrufsrecht des Käufers durch ein uneingeschränktes Rückgaberecht innerhalb von zwei Wochen ersetzt; diese Information muss der Katalog oder das Bestellformular enthalten.

Kauf: Nach der rechtlichen Stellung der Vertragspartner wird unterschieden zwischen **bürgerlichem Kauf** (der Kaufvertrag wird von mindestens zwei Nichtkaufleuten geschlossen; Rechtsgrundlage ist das Bürgerliche Gesetzbuch) und **Handelskauf,** d. h., es liegt ein Kaufvertrag zwischen mindestens zwei Kaufleuten (zweiseitiger Handelskauf, Rechtsgrundlage ist das Handelsgesetzbuch) oder zwischen einem Kaufmann und einem Nichtkaufmann vor (einseitiger Handelskauf).
Kauf auf Abruf bedeutet, dass ein Käufer von einer fest bestellten Menge je nach Bedarf Teilmengen ›abruft‹. Der **Kauf auf Probe** beinhaltet die Möglichkeit der Rückgabe der Ware innerhalb einer vereinbarten Frist. Beim **Kauf nach Probe** (Musterkauf) wird das vorhergehende Muster (z. B. Tapete, Teppichboden) als Lieferungsmaßstab angesehen. Beim **Kauf zur Probe** liegt ein Kaufvertrag über eine kleine Menge vor, aus der dann weitere Bestellungen folgen können. Beim **Kauf auf Ziel** verfügt der Käufer über eine längere Zeit, bis er zu zahlen hat (z. B. Zahlung innerhalb von 30 Tagen). Beim **Fixkauf** ist der Lieferzeitpunkt kalendermäßig genau bestimmt (z. B. Lieferung am 10. August fix).

Kaufhaus, Großbetrieb des Einzelhandels, der überwiegend im Wege der Bedienung ein tief gegliedertes, aber im Unterschied zum Warenhaus engeres Sortiment aus häufig nur einer Branche (z. B. Textilien, Möbel) anbietet. Von einer Produktart gibt es eine große Auswahl. Umgangssprachlich wird Kaufhaus als Synonym zu Warenhaus *(siehe dort)* gebraucht.

Kaufvertrag: Es gibt zwei Möglichkeiten, wie ein Kaufvertrag zustande kommt: 1) Der **Verkäufer** unterbreitet ein Angebot *(siehe dort),* das der **Käufer** annimmt, indem er zu den Bedingungen des Angebots bestellt. 2) Der Käufer bestellt eine Ware, ohne ein Angebot vorliegen zu haben; der Verkäufer muss diese Bestellung entweder ausliefern oder bestätigen (Auftragsbestätigung). Eine Bestellung ohne Angebot macht eine Auftragsbestätigung notwendig, um den Kaufvertrag abzuschließen (Bestellungsannahme).

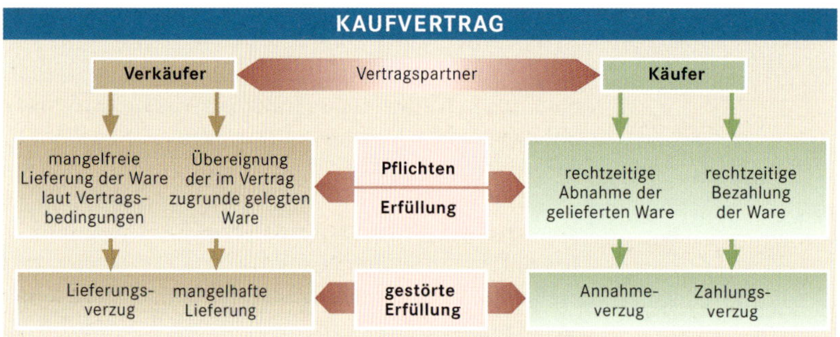

Kaufvertrag.
Rechte und Pflichten von Käufer und Verkäufer

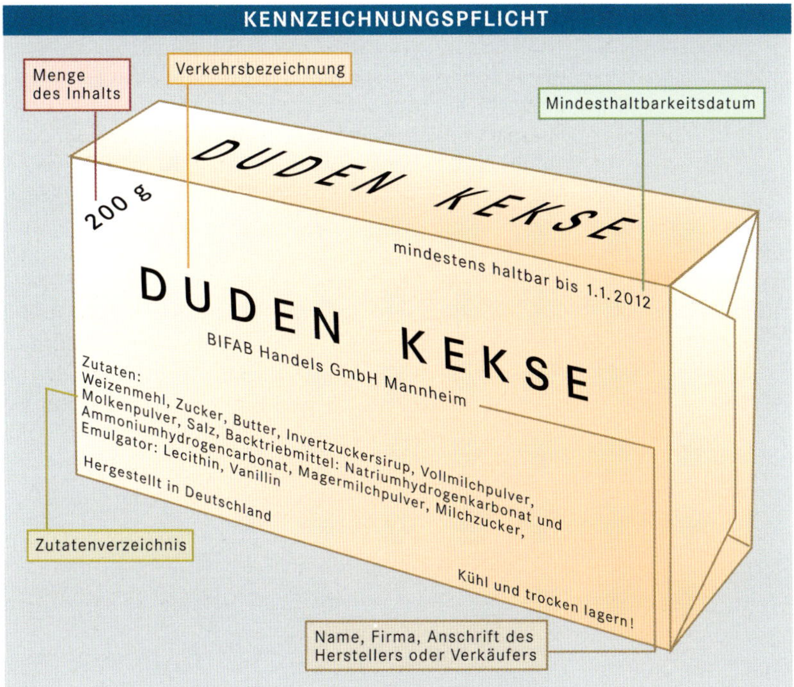

Kennzeichnungspflicht. Beispiel für die Kennzeichnung von Lebensmitteln

Durch einen Kaufvertragsabschluss entstehen beiden Vertragsparteien Rechte und Pflichten, die im BGB als **Verpflichtungsgeschäft** bezeichnet werden; dem muss dann das **Erfüllungsgeschäft** folgen, um die vertragliche Vereinbarung abschließend zu erfüllen. Geschieht dies nicht richtig, rechtzeitig oder mangelhaft, kommt es zu Kaufvertragsstörungen.

Kaution: Der aus dem Lateinischen stammende Begriff bedeutet **Sicherheitsleistung.** Die Kaution bei der Miete muss bei Abschluss des Mietvertrags festgelegt sein; sie sichert Ansprüche des Vermieters gegen den Mieter auf Mietzahlung, Schadensersatz wegen Beschädigung der gemieteten Sache oder Schönheitsreparaturen. Die Kaution darf höchstens das Dreifache der Monatsnettomiete betragen. Der Betrag ist auf einem gesonderten Konto bei einer Bank für Spareinlagen mit dreimonatiger Kündigungsfrist bei üblichem Zinssatz anzulegen.

Kennzeichnungspflicht, gesetzliche Verpflichtung für Hersteller, ihre Erzeugnisse mit bestimmten Angaben zu versehen, damit der Verbraucher über das Produkt hinreichend informiert wird.
Nach der Verordnung über die **Lebensmittelkennzeichnung** muss bei Lebensmitteln in Fertigpackungen *(siehe dort)* angegeben werden, wie das Produkt heißt (Verkehrsbezeichnung), wer es hergestellt oder verpackt hat (z. B. Anschrift des Herstellers), die Menge und das Verzeichnis der Zutaten in absteigender Reihenfolge ihrer Gewichtsanteile, das Mindesthaltbarkeitsdatum *(siehe dort)* und die Nährwertkennzeichnung (z. B. Angabe der Kalorien bzw. Joule), bei Fertigpackungen *(siehe dort)* z. B. auch die Mengenangabe.
Eine Kennzeichnungspflicht gibt es auch für Textilerzeugnisse nach dem Gesetz zur Textilkennzeichnung *(siehe dort)* und für große Elektrogeräte für die Energiekennzeichnung *(siehe dort).* Weitere Produktkennzeichnungen sind Gütezeichen, Güteklassen und Handelsklassen, Sicherheitskennzeichen wie das GS-Zeichen oder das VDE-Zeichen sowie freiwillige Produktinformationen.

Klage: In der **Klageschrift** stellt der Gläubiger (Kläger) seinen Anspruch gegen den Schuldner (Beklagter) dar. Inhalt: Parteien, Grund der Klage, Streitwert. Zuständig ist in der Regel das Gericht, in dessen Bezirk der Schuldner seinen Wohn- oder Firmensitz hat.

Kleingedrucktes, umgangssprachliche Bezeichnung für die allgemeinen Geschäftsbedingungen *(siehe dort).*

Konsumentenschutz, der Verbraucherschutz *(siehe dort).*

Konsumgüter, *siehe* Kapitel 1.

Kostenvoranschlag, Kostenanschlag, bei einem Werkvertrag die dem Besteller vom Unternehmer vorgelegte Berechnung der bei Ausführung des Werkes entstehenden Kosten. Der Voranschlag enthält Preis und Zahlungsbedingungen und sollte vor Vertragsabschluss mit Handwerkern oder Dienstleistungsbetrieben eingeholt werden, am besten von mehreren Anbietern. Dies ist sinnvoll, um Preisvergleiche anstellen zu können. Der Kostenvoranschlag ist kostenlos, sofern keine Zahlung vereinbart wurde.
Liegt ein unverbindlicher Kostenvoranschlag vor, dann sind Preisüberschreitungen von maximal 20 % zulässig. Bei deutlich höheren Preissteigerungen kann der Kunde den Vertrag kündigen und muss nur den bis dahin geleisteten Arbeitsanteil vergüten. Liegt ein verbindlicher Kostenvoranschlag dem Vertrag zugrunde **(Festpreis),** dann kann der Kunde die Ausführung des Werkes zur veranschlagten Summe verlangen. Der auch ab und an zu hörende Begriff ›Kostenüberschlag‹ ist lediglich eine grobe Preisschätzung und ohne jede rechtliche Wirkung.

Kulanz, ein Entgegenkommen des Verkäufers, über die Gewährleistungs- und Garantiepflicht hinaus auftretende Mängel ganz oder teilweise auf eigene Kosten zu beseitigen; weder gesetzlich noch vertraglich wäre er dazu verpflichtet.

Kundenservice, Kundendienst, Dienstleistung eines Herstellers oder Händlers vor, während oder nach dem Kauf, besonders die einem Kunden nach dem Kauf erbrachten Neben- bzw. Zusatzleistungen, die ihm den Ge- oder Verbrauch der gekauften Güter erleichtern sollen. Der **Service** ist wegen der hohen Komplexität und Erklärungsbedürftigkeit vieler langlebiger Gebrauchsgüter ein wichtiges Argument für Kaufentscheidung und Kundentreue.
Häufig wird zwischen produktungebundenem Kundenservice (z. B. Einrichtungen zur Kinderbetreuung, Parkplätze, verbilligte Nutzung von Parkhäusern) und produktgebundenem Service unterschieden. Zu Letzterem zählen der kaufmännische (z. B. Kaufberatung, Kundenschulung, Umtauschrecht, Anlieferung, Gewährung von Kundenkrediten) und der technische Service (z. B. Installation, Wartung, Reparatur, Ersatzteilversorgung und Entsorgung bei Gebrauchsgütern).

KÜNDIGUNG

Hans und Maria Lang
Eichenstr. 24
34567 Bergstadt
Tel. 0223 85 67

22. September 2010

Per Einschreiben mit Rückschein

Herrn und Frau
Peter und Anna Müller
Ahorngasse 17
34567 Bergstadt

Kündigung

Sehr geehrter Herr Müller, sehr geehrte Frau Müller,

hiermit kündigen wir Ihnen nach § 564a Abs. 1 BGB zum 31. Dezember 2010 das Mietverhältnis über die Räume Ahorngasse 17, Erdgeschoss rechts, in 34567 Bergstadt.

(Hier folgt Ihre ausführliche Begründung.)

Eine stillschweigende Verlängerung des Mietverhältnisses gemäß § 568 BGB wird ausdrücklich abgelehnt.

Der Widerspruch muss schriftlich erklärt werden und muss uns spätestens bis zum 31. 10. 2010 zugegangen sein.

Für den Fall, dass Sie gegen die fristgerechte Kündigung Widerspruch erheben, fordern wir Sie jetzt schon auf, die Gründe für den Widerspruch zu benennen.

Bitte teilen Sie uns Ihren voraussichtlichen Auszugstermin mit.

Mit freundlichen Grüßen

Hans Lang   Maria Lang

Kündigung. Musterbrief für die Kündigung eines Mietvertrags

Kündigung, eine einseitige empfangsbedürftige Willenserklärung gegenüber dem Vertragspartner, die das Ziel hat, ein meist auf längere Zeit angelegtes Rechtsverhältnis zu beenden. Die Kündigung ist im Rechtsleben von Vertragsart zu Vertragsart sehr unterschiedlich ausgestaltet, z. B. die Kündigung (*siehe* Kapitel 8) eines Arbeitsvertrags.

Die Kündigung eines **Mietvertrags** sollte berücksichtigen: 1) Eine Kündigung muss schriftlich erfolgen und dem Empfänger zugegangen sein, d. h., es sollte immer ein eingeschriebener Brief mit Rückschein benutzt werden, um die Unterschrift des Empfängers zu erhalten. Wird die Annahme verweigert oder nicht von der Post abgeholt, dann gilt die Kündigung nach der Rechtsprechung dennoch als zugegangen. Eine private Zustellung der Kündigung in den Briefkasten des Empfängers ist möglich, sollte allerdings nur in Gegenwart eines neutralen Zeugen erfolgen, der nicht Vertragspartner ist; darüber sollte ein Vermerk angefertigt werden. 2) Die Kündigung muss eigenhändig unterschrieben sein, bei mehreren Vermietern oder Mietern von allen der jeweiligen Vertragspartner.

Ladenschluss, gesetzlich fixierter Zeitpunkt, zu dem Geschäfte schließen müssen. Nach dem **Ladenschlussgesetz** vom 28. 11. 1956 (in der Fassung vom 2. 6. 2003) mussten Verkaufsstellen an Sonn- und Feiertagen ganztägig, montags bis samstags bis 6 Uhr (für Bäckereiwaren bis 5.30 Uhr) und ab 20 Uhr sowie am 24. 12., wenn dieser auf einen Werktag fällt, ab 14 Uhr geschlossen sein. Ausnahmen von den allgemeinen Ladenschlusszeiten galten für Apotheken, Zeitungskioske, Tankstellen, Warenautomaten sowie für Verkaufsstellen auf Personenbahnhöfen, Flug- und Fährhäfen. Abweichende Zeiten an Wochenenden waren für bestimmte Orte (Kur-, Ausflugs-, Wallfahrts-, Grenzorte) und bestimmte Waren (Frischmilch, Bäcker- und Konditorwaren, Blumen, Zeitungen) vorgesehen.
Mit der Föderalismusreform 2006 wurde die Gesetzgebungskompetenz für die Ladenöffnungszeiten auf die Länder übertragen, die seitdem zum Teil eigene Ladenöffnungszeitgesetze erließen und die Regelungen zum Ladenschluss aufhoben. So wurden etwa in Baden-Württemberg, Hessen, Nordrhein-Westfalen, Berlin, Brandenburg, Hamburg und Schleswig-Holstein die Ladenöffnungszeiten an Werktagen inzwischen völlig freigegeben, in anderen Bundesländern sind noch Änderungen geplant.

Lebensmittelrecht, Gesamtheit der rechtlichen Bestimmungen zum Schutz des Verbrauchers vor Gesundheitsschädigung und wirtschaftlicher Benachteiligung durch mangelhaft beschaffene oder bezeichnete Lebensmittel und Bedarfsgegenstände. Grundsätze sind Gesundheitsschutz und Schutz vor Irreführung und Täuschung durch sachgerechte Information der Verbraucher (Kennzeichnung) und die verbesserte Lebensmittelüberwachung, die Sache der Bundesländer ist.
Kernstück dieses Rechts ist das **Lebensmittel- und Bedarfsgegenständegesetz.** Die Herstellung, Behandlung und das In-Verkehr-Bringen der jeweils einzelnen Lebensmittel ist in rund 250 Einzelgesetzen und Verordnungen geregelt. Zusatzstoffe dürfen nur mit ausdrücklicher Zulassung durch den Gesetzgeber verwendet werden. In diesen Fällen besteht eine Pflicht zur Kenntlichmachung des Gehalts an zugelassenen Zusatzstoffen. Verboten ist z. B., Lebensmittel gewerbsmäßig in den Verkehr zu bringen, wenn in oder auf ihnen Pflanzenschutz-, Düngemittel usw. vorhanden sind, die bestimmte Höchstmengen überschreiten. Zur Verhinderung von Täuschungen kann der Gesetzgeber Kennzeichnungspflichten *(siehe dort)* vorschreiben. Das Gesetz enthält auch Verbote einer gesundheitsbezogenen Werbung und Werbebeschränkungen für Tabakerzeugnisse (Werbeverbot für Zigaretten in Hörfunk und Fernsehen). Bedarfsgegenstände sind z. B. Reinigungs- und Pflegemittel, Spielwaren, Bekleidung.

Lieferbedingungen: Sind keine besonderen Lieferbedingungen im Angebot enthalten, dann gilt die gesetzliche Regelung: Warenschulden sind Holschulden, d. h., der Käufer müsste die Ware eigentlich beim Verkäufer abholen (z. B. ›Lieferung ab Werk‹). Lässt er sich die Ware zusenden, muss der Käufer alle Versand- und Verpackungskosten bezahlen. Die Versandkosten können aber auch individuell vereinbart werden. So trägt bei der Lieferbedingung ›frei Haus‹ der Verkäufer alle Kosten.

Lieferverzug: Bei einem mit dem Händler fest vereinbarten Liefertermin (Fixkauf) liegt Lieferverzug automatisch vor, wenn dieser Termin überschritten wurde. Der Käufer kann dann umgehend Schadensersatz verlangen (falls dieser nachweisbar vorliegt). Ist kein fester Termin der Lieferung vereinbart worden, dann wird man als Käufer persönlich oder telefonisch beim Händler um einen neuen Liefertermin nachfragen. Ist auch dieser erfolglos verstrichen, muss durch eine neue Fristsetzung schriftlich ein letzter Termin gesetzt werden; danach ist der Händler in Lieferverzug. Der Käufer kann dann die Annahme verweigern und eventuelle Mehrkosten, die sich durch die Beschaffung eines gleichwertigen Ersatzgerätes ergeben, dem Händler in Rechnung stellen.

Lockvogelangebote, durch Werbung herausgehobene bestimmte Sonderangebote *(siehe dort)* eines Händlers, die aber nur in geringen Mengen angeboten werden, um Kunden anzulocken. Solche Angebote sind rechtlich grundsätzlich zulässig, auch wenn es unter Einstandspreisen kalkulierte Preisofferten sind. Unzulässig sind gezielte Versuche, Wettbewerber durch systematische Lockvogelangebote vom Markt zu verdrängen bzw. die Nachfrager irrezuführen.

Mahnung, Handlung, mit der der Gläubiger den Schuldner in der Regel schriftlich auffordert, die geschuldete und fällige Leistung zu erbringen. Inhaltlich muss sie die Aufforderung zur Leistung bestimmt und eindeutig zum Ausdruck bringen, eine Fristsetzung ist nicht erforderlich.
Daneben stehen die Klageerhebung und die Zustellung eines **Mahnbescheids** im zivilrechtlichen Mahnverfahren. Dieser muss beim Amtsgericht beantragt und von diesem verschickt werden. Leistet der Schuldner trotz Fälligkeit, Mahnung und Mahnbescheid nicht, kommt er in Verzug, bei Geldschulden in Zahlungsverzug *(siehe dort)*. Legt der Antragsgegner im gerichtlichen Mahnverfahren nicht rechtzeitig Widerspruch gegen den Mahnbescheid ein, so erlässt das Gericht auf Antrag den Vollstreckungsbescheid, aufgrund dessen der Gläubiger die Zwangsvollstreckung mit Pfändung *(siehe dort)* betreiben kann.

Maklerprovision: Der Makler hat nur dann Anspruch auf eine Vergütung (Courtage), wenn ein Vertrag (Maklervertrag) mit ihm geschlossen wurde, der Makler verhandelt hat, ein Miet- oder Grundstücksvertrag tatsächlich zustande gekommen ist und die Tätigkeit des Maklers wesentlich zum Vertragsabschluss beigetragen hat (Erfolgshonorar). Die an den Makler zu zahlende Provision darf maximal zwei Monatsmieten betragen.

mangelhafte Lieferung: Eine Sache weist dann Sachmängel auf, wenn sie nicht die vereinbarte Beschaffenheit hat, d. h., wenn sie nicht in der vertraglich abgesprochenen Weise verwendet werden kann, wenn die erwarteten Eigenschaften nicht erfüllt werden, wenn die Montage unsachgemäß durchgeführt worden oder die Montageanleitung mangelhaft ist (sogenannte IKEA-Klausel). Zu den Sachmängeln zählen auch falsche oder unvollständige Lieferungen. Bei Sachmängeln kann der Käufer die Gewährleistung *(siehe dort)* des Verkäufers in Anspruch nehmen.

Markenartikel, qualitativ gleichbleibende hochwertige Erzeugnisse, die als Marke (*siehe* Kapitel 7) einen hohen Bekanntheitsgrad haben und überall erhältlich sind, z. B. Tempo, Aspirin, Coca-Cola. Markenartikel kennzeichnen ihre Herkunft aus einem bestimmten Herstellerbetrieb **(Fabrikmarke, Herstellermarke)** und bürgen dadurch dem Käufer gegenüber für gleichbleibende und hohe Produktqualität. Intensive Werbung soll erreichen, dass die Käufer sich die Marke einprägen und bei späteren Käufen wiedererkennen und verlangen (Markentreue). Hierzu muss die Marke ein eigenständiges Produktprofil erhalten und in weitgehend einheitlicher und gleichbleibender Aufmachung (Verpackung) und Menge auf einem größeren Absatzmarkt angeboten werden. Dabei sind auch Preisempfehlungen (*siehe* Kapitel 2) zulässig. Die Werbung soll auch erreichen, dass sich der Markenartikel dauerhaft gegenüber den No-Name-Produkten *(siehe dort)* hervorhebt, mit Innovationskraft und Produktkompetenz des Herstellers verknüpft und als Maßstab für Fortschritt angesehen wird. Als Markenartikel geschützt sind auch die **Handelsmarken** oder **Eigenmarken** von Handelsunternehmen, die meist Qualitäts- und Preislagen unterhalb der Herstellermarken abdecken.
Markenartikel sind meist auch eingetragene Marken, die dann durch die Zeichen ® für registrierte Marke (frühere Bezeichnung Warenzeichen) oder ™ für englisch **T**rade**m**ark gekennzeichnet sind.

Mehrwegverpackung, eine Verpackung *(siehe dort)*.

Mieterschutz: Durch den Mietvertrag (muss schriftlich sein, wenn Mietdauer länger als ein Jahr) wird ein Vermieter verpflichtet, dem Mieter den Gebrauch einer Sache während der Mietzeit zu gewähren. Der Mieter ist verpflichtet, das vereinbarte Entgelt (Miete) zu entrichten. Es können z. B. ein Wohnmobil für eine Urlaubsreise, ein Motorrad für eine bestimmte Zeit, eine Ferienwohnung und vieles mehr gemietet werden. Der häufigste und rechtlich schwierigste Fall ist jedoch die Vermietung von Wohnungen. Nach den im BGB geregelten grundsätzlichen Rechten und Pflichten von Mietern und Vermietern gibt es noch weitere Gesetze, die für die

Vermietung von Wohnraum gelten, z. B. das Miethöhegesetz.
Gibt es Auseinandersetzungen als Mieter mit dem Vermieter, empfiehlt es sich immer, den örtlichen **Mieterverein** oder einen Anwalt einzuschalten. Dachorganisation der 320 örtlichen Mietervereine ist der **Deutsche Mieterbund.** Anschrift: Littenstraße 10, 10179 Berlin; Telefon: 030 223230; Internet: www.mieterbund.de.

Minderung, die Herabsetzung des Kaufpreises einer Sache aufgrund einer Mängelrüge bei mangelhafter Lieferung *(siehe dort).*

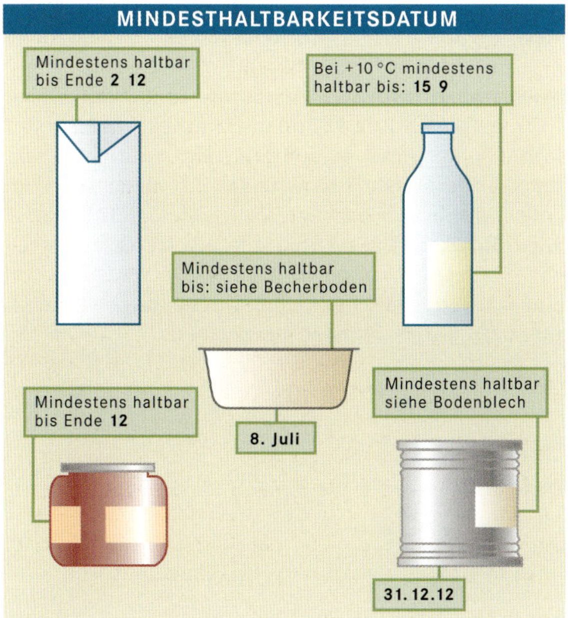

Mindesthaltbarkeitsdatum. Die verschiedenen möglichen Angaben

Mindesthaltbarkeitsdatum, der Zeitpunkt, bis zu dem ein verpacktes Lebensmittelprodukt bei Einhaltung der notwendigen Verpackungs-, Transport- und Lagerbedingungen mindestens haltbar ist. Bis zu drei Monate haltbare Lebensmittel müssen nach der Kennzeichnungspflicht *(siehe dort)* für Lebensmittel die Angabe von Tag und Monat der Mindesthaltbarkeit, von drei bis 18 Monate haltbare Lebensmittel müssen Monat und Jahr, mehr als 18 Monate haltbare das Jahr anzeigen. Ein Mindesthaltbarkeitsdatum ist auch auf Medikamentenpackungen angegeben.

Ist das Mindesthaltbarkeitsdatum überschritten, bedeutet dies nicht, dass das Lebensmittel in seinem Genuss- und Nährwert wesentlich beeinträchtigt oder gar gesundheitlich bedenklich ist; das wäre das **Verfallsdatum** oder **Verbrauchsdatum.** Allerdings soll der Händler durch Kontrollen sorgfältig prüfen, ob das Lebensmittel noch einwandfrei ist.

Mogelpackungen, formschöne, große Verpackungen (manchmal mit Umkarton), die dem Verbraucher mehr Inhalt vortäuschen, als vorhanden ist. Nach dem Eichgesetz müssen Fertigpackungen so gestaltet sein, dass keine größere Füllmenge vorgetäuscht wird.

Mondpreise, vom Hersteller willkürlich zu hoch angesetzte Preisempfehlungen, durch die die Hersteller dem Handel ermöglichen wollen, mittels starker Unterbietung den Eindruck besonders günstiger Preise erwecken zu können, damit die Kunden, von dem neuen niedrigen Preis beeindruckt, zu Käufern werden. Dies ist unzulässig (irreführende Preisgestaltung) und wettbewerbswidrig.

Nachbesserung: Weist eine gekaufte Sache Mängel auf, nutzen Verkäufer oder auch Handwerker die BGB-Klausel, die dem Käufer das Recht auf kostenlose Nachbesserung (Reparatur) einräumt. Diese Klausel ist zulässig, allerdings muss der Verkäufer oder Handwerker alle Aufwendungen einschließlich Lohn- und Fahrtkosten selbst tragen. Für die Nachbesserung hat der Kunde eine Frist zu setzen. Wird diese nicht eingehalten oder misslingt die Nachbesserung, dann kann der Kunde die gesetzlichen Rechte der Gewährleistung *(siehe dort)* in Anspruch nehmen.

Nacherfüllung: Wer eine mangelhafte Sache gekauft hat, kann zunächst Nacherfüllung fordern; das heißt, er kann als Verbraucher wahlweise Nachbesserung oder eine Ersatzlieferung verlangen.

Nachfrist, dem Verkäufer vom Käufer einzuräumende Frist, wenn Lieferungsverzug vorliegt und der Kunde nach Ablauf dieser Frist vom Vertrag zurücktreten will.

Nichtigkeit, die von Anfang an bestehende rechtliche Unwirksamkeit von Rechtsgeschäften wegen schwerwiegender Fehler. Bei nichtigen Rechtsgeschäften muss man z. B. die bezahlte Ware zurückgeben und man bekommt auch sein Geld zurück. Nichtig sind z. B.: 1) von Geschäftsunfähigen abgeschlossene Verträge; 2) Geschäfte von beschränkt geschäftsfähigen Personen ohne Zustimmung des gesetzlichen Vertreters; 3) zum Schein abgegebene Willenserklärungen, z. B. ein Sohn kauft die Firma seines Vaters deutlich unter Wert, um später keine Erbschaftssteuer zu zahlen; 4) Willenserklärungen, die offensichtlich nicht ernst gemeint sind, z. B. Verkauf einer Flasche Bier bei einer Wanderung für 500 €; 5) Geschäfte, die gegen Gesetze (wie Rauschgifthandel), die guten Sitten (wie Wucher) oder gegen Formvorschriften (notarielle Beurkundung beim Grundstückskauf) verstoßen.

Nießbrauch: Eine Sache oder ein Recht kann in der Weise belastet werden, dass der Nutzer berechtigt ist, den Ertrag aus der Sache zu ziehen (= Nießbrauch). Beispiel: Ein Vater überschreibt seinem Sohn das Eigentum an einem Mietshaus in München; da er die Mieterträge aber weiterhin bekommen möchte, wird bei der Überschreibung des Mietshauses auf den Sohn ein Nießbrauch auf das Haus bestellt; der Notar nimmt das entsprechend auf, d. h., der Vater erhält weiterhin die Miete, Eigentümer ist der Sohn.

No-Name-Produkt, Waren, die keine besondere Aufmachung durch Form- und Farbgestaltung oder Markierung eines bestimmten Herstellers aufweisen wie Markenartikel *(siehe dort),* sondern lediglich eine Aufschrift über Art, Gewicht und Inhalt tragen. Die Produkte werden z. B. als besonders preiswertes Grundsortiment unter einem Fantasienamen eines Handelsunternehmens angeboten, sind teilweise aber auch **Handelsmarken.**

Nonfood, Begriff aus dem Handel, der die Gebrauchsartikel wie Textilien, Küchengeräte usw. umfasst; Gegenbegriff: Food = Lebensmittel.

Obligo, andere Bezeichnung für Gewährleistung oder Verpflichtung; enthält ein Vertrag die Klausel ›ohne Obligo‹, dann will der Leistungsanbieter keine Gewährleistung oder Haftung übernehmen.

ökologische Lebensmittel, Lebensmittel aus ökologischem Landbau. Im Unterschied zur konventionellen Landwirtschaft hat der ökologische Landbau folgende Grundsätze: Der landwirtschaftliche Betrieb ist ein Ökosystem, in dem ein geschlossener Kreislauf mit geringstmöglichem Verbrauch nicht erneuerbarer Energie- und Rohstoffvorräte angestrebt wird; Bodenfruchtbarkeit hat höchste Priorität; Bodenbearbeitung nur unter Schonung der Bodenorganismen; keine Verwendung synthetischer Dünger oder Pestizide.
Verschiedene Erzeugerorganisationen haben sich 1988 zur Arbeitsgemeinschaft Ökologischer Landbau zusammengeschlossen, auch um zu einer Verbreitung der Bioprodukte *(siehe dort)* beizutragen. Am 1. 1. 2009 sind neue EU-Rechtsvorschriften für

ÖKOLOGISCHE LEBENSMITTEL

gegründet	
1924	Forschungsring für Biologisch-Dynamische Wirtschaftsweise e. V.
1971	Bioland - Verband für organisch-biologischen Landbau e. V.
1979	Biokreis Ostbayern e. V.
1982	Naturland - Verband für naturgemäßen Landbau e. V.
1962	ANOG - AG für naturnahen Obst-, Gemüse- und Feldfruchtanbau e. V.
1985	Bundesverband Ökologischer Weinbau e. V. (BÖW)
1989	Gäa e. V. - Vereinigung ökologischer Landbau
1988	Ökosiegel e. V.
1991	Biopark e. V.

ökologische Lebensmittel. Verbände des ökologischen Landbaus

den ökologischen Landbau in Kraft getreten, in denen die ökologische Produktion und die Kennzeichnung ökologischer Erzeugnisse geregelt ist.

Onlineshopping, das Internetshopping *(siehe dort).*

Pachtvertrag, die Überlassung von Sachen durch den Verpächter zum Gebrauch und zur Nutzung, z. B. Ackerfläche, Gastwirtschaft. Der Pachtvertrag geht damit weiter als ein Mietvertrag. Der Pächter darf den Ertrag behalten, muss dem Verpächter den vereinbarten Pachtzins bezahlen und die gepachtete Sache nach Beendigung der Pachtlaufzeit zurückgeben.

Pfand, ein Vermögen in Form einer beweglichen Sache (wertvolle alte Münzen), das als Sicherheit für eine Forderung (Kredit) dient. Kann der Schuldner die Forderung (z. B. den Kredit) nicht zurückzahlen, dann hat der Gläubiger (Kreditgeber) ein **Pfandrecht** an den alten Münzen: Er kann das Pfand verwerten, d. h. öffentlich versteigern lassen und seinen Anspruch aus dem Erlös befriedigen.

Pfändung, ein Verfahren **(Zwangsvollstreckung),** in dem rechtliche Ansprüche durch staatlichen Zwang (Gericht) auf Antrag des Gläubigers durchgesetzt werden. Sie erfolgt insbesondere in das bewegliche Vermögen (PC, Schmuck, Fernsehgerät) von Schuldnern. Dabei nimmt der Gerichtsvollzieher die Wertgegenstände entweder unmittelbar in seinen Besitz oder er belässt die Gegenstände nach Anbringung eines Pfandsiegels (›Kuckuck‹) beim Schuldner.
Üblich ist auch eine Austauschpfändung, d. h., teure Gegenstände werden gegen artgleiche, jedoch wesentlich preiswertere Gegenstände ausgetauscht, z. B. ein teurer Pelzmantel gegen einen einfachen Wollmantel. Die gepfändeten Gegenstände werden unmittelbar danach versteigert, wenn der Schuldner in der Zwischenzeit nicht gezahlt hat.
Nicht pfändbar sind sowohl lebensnotwendige als auch beruflich notwendige Gegenstände. Es kann auch eine **Lohnpfändung** erfolgen, wobei dem Schuldner eine Freigrenze von (2009) rund 1 000 € bleiben muss. Ist kein Vermögen zur Pfändung verfügbar, dann stellt der Gerichtsvollzieher eine Unpfändbarkeitsurkunde aus. Danach kann der Schuldner vor Gericht zu einer eidesstattlichen Versicherung veranlasst werden, wobei er wahrheitsgemäß seine Vermögenslage unter Eid darlegen muss.

Preisagentur, Unternehmen, das Verbrauchern Rat und Tipps für günstige Einkäufe gibt. Gegen ein Entgelt stellen Preisagenturen neutral und unabhängig Vergleiche in Preis und Qualität insbesondere bei höherwertigen Gebrauchsgütern, aber auch für Dienstleistungen an.

Preisangabe, Preisauszeichnung, die Kenntlichmachung des geforderten Preises für Waren oder Dienstleistungen durch den Anbieter. Gemäß **Preisangabenverordnung** gelten die Grundsätze der Preiswahrheit und Preisklarheit. Demnach hat jeder, der Letztverbrauchern Waren und Dienstleistungen anbietet oder für sie öffentlich wirbt, die Preise anzugeben, die einschließlich Umsatzsteuer und sonstiger Preisbestandteile unabhängig von einer Rabattgewährung zu zahlen sind **(Endpreise).** Der Großhandel zeichnet Nettopreise aus. Preisangaben pro Mengen- oder Volumeneinheit (z. B. Kilopreise, Literpreise) sind bei loser Ware und bei Fertigpackungen erforderlich **(Grundpreise).** Von einzelnen Ausnahmen abgesehen (Kunstgegenstände, Antiquitäten), sind vor allem der Einzelhandel und das Dienstleistungsgewerbe zur Preisauszeichnung verpflichtet. Durch diese Vorschriften sollen den Verbrauchern Preisvergleiche erleichtert werden.
Im Einzelnen gelten folgende Regelungen: 1) Die ausgestellten Waren bei allen Formen des Einzelhandels müssen deutlich sichtbar mit einer Preisangabe versehen sein (Aufkleber oder Aufdruck auf der Ware selbst oder durch Preisschilder nahe dabei); auch Kataloge der Versandhäuser müssen die Preisangabe enthalten. 2) Preise für Benzin müssen für den an die Tankstelle heranfahrenden Kraftfahrer deutlich lesbar sein. 3) Dienstleistungsbetriebe (Friseure, Schuhmacher, chemische Reinigungen) und Banken (z. B. Angabe des anfänglichen effektiven Jahreszinses bei Krediten) müssen im Geschäft und bei vorhandenen Schaufenstern auch dort Preisverzeichnisse anbringen. 4) Reisebüros und Versicherungsunternehmen müssen Preisverzeichnisse zur Einsicht bereithalten. 5) Gaststätten müssen neben dem Eingang ein Preisverzeichnis ihrer wesentlichen Leistungen (Gerichte, Getränke) anbringen; Gasthöfe, Hotels, Pensionen haben in jedem Gästezimmer ein Preisverzeichnis anzubringen.

Preisbindung, *siehe* Kapitel 2.

Preisempfehlung, *siehe* Kapitel 2.

Preisnachlässe, Abschläge vom Verkaufspreis in Form von Bonus *(siehe dort),* Rabatt *(siehe dort)* oder Skonto (*siehe* Kapitel 7).

Produkthaftung: Neben dem § 823 des BGB, der die Hersteller schadenersatzpflichtig macht für vorsätzliche oder fahrlässige Schäden bei Personen und anderen Sachen im Sinne einer Produzentenhaftung *(siehe dort),* gilt seit 1990 das **Produkthaftungsgesetz.** Dieses Gesetz geht auf eine entsprechende EU-Richtlinie zurück und steht völlig eigenständig neben dem BGB, sodass in Streitfällen Ansprüche nach beiden Rechtsgrundlagen geprüft werden können.
Während das BGB ein schuldhaftes (vorsätzliches, aber auch fahrlässiges) Handeln des Herstellers für Schadensersatz voraussetzt, gilt nach dem Produkthaftungsgesetz eine verschuldensunabhängige Haftung. Diese gilt für Personenschäden und bei Sachen, die der Geschädigte privat ver- oder gebraucht. Während nach dem BGB nur der Hersteller verklagt werden kann, trifft das Produkthaftungsgesetz den Hersteller und den Händler.
Während das BGB Schäden an den Produkten selbst reguliert (z. B. Haftung für Mängel der verkauften Sache), erfasst das Produkthaftungsgesetz Folgeschäden, die durch schadhafte Produkte entstehen. Im Gegensatz zum BGB gibt es im Produkthaftungsgesetz eine Haftungsobergrenze für Personenschäden. Im BGB gibt es keine Haftungsobergrenze.
Ist ein Produkt ›in den Verkehr gebracht‹, dann verjähren Rechte aus dem Produkthaftungsgesetz in drei Jahren. Maßgebend für den Beginn der Verjährung ist der Zeitpunkt, zu dem der Geschädigte Kenntnis von den Fehlern haben musste. Ansonsten erlischt der Anspruch innerhalb von zehn Jahren, nachdem das Produkt ›den Hersteller verließ‹.

Produktinformation: Neben den häufig gesetzlich vorgeschriebenen Kennzeichnungen von Waren nach der Kennzeichnungspflicht *(siehe dort)* gibt es vielerlei Zeichen und Symbole, mit denen die einzelnen Hersteller für ihr Produkt werben und sich dadurch bessere Verkaufschancen ausrechnen, z. B. Etiketten an Textilien, Typenschilder an elektrischen Geräten, bei Gebrauchsgütern auch die Gebrauchsanweisungen.

Produktsicherheitsgesetz: Seit 1997 sind Hersteller und Importeure von Ge- und Verbrauchsgütern gesetzlich verpflichtet, ausschließlich ›sichere‹ Produkte auf den Markt zu bringen. Auch Behörden sind danach ermächtigt, von sich aus umfassende Rückrufaktionen auszulösen, wenn nach ihrem Ermessen von den Endprodukten Gefahren für den Verbraucher ausgehen. Beispiel: Verletzungen durch importierte Feuerwerkskörper. Das Produktsicherheitsgesetz ergänzt die Produkthaftung.

Produzentenhaftung: Ein Hersteller hat nach dem BGB für Schäden einzustehen, die Menschen durch Benutzung des Produktes erleiden. Das Produkt weist Fehler auf: konstruktionsbedingte (z. B. mangelhafte Stabilität eines Autotyps, sodass es umfallen kann), materialbedingte (z. B. das Leder färbt ab), fabrikationsbedingte (z. B. Fehler, die durch schadhafte Isolation einzelner Haartrockner verursacht werden). Dem ist auch der Fall gleichzustellen, dass das Produkt deshalb beim Verbraucher einen Schaden verursacht, weil es für den Zweck unwirksam ist (Beispiel: Ein unwirksames Reinigungsmittel führt zu einer Hauterkrankung).
Da der Geschädigte das Verschulden der Hersteller im Regelfall nur schwer nachweisen kann, wird die Beweislast umgekehrt: Es wird das Verschulden des Herstellers vermutet, sodass nicht der Geschädigte das schuldhafte Handeln des Unternehmers zu beweisen braucht, sondern dieser sich entlasten muss.

Provider, Internetanbieter, der dem Nutzer (User) den Anschluss an das weltweite Datennetz ermöglicht. Je nach Anbieter werden den Kunden über den Internetzugang hinaus eine Reihe von Diensten und Informationen zur Verfügung gestellt.

Quittung, Bestätigung der direkten Zahlung (Barzahlung) durch eine beweiskräftige Urkunde. Jeder Kunde hat Anspruch auf Ausstellung einer Quittung; auch **Kassenbons** und quittierte Rechnungen (›Betrag dankend erhalten‹ mit Unterschrift des Empfängers) gelten als Quittung.

Rabatt, ein Preisnachlass i. d. R. bei Abnahme größerer Mengen **(Mengenrabatt).** Nach dem Grund des Preisnachlasses unterscheidet man noch **Treuerabatt** (für langjährige Kunden, die man erhalten möchte), **Wiederverkäuferrabatt** (für Groß- und Einzelhändler, Hotels usw.), **Personalrabatt** (für Beschäftigte im Unternehmen, besonders im Handel),

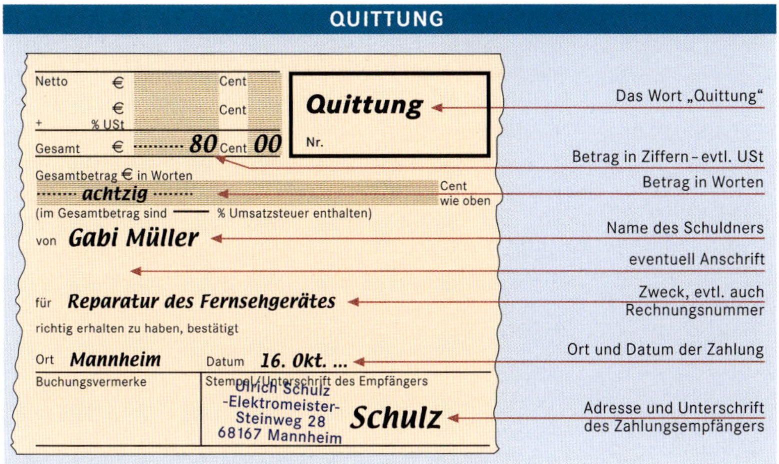

Quittung.
Beispiel für eine Barzahlungsquittung

Naturalrabatt (Kunde erhält Rabatt in Form von Waren).
Das **Rabattgesetz,** das nur einen Nachlass von bis zu 3 % für den Endverbraucher bei Barzahlung erlaubte **(Barzahlungsrabatt),** ist 2001 aufgehoben worden.

RAL, Kurzbezeichnung für das aus dem früheren ›**R**eichs**a**usschuß für **L**ieferbedingungen‹ hervorgegangene **RAL Deutsche Institut für Gütesicherung und Kennzeichnung e. V.** Zusammen mit Gütegemeinschaften, Verbraucherverbänden und Prüfinstituten entwickelt RAL Qualitätskriterien und überwacht deren Einhaltung. Alle derzeit über 170 Gütezeichen *(siehe dort),* die es v. a. für Produkte aus dem Baubereich, landwirtschaftliche Produkte und Dienstleistungen gibt, sind vom Verbraucher durch die Worte RAL oder Gütezeichen leicht erkennbar und von anderen Kennzeichen zu unterscheiden. RAL ist auch für das Prüfverfahren bei der Vergabe des blauen Umweltengels *(siehe dort)* zuständig und bekannt für die Farbsysteme (RAL-Farbnummern). Anschrift: Siegburger Straße 39, 53757 Sankt Augustin; Telefon: 02241 16050; Internet: www.ral.de.

Ratenkauf: Die Belastung durch monatliche Abzahlungen (Raten) auf lange Zeit wird in § 502 BGB geregelt. Danach ist bei **Teilzahlungs- oder Abzahlungsgeschäften** Folgendes zu beachten: 1) Sie müssen schriftlich abgeschlossen werden. 2) Der Vertrag muss den Barzahlungspreis, Teilzahlungspreis, die Höhe, Anzahl und Fälligkeit der Raten, den effektiven Jahreszins, die vereinbarte Kreditsicherung enthalten (z. B. Bürgschaft, Einbehaltung des Kfz-Briefs: Der Besitzer des Briefs gilt als Eigentümer des Autos). 3) Der Kunde kann innerhalb von zwei Wochen ohne Angabe von Gründen den Vertrag schriftlich widerrufen. Dazu muss der Kunde zusätzlich zum Kaufvertrag auch noch eine Belehrung unterschreiben, dass er auf dieses Rücktrittsrecht ausdrücklich hingewiesen wurde; erfolgt dies nicht, verlängert sich automatisch die Widerrufsfrist.

Räumungsverkauf, verbilligter Verkauf des Warenvorrats aus außergewöhnlichem Anlass, z. B. Brand- oder Wasserschaden, Umbau, Umzug, nicht jedoch aufgrund zu hoher Warenbestände.

Rechnung, schriftliche Aufstellung über eine Geldforderung für eine Warenlieferung oder sonstige Leistung. Sie muss seit 2004 mindestens folgende Angaben enthalten: Die Steuernummer oder EU-Identifikationsnummer des leistenden Unternehmers, das Ausstellungsdatum, eine einmalige und eindeutige Rechnungsnummer, die Angaben des Mehrwertsteuersatzes und, soweit zutreffend, einen Hinweis auf das Bestehen einer Steuerbefreiung nach dem Umsatzsteuergesetz.

Rechtsfähigkeit: Erbe werden oder Verträge eingehen kann im deutschen Recht (BGB) nur eine Person, die rechtsfähig ist. Unter Rechtsfähigkeit versteht das Gesetz die Fähigkeit einer Person, Träger von Rechten und Pflichten zu sein. Darunter versteht man z. B. das Recht auf Leben, auf ein Erbe, aber auch die Pflicht zum Wehrdienst oder Steuern zu zahlen. Die Rechtsfähigkeit kommt jedem

Menschen zu, der deshalb als **natürliche Person** bezeichnet wird. Rechtsfähig können auch Personenvereinigungen (z. B. Vereine), Kapitalgesellschaften (z. B. Aktiengesellschaften) und Zweckvermögen (Stiftungen) sein. Sie sind dann **juristische Personen.**

Rechtsgeschäft: Genügt eine Willenserklärung für eine rechtliche Handlung, dann spricht man von einem **einseitigen Rechtsgeschäft** (z. B. Testament, Kündigung). Sind zwei Willenserklärungen zum Zustandekommen eines Rechtsgeschäfts nötig, spricht man von einem **zweiseitigen Rechtsgeschäft.** Dazu zählen alle Verträge.
Verträge müssen von mindestens zwei Vertragspartnern abgeschlossen werden, deren Willenserklärungen übereinstimmen müssen. Beispiel: Bietet ein Verkäufer ein Produkt für 10 € an und der Käufer bestellt das Produkt zum Preis von 8 €, so ist kein Kaufvertrag *(siehe dort)* zustande gekommen.

Reklamation, die Beschwerde des Verbrauchers gegen eine mangelhafte Ware oder unzureichende Dienstleistung und die Geltendmachung der Rechte aus der Gewährleistung *(siehe dort).*
Bei einem Gegenstand des täglichen Bedarfs (Nudeln, Kartoffeln) geht man direkt in das Geschäft; für diese mündliche Auseinandersetzung legt man sich vorher die Argumente zurecht; auch eine Frage nach dem Geschäftsführer kann Wunder wirken. Bei Gebrauchsgütern sollte eine schriftliche Beschwerde erfolgen; Briefe oder Faxe wirken sehr ernsthaft auf ein Unternehmen und lösen häufig eine nachhaltige Reaktion seitens der Geschäftsführung aus: Sie schreiben Briefe, legen Gutschriften bei, bieten Kulanz. In zahlreichen Fällen akzeptieren gerade größere Unternehmen bei offensichtlichen Fehlern die ›Geld-zurück‹-Forderung: Unternehmen möchten sich damit Zeit, Kosten und Ärger ersparen. Wichtig: Den Kassenbon immer aufheben, um das Kaufdatum nachzuweisen.
Bei Reisereklamationen regelt das **Reisevertragsgesetz** die rechtliche Position der Urlauber gegenüber Pauschal-Reiseveranstaltern; es legt genau fest, welche Ansprüche Pauschalurlauber bei Mängeln besitzen, unter welchen Umständen sie Schadensersatz verlangen und vom Vertrag zurücktreten können. Eine EU-Richtlinie ergänzt dieses Gesetz und erweitert es um einen Insolvenzschutz, d. h., es regelt auch die Rechtsposition des Kunden bei Insolvenz des Reiseveranstalters.

Reparatur, rechtlich eine Form der Gewährleistung *(siehe dort)*, sonst die typische Form eines Werkvertrags: Die Dienstleistung muss erfolgreich sein, sonst ist keine Vergütung zu zahlen. Beispiel Autoreparatur: Wird der Reparaturtermin überschritten, der bei Auftragserteilung schriftlich vereinbart wurde, dann darf auf Kosten der Werkstatt ein Mietwagen genommen werden. Zur Regelung dieser Sachverhalte verwenden viele Werkstätten die vom Zentralverband des Kraftfahrzeuggewerbes (ZDK) herausgegebenen Kfz-Reparaturbedingungen. Auch sollte bei der Auftragsvergabe genau angegeben werden, was nachgeprüft und repariert werden soll. Auch ein Kostenvoranschlag mit einer verbindlichen Gesamtsumme ist eine Möglichkeit zur Vermeidung ausufernder Beträge. Bei nicht sachgerechter Reparatur kann kostenlose Nachbesserung verlangt werden.

Robinsonliste, vom Deutschen Direktmarketing Verband verwaltetes Verzeichnis, in das sich jede Privatperson kostenlos eintragen lassen kann, wenn sie keine adressierte Direktwerbung erhalten will. Unternehmen können so Personen aus ihrem Bestand löschen, bei denen ihre Sendungen nicht auf Interesse stoßen. Anschrift: DDV – Robinsonliste, Postfach 1401, 71234 Ditzingen; Telefon: 07156 951010; Internet: www.direktmarketing-info.de.

Rücktritt, die einseitige Erklärung eines Vertragsteils gegenüber dem Vertragsgegner, dass der wirksam abgeschlossene Vertrag als nicht geschlossen behandelt werden soll. Ein Rücktrittsrecht kann sich bei gegenseitigen Verträgen aus einer Vertragsverletzung des Vertragsgegners ergeben, insbesondere im Fall der vom Schuldner zu vertretenden Unmöglichkeit der Leistung oder – nach Fristsetzung – dann, wenn sich der Schuldner im Verzug befindet. Insoweit stellt das Rücktrittsrecht einen Fall der Gewährleistung *(siehe dort)* dar.

Schadensersatz: Jemand gleicht einem anderen den Schaden aus, der diesem entstanden ist. Diese Pflicht zum Schadensersatz kann sich ergeben aus einer Vertragsstörung (Beispiel: Hat der Vermieter die auch schriftlich zugesagte Wohnung nicht renoviert und ist sie damit nicht einzugsbereit, sodass der Mieter vorübergehend in einem Hotel wohnen muss, hat der Vermieter diese Mehrkosten gegenüber der Miete zu tragen), einem Vertrag (Beispiel: Eine Kfz-Kaskoversicherung ersetzt den Schaden,

den deren Versicherungsnehmer an seinem Auto verursacht hat) oder aus einem Verschulden von Unternehmen (Beispiel: Die Deutsche Bahn AG leistet für die Entgleisung des Schnellzugs bei Köln 1999, bei der vieles für ein Verschulden der Bahn spricht, die diese Schuld auch akzeptiert hat, Schadensersatz in Form einer lebenslangen Rentenzahlung für Geschädigte und Angehörige und zahlt darüber hinaus ein Schmerzensgeld).

Schieds- und Schlichtungsstellen: Die Schieds- und Schlichtungsstellen sollen von Verbrauchern eingeschaltet werden bei Streitigkeiten mit ihren Vertragspartnern, bevor Gerichte bemüht werden. So gibt es rund 90 Schieds- oder Schlichtungsstellen des Kfz-Handwerks, die die Aufgabe haben, Streitigkeiten zwischen Autofahrer und Kfz-Werkstatt über Notwendigkeit und Richtigkeit von Reparatur- und Wartungsarbeiten, die Angemessenheit von Reparaturkosten usw. möglichst gütlich beizulegen. Auch im Gebrauchtwagenhandel, für Bergungs- und Abschleppdienste, Textilreinigungsreklamationen, Radio- und Fernsehtechnikerhandwerk, ärztliche Leistungen sowie Banken und Versicherungen gibt es bundesweit Schieds- und Schlichtungsstellen. Diesen Stellen sehr ähnlich sind die von Unternehmen und auch Verbänden bestellten **Ombudsmänner** als Vertrauenspersonen für Verbraucherbelange, insbesondere für Beschwerden.
Daneben gibt es meist von Gemeindevertretungen gewählte Schiedsmänner bzw. Schlichter, die ehrenamtlich tätig sind und zur Beilegung von Streitigkeiten zwischen Privatpersonen beitragen sollen.

Schlussverkauf, Saisonschlussverkauf, eine Sonderveranstaltung des Handels, um Warenlager zu räumen. Mit der Novellierung des Gesetzes gegen den unlauteren Wettbewerb (UWG) im Jahr 2004 wurden die strengen Regeln des UWG für den **Winterschlussverkauf** (12 Tage, beginnend am letzten Montag des Januar) und den **Sommerschlussverkauf** (12 Tage, beginnend am letzten Montag des Juli) abgeschafft. Aus Gründen der Tradition führen v. a. Textil- und Bekleidungshandel Schlussverkäufe fort. Verbraucher müssen beachten, dass der Händler einen Umtausch preisreduzierter, mängelfreier Ware beim Schlussverkauf meistens ausschließt. Allerdings muss der Händler für Mängel an der Ware einstehen, es sei denn, der Mangel war im Angebot angegeben und der Grund für den reduzierten Preis.

Schnäppchenführer, Publikationen, die auf die Möglichkeiten des Direktkaufs hinweisen, abgeleitet vom Begriff Schnäppchen für einen besonders vorteilhaften Kauf.

Schulden: Wurde im Kaufvertrag nichts anderes vereinbart, dann ist die Geld- oder Sachleistung am Wohn- oder Geschäftssitz des Schuldners zu erbringen, d. h., Warenschulden sind **Holschulden.** Damit trägt der Käufer die Kosten und Gefahren der Abnahme und des Transports der Ware, die der Verkäufer nur bereitstellen muss. Geldschulden sind **Bringschulden** bzw. Schickschulden. Damit hat der Schuldner seine Zahlung auf seine Gefahr und seine Kosten dem Gläubiger zu bringen oder zu schicken.

Schuldner, Bezeichnung für denjenigen, der einem Gläubiger noch eine Leistung zu erbringen hat.

Schuldnerberatung, Einrichtungen der Träger der freien Wohlfahrtsverbände (Arbeiterwohlfahrt, Caritas, Deutsches Rotes Kreuz, Diakonisches Werk u. a.), der Verbraucherzentralen und auch der Städte oder Selbsthilfeeinrichtungen. Alle diese (2009) rund 1 100 **Schuldnerberatungsstellen** sollen ver- und überschuldete Verbraucher beraten, um aus der Schuldenfalle in seriöser Weise herauszukommen, eine tragbare Rückzahlung der Schulden zu erreichen und ein Verbraucherinsolvenzverfahren *(siehe dort)* zu vermeiden. Anschrift: Bundesarbeitsgemeinschaft Schuldnerberatung e. V., Friedrichsplatz 10, 34117 Kassel; Telefon: 0561 771093; Internet: www.bag-sb.de.

Schuldschein, eine vom Schuldner ausgestellte Urkunde (dies kann auch ein einfacher Zettel sein), in der er dem Gläubiger gegenüber eine Schuld bestätigt und die der Beweiserleichterung dient.

schwarze Schafe, bestimmte Unternehmen, die sich auf Kosten der Vertragspartner bereichern wollen und dazu unlautere oder strafbare Methoden anwenden.

Secondhandshop, *siehe* Gebrauchtwaren.

Selbstbedienung, Abkürzung **SB,** Verkaufsprinzip im Einzelhandel, bei dem der Kunde die Ware ohne Mitwirkung des Verkaufspersonals aus dem ausgestellten Sortiment auswählt, entnimmt und zu den Kassenstellen transportiert. Die extremste Form ist der Automatenverkauf. Die Selbstbedienung steht im Gegensatz zur traditionellen Bedie-

nung (Fremdbedienung) im Facheinzelhandel, bei der das Verkaufspersonal die Waren präsentiert, den Kunden berät sowie Rechnungsstellung und Verpacken der Ware übernimmt.
Selbstbedienungsgeschäfte sind z. B. Supermärkte, Selbstbedienungswarenhäuser (SB-Warenhäuser) und Verbrauchermärkte. In der Praxis herrscht oft die partielle Selbstbedienung vor. So können Teile des Sortiments (z. B. Frischwaren) in Fremdbedienung, andere in Selbstbedienung angeboten werden.

Service, der Kundenservice *(siehe dort).*

Sittenwidrigkeit, Verstoß gegen die **guten Sitten.** Dieser liegt vor, wenn eine Handlung ›gegen das Anstandsgefühl aller billig und gerecht Denkenden‹ verstößt, also nicht einem billigenswerten Durchschnittsempfinden entspricht. Sittenwidrigkeit führt bei Rechtsgeschäften, insbesondere Verträgen, zu deren Unwirksamkeit. Sittenwidrig und damit nichtig sind auch die Ausnutzung der Unerfahrenheit, des Mangels an Urteilsvermögen oder die erhebliche Willensschwäche des Vertragspartners, um sich daraus Vermögensvorteile zu verschaffen.

Skonto, *siehe* Kapitel 7.

Sonderangebot, zeitlich befristete Offerte eines Anbieters, besonders die zeitlich befristete Senkung des Angebotspreises **(Sonderpreis,** bei besonders niedrigem Preis auch **Schleuderpreis)** für bestimmte Artikel. Sonderangebote sind auf Hersteller- wie auf Handelsebene ein Instrument der Preispolitik. Sonderangebote im Handel müssen sich in den regelmäßigen Geschäftsbetrieb des Einzelhändlers einfügen. Problematisch sind die Lockvogelangebote *(siehe dort).* Sonstige **Sonderveranstaltungen** oder **Sonderverkäufe** sind nur als Schlussverkäufe *(siehe dort)* oder Räumungsverkäufe *(siehe dort)* zulässig.

Stiftung Warentest, unabhängige Einrichtung in der Rechtsform einer Stiftung des privaten Rechts (Stifterin ist die Bundesrepublik Deutschland); gegründet 1964. Nach der Stiftungssatzung soll die Öffentlichkeit vor allem über ›objektivierbare Merkmale des Nutz- und Gebrauchswertes von Waren und privaten sowie individuell nutzbaren öffentlichen Leistungen‹ und über ›Möglichkeiten und Techniken der optimalen privaten Haushaltsführung‹ unterrichtet werden. Seit 1985 wird auch die Umweltverträglichkeit der Produkte berücksichtigt und über Verbraucherrecht informiert.
Die Ergebnisse ihrer vergleichenden Warentests *(siehe dort),* Dienstleistungsuntersuchungen und Verbraucherinformationen werden z. B. in Zeitschriften (›test‹, ›FINANZtest‹), Ratgebern, Jahrbüchern (›test Jahrbuch‹, seit 1972) oder im Internet veröffentlicht.
Die Stiftung Warentest finanziert sich seit 1974 überwiegend aus den Verkaufserlösen ihrer Veröffentlichungen; der Anteil der Bundesmittel am Gesamtetat beträgt rund 15 %. Anschrift: Lützowplatz 11–13, 10785 Berlin; Telefon: 030 26310; Internet: www.test.de

Storno: Etwas stornieren heißt, eine Sache berichtigen, rückgängig machen, von einem Vertrag zurücktreten (gegen eine Stornogebühr).

Streitwert, Wert, den ein Gericht der zu verhandelnden Sache zuerkennt; danach werden die Gerichtskosten und Anwaltshonorare berechnet.

Supermarkt, eine Betriebsform des Einzelhandels mit mindestens 400 m^2 Verkaufsfläche. Supermärkte bieten vorwiegend in Selbstbedienung Nahrungs- und Genussmittel, aber auch Haushaltswaren und Kosmetikartikel an.

Tante-Emma-Laden, umgangssprachliche Bezeichnung für ein kleines Einzelhandelsgeschäft alten Stils.

Taschengeldparagraf: Minderjährige dürfen Kaufverträge mit dem ihnen von den Eltern zur Verfügung gestellten Geld abschließen, wobei Barzahlung Bedingung ist (§ 110 BGB).

Tauschring, private Selbsthilfeorganisation, die ihren Teilnehmern einen Austausch von Waren und Dienstleistungen ohne Einsatz von Geldmitteln ermöglicht. Internet: www.tauschring.de.

Teleshopping, Information über Waren und Kauf per PC und Internet.

Textilkennzeichnung, an Textilwaren angebrachte einheitliche Kennzeichnung, die über Eigenschaften und Pflege Auskunft geben. Textilerzeugnisse dürfen nach dem **Textilkennzeichnungsgesetz** nur dann an Verbraucher verkauft werden, wenn sie mit der Angabe des Rohstoffgehalts (nach Art und Gewichtsanteilen der verwendeten textilen Rohstoffe) versehen sind, z. B. 100 % Baumwolle oder 55 % Schurwolle und 45 % Polyester. Dabei dürfen die Symbole für die Pflegekennzeichnung, die auf internationaler Ebene festgelegt sind, nicht verändert werden. Die Kennzeichnung erfolgt an der Ware selbst (Etikett) mit einheitlichem Schriftbild; auch auf der Verpackung muss sie angebracht sein.

Textilkennzeichnung. Die Pflegekennzeichnung in Textilien

Treu und Glauben, ein Rechtsgrundsatz, nach dem der eine Vertragspartner auf die berechtigten Interessen des anderen Rücksicht nehmen muss, er seine Rechte redlich ausübt. Im Konfliktfall hat ein Richter die Interessenwertung vorzunehmen. Das BGB sagt, ›Verträge sind so auszulegen, wie Treu und Glauben es mit Rücksicht auf die Verkehrssitte erfordern‹ (§ 157) und ›der Schuldner ist verpflichtet, die Leistung so zu bewirken, wie Treu und Glauben mit Rücksicht auf die Verkehrssitte es erfordern‹ (§ 242). Beispiel: Ein Kunde sagt zu, eine Ware abzuholen und dann zu bezahlen; der Verkäufer kann dann von einem Kaufvertrag ausgehen, der vom Kunden erfüllt werden muss.

TÜV, Abkürzung für **Technische Überwachungs-Vereine,** früher staatliche, jetzt privatisierte Einrichtungen und Sachverständigenorganisationen zur Beratung, Begutachtung, Prüfung, Überwachung und Zertifizierung. Die international tätigen TÜV-Unternehmen sind z. B. als technische Prüfstellen für die Verkehrssicherheit der Autos zuständig, führen aber auch an anderen Produkten Prüfungen zur Geräte- und Produktsicherheit durch und bieten Dienstleistungen für Privatpersonen und Unternehmen an.

Umtausch, die Lieferung einer mangelfreien Ware bei Rückgabe der mangelhaften Sache; ein gesetzlicher Anspruch auf eine solche **Ersatzlieferung** besteht für den Käufer bei Beachtung der Rügefrist (innerhalb von zwei Jahren) nur bei Lieferung einer mangelhaften Serienware, z. B. Kühlschrank, TV-Gerät. Beim Kauf einer einmaligen Sache (= Stückkauf, z. B. eines Originalgemäldes) entfällt dieses Recht. Der Käufer hat ein Recht auf Nachbesserung, aber auch auf Reparatur. Zahlreiche Handelsunternehmen gewähren jedoch freiwillig (Kulanz) ein vertragliches Umtauschrecht innerhalb einer bestimmten Frist; für Sonderangebote gilt dies i. d. R. nicht.

Umweltzeichen, der blaue Umweltengel *(siehe dort).*

unlauterer Wettbewerb, im Wirtschaftsverkehr ein Verhalten, das jemandem mit rechtlich unzulässigen Mitteln einen Vorsprung vor den Konkurrenten verschaffen soll. Das 2004 u. a. wegen der Vorgaben der Europäischen Union neu gefasste Gesetz gegen den unlauteren Wettbewerb (UWG) will ein geregeltes Miteinander im Geschäftsverkehr erreichen und den Verbraucher vor Täuschungen und unseriösen Geschäftemachern schützen. Unlauterer Wettbewerb widerspricht dem Prinzip des freien Wettbewerbs durch Leistung und ist daher durch das UWG verboten (§ 3 UWG). Die neue Generalklausel stellt nicht mehr auf die ›guten Sitten‹ im Wettbewerb ab, sondern verbietet jede unlautere Wettbewerbshandlung. Jeder, der im Wettbewerb gegen die guten Sitten verstößt, kann nach dem UWG auf Unterlassung und Schadensersatz verklagt werden.
Folgende Wettbewerbshandlungen können beispielhaft unlauter sein: unwahre und irreführende Angaben über Waren oder Erzeugnisse, Lockvogelangebote, Täuschung von Kunden, Werbung nach Art eines Gewinnspiels (dem Kunden wird mit Zustellung von Verkaufsunterlagen ein Gewinn vorgegaukelt), Anwendung von Zwang, Schädigung der Konkurrenz durch falsche Angaben über Produkte und Produktqualitäten, unzumutbare Belästigung des Verbrauchers (z. B. durch Telefonwerbung).

Unternehmerrückgriff: Da ein Mangel nicht nur vom Händler oder Handwerker zu vertreten ist, sondern auch ein Fehler beim Produktionsprozess vorliegen kann, gilt die rechtliche Gewährleistung

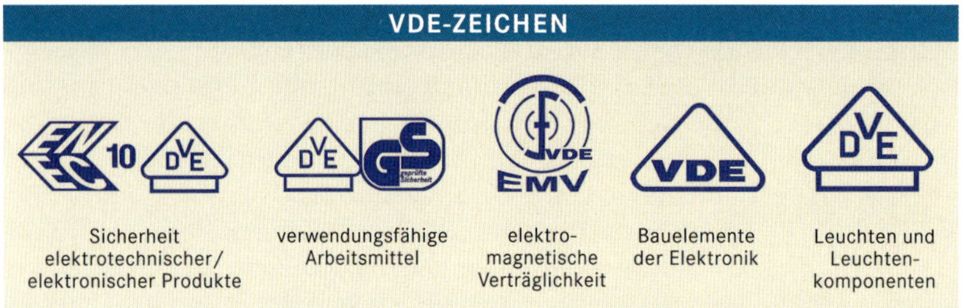

VDE-Zeichen. Verschiedene Sicherheitszeichen

auch für Hersteller. Dieser Unternehmerrückgriff soll vermeiden, dass der Verbraucherschutz allein den Einzelhändler oder Handwerker trifft. Rückgriffsansprüche des Händlers an den Hersteller verjähren frühestens zwei Monate nach Erfüllung der Ansprüche des Endverbrauchers.

unverbindliche Preisempfehlung, die Preisempfehlung (*siehe* Kapitel 2).

VDE-Zeichen, Symbol für den Bereich der elektrischen Sicherheit; wird von der Prüfstelle für Elektrogeräte beim **V**erband **D**eutscher **E**lektrotechniker (VDE) herausgegeben. Hersteller, die für eines ihrer Erzeugnisse das VDE-Zeichen erwerben wollen, müssen das Gerät bei der VDE-Prüfstelle einreichen. Verläuft die Prüfung positiv, dann kann der Hersteller die Geräte dieser Art mit dem VDE-Zeichen versehen. Der Hersteller haftet dann für die VDE-gerechte Fertigung.

Verbraucherinformationsgesetz: Das 2008 in Kraft getretene Gesetz fußt auf einer erweiterten Informationspflicht der Behörden und dem Auskunftsrecht für Verbraucher bei Behörden. Dadurch sollen Markttransparenz erhöht, Rechtssicherheit geschaffen und gewissenhafte Anbieter vor schwarzen Schafen geschützt werden. Das Gesetz gilt für Lebensmittel, Futtermittel, Bedarfsgegenstände wie Geschirr, Reinigungsmittel, Kosmetika, Textilien und Spielzeug.

Verbraucher Initiative e.V., Zusammenschluss von kritischen Verbrauchern, gegründet 1985. Schwerpunkte sind gesunde Ernährung, ökologische Landwirtschaft, umweltfreundliches Konsumverhalten, Gesundheit, fairer Handel. Anschrift: Elsenstraße 106, 12435 Berlin; Telefon: 030 5360733; Internet: www.verbraucher.org.

Verbraucherinsolvenzverfahren, durch die Insolvenzordnung eingeführtes Verfahren, das überschuldeten Privathaushalten die Möglichkeit eröffnet, nach einem geordneten Verfahren von den Schulden befreit zu werden und so wirtschaftlich einen neuen Anfang zu machen.
Zunächst muss der Schuldner versuchen, sich mit seinen Gläubigern außergerichtlich über die Regulierung seiner Schulden (z. B. durch Teilerlass, Stundung, Ratenzahlung) zu einigen. Dazu muss ein Anwalt oder eine Einrichtung der Schuldnerberatung *(siehe dort)* eingeschaltet werden. Mit diesen wird ein Schuldenbereinigungsplan ausgearbeitet und den Gläubigern zur Annahme vorgeschlagen.
Scheitert dieser Versuch, kann der Schuldner mit einer entsprechenden Bescheinigung zum Amtsgericht gehen und ein Insolvenzverfahren beantragen. Er legt dabei eine Aufstellung seiner Vermögens- und Einkommensverhältnisse, Verzeichnisse seiner Gläubiger und seiner gesamten Schulden sowie einen Schuldenbereinigungsplan vor. Mit diesen Unterlagen unternimmt das Gericht noch einmal den Versuch, eine gütliche Einigung zwischen dem Schuldner und seinen Gläubigern herbeizuführen.
Scheitert dieser Versuch, dann wird ein (vereinfachtes) Insolvenzverfahren eröffnet. In diesem Verfahren geht es darum, noch vorhandenes Vermögen des Schuldners zu verwerten. Zum Abschluss stellt das Gericht dem Schuldner die Befreiung von seinen restlichen Schulden in Aussicht, wenn er eine sechsjährige Wohlverhaltensperiode durchsteht.
In dieser Zeit hat der Schuldner jede zumutbare Tätigkeit anzunehmen und den pfändbaren Teil seines Einkommens an einen vom Gericht bestellten Treuhänder abzuführen, der das Geld unter die Gläubiger verteilt. Auf Antrag wird ihm dann nach sechs Jahren die Restschuldbefreiung erteilt.

Verbrauchermarkt, großflächiger (mindestens 1 000 m^2) Einzelhandelsbetrieb, der ein breites Sortiment (z. B. Lebensmittel, Haushaltswaren, Textilien, Bekleidung, Schuhe, Elektrogeräte) überwiegend in Selbstbedienung anbietet. Häufig wird auf eine Dauerniedrigpreis- oder Sonderangebotspolitik abgestellt. Der Standort ist i. d. R. am Stadtrand, Parkplätze sind in großer Zahl vorhanden. Verbrauchermärkte mit mehr als 5 000 m^2 Verkaufsfläche werden auch als Selbstbedienungswarenhäuser bezeichnet.

Verbraucherpolitik, Maßnahmen öffentlicher oder privater Einrichtungen, die darauf abzielen, in einer Marktwirtschaft die Position der Verbraucher gegenüber Anbietern von Waren und Dienstleistungen zu sichern bzw. zu verbessern. Zum Teil werden auch verbraucherorientierte Aktivitäten von Unternehmen und Wirtschaftsverbänden dazugerechnet (z. B. Beratungsdienste, Produktinformationen, Schieds- und Schlichtungsstellen), dann wird auch von **Konsumpolitik** gesprochen. Wichtig für die Verbraucherpolitik des Staates und der Europäischen Union ist der Verbraucherschutz *(siehe dort).*

Die Notwendigkeit einer **Verbraucherinformation** und **Verbraucherberatung** erwächst aus der Komplexität der Konsumvorgänge und der Informationsüberflutung durch die Anbieter. Ihre Aufgabe besteht darin, dem Verbraucher möglichst aktuelle, anbieterunabhängige Informationen über Preise und Qualität von Produkten, über die Marktsituation und Änderungen von relevanten Rechtsvorschriften sowie eine Beratung in konkreten Problemsituationen anzubieten. Diese Aufgaben werden meist von nicht staatlichen Organisationen wie den Verbraucherzentralen *(siehe dort)* übernommen. Seit März 2009 bietet das Verbraucherschutzministerium mit dem **Verbraucherkompass** einen Wegweiser zu vertrauenswürdigen Ratgebern für Verbraucher zu verschiedenen Themenfeldern an.

Die Wahrnehmung der Verbraucherrolle in der Marktwirtschaft und die effektive Nutzung der Informations- und Beratungsangebote setzen Kenntnisse und Fähigkeiten voraus, die durch die eher längerfristig ausgerichtete **Verbraucherbildung** vermittelt werden. Dazu zählen sowohl die Verbrauchererziehung in Familie und Schule (z. B. ein selbstbestimmtes und verantwortliches Konsumverhalten entwickeln) als auch die Verbraucheraufklärung, die sich besonders an erwachsene Verbraucher richtet.

Verbraucherschutz, Konsumentenschutz, die Gesamtheit der rechtlichen Vorschriften, die den Verbraucher vor Benachteiligungen im Wirtschaftsleben schützen und seine rechtliche Stellung stärken sollen. Die Gesetze und Vorschriften können unterschieden werden in solche, die eine korrekte und möglichst umfassende Information des Verbrauchers als Grundlage seiner Kaufentscheidungen sichern (z. B. Lebensmittelkennzeichnungsverordnung, Preisangabenverordnung), solche, die der Sicherheit und der Gesundheit der Verbraucher dienen (z. B. neben dem Lebensmittel- auch das Arzneimittelrecht sowie die Produkthaftung und das Produktsicherheitsgesetz), und solche, die dem einzelnen Verbraucher in bestimmten Rechtsgeschäften besonderen Schutz gewähren sollen. Dazu gehören neben dem Recht der allgemeinen Geschäftsbedingungen die im BGB und anderen Vorschriften (z. B. über den Reisevertrag) enthaltenen Bestimmungen über das Recht des Käufers auf Rücktritt vom Vertrag bzw. Widerruf.

Verbraucherverbände, nicht staatliche Organisationen zur Vertretung von Interessen der Verbraucher. Dachorganisation ist der Verbraucherzentrale Bundesverband *(siehe dort).* Dort nicht Mitglied sind Organisationen wie die Stiftung Warentest *(siehe dort)* oder die Verbraucher Initiative *(siehe dort).*

Verbraucherzeitschriften, Zeitschriften zur Information und Aufklärung der Verbraucher. Schwerpunkte sind Warenpreise und -qualitäten, vergleichende Warentests und kritische Bewertungen von Produkten und Dienstleistungen. Auch setzen sie sich mit Verkaufs- und Werbemethoden, Ernährungs-, Gesundheits-, Umwelt-, Steuer- und Rechtsfragen auseinander. Zu den verbreitetsten Verbraucherzeitschriften gehören die anzeigenfreien Zeitschriften der Stiftung Warentest (›test‹, ›FINANZtest‹) sowie ›Guter Rat‹ und ›Öko-Test‹.

Der Verbraucherinformation dienen auch verschiedene **Verbrauchersendungen** und **Ratgebersendungen** in Hörfunk und Fernsehen wie die Wirtschaftsmagazine ›WISO‹ (ZDF), ›Plusminus‹ und ›ARD-Ratgeber‹ (ARD).

Verbraucherzentrale Bundesverband, Abkürzung **VZBV,** Dachverband deutscher Verbraucherorganisationen, gegründet 2000 durch Zusammenschluss der 1953 gegründeten **Arbeitsgemeinschaft der Verbraucherverbände,** der Stiftung Verbraucherinstitut und des Verbraucherschutzvereins. Dem VZBV gehören die 16 Verbraucherzentralen der Länder und weitere 25 verbraucherpolitisch orientierte Verbände an wie der Deutsche Mieterbund, Hausfrauenvereine und Familienverbände. Hauptaufgaben sind die Vertretung der Verbraucherinteressen gegenüber Politik und Wirtschaft, die Förderung der Verbraucherinformation und -beratung, die Koordination der Arbeit der Mitgliedsorganisationen. Der Verband arbeitet gemeinnützig und parteipolitisch neutral. Er finanziert sich über Mittel des Bundesministeriums für Landwirtschaft, Ernährung und Verbraucherschutz, über Projektmittel und über Einnahmen aus dem Verkauf von Publikationen. Anschrift: Markgrafenstr. 66, 10969 Berlin; Telefon: 030 258000; Internet: www.vzbv.de.

VERBRAUCHERZENTRALE BUNDESVERBAND

verbraucherzentrale Bundesverband

Verbraucherzentrale Bundesverband. Das Logo des VZBV

Verbraucherzentralen, unabhängige, gemeinnützige Einrichtungen der Verbraucherverbände in der Rechtsform eingetragener Vereine. Die 16 Zentralen unterhalten bundesweit etwa 220 Beratungsstellen. Neben persönlicher und telefonischer Beratung und Information bieten sie Ausstellungen und Vorträge zu verbraucherpolitischen Themen an. Beratungsschwerpunkte sind: außergerichtliche Rechtsberatung, Produktberatung, Ernährungs- und Gesundheitsberatung, Kredit-, Versicherungs- und Schuldnerberatung, Energie- und Umweltberatung. Die Verbraucherzentralen zählen zum Verbraucherzentrale Bundesverband *(siehe dort).*

Verfallsdatum, *siehe* bei Mindesthaltbarkeitsdatum.

Verjährung: Ansprüche eines Gläubigers gegen seinen Schuldner unterliegen der Verjährung. Ist eine Forderung verjährt, bedeutet dies, dass diese gerichtlich nicht mehr durchgesetzt werden kann, wenn der Schuldner dann die Einrede der Verjährung geltend macht, d. h., er hat das Recht, die Zahlung zu verweigern. Der Anspruch des Gläubigers an sich bleibt allerdings bestehen.

Verjährungsfristen: Die regelmäßige Verjährungsfrist beträgt nach §§ 195 und 199 BGB drei Jahre; sie beginnt am Ende des Jahres, in dem der Anspruch entstanden ist und der Gläubiger von den Umständen und dem Schuldner Kenntnis erlangt hat oder erlangen müsste. Dazu zählen Ansprüche wegen falscher Beratung, Kaufpreis, Handwerkerrechnungen, auch wiederkehrende Ansprüche wie Miete oder Gehalt. Beispiel: Entstehung des Anspruchs am 20. 1. 2008 – Verjährung am 31. 12. 2011. Zehn Jahre von ihrer Entstehung an beträgt die Verjährungsfrist für sonstige Schadensersatzansprüche und Ansprüche ohne Rücksicht auf die Kenntnis oder die grob fahrlässige Unkenntnis. In 30 Jahren verjähren Herausgabeansprüche aus Eigentum und anderen Sachen, familien- oder erbrechtliche Ansprüche, Ansprüche aus Urteilen, Vergleichen, notariell beurkundeten Forderungen sowie Schadensersatzansprüche, die auf der Verletzung des Lebens, des Körpers, der Gesundheit oder der Freiheit beruhen.

Verpackung, Umhüllung von Waren zum Schutz gegen Verderben, Schmutz oder Beschädigung, bei Fertigpackungen auch als Werbemittel benutzt. Es wird zwischen Transportverpackung (z. B. Paletten), Umverpackung (z. B. Schuhkartons) und Verkaufsverpackungen (z. B. Becher, Beutel) unterschieden, nach ihrer Wiederverwendbarkeit in **Einwegverpackungen** (z. B. Weißblechdosen) und **Mehrwegverpackungen** (z. B. Pfandflaschen).

Verpackungsverordnung, Verordnung über die Vermeidung und Verwertung von Verpackungsabfällen. Die Verordnung, die auf dem Kreislaufwirtschafts- und Abfallgesetz beruht, hat das Ziel, die Auswirkungen von Abfällen aus Verpackungen auf die Umwelt zu vermeiden oder zu verringern; im Übrigen soll der Wiederverwendung von Verpackungen, der stofflichen Verwertung sowie den anderen Formen der Verwertung Vorrang vor der Beseitigung von Verpackungsabfällen eingeräumt werden.
Der Anteil der in Mehrwegverpackungen sowie in ökologisch vorteilhaften Einweggetränkeverpackungen abgefüllten Getränke soll durch diese Verordnung gestärkt werden mit dem Ziel, einen Anteil von mindestens 80 % zu erreichen. Hersteller und/oder Vertreiber sind verpflichtet, gebrauchte Transport-, Um- bzw. Verkaufsverpackungen vom Verbraucher kostenlos zurückzunehmen. Für Verkaufs-

VERBRAUCHERZENTRALEN

Verbraucherzentrale Baden-Württemberg e. V.
Paulinenstraße 47
70178 Stuttgart
Tel.: 0711 669110
Internet: www. vz-bawue.de

Verbraucherzentrale Bayern e. V.
Mozartstraße 9
80336 München
Tel.: 089 53987-0
Internet: www.verbraucherzentrale-bayern.de

Verbraucherzentrale Berlin e. V.
Hardenbergplatz 2
10623 Berlin
Tel.: 030 21485-0
Internet: www.vz-berlin.de

Verbraucherzentrale Brandenburg e. V.
Templiner Straße 21
14473 Potsdam
Tel.: 0331 29871-0
Internet: www.vzb.de

Verbraucherzentrale Bremen e. V.
Altenweg 4
28195 Bremen
Tel.: 0421 160777
Internet: www.verbraucherzentrale-bremen.de

Verbraucherzentrale Hamburg e. V.
Kirchenallee 22
20099 Hamburg
Tel.: 040 24832-0
Internet: www.vzhh.de

Verbraucherzentrale Hessen e. V.
Große Friedberger Str. 13-17
60313 Frankfurt am Main
Tel.: 01805 972010
Internet: www.verbraucherzentrale-hessen.de

Neue Verbraucherzentrale Mecklenburg und Vorpommern e. V.
Strandstraße 98
18055 Rostock
Tel.: 0381 2087050
Internet: www.nvzmv.de

Verbraucherzentrale Niedersachsen e. V.
Herrenstraße 14
30159 Hannover
Tel.: 0511 91196-0
Internet:
www.verbraucherzentrale-niedersachsen.de

Verbraucherzentrale Nordrhein-Westfalen e. V.
Mintropstraße 27
40215 Düsseldorf
Tel.: 0211 3809-0
Internet: www.vz-nrw.de

Verbraucherzentrale Rheinland-Pfalz e. V.
Ludwigstraße 6
55116 Mainz
Tel.: 06131 2848-0
Internet: www.verbraucherzentrale-rlp.de

Verbraucherzentrale des Saarlandes e. V.
Trierer Straße 22
66111 Saarbrücken
Tel.: 0681 500890
Internet: www.vz-saar.de

Verbraucherzentrale Sachsen e. V.
Brühl 34-38
04109 Leipzig
Tel.: 0341 696290
Internet: www.verbraucherzentrale-sachsen.de

Verbraucherzentrale Sachsen-Anhalt e. V.
Steinbockgasse 1
06108 Halle
Tel.: 0345 2980329
Internet: www.vzsa.de

Verbraucherzentrale Schleswig-Holstein e. V.
Andreas-Grayk-Straße 15
24103 Kiel
Tel.: 0431 590990
Internet: www.verbraucherzentrale-sh.de

Verbraucherzentrale Thüringen e. V.
Eugen-Richter-Straße 45
99085 Erfurt
Tel.: 0361 55514-0
Internet: www.vzth.de

Verbraucherzentralen. Die 16 Verbraucherzentralen in Deutschland

verpackungen erfolgt eine Freistellung von der Rücknahmepflicht, wenn sich Hersteller oder Vertreiber an einem flächendeckenden Abfallsystem wie dem Dualen System Deutschland *(siehe dort)* beteiligen. Die Verpackungsverordnung wurde 2009 neu gefasst, um die Trennung der Tätigkeitsfelder von dualen Systemen und Selbstentsorgern zu gewährleisten und die haushaltsnahe Entsorgung von Verkaufsverpackungen zu sichern. Verpackungen, die im gewerblichen Bereich anfallen, dürfen danach nicht mehr über haushaltsnahe Entsorgungssysteme entsorgt werden. Alle für den Privathaushalt bestimmten Verpackungen müssen künftig bei einem dualen System lizenziert sein.

Versandhandel, Form des Direktvertriebs, wenn Handelsbetriebe, aber auch Hersteller ihre Angebote durch Kataloge, elektronische Medien oder

Außendienstmitarbeiter abgeben und die bestellten Waren den Käufern zustellen (Versandgeschäft). Beim Versandhandel als Einzelhandel werden die Waren ausschließlich oder überwiegend auf dem Versandweg abgesetzt.

Versteigerung, Auktion, öffentlicher Verkauf einer Sache an den Meistbietenden, z. B. Teppiche, Kunstgegenstände. Zur Feststellung der Qualität, Farbe usw. ist der Interessent vorher auf den genauen Augenschein angewiesen. Im Wechselspiel zwischen Versteigerer und den Kaufinteressenten, die sich durch Handheben gegenseitig überbieten, wird der Preis ermittelt. Durch Zuschlag an den Meistbietenden wird der Kaufvertrag geschlossen.

Vertragsfreiheit: Eine Gesellschaft, die die freie Entfaltung des Einzelnen sichern will, ist v. a. dadurch gekennzeichnet, dass dieser entscheiden kann, mit wem (Abschlussfreiheit) und welchem Inhalt (Gestaltungsfreiheit) er einen Vertrag schließen will. Allerdings hat die Vertragsfreiheit Grenzen dort, wo der Einzelne vor Missbrauch und Übervorteilung geschützt werden muss. Auch sittenwidrige Verträge gehören zu dieser Kategorie.

vertretbare Sachen, bewegliche Sachen wie Sand, Aktien, Kohlen, die sich nach Zahl, Maß oder Gewicht bestimmen lassen; der Kauf dieser Waren wird Gattungskauf genannt. Diese vertretbaren Waren heißen auch fungible Waren.

Verzug, die rechtswidrige Verzögerung der Leistung durch den Schuldner. Dieser gerät in Verzug, wenn er einer erfüllbaren Verpflichtung zur Leistung trotz Fälligkeit und trotz Mahnung schuldhaft nicht nachkommt. Zum **Schuldnerverzug** zählen Lieferverzug und Zahlungsverzug. Ein Gläubiger kommt in Verzug, wenn er die Leistung nicht annimmt **(Annahmeverzug).**

Warenhaus, großflächiger (mindestens 3 000 m^2) Einzelhandelsbetrieb, der meist auf mehreren Etagen breite und überwiegend tiefe Sortimente mehrerer Bereiche (z. B. Bekleidung, Sportartikel, Haushaltswaren, Kosmetik, Drogeriewaren, Schmuck sowie oft auch Lebensmittel) mit tendenziell hoher Serviceintensität und eher höherem Preisniveau an Standorten in der Innenstadt oder in Einkaufszentren anbietet. Dazu kommen Dienstleistungen wie Gastronomie und Reisevermittlung. Die Verkaufsmethode reicht von der Fachbedienung bis zur reinen Selbstbedienung. Umgangssprachlich wird Warenhaus als Synonym für Kaufhaus verwendet.

Warentest, die Prüfung und Bewertung der für die Gebrauchstauglichkeit maßgebenden Eigenschaften von Waren mit dem Ziel, dem Verbraucher die als Grundlage für die Kaufentscheidung notwendigen Sachinformationen in verständlicher Form zugänglich zu machen (Markttransparenz). Prüfungen von Qualität und Sicherheit, Handhabung, Umweltverträglichkeit und Preis werden v. a. von der Stiftung Warentest *(siehe dort)* durchgeführt; daneben testen auch andere Institutionen (z. B. Materialprüfungsanstalten, Öko-Institute, private Tester für Zeitschriftenverlage) Waren.
Ein Test umfasst den Vergleich einer repräsentativen Auswahl der für denselben Verwendungszweck angebotenen Waren **(vergleichender Warentest)** nach einheitlichen Prüfkriterien und wissenschaftlichen Methoden. Auch Dienstleistungen (z. B. Geldanlage, Versicherungen, Kredite) werden wegen ihrer zunehmenden Bedeutung in die Tests einbezogen **(Dienstleistungstests).**

Werkvertrag, ein gegenseitiger Vertrag, in dem sich der eine Partner (Unternehmer) zur Herstellung des versprochenen Werkes frei von Sach- und Rechtsmängeln und der andere Partner (Besteller) zur Entrichtung der vereinbarten Vergütung verpflichtet (§ 631 ff. BGB).
Am Anfang steht die Zusage des Unternehmers, ein bestimmtes Werk (Produkt) herzustellen. Es wird nicht nur ein Arbeitseinsatz, sondern ein bestimmter Arbeitserfolg geschuldet, für dessen Verwirklichung der Unternehmer das Risiko zu tragen hat. Hat z. B. ein Plakatmaler eine Arbeit begonnen und bricht diese vor Vollendung ab, so hat er keinen Anspruch auf Vergütung für seine bis dahin geleistete Arbeitszeit.
Ein Werkvertrag liegt auch vor, wenn der Unternehmer sich verpflichtet, das Werk aus einem von ihm zu beschaffenden Stoff herzustellen. Er unterscheidet sich vom obigen Sachverhalt dadurch, dass nicht der Besteller, sondern der Unternehmer das erforderliche Material stellt.

Widerrufsrecht, Möglichkeit des Verbrauchers, bei Fernabsatzverträgen, Haustür- und Abzahlungsgeschäften ohne Angabe von Gründen innerhalb von 14 Tagen nach Zugang des Vertrags vom Vertrag (schriftlich) zurückzutreten (§§ 312, 355 f.

BGB). Ist im Vertrag auf den Widerruf nicht hingewiesen oder die dafür erforderliche zweite Unterschrift nicht verlangt worden, dann kann noch innerhalb von sechs Monaten widerrufen werden. Auch ein Verbraucherkreditgeschäft kann innerhalb von 14 Tagen schriftlich ohne Angabe von Gründen widerrufen werden. Ein Versicherungsvertrag gilt erst dann als abgeschlossen, wenn der Versicherungsnehmer nicht innerhalb von 14 Tagen nach Erhalt aller Unterlagen (Versicherungsschein, Verbraucherinformation) schriftlich widersprochen hat.

Willenserklärung, eine Willensäußerung, die darauf zielt, dass ein bestimmter rechtlicher Erfolg eintreten soll. Willenserklärungen werden abgegeben, um damit bestimmte Rechtsfolgen zu bewirken (z. B. zum Abschluss eines Kaufvertrages, Verfassen eines Testaments), und können mündlich, telefonisch, schriftlich, durch ein bestimmtes Handeln (z. B. Handheben bei einer Auktion) geäußert werden.

Wirtschaftskriminalität, Verbrechen bzw. Vergehen von Kriminellen im ›weißen Kragen‹; ist seit einigen Jahren Straftatbestand: Das erste Gesetz zur Bekämpfung der Wirtschaftskriminalität von 1976 enthält Strafvorschriften zum Kreditbetrug, zum Wucher und zum Konkursstrafrecht. Das 1986 in Kraft getretene Gesetz enthält Vorschriften gegen Computerbetrug und Fälschung gespeicherter Daten; auch Kapitalanlagebetrug und Veruntreuung von Löhnen sind mit Strafe bedroht.

Wucher, Begriff für ungewöhnlich hohe Preise (z. B. Zinsen oder Mieten). Der Wucherparagraf im BGB (§ 138: Sittenwidrigkeit von Rechtsgeschäften, wenn die Leistung in einem auffälligen Missverhältnis zur Gegenleistung steht) gibt für **Wucherpreise** keine Höchstgrenzen vor; somit muss jeder Einzelfall überprüft werden.
Ein **Wucherzins** liegt i. d. R. dann vor, wenn der verlangte Zins um das Doppelte oder 12 % über dem marktüblichen Zins liegt. Bei einem vom Gericht als ›sittenwidrig‹ eingestuften Vertrag sind keine Zinsen zu zahlen; ist schon gezahlt worden, hat der Kreditnehmer einen Rückforderungsanspruch.
Auch bei **Wuchermieten,** die von Vermietern verlangt und von Gerichten als sittenwidrig eingestuft werden, haben die Mieter ein Recht auf Entschädigung, indem sie Miete zurückerhalten. Gerichte haben Mietzahlungen dann als Wucher eingestuft, wenn die Miethöhe weit über der ortsüblichen Vergleichsmiete liegt (z. B. 170 % darüber).

www, Abürzung für **W**orld **W**ide **W**eb, die grafische Oberfläche des Internets, das ist die Summe aller Adressen im Internet, die aufgesucht und deren Seiten angesehen werden können. Eine Adresse lautet z. B. www.duden.de. Man erreicht die Homepage des Dudenverlags, wobei ›de‹ das Länderkürzel für Deutschland ist.

Zahlungsbedingungen, die zwischen einem Gläubiger und einem Schuldner getroffenen Vereinbarungen, wie eine Schuld beglichen werden soll; sie sind meist Bestandteil von Kaufverträgen und zusammen mit den Lieferbedingungen in Form der allgemeinen Geschäftsbedingungen standardisiert.
Zahlungsbedingungen regeln Zahlungsort (›Zahlungen sind unter Angabe von Rechnungsnummer und -datum an die angegebene Bankverbindung zu leisten‹), Zahlungsweise (in bar, per Scheck, Kreditkarte oder Wechsel), Zahlungsabwicklung (z. B. gegen Rechnung, per Nachnahme) sowie Zahlungszeitpunkt bzw. Zahlungsfristen (›Begleichen Sie bitte die Rechnung abzüglich 2 % Skonto innerhalb von 14 Tagen oder innerhalb von 30 Tagen netto‹).

Zahlungsverzug: Allgemein bedeutet Verzug die rechtswidrige Verzögerung der Leistung durch den Schuldner, wenn dieser einer erfüllbaren Verpflichtung zur Leistung trotz Fälligkeit schuldhaft nicht nachkommt. Das reformierte BGB will die Zahlungsmoral verbessern und vor allem auch Unternehmen des Handwerks (insbesondere in der Bauwirtschaft) schneller zur Rechnungssumme verhelfen.
Der Kunde ist nach Ablauf von 30 Tagen seit Zugang der Rechnung in Verzug; darauf muss ein Verbraucher in der Rechnung besonders hingewiesen werden. Damit muss der Unternehmer nicht mehr das aufwendige Mahnverfahren betreiben. Der gesetzliche Verzugszinssatz für Privatkunden ist auf 5 % über dem Basiszinssatz der Europäischen Zentralbank festgesetzt; damit liegt der Zinssatz 2009 deutlich über 6 %. Abschlagszahlungen sollen künftig in allen Verträgen möglich sein. Kleinere Mängelrügen berechtigen den Kunden nicht mehr, die Bezahlung einer Handwerkerrechnung ganz abzulehnen. Es kann sofort vollstreckt werden, sofern vorher die Einleitung der Zwangsvollstreckung

(Pfändung) beantragt worden ist; der Kunde als Zahlungsschuldner kann Widerspruch beim Amtsgericht einlegen.

Zielkauf, ein Kauf, bei dem die Zahlung erst eine bestimmte Zeit nach Lieferung der Ware oder Erbringung der Dienstleistung erfolgt. So ist bei der Zahlungsbedingung ›zahlbar innerhalb von 60 Tagen‹ die Leistung jetzt schon verfügbar, die Zahlung aber erst in 60 Tagen **(Zahlungsziel)** zu tätigen.

zugesicherte Eigenschaft, ausdrückliche Zusicherungen im Vertragsrecht, z. B. ›rostfreier Stahl‹, beim Gebrauchtwagenkauf ›unfallfrei‹, bei deren Nichteinhaltung dem Käufer ein Schadenersatzanspruch zusteht (aus den Rechten bei mangelhafter Lieferung). Die Verjährungsfrist beträgt drei Jahre, bei arglistiger Täuschung bis zu 30 Jahre.

Zusatzstoffe, alle Substanzen, die bestimmten Materialien (z. B. Baustoffen, Kunststoffen, Lacken, Schmierölen, Treibstoffen) zur Verbesserung ihrer Eigenschaften oder zur Vereinfachung ihrer Verarbeitung beigefügt werden. Welche Zusatzstoffe – abgesehen von Substanzen wie Zucker, Kochsalz und Gewürzen – Lebensmitteln zugefügt werden dürfen, wird durch die zum Lebensmittel- und Bedarfsgegenständegesetz erlassene Verordnung geregelt. Die zugelassenen Stoffe sind bestimmten Gruppen zuzuordnen und dürfen meist nur in ganz bestimmten Fällen bei der Herstellung von Lebensmitteln verwendet werden. Ein Teil der Zusatzstoffe unterliegt der Kennzeichnungspflicht. Diese Stoffe müssen mit den zu ihrer Kennzeichnung innerhalb der EU-Staaten verwendeten **E-Nummern** angegeben werden (drei- und vierstellige Zahlen mit vorangestelltem E).

ZUSATZSTOFFE

Klasse	E-Nummer
Farbstoffe	E 100–180
Konservierungsmittel	E 200–270
Antioxidationsmittel	E 220–472
Emulgator, Stabilisator	E 320, 470
Verdickungsmittel	E 400–466
Geschmacksverstärker	E 620–637
Säuerungsmittel	E 260–579
Trenn- und Überzugsmittel	E 530–915
modifizierte Stärke	E 1414–1422
künstliche Süßstoffe	Stoffname
Zuckeraustauschstoffe	E 420, 421
Backtriebmittel	E 341–504
Schaumverhüter	Klassen- oder Stoffname
Schmelzsalz	E 325–544

Zusatzstoffe. Die verschiedenen Klassen der Lebensmittelzusatzstoffe und die dazugehörigen E-Nummern

Zwangsvollstreckung, *siehe* bei Pfändung.

10

Was macht die Bank mit dem Geld ihrer Kunden?

Viele Begriffe wie Giro und Konto weisen heute noch darauf hin, dass das Bankwesen seinen Ursprung in Italien fand. Unser Leben heute ist ohne Bankverbindung nicht mehr vorstellbar. Fast jeder Mensch ist heutzutage auf eine kontoführende Einrichtung angewiesen, die einkommendes Geld für ihn empfängt und Zahlungen an andere durchführt. Fast jeder nimmt die Dienstleistungen von Banken in Anspruch. Ein Bankkonto gehört zu den Selbstverständlichkeiten des täglichen Lebens. Bargeldlose Lohn- und Gehaltszahlungen, Mietzahlungen per Dauerauftrag oder die Abbuchung der Strom- oder Telefonrechnung im Lastschriftverfahren sind für viele Menschen ganz normal. Auf den rund 90 Millionen Konten bei Kreditinstituten werden Monat für Monat Milliarden Euro bewegt.
Im In- und Ausland ist es Normalität, dass man in Geschäften und Restaurants bargeldlos mit einer Kreditkarte zahlen kann. Besonders der bargeldlose Zahlungsverkehr hat sich in den vergangenen 20 Jahren nahezu verzehnfacht. Viele Bankkunden erledigen ihre Bankgeschäfte per Onlinebanking oder auch Homebanking, sodass sie unabhängig von den Öffnungszeiten der Bank ihre Geschäfte tätigen können, den Kontostand abfragen, Wertpapiere an- und verkaufen oder Überweisungen durchführen können. Aufgrund von Wettbewerb in ihrem Marktsegment müssen die Banken dem Kunden innovative Dienstleistungen anbieten. Nicht immer sind die Neuerungen Folge der Bemühungen um einen verbesserten Kundenservice. Auch das Bestreben, die Kosten zu senken, veranlasst die Banken, vermehrt moderne Techniken einzusetzen.
Aufgrund der Finanzmarktkrise gerieten auch verschiedene große Banken in eine teilweise dramatische Schieflage, was den Staat veranlasste, Maßnahmen zur Stabilisierung des Banken- und Finanzsektors zu ergreifen.

Abbuchungsermächtigung, Vollmacht, die man einem Dritten (z. B. Vermieter) einräumt, vom eigenen Konto Geldbeträge per Lastschrift *(siehe dort)* abzubuchen. Dieses Verfahren ist weit verbreitet und findet insbesondere bei wiederkehrenden Zahlungsverpflichtungen Anwendung (z. B. Mietzahlung).

Der Kontoinhaber hat ein sechswöchiges Widerspruchsrecht, d. h., er kann, wenn ihm eine Abbuchung nicht gefällt, ohne Begründung den abgebuchten Geldbetrag zurückfordern. Die Bank muss dann die Abbuchung zurücknehmen und den abgebuchten Betrag wieder dem Konto gutschreiben.

Abtretung, Zession, Übertragung einer Forderung gegen einen Dritten (Drittschuldner) durch den bisherigen Gläubiger (Zedenten) auf einen neuen Gläubiger (Zessionar). Im Bankgeschäft meist zur Sicherung eines Kredits.

Abzahlungsdarlehen, Darlehen mit gleichbleibenden Tilgungsraten. Es entstehen anfänglich höhere Rückzahlungsbeträge durch Zurechnung der fälligen Zinsen. Während der Laufzeit wird die Belastung durch die ständig abnehmenden Zinsbeträge geringer. Die Rückzahlungszeit ist in der Regel kürzer als bei Annuitätendarlehen *(siehe dort).*

Abzinsung, Diskontierung, Verfahren der Zinseszinsrechnung zur Ermittlung des Anfangskapitals, wenn das Endkapital, der Zinssatz und die Laufzeit bekannt sind. Soll z.B. ein Kapitalbetrag von 1 000 € abgezinst werden, so wird der Betrag gesucht, der nach Zuschlag des für die ganze Laufzeit zu zahlenden Zinses für die vorgesehene Laufzeit dieses Endkapital von 1 000 € ergibt.
Die Abzinsungsmethode wird z.B. beim Sparbrief angewendet. Anstelle eines normalverzinslichen Sparbriefs ist auch der Erwerb eines abgezinsten Sparbriefs möglich. Beim **Abzinsungspapier** werden die während der Laufzeit des Sparbriefs (üblich sind Laufzeiten von vier, fünf und sechs Jahren) anfallenden Zinsen auf den Kaufpreis angerechnet.
Im Unterschied dazu wird bei der **Aufzinsung** der Zukunftswert berechnet, der sich nach einer bestimmten Zeit, ausgehend von einem gegenwärtigen Kapitalbetrag, durch Hinzurechnung der Zinsen und Zinseszinsen ergibt. Beispiel: Ein Darlehen von 1 000 € wird zu 9 % auf zehn Jahre gegeben. Der Darlehensgeber bekommt während der Laufzeit keine Zinsen ausgezahlt, nach zehn Jahren aber ein durch Zins und Zinseszins aufgezinstes Kapital von 2 367,36 €.

Akkreditiv, Anweisung eines Kreditinstituts an ein anderes, im Auftrag seines Kunden einem Dritten innerhalb einer bestimmten Frist einen bestimmten Betrag unter bestimmten Bedingungen auszuzahlen oder einen Wechsel zu akzeptieren bzw. zu diskontieren (abstraktes Zahlungsversprechen). Das Akkreditiv ist oft mit Kreditaufnahme verbunden.
Es gibt verschiedene Formen des Akkreditivs. Beim Barakkreditiv (glattes oder offenes Akkreditiv genannt) überweist ein Kreditinstitut in X im Auftrag seines Kunden einen genau bestimmten Betrag an ein Kreditinstitut in B, das den Betrag einem vom Auftraggeber benannten Empfänger nach Legitimationsprüfung auszahlt, oder gibt dem Berechtigten einen Kreditbrief. Der Auftraggeber braucht also keine große Barsumme mitzuführen. Das Waren- oder Dokumentenakkreditiv ist im Handel sehr verbreitet; es wird von dem beauftragten Kreditinstitut nur ausgezahlt gegen Aushändigung bestimmter, vom Auftraggeber bezeichneter Dokumente, die die Gegenleistung betreffen, z.B. Konnossement, Duplikat-Frachtbrief oder Versicherungspolice.

Aktivgeschäfte, Geschäfte eines Kreditinstituts, die der Finanzmittelverwendung dienen und auf der Aktivseite der Bankbilanz ausgewiesen werden. Hierzu rechnet z.B. neben dem Kauf von Wertpapieren für den eigenen Bestand in erster Linie das Kreditgeschäft (Gegenteil: Passivgeschäfte).

Akzept, im allgemeinen Rechtsverkehr die schriftliche Annahme einer Anweisung durch den zur Leistung an einen Dritten Angewiesenen. Im Wechselrecht die Erklärung des Bezogenen (Akzeptant, Trassat), einen Wechsel *(siehe dort)* anzunehmen, d.h., sich unbedingt und unwiderruflich zu verpflichten, am Verfalltag die Wechselsumme zu bezahlen. Das Akzept wird (mit Unterschrift) auf die Vorderseite des Wechsels gesetzt und durch das Wort ›angenommen‹ ausgedrückt. Die Annahmeerklärung ist vom Bezogenen zu unterschreiben. Lautet der Wechsel auf eine bestimmte Zeit nach Sicht, muss die Annahmeerklärung den Tag bezeichnen, an dem sie erfolgt ist. Das Akzept kann auf einen Teil der Wechselsumme beschränkt werden (Teilakzept).

Akzeptkredit, eine Kreditform zur kurz- oder mittelfristiger Finanzierung eines Unternehmens. Dabei wird ein Wechsel, den der Kreditnehmer auf ein Kreditinstitut zieht, durch das Akzept des Kreditinstituts auf dem Geldmarkt verwertbar gemacht. Gelangt das Akzept in Umlauf, haftet das Kreditinstitut nach außen als Hauptschuldner. Im Innenverhältnis verpflichtet sich der Kunde jedoch der Bank gegenüber, den Wechselbetrag ein bis zwei Tage vor Fälligkeit zur Einlösung anzuschaffen. In der Regel wird der Wechsel von dem Kreditinstitut selbst angekauft und der Barwert dem Kunden nach Abzug der Zinsen bis zum Fälligkeitstag als Kredit zur Verfügung gestellt **(Bankakzept).**

Allfinanz, die Strategie von Banken, Versicherungsunternehmen, Bausparkassen, über ihre traditionellen Tätigkeitsfelder hinauszugehen, ihre Kunden umfassend bei der privaten Vermögensbildung zu beraten und ihnen ein breit gefächertes Spektrum an Bank- und Finanzdienstleistungen, Versicherungsprodukten, Bausparverträgen sowie die Vermittlung von Immobilien anzubieten. Durch Gründung von Tochtergesellschaften, Kooperationen und Fusionen sind **Allfinanzgruppen** entstanden.

Amortisation, Tilgung einer Schuld nach einem im Voraus festgelegten Plan wie beim Annuitätendarlehen *(siehe dort).*

Anderkonto, Konto bei Kreditinstituten, das nicht den eigenen Zwecken des Kontoinhabers dient. Gegenüber dem Kreditinstitut ist der Kontoinhaber zwar der Alleinberechtigte und -verpflichtete. Es handelt sich aber um Vermögen eines Dritten, das vom Anderkontoinhaber betreut wird, z. B. ein Treuhandkonto. Anderkonten dürfen nur für einen begrenzten Personenkreis wie Notare, Rechtsanwälte, Wirtschaftsprüfer, Steuerberater und Steuerbevollmächtigte geführt werden.

anfänglicher effektiver Jahreszins: Nach der Preisangabenverordnung muss bei Krediten als Preis die Gesamtbelastung pro Jahr in Prozent angegeben werden. Bei Krediten, deren Konditionen für die gesamte Laufzeit des Darlehens festgeschrieben sind, heißt dieser Preis **effektiver Jahreszins.** Wenn jedoch eine Änderung des Zinssatzes oder anderer preisbestimmender Faktoren während der Laufzeit vorbehalten ist, wird er als anfänglicher effektiver Jahreszins bezeichnet.
Mithilfe des Effektivzinses können nur Darlehensangebote mit gleicher Zinsfestschreibung verglichen werden. Auch die übrigen in die Effektivzinsermittlung einbezogenen Faktoren (insbesondere tilgungsfreie Jahre, Tilgungssatz, Art der Tilgungsverrechnung und Bearbeitungsgebühr) müssen für einen zutreffenden Preisvergleich identisch sein. Da aber die Berechnungsfaktoren meist nicht bekannt sind, ist der Preisvergleich über den Effektivzins problematisch. Auch bleibt eine Reihe preisbestimmender Faktoren unberücksichtigt, z. B. Wertermittlungskosten und Bereitstellungszinsen.
Der schriftlich abzufassende Kreditvertrag (Darlehensvertrag) muss alle Einzelheiten des Kredits, seiner Kosten und Nebenkosten einschließlich des effektiven Jahreszinses, seiner Rückzahlung, enthalten. Beispiel: Für ein Darlehen in Höhe von 20 000 €, Zinssatz 9 % jährlich, Laufzeit zehn Monate, muss eine einmalige Bearbeitungsgebühr von 2 % gezahlt werden. An Zinsen sind insgesamt 1 500 € zu bezahlen (Jahreszinsen 1 800 €; monatlich 150 €; für zehn Monate 1 500 €). Die Bearbeitungsgebühren betragen 400 €. Die Kreditkosten betragen also insgesamt 1 900 €. Diese Gesamtbelastung hochgerechnet auf ein Jahr (360 Zinstage) und bezogen auf die Kreditsumme ergibt einen effektiven Zinssatz von 11,4 %.

Anlageberatung: Grundsätze der Anlageberatung sind: Sie muss den Beratungsbedarf des Kunden möglichst wirkungsvoll und umfassend befriedigen und dem Interesse des Kunden verpflichtet sein. Andererseits ist die Anlageberatung den allgemeinen Zielen der Geschäftspolitik des jeweiligen Kreditinstituts unterworfen und dient auch der Absatzförderung der Anlageformen und Dienstleistungen, die das beratende Institut anbietet.
Das Wertpapierhandelsgesetz verpflichtet Kreditinstitute, Wertpapierdienstleistungen mit der erforderlichen Sachkenntnis, Sorgfalt und Gewissenhaftigkeit im Interesse des Kunden zu erbringen, sich um die Vermeidung von Interessenkonflikten zu bemühen und dafür zu sorgen, dass bei unvermeidbaren Interessenkonflikten das Kundeninteresse Vorrang vor dem Eigeninteresse hat. Kreditinstitute sind verpflichtet, von ihren Kunden Angaben zu verlangen über ihre Erfahrungen oder Kenntnisse in Geschäften, die Gegenstand von Wertpapierdienstleistungen sein sollen, ihre mit den Geschäften verfolgten Ziele sowie ihre finanziellen Verhältnisse, und ihren Kunden alle zweckdienlichen Informationen (produktbezogene Risikoinformationen) mitzuteilen, soweit dies zur Wahrung der Interessen des Kunden und im Hinblick auf Art und Umfang der beabsichtigten Geschäfte erforderlich ist.
Die Methoden der Anlageberatung sind Beratungsgespräche im Kreditinstitut, Zusendungen von Verkaufs- und Zeichnungsprospekten sowie von Informationsdiensten (Börsenwoche, Geldtipps) und individuelle Anlagevorschläge.

Anlegerschutz: Der Gesetzgeber versucht, Anleger und Sparer durch gesetzliche Vorschriften vor Verlusten, die durch unsachgemäße, betrügerische und irreführende Informationen entstanden sind, zu schützen. Insbesondere das Aktiengesetz, aber auch das Börsengesetz, das Wertpapierhandelsgesetz und das Gesetz über Kapitalgesellschaften sowie die Prospekthaftung beinhalten Regelungen darüber, wie Anleger zu beraten sind. Anleger- bzw. Verbraucherschutz ist auch eine Aufgabe der Bundesanstalt für Finanzdienstleistungsaufsicht.

Annuitätendarlehen, Darlehen, bei dem die Kapitalschuld (Schuldendienst) aus einer gleichbleibenden Rate **(Annuität)** besteht, die sich aus einem Zinsanteil und aus einem Tilgungsanteil zusammensetzt. Innerhalb des jährlichen unveränderten Leistungsbetrages vergrößert sich infolge der fortschreitenden Tilgung der Ursprungsschuld von Jahr zu

Jahr der Anteil des Tilgungsbetrages, während der Zinsanteil immer geringer wird.

Ausfallbürgschaft, besondere Form der Bürgschaft, bei der der Bürge vom Gläubiger erst in Anspruch genommen werden kann, nachdem er dem Bürgen den Nachweis erbracht hat, dass der Schuldner leistungsunfähig ist. Der Bürge tritt nur für den Ausfall ein.

Avalkredit, Wechselbürgschaft, Kreditgewährung meist mittels Bürgschaft eines Kreditinstituts für seine Kunden gegenüber Dritten. Kreditinstitute übernehmen für ihre Kunden Haftungen der verschiedensten Art (Bürgschaften, Garantien, Wechselverpflichtungen in Form von Akzepten und Indossamenten) und für die verschiedensten Zwecke (für die Ordnungsmäßigkeit und Rechtzeitigkeit von Lieferungen, insbesondere Bauleistungen, für die Rückzahlung von Anzahlungen im Fall der Nichtausführung von Lieferungsverträgen). Für den Avalkredit (der eigentlich kein Kredit, sondern eine Bürgschaft für Kredit oder Kreditversprechen ist) wird kein Zins, sondern eine Avalprovision gefordert, die je nach Art der zugrunde liegenden Hauptschuld, Laufzeit oder Risiko verschieden hoch ist.

Bad Bank, ein Kreditinstitut, in das besonders risikobehaftete Kredite oder Wertpapiere (toxische Wertpapiere) ausgelagert werden. Bad Banks sind ein Instrument zur Bekämpfung der Bankenkrise *(siehe dort).*

Bankauskunft, Auskunftserteilung durch Banken über persönliche, wirtschaftliche und finanzielle Verhältnisse einzelner Kunden. Sie ist durch den Datenschutz gemäß Datenschutzgesetz sowie das Bankgeheimnis *(siehe dort)* stark eingeschränkt.

Bankbürgschaft, Bürgschaftskredit, Übernahme einer Bürgschaft durch ein Kreditinstitut für seine Kunden. Das Kreditinstitut gibt also keinen Kredit, sondern stellt seine Kreditfähigkeit dem Kunden als Sicherheit zur Verfügung (Kreditleihe). Hierzu gehören Bürgschaften für gestundete Kaufgelder oder Prozessbürgschaften. Für den Bürgschaftskredit werden keine Zinsen, sondern Provisionen berechnet.

Banken, im Sinne des Kreditwesengesetzes Unternehmen, die Bankgeschäfte *(siehe dort)* betreiben, wenn der Umfang dieser Geschäfte einen in kaufmännischer Weise eingerichteten Geschäftsbetrieb erfordert. Der ökonomische Bankbegriff ist allgemeiner gefasst und umfasst alle Institutionen, die Bankgeschäfte tätigen. Außerdem wird meist der makroökonomische Aspekt einbezogen. Dies gilt somit auch für die Zentralbank, die sich von den Geschäftsbanken *(siehe dort)* durch ihre spezifische Funktion unterscheidet. Die Geschäftsbanken lassen sich wie folgt gruppieren: Kreditbanken, Girozentralen und Sparkassen, genossenschaftliche Zentralbanken und Kreditgenossenschaften, Realkreditinstitute, Kreditinstitute mit Sonderaufgaben und Bausparkassen. Grundsätzlich ergibt sich im Hinblick auf den Umfang der getätigten Bankgeschäfte die Möglichkeit einer Klassifikation in Universalbanken *(siehe dort)* und Spezialbanken *(siehe dort).*

Bankenaufsicht, zentrale staatliche Aufsicht über sämtliche Kreditinstitute durch die Bundesanstalt für Finanzdienstleistungsaufsicht *(siehe dort).*

Bankenkonsortium, bei Bedarf gegründete Kooperation von Kreditinstituten zu einer Gesellschaft bürgerlichen Rechts. Das Konsortium ist eine Außengesellschaft. Die Vertretung gegenüber Dritten erfolgt durch einen zur Geschäftsführung berufenen Konsorten. Das Konsortium wird in der Regel mit der Erreichung des gesetzten Ziels aufgelöst. Häufigste Form eines Bankenkonsortiums ist das Emissionskonsortium bei der Emission (*siehe* Kapitel 11) von Wertpapieren.

Bankenkrise, die krisenhafte Entwicklung des Banken- und Finanzsektors im Zusammenhang mit der Finanzmarktkrise *(siehe dort),* die zum Zusammenbruch zahlreicher Banken in den USA geführt hat. Um den Zusammenbruch des deutschen Finanzsektors zu verhindern, wurde der Finanzmarktstabilisierungsfonds SoFFin geschaffen. Nach diesem können Kreditinstitute auch risikobehaftete Kredite und Wertpapiere in Zweckgesellschaften, sogenannten Bad Banks, auslagern. Die eigentliche Bank entledigt sich des Ausfallrisikos, kann ihre Bilanz bereinigen und eine Insolvenz vermeiden. Dadurch kann auch die Kreditversorgung der Wirtschaft gesichert und eine Kreditklemme vermieden werden.
Die Bank überträgt die toxischen Wertpapiere an die Bad Bank, erhält im Gegenzug eine Schuldverschreibung, für die der Staat über den Finanzmarkt-

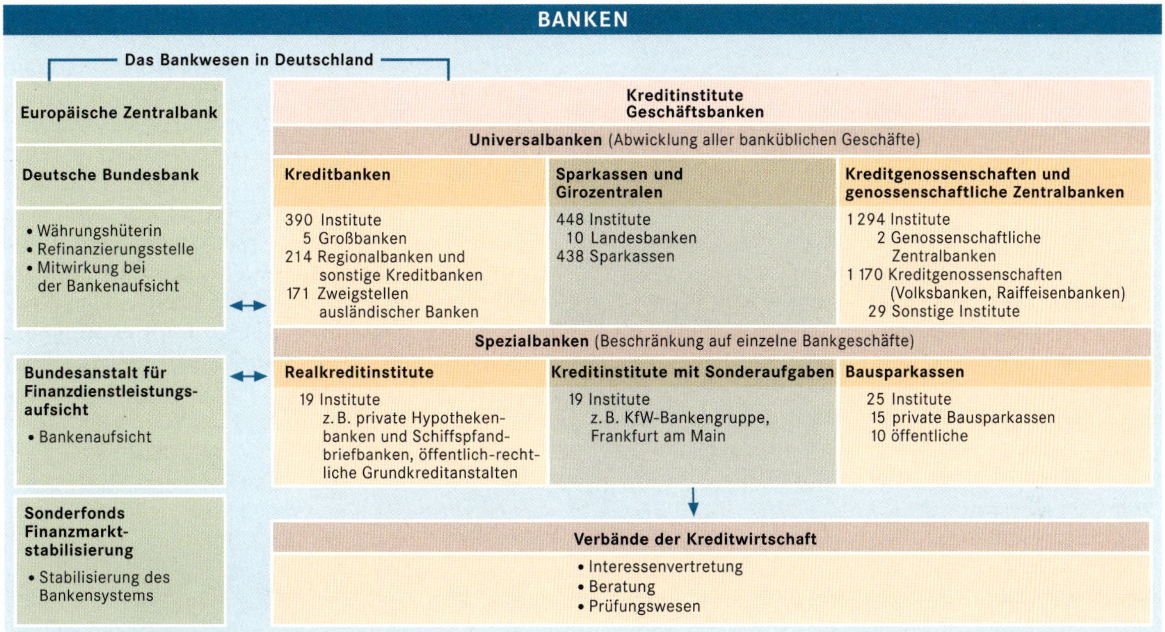

Banken. Das Bankensystem in Deutschland

stabilisierungsfonds garantiert. Für die Staatsgarantie erhält der SoFFin eine Garantiegebühr und einen Ausgleichsbetrag in Höhe der Differenz zwischen Übertragungswert und wahrscheinlichem Wert der Wertpapiere bei Fälligkeit.

Bankgarantien, Zahlungsverpflichtungen, die eine Bank im Auftrag ihres Kunden zugunsten eines Dritten für den Fall des Eintritts bestimmter Voraussetzungen (Garantie) übernimmt. Im Fall der Inanspruchnahme hat die Bank einen Regressanspruch gegen den Auftraggeber.

Bankgeheimnis, die Verpflichtung eines Kreditinstituts, die Geschäftsbeziehungen sowie die Einkommens- und Vermögensverhältnisse seiner Kunden geheim zu halten. Einschränkungen regeln das Kreditwesengesetz und das Gesetz zur Förderung der Steuerehrlichkeit. Die gesamte Geschäftsbeziehung eines Kunden zu einem Kreditinstitut (Kontoführung, Zahlungsverkehr, Wertpapierdepot, Kredite usw.) ermöglicht und erfordert einen Einblick in die wirtschaftlichen Verhältnisse des Kunden. Bei Einräumung von Krediten über 125 000 € verlangt das Kreditwesengesetz vom Kreditnehmer die Offenlegung seiner wirtschaftlichen Verhältnisse. Die Kreditinstitute erteilen nur dann Auskunft (z. B. über die Kredithöhe), wenn es im Interesse des Kunden liegt, wenn es der Kunde ausdrücklich wünscht (Kreditinstitut als Referenz) oder wenn gesetzliche Vorschriften dies zwingend fordern, z. B. in Strafverfahren oder bei strafrechtlichen Ermittlungen gegenüber Gerichten und Ermittlungsbehörden. Ähnliche Grundsätze gelten in den Fällen der Auskunftspflicht des Kreditinstituts gegenüber dem Finanzamt. Diese besteht im Besteuerungsverfahren, wenn die direkten Verhandlungen des Finanzamts mit dem Steuerpflichtigen nicht zum Ziele führen, und im Steuerstrafverfahren. Das Gesetz zur Förderung der Steuerehrlichkeit von 2003 sieht Kontenabfragemöglichkeiten der Finanzämter über das Bundesamt für Finanzen vor; allerdings darf in diesem Zusammenhang nur nach bestehenden Konten geforscht, nicht aber die Guthabenhöhe der Konten oder Depots ermittelt werden. Weiter sind die Kreditinstitute verpflichtet, beim Tod eines Kunden dem Finanzamt innerhalb eines Monats Anzeige über das in ihrem Gewahrsam befindliche Nachlassvermögen zu erstatten. Besonders geregelt ist die Meldepflicht der Kreditinstitute für Millionenkredite an die Evidenzzentrale und für die Bank-zu-Bank-Auskunft.

Bankgeschäfte: Das Kreditwesengesetz unterscheidet folgende Bankgeschäfte: 1) Einlagengeschäft, d. h. die Annahme fremder Gelder als Sicht-, Termin- und Spareinlagen; 2) Kreditgeschäft, worunter die Gewährung von Gelddarlehen (z. B. Kontokorrent- und Konsumentenkredite) und Akzeptkredite zu zählen sind; 3) Diskontgeschäft, das den Ankauf von Wechseln und Schecks vor Fälligkeit unter Abzug eines Zinsabschlags umfasst; 4) Effektengeschäft, d. h. Anschaffung und die Veräußerung von Wertpapieren als Kommissionsgeschäft (Kauf und Verkauf der Effekten erfolgen im Namen der Bank für Rechnung des Bankkunden); 5) Depotgeschäft, d. h. die Verwahrung und die Verwaltung von Wertpapieren auf Wertpapierkonten; 6) Investmentgeschäft; 7) Garantiegeschäft, d. h. die Übernahme von Bürgschaften, Garantien und sonstigen Gewährleistungen für andere; 8) Girogeschäft, das die Durchführung des bargeldlosen Zahlungsverkehrs, z. B. den Überweisungs-, Lastschrift-, Scheck- und Wechselverkehr, umfasst.

Bankier, Unternehmer, der sein Bankgeschäft in der Rechtsform der Einzelfirma, KG oder OHG führt, unter besonderer Betonung des persönlichen Moments. Diese **Privatbankiers** haften mit ihrem gesamten Vermögen persönlich für die Verbindlichkeiten der Bank. Im allgemeinen Sprachgebrauch werden auch Vorstandsmitglieder von Kreditinstituten als Bankiers bezeichnet.

HERMANN JOSEF ABS

Der Bankfachmann wurde 1901 geboren. Er war seit 1938 Vorstandsmitglied der Deutschen Bank AG und galt als einer der bedeutendsten deutschen Bankiers nach dem Zweiten Weltkrieg. Vor allem als Leiter der Delegation zur Londoner Schuldenkonferenz, die der Regelung der deutschen Auslandsschulden diente, schuf er Grundlagen für die Wiedergewinnung des ausländischen Vertrauens in Deutschland. Abs organisierte 1948 die Kreditanstalt für Wiederaufbau und war maßgeblich an der Erhaltung des deutschen Universalbankensystems sowie an der Wiederherstellung der Großbanken beteiligt. Von 1957 bis 1967 war er Sprecher des Vorstands, anschließend bis 1976 Aufsichtsratsvorsitzender und seit 1976 Ehrenvorsitzender der Deutschen Bank AG. Der auch als Kunstmäzen tätige Abs starb 1994.

Bankkonto, Konto für die Aufzeichnung aller Zahlungsvorgänge und der daraus resultierenden Forderungen und Verbindlichkeiten zwischen dem Kunden und seiner Bank. Das Bankkonto ist laut Handelsgesetzbuch ein Handelsbuch, das die Geschäftsbeziehungen zwischen Kreditinstitut und Kontoinhaber zahlenmäßig erfasst. Es zeigt Bestände und erläutert Veränderungen dieser Bestände aufgrund von Gutschriften und Belastungen.
Für die Abwicklung der einzelnen Bankgeschäfte werden verschiedene Arten von Konten eingerichtet: Kontokorrentkonten *(siehe dort),* Girokonten *(siehe dort),* Konten für Spareinlagen (Sparkonten) und für Termineinlagen (Termingeldkonten) sowie Depotkonten für die Verwahrung und Verwaltung von Wertpapieren und Kredit- oder Darlehenskonten für die Erfassung von Krediten und Darlehen.
Im internationalen Zahlungsverkehr wird die international standardisierte Kontonummer **IBAN** (Abkürzung für International Banking Account Number) verwendet, die in Deutschland aus 22 Stellen besteht und mit DE für Deutschland beginnt, gefolgt von einer Prüfziffer, der Bankleitzahl und der bisherigen Kontonummer.

Bankleitzahl, ein von der Deutschen Bundesbank in Abstimmung mit der Kreditwirtschaft entwickeltes und mit Wirkung vom 1. 10. 1970 eingeführtes Nummernsystem, das jedem selbstständigen Kreditinstitut bzw. bestimmten (größeren) Niederlassungen eine eigene Bankleitzahl zuordnet. Im internationalen Zahlungsverkehr muss statt der BLZ der standardisierte Bankcode **BIC** (Abkürzung für Bank Identifier Code) der SWIFT verwendet werden, der Name und Sitz des Kreditinstituts enthält.

Banknote, nach früherer Auffassung eine schriftliche Anweisung einer Notenbank an sich selbst, also Bankanweisung, Zahlungsversprechen oder gesetzliches Zahlungsmittel. Nach heutiger Auffassung sind Banknoten unbeschränkte gesetzliche Zahlungsmittel **(Papiergeld)** und damit reine Geldzeichen. Ausgabeberechtigt war in Deutschland die Deutsche Bundesbank. Mit Einführung des Euro (*siehe* Kapitel 6) und des Euro-Bargelds ist diese Funktion auf die Europäische Zentralbank übergegangen.
Bei der Herstellung der Euro-Banknoten wird ein besonderes Papier aus Baumwollfasern (teilweise fluoreszierende Fasern) verwendet. Um Fälschungen zu erschweren, sind als weitere Sicherheits-

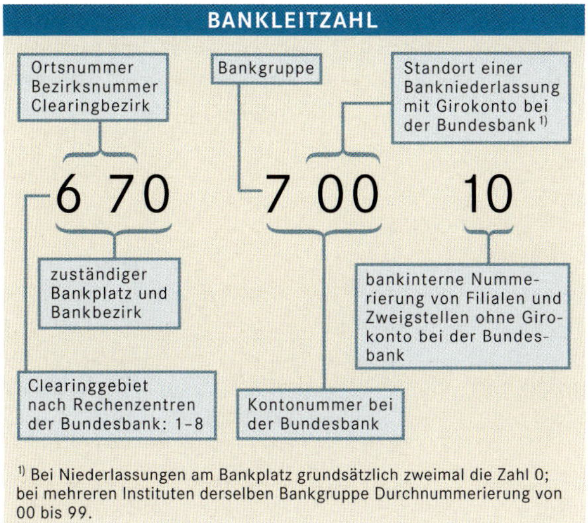

Bankleitzahl. Die Bedeutung der einzelnen Ziffern einer Bankleitzahl

merkmale z. B. ein metallähnlicher Sicherheitsfaden und ein Wasserzeichen eingearbeitet. Spezielle Druckfarben, Folien und ein Durchsichtsregister sollen die Fälschungssicherheit zusätzlich sicherstellen.

Bankplatz, Ort, an dem sich eine Niederlassung einer Landeszentralbank befindet.

Bankvertrag: Zur Aufnahme einer Geschäftsbeziehung mit einem Kreditinstitut können verschiedene Vertragstypen des Zivilrechts infrage kommen: 1) Kaufvertrag, z. B. beim Kauf oder Verkauf von Gold und Devisen; 2) Mietvertrag, z. B. bei der Miete eines Schließfaches; 3) Verwahrungsvertrag, z. B. bei der Hereinnahme von Verwahrungsstücken; 4) Darlehensvertrag, der zur Aufnahme eines Kredits (Darlehens) abgeschlossen wird; 5) Kern der Geschäftsverbindung ist in der Regel aber ein Geschäftsbesorgungsvertrag in Form eines Konto- oder Depotvertrages.
Nach herrschender Rechtsauffassung besteht bei einer Geschäftsverbindung stillschweigend ein allgemeiner Bankvertrag als Dauervertragsverhältnis. Inhalte sind: Bestätigung der Geschäftsverbindung als Vertrauensverhältnis; Zurverfügungstellung der Geschäftseinrichtung; allgemeine Geschäftsbedingungen und die allgemeinen Pflichten des Kunden wie wahrheitsgemäße und vollständige Angaben über seine persönlichen, wirtschaftlichen und sachlichen Verhältnisse.

Bankvollmacht: Das Recht, im Namen des Kontoinhabers weitgehend alle im Geschäftsverkehr mit einem Kreditinstitut üblichen Rechtsgeschäfte vornehmen zu können, können Privatkunden Dritten durch Bankvollmachten vertraglich erteilen.

bargeldloser Zahlungsverkehr, Giroverkehr, Abwicklung von Zahlungsvorgängen ohne Bargeld, sondern per Dauerauftrag, Lastschrifteinzugsverkehr, Überweisung, Kreditkartenzahlung, Wechseleinzugsverkehr oder Scheckinkasso. Voraussetzung für die Beteiligung am bargeldlosen Zahlungsverkehr ist, dass der Auftraggeber und der Zahlungsempfänger Girokonten bei einem Kreditinstitut unterhalten. Die bargeldlose Zahlung erfolgt auf für das gesamte Kreditgewerbe einheitlichen Vordrucken, wobei bargeldlose Zahlungen an alle **Gironetze** (Bundesbank, Kreditbanken, Kreditgenossenschaften, Sparkassen/Girozentralen, Postbank) geleitet werden können.
Der bargeldlose Zahlungsverkehr hat einen Umfang angenommen, der nur noch über eine ständig fortentwickelte Automation abgewickelt werden kann. Die Zahlungsverkehrsautomation umfasst das gan-

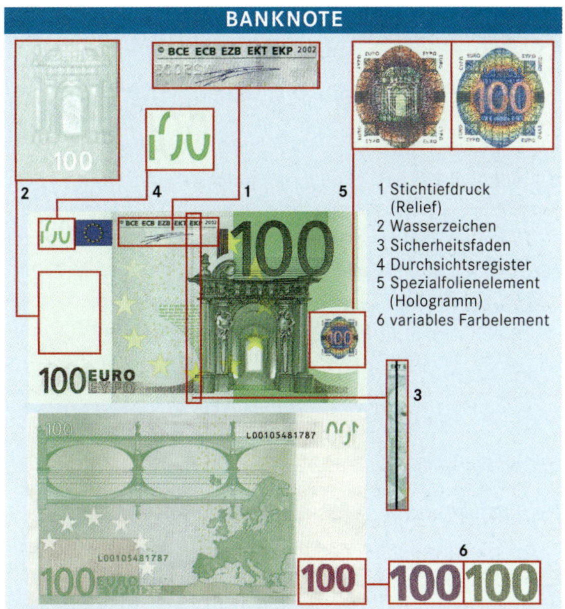

Banknote. Die 100-Euro-Banknote mit ihren Sicherheitsmerkmalen

BAUSPARVERTRAG	Standardtarif	Schnellspartarif	Langzeittarif
Anspardauer	6 bis 8,5 Jahre	weniger als 6 Jahre	10 bis 13 Jahre
Regelsparbeitrag	3 bis 5‰ der Bausparsumme	3 bis 4‰ der Bausparsumme	3 bis 4‰ der Bausparsumme
Mindestsparguthaben	30 bis 50% der Bausparsumme	35 bis 50% der Bausparsumme	50% der Bausparsumme
Tilgungsdauer	5,5 bis 20 Jahre	7,5 bis 19% Jahre	rund 13 Jahre
Tilgungsbeitrag	4 bis 20,5‰ der Bausparsumme	3,5 bis 20,5‰ der Bausparsumme	4 bis 6‰ der Bausparsumme
Guthabenzinsen	1 bis 3%	1 bis 1,5%	1%
Darlehenszinsen	1,95 bis 5%	3,75 bis 4,2%	1,9 bis 3,75%
Geeignet für	Käufer/Bauherren, die in 7 bis 8 Jahren kaufen/bauen wollen	Hausbesitzer, die möglichst schnell eine Finanzierung in begrenzter Höhe benötigen	Renditesparer, die staatliche Bausparförderung nutzen wollen

Quelle: Stiftung Warentest.

Bausparvertrag.
Die wichtigsten Varianten beim Bausparvertrag

ze Spektrum des bargeldgebundenen und bargeldlosen Zahlungstransfers. Begriffe wie Eurochequeverfahren, Kreditkarten, Chipkarten, elektronischer Inlandszahlungsverkehr, elektronischer Auslandszahlungsverkehr (SWIFT), Geldautomaten, Point-of-Sale-Terminals (POS), Electronic Cash gehören dazu.

Barreserve, Bestand an Bargeld (Kassenbestand) und jederzeit in bar verfügbare Guthaben bei der Zentralbank.

Barscheck, Form eines Schecks *(siehe dort),* bei dessen Vorlage an den Kontoinhaber selbst oder einen Dritten eine bestimmte Geldsumme in bar ausgezahlt wird.

Barwert, rechnerischer Stichtagswert einer oder mehrerer in Zukunft fälliger Forderungen oder Zahlungen unter Einbeziehung aller noch offenen künftigen Zins- und Zinseszinsen, die abgezinst werden. Mithilfe des Barwertes werden unterschiedliche künftige Zahlungsströme auf eine einzige Größe verdichtet. Dadurch lässt sich die Vorteilhaftigkeit von Anlage- und Investitionsalternativen analysieren und bewerten.

Basel II, *siehe* Kapitel 7.

Bausparkassen, Spezialkreditinstitute, deren Geschäftsbetrieb darauf gerichtet ist, Einlagen von Bausparern (Bauspareinlagen) entgegenzunehmen und aus den angesammelten Beträgen den Bausparern für wohnungswirtschaftliche Maßnahmen Gelddarlehen (Bauspardarlehen) zu gewähren. Dieses Bauspargeschäft darf nur von Bausparkassen betrieben werden.
Private Bausparkassen müssen seit 1973 in der Rechtsform der AG geführt werden mit Ausnahme der bestehenden Bausparkassen. Die Rechtsform der öffentlich-rechtlichen Landesbausparkassen wird von den Ländern bestimmt. Generell haben die Bausparkassen ihrem Geschäftsbetrieb allgemeine Geschäftsgrundsätze und Bedingungen für Bausparverträge zugrunde zu legen, die bestimmte Regelungen, z. B. über das Zuteilungsverfahren, enthalten müssen.

Bausparvertrag, Vertrag zwischen einer Bausparkasse und einem Bausparer über eine bestimmte Vertragssumme **(Bausparsumme)** zur Erlangung eines Baudarlehens. Von der vereinbarten Bausparsumme muss der Bausparer einen bestimmten Prozentsatz (meist 40% oder 50%) selbst als Sparguthaben aufbringen. Durch die Leistung von Sparbeiträgen, die verzinst werden, erwirbt der Bausparer den Anspruch auf Gewährung eines vonseiten der Bausparkasse unkündbaren **Bauspardarlehens.** Die Vertragssumme wird nach Ablauf der Mindestsparzeit (meist 18 Monate) und dem Erreichen des Mindestsparguthabens (Leistungszahl oder Bewertungszahl) zugeteilt. Die Leistungszahl wird aus dem Bausparguthaben und dem zehnfachen Betrag der in ihm enthaltenen Zinsen errechnet. Die Zuteilung hängt allerdings auch von den verfügbaren Mitteln der Bausparkasse (Bauspareinzahlungen, Zins- und Tilgungsleistungen, Fremdmittel) ab (Zuteilungsmasse). Das Bauspardarlehen, das steuerlich be-

günstigt ist, muss in monatlichen Raten meist innerhalb von etwa zehn Jahren einschließlich einer Verzinsung zurückgezahlt werden. Während einer Sperrfrist darf die Vertragssumme nur für Wohnbau- bzw. Wohnerwerbszwecke verwendet werden.
Die **Bausparförderung** besteht im Rahmen der vermögenswirksamen Leistungen *(siehe dort)* in der Gewährung einer an eine bestimmte Einkommensgrenze gebundenen staatlichen **Bausparprämie** sowie einer **Wohnungsbauprämie.** Als eine der wichtigsten Formen der Baufinanzierung hat das Bausparen eine besondere wohnungswirtschaftliche Bedeutung. Bausparverträge unterliegen keinen Zinsschwankungen, womit sie die Baufinanzierung für den Eigenheimerwerber von Zinsentwicklungen unabhängiger machen. Dafür muss der Bausparer für die Dauer der Rückzahlung des Bauspardarlehens meist mit höheren monatlichen Belastungen rechnen als bei einem Hypothekarkredit.

Beleihungsgrenze, der Prozentausdruck des **Beleihungswertes,** bis zu dem eine Bank z. B. einen Hauskauf finanziert. Beispiel: Der Beleihungswert einer Immobilie beträgt 500 000 €; bei einer Beleihungsgrenze von 80 % ergibt sich ein absoluter Wert von 400 000 €. 100 000 € müssten dann als Eigenkapital vorhanden oder durch Zusatzsicherheiten gedeckt sein.

Blankokredit, Kredit ohne besonders vereinbarte Sicherung. Entscheidend für die Kreditvergabe ist die persönliche und sachliche Kreditwürdigkeit des Kreditnehmers. Ein **Blankoscheck** ist ein Scheck, der vom Aussteller unvollständig, meist ohne Betrag, ausgefüllt worden ist. Die fehlenden Angaben sind durch den Schecknehmer zu ergänzen.

Bonität, die Kreditwürdigkeit *(siehe dort).*

Buchgeld, Giralgeld, Geldbeträge, die auf Konten bei Kreditinstituten für Zahlungszwecke zur Verfügung stehen. Zum Buchgeld rechnen Sichteinlagen *(siehe dort)* und durch Kreditgewährung bereitgestellte Mittel (Kontoüberziehungen), nicht dagegen Spareinlagen.
Über Buchgeld kann jederzeit ohne Einschränkung durch Überweisungen, Zahlschein, Scheck, Lastschriften, Scheck- oder Kreditkarten verfügt werden. Durch Gutschrift auf Kontokorrent- oder Girokonten wird Bargeld zu Buchgeld.

Buchgrundschuld, *siehe* Grundpfandrechte.

Bundesanstalt für Finanzdienstleistungsaufsicht, Abkürzung **BAFin,** selbstständige Bundesbehörde im Geschäftsbereich des Bundesministers der Finanzen. Die Bundesanstalt entstand 2002 durch die Zusammenlegung des **Bundesaufsichtsamts für das Kreditwesen** mit dem Bundesaufsichtsamt für den Wertpapierhandel und dem Bundesaufsichtsamt für das Versicherungswesen. Die Bundesanstalt vereint die Geschäftsbereiche der drei ehemaligen Aufsichtsämter und führt diese fort.
Die BAFin kontrolliert Banken, Finanzdienstleistungs- und Versicherungsunternehmen, Fonds und Kapitalanlagegesellschaften, um die Funktionsfähigkeit des Finanzsektors sicherzustellen. Dazu gehören die Solvenzaufsicht (u. a. Sicherung der Zahlungsfähigkeit der Finanzunternehmen, Einlagesicherung), Marktaufsicht (u. a. faire und transparente Marktbedingungen, kein Insiderhandel, Bekämpfung von Geldwäsche), Anleger- und Verbraucherschutz (u. a. Zertifizierung von Altersvorsorgeverträgen).
Im Bankwesen übt die BAFin die Aufsicht über die Banken, Bausparkassen und Investmentgesellschaften nach den Vorschriften des Kreditwesengesetzes (KWG) aus. Die Ausübung dieser **Bankenaufsicht** erfolgt im öffentlichen Interesse. Sie hat Missständen entgegenzuwirken, die die Sicherheit der den Kreditinstituten anvertrauten Vermögenswerte gefährden, die ordnungsgemäße Durchführung der Bankgeschäfte beeinträchtigen oder erhebliche Nachteile für die Gesamtwirtschaft herbeiführen können. Anschrift: Graurheindorfer Straße 108, 55117 Bonn; Telefon: 0228 41080; Internet: www.bafin.de.

Bundesverband der Deutschen Volksbanken und Raiffeisenbanken, Abkürzung **BVR,** Spitzenverband der Kreditgenossenschaften (Volksbanken und Raiffeisenbanken). Der BVR vertritt die Genossenschaftsbanken *(siehe dort)* in Politik und Öffentlichkeit, ist Träger der Sicherungseinrichtung für den Einlegerschutz, vertritt die Mitglieder im Zentralen Kreditausschuss, berät die Volks- und Raiffeisenbanken und hat wichtige Koordinationsaufgaben innerhalb des genossenschaftlichen Finanzverbundes, zu dem neben den Kreditgenossenschaften zwei genossenschaftliche Zentralbanken, Hypothekenbanken, die Bausparkasse Schwäbisch Hall, Investmentgesellschaften und Versicherungsunternehmen (R + V) gehören. Dem Verband gehören rund 1400 Institute an. Anschrift: Postfach 120440, 54046 Bonn; Telefon: 0228 5090; Internet: www.vr-networld.de.

Bundesverband deutscher Banken, Abkürzung **BdB,** Spitzenverband der Kreditbanken, dem neben den privaten Banken (Großbanken, Privatbankiers, Auslandsbanken) die Regionalverbände des privaten Bankgewerbes für die Regionalbanken sowie der Verband deutscher Hypothekenbanken (Bonn) und der Verband deutscher Schiffsbanken (Bremen) angehören. Dem 1951 gegründeten Verband sind rund 230 Institute angeschlossen. Der Bankenverband ist Interessenvertretung seiner Mitglieder in Politik und Öffentlichkeit, arbeitet mit anderen Verbänden z. B. im Zentralen Kreditausschuss zusammen und ist Träger des Einlagensicherungsfonds. Anschrift: Burgstraße 28, 10178 Berlin; Telefon: (030) 16630; Internet: www.bankenverband.de.

Chipkarte, Zahlungs- und Geldkarte, die mit einem Mikrochip und einem Datenspeicher ausgerüstet ist. Der Karteninhaber kann an bestimmten Ladeterminals einen von ihm gewünschten Geldbetrag in den Speicherbereich der Chipkarte laden.

Clearing, von einer Zentralstelle aufgrund einer Vereinbarung durchgeführte Aufrechnung von gegenseitigen Forderungen und Verpflichtungen der Clearingteilnehmer, sodass lediglich die Verrechnungssalden, d. h. die Differenzen zwischen Verpflichtungen und Forderungen, den einzelnen Teilnehmern gutgeschrieben oder belastet werden.
Besonders häufig ist das Clearing im bargeldlosen Zahlungsverkehr zwischen Kreditinstituten (Bankenclearing). So sind z. B. die Girozentralen die Clearingstellen der Sparkassen im bargeldlosen Zahlungsverkehr. Im zwischenstaatlichen Zahlungsverkehr besteht ein Clearing zwischen den Zentralbanken der beteiligten Länder.

Damnum, Unterschied zwischen dem Nennbetrag eines Darlehens oder anderer Forderungen einer Bank und dem Verfügungsbetrag. Es handelt sich also um ein Darlehensabgeld (Disagio). Beispiel: Ein Darlehen von 100 000 € wird mit einer Kürzung von 5%, also mit 95 000 €, ausbezahlt, ist aber mit 100 000 € zu verzinsen und zurückzuzahlen.

Darlehen, allgemein die Hingabe von Geld oder anderen vertretbaren Sachen zur freien Nutzung mit der Verpflichtung des Darlehensnehmers, dem Darleiher das Empfangene (zur vereinbarten Zeit oder auf Abruf bzw. Kündigung) in Sachen von gleicher Art, Güte und Menge zurückzuerstatten. Zinsen sind nur zu entrichten, wenn dies besonders vereinbart wurde.
Im Wirtschaftsleben stehen **Gelddarlehen** im Vordergrund. Sie werden meist gegen Zins oder Gewinnbeteiligung für eine begrenzte Zeit gegeben. Häufig werden die Begriffe Darlehen und Kredit *(siehe dort)* im gleichen Sinne gebraucht. In Bankkreisen versteht man unter Darlehen solche Ausleihungen, bei denen im Gegensatz zum Kredit der gesamte Geldbetrag in einer Summe zur Verfügung gestellt und eine regelmäßige Tilgung vereinbart wird. Eine klare begriffliche Abgrenzung besteht nicht.
Das **Anschaffungsdarlehen** oder der Anschaffungskredit ist eine besondere Darlehensform mit einer Laufzeit meist von 24 bis 48 Monaten. Darlehensnehmer sind vorwiegend Privatpersonen, aber auch Kleinbetriebe. Darlehen dieser Art dienen der Finanzierung von Gebrauchs- bzw. Investitionsgütern. Anschaffungsdarlehen werden nicht nach der klassischen Jahreszinsrechnung aus der jeweiligen Restschuldsumme, sondern als Ratenkredite mit dem Laufzeitzins abgerechnet. Der aus dem Ursprungsdarlehen ermittelte Teilzahlungszuschlag pro Laufzeitmonat wird dem Kapital zugeschlagen und der so ermittelte Gesamtbetrag in gleichen Monatsraten zurückgezahlt.

Dauerauftrag, der einmalig erteilte Auftrag an ein Kreditinstitut, zu bestimmten, regelmäßig wiederkehrenden Terminen an denselben Zahlungsempfänger einen bestimmten Geldbetrag zu überweisen. Daueraufträge werden für Zahlungen erteilt, die in gleichbleibender Höhe immer wieder anfallen (Miete, Ratenzahlungen für laufende Kredite).

Debitkarte, eine Zahlungskarte, deren Verwendung zu einer sofortigen Belastung des Kontos führt. Bargeldloses Bezahlen mit der Debitkarte ist, anders als mit einer Kreditkarte, nicht mit einer Kreditgewährung verbunden. Die EC-Karte *(siehe dort)* bzw. Maestro-Karte *(siehe dort)* ist eine Debitkarte.

Depositen, ältere Bezeichnung für Einlagen *(siehe dort)* bei Banken.

Depotgeschäft, Bankgeschäft für die Verwahrung und Verwaltung von Wertgegenständen in Depots (*siehe* Kapitel 11).

Deutsche Bundesbank, *siehe* Kapitel 4.

Deutscher Sparkassen- und Giroverband, Abkürzung **DSGV,** Spitzenverband der Sparkassen *(siehe dort),* dem neben den Girozentralen und der Deka Bank Deutschen Girozentrale die regionalen Sparkassen- und Giroverbände (zwölf Regionalverbände mit rund 440 angeschlossenen Sparkassen) angehören. Zur Sparkassen-Finanzgruppe zählen ferner zehn Landesbanken, zehn Landesbausparkassen, zwölf Öffentliche Versicherungsgruppen und zahlreiche weitere Finanzdienstleistungsunternehmen.
Der DSGV vertritt die Interessen der Sparkassen-Finanzgruppe, organisiert die Willensbildung innerhalb der Gruppe, ist für die Aus- und Weiterbildung zuständig (Sparkassenakademie), verwaltet die institutssichernden Einrichtungen nach dem Einlagensicherungs- und Anlegerentschädigungsgesetz und den hierzu gebildeten Haftungsverbund. Anschrift: Charlottenstraße 47, 10117 Berlin; Telefon: 030 202250; Internet: www.dsgv.de.

Devisen, Zahlungsmittel in ausländischer Währung. Darunter fallen tägliche fällige Guthaben bei ausländischen Kreditinstituten, Schecks und Wechsel, die auf ausländische Währungen lauten und im Ausland zahlbar sind.

Direktbank, Discountbank, Vertriebsweg der Kreditwirtschaft, über Tochterinstitute ohne Filialen einfache, wenig erklärungsbedürftige Bankprodukte zu verkaufen: Girokonto, Überweisungen, Termingelddispositionen, Sparanlagen, Wertpapiere. Die so vertriebenen Produkte sind kostengünstig (keine Filialen, keine Beratung). Zudem können diese Transaktionen meist rund um die Uhr bequem von zu Hause aus mittels Onlinebanking erledigt werden. Vielfach werden Wertpapiertransaktionen auf Discountbroker (*siehe* Kapitel 11) übertragen.

Diskontkredit, ein Kredit, den der Kreditnehmer durch Verkauf von Wechseln *(siehe dort)* bis zur festgelegten Kreditgrenze in Anspruch nehmen kann. Das Kreditinstitut kauft noch nicht fällige Wechsel an und gewährt damit dem Verkäufer der Wechsel für die Zeit vom Ankaufstag bis zum Verfalltag einen Kredit. Der Verkäufer erhält den Barwert des Wechsels, den Wert des Wechsels am Ankaufstag, gutgeschrieben. Die Differenz zwischen dem Barwert und dem Nennwert, dem Wert des Wechsels am Verfalltag, ist der Zins für den Kredit. Er heißt **Diskont.** Bei der **Diskontierung** werden die Zinsen kalendermäßig genau berechnet und von der Wechselsumme abgezogen. Der **Diskontsatz** ist der Zinssatz, der den Geschäftsbanken für die Kreditierung der Wechselsumme in Rechnung gestellt wird. Da die Banken ihre Konditionen für Wechseldiskontkredite auf der Basis des Diskontsatzes festlegen, wird eine Veränderung dieses Zinssatzes in der Regel unmittelbar an die Wechseldiskontkredite beantragenden Bankkunden weitergegeben.

Dispositionskredit, Kredit in laufender Rechnung (Kontokorrentkredit), der Inhabern von Privatgirokonten bis zu einer bestimmten mehrfachen Höhe des monatlichen Nettoeinkommens ohne besondere Formalitäten eingeräumt wird. Er ist nicht an feste Rückzahlungsvereinbarungen und bestimmte Verwendungszwecke gebunden.

EC-KARTE

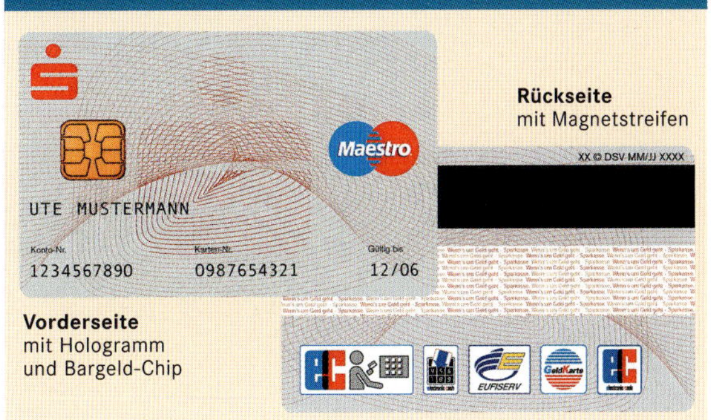

EC-Karte. Beispiel für eine EC-Karte bzw. Maestro-Karte

EC-Karte, besondere Scheckkarte im Zusammenhang mit dem Eurochequeverfahren *(siehe dort)* mit einer Gültigkeit zwischen zwei und drei Jahren. Die EC-Karte ist eine Magnetstreifenkarte, gilt nur für das auf ihr angegebene Konto und wird nur auf den Namen des Kontoinhabers bzw. eines Bevollmächtigten ausgestellt. In Verbindung mit der persönlichen Geheimzahl kann der Kunde an in- und ausländischen Geldautomaten Geld abheben und an automatisierten Kassen und Electronic-Cash-Systemen bargeldlos zahlen. Des Weiteren steht dem Kunden aufgrund des eingebauten Mikrochips die elektronische Geldbörse (Geldkarte) zur Verfügung. Die EC-Karte ist eine Debitkarte*(siehe dort).* Die EC-Karte ist durch die Maestro-Karte *(siehe dort)* abgelöst worden, die Bezeichnung aber weiterhin gebräuchlich.

Eckzins, der Spareckzins *(siehe dort).*

Effektengiro, die Übertragung von Wertpapieren (Effekten) in Girosammelverwahrung durch Umbuchung von einem Girosammelkonto auf ein anderes Girosammelkonto. Der **Effektenkredit** ist ein Kredit zum Kauf von Wertpapieren (Anleihen, Aktien). Der Effektenkredit ist vom Wertpapierkredit zu unterscheiden. Dieser ist ein Bankkredit gegen Hinterlegung von Wertpapieren. Die Prozentsätze, zu denen die Banken bereit sind, die Wertpapiere als Sicherheit zu akzeptieren, liegen zwischen 60 und 80%.

Effektivverzinsung, die Rendite *(siehe dort).*

EFFEKTIVZINS

$$\text{Kreditkosten} = \frac{\text{Kreditbetrag x Zinssatz in \% x Laufzeit in Monaten}}{100 \times 12} + \frac{\text{Kreditbetrag x Bearbeitungsgebühr in \%}}{100}$$

$$\text{Monatsrate} = \frac{\text{Kreditbetrag + Kreditkosten}}{\text{Laufzeit in Monaten}}$$

$$\text{Jahreszinssatz in \%} = \frac{\text{Kreditkosten x 12 x 100}}{\text{Kreditbetrag x Laufzeit in Monaten}}$$

Effektivzins. Formeln für die Berechnung der Kreditkosten und des Effektivzinses eines Kredits

Effektivzins, Bezeichnung für den Zinssatz, der die tatsächlichen (jährlichen) Kosten eines Kredits ausdrückt. Die Kreditinstitute haben nach der Preisangabenverordnung für Darlehen mit Festzinsvereinbarungen für die gesamte Laufzeit den effektiven Zins anzugeben. Für Kredite mit veränderten Konditionen (Darlehen mit Zinsbindungsfrist für einen bestimmten Zeitraum, Kredite mit variablem Zins) ist der anfängliche effektive Jahreszins *(siehe dort)* auszudrücken. Bei Kontokorrentkrediten kann auf die Angabe eines Effektivzinssatzes verzichtet werden, wenn zusätzlich zur Verzinsung in Höhe des Nominalzinssatzes keine weiteren Kosten und Gebühren anfallen und die Rechnungsabschlüsse nicht für kürzere Zeiträume als ein Vierteljahr gemacht werden.

Einlagen, Depositen, fremde Mittel, die Kreditinstitute von Nichtbanken entgegennehmen, wie Sichteinlagen *(siehe dort)* und Termineinlagen *(siehe dort),* des Weiteren sind es Guthaben von Bankkunden auf Konten (Girokonten, Festgeldkonten) und auf Sparkonten wie Spareinlagen *(siehe dort).* Das **Einlagengeschäft** zählt zu den Passivgeschäften *(siehe dort)* der Banken.

Einlagensicherung, durch Garantien Dritter gewährleistete Absicherung der Bankkunden gegen den Verlust ihrer Einlagen für den Fall, dass ihr Kreditinstitut in wirtschaftliche Schwierigkeiten gerät. Für die einzelnen Bankgruppen bestehen unterschiedliche Systeme, die von den Spitzenverbänden der Kreditwirtschaft getragen und durch Umlagen bzw. Einzahlungen der ihnen angehörenden Institute finanziert werden. Dabei sind die Einlagensicherungssysteme der Sparkassen und Kreditgenossenschaften darauf ausgerichtet, die Bank zu erhalten (Institutssicherung als indirekter Einlegerschutz), während der Garantiefonds des Bundesverbandes der deutschen Banken die Einlagen der Gläubiger unmittelbar sichert. Durch den Einlagensicherungsfonds werden Einlagen von Kunden bis zu 30% des haftenden Eigenkapitals des jeweiligen Kreditinstituts gegen Verluste gesichert.
Nach der gesetzlichen Einlagensicherung beträgt seit 30. 6. 2009 die Mindestdeckung 50000€; sie soll ab 31. 12. 2010 auf 100000€ steigen.

Einzugsermächtigung, gebräuchlichste Möglichkeit im Lastschrifteinzugsverkehr. Voraussetzung ist eine vom Zahlungspflichtigen dem Zahlungsempfänger erteilte schriftliche Ermächtigung, Beträge zulasten seines Girokontos einzuziehen. Die Lastschrift *(siehe dort)* muss rechts oben den Vermerk ›Einzugsermächtigung des Zahlungspflichtigen liegt dem Zahlungsempfänger vor‹ tragen. Damit wird zum Ausdruck gebracht, dass die Bank die Lastschrift abbuchen soll, auch wenn ihr kein Auftrag ihres zahlungspflichtigen Girokunden vorliegt. Fehlt dieser Vermerk, so prüft das Kreditinstitut, ob ihm ein entsprechender Abbuchungsauftrag des Girokunden vorliegt. Ist dies nicht der Fall, geht die Lastschrift an den Zahlungsempfänger zurück.
Beim Einzugsermächtigungsverfahren kann der Zahlungspflichtige der Belastung auf seinem Konto innerhalb von sechs Wochen widersprechen. Der Zahlungsempfänger wird dann mit dem Lastschriftbetrag zurückbelastet, wobei die Rücklastschrift

mit einem entsprechenden Rückgabevermerk der Zahlstelle versehen ist. Das Einzugsermächtigungsverfahren eignet sich neben dem Einzug regelmäßig wiederkehrender Zahlungen (z.B. Versicherungsprämien, Rundfunk- und Fernsehgebühren) besonders für Rechnungen, die in ungleichmäßiger Höhe zu zahlen sind (z. B. Fernsprechgebühren).

Electronic Banking, Angebote der Banken zur elektronischen Abwicklung von Bankleistungen in Form der Selbstbedienung bei der Bank (z. B. Geldausgabeautomaten, Kontoauszugsdrucker), beim Einkauf (z. B. Electronic Cash) oder von zu Hause aus wie beim Homebanking *(siehe dort).*

Electronic Cash, das von der Kreditwirtschaft 1990 eingeführte POS-System *(siehe dort),* bei dem sich der Kunde unter Verwendung einer EC-, Kredit- oder Kundenkarte durch Eingabe seiner persönlichen Identifikationsnummer (PIN) gegenüber dem System legitimiert und den Rechnungsbetrag bestätigt. Die vom Kartenleser aus dem Magnetstreifen (bzw. dem Chip) gelesenen Daten werden direkt verschlüsselt an ein Autorisierungssystem der Kreditwirtschaft zu Prüfungszwecken (Legitimation, Sperrvermerk, Zahlungsfähigkeit) übertragen. Bei positivem Ergebnis garantiert das Kreditgewerbe dem Händler die Zahlung des Betrages, der dann vom Bankkonto des Kunden abgebucht und dem des Händlers gutgeschrieben wird.
Das nationale Electronic-Cash-System wurde Ende 1994 um das grenzüberschreitende edc/Maestro-Verfahren (edc = **e**lectronic **d**ebit **c**ard) erweitert, dadurch können deutsche EC-Karteninhaber im Ausland an automatisierten Kassen bezahlen.

elektronischer Zahlungsverkehr, *siehe* bargeldloser Zahlungsverkehr.

Eonia, Abkürzung für **E**uro-**O**vernight-**I**ndex-**A**verage, Referenzzinssatz im Interbankenhandel, der neben dem Euribor an die Stelle des Fibor getreten ist.

Euribor, Abkürzung für **Eur**o **I**nter**b**ank **O**ffered **R**ate, seit 1999 berechneter Referenzzinssatz für den Interbankenhandel am Geldmarkt und damit der Zinssatz, den die europäischen Banken beim Handel von Einlagen mit festgelegter Laufzeit verlangen.

Eurochequeverfahren: Das Ende 2001 ausgelaufene Eurochequesystem (EC-System) bestand aus einheitlich gestalteten Scheckvordrucken, den Eurocheques, und Scheckkarten, den EC-Karten *(siehe dort),* die von Banken in zahlreichen europäischen Ländern ausgegeben wurden (in Deutschland seit 1972). Durch die EC-Karte garantierte die bezogene Bank dem Empfänger eines Eurocheques dessen Einlösung bis zu einem bestimmten Höchstbetrag (in Deutschland seit 1985: 400 DM). In über 40 europäischen und an das Mittelmeer angrenzenden Ländern zahlten Kreditinstitute, die mit dem blau-rot-schwarzen EC-Aufkleber gekennzeichnet sind, Eurocheques bis zu den jeweils gültigen Garantiehöchstbeträgen aus. In über 30 europäischen Ländern wurde der Eurocheque auch von Nichtbanken (Hotels, Geschäften) akzeptiert. Mit der EC-Karte *(siehe dort)* allein kann bargeldlos bezahlt werden. Nachdem in Europa ein dichtes Netz von Geldautomaten besteht, ist das Eurochequeverfahren deshalb zum 31. 12. 2001 ausgelaufen.

Evidenzzentrale, zentrale Meldestelle bei der Deutschen Bundesbank, der die Kreditinstitute alle Kreditnehmer melden müssen, deren Gesamtverschuldung im Berichtszeitraum 1,5 Mio. € überstieg **(Millionenkredite).**

Festgelder, Monatsgelder, Termineinlagen *(siehe dort)* auf Termingeldkonten, die eine vereinbarte feste Laufzeit von mindestens einem Monat (30 Zinstage) haben und an einem vorher bestimmten Tag zur Auszahlung fällig werden. Festgeld wird als **Ultimogeld** bezeichnet, wenn es auf Monatsschluss zurückzuzahlen ist. Festgelder gehören mit den Kündigungsgeldern zu den befristeten Einlagen.

Finanzkrise, die Finanzmarktkrise *(siehe dort).*

Gehaltskonto, Konto, auf das Löhne und Gehälter überwiesen werden, meistens ein Girokonto. Manchmal beteiligt sich der Arbeitgeber an den Kontoführungsgebühren.

Geldanlage, die planmäßige Verwendung von Geldern, um einen Ertrag und/oder Wertzuwachs zu erzielen oder zumindest den realen Wert zu erhalten. Vorbedingung ist die Ansammlung von Geldern durch Sparen. Anschaffungen zum Gebrauch oder Verbrauch zählen nicht zur Geldanlage. Der Begriff umfasst auch die als Kapitalanlage *(siehe dort)* bezeichnete langfristige Investition von Geldern und die Spekulation (*siehe* Kapitel 11).

Jeder Anleger verfolgt eine bestimmte, auf Erfahrungen und wirtschaftlichen Überlegungen beruhende Anlagepolitik, wobei auch die Anlageberatung *(siehe dort)* der Banken eine Rolle spielt. Bei Börsengeschäften unterscheidet man z. B. verschiedene Anlegertypen (*siehe* Kapitel 11). Die Höhe des Ertrages oder Wertzuwachses steht meist im Zusammenhang mit dem Risiko der jeweiligen Geldanlage. Steht der Wunsch nach laufenden Erträgen im Vordergrund, wird ein Sparer eine sichere Anlage (z. B. festverzinsliche Wertpapiere, Sparbriefe) wählen. Wird dagegen vorrangig ein Wertzuwachs angestrebt, bietet sich eine Kapitalzuwachsanlage an (z. B. Aktien, Haus- und Wohnungseigentum).

Geldautomat, Geldausgabeautomat, Abkürzung **GAA,** technische Anlage, über die Bankkunden Bargeld zulasten ihres Girokontos abheben können. Um den Geldautomatenservice nutzen zu können, muss der Kunde eine EC-Karte, eine Maestro-Karte, eine Kredit- oder Kundenkarte und eine persönliche Geheimzahl (PIN) von seinem Kreditinstitut erhalten haben. Zwischen den Spitzenverbänden der Kreditinstitute besteht eine Vereinbarung über das deutsche Geldautomatensystem, sodass alle Inhaber von EC-Karten, Maestro-Karten und Kundenkarten an Geldautomaten instituts- und grenzübergreifend Geld abheben können. An Geldautomaten im Ausland kann sich ein deutscher Bankkunde mit seiner Karte Bargeld bis zur Höhe des in dem jeweiligen Land geltenden Garantiehöchstbetrages beschaffen. Für Abhebungen im Inland stellt das jeweilige Kreditinstitut einen Verfügungsrahmen (individuell verschieden, meistens 1 000 € pro Tag) zur Verfügung.

Geldfälschung, das Nachmachen von Geld oder Wertpapieren (Wertzeichenfälschung) in der Absicht, das Nachgemachte (z. B. Falschgeld) als echt in den Verkehr zu bringen. Strafe: Freiheitsstrafe nicht unter zwei Jahren.

Geldkarte, eine Chipkarte *(siehe dort)*.

Geldvermögen, der Bestand an Bar- und sofort verfügbarem Buchgeld (z. B. Kassenbestand, Sichteinlagen bei Kreditinstituten), über den ein Wirtschaftssubjekt verfügt.
Die Deutsche Bundesbank weist jährlich in der Geldvermögens- und Verpflichtungsrechnung (Teil der Vermögensrechnung) die Bestände an Forderungen und Verbindlichkeiten der nicht finanziellen (private und öffentliche Haushalte, Unternehmen) und finanziellen Sektoren (Banken, Bausparkassen, Versicherungen) aus. Besonders interessant sind der Bestand und die Veränderungen beim Geldvermögen der privaten Haushalte. Hier werden die ein-

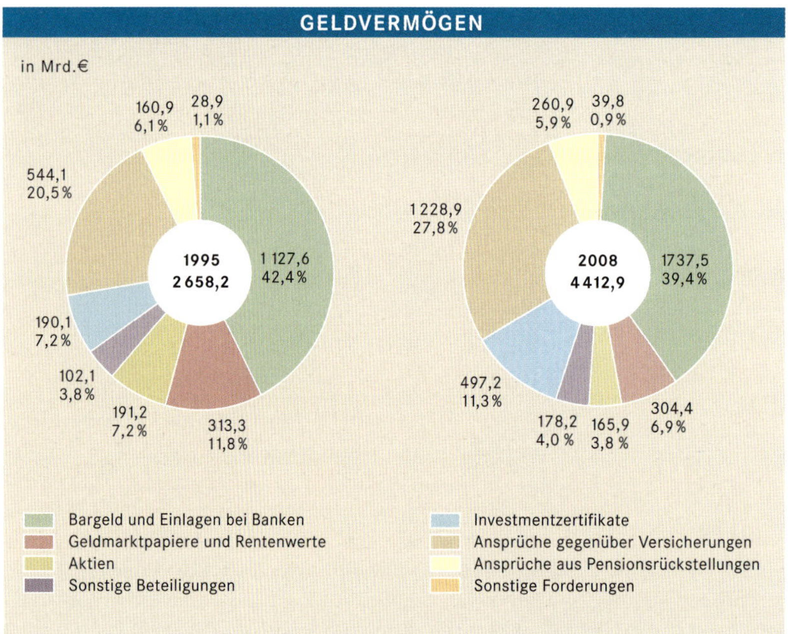

Geldvermögen.
Struktur des Geldvermögens der privaten Haushalte in Deutschland 1995 und 2008

zelnen Geldanlageformen gruppiert in kurzfristige und langfristige Anlagen bei Banken (z. B. Guthaben auf Girokonten, Spar- und Termingelder), Anlagen bei Bausparkassen (angesparte Bausparverträge) und Versicherungen (z. B. Kapitallebensversicherungen), Geldanlagen in Wertpapieren (z. B. Rentenwerte, Aktien, Investmentfonds) und aus Pensionsrückstellungen.

Geldwäsche: Von Geldwäsche wird gesprochen, wenn Geld, das aus Straftaten stammt, durch Einzahlung auf Konten in den regulären Wirtschaftskreislauf eingeschleust und durch Kreuz-und-quer-Überweisungen die Herkunft der Mittel verwischt wird. Durch Verbuchen als Geschäftseinnahmen oder Bezahlung von Rechnungen für Scheingeschäfte wird das Geld ›legalisiert‹.
Das Gesetz zur verbesserten Bekämpfung der organisierten Kriminalität aus dem Jahr 1992 und das Geldwäschegesetz vom Herbst 1993 zielen darauf ab, kriminelle Gewinne abzuschöpfen und Geldwäsche zu verhindern. So werden die Finanzbehörden nun bereits bei der Einleitung eines Strafverfahrens wegen Geldwäsche und nicht wie zuvor erst nach rechtskräftiger Verurteilung informiert. Sie können damit schneller ›potenzielle Steuerquellen ausschöpfen‹. Zudem dürfen Geld und andere Vermögenswerte schon dann beschlagnahmt werden, wenn ein Verdacht auf kriminelle Herkunft besteht.

Genossenschaftsbanken, Kreditgenossenschaften, Kreditinstitute in der Rechtsform einer Genossenschaft (*siehe* Kapitel 7), die in der zweiten Hälfte des 19. Jahrhunderts als Selbsthilfeeinrichtungen mit dem Ziel entstanden, eine Lücke in der Kreditversorgung für die kapitalschwachen Betriebe des Gewerbes und der Landwirtschaft zu schließen.
Die Kreditgenossenschaften lassen sich, gemäß ihrer historischen Entwicklung, in zwei Gruppen einteilen: die **Volksbanken** als gewerbliche Genossenschaftsbanken, verbunden mit dem Namen HERMANN SCHULZE-DELITZSCH (* 1808, † 1883), und die **Raiffeisenbanken,** auch Darlehenskassen, Spar- und Darlehenskassen, als ländliche Kreditgenossenschaften, verbunden mit dem Namen FRIEDRICH WILHELM RAIFFEISEN (* 1813, † 1888).
Heute bieten Genossenschaftsbanken das gesamte Spektrum der Bankgeschäfte. Seit 1973 dürfen sie Kredite auch an Nichtmitglieder (vorher nur an Mitglieder) vergeben. Die Kreditgenossenschaften unterliegen den Bestimmungen des Genossenschaftsgesetzes und des Kreditwesengesetzes.
Waren früher überwiegend Handwerker, Gewerbetreibende und Landwirte ihre Mitglieder, so dominieren heute Unselbstständige (Arbeiter, Angestellte, Beamte) unter den rund 16 Mio. Mitgliedern. Eine Konzentrationsbewegung zur Schaffung größerer Banken hat zu einer einheitlichen kreditgenossenschaftlichen Bankenorganisation geführt. Spitzenverband ist der Bundesverband der Deutschen Volksbanken und Raiffeisenbanken *(siehe dort).*

Geschäftsbanken, Kreditinstitute, die alle Arten des Bankgeschäfts betreiben, ausgenommen die Banknotenausgabe; in diesem Sinn gleichbedeutend mit Universalbanken *(siehe dort).*
Die Geschäftsbanken umfassen im engeren Sinn in Abgrenzung zu Spezialbanken sowie den Genossenschaftsbanken und Sparkassen die dem Bundesverband deutscher Banken angehörenden Großbanken *(siehe dort),* Regionalbanken *(siehe dort)* und Bankiers *(siehe dort)* sowie Niederlassungen ausländischer Banken.

Giralgeld, das Buchgeld *(siehe dort).*

Girokonto, Bankkonto für die Abwicklung aller Bankgeschäfte **(laufendes Konto),** insbesondere der Verbuchung von Sichteinlagen *(siehe dort).* Die Bezeichnung Giro (italienisch für ›Kreislauf‹) deutet darauf hin, dass es vor allem zur Abwicklung des bargeldlosen Zahlungsverkehrs bestimmt ist. Beim Giroverkehr wird Buchgeld von einem auf ein anderes Konto übertragen: Belastung oder Gutschrift durch Überweisung, Einzugsermächtigung, Abbuchungsauftrag oder Scheck.
Girokonten bei Banken haben den Status von Kontokorrentkonten *(siehe dort).* Sie können in der Regel im Rahmen von Dispositionskrediten überzogen werden. Für den Abrechnungsverkehr (Clearing) unter den Banken gibt es für die verschiedenen Bankengruppen **Gironetze** wie etwa die Sparkassen- und Giroverbände sowie die **Girozentralen** für den Sparkassensektor sowie das Gironetz der Bundesbank und der Landeszentralbanken als zentrale Abrechnungsstelle.

goldene Bankregel, traditionelle Regel für Kreditinstitute, die besagt, dass die von einer Bank gewährten Kredite nach Umfang wie auch nach Fälligkeit den der Bank zur Verfügung gestellten Beträgen (Verbindlichkeiten) entsprechen müssen, d. h., kurzfristige Gelder dürfen nur kurzfristig ausgeliehen werden. Nach den **Liquiditätsgrundsätzen** dürfen die langfristigen Anlagen und Kredite abzüglich der Wertberechtigungen die Summe bestimmter langfristiger Finanzierungsmittel nicht übersteigen. Die goldene Bankregel wird in dieser strengen Form nicht eingehalten, weil in der Praxis kurzfristige Einlagen auch langfristig ausgeliehen werden. Es kommt vielmehr darauf an, dass die Banken für eine ausreichende Zahlungsbereitschaft Vorsorge getroffen haben.

Großbanken, Kreditinstitute von besonderer Bedeutung, bedingt durch ihr umfangreiches Geschäftsvolumen oder ihre überregionale Verbreitung. In Deutschland werden von Bundesbank und Bundesverband der deutschen Banken die Deutsche Bank AG, die Commerzbank AG, die Bayerische Hypo- und Vereinsbank AG und die Deutsche Postbank als Großbanken bezeichnet, obwohl auch einige andere große private und öffentlich-rechtliche Banken vergleichbare Größenordnungen erreicht haben.

Großkredite, nach dem Kreditwesengesetz Kredite an Kreditnehmer, die insgesamt mindestens 10 % des haftenden Eigenkapitals des Kreditinstituts betragen. Der einzelne Kredit darf 25 % und alle Großkredite zusammen dürfen das Achtfache des haftenden Eigenkapitals des Kreditinstituts nicht übersteigen. Die Großkredite sind unverzüglich der Deutschen Bundesbank anzuzeigen, die diese Anzeige an die Bundesanstalt für Finanzdienstleistungsaufsicht weiterleitet.

Grundpfandrechte, Belastungen von Grundstücken mit Eintragung zur Sicherung des Anspruchs auf Eigentumserwerb im Grundbuch. Man unterscheidet im Wesentlichen zwei Formen: Hypothek und Grundschuld. Die **Hypothek** ist eine Belastung eines Grundstücks in der Weise, dass an denjenigen, zu dessen Gunsten die Hypothek eingetragen ist (Hypothekengläubiger), eine bestimmte Geldsumme aus dem Grundstück wegen einer Forderung zu zahlen ist. Hat ein Bankkunde einen Kredit bei seiner Bank aufgenommen und kommt seinen Zins- und Tilgungsverpflichtungen bei Fälligkeit nicht nach, hat die Bank das Recht, das Grundstück z. B. im Wege der Zwangsversteigerung zu veräußern, um an ihr Geld zu kommen. Besteht die zu sichernde Forderung (Darlehen) nicht, erlischt auch das Recht aus der Hypothek.
Auch die **Grundschuld** ist eine Belastung eines Grundstücks in der Weise, dass an den Grundschuldgläubiger eine bestimmte Geldsumme aus dem Grundstück zu zahlen ist. Im Unterschied zur Hypothek existiert die Grundschuld auch unabhängig vom Darlehen. Wenn ein Grundstückseigentümer sein Grundstück mit einer Grundschuld als Sicherheit für ein Darlehen belastet, ist dies eine Sicherungsgrundschuld. In diesem Fall kann der Grundstücksgläubiger (Darlehensgeber) seinen dinglichen Anspruch aus der Grundschuld nur durchsetzen, wenn er einen persönlichen Anspruch aus dem Darlehen hat.

Gutschrift, Buchung einer Bareinzahlung, Scheckeinreichung oder Überweisung von einem anderen Konto auf dem Konto des Kunden bzw. des Einreichenden auf der Habenseite.

Habenzinsen, Bezeichnung für Zinsen, die bei Guthaben auf Bankkonten gewährt werden, z. B. Zinsen für Spareinlagen (Gegenteil: Sollzinsen).

Hausbank, in der Regel die Bank, mit der ein Kunde seine Bankgeschäfte überwiegend abwickelt.

Homebanking, Abwicklung von Bankgeschäften mithilfe eines Computers **(Onlinebanking)** oder mit dem Telefon **(Telefonbanking)** unabhängig von den Schalteröffnungszeiten der Bank rund um die Uhr. Da sich zunehmend das Internet für die Bankgeschäfte durchsetzt, spricht man auch von **Internetbanking.** Der Bankkunde benötigt einen Internetprovider, seine Hausbank, welche die Berechtigungen und Zugriffe auf die verschiedenen Konten und die Dienstleistungen freigibt, und einen internetfähigen Computer (PC).
Um eine hohe Sicherheit während der Übertragung der Daten zu gewährleisten, werden verschiedene Sicherheitssysteme eingesetzt. Zunächst musste sich der Kunde über eine persönliche Identifikationsnummer (PIN) am Banksystem anmelden und jeden Auftrag über eine Transaktionsnummer (TAN) bestätigen. Um das System sicherer zu machen, wurde das iTAN-Verfahren eingeführt, bei dem die Bank eine bestimmte Transaktionsnummer anfordert, die der Kunde aus einer ihm übersandten Liste entnehmen muss.
Inzwischen ist das HBCI-System (Abkürzung für **H**ome**b**anking **C**omputer **I**nterface) Standard. Mit-

hilfe dieses elektronischen Signaturverfahrens werden die Transaktionsdaten verschlüsselt. Die digitale Signatur besteht aus einer Chipkarte und einem mit dem PC verbundenen Kartenlesegerät. Dadurch werden Manipulationen auf dem Übertragungsweg ausgeschlossen. Ein Kontozugriff ist nur möglich, wenn der Kontoinhaber im Besitz der Chipkarte und der Geheimnummer bzw. des Passworts ist.

Hypothek, ein Grundpfandrecht *(siehe dort),* das als Absicherung langfristiger Realkredite *(siehe dort)* dient. Im Sprachgebrauch der Bankpraxis heißen solche Kredite meistens **Hypothekendarlehen.** Sie werden für die Finanzierung u. a. von Wohnhäusern eingeräumt.

Hypothekenkrise, Teil der Finanzmarktkrise (*siehe* Kapitel 6).

IBAN, das Bankkonto *(siehe dort)* im internationalen Zahlungsverkehr.

Inhaberscheck, Überbringerscheck, ein Scheck, auf dem kein Empfänger eingetragen oder beim namentlich genannten Begünstigten die Klausel ›oder Überbringer‹ vermerkt ist. Die im Inland üblichen Bankschecks sind Inhaberschecks, d.h., dass jeder Inhaber des Schecks aufgrund der Überbringerklausel als Berechtigter gilt. Eine Streichung des Zusatzes ›oder Überbringer‹ gilt als nicht vorgenommen. Die bezogenen Kreditinstitute können deshalb Überbringerschecks einlösen, ohne überprüfen zu müssen, ob der Überbringer berechtigt ist oder nicht (keine Legitimationsprüfung).

Inkasso, Einzug von Forderungen, insbesondere von Schecks und Wechseln.

Interbankenhandel, der Handel mit Wertpapieren, Geldmarktpapieren, Krediten, Devisen und Derivaten zwischen Kreditinstituten. Er dient der Steuerung der Liquidität und Risiken. Für Geldleihgeschäfte dienen Euribor oder Eonia als Referenzzinssätze.

Internetbanking, *siehe* Homebanking.

Kapitalanlage, die langfristige Anlage von Ersparnissen mit dem Zweck, ihren Wert zu erhalten bzw. zu steigern und/oder ein stetiges Einkommen mit ihnen zu erzielen. Zielt die Kapitalanlage vorrangig auf ein stetiges Einkommen (Einkommensanlage), werden ertragbringende Vermögensgegenstände gekauft (z.B. festverzinsliche Wertpapiere mit möglichst hohen Zinsen, aber auch Aktien von ertragsstarken Unternehmen mit hoher Dividendenrendite). Steht die Werterhaltung und -mehrung im Vordergrund (Kapitalzuwachsanlage), kommt darüber hinaus auch der Kauf von Wachstumsaktien, Edelmetallen, Grundstücken, Kunstgegenständen in Betracht.

Konsortialkredit, besonderer Kredit, der von einem Bankenkonsortium *(siehe dort)* vergeben wird.

Konsumentenkredit, Konsumkredit, Ratenkredit, den private Haushalte zur Beschaffung von Konsumgütern (langlebigen Gebrauchsgütern) aufnehmen. Sie werden in festen monatlichen Teilbeträgen zurückgezahlt. Es sind meistens mittel- oder langfristige Kredite mit Laufzeiten bis zu 6 Jahren und Volumen bis 25000 €. Die Kreditkosten solcher Verbraucherkredite *(siehe dort)* sind relativ hoch.

Kontoabschluss: Kreditinstitute schließen die von ihnen geführten Konten in regelmäßigen Zeitabständen (meistens vierteljährlich) ab und erteilen Rechnungsabschlüsse. Zwecke der Rechnungsabschlüsse sind die Verrechnung der im Abrechnungszeitraum entstandenen beiderseitigen Ansprüche (Ermittlung des Saldos), die Ermittlung von Zinsen (Haben- und Sollzinsen) sowie die Erstellung von Kontrollunterlagen für Bank und Kunde.

Kontoführungsgebühr, von Banken gefordertes Entgelt für die Führung von Bankkonten. Oft wird eine pauschale Gebühr als Grundpreis in Rechnung gestellt. Daneben werden Buchungsposten- und Kontoauszugsgebühren berechnet. Pro Buchung bzw. Überweisung muss der Bankkunde eine Buchungsgebühr bezahlen. Es gibt verschiedene, sehr unterschiedliche Preismodelle. Immer mehr Banken erlassen ihren Kunden die Kontoführungsgebühren. Zusätzlich zu gebührenfreien Konten werden auch EC- und Kreditkarten unentgeltlich an den Kunden herausgegeben.

Kontokorrentkonto, Bankkonto für die Abwicklung aller Bankgeschäfte, insbesondere die Verbuchung von Sichteinlagen und Kontokorrentkrediten. Über Kundenkontokorrentkonten werden gegenseitige Geldforderungen zwischen Kreditinstituten und der Nichtbankenkundschaft (Privat- und Firmenkunden) verbucht und verrechnet. Über

Kontobewegungen und Salden werden die Kunden durch Kontoauszüge unterrichtet. Sehr häufig wird auch das laufende Girokonto *(siehe dort)* als Kontokorrentkonto bezeichnet.

Kontokorrentkredit, ein in laufender Rechnung gewährter kurzfristiger Kredit. Er kann über das Girokonto in wechselnder Höhe bis zum eingeräumten Kreditlimit beansprucht werden. Zinsen fallen nur aus dem jeweils beanspruchten Betrag an (Dispositionskredit). Aufgrund der täglichen Abrufmöglichkeit der Kreditmittel ist der Kreditzinssatz nicht für die gesamte Laufzeit fest, sondern kann von der Bank den Marktgegebenheiten entsprechend angepasst werden.

Kontoverfügung: Kontoinhaber sind verfügungsberechtigt, wenn sie unbeschränkt geschäftsfähig sind oder als beschränkt Geschäftsfähige die Einwilligung des gesetzlichen Vertreters zur Verfügung über ihr Konto haben. Über Konten von Einzelfirmen verfügt der Firmeninhaber unter dem Firmennamen. Über Gemeinschaftskonten verfügen die Kontoinhaber entweder gemeinsam als Und-Konto *(siehe dort)* oder jeder allein als Oder-Konto *(siehe dort)*. Nur der Verfügungsberechtigte eines Kontos darf Belastungen des Kontos durch Barabhebungen, Überweisungen und Scheckeinziehungen vornehmen, Ermächtigungen zum Lastschrifteinzug erteilen und Schriftstücke wie Kontoauszüge und Abrechnungen in Empfang nehmen und anerkennen. Kreditinstitute erfassen die Verfügungsberechtigung (Zeichnungsberechtigung) in den Kontounterlagen. Unterschriftproben werden auf einem Unterschriftenblatt festgehalten, damit die Unterschrift bei Kontoverfügungen jederzeit durch Vergleich geprüft werden kann. Vollmachten können auch durch schriftliche Vollmachtserklärungen (Vollmachtsurkunde) nachgewiesen werden.

Kredit, die zeitweilige Überlassung von Kaufkraft durch den Kreditgeber an den Kreditnehmer aufgrund des Vertrauens des Gläubigers in die Zahlungsfähigkeit des Schuldners. Der Kreditnehmer verpflichtet sich, das Empfangene, meist zuzüglich Zinsen *(siehe dort)* als Entgelt, später zurückzuerstatten. Rechtlich gesehen ist jeder Kredit, mit dem Bar- oder Buchgeld zur Verfügung gestellt wird, ein Darlehen *(siehe dort)*. In der Praxis versteht man je-

KREDIT

	Dispositionskredit	Effektenlombardkredit	Ratenkredit	Wohnungsbaudarlehen
Alternative Bezeichnungen	Kontokorrentkredit, Überziehungskredit	Wertpapierkredit	Konsumentenkredit, Privatdarlehen, Teilzahlungskredit	Hypothek, Grundschuld
Merkmale	Eingeräumter Kreditrahmen auf dem Girokonto, Tilgungen sind jederzeit möglich, zum Teil automatisch durch Kontogutschriften, Kreditrahmen kann immer wieder neu ausgeschöpft werden	Kurzfristiges Darlehen über einen festen Betrag gegen Verpfändung von Wertpapieren, Tilgungen sind frei vereinbar	Kredit über einen festen Betrag, der in gleichbleibenden Raten oder in einer Summe zurückgezahlt wird. Sondertilgungen nur nach Kreditkündigung	Grundpfandrechtlich abgesichertes Darlehen über einen festen Betrag, der in festen Monatsraten oder in einer Summe getilgt wird. Sondertilgungen vereinbar, aber selten
Laufzeit	Formal kurzfristig (90 Tage), bei guter Bonität sind aber auch jederzeit Verlängerungen möglich	Kurzfristiger Kredit über 3 bis 12 Monate, Verlängerung (Prolongation) möglich	Mittelfristige Darlehen, wahlweise Laufzeiten von 6 bis 72 Monaten	Im Schnitt 15 bis 30 Jahre. Zinsbindung 5 bis 10 Jahre, vereinzelt 15 bis 20 Jahre. Bei Vorfinanzierung 2 bis 3 Jahre
Maximale Kredithöhe	Das Zwei- bis Dreifache des monatlichen Nettoeinkommens, bei guter Bonität sogar bis zum Fünffachen	Abhängig vom Kurswert der Wertpapiere, je nach Wertpapierart maximale Kredithöhe: 60 bis 90% des Kurswertes	Je nach Bonität zwischen 5 000 und 25 000 €	Abhängig vom Verkehrswert der Immobilie (abzüglich Risikoabschlag)
Erforderliche Sicherheiten	Regelmäßige Einkünfte	Verpfändung der Wertpapiere	Abtretung von Gehaltsansprüchen, Sicherungsübereignung	Eintragung einer Hypothek oder Grundschuld in Buch- oder Briefform ins Grundbuch
Geeignet für	Überbrückung kurzfristiger Liquiditätsengpässe, als Zwischenkredit bis zur Auszahlung von Baudarlehen oder Sparverträgen	Überbrückung kurzfristiger Liquiditätsengpässe, Spekulationsgeschäfte	Zur Finanzierung langlebiger Konsumgüter (Auto, Möbel, Fernseher)	Zweckgebundener Kredit zur Kaufpreisfinanzierung oder für Neu-, Umbauten, Modernisierungen
Spezielle rechtliche Grundlagen	Verbraucherkreditgesetz, AGB-Gesetz, Schufa-Klausel	AGB-Gesetz, BGB-Pfandrecht	Verbraucherkreditgesetz, AGB-Gesetz, Schufa-Klausel	Verbraucherkreditgesetz, AGB-Gesetz, Schufa-Klausel, BGB

Quelle: Stiftung Warentest

Kredit. Verschiedene Kreditarten für Verbraucher im Überblick

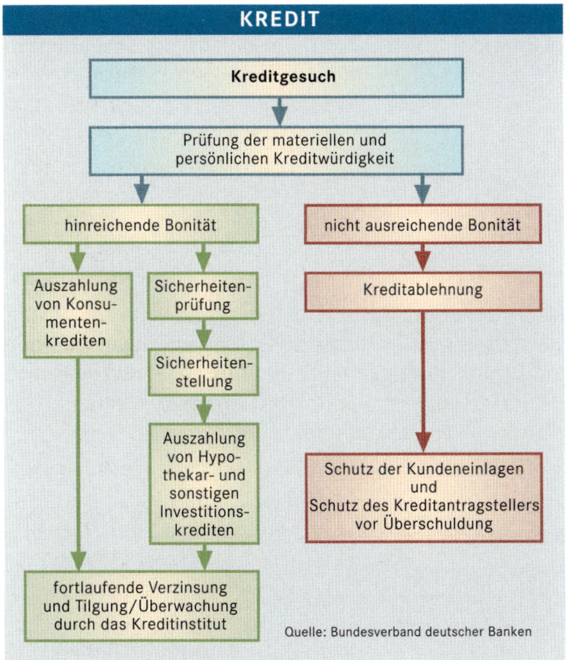

Kredit. Die Abwicklung von Krediten

doch unter einem Darlehen einen Kredit, der in einer Summe oder in Teilbeträgen zur Verfügung gestellt wird und in festgelegten Raten oder in einer Summe am Ende der Laufzeit zurückzuzahlen ist.
Kreditgeschäfte sind der wichtigste Geschäftszweig der Banken und können unterteilt werden in **Geldleihgeschäfte,** bei denen dem Kreditnehmer Bar- oder Buchgeld überlassen wird (Barkredit), und **Kreditleihgeschäfte,** bei denen die Bank ein Zahlungsversprechen gegenüber Dritten übernimmt wie beim Akzeptkredit *(siehe dort),* Avalkredit *(siehe dort)* oder der Bankbürgschaft *(siehe dort).* Grundlage des Kreditgeschäfts ist der **Kreditvertrag** mit Vereinbarungen über Kredithöhe, Laufzeit, Zins, Tilgung und sonstige Kreditkosten.
Kurzfristige Kredite haben eine Laufzeit bis zu einem Jahr, mittelfristige bis zu vier Jahren und langfristige von mehr als vier Jahren. Je nach Kreditnehmer, Verwendungszweck, Laufzeit, Sicherstellung u.a. gibt es verschiedene Kreditarten: So dient der Konsumentenkredit *(siehe dort)* der Anschaffung von Gebrauchsgütern. Der Personalkredit gründet sich allein auf die Vertrauenswürdigkeit des Kreditnehmers im Unterschied zum Realkredit *(siehe dort),* der durch besondere Sicherheiten gedeckt ist. Nach der Art der Bereitstellung unterscheidet man Darlehen *(siehe dort),* wie beim Effektenlombardkredit und beim durch Grundpfandrechte abgesicherten Wohnungsbaudarlehen, sowie Kontokorrentkredite oder Dispositionskredite und Ratenkredite oder Verbraucherkredite.

Kreditauskunft, Auskunftserteilung und -einholung durch eine Bank bei einer Anfrage oder im Zusammenhang mit eigener Kreditgewährung. Bei der Auskunftseinholung bedient sich die Bank der Wirtschaftsauskunfteien, z.B. der Schufa *(siehe dort)* sowie anderer Banken. Bei der Auskunftserteilung gibt sie streng vertraulich unter Wahrung der Interessen des Kunden die gewünschte Auskunft. Zulässigkeit, Umfang sowie Inhalt von Bankauskünften richten sich nach den Grundsätzen für die Durchführung des Bankauskunftsverfahrens zwischen Kreditinstituten. Im Regelfall handelt es sich um Fragen nach der Kreditwürdigkeit und dem Geschäftsgebaren.

Kreditbanken, Bezeichnung für privatrechtlich organisierte, d.h. in der Rechtsform der Aktiengesellschaft (AG), Gesellschaft mit beschränkter Haftung (GmbH), Kommanditgesellschaft (KG), offenen Handelsgesellschaft (OHG) oder als Einzelunternehmen betriebene Kreditinstitute.
In der Bankenstatistik der Deutschen Bundesbank werden Kreditbanken als Großbanken, Regionalbanken, Zweigstellen ausländischer Banken und Privatbankiers ausgewiesen. In Deutschland können alle Banken auch Kreditgeschäfte betreiben.

Kreditinstitute, Sammelbegriff für Unternehmen, die Bankgeschäfte betreiben, wenn der Umfang dieser Geschäfte einen in kaufmännischer Weise eingerichteten Geschäftsbetrieb erfordert. Meist werden die Begriffe Kreditinstitut und Bank *(siehe dort)* gleichbedeutend gebraucht und verschiedene Instituts- oder Bankengruppen unterschieden, manchmal wird aber auch differenziert zwischen dem Oberbegriff Kreditinstitut und den Unterbegriffen privatrechtliche Banken und öffentlich-rechtliche Sparkassen. Auch die Bezeichnung **Geldinstitut** ist gebräuchlich.
Nicht als Kreditinstitute gelten: Deutsche Bundesbank, Sozialversicherungsträger, Versicherungsunternehmen, Pfandleiher. Sämtliche Kreditinstitute sind den Vorschriften des Kreditwesengesetzes unterworfen, für die Sparkassen und die Girozentra-

len (Landesbanken) gelten zusätzlich die länderweise verschiedenen Sparkassengesetze.

Kreditkarte, Ausweiskarte zur bargeldlosen Bezahlung von Waren und Dienstleistungen bei Vertragsunternehmen der Kartenherausgeber und zur Bargeldbeschaffung an Geldautomaten und bei Kreditinstituten. Sie gewähren ihren Inhabern bis zur meist monatlichen Abrechnung des Kartenkontos einen Zahlungsaufschub. Der Vorteil bei Zahlungen mithilfe der Kreditkarte liegt darin, dass der Inhaber (Schuldner) weder Bargeld noch Schecks oder Reiseschecks benötigt.
Kreditkarten sind für den Karteninhaber ein national und international einsetzbares Zahlungsmittel. Ursprünglich wurden sie nur von besonderen Kreditkartengesellschaften, hinter denen einzelne Banken (z. B. American Express Company) oder Kooperationen von Banken stehen (z. B. die ›Eurocard‹ des deutschen Kreditgewerbes, deren Nachfolgerin ›Mastercard‹ oder ›Visa‹), ausgegeben. In jüngerer Zeit erwerben auch einzelne Banken, Dienstleistungsunternehmen und Verbände Lizenzen von diesen Gesellschaften zur Ausgabe von Kreditkarten und versehen diese zusätzlich mit ihrem eigenen Namen bzw. Logo (Co-Branding-Karte). Des Weiteren geben Handels- und Dienstleistungsunternehmen eigene Karten als **Kundenkreditkarte** oder **Kundenkarte** aus, die ihren Kunden das bargeld- und schecklose Bezahlen innerhalb ihres Filialnetzes oder Verbundes mit anderen Unternehmen ermöglichen.
Kreditkarten können mit weiteren Funktionen ausgestattet sein, z. B. Geldkartenfunktion, Telefonkartenfunktion, und sie können Zusatzangebote, z. B. Versicherungsleistungen, verkörpern. Rechtlich liegt der Kreditkarte die Verpflichtungserklärung des Ausstellers zugunsten des Karteninhabers zugrunde, für die von diesem bei Dritten eingegangenen Verpflichtungen einzustehen. Durch einen Forderungskauf übernimmt die Kreditkartenorganisation die Bezahlung der vom Karteninhaber in Anspruch genommenen Leistungen.

Kreditklemme, Einschränkung oder Einstellung der Kreditvergabe von Banken aufgrund mangelnder Refinanzierungsmöglichkeiten, etwa nach Verlusten infolge der Finanzmarktkrise. Die Kreditklemme betrifft unmittelbar Unternehmen und Privatpersonen, die auf Bankkredite angewiesen sind.

Kreditkosten: Die Kosten eines Kredits setzen sich zusammen aus dem jährlichen Zins (Sollzins), meist einer pauschalen Bearbeitungsgebühr, die auf der Grundlage eines prozentualen Wertes der Kreditsumme errechnet oder in einem festen Betrag angegeben wird, sowie einer Bereitstellungs- und Überziehungsprovision.

Kreditlimit, Kreditlinie, der Betrag, bis zu dessen Höhe ein Kredit von einem Kunden in Anspruch genommen werden kann. Bei Kontokorrentkrediten *(siehe dort)* wird z. B. eine Höchstgrenze der Inanspruchnahme für den Kunden vereinbart. Diesen **Kreditrahmen** kann der Kreditnehmer je nach Bedarf voll, nur zum Teil oder gar nicht ausschöpfen.

Kreditsicherheiten, Sicherheitsleistungen des Kreditnehmers für den Kreditgeber, sofern nicht ein Blankokredit gewährt wird. Der Kreditgeber will durch diese **Kreditsicherung** sein Risiko abdecken oder eingrenzen für den Fall, dass der Schuldner seine Verpflichtungen nicht mehr erfüllt oder nicht mehr erfüllen kann.
Kreditsicherheiten können darin bestehen, dass wie bei der Bürgschaft neben dem Kreditnehmer kreditwürdige Personen für den Kredit haften (Personalsicherheiten) oder dass dem Kreditgeber Verwertungsrechte an im Eigentum des Kreditnehmers befindlichen Sachwerten eingeräumt werden (Realsicherheiten). Solche bankmäßigen **Sicherheiten** sind z. B. folgende Sachwerte: Grundstücke und Häuser,

Kreditsicherheiten. Verschiedene Kreditsicherheiten

technische Anlagen, Maschinen, Fahrzeuge, börsengehandelte Wertpapiere, Lebensversicherungen und Edelmetalle.

Kreditvermittler: Mit Lockstrüchen wie ›Schnellkredit per Telefon‹, ›Sofort Bargeld‹, ›Bei Geldsorgen helfen wir weiter‹ werden Verbraucher zum Schuldenmachen animiert, die tatsächlichen Kreditkosten in den Anzeigen nicht genannt. Dies auch deshalb, weil die Jahreszinsen deutlich höher sind als bei vergleichbaren Banken. Der logische Grund: Die Kreditvermittler vermitteln ihre Kunden an Banken weiter und kassieren dafür Provision.
Zu beachten dabei: Der Kreditvermittlungsvertrag muss schriftlich verfasst sein, er muss die Vergütung des Vermittlers angeben (darf erst nach Auszahlung des Darlehens fällig werden), der effektive Jahreszins ist anzugeben und dieser muss alle Kreditkosten enthalten.

Kreditvertrag, die schriftliche Vereinbarung über einen Kredit *(siehe dort).*

Kreditwesengesetz, Abkürzung **KWG,** wichtige Rechtsgrundlage des Bankwesens zur Sicherung und Erhaltung der Funktionsfähigkeit des Geld- und Kreditwesens. Das geltende KWG ist am 1. 1. 1962 in Kraft getreten. Es wurde im Laufe der Zeit mehrfach novelliert. Das KWG legt fest, welche Unternehmen Kreditinstitute sind, und umschreibt die Bankgeschäfte. Das KWG enthält Bestimmungen für die Kreditinstitute und über deren Beaufsichtigung. Grundsätzlich sind alle Kreditinstitute den Bestimmungen des KWG sowie einer staatlichen Bankenaufsicht unterworfen. Das Gesetz enthält u. a. Vorschriften über das Eigenkapital und die Liquidität der Kreditinstitute, für den Sparverkehr sowie für das Kredit- und Depotgeschäft. Bei einer Verletzung der gesetzlichen Bestimmungen durch Kreditinstitute können von der Bundesanstalt für Finanzdienstleistungsaufsicht die besonderen Bußgeldvorschriften gegen das Institut und die verantwortlichen Mitarbeiter angewandt werden.

Kreditwürdigkeit, Bonität: Mit der Analyse der Kreditwürdigkeit eines Kreditnehmers will die Bank feststellen, ob die persönlichen und wirtschaftlichen Eigenschaften des Antragstellers einen störungsfreien Kreditablauf gewährleisten. Bei der **Kreditwürdigkeitsprüfung** werden bestimmte Anforderungen an die persönliche Integrität und die wirtschaftliche Lage des Kreditnehmers gestellt.
Persönliche Kreditwürdigkeit ist gegeben, wenn derjenige, der für sich selbst oder z. B. für sein Unternehmen Kredit in Anspruch nimmt, aufgrund seiner Zuverlässigkeit, seiner beruflichen und fachlichen Qualifikation bzw. seiner unternehmerischen Fähigkeiten Vertrauen verdient. Außerdem wird geprüft, ob sich die wirtschaftliche Situation des Kreditnehmers so darstellt, dass die Bank im Falle einer nicht vertragsmäßigen Bedienung des Kredits ihre Ansprüche durch die Verwertung von Kreditsicherheiten *(siehe dort)* befriedigen kann (materielle Kreditwürdigkeit). Von Kreditnehmern, denen Kredite von insgesamt mehr als 125 000 € gewährt werden, müssen die Kreditinstitute aufgrund der Vorschrift des Kreditwesengesetzes die wirtschaftlichen Verhältnisse, insbesondere durch Einsichtnahme in vertrauliche Unterlagen oder die Vorlage z. B. eines Jahresabschlusses, offenlegen lassen.

Kundenkarte, zum einen von Kreditinstituten herausgegebene Karten **(Bankkarten),** die es dem Kunden ermöglichen, an Geldautomaten der betreffenden Bank Bargeld abzuheben und Kontoauszüge am Kontoauszugsdrucker zu beziehen; zum anderen als Kundenkreditkarte eine besondere Form einer Kreditkarte *(siehe dort).*

Kündigung: Das Kündigungsrecht für einen Kreditvertrag bestimmt sich nach den vertraglichen Vereinbarungen zwischen Kreditgeber und Kreditnehmer oder, wenn vertraglich nichts bestimmt ist, nach den Vorschriften des Bürgerlichen Gesetzbuches (BGB). Folgende Regelungen gelten für das gesetzliche Kündigungsrecht des Kreditschuldners: Der Kreditschuldner kann Darlehen (Kredite) mit veränderlichem Zinssatz jederzeit unter Einhaltung einer Kündigungsfrist von drei Monaten kündigen. Bei Darlehen mit Festzinssatz hat der Kreditnehmer kein Kündigungsrecht für die Dauer der jeweiligen Zinsbindung. Die Höchstbindungsfrist beläuft sich auf 10 Jahre. Ein Darlehen mit zeitlich begrenzter Zinsbindung unter zehn Jahren kann zum Ablauf der Zinsbindungsfrist unter Einhaltung einer Kündigungsfrist von einem Monat gekündigt werden. Bei vorzeitiger Rückzahlung (ohne Kündigung) des Kredits während der Zinsbindungsfrist berechnen die Kreditinstitute ein Vorfälligkeitsentgelt bzw. Vorschusszinsen. Es soll den ihnen aus der vorzeitigen Darlehensrückführung entstehenden wirtschaftlichen Nachteil ausgleichen. Die Höhe

des Vorfälligkeitspreises wird im Preisaushang der kontoführenden Stelle bekannt gemacht.
Bei Spareinlagen beträgt die Kündigungsfrist, soweit zwischen Sparer und Kreditinstitut nichts anderes vereinbart ist, drei Monate. Eine längere Kündigungsfrist muss ausdrücklich vereinbart werden.

Landesbanken, regionale, meist öffentlich-rechtliche Kreditinstitute, die alle Bankgeschäfte betreiben, einschließlich der Vergabe von Hypothekar- und Kommunaldarlehen und der Ausgabe von Pfandbriefen und Kommunalobligationen. Den einzelnen Bundesländern dienen sie als Hausbanken; eine wichtige Zielsetzung ist die Förderung der Wirtschaft des jeweiligen Landes. Durch Zusammenschluss mit den Girozentralen sind sie zugleich Zentralinstitute der Sparkassen. Einige der derzeit neun Landesbanken gerieten infolge der Finanzmarktkrise in wirtschaftliche Schwierigkeiten.

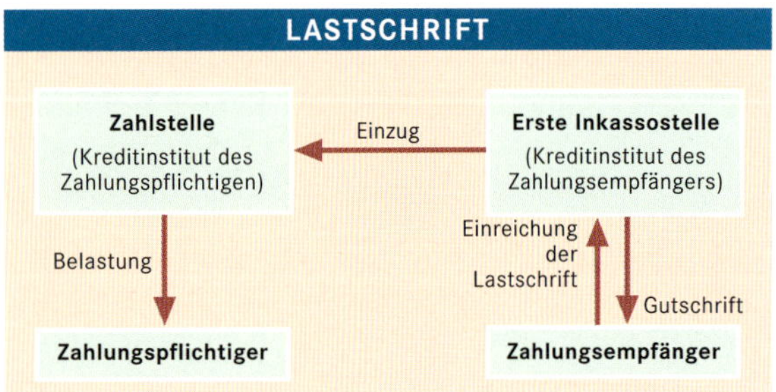

Lastschrift. Die Zahlungsabwicklung beim Lastschrifteinzug

Lastschrift, Lastschrifteinzugsverkehr: Lastschriften sind Einzugspapiere, mit denen der Zahlungsempfänger durch Vermittlung eines Kreditinstituts (erste Inkassostelle) fällige Forderungen aus dem Guthaben des Zahlungsverpflichteten bei dessen Kreditinstitut (Zahlstelle) in Höhe des aus der Lastschrift ersichtlichen Betrags aufgrund einer Abbuchungsermächtigung *(siehe dort)* oder einer Einzugsermächtigung *(siehe dort)* einzieht.
Zwischen dem Zahlungsempfänger und seiner Bank (erste Inkassostelle) wird in der Regel eine Vereinbarung getroffen, in der alle Einzelheiten (z. B. über Vordrucke, Valutierung, Rückbelastung) geregelt sind. Dem Einreicher (Zahlungsempfänger) wird der Betrag der zum Einzug eingereichten Lastschrift wie ein Scheck unter Eingang vorbehalten gutgeschrieben. Für den Zahlungsverpflichteten sind Lastschriften bei Sicht zahlbar, d. h., sein Konto wird bei Vorlage der Lastschrift belastet.

Lombardfähigkeit, Kennzeichen für besonders sichere und marktgängige Wertpapiere von Emittenten mit hohem Bonitätsgrad (mündelsichere Wertpapiere). Lombardfähige Wertpapiere sind als Pfand für einen Lombardkredit geeignet, den Kreditinstitute bei der Deutschen Bundesbank bzw. der Europäischen Zentralbank aufnehmen können. Die Zentralbank darf Kreditinstituten verzinsliche Darlehen gegen Verpfändung von Wertpapieren auf längstens drei Monate gewähren. Die Refinanzierungsmöglichkeit wird von Kreditinstituten aus Kostengründen in der Regel nur bei unvorhergesehenem Geldbedarf wahrgenommen. Gemeint sind aber auch Kredite, bei dem ein Kreditnehmer seiner Bank ein leicht verkäufliches Pfand wie Wertpapiere als Sicherheit überträgt **(Lombardgeschäft).** Zahlt der Kunde den Kredit nicht zu dem vereinbarten Termin zurück, so kann die Bank das Pfand veräußern.

Maestro-Karte, besondere Scheckkarte, die seit 2002 die EC-Karte *(siehe dort)* abgelöst hat. Mit der Maestro-Karte sind weltweit Barabhebungen an Geldautomaten möglich; außerdem ist die Karte ein sicheres bargeldloses Zahlungsmittel bei mehr als 8 Mio. Einzelhandelsunternehmen. Innerhalb Europas sind Einkäufe mit der Maestro-Karte gebührenfrei; außerhalb Europas werden Gebühren erhoben. Die typischen Funktionen der EC-Karte bleiben auch bei der Maestro-Karte erhalten.
Das Symbol für das weltweite Zahlungssystem ist ein blauer und ein roter Kreis, die sich überschneiden und das Wort Maestro in sich tragen. Wie bei der EC-Karte werden die Maestro-Karten mit den Bankkarten z. B. von Bankenorganisationen wie der VR-Bankcard der Volks- und Raiffeisenbanken oder der Sparkassencard der Sparkassen verknüpft.

Magnetstreifenkarte, Kunststoffkarte mit einem als Datenträger dienenden Streifen magnetisierbaren Materials zur Aufnahme bestimmter Kenndaten zur Vereinfachung des Zahlungsverkehrs und zur Inanspruchnahme weiterer Dienstleistungen (z. B. Maestro-Karte, Kreditkarte). Eine Weiterentwicklung ist die Chipkarte.

Mergers & Acquisitions, Abkürzung **M & A,** Bezeichnung für einen Geschäftszweig von Banken, aber auch Unternehmensberatern, die als dritte

Partei bei der Planung, praktischen Durchsetzung und Kontrolle von Unternehmenszusammenschlüssen (Mergers) und Unternehmensübernahmen (Acquisitions) tätig werden.

Monatsgelder, im weiteren Sinn die auch als Festgelder bezeichneten Termineinlagen *(siehe dort)* bei Banken mit 30 Tagen Laufzeit oder monatlicher Kündigungsfrist (Termineinlagen mit 90 Tagen Laufzeit oder dreimonatiger Kündigungsfrist heißen **Dreimonatsgelder**); im engeren Sinn Zentralbankguthaben, die auf dem Geldmarkt zwischen Banken zum Ausgleich von Schwankungen der Liquidität mit einer Frist von einem Monat gehandelt werden. Der Zinssatz für Monatsgeld liegt zwischen den Zinssätzen für Tagesgeld und Dreimonatsgeld.

Moratorium, Stundung fälliger Zahlungen durch die Gläubiger. Ein Moratorium wird vom Gläubiger eingeräumt, wenn ein Schuldner vorübergehend Zahlungsschwierigkeiten hat.

Nominalzins, auf ein Kapital bezogener Zins, z. B. 4,5% Zins von 100 € = 4,50 € Nominalzins, oder auf den Nennwert bezogener Ertrag eines Wertpapiers.

Nummernkonten, Konten, bei denen Name und Anschrift des Verfügungsberechtigten, wenn überhaupt, nur auf einer vertraulichen Liste getrennt neben dem Konto geführt werden. Um Steuerhinterziehungen zu vermeiden, sind reine Nummernkonten in Deutschland verboten. In den drei Nachbarländern Luxemburg, Liechtenstein und der Schweiz bestehen weniger strenge Vorschriften zur Kontobezeichnung und -führung.

Obligo, Verpflichtung, Haftung, Gewähr, **ohne Obligo,** unverbindlich, ohne Gewähr.

Oder-Konto, Bankkonto mehrerer Personen (Gemeinschaftskonto), bei dem jedem Kontomitinhaber ein alleiniges, uneingeschränktes Verfügungsrecht über das Gesamtguthaben zusteht, unabhängig davon, aus wessen Mitteln das Guthaben begründet wurde. Die Kontoinhaber sind gegenüber dem Kreditinstitut Gesamtschuldner.

Onlinebanking, das Electronic Banking *(siehe dort).*

Passivgeschäfte, alle der Beschaffung von Geldkapital dienenden Geschäfte der Kreditinstitute, insbesondere die Annahme fremder Gelder in Form von Sicht-, Termin- und Spareinlagen, deshalb auch die Bezeichnung **Einlagengeschäft.** Da die Einlagen für Kreditinstitute Mittelherkunft darstellen, zählen sie zu den Passivgeschäften. Sie werden auf der Passivseite der Bilanz aufgeführt (Gegenteil: Aktivgeschäfte).

Personalkredit, Personenkredit, ein Kredit, der dem Kreditnehmer nicht aufgrund besonderer Sicherheiten, sondern im Vertrauen auf seine persönliche Kreditwürdigkeit gewährt wird.

PIN, Abkürzung für **persönliche Identifikationsnummer,** persönliche Geheimzahl in Form einer mehrstelligen Zahlenkombination, die in Verbindung mit einer Magnetstreifenkarte (EC-Karte, Maestro-Karte, Kreditkarte, Kundenkarte) die Bargeldabhebung am Geldautomaten sowie den Druck von Kontoauszügen ermöglicht. Die Zahlenkombination ist nur dem Kontoinhaber bekannt und soll einen Missbrauch der Magnetstreifenkarte verhindern.
Beim Electronic Banking benötigt der Bankkunde zum Onlinezugang seiner Bank eine PIN bzw. zusätzlich für jede Transaktion (z. B. Überweisung) eine Transaktionsnummer *(siehe dort).*

Plastikgeld, umgangssprachliche Bezeichnung für dem elektronischen Zahlungsverkehr dienende Magnetstreifen- oder Chipkarten.

Portfoliomanagement, die Vermögensverwaltung *(siehe dort).*

POS-Systeme, POS-Banking, elektronische Zahlungssysteme v. a. im Groß- und Einzelhandel, bei denen Kunden mithilfe von Plastikkarten (EC-, Kunden- oder Kreditkarten) am Verkaufsort, dem **P**oint **o**f **S**ale, bezahlen können. Ausgangspunkt ist ein Datenerfassungsgerät (POS-Terminal) im Kassenbereich. Dieses diente zunächst zur Erfassung der ausgehenden Waren und der Veränderung der Lagerbestände im Rahmen von Warenwirtschaftssystemen, wurde dann aber um die elektronische Abwicklung bargeldloser Zahlungen erweitert.
Das von der Kreditwirtschaft 1990 eingeführte System Electronic Cash *(siehe dort)* ist ein Onlinesystem, bei dem sich der Kunde unter Verwendung einer EC-, Maestro- oder Kundenkarte durch Eingabe seiner persönlichen Identifikationsnummer (PIN) gegenüber dem System legitimiert und den Rechnungsbetrag bestätigt. Aufgrund der Online-

prüfung und der Zahlungsgarantie ist dieses System für den Händler relativ teuer.
Als alternatives System wurde daher das **elektronische Lastschriftverfahren** (ELV) mittels EC-Karte und Prüfung der Unterschrift entwickelt, bei dem jedoch keine Echtheits- oder Zahlungsprüfung sowie keine Zahlungsgarantie erfolgt. Die Händler sparen damit zwar Kosten, übernehmen aber das Zahlungsrisiko.
Als weiteres Offlinesystem wurde 1993 das **POZ-System** (POS ohne Zahlungsgarantie) eingeführt. Hier zahlt der Kunde ebenfalls mit EC-, Maestro- oder Kundenkarte und per Unterschrift. Bei Überschreitung eines bestimmten Betrages erfolgt lediglich eine Sperrdateiabfrage (keine Zahlungsprüfung). Mangels Zahlungsgarantie des Kreditgewerbes trägt auch hier der Händler das volle Risiko.

Prolongation, die Verlängerung der Laufzeit eines Wechsels durch Ausstellung eines neuen Wechsels.

Protest, im Wechselrecht die öffentliche Urkunde, dass der Wechsel zur rechten Zeit am rechten Ort erfolglos zur Annahme oder zur Zahlung vorgelegt wurde. Eine amtliche Beurkundung durch einen Notar, Gerichtsvollzieher oder Postbediensteten ist notwendig. Sie schafft die Voraussetzung für den Rückgriff (Inanspruchnahme eines Dritten) gegen die Wechselverpflichteten.

querschreiben, einen Wechsel akzeptieren.

Raiffeisenbanken, die nach dem Begründer der landwirtschaftlichen Genossenschaften FRIEDRICH WILHELM RAIFFEISEN (* 1818, † 1888) benannten Genossenschaftsbanken *(siehe dort).*

Ratenkredite, Teilzahlungskredite, Kredite, die private Haushalte zur Beschaffung von Konsumgütern aufnehmen. Sie werden in festen monatlichen Teilbeträgen, **Raten,** zurückgezahlt. Es sind meistens mittel- oder langfristige Kredite. Sie heißen auch Konsum- oder Konsumentenkredite bzw. Verbraucherkredite. Die Kreditkosten des Ratenkredits werden in der Regel zu Beginn der Laufzeit kapitalisiert, d.h., sie erhöhen die Darlehenssumme des Kreditnehmers.

Realkredit, Sachkredit, Kredit, der gegen Verpfändung realer Vermögenswerte gewährt wird; meist ein langfristiger Kredit, der durch Eintragung eines Grundpfandrechts *(siehe dort)* im Rahmen der Beleihungsgrenze (60 % bis 80 %) gesichert ist. Realkredit im engeren Sinne ist ein Immobilienkredit, d. h. ein durch Grundschulden oder Hypotheken auf Grundstücke und Gebäude gesicherter langfristiger Kredit (Gegenteil: Personalkredit).

Realkreditinstitut, eine Spezialbank *(siehe dort).*

Realzins, Differenz in Prozent pro Jahr zwischen der Rendite einer Kapitalanlage und der durchschnittlichen Inflationsrate während der Laufzeit der Anlage. Ist z. B. der nominale Zinssatz eines festverzinslichen Wertpapiers 8 % und die Inflationsrate 2 %, beträgt der Realzins 6 %.

Rediskontierung, Weiterveräußerung von bereits diskontierten Wechseln an die Zentralbank (z. B. Deutsche Bundesbank), wenn die Restlaufzeit der Wechsel maximal 90 Tage beträgt. Durch den Wechselankauf gewährt die Zentralbank für die Zeit vom Ankauf bis zur Fälligkeit des Wechsels der Bank einen kurzfristigen Kredit (Wechseldiskontkredit). Bei Fälligkeit legen die Geschäfts- oder die Zentralbank den Wechsel dem Bezogenen vor, der den Wechseldiskontkredit zurückzahlt, indem er seine im Wechsel dokumentierte Schuld begleicht.

Referenzzinssatz, Orientierungsgröße bei der Festlegung von Zinssätzen für Finanzgeschäfte an internationalen Finanzmärkten (z. B. Euribor).

Refinanzierung, Fremdkapitalbeschaffung der Kreditinstitute für die Kreditgewährung, hauptsächlich durch Einlagen wie z. B. Sicht-, Termin- und Spareinlagen *(siehe dort).*
Kreditinstitute können sich auch Zentralbankgeld, d. h. liquide Mittel, direkt bei der Zentralbank im Rahmen der Refinanzierungspolitik (*siehe* Kapitel 4) beschaffen.

Regionalbank: Im Gegensatz zu den Großbanken erstreckt sich das Filialnetz der überwiegend in der Rechtsform der Aktiengesellschaft betriebenen Regionalbanken auf einen bestimmten geografischen Raum.

Regress, Rückgriff, allgemein die Inanspruchnahme eines Dritten wegen einer bestimmten Forderung. Rückgriff nimmt z. B. der aus Schadensersatz in Anspruch Genommene gegenüber einem Dritten, der den Schaden verursacht hat. Rückgriff hat der in Anspruch genommene Bürge gegenüber dem Hauptschuldner. Bei Schecks und Wechseln bedeutet Regress die Geltendmachung von Ansprüchen gegen Vorinhaber, wenn der Bezogene nicht leistet.

Reisescheck, Travellerscheck, bargeldloses Zahlungsmittel im internationalen Reiseverkehr in Form von Schecks (Orderschecks) oder scheckähnlichen Urkunden. Die Kreditinstitute geben keine eigenen Reiseschecks aus, sondern verkaufen kommissionsweise fremde Reiseschecks.
Sie werden im In- und Ausland von Kreditinstituten eingelöst und z. B. von Hotels, Restaurants oder Reisebüros in Zahlung genommen.
Im Allgemeinen sind Reiseschecks unbegrenzt gültig. Eine Legitimationsprüfung anhand eines amtlichen Lichtbildausweises wird in Deutschland nicht vorgenommen, kann jedoch im Ausland verlangt werden. Geprüft wird lediglich die Übereinstimmung der bei Scheckeinlösung zu leistenden Unterschrift mit der bereits auf dem Reisescheck vorhandenen Erstzeichnung. Bei Verlust wird der Schaden unter bestimmten Voraussetzungen (z. B. Vorlage der Kaufabrechnung und des Polizeiprotokolls) bis zu bestimmten Höchstgrenzen (z. B. 2 500 US-$ oder Gegenwert) ersetzt.

Remittent, Wechselnehmer, Inhaber des Wechsels, an den der Wechselbetrag zum angegebenen Zeitpunkt zu zahlen ist.

Rendite, Rentabilität, der Ertrag einer Geld- und Vermögensanlage als Verhältnis des jährlichen Ertrags bezogen auf den Kapitaleinsatz. Sie gibt den Gesamterfolg einer Kapitalanlage, gemessen als tatsächliche Verzinsung des eingesetzten Kapitals, wieder. Rendite kann sich beziehen auf den Zinsertrag einer Spareinlage, die laufende Verzinsung eines festverzinslichen Wertpapiers, den Ertrag einer Aktienanlage (Dividendenrendite). Je nachdem, ob auch Kosten, die mit der Kapitalanlage verbunden sind, berücksichtigt werden, wird zwischen Brutto- und Nettorendite unterschieden.
Im Unterschied zur Nominalverzinsung bezeichnet die **Effektivverzinsung** die Rendite einer Kapitalanlage (Wertpapier oder Forderung) unter Berücksichtigung aller preisbestimmenden Faktoren (Zins-

RENDITE

$$\text{Zinsertrag} = \frac{\text{Einlage x Jahreszinssatz in \% x Laufzeit in Jahren}}{100}$$

$$\text{Zinsertrag} = \frac{\text{Einlage x Jahreszinssatz in \% x Laufzeit in Tagen}}{100 \text{ x } 360}$$

Beispiel:
Frau S. legt 2 000 € für 3 Monate zu 4 % an. Wie groß ist der Ertrag ihrer Anlage?

$$\text{Zinsertrag} = \frac{2000 \text{ x } 4 \text{ } (3 \text{ x } 30)}{100 \text{ x } 360} = 20 \text{ €}$$

$$\text{Zinsertrag} = \frac{\text{Nennwert der Anleihe x Jahreszinssatz in \%}}{100}$$

Beispiel:
Herr T. hat eine Anleihe im Nennwert von 1000 € mit einem Zinssatz von 4,5 % erworben. Wie hoch ist der Zinsertrag?

$$\text{Zinsertrag pro Jahr} = \frac{1000 \text{ x } 4{,}5}{100} = 45 \text{ €}$$

$$\text{Rendite (laufende Verzinsung)} = \frac{\text{Nominalzinssatz in \%}}{\text{Kurs der Anleihe}} \text{ x } 100$$

Beispiel:
Die von 2000 bis 2004 laufende, zu 6,25 % verzinste Anleihe weise einen Kurs von 104 auf.

$$\text{Die einfache Rendite beträgt } \frac{6{,}25}{104} \text{ x } 100 = 6{,}01\,\%$$

$$\text{Rendite auf Verfall} = \frac{\text{Zinssatz} + \left(\frac{\text{Rückzahlungskurs – Tageskurs*}}{\text{Restlaufzeit in Jahren}}\right)}{\frac{\text{Tageskurs + Rückzahlungskurs}}{2}} \text{ x } 100$$

* Statt Tageskurs kann auch der Kaufkurs eingesetzt werden.

Beispiel:
Die von 1998 bis 2002 laufende 6,25%- Anleihe des Bundes hatte am 31. Dezember 2000 einen Kurs von 101,75. Die Restlaufzeit bis zur Fälligkeit am 30. Juni 2002 berträgt 1,5 Jahre.

$$\text{Rendite auf Verfall} = \frac{6{,}25 + \frac{100 - 101{,}75}{1{,}5}}{\frac{101{,}75 + 100}{2}} \text{ x } 100 = 5{,}0\,\%$$

Rendite. Formeln für die Berechnung von Renditen von Spareinlagen und festverzinslichen Wertpapieren

ertrag, An- und Verkaufskurs, Nebenkosten, Zinstermine, Laufzeit und Tilgungsmodalitäten). Für den Schuldner von Krediten ist die Effektivverzinsung das tatsächliche Entgelt für die Inanspruchnahme des Kredits in Form der Gesamtbelastung pro Jahr in Prozent des Kreditbetrages unter Berücksichtigung von Nominalzins, Auszahlungskurs (Disagio), Laufzeit (Festschreibungszeit), Tilgungs- und Zinszahlungsterminen sowie Praxis der Wertstellung von Zins- und Tilgungszahlungen, Bearbeitungsgebühren und Provisionen.

Scheck, eine Anweisung an ein Kreditinstitut, für Rechnung des Ausstellers eine bestimmte Geldsumme zu zahlen. Er wird vom Zahlungspflichtigen ausgestellt und dem Empfänger übergeben. Der Empfänger seinerseits gibt den Scheck nur selten als Zahlungsmittel weiter, sondern legt ihn selbst oder über seine Bank dem Kreditinstitut des Zahlungspflichtigen vor. Der **Barscheck** wird vom Kreditinstitut auf Wunsch in Bargeld eingelöst, während der **Verrechnungsscheck** dem Konto des Einreichenden gutgeschrieben wird. Verrechnungsschecks entstehen durch den Vermerk ›nur zur Verrechnung‹ auf der Vorderseite des Schecks. Die Vorlegungsfrist für Schecks beträgt im Inland 8 Tage (Ausland 20 Tage), beginnend mit dem Tage, der im Scheck als Ausstellungstag angegeben ist. Ein Widerruf des Schecks ist erst nach Ablauf der Vorlegungsfrist wirksam.

Eine Scheckurkunde muss bestimmte, im **Scheckgesetz** vorgeschriebene Angaben enthalten: 1) die Bezeichnung Scheck im Text der Urkunde; 2) die unbedingte Anweisung, eine betrags- und währungsmäßig bestimmte Geldsumme zu zahlen; 3) den Namen dessen, der bezahlen soll (dieser Bezogene ist nicht etwa der Aussteller, sondern das Kreditinstitut, auf das der Scheck gezogen wurde); 4) die Angabe des Zahlungsortes (fehlt die Ortsangabe, ist der Scheck keineswegs ungültig); 5) Datum und Ort der Ausstellung des Schecks; 6) die handschriftliche Unterschrift des Ausstellers.

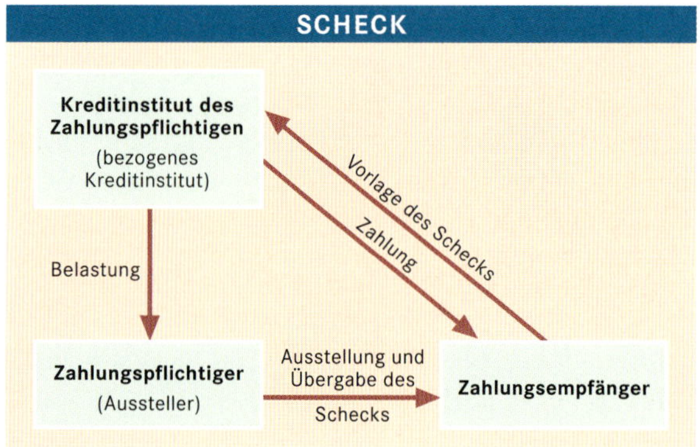

Scheck. Zahlungsabwicklung bei einem Barscheck

Beim **Inhaberscheck** wird keine bestimmte Person als Empfänger bezeichnet oder bei Nennung der Zusatz ›oder Überbringer‹ beigefügt. Beim **Namensscheck** wird eine bestimmte Person oder Überbringerklausel genannt.

Scheckkarte, von der kontoführenden Bank ausgestellte Ausweiskarte, meist gleichbedeutend mit der EC-Karte *(siehe dort)* oder deren Nachfolgerin, der Maestro-Karte *(siehe dort)*.

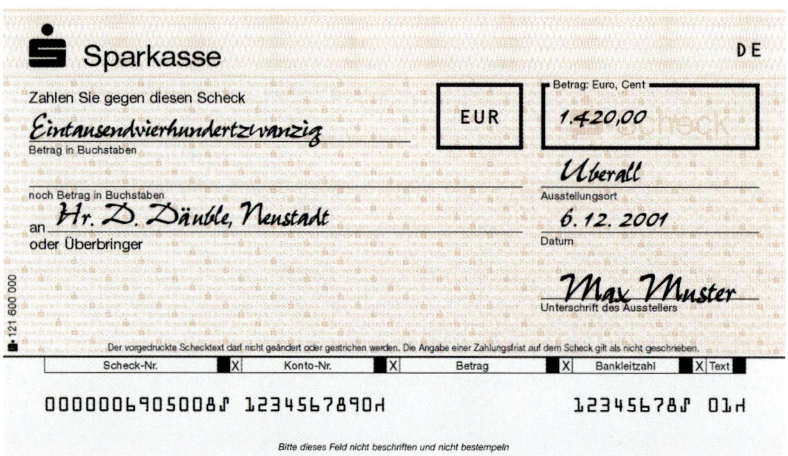

Scheck.
Der Vordruck eines Verrechnungsschecks

Schließfach, Schrankfach in einem Stahlschrank oder einem Tresorraum eines Kreditinstituts, das an den Kunden zur Aufbewahrung von Wertgegenständen und Dokumenten vermietet wird. Zutritt zum Schließfach haben nur der Mieter oder sein Vertreter. Sie müssen sich vor Zutritt ausweisen. Zwischen dem Kreditinstitut und dem Mieter des Schließfaches kommt ein Mietvertrag zustande.

Schufa, Abkürzung für **Schu**tzgemeinschaft **f**ür **a**llgemeine Kreditsicherung e. V., eine auf Gegenseitigkeit arbeitende Gemeinschaftseinrichtung der Kreditinstitute und der Kredit gebenden gewerblichen Wirtschaft mit dem Ziel, durch Auskunftserteilung eine Verringerung des Risikos bei Kreditgewährungen zu erreichen. Die Mitglieder der Schufa verpflichten sich im Rahmen der gesetzlichen Vorschriften zur Mitteilung an die Schufa über Kreditherausgaben und Kreditablehnungen. Die Schufa gibt an ihre Mitglieder ihr vorliegende Informationen weiter über aktuelle und zurückliegende Kreditgewährungen, Kreditablehnungen, Kreditabwicklungen einschließlich damit verbundener gerichtlicher Verfahren.

Schufa-Klausel, Einwilligungserklärung, mit der der Kunde der Übermittlung von Daten an die Schufa zustimmt. Sie enthält 1) die ausdrückliche Einwilligung des Kunden, dass das Kreditinstitut Daten über die Beratung, die Aufnahme und die vertragsgemäße Abwicklung der Geschäftsbeziehungen an die Schufa weitergibt; 2) die Information an den Kunden, dass das Kreditinstitut nicht vertragsgemäßes Verhalten und gerichtliche Vollstreckungsmaßnahmen an die Schufa meldet und 3) die Befreiung des Kreditinstituts vom Bankgeheimnis, soweit Übermittlungen von Positiv- oder Negativmerkmalen erfolgen können.

Schuldendienst, die Zins- und Tilgungszahlungen eines Schuldners für seine Verbindlichkeiten.

Selbstauskunft: Jeder kann gegen eine geringe Gebühr bei der zuständigen Schufa-Organisation in Erfahrung bringen, welche Informationen über ihn gespeichert sind.

Sicherheiten, die Kreditsicherheiten *(siehe dort).*

Sicherungsübereignung, die Übereignung von beweglichen Sachen durch den Kreditnehmer an den Gläubiger (z. B. Kreditinstitut) zur Sicherung einer Forderung. Die übereigneten Gegenstände verbleiben im Besitz des Kreditnehmers, z. B. ein Pkw. Aus Sicherheitsgründen verlangt das Kreditinstitut die Übergabe des Kraftfahrzeugbriefes, solange der Kredit noch nicht abbezahlt ist.

Sichteinlagen, aus Sicht des Bankkunden Guthaben auf Kontokorrent- und Girokonten. Sie sind täglich fällig. Die Einleger können ohne vorherige Kündigung jederzeit über ihre Guthaben verfügen. Sichteinlagen werden zur Abwicklung des Zahlungsverkehrs (Überweisung, Lastschrift) und aus Sicherheitsgründen (Verlust, Diebstahl) gehalten. Banken verwenden Sichteinlagen zur Finanzierung ihres Kreditgeschäftes. Aus ihrer Sicht sind es Verbindlichkeiten gegenüber den Kunden.

Sichtwechsel, Wechsel, der vom Bezogenen eingelöst werden muss, sobald er vorgelegt wird. Dieser Wechsel trägt also kein feststehendes Verfallsdatum, sondern etwa den Text: ›Zahlen Sie gegen diesen Wechsel bei Sicht.‹ Für den Bezogenen ist hier von Nachteil, dass er stets (innerhalb eines Jahres nach Ausstellung) mit der Vorlage des Wechsels rechnen muss. Günstiger ist für den Bezogenen, aus einem Nachsichtwechsel verpflichtet zu sein, der eine bestimmte Zeit nach der Vorlage (z. B. 14 Tage nach Sicht) zu bezahlen ist.

Skimming, das illegale Ausspähen von Daten auf Kredit-, Bank- oder EC-Karten meist an Geldautomaten. Die Daten werden auf gefälschte Karten kopiert und mit diesen wird an Geldautomaten Geld abgehoben.

Solawechsel, eigener Wechsel, in dem sich der Aussteller selbst zur Zahlung verpflichtet; ein unbedingtes und abstraktes Zahlungsversprechen. Aussteller und Bezogener sind bei diesem Wechsel identisch. Im Firmenkundengeschäft beispielsweise werden von Bankkunden eingegangene Zahlungsverpflichtungen häufig durch Solawechsel als zusätzliche Sicherheiten geleistet. Die Banken bringen diese Wechsel üblicherweise nicht in Umlauf.

Sollzinsen, Zinsen, die vom Kreditnehmer an die Bank zu zahlen sind, z. B. Zinsen für Kontokorrent-, Konsumenten-, Wohnungsbau- oder Hypothekarkredite (Gegenteil: Habenzinsen).

Sondertilgung: Der Kreditnehmer kann nach vorheriger Absprache mit seinem Kreditinstitut ein Sondertilgungsrecht vereinbaren, das ihm das

Recht einräumt, eine beliebig hohe Rückzahlungsrate außerplanmäßig zu tilgen.

Sorten: Kreditinstitute halten für den Reisezahlungsverkehr Sorten (ausländische Münzen und Banknoten) zum Verkauf bereit. Sie kaufen zu Geldkursen (Ankaufspreis) und verkaufen zu (höheren) Briefkursen (Verkaufspreis).

Sparbrief, mittelfristiges Wertpapier (zumeist 4 bis 7 Jahre Laufzeit) mit festem, jährlich steigendem oder variablem Zinssatz, das Banken seit Mitte der 1960er-Jahre ihren Kunden i. d. R. als Namensschuldverschreibung (Rektapapier) zur Geldanlage anbieten. Der Nennbetrag ist meist gering. Die Zinsen werden entweder vorab durch einen unter dem Nennbetrag liegenden Kaufpreis berücksichtigt (Abzinsungspapier) oder regelmäßig bzw. am Ende der Laufzeit einschließlich Zinseszinsen (Aufzinsungspapier) ausgezahlt.
Die Verzinsung ist meist höher als bei den vergleichbaren Spareinlagen, da Sparbriefe vor Ende der vereinbarten Laufzeit nicht oder (im Regelfall) nur unter erschwerten Bedingungen zurückgezahlt und nicht an der Börse gehandelt werden. Im Vergleich zu festverzinslichen Wertpapieren ist die Verzinsung eher gering, dafür fallen jedoch keine Transaktions- oder Depotgebühren an.

Sparbuch, Urkunde, die von einem Kreditinstitut über eine Spareinlage auf den Namen des Kontoinhabers ausgestellt wird. In dem Sparbuch werden übereinstimmend mit dem Sparkonto alle Ein- und Auszahlungen, Zinsgutschriften usw. eingetragen und quittiert. Für Einzahlung und Auszahlung ist grundsätzlich die Vorlage des Sparbuchs erforderlich. Das Abhandenkommen oder die Vernichtung ist dem Kreditinstitut unverzüglich anzuzeigen, denn aufgrund der Anzeige wird das Sparguthaben gesperrt. Heute werden Geschäftsvorfälle statt in gebundenen Sparbüchern auf Sparkontoauszügen (Loseblatt-Sparbücher) oder auf einer Chipkarte dokumentiert (Sparcard).

Spareckzins, Eckzins, Zinssatz für Spareinlagen mit ›normaler‹ Kündigungsfrist (drei Monate), an dem sich die Zinssätze für Spareinlagen mit besonders vereinbarter Kündigungsfrist oder Einlagen mit vereinbarter Laufzeit orientieren (Leitzins).

Spareinlagen, Guthaben auf Sparkonten. Es sind eingelegte Spargelder, die unbefristet angenommen werden und die dem Kreditinstitut auf unbestimmte Dauer zur Verfügung stehen. Als Spareinlagen dürfen nur Geldeinlagen angenommen werden, die der Ansammlung und Anlage von Vermögen dienen und nicht für den laufenden Geschäftsbetrieb oder den Zahlungsverkehr bestimmt sind.

Sparförderung: Eine staatliche Sparförderung erfolgt in ihrer ältesten Form als Sonderausgabenabzug bei der Einkommensteuer, z. B. für Lebensversicherungsprämien, und durch den Sparerfreibetrag (*siehe* Kapitel 5). Daneben beschränkt sich die staatliche Sparförderung heute auf die vermögenswirksamen Leistungen (*siehe* Kapitel 8).

Sparformen: Formen des Geldsparens sind hauptsächlich das Sparbuch-Sparen, das Bausparen, die Lebensversicherung (als Kapital- oder Rentenversicherung), der Kauf von festverzinslichen Wertpapieren und Sparbriefen. Sparen ermöglicht

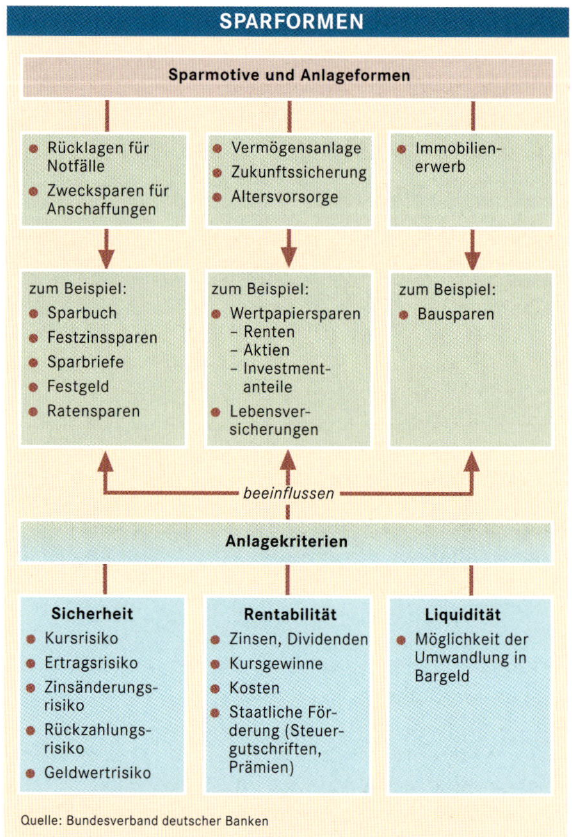

Sparformen. Sparmotive und Anlageformen

Vorsorge für das Alter, für die Ausbildung der Kinder und für unvorhergesehene Notfälle. Aber auch für die Ansammlung größerer Anschaffungen sowie für Reisen und Urlaub dient das Sparen.
Der **Sparplan** ist ein Sparvertrag mit einmaliger oder laufender Einzahlung **(Ratensparen)** und eine Kombination verschiedener Sparformen, z. B. Konten- und Investmentsparen. Sparpläne können auf die individuellen Wünsche und Sparziele des Kunden hinsichtlich Laufzeit, Rendite, Sicherheit, Verfügbarkeit, Anlageschwerpunkt abgestimmt werden. Erträge werden meist wieder angelegt.

Sparkassen, Kreditinstitute, die als Anstalten des öffentlichen Rechts geführt werden. Ihre Träger sind Gemeinden, Landkreise und Zweckverbände, deshalb auch die Bezeichnungen Stadt-, Kreis- oder Bezirkssparkasse. Für ihre Verbindlichkeiten haften das jeweilige Bundesland und die Sparkassen bzw. die Regionalverbände (Gewährträger). Organisation und Geschäfte der Sparkassen werden im Rahmen der Sparkassengesetze der Länder durch Satzung geregelt. Die Sparkassen unterliegen neben der Bankenaufsicht noch einer besonderen Sparkassenaufsicht.
Sparkassen entstanden im ausgehenden 18. Jahrhundert; ihre Aufgabe bestand darin, den unteren Bevölkerungsschichten für ihre bescheidenen Ersparnisse sichere Anlagemöglichkeiten anzubieten und über Notzeiten mit preiswerten Krediten hinwegzuhelfen. Die Sparkassen von heute haben sich zu Universalbanken *(siehe dort)* weiterentwickelt und betreiben alle Bankgeschäfte. Ende 2008 gab es in Deutschland 438 Sparkassen. Die Sparkassen gehören den regionalen Sparkassen- und Giroverbänden an, deren Spitzenorganisation der Deutsche Sparkassen- und Giroverband *(siehe dort)* ist.

Sperrkonto, Bankkonto, das die Verfügungsrechte des Inhabers einschränkt. Der Kontoinhaber kann nur gemeinsam mit einem Dritten, zu dessen Gunsten die Sperre erfolgt ist, Geld abheben.

Spezialbanken: Spezialkreditinstitute betreiben nur ein eingeschränktes Bankgeschäft und sind auf bestimmte Bankleistungen spezialisiert. **Realkreditinstitute** sind auf die langfristige Finanzierung des Wohnungsbaus und des gewerblichen Baus sowie auf die Darlehensvergabe an die öffentliche Hand spezialisiert. **Bürgschaftsbanken** stellen Ausfallbürgschaften und Garantien für private und gewerbliche Kreditnehmer, die bei einer Bank Kredite für Vorhaben mit hohem Ertragspotenzial aufnehmen wollen, ohne über ausreichende bankübliche Kreditsicherheiten zu verfügen. **Wertpapiersammelbanken** obliegt die technische Abwicklung des Effektengiroverkehrs und in ihrer Funktion als Depotbanken die Sammelverwahrung von Wertpapieren. Unternehmenszweck der privaten und öffentlich-rechtlichen **Bausparkassen** ist, Einlagen entgegenzunehmen und aus dem angesammelten Kapital Darlehen für im Gesetz über Bausparkassen definierte wohnungswirtschaftliche Maßnahmen zu gewähren. Zu den Spezialbanken zählen auch die Investmentgesellschaften (*siehe* Kapitel 11).

Swapgeschäfte, besondere Form des Devisenaustauschgeschäfts, bei dem ein Partner einem anderen sofort Devisen zur Verfügung stellt (Kassageschäft) und gleichzeitig der Rückkauf zu festem Termin und Kurs vereinbart wird (Termingeschäft). Der gegenseitige Austausch zweier Währungen für einen bestimmten Zeitraum wird durch das Swapgeschäft vor Verlusten geschützt, die etwa durch Kursschwankungen oder Ab- bzw. Aufwertungen eintreten könnten. Da zu einem bestimmten Zeitpunkt die Kurse für zukünftig, z. B. in drei Monaten, zur Verfügung stehende Devisen (Terminkurse) in der Regel vom Tageskurs abweichen, hat der Kursunterschied einen großen Einfluss auf die Devisengeschäfte.
Wenn ein Kunde einen bestimmten Betrag in Fremdwährung anlegen möchte, ohne ein Währungsrisiko einzugehen, kauft er die Devisen bei seiner Bank zunächst an der Kasse. Zugleich verkauft er die Devisen seiner Bank jedoch wieder, und zwar zum Fälligkeitstag der Währungsanlage mit dem Ziel, Kursschwankungen kalkulierbar zu machen.
Der **Swapsatz** ist die Differenz zwischen dem Termin- und Kassakurs einer Währung. Währungen mit positiver Differenz (Terminkurs minus Kassakurs) weisen einen Report, solche mit negativer Differenz einen Deport auf.

SWIFT, Abkürzung für **S**ociety for **W**orldwide **I**nterbank **F**inancial **T**elecommunication, Organisation zur Abwicklung des beleglosen internationalen Zahlungsverkehrs, des Devisen- und Wertpapierhandels; 1973 von europäischen und amerikanischen Banken mit Sitz in Brüssel gegründet.

Tafelgeschäft, Schaltergeschäft, Over-the-Counter-Geschäft, Geschäft, bei dem ein Kreditinstitut am Bankschalter Wertpapiere z.B. aus Eigenbeständen Zug um Zug gegen Barzahlung des Kaufpreises verkauft oder kauft. Bei Tafelgeschäften muss eine Legitimationsprüfung durchgeführt werden. Name, Geburtsdatum und Anschrift des Kunden werden aber nur in besonderen Fällen festgehalten, z.B. bei Beträgen von 10 000 € und mehr aufgrund der Anzeigepflicht gemäß Geldwäschegesetz. Beim Tafelgeschäft wird keine Buchung über Konten und/oder Depots der Kunden vorgenommen.

Tagesgeld, Kapitalanlage, bei der ein Betrag auf unbestimmte Zeit und mit täglicher Fälligkeit und Verfügbarkeit angelegt wird. Das Tagesgeldkonto ist daher eine Form des Girokontos mit Guthabenverzinsung. Die Zinsen hängen von der Höhe der Geldeinlage und dem allgemeinen Zinsniveau auf dem Geldmarkt ab.

Teilzahlungskredit, der Ratenkredit *(siehe dort).*

Telefonbanking, Form des Homebankings *(siehe dort).*

Termineinlagen, Termingelder, nicht dem Zahlungsverkehr dienende befristete Einlagen bei Banken mit vereinbarter Kündigungsfrist. Hierbei wird unterschieden zwischen Festgeldern und Kündigungsgeldern. **Festgelder** haben eine im Voraus vereinbarte Laufzeit von einem Tag **(täglich fälliges Geld),** 30 Tagen **(Monatsgeld)** oder 90 Tagen **(Dreimonatsgeld).** Dagegen haben **Kündigungsgelder** eine vereinbarte Kündigungsfrist. Sie sind bis zu ihrer Kündigung unbefristet; nach erfolgter Kündigung haben sie den Charakter von Festgeldern (z.B. Fälligkeit 30 Tage nach Kündigung).
Bei Termineinlagen verzichten die Einleger für eine bestimmte Zeit auf ihr Verfügungsrecht, um einen höheren Zins als bei Sichteinlagen zu erhalten. Der Zinssatz hängt von der Höhe der Einlage und von der vereinbarten Laufzeit bzw. Kündigungsfrist ab. Kunden legen solche Geldbeträge als Termineinlagen an, die für größere Zahlungsverpflichtungen (z.B. Steuerzahlungen) zu bestimmten Terminen bereitstehen müssen, für die kurzfristig keine Verwendung besteht oder für die günstigere Anlagemöglichkeiten an der Börse abgewartet werden sollen.

Tilgung, die Rückzahlung einer Geldschuld (Verbindlichkeit) entweder in einem einzigen Betrag (nach Ablauf der vertragsmäßig vorgesehenen Frist bzw. Laufzeit oder nach Kündigung) oder in Teilbeträgen. Eine langfristige Tilgung heißt Amortisation. Die Teilbeträge **(Tilgungsraten)** sind meist in einem **Tilgungsplan** festgelegt, wobei die Raten meist als Prozentsatz der Geldschuld (z.B. Darlehenssumme) angegeben **(Tilgungssatz)** und dann in meist jährlich oder vierteljährlich zu zahlende Geldbeträge umgerechnet werden. Die regelmäßigen Tilgungs- und Zinszahlungen ergeben den Schuldendienst.
Standardmäßig ist eine Baufinanzierung mit mindestens 1 % Tilgungsbeitrag zu versehen. Darüber hinaus kann jedoch auch eine höhere Tilgung oder eine Tilgungsaussetzung vereinbart werden. Bei einer Tilgung von 1 % pro Jahr ergibt sich eine Darlehenslaufzeit von rund 30 Jahren, bei 2 % Tilgung von rund 20 Jahren. Unter **Tilgungsaussetzung** versteht man die Bereitschaft der Bank, die vereinbarte Tilgung gegen Abtretung der Ansprüche aus Bausparverträgen oder einer Kapitallebensversicherung auszusetzen. Für die Dauer der Tilgungsaussetzung erhält die Bank nur die vereinbarten Zinsen.

Transaktionsnummer, Abkürzung **TAN:** Beim Onlinebanking benötigt der Teilnehmer für jeden elektronischen Zahlungsvorgang, z.B. Überweisung oder Wertpapierkauf, einen Verschlüsselungscode (digitaler Schlüssel). Für jede Transaktion muss der Bankkunde eine TAN-Nummer eingeben, die er von seinem Kreditinstitut vorher bekommen hat, um den Vorgang zu legitimieren.

Tratte, gezogener Wechsel, der vom Bezogenen (Trassat) noch nicht akzeptiert bzw. angenommen worden ist.

Travellerscheck, der Reisescheck *(siehe dort).*

Treuhänder, Personen wie Notare, Rechtsanwälte und Wirtschaftsprüfer, denen ein bestimmtes Recht an einer Sache zur Verwaltung übertragen wurde, in eigenem Namen zu handeln, aber im Interesse des Auftraggebers. Treuhänder richten z.B. Treuhandkonten ein, um bestimmte Geschäfte wie einen Grundstückskauf abzuwickeln.

Überbringerklausel, Zusatz auf einem Scheck, nur an eine bestimmte Person zu zahlen.

Überbrückungskredit, kurzfristige Kreditaufnahme. Er dient der Zwischenfinanzierung von langfristigen Darlehen für Investitionen und Bauvorhaben, die noch nicht zur Verfügung stehen.

Überweisung, die buchungsmäßige Übertragung einer Geldsumme vom Konto des Zahlungspflichtigen auf das Konto des Zahlungsempfängers. Grundlage der Überweisung ist nach §§676a ff. BGB der Überweisungsvertrag. Durch den Überweisungsvertrag wird die überweisende Bank gegenüber demjenigen, der die Überweisung veranlasst (Überweisender), verpflichtet, dem Begünstigten einen bestimmten Geldbetrag zur Verfügung zu stellen. Das Kreditinstitut ist verpflichtet, den Überweisungsbetrag rechtzeitig zu übermitteln. Ausführungsfristen sind bei bankinternen Überweisungen höchstens zwei, bei Inlandsüberweisungen drei, bei Auslandsüberweisungen innerhalb des Europäischen Wirtschaftsraums fünf Bankgeschäftstage. Bei verspäteten Überweisungen ist die Bank verzinsungs- und schadenersatzpflichtig. Der Bankkunde muss über die Dauer, die Kosten und sonstigen Entgelte für die Überweisung informiert werden. Für die Überweisung werden im gesamten Kreditgewerbe einheitliche Überweisungsvordrucke verwendet. Daueüberweisungen werden von Kreditinstituten aufgrund eines einmalig erteilten Dauerauftrags *(siehe dort)* ausgeführt.

Überziehungskredit, von einer Bank formlos ohne besondere Sicherheiten eingeräumter Kredit für gelegentliche Inanspruchnahme. Die Bank lässt entweder die Überziehung eines Kontokorrentkontos (der Überziehungskredit ist insofern ein Kontokorrentkredit) oder eines vereinbarten Kreditbetrags zu oder vereinbart den Kredit widerruflich mündlich bzw. schriftlich.
Der Überziehungskredit wird zwar kurzfristig gewährt, kann aber durch kontinuierliche Prolongation zu einem mittel- bis langfristigen Kredit werden. Die Bank berechnet meist neben den Sollzinsen besondere **Überziehungszinsen** und eine Überziehungsprovision.

Umschuldung, Umwandlung kurzfristiger Kredite durch Verlängerung der Laufzeit in langfristige. Im weiteren Sinne auch Umwandlung von Fremdkapital in Eigenkapital. So kann z. B. eine AG neue Aktien ausgeben und deren Erlös zur Schuldentilgung verwenden.

Und-Konto, gemeinsames Konto mehrerer Personen (Gemeinschaftskonto), bei dem die Mit-Kontoinhaber nur gemeinsam über das Konto verfügen können im Unterschied zum Oder-Konto *(siehe dort).* Diese Kontoart wird häufig für Sperrkonten verwendet. Die am Und-Konto Beteiligten haften grundsätzlich nur für gemeinschaftliche Verpflichtungen.

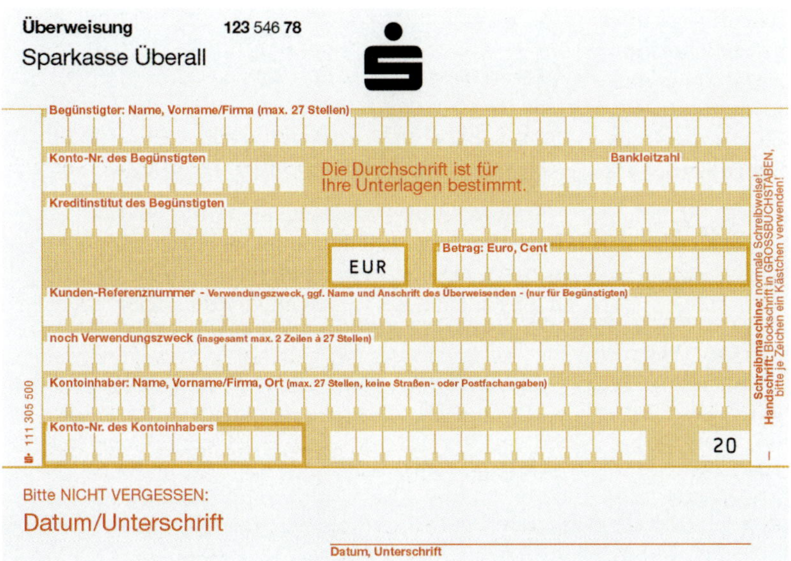
Überweisung 123 546 78
Sparkasse Überall
Begünstigter: Name, Vorname/Firma (max. 27 Stellen)
Konto-Nr. des Begünstigten
Die Durchschrift ist für Ihre Unterlagen bestimmt.
Bankleitzahl
Kreditinstitut des Begünstigten
EUR
Betrag: Euro, Cent
Kunden-Referenznummer - Verwendungszweck, ggf. Name und Anschrift des Überweisenden - (nur für Begünstigten)
noch Verwendungszweck (insgesamt max. 2 Zeilen à 27 Stellen)
Kontoinhaber: Name, Vorname/Firma, Ort (max. 27 Stellen, keine Straßen- oder Postfachangaben)
Konto-Nr. des Kontoinhabers
20
Schreibmaschine: normale Schreibweise!
Handschrift: Blockschrift in GROSSBUCHSTABEN, bitte je Zeichen ein Kästchen verwenden!
111 305 500
Bitte NICHT VERGESSEN:
Datum/Unterschrift
Datum, Unterschrift

Überweisung.
Der Überweisungsvordruck

Universalbanken, Bezeichnung für Banken, die alle bankublichen Geschäfte und Bankdienstleistungen anbieten, soweit dafür nicht sondergesetzlich ein besonderes Unternehmen verlangt wird wie bei den Bausparkassen. Zu den Universalbanken zählen die Kreditbanken, die Sparkassen und die Genossenschaftsbanken. Hinsichtlich des Verhaltens am Markt sind keine wesentlichen Unterschiede zwischen diesen drei Institutsgruppen erkennbar.

Valuta, Ausdruck des internationalen Geldhandels für das Währungsgeld eines Landes, meistens jedoch auf ausländische Währungen angewandt. So spricht man von englischer oder französischer Valuta. Valuta bezeichnet auch die Wertstellung *(siehe dort)* eines Postens auf einem Konto.

Verbraucherkredit: Die Kreditinstitute haben bei der Vergabe von Konsumentenkrediten die Vorschriften des Verbraucherkreditgesetzes zu beachten, das z. B. Mindestanforderungen an einen Kreditvertrag stellt. Unter dieses Gesetz fallen neben Darlehenskrediten vor allem Ratenkredite beim Ratenkauf (*siehe* Kapitel 9).

Verfügungsberechtigung: Bei einem Bankkonto ist der Kontoinhaber verfügungsberechtigt, wenn er unbeschränkt geschäftsfähig ist oder als beschränkt Geschäftsfähiger die Einwilligung des gesetzlichen Vertreters zur Verfügung über das Konto hat. Geschäftsunfähige Personen können zwar ein Kontoinhaber sein, sind aber selbst nicht verfügungsberechtigt. Beschränkt Geschäftsfähige dürfen über Kontoguthaben nur im Rahmen des Taschengeldparagrafen verfügen. Über Gemeinschaftskonten verfügen die Kontoinhaber entweder gemeinsam beim Und-Konto *(siehe dort)* oder jeder allein beim Oder-Konto *(siehe dort).*

Vermögensberatung, andere Form und Bezeichnung der Anlageberatung. Beratungsunternehmen haben sich auf die Gebiete der privaten Vermögensverwaltung und -beratung spezialisiert.

Vermögensbildung: Durch Sparen wird Vermögen gebildet. Ersparnisse privater Haushalte können z. B. angelegt werden auf Konten bei Kreditinstituten, in Wertpapieren, in Aktien, in Eigenheimen (Eigentumswohnung und Häuser), Bausparen und Lebensversicherung. Zu unterscheiden sind Geldvermögen (Guthaben auf Konten, festverzinsliche Wertpapiere, Lebensversicherungen, Bargeld), Sachvermögen (Haus- und Grundbesitz) und Produktivvermögen (Beteiligungen an Wirtschaftsunternehmen). Der Staat hat gewisse Anreize durch steuerliche Vergünstigungen und Förderungen von speziellen Sparformen, z. B. Bausparen und vermögenswirksamen Leistungen, geschaffen.

Vermögensverwaltung, Portfoliomanagement, Anlage von Geldern (Kapitalanlage), bei der Anleger die Entscheidung über die Struktur eines Gesamtvermögens auf eine Bank oder eine spezielle Vermögensverwaltungsgesellschaft übertragen, die die Anlageentscheidungen dann im Interesse der Anleger, aber nach eigenem Ermessen trifft. Solche standardisierte Vermögensverwaltung bieten die Investmentgesellschaften.
Bei der individuellen Vermögensverwaltung größerer Geldbeträge, bei der die Vermögensberater auf die Wünsche des Anlegers eingehen, werden mit diesem Anlagerichtlinien vereinbart, in denen sich besonders seine Anlageziele sowie seine Risikobereitschaft niederschlagen.

Verrechnungsscheck, ein Scheck *(siehe dort).*

Verwahrung: Eine Verwahrung im geschlossenen Depot liegt vor, wenn Gegenstände, z. B. Urkunden, Schmuck, Edelsteine, in den feuer- und einbruchsicheren Tresorräumen eines Kreditinstituts aufbewahrt werden. **Verwahrstück** ist ein verpackter Gegenstand, z. B. werden ein Gemälde, eine Briefmarkensammlung, ein Koffer dem Kreditinstitut zur Aufbewahrung übergeben.

Verwertung, Veräußerung von Sicherheitsleistungen durch das Kreditinstitut, wenn der Kreditnehmer seinen Rückzahlungsverpflichtungen unter vorheriger Androhung nicht nachkommt.

Verzugszinsen, Zinsen, die ein Schuldner zahlen muss, da er seinen Zahlungsverpflichtungen aus einem Geldgeschäft nicht rechtzeitig bzw. vertragsgemäß nachgekommen ist. Die gesetzlichen Verzugszinsen liegen bei Privatpersonen bei 4 %.

Volksbanken, Kreditinstitute in der Rechtsform der eingetragenen Genossenschaft, die sich im 19. Jahrhundert aus der Idee der Selbsthilfe landwirtschaftlicher oder gewerblicher Betriebe entwickelten mit dem Ziel, deren Kreditversorgung zu gewährleisten. Volksbanken zählen zu den Genossenschaftsbanken *(siehe dort).*

Ort, Tag, Monat und Jahr der Ausstellung (Monat in Buchstaben, Jahr mit Jahrhundertangabe)

LZB-Ortsnr. | Zahlungsort | Verfalltag

Vermerke in diesen Spalten sind nur für Kreditinstitute bestimmt. Sie gehören nicht zum Wechseltext.

Gegen diesen **Wechsel** – erste Ausfertigung – zahlen Sie am

Tag, Monat und Jahr der Fälligkeit (Monat in Buchstaben, Jahr mit Jahrhundertangabe)

an

Name des Zahlungsempfängers oder dessen Order

EUR

Betrag in Ziffern

EURO

Betrag in Buchstaben

Cent wie oben

Bezogener

in

Straße und Ort (genaue Anschrift)

Zahlbar in

Zahlungsort

BLZ

bei

Name des Kreditinstituts

z. L. Konto Nr.

Genaue Anschrift des Ausstellers.
Unmittelbar unterhalb der Anschrift: Unterschrift des Ausstellers.

Angenommen

131 001.000 03/01

Wechsel. Der Wechselvordruck

Vorfälligkeitsentschädigung, Vorfälligkeitsentgelt, Zahlungen an Banken, die diese verlangen, wenn ein Kreditnehmer sein auf mehrere Jahre abgeschlossenes Hypothekendarlehen vorzeitig zurückzahlen will; der Bundesgerichtshof hat zugunsten der Verbraucher entschieden, wie diese Entschädigung zu berechnen ist.

Vorschusszinsen, Strafzinsen, die erhoben werden, wenn der Kontoinhaber z. B. eines Sparkontos vorzeitig über noch nicht frei verfügbare Spareinlagen verfügen möchte. Ohne Einhaltung der mindestens dreimonatigen Kündigungsfrist können maximal 2 000 € im Kalendermonat abgehoben werden. Auf die Berechnung eines Vorfälligkeitspreises kann im Falle einer wirtschaftlichen Notlage des Sparers (z. B. bei Erwerbsunfähigkeit oder Arbeitslosigkeit) verzichtet werden.

Wechsel: Das Wechselgesetz unterscheidet zwischen dem gezogenen Wechsel (Tratte) und dem eigenen Wechsel (Solawechsel). Der gezogene Wechsel ist eine unbedingte Anweisung des Ausstellers (Gläubiger) an den Bezogenen (Schuldner), eine bestimmte Geldsumme zu einem bestimmten Zeitpunkt an den durch die Wechselurkunde als berechtigt Ausgewiesenen zu zahlen. Der Aussteller kann den Wechsel zu seiner eigenen Verfügung (Wechsel an eigene Order) oder zur Verfügung eines Wechselnehmers (Wechsel an fremde Order) stellen. Der gezogene Wechsel ist eine Zahlungsanweisung. Der Bezogene verpflichtet sich durch sein Akzept (Unterschrift quer am Rande des Wechsels) zur Zahlung.

Der eigene Wechsel (Solawechsel) ist ein unbedingtes und abstraktes Zahlungsversprechen. Der Aussteller verpflichtet sich, eine bestimmte Geldsumme zu einem bestimmten Zeitpunkt an den durch die Wechselurkunde als berechtigt Ausgewiesenen zu zahlen. Als Zahlstelle wird meistens die Bank angegeben, bei der der Aussteller oder der Bezogene sein Konto hat. Im Wirtschaftsleben sind gezogene Wechsel am gebräuchlichsten. Verweigert ein

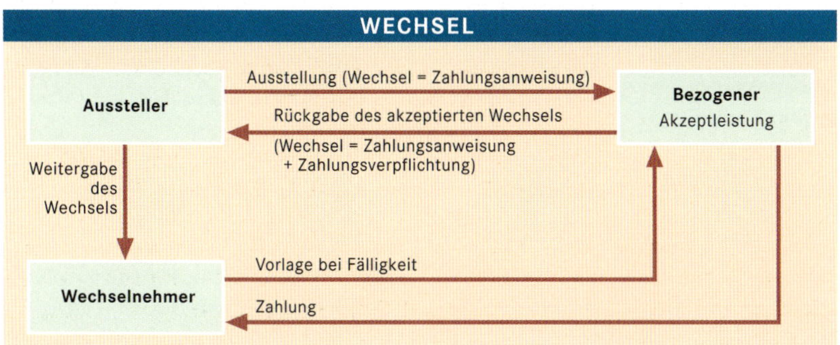

Wechsel.
Abwicklung im Wechselverkehr am Beispiel des gezogenen, an fremde Order gestellten Wechsels

Wechselverpflichteter die Zahlung bzw. Einlösung des Wechsels, so kann der Wechselberechtigte entweder eine Klage im Wechselprozess anstrengen oder einen Wechselmahnbescheid beantragen.

Weltspartag: Der Weltspartag geht zurück auf die Cassa di Risparmio di Milano, die Mailänder Sparkasse, die im Jahre 1924 Vertreter aus 29 Ländern zu einem Sparkassenkongress einlud. Zur Erinnerung an diese erste Weltvereinigung der Sparkassen wurde der Schlusstag des Kongresses, der 31. Oktober, zum Weltspartag (Feiertag des Sparens und des Sparers) erklärt. An diesem Tag sollte besonders auf den ethischen und volkswirtschaftlichen Wert des Sparens hingewiesen und vor allem die Jugend mit dem Spargedanken vertraut gemacht werden.

Weltspartag. Ein Symbol des Sparens ist das Sparschwein

Wertpapiersparen, Oberbegriff für Investmentsparen, Fondssparplan oder auch Ansparplan, der regelmäßigen Anlage von monatlichen Geldbeträgen z. B. in Investmentanteile oder Aktien.

Wertstellung, Valutierung, Festsetzung des Tages, ab dem Gutschriften (Zahlungseingänge) oder Belastungen (Zahlungsausgänge) auf einem Bankkonto (z. B. Giro- oder Wertpapierkonto) verzinst werden (Valutatag). Die Wertstellung (›Wert per‹, ›Valuta per‹) muss nicht mit dem Buchungs-, Zahlungstag oder Ausstellungsdatum des Kontoauszugs übereinstimmen.
Fallen bei Buchungsvorgängen im Zahlungsverkehr bankintern oder zwischen Banken die Valutierung von Zahlungseingängen und -ausgängen auseinander, wird dies als Float bezeichnet. Ein positiver Float entsteht, wenn ein Konto bei Zahlungsausgängen früh belastet, Zahlungseingänge aber verzögert gutgeschrieben werden. Diese Wertstellungspraxis ist eine Zinsertragsquelle der Banken (zinslose Liquidität), die aber durch die Rechtsprechung stark beschränkt wurde.

Zahlungsmittel, die im Zahlungsverkehr benutzten Geldarten. Grundsätzlich kann alles Zahlungsmittel sein, was im Tausch gegen Güter oder Forderungstitel akzeptiert wird. Besonders wichtig sind die **gesetzlichen Zahlungsmittel,** d. h. mit gesetzlichem Annahmezwang ausgestattete Geldarten wie Banknoten und Scheidemünzen, die jeder Gläubiger einer Geldforderung als Erfüllung seiner Forderung akzeptieren muss.
Zu den Zahlungsmitteln zählen neben Banknoten und Scheidemünzen (Bargeld) das Buchgeld und Geldsurrogate (Behelfszahlungsmittel wie Wechsel und Schecks).

Zahlungsverkehr: Die Abwicklung des Zahlungsverkehrs gehört zum Kerngeschäft der Kreditinstitute. Banken bearbeiten im Auftrag ihrer Kunden jährlich mehr als 16 Mrd. Transaktionen. Hierunter fällt die Gesamtheit der Zahlungsvorgänge in einem Wirtschaftsgebiet. Werden gesetzliche Zahlungsmittel (Bargeld) übertragen (Barzahlung), spricht man von barem Zahlungsverkehr, wird durch den Zahlungsvorgang Buchgeld in Bargeld umgewandelt oder umgekehrt (z. B. Bareinzahlung oder -auszahlung von Girokonten), von Bargeld sparendem oder halb barem Zahlungsverkehr.
Heute überwiegt bei Weitem der bargeldlose Zahlungsverkehr *(siehe dort),* bei dem durch Überweisungen, Schecks, Lastschriften und Kartenzahlungen Buchgeld übertragen wird. Damit die Zahlungsvorgänge abgewickelt werden können, haben sich die Banken über verschiedene Gironetze institutionell miteinander verbunden.

Zentralbank, 1) Kurzbezeichnung für die Zentralnotenbank eines Währungsgebiets (z. B. Europäische Zentralbank); 2) Bezeichnung für die auf räumliche und sachliche Bereiche bezogenen Girozentralen der Sparkassen und die regionalen Zentralinstitute der Genossenschaftsbanken.

ZINS

$$z = k \cdot \frac{p}{100} \cdot \frac{t}{360},$$

also

$$\text{Zinsen} = \text{Kapital} \times \frac{\text{Zinsfuß}}{100} \times \frac{\text{Zinstage}}{360}$$

$$= \frac{\frac{\text{Kapital} \times \text{Zinstage}}{100}}{\frac{360}{\text{Zinsfuß}}} = \frac{\text{Zinszahl}}{\text{Zinsdivisor}}$$

Zins. Die Zinsformel

Zins, der Preis für die zeitlich befristete (selten unbefristete) Überlassung eines Vermögensgegenstands (Kapital). Der Zins stellt insoweit die Entlohnung des Produktionsfaktors Kapital dar **(Kapitalzins).** Der Begriff Zins wird meist auf die am häufigsten vorkommende Bedeutung als Preis für die Inanspruchnahme einer bestimmten Geldsumme (Geldkapital) in Form eines Kredits oder Darlehens beschränkt **(Geldzins, Kreditzins, Darlehenszins).**

Als Zins wird oft sowohl der **Zinssatz** als Prozentsatz der geliehenen Geldsumme pro Zeiteinheit (auf ein Jahr berechneter Jahreszins) bezeichnet als auch der **Zinsbetrag** in Geldeinheiten. Aus der Sicht des Gläubigers bzw. Kreditgebers sind dies der **Zinsertrag** (Zinseinnahmen, Zinseinkünfte), aus der Sicht des Schuldners bzw. Kreditnehmers die **Zinskosten** (Zinsausgaben, Zinsaufwand). Die Zinsen werden nach der **Zinsformel** berechnet.

Zinsbindungsdauer, vertraglich vereinbarte Laufzeit von Krediten, in der der Zinssatz sowohl vom Kreditinstitut als auch vom Kreditnehmer nicht verändert wird. Eine **Zinsanpassungsklausel** ermöglicht bei wesentlichen Zinssatzänderungen am Kapitalmarkt eine nachträgliche Korrektur des vereinbarten Zinssatzes.

Zinseszins: Zinsen, die der Sparer nicht von seinem Sparkonto abhebt, werden zum Anfangskapital hinzugerechnet (kapitalisiert). So wird der Zins als Kapitalzuwachs verzinst.

Zinsfestschreibung, Zeitraum, für den die Konditionen von der Bank garantiert werden **(Festzins).** Der Darlehensnehmer kann dabei zwischen Zinsfestschreibungen bis zu zehn Jahren und mehr wählen. Die Zinsfestschreibung hat gegenüber dem variablen Zins den Vorteil, dass der Darlehensnehmer seine finanzielle Belastung langfristig sicher kalkulieren kann.

Zinsspanne, Zinsmarge, Differenz zwischen den im Aktivgeschäft einer Bank erwirtschafteten Sollzinsen (z. B. Kreditzinsen) und den im Passivgeschäft gewährten Habenzinsen (z. B. Einlagenzinsen). Die Zinsspanne gibt damit den Überschuss aus Zinserträgen über die Zinsaufwendungen an.

11

Was geschieht an Börsen und auf Finanzmärkten?

Für viele Menschen ist die Börse ein fremdes Terrain. Und manche glauben, die Börse sei ausschließlich ein Ort für Spezialisten, Profis oder Spieler. Deutschland ist im Vergleich zu anderen Ländern nach wie vor ein ›Aktienentwicklungsland‹. Während in den USA, Großbritannien und anderen Ländern die wertpapierbezogenen Anlageformen und der Umgang mit der Börse zum Tagesgeschäft vieler Bürger gehören, investieren in Deutschland nicht einmal acht Prozent der Bürger ihre Ersparnisse in Wertpapiere.

Seit Mitte der 1990er-Jahre hat eine Wende insbesondere für den privaten Anleger stattgefunden. Vermögensanlagen in Wertpapieren rücken mehr und mehr in den Vordergrund. Standen noch vor Kurzem konservative und zurückhaltende Anlagestrategien mit Anleihen, Bundesschatzbriefen und Rentenfonds im Mittelpunkt, entdecken immer mehr Anleger plötzlich Beteiligungspapiere an Unternehmen als rentable und spannende Anlageform. Gleichzeitig nahm die Komplexität und die Anzahl der Aktien und der Aktienfonds am Kapitalmarkt zu. Auch wurden neue spekulative Anlageformen wie Optionsscheine und Futures weiterentwickelt.

Seit die ›Telekom-Aktie‹ zur Volksaktie geworden ist, besteht das Interesse an der Börse, besonders bei den Medien. Es vergeht kein Tag, an dem nicht Meldungen über Aktien oder Unternehmensfusionen die Schlagzeilen füllen. Informationen über die wichtigsten Aktienindizes wie den DAX® oder den Dow Jones sind mittlerweile fester Bestandteil der Hauptnachrichtensendungen im Fernsehen. Insbesondere der Neue Markt beflügelte viele Börsianer und auch Neueinsteiger, an innovativen jungen Unternehmen und deren Unternehmenserfolgen teilhaben zu wollen. Dabei wurde nicht selten das Risiko der Aktienanlage unterschätzt. Denn der Aktienmarkt ist keine Einbahnstraße mit dauerhaften Kursanstiegen. Das bekamen auch private Anleger nach den Kursstürzen Anfang des Jahrhunderts oder im Zusammenhang mit der Finanzmarktkrise 2008 schmerzlich zu spüren.

Abgeld, das Disagio *(siehe dort).*

Abzinsung, *siehe* Kapitel 10.

Ad-hoc-Publizität, Verpflichtung eines börsennotierten Unternehmens, jede Tatsache, die Auswirkungen auf die Finanz- und Vermögenslage und damit auch einen erheblichen Einfluss auf den Aktienkurs haben kann, unverzüglich der Öffentlichkeit bekannt zu geben.

Agio, Aufgeld, Differenz zwischen dem Nennwert und dem tatsächlichen zu zahlenden, höheren Kurswert eines Wertpapiers an der Börse. Es wird meist in Prozent des Nennwertes ausgedrückt.

Aktien, Anteils- oder Teilhaberpapiere, die Mitgliedschaftsrechte des Aktionärs an einer Aktiengesellschaft (*siehe* Kapitel 7) in einer Aktienurkunde verbriefen. Dabei zerlegen Aktien das Grundkapital einer Gesellschaft in kleine Anteile. Die rechnerische Größe, also die Höhe der Beteiligung am

Grundkapital, bezeichnet man als Nennwert *(siehe dort)*. Aktien können nur von Aktiengesellschaften und Kommanditgesellschaften auf Aktien (KGaA) begeben werden. Der Aktionär wird Teilhaber am Aktienkapital und damit Mitinhaber des Gesellschaftsvermögens; daraus resultieren besondere Aktionärsrechte *(siehe dort)*, aber auch Pflichten, in Abhängigkeit der Art der Aktien. Aktien werden an Wertpapierbörsen gehandelt; ihr Wert wird regelmäßig durch das Zusammentreffen von Angebot und Nachfrage an der Börse ermittelt.

Aktienbuch, Verzeichnis, das nach gesonderten Bestimmungen bei Aktiengesellschaften geführt wird. In dieses Buch werden die Eigentümer von Namensaktien mit ihren Personaldaten eingetragen.

Aktienemission, Erstausgabe von Aktien, entweder im Rahmen der Gründung einer AG oder aufgrund einer Kapitalerhöhung.

Aktienfonds, ein Investmentfonds *(siehe dort)*, dessen Vermögen ganz oder überwiegend aus Aktien besteht.

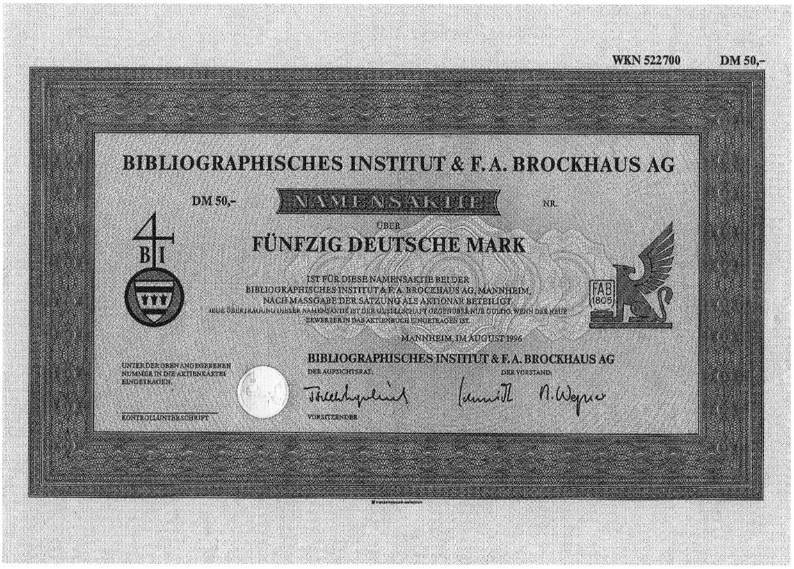

Aktien.
Beispiel für eine Aktie

Aktienanalyse, Teil der Chartanalyse *(siehe dort)*.

Aktienarten: Aktien können nach folgenden Kriterien klassifiziert werden: 1) nach Art der Zerlegung des Grundkapitals (Stückelung) in Nennwertaktien *(siehe dort)*, nennwertlose Aktien (Anteils- und Quotenaktien) und Stückaktien *(siehe dort)*, 2) nach Art der Eigentumsübertragung in Inhaberaktien *(siehe dort)* und Namensaktien *(siehe dort)*, 3) nach Umfang der verbrieften Aktionärsrechte in Stammaktien *(siehe dort)*, Mehrstimmrechtsaktien *(siehe dort)* und Vorzugsaktien *(siehe dort)*, 4) nach dem Erwerberkreis in eigene Aktien *(siehe dort)*, Belegschaftsaktien *(siehe dort)* und Volksaktien *(siehe dort)*, 5) nach dem Zeitpunkt einer Kapitalerhöhung in junge Aktien *(siehe dort)* und alte Aktien, 6) nach dem Finanzierungseffekt in Berichtigungsaktien *(siehe dort)* und durch einen Aktiensplit *(siehe dort)* entstehende Splitaktien.

Aktienindex, zusammenfassender numerischer Ausdruck für die Kursentwicklung am Aktienmarkt insgesamt oder für einzelne Aktiengruppen, z. B. für bestimmte Branchen (Branchenindizes) oder Marktsegmente (DAX®). Er soll den Kapitalanlegern die Orientierung über die Tendenz am Aktienmarkt erleichtern. Aktienindizes werden auf einen bestimmten zurückliegenden Zeitpunkt (Basisjahr) bezogen, dessen Wert gleich 100 oder 1 000 gesetzt wird. Zu unterscheiden sind Preisindizes, die allein auf die Kurse abstellen, und Performance-Indizes, die darüber hinaus Dividendenzahlungen berücksichtigen und somit durch die Ausschüttung eintretende Kursabschläge korrigieren.

Aktienindizes werden von verschiedenen Institutionen, Banken, Zeitungen (z. B. von der Frankfurter Allgemeinen Zeitung; FAZ-Indizes) ermittelt und veröffentlicht. Am bekanntesten ist der seit 1988 ermittelte deutsche Aktienindex DAX® *(siehe dort),* international der Dow-Jones-Index *(siehe dort),* der Nikkei-Index *(siehe dort)* oder die STOXX®-Indizes *(siehe dort).*

Aktiensplit: Die Teilung einer Aktie in zwei oder mehrere Aktien soll die optische Attraktivität der jeweiligen Werte nach einem möglicherweise erheblichen Kursanstieg erhöhen. Aus ›schweren‹ Aktien werden dann besser handelbare ›leichte‹ Aktien gemacht. Durch den Aktiensplit werden die alten Aktien gegen eine größere Anzahl neuer Aktien **(Splitaktien)** umgetauscht, deren Nominal- oder Stückwerte im entsprechenden Verhältnis herabgesetzt sind. Hierdurch ergibt sich weder eine Kapitalzufuhr noch ein Finanzierungseffekt.

Aktienstimmrecht, das Stimmrecht *(siehe dort)* der Aktionäre.

Aktionär, der Eigentümer von Aktien. Er ist im Rahmen seiner Aktien Teilhaber einer Aktiengesellschaft (AG) und am Risiko, also am Gewinn oder Verlust seiner AG, in Höhe seines Einsatzes beteiligt und hat weitere Aktionärsrechte *(siehe dort).* Als **Mehrheitsaktionär** bezeichnet man einen Aktionär oder eine Aktionärsgruppe, der bzw. die mindestens 50% des Aktienkapitals einer AG besitzt. Der Aktienbesitz des **Minderheitsaktionärs** reicht aus, um Minderheitsrechte in Anspruch nehmen zu können. **Kleinaktionäre** besitzen lediglich wenige Aktien eines Unternehmens, im Unterschied zum **Großaktionär,** der aufgrund seines Anteils (Aktienpakets) einen großen Einfluss auf eine AG ausübt.

Aktionärsrechte: Durch die Beteiligung an einer Aktiengesellschaft werden Anlegern verschiedene Rechte, in Abhängigkeit der von ihnen gehaltenen Aktien, eingeräumt. Ihre spezifischen Rechte ergeben sich also aus der Beteiligung an der Gesellschaft, der Satzung des Unternehmens und aus dem Aktiengesetz. Einige Rechte sind: Recht zur Teilnahme an der Hauptversammlung (HV) sowie die damit verbundenen Rechte, das Stimmrecht *(siehe dort)* und das Auskunftsrecht *(siehe dort),* das Recht auf Anfechtung der HV-Beschlüsse; Anspruch auf Dividende *(siehe dort),* Bezugsrechte *(siehe dort)* sowie das Recht auf Anteil am Liquidationserlös.

American Depository Receipt, Abkürzung **ADR,** von bedeutenden amerikanischen Banken ausgestellte handelbare Aktienzertifikate über bei ihnen hinterlegte nicht amerikanische Aktien. ADR werden meist im Verhältnis 1 : 1 für 100 Stück Auslandsaktien, aber auch für weniger ausgestellt. Sie dienen zur Erleichterung, Verbilligung und Beschleunigung des Handels.

American Stock Exchange, Abkürzung **AMEX,** eine New Yorker Börse, die jedoch deutlich kleiner ist als die New York Stock Exchange *(siehe dort)* und an der die Aktien kleinerer und mittlerer Unternehmen gehandelt werden.

amtlicher Markt, amtlicher Handel, der Handel mit Wertpapieren, die von der Zulassungsstelle der Börse zur Kursfeststellung in diesem Börsensegment zugelassen worden sind. In der Hierarchie der Marktsegmente *(siehe dort)* steht der amtliche Handel an oberster Stelle.

Analysten, Börsenfachleute, die sich mithilfe der Wertpapieranalyse in Form der Chartanalyse *(siehe dort)* und der Fundamentalanalyse *(siehe dort)* ein genaues Bild über die Börsensituation insgesamt oder über einzelne Börsenwerte (z. B. Aktien, Renten, Optionsscheine) und deren Aussichten (Zukunft) machen. Ihre Erkenntnisse finden z. B. ihren Niederschlag in der Anlageberatung (*siehe* Kapitel 10) der Banken und in den Börsenfachzeitschriften.

Anlegertypen: Die an der Börse engagierten Anleger lassen sich unterschiedlich typisieren: 1) Der **Trader** versucht, durch Kursschwankungen innerhalb weniger Stunden und Tage schnelle Gewinne zu erzielen. Er verfolgt das Ziel, kurzfristig zu investieren und eine langfristige Kapitalbindung zu vermeiden. Dazu muss er den Markt und die Börse sehr aktiv mitverfolgen, die Kurse mindestens einmal pro Tag überprüfen, um gegebenenfalls sofort handeln zu können. 2) Der **Spekulant** verfolgt ebenso wie der Trader den Markt aktiv mit, agiert allerdings in einem etwas größeren Zeitrahmen von meist mehreren Wochen. Er setzt auf kurzfristige Kursveränderungen stark schwankender (volatiler) Werte, die er erst während eines kräftigen Anstiegs verkauft. 3) **Spekulativ orientierte Anleger** setzen ebenso auf spekulative Werte, verfolgen aber nicht vorrangig das Ziel des kurzfristigen Erzielens von Gewinnen, sondern eine mittelfristig gute Performance über mehrere Monate hinweg. Dabei kaufen sie eher Werte, die auf längere Sicht gesehen eine gute Rendite bei geringem bis mittlerem Risiko bieten. 4) Der langfristig orientierte oder **konservative**

Anleger konzentriert sich eher auf Werte, die ihm auf langfristige Sicht gute Renditen bei hoher Sicherheit versprechen. Er investiert dabei schwerpunktmäßig in Unternehmen, deren Aktien er unbesorgt mehrere Jahre ›liegen lassen‹ kann. Dabei ist die richtige Werteauswahl wichtig, denn hier muss der Unternehmenshintergrund stimmen. Selbst kurzfristige Gewinne bewegen ihn normalerweise nicht zum Verkauf. Sein Ziel ist z. B., die Gewinne aus Wertpapiergeschäften als zusätzliche Altersvorsorge zu nutzen.

Anleihen: Der Bund, die Länder und bestimmte öffentliche Körperschaften, Sonderkreditinstitute sowie Aktiengesellschaften können zur Beschaffung von Finanzierungsmitteln Anleihen auf dem Kapitalmarkt auflegen, d. h. Schuldverschreibungen *(siehe dort)* ausgeben und über Banken verkaufen. Jede Anleihe lautet über einen festen Gesamtbetrag, der in Teilbeträge in Euro unterteilt ist. Jeder Sparer kann einen Teil dieser Anleihe kaufen. Anleihen haben als festverzinsliche Wertpapiere *(siehe dort)* eine bestimmte Verzinsung, eine bestimmte Laufzeit sowie eine vertraglich fixierte Tilgung. Es gibt auch variabel verzinsliche Anleihen **(Floating-Rate-Notes).** Die Rendite ist abhängig vom Zinssatz, vom Ausgabekurs und vom Rückzahlungskurs. Die Zinsen werden meist halbjährlich oder jährlich gezahlt. Anleihen werden am Rentenmarkt gehandelt; ihre Kurse schwanken deutlich geringer als Aktienkurse. Je nach Schuldner unterscheidet man **öffentliche Anleihen,** z. B. Bundesanleihen *(siehe dort),* Bundesobligationen *(siehe dort),* Anleihen der Länder oder Gemeinden (Kommunalobligationen), Industrieanleihen (Industrieobligationen) und Anleihen öffentlich-rechtlicher Kreditanstalten. Auch ausländische Emittenten können in Deutschland Anleihen auflegen **(Auslandsanleihen).**

Anteilschein, Urkunde, die das Miteigentum des Anlegers an einem Sondervermögen (z. B. Investmentfonds) als Investmentanteil *(siehe dort)* verbrieft.

Anteilswert, der Rücknahmepreis *(siehe dort)* eines Investmentanteils.

Arbitrage: Aktien großer Unternehmen werden oft an mehreren Börsen notiert und gehandelt, oft sogar international. Werden für ein solches Wertpapier an zwei Börsen verschiedene Kurse notiert, so kann ein Wertpapierhändler die Aktien hier zu einem niedrigeren Kurs kaufen und dort zum höheren Kurs wieder verkaufen. Das Ausnützen dieser Kursdifferenz wird Arbitrage genannt.

AS-Fonds, seit 1998 zugelassene Fonds, die die eingelegten Gelder mindestens zur Hälfte z. B. in Aktien oder Immobilien mit dem Ziel des langfristigen Vorsorgesparens anlegen. AS steht für **Altersvorsorge-Sondervermögen.** Diese Fonds dienen speziell dem Aufbau von Kapital zur privaten Altersvorsorge.

Ask, Bezeichnung für den Kurs, zu dem ein Marktteilnehmer Wertpapiere, Devisen oder Rohstoffe verkaufen möchte.

Aufgeld, das Agio *(siehe dort).*

Auktionsverfahren, Preisfindungsverfahren, bei dem die Anleger ohne Vorgabe einer Preisspanne limitierte Kaufangebote für die neuen Wertpapiere abgeben. Nach Ablauf der Frist zur Abgabe von Kaufangeboten werden diese, angefangen vom höchsten Gebot, so lange zugeteilt, bis das Emissionsvolumen *(siehe dort)* verteilt ist. Der endgültige Emissionskurs *(siehe dort)* richtet sich dabei nach dem niedrigsten Gebot, zu dem noch eine Zuteilung erfolgen kann.

Ausgabeaufschlag: Werden Investmentanteile gekauft, wird in der Regel ein Ausgabeaufschlag fällig. Es sind Kosten, die von der Kapitalanlagegesellschaft zum Zweck der Deckung etwaiger Vertriebskosten erhoben werden. Der Aufschlag wird in Prozent des Rücknahmepreises *(siehe dort)* angegeben.

Ausgabepreis, Kurs eines Anteilscheins eines Investmentfonds an der Börse, der sich aus dem Rücknahmepreis und dem Ausgabeaufschlag ergibt.

Auskunftsrecht, das Recht des Aktionärs auf Auskunft über rechtliche und geschäftliche Vorgänge der Aktiengesellschaft in der Hauptversammlung. Der Vorstand ist den Aktionären gegenüber rechenschaftspflichtig, soweit dies zur sachgemäßen Beurteilung eines Tagesordnungspunktes erforderlich ist. Ein Auskunftsverweigerungsrecht gibt es nur in Ausnahmen (z. B. bei Betriebsgeheimnissen).

Ausschüttung, bei Investmentfonds einmal jährlich ausgezahlte Erträge (Ausnahme: Thesaurierungsfonds); bei Aktiengesellschaften die Zahlung von Dividenden und Sonderausschüttungen sowie die Ausgabe von Berichtigungsaktien.

außerbörslicher Handel, Wertpapierhandel, der außerhalb der Börsen vornehmlich vor- und nachbörslich praktiziert wird. Der Handel findet in erster Linie zwischen Banken sowie Banken und Versicherungsgesellschaften oder anderen institutionellen Anlegern *(siehe dort)* statt.

Baisse, ein meist längere Zeit anhaltender Rückgang der Wertpapierkurse auf breiter Front. In der Baisse kann man Wertpapiere billig kaufen (Gegenteil: Hausse).

Bär, *siehe* Bulle und Bär.

Basispreis, *siehe* Optionsschein.

behauptet, gehalten, eine Börsentendenz; die Kurse haben sich gegenüber dem Vortag wenig geändert. Bei **gut behauptet** gab es kleinere Kursgewinne.

Belegschaftsaktien, Aktien, die zu Vorzugskonditionen von Aktiengesellschaften an eigene Mitarbeiter ausgegeben werden. Belegschaftsaktien unterliegen einer Sperrfrist von fünf Jahren. Werden sie vom Ersterwerber innerhalb der ersten fünf Jahre verkauft, so muss ein Vorteil aus den Vorzugskonditionen versteuert werden. Belegschaftsaktien sind eine Form der Mitarbeiterbeteiligung (*siehe* Kapitel 8).

Benchmark, Richtgröße, Orientierung; bei Wertpapieren meist ein repräsentativer Aktien- oder Rentenindex, der als Referenzwert für die Kurs- oder Wertentwicklung (Performance) dient.

Berichtigungsaktien, Gratisaktien, Aktien, die im Rahmen von Kapitalerhöhungen aus Gesellschaftsmitteln durch Umwandlung von Rücklagen (*siehe* Kapitel 7) in Grundkapital in einem bestimmten Verhältnis zu den alten Aktien ausgegeben werden. Bei Ausgabe von Gratisaktien beispielsweise im Bezugsverhältnis 1 : 2 erhält ein Aktionär für eine alte Aktie jeweils zwei Berichtigungsaktien. Da diese Aktien aus Mitteln gewährt werden, an denen der Aktionär beteiligt ist, sind sie nicht ›umsonst‹, weshalb die Bezeichnung Gratisaktien irreführend ist.

bestens, Zusatz bei einer Order ohne Limit *(siehe dort),* Wertpapiere auf jeden Fall, aber zu einem möglichst vorteilhaften Kurs zu verkaufen.

bezahlt, ein Kurszusatz *(siehe dort).*

Bezugsrecht: Bei einer Kapitalerhöhung einer Aktiengesellschaft wird eine bestimmte Menge junger Aktien *(siehe dort)* ausgegeben, um Mittel zur Finanzierung, zum Ausbau und zur Erweiterung des Unternehmens zu erhalten. Um einer Benachteiligung der ›Altaktionäre‹ vorzubeugen, haben diese das Recht, bei einer Kapitalerhöhung den Teil neuer Aktien zu beziehen, der ihrem Anteil am bisherigen Grundkapital entspricht.
Eine mögliche Benachteiligung ergibt sich etwa durch die Reduzierung des Stimmrechtsanteils des Aktionärs. Hält der Aktionär z. B. 100 Aktien eines Unternehmens, das neue Aktien im **Bezugsverhältnis** 2 : 1 ausgibt (auf zwei alte Aktien kommt eine neue Aktie), so reduziert sich sein Stimmrechtsanteil dadurch um ein Drittel. Aus diesem Grund hat der Aktionär jetzt das Recht, 50 neue Aktien zu beziehen. Das Bezugsverhältnis beschreibt das Verhältnis zwischen dem bisherigen Grundkapital der AG und dem Betrag der Kapitalerhöhung: Beträgt das bisherige Grundkapital 1 Mio. €, wird es im Beispiel auf 1,5 Mio. € erhöht.
In der Regel wird für die Ausübung des Bezugsrechts eine **Bezugsfrist** von zwei Wochen eingeräumt. Innerhalb dieses Zeitraums kann der Altaktionär durch den Kauf junger Aktien sein Bezugsrecht ausüben oder dieses Recht an der Börse verkaufen. Während der Bezugsfrist besteht ein **Bezugsrechthandel** an der Börse.

Bid, Bezeichnung für den Kurs, zu dem ein Marktteilnehmer ein Wertpapier kaufen möchte.

billigst, Zusatz bei einer Order ohne Limit *(siehe dort),* Wertpapiere auf jeden Fall, aber zu einem möglichst vorteilhaften Kurs zu kaufen.

Black-Scholes-Modell, finanzmathematisches Modell zur Bewertung von Optionen und Optionsscheinen. Das von Fischer Black und Myron Scholes entwickelte Modell zielt darauf ab, den theoretisch richtigen (fairen) Optionsscheinpreis zu ermitteln.

Blue Chips, amerikanischer Börsenausdruck für Aktien von besonders substanz- und ertragsstarken Unternehmen in Anlehnung an die blauen Jetons beim amerikanischen Pokerspiel und ein international gebräuchliches Synonym für die großen, populären Standardwerte *(siehe dort)* des Aktienmarktes.

Bogen, Wertpapierurkunde, in der bei Aktien Gewinnanteilscheine (Dividendenscheine) und bei festverzinslichen Wertpapieren Zinsscheine verbrieft sind. Jeder Bogen, der ferner einen Talon *(siehe dort)* enthält, sollte aus Sicherheitsgründen, wie bei Banken üblich, getrennt vom Mantel, der eigentlichen Wertpapierurkunde, aufbewahrt werden.

Bonds, englische Bezeichnung für festverzinsliche Wertpapiere *(siehe dort),* besonders für Anleihen.

Bookbuilding-Verfahren, Preisfindungsverfahren bei Emissionen, bei dem vor Zeichnungsbeginn der Aktien kein fester Preis, sondern nur eine Preisspanne (Bandbreite) festgelegt wird, innerhalb derer Kaufaufträge abgegeben werden können. Am Ende der Zeichnungsfrist wird der endgültige Emissionspreis als Funktion der Nachfrage festgelegt.

Börse: Der Begriff Börse stammt aus dem 15. Jahrhundert aus dem belgischen Brügge. Er umschrieb eine regelmäßige Versammlung reicher italienischer Händler auf einem Platz. Benannt war dieser Marktplatz nach dem dort ansässigen Patriziergeschlecht van der Beurse.
In Deutschland existierten seit dem 16. Jahrhundert vorwiegend in den Metropolen (Berlin, Hamburg, Frankfurt usw.) die ersten Börsen. Im 19. Jahrhundert entstanden die Börsen im heutigen Sinne als ein regelmäßig stattfindender Handelsplatz für Wertpapiere **(Effektenbörse),** Währungen **(Devisenbörse),** Edelmetalle und andere ›vertretbare‹ Waren **(Warenbörsen).** Alle börsenfähigen Güter müssen ein wesentliches Merkmal aufweisen, sie müssen untereinander vergleichbar sein. Man spricht auch von Fungibilität *(siehe dort).* Häuser, Kunstgegenstände, Maschinen usw. gehören nicht an die Börse, da diese Gegenstände nie einander gleichen und somit auch nicht börsenfähig sind.
An der Börse werden Angebot und Nachfrage zusammengeführt. Wertpapierbörsen bieten Anlegern die Möglichkeit, sich an der wirtschaftlichen Entwicklung der Unternehmen zu beteiligen. Zudem ist die Börse ein Emissionsmarkt, auf dem neue Wertpapiere angeboten werden (Primärmarkt).
Die Börse hat folgende Aufgaben: Bereitstellung kosteneffizienter Handelsplattformen, Bündelung der Liquidität durch die Konzentration von Angebot und Nachfrage, Sicherstellung der Fungibilität, d. h. der Austauschbarkeit und der identischen Ausstattung einer Wertpapiergattung, Sicherung einer größtmöglichen Transparenz für die Anleger, Bereitstellung von Informationen in Form von Preisen und Umsätzen. Für Transparenz und eine ordnungsgemäße Kursfeststellung (Preisbildung) beim Börsenhandel sorgt die Marktaufsicht. Sie besteht aus der Bundesanstalt für Finanzdienstleistungsaufsicht (*siehe* Kapitel 10), der Börsenaufsicht auf Landesebene und der Handelsüberwachungsstelle *(siehe dort)* der Börse.

Börsenaufsicht, Marktaufsicht, Überwachungsorgane, die für Transparenz und eine ordnungsgemäße Kursfeststellung und Preisbildung beim Börsenhandel sorgen. Sie besteht aus der Bundesanstalt für Finanzdienstleistungsaufsicht (*siehe* Kapitel 10), der Börsenaufsichtsbehörde *(siehe dort)* auf Landesebene und der Handelsüberwachungsstelle *(siehe dort).*
Die Aufgaben der Marktaufsicht sind im Einzelnen: Sicherstellung eines transparenten und fairen Handels, Schutz des Anlegers vor Insiderhandel *(siehe dort),* Bekanntgabe von kursrelevanten Meldungen börsennotierter Unternehmen, Sicherstellung einer ordnungsmäßigen Abwicklung abgeschlossener Geschäfte, Gewährleistung einer ordnungsgemäßen Preis- und Kursfeststellung. Wesentliche Grundlage ist das Börsengesetz.

Börsenaufsichtsbehörde, Organ, das gemäß Börsengesetz die Aufsicht über die Börse ausübt. Ihrer Aufsicht unterliegen auch diejenigen Einrichtungen, die sich auf den Börsenverkehr beziehen. Die Aufsicht erstreckt sich auf die Einhaltung der börsenrechtlichen Vorschriften und Anordnungen sowie die ordnungsmäßige Durchführung des Handels an der Börse einschließlich der Börsengeschäftsabwicklung. Für die Durchführung der Aufsicht an der Börse kann die Börsenaufsichtsbehörde einen Staatskommissar einsetzen.

Börsengesetz, Gesetz, das die Organisation der deutschen Börsen regelt. In ihm finden sich allgemeine Bestimmungen über die Börse und deren Organe, Feststellung des Börsenpreises und Maklerwesens, Zulassung von Wertpapieren zum Börsenhandel, Börsenterminhandel, Ordnungsverfahren und Strafbestimmungen.

Börsenhandelszeiten: Die an der Frankfurter Wertpapierbörse (FWB) notierten Wertpapiere werden an allen Handelstagen zwischen 9 Uhr und 20 Uhr gehandelt (*siehe* auch Xetra®).

Börsenkapitalisierung, die Marktkapitalisierung *(siehe dort).*

Börsenmakler, freie Makler, Makler, die neben den Skontroführern *(siehe dort)* an den Börsen zur Teilnahme am Börsenhandel zugelassen sind. Sie unterliegen der Aufsicht durch die Börsenaufsichtsbehörde. Die freien Makler übernehmen entweder im geregelten Markt oder im Optionshandel die Kursfeststellung. Sie sind aber auch für die im Freiverkehr *(siehe dort)* gehandelten Wertpapiere **(Freiverkehrsmakler)** zuständig.

Börsenordnung, die Satzung einer Börse, die von der Landesregierung genehmigt sein muss. Die Börsenordnung bestimmt, wer die Börse leitet, welche Geschäfte innerhalb der Börse abgeschlossen werden können, welche Voraussetzungen jemand mitbringen muss, um an der Börsenversammlung teilnehmen zu können, und auf welche Weise die Wertpapierkurse festgesetzt werden.

Börsenorganisation: Das deutsche Börsenwesen ist regional strukturiert. Neben der bedeutendsten Frankfurter Wertpapierbörse gibt es sieben weitere Börsen in Deutschland: die Hanseatische Wertpapierbörse Hamburg, die Bayerische Börse München, Berliner Börse, Baden-Württembergische Börse zu Stuttgart, die Rheinisch Westfälische Börse Düsseldorf, die Niedersächsische Börse Hannover und die Bremer Wertpapierbörse. Die Börseninfrastruktur, Personal, technische Ausstattung und Räumlichkeiten, wird der Börse durch ihren Träger, Industrie- und Handelskammer oder private Börsenvereine, zur Verfügung gestellt. Die Ausnahme bildet die Frankfurter Börse, deren Trägerschaft die Deutsche Börse AG *(siehe dort)* übernommen hat.
Als Aufsichtsgremium im Rahmen der Börsenselbstverwaltung richten die Wertpapierbörsen Handelsüberwachungsstellen *(siehe dort)* ein, welche die Börsendaten erfassen und auswerten. Geleitet wird die Börse durch eine Börsengeschäftsführung. Die Bestellung und Abberufung der Geschäftsführer sowie die Überwachung erfolgt durch den Börsenrat. Über die Zulassung der Wertpapiere zum amtlichen Handel entscheidet die Zulassungsstelle.

Börsenplatz, in der Regel die Bezeichnung für die zum Handel mit Wertpapieren zugelassenen Wertpapierbörsen. In Deutschland befinden sich zurzeit folgende Börsenplätze: Berlin, Bremen, Düsseldorf, Frankfurt am Main, Hamburg, Hannover, München und Stuttgart.

Börsenpreis, der Kurs *(siehe dort).*

Börsensegmente, die Marktsegmente *(siehe dort).*

Börsentendenz, die Kurstendenz *(siehe dort).*

Börsenzulassung: Alle Wertpapiere, außer Anleihen von Bund, Ländern und Mitgliedstaaten der Europäischen Union, werden durch die Zulassungsstelle (Zulassungsausschuss) zum Handel zugelassen, wenn sie den Anforderungskriterien der Börsenzulassungsverordnung entsprechen. Der Emittent eines Wertpapiers, der zum amtlichen Handel zugelassen werden möchte, muss mindestens drei Jahre als Unternehmen bestanden und die Jahresabschlüsse offengelegt haben. Des Weiteren muss er dem Zulassungsantrag einen Prospekt *(siehe dort)* beifügen.
Die Zulassung zum amtlichen Handel muss vom Emittenten zusammen mit einem Kreditinstitut oder anderen qualifizierten Unternehmen (Wirtschaftsprüfungsunternehmen) beantragt werden.

Branchenfonds, Investmentfonds, der ganz oder weitgehend auf Branchenstreuung verzichtet. Er konzentriert stattdessen seine Anlagen in Aktien eines Wirtschaftszweiges (z. B. Biotechnologie) oder einiger weniger, meist in wirtschaftlichem Zusammenhang stehender Branchen (z. B. Multimedia).

Branchenindex, Aktienindex, der nicht den gesamten Markt, sondern lediglich einzelne Branchen erfasst. Meist werden auch von einem ›großen‹ Aktienindex verschiedene Branchenindizes abgeleitet und berechnet, z. B. vom Composite-DAX® *(siehe dort).*

Brief, Briefkurs, Börsenbezeichnung für Wertpapierangebote. Steht hinter dem veröffentlichten Kurs eines Wertpapiers der Kurszusatz *(siehe dort)* ›Brief‹ oder einfach ›B‹, so bedeutet es, dass dieses Papier zum Verkauf angeboten wurde, sich aber zum genannten Kurs keine Käufer fanden.

Broker, Makler an der angloamerikanischen Börse, der nicht auf eigene Rechnung, sondern im Auftrag anderer gegen Provision Wertpapiergeschäfte abschließt. Die Geschäftstätigkeit eines Brokers nennt man Broking.

Buchgewinn, an der Börse ein durch steigende Aktienkurse entstandener Gewinn, der noch nicht durch Verkauf der Aktie realisiert wurde. Dementsprechend bedeutet **Buchverlust** einen Verlust, wenn der Aktienkurs gefallen ist und die Wertpapiere im Depot liegen und ebenfalls nicht verkauft werden in der Hoffnung auf wieder steigende Kurse.

Bullenfalle: Wenn Börsenkurse über bereits einmal erreichte Höchststände hinaussteigen, vor allem in einem länger anhaltenden Aufwärtstrend, kann dies sehr gefährlich werden. Es kann sich nämlich eine Bullenfalle herausbilden. Das bedeutet, dass Kurse nach einem meistens recht heftigen Anstieg genauso heftig wieder fallen können.
Wenn Kurse fallen und möglicherweise sogar neue Tiefststände markieren, muss das nicht unbedingt so weitergehen. Der Trend kann sich auch, z. B. bei einer deutlichen Verbesserung der Fundamentaldaten, schnell ändern. Man spricht dann von einer **Bärenfalle.**

Bulle und Bär, die beiden Symbole für positive und negative Kursentwicklungen an der Börse. Der stolze Bulle mit prächtigen Hörnern steht für die längerfristige Aufwärtstendenz oder Hausse *(siehe dort),* der sich duckende Bär mit gesenktem Schädel für die längerfristige Abwärtstendenz oder Baisse *(siehe dort).* Der Markt ist ›bullish‹, wenn die Kurse steigen (Bull-Market, Bullenmarkt), und ›bearish‹, wenn sie nach unten stürzen (Bear-Market, Bärenmarkt). Die gängigste Erklärung für das tierische Sinnbild leitet sich vom Kampfverhalten der Tiere ab: Der Stier stößt mit den Hörnern nach oben, der Bär schlägt mit seiner Pranke nach unten.

Bulle und Bär. Die beiden Symboltiere für positive und negative Kursentwicklungen an den Börsen vor dem Gebäude der Deutschen Börse in Frankfurt am Main

Bundesanleihen, langfristige Schuldverschreibungen des Bundes mit einem Nennwert von mindestens 0,01 €. Die Laufzeiten der Neuemissionen bewegen sich zumeist zwischen 10 und 30 Jahren. Es existieren über 100 dieser festverzinslichen Wertpapiere *(siehe dort)* im Laufzeitspektrum von einem Monat bis 28 Jahre, die an der Börse notiert werden. Die Rückzahlung erfolgt zum Nennwert. Für Bundesanleihen besteht Mündelsicherheit *(siehe dort).* Neben den Bundesanleihen emittiert der Bund als weitere mittelfristige Schuldverschreibungen die Bundesobligationen *(siehe dort)* und Bundesschatzbriefe *(siehe dort)* sowie die kurzfristigen Finanzierungsschätze *(siehe dort)* und Schatzanweisungen *(siehe dort)* sowie seit 2008 die täglich verfügbare **Tagesanleihe,** deren Verzinsung sich am Referenzzinssatz Eonia orientiert.

Bundesaufsichtsamt für den Wertpapierhandel, Abkürzung **BAWe:** Die zentrale Aufgabe der 1995 gegründeten Bundesoberbehörde als übergreifende Kontrollinstanz besteht darin, Missständen entgegenzuwirken, die eine ordnungsgemäße Durchführung des Wertpapierhandels beeinträchtigen oder erhebliche Nachteile für den Wertpapiermarkt bewirken können (z. B. Insiderhandel). Das BAWe wurde zum 1. 5. 2002 mit den Bundesaufsichtsämtern für das Kreditwesen und für das Versicherungswesen zur Bundesanstalt für Finanzdienstleistungsaufsicht *(siehe* Kapitel 10) zusammengelegt. Anschrift: Lurgiallee 12, 60439 Frankfurt am Main, Telefon: 069 959520, Internet: www.bafin.de.

Bundesobligation, Abkürzung **Bobl,** Schuldverschreibung des Bundes mit einer Laufzeit von fünf Jahren. Der Verkauf erfolgt über Kreditinstitute oder die Deutsche Finanzagentur, wobei die jeweiligen Serien der jeweils herrschenden Marktlage (Zinsniveau) angepasst werden. Bundesobligationen gehören zu den festverzinslichen Wertpapieren *(siehe dort),* sind mündelsicher und zum amtlichen Börsenhandel zugelassen.

Bundesrepublik Deutschland – Finanzagentur GmbH, Deutsche Finanzagentur, 1999 gegründeter zentraler Dienstleister für die Kreditaufnahme und das Schuldenmanagement des Bundes. In dem Unternehmen, dessen alleiniger Gesellschafter der Bund ist, wurden Aufgaben zusammengefasst, die früher vom Bundesministerium der Finanzen, der Deutschen Bundesbank und der **Bundeswertpapierverwaltung** (BWpV) wahrgenommen wurden. Dazu zählen u.a. Dienstleistungen bei der Emission von Bundeswertpapieren, die Kreditaufnahme mittels Schuldscheindarlehen, der Einsatz derivativer Finanzinstrumente sowie die Geldmarktgeschäfte (Aufnahme und Anlagen) zum Ausgleich des Kontos der Bundesrepublik Deutschland bei der Deutschen Bundesbank. Mithilfe des Unternehmens will der Bund seine Finanzierung nachhaltig verbessern, die Zinskostenbelastung mittelfristig senken und die Risikostrukturen im Schuldenportfolio optimieren. Privatanleger können bei der Finanzagentur ein Konto eröffnen und bestimmte Bundeswertpapiere kostenfrei erwerben und deponieren.
2001 war die ehemalige **Bundesschuldenverwaltung** in die BWpV überführt worden; diese wurde schließlich zum 1. 8. 2006 in die Deutsche Finanzagentur eingegliedert. Auf den internationalen Finanzmärkten tritt die Deutsche Finanzagentur nur im Namen und auf Rechnung der Bundesrepublik Deutschland auf. Anschrift: Lurgiallee 5, 60295 Frankfurt am Main; Telefon: 069 256160; Internet: www.deutsche-finanzagentur.de.

Bundesschatzbriefe, seit 1969 ausgegebene festverzinsliche Wertpapiere *(siehe dort)* des Bundes, die nicht an der Börse gehandelt werden. Für Bundesschatzbriefe werden keine Urkunden ausgegeben; der Käufer erhält von seiner Bank lediglich eine Kaufabrechnung. Bundesschatzbriefe gibt es in zwei Variationen: entweder mit einer Laufzeit von sechs Jahren und jährlicher Zinszahlung nachträglich oder mit einer Laufzeit von sieben Jahren und Rückzahlung der gesamten Einzahlung einschließlich Zins und Zinseszins am Ende der Laufzeit. Bundesschatzbriefe sind mit einem jährlich steigenden Zinssatz ausgestattet. Die kleinste Stückelung beträgt 50 €.

Bund-Future, ein Terminkontrakt oder Future *(siehe dort),* der Käufer bzw. Verkäufer verpflichtet, Bundesanleihen zu kaufen bzw. zu verkaufen.

Call, englische Bezeichnung für Kaufoptionen und Kaufoptionsscheine *(siehe dort).*

Chart, grafische Darstellung von Kursverläufen einzelner Wertpapiere oder auch von Branchen- und Börsenindizes. Der ›Chartist‹, also der Vertreter der technischen Analyse (Chartanalyse), bedient sich der Kursdiagramme der Vergangenheit, um anhand bestimmter, typischer, wiederkehrender Formationen eine Kursprognose abzugeben.

Chartanalyse, technische Wertpapieranalyse: Die Chartanalyse geht davon aus, dass sich aus den in Charts festgestellten Kurs- und Umsatzverläufen der Vergangenheit die zukünftigen Entwicklungen eines Wertpapiers prognostizieren lassen. Aus den historischen Kursverläufen werden z.B. typische Formationen ermittelt, Ober- und Untergrenzen von Kursverläufen und Handlungsvorschläge in Form von Kauf- oder Verkaufssignalen abgeleitet.

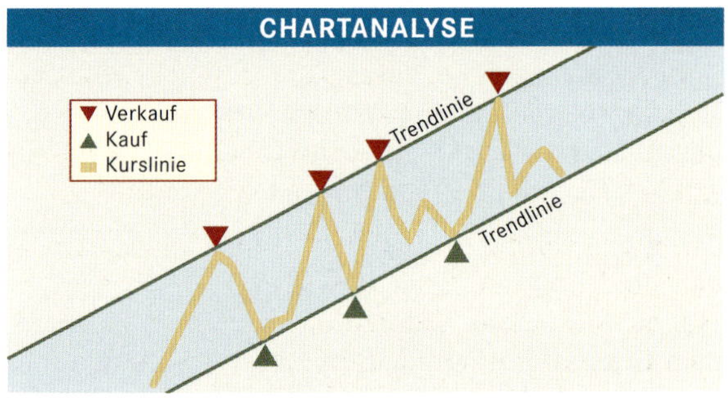

Chartanalyse. Der Trendkanal gibt zusammen mit dem Kursverlauf einer Aktie Kauf- oder Verkaufssignale.

Chicago Board of Trade, Abkürzung **CBOT,** größte Rohstoff- und Terminbörse der Erde, 1848 gegründet.

Composite-DAX®, CDAX®, nach der Marktkapitalisierung gewichteter Aktienindex der Deutschen Börse AG. In die Berechnung gehen alle deutschen Aktien in den Marktsegmenten *(siehe dort)* Prime

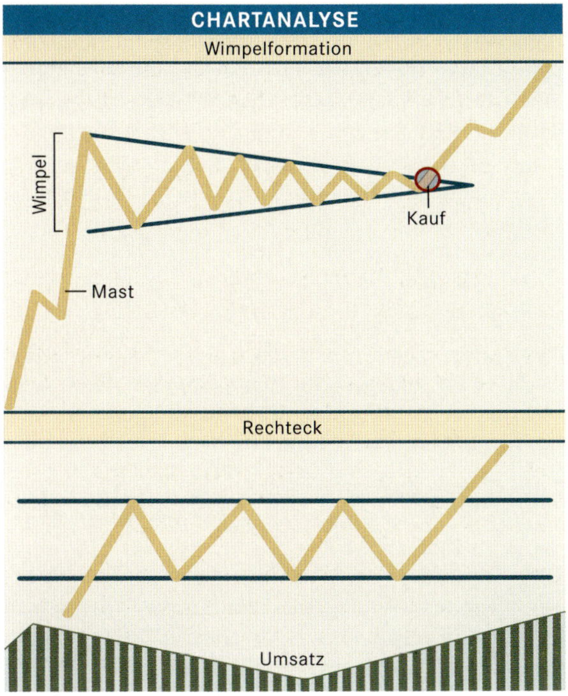

Chartanalyse. Trendunterstützende Formationen

Standard und General Standard ein. Der CDAX® ist also ein **All-Share-Index.** Für die Unternehmen des Prime Standard gibt es auch einen Prime-All-Share-Index sowie 18 Branchenindizes (z. B. Maschinenbau, Chemie, Bau, Automobil, Elektronik, Transport, Geschäftsbanken, Energieversorger), die die Kursentwicklung der Aktien aus den jeweiligen Wirtschaftszweigen anzeigen.

Computerbörse, eine Börse, an der Marktteilnehmer mithilfe von Computern und elektronischen Handelssystemen Börsengeschäfte abschließen, vom Computer unterstützten Handel bis zum Computerhandel, bei dem die Marktteilnehmer nicht mehr telefonisch oder direkt, sondern nur noch über Computersysteme kommunizieren, z. B. bei Xetra® *(siehe dort)* oder Eurex *(siehe dort).*

Cost-Average-Effekt, Form der Effektenspekulation, insbesondere mit Investmentzertifikaten, aber auch mit Aktien. Bei ihr erfolgt die Investition regelmäßig über einen längeren Zeitabschnitt hinweg in gleich hohen Anlagebeträgen. Dadurch kann in Phasen sinkender Kurse durch den Erwerb einer größeren Zahl von Anteilen ein unter Umständen deutlich niedrigerer durchschnittlicher Einstandskurs erzielt werden, als wenn über den gleichen Zeitraum immer die gleiche Anzahl von Anteilen erworben wird.

Coupon, Kupon, Schein, der Aktienurkunden (Dividendenschein) und Urkunden festverzinslicher Wertpapiere (Zinsschein) beigefügt ist. Die Bank zahlt gegen Einreichung des Coupons die (den) fällige(n) Dividende (Zins) aus. Coupons sind für einen längeren Zeitraum (z. B. zehn Jahre) auf dem Bogen *(siehe dort)* zusammengefasst. Ansprüche aus Coupons verjähren nach vier Jahren.

Courtage, Maklergebühr, Vermittlungsprovision, Vergütung, die den Maklern für die Vermittlung von Börsengeschäften zusteht, z. B. bei Aktien und Bezugsrechten 0,06 % vom Kurswert.

Covered Warrant, gedeckter Optionsschein: Von Covered Warrants spricht man, wenn der Ausgeber dieser Optionsscheine *(siehe dort)* einen Deckungsbestand von den versprochenen Wertpapieren nachweist. Beispiel: Eine Bank gibt Optionsscheine auf VW-Aktien aus. Dann muss diese Bank nachweisen, dass sie die versprochenen VW-Aktien auch tatsächlich besitzt.

Crash, Börsencrash, dramatischer Abfall der Kurse innerhalb kurzer Zeit als Vorbote oder Ausdruck einer sich abzeichnenden Angst um eine weltweite Wirtschaftskrise, meistens im Zusammenhang mit entsprechenden Entwicklungen am Anleihemarkt (Zinsanstieg). Bei einem Crash sind außerdem Panikverkäufe zu beobachten. Die Aktienkurse können pro Tag um 20 % und mehr fallen.
Ein Börsencrash fand 1929 an der New Yorker Börse statt. Der Schwarze Freitag *(siehe dort)* zog alle übrigen Finanzplätze mit sich und leitete die Depression der Dreißigerjahre und die Weltwirtschaftskrise (*siehe* Kapitel 6) ein. In den Jahren 1962, 1987 (19. 10.) und 2008 (Ende September) kam es ebenfalls zu dramatischen Kurseinbrüchen an der New Yorker Börse und an den übrigen Börsen. Sie bewirkten Rückgänge der Kurse bei einzelnen Werten von bis zu 30 % an einem einzigen Tag. Im Gegensatz zum Crash von 1929 erholten sich die Kurse verhältnismäßig schnell.

Dachfonds, Investmentfonds, die ihre Kapitalanlagen überwiegend in Anteilen anderer Fonds investiert haben.

DAX®, der bekannteste deutsche Aktienindex und die Benchmark für den deutschen Aktienmarkt. Er umfasst die 30 umsatzstärksten deutschen Aktien und wird deshalb auch als **DAX®-30** bezeichnet. Der DAX® repräsentiert mit den 30 Standardwerten mehr als 60% des Grundkapitals inländischer börsennotierter Gesellschaften. Gemessen am Börsenumsatz macht der Handel in diesen Aktien 75% des deutschen Aktienhandels aus. Gewichtung und Auswahl der einbezogenen Aktienwerte werden regelmäßig aktualisiert.

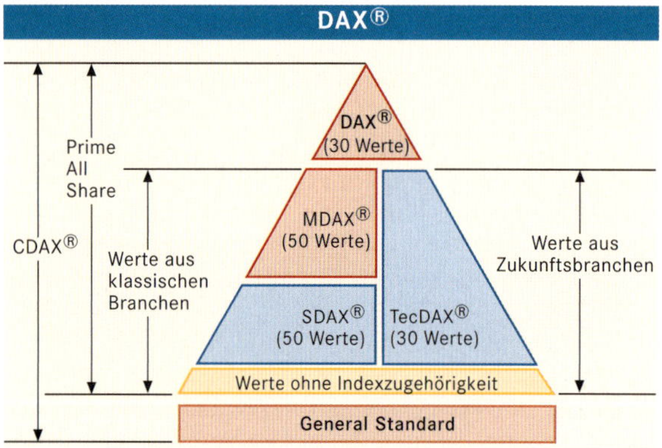

DAX®. Marktsegmente und Indizes

Der DAX® berücksichtigt Dividendenzahlungen und Bezugsrechtsabschläge (Performance-Index) und wird während der Handelszeit an der Frankfurter Wertpapierbörse und im Xetra®-Handel minütlich neu berechnet und publiziert (Realtime-Index). Als Basis wurde der Wert am 31. 12. 1987 gleich 1 000 Punkte gesetzt und nachträglich bis 1959 zurückgerechnet. Neben dem DAX® berechnet und publiziert die Deutsche Börse AG den Composite-DAX® *(siehe dort)* oder CDAX® für den gesamten Markt, die Marktsegmente *(siehe dort)* General Standard und Prime Standard. Unterhalb des DAX®-30 bilden 50 Werte, die nicht im DAX® erfasst werden, den Midcap-Index MDAX® *(siehe dort),* für Nebenwerte gibt es den SDAX® *(siehe dort),* für die 30 größten Technologiewerte den TecDAX® *(siehe dort),* der den NEMAX® für den Neuen Markt abgelöst hat. Der Volatilitätsindex VDAX® erfasst Kursschwankungen. Die 110 Werte aus DAX®, MDAX® und TecDAX® bilden den **HDAX®**, der den DAX®-100 ersetzt. HDAX®-Werte zuzüglich der Titel aus dem SDAX® bilden den Prime-All-Share-Index (einschließlich 18 Branchenindizes), die 80 Unternehmen des MDAX® (klassische Branchen) und TecDAX® (Technologietitel) den Mid-Cap-Market-Index.
Der **DivDAX®** umfasst 15 DAX-30-Werte mit der höchsten Dividendenrendite. Der **GEX®** (Abkürzung für **G**erman **E**ntrepreneurial Inde**x**) umfasst mittelständische Unternehmen im Marktsegment Prime Standard, die von den Eigentümern geführt bzw. dominiert werden (25 bis 75% der Stimmrechte) und weniger als 10 Jahre alt sind.

Daytrader, Börsenteilnehmer, der versucht, Tagestrends auszunutzen. der Kauf- und Verkauf von Wertpapieren innerhalb eines Börsentags wird als **Intraday-Handel** bezeichnet.

Depot, Wertpapierdepot, Bezeichnung der Banken für die Verwaltung und Verwahrung von Wertpapieren Dritter. Mindestens einmal im Jahr muss aufgrund von gesetzlichen Bestimmungen das Kreditinstitut, das Wertpapiere in einem Depot eines Kunden in Girosammelverwahrung oder Streifbandverwahrung verwahrt, dem Kunden eine detaillierte Aufstellung seines **Depotkontos** zukommen lassen. Bei den meisten Banken muss der Depotbesitzer **Depotgebühren** für diese Dienstleistung zahlen, zu der auch die Einlösung von Dividenden- und Zinsscheinen zählt.

Depotstimmrecht: Kreditinstitute, die Wertpapiere ihrer Kunden in Depots verwalten, bemühen sich, das Stimmrecht ihrer Kunden durch Vollmacht übertragen zu bekommen **(Vollmachtsstimmrecht).** Sie nehmen dann an den Hauptversammlungen der Aktiengesellschaften oder sonstiger Kapitalgesellschaften teil und stimmen dann nach Weisung der Kunden **(Auftragsstimmrecht)** oder aufgrund von eigenen Empfehlungen ab.

Derivate, derivative Finanzinstrumente, zusammenfassender Begriff für Optionsgeschäfte *(siehe dort),* Futures *(siehe dort)* und andere Finanzprodukte sowie Swapgeschäfte (*siehe* Kapitel 10), die seit den 1980er-Jahren wachsende Bedeutung erlangt haben. Gemeinsam ist ihnen, dass sie von den traditionellen Finanzbeziehungen wie Krediten, Aktien, Anleihen oder von abstrakten Formen wie Aktienindizes abgeleitet sind und der Steuerung von Preisänderungsrisiken dienen. Entsprechend folgt ihre Bewertung der Preis- bzw. Wertentwicklung des jeweiligen Bezugsobjekts. Durch Derivate kön-

DAX®. Monatsschlussstände des DAX®-Performance-Index

nen Risiken abgesichert werden, die sich aus den Geschäften am Kassamarkt ergeben. Sie werden am Terminmarkt gehandelt und auch zu Spekulationsgeschäften eingesetzt. Die weltweit größte Terminbörse ist die Eurex *(siehe dort).*

Deutsche Börse AG, Holdinggesellschaft an der Spitze der **Gruppe Deutsche Börse.** Sie ist z. B. Trägerin der Frankfurter Wertpapierbörse und betreibt die elektronische Handelsplattform Xetra®. Tochtergesellschaften sind z. B. die Terminbörse Eurex, Clearstream International für die Wertpapierabwicklung und die Deutsche Börse Systems AG. Anschrift: Neue Börsenstraße 1, 60487 Frankfurt am Main, Telefon: 069 211-0, Internet: www.deutsche-boerse.com.

Deutsche Finanzagentur, unter der Bezeichnung Bundesrepublik Deutschland – Finanzagentur GmbH *(siehe dort)* im Jahr 2000 gegründetes Unternehmen zur Verbesserung des Schuldenmanagements.

Deutsches Aktieninstitut, Abkürzung **DAI,** Verband der börsennotierten oder in deren Umfeld tätigen Unternehmen. Die Hauptaufgabe des DAI besteht in der Förderung der Aktie als Finanzierungs- und Anlageinstrument. Anschrift: Niedenau 13–19, 60325 Frankfurt am Main, Telefon: 069 929150, Internet: www.dai.de.

Deutsche Schutzvereinigung für Wertpapierbesitz e.V., Abkürzung **DSW,** ältester (gegründet 1947) und mitgliederstärkster (rund 25 000) Interessenverband von privaten Anlegern in Deutschland. Die DSW vertritt z. B. die privaten Aktionäre auf Hauptversammlungen, leistet Rechtsberatung, fördert die Aktienkultur und gibt verschiedene Fachzeitschriften heraus (z. B. ›Focus Money/Wertpapier‹). Außerdem ist die DSW der Dachverband der deutschen Investmentklubs *(siehe dort).* Anschrift: Hamborner Straße 53, 40472 Düsseldorf; Telefon: 0211 669702; Internet: www.dsw-info.de.

Deutsche Terminbörse, in der Eurex aufgegangene Terminbörse *(siehe dort).*

Devisenmarkt, Devisenhandel, der Markt für den Handel mit ausländischen Währungen (Devisen) meist an einer speziellen **Devisenbörse.** Am Devisenmarkt bildet sich der **Devisenkurs,** der Wechselkurs (*siehe* Kapitel 6) als Preis (Gegenwert) einer ausländischen Währung im Verhältnis zur inländischen in Systemen flexibler Wechselkurse (*siehe* Kapitel 6). Handelsobjekte sind Guthaben in den gängigen frei konvertiblen Währungen. Die Konvertibilität (*siehe* Kapitel 6) der gehandelten Währungen ist die notwendige Voraussetzung für die Funktionsfähigkeit von Devisenmärkten. Am Devisenmarkt werden sowohl Kassageschäfte **(Devisenkassamarkt)** als auch Termingeschäfte **(Devisenterminmarkt)** abgeschlossen.

Disagio, Abgeld, Spanne, um die bei Wertpapieremissionen der Ausgabekurs unter dem Nennwert bleibt (*siehe dort,* Agio). Bei einem Kurs von 95 beträgt z. B. das Disagio 5%. Bei Sorten entsteht ein Disagio, wenn ein Geldbetrag unter dem Nennwert eingelöst wird. Bei Auszahlung von Darlehen unter dem Nennwert wird der Abschlag ebenfalls Disagio oder Damnum (*siehe* Kapitel 10) genannt.

Discount-Broker, Finanzdienstleister im Wertpapierbereich, die für die Abwicklung von Effektenkommissionsgeschäften Gebühren berechnen, die unterhalb der üblichen Konditionen liegen. Discount-Broker sind selbstständige Unternehmen oder Tochtergesellschaften von Banken, unterhalten als spezielle Direktbank (*siehe* Kapitel 10) kein Filialnetz und wickeln alle anfallenden Formalitäten und Geschäfte **(Discount-Brokerage)** auf dem Post- oder Telefonweg bzw. über Computer (Internet, E-Mail) ab. Im Regelfall werden den Kunden keine persönlichen Anlageberatungen (*siehe* Kapitel 10), wohl aber umfangreiche Börseninformationen und Serviceleistungen angeboten.

DIVIDENDENRENDITE

Dividendenrendite

$$\text{Dividendenrendite} = \frac{\text{Dividende (mit oder ohne Steuergutschrift)}}{\text{Börsenkurs}} \times 100$$

Gesamtertrag

$$\text{Total-Return} = \frac{\text{Dividenden + Kursgewinn}}{\text{Kaufkurs}}$$

Dividendenrendite. Berechnungsformel

Dividende, Gewinnanteile der Aktionäre von Aktiengesellschaften (AG). Die Dividendenhöhe wird auf der Hauptversammlung einer AG festgelegt. Befinden sich die Wertpapiere in einem Depot *(siehe dort)* einer Bank, so übernimmt die Depotbank die Überwachung des Eingangs der Dividendenzahlung und überweist das Gewinnguthaben auf ein Konto ihres Kunden. Dividenden unterliegen der Kapitalertragsteuer (*siehe* Kapitel 5), die seit 2009 als Abgeltungsteuer erhoben wird.

Dividendenabschlag: Dieser Begriff spielt in der Zeit unmittelbar nach Bekanntgabe der entsprechenden Dividende einer Aktiengesellschaft eine Rolle. Aktien, die weiterhin gehandelt werden und bei denen der Gewinnanteilschein (Coupon) bereits eingelöst wurde, bezeichnet man als Aktien ›ex Dividende‹. Diese Aktien werden mit dem Kurszusatz ›ex Div‹ gehandelt.

Dividendenrendite, Verhältnis der Dividende zum jeweiligen Börsenkurs. Beträgt z. B. die Dividende 5 € je Aktie und der Kurs der Aktie 100 €, so ergibt sich eine Dividendenrendite von 5%. Die Dividendenrendite gibt an, wie sich das in Aktien angelegte Kapital ›verzinst‹. Um die Gesamtrendite (Gesamtertrag) einer Aktienanlage zu ermitteln, werden Dividende und Kursgewinn zum Kaufkurs in Beziehung gesetzt.

Dow-Jones-Index, nach den amerikanischen Wirtschaftsjournalisten CHARLES HENRY DOW (* 1851, † 1902) und EDWARD D. JONES (* 1856, † 1920) benannter Aktienindex, berechnet als Durchschnitt der Aktienkurse von ausgewählten, umsatzstarken Unternehmen (30 Industrie-, 20 Transport- und 15 Versorgungsunternehmen) an der New York Stock Exchange. Der ›Dow‹ wird börsentäglich von dem amerikanischen Medienunternehmen Dow, Jones & Co. veröffentlicht.
Unter diesem Index wird sowohl der Gesamtdurchschnitt für alle drei Gruppen verstanden (Composite Average) als auch die Indizes für jede der drei Gruppen: neben dem Transportation Average und dem Utility Average besonders der **Dow Jones Industrial Average.** Dieser Aktienindex wurde erstmals 1884 von Dow, damals Chefredakteur des ›Wall Street Journal‹, berechnet und seit 1897 veröffentlicht. Seit 1928 wird der Index in seiner heutigen Form ermittelt. Der ›Dow‹ gilt als besonders aussagekräftig für Tendenzen am amerikanischen Aktienmarkt und der amerikanischen Wirtschaft.
Weiterhin gibt es den Dow-Jones-World-Stock-Index, der Notierungen von 2 200 Aktiengesellschaften aus mehreren Ländern repräsentiert, und den Dow-Jones-Global-Titans-Index, ein Aktienindex für die 50 führenden und weltweit agierenden Un-

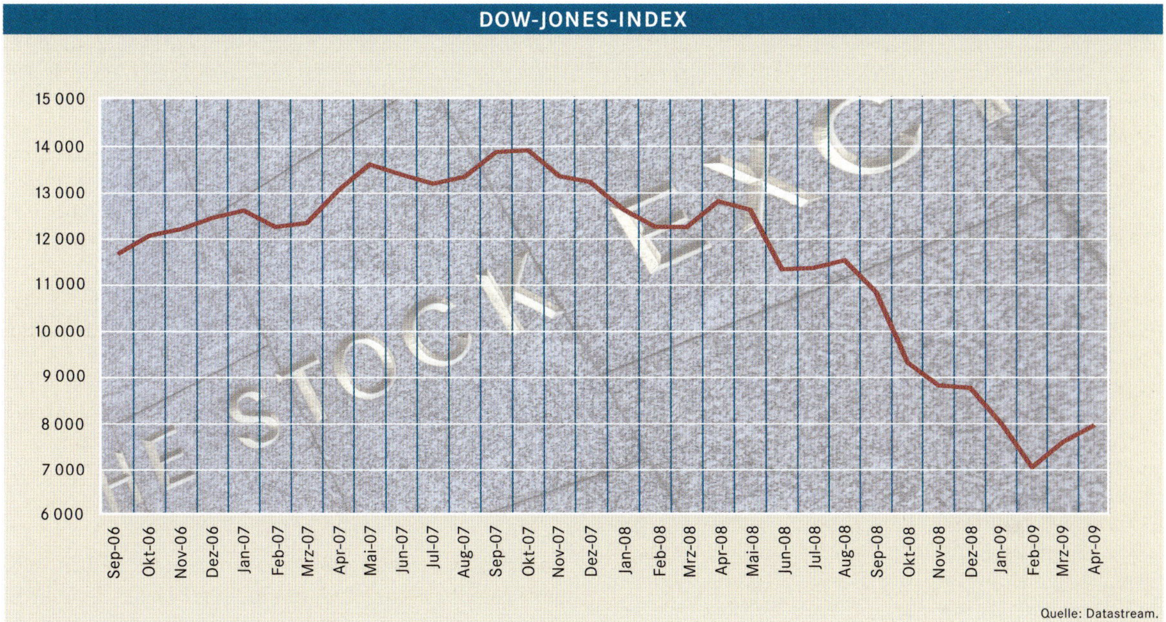

Dow-Jones-Index. Entwicklung des Dow Jones Industrial Average

ternehmen mit großem Wachstumspotenzial. Außerdem ist Dow, Jones & Co. an der Indexfamilie STOXX® *(siehe dort)* beteiligt.

EBIT, Abkürzung für den englischen Begriff **E**arnings **B**efore **I**nterest and **T**axes, der Gewinn eines Unternehmens ohne Zinsergebnis und vor Steuern. Durch diese Kennzahl werden Jahresergebnisse international vergleichbar gemacht.
Noch aussagekräftiger für die Ertragskraft eines Unternehmens ist die Kennzahl **EBITDA,** bei der neben Zinsen und Steuern auch sämtliche Abschreibungen (**D**epreciation and **A**mortization) herausgerechnet werden. EBITDA gibt die Ertragskraft unabhängig von der Kapitalstruktur, Investitionsneigung und unterschiedlichen Bilanzierungsregeln an.

Effekten, in der Banken- und Börsensprache Sammelbegriff für Wertpapiere, vor allem Aktien, Anleihen und Investmentanteile. Die Börse für Wertpapiere wird auch als **Effektenbörse** bezeichnet.

eigene Aktien, von einer Aktiengesellschaft ausgegebene Aktien, die sich in ihrem Eigentum befinden. Die Gesellschaft darf gemäß Aktiengesetz eigene Aktien nur unter bestimmten Voraussetzungen erwerben. Ein **Rückkauf** eigener Aktien ist möglich, um schwere Schäden von der AG abzuwenden oder um Belegschaftsaktien anzubieten. Aus eigenen Aktien stehen der Gesellschaft keine Rechte zu. Hat die AG in zulässiger Weise mehr als 10 % des Grundkapitals erworben, so muss der Teil der Aktien, der diesen Satz übersteigt, innerhalb von drei Jahren veräußert werden.

Einheitskurs, der Kassakurs *(siehe dort).*

elektronisches Handelssystem, das Xetra® *(siehe dort).*

Emerging Markets, die aufstrebenden Aktienmärkte in Schwellen- und Transformationsländern. Das sind lateinamerikanische, südostasiatische und osteuropäische Staaten mit unterentwickelten Kapitalmärkten. Hohen Gewinnchancen stehen hohe Verlustrisiken gegenüber.

Emission, Erstausgabe von Effekten (Wertpapiere). Ziel einer Emission ist die vollständige, risikofreie und kostengünstige Unterbringung von Wertpapieren zur Kapitalbeschaffung. Bei der Selbstemission bemüht sich der Emittent (z. B. Unternehmen, öffentliche Hand) ohne Einschaltung Dritter um die Unterbringung der Wertpapiere. Dieser Weg steht in der Regel nur Emittenten mit einem kleinen

Kreis von potenziellen Interessenten offen (z. B. AG mit wenigen Großaktionären bei einer Kapitalerhöhung). Die Fremdemission wird der Selbstemission allgemein vorgezogen und vollzieht sich unter Einschaltung eines Kreditinstituts (selten) oder eines Bankenkonsortiums (*siehe* Kapitel 10) mit entsprechender Platzierungskraft **(Emissionskonsortium).**

Emissionskurs, Ausgabekurs, der Preis, zu dem ein neu ausgegebenes Wertpapier (z. B. Aktie, Anleihe) den Kapitalanlegern zur Zeichnung angeboten wird. Dieser Ausgabekurs kann vom Nennwert des Wertpapiers abweichen. So beträgt der Nennwert einer neuen Aktie beispielsweise 5 €, der Emissionskurs aber 20 €. Der Emissionskurs hängt von der Marktsituation, dem Emittenten und auch von dem Preisfindungsverfahren *(siehe dort)* ab.

Emissionsvolumen, der Umfang einer Wertpapieremission, ergibt sich bei einem neuen Unternehmen an der Börse aus der Zahl der Aktien, die an der Börse angeboten werden, multipliziert mit dem Emissionskurs (Ausgabepreis).

Emittent, das Unternehmen oder die Körperschaft, die Wertpapiere begibt. Als Emittenten fungieren z. B. Kreditinstitute, Industrieunternehmen, Länder und Kommunen.

Entry Standard, ein Marktsegment *(siehe dort).*

erholt, eine Börsentendenz; die Kurse sind nach einem vorangegangenen Rückgang wieder etwas angestiegen.

Eurex, Abkürzung für **Eu**ropean **Ex**change, weltweit größte Terminbörse *(siehe dort).* Die Eurex entstand 1998 aus der Fusion der Deutschen Terminbörse und der Schweizer Terminbörse SOFFEX (Abkürzung für Swiss Options and Financial Futures Exchange). Die Eurex ist als reine Computerbörse *(siehe dort)* konzipiert.

Eurodollarmarkt, als internationaler Geldmarkt ein Teilmarkt der internationalen Finanzmärkte. Während in den Anfangszeiten die gesamte Geschäftstätigkeit in US-Dollar als einziger Währungseinheit abgewickelt wurde, bildeten sich später eigene Marktsegmente für andere Währungen (Pfund Sterling, D-Mark, Schweizer Franken, japanischer Yen).

Euromarkt, der unter Banken und Großunternehmen im Wesentlichen im europäischen Raum beheimatete, nicht ortsgebundene Markt für den Handel mit fest- und variabel verzinslichen Anleihen. Die Geschäfte werden meist in einer international akzeptierten Währung abgewickelt.

Euro-STOXX®-Indizes, Aktienindizes, die zur Indexfamilie STOXX® *(siehe dort)* zählen.

fairer Preis, fairer Wert, theoretisch richtiger oder gerechter, da arbitragefreier Preis bzw. Wert eines Termininstruments (Option, Optionsschein, Futures). Käufer und Verkäufer sind hier nicht schlechter gestellt als bei einem entsprechenden Kassageschäft. Gewinn- und Verlustwahrscheinlichkeit halten sich exakt die Waage.

fest, eine Börsentendenz; Anstieg der Kurse auf breiter Front. Bei **fester** lagen die Kurse über denen des Vortages, stiegen aber nicht so deutlich.

Festpreisverfahren, Preisfindungsverfahren, bei dem vor Zeichnungsbeginn ein fester Emissionskurs (basiert auf einer Unternehmensanalyse) festgelegt wird (ohne Einbeziehung der Anleger), zu dem Kaufaufträge abgegeben werden können. Die Zuteilung erfolgt nach Entscheidungskriterien der führenden Konsortialbank des Emissionskonsortiums. Das Festpreisverfahren gilt als auslaufende Alternative zum Bookbuilding-Verfahren *(siehe dort)* und zum Auktionsverfahren *(siehe dort).*

festverzinsliche Wertpapiere, sehr häufig eine Bezeichnung für Anleihen oder Bonds; auf den jeweiligen anonymen Inhaber oder den Namen eines bestimmten Inhabers lautende mittel- oder langfristige Schuldverschreibungen. Festverzinsliche Wertpapiere sind in der Regel mit einer festen Verzinsung ausgestattet und haben eine vorgegebene Laufzeit sowie Form der Tilgung. Der Käufer einer Schuldverschreibung besitzt eine Geldforderung gegenüber dem Emittenten. Der Käufer ist also Gläubiger, während der Emittent Schuldner ist. Aufgrund des in der Regel gleichbleibenden Zinsertrags über die Laufzeit werden diese Wertpapiere auch als Rentenwerte (Rentenpapiere) bezeichnet.

fiktiver Kurs, der Taxkurs *(siehe dort).*

fill or kill, Variante eines limitierten Auftrags (Limit, *siehe dort*). Der Auftrag wird nur sofort und vollständig ausgeführt oder er verfällt.

Financial Future, ein Future *(siehe dort).*

FESTVERZINSLICHE WERTPAPIERE			
	Bundes-anleihen	**Bundes-obligationen (»Bobls«)**	**Bundesschatz-anweisungen (»Schätze«)**
Emissionsrhythmus	zwei bis drei Emissionen jährlich	Daueremissionen/ vierteljährliches Tenderverfahren	vierteljährliches Tenderverfahren
Emissionsverfahren	Tenderverfahren (nur Mitglieder der Bietergruppe Bundesemissionen)	Tenderverfahren (nur Mitglieder der Bietergruppe Bundesemissionen)	Tenderverfahren (nur Mitglieder der Bietergruppe Bundesemissionen)
Nennwert (Mindestauftrag)	0,01 Euro (Börse: kein Mindestauftrag)	0,01 Euro (Börse: kein Mindestauftrag, 110 Euro bei Direkterwerb Deutsche Finanzagentur)	0,01 Euro (Börse: kein Mindestauftrag)
Anlagehöchstbetrag	unbeschränkt	unbeschränkt	unbeschränkt
Zinszahlung	jährlich	jährlich	jährlich
Laufzeit	Neuemissionen: überwiegend 10 Jahre; börsennotierte Titel: von ca. 1 Monat bis unter 30 Jahre	Neuemissionen: 5 Jahre; börsennotierte Titel: von ca. 1 Monat bis unter 5 Jahre	Neuemissionen: 2 Jahre; börsennotierte Titel: bis unter 2 Jahre
Rückzahlung	zum Nennwert	zum Nennwert	zum Nennwert
Erwerber	jedermann	Ersterwerb: nur natürliche Personen sowie gebietsansässige gemeinnützige, mildtätige und kirchliche Einrichtungen; nach Verkaufsende: jedermann	jedermann
Verkaufsstellen	Bundesrepublik Deutschland – Finanzagentur GmbH, Kreditinstitute		
	Bundesschatz-briefe	**Finanzierungs-schätze**	**unverzinsliche Schatzanweisungen (»Bubills«)**
Emissionsrhythmus	Daueremissionen	Daueremissionen	monatliches Tenderverfahren
Emissionsverfahren	Freihändiger Verkauf	Freihändiger Verkauf	Tenderverfahren (nur Mitglieder der Bietergruppe Bundesemissionen)
Nennwert (Mindestauftrag)	0,01 Euro 50 Euro, 52 Euro bei Direkterwerb Deutsche Finanzagentur	0,01 Euro (500 Euro)	0,01 Euro
Anlagehöchstbetrag	unbeschränkt	250 000 Euro je Person und Geschäftstag	unbeschränkt
Zinszahlung	Typ A = jährlich, Typ B = Zinsansammlung (Auszahlung der Zinsen mit Zinseszinsen bei Rückzahlung des Kapitals)	Abzinsung (Nennwert – Zinsen = Kaufpreis)	Abzinsung (Nennwert – Zinsen = Kaufpreis)
Laufzeit	Typ A = 6 Jahre Typ B = 7 Jahre	ca. 1 Jahr ca. 2 Jahre	6 Monate
Rückzahlung	Typ A zum Nennwert; Typ B zum Rückzahlungswert (= Nennwert + Zinsen)	zum Nennwert	zum Nennwert
Erwerber	nur natürliche Personen sowie gebietsansässige gemeinnützige, mildtätige und kirchliche Einrichtungen	jedermann außer Kreditinstituten	jedermann
Verkaufsstellen	Bundesrepublik Deutschland – Finanzagentur GmbH, Kreditinstitute		

festverzinsliche Wertpapiere. Die wichtigsten festverzinslichen Wertpapiere des Bundes

Finanzierungsschätze, vom Bund seit 1975 laufend ausgegebene, nicht an der Börse notierte Schuldverschreibungen mit Laufzeiten von einem Jahr oder zwei Jahren. Der Mindestauftrag muss 500 € betragen. Die zu den festverzinslichen Wertpapieren *(siehe dort)* zählenden Finanzierungsschätze werden in der Weise verzinst, dass der Gläubiger beim Erwerb einen um die Zinsen verringerten Teilbetrag des Nennwertes zahlt (**Abzinsungspapier** ohne laufende Zinszahlung).

Finanzmarkt, Markt, an dem Kreditbeziehungen zwischen Anbietern von Finanzierungsmitteln (Gläubigern) und Nachfragern nach Finanzierungsmitteln (Schuldnern) entstehen. Die Finanzmärkte ermöglichen den Gläubigern eine Ertrag bringende Geld- und Vermögensanlage und den Schuldnern die Finanzierung von Aktivgeschäften. Somit stehen die Finanzmarktgeschäfte häufig in einer engen Beziehung zu güterwirtschaftlichen Transaktionen (z. B. Finanzierung von Investitionen durch Aufnahme von Finanzierungsmitteln am Kreditmarkt). Jedoch gibt es auch Finanzmarktgeschäfte ohne direkten Bezug zu Gütertransaktionen (z. B. Geldhandel zwischen Banken). Sie können auf verschiedene Weise eingeteilt werden, z. B. nach der Fristigkeit: Geldmarkt (kurzfristig), Kreditmarkt (mittelfristig), Kapitalmarkt (langfristig); nach den Teilnehmern, z. B. Interbankengeldmarkt, Euromärkte. Zu den **internationalen Finanzmärkten** gehören alle Märkte mit grenzüberschreitenden Gläubiger-Schuldner-Beziehungen.

Finanzmarktkrise, *siehe* Kapitel 6.

Finanzterminkontrakte, an einer Terminbörse gehandelte, für beide Vertragspartner verpflichtende Vereinbarungen, zu einem bestimmten Zeitpunkt, dem Fälligkeitsdatum, eine bestimmte Menge eines bestimmten Basiswertes (z. B. Anleihen) zu einem im Voraus vereinbarten Preis (Ausübungspreis) zu kaufen bzw. zu verkaufen.

Fixing, Bezeichnung für einen festen Zeitpunkt, zu dem ein Kurs festgestellt wird.

Fonds, Kurzbezeichnung für Investmentfonds *(siehe dort).*

fortlaufende Notierung, variable Notierung: Aktien von Gesellschaften mit größerem Aktienkapital und regelmäßig hohen Börsenumsätzen können zur fortlaufenden Notierung zugelassen werden. Dabei werden die Kurse je nach Angebot und Nachfrage zum nächstmöglichen Zeitpunkt festgestellt im Unterschied zum Kassakurs *(siehe dort).* Die bisher üblichen Mindestauftragsgrößen wurden bei den meisten Aktien gesenkt, sodass im fortlaufenden Handel bereits ab einer Aktie gehandelt werden kann. Sobald an der Präsenzbörse der **Eröffnungskurs** als erster **variabler Kurs** festgestellt ist, beginnt die fortlaufende Notierung; sie endet mit der Fixierung des Schlusskurses *(siehe dort).*

Freiverkehr, privatrechtliches Marktsegment *(siehe dort),* das im Börsengesetz nicht detailliert geregelt ist und das einer Missbrauchsaufsicht durch die Vorstände der einzelnen Börsen unterliegt, wird seit 2005 als **Open Market** bezeichnet.

freundlich, eine Börsentendenz; die Kurse lagen überwiegend etwas besser als am Vortag; ein stärkerer Kursanstieg wird als fest bezeichnet.

Fundamentalanalyse, Methode der Aktienanalyse, die den gegebenen fundamentalen wirtschaftlichen Daten eines Unternehmens besondere Bedeutung beimisst und auf dieser Ebene die ermittelten Kennzahlen verschiedener Unternehmen derselben Branche miteinander vergleicht, um zwischen gegebenen Anlagealternativen entscheiden zu können. Ziel ist eine Abschätzung des Marktpotenzials und des wahren Ertragswerts des Unternehmens. Die Fundamentalanalyse berücksichtigt gesamtwirtschaftlich zahlreiche Faktoren wie die Geld- und Zinspolitik der Zentralbank sowie die Wirtschaftspolitik der Regierung.

Fungibilität, die Eigenschaft von Gütern, Devisen und Wertpapieren, leicht austauschbar zu sein. Fungible Werte werden nicht individuell, sondern der Gattung nach bestimmt und können durch andere Stücke gleicher Gattung und Menge ersetzt werden. Die Fungibilität ist die Voraussetzung für den Börsenhandel und wird durch die Festlegung von Qualitätsnormen geschaffen (Usancen).

Future, Terminkontrakt: Futures sind standardisierte Terminkontrakte (Direktgeschäfte) mit eindeutig festgelegten Eigenschaften. Im Rahmen eines Future-Kontraktes verpflichtet sich die eine Vertragspartei, eine definierte Menge einer Ware einer festgelegten Qualität zu einem festgesetzten Preis an einem bestimmten Ort zu liefern. Die andere Vertragspartei verpflichtet sich zur Abnahme.

Lieferung und Zahlung liegen in der Zukunft. Handelt es sich um Rohstoffe oder andere Güter, spricht man von **Commodity Futures,** bei Aktien, Anleihen Indizes oder Devisen von **Financial Futures.** Finanz- und Warenterminkontrakte werden an eigens dafür eingerichteten Terminbörsen gehandelt. Die physische Abnahme aus dem Kontrakt ist heute oft nicht mehr notwendig, da im Rahmen eines Barausgleichs lediglich Ausgleichszahlungen erfolgen.
An der Eurex werden nicht nur Futures auf einzelne Aktien oder Anleihen gehandelt, sondern insbesondere auch Futures auf Aktienindizes (Index-Future, z. B. DAX®-Future), bestimmte Anleihekategorien (z. B. Bund-Future, Bobl-Future bzw. Bundesobligationen-Future), Währungen (z. B. Euro-Future) und Zinsen (Interes-Rate-Future bzw. Zinsfuture, z. B. EURIBOR-Future). Diese Futures gelten auch als Indikatoren für die mögliche künftige Entwicklung der Aktienmärkte, Zinsen und Wechselkurse. Die größte Börse für Futures ist die Chicago Board of Trade (CBOT).

Geld, Geldkurs, Börsenbezeichnung für Wertpapiernachfrage. Steht hinter dem veröffentlichten Kurs eines Wertpapiers der Kurszusatz *(siehe dort)* ›Geld‹ oder ›G‹, so heißt das: Für das betreffende Wertpapier herrschte große Nachfrage, aber es lagen keine entsprechenden Verkaufsangebote vor.

Geldmarkt, der zu den Finanzmärkten *(siehe dort)* zählende Markt für kurzfristige Kredite im Unterschied zum Kapitalmarkt, *siehe* Kapitel 3.

Geld- und Briefspanne, Unterschied zwischen dem Kurs, zu dem ein Produkt gekauft (= Briefkurs) bzw. verkauft (= Geldkurs) werden kann.

gemischte Fonds, Investmentfonds, die das Fondsvermögen in Wertpapieren (z. B. Aktien, Anleihen) und auch Immobilien anlegen.

General Standard, ein Marktsegment *(siehe dort).*

Genussschein, Genussrecht, Wertpapier, das Vermögens-, nicht aber Mitgliedschaftsrechte an einem Unternehmen verbrieft und als Kapitalform eindeutig weder dem Eigen- noch dem Fremdkapital zugeordnet werden kann. Der Genussschein verbrieft in der Regel Ansprüche auf einen Anteil am Reingewinn, am Liquidationserlös oder auf den Bezug neuer Genussscheine und gegebenenfalls Aktien des Unternehmens.
Im Unterschied zu Aktien und Anleihen bestehen keine gesetzlichen Vorschriften zur Ausgestaltung der Genussrechte. Dieser Umstand ist für die Emittenten vorteilhaft, da sie die Ausgestaltung auf ihre individuellen Bedürfnisse ausrichten können. Genussscheine bieten den Vorteil, dass bei entsprechender Ausgestaltung Körperschaft- und Gewerbeertragsteuer entfallen.

geregelter Markt, seit 1987 bestehendes Marktsegment *(siehe dort)* an deutschen Wertpapierbörsen, das 1988 den geregelten Freiverkehr abgelöst hat. Der geregelte Markt wurde 2007 mit dem amtlichen Markt zusammengefasst.

geschlossene Fonds, Investmentfonds, bei denen nur eine bestimmte Zahl von Anteilen über eine fest definierte Anlagesumme ausgegeben wird. Hier gilt das sogenannte Closed-End-Prinzip. Bei Erreichen des geplanten Volumens wird der Fonds geschlossen und die Ausgabe von Anteilen eingestellt. Im Gegensatz zu offenen Fonds *(siehe dort)* besteht keine Verpflichtung der Gesellschaft, Anteile wieder zurückzunehmen. Geschlossene Fonds werden in Deutschland nicht aufgelegt. Sie kommen lediglich in Form geschlossener Immobilienfonds vor, die allerdings keine Investmentfonds im gesetzlichen Sinne sind.

Gewinn je Aktie, Kennzahl für die Börsenbewertung von Aktien. Sie erlaubt eine Aussage über die Ertragskraft eines Unternehmens und ermöglicht Vergleiche im Zeitablauf (Zeitvergleich) und zwischen einzelnen Unternehmen (Betriebsvergleich) auf der Basis des Kurs-Gewinn-Verhältnisses *(siehe dort).* Die Höhe des Gewinns je Aktie wird entscheidend von der Kapitalstruktur beeinflusst. Gesellschaften mit relativ niedrigem Grundkapital (niedrige Aktienzahl) weisen im Vergleich zu solchen mit relativ hohem Grundkapital einen höheren Gewinn je Aktie aus. Neuerdings wird auch die Kennzahl EBIT *(siehe dort)* verwendet.

Gewinnmitnahme, Bezeichnung für ein Anlegerverhalten, nach einem kräftigen Kursanstieg Buchgewinne durch den Verkauf von Aktien auch zu realisieren. Gewinnmitnahmen sind häufig bei Neuemissionen zu beobachten, wenn Anleger ihre zugeteilten Aktien am ersten Börsenhandelstag verkaufen, sofern der Kurs der Aktie erheblich über dem Emissionskurs liegt.

Gewinnwarnung, Verpflichtung von börsennotierten Unternehmen, ihre Anleger davon zu unterrichten, dass ihre Unternehmensgewinne und auch ihre Umsätze nicht den Prognosen entsprechen.

Girosammelverwahrung, Sammelverwahrung, Bezeichnung für die Verwahrungsart von Wertpapieren der gleichen Gattung. Die Verwahrung erfolgt durch das Kreditinstitut auf ausdrücklichen Wunsch des Kunden. Im Gegensatz zur Sonderverwahrung (Streifbandverwahrung) hat der Kunde bei der Sammelverwahrung kein Eigentumsrecht an den von ihm abgelieferten Papieren. Er wird vielmehr zum Miteigentümer nach Bruchteilen am Sammelbestand der betreffenden Gattung.

Glattstellen, Kauf oder Verkauf von Wertpapieren, um eine bestehende Verpflichtung durch ein Gegengeschäft auszugleichen.

Going-public, Umwandlung einer Personengesellschaft in eine Aktiengesellschaft (AG) mit gleichzeitiger Einführung der Aktien an der Börse bzw. Zulassung von Aktien einer AG, die bisher nicht an einer Börse notiert waren. Hauptgründe für die Börse sind neben der Erschließung des Kapitalmarktes als Finanzierungsquelle auch Publizitäts- und Imageeffekte sowie steuerliche Überlegungen.

Gratisaktie, die Berichtigungsaktie *(siehe dort).*

grauer Markt, zum einen der Markt für Wertpapiere, auf dem Preise für Neuemissionen vorbörslich ermittelt werden, zum anderen Bezeichnung für risikoreiche, unreglementierte Kapitalmärkte, auf denen Objekte gehandelt werden, die nicht auf den organisierten Kapitalmärkten, den Börsen, vertreten sind. Über Zeitungsanzeigen und Telefon wird z. B. versucht, Anleger mit weit überdurchschnittlichen Zins- und Gewinnaussichten für eine Kapitalanlage zu gewinnen. Die sehr hohen Verlustrisiken werden meist verschwiegen.

Greenback, Bezeichnung für den US-Dollar (wegen der grünen Rückseite der Dollar-Banknoten).

Greenshoe, Terminus für eine Mehrzuteilungsoption. Diese räumt einem Emissionskonsortium im Rahmen eines Bookbuilding-Verfahrens *(siehe dort)* gegebenenfalls die Möglichkeit ein – über das ursprünglich anvisierte Emissionsvolumen hinaus – ein bestimmtes Volumen an Mehrzuteilungen zu Ursprungskonditionen am Markt zu platzieren.

Handel per Erscheinen, meist spekulativer Kauf oder Verkauf von Wertpapieren vor der Bekanntgabe der Emissionsbedingungen oder vor der ersten Kursnotiz an der Börse in der Hoffnung auf günstigen Weiterverkauf ›per Erscheinen‹ des Wertpapiers an der Börse.

Handelsüberwachungsstelle, Börsenorgan, das von einer Wertpapierbörse eingerichtet wird. Die Handelsüberwachungsstelle überwacht den täglichen Börsenhandel und die Börsengeschäftsabwicklung. Im Falle von Unregelmäßigkeiten ist sie zur Information der Börsengeschäftsführung und der Börsenaufsichtsbehörde verpflichtet.

Hausse, ein meist längere Zeit anhaltender starker Kursanstieg der Wertpapierkurse auf breiter Front. In der Hausse kann man Wertpapiere verkaufen, um Gewinne zu realisieren (Gegenteil: Baisse).

Hebelwirkung, eine Eigenschaft von Optionsscheinen *(siehe dort).*

Hedgefonds, Investmentfonds, die mithilfe von Fremdkapital bzw. Kreditfinanzierung ein Vielfaches ihres Eigenkapitals z. B. in Devisen, festverzinslichen Wertpapieren, Aktien, Rohstoffen oder Derivaten anlegen, eine hochspekulative Anlagepolitik betreiben, auch Leerverkäufe betreiben und Verlustrisiken durch verschiedenartige Hedginginstrumente zu begrenzen suchen. So werden z. B. Gelder in bestimmte Hochzinswährungen investiert und durch Kreditaufnahmen in Niedrigzinswährungen finanziert.
Hedgefonds sind wegen ihrer kurzfristig renditeorientierten und spekulativen Geschäftspolitik, die als Gefahr für die internationalen Finanzmärkte gesehen wurde und auch zur Zerschlagung ganzer Unternehmen führte, an denen sich solche Fonds beteiligten, stark in die Kritik geraten.

Hedging, Bezeichnung für die Risikobegrenzung bei Wertpapier-, Währungs- oder Warengeschäften durch ein zweites, entgegengesetztes Geschäft; z. B. bei Aktiengeschäften kann man mit Verkaufsoptionsscheinen *(siehe dort)* das Risiko eines Kursverlustes absichern.

historische Wertpapiere, die Nonvaleurs *(siehe dort).*

Immobilienfonds, Fonds, die das Geld der Anleger in Immobilien (z. B. Bürogebäude, Einkaufszen-

tren, Mietwohnungen) investieren. Man unterscheidet zwischen offenen und geschlossenen Immobilienfonds. **Offene Immobilienfonds** weisen dieselben Rechtskonstruktionen wie Investmentfonds für Wertpapiere auf. Das Grundstücksvermögen, das aus mindestens zehn Objekten besteht, wird von einer Kapitalanlagegesellschaft (Fondsgesellschaft) als Sondervermögen verwaltet. Die Anteilsinhaber sind in Höhe ihrer Einzahlung indirekt Mitbesitzer der Liegenschaft des Fonds. Es besteht kleine Anteilsstückelung, Risikostreuung durch die Beteiligung des Fonds an vielen unterschiedlich und überregional genutzten Objekten, Rücknahmeverpflichtung der Fondsgesellschaft für ausgegebene Anteile zum Tageskurs (kann bei Liquiditätsproblemen ausgesetzt werden). Steuervorteile entstehen durch teilweise steuerfreie Ausschüttungen und steuerfreie Wertzuwächse der Immobilien und damit der Anteile.
Geschlossene Immobilienfonds sind direkte unternehmerische Beteiligungen an einem bestimmten Objekt. Der Anteilszeichner beteiligt sich zumeist über den Erwerb von Kommanditanteilen an der Erwerbergesellschaft. Die Anlagesummen pro Anteil betragen in der Regel ab 25 000 € aufwärts. Wenn die für die Realisierung des Objekts notwendige Summe von den Anteilseignern gezeichnet ist, wird der Fonds geschlossen, d. h., es werden keine weiteren Anteile für dieses Objekt ausgegeben. Den Anteilsinhabern werden die Einnahmen und Ausgaben, die die Objekte betreffen, insbesondere steuerliche Abschreibungen, direkt zugerechnet.

Index, eine Kennziffer (Zahlengröße) zur Veranschaulichung der Entwicklung ökonomischer Größen. Die Veränderung eines Wertpapierindex spiegelt die Kursveränderungen der ihm zugrunde liegenden Aktien beim Aktienindex *(siehe dort)* oder Anleihen beim Rentenindex *(siehe dort)* wider.

Indexanleihe, Anleihe, bei der die Zinszahlung und/oder die Rückzahlung nicht auf einem vordefinierten Geldbetrag basiert, sondern von der Entwicklung eines bestimmten Index (z. B. Aktienindex oder Inflationsrate) zum Zeitpunkt der Zinszahlung und der Tilgung abhängig ist.

Indexzertifikat, Wertpapier, das die Entwicklung eines Börsenindex exakt nachvollzieht. Das Indexzertifikat verbrieft dem Käufer ein Recht auf Zahlung eines Geld- oder Abrechnungsbetrages, dessen Höhe vom Wert des zugrunde liegenden Index (z. B. DAX®, STOXX®) am Fälligkeitstag abhängt. Der Preis eines solchen Zertifikats beträgt in der Regel einen Bruchteil des Werts des Index. Beispiel: Beträgt der Indexstand 6 500 Punkte und der Indexanteil ein Hundertstel, so entspricht der Kurs des Zertifikats etwa 65 €. Während der Laufzeit (mehrjährig) erfolgen keine Gewinnzahlungen und keine sonstigen Ausschüttungen.

Inhaberaktie, Aktie, bei der die Aktiengesellschaft die mit der Aktie verbundenen Leistungen (z. B. Dividendenzahlung) allein dem jeweiligen Inhaber, nicht aber einer bestimmten Person (wie bei der Namensaktie) verspricht.

innerer Wert, Größe bei der Bewertung von Optionsscheinen *(siehe dort).*

Insiderhandel: Gemäß Wertpapierhandelsgesetz wird als **Insider** bezeichnet, wer über Informationen verfügt, die sich erheblich auf den Kurs eines Wertpapiers auswirken können. Solange die Öffentlichkeit noch nicht informiert ist, darf der Insider dieses Wissen nicht nutzen, um an der Börse tätig zu werden. Auch Tipps an andere sind verboten. Insider ist, wer als Mitglied des Geschäftsführungs- oder Aufsichtsorgans oder als persönlich haftender Gesellschafter des Emittenten oder eines mit dem Emittenten verbundenen Unternehmens, aufgrund seiner Beteiligung am Kapital des Emittenten oder eines mit dem Emittenten verbundenen Unternehmens oder aufgrund seines Berufs oder seiner Tätigkeit oder seiner Aufgabe bestimmungsgemäß Kenntnis von einer Insidersache hat. Nicht nur Vorstände und Aufsichtsräte, theoretisch kann jeder beliebige Mitarbeiter eines Unternehmens Insider sein. Verboten ist auch, einem anderen auf der Grundlage seiner Kenntnis von einer Insidertatsache den Erwerb oder die Veräußerung von Insiderwertpapieren zu empfehlen. Bis zu fünf Jahre Gefängnis oder eine dementsprechende Geldstrafe ist die Strafe für Insiderhandel.

institutionelle Anleger, Kapitalanleger, die aufgrund ihrer Geschäftstätigkeit Geldbeträge an den Finanzmärkten – insbesondere am Kapitalmarkt – investieren. Aufgrund der umfangreichen Kapitalbeträge, die sie (z. B. Investmentfonds, Versicherungsunternehmen) einsetzen, beeinflussen sie mit ihrer Investitions-, Desinvestitionstätigkeit oder

INVESTMENTANTEIL

	Tageswert sämtlicher Vermögenswerte des Fonds (Bewertung der Wertpapiere zum aktuellen Tageskurs, Immobilien zum Ertragswert)
+	Summe der liquiden Mittel
–	Verbindlichkeiten des Fonds, wie Managementkosten, Depotbankgebühr, An- und Verkaufsspesen
=	Nettoinventarwert des Fonds
÷	geteilt durch die Anzahl der ausgegebenen Anteilscheine
=	Rücknahmepreis pro Fondsanteil
+	Ausgabeaufschlag
=	Ausgabepreis pro Fondsanteil

Quelle: Stiftung Warentest.

Investmentanteil. Berechnung des Werts eines Fondsanteils

Abstinenz in erheblichem Maße das Geschehen an den Finanzmärkten.

Internetbroking, Wertpapierhandel über das Internet. Internetbroking wird z. B. von den Discountbrokern genutzt.

Investmentanteil, Investmentzertifikat, Wertpapiere, die Anteile an einem Investmentfonds *(siehe dort)* verbriefen. Mit dem Kauf von solchen **Anteilscheinen** wird man Miteigentümer am Fondsvermögen.
Der Preis eines Anteils **(Anteilswert)** ergibt sich aus der Teilung des gesamten Fondsvermögens durch die Anzahl der ausgegebenen und im Umlauf befindlichen Anteile. Er ist die Grundlage für die Berechnung des Ausgabepreises. Der **Ausgabepreis** ist der um den **Ausgabeaufschlag,** mit dem die Ausgabekosten gedeckt werden, erhöhte Anteilwert. Die Investmentgesellschaften nehmen jederzeit Anteile zum **Rücknahmepreis,** der im Regelfall mit dem Anteilwert identisch ist, zurück. Veränderungen der Anteilpreise, die börsentäglich veröffentlicht werden, ergeben sich aus den Wertveränderungen der Vermögensgegenstände des Fonds sowie den zufließenden Erträgen. Zur Ausschüttung gelangen die im Laufe eines Geschäftsjahres dem Fonds zugeflossenen Erträge (z. B. Veräußerungsgewinne, Dividenden und Zinseinnahmen). Die Erträge werden meist einmal jährlich gegen Vorlage des jeweiligen Ertragscheins ausgeschüttet. Bei den thesaurierenden Fonds werden die erwirtschafteten Beträge nicht ausgeschüttet, sondern einbehalten und automatisch wieder angelegt.

Investmentbanking, Sparte des Bankgeschäfts, die sich mit Instrumenten zur Kapitalmarktfinanzierung von Unternehmen beschäftigt. Die Hauptaufgabe des Investmentbankings besteht in der Vorbereitung, Betreuung und Durchführung von Emissionen *(siehe dort),* der Entwicklung neuer Wertpapierformen, z. B. Derivate *(siehe dort),* dem Handel mit Wertpapieren und Finanzinnovationen sowie der Vermögensverwaltung.

Investmentfonds, Fonds, Sondervermögen einer Investmentgesellschaft, das aus dem eingelegten Geld von Kapitalanlegern gebildet wurde. Das Sondervermögen muss vom eigenen Vermögen der Investmentgesellschaft getrennt gehalten werden. Die Investmentgesellschaft tätigt im eigenen Namen nach dem Grundsatz der Risikomischung Wertpapiergeschäfte mit dem Ziel, den Wert des Sondervermögens zu vermehren. Das Sondervermögen soll in unterschiedliche Anlagebereiche investiert werden, sodass Kursverluste eines bestimmten Wertes durch die Kursentwicklung anderer Werte kompensiert werden können.
Man unterscheidet zwischen **Publikumsfonds,** deren Anteile öffentlich angeboten und von jedermann erworben werden können, und **Spezialfonds,** die für institutionelle Anleger (z. B. Versicherungsgesellschaften, Pensionskassen) aufgelegt werden und deren Anteile nicht öffentlich angeboten werden. Nach dem Schwerpunkt der Zusammensetzung ihres Fondsvermögens gibt es neben den **Wertpapierfonds** auch **Beteiligungssondervermögen,** die für ihre Anleger Wertpapiere (Aktien und Schuldverschreibungen) und stille Beteiligungen an Unternehmen mit Sitz und Geschäftsleitung in Deutschland erwerben, und Immobilienfonds *(siehe dort).*
Typisch für die allgemeinen **Aktienfonds** ist die Anlage in solche Aktien, die wegen allgemein aner-

kannter Qualität als Standardwerte (Bluechips) gelten. Hierzu gehören in erster Linie Aktien, die im Deutschen Aktienindex DAX® *(siehe dort)* oder im amerikanischen Dow-Jones-Index *(siehe dort)* notiert sind und die eine hohe Marktkapitalisierung besitzen sowie hohe Liquidität und einfache Handelbarkeit aufweisen. Das Fondsvermögen ist meistens ohne Begrenzung auf bestimmte Branchen breit gestreut. Die speziellen Aktienfonds konzentrieren sich auf bestimmte Bereiche des Aktienmarktes, z. B. auf bestimmte Marktsegmente wie den Neuen Markt oder kleine und mittlere Unternehmen (Nebenwerte). **Branchenfonds** oder **Themenfonds** enthalten Aktien bestimmter Industriezweige, Wirtschaftssektoren oder Themenbereiche wie Telekommunikation, Multimedia, Energie, Chemie, Pharma, Logistik.

Die allgemeinen **Rentenfonds** investieren in festverzinsliche Wertpapiere mit unterschiedlichen Zinssätzen und Laufzeiten, wobei gute bis sehr gute Bonität des Emittenten vorausgesetzt wird. Spezielle Rentenfonds konzentrieren sich analog zu den speziellen Aktienfonds auf bestimmte Bereiche des Rentenmarktes: Low-Coupon-Rentenfonds enthalten niedrigverzinsliche Anleihen, es gibt Fonds mit variabel verzinslichen Anleihen, High-Yield-Fonds investieren vorwiegend in hochverzinsliche Anleihen unterschiedlicher Bonität, Junk-Bond-Fonds enthalten hochverzinsliche Anleihen geringer Bonität. High-Grade-Rentenfonds investieren in Anleihen allerhöchster Bonitätsstufe. Geldmarktnahe Rentenfonds enthalten insbesondere Wertpapiere mit kurzen Laufzeiten. **Geldmarktfonds** legen in kurzfristigen Geldmarktpapieren mit einer (Rest-)Laufzeit von maximal zwölf Monaten oder in Bankguthaben an. Zulässig sind auch Rentenfonds mit begrenzter Laufzeit **(Laufzeitfonds).** Bei **Mischfonds** oder **gemischten Fonds** wird sowohl in Aktien als auch in Renten angelegt.

Der geografische Anlagehorizont gibt an, in welchen Regionen der Welt bzw. Ländern bestimmte Fonds investieren. **Länderfonds** enthalten nur Wertpapiere, deren Emittenten in einem bestimmten Land ihren Sitz haben. So konzentriert sich beispielsweise ein Japan-Fonds auf die Wertpapiere japanischer Emittenten. **Regionenfonds** enthalten nur Anlagewerte bestimmter Regionen, z. B. aus Europa, Euroland, Nordamerika oder aus Emerging Markets. Hochspekulativ sind Hedgefonds *(siehe dort).*

Die Angebotsvielfalt der Fonds erweitert sich ständig: **Exotenfonds** weisen von der Konzeption her nicht selten ein von vornherein geringeres Maß an Risikostreuung auf, indem sie ihre Anlagen auf ganz bestimmte Märkte, Finanzinstrumente oder sogar Kombinationen daraus konzentrieren. Optionsscheinfonds investieren z. B. nur in Optionsscheine bzw. Optionen. Futuresfonds in Futurekontrakte an Terminbörsen. Außerdem gibt es **Garantiefonds,** die als Rentenfonds in Anleihen von Schuldnern höchs-

Investmentfonds. Funktionsweise eines Investmentfonds

ter Bonität anlegen und als Aktienfonds zur Risikobegrenzung einen Teil des Fondsvermögens für Kurssicherungsgeschäfte nutzen. **Indexfonds** bilden bei ihrer Anlage einen bestimmten Aktien- oder Rentenindex genau nach.
Umbrellafonds sind breit gefächerte Fonds, die dem Anleger eine Umschichtung oder den Neuerwerb seiner Investmentanteile oder der Ausschüttungsgewinne ganz oder teilweise ohne Ausgabeaufschlag innerhalb der Fondsgesellschaft ermöglichen. Als **Dachfonds** werden Investmentfonds bezeichnet, die ausschließlich in andere Aktien- oder Rentenfonds investieren. Eine Besonderheit sind auch die Altersvorsorge-Sondervermögen, die AS-Fonds *(siehe dort),* die speziell dem Aufbau von Kapital zur privaten Altersvorsorge dienen.

Investmentgesellschaft, Kapitalanlagegesellschaft, Unternehmen, das Kapital von Anlegern sammelt und die ihm anvertrauten Gelder nach Maßgabe der gesetzlichen und vertraglichen Anlagegrundsätze in einem Sondervermögen (Fondsvermögen) anlegt. Über das Fondsvermögen werden von der Investmentgesellschaft Anteilscheine (Fondsanteile, Investmentanteile) ausgegeben. Das Sondervermögen setzt sich neben Barliquidität aus den erworbenen Aktien bzw. Renten oder Anleihen, Immobilien und sonstigen Vermögenswerten zusammen. Eine Kapitalanlagegesellschaft darf mehrere Sondervermögen (Investmentfonds) auflegen. Diese müssen sich allerdings durch ihre Bezeichnung unterscheiden und voneinander getrennt geführt werden.
Dachorganisation der deutschen Kapitalanlagegesellschaften ist der 1970 gegründete ›BVI Bundesverband Deutscher Investment-Gesellschaften‹, dem seit 2001 auch Vermögensverwaltungsgesellschaften angehören können und der seit 2002 die Bezeichnung **BVI Bundesverband Investment und Asset Management e. V.** trägt. Der BVI informiert auch das breite Publikum rund um Investmentfonds, veröffentlicht z. B. Daten über die verschiedenen Fonds und deren Wertentwicklung. Anschrift: Eschenheimer Anlage 28, 60318 Frankfurt am Main, Telefon: 069 1540900, Internet: www.bvi.de.

Investmentklub, Gemeinschaft von Sparern (im Regelfall Kleinanleger), die auf gemeinsame Rechnung Wertpapiergeschäfte tätigen. In Deutschland gibt es derzeit rund 7000 solcher Klubs.

Investmentzertifikat, der Investmentanteil *(siehe dort).*

Investor-Relations, Bezeichnung für die vielfältigen Formen der Pflege der Beziehungen einer AG zu ihren Kapitalgebern, insbesondere ihren Aktionären, um deren Vertrauen und Loyalität zu erhalten und zu festigen. Dazu dienen neben einer aktionärsfreundlichen Dividenden- und Emissionspolitik im Sinne des Shareholder-Value *(siehe dort)* auch die Gestaltung der jährlichen Geschäftsberichte und die laufende Vermittlung aktueller Informationen über die AG.

IPO, Abkürzung für **i**nitial **p**ublic **o**ffering, das erstmalige öffentliche Angebot, d. h. die erstmalige Inanspruchnahme des inländischen Aktienmarktes im Wege einer Kapitalerhöhung oder Umplatzierung. Mit einem IPO sind im Allgemeinen eine Börsenzulassung des Aktienkapitals und die Aufnahme der Börsennotierung verbunden.

ISIN, Abkürzung für **I**nternational **S**ecurities **I**dentification **N**umber. Diese internationale Wertpapieridentifikationsnummer dient der weltweit eindeutigen Kennzeichnung von Wertpapieren und löste 2003 die deutsche Wertpapierkennnummer *(siehe dort)* ab. ISIN ist ein alphanumerisches System, das sich aus einem zweistelligen Präfix, dem Ländercode (z. B. ›DE‹ für Deutschland), einer nationalen Kennnummer (NSIN) mit bis zu neun Ziffern (hier werden die traditionellen Wertpapiernummern zugrunde gelegt) und einer einstelligen numerischen Prüfziffer zusammensetzt.

junge Aktien, von einer Aktiengesellschaft (AG) im Rahmen einer Kapitalerhöhung ausgegebene Aktien, die zunächst den Altaktionären zu besonderen Konditionen angeboten werden. Damit soll diesen ermöglicht werden, ihren alten Anteil an der AG halten zu können. Mit Abschluss der kommenden Hauptversammlung werden junge Aktien voll dividendenberechtigt. Damit entfällt der Zusatz junge Aktien auf dem Kurszettel. Eine **alte Aktie** ist im Gegensatz dazu entweder zum Zeitpunkt der Kapitalerhöhung mit einem Bezugsrecht *(siehe dort)* oder für das restliche Geschäftsjahr mit einem höheren Dividendenanspruch ausgestattet.

Junkbond, amerikanischer Begriff für eine spekulative hochverzinsliche Anleihe (auch Schrott- oder Müllanleihe genannt), die ausschließlich für den

Zweck von Firmenübernahmen emittiert wird. Die Bezeichnung wird mittlerweile für alle Arten von Rentenpapieren geringer Bonität verwendet.

Kapitalanlagegesellschaft, die Investmentgesellschaft *(siehe dort).*

Kapitalmarkt, der Markt für mittel- und langfristige Wertpapiere (Wertpapiermarkt), üblicherweise unterschieden in Anleihemarkt oder Rentenmarkt (Markt für festverzinsliche Wertpapiere, insbesondere Bankschuldverschreibungen, Anleihen der öffentlichen Hand und Industrieobligationen) und Aktienmarkt. Beim Renten- und Aktienmarkt wird weiterhin zwischen dem Markt für Neuemissionen (Primärmarkt) und dem Markt für in Umlauf befindliche Wertpapiere (Sekundärmarkt) unterschieden. Die Wertpapiermärkte an den Börsen werden auch als organisierte Kapitalmärkte bezeichnet. Am nicht organisierten Kapitalmarkt werden Darlehen, Beteiligungen, Hypotheken entweder direkt zwischen Anbietern und Nachfragern gehandelt oder indirekt über Banken (langfristiges Darlehens- und Einlagengeschäft). Den Gegensatz zum Kapitalmarkt bildet der Geldmarkt.

Kassageschäft, Börsenausdruck für den An- und Verkauf von Wertpapieren. Bei Kassageschäften hat die Zahlung des Kaufpreises bei Lieferung zu erfolgen oder kurzfristig, d. h. am 2. Börsentag nach Abschluss (Gegenteil: Termingeschäft). Die Gesamtheit der Kassageschäfte wird **Kassahandel** genannt, das Börsensegment als **Kassamarkt** bezeichnet.

Kassakurs, zum einen die Bezeichnung der Kurse am Kassamarkt, zum anderen gleichbedeutend mit dem **Einheitskurs** für Wertpapiere mit geringem Handelsvolumen außerhalb der fortlaufenden Notierung *(siehe dort).* Nach einem bestimmten Verfahren werden einmal börsentäglich (meist zur Mitte der Börsensitzung) die Kauf- und Verkaufsaufträge verglichen und hiernach der Kurs *(siehe dort)* ermittelt.

Kaufoptionsschein, Call: Solche Scheine geben dem Käufer das Recht, den Basiswert zu einem Optionsschein *(siehe dort)* innerhalb der Laufzeit des Papiers zu einem bestimmten Preis zu erwerben. Dieser Basispreis des Calls ist von Anfang an festgelegt. Mit einem Call auf Aktie ›wetten‹ Käufer auf einen steigenden Aktienkurs. Legt der Titel tatsächlich zu, kann man den Call ausüben und die Aktie vom Stillhalter (Verkäufer der Option) erwerben, und zwar billiger, als es am Markt möglich ist.

Kaufsignal, Begriff der Chartanalyse *(siehe dort),* der einen Hinweis zum Erwerb des betreffenden Wertpapiers gibt.

Konsolidierung, an der Börse die Bezeichnung für eine ›Ruhephase‹ nach starken Kursanstiegen oder Kursrückgängen.

Konsortium, eine von Emittenten festgelegte Gruppe von Wertpapierdienstleistungsunternehmen, die im Rahmen eines Emissionskonsortiums mit der Platzierung der Aktien beauftragt ist. Die einzelnen Mitglieder des Konsortiums werden auch **Konsortialbanken** genannt, ein Kreditinstitut übernimmt als **Konsortialführer** die Geschäftsführung und Vertretung sowie meist auch die größte Quote der Emission *(siehe dort).*

Kurs, Börsenpreis, der Preis, den die Marktteilnehmer in einer gegebenen Situation für die mit einem Wertpapier verbundenen Rechte zu zahlen bereit sind. Er richtet sich an der Börse nach Angebot und Nachfrage. Die Kursfestsetzung (Kursbildung, Preisermittlung) durch die Skontroführer oder auch

KURS

Kaufaufträge			Verkaufsaufträge		
Kurslimit	Stück	kumulierte Stückzahl	Kurslimit	Stück	kumulierte Stückzahl
unlimitiert (billigst)	80	80	unlimitiert (bestens)	60	60
98	60	140	93	50	110
97	70	210	94	90	200
96	90	300	95	60	260
95	50	350	96	70	330
94	90	440	97	80	410
93	70	510	98	50	460

Kurs.
Im Skontrobuch sammelt der Skontroführer Kauf- und Verkaufsaufträge und ermittelt den Kurs, bei dem Angebot und Nachfrage zum Ausgleich gebracht werden.

KURS-CASHFLOW-VERHÄLTNIS

Cashflow je Aktie

$$\text{Cashflow je Aktie} = \frac{\text{Cashflow}}{\text{Anzahl der Aktien}}$$

Kurs-Cashflow-Verhältnis

$$\text{KCV} = \frac{\text{Börsenkurs}}{\text{Cashflow in Euro je Aktie}}$$

Cashflow

Jahresgewinn/-verlust
(= Dividende
+ Rücklagenzuführung
- Rücklagenauflösung)
+ Abschreibungen auf Sachanlagen
+ Abschreibungen auf Finanzanlagen
+ Zinsen für Fremdkapital
+ Erhöhung der langfristigen Rückstellungen
+ Organverluste
= Cashflow in Mio. Euro

Kurs-Cashflow-Verhältnis. Berechnungsformel

freien Makler geschieht dabei nach der Maßgabe des größten möglichen Umsatzes. Der Skontroführer stellt also die vorliegenden Kauf- und Verkaufsaufträge einander gegenüber und ermittelt den Kurs, zu dem die größte Stückzahl abgewickelt werden kann. Nach diesem **Meistausführungsprinzip** werden sowohl die Kassa- oder Einheitskurse als auch die variablen Kurse bei fortlaufender Notierung *(siehe dort)* festgestellt.

Kurs-Cashflow-Verhältnis, Abkürzung **KCV,** Kennzahl, die den Börsenkurs einer Aktie zum Cashflow (*siehe* Kapitel 7) der AG in Beziehung setzt. Das KCV wird als Indikator angesehen, der das Verhältnis zwischen dem Kurswert der Aktie und dem dahinterstehenden wirtschaftlichen Potenzial beschreibt.

KURS-GEWINN-VERHÄLTNIS

Gewinn je Aktie

$$\text{Gewinn je Aktie} = \frac{\text{Jahresüberschuss}}{\text{Anzahl der Aktien}}$$

Kurs-Gewinn-Verhältnis

$$\text{KGV} = \frac{\text{Börsenkurs}}{\text{Gewinn in Euro je Aktie}}$$

Kurs-Gewinn-Verhältnis. Berechnungsformel

Kursgewinn, Gewinn, der durch den Unterschied zwischen An- und Verkaufskurs eines Wertpapiers erzielt wird, abzüglich aller entstandenen Kosten (Courtage, Spesen, Transaktionskosten) für den Wertpapierhandel. Nicht realisierte Kursgewinne (Buchgewinne) sind Gewinne, bei denen der Wertpapierverkauf noch nicht stattgefunden hat. **Kursverluste** sind die Verluste aus dem Unterschied zwischen An- und Verkaufskurs zuzüglich der Nebenkosten. Kursgewinne, abzüglich von Kursverlusten, unterliegen der Abgeltungsteuer (*siehe* Kapitel 5).

Kurs-Gewinn-Verhältnis, Abkürzung **KGV,** Verhältniszahl, die sich aus der Gegenüberstellung des Kurses einer Aktie mit dem auf diese Aktien entfallenden Jahresüberschuss (Reingewinn) ergibt. Das KGV zeigt, zum Wievielfachen des Periodenreingewinns eine Aktie gehandelt bzw. bewertet wird. Zeit- und Unternehmensvergleiche ermöglichen die Aussage über die Preiswürdigkeit einer Aktie (Über- oder Unterbewertung), wobei diese umso preiswürdiger ist, je niedriger das KGV ist.

Kursmakler, vereidigter amtlicher Makler, der an der Börse tätig ist. Den Kursmaklern obliegt die Feststellung amtlicher Kurse an der Börse. Das 2002 in Kraft getretene neue Börsengesetz spricht jetzt von Skontroführern *(siehe dort)*.

Kurspflege, Kursstützung: Sinkt z. B. der Kurs einer Aktie, so kann die Bank, die das betreffende Wertpapier ausgegeben hat, an der Börse Stützungskäufe vornehmen, damit der Kurs unter dem hohen Angebotsdruck nicht weiter abrutscht.

Kursrisiko, ein Risiko *(siehe dort)* bei Börsengeschäften.

Kurstendenzen: Am Anfang oder am Ende der Veröffentlichung von Kurszetteln wird man einen Hinweis über die Tagestendenz entdecken, den die Kurse am aktuellen Berichtstag an der Börse hatten. Positive **Börsentendenzen** beschreiben die Begriffe Hausse, fest, fester, freundlich und erholt. Neutral sind die Tendenzen behauptet, gehalten, uneinheitlich und lustlos. Eher negative Kurstendenzen bezeichnen die Begriffe leichter, schwächer, schwach und Baisse. In dem Bestreben, die Tendenzen noch genauer auszudrücken, werden den Tendenzbezeichnungen oftmals noch Zusätze vorangestellt, z. B. etwas leichter oder knapp behauptet.

Kurswert, der Wert eines Wertpapiers aufgrund seines Börsenkurses.

Kurszettel, Kursblatt, Kursbericht, die Liste der Kurse, die von den amtlichen Börsenbehörden (im Amtlichen Kursblatt) herausgegeben wird. Kurszettel enthalten die in den verschiedenen Marktsegmenten ermittelten Kurse und die von Banken zusammengestellten Kurse sonstiger unnotierter Papiere (Beilagen zum amtlichen Börsenblatt). Der Kurszettel wird in Börsen- oder Tageszeitungen veröffentlicht.

Kurszusätze: Kurszusätze geben Auskunft darüber, ob zu einem bestimmten Kurs Geschäfte und auch in welchem Umfang diese zustande gekommen sind. Des Weiteren sind Kurszusätze ein wichtiger Indikator für die Beurteilung der Liquidität des Handels von bestimmten Wertpapieren. Einen besonders liquiden Handel kennzeichnen beispielsweise ›bezahlt‹-Kurse. In einem engen Markt kommen Zusätze wie ›Geld‹ oder ›Brief‹ sehr oft vor. – Grafik S. 444

Laufzeitfonds, Rentenfonds, die zu einem vorher festgelegten Zeitpunkt aufgelöst und an die Anteilinhaber zurückgezahlt werden. Das Zins- und damit auch das Kursänderungsrisiko sind sehr gering.

Leerverkauf, Verkauf von Wertpapieren oder anderen Finanzinstrumenten an der Börse, die der Verkäufer zum Zeitpunkt des Abschlusses noch nicht besitzt. Der Leerverkäufer spekuliert darauf, dass die Kurse bis zum Erfüllungstermin sinken und

KURSZETTEL

DAX®-30

24.07.2009 Angaben in €	ISIN	letzte Dividende	Börsenkapitalisierung in Mio. €	Tages Hoch	Tages Tief	Schluss	Veränderung zum Vortag	52 Wochen Hoch	52 Wochen Tief	Ergebnis je Aktie 2008	Ergebnis je Aktie 2009[5]	KGV 2009	Dividendenrendite[5]	Umsatz 24.07.2009 Stück	Umsatz 24.07.2009 in 1000 €
Adidas	DE0005003404	0,50	5735,1	29,15	28,54	**28,99**	+0,39	43,90	21,22	3,07	1,04	27,9	1,7	1264992	36608
Allianz SE[1] NA vink.[2]	DE0008404005	3,50	33590,4	72,36	69,72	**70,78**	-0,33	117,50	45,15	8,01	9,40	7,5	4,9	2990829	211664
BASF SE[1]	DE0005151005	1,95	33801,7	34,75	33,90	**34,33**	+0,08	42,24	17,85	3,13	1,64	20,9	5,7	5236550	180083
Bayer	DE0005752000	1,40	31877,2	40,94	39,85	**40,20**	-0,66	57,77	32,69	4,17	3,46	11,6	3,5	4297846	173590
Beiersdorf	DE0005200000	0,90	8758,0	33,89	33,49	**33,78**	+0,30	45,91	28,70	2,14	1,62	20,9	2,7	415867	14019
BMW StA[3]	DE0005190003	0,30	18805,5	31,06	30,01	**30,90**	+0,38	32,17	16,00	0,47	-0,39	k. A.[6]	1,0	1753617	54016
Commerzbank	DE0008032004	0	4474,4	5,10	4,97	**5,04**	-0,01	22,49	2,22	k. A.[6]	-5,11	k. A.[6]	k. A.[6]	6131489	30931
Daimler NA[2]	DE0007100000	0,60	30957,0	32,14	30,75	**31,57**	+0,55	44,44	17,20	1,22	-1,05	k. A.[6]	1,9	7723921	243252
Deutsche Bank NA[2]	DE0005140008	0,50	31933,9	51,99	49,70	**51,20**	+0,39	64,85	15,38	-7,61	-4,56	11,2	1,0	5376502	275087
Deutsche Börse NA[2]	DE0005810055	2,10	12000,5	60,20	58,95	**59,64**	+0,74	76,30	29,50	5,42	4,02	14,8	3,5	1043455	62294
Deutsche Post NA[2]	DE0005552004	0,60	13233,8	10,46	10,15	**10,24**	-0,09	16,82	6,60	1,66	0,83	12,3	5,9	6088492	62623
Dt. Telekom NA[2]	DE0005557508	0,78	40506,2	8,55	8,48	**8,52**	-0,02	11,94	7,83	0,79	0,76	11,2	9,2	16301096	138825
E.ON	DE000ENAG999	1,50	53982,7	25,86	25,20	**25,39**	-0,04	41,28	17,77	3,17	2,69	9,4	5,9	5333403	136329
Fresenius Medical Care StA[3]	DE0005785802	0,58	9651,8	32,22	31,50	**32,19**	+0,59	38,73	25,51	$2,72	$2,93	15,6	2,3	1171024	37280
Fresenius SE VA[4]	DE0005785638	0,71	2994,0	36,50	36,11	**36,50**	+0,10	58,00	31,10	1,71	3,20	11,4	4,2	689118	24996
Hannoversche Rückversicherung NA[2]	DE0008402215	0	3203,1	27,07	26,40	**26,63**	+0,32	32,37	13,59	-1,12	4,26	6,3	k. A.[6]	428858	11465
Henkel VA[4]	DE0006048432	0,53	4481,7	24,73	24,37	**24,39**	-0,30	29,35	17,50	2,19	1,22	20,0	2,1	674256	16549
K+S	DE0007162000	2,40	7053,7	41,96	39,75	**40,90**	+0,80	83,99	26,79	5,94	1,53	26,7	5,9	2117031	86928
Linde	DE0006483001	1,80	10856,4	63,42	62,20	**62,44**	-0,12	92,60	46,51	5,42	5,01	12,5	2,9	542090	34034
Lufthansa NA vink.[2]	DE0008232125	0,70	4756,0	9,75	9,57	**9,64**	-0,12	16,01	7,73	1,30	-0,29	k. A.[6]	7,3	3009761	28999
MAN StA[3]	DE0005937007	2,00	7338,9	50,14	48,20	**49,30**	-0,12	69,12	26,37	8,48	3,03	16,3	4,1	983009	48637
Merck	DE0006599905	1,50	4139,7	65,05	62,14	**63,40**	-9,93	79,68	53,00	4,07	4,90	12,9	2,4	4637916	295175
Metro StA[3]	DE0007257503	1,18	13247,8	40,08	39,31	**39,47**	+0,04	42,22	16,74	3,05	2,68	14,7	3,0	1067527	42253
Münchener Rück NA vink.[2]	DE0008430026	5,50	22098,8	103,57	100,75	**101,40**	+0,40	122,26	76,17	7,38	15,48	6,6	5,4	797267	81365
RWE StA[3]	DE0007037129	4,50	32879,0	58,91	57,56	**58,12**	-0,40	77,75	46,33	6,16	6,33	9,2	7,7	2020915	117512
Salzgitter	DE0006202005	1,40	4257,5	71,00	68,71	**69,35**	-1,25	106,99	37,80	12,11	-0,43	k. A.[6]	2,0	510315	35583
SAP	DE0007164600	0,50	39273,7	31,97	31,36	**31,53**	-0,23	40,32	20,75	1,85	1,89	16,7	1,5	4088173	129395
Siemens NA[2]	DE0007236101	1,60	50372,6	56,69	54,79	**55,40**	-0,24	79,80	33,05	5,96	5,00	11,1	2,9	4032210	224968
Thyssen Krupp	DE0007500001	1,30	10536,7	20,68	19,90	**20,53**	+0,83	37,17	11,71	4,49	-0,43	k. A.[6]	6,3	7948975	162087
VW StA[3]	DE0007664005	1,93	76199,1	263,79	252,25	**263,40**	+9,00	1005,01	185,25	11,98	5,54	47,5	0,7	521787	135028

[1]SE = Societas Europaea, europäische Aktiengesellschaft. – [2]NA = Namensaktie; NA vink. = vinkulierte Namensaktie. – [3]StA = Stammaktie. – [4]VA = Vorzugsaktie. – [5]Angaben geschätzt. – [6]k. A. = keine Angabe.

Kurszettel. Der Kurszettel der Aktien im Deutschen Aktienindex DAX®-30 enthält eine Fülle von Angaben.

KURSZUSÄTZE

bez., bz., b oder Kurs ohne Zusatz = bezahlt; zum angegebenen Kurs sind Abschlüsse erzielt worden, Angebot und Nachfrage haben sich ausgeglichen.

G, g = Geld; zum angegebenen Preis war Nachfrage vorhanden, doch stand kein Angebot gegenüber, sodass es nicht zu Abschlüssen kam.

B, Br = Brief; zum angegebenen Preis bestand Angebot, aber keine Nachfrage, daher auch keine Abschlüsse.

bez. G, bz. G, bG = bezahlt Geld; Abschlüsse erfolgten, doch konnte ein Teil der Nachfrage nicht befriedigt werden.

bez. B, bz. B, bB = bezahlt Brief; Abschlüsse erfolgten, doch konnte nur ein Teil des Angebots untergebracht werden, sodass noch Aufträge verfügbar bleiben.

T = Taxkurs; geschätzter Kurs, keine Umsätze

R, rat., rep. = rationiert oder repartiert; das Angebot (ratB) oder die Nachfrage (ratG) konnte im Einzelnen nicht befriedigt werden, sondern nur in bestimmtem Verhältnis zum bekundeten Bedarf oder zum vorhandenen Material.

– = gestrichen; ein Kurs konnte nicht festgestellt werden.

ExDiv, exD = ex Dividende; im Kurs ist die Dividende für das abgelaufene Geschäftsjahr nicht mehr enthalten; analog exA nach Ausschüttung und exZS nach Zinsen.

ExB = Kursabschlag für ausgegebene Bezugsrechte (auch exBR, exBez) oder für Berichtigungsaktien (auch exBA).

Kurszusätze.
Die wichtigsten Kurszusätze und Kurshinweise auf dem Kurszettel

er sich dann billiger mit den entsprechenden Wertpapieren eindecken kann. Die Differenz zwischen Verkaufs- und Einkaufskurs ist sein Gewinn bzw. Verlust.

leichter, nachgebend, eine Börsentendenz; die Kurse lagen etwas unter denen des Vortages.

Leitbörse, führende Börse eines Wirtschaftsraums. Deren Kursentwicklung wirkt bestimmend auf das Geschehen der kleineren Nachbarbörsen (z. B. Regionalbörsen). Für Deutschland übt die Frankfurter Wertpapierbörse die Leitbörsenfunktion aus, weltweit die New Yorker Börse.

Limit, Begrenzung des Preises nach oben oder unten bei Börsenaufträgen. Wird das Limit durch den Kurs überschritten (Kaufauftrag) oder wird der Kurs niedriger angesetzt als das Limit (Verkaufsauftrag), so werden die entsprechenden Aufträge nicht ausgeführt.
Es werden verschiedene Limitarten unterschieden: 1) Standardlimit, Kauf bzw. Verkauf, wenn der Kurs höchstens bzw. mindestens bei einer bestimmten Marke (Kurs) steht. 2) Das **Stop-Buy-Limit** besagt: Nachdem das gesetzte Limit erreicht bzw. überschritten ist, wird der Auftrag automatisch in einen unlimitierten Auftrag umgewandelt, der zur Ausführung kommt, wenn sich ein Verkäufer findet. 3) Mit dem **Stop-Loss-Limit** wird dem Makler mitgeteilt: Ich will mich gegen einen plötzlich einsetzenden Abwärtstrend bzw. Kurssturz absichern. Diese Limitierung kann im Falle eines Börsencrashs vor größeren Verlusten schützen (eine Art ›Notbremse‹).

London Stock Exchange, Abkürzung **LSE,** Londoner Wertpapierbörse, vom Umsatz her auf Platz zwei hinter der New York Stock Exchange. Dort werden auch viele internationale Werte gehandelt. Der wichtigste Index ist der Financial Times Stock Exchange 100 Share Index (FTSE-100), der die Aktienwerte der 100 größten Aktiengesellschaften Großbritanniens enthält.

lustlos, Marktlage an der Börse mit geringen Umsätzen und wenig veränderten Kursen.

Mantel, Bezeichnung für die eigentliche Wertpapierurkunde, wie diese auf Abbildungen gezeigt wird. Der Mantel verbrieft das Forderungs- oder Anteilsrecht. Zum Mantel gehört in der Regel jedoch auch der Bogen mit den Coupons (Gewinnanteilschein) und dem Erneuerungsschein (Talon). Nur beide zusammen sind verkäuflich.

Marketmaker, zum Börsenhandel zugelassene Bank (oder Wertpapierhandelshaus), die sich verpflichtet hat, für die von ihr betreuten Wertpapiere oder andere Werte verbindliche An- und Verkaufspreise zu nennen, zu denen Börsengeschäfte abgewickelt werden können.

Marktkapitalisierung, Börsenkapitalisierung, Marktpreis bzw. Börsenwert einer Aktiengesellschaft, der sich aus der Summe aller Aktien multipliziert mit deren Börsenkurs errechnet.

Marktsegment, Börsensegment: Wertpapiere werden in verschiedenen Marktsegmenten gehandelt: im amtlichen Markt, geregelter Markt, Freiverkehr und im elektronischen Handel über Xetra®. Mit der Umstrukturierung der Marktsegmente wurden 2003 die Bereiche Prime Standard und General Standard geschaffen. Im **General Standard** müssen die Unternehmen die gesetzlichen Mindestanforderungen des amtlichen Marktes oder des geregelten Marktes erfüllen. Der General Standard ist für kleine und mittlere Unternehmen gedacht, während der **Prime Standard** auf AGs zugeschnitten ist, die sich internationalen Investoren öffnen wollen und die hohe Anforderungen an die Transparenz erfüllen müssen (z. B. jährliche Analystenkonferenzen, internationaler Standard der Rechnungslegung). Die Zulassungsstelle entscheidet über die Aufnahme von Unternehmen in den Prime Standard. Prime und General Standard werden auch als **regulierter Markt** bezeichnet im Unterschied zum **Entry Standard,** dem ehemaligen Freiverkehr bzw. Open Market.

Der neuen Struktur entspricht auch das neue Indexkonzept: Zum Prime Standard, für den auch ein Prime-All-Share-Index berechnet wird, zählen die 30 Spitzenwerte des DAX®, die 50 Unternehmen aus klassischen Branchen des MDAX®, die 30 Technologiewerte des TecDAX® sowie die 50 kleineren Unternehmen des SDAX®. Für Prime und General Standard zusammen gibt es den Composite-DAX®.

MDAX®, der Midcap-Index der Deutschen Börse AG. Er setzt sich aus 50 Aktienwerten der ›zweiten Reihe‹ zusammen und besteht aus allen Werten, die aus klassischen Branchen kommen, aber nicht im DAX®-30 für die Standardwerte enthalten sind. Als **Midcaps** (Abkürzung für **mid**dle-sized **cap**italization) werden solche Unternehmen bezeichnet, die bereits gut am Markt eingeführt sind und über eine mittelgroße Marktkapitalisierung verfügen. Auch

MARKTSEGMENT

Transparenzniveau	Prime Standard	General Standard		Entry Standard
	amtlicher Handel; verschärfte Zulassungsfolgepflichten gemäß internationaler Standards	amtlicher Handel	geregelter Markt	Open Market (Freiverkehr); zusätzliche Informationspflichten
Rechtsgrundlagen	§§ 30 ff. BörsG, BörsZulV	§§ 30 ff. BörsG, BörsZulV	§§ 49 ff. BörsG, Börsenordnung für die FWB	§ 57 BörsG, Börsenordnung, Freiverkehrsrichtlinien der FWB
Zulassungsantrag	Emittent (bei bestimmter Mindestgröße) oder Kreditinstitut, Finanzdienstleistungsinstitut	Emittent (bei bestimmter Mindestgröße) oder Kreditinstitut, Finanzdienstleistungsinstitut	Emittent (bei bestimmter Mindestgröße) oder Kreditinstitut, Finanzdienstleistungsinstitut	an der FWB registrierter Handelsteilnehmer
Emissionspublizität	Bilanzen, Gewinn- und- Verlust-Rechnungen und Kapitalflussrechnungen der letzten drei Geschäftsjahre sowie Anhang und Lagebericht für das letzte Geschäftsjahr; in Deutsch, für ausländische Emittenten auch in Englisch	Bilanzen, Gewinn- und- Verlust-Rechnungen und Kapitalflussrechnungen der letzten drei Geschäftsjahre sowie Anhang und Lagebericht für das letzte Geschäftsjahr; in Deutsch, für ausländische Emittenten auch in Englisch	Bilanzen, Gewinn- und- Verlust-Rechnungen und Kapitalflussrechnungen der letzten drei Geschäftsjahre sowie Anhang und Lagebericht für das letzte Geschäftsjahr	
Unternehmenshistorie	mindestens 3 Jahre	mindestens 3 Jahre	mindestens 3 Jahre	nicht geregelt
Mindestkapitalisierung/ Mindestemission	1,25 Mio. Euro (Kurswert)/ 10 000 Stückaktien	1,25 Mio. Euro (Kurswert)/ 10 000 Stückaktien	10 000 Stückaktien	nicht geregelt
Mindeststreubesitz	25 %	25 %	25 %	nicht geregelt
Aktienindizes	DAX®, MDAX®, SDAX®, TecDAX®, GEX®, DivDAX®			
	CDAX®, Prime-All-Share-Index, 18 Branchenindizes, weitere Indizes			Entry-Standard-Index

BörsG = Börsengesetz BörsZulV = Börsenzulassungs-Verordnung FWB = Frankfurter Wertpapierbörse

Marktsegment. Die verschiedenen Marktsegmente in Deutschland

ausländische Unternehmen können aufgenommen werden. Der Index wird analog zum DAX®-30 während der Börsenzeit minütlich als Performance- und auch als Kursindex berechnet.
Die 50 Unternehmen des MDAX® und die 30 Technologietitel des TecDAX® bilden zusammen den **Mid-Cap-Market-Index.**

Mehrstimmrechtsaktie, in Deutschland nicht zugelassene Aktie, die mehrere Stimmrechte pro Aktie verbrieft. In anderen Ländern ist diese Art von Aktien weit verbreitet.

MSCI-Aktienindex, börsentäglich veröffentlichter Aktienindex, der vom Unternehmen **M**organ **S**tanley **C**apital **I**nternational publiziert wird. Der MSCI-Aktienindex basiert auf 1470 Aktien aus 20 Ländern und repräsentiert etwa 60% der Börsenkapitalisierung dieser Länder.

Mündelsicherheit: Wer treuhänderisch für ein Mündel Vermögen (Vermögen einer unter Vormundschaft stehenden Person) verwaltet, ist nach dem Bürgerlichen Gesetzbuch (BGB) verpflichtet, das Mündelgeld verzinslich bzw. in Anlagen wie Sparkonten, Sparbriefen, Festgeldern, Bundeswertpapieren, anderen festverzinslichen Wertpapieren und Pfandbriefen anzulegen, die vom Gesetzgeber als mündelsicher erklärt worden sind. Wenn das Geld anders angelegt werden soll, benötigt man dafür die Zustimmung des Vormundschaftsgerichts. Aktien sind in der Regel nicht erlaubt, hingegen werden Aktienfonds gestattet.

Namensaktien, Aktien, die auf den Namen des Anteilseigners (Aktionärs) ausgestellt sind. Die Aktiengesellschaft (AG), die Namensaktien ausgibt, führt ein Register, in dem sämtliche Aktionäre eingetragen sind. Erst nach Eintragung in das **Aktienbuch** können die Aktionärsrechte ausgeübt werden. Verkauft der Aktieninhaber das Papier, muss die AG das im Namensregister vermerken. **Vinkulierte Namensaktien** werden mit den Personaldaten des Eigentümers ins Aktienbuch der AG eingetragen. Im Gegensatz zu den einfachen Namensaktien sind Übertragungen von vinkulierten Aktien an die Genehmigung durch den Vorstand der AG gebunden.

NASDAQ, Abkürzung für **N**ational **A**ssociation of **S**ecurities **D**ealers **A**utomated **Q**uotations System: Die elektronische Börse (Computerbörse) wurde 1971 in New York gegründet. Sie hat kein Börsengebäude, sondern ist direkt an das elektronische Handelssystem der New York Stock Exchange angeschlossen. An dem NASDAQ sind die Aktien der wichtigsten Unternehmen der dynamischen Wachstumsbranchen notiert, z. B. der New Economy, weshalb der NASDAQ auch mit dem Neuen Markt verglichen werden kann.

Nebenwerte, Bezeichnung für die Aktien kleinerer und mittlerer Aktiengesellschaften, mit denen an der Börse im Vergleich zu den Standardwerten nur geringe Umsätze getätigt werden.

Nennwert, Nominalwert, der auf Münzen, Banknoten, Wertpapieren in Worten oder Zahlen aufgeprägte bzw. aufgedruckte Wert. Der Nennwert muss auf einen festen Geldbetrag lauten und wird auf dem Wertpapier (Mantel) aufgedruckt. Bei Aktien ist der Nennwert eine rechnerische Größe, die die Höhe des Anteils am Grundkapital einer Aktiengesellschaft darstellt. Der Nennwert kann vom Kurswert zum Teil stark (bei Aktien) abweichen.
Bei Schuldverschreibungen (Anleihen, festverzinslichen Wertpapieren) ist der Nennwert der vom Schuldner zu verzinsende und zurückzuzahlende Betrag.

Nennwertaktie, auf einen festen Geldbetrag lautende Aktie. Der Mindestnennbetrag in Deutschland ist 1 €. Höhere Nennbeträge müssen jeweils auf volle Euro lauten. Eine **nennwertlose Aktie** lautet nicht auf einen bestimmten Nennwert, sondern auf einen Bruchteil eines Vermögens der AG. In den USA und Großbritannien ist es die übliche Form der Aktie; sie stellt einen prozentualen Anteil an einem Unternehmen dar und heißt deshalb auch Anteils- oder Quotenaktie. Nennwertlose Aktien sind in Deutschland nicht zulässig.

Neuemission, die erstmalige Einführung von Aktien eines Unternehmens an der Börse.

New York Stock Exchange, Abkürzung **NYSE,** die mit Abstand größte Börse der Erde, auch als Big Board bezeichnet. Häufig wird der Sitz an der **Wall Street** als Synonym für die 1792 gegründete NYSE verwendet. Sie gilt als Leitbörse für alle anderen Märkte, auch für die Frankfurter Börse. Der Börsenhandel eröffnet um 15.30 Uhr und schließt um 22.00 Uhr unserer Zeit. Von der Marktkapitalisierung her liegt die NYSE deutlich über der Londoner und Tokioter Börse. Als wichtigster Börsenindex wird an der NYSE der Dow-Jones-Index *(siehe dort)* festgestellt. Etwas breiter als der ›Dow‹ sind die Indizes von Standard & Poor's (S&P).

Nikkei-Index, Nikkei Stock Average, ungewichteter Aktienindex, der börsentäglich aus den Kursen von 225 an der Tokyo Stock Exchange *(siehe dort)* notierten Aktien ermittelt wird (Basis 16. 5. 1949 = 100). Neben diesem **Nikkei-225** wird seit 1993 der Nikkei-300 berechnet.

Nonvaleurs, Wandaktien, Bezeichnung für nicht mehr gehandelte historische Wertpapiere (Sammlerstücke) oder für besonders gering bewertete, aber noch umlaufende Wertpapiere.

Notierung, Bezeichnung für den festgestellten Börsenkurs eines Wertpapiers.

Nullcouponanleihen, die Zerobonds *(siehe dort).*

NYSE, Abkürzung für die **N**ew **Y**ork **S**tock **E**xchange *(siehe dort).*

Obligation, häufig Sammelbegriff für alle Schuldverschreibungen (Anleihen, festverzinsliche Wertpapiere, Rentenwerte oder Bonds); im Besonderen werden damit aber Anleihen von Großunternehmen **(Industrieobligationen)** und Schuldverschreibungen von Kommunalkreditinstituten **(Kommunalobligationen)** bezeichnet.

offene Fonds, Investmentfonds, bei dem die Zahl der Anteile und damit auch der Teilhaber des Fondsvermögens von vornherein unbestimmt ist. Es handelt sich dabei um ein sogenanntes Open-End-Prinzip. Die Fondsgesellschaft gibt je nach Bedarf neue Investmentanteile aus und nimmt ausgegebene Anteile zurück. In Deutschland werden generell nur offene Fonds aufgelegt. Von einem solchen Fonds kann man jederzeit neue Anteile erwerben oder Anteile wieder an die Fondsgesellschaft verkaufen.

Ökofonds, Aktienfonds, der in Wertpapiere von ökologisch orientierten Aktiengesellschaften investiert (z. B. Unternehmen aus dem Bereich alternativer Energien).

Optionsanleihe, eine besondere Anleihe, deren Inhaber über den Anspruch auf Verzinsung und Rückzahlung hinaus ein Recht **(Optionsrecht)** auf den Bezug von Aktien des Anleiheschuldners haben. Die Bezugsbedingungen, insbesondere der Bezugskurs für die Aktien, werden bereits bei der Emission der Anleihe festgelegt. Beim Handel an der Börse kann das Optionsrecht von der Anleihe getrennt werden, woraus sich drei Notierungen ergeben: der Kurs für die Optionsanleihe einschließlich Optionsrecht, der Kurs für die Optionsanleihe mit bereits abgetrenntem Optionsrecht und der Kurs nur für das Optionsrecht, das im Optionsschein verbrieft ist.

Optionsgeschäft, bedingtes Termingeschäft, das den Käufer berechtigt, ihn aber nicht verpflichtet, gegen Zahlung einer Prämie (Optionsprämie) ein Basisobjekt zum Basispreis innerhalb einer bestimmten Periode (amerikanische Option) oder zum Laufzeitende (europäische Option) zu kaufen (Calloption) oder zu verkaufen (Putoption).

OPTIONSSCHEIN

$$\text{aktueller Hebel} = \frac{\text{Aktienkurs}}{\text{Bezugsverhältnis} \cdot \text{Optionsscheinkurs}}$$

$$\text{Prämie} = \frac{\dfrac{\text{Optionsscheinkurs}}{\text{Bezugsverhältnis}} + \text{Bezugspreis} - \text{Aktienkurs}}{\text{Aktienkurs}} \times 100$$

$$\text{innerer Wert} = \text{Aktienkurs} - \text{Bezugspreis}$$

Optionsschein. Gängige Berechnungsformeln für Optionsscheine

Optionsschein, Warrant, Urkunde, in der das Recht, nicht aber die Verpflichtung verbrieft ist, eine bestimmte Menge eines Basiswertes zu kaufen (Call, Kaufoptionsscheine) oder zu verkaufen (Put, Verkaufsoptionsscheine). Als Basiswerte kommen Aktien, Anleihen, Währungen und Rohstoffe infrage. Optionsscheine sind spekulative Anlageinstrumente.

Der Verkäufer eines Calls erwartet sinkende Kurse des Basiswertes, der Käufer dagegen steigende Kurse. Umgekehrt verhält es sich bei den Put-Optionsscheinen. Anstelle des Bezugs oder der Lieferung des Basiswertes bei Ausübung des Optionsrechts können die Emissionsbedingungen der Optionsscheine einen Barausgleich in Geld vorsehen. Dies geschieht regelmäßig dort, wo eine Übertragung des Basiswertes gar nicht möglich ist, z. B. bei einem Index. Bei einem Barausgleich wird der Differenzbetrag zwischen vereinbartem Preis und aktuellem Marktwert des Basiswertes ermittelt und an den Optionsscheininhaber ausgezahlt.

Der **Basispreis** ist der im Voraus festgelegte Preis, zu dem man bei Ausübung des Optionsrechts den Basiswert kaufen bzw. verkaufen kann. Das Optionsverhältnis drückt aus, wie viele Einheiten des Basiswertes man als Inhaber des Optionsscheins durch Ausübung der Option kaufen (Call) bzw. verkaufen (Put) kann. Ist ein Barausgleich vorgesehen, so gibt das Optionsverhältnis an, wie viele Einheiten des Basiswertes bei der Berechnung des Barausgleichs zugrunde zu legen sind. Ein Optionsverhältnis von 1 : 10 besagt, dass man zehn Optionsscheine braucht, um eine Einheit des Basiswertes zu dem festgelegten Basispreis zu kaufen bzw. zu verkaufen. Das Optionsverhältnis beeinflusst entscheidend den Preis des Optionsscheins. Es gilt: Je höher das Optionsverhältnis, desto teurer der Optionsschein.

Der Käufer eines Call-Optionsscheins erwartet, dass während der Laufzeit des Optionsscheins der Preis des Basiswertes (z. B. einer Aktie) steigt. Tritt diese Marktentwicklung ein, gewinnt das Optionsrecht in der Regel an Wert, d. h., der Kurs des Scheins steigt überproportional zur Kursveränderung des Basiswertes. Der Verkäufer eines Calls hofft, dass während der Laufzeit des Optionsscheins der Preis des Basiswertes fällt. Tritt diese Situation im Markt ein, wird der Verkäufer im Idealfall einen Gewinn realisieren.

Bewertungskriterien für Optionsscheine sind: 1) Innerer Wert, der sich aus der Differenz zwischen dem Basispreis und dem Kurs des Basiswertes ergibt, wobei das Optionsverhältnis als Faktor (zum Beispiel 1 : 10 oder 0,1 bei einer Aktie für 10 Optionsscheine) zu berücksichtigen ist. 2) Die Prämie oder das Aufgeld (Agio) gibt bei einem Call-Optionsschein an, um wie viel teurer der Erwerb des Basiswertes durch Kauf und sofortige Ausübung des Optionsrechts zum Betrachtungszeitpunkt gegenüber dem direkten Erwerb des Basiswertes ist. 3) Der Hebel eines Optionsscheins charakterisiert prinzipiell das Verhältnis von demjenigen Kapitalbetrag, der zum Kauf des entsprechenden Basiswertes aufgewendet werden müsste (Kurs des Basiswertes), und dem für den Kauf des Optionsscheins notwendigen Kapital (Kurs des Optionsscheins).

Optionsscheinformen: Optionsscheine können aus Optionsanleihen (traditionelle Optionsscheine) stammen oder sogenannte Naked Warrants sein. Traditionelle Optionsscheine werden in Verbindung mit der Emission einer Optionsanleihe begeben. Die Optionsscheine werden separat gehandelt und verbriefen im Regelfall das selbstständige Recht auf Lieferung des Basiswertes. Wenn der Käufer eines traditionellen Optionsscheins das Optionsrecht ausübt, erfolgt die Gegenleistung in der Regel ›physisch‹, d. h., der Emittent liefert den zugrunde liegenden Basiswert, zum Beispiel die Aktie oder Anleihe.

Naked Warrants (nackte Optionsscheine) sind Optionsscheine, die ohne gleichzeitige Emission einer Optionsanleihe begeben werden. Sie werden vor allem von Banken als Spekulationspapiere emittiert. Häufig wird anstelle der Abnahme bzw. Lieferung des Basiswertes ein Barausgleich vorgesehen.

Im Laufe der Zeit haben sich unterschiedliche Formen der Naked Warrants am Markt gebildet: 1) **Aktienoptionsscheine** verbriefen das Recht zum Kauf (Call) bzw. Verkauf (Put) von Aktien bzw. zum Erhalt einer Ausgleichszahlung in bar bei Überschreiten (Call) bzw. Unterschreiten (Put) eines bestimmten Aktienkurses. 2) **Indexoptionsscheine** verbriefen das Recht, eine Ausgleichszahlung bei Überschreiten (Call) bzw. Unterschreiten (Put) eines bestimmten Indexstandes (Aktien- oder Rentenindex) zu erhalten. 3) **Zinsoptionsscheine** verbriefen das Recht zum Kauf (Call) oder Verkauf (Put) von Anleihen bzw. zum Erhalt einer Ausgleichszahlung in bar bei Überschreiten (Call) oder Unterschreiten (Put) eines bestimmten Anleihekurses. 4) **Währungsoptionsscheine** verbriefen das Recht zum Kauf (Call) oder Verkauf (Put) eines bestimmten Betrages einer definierten Währung bzw. zum Erhalt einer Ausgleichszahlung bei Überschreiten (Call) oder Unterschreiten (Put) eines Währungskurses. Darüber hinaus gibt es auch einige Sonderformen. Dazu zählen **Basketoptionsscheine.** Sie berechtigen den Inhaber in der Regel zum Kauf (Call) eines genau definierten Korbes von Basiswerten (z. B. Aktien aus bestimmten Branchen).

Order, Wertpapierkauf, Bezeichnung für einen **Börsenauftrag,** eine bestimmte Menge eines Wertpapiers zu kaufen oder zu verkaufen.

Anleger können in der Regel nicht direkt an einer Börse Aktien kaufen oder verkaufen. Sie müssen eine Order (Auftrag) bei einer Bank aufgeben. Aus der Order der Name des Auftraggebers, der Name des Wertpapiers, die Depotnummer, die Stückzahl und der Börsenplatz (z. B. Frankfurt), an dem gekauft werden soll, hervorgehen. Mit dem Aufkom-

men der Discount-Broker und des Telebankings werden zunehmend Orders auch per Internet, E-Mail oder Telefax aufgegeben.
Grundsätzlich wird eine Order limitiert oder unlimitiert erteilt. Limitiert ein Anleger seine Order, muss er beim Kaufauftrag einen maximalen Preis und beim Verkaufsauftrag einen Mindestpreis festlegen. Unlimitierte Kaufaufträge werden als billigst und unlimitierte Verkaufsaufträge als bestens bezeichnet. Das Limit *(siehe dort)* ist normalerweise bis zum Monatsende (Ultimo) gültig.

pari, zum Nennwert; der Kurs eines Wertpapiers ist über pari, wenn er höher, unter pari, wenn er niedriger als der Nominalwert ist, und pari, wenn Nennwert und Kurswert eines Wertpapiers gleich sind. Das Papier hat im letzten Fall einen Kurs von 100 (Prozent des Nennwerts), den **Parikurs.**

Parkettbörse, Parketthandel, altmodische Bezeichnung für den Börsensaal, in dem der Börsenhandel direkt von Börsenmakler zu Börsenmakler abgewickelt wird. Wegen des direkten Aufeinandertreffens der zugelassenen Börsenmitglieder wird auch von Präsenzbörse *(siehe dort)* gesprochen.

Performance, Ausdruck für die Wertentwicklung bzw. für den Anlageerfolg von Kapitalanlagen. Als Richtgröße (Benchmark) dient meist ein für die Anlage bzw. Teile davon repräsentativer Aktien- oder Rentenindex, z. B. der TecDAX®-Index für Aktienanlagen in Technologieunternehmen. Als **Outperformance** bezeichnet man die im Vergleich zu einer anderen Aktie oder einem Index bessere Wertentwicklung. Ein **Outperformer** ist demnach eine Aktie, deren Kursentwicklung deutlich über dem Branchendurchschnitt oder dem Vergleichsindex liegt.

Pfandbriefe, von Hypothekenbanken ausgegebene Inhaber- oder Namensschuldverschreibungen, die zur Refinanzierung von Hypothekendarlehen dienen. Die emittierten Pfandbriefe müssen zu jeder Zeit und in gleicher Höhe durch erstrangige Hypotheken mit mindestens gleichem Zinssatz gedeckt sein. Die Pfandbriefe zählen auch zu den festverzinslichen Wertpapieren, sind wegen ihrer Absicherung risikoarm und besitzen Mündelsicherheit.

Platzierung, Placierung, die Unterbringung (Verkauf) von Wertpapieren (z. B. Aktien, Anleihen) beim Publikum.

Portfolio, Portefeuille, der gesamte Wertpapierbestand in einem Depot. Ein Portfolio sollte so strukturiert sein, dass sich unter Berücksichtigung des Anlegertyps *(siehe dort)* über eine Streuung der Risiken *(siehe dort)* aus den verschiedenen Anlagen eine Verminderung des Gesamtrisikos ergibt.

Präsenzbörse, börsenübliche Bezeichnung für die Börse, wie wir sie kennen; lebendig, voller Leben, präsentiert von diversen Leuten, die den Geschäftsablauf auf den Börsensitzungen mit einer spezifischen Ausdrucksweise (Börsensprache) und Handzeichen sicherstellen.
Mit dem Aufkommen elektronischer Handelssysteme und Computerbörsen *(siehe dort)* tritt die Präsenzbörse im Börsensaal (Parkettbörse) immer mehr in den Hintergrund.

Preisfindungsverfahren, die Möglichkeiten der Feststellung des Ausgabepreises bei Emissionen; unterschieden werden Auktionsverfahren *(siehe dort),* Bookbuilding-Verfahren *(siehe dort)* und Festpreisverfahren *(siehe dort).*

PRÄSENZBÖRSE

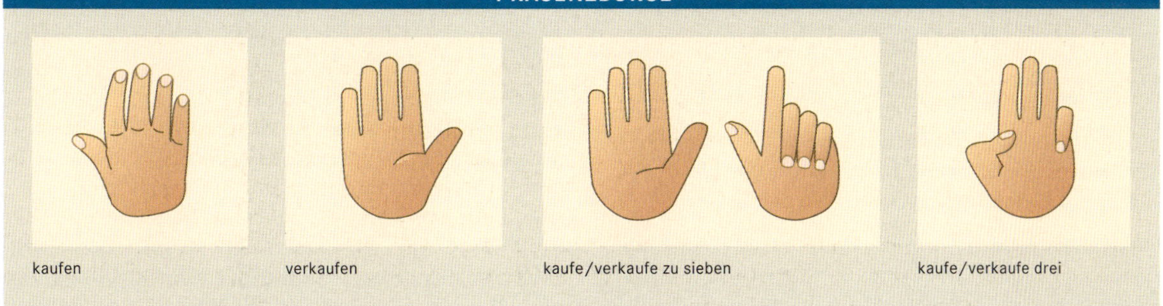

Präsenzbörse. Handzeichen an der Präsenzbörse

Price-Earning-Ratio, Abkürzung **PER,** das Kurs-Gewinn-Verhältnis *(siehe dort).*

Primärmarkt, Emissionsmarkt, die erstmalige Ausgabe von Wertpapieren (Neuemission) und deren Verkauf an Investoren meist durch ein Emissionskonsortium. Von Primärmarkt kann bis zur ersten Notiz einer Emission an der Börse gesprochen werden. Der Handel von im Umlauf befindlichen Wertpapieren heißt Sekundärmarkt.

Prime Standard, ein Marktsegment *(siehe dort).*

Private-Equity-Fonds, Vermögen, das in Beteiligungen am Eigenkapital als wachstumsstark eingeschätzter Unternehmen angelegt ist. Die von den Kapitalgebern eingegangene Beteiligung ist nicht an der Börse handelbar. Solche Fonds sind Spezialfonds für institutionelle Anleger oder kapitalstarke private Investoren.

Programmhandel, Börsengeschäfte auf der Grundlage von Computerprogrammen, welche die Kauf- oder Verkaufsentscheidungen automatisch treffen, wenn z. B. bestimmte Stopp-Kurse *(siehe dort)* bei der Kursentwicklung erreicht sind.

Prospekt, Börsenprospekt: Soll ein Wertpapier an einer Börse zugelassen werden, so muss vor der Einführung in bestimmten großen Tageszeitungen (Börsenpflichtblättern) bzw. im Bundesanzeiger ein Prospekt veröffentlicht werden, der die Öffentlichkeit so eingehend wie möglich über das Wertpapier und über die ausgebende Gesellschaft unterrichtet. Der Prospekt muss alle für die Beurteilung des Wertpapiers wesentlichen Angaben enthalten, insbesondere Verwendungszweck und Nennbetrag der Emission, Kennzeichnung der Wertpapierurkunde, Vorzugsrechte, Zweck und Umfang der Gesellschaft, Kapitalhöhe und -zusammensetzung, Gewinnentwicklung der vergangenen fünf Jahre, letzte Bilanz und Gewinn-und-Verlust-Rechnung.

Publikumsfonds, Bezeichnung für alle Fondsarten (Aktien-, Renten-, Mischfonds), die öffentlich angeboten und von jedermann erworben werden können, im Gegensatz zu Spezialfonds, die nicht für die breite Öffentlichkeit konzipiert sind.

Publizitätspflicht, gesetzlich vorgeschriebene oder freiwillige Information der Öffentlichkeit durch ein Unternehmen. Die gesetzliche Publizität besagt, dass bestimmte Informationen (z. B. Gründung, Gesellschafter, Kapitalverhältnisse) dem Handelsregister mitgeteilt werden müssen. Dieser Art von Publizität unterliegen alle Unternehmensformen. Rechnungslegungspublizität ist die Pflicht zur Bekanntgabe des Jahresabschlusses an Aufsichtsbehörden (z. B. Banken, an die Bundesanstalt für Finanzdienstleistungsaufsicht) und an Mitglieder, Aktionäre bzw. die Hauptversammlung. Des Weiteren besteht die Pflicht zur Veröffentlichung im Bundesanzeiger, z. B. bei Aktiengesellschaften; Aktiengesellschaften sind gesetzlich zur Publizität bestimmter Informationen verpflichtet.
Die freiwillige Publizität vollzieht sich in Form von Zwischenberichten wie Quartals- oder Halbjahresberichten, Aktionärsbriefen, Presseinformationen, Werkszeitschriften und anderen Maßnahmen der Investor-Relations *(siehe dort).*

Put, englische Bezeichnung für Verkaufsoption und Verkaufsoptionsschein *(siehe dort).*

Quotenaktie, Anteilsaktie, Aktie, die nicht auf einen bestimmten Nennwert lautet, sondern auf einen Bruchteil des Vermögens der Aktiengesellschaft. In den USA und Großbritannien ist es die übliche Form der Aktie; sie stellt einen prozentualen Anteil an einem Unternehmen dar. Solche nennwertlosen Aktien sind in Deutschland nicht zulässig. Der Unterschied zur Stückaktie *(siehe dort),* die auch einen Anteil am Grundkapital ausmacht, besteht darin, dass die Quotenaktie von Beginn an einen festen Anteil an der AG verkörpert, während die Stückaktie eine umgerechnete Nennwertaktie darstellt.

Rating, Aussage über die Fähigkeit (Bonität) eines Schuldners (Emittenten), die Zins- und Tilgungsleistungen auf die von ihm emittierten Wertpapiere jederzeit fristgerecht und in vollem Umfang zu leisten. Ratings werden von privaten, unabhängigen Ratingagenturen wie Moody's oder Standard & Poor's (S&P), die gewerbsmäßig Schuldnerbonität und Kreditausfallrisiken bewerten, nach bestimmten Prüfkriterien vergeben und basieren meist auf einem abgestuften Buchstabensystem. Für den Kapitalanleger eröffnet das Rating somit die Möglichkeit, eine möglichst hohe Markttransparenz hinsichtlich der Bonität der auf den Märkten befindlichen Anleihen vorzunehmen. Im weiteren Sinn zählt zum Rating auch die Bonitätsbeurteilung von meist multinationalen Unternehmen, international tätigen Banken oder Staaten (Länderrating).

RATING

Standard & Poor's	Bonität	Moody's
AAA	exzellent, praktisch kein Ausfallrisiko	Aaa
AA+ AA AA-	sehr gut bis gut	Aa1 Aa2 Aa3
A+ A A-	gut bis befriedigend	A1 A2 A3
BBB+ BBB BBB-	befriedigend bis ausreichend	Baa1 Baa2 Baa3
BB+ BB BB-	**mangelhaft** anfällig für Zahlungsverzug	Ba1 Ba2 Ba3
B+ B B-	stark anfällig für Zahlungsverzug	B1 B1 B2
CCC+ CCC CCC- CC C	**ungenügend** Insolvenz absehbar	Caa1 Caa2 Caa3 Ca C
D	in Zahlungsverzug	

investive Anlage (AAA bis BBB-)

spekulative Anlage (BB+ bis D)

steigendes Ausfallrisiko

Ratings für langfristige Emissionen mit einer Laufzeit von mehr als einem Jahr.

Rating.
Notenskalen der beiden wichtigsten Ratingagenturen

Real-Time-Kurs, Kurs, der in dem Augenblick übermittelt wird, in dem er tatsächlich entsteht.

Regionalbörsen, Nebenbörsen, Börsen, die neben der Leitbörse eines Landes (z. B. Frankfurter Wertpapierbörse) nicht so sehr im Mittelpunkt des Wertpapierhandels stehen.

REIT, Abkürzung für **R**eal **E**state **I**nvestment **T**rust, börsennotiertes Unternehmen, das sich mit Kauf, Verkauf und Verwaltung von Immobilien befasst.

Rendite, der Ertrag (z. B. die jährliche Gesamtverzinsung) einer Kapitalanlage, meist ausgedrückt in Prozent des Kapitaleinsatzes. Die Rendite dient auch als Mittel zur Bestimmung der Vorteilhaftigkeit von Kapitalanlagen. Bei Aktien ist sie abhängig von Dividende und Kurs. So gibt etwa die Dividendenrendite *(siehe dort)* an, wie sich das eingesetzte Kapital (gemessen am aktuellen Kurswert) verzinst. Da mögliche Kursveränderungen, Nebenkosten usw. unberücksichtigt bleiben, ist sie nur bedingt aussagefähig. Die Rendite von Anleihen bzw. festverzinslichen Wertpapieren wird vor allem durch Nominalzins, Kauf- und Rückzahlungs- bzw. Verkaufskurs, Tilgungsmodus, Laufzeit und Zeitpunkt der Zinszahlungen bestimmt.

Renten, Rentenpapiere, Rentenwerte, Bezeichnung für festverzinsliche Wertpapiere, z. B. Anleihen, Kommunalobligationen, Pfandbriefe, Schuldverschreibungen der Realkreditinstitute, Industrieobligationen. Die regelmäßig gleichbleibenden Zinsen kommen einer Rente gleich, im Gegensatz zu Dividendenwerten (z. B. Aktien, Genussscheine) mit in ihrer Höhe wechselnden Erträgen.

Rentenfonds, ein Investmentfonds *(siehe dort),* dessen Vermögen ganz oder überwiegend aus festverzinslichen Wertpapieren (Renten) besteht.

Rentenindex, ein Index für festverzinsliche Wertpapiere, der die Entwicklung am Rentenmarkt widerspiegelt. Ein Rentenindex kann sich dabei auf den Gesamtmarkt beziehen oder auch auf Teilmärkte wie öffentliche Anleihen, Pfandbriefe, Bankschuldverschreibungen sowie auf unterschiedliche Laufzeiten. Besonders bekannt ist der **Deutsche Rentenindex,** der unter dem Kurzwort **REX®** von der Deutschen Börse AG seit 1991 publiziert wird. Ebenso wie der Aktienindex DAX® *(siehe dort)* wird auch der REX® von der Frankfurter Wertpapierbörse minütlich berechnet. Die Bildung des gewichteten Durchschnittskurses erfolgt durch die Einbeziehung 30 idealtypischer Anleihen mit ganzzahligen Laufzeiten von einem bis zehn Jahren und je drei Coupontypen (6%, 7,5% und 9%). Die einbezogenen Anleihen haben einen Durchschnittszins von 7,44% und eine durchschnittliche Laufzeit von 5,49 Jahren. Neben diesem Gesamtindex gibt es auch einen Performance-Index, den **REXP®**, der die Wertentwicklung der REX®-Anleihen unter Einbeziehung der regelmäßigen Zinszahlungen und deren Wiederanlage angibt.

Rentenmarkt, der Kapitalmarkt *(siehe dort),* der ausschließlich dem Handel von festverzinslichen Wertpapieren (Rentenwerten) dient.

Risiko: Die Unsicherheit im Wertpapierbereich ist in starkem Maße von Einflussfaktoren abhängig, die sich einer rationalen Kalkulation entziehen. Neben den Risikokomponenten wie unternehmerisches Risiko (Konkursrisiko, Bonitätsrisiko), Währungsrisiko, Informationsrisiko und Dividendenrisiko (abhängig von Gewinnen und Verlusten der Aktiengesellschaft) bzw. Zinsrisiko (bei festverzinslichen Wertpapieren) spielt auch die Psychologie der Marktteilnehmer und das allgemeine Risiko von Kursrückgängen (Marktrisiko, Kursänderungsrisiko) eine besondere Rolle.

Bei Börsengeschäften haben auch Emotionen Einfluss auf die Kursbewegungen von Aktien. Aktienkurse unterliegen ständigen Schwankungen. Die Faktoren, die einen allgemeinen Kursrückgang auslösen können und das **Kursrisiko** ausmachen, sind äußerst vielfältig und kaum vorherzusehen, da sie sich gegenseitig überlagern können. Infolge eines negativen Grundtrends an der Börse können auch erstklassige Aktien empfindliche Kurseinbußen erleiden.

Wer z. B. Aktien von Unternehmen, deren Sitz sich in einem anderen Land befindet, kauft, geht ein **Währungsrisiko** ein. Obwohl der Kurs einer Aktie in der Landeswährung steigt, kann der Kurs in der heimischen Währung, in der auch das Depot geführt wird, stagnieren, wenn die ausländische Währung gegenüber der heimischen an Wert verliert. Unter dem Begriff **Informationsrisiko** versteht man die Möglichkeit von Fehlentscheidungen infolge fehlender, unvollständiger oder falscher Informationen.

Besonders Aktienkurse unterliegen ständigen Schwankungen. Kurz-, mittel- und langfristige Auf- und Abwärtsbewegungen lösen einander ab, ohne dass ein fester Zusammenhang für die Dauer der einzelnen Phasen hergeleitet werden kann. Man spricht hier von kurz-, mittel- bzw. langfristigen Trends. Wann ein Trend zu Ende ist und wann ein neuer beginnt, ist nicht vorhersehbar. Zwar versucht man mithilfe der Chartanalyse, Trends im Voraus zu ermitteln, doch können die Aussagen aufgrund der Überlagerung vieler Risikokomponenten, was speziell bei Aktien der Fall ist, sehr schnell wieder verworfen werden.

Maßnahmen zur **Risikobegrenzung** sind neben einer guten und soliden Information über die verschiedenen Wertpapiermärkte (z. B. über Börsenzeitschriften) die Investition in verschiedene Anlageinstrumente im Sinne einer Diversifikation oder **Risikostreuung,** die Absicherung durch besondere **Kurssicherungsgeschäfte** wie Options- und Termingeschäfte sowie die Verlustbegrenzung durch Stoppkurse *(siehe dort).*

Risikopapier, Bezeichnung für ein Wertpapier, das ein Anteilsrecht an einem Unternehmen verbrieft und damit an die potenzielle Gewinnentwicklung bzw. an mögliche Risiken gekoppelt ist. Das klassische Risikopapier ist die Aktie.

Rücknahmepreis, Anteilswert, derjenige Preis, zu dem die Fondsgesellschaft zurückgegebene Investmentanteile einlöst. Er ergibt sich aus dem Gesamtwert des Vermögens eines Investmentfonds *(siehe dort)* dividiert durch die Anzahl der umlaufenden Fondsanteile. Dieser Preis ändert sich praktisch täglich, da die einzelnen Vermögensgegenstände wie zum Beispiel Aktien oder Anleihen ständigen Kursschwankungen unterworfen sind.

Run, plötzlich auftretende übermäßige Nachfrage nach einer bestimmten Aktie. Als Run wird auch die Panik in einem Markt bezeichnet, in der Investoren oder Anleger versuchen, drohende Verluste zu vermeiden oder Verluste generell auszuschließen. Auch die Panik von Einlegern in Bezug auf eine Bank, die sich in vermeintlichen oder tatsächlichen Liquiditätsschwierigkeiten befindet, heißt Run.

Schatzanweisungen, kurz-, mittel- und längerfristige Schuldverschreibungen des Bundes und der Länder. Verzinsliche Schatzanweisungen sind Schuldverschreibungen mit Laufzeiten von einem bis zu sieben Jahren, z. B. die **Bundesschatzanweisungen** mit einer Laufzeit von zwei Jahren. Bei den kurzfristigen unverzinslichen Schatzanweisungen **(U-Schätze)** liegt der Ausgabekurs unter dem Rückzahlungsbetrag, wobei die Differenz (Disagio) die Zinsvergütung für die Laufzeit (bis zu 24 Monate) darstellt. Seit 1975 begibt der Bund auch standardisierte U-Schätze, die Finanzierungsschätze *(siehe dort).* Schatzanweisungen zählen zu den festverzinslichen Wertpapieren *(siehe dort).*

Schlusskurs, der letzte, an einem Handelstag an der Börse offiziell festgestellte Kurs. An der Präsenzbörse werden Schlusskurse ab 19.30 Uhr festgestellt, im Xetra®-Handel ab 17.30 Uhr.

Schuldverschreibung, Obligation, Sammelbezeichnung für eine Urkunde, in der sich der Aussteller (Schuldner) dem Gläubiger gegenüber verpflichtet, eine bestimmte geliehene Geldsumme nach Ende der Laufzeit zurückzuzahlen und während der Laufzeit in Form einer laufenden Verzinsung eine Leistung zu erbringen. Zu den Schuldverschreibungen zählen Anleihen *(siehe dort),* Industrieobligationen sowie als zahlenmäßig wichtigste Gruppe **Bankschuldverschreibungen,** zu denen auch die Pfandbriefe *(siehe dort)* gerechnet werden.

Schutzgemeinschaft der Kapitalanleger e.V., Abkürzung **SdK,** auf Initiative von privaten Anlegern 1959 als ›Schutzgemeinschaft der Kleinaktionäre e. V.‹ gegründete Organisation in der Absicht, die Interessen und Rechte der Kleinaktionäre wirkungsvoller zu vertreten (heutiger Name seit 2004; derzeit rund 12000 Mitglieder). Die SdK setzt sich besonders für den Schutz der Minderheitsaktionäre und für die Verbesserung von Aktienkultur und Anlegerschutz ein. Anschrift: Maximilianstraße 8, 80539 München, Telefon: 089 20208460, Internet: www.sdk.org.

schwächer, eine Börsentendenz; die Kurse haben gegenüber dem Vortag überwiegend nachgegeben. Der Ausdruck **schwach** beschreibt einen stärkeren Kursrückgang.

schwarzer Freitag, Bezeichnung für einen Tag, an dem die Aktienkurse erheblich sinken (Kurssturz, Börsenkrach). In der neueren Börsengeschichte z. B. der Freitag, der 13. 5. 1927, an dem infolge einer Änderung der Devisenbewirtschaftung (Verbot der Aufnahme neuer bzw. Verpflichtung zur Rückzahlung bestehender Auslandskredite) starke Kursverluste an den deutschen Börsen eintraten, gefolgt von einer anhaltenden Baisse. Im Oktober 1929 wurde an der New Yorker Börse eine mehrjährige Hausse (Kursanstieg) beendet und die Weltwirtschaftskrise eingeläutet. Dabei wird oft der 25. 10. 1929 als schwarzer Freitag bezeichnet, die größten Kursrückgänge des Dow-Jones-Aktienindex mit 12,8% bzw. 11,7% wurden aber am 24. und 29. 10. 1929 festgestellt. Als schwarzer Freitag gilt in Deutschland hauptsächlich der 10. 7. 1931, als die Reichsbank Schecks der angesehenen Darmstädter und Nationalbank nicht mehr einlöste, was schließlich dazu führte, dass am 13. 7. 1931 diese Großbank ihre Zahlungen einstellte und damit eine allgemeine Bankenkrise in Deutschland einleitete.
Am Montag, 19. 10. 1987, unterbrach ein Crash (der Dow-Jones-Index verlor fast 23% seines Wertes) die bis dahin längste Hausse-Bewegung der Nachkriegsgeschichte. Bereits ein halbes Jahr nach diesem Ereignis hatten einige Börsen bereits wieder den Stand vor dem **schwarzen Montag** erreicht.

SDAX®, Aktienindex für das im April 1999 neu eingeführte Marktsegment *(siehe dort)* für Nebenwerte, für **Smallcaps** oder **Minicaps,** womit Unternehmen mit einer geringen Marktkapitalisierung (small capitalization) gemeint sind im Unterschied zu den marktbreiten Standardwerten (Bluechips) des DAX® und den mittleren Unternehmen (Midcaps) des MDAX®.
Der SDAX® umfasst nach der Umstrukturierung der Marktsegmente 2003 50 Nebenwerte aus klassischen Branchen, die eine Zulassung zum Marktsegment Prime Standard besitzen.

Sekundärmarkt, Bezeichnung für den Börsenhandel mit bereits im Umlauf befindlichen Wertpapieren, im Unterschied zum Primärmarkt *(siehe dort).* Dieser **Umlaufmarkt** beschreibt den eigentlichen Börsenhandel.

Sellout, panikartige Wertpapierverkäufe mit der Folge stark fallender Kurse.

Shareholder-Value, der Nutzen der Aktionäre bzw. das Aktionärsvermögen. Der aus Amerika kommende Shareholder-Value-Ansatz beinhaltet alle Aspekte einer Unternehmensführung, die sich an dem Aktionärsvermögen als langfristige Zielgröße ausrichtet. Konkret geht es um die Maximierung des Marktwertes des Eigenkapitals im Interesse der Aktionäre (Eigenkapitalgeber, Shareholder). Aus der Sicht der Aktionäre geht es vor allem um dauerhafte Dividenden und Kurssteigerungen. Im Gegensatz dazu steht die Berücksichtigung anderer mit dem Unternehmen verbundener Anspruchsgruppen

(Stakeholder) wie Fremdkapitalgeber, Arbeitnehmer, Staat.

Skontroführer, von der Börsengeschäftsführung zugelassene Banken und Finanzdienstleister, die die Vermittlung und den Abschluss von Börsengeschäften betreiben sowie für einen geordneten Marktverlauf sorgen, insbesondere für eine neutrale Feststellung von Kursen *(siehe dort).*

S & P 500, Bezeichnung für einen amerikanischen Börsenindex der Ratingagentur **S**tandard & **P**oor's, der sich aus 400 Industrieaktien, 40 Versorgungswerten, 20 Aktien von Verkehrsunternehmen und 40 Aktien von Finanzinstitutionen, die an der New Yorker Börse gehandelt werden, zusammensetzt und somit eine weit größere Breite widerspiegelt als der Dow-Jones-Index *(siehe dort).*

ANDRÉ KOSTOLANY

Der Börsenguru wurde 1906 in Budapest geboren. Kostolany wollte Kunstkritiker werden und studierte in Paris Philosophie und Kunstgeschichte. Seine Karriere als Spekulant begann in den 1920-Jahren an der Pariser Börse. Während des Zweiten Weltkrieges fand Kostolany in den USA Zuflucht. Dort gelang ihm Ende der 1950er-Jahre auch der Durchbruch als Autor. Es folgten Vorträge, Seminare und Kolumnen sowie eine Reihe von Bestsellern mit scharfsichtigen und scharfzüngigen Einblicken in die Welt der Wirtschaft und des Investments. Der Ungar Kostolany hatte einen amerikanischen Pass und wohnte in Paris, München und an der Côte d'Azur. Fragte man den charmanten Börsenprofi nach seinem Beruf, so nannte er sich selbstbewusst und ohne Hemmungen Spekulant. Bei ihm war Spekulantentum jedoch nicht versehen mit dem Makel des raschen Geldraffers oder Vabanquespielers, sondern mit dem des gebildeten, vorsichtigen Abenteurers. Kostolany antwortete auf die Frage nach Erfolg: ›Ich habe mit meinen Börsengeschäften zu 49 % falsch gelegen und zu 51 % richtig. Die 2 % Unterschied waren mein Erfolg‹. Kosto, wie er von den Anlegern liebevoll genannt wurde, starb 1999.

Spekulant, ein Anlegertyp *(siehe dort),* der auf kurze Sicht an der Börse Wertpapiere und besondere Spekulationspapiere wie Optionen und Futures kauft, um sie nach der erwarteten Kurssteigerung wieder zu verkaufen. Insofern ist der Spekulant das Gegenteil eines langfristig orientierten Investors. Da Spekulanten nichts produzieren, gilt ihre Tätigkeit vielfach als unproduktiv. Der Begriff hat wie die Spekulation *(siehe dort)* ein eher negatives Image.

Spekulation, gewinnorientierte Ausnutzung erwarteter Preisänderungen z. B. von Aktien, Devisen, Welthandelswaren und anderen Wertpapieren an der Börse, etwa der Kauf von Aktien ausschließlich in der Erwartung, sie später zu einem höheren Preis (Kurs) wieder verkaufen zu können, um einen möglichst hohen **Spekulationsgewinn** zu erzielen. Da dabei der Kurs statt zu steigen auch sinken kann, schließt Spekulation immer ein Verlustrisiko ein. Die **Börsenspekulation** ist meist kurzfristig, erfordert deshalb schnelles Handeln, spezielle Analysetechniken (z. B. Chartanalyse) und Entscheidungsmodelle (z. B. Portfolio-Selection). In den vergangenen Jahren wurden zudem im Rahmen von Options- und Termingeschäften besondere Spekulationsobjekte geschaffen (z. B. Futures).

Spekulationsgewinn, Bezeichnung nach dem Einkommensteuerrecht für kurzfristige Veräußerungsgewinne, z. B. aus Wertpapiergeschäften, die der Spekulationssteuer (*siehe* Kapitel 5) unterliegen. Die bis 2008 bestehende **Spekulationsfrist** von zwölf Monaten ist mit Einführung der Abgeltungsteuer entfallen.

Spesen: Bei Kauf und Verkauf von Wertpapieren über die Börse entstehen Kosten durch Maklergebühr (Courtage), die Bankprovision und die Transaktionskosten bei Börsengeschäften über das Internet. Die gesamten Kosten können je nach Bank sehr unterschiedlich in der Höhe ausfallen.

Spezialfonds, im Gegensatz zu Publikumsfonds nicht für die breite Öffentlichkeit, sondern für bestimmte institutionelle Anleger konzipierte Investmentfonds *(siehe dort).*

Spezialitätenfonds, Sammelbegriff für Investmentfonds, die sich auf Wertpapiere aus bestimmten Ländern oder Regionen (Länderfonds) oder bestimmten Branchen (Branchenfonds) konzentrieren, z. B. Australien-Pazifik-Fonds, Rohstoff-, Technologie- oder Energiefonds. Diese Fonds setzen bei den Anlegern eine höhere Risikobereitschaft voraus und wenden sich deshalb an wertpapiererfahrene Anleger.

Squeeze-out, Ausschlussverfahren, das zwangsweise Herausdrängen von Minderheitsaktionären. Gegen Barabfindung darf ein Hauptaktionär, der mindestens 95% der Stimmrechte hält, Kleinanleger ausschließen (›herausquetschen‹). Die Abfindungshöhe richtet sich nach dem durchschnittlichen Börsenpreis und kann auch gerichtlich überprüft werden.

Stammaktien, Kurzwort **Stämme,** Aktien, die dem Inhaber im Unterschied zur Vorzugsaktie die normalen, durch das Aktiengesetz festgelegten Rechte gewähren: Teilnahme an der Hauptversammlung, Auskunftsrecht, Stimmrecht, Recht auf Anfechtung der Hauptversammlungsbeschlüsse, Recht auf Dividendenanteil, Bezugsrecht, Recht auf Anteil am Liquidationserlös.

Standardwerte, Standardpapiere, Börsenausdruck für Aktien führender großer Aktiengesellschaften mit erstklassiger Bonität und hohen regelmäßigen Börsenumsätzen (Bluechips). Die 30 wichtigsten Standardwerte bilden z. B. den Deutschen Aktienindex DAX® *(siehe dort).*

Stimmrecht, das wichtigste Verwaltungsrecht des Aktionärs. Grundsätzlich gewährt jede Aktie das Stimmrecht, das nach Aktiennennbeträgen ausgeübt wird; stimmberechtigte Aktien werden als Stammaktien *(siehe dort)* bezeichnet. Das Prinzip wird durchbrochen durch die Stimmrechtserweiterung bei Mehrstimmrechtsaktien, Stimmrechtsbegrenzung durch die Verankerung eines Höchststimmrechts und Stimmrechtsaufhebung bei stimmrechtslosen Vorzugsaktien *(siehe dort).* Das Stimmrecht wird im Rahmen der Hauptversammlung durch den Aktionär oder einen schriftlich legitimierten Bevollmächtigten ausgeübt. Banken bemühen sich um das Depotstimmrecht *(siehe dort).*

Stockpicking, gezielter Kauf einzelner ausgewählter Aktien.

Stoppkurs, bereits beim Kauf festgelegter, unter dem Kaufpreis liegender Kurs eines Wertpapiers, bei dessen Erreichen dieses Wertpapier wieder verkauft wird. Stoppkurse sind eine Form von Limits *(siehe dort)* und dienen der Verlustbegrenzung bzw. der Begrenzung des Risikos *(siehe dort).*

STOXX®, eine Gruppe von Aktienindizes, die durch die STOXX® Limited, einem Gemeinschaftsunternehmen der Deutschen Börse AG, der Schweizer Börse, der Pariser Börse und dem amerikanischen Unternehmen Dow, Jones & Co., entwickelt wurden und seit dem 26. 2. 1998 sowohl als Kurs- als auch als Performanceindizes notiert werden. STOXX® ist das Kurzwort aus englisch **sto**cks für Aktien und e**x**change für Börse.
Die Indexfamilie besteht aus 4 Haupt- und 19 Branchenindizes. Diese Indizes werden für Länder aus dem gesamten europäischen Raum **(Dow Jones STOXX®)** und für das Eurowährungsgebiet **(Dow Jones Euro STOXX®)** berechnet. Beide werden in umfassender Form (Ersterer mit 666 Gesellschaften aus 16 Ländern, Letzterer mit 326 Gesellschaften; Kursbasis: 31. 12. 1991 = 100) und als Bluechip-Index – beschränkt auf die jeweils 50 wichtigsten Aktiengesellschaften (Branchenführer in ihrem Heimatmarkt) – ermittelt (Kursbasis: 31. 12. 1991 = 1 000). So spiegelt der **Dow Jones Euro STOXX® 50** die Kursentwicklung der 50 führenden Standardwerte der Teilnehmerländer an der Europäischen Währungsunion wider.

Streifbandverwahrung, Verwahrungsform von Wertpapieren durch Kreditinstitute. Im Streifbanddepot lagernde Wertpapiere werden mit dem Namen des Kunden versehen. Die Aufbewahrung geschieht mithilfe von Bändern (Streifen), die über die Stücke gestreift werden.

Streubesitz, der Besitz an Aktien eines Unternehmens, der sich nicht in festen Händen (z. B. bei Mehrheitsaktionären oder als Aktienpakete bei institutionellen Anlegern) befindet, also über den Markt handelbar ist.

Stückaktien, Aktien, die das anteilige Recht am Vermögen eines Unternehmens verbriefen, doch im Vergleich zu Nennwertaktien einen bestimmten, in der Satzung der AG festgelegten Anteil am Grundkapital darstellen. Bei Stückaktien wird der Anteil nicht als Geldbetrag ausgedrückt (nennwertlose Aktie). Die Berechnung des (fiktiven) Nennwertes erfolgt, indem das Grundkapital durch die Anzahl der ausgegebenen Aktien dividiert wird, sodass jede Aktie einen gleich großen Anteil am Grundkapital repräsentiert. Dabei darf der Mindestnennbetrag (1 €) nicht unterschritten werden. Der Umfang der Rechte des Aktionärs ergibt sich aus dem Verhältnis der Stückzahl der ausgegebenen Aktien zur Menge der vom Aktionär gehaltenen Aktien.

Stückzinsen: Wird eine Anleihe zwischen zwei Zinszahlungsterminen verkauft, erhält der Verkäufer neben dem Kaufpreis vom Käufer auch die auf den Zeitraum des letzten Zinszahlungstermins bis zum Tag der Ausführung des Wertpapierauftrags entfallenden Zinsen (Stückzinsen) vergütet. So wird der Ausgleich dafür hergestellt, dass dem Käufer zum nächsten Zinszahlungstermin die vollen Zinsen zufließen, er die Anleihe jedoch nicht während der vollen Zinsperiode in seinem Besitz hatte.

Talon, Erneuerungsschein, der unterste Teil des Bogens einer Wertpapierurkunde *(siehe dort).* Sind die Zins- bzw. Dividendenscheine eines Bogens verbraucht, so dient der Talon dem Bezug weiterer Zins- oder Dividendenscheine.

Taxkurs, fiktiver Kurs: Wird an einem Börsentag einmal eine Aktie während der Sitzung nicht gehandelt, weil keine Kauf- und Verkaufsaufträge vorliegen, und somit auch kein Kurs festgestellt, so wird der Kurs vom Börsenmakler geschätzt. Diesen Kurs nennt man Taxkurs oder fiktiven Kurs.

TecDAX®, im März 2003 neu eingeführter Aktienindex für Technologiewerte. Nach der Umstrukturierung der Marktsegmente *(siehe dort)* kann der TecDAX® als Nachfolger des NEMAX® angesehen werden. Der NEMAX®, Abkürzung für **Ne**uer-**Ma**rkt-Inde**x**, war der Aktienindex für das von 1997 bis 2003 bestehende Marktsegment.
Der TecDAX® setzt sich aus den 30 größten Unternehmen aus technologisch ausgerichteten Branchen unterhalb der Unternehmen des DAX®-30 zusammen. Im Unterschied zum DAX® können auch ausländische Titel, die im Handelssystem Xetra® gelistet sind, aufgenommen werden. Die Technologiewerte zählen zum Marktsegment Prime Standard.

technische Reaktion, kurzfristige Gegenbewegung innerhalb eines Kursanstiegs bzw. -verfalls.

technische Wertpapieranalyse, die Chartanalyse *(siehe dort).*

Telefonhandel, Wertpapierhandel vor allem zwischen Banken, aber auch mit freien Maklern außerhalb der Börsen. Die im Telefonhandel gehandelten Papiere sind entweder zum Börsenhandel nicht bzw. noch nicht zugelassen (Telefonwerte, Telefonpapiere), oder es sind zugelassene Papiere, die außerhalb der Börsenzeit gehandelt werden.

TER, Abkürzung für **T**otal **E**xpense **R**atio, eine Kennzahl, die die gesamten jährlich anfallenden Kosten eines Fonds in das Verhältnis zum Fondsvermögen setzt und Anlegern beim Fondsvergleich hilft. Zu den Fondskosten zählen u. a. Managementgebühr sowie die Kosten für Wirtschaftsprüfer und Werbung. Seit Februar 2007 müssen alle Gesellschaften die TER ihrer Fonds veröffentlichen. Bei Aktienfonds liegt der TER durchschnittlich bei 1,4%, bei Rentenfonds bei 0,8% des Anlagevolumens.

Terminbörse, der börsenmäßig organisierte Handel **(Terminhandel)** mit Wertpapieren, Waren, Devisen und speziellen Finanzinstrumenten im Rahmen von Termingeschäften. Wichtige Terminbörsen sind **Eurex,** 1998 hervorgegangen aus der Deutschen und der Schweizer Terminbörse (Eurex steht für **Euro**pean **Ex**change) und Chicago Board of Trade *(siehe dort).*

Termingeschäft, Zeitgeschäft, Börsengeschäft, das im Unterschied zum Kassageschäft erst zu einem späteren Zeitpunkt, aber zu den am Tag des Vertragsabschlusses fixierten Bedingungen (Lieferung, Zahlung) erfüllt wird. Gegenstand von Termingeschäften können Waren, Devisen, Wertpapiere und abstrakte Basiswerte (z. B. Aktienindizes) sein. Unbedingte Termingeschäfte begründen für beide Vertragspartner eine definitive Pflicht, das Geschäft zu erfüllen, also den Gegenstand zu den festgelegten Bedingungen zu liefern bzw. abzunehmen. Hierzu zählen die Futures *(siehe dort).* Bedingte Termingeschäfte räumen hingegen einer Partei das Recht ein, das Geschäft eventuell nicht zu erfüllen, wobei der einseitig Berechtigte als Ausgleich für die unterschiedliche Risikoverteilung eine Prämie zu entrichten hat. Zu dieser Gruppe gehören insbesondere Optionsgeschäfte *(siehe dort).*

thesaurierende Fonds, Investmentfonds, die ihre jährlich erwirtschafteten Erträge aus Wertpapieren und Zinseinnahmen am Ende des Geschäftsjahres nicht ausschütten, sondern zur Wiederanlage verwenden.

Thesaurierung, die Wiederanlage von Zinsen oder anderen Erträgen aus Wertpapieren in neue Wertpapiere.

Timing, Wahl des richtigen, gewinnbringenden Zeitpunkts zum Wertpapierkauf oder -verkauf.

Tokyo Stock Exchange, Abkürzung **TSE,** die drittgrößte Börse der Welt, gegründet 1878. Träger ist eine staatliche, dem Finanzministerium unterstellte Organisation. Die wichtigsten Aktienindizes sind der Nikkei-Index *(siehe dort)* und der **TOPIX,** Kurzwort für **To**kyo Stock Exchange **P**rice **I**nde**x.**

toxische Wertpapiere, Wertpapiere, deren Börsenwert um ein Vielfaches unter ihrem Nominalwert liegt und die daher unverkäuflich sind. Der Begriff ist im Zuge der Finanzmarktkrise 2008 entstanden für meist hochspekulative Finanzinstrumente, die Banken in dramatische wirtschaftliche Schieflagen gebracht haben.

Trader, Anlegertyp *(siehe dort),* der versucht, durch das Ausnützen von Kursschwankungen innerhalb weniger Stunden **(Intraday)** und Tage **(Daytrader)** Gewinne zu erzielen.

Tranche, der Teilbetrag einer Wertpapieremission.

Transaktionskosten, alle anfallenden Kosten für die Abwicklung eines Wertpapiergeschäfts.

Trend, länger anhaltende Grundrichtung. Der Kurs eines bestimmten Wertpapiers ist z. B. über einen längeren Zeitraum durch steigende Kurse gekennzeichnet (nach oben gerichteter Trend).

überkauft, Bezeichnung für einen überkauften Markt, bei dem allgemein mit Kurskorrekturen nach unten gerechnet wird. Die Ursache wird in sehr hohen Kurssteigerungen der jüngsten Vergangenheit gesehen. Die Situation eines Wertpapiers oder einer Börse nach einer Phase stark fallender Kurse bei hohem Umsatzvolumen wird im Unterschied dazu als **überverkauft** bezeichnet.

Überzeichnung, Marktsituation bei einer Emission, wenn die Nachfrage bzw. die gezeichneten Beträge die Menge neu emittierter Wertpapiere übersteigt und eine Zuteilung *(siehe dort)* erforderlich ist.

Ultimo, der letzte Tag eines Monats. Wer z. B. ein Limit beim Aktienkauf setzt, kann es bis Ultimo, also bis zum Ende des Monats, aufrechterhalten.

Umlaufrendite, die Rendite festverzinslicher Wertpapiere, die sich im Umlauf befinden, im Unterschied zur Rendite neu ausgegebener Papiere **(Emissionsrendite).** Die Deutsche Bundesbank errechnet durchschnittliche Umlaufrenditen z. B. für alle festverzinslichen Wertpapiere, für die verschiedenen Arten von Schuldverschreibungen und öffentlichen Anleihen sowie für unterschiedliche Restlaufzeiten. Die Umlaufrendite gibt die Verzinsung des noch gebundenen Geldbetrags an, wenn die Anleihe bis zur Fälligkeit gehalten wird und die anfallenden Zinserträge nicht wieder angelegt werden. Sie ist damit eine Orientierungsgröße für die tatsächliche Zinsentwicklung am Rentenmarkt.

UMLAUFRENDITE

Jahr	insgesamt	Bankschuldverschreibungen	Industrieobligationen	Anleihen der öffentlichen Hand
1985	6,9	7,0	7,1	6,9
1986	6,0	6,0	6,6	5,9
1987	5,8	5,8	6,6	5,8
1988	6,0	6,0	6,8	6,1
1989	7,1	7,2	7,2	7,0
1990	8,9	9,0	9,0	8,8
1991	8,7	8,9	8,9	8,6
1992	8,1	8,3	8,7	8,0
1993	6,4	6,5	6,9	6,3
1994	6,7	6,8	7,0	6,7
1995	6,5	6,5	6,9	6,5
1996	5,6	5,5	5,8	5,6
1997	5,1	5,0	5,2	5,1
1998	4,5	4,5	5,0	4,4
1999	4,3	4,3	5,0	4,3
2000	5,4	5,6	6,2	5,3
2001	4,8	4,9	5,9	4,7
2002	4,7	4,7	6,0	4,6
2003	3,7	3,7	5,0	3,8
2004	3,7	3,6	4,0	3,7
2005	3,1	3,1	3,7	3,2
2006	3,8	3,8	4,2	3,7
2007	4,3	4,4	5,0	4,3
2008	4,2	4,5	6,3	4,0
2009	3,3	3,6	6,2	3,2

Umlaufrendite. Die Umlaufrendite verschiedener festverzinslicher Wertpapiere

uneinheitlich, eine Börsentendenz; eine einheitliche Kurstendenz konnte nicht festgestellt werden.

variable Notierung, die fortlaufende Notierung *(siehe dort).*

Verfallstermin, Verfallsdatum, bei Optionsgeschäften und Optionsscheinen der letzte Zeitpunkt (Tag), bis zu dem die Optionsausübung, das Recht aus einer Option oder einem Optionsschein, eine Aktie zum Basispreis zu erwerben, möglich ist. Bei Futures der endgültige Erfüllungstermin. Nach diesem Tag erlischt die Option.

Verkaufsoptionsschein, Put: Solche Scheine geben dem Käufer das Recht, den Basiswert zu einem Optionsschein *(siehe dort)* zu veräußern. Wer ein Absinken des Aktienkurses erwartet, kauft einen Put auf den Titel. Denn er kann den Basiswert zu einem höheren Preis als am Markt erhältlich verkaufen. Wer steigende oder konstante Kurse erwartet, sollte Puts verkaufen.

Verkaufssignal, Begriff der Chartanalyse *(siehe dort),* der einen Hinweis zum Verkauf des betreffenden Wertpapiers gibt.

Verlustpotenzial, maximales Verlustrisiko bei Wertpapiergeschäften. Das maximale Risiko beim Kauf von Aktien liegt im Kaufpreis des Wertpapiers und den anfallenden Spesen, denn beide können nicht tiefer als auf null sinken.

Volatilität, das Ausmaß der Schwankungen der Preise bzw. Kurse bestimmter Basiswerte (z. B. Aktien, Anleihen, Devisen, Rohstoffe, Zinssätze, Aktienindizes) oder auch ganzer Börsenmärkte. Je größer die Kursschwankungen sind, umso größer ist auch die Volatilität der Aktie und damit das mit dem Papier verbundene Risiko.

Volksaktien, im Zuge der Privatisierung von öffentlichen Unternehmen mit dem Ziel einer breiteren Streuung des Produktivvermögens und der Förderung der Vermögensbildung ausgegebene Aktien, z. B. bei der Teilprivatisierung der Preussag AG (1959), der Volkswagen AG (1961) und der Veba AG (1965). Soziale Elemente bei der Emission waren u. a. die Beschränkung des Ersterwerbs auf Bezieher niedriger Einkommen, Einräumung von Vorzugsbedingungen (Sozialrabatt) beim Erwerb.

Vor- und Nachbörse, Handel von börsennotierten Wertpapieren außerhalb der Börsenzeit.

Vorzugsaktien, Kurzwort **Vorzüge,** Aktien, die dem Inhaber im Vergleich zu Stammaktionären Sonderrechte gewähren, die in einer gesonderten Form der Stimmrechtsausgestaltung, im Dividendenanspruch oder in der Bevorzugung bei der Verteilung des Liquidationserlöses liegen können. Oft sind allerdings mit der Gewährung von Vorzügen gleichzeitig gewisse Einschränkungen anderer Rechte verbunden. So gibt es Vorzugsaktien, die einen höheren Dividendenanspruch verbriefen als Stammaktien; allerdings ist bei ihnen das Stimmrecht ausgeschlossen.

Wachstumswerte, Aktien eines Unternehmens, dem Börsenanalysten noch hohe Umsatz- und Gewinnsteigerungen zutrauen.

Währungsanleihen, Anleihen, die auf ausländische Währungseinheiten lauten. Bei **Doppelwährungsanleihen** werden z. B. die laufenden Zinsen in der inländischen Währung gezahlt, die Tilgung aber in der ausländischen Währung.

Währungsrisiko, ein Risiko *(siehe dort)* bei Börsengeschäften.

Wall Street, Synonym für die New Yorker Börse. Eigentlich eine Straße in Manhattan, in der die New York Stock Exchange *(siehe dort)* ihren Sitz hat.

Wandelanleihe, Schuldverschreibung von Aktiengesellschaften, die mit einem Umtauschrecht in Aktien verknüpft ist. Der Eigentümer kann die Wandelanleihe zu schon bei der Ausgabe festgelegten Bedingungen zu einem bestimmten Zeitpunkt oder in einem bestimmten Zeitraum (Wandlungstermin, -frist) in einem festgelegten Wandlungsverhältnis in Aktien der AG, manchmal unter Zuzahlung eines bestimmten Geldbetrags (Wandlungspreis, -prämie), umtauschen. Ein Rückzahlungsanspruch aus der Wandelanleihe tritt nur dann ein, wenn der Eigentümer vom Umtauschrecht keinen Gebrauch macht. Wegen der Möglichkeit zur Wandlung haben Wandelanleihen ähnlich der Optionsanleihe meist eine niedrigere Verzinsung als gewöhnliche Schuldverschreibungen.

Warenbörse, Produktenbörse, Warenmarkt, auf dem börsenmäßig fungible Welthandelsgüter gehandelt werden. Die Handelsobjekte dieser Börsen sind ausschließlich bewegliche Sachgüter (soweit vertretbar und nicht leicht verderblich). Nach ihrer Verwendung unterscheidet man Warenbörsen für gewerbliche Rohstoffe (z. B. Erdöl, Baumwolle) sowie für Nahrungs- und Genussmittel (z. B. Getreide, Schweinehälften, Kaffee). Verknüpft mit Warenbörsen sind oft auch **Warenterminbörsen,** an denen Termingeschäfte mit fungiblen Welthandelsgütern abgeschlossen werden. Seit dem 17. 4. 1998 gibt es auch in Deutschland eine Warenterminbörse mit Sitz in Hannover.

Warentermingeschäft, Termingeschäfte mit Handelswaren wie Kaffee, Metalle oder Erdöl. Die Lieferung, Annahme und Bezahlung der Waren erfolgt zu einem späteren Zeitpunkt. Erzeuger und Abnehmer wollen sich mit diesem Termingeschäft gegen zukünftige Preisschwankungen absichern.

Warrant, englische Bezeichnung für Optionsschein *(siehe dort).*

Werbungskosten: Alle Kosten, die beim Erwerb oder bei der Veräußerung von Wertpapieren entstehen, können bei der Einkommensteuer als Werbungskosten angesetzt werden. Hierunter fallen Gebühren für das Depot, Abgelder bei festverzinslichen Wertpapieren, Ausgabeaufschläge beim Erwerb von Investmentanteilen, Courtage, Maklergebühren, Fachliteratur, Börsenbücher, Finanzierungskosten (Wertpapierkredit), Seminarkosten für Kapitalanlagen, Kosten (Reisekosten) für Hauptversammlungen, Telefonkosten (Internetbroking), ausländische Steuern, Provisionen, Abonnements von Börsenzeitschriften. Werden keine höheren Aufwendungen nachgewiesen, berücksichtigt das Finanzamt jährlich einen Pauschbetrag von 51 € (bei Verheirateten von 102 €).

Wertpapierdarlehen, Wertpapierkredit, Bankkredit gegen Hinterlegung von Wertpapieren. Die Prozentsätze, zu denen die Banken bereit sind, die Wertpapiere als Sicherheit zu akzeptieren (zu beleihen), bewegen sich zwischen 60 und 80 %.

Wertpapiere, im weitesten Sinne alle Urkunden über Vermögensrechte, die Banknoten genauso wie ein Wechsel, eine Aktie oder sogar eine Briefmarke. Wertpapiere im Sinne des Wertpapierhandelsgesetzes sind, auch wenn für sie keine Urkunden ausgestellt sind, Aktien, Zertifikate, Schuldverschreibungen, Genussscheine, Optionsscheine und andere Wertpapiere, die mit Aktien oder Schuldverschreibungen vergleichbar sind, wenn sie an einem Markt gehandelt werden können. Wertpapiere sind auch Anteilscheine, die von einer Investmentgesellschaft ausgegeben werden.
Wertpapiere, bei denen das im Papier verbriefte Recht von jedem Inhaber ohne Nachweis der Verfügungsberechtigung geltend gemacht werden kann, heißen auch **Inhaberpapiere.** Solche Wertpapiere sind z. B. Pfandbriefe, Obligationen, Inhaberaktien. Demgegenüber wird bei **Orderpapieren** und **Rektapapieren** der Berechtigte namentlich angeführt. Übertragbare Orderpapiere sind z. B. Namensaktien, Schecks und Wechsel, nicht übertragbare Rektapapiere z. B. Hypothekenschuldbriefe.

Wertpapiererwerbs- und Übernahmegesetz, Abkürzung **WpÜG,** am 1. 1. 2002 in Kraft getretenes Gesetz zur Verbesserung der Rahmenbedingungen für Unternehmensübernahmen und andere öffentliche Angebote zum Wertpapiererwerb. Unterschieden werden Kaufangebote für Stimmrechte bis zu 30 % (einfache Erwerbsangebote), über 30 % zur Kontrolle der Zielgesellschaft (Übernahmeangebote) und Pflichtangebote, die abgeben muss, wer die Kontrolle einer Zielgesellschaft erlangt hat. Durch das WpÜG wird auch das Squeeze-out *(siehe dort)* ermöglicht.

Wertpapiergiroverkehr, buchmäßige Übertragung von Wertpapieren von Depot zu Depot.

Wertpapierhandelsgesetz, Abkürzung **WpHG,** Gesetz von 1994 zur Neuorganisation der Börsen- und Wertpapierhandelsaufsicht zwischen den Börsenaufsichtsbehörden *(siehe dort)* der Länder, den Handelsüberwachungsstellen *(siehe dort)* der Börsen und dem Bundesaufsichtsamt für den Wertpapierhandel *(siehe dort).* Das WpHG hat die EG-Insiderrichtlinien umgesetzt und die bislang bestehenden freiwilligen Insiderregeln abgelöst.

Wertpapierkauf, die Order *(siehe dort).*

Wertpapierkennnummer, Abkürzung **WPKN, WKN,** sechsstellige Zahl zur eindeutigen Identifikation eines Wertpapiers und zur Erleichterung des Wertpapierhandels an der Börse und des Effektengeschäfts der Banken. Die WPKN wurde 2003 auf den internationalen Standard ISIN *(siehe dort)* umgestellt.

Wertpapiersammelbank, Stelle (Deutsche Börse Clearing AG), die Wertpapiere verwahrt und verwaltet.

Wertpapierurkunde: Sie besteht aus Bogen *(siehe dort)* und Mantel. Der Bogen setzt sich zusammen aus dem Coupon und dem Talon (Erneuerungsschein). Coupons sind z. B. bei festverzinslichen Wertpapieren der Zinsschein und bei Aktien und Genussscheinen der Gewinnanteilschein (insbesondere Dividendenschein). Der Mantel *(siehe dort)* ist die Bezeichnung für die gefaltete Doppelseite der (eigentlichen) Wertpapierurkunde. Nur Mantel und Bogen zusammen sind verkäuflich.

Xetra®, von der Deutschen Börse AG 1998 eingeführtes elektronisches Börsenhandelssystem (Xe-

tra® steht für **Ex**change **E**lectronic **Tra**ding) für den Kassamarkt. Während der offiziellen Handelszeit zwischen 9 und 17.30 Uhr können die an der Frankfurter Wertpapierbörse notierten Aktien, Optionsscheine und Rentenwerte gehandelt werden.
Xetra® ermöglicht die Zusammenführung von Angebot und Nachfrage aller Marktteilnehmer an einer zentralen Stelle, eine größtmögliche Transparenz sowie einen fairen, dezentralen Marktzugang für alle Marktteilnehmer. Das System soll auch dem kleinen Anleger die Möglichkeit bieten, Wertpapiere außerhalb der üblichen Börsenzeiten zu günstigen Konditionen zu ordern. Kritiker befürchten, dass durch die zunehmende Computerisierung der Börsengeschäfte der Parketthandel vollständig abgeschafft werden wird.

Zeichnung, Zeichnen, Bezeichnung für den Kauf neu ausgegebener Wertpapiere. Die Zeichnung ist die Verpflichtung zur Übernahme (Kauf) eines bestimmten Betrages der aus einer Emission *(siehe dort)* angebotenen Effekten (z. B. Aktien, Anleihen). Nach Schluss der Zeichnung (Ablauf der Zeichnungsfrist) werden die Wertpapiere von der Zeichnungsstelle (meist einer Bank) den Käufern übergeben, bei Überzeichnung erfolgt eine Zuteilung *(siehe dort).*

Zeichnungsfrist, Zeitraum, innerhalb dessen man seine Bank beauftragen muss, ein neu aufgelegtes Wertpapier zu kaufen (zu zeichnen).

Zerobonds, Nullcouponanleihen, festverzinsliche Wertpapiere, die abgezinst ausgegeben und bei Fälligkeit zum Nennwert getilgt werden. Im Gegensatz zu den herkömmlichen Anleihen werden die Zinsen nicht periodisch gezahlt, sondern thesauriert und dadurch ebenfalls wieder verzinst (Zinseszinseffekt). Die Differenz zwischen dem Ausgabepreis und dem Nennwert stellt den Ausgleich für die laufenden Zinszahlungen dar.

Zinscoupon, Zinsschein: Analog zu Dividendenscheinen bei Aktien gehören diese Scheine zu jedem festverzinslichen Wertpapier. Der Zinscoupon wird bei Fälligkeit vom Zinsscheinbogen abgetrennt.

Zinsfuture, Zinstermingeschäft, Termingeschäft zur Absicherung gegenüber Zinsänderungsrisiken oder zu spekulativen Zwecken.

Zinsstruktur: Die effektiven Zinssätze zu einem bestimmten Zeitpunkt auf den verschiedenen Märkten (Geld-, Kredit- und Kapitalmärkte) unterscheiden sich voneinander unter Umständen erheblich. Die Ursache für unterschiedliche Zinssätze liegt in der Differenzierung der Bonität, Fristigkeit und Denomination (die Währung, auf die eine Anleihe läuft) der Kapitalanlagen durch die Investoren. Die Zinsstruktur spiegelt das Verhältnis dieser Zinssätze zu einem bestimmten Zeitpunkt zueinander wider. Im Regelfall liegen die langfristigen Zinssätze über den kurzfristigen Zinssätzen.

Zuteilung, bei überzeichneten Emissionen die Verteilung der neu ausgegebenen Wertpapiere auf die Anleger. Im Anschluss an ein Preisfindungsverfahren *(siehe dort)* erfolgt das **Zuteilungsverfahren,** für das es keine gesetzliche Regelung gibt. Folgende Verfahren werden vorgeschlagen: das Losverfahren, die Zuteilung nach Ordergröße, anhand einer bestimmten Quote oder nach dem Zeitpunkt des Eingangs der Order.

zyklische Werte, Aktien von Unternehmen, deren Umsatz- und Gewinnentwicklung in hoher Abhängigkeit vom Konjunkturzyklus stehen (z. B. chemische Industrie, Maschinenbau).

12

Wie funktionieren private und gesetzliche Versicherungen?

Die soziale Sicherung gehört heute zur Lebensgrundlage jedes Bürgers. Ein Teil hiervon ist die Sozialversicherung. Sie besitzt in Gestalt von Arbeitslosen-, Kranken-, Renten-, Pflege- und Unfallversicherung große Bedeutung für den Einzelnen, für die Gemeinschaft, für den Staat. Sie ist die Versicherung, die uns unser ganzes Leben begleitet. Während vor der Installation eines sozialen Netzes die Familie für die Invaliden, Alten oder die Hinterbliebenen sorgte, was eine allgemein anerkannte gesellschaftliche Aufgabe war, ist der Staat seit 1881 durch die von OTTO VON BISMARCK (* 1815, † 1898) aufgestellten ›Kaiserlichen Botschaften‹ als Leitlinien für eine Sozialversicherung zum Schutz der Arbeitnehmer gefordert, diese Aufgaben zu erfüllen.
Die im Laufe der Zeit zum Teil starke Ausweitung in Umfang und Struktur der sozialen Sicherung warf die Frage auf, ob dieses soziale Netz auf Dauer finanzierbar ist. Arbeitnehmer und Arbeitgeber spüren deutlich den Kostendruck für die Zunahme der sozialen Leistungen im Bereich der Sozialversicherung, da die Beiträge zur Sozialversicherung in den vergangenen Jahren erheblich gestiegen sind.
Die Absicherung der wirtschaftlichen und sozialen Existenz ist ein eminentes Bedürfnis der Menschen. Ergeben sich aufgrund des Finanzierungsproblems der sozialen Sicherung Kürzungen im Bereich der staatlichen Sozialleistungen, so kann der Bürger, der den Absicherungsgrad halten will, einen Ausgleich durch den Abschluss von Privatversicherungen herbeiführen. Das Gleiche gilt für diejenigen, denen die staatlichen Vorsorgemaßnahmen nicht ausreichen. Darüber hinaus ist eine Risikobegrenzung, für die es keine staatliche Absicherung gibt, nur über Privatversicherungen möglich.

Agent, Versicherungsvertreter.

ALG, Abkürzung für Arbeitslosengeld *(siehe dort).*

Allgemeine Ortskrankenkassen, Abkürzung **AOK,** wichtiger Träger der gesetzlichen Krankenversicherung mit rund 25 Mio. Versicherten. Sie stehen allen Versicherten offen. Der AOK-Bundesverband ist die Dachorganisation der 15 jeweils selbstständigen Krankenkassen *(siehe dort)* auf Bundesländerebene (Ausnahmen: AOK Westfalen-Lippe, AOK Rheinland/Hamburg, AOK Plus – Die Gesundheitskasse für Sachsen und Thüringen). Anschrift: Rosenthaler Straße 31, 10178 Berlin; Telefon: 030 346460; Internet: www.aok.de.

allgemeine Versicherungsbedingungen, Abkürzung **AVB,** Bedingungen, die Bestandteil in einer unbegrenzten Anzahl gleich liegender Versicherungsverträge sind.

Alterseinkünftegesetz, *siehe* Rentenbesteuerung.

Altersgrenze: Neben der erforderlichen Wartezeit wird bei Altersrenten vorausgesetzt, dass der Versicherte ein bestimmtes Lebensjahr vollendet hat. Ab den Jahren 1997 bzw. 2000 wurden die vorzeitigen

ALTERSVORSORGE			
Betriebliche Altersvorsorge		**Private Altersvorsorge**	
Direktzusage	Verpflichtung des Arbeitgebers zu Versorgungsleistungen im Versorgungsfall, z. B. Erreichen des Rentenalters	Banksparplan	Ansparung eines Guthabens mit festgelegter Verzinsung und sehr geringem Risiko
Unterstützungskasse	Leistungszusage einer selbstständigen Versorgungseinrichtung, für die der Arbeitgeber einsteht	private Rentenversicherung	Verbund von Kapitalanlage mit garantierter Mindestverzinsung und Versicherung; Überschussbeteiligungen sind möglich
Direktversicherung	Vom Arbeitgeber für seine Angestellten abgeschlossene Lebensversicherung		
Pensionskasse	Von mehreren Unternehmen getragene Versorgungseinrichtung; der versorgungsberechtigte Arbeitnehmer wird selbst Mitglied	Fondssparplan	Kapitalanlage in Aktien-, Renten- oder gemischten Fonds; Kapitalerhalt muss zugesagt werden.
Pensionsfonds	Rechtlich selbstständige Einrichtung, die gegen Zahlung von Beiträgen betriebliche Altersvorsorge für den Arbeitgeber durchführt; die Mittelanlage ist weniger reglementiert als bei Pensionskassen; der Arbeitgeber garantiert den Ausschluss des Kapitalverlusts.		

Altersvorsorge.
Die verschiedenen Möglichkeiten der betrieblichen und privaten Altersvorsorge

Altersgrenzen schrittweise auf einheitlich 65 Jahre heraufgesetzt. Das Renteneintrittsalter wird ab 2012 bis 2029 schrittweise auf 67 Jahre angehoben.

Altersrente, Altersruhegeld, Begriff aus der gesetzlichen Rentenversicherung. Wird bislang noch in der Regel mit der Vollendung des 65. Lebensjahres bei einer Mindestversicherungszeit von fünf Jahren gezahlt **(Regelaltersrente).** Weitere Altersrenten, teilweise verbunden mit Abschlägen gegenüber der Regelaltersrente von 0,3% für jeden Monat vorzeitiger Inanspruchnahme, sind: 1) Altersrente für langjährig Versicherte ab dem 63. Lebensjahr bei 35 Jahren Wartezeit; 2) Altersrente für Schwerbehinderte ab dem 63. Lebensjahr bei 35 Jahren Wartezeit (vorzeitig mit 60, später mit 62 Jahren); 3) Altersrente wegen Arbeitslosigkeit und nach Altersteilzeit ab dem 60. Lebensjahr für Personen, die vor dem 1. 1. 1952 geboren sind, bei einer Wartezeit von 15 Jahren sowie einjähriger Arbeitslosigkeit nach Vollendung von 58 Jahren und 6 Monaten oder zweijähriger Altersteilzeit (entfällt künftig); 4) Altersrente für Frauen, die vor dem 1. 1. 1952 geboren sind, ab dem 60. Lebensjahr bei einer Wartezeit von 15 Jahren (entfällt künftig); 5) Altersrente für Bergleute ab dem 60. Lebensjahr und 25 Jahren Wartezeit (künftig 62 Jahre).

Altersvermögensgesetz, 2001 beschlossenes Gesetz, das das Rentenversicherungssystem durch eine kapitalgedeckte betriebliche oder private Altersvorsorge ergänzt. Seit 1. 1. 2002 können Arbeitnehmer und Selbstständige eine staatliche Förderung erhalten (›Riester-Rente‹).

Altersvorsorge, Altersversorgung, Alterssicherung, die finanzielle Absicherung für das Alter auf verschiedensten Wegen durch die gesetzliche Rentenversicherung *(siehe dort),* die betriebliche Altersvorsorge *(siehe dort)* oder die private Altersvorsorge, z.B. durch Sparen, Geldanlage, Leibrenten, Kauf und Bereitstellung von Sachwerten (Immobilien) oder durch private Renten- oder Kapitalversicherungen.
Im Rahmen der Rentenreform 2001 werden die private und betriebliche Altersvorsorge seit 1. 1. 2002 durch staatliche Fördermaßnahmen unterstützt. Ziel ist der Aufbau einer zusätzlichen kapitalgedeckten Altersvorsorge im Sinne eines **Altersvermögens,** aus dem als Ergänzung zu den Leistungen der gesetzlichen Rentenversicherung laufende Einkommen im Alter fließen.
Alle Personen, die Pflichtbeiträge in die gesetzliche Rentenversicherung zahlen, gehören zum Kreis der Begünstigten. Der Altersvorsorgeaufwand setzt sich aus Eigenbeiträgen und staatlichen Zulagen zusammen. Gefördert werden Eigenleistungen im Rahmen der betrieblichen Altersvorsorge in Form von Direktversicherungen, Pensionskassen oder Pensionsfonds sowie Einzahlungen in Altersvorsorgeverträge, die von der Zertifizierungsstelle der Bundesanstalt für Finanzdienstleistungsaufsicht dahingehend geprüft werden, ob die Produkte der Banken und Versicherungsunternehmen (z.B. private Rentenversicherungen, Investmentfonds- und Banksparpläne) den staatlichen Förderkriterien (z.B. Zusicherung einer lebenslangen monatlichen Rentenzahlung) entsprechen.

Die staatliche **Zulage (Altersvorsorgezulage)** ist abhängig von Familienstand und Kinderzahl; sie wird zentral von der Deutschen Rentenversicherung Bund direkt auf den begünstigten Vertrag eingezahlt. Darüber hinaus kann der gesamte Altersvorsorgeaufwand im Rahmen der Einkommensteuer als Sonderausgabe geltend gemacht werden.
Die jeweils maximale Zulage erhält, wer ab 2008 4% seines sozialversicherungspflichtigen Vorjahreseinkommens für die private Eigenvorsorge aufwendet. Diese Grundzulage beträgt bis zu 154€ im Jahr 2008 und steht bei Ehegatten jedem gesondert zu. Hinzu kommt noch eine Kinderzulage von (2008) bis zu 185€ (für ab 2008 geborene Kinder 300€). Es werden also besonders Familien mit Kindern gefördert. Die Eigenleistung muss mindestens 60€ betragen.

Amtshaftpflichtversicherung, eine Berufshaftpflichtversicherung *(siehe dort).*

Anrechnungszeiten, bei der Rentenversicherung Zeiten, in denen der Versicherte aus bestimmten persönlichen Gründen keine Beiträge zahlen konnte. Zu den Anrechnungszeiten zählen grundsätzlich folgende Zeiten: Krankheit, medizinische Heilbehandlung oder Berufsförderung, Schwangerschaft, Schutzfristen bei Mutterschaft, Arbeitslosigkeit, Schulausbildung nach dem 17. Lebensjahr (bis zu einer Höchstdauer von drei Jahren), Rentenbezugszeiten bis zum 55. Lebensjahr, soweit die Rente mit einer Zurechnungszeit zusammentrifft. Die Anrechnungszeiten zählen zur Wartezeit *(siehe dort).*

Anwartschaft, der vor allem durch Beitragszahlungen erworbene Anspruch auf Leistungen der Sozialversicherung.

Anzeigepflicht: Nach Eintritt eines Versicherungsfalles muss der Versicherungsnehmer dem Versicherer diesen unverzüglich anzeigen.

Arbeitnehmeranteil, Arbeitgeberanteil: Die Beiträge *(siehe dort)* zur gesetzlichen Renten-, Kranken-, Pflege- und Arbeitslosenversicherung werden grundsätzlich je zur Hälfte von Arbeitgeber und Arbeitnehmer getragen.

Arbeitslosengeld, Abkürzung **ALG I,** die wichtigste Entgeltersatzleistung (Lohnersatzleistung) aus den Mitteln der Arbeitslosenversicherung. Anspruch auf Arbeitslosengeld haben Arbeitnehmer, die arbeitslos sind, sich bei der Bundesagentur für Arbeit als arbeitslos gemeldet haben, der Arbeitsvermittlung zur Verfügung stehen, die Anwartschaftszeit (wer mindestens zwölf Monate in einem Versicherungspflichtverhältnis innerhalb der Rahmenfrist von zwei Jahren stand) erfüllten und das 65. Lebensjahr noch nicht vollendet haben. Arbeitslos ist ein Arbeitnehmer, der vorübergehend nicht in einem Beschäftigungsverhältnis steht und eine versicherungspflichtige Beschäftigung sucht.
Die Dauer des Arbeitslosengeldes richtet sich nach der Dauer der Versicherungspflicht und dem Lebensalter der Arbeitslosen. Maßgebend sind die Versicherungspflichtverhältnisse innerhalb der sieben Jahre vor Beginn des Anspruchs auf Arbeitslosengeld. Das Arbeitslosengeld ist für die Dauer von mindestens sechs Monaten zu zahlen. Die Bezugsdauer steigt bei längerer Beitragszahlung und dem Alter des Arbeitslosen an; längstens wird das Arbeitslosengeld für 24 Monate gezahlt.

ARBEITSLOSENGELD

nach Versicherungspflicht-verhältnissen mit einer Dauer von insgesamt ... Monaten	und nach Vollendung des ... Lebensjahres	Anspruchsdauer in ... Monaten
12		6
16		8
20		10
24		12
30	50.	15
36	55.	18
48	58.	24

Arbeitslosengeld. Die Dauer des Anspruchs auf Arbeitslosengeld I

Die Höhe des Arbeitslosengeldes richtet sich nach einem pauschalierten Nettoentgelt, dem Leistungsentgelt. Grundlage für dieses **Leistungsentgelt** ist das Bruttoentgelt der letzten 52 Wochen. Das Arbeitslosengeld beträgt 67% des Leistungsentgelts für Arbeitslose, die mindestens ein Kind erziehen, und 60% für die anderen. Nebeneinkommen des Arbeitslosen und Entschädigungen des Arbeitgebers nach Kündigungen (Abfindungen) können auf die Höhe des Arbeitslosengeldes angerechnet werden.
Weigert sich der Arbeitslose, eine zumutbare Arbeit anzunehmen oder an einer Maßnahme zur beruflichen Fortbildung oder Umschulung teilzunehmen,

kann das ALG I bis zu zwölf Wochen versagt werden **(Sperrzeit).** Das gilt auch, wenn der Arbeitslose eine Arbeitsstelle ohne wichtigen Grund (z. B. durch einen Aufhebungsvertrag) aufgegeben hat.

Arbeitslosengeld II, Abkürzung **ALG II,** früher **Arbeitslosenhilfe** genannt, von eigener Beitragszahlung unabhängige Sozialleistung bei Arbeitslosigkeit. Sie heißt offiziell **Grundsicherung für Arbeitsuchende,** die einem Arbeitslosen im Anschluss an den Bezug von Arbeitslosengeld gewährt wird, wenn er bedürftig ist. Der Anspruch auf ALG II besteht grundsätzlich ohne zeitliche Befristung, wird jedoch zunächst längstens für ein Jahr bewilligt, bevor die Anspruchsvoraussetzungen erneut geprüft werden. Bei der Prüfung der Anspruchsvoraussetzungen, vor allem was die Bedürftigkeit betrifft, spielen das Einkommen und Vermögen des Arbeitslosen und seiner in einer Bedarfsgemeinschaft lebenden Angehörigen eine Rolle. Finanziert wird das Arbeitslosengeld II wie früher die Arbeitslosenhilfe aus Steuermitteln.
Zum 1. 1. 2005 wurde die Arbeitslosenhilfe mit der Sozialhilfe (*siehe* Kapitel 5) zusammengelegt. Erwerbsfähige Hilfeempfänger erhalten ein ›Arbeitslosengeld II‹ auf dem Niveau der Sozialhilfe und werden von Eigenbetrieben für Arbeit als gemeinsamer Einrichtung von den örtlichen Stellen der Bundesagentur für Arbeit und dem jeweiligen Sozialamt betreut. Die Leistung setzt sich zusammen aus der Regelleistung, Mehrbedarfe (etwa für Alleinerziehende), Leistung für Unterkunft und Heizung sowie flankierende und einmalige Leistungen. Die finanzielle Unterstützung für nicht erwerbsfähige Personen, die mit einem Erwerbsfähigen in einer Bedarfsgemeinschaft leben, heißt **Sozialgeld.** Wessen Einkommen aus Erwerbstätigkeit unterhalb des Regelsatzes liegt **(Aufstocker),** hat Anspruch auf Aufstockung bis zur Regelleistung.

Arbeitslosenversicherung, Pflichtversicherung für alle unselbstständigen Arbeitnehmer gegen die materiellen Folgen der Arbeitslosigkeit. Der 1927 gegründete Zweig der Sozialversicherung hat die Aufgabe, Arbeitsplätze zu sichern und finanzielle Leistungen an Arbeitslose zur Verringerung der wirtschaftlichen Folgen der Arbeitslosigkeit zu zahlen. Getragen wird die im Sozialgesetzbuch *(siehe dort)* geregelte Arbeitslosenversicherung von der Bundesagentur für Arbeit *(siehe dort).*
Versichert sind alle gegen Entgelt beschäftigten Arbeiter, Angestellten und Auszubildenden, ohne Rücksicht auf ihren Willen (Zwangsversicherung). Ausgenommen von der Arbeitslosenversicherung sind z. B. Selbstständige, Rentner und Beamte. Die Grundlagen der Finanzierung bilden die Beiträge der Arbeitnehmer und Arbeitgeber (zurzeit grundsätzlich jeweils 1,5 %; zwischen 1. 1. 2009 und 30. 6. 2010 jeweils 1,4 %), berechnet vom Bruttoarbeitsentgelt, höchstens jedoch bis zur Beitragsbemessungsgrenze *(siehe dort)* der Rentenversicherung, sowie die Umlagen und die Mittel des Bundes.
Die Versicherungsleistungen der Bundesagentur für Arbeit können grundsätzlich in Leistungen an Ar-

ARBEITSLOSENGELD II

	Arbeitslosenhilfe (bis 31. 12. 2004)	**Grundsicherung für Arbeitsuchende bzw. Arbeitslosengeld II** (seit 1. 1. 2005)
Anspruchsvoraussetzungen	Arbeitslosmeldung, Anspruch auf Arbeitslosengeld besteht nicht oder nicht mehr	Arbeitslosmeldung, Anspruch auf Arbeitslosengeld I besteht nicht oder nicht mehr
Anspruchshöhe	53 % des letzten Nettoarbeitsentgelts (mit Kind: 57 %)	pauschalierte Regelleistung: Arbeitslosengeld II: 359 € Hat der Anspruchsberechtigte einen Arbeit suchenden Partner über 18 Jahre, so erhalten beide 90 % der Regelleistung (323 €). Für Kinder bis zum 14. Geburtstag beträgt die Regelleistung 70 % (251 €). Für Jugendliche vom 14. bis zum 18. Geburtstag 80 % (287 €). Hinzu kommen Leistungen der Grundsicherung wie Miete, Heizung und Wasser/Abwasser sowie Beiträge zur gesetzlichen Kranken- und Pflegeversicherung und zur Rentenversicherung (Mindestbeitrag). Zuschüsse außerhalb der Regelleistung sind möglich. Einkommen bzw. Vermögen werden jenseits bestimmter Freibeträge angerechnet.
Anspruchsdauer	ein Jahr (mit Verlängerungsmöglichkeit)	gekoppelt an die Bedürftigkeit
Leistungskürzung/-streichung bei …	Verweigerung der Aufnahme einer zumutbaren Arbeit. Nicht zumutbar ist z. B. eine Arbeit, deren Entlohnung deutlich unter dem ortsüblichen Niveau liegt.	Verweigerung der Aufnahme einer zumutbaren Arbeit. Prinzipiell ist jede Arbeit zumutbar, auch z. B. ein Minijob (Monatsverdienst weniger als 400 €) oder ein Ein-Euro-Job (gemeinnütziger Zusatzjob).

Arbeitslosengeld II. Die Grundsicherung für Langzeitarbeitslose nach Auslaufen des Arbeitslosengeldes I

beitslose z.B. Arbeitslosengeld *(siehe dort),* und Maßnahmen zur Erhaltung und Schaffung von Arbeitsplätzen wie Arbeitsbeschaffungsmaßnahmen (*siehe* Kapitel 8), Kurzarbeitergeld (*siehe* Kapitel 8), Insolvenzgeld (*siehe* Kapitel 8) oder Zahlungen an Arbeitnehmer in der Bauwirtschaft (Winterausfallgeld, Wintergeld, Schlechtwettergeld) unterschieden werden. Weitere Leistungen sind Maßnahmen der Arbeitsmarktpolitik (*siehe* Kapitel 4) wie berufliche Bildung und Umschulung, Mobilitätshilfen, Existenzgründungshilfen und besondere Hilfen für Langzeitarbeitslose.

Assekuranz, die Versicherungswirtschaft.

Aufklärungspflicht: Der Versicherungsnehmer ist verpflichtet, alles zu tun, was zur Aufklärung des Tatbestandes und zur Minderung des Schadens dienlich sein kann.

Ausbildungsversicherung, Sicherstellung eines bestimmten Kapitals zu einem festen Zeitpunkt. Ausbildungsversicherungen sind kleine Kapitallebensversicherungen, die im Wesentlichen zum Ansparen von Geld gedacht sind. Zum Zeitpunkt der Ausbildung werden sie ausbezahlt.

Auslandskrankenversicherung: Gesetzlich Versicherte besitzen auf Auslandsreisen in der Regel nur einen eingeschränkten oder gar keinen Versicherungsschutz. Eine derartige Lücke lässt sich durch eine private Auslandsreisekrankenversicherung schließen. Die Tarife sehen eine Erstattung der Heilbehandlungskosten bei vorübergehenden Reisen im europäischen und außereuropäischen Ausland vor. Zu den Erstattungsleistungen gehören meist die ärztliche Behandlung, Arznei-, Heil- und Verbandmittel, die Kosten eines stationären Krankenhausaufenthaltes, die Krankentransportkosten zum nächstgelegenen geeigneten Krankenhaus sowie die Kosten einer schmerzstillenden Zahnbehandlung. Vielfach sind der Auslandsrücktransport bzw. im Todesfall die Kosten einer Überführung oder Bestattung im Ausland mitversichert. Bei einigen Versicherern sind die Leistungen der gesetzlichen Krankenversicherung vorab in Anspruch zu nehmen.

AVB, Abkürzung für die allgemeinen Versicherungsbedingungen *(siehe dort).*

Bauherrenhaftpflichtversicherung, spezielle Art der Haftpflichtversicherung. Sie deckt alle Schäden am Bau ab, für die es keinen direkten Verantwortlichen gibt. Beispiel: Jemand stürzt in eine unbeleuchtete Baugrube. Des Weiteren werden Gerichts- und Anwaltskosten, Schadensersatzansprüche übernommen.

Bauleistungsversicherung: Gegen alle unvorhersehbaren Schäden auf dem Bau kann man diese Versicherung abschließen.

Beihilfe: Beamte unterliegen nicht der Krankenversicherungspflicht in der gesetzlichen Krankenversicherung (GKV). Den Beamten erstattet der Dienstherr einen Teil der im Einzelfall entstehenden Krankheitskosten in Form von Beihilfen. Die Beihilfe ist eine eigenständige beamtenrechtliche Krankenfürsorge. Durch die Beihilfe erfüllt der Dienstherr die dem Beamten und seiner Familie gegenüber bestehende beamtenrechtliche und soziale Verpflichtung, sich an den Krankheitskosten mit dem Anteil zu beteiligen, der durch die Eigenvorsorge nicht abgedeckt wird. Aufgrund dieser Verpflichtung erhält der Beamte keinen Arbeitgeberzuschuss zu seinem Krankenversicherungsbeitrag. Da der Dienstherr nur einen Teil der entstandenen Kosten übernimmt, ist Beihilfe demzufolge nur Teilhilfe. Für die durch die Beihilfe nicht gedeckten Kostenanteile ist eine eigenverantwortliche Vorsorge in einer privaten Krankenversicherung notwendig.

Beiträge, Abgaben aufgrund der Zwangsmitgliedschaft in den gesetzlichen Sozialversicherungen. Diese **Sozialversicherungsbeiträge** zur gesetzlichen Renten-, Kranken-, Pflege- und Arbeitslosenversicherung werden in Prozent des Arbeitsentgelts **(Beitragssätze)** bis zur Beitragsbemessungsgrenze *(siehe dort)* durch Gesetz festgelegt und dem Versicherten monatlich vom Lohn oder Gehalt abgezogen. Arbeitgeber und Arbeitnehmer zahlen grundsätzlich jeweils die Hälfte dieser Sozialabgaben *(siehe dort).* – Grafik S. 466

Beitragsbemessungsgrenze, in den gesetzlichen Sozialversicherungen jährlich neu festgelegte Grenze, bis zu der das Bruttoarbeitsentgelt beitragspflichtig ist. Ab diesem Einkommen bleiben die Beiträge zur Sozialversicherung gleich. Die Grenze erhöhte sich in der Renten- und Arbeitslosenversicherung von (2002) 4 500 € pro Monat auf (2009) 5 400 € (neue Bundesländer: von 3 750 € auf 4 550 €). In der gesetzlichen Kranken- und Pflegeversicherung erhöhte sich die Grenze von bundes-

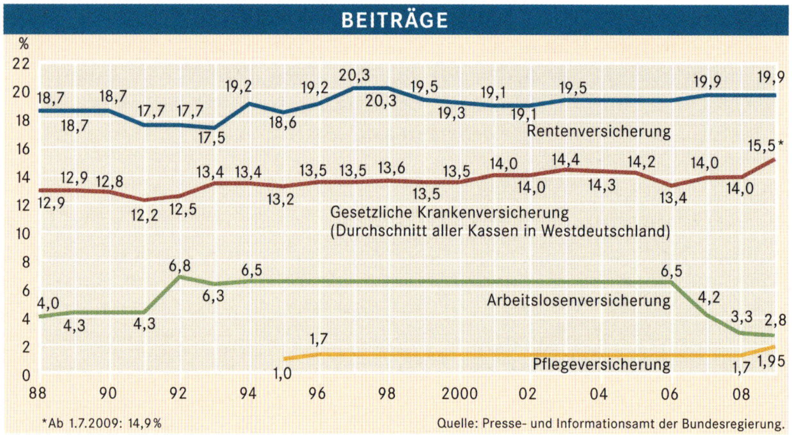

Beiträge.
Entwicklung der Beitragssätze für die verschiedenen Zweige der Sozialversicherung

einheitlich 3375 € auf 3675 €. Diese Beitragsbemessungsgrenze ist zu unterscheiden von der Grenze der Versicherungspflicht *(siehe dort).*

Beitragskalkulation: Grundprinzip der Beitragskalkulation in der privaten Krankenversicherung ist das versicherungstechnische Äquivalenzprinzip, das besagt, dass die erwarteten Beiträge den erwarteten Schäden und Betriebskosten entsprechen sollen. In der Krankenversicherung ist bei zunehmendem Alter des Versicherten mit steigenden Versicherungsleistungen zu rechnen. Der Beitrag wird jedoch unter Beachtung des Äquivalenzprinzips in vielen Fällen so kalkuliert, dass der Beitrag auch bei steigendem Alter gleich bleibt, vorausgesetzt, die der Kalkulation zugrunde liegende allgemeine Kostensituation ändert sich nicht.

Beitragsrückerstattung: Die Leistungen des Versicherers können sich z. B. wegen steigender Heilbehandlungskosten oder einer häufigeren Inanspruchnahme medizinischer Leistungen ändern. Dementsprechend vergleicht der Versicherer zumindest jährlich für jeden Tarif die erforderlichen mit den kalkulierten Versicherungsleistungen. Ergibt diese Gegenüberstellung eine Abweichung von mehr als dem tariflich festgelegten Vomhundertsatz, werden alle Beiträge dieses Tarifs überprüft und, soweit erforderlich, angepasst.

Beitragszeiten, in der gesetzlichen Rentenversicherung die Zeiten, für die Pflicht- oder freiwillige Beiträge gezahlt worden sind. Sie umfassen Zeiten mit vollwertigen Beiträgen und beitragsgeminderte Zeiten, d. h. Kalendermonate, die ganz oder teilweise sowohl mit Beitrags- als auch mit beitragsfreien Zeiten belegt sind. Die **beitragsfreien Zeiten** werden unterteilt in Anrechnungszeiten, Ersatzzeiten und Zurechnungszeit. Für diese Zeiten sind zwar keine Beiträge gezahlt worden, sie können aber dennoch die Rente erhöhen. Zu den Pflichtbeitragszeiten zählen auch Kindererziehungszeiten, Wehr- und Zivildienstzeiten, Pflegezeiten und Zeiten mit Bezug von Entgeltersatzleistungen (Arbeitslosengeld, Krankengeld).

Berufsgenossenschaft, Träger der gesetzlichen Unfallversicherung *(siehe dort),* organisiert als Körperschaften des öffentlichen Rechts mit Zwangsmitgliedschaft für die versicherungspflichtigen Unternehmen. Die Aufgaben der Berufsgenossenschaften sind Unfallversicherung und Unfallverhütung. Sie erlassen Unfallverhütungsvorschriften *(siehe dort).*

Berufshaftpflichtversicherung, besondere Form der privaten Haftpflichtversicherung *(siehe dort).* Sie erweitert diese auf bestimmte berufliche Tätigkeiten. Es werden z. B. Aufsichtsverletzungen bei Lehrern (Amtshaftpflichtversicherung), Verwechslung von Medikamenten bei Krankenpflegern, Nichtbeachtung von Verjährungsvorschriften bei Juristen, unrichtige Vermessungen bei Vermessungsbeamten oder Irrtümer in der Person bei Festnahmen bei Polizisten versichert.

Berufsrechtsschutz, Form der Rechtschutzversicherung *(siehe dort).*

Berufsunfähigkeitsrente: Anspruch auf eine Rente wegen Berufsunfähigkeit haben Versicherte, die wegen einer gesundheitsbedingten Minderung

der Erwerbsfähigkeit in ihrem bisherigen Beruf, der einer durch Lehre oder Studium erlangten beruflichen Qualifikation entspricht, oder in einem zumutbaren anderen Beruf nur noch weniger als die Hälfte dessen leisten können, was ein vergleichbarer Gesunder leisten könnte, und wenn in den letzten fünf Jahren vor der Berufsunfähigkeit mindestens drei Jahre Pflichtbeiträge für eine versicherte Beschäftigung oder Tätigkeit geleistet wurden und die allgemeine Wartezeit von fünf Jahren erfüllt ist.
Von der Berufsunfähigkeitsrente zu unterscheiden ist die **Erwerbsunfähigkeitsrente.** Erwerbsunfähig ist der Versicherte, der infolge Krankheit oder anderer Gebrechen oder von Schwäche seiner körperlichen und geistigen Kräfte auf nicht absehbare Zeit eine Erwerbstätigkeit in gewisser Regelmäßigkeit nicht mehr ausüben oder nicht mehr als nur geringfügige Einkünfte durch Erwerbstätigkeit erzielen kann.
Diese beiden Rentenarten wurden mit Wirkung vom 1. 1. 2001 abgeschafft und im System der zweistufigen Erwerbsminderungsrente *(siehe dort)* zusammengefasst. Die Berufsunfähigkeitsrente wird nur noch für vor 1962 geborene Versicherte gezahlt.

Berufsunfähigkeitsversicherung, private Versicherung gegen die finanziellen Folgen einer Berufsunfähigkeit. Das ist der Fall, wenn man außerstande ist, den Beruf oder eine vergleichbare Tätigkeit auszuüben. Vergleichbar ist eine Tätigkeit, wenn sie der Ausbildung, Erfahrung und der bisherigen Lebensstellung der versicherten Person entspricht. Auf die Ausübung einer vergleichbaren Tätigkeit kann die versicherte Person auch dann verwiesen werden, wenn es in dem betreffenden Beruf zurzeit keine offenen Stellen gibt. Im Versicherungsfall wird ohne weitere Beitragszahlungen eine Rente, je nach Vereinbarung ab 50%iger Berufsunfähigkeit volle Leistung oder ab 33%iger Berufsunfähigkeit anteilige Leistung, gezahlt.

betriebliche Altersvorsorge, alle Maßnahmen des Arbeitgebers zur Alters-, Invaliditäts- und Hinterbliebenenversorgung seiner Arbeitnehmer und ihnen gleichgestellter Personen, die über die gesetzlichen Verpflichtungen hinausgehen. Die Leistungen der arbeitgeberfinanzierten betrieblichen Altersversorgung können sowohl laufende sein wie eine betriebliche Zusatzrente **(Betriebsrente)** als auch einmalige Kapitalzahlungen im Versorgungsfall. Der Arbeitgeber gibt entweder eine **Pensionszusage** mit Bildung von Pensionsrückstellungen, sichert die Versorgung durch eine Pensionskasse oder Unterstützungskasse oder bedient sich zur Erfüllung der Leistung eines Dritten, eines Lebensversicherungsunternehmens wie bei Direktversicherungen *(siehe dort).*
Durch die Rentenreform 2001 wird auch die betriebliche Altersvorsorge gefördert. Arbeitnehmer erhalten einen individuellen Anspruch auf betriebliche Altersversorgung aus ihrem Entgelt, indem sie auf bestimmte Teile ihres Lohnes oder Gehalts verzichten und durch den Arbeitgeber in Direktversicherungen, Pensionskassen oder Pensionsfonds einzahlen lassen **(Entgeltumwandlung).** Dieser Anspruch auf arbeitnehmerfinanzierte betriebliche Altersversorgung wird staatlich gefördert und kann durch den Arbeitsvertrag, aber auch durch Betriebsvereinbarungen oder Tarifverträge näher geregelt werden.

Betriebshaftpflichtversicherung, Haftpflichtversicherung für den Betrieb des Versicherungsnehmers. Sie tritt ein, wenn gegen den Inhaber eines Betriebs oder Geschäftes Schadensersatzansprüche geltend gemacht werden, die sich aus der betrieblichen oder geschäftlichen Tätigkeit ergeben.

Betriebskrankenkassen, Abkürzung **BKK,** wichtiger Träger der gesetzlichen Krankenversicherung. Die BKK sind entweder nur für Beschäftigte eines Betriebes zuständig, können sich aber auch an alle Pflichtversicherten wenden. Unter dem Dach des BKK Bundesverbandes gibt es rund 150 Krankenkassen mit insgesamt rund 14 Mio. Versicherten. Anschrift: Kronprinzenstraße 6, 45128 Essen; Telefon: 0201 17901; Internet: www.bkk.de.

Betriebsunterbrechungsversicherung, Versicherung gegen die wirtschaftlichen Folgeschäden, die entstehen, wenn die betriebliche Tätigkeit durch einen Sachschaden (Brand, Maschinenschaden) unterbrochen wird. Sie ersetzt den entgangenen Gewinn und die fortlaufenden Geschäftskosten.

BfA, Abkürzung für die Bundesversicherungsanstalt für Angestellte *(siehe dort).*

Bund der Versicherten, Abkürzung **BdV,** gemeinnütziger Verein, der v.a. Verbraucheraufklärung für alle Fragen des Versicherungswesens betreibt (Information, Beratung durch Juristen und Versicherungsberater), Musterprozesse führt und als qualifizierte Interessenvertretung der Versicherten anerkannt ist. Der BdV wurde 1982 gegründet und finanziert sich ausschließlich aus Mitgliedsbeiträgen. Anschrift: Postfach 1153, 24547 Henstedt-Ulzburg; Telefon: 04193 94222; Internet: www.bundderversicherten.de.

Bundesagentur für Arbeit, Abkürzung **BA,** die oberste Behörde der **Arbeitsverwaltung** im Geschäftsbereich des Bundesministeriums für Arbeit und Soziales. Die Hauptaufgabe der BA nach den Vorschriften des Sozialgesetzbuches III (SGB III) ist die Förderung der Beschäftigung und die Bekämpfung der Arbeitslosigkeit. Monatlich legt die BA einen Bericht zur Lage am Arbeitsmarkt vor.
Die BA ist als Körperschaft des öffentlichen Rechts mit Selbstverwaltung organisiert. An der Spitze steht der hauptamtliche Vorstand (drei Mitglieder) und als Organ der Selbstverwaltung der Verwaltungsrat (je sieben Mitglieder von Arbeitgebern, Gewerkschaften und öffentlichen Körperschaften), der Vorstand und Verwaltung überwacht. Die BA gliedert sich in die Hauptstelle in Nürnberg, 10 Regionaldirektionen, 176 **Agenturen für Arbeit** mit rund 610 Geschäftsstellen.
Die Leistungen der BA bestehen im Wesentlichen aus der Zahlung von Entgeltersatzleistungen im Rahmen der Arbeitslosenversicherung *(siehe dort),* den Maßnahmen im Rahmen der Arbeitsmarktpolitik (*siehe* Kapitel 4) sowie der Berufsberatung (*siehe* Kapitel 8) und Arbeitsvermittlung (*siehe* Kapitel 8). Die Finanzierung der Leistungen der BA erfolgt durch Beiträge der Arbeitgeber und der Arbeitnehmer zur Arbeitslosenversicherung, wobei der Bund verpflichtet ist, ein Defizit auszugleichen. Ferner zahlt die BA im Auftrag des Bundes als Familienkasse das Kindergeld aus. Ihr sind auch Ordnungsaufgaben zur Bekämpfung der illegalen Beschäftigung und im Rahmen des Schwerbehindertengesetzes übertragen. Durch die Umsetzung der Vorschläge der **Hartz-Kommission** wurde die BA (damals noch **Bundesanstalt für Arbeit**) grundlegend reformiert und besonders ihre Leistungsfähigkeit im Bereich der Arbeitsvermittlung verbessert, etwa durch umfassende, kundenorientierte Beratung der Arbeitslosen in Jobcentern, durch frühzeitige Meldepflicht der von Arbeitslosigkeit Bedrohten (bereits während einer laufenden Kündigungsfrist) sowie durch die Gründung von Personalserviceagenturen und Arbeitsgemeinschaften (*siehe* Kapitel 8). Vorstandsvorsitzender ist seit 2002 FRANK-J. WEISE (* 1951). Anschrift: Regensburger Straße 104, 90478 Nürnberg; Telefon: 0911 1790; Internet: www.arbeitsagentur.de.

Bundesaufsichtsamt für das Versicherungswesen, die Versicherungsaufsicht *(siehe dort).*

Bundesministerium für Arbeit und Soziales, Abkürzung **BMAS,** oberste Bundesbehörde; nach der Bundestagswahl 2002 wurde das Ministerium zunächst aufgelöst und die Zuständigkeiten wurden auf das neu zusammengesetzte Bundesministerium für Wirtschaft und Arbeit und das Bundesministerium für Gesundheit und Soziale Sicherung aufgeteilt. Seit dem Regierungswechsel im Herbst 2005 wurde es unter seinem neuen Namen wieder errichtet. Das BMAS ist zuständig für die Bereiche Arbeitsmarktpolitik, Arbeitsrecht, -schutz und -medizin, Rente und soziale Sicherung, die Integration behinderter Menschen sowie die Arbeits- und Sozialgerichtsbarkeit. Dem Ministerium obliegt die Rechtsaufsicht über die Bundesagentur für Arbeit. Zu seinem Geschäftsbereich gehören u. a. die Rentenversicherungsträger (Deutsche Rentenversicherung Bund, Deutsche Rentenversicherung Knappschaft–Bahn–See), die Unfallkasse des Bundes, die Bundesanstalt für Arbeitsschutz und Arbeitsmedizin sowie das Bundesarbeitsgericht und das Bundessozialgericht. Anschrift: Wilhelmstr. 49, 10117 Berlin; Telefon: 030 185270; Internet: www.bmas.de.

Bundesministerium für Gesundheit, Abkürzung **BMG,** oberste Bundesbehörde, zuständig für die Gesundheitsversorgung, die gesetzliche Kranken- und Pflegeversicherung, Krankheitsbekämpfung und -vorsorge (z. B. Drogen- und Suchtgefahren, Aids), für Arzneimittel und Medizinprodukte, die medizinischen und pflegerischen Berufe und die Gesundheitsberichterstattung.
Dem BMG zugeordnet sind z. B. auch das Bundesinstitut für Arzneimittel und Medizinprodukte und die Bundeszentrale für gesundheitliche Aufklärung sowie die Drogenbeauftragte und die Patientenbeauftragte der Bundesregierung. Anschrift: Rochusstraße 1, 53123 Bonn; Telefon: 0228 994410; Internet: www.bmg.bund.de.

Bundesversicherungsanstalt für Angestellte, Abkürzung **BfA,** ehemals Trägerin der gesetzlichen Rentenversicherung für Angestellte. Sie wurde mit den Landesversicherungsanstalten 2005 zur Deutschen Rentenversicherung Bund *(siehe dort)* zusammengefasst.

DAT-Liste, Kalkulationsunterlagen der **D**eutschen **A**utomobil **T**reuhand GmbH zur Ermittlung der Reparaturkosten eines unfallgeschädigten Autos.

Deckungsstock, in der Lebens-, Unfall-, Haftpflicht- und Krankenversicherung derjenige Vermögensteil, der in erster Linie zur Deckung der unmittelbaren Ansprüche der Versicherten bestimmt ist. Er wird vom übrigen Vermögen getrennt verwaltet und dient als Gegenposten zu den Deckungsrückstellungen, welche für die erwarteten Verpflichtungen der Versicherungsunternehmen gegenüber den Versicherten gebildet werden.
In den Deckungsstock können nur vom Gesetzgeber als deckungsstockfähig anerkannte Vermögensgegenstände aufgenommen werden **(Deckungsstockfähigkeit).** Für die Überwachung des Deckungsstocks ist ein Treuhänder zu benennen. Für den Aufbau des Deckungsstocks gelten strenge Anlagevorschriften, die den Grundsätzen der Streuung, Sicherheit und Rentabilität Rechnung tragen.

Deutsche Rentenversicherung Bund, größter gesetzlicher Rentenversicherer in Europa. 2005 wurden die Landesversicherungsanstalten (LVA) und die Bundesversicherungsanstalt für Angestellte (BfA) unter der neuen Bezeichnung Deutsche Rentenversicherung Bund zusammengeführt, die LVA als deren Regionalträger organisiert (z. B. Deutsche Rentenversicherung Nord). Das Unternehmen betreut etwa 57 Mio. Versicherte (2009). Aufgaben sind u. a. die Berechnung und Zahlung von Renten und die Durchführung von Rehabilitationsleistungen. Der Rentenversicherungsträger gehört zum Geschäftsbereich des Bundesministeriums für Arbeit und Soziales, das die Rechtsaufsicht ausübt. Anschrift: 10704 Berlin, Telefon: 030 865-1, Internet: www.deutsche-rentenversicherung.de.

Deutsche Rentenversicherung Knappschaft-Bahn-See, Deutsche Rentenversicherung KBS, Träger der gesetzlichen Rentenversicherung der Bergleute, der Bahnangehörigen und der Seeleute. 1969 war durch Zusammenlegung der bis dahin bestehenden sieben Knappschaften die **Bundesknappschaft** entstanden. Bei der Reform der Rentenversicherung fasste der Bund 2005 die Bundesknappschaft mit der Bahnversicherungsanstalt und der Seekasse zum heutigen Unternehmen zusammen, das rund 4,2 Mio. Versicherte betreut.

Direktversicherung, Erscheinungsform der Lebensversicherung im Rahmen der betrieblichen Altersversorgung. Dabei schließt der Betrieb auf das Leben seiner Mitarbeiter Versicherungsverträge ab. Versicherungsnehmer ist der Betrieb, Versicherter und Bezugsberechtigter ist der Mitarbeiter. Die Direktversicherung kann als gemischte Kapital-, Renten- oder Risikoversicherung abgeschlossen werden. Beiträge zu Direktversicherungen sind grundsätzlich sozialversicherungsfrei. Oftmals wird das 13. Monatsgehalt in die Direktversicherung einbezahlt.
Als Direktversicherung wird auch ein Versicherungsvertrag bezeichnet, der ohne die Vermittlung des Versicherungsaußendienstes bei einem **Direktversicherer** zustande kommt.

Disease-Management-Programme, Abkürzung **DMP,** auch **Chronikerprogramme** genannt, in Deutschland 2002 eingeführte, strukturierte Behandlungsprogramme der Krankenkassen für chronisch kranke Menschen. Diese sollen durch gut aufeinander abgestimmte Therapieschritte besser versorgt und vor Folgeerkrankungen bewahrt werden. Dazu müssen Haus- und Fachärzte, Krankenhäuser, Apotheken und Rehabilitationseinrichtungen eng zusammenarbeiten. Neben der Verbesserung des Allgemeinzustands der Patienten ist es Ziel der DMP, die Leistungsausgaben der Krankenkassen zu senken. Wer als Patient an einem DMP teilnehmen will, muss eine entsprechende Vereinbarung mit der Krankenkasse schließen. Festgelegte Programme gibt es u. a. für Diabetes mellitus, Brustkrebs und koronare Herzkrankheit.

Doppelkarte: Gemäß Straßenverkehrszulassungsordnung (StVZO) ist das Bestehen einer Kraftfahrzeughaftpflichtversicherung durch eine Versicherungsbestätigung des Versicherers nachzuweisen. Auf der Durchschrift der Versicherungsbestätigung muss die Kraftfahrzeugzulassungsstelle den Versicherer über die Zuteilung oder Ausgabe des Fahrzeugkennzeichens unterrichten. Das Versicherungsunternehmen hat dem Versicherungsnehmer bei Beginn des Versicherungsschutzes die Doppelkarte auszuhändigen; die Aushändigung kann von der Zahlung des ersten Beitrages abhängig gemacht werden.

Dynamik, automatische Anpassung. Beim Abschluss einer Lebensversicherung wird die Versicherungssumme so gewählt, dass sie den dann geltenden Verhältnissen entspricht. Doch was heute noch als angemessen gilt, wird es morgen oder übermorgen nicht mehr sein. Die ursprünglich gewählte Versicherungsleistung ist dann zu gering. Steigende Lebenshaltungskosten und steigende Einkommen bewirken einen erhöhten Versorgungsbedarf. Um dem gerecht zu werden, kann man den Versicherungsvertrag dynamisch gestalten.
Dynamik in der Sozialversicherung bedeutet, dass die Rente an die wirtschaftliche Gesamtentwicklung angepasst wird. Maßgebend sind die Entwicklung der Nettolöhne der Arbeitnehmer und die Abgabenbelastung der Rente. Die Renten aus der Rentenversicherung, Unfallversicherung, Alterssicherung der Landwirte und die Versorgungsrente werden aus diesem Grunde regelmäßig erhöht (dynamisiert). Diese **Rentenanpassung** wird vom Gesetzgeber jährlich zum 1. 7. vorgenommen.

Einbruchdiebstahlversicherung: Der Versicherungsfall tritt ein, wenn der Diebstahl von versicherten Sachen aus versicherten Räumlichkeiten durch Einbruch, Raub oder Vandalismus begangen wurde. Wertpapiere und Wertsachen sind nur dann versichert, wenn sie sich in verschlossenen Behältnissen befinden, die eine erhöhte Sicherheit bieten. Vom Versicherungsschutz ausgenommen sind Schäden, welche von Personen vorsätzlich herbeigeführt werden, die mit dem Versicherungsnehmer in häuslicher Gemeinschaft leben. Die Einbruchdiebstahlversicherung ist meist Teil der Hausratversicherung *(siehe dort).*

Elementarversicherung, Versicherung gegen Naturereignisse wie Sturm, Hagel, Hochwasser, Sturmflut, Überschwemmung und Erdbeben.

Entgeltersatzleistungen, Lohnersatzleistungen, Leistungen der Bundesagentur für Arbeit anstelle von Lohn oder Gehalt wie Arbeitslosengeld, Kurzarbeitergeld, Insolvenzgeld, Unterhaltsgeld bei Teilnahme an Maßnahmen der beruflichen Weiterbildung und Übergangsgeld für Behinderte bei Teilnahme an Maßnahmen zur beruflichen Eingliederung sowie Zahlungen der Kranken- und Unfallversicherung wie Krankengeld, Verletztengeld, Übergangsgeld. Seit 1992 sind Zeiten, in denen solche Leistungen bezogen wurden, Pflichtbeitragszeiten in der gesetzlichen Rentenversicherung.

Ersatzkassen, wichtige Träger der gesetzlichen Krankenversicherung mit rund 24 Mio. Versicherten. Eine Ersatzkasse durfte nur solche Personen aufnehmen, die zu ihrem Mitgliederkreis (Berufsgruppe) gehören. Durch das Gesundheitsstrukturgesetz ist diese Beschränkung aufgehoben worden. Seit 1996 besteht somit freier Zugang aller Versicherungspflichtigen zu den Ersatzkassen.
Zum 1. 1. 2009 haben sich der Verband der Angestellten-Krankenkassen (VdAK) und der Arbeiter-Ersatzkassen-Verband (AEV) zum **Verband der Ersatzkassen** (vdek) zusammengeschlossenen. Ersatzkassen sind: Barmer Ersatzkasse (BEK), Deutsche Angestellten Krankenkasse (DAK), Techniker Krankenkasse (TK), KKH-Allianz, Hamburg-Münchener Krankenkasse (HaMü), Hanseatische Krankenkasse (HEK), Handelskrankenkasse (HKK) und Gmünder Ersatzkasse (GEK). Anschrift: Askanischer Platz 1, 10963 Berlin; Telefon: 030 269310; Internet: www.vdek.com.

Ersatzzeiten, bei der Rentenversicherung Zeiten, in denen der Versicherte nach Vollendung seines 14. Lebensjahres durch besondere Umstände (z. B. Kriegsdienst, Kriegsgefangenschaft, Internierung, Verfolgung durch Nationalsozialismus, Haft aus politischen Gründen in der DDR) keine Beiträge entrichten konnte.

Erwerbsminderungsrente: Die Renten wegen verminderter Erwerbsfähigkeit ersetzen Einkommen, wenn die Erwerbsfähigkeit in einem bestimmten Maße eingeschränkt oder ganz entfallen ist. Diese Renten werden grundsätzlich auf Zeit geleistet **(Zeitrenten);** nach einer Gesamtbefristung von neun Jahren wird von einer dauerhaften Erwerbsminderung ausgegangen und die Rente unbefristet bis zur Vollendung des 65. Lebensjahres gezahlt. Anschließend folgt die Regelaltersrente in mindestens gleicher Höhe. Voraussetzungen für die Erwerbsminderungsrente sind die Erfüllung der allgemeinen Wartezeit von fünf Jahren und die Zahlung von Pflichtbeiträgen für drei Jahre in den letzten fünf Jahren vor Eintritt der Erwerbsminderung.
Die bisherige Berufs- und Erwerbsunfähigkeitsrente wurde ab 1. 1. 2001 durch die zweistufige Erwerbsminderungsrente ersetzt. Volle Erwerbsminderungsrente in Höhe einer Altersrente wird gezahlt

bei einem Restleistungsvermögen auf dem allgemeinen Arbeitsmarkt von unter drei Stunden pro Tag aufgrund von Krankheit oder Behinderung auf nicht absehbare Zeit. Halbe Erwerbsminderungsrente steht dem Versicherten bei einem Restleistungsvermögen auf dem allgemeinen Arbeitsmarkt von drei bis unter sechs Stunden zu.

Erziehungsrente, Leistung der gesetzlichen Rentenversicherung. Sie ist eine Versichertenrente eigener Art und soll in den nach dem 30. 6. 1977 wirksam gewordenen Ehescheidungsfällen beim Tode des versicherten früheren Ehegatten die Versorgungslücke schließen, die wegen Kindererziehung nicht anderweitig geschlossen werden kann. Anspruch auf Erziehungsrente haben Versicherte, solange sie ein eigenes Kind des geschiedenen Ehegatten erziehen, wenn sie nicht wieder geheiratet haben und wenn sie bis zum Tod des geschiedenen Ehegatten die allgemeine Wartezeit erfüllt haben. Sie entspricht einer Vollrente. Auf die Erziehungsrente wird das eigene Erwerbseinkommen (Lohn, Gehalt) zu 40% angerechnet.

Fahrlässigkeit, das Außerachtlassen der gebotenen Vorsicht. Nach der Schwere des Verschuldens wird zwischen grober und leichter Fahrlässigkeit unterschieden.

Fahrraddiebstahlversicherung: Der Fahrraddiebstahl kann in die Hausratversicherung mit eingeschlossen werden. Entschädigt wird im Regelfall bis zu einem Prozent der Versicherungssumme. Der Versicherungsschutz ist an folgende Bedingungen geknüpft: Das Fahrrad muss mit einem Schloss gesichert sein; Zeitpunkt des Diebstahls: 6 bis 22 Uhr; Diebstahl nach 22 Uhr: Das Fahrrad muss sich in einem Fahrradabstellraum oder in Gebrauch befinden.

Fahrzeugversicherung, die Kfz-Kaskoversicherung *(siehe dort).*

Familienversicherung: Der Begriff wird mit unterschiedlichem Inhalt verwendet, z. B. gebündelte Versicherungen aller für eine Familie als unbedingt notwendig erachteten Versicherungsverträge wie Hausrat-, Haftpflicht- und Unfallversicherung; in der gesetzlichen Krankenversicherung die beitragsfreie Versicherung der Ehegatten und Kinder von Mitgliedern.

Feuerversicherung, eine Versicherung für Brand und Löschschäden, Schäden durch Blitzschlag und Explosion sowie Anprall und Absturz eines bemannten Flugkörpers, seiner Teile oder seiner Ladung. Aus dem Versicherungsschutz ausgeschlossen sind Schäden durch Krieg, innere Unruhen, Erdbeben und Kernenergie. Bei der **Entwertungsversicherung** werden indirekte Schäden (Folgeschäden) im Anschluss an die Feuerversicherung versichert.

Firmenrechtsschutzversicherung, Rechtsschutzversicherung für Unternehmen, umfasst Schadensersatzrechtsschutz zur Durchsetzung von Schadensersatzansprüchen, Strafrechtschutz für die Verteidigung in einem Straf- oder Bußgeldverfahren, Arbeitsrechtsschutz für alle gerichtlichen und außergerichtlichen Streitigkeiten aus Arbeitsverhältnissen, z. B. Kündigungsschutzklagen, Sozialversicherungsrechtsschutz für gerichtliche Streitigkeiten mit den Trägern der Sozialversicherung. Sie schützt auch die Arbeitnehmer eines Betriebes bei rechtlichen Auseinandersetzungen, die sich aus ihrer Berufstätigkeit ergeben.

fondsgebundene Lebensversicherung, Form einer Lebensversicherung *(siehe dort),* bei der die Wertentwicklung eines Investmentfonds (*siehe* Kapitel 11) ausschlaggebend für die Höhe der Leistung bei einem Versicherungsfall ist.

Gebäudeversicherung, die Wohngebäudeversicherung *(siehe dort).*

Gebührenordnung: Für ihre Leistungen haben Ärzte Anspruch auf Honorar. Bei Privatpatienten bildet die Gebührenordnung für Ärzte (GOÄ, bei Zahnärzten GOZ) hierfür die Grundlage. Diese führt die einzelnen Leistungen und den jeweils entsprechenden Gebührensatz katalogartig auf. Der Arzt darf i. d. R. seine Gebühr bis zum 2,3-Fachen (Regelhöchstsatz) bzw. 3,5-Fachen (Höchstsatz) des genannten Wertes bemessen. Will er diese Sätze überschreiten (z. B. wegen ungewöhnlicher Erschwernisse), muss er dies schriftlich begründen.
Bei Mitgliedern gesetzlicher Krankenkassen gelten diese Gebührenordnungen nicht. Das bis zur Gesundheitsreform 2007 geltende Vergütungssystem einer katalogartigen Bewertung der einzelnen Leistungen mit Punkten sowie die Budgetierung sind 2009 durch eine regionale Gebührenordnung mit festen Preisen ersetzt worden. Danach werden die Leistungen mit einem bundesdurchschnittlichen

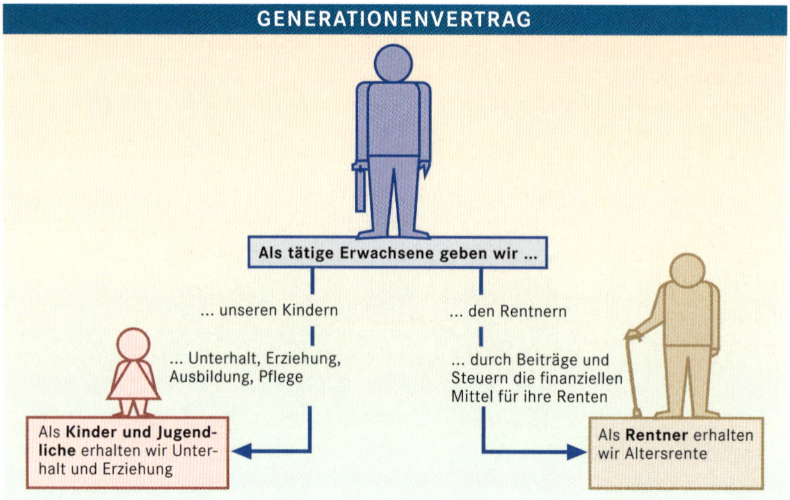

Generationenvertrag.
Die Zusammenhänge des Generationenvertrags

Wert vergütet. Dieses Vergütungssystem sieht eine Mengensteuerung durch Regelleistungsvolumen (RLV) vor. Die RLV werden durch freie Leistungen (z. B. Akupunktur, Schmerztherapie) ergänzt, die den Ärzten zu festen Preisen, aber ohne Mengenbegrenzung vergütet werden. Die Honorare werden in einem Bewertungsausschuss ausgehandelt. Der Bewertungsausschuss ist paritätisch mit Vertretern der Kassen und der niedergelassenen Ärzte besetzt. Kommt es zu keinem Ergebnis, tritt unter Hinzuziehung von drei unparteiischen Verhandlern der Ausschuss als »Erweiterter Bewertungsausschuss« zusammen, der durch Mehrheit entscheidet.

Gefahrengruppe, Gefahrenklassen, Einteilung der Risiken nach der Höhe des Wagnisses. Der höheren Gefahr entspricht in der Regel eine höhere Prämie. In den verschiedenen Versicherungszweigen erfolgt die Aufstellung von Gefahrenklassen nach völlig verschiedenen Gesichtspunkten; Beispiel: Tarifgruppen in der Kfz-Haftpflichtversicherung.

Generationenvertrag, Bezeichnung für das wissenschaftliche Erklärungsmodell der sozialen Rentenversicherung. Mit Generationenvertrag wird der unausgesprochene ›Vertrag‹ zwischen der beitragszahlenden und der Renten empfangenden Generation bezeichnet. Diese ›Solidarität zwischen den Generationen‹ beinhaltet die Verpflichtung der arbeitenden Generation zur Beitragszahlung in der Erwartung, dass die ihr nachfolgende Generation die gleiche Verpflichtung übernimmt. Die Problematik des Generationenvertrags ist Thema der Rentenreform *(siehe dort)*.

Genesungsgeld, das Krankenhaustagegeld *(siehe dort)*.

Gesamtverband der Versicherungswirtschaft e.V., Abkürzung **GDV,** Spitzenverband der deutschen Versicherungswirtschaft. Dem GDV gehören neben dem Verband der privaten Krankenversicherung (Köln) rund 470 Versicherungsunternehmen an. Der Verband ist Interessenvertretung in Politik und Öffentlichkeitsarbeit, berät in Fachfragen (z. B. bezüglich Schadensverhütung und Schadensforschung). Anschrift: Wilhelmstraße 43, 10117 Berlin; Telefon: 030 20205000; Internet: www.gdv.de.

Gesundheitsausgaben, die Ausgaben des Staates, der gesetzlichen Kranken- und Pflegeversicherung (zum Teil auch der gesetzlichen Renten- und Unfallversicherung), der privaten Krankenversicherung, der Arbeitgeber (z. B. Entgeltfortzahlung im Krankheitsfall) und der privaten Haushalte (z. B. Zuzahlungen, Selbstfinanzierung nicht verordneter Leistungen) für Gesundheitsleistungen, insbesondere Sachleistungen (stationäre und ambulante Behandlung, Arzneien, Heil- und Hilfsmittel, Zahnersatz) sowie Einkommensleistungen.

Gesundheitsfonds, im Zuge der Gesundheitsreform *(siehe dort)* 2007 beschlossene Einrichtung, die ab 1. 1. 2009 zentral den Einzug der Krankenkassenbeiträge vornimmt. Ab diesem Zeitpunkt gilt für alle Krankenkassen ein einheitlicher Beitragssatz, die Kassen verlieren damit einen Teil ihrer Finanzhoheit. In den Fonds eingezahlt werden die Beiträge der Arbeitnehmer und Arbeitgeber sowie ein Steuerzuschuss. Die Krankenkassen erhalten einen Pauschalbetrag pro Versicherten. Besondere Risiken werden durch entsprechende Zuweisungen aus dem Fonds abgedeckt. Der für den kasseninternen Einnahmenausgleich sorgende Risikostrukturausgleich *(siehe dort)* ist entfallen. Kommt eine Krankenkasse mit den zugewiesenen Einnahmen nicht aus, kann sie von ihren Versicherten einen **Zusatzbeitrag** erheben, den allerdings ausschließlich die Arbeitnehmer zu zahlen haben.

Gesundheitskarte, computerlesbare Mikroprozessorkarte, die ab 1. 10. 2009 die bisherige Krankenversichertenkarte schrittweise ersetzen soll. Neben der bereits auf der Krankenversichertenkarte üblichen Speicherung von Patientenstammdaten besteht mit der Gesundheitskarte die Möglichkeit, Verordnungsdaten elektronisch vom Arzt an den Apotheker zu übermitteln (›elektronisches Rezept‹). Außerdem soll es möglich sein, medizinische Informationen zu speichern, u. a. die Dokumentation eingenommener Medikamente, Notfallinformationen wie die Blutgruppe oder mögliche Allergien. Ziel der Gesundheitskarte ist es, die Qualität der medizinischen Versorgung zu verbessern; so soll das elektronische Rezept die Arzneimittelsicherheit erhöhen, da Wechselwirkungen zwischen verordneten Medikamenten besser erkennbar sind.

Gesundheitsreform, Bezeichnung für die umfassenden gesetzlichen Maßnahmen zur Entwicklung des Systems der gesetzlichen Krankenversicherung (GKV). Ziel ist es, alle Beteiligten (Versicherte, Krankenkassen, Ärzte, Krankenhäuser, Pharmaindustrie) zu einem verantwortlichen Kostendenken unter Beachtung hoher Standards im Gesundheitswesen und dessen Weiterentwicklung in die Pflicht zu nehmen und das Gesundheitssystem bezahlbar zu erhalten. Beispiele sind die Budgetierungen der Ausgaben für Krankenhäuser und Ärzte, die Einführung von Fallpauschalen in den Krankenhäusern, das Einfrieren der Ausgaben für ärztliche Leistungen (›Nullrunden‹), die Verpflichtung zur Rabattgewährung für Medikamentenhersteller und die Selbstbeteiligung der Versicherten durch Zuzahlungen (z. B. für Medikamente und Heilbehandlungen). Weitere Punkte sind eine Positivliste für Arzneimittel, Patientenquittung und elektronische Gesundheitskarte *(siehe dort)* sowie Bonusmodelle für Krankenkassenbeiträge.

Die zum 1. 4. 2007 in Kraft tretende Reform sieht u. a. vor, dass sich künftig alle Bürger gegen Krankheit versichern müssen. Wer noch unversichert ist und früher in der GKV versichert war, muss sich in der GKV versichern, alle anderen müssen sich in der PKV versichern, für die ein Kontrahierungszwang eingeführt wurde (ab 1. 7. 2007). Die PKV muss Basistarife (ab 1. 1. 2009) anbieten, die auch solche Versicherte wählen können, die hohe Bei-

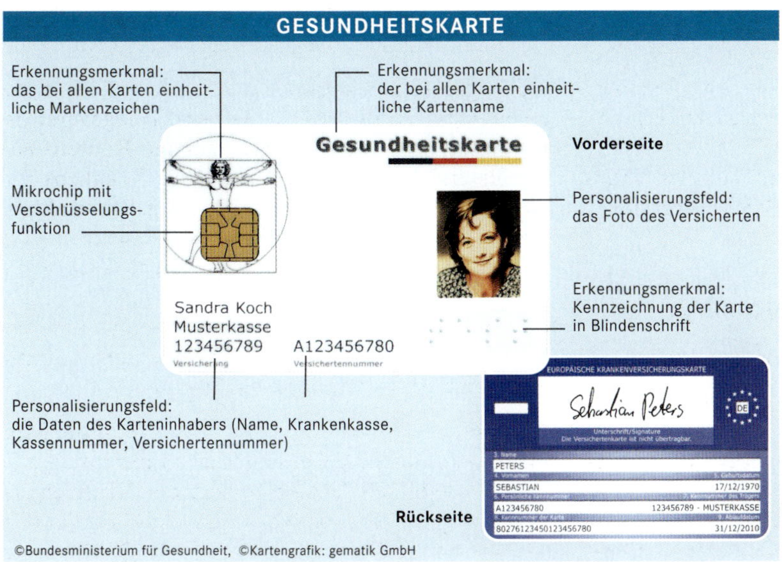

Gesundheitskarte.
Die elektronische Gesundheitskarte soll zur Kostensenkung im Gesundheitswesen beitragen, z. B. durch Speicherung medizinischer Informationen.

tragssätze nicht mehr bezahlen können. Für besondere Versorgungsformen, Selbstbehalte und Kostenerstattung bestehen künftig Wahltarife. Rehabilitationseinrichtungen kann der Patient frei wählen. Organisatorisch wurden sämtliche Spitzenverbände der Krankenkassen am 1. 7. 2008 im Spitzenverband Bund der Krankenkassen, dem GKV-Spitzenverband *(siehe dort)* zusammengeführt, ab 1. 11. 2008 legte der Gesetzgeber einen einheitlichen Beitragssatz von 15,5 % fest. Außerdem löste zum 1. 1. 2009 ein Gesundheitsfonds den Risikostrukturausgleich der Krankenkassen ab.

GKV, Abkürzung für die gesetzliche Krankenversicherung *(siehe dort).*

GKV-Spitzenverband, am 1. 7. 2008 gegründete zentrale Interessenvertretung der gesetzlichen Kranken- und Pflegekassen. Zahlreiche Aufgaben der sieben Spitzenverbände der einzelnen Krankenkassen sind auf den GKV-Spitzenverband übergegangen (diese Spitzenverbände sind nicht mehr Körperschaften öffentlichen Rechts, sondern Gesellschaften bürgerlichen Rechts). Der neue Verband soll im Interesse aller Versicherten und Beitragszahler handeln. Anschrift: Mittelstraße 51, 10117 Berlin; Telefon: 030 2062880; Internet: www.gkv-spitzenverband.de.

Glasversicherung, Schadenversicherung, bei welcher der Versicherungsfall in der Zerstörung oder Entwertung von Glas der verschiedensten Art besteht. Sie bezahlt den Ersatz zerbrochener Scheiben einschließlich einer eventuellen Notverglasung.

Gliedertaxe: In der Unfallversicherung wird regelmäßig der Invaliditätsgrad im Falle vollständigen Verlusts oder vollständiger Gebrauchsunfähigkeit bestimmter Gliedmaßen oder sonstiger Körperteile nach einer Tabelle festgelegt.

Grundsicherung, durch die Rentenreform 2001 beschlossene und am 1. 1. 2003 eingeführte Absicherung für ältere Menschen ab dem 65. Lebensjahr und für Bezieher der vollen Erwerbsminderungsrente, deren Rente oder sonstiges Einkommen und Vermögen nicht für den Lebensunterhalt reicht. Diese Absicherung wurde geschaffen, da ältere Menschen ihre Ansprüche auf Sozialhilfe oft nicht geltend machen. Kinder eines Anspruchsberechtigten der Grundsicherung werden nur dann zur Unterhaltsleistung herangezogen, wenn deren Jahreseinkommen mehr als 100 000 € beträgt.
Die Leistung der Grundsicherung entspricht der Hilfe zum Lebensunterhalt in der Sozialhilfe. Finanziert wird diese Leistung aus Steuermitteln, nicht von der Rentenversicherung. Die Grundsicherung für erwerbsfähige Hilfebedürftige sind das Arbeitslosengeld II und das Sozialgeld, auch Grundsicherung für Arbeitssuchende genannt.

grüne Versicherungskarte, internationale Versicherungskarte, vom Versicherer ausgestellte Karte, die im Ausland als Nachweis dient, dass für ein Kfz eine Haftpflichtversicherung besteht. In den EU-Mitgliedstaaten und einigen anderen Ländern wird das amtliche Fahrzeugkennzeichen als ausreichender Nachweis angesehen.

Gruppenversicherung, Versicherung einer Personenmehrheit durch einen Versicherungsvertrag, bei dem die Gruppenspitze (Verband, Arbeitgeber) die Beiträge bei den versicherten Mitgliedern oder Arbeitnehmern einzieht und geschlossen an den Versicherer abführt. Gruppenversicherungsverträge, die es für viele Berufsgruppen gibt, bieten fast immer eine Beitragsermäßigung und/oder andere Vorteile.

GRV, Abkürzung für die gesetzliche Rentenversicherung *(siehe dort).*

Haftpflichtversicherung: Die Verpflichtung, für die Folgen eines fehlerhaften Verhaltens oder sonstigen schädigenden Ereignisses aufzukommen, heißt Haftpflicht. Sie kann auf einem Vertrag beru-

HAFTPFLICHTVERSICHERUNG

Jahr	Beiträge in Mio. €	Leistungen in Mio. €	Schadenquote in %
1980	1 869,9	1 402,5	75,0
1985	2 555,7	2 016,8	78,9
1990	3 561,4	2 700,7	75,8
1995	5 450,2	4 332,2	79,5
2000	5 876,7	4 663,4	78,9
2001	5 921,9	5 046,1	84,4
2002	6 148,4	4 647,1	75,3
2003	6 305,9	4 400,6	69,3
2004	6 534,9	4 479,8	68,4
2005	6 806,8	4 434,4	65,5
2006	6 873,6	4 468,2	65,4
2007	6 821,4	4 418,6	64,5

Haftpflichtversicherung. Beiträge, Leistungen und Schadenquote als Verhältnis von Aufwendungen für Versicherungsfälle (Leistungen) zu den Beiträgen der Versicherungsnehmer der Privathaftpflichtversicherung

hen oder direkt aus einem Gesetz folgen. Voraussetzung ist nicht eine schuldhafte Handlung, sondern die Zumutbarkeit pflichtgemäßen Verhaltens.
Die **Privathaftpflichtversicherung** ersetzt als Schadenversicherung dem Versicherten die Aufwendungen, die er für andere Personen leisten muss, weil sie durch sein Verschulden oder durch ein Verschulden der Mitversicherten (Ehefrau, Kinder) zu Schaden gekommen sind. Der Versicherungsschutz erstreckt sich auf Personenschäden (Tod, Verletzungen oder Gesundheitsschädigungen von Menschen) und Sachschäden (Beschädigung und Vernichtung von Sachen). Die vereinbarten Versicherungssummen stellen die Deckungsgrenze dar. Bei vorsätzlichem Handeln des Versicherungsnehmers besteht kein Schutz. Besondere Haftpflichtversicherungen sind die Berufs-, die Kfz-, Haus- und Grundbesitzer-, Tierhalter-, Betriebs- und Produkthaftpflichtversicherung.

Hausratversicherung, kombinierte Versicherung von Sachen, die im Haushalt der Einrichtung, dem Gebrauch bzw. dem Verbrauch dienen, sowie gesondert genannter weiterer Sachen (z. B. Wertsachen bis zu bestimmten Entschädigungsgrenzen).
Versichert ist der gesamte Hausrat gegen Schäden, die durch Feuer, Einbruchdiebstahl, Raub, Leitungswasser, Vandalismus und Sturm verursacht wurden. Der Versicherungsschutz kann auch auf einfachen Diebstahl von Fahrrädern (außerhalb des Gebäudes, aber durch Schloss gesichert) und bei einigen Versicherungsunternehmen auf Gegenstände in Kraftfahrzeugen erweitert werden. Schäden durch Glasbruch können durch einen gesonderten Vertrag versichert werden. Wertsachen sind höchstens bis zu 20% der Versicherungssumme mitversichert, ein höherer Prozentsatz kann aber vereinbart werden. Bargeld ist bis höchstens 1 000 € versichert. Die Versicherungssumme sollte dem Neuwert aller Sachen entsprechen. Der Hausrat ist normalerweise auch versichert, wenn er sich vorübergehend außerhalb der Wohnung befindet, z. B. im Hotel oder am Arbeitsplatz.

Hinterbliebenenrente, die im Rahmen der Rentenversicherungen der Arbeiter und Angestellten, der Unfall- und knappschaftlichen Versicherung, der Alterssicherung für Landwirte, ferner in der Kriegsopferversorgung Hinterbliebenen (Witwen, Witwern, Waisen, bestimmten sonstigen Verwandten, auch geschiedenen Ehefrauen) und Hinterbliebenen der Opfer von Gewalttaten gewährte Rente.

Hinzuverdienstgrenze, Einkommensgrenze für Bezieher von Teilrente (Arbeitnehmer haben die Berufstätigkeit wegen Alters reduziert und gleichen einen Teil des fehlenden Einkommens durch diese Rente aus) und der Rente wegen Erwerbsunfähigkeit; diese ›Rentner‹ dürfen bis zu einer bestimmten Grenze hinzuverdienen: Je geringer die Teilrente, desto höher darf der Hinzuverdienst sein.

HAUSRATVERSICHERUNG

Jahr	Beiträge in Mio. €	Leistungen in Mio. €	Schadenquote in %
1990	1 651,8	923,5	56,4
1995	2 184,9	1 225,6	56,6
2000	2 389,8	1 285,6	53,4
2001	2 421,5	1 243,4	51,4
2002	2 442,3	1 478,0	60,5
2003	2 469,4	1 309,9	52,7
2004	2 499,1	1 226,4	49,2
2005	2 555,2	1 175,4	46,2
2006	2 592,0	1 152,7	44,5
2007	2 574,1	1 145,5	44,2

Hausratversicherung. Beiträge, Leistungen und Schadenquote als Verhältnis der Aufwendungen für Versicherungsfälle (Leistungen) zu den Beiträgen der Versicherungsnehmer

Individualversicherung, jede private Versicherung im weiteren Sinne. Der Begriff soll die Besonderheiten der privaten Versicherung gegenüber der Sozialversicherung zum Ausdruck bringen. – Grafik S. 476

Innungskrankenkassen, Abkürzung **IKK,** Träger der gesetzlichen Krankenversicherung. Die IKK werden von einer oder mehreren Innungen (Vereinigungen der Handwerker) gemeinsam für die den Innungen angehörenden Betriebe errichtet und gelten deshalb als berufsständisch orientiert. Seit 1996 besteht freier Zugang aller Versicherungspflichtigen zu den IKK. Unter dem Dach des IKK-Bundesverbands gibt es 13 Innungskrankenkassen mit rund 6 Mio. Versicherten. Anschrift: Friedrich-Ebert-Straße, 51429 Bergisch Gladbach; Telefon: 02204 44-0; Internet: www.ikk.de.

Insassen-Unfallversicherung, Kraftfahrt-Unfallversicherung, Versicherung gegen Unfälle, die bei Gebrauch des Kraftfahrzeuges oder Anhängers, sowie der Unfälle, die beim Ein- und Aussteigen oder

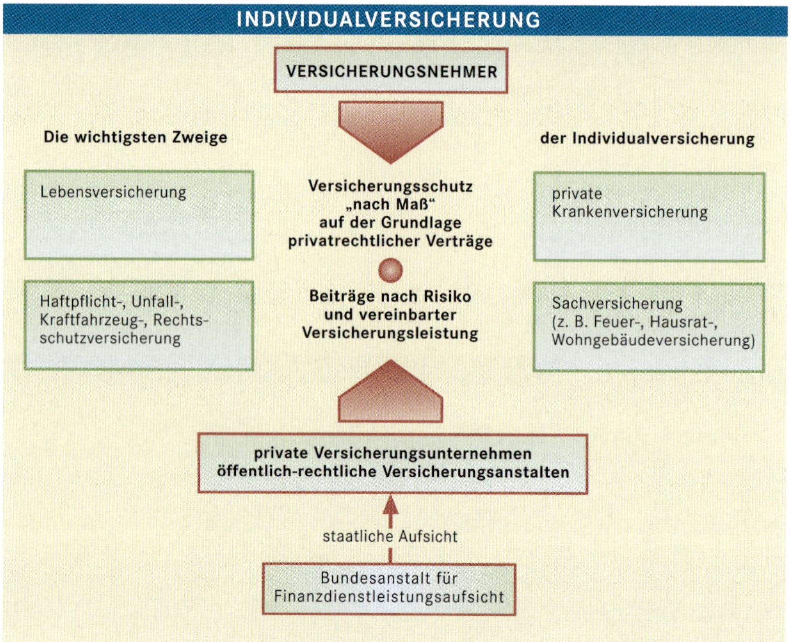

Individualversicherung. Funktionsweise und wichtige Zweige der Individualversicherung

Be- und Entladen geschehen. Die Insassen-Unfallversicherung ist nur auf ein Kraftfahrzeug bezogen. Sie gilt in der Regel für alle Fahrzeuginsassen.

Kapitaldeckungsverfahren, Kapitalstockverfahren, Finanzierungsprinzip bei der privaten Lebensversicherung. Anders als beim Umlageverfahren *(siehe dort)* werden die während der Laufzeit des Versicherungsvertrags aufgebrachten Beiträge in einem Kapitalstock des Beitragszahlers zusammengefasst und ertragbringend angelegt. Beim Eintritt des Versicherungsfalls wird dann das Vermögen zusammen mit den erwirtschafteten Erträgen als Ablaufleistung in einer Summe ausgeschüttet oder als private Rente ausbezahlt.

Kapitallebensversicherung, kapitalbildende Lebensversicherung, die verbreitetste Form der Lebensversicherung *(siehe dort).* Einerseits ist sie Vorsorge für den Todesfall wie die Risikolebensversicherung, zum anderen sammelt sie für den Erlebensfall Versorgungskapital an. Sie wird deshalb auch als gemischte Lebensversicherung oder Todes- und Erlebensfallversicherung bezeichnet. Die Versicherung verbindet also den Risikoschutz mit der Ansammlung von Kapital. Die Höhe der Versicherungsleistung ist abhängig von Geschlecht, Eintrittsalter, Laufzeit und Beitrag. Die Leistung wird fällig, wenn die versicherte Person während der Laufzeit des Vertrages stirbt, sonst zum vertraglich vereinbarten Ablauftermin (Ablaufleistung). Die Versicherungsnehmer werden am Überschuss des Versicherungsunternehmens beteiligt, sofern der Versicherungsvertrag dies vorsieht. Die Höhe dieser Überschussbeteiligung hängt vom künftigen Überschuss des Versicherers ab. Der Versicherer kann hier nichts garantieren.

Kapitalwahlrecht: Bei der privaten Rentenversicherung hat man am Ende der Laufzeit das Wahlrecht. Statt eine monatliche Rente zu beziehen, kann man sich das angesammelte Kapital auf einmal auszahlen lassen.

Kfz-Haftpflichtversicherung: Jeder Halter eines Kraftfahrzeugs ist verpflichtet, eine Kfz-Haftpflichtversicherung abzuschließen. Sie ersetzt den Schaden, den ein Kraftfahrer anderen Personen oder deren Sachen mit einem Kraftfahrzeug zufügt. Die gesetzlichen Mindestversicherungssummen für Pkws und Lkws: 7,5 Mio. € für Personenschäden, 1,0 Mio. € für Sachschäden und 50 000 € für Vermögensschäden. Die Versicherer bieten darüber hinaus auch unbegrenzte Deckung an. Von besonderem Interesse ist das Bonus-Malus-System, das die Höhe des vom Fahrzeughalter zu entrichtenden

Beitrags von den vom Halter verursachten Schäden abhängig macht und in Form eines Schadenfreiheitsrabatts *(siehe dort)* berechnet wird. In der Kalkulation der nach dem 29. 7. 1994 abgeschlossenen Verträge sind die Versicherungsunternehmen frei. Faktoren wie Alter, Geschlecht, Familienstand, Beruf, Punkte in der Verkehrssünderkartei oder jährliche Fahrleistung des Fahrzeughalters können zur Tarifierung herangezogen werden.
Die Kfz-Haftpflichtversicherung schützt nicht nur den Versicherungsnehmer, sondern auch andere Personen. Mitversicherte Personen sind: der Halter, der Eigentümer, der Fahrer, Beifahrer, Omnibusfahrer, soweit sie im Rahmen ihres Arbeitsverhältnisses zum Versicherungsnehmer oder Halter tätig werden, Arbeitgeber oder öffentlicher Dienstherr des Versicherungsnehmers, wenn das Kfz mit Zustimmung des Versicherungsnehmers für dienstliche Zwecke gebraucht wird.
Ist der Haftpflichtversicherer des Schädigers nicht bekannt, so kann dieser über den Zentralruf der Autoversicherer bundesweit erfragt werden. Telefon: 0180 25026.

Kfz-Kaskoversicherung, Fahrzeugversicherung, Kraftfahrtversicherung, die Schäden ersetzt, die durch Beschädigung oder Verlust des versicherten Fahrzeugs entstehen. Eingeschlossen sind seine unter Verschluss verwahrten oder am Fahrzeug befestigten Teile. Die **Teilkaskoversicherung** umfasst Schäden durch Brand, Explosion, Entwendung, Sturm, Hagel, Blitz, Überschwemmungen, Zusammenstoß mit Haarwild, Bruchschäden an der Verglasung des Fahrzeugs und Schäden an der Verkabelung durch Kurzschluss. Die **Vollkaskoversicherung** ersetzt darüber hinaus Schäden durch Unfall sowie durch mut- und böswillige Handlungen fremder Personen. Beide Versicherungen werden mit und ohne Selbstbeteiligung angeboten. Der Versicherungsschutz ist damit geringer, dafür aber auch die Versicherungsprämie. Die Beiträge richten sich nach dem Typ des Fahrzeugs und nach Regionalklassen (Wohnort).

Kindererziehungszeiten, in der Rentenversicherung die Zeiten der Erziehung eines Kindes in dessen ersten drei Lebensjahren, die als Beitragszeiten anerkannt sind. Sie werden sowohl zur Erfüllung der Wartezeit als auch bei der Rentenberechnung berücksichtigt. Die Pflichtbeiträge zur Rentenversicherung für diese Zeiten übernimmt der Bund. Die Kindererziehungszeiten sind dem Elternteil zuzuordnen, der sein Kind erzogen hat. Soweit keine gegenteilige Erklärung der Eltern vorliegt, werden sie der Mutter zugerechnet. Bei Geburten vor dem 1. 1. 1992 beträgt die Kindererziehungszeit zwölf Monate.

Knappschaft, früher zunftmäßiger Zusammenschluss der Bergleute in einem Bergwerk, heute als Deutsche Rentenversicherung KBS *(siehe dort)* Träger der Kranken- und Rentenversicherung des Bergbaus.

Kraftfahrtversicherung, Autoversicherung, zusammenfassende Bezeichnung für die Kfz-Haft-

KFZ-HAFTPFLICHT

	Fahrzeuge 1) in Mio.		Schadenfälle 1) in Mio.		Schadenaufwand 2) (Mrd. Euro)		Schadenhäufigkeit 3)		Schadendurchschnitt 4) in Euro	
Meldejahr	gesamt	davon Pkws	gesamt	davon Pkws	gesamt	davon Pkws	gesamt	davon Pkws	gesamt	davon Pkws
1980	26964	19980	3331	2505	5,499	4,377	124	125	1651	1747
1985	30013	22746	3542	2737	6,639	5,343	118	120	1874	1952
1990	34368	26851	3756	2903	8,362	6,772	109	108	2226	2333
1995	46794	35382	4256	3270	12,816	10,162	91	92	3011	3108
2000	50634	37372	3974	3000	13,261	10,317	78	80	3337	3439
2001	51143	37698	3819	2918	13,016	10,232	75	77	3408	3507
2002	51620	37986	3740	2882	12,716	10,051	72	76	3400	3488
2003	52301	38558	3634	2828	12,465	9,886	69	73	3430	3496
2004	52641	38782	3552	2771	12,322	9,750	67	71	3469	3518
2005	52960	38865	3449	2686	12,133	9,575	65	69	3518	3564
2006	53618	39203	3392	2637	11,791	9,298	63	67	3476	3526
2007	54313	39504	3368	2623	11,930	9,400	62	66	3542	3583

1) Jahreseinheiten: unterjährige Verträge sind aufaddiert, 2) Versicherungsleistungen, gemeldete Schäden, 3) Zahl der Schäden je 1000 Fahrzeuge, 4) Schadenaufwand durch Anzahl der Schäden.

Kfz-Haftpflichtversicherung. Schadenfälle, Schadenaufwand, Schadenhäufigkeit und Schadendurchschnitt

pflichtversicherung *(siehe dort),* die Fahrzeugversicherung oder Kfz-Kaskoversicherung *(siehe dort)* und die Kraftfahrt-Unfallversicherung oder Insassen-Unfallversicherung *(siehe dort).*

Krankengeld, gesetzliche Leistung der Krankenversicherung für ihre erkrankten Mitglieder. Aufgrund des Entgeltfortzahlungsgesetzes erhalten Arbeitnehmer im Krankheitsfall eine Lohn- oder Gehaltsfortzahlung von mindestens 80% des Gehaltes (in der Praxis werden derzeit 100% gezahlt) für die Dauer der Arbeitsunfähigkeit, maximal jedoch für sechs Wochen. Danach übernimmt die gesetzliche Krankenversicherung (GKV) die Zahlung. An freiwillig Versicherte in der GKV, z.B. Selbstständige, ohne Krankengeldanspruch oder Mitglieder der privaten Krankenversicherung (PKV) wird ein **Krankentagegeld** gezahlt. Dessen Höhe und Auszahlungszeitpunkt richtet sich nach dem abgeschlossenen Versicherungsvertrag.
Das Krankengeld der GKV wird in Höhe von 70% des Arbeitsentgeltes, maximal jedoch in Höhe von 90% des Nettoeinkommens und maximal bis zur Beitragsbemessungsgrenze gezahlt. Vom Krankengeld sind weiterhin Beiträge zur Arbeitslosen- und Rentenversicherung zu entrichten, die zur Hälfte von der Krankenkasse getragen werden. Den Beitragsanteil für den Anspruch auf Krankengeld haben die Arbeitnehmer in der GKV vollständig selbst zu finanzieren. Bezieher von Arbeitslosengeld II haben seit 1. 1. 2005 keinen Anspruch auf Krankengeld mehr.
Die private Krankentagegeldversicherung wird in Höhe des versicherten Krankentagegeldes gezahlt, maximal jedoch in Höhe des Nettoeinkommens. Während des Bezuges von Krankentagegeld sind weiterhin der Beitrag zur privaten Kranken- und Pflegepflichtversicherung sowie zur Rentenversicherung zu tragen. Die Beiträge zur Arbeitslosenversicherung übernimmt das Unternehmen der privaten Krankenversicherung.

Krankenhaustagegeld, Genesungsgeld, Zusatzleistung der privaten Krankenversicherungen bei einem Krankenhausaufenthalt für Nebenkosten wie Fahrgeld, Anfahrtskosten für Familienangehörige oder Genesungsurlaub.

Krankenkassen, die Träger der gesetzlichen Krankenversicherung *(siehe dort).* Es gibt folgende Krankenkassen: Allgemeine Ortskrankenkassen, Betriebskrankenkassen, Innungskrankenkassen, Ersatzkassen, See-Krankenkassen, landwirtschaftliche Krankenkassen und die Bundesknappschaft.

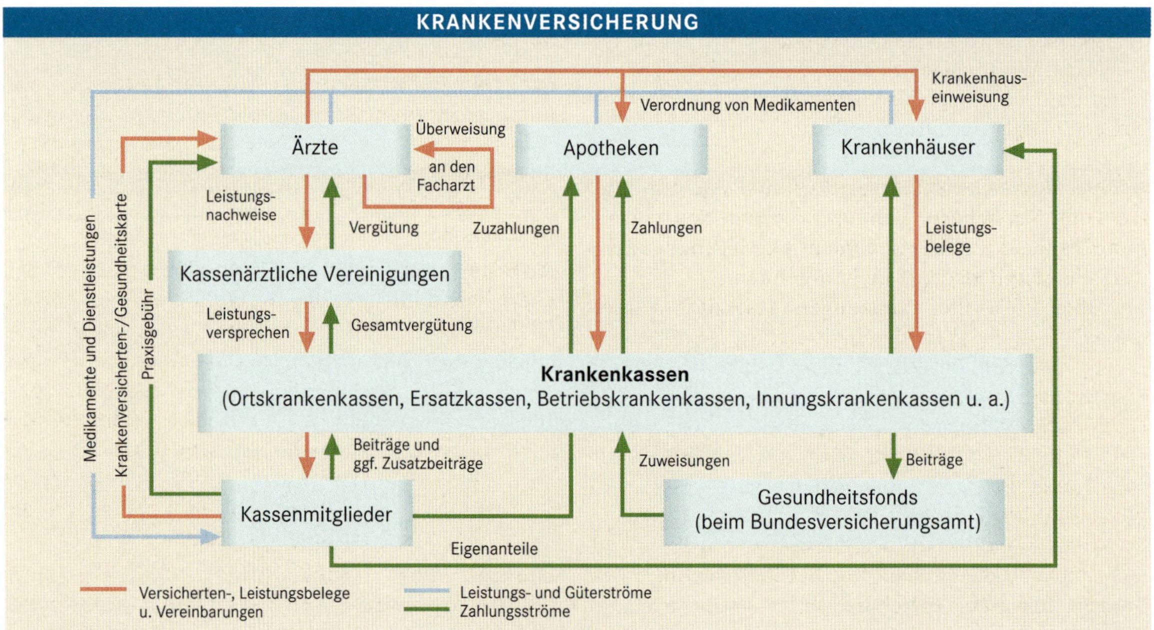

Krankenversicherung. Das Krankenversicherungssystem in Deutschland

Die Versicherungspflichtigen können zwischen den verschiedenen Kassen im Rahmen der Krankenkassenwahl *(siehe dort)* frei wählen.

In den Krankenkassen als Körperschaften des öffentlichen Rechts mit Selbstverwaltung arbeiten seit 1. 1. 1996 als Selbstverwaltungsorgane ein hauptamtlicher Vorstand und ein ehrenamtlicher Verwaltungsrat (zuvor ehrenamtlicher Vorstand und ehrenamtliche Vertreterversammlung).

Die Krankenkassen sind zu Krankenkassenverbänden zusammengeschlossen, die im Zuge der Gesundheitsreform *(siehe dort)* zum 1. 1. 2008 im GKV-Spitzenverband *(siehe dort)* zusammengefasst wurden. Die Aufsicht über die landesunmittelbaren Krankenkassen führen die Versicherungsämter, bei überregionalen Krankenkassen das Bundesversicherungsamt. Die Beitragssätze zwischen den verschiedenen Krankenkassen schwankten, weil sich ihre Mitgliederstruktur und die damit verbundenen unterschiedlichen ›Versichertenrisiken‹ beträchtlich unterschieden. Seit 1. 11. 2008 legt der Gesetzgeber einen einheitlichen Krankenkassentarif fest. Dieser liegt ab 1. 7. 2009 bei 14,9 % (einschließlich des ausschließlich von den Versicherten zu tragenden Teils von 0,9 %). Seit 1. 1. 2009 werden sämtliche Beiträge in einen Gesundheitsfonds *(siehe dort)* eingezahlt, aus dem die Kassen ihre Beiträge erhalten. Reichen diese Einnahmen nicht aus, können die Krankenkassen von ihren Versicherten Zusatzbeiträge bis zu einem Prozentpunkt erheben. Erwirtschaften sie Überschüsse, können diese an die Versicherten ausgeschüttet werden.

Krankenkassenwahl: Versicherungspflichtige und freiwillig Versicherte können zwischen den einzelnen Krankenkassen frei wählen. Die Krankenkasse darf die Mitgliedschaft nicht ablehnen.

Da über 95 % aller Leistungen gesetzlich vorgeschrieben und daher gleich sind **(Regelleistungen),** konnte sich der Versicherte bis zur Einführung des Gesundheitsfonds mit einheitlichem Beitrag vorrangig am Beitragssatz orientieren. Der Versicherungspflichtige ist an die Wahl der Krankenkasse mindestens zwölf Monate gebunden. Eine Kündigung der Mitgliedschaft ist mit einer Frist von drei Monaten zum Ende des Kalenderjahres möglich, also bis zum 30. 9. eines Jahres. Bei Beitragssatzerhöhungen bzw. bei Erhebung eines Zusatzbeitrags oder Verminderung der Leistungen kann die Mitgliedschaft mit einer Frist von einem Monat zum Zeitpunkt des Inkrafttretens gekündigt werden. Die Kündigung wird nur wirksam, wenn die Mitgliedschaft in einer anderen Krankenkasse nachgewiesen wird. Freiwillige Mitglieder der gesetzlichen Krankenversicherung können die Mitgliedschaft ohne Nachweis einer anderweitigen Versicherung in der Regel zum Ablauf des übernächsten Kalendermonats kündigen, gerechnet von dem Monat, in dem der Austritt erklärt wird.

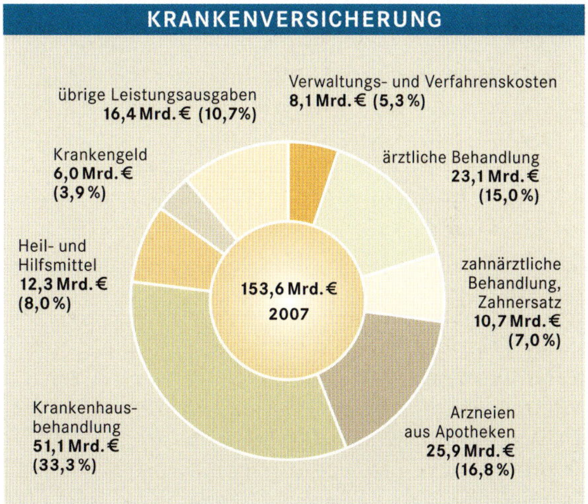

Krankenversicherung. Die Ausgabenstruktur der gesetzlichen Krankenversicherung

Krankenversicherung, Neben der Renten- und der Arbeitslosenversicherung der dritte Zweig der Sozialversicherung. In der **gesetzlichen Krankenversicherung (GKV)** sind Arbeiter, Angestellte, Auszubildende, Arbeitslose, Rentner und Studenten pflichtversichert.

Angestellte und Arbeiter sind nur dann pflichtversichert, wenn ihr monatliches Gehalt ein bestimmtes Einkommen, die Beitragsbemessungsgrenze *(siehe dort),* nicht übersteigt. Angestellte und Arbeiter, deren Entgelt die Versicherungspflichtgrenze überschreitet, können der GKV freiwillig beitreten oder sich bei einer privaten Krankenversicherung *(siehe dort)* versichern. Freiberufler und Selbstständige (z. B. Anwälte, Steuerberater, Lektoren) können der GKV ebenfalls freiwillig beitreten.

Die gesetzliche Grundlage der GKV bilden das 5. Buch des Sozialgesetzbuchs (SGB V) und ergänzend die Reichsversicherungsordnung (RVO). Träger sind die Krankenkassen *(siehe dort).* Für die

Versicherten besteht freie Krankenkassenwahl *(siehe dort)*. Die Beiträge richten sich nach den Einkommen der Mitglieder und werden in der Regel je zur Hälfte vom Arbeitgeber und vom Versicherten aufgebracht. Der Beitragssatz ist seit 2009 mit Einführung des Gesundheitsfonds für alle Kassen im Prinzip gleich.
Versicherte haben Anspruch auf Leistungen zur Förderung der Gesundheit, auf Krankenbehandlung (d. h. ärztliche und zahnärztliche Behandlung), auf Arznei-, Heil- und Hilfsmittel, auf häusliche Krankenpflege, auf Krankenhausbehandlung und auf Maßnahmen zur Rehabilitation. Bei Schwangerschaft und Mutterschutz haben die Versicherten Anspruch auf ärztliche Betreuung, stationäre Entbindung, häusliche Pflege und Haushaltshilfe sowie auf Mutterschaftsgeld. Die Leistungen müssen ausreichend, zweckmäßig und wirtschaftlich sein. Manche Leistung ist an die Beteiligung der Versicherten in Form von Zuzahlungen *(siehe dort)* geknüpft.

Kreditversicherung, Sammelbezeichnung für die Versicherung gegen Verlust aus Waren-, Finanz-, Kautions- und Exportkrediten.

Kündigung: Wer einen Versicherungsvertrag mit einer Laufzeit von mehr als einem Jahr unterzeichnet hat, kann seine Entscheidung innerhalb von 14 Tagen rückgängig machen, indem er seinen Antrag schriftlich widerruft. Es genügt, wenn er den Widerruf rechtzeitig abschickt. Bei Lebensversicherungen kann sich der Kunde von der vertraglichen Bindung innerhalb von 14 Tagen lösen, nachdem er den Versicherungsschein erhalten hat und über das Rücktrittsrecht belehrt worden ist.
Versicherungsverträge mit einer Laufzeit von mehr als fünf Jahren können jährlich, frühestens jedoch zum Ende des fünften Jahres gekündigt werden, dabei ist eine Kündigungsfrist von drei Monaten einzuhalten. Diese Regelung gilt nicht für Versicherungsverträge, die bis zum 24. Juni 1994 abgeschlossen wurden. Versicherungsnehmer können den Vertrag auch dann kündigen, wenn der Versicherer bei unverändertem Versicherungsschutz die Versicherungsprämie erhöht.

Landesversicherungsanstalten, Abkürzung **LVA,** regional gegliederte ehemalige Rentenversicherungsträger zur Durchführung der Arbeiterrentenversicherung. Die LVA wurden 2005 mit der Bundesversicherungsanstalt für Angestellte zur Deutschen Rentenversicherung Bund *(siehe dort)* zusammengefasst.

landwirtschaftliche Krankenkassen, Träger der Krankenversicherung der Landwirte. Sie werden von ihren Mitgliedern (landwirtschaftlichen Unternehmern) selbstverwaltet und sind der landwirtschaftlichen Berufsgenossenschaft angegliedert.

Lebensversicherung, Personenversicherung zur Deckung eines im Versicherungsfall beim Versicherungsnehmer entstehenden Geldbedarfs. Versicherungsfälle sind v. a. Tod der versicherten Person(en) oder Ablauf (Erleben) eines vereinbarten Termins. Durch den Versicherungsvertrag wird der Versicherer entweder zu einer einmaligen Leistung **(Kapitalversicherung)** oder zu einer regelmäßig wiederkehrenden Leistung **(Rentenversicherung)** verpflichtet. Die Lebensversicherung ist neben der gesetzlichen Rentenversicherung und der betrieblichen Altersversorgung Bestandteil des ›Dreisäulenkonzeptes‹ der Daseins- und Hinterbliebenenvorsorge. Sie bietet Nichtsozialversicherungspflichtigen eine Möglichkeit zur Alters-, Berufsunfähigkeits- und Hinterbliebenenvorsorge sowie für Sozialversicherungspflichtige eine Ergänzung ihrer gesetzlichen und betrieblichen Versorgung.
Die Lebensversicherung ist eine Summenversicherung, d. h., der Versicherungsnehmer kann gemäß seinen finanziellen Möglichkeiten und seinem Vorsorgebedarf die Höhe der Versicherung und des Beitrages frei wählen. Für die einzelne Person bzw. die einzelne Familie (einzelwirtschaftlich) lassen sich durch eine Lebensversicherung Risiken mildern, wie die der eigenen nicht ausreichenden Altersversorgung, des bedrohten Unterhalts bei Berufsunfähigkeit und der Hinterbliebenenversorgung. Volkswirtschaftlich entlastet die Lebensversicherung das System der staatlichen sozialen Sicherung und dient als Kapitalsammelbecken.
Die wichtigsten Formen von Lebensversicherungen sind die Todesfallversicherung oder Risikolebensversicherung *(siehe dort)* und die gemischte Lebensversicherung, auch Todes- und Erlebensfallversicherung, als Grundform der Kapitallebensversicherung *(siehe dort)*. Sonderformen sind: 1) gemischte Lebensversicherung auf verbundene Leben (zwei Personen); hier wird die Versicherungssumme bei Tod der zuerst gestorbenen versicherten Person fällig bzw. zum Ablauftermin. 2) Leibrentenversiche-

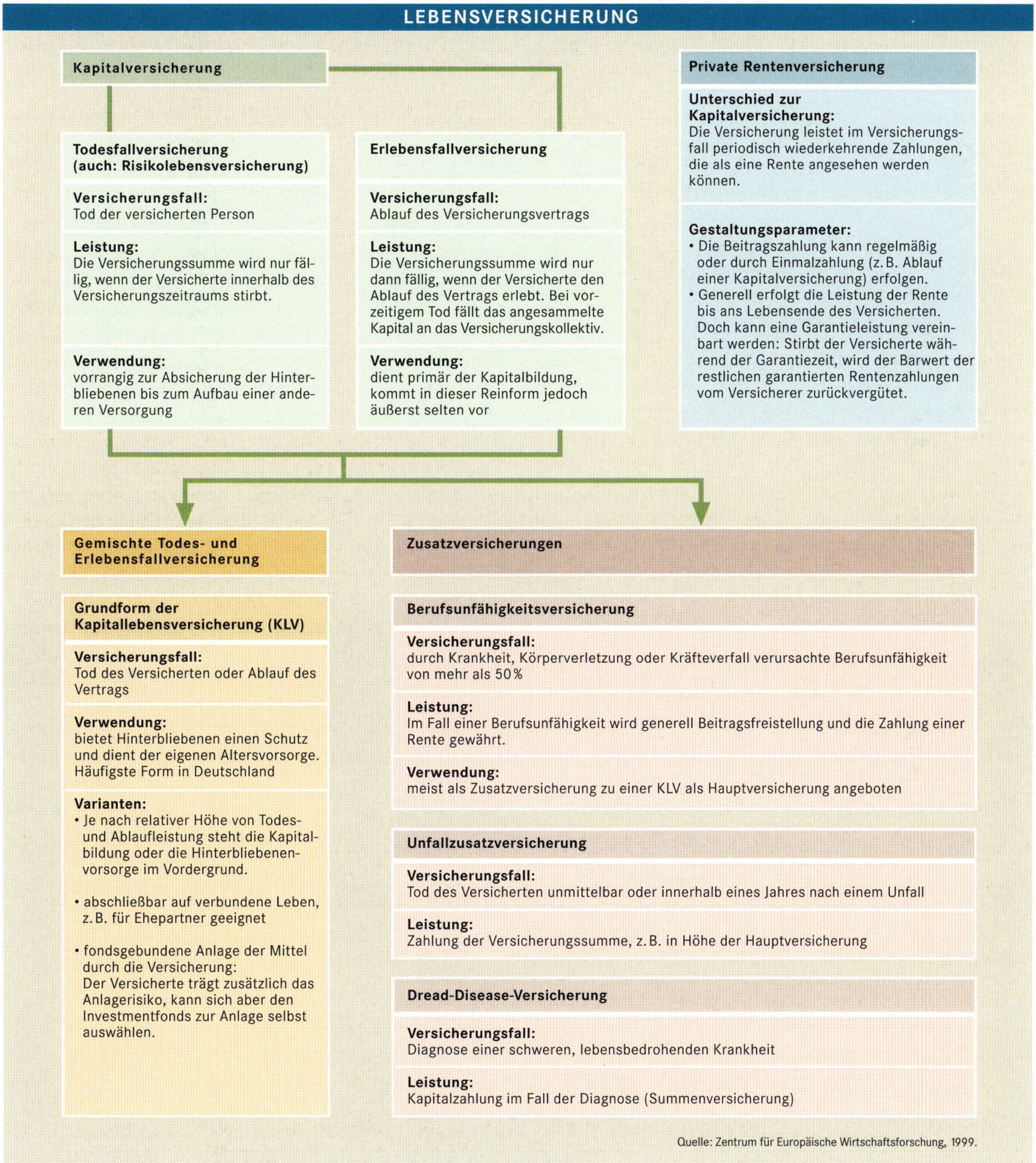

Lebensversicherung. Die verschiedenen Arten einer Lebensversicherung

rung: Verrentung eines Kapitalbetrages zur lebenslangen Rentenzahlung (Leibrente). 3) Pflegerentenversicherung, Lebensversicherung zur Absicherung des Pflegefallrisikos entsprechend der Pflegebedürftigkeit der versicherten Person (gemäß Pflegestufe). 4) Fondsgebundene Lebensversicherung:

Die Erlebensfallleistung ist an die Wertentwicklung von Anteilseinheiten an einem Sondervermögen (Anlagestock) gekoppelt. Lebensversicherungen können durch Zusatzversicherungen wie die Unfallzusatzversicherung und die Berufsunfähigkeitszusatzversicherung ergänzt werden.

Leibrente, eine Rentenzahlung, die einem anderen auf dessen Lebenszeit zu leisten ist, bei Lebensversicherungen die Umwandlung eines Kapitalbetrags in eine vom Versicherungsunternehmen zu zahlende lebenslange monatliche Rente. Leibrenten unterliegen einer eigenen Besteuerung.

Leitungswasserversicherung, Teil der Hausratversicherung *(siehe dort).* Versichert sind Schäden durch Wasser, das aus den Zu- oder Ableitungsrohren der Wasserversorgung, aus sonstigen mit dem Rohrsystem verbundenen Einrichtungen, z. B. Waschmaschinen oder dem Verbindungsschlauch zur Waschmaschine, sowie aus Anlagen der Warmwasser- oder Dampfheizung und aus Einrichtungen von Klima-, Wärmepumpen- oder Solarheizungsanlagen bestimmungswidrig (z. B. Rohrbruch, Frost) ausgetreten ist.

Lohnersatzleistungen, die Entgeltersatzleistungen *(siehe dort).*

Mutterschaftsgeld, Lohnersatzleistung für Mütter, die Mitglied in der gesetzlichen Krankenkasse sind und in einem Arbeitsverhältnis stehen bzw. gestanden haben (Arbeitslose). Es wird für sechs Wochen vor und acht Wochen nach der Geburt gezahlt. Die Höhe richtet sich nach dem durchschnittlichen Arbeitsentgelt der letzen drei abgerechneten Monate. Die Krankenkasse zahlt maximal 13€ pro Tag; der Arbeitgeber zahlt die Differenz zu dem vorherigen Nettoeinkommen, sodass die Mutter ihr volles Einkommen erhält, Arbeitslose erhalten weiter Arbeitslosengeld oder Arbeitslosengeld II.

Obliegenheiten, gesetzliche und vertragliche Nebenpflichten, die vom Versicherungsnehmer oder mitversicherten Personen zur Aufrechterhaltung des Versicherungsschutzes erfüllt werden müssen.

Pension, das Ruhegehalt für Beamte; auch Bezeichnung für die Betriebsrente in der betrieblichen Altersversorgung.

Pensionsfonds, durch die Rentenreform 2001 geschaffener Weg der betrieblichen Altersversorgung. Die Fonds werden durch Beiträge des Arbeitgebers finanziert. Die Arbeitnehmer erhalten einen unmittelbaren Anspruch auf Versorgungsleistungen gegenüber dem Fonds. Das in dem Pensionsfonds angesammelte Kapital kann relativ frei auf dem Kapitalmarkt investiert werden. Die Höhe der späteren Betriebsrente in Form der Versorgungsleistung des Pensionsfonds hängt damit auch von der erzielten Kapitalrendite ab. Der Ausfall der Versorgungsleistung bei Kapitalverlust wird dadurch ausgeschlossen, dass der Arbeitgeber garantieren muss, dass im Versorgungsfall zumindest die Summe der eingezahlten Beiträge zur Verfügung steht.

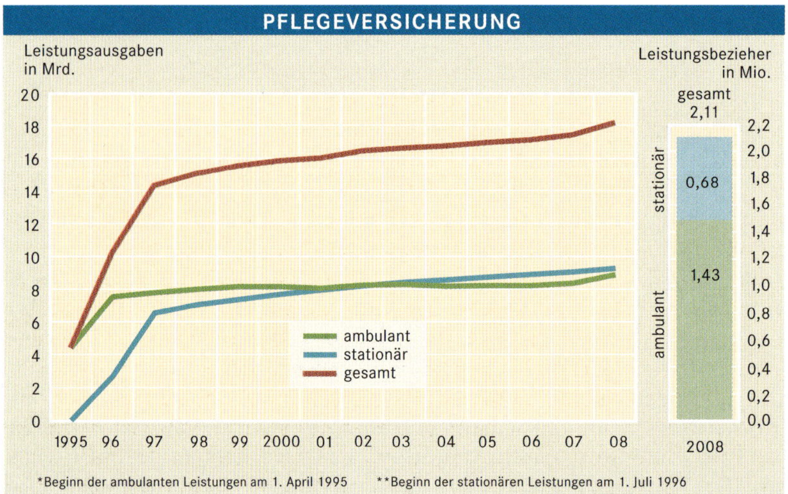

Pflegeversicherung.
Die Entwicklung der Leistungsausgaben und die Zahl der versorgten Personen

PFLEGEVERSICHERUNG						
Pflegeart	**häusliche Pflege**		**Pflege-vertretung**[1]	**Kurzzeit-pflege**	**teilstationäre Tages- und Nachtpflege**	**voll-stationäre Pflege**
Aufwandsart	Pflegesach-leistung bis € monatlich	Pflege-geld € monatlich	Pflegeauf-wendungen bis zu 4 Wochen im Kalender-jahr bis €	Pflegeauf-wendungen bis € im Jahr	Pflegeauf-wendungen bis € monatlich	Pflegeauf-wendungen bis € monatlich (pauschal)
Pflegestufe I erheblich Pfle-gebedürftige	440 (450)	225 (235)	225[2] (235)	1 510 (1 550)	440 (450)	1 023 (1 023)
Pflegestufe II Schwerpflege-bedürftige	1 040 (1 100)	430 (440)	430[2] (440)	1 510 (1 550)	1 040 1 100	1279 (1279)
Pflegestufe III Schwerstpfle-gebedürtftige	1 510 (1 550)	685 (700)	685[2] (700)	1 510 (1 550)	1 510 (1 550)	1 510 (1 550)
in besonderen Härtefällen	1918 (1918)					1 825 (1918)

[1] Bei nicht erwerbstätiger Pflege; bei professioneller Pflege bis zu 1 510 € (1 550 €) in allen Pflegestufen.– [2] Auf Nachweis werden den ehrenamtlichen Pflegepersonen notwendige Aufwendungen (Verdienstausfall, Fahrtkosten usw.) bis zum Gesamtbetrag von 1 510 € (1 550 €) erstattet.

Pflegeversicherung. Die Leistungen im Überblick

Pensionskasse, Einrichtung zur Alters- und Hinterbliebenenversorgung, die ihren Mitgliedern Versorgungsleistungen gewährt. Pensionskassen sind Lebensversicherungsunternehmen des Arbeitgebers (oder einer Gruppe von Arbeitgebern) in der besonderen Art einer betrieblichen Sozialeinrichtung, deren alleiniger Zweck es ist, die Versorgung der Arbeitnehmer zu übernehmen.
Zur Sicherung der betrieblichen Altersversorgung bei Zahlungsunfähigkeit des Arbeitgebers gibt es den **Pensionssicherungsverein.**

Personenversicherung, zusammenfassende Bezeichnung für die private Lebens-, Kranken- und Unfallversicherung.

Pflegebedürftigkeit, das existenzielle, ständige Angewiesensein auf die persönliche Hilfe anderer bei den gewöhnlichen Verrichtungen des täglichen Lebens (z. B. An- und Ausziehen, Körperpflege, Benutzung der Toilette, Essen und Trinken). Es gibt unterschiedliche Schweregrade. Einheitlich für die gesetzliche und private Pflegeversicherung ist die Einteilung in drei **Pflegestufen.**
Stufe 1 = erheblich Pflegebedürftige: Personen, die bei der Körperpflege, der Ernährung oder der Mobilität für wenigstens zwei Verrichtungen mindestens einmal täglich der Hilfe bedürfen und zusätzlich mehrfach in der Woche Hilfe bei der hauswirtschaftlichen Versorgung benötigen. Stufe 2 = Schwerpflegebedürftige: Personen, die bei der Körperpflege, der Ernährung oder der Mobilität mindestens dreimal täglich zu verschiedenen Tageszeiten der Hilfe bedürfen und zusätzlich mehrfach in der Woche Hilfen bei der hauswirtschaftlichen Versorgung benötigen. Stufe 3 = Schwerstpflegebedürftige: Personen, die bei der Körperpflege, der Ernährung oder der Mobilität täglich rund um die Uhr, auch nachts, der Hilfe bedürfen und zusätzlich mehrfach in der Woche Hilfe bei der hauswirtschaftlichen Versorgung benötigen.

Pflegeversicherung, Versicherungen zur finanziellen Vorsorge gegen das Risiko der Pflegebedürftigkeit. Zuständig für die soziale Absicherung bei Pflegebedürftigkeit ist vor allem die **gesetzliche Pflegeversicherung,** die seit 1995 im 11. Buch des Sozialgesetzbuches (SGB XI) geregelt ist.
Versicherungspflicht besteht für jeden, der gesetzlich oder privat krankenversichert ist. Dabei folgt die Pflegeversicherung der Krankenversicherung: Wer gesetzlich krankenversichert ist, muss gesetzlich pflegeversichert sein; privat Krankenversicherte müssen sich bei einer **privaten Pflegeversicherung** versichern. Darüber hinaus können freiwillige Mitglieder der gesetzlichen Krankenversicherung in-

nerhalb von drei Monaten wählen, ob sie gesetzlich oder privat pflegeversichert sein wollen.
Träger der gesetzlichen Pflegeversicherung sind die **Pflegekassen.** Bei jeder Krankenkasse ist eine Pflegekasse eingerichtet. Sie sorgt für die Durchführung der Pflegeversicherung.
Die Beiträge richten sich nach den Einkommen der Mitglieder und werden in der Regel je zur Hälfte vom Arbeitgeber und dem Versicherten aufgebracht. Die Beiträge in Prozent vom Bruttoentgelt betragen seit 1. 7. 2008 1,95 % des Einkommens bis zur Beitragsbemessungsgrenze der gesetzlichen Krankenversicherung; Kinderlose zahlen einen Zuschlag von 0,25 % alleine. Die Prämien zur privaten Pflegeversicherung richten sich nach Einkommen und Alter, dürfen aber den Höchstsatz der gesetzlichen Pflegeversicherung nicht überschreiten.
Die Pflegeversicherung kennt folgende Leistungen für Pflegebedürftige: Leistungen bei häuslicher, teil- und vollstationärer Pflege und Kurzzeitpflege. Leistungen bei häuslicher Pflege sind Pflegesachleistungen, häusliche Pflege bei Verhinderung der Pflegeperson und Pflegemittel. Der Umfang der Sachleistungen und die Höhe des Pflegegeldes richten sich nach der Pflegestufe der Pflegebedürftigkeit. Teilstationäre Pflege besteht aus Tages- oder Nachtpflege. Kurzzeitpflege ist die Pflege in einer vollstationären Einrichtung (sie ist nur zeitlich begrenzt möglich).

Police, Versicherungsschein, die vom Versicherer ausgestellte Urkunde über den Versicherungsvertrag, die auch den Versicherungsschutz dokumentiert.

private Altersvorsorge, *siehe* Altersvorsorge.

private Krankenversicherung, Abkürzung **PKV,** neben der gesetzlichen Krankenversicherung (GKV) Teil des gegliederten Krankenversicherungssystems. Dabei fallen der PKV folgende Aufgaben zu: Übernahme des Versicherungsschutzes für solche Personen, die nicht gesetzlich versichert sind; bei Beihilfeberechtigten Versicherung der Leistungen, die nicht durch die Beihilfe *(siehe dort)* abgedeckt sind, im Rahmen einer Krankheitskosten-Vollversicherung. Übernahme eines Versicherungsschutzes für gesetzlich versicherte Personen im Rahmen einer ergänzenden Zusatzversicherung, um ihre individuellen Ansprüche, z.B. bessere Krankenhausunterbringung und privatärztliche Behandlung, zu erfüllen.
Kunden der PKV sind grundsätzlich freiwillig versichert. Die Beiträge richten sich nicht nach dem Einkommen, sondern nach dem Tarif der privaten Krankenkassen, dem Eintrittsalter, dem Geschlecht und dem Gesundheitszustand der zu versichernden Person. Der Versicherungsnehmer kann das Versicherungsverhältnis mit einer Frist von drei Monaten zum Ende eines jeden Versicherungsjahres kündigen, frühestens meistens erst zum Ablauf einer auf zwei Jahre vereinbarten Mindestvertragsdauer.
Mit der Gesundheitsreform von 2007 muss die PKV künftig ein Basispaket anbieten, das die Leistungen der gesetzlichen Krankenversicherung (GKV) umfasst. Außerdem sollen in der GKV versicherte Personen die Möglichkeit erhalten, ohne Gesundheitsprüfung in die PKV zu wechseln. Die knapp 50 PKV-Unternehmen mit rund 8,5 Mio. Versicherten sind im **PKV Verband der privaten Krankenversicherung e. V.** zusammengeschlossen. Anschrift: Bayenthalgürtel 26, 50968 Köln; Telefon: 0221 99870; Internet: www.pkv.de.

Privathaftpflichtversicherung, wichtigste Form der Haftpflichtversicherung *(siehe dort).*

Privatrechtschutzversicherung, eine Rechtschutzversicherung *(siehe dort).*

Privatrentenversicherung, Zusatzversicherung zur gesetzlichen Rentenversicherung.

Rechtschutzversicherung, Versicherung zum Abdecken der Kosten eines Rechtsstreites. Die Rechtschutzversicherung sorgt dafür, dass der Bürger seine rechtlichen Interessen wahrnehmen kann, ohne finanzielle Risiken eingehen zu müssen. Sie übernimmt bis zur Höhe der vereinbarten Versicherungssumme (Deckungssumme normalerweise 250 000 €): die gesetzlichen Anwaltsgebühren des vom Versicherten frei wählbaren Anwalts, Zeugengelder und Sachverständigenhonorare, Gerichtskosten, Kosten des Gegners, soweit der Versicherungsnehmer diese übernehmen muss. Versicherer bieten Versicherungen einzeln oder kombiniert an als Verkehrs-, Privat-, Mieter-, Berufs- oder Gewerberechtschutzversicherung.

Regelaltersrente, eine Altersrente *(siehe dort).*

Rehabilitation, die möglichst umfassende Wiedereingliederung von Menschen in Alltag, Beruf und

Gesellschaft, die eine körperliche, geistige oder psychische Behinderung oder vorübergehende Beeinträchtigungen durch Unfall, Erkrankung oder Geburt erlangt haben. Die Rehabilitation ist darauf gerichtet, Schäden, funktionelle Einschränkungen und soziale Beeinträchtigungen auszugleichen.
Der wichtigste Träger von entsprechenden Maßnahmen **(Reha-Maßnahmen)** ist die gesetzliche Rentenversicherung; sie gewährt Leistungen, wenn die Erwerbsfähigkeit erheblich gefährdet ist, sowie bei verminderter Erwerbsfähigkeit, wenn diese durch Reha-Maßnahmen wesentlich gebessert werden kann. Für nicht rentenversicherte Kranke, z. B. Familienangehörige, sind Krankenkassen, Pflegekassen, Unfallversicherungen, das Sozialamt oder andere Träger zuständig.

Reichsversicherungsordnung, Abkürzung **RVO,** Gesetz von 1911 zur Regelung der öffentlich-rechtlichen Kranken-, Unfall-, Alters- und Invaliditätsversicherung, bis auf wenige Bestimmungen wurden die Regelungen in das Sozialgesetzbuch *(siehe dort)* überführt.

Reisegepäckversicherung, Versicherung des persönlichen Reisebedarfs wie Kleidung, Wäsche, einschließlich auf der Reise erworbener Geschenke und Reiseandenken der von dem Versicherten und seinen Angehörigen auf der Reise am Körper oder in der Kleidung getragen, in Taschen oder Koffern mitgeführt oder öffentlichen Beförderungsanstalten übergeben wird.

Reiserücktrittskostenversicherung, Versicherung, die die Reisekosten übernimmt in dem Fall, dass eine gebuchte Reise wegen Krankheit, Unfall oder Tod des Versicherungsnehmers oder naher Angehöriger nicht angetreten werden kann oder abgebrochen werden muss.

Rentenanpassung, *siehe* Dynamik.

Rentenarten, in der gesetzlichen Rentenversicherung die verschiedenen Formen der Altersrente *(siehe dort),* die Berufs- und Erwerbsunfähigkeitsrente, heute Erwerbsminderungsrente *(siehe dort),* die Renten wegen Todes für die Hinterbliebenen als Witwenrente *(siehe dort),* Waisenrente und Erziehungsrente *(siehe dort).*

Rentenbesteuerung, die Besteuerung aller Arten von Alterseinkünften (z. B. gesetzliche Rente, Beamtenpensionen, private Lebensversicherungen). Das **Alterseinkünftegesetz** sieht einen schrittweisen Übergang auf die **nachgelagerte Besteuerung** vor. Zwischen 2005 und 2025 werden die Aufwendungen zur Altersvorsorge während der Erwerbstätigkeit nach und nach durch Sonderausgabenabzug steuerfrei (beginnend 2005 und 60% der sogenannten Basisversorgung; maximal 12 000 €; danach jährlich um zwei Prozentpunkte steigend). In der Auszahlungsphase werden die Alterseinkünfte dann zwischen 2005 und 2040 schrittweise steuerpflichtig (beginnend mit 2005 50% der Alterseinkünfte; danach jährlich bis 2020 um zwei Prozentpunkte, bis 2040 um einen Prozentpunkt steigend). Versorgungsfreibetrag und Altersentlastungsbetrag werden im Gegenzug schrittweise abgebaut.

Rentenformel, das Berechnungsverfahren für die individuelle Rente in der gesetzlichen Rentenversicherung, wobei der Grundsatz der lohn- und beitragsbezogenen Rente gilt: Die Rentenhöhe richtet sich vor allem nach dem Arbeitsentgelt während des Versicherungs- bzw. Erwerbslebens.
Dabei spiegelt die Zahl der persönlichen Entgeltpunkte wider, in welchem Umfang der Einzelne versichert war. Das jährlich erzielte Arbeitsentgelt wird in Entgeltpunkte umgewandelt, indem es durch das Durchschnittsentgelt im gleichen Jahr geteilt wird. Wer in einem Kalenderjahr genauso viel Entgelt erzielt hat wie der Durchschnitt aller Versicherten, erhält hierfür einen Entgeltpunkt. Über den Rentenartfaktor kommt zum Ausdruck, ob es sich um eine Alters-, Erwerbsminderungs-, Erziehungs- (Vollrenten, Faktor = 100%), Witwen- oder Waisenrente (Faktor = 60%) handelt. Der aktuelle Rentenwert ist ein bestimmter Geldbetrag. Er entspricht der Monatsrente, die ein Durchschnittsverdiener für ein Jahr Beiträge erhält, und wird regelmäßig entsprechend der Lohnentwicklung angepasst. – Grafik S. 486

Rentenniveau, in der gesetzlichen Rentenversicherung das Verhältnis der durchschnittlichen Brutto- oder Nettorente bei 40 oder 45 anrechnungsfähigen Versicherungsjahren im Verhältnis zum durchschnittlichen Brutto- oder Nettoarbeitsentgelt. Das Nettorentenniveau bei 40 Versicherungsjahren lag 2000 bei 62,3%, bei 45 Versicherungsjahren bei 70,1%. Durch die Rentenreform 2001 wird das Rentenniveau im Jahr 2030 um etwa zwei Prozentpunkte sinken.

RENTENFORMEL

Individuelle Faktoren

Entgeltpunkte × Zugangsfaktor

Sie berücksichtigen das individuelle Arbeitseinkommen und die jeweilige Versicherungsdauer. Beispiel: Zehn Jahre Durchschnittsverdienst ergeben 10 Entgeltpunkte. Die Summe der Entgeltpunkte spiegelt den Lebensarbeitsverdienst wieder.

Mindert die Rente bei vorzeitigem, erhöht sie bei aufgeschobenem Rentenbeginn. Rente ab 65. Lebensjahr hat den Zugangsfaktor 1,0 (Bedeutung bekommt die Rentenminderung durch den Zugangsfaktor mit der Heraufsetzung der vorgezogenen Altersgrenzen ab 2001).

Persönliche Entgeltpunkte

×

Allgemeine Faktoren

Rentenartfaktor × Aktueller Rentenwert

Er bestimmt das Verhältnis der Rentenarten zueinander in Bezug auf das Sicherungsziel (Altersrente, Erwerbsminderungsrente oder Hinterbliebenenversorgung). Altersrenten haben zum Beispiel einen Rentenartfaktor von 1,0.

Er bewirkt die Dynamisierung der Renten und Rentenanwartschaften und entspricht dem Betrag, der einer monatlichen Altersrente entspricht, die aus dem Beitrag für ein Durchschnittsentgelt berechnet wird.

Die aus diesen individuellen und allgemeinen Faktoren gebildete Rentenformel lautet:

Persönliche Entgeltpunte × Rentenfaktor × aktueller Rentenwert = Monatsrente

Altersrente

monatliche Altersrente eines Durchschnittsverdieners bei einem monatlichen Rentenwert von 27,20 Euro (alte Bundesländer) und 24,13 Euro (neue Bundesländer, Stand 2009)

Beitragsjahre	monatliche Altersrente in Euro	
	alte Bundesländer	neue Bundesländer
5	136,00	120,65
10	272,00	241,30
15	408,00	361,95
20	544,00	482,60
25	680,00	603,25
30	816,00	723,90
35	952,00	844,55
40	1 088,00	965,20
45	1 224,00	1 084,85

Rentenformel. Das Berechnungsverfahren für die Bruttomonatsrente

Rentenreform: Die Finanzierungsprobleme in der gesetzlichen Rentenversicherung ergeben sich vor allem aus der wirtschaftlichen und der demografischen Entwicklung. Hohe Arbeitslosigkeit, abnehmende oder stagnierende Zahl der sozialversicherungspflichtigen Beschäftigten vermindern die Beitragseinnahmen. Zugleich gehen von der großen und zunehmenden Zahl der Altersrentner, der längeren Rentenbezugszeit durch die höhere Lebenserwartung, der vielfach in Anspruch genommenen Frühverrentung älterer Arbeitnehmer bzw. der Altersrente wegen Arbeitslosigkeit ausgabensteigernde Wirkungen aus. Diese Finanzierungsprobleme lassen sich auch nicht durch steuerfinanzierte Bundeszuschüsse oder höhere Beiträge zur Rentenversicherung auf Dauer ausgleichen.

Durch die Rentenreform 2001 sollte eine Entlastungswirkung für die Rentenversicherung vor allem durch Einführung einer kapitalgedeckten Altersvorsorge *(siehe dort)* erzielt werden, die die umlagefinanzierte bisherige Rentenversicherung ergänzt. Damit soll auch der Beitragssatz für die Versicherungspflichtigen auf Dauer unter 20 % gehalten werden, ohne dass das Rentenniveau der Rentenempfänger deutlich gekürzt wird, um insgesamt die Belastungen auf die verschiedenen Generationen möglichst gleichmäßig zu verteilen **(Generationengerechtigkeit).** Da die Finanzierungsprobleme fortbestehen, werden von unterschiedlichen Gremien weitere Reformvorschläge erarbeitet, die jeweils unterschiedliche Schwerpunkte setzen. U.a. beschloss der Deutsche Bundestag im März 2007, das Renteneintrittsalter bis 2029 schrittweise auf 67 Jahre anzuheben.

Rentenversicherung: Die im Sozialgesetzbuch VI (SGB VI geregelte **gesetzliche Rentenversicherung (GRV)** schützt ihre Versicherten bei Gefährdung oder Minderung der Erwerbsfähigkeit, im Alter sowie bei Tod deren Hinterbliebene durch Rentenzahlungen für die verschiedenen Rentenarten *(siehe dort).* Sie zahlt neben den Renten auch Leistungen zur Rehabilitation und Zusatzleistungen, Beiträge zur Krankenversicherung und zur Pflegeversicherung. Die individuelle Rente wird dabei nach einer Rentenformel *(siehe dort)* berechnet. Die private Rentenversicherung ist eine Form der Lebensversicherung *(siehe dort).*

Die gesetzliche Rentenversicherung ist eine Versicherung für alle. Jeder kann ihr beitreten. Es gibt zwei Arten der Versicherten, die Pflichtversicherten und die freiwillig Versicherten. Pflichtversicherte sind Personen, die gegen Arbeitsentgelt oder zu ihrer Berufsausbildung beschäftigt sind. Die Pflichtversicherung ist eine Zwangsversicherung, sie kann weder mündlich noch schriftlich ausgeschlossen werden. Die Zugehörigkeit zu der Rentenversicherung der Arbeiter oder der Angestellten ist allein von der Art der beruflichen Tätigkeit oder der Berufsausbildung abhängig. Der Beitrag zur Rentenversicherung bemisst sich höchstens am Betrag der Beitragsbemessungsgrenze. Auch wer mehr

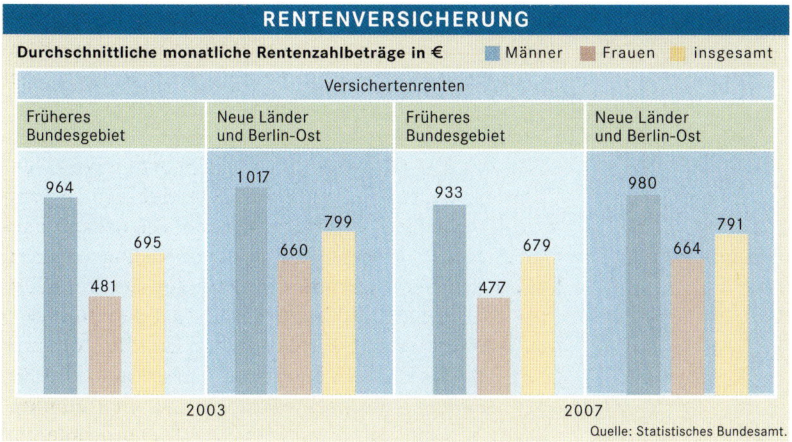

Rentenversicherung. Die durchschnittlichen monatlichen Rentenzahlbeträge

verdient, bleibt anders als in der Krankenversicherung versicherungspflichtig. Sinn der freiwilligen Versicherung ist es, jedem der der Rentenversicherung nicht schon als Pflichtversicherter angehört, die Möglichkeit zu geben, für sich selbst eine ausreichende Versorgung aufzubauen. Neben der gesetzlichen Rentenversicherung besteht für viele die Überlegung oder Notwendigkeit, zur Absicherung im Alter private Altersvorsorge z. B. durch Vermögensanlage oder Lebensversicherungen *(siehe dort)* zu betreiben, die dann auch als private Rentenversicherung gestaltet sein können. Durch die Rentenreform 2001 wurde die staatliche Förderung von Aufwendungen für die betriebliche und private Altersvorsorge *(siehe dort)* eingeführt.
Die Finanzierung der Rentenversicherung hat drei Grundlagen: die Beiträge *(siehe dort)* der Versicherten, des Arbeitgebers und den Bundeszuschuss. Der weitaus größte Teil der Ausgaben wird durch die Beiträge der Versicherten und der Arbeitgeber bestritten (Beitragssatz seit 2007: 19,9 %). Träger der Rentenversicherung sind seit der Organisationsreform der Rentenversicherungsträger 2005 die Deutsche Rentenversicherung Bund *(siehe dort),* mit ihren Regionalträgern, den ehemaligen Landesversicherungsanstalten und die Deutsche Rentenversicherung Knappschaft-Bahn-See *(siehe dort).* – Weitere Grafik S. 488

Restschuldversicherung, Versicherung, die entsprechend der Höhe der Tilgungssumme abgeschlossen wird und der Sicherstellung von Geldverbindlichkeiten aus Ratenkrediten oder Darlehen dient. Stirbt der Darlehensnehmer, wird die Versicherungssumme zum Tilgen des Darlehens verwendet.

Riester-Rente, nach dem ehemaligen Bundesarbeitsminister WALTER RIESTER (* 1943) benannte staatliche Förderung der ergänzenden betrieblichen und privaten Altersvorsorge *(siehe dort).*

Risiko, die Möglichkeit, dass eine Handlung oder Aktivität einen körperlichen oder materiellen Schaden oder Verlust zur Folge hat oder mit anderen

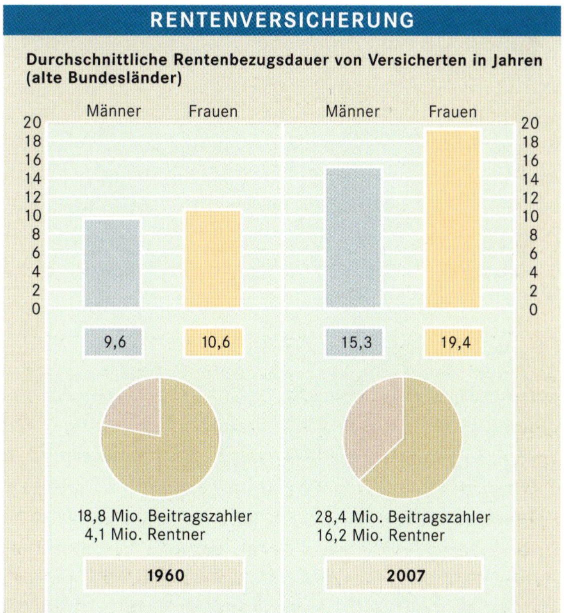

Rentenversicherung. Beitragszahler, Rentner und durchschnittliche Rentenbezugsdauer

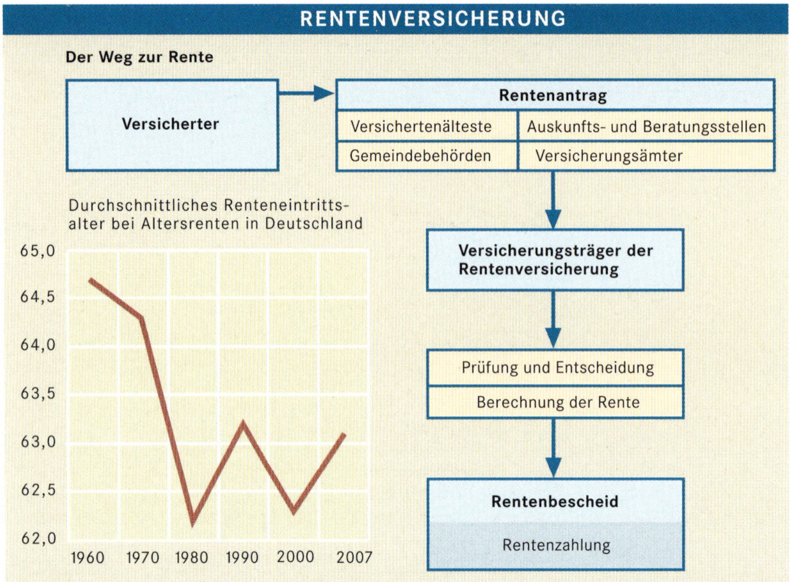

Rentenversicherung.
Der Weg in die Rente und durchschnittliches Renteneintrittsalter

Nachteilen verbunden ist. Von besonderer wirtschaftlicher Bedeutung sind versicherbare Risiken: Haushalte und Unternehmen können finanzielle Folgen bestimmter Risiken auf Versicherungsunternehmen überwälzen, die dann das versicherungstechnische Risiko zu tragen haben.

Risikolebensversicherung, Form einer Lebensversicherung *(siehe dort),* bei der der Versicherer zahlt, wenn die versicherte Person während der Laufzeit des Vertrages stirbt. Sie wird deshalb auch als Todesfallversicherung bezeichnet. Das Geld kann der Deckung der Beerdigungskosten dienen, bei höheren Summen auch der Versorgung der Hinterbliebenen. Wenn man ein höheres Darlehen bei einer Bank aufnehmen möchte, verlangt die Bank meistens den Abschluss einer Risikolebensversicherung. Aus dieser wird dann im Todesfall der noch offene Darlehensbetrag getilgt.

Risikostrukturausgleich, Abkürzung **RSA:** bis 2009 versicherungssystematisches Korrektiv, dass dafür sorgen sollte, dass die Krankenkassen ihre Versicherten nicht nach wirtschaftlichen Gesichtspunkten auswählen. Da sich die Beiträge zur gesetzlichen Krankenversicherung ausschließlich nach dem Einkommen, nicht nach Risiken berechnen, sorgte der RSA für einen Transfer zugunsten derjenigen Kassen, deren Mitglieder besonders viele ungünstige Risikomerkmale aufwiesen. Alle Kassen wurden annähernd so gestellt, als ob sie nur Durchschnittsverdiener gleicher Belastung versichern würden. Zum 1. 1. 2009 wurde der RSA durch den Gesundheitsfonds *(siehe dort)* abgelöst.

Rückkaufswert, bei einer Kapitallebensversicherung diejenige Summe, die der Versicherte bei Kündigung des Versicherungsvertrags garantiert zurückerhält. Der Rückkaufswert erreicht manchmal erst nach zehn Jahren die Summe der eingezahlten Beiträge.

Rückversicherung, eine Versicherung, bei der ein Versicherer (der Erstversicherer) Teile seines übernommenen Risikos gegen eine Prämienzahlung (Rückversicherungsprämie) an einen anderen Versicherer (den Rückversicherer) überträgt.

Rürup-Rente, nach dem Sozialwissenschaftler Bert Rürup (* 1943) benannte Ergänzung zur staatlichen Rente. Sie wurde 2005 eingeführt, ist kapitalgedeckt, entspricht in ihrer Leistung der staatlichen Rente und darf – trotz der privaten Finanzierung – nicht in einer Summe ausbezahlt werden. Die Beiträge können als Sonderausgabe im Rahmen der Einkommensteuer steuerlich geltend gemacht werden. Seit 2005 können 60 % der Aufwendungen (maximal 12 000 € für Alleinstehende, 24 000 € bei Verheirateten) geltend gemacht werden. Der Prozentsatz, der geltend gemacht werden kann, steigt bis zum Jahr 2025 jährlich um 2 % bis zu einer Obergrenze von 20 000 € bzw. 40 000 €.

Sachversicherung, zusammenfassender Begriff für private Versicherungen wie Feuer-, Leitungswasser-, Sturm-, Hagel-, Glas-, Hausrat-, Einbruchdiebstahl-, Wohngebäude- und Transportversicherung, die auch als Schadenversicherungen *(siehe dort)* bezeichnet werden.

Schadenfreiheitsrabatt, Abkürzung **SF:** Der Beitrag in der Kraftfahrzeughaftpflicht- und der Fahrzeugversicherung richtet sich nach Schadenfreiheitsklassen. Es gibt hier die sogenannte große und kleine Rabattstaffel der Schadenfreiheitsklassen. Für den Bereich der Personenkraftwagen (große Rabattstaffel) gibt es derzeit 25 Schadenfreiheitsklassen und für Zweiräder, Campingfahrzeuge und übrige Fahrzeuge (kleine Rabattstaffel) drei Schadenfreiheitsklassen.
Hat der Versicherungsschutz von Anfang bis Ende eines Kalenderjahres ununterbrochen bestanden, ohne dass in dieser Zeit ein Schaden gemeldet worden ist, für den das Versicherungsunternehmen Entschädigungsleistungen erbracht oder Rückstellungen gebildet hat, so wird der Versicherungsvertrag im folgenden Kalenderjahr jeweils getrennt für die Kraftfahrzeughaftpflicht- und die Fahrzeugvollversicherung in eine bessere Schadenfreiheitsklasse eingestuft. Dies beginnt bei SF $^1/_2$ und endet mit SF 25 (bei 25 und mehr unfallfreien Jahren). Bei SF $^1/_2$ wird ein Beitragssatz von 140 % bei der Kfz-Haftpflichtversicherung und 115 % bei der Vollkaskoversicherung berechnet, bei SF 25 sind es jeweils nur noch 30 % der jährlichen Versicherungsprämie.
In der Kfz-Haftpflichtversicherung hat der Versicherungsnehmer die Möglichkeit, nach freiwilliger Rückzahlung (also nicht aufgrund einer gesetzlichen oder vertraglichen Verpflichtung) der durch den Versicherer erbrachten Entschädigungsleistung den Vertrag wieder schadenfrei zu stellen. Der Versicherer ist verpflichtet, bei Entschädigungsleistungen unter 500 € den Versicherungsnehmer über den Abschluss der Regulierung, die Höhe des Erstattungsbetrages und die Möglichkeit der Erstattung zu unterrichten.

Schadenversicherung, Bezeichnung für alle Versicherungszweige, die den durch einen konkreten Schaden entstandenen Bedarf befriedigen wollen. Es gelten das Prinzip der konkreten Bedarfsdeckung und das Verbot der Bereicherung durch den Versicherungsnehmer. Zu den Schadenversicherungen zählen die verschiedenen Kfz-Versicherungen, die Haftpflicht-, Unfall- und Rechtsschutzversicherung sowie die verschiedenen Sachversicherungen (z. B. Feuer-, Einbruchdiebstahlversicherung).

SCHADENVERSICHERUNG

Zweige	2007 in Mrd. €
Schaden- und Unfallversicherung insgesamt	**54,50**
• Kraftfahrzeug insgesamt	20,80
- Kraftfahrzeug Haftpflicht	12,81
- Kraftfahrzeug-Fahrzeugvoll	6,30
- Kraftfahrzeug-Fahrzeugteil	1,56
- Kraftfahrzeug- Fahrzeugunfall	0,13
• Allgemeine Haftpflicht	6,82
• Allgemeine Unfall	6,31
• Rechtsschutz	3,16
• Sachversicherungen	14,02
Privat:	7,20
- Glasversicherung	0,50
- Verbundene Hausratversicherung	2,57
- Verbundene Wohngebäudeversicherung	4,13
Nichtprivat:	6,82
- Industrie	2,36
- Technische Versicherungen	1,36
- Gewerbe	2,60
- Landwirtschaft	0,50
• Sonstige	3,39

Schadenversicherung. Beiträge in den verschiedenen Sparten der Schaden- und Sachversicherungen

Schutzbrief: Ein Schutzbrief gibt demjenigen Sicherheit, der mit dem eigenen Fahrzeug im Inland und im europäischen Ausland unterwegs ist. Versichert sind neben dem Versicherungsnehmer auch alle berechtigten Fahrer und Insassen. Leistungen sind z. B. Pannen- und Unfallhilfe am Schadenort, Übernachtung oder Mietwagen bei Fahrzeugausfall, Ersatz von Reisedokumenten, Vermittlung ärztlicher Betreuung, Krankenrücktransport, Hilfe im Todesfall.

Selbstbeteiligung, in der gesetzlichen Kranken- und Rentenversicherung die Eigenbeteiligung der Versicherten bei Inanspruchnahme bestimmter Leistungen in Form der Zuzahlung *(siehe dort);* im privaten Versicherungswesen der beim Versicherungsnehmer verbleibende Teil eines Risikos, meist mit Prämiennachlass verbunden. Formen eines solchen **Selbstbehalts** sind die Festlegung von Entschädigungshöchstgrenzen (Versicherungssummen, Deckungshöchstgrenzen) und die Festlegung von Beträgen, bis zu denen der Versicherungsnehmer Schäden selbst trägt (z. B. bei der Kfz-Kaskoversicherung).

Sofortrente: Private Versicherungsgesellschaften bieten Sofortrenten an, die auf der Basis einer Kapitaleinzahlung (Erbschaft, Gewinn) eine monatliche Rente garantieren.

Solidargemeinschaft, Begriff aus der Sozialversicherung. Das Prinzip der Solidarität besagt, dass die Sozialversicherten wechselseitig miteinander verbunden sind.

Solidaritätsprinzip: Nach diesem Grundgedanken werden in der gesetzlichen Krankenversicherung zu erwartende Ausgaben den zu erwartenden Einnahmen jährlich gegenübergestellt. Dabei sollen die Beiträge aktiver Arbeitnehmer die Beitragsausfälle bei anderen Versicherten mit geringeren oder überhaupt keinen Einnahmen (z. B. beitragsfreie Familienangehörige, Rentner) kompensieren.

Sozialabgaben, Sozialbeiträge, die von Arbeitnehmern und Arbeitgebern getragenen Aufwendungen zur Finanzierung der verschiedenen Zweige der Sozialversicherung **(Sozialversicherungsbeitrag).** Sie werden vom Bruttolohn oder -gehalt erhoben, wobei Arbeitnehmer und Arbeitgeber grundsätzlich je die Hälfte der jeweiligen Beiträge *(siehe dort)* zu zahlen haben: Der Arbeitgeber behält sie bei der Lohnzahlung für den Arbeitnehmer ein und führt diese (mit seiner Hälfte) im Folgemonat an die jeweilige Krankenkasse des Arbeitnehmers ab. In der gesetzlichen Krankenversicherung gibt es einen alleine von den Versicherten zu tragenden Anteil von 0,9 %; in der Pflegeversicherung einen Zusatzbeitrag für Kinderlose von 0,25 %.
Die Beitragshöhe in der Renten-, Arbeitslosen- und Pflegeversicherung sowie seit 2009 auch in der Krankenversicherung werden vom Bund einheitlich festgelegt. Die Beiträge zur gesetzlichen Unfallversicherung zahlt der Arbeitgeber allein. Für den Arbeitgeber sind seine Sozialabgaben Lohnnebenkosten.

Sozialbeirat, Gremium aus Vertretern der Versicherten, der Arbeitgeber, der Sozial- und Wirtschaftswissenschaften und der Deutschen Bundesbank, das sich jährlich zum Rentenversicherungsbericht der Bundesregierung äußert.

Sozialbericht, Bericht der Bundesregierung über die sozial- und gesellschaftspolitischen Maßnahmen und Vorhaben. Damit erhält die Öffentlichkeit einen umfassenden Einblick, in welchem Umfang soziale Sicherheit, soziale Gerechtigkeit sowie eine humanere Gestaltung des Arbeitslebens erreicht worden sind. Der Sozialbericht ist die Bilanz der auf sozial- und gesellschaftspolitischem Gebiet geleisteten Arbeit. Teil des Berichts ist das Sozialbudget (*siehe* Kapitel 5).

soziale Sicherheit, soziale Sicherung, Sammelbegriff für die Sozialversicherung, die Versorgung und die Sozialhilfe. Der Begriff wurde 1948 von den Vereinten Nationen in die allgemeine Erklärung der Menschenrechte aufgenommen: ›Jeder Mensch hat als Mitglied der Gesellschaft das Recht auf soziale Sicherheit‹.

Sozialgesetzbuch, Abkürzung **SGB,** Zusammenfassung der wichtigsten Sozialgesetze: Allgemeiner Teil (SGB I), Grundsicherung für Arbeitsuchende (SGB II), Arbeitsförderung (SGB III), allgemeine Sozialversicherung (SGB IV), gesetzliche Krankenversicherung (SGB V), gesetzliche Rentenversicherung (SGB VI), gesetzliche Unfallversicherung (SGB VII), Kinder- und Jugendhilfe (SGB VIII), Behindertenrecht (SGB IX), Verwaltungsvorschriften, Datenschutz (SGB X), soziale Pflegeversicherung (SGB XI), Sozialhilfe (SGB XII).

Sozialreform, alle staatlichen Maßnahmen, die dazu beitragen, eine neue soziale Ordnung entsprechend dem verfassungsgemäßen Auftrag im Sinne des Sozialstaats (*siehe* Kapitel 5) zu schaffen. Als Sozialreformen gelten die eher kurz- bis mittelfristigen Maßnahmen der Bundesregierung in den Bereichen Gesundheit, Rente, Arbeitsmarkt sowie grundlegende Konzepte wie eine **Bürgerversicherung** bei der Rente (alle Erwerbstätigen sind pflichtversichert, alle Einkommensarten werden einbezogen) oder die **Kopfpauschale** in der Krankenversicherung (pauschaler, von der Einkommenshöhe unabhängiger Versicherungsbeitrag). Kritiker sprechen auch von **Sozialabbau,** da häufig die Senkung der Sozialausgaben Ziel solcher Reformen ist.

Sozialversicherung, gesetzliche Pflichtversicherung für breite Bevölkerungsschichten gegen Schäden, welche die soziale Existenzgrundlage der Versicherungsmitglieder und der Versichertengemeinschaft gefährden (Solidargemeinschaft auf der Basis des Solidaritätsprinzips im Unterschied zur freiwilligen Individualversicherung). Sie ist als Teil der staatlichen Sozialpolitik (*siehe* Kapitel 4) eine Versicherung gegen Risiken des Einkommensausfalles wegen verminderter Erwerbsfähigkeit durch Krankheit oder Unfall, aufgrund von Arbeitslosigkeit, Alter und Invalidität sowie zum Ausgleich von Risiken infolge von Schwangerschaft oder Tod.

Zur Sozialversicherung gehören: Krankenversicherung, Pflegeversicherung, Unfallversicherung, Rentenversicherung und Arbeitslosenversicherung. Gesetzliche Grundlage ist das Sozialgesetzbuch *(siehe dort)*. Die Sozialversicherung ist eine Mischform aus Versicherung (Finanzierung durch Beiträge), Versorgung (Ausgleich nach sozialen Gesichtspunkten) und Fürsorge (Leistungen zur Rehabilitation).

Sozialversicherungsabkommen: Die Systeme der sozialen Sicherheit benachteiligen die Ausländer im Inland. Diese Nachteile zu beseitigen, ist die wichtigste Aufgabe der Sozialversicherungsabkommen. Durch Sozialversicherungsabkommen soll erreicht werden, dass Leistungen auch durch Versicherungsträger in anderen Vertragsstaaten gewährt werden und zurückgelegte Beitrags- und gleichgestellte Zeiten bei der Anspruchsprüfung berücksichtigt werden.

Sozialversicherungsausweis, vom Rentenversicherungsträger auszustellender Ausweis. Er enthält die Versicherungsnummer *(siehe dort)* der Rentenversicherung, den Familiennamen und Vornamen des Beschäftigten. Unter bestimmten Bedingungen, z. B. Schaustellergewerbe, ist er mit einem Lichtbild des Beschäftigten auszustatten. Er ist bei Beginn jeder Beschäftigung dem Arbeitgeber vorzulegen. Bestimmte Beschäftigte (z. B. in der Bauwirtschaft) haben ihn auch während der Ausübung ihrer Beschäftigung mitzuführen und bei Kontrollen zur

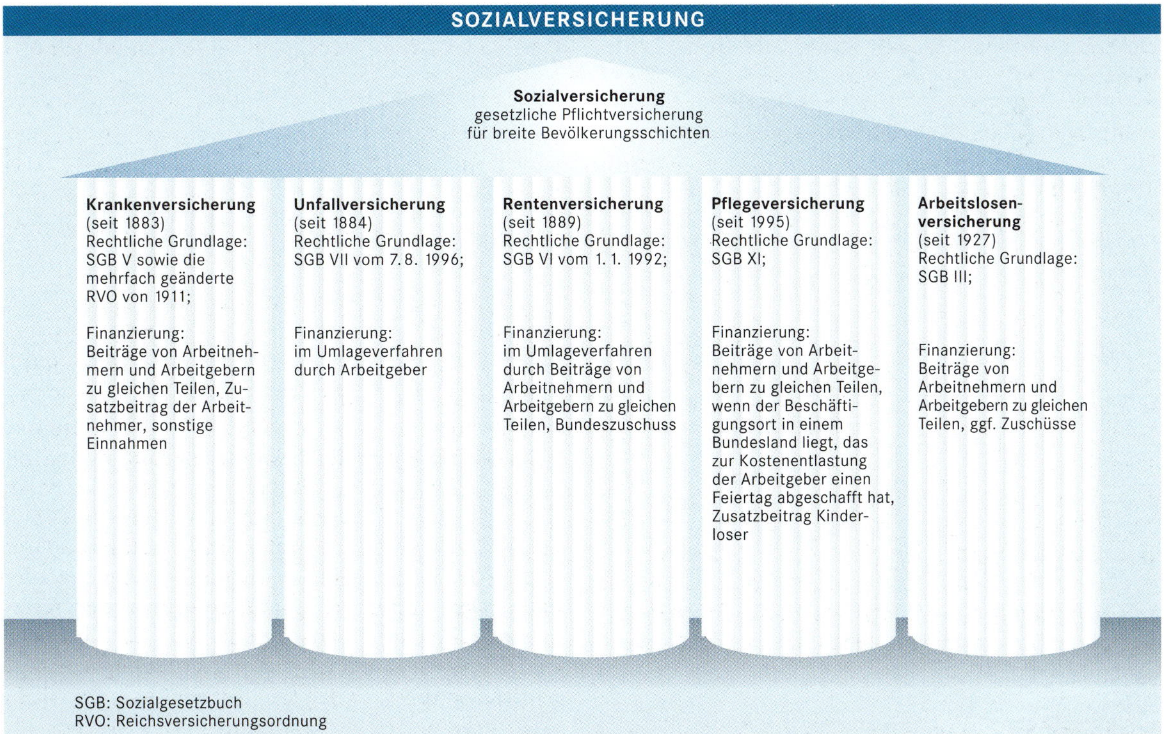

Sozialversicherung. Die fünf Säulen der sozialen Sicherung in Deutschland

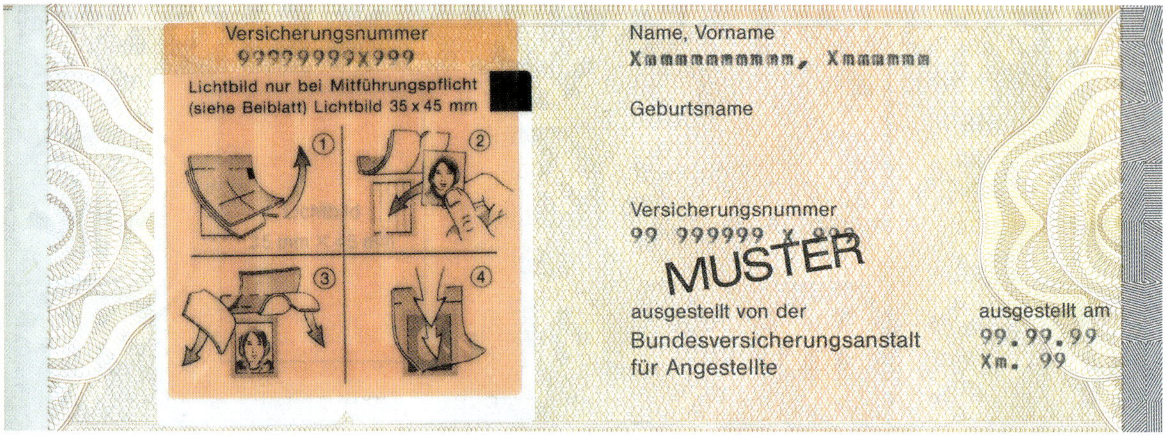

Sozialversicherungsausweis. Muster eines Ausweises

Aufdeckung von illegalen Beschäftigungsverhältnissen zu zeigen.

Sozialversicherungsnachweisheft, persönliches Nachweisheft vom Rentenversicherungsträger. In diesem Heft sind die einzelnen Versicherungsnachweise enthalten, auf denen der Betrieb die Meldungen an die Träger der Rentenversicherung erstattet. Dabei handelt es sich um bundeseinheitliche und vorgeschriebene Vordrucke. Andere Formulare dürfen nicht verwendet werden. Das Heft verbleibt während der Beschäftigung beim Arbeitgeber.

Sozialwahlen, alle sechs Jahre stattfindende Wahlen zu den Selbstverwaltungsorganen der Versicherungsträger der Sozialversicherung, um den Versicherten ein gewisses Maß an Mitbestimmung zu ermöglichen.

Sterbegeld, Leistung aus der gesetzlichen Kranken- und Unfallversicherung als Zuschuss zu den Bestattungskosten für Personen, die vor 1989 in die gesetzliche Krankenversicherung eingetreten sind. Neumitglieder seit 1989 erhalten diese Leistung nicht mehr. Sterbegeld kann auch aus einer privaten Versicherung, von Berufsorganisationen oder durch Tarifverträge vereinbart sein.

Sturmversicherung, Versicherung gegen Schäden, die an Gebäuden durch Stürme ab der Windstärke acht entstehen.

Tarifgruppen, Einteilung der Kfz-Versicherung nach berufsständischen und regionalen Gesichtspunkten. So gibt es beispielsweise Sondertarife für Angehörige des öffentlichen Dienstes.

Teilkaskoversicherung, Form der Kfz-Kaskoversicherung *(siehe dort).*

Teilrente: Versicherte können seit 1992, sofern eine Einschränkung ihrer Erwerbsfähigkeit vorliegt, eine Teilrente beziehen und dadurch früher in den Ruhestand gehen. Ein Teil der zustehenden Altersrente kann in Anspruch genommen werden. Gleichzeitig darf weiterhin in bestimmten Grenzen, die deutlich höher liegen als bei der Vollrente, hinzuverdient werden. Die Teilrente kann in Höhe von einem Drittel, der Hälfte oder zwei Dritteln der vollen Altersrente bezogen werden.

Tierhaftpflichtversicherung, Versicherung gegen Schäden, die durch das Tier verursacht worden sind, wenn z. B. der eigene Hund eine dritte Person beißt. Die Versicherung deckt Personen- und Sachschäden im Rahmen der Tierhalterhaftung ab.

Totalschaden: Übersteigen die geschätzten Reparaturkosten den Wiederbeschaffungswert des Fahrzeuges, sodass eine Reparatur wirtschaftlich unvernünftig scheint, so werden anstelle der Reparaturkosten die Wiederbeschaffungskosten für ein gleichwertiges Ersatzfahrzeug erstattet. Dabei wird der Restwert des Unfallfahrzeuges in Abzug gebracht. Bei Fahrzeugen, die zum Unfallzeitpunkt nicht älter als einen Monat waren und deren Kilometerleistung nicht über 1 000 km lag, ersetzt die Versicherung bei einer erheblichen Beschädigung den Neupreis unter Berücksichtigung des Restwertes.

Transportversicherung: Speditionen können sich gegen Verlust oder Beschädigung von Waren auf einem Transport, z. B. durch Diebstahl, Seewasser, Feuer und andere Gefahren, versichern.

Typenklassentarif: Die Einstufung der Pkws in die Tarifstruktur erfolgt nach Typenklassen. Die Fahrzeugtypen (Automodelle bzw. Modellgruppen) werden nach ihrem individuellen Schadensverlauf zusammengefasst. Diese Einstufung führt zu einer stärkeren Differenzierung und soll eine verursachungsgerechte Einteilung ermöglichen. Des Weiteren gewähren Versicherer Rabatte für Garagenfahrzeuge, Einzelfahrer, Fahrerinnen und Wenigfahrer.

Überschussbeteiligung, Gewinnbeteiligung: private Versicherungsunternehmen, vor allem Anbieter von Kapitallebens- und privaten Rentenversicherungen, erzielen in der Regel Überschüsse, weil sie die Versicherungsprämien ihrer Kunden vorsichtig kalkulieren und gewinnbringend anlegen. Überschussquellen sind vor allem Zinsgewinne, aber auch Sterblichkeitsgewinn und kalkulierte, aber nicht verbrauchte Verwaltungskosten. Die Versicherungsunternehmen sind für Verträge, die vor dem 29. 7. 1994 abgeschlossen wurden (Altbestand), verpflichtet, mindestens 90 % der erwirtschafteten Überschüsse auszuschütten. Für Verträge, die danach abgeschlossen wurden, gilt das jeweilige unternehmensindividuelle Überschussbeteiligungssystem. Die Höhe des Ansammlungszinssatzes orientiert sich dabei an der durchschnittlichen Verzinsung von Kapitalanlagen, wobei ein Abschlag vorgenommen wird, um kurzfristige Schwankungen zu vermeiden und die Kosten für die Führung des Überschusskontos zu decken. Der Anspruch auf eine Überschussbeteiligung beginnt nach einem bis drei Versicherungsjahren.
Meistens werden die Überschussanteile zur Erhöhung der Versicherungsleistung verwendet. Sie können aber auch auf einem Überschusskonto angesammelt, jährlich von den fälligen Prämien abgezogen (Prämienermäßigung) oder zur Erhöhung der Versicherungssumme verwendet werden. Beim Bonussystem fließt der jährliche Überschussanteil in eine beitragsfreie Versicherung, die zum gleichen Termin abläuft wie die Grundversicherung. Die im Versicherungsfall oder bei Ablauf fällig werdende Leistung setzt sich zusammen aus der vereinbarten Versicherungssumme und der Leistung aus den angesammelten Boni.

Überversicherung: Wenn die Versicherungssumme höher als der Versicherungswert ist, wird vom Versicherer keine höhere Entschädigung als die Erstattung des tatsächlichen Schadens bezahlt.

Umlageverfahren, Umlagefinanzierung, ein Finanzierungssystem, bei dem die durch Beiträge aufgebrachten Mittel sogleich in die gesetzlich vorgeschriebenen Leistungen umgelegt werden. Bei der gesetzlichen Kranken- und Unfallversicherung wird das Verfahren in der Weise angewandt, die von den Versicherungspflichtigen zu zahlenden Beiträge so zu bemessen, dass sie die innerhalb eines betreffenden Zeitraums anfallenden Ausgaben decken.
In der gesetzlichen Rentenversicherung bedeutet Umlageverfahren, dass die Beitragszahler nicht einen Kapitalbestand für ihre eigene Rente aufbauen wie beim Kapitaldeckungsverfahren *(siehe dort)*, sondern die Bezüge der aktuellen Rentenbezieher finanzieren. Sie erwerben nur einen Anspruch auf eine spätere eigene Rente.

Unfallverhütungsvorschriften, von den Berufsgenossenschaften erlassene Regelungen über Einrichtung, Anordnung und Maßnahmen, welche die Unternehmen zur Verhütung von Arbeitsunfällen, Berufskrankheiten und arbeitsbedingten Gesundheitsgefahren zu treffen haben.

Unfallversicherung, als gesetzliche Unfallversicherung ein Zweig der Sozialversicherung mit der Aufgabe, Arbeitsunfälle und Berufskrankheiten sowie arbeitsbedingte Gesundheitsgefahren zu verhüten, nach einer Schädigung die Gesundheit und Leistungsfähigkeit des Versicherten wiederherzustellen (Rehabilitation), ihn bzw. seine Hinterbliebenen finanziell zu entschädigen. Rechtliche Grundlage ist das Sozialgesetzbuch (SGB VII).
Träger der Unfallversicherung sind die Berufsgenossenschaften, Unfallkassen und Gemeindeunfallversicherungsverbände. Für den Bund sind die Bundesausführungsbehörden für Unfallversicherung zuständig. Sie bieten Unfallversicherungsschutz während einer versicherten Tätigkeit. Sinnvoll ist aber auch eine **private Unfallversicherung** entweder als Ergänzung oder anstelle der gesetzlichen Unfallversicherung.

Beitragspflichtig sind in der gesetzlichen Unfallversicherung nur die Unternehmen. Deren Beiträge sind die einzige Finanzierungsgrundlage. Die Beiträge werden im Wege der Umlage erhoben. Berechnungsgrundlage sind der Finanzbedarf des abgelaufenen Kalenderjahres, die Arbeitsentgelte und die Gefahrenklassen. Die Gefahrenklassen berücksichtigen die unterschiedlichen Unfallgefahren in den Gewerbezweigen.

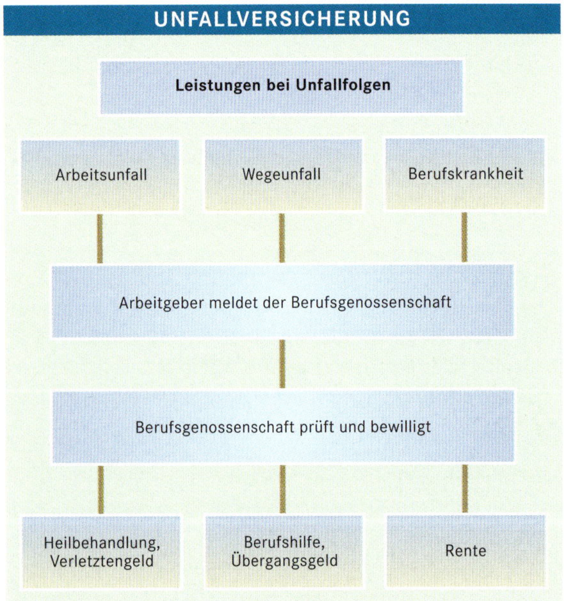

Unfallversicherung. Leistungen bei Unfallfolgen

Die Leistungen erhalten Versicherte und ihre Hinterbliebenen nach Eintritt eines Versicherungsfalles. Versicherungsfälle sind Arbeitsunfälle (Unfälle während einer versicherten Tätigkeit) und Berufskrankheiten. Sie haben Anspruch auf Heilbehandlung, Rehabilitation, Renten an Versicherte, Sterbegeld und Hinterbliebenenrenten. Spitzenverband der 21 gewerblichen Berufsgenossenschaften und der Unfallversicherungsträger der öffentlichen Hand (19 Unfallkassen) ist die **Deutsche Gesetzliche Unfallversicherung e. V.** (DGUV). Anschrift: Mittelstraße 51, 10117 Berlin; Telefon: 030 288763800; Internet: www.dguv.de.

Unterversicherung: Bei Sachversicherungen (z. B. Feuer-, Leitungswasser- und Hausratversicherung) soll die Versicherungssumme dem Wert der versicherten Gegenstände (Versicherungswert) entsprechen. Wenn die Versicherungssumme geringer als der Versicherungswert ist, liegt eine Unterversicherung vor. In diesem Fall werden Schäden nur anteilig ersetzt.

Verkehrsopferhilfe e. V., eine im Pflichtversicherungsgesetz verankerte Einrichtung der in Deutschland tätigen Kraftfahrtversicherer. Hierhin kann sich ein Geschädigter wenden, wenn das Schaden stiftende Fahrzeug nicht ermittelt werden kann (z. B. bei Fahrerflucht), der Kfz-Halter keine Kfz-Haftpflichtversicherung abgeschlossen hat und mittellos ist. Anschrift: Wilhelmstraße 43/43G, 10117 Berlin; Telefon 030 20205000; Internet: www.verkehrsopferhilfe.de.

Verkehrsrechtsschutz, Form einer Rechtsschutzversicherung *(siehe dort).*

Verletztenrente: Versicherten der gesetzlichen Unfallversicherung wird Verletztenrente gewährt, wenn durch Arbeitsunfall oder Berufskrankheit eine Minderung der Erwerbsfähigkeit von mindestens 20 % eingetreten ist. Für Schwerverletzte (Minderung der Erwerbsfähigkeit von über 50 %) wird eine Zulage von 10 % gewährt.
Die Höhe der Verletztenrente richtet sich nach dem Grad der Erwerbsminderung und dem Jahresarbeitsverdienst vor dem Unfall oder der Berufskrankheit. Hat der Verletzte seine Erwerbsfähigkeit vollständig verloren, erhält er eine Rente in Höhe von zwei Dritteln seines Jahresarbeitsverdienstes (Vollrente). Bei geringerer Erwerbsminderung (z. B. 40 %) wird der Teil der Vollrente gezahlt, der dem Grad der Erwerbsminderung entspricht (z. B. 40 % der Vollrente).
Verletztengeld wird während der Zeit der Arbeitsunfähigkeit bis höchstens 78 Wochen in Höhe von 80 % des Bruttoarbeitsentgelts von der Unfallversicherung gezahlt, sofern der Anspruch auf Entgeltfortzahlung durch den Arbeitgeber nicht bzw. nicht mehr besteht.

Vermögensversicherung, Sammelbezeichnung für die Versicherungszweige Haftpflicht-, Kraftverkehrs-, Kredit-, Personen- und Sachversicherung. Die Versicherung deckt Schäden, die an Vermögensrechten entstehen können.

Versichertennummer, Krankenversichertennummer: An jeden Versicherten der gesetzlichen

Krankenversicherung, auch die Familienversicherten, ist von der Krankenkasse, bei der man Mitglied ist, eine Versichertennummer zu vergeben. Man erhält eine **Krankenversichertenkarte,** auf der die Patientenstammdaten gespeichert sind. Unter der Versichertennummer führt die Krankenkasse ein Versichertenverzeichnis, das alle Angaben zum Versicherungsverhältnis und zur Feststellung des Leistungsanspruchs enthält. Die Krankenversichertenkarte soll nach und nach durch die Gesundheitskarte *(siehe dort)* ersetzt werden.

Versicherung, Bezeichnung sowohl 1) für die Betriebe des Versicherungswesens, im Bereich der Individualversicherung Versicherungsunternehmen, im Bereich der Sozialversicherung Versicherungsträger genannt, als auch 2) für das in diesen Betrieben erstellte Wirtschaftsgut **Versicherungsschutz.**

In der Individualversicherung (Privatversicherung) bildet die Versicherungspflicht anders als in der Sozialversicherung eine Ausnahme (wichtigste Pflichtversicherung ist die Kfz-Haftpflichtversicherung); die Kalkulation der Beiträge (Prämien) richtet sich im Grundsatz nach der Höhe des vom Versicherungsunternehmen übernommenen Risikos und nicht nach dem Einkommen des Versicherten. Versicherung bedeutet also Gleichgewicht von Leistung und Gegenleistung. Der Versicherte muss einen Beitrag zahlen, der dem Wert der ihm zu gewährenden Leistungen entspricht. Die Höhe des Beitrages hängt von der Größe des Risikos ab (Gesundheitszustand, Alter), mit dem der einzelne Versicherte die Versicherungsgemeinschaft belastet (ri-

VERSICHERUNG

Risiko	Versicherungsart	Priorität	Personenkreis
Haftpflicht	Private Haftpflichtversicherung	sehr wichtig	die ganze Familie
	Autohaftpflichtversicherung	sehr wichtig	Pflicht für Autofahrer
Verlust der Arbeitskraft	Berufsunfähigkeitsversicherung	sehr wichtig	Berufstätige und auch Hausfrauen, Studenten und Kinder
	Pflegetagegeld	wichtig	zur finanziellen Entlastung bei einer aufwendigen Pflege
kurzes Leben	Risiko-Lebensversicherung	sehr wichtig	junge Familien und Immobilienkäufer (Banken verlangen die Police als Sicherheit)
kurzes oder langes Leben	Kapitallebensversicherung	wichtig, wenn im Alter der gewohnte Lebensstandard gehalten werden soll	wer andere versorgen und gleichzeitig für sein Alter sparen will
	fondsgebundene Lebensversicherung	je nach persönlicher Anlagestrategie	
langes Leben	private Rentenversicherung	wichtig, wenn im Alter der gewohnte Lebensstandard gehalten werden soll	wer sparen und kein Todesfallrisiko abdecken will
Invalidität und Tod durch Unfall	private Unfallversicherung	wichtig	Kinder, Hausfrauen
Diebstahl und Schäden am eigenen Auto	Teil- und Vollkasko	wichtig	Vollkasko vor allem für neuere Autos
Einkommensverlust bei Krankheit	Krankentagegeld	wichtig	Selbstständige und Angestellte bei Verdienst über der Beitragsbemessungsgrenze

Quelle: Elke Dolle-Helms, Versicherungen, 1998

Versicherung.
Die wichtigsten Risiken und ihre Absicherung durch Individualversicherungen

sikogerechte Beiträge). Das Versicherungsprinzip ist am deutlichsten in der Privatversicherung verwirklicht, in der Sozialversicherung zum Teil.

Versicherungsaufsicht, staatliche Überwachung der privaten Versicherungsunternehmen. Ganz allgemein haben die Versicherungsaufsichtsbehörden darauf zu achten, dass der Geschäftsbetrieb der Versicherungsunternehmen ordentlich verläuft und dass die Interessen der Versicherten ausreichend gewahrt werden. Zu den wichtigsten Aufgaben gehören: die Zulassung der deutschen Versicherungsunternehmen zum Betrieb der Direktversicherung für Deutschland und für die anderen EU-Mitgliedstaaten, Überwachung der auf dem deutschen Markt angebotenen Versicherungsprodukte zur Vermeidung und Beseitigung von Missständen, die laufende Überwachung der versicherungstechnischen und rechtlichen Geschäftsgrundlagen, die Überprüfung des Finanzgebarens, die Kontrolle der bedeutenderen Aktionäre auf Solidität, die Bekämpfung der Geldwäsche auf dem Versicherungssektor und die Bearbeitung von Anfragen und Beschwerden. Wichtigste Einrichtung der Versicherungsaufsicht ist die Bundesanstalt für Finanzdienstleistungsaufsicht (*siehe* Kapitel 10), Nachfolgerin des Bundesaufsichtsamts für das Versicherungswesen.

Versicherungsbetrug, das Vortäuschen eines Versicherungsfalls, um unberechtigt die Versicherungsleistung zu erhalten. Ein solcher Betrug kann mit Freiheitsstrafe bis zu fünf Jahren oder einer Geldstrafe geahndet werden.

versicherungsfremde Leistungen, in der gesetzlichen Rentenversicherung alle Leistungen, die nicht in direkter Beziehung zur Beitragszahlung stehen. Versicherungsfremd ist die Berücksichtigung von Zeiten, für die keine Beiträge gezahlt worden sind, ebenso wie die Gewährung höherer Leistungen, als es aufgrund der gezahlten Beiträge gerechtfertigt wäre. Aus den Beiträgen aller Rentenversicherten werden auch Aufgaben finanziert, die über die ursprüngliche Aufgabe der Rentenversicherung hinausgehen. Hierzu zählen die Kriegsfolgelasten, Anrechnungszeiten, z. B. für Ausbildung, wegen Arbeitslosigkeit oder wegen Krankheit, Kindererziehungszeiten, Rentenberechnung nach Mindesteinkommen, Bestandsschutz für Renten in den neuen Bundesländern, Renten für Aussiedler und Ausgleich von NS-Unrechtstaten. Versicherungsfremde Leistungen in der gesetzlichen Krankenversicherung sind z. B. die Leistungen für mitversicherte Familienangehörige.

Versicherungskennzeichen: Zum Nachweis bzw. zur Kontrolle der Versicherungspflicht bestehen Sonderregelungen bei Fahrrädern mit Hilfsmotor, Mofas bis höchstens 25 km/h, Mopeds bis höchstens 50 km/h, Kleinkrafträdern (Mokick) bis höchstens 50 km/h und Krankenfahrstühlen über 6 km/h bis höchstens 30 km/h. Die genannten Fahrzeuge dürfen auf öffentlichen Straßen, Wegen oder Plätzen nur in Betrieb gesetzt werden, wenn die Betriebserlaubnis vorliegt und wenn sie ein gültiges Versicherungskennzeichen führen.

Versicherungsnummer, Abkürzung **VSNR,** die auch als **Rentenversicherungsnummer** bezeichnete Nummer besteht aus zwölf Ziffern und ist wie folgt aufgebaut: Die ersten beiden Ziffern stehen für die Bereichsnummer der Vergabeanstalt, die nächsten sechs Stellen sind für das Geburtsdatum des Versicherten reserviert, es folgt der Anfangsbuchstabe des Geburtsnamens, anschließend eine 49 für männlich oder 50 für weiblich und am Ende eine Prüfziffer. An jeden Versicherten der Rentenversicherung wird von dem bei Beginn der Versicherung zuständigen Versicherungsträger eine VSNR vergeben. Mit der Vergabe erhält der Versicherte den Sozialversicherungsausweis. Unter der VSNR wird auch das Versicherungskonto des Versicherten geführt.

Versicherungspflicht, bei der privaten Versicherung (Individualversicherung) die gesetzliche Verpflichtung zum Eingehen einer Versicherung wie bei der Kfz-Haftpflichtversicherung, in der Sozialversicherung (Kranken-, Renten-, Arbeitslosen-, Pflegeversicherung) der gesetzliche Zwang, einem bestimmten Versicherungszweig anzugehören auch ohne Rücksicht auf den Willen des Einzelnen.
Versicherungspflichtig in der Renten-, Arbeitslosen- und Pflegeversicherung sind vor allem die gegen Verdienst beschäftigten Arbeiter und Angestellten sowie alle Auszubildenden. Hinzu kommen verschiedene Gruppen selbstständig tätiger Personen. In der gesetzlichen Krankenversicherung besteht Versicherungspflicht bis zur **Versicherungspflichtgrenze** von (2009) 4 050 € Monatsverdienst.

Versicherungspflichtig kraft Gesetzes sind auch Wehrdienstpflichtige, Zivildienstleistende, Personen, die ein freiwilliges soziales oder ökologisches Jahr ableisten, Bezieher von bestimmten Entgeltersatzleistungen (z.B. Krankengeld, Arbeitslosengeld). Außerdem liegt Versicherungspflicht vor bei Zeiten der Kindererziehung. Seit dem ersten April 1999 sind auch geringfügig Dauerbeschäftigte versicherungspflichtig. Von der Pflichtversicherung befreit sind z.B. Beamte, Richter, Berufssoldaten oder Beschäftigte von Körperschaften des öffentlichen Rechts mit Anspruch auf beamtenähnliche Versorgung.

Versicherungsprämie, Entgelt des Versicherungsnehmers für den Versicherungsschutz. Die Prämie ist meist für ein Jahr im Voraus zu zahlen. Versicherungen bieten auch Teilzahlungen der Versicherungsprämien an, die aber mit einem prozentualen Aufschlag versehen sind.

Versicherungsschein, die Police *(siehe dort).*

Versicherungssumme, der Auszahlungsbetrag, den das Versicherungsunternehmen garantiert, bei der Schadenversicherung der Höchstbetrag, den der Versicherte im Versicherungs- oder Schadensfall als Versicherungsleistung erhält. Bei der Kapitallebensversicherung erhält der Versicherte bei Ablauf bzw. im Versicherungsfall neben der Versicherungssumme auch die Anteile aus der Überschussbeteiligung. Versicherungssumme und Überschussbeteiligung ergeben die **Ablaufleistung.**

Versicherungsteuer: *siehe* Kapitel 5.

Versicherungsträger, öffentlich-rechtliche Körperschaften, die die Aufgabe haben, die Sozialversicherung zu vollziehen, d.h. die notwendigen Mittel (Beiträge) einzuziehen und die gesetzlich vorgeschriebenen Leistungen zu gewähren. Sie verwalten sich selbst durch eigene Organe (hauptamtlicher Vorstand, ehrenamtlicher Verwaltungsrat). Diese Organe der Selbstverwaltung setzen sich zur Hälfte aus Vertretern der Versicherten und der Arbeitgeber zusammen. Die Versichertenvertreter werden in Sozialwahlen *(siehe dort)* gewählt.

Versicherungsunternehmen, die privaten Betriebe des Versicherungswesens, meist in der Rechtsform von Aktiengesellschaften **(Versicherungsgesellschaften)** oder **Versicherungsvereinen auf Gegenseitigkeit,** das sind besondere Vereine, bei denen die Gesamtheit der Versicherten zugleich den Versicherer bildet und deren Organisation derjenigen der AG ähnelt. Im Bereich der Individualversicherung sind auch öffentlich-rechtliche Versicherungsunternehmen tätig.

Versicherungsvertragsgesetz, Gesetz über den Versicherungsvertrag von 1908, regelt die Beziehungen der Vertragspartner in der Individualversicherung. Es enthält zwingende Vorschriften, von denen nur zugunsten des Versicherungsnehmers oder sonstiger geschützter Dritter abgewichen werden darf, und legt fest, dass der Versicherer bei Eintritt des Versicherungsfalles verpflichtet ist, die im Vertrag versprochene Leistung zu erbringen. Der Versicherungsnehmer muss natürlich die vereinbarte Versicherungsprämie zahlen. Das Gesetz wurde 2008 grundlegend reformiert; besonders der Verbraucherschutz wurde gestärkt, etwa durch ein generelles Widerrufsrecht sowie Beratungs- und Informationspflichten für die Versicherungsunternehmen.

Versicherungswert, Wert des versicherten Interesses. Bei Sachversicherungen der Wert der versicherten Objekte. Die Versicherungssumme soll dem Versicherungswert entsprechen.

Versorgung, bei Beamten, Richtern und Soldaten und ihren Hinterbliebenen die durch die Versorgungsgesetze geregelten Ansprüche auf bestimmte, meist regelmäßige Leistungen bei Eintritt des Versorgungsfalles. Der Anspruch ist Bestandteil des Beamten- bzw. sonstigen öffentlich-rechtlichen Dienstverhältnisses und findet seinen Rechtsgrund in der Versorgungspflicht des Dienstherrn. Versorgungsbezüge sind Ruhegehalt (Beamtenpension) oder Unterhaltsbeitrag, Hinterbliebenenversorgung, Unfallfürsorge, Übergangsgeld, Ausgleich bei besonderen Altersgrenzen, die jährliche Sonderzuwendung und der Kindererziehungszuschlag.

Versorgungsausgleich, die Aufteilung der während der Ehe erworbenen Renten- und Versorgungsanwartschaften auf beide Ehegatten zu gleichen Teilen. Ausgleichspflichtig ist der Ehegatte mit den werthöheren Anwartschaften oder Aussichten auf eine auszugleichende Versorgung. Dem berechtigten Ehegatten steht als Ausgleich die Hälfte des Wertunterschiedes zu. Ziel ist die eigenständige soziale Sicherung der Frau im Fall der Scheidung.

Vollkaskoversicherung, Vollversicherung, Form der Kfz-Kaskoversicherung *(siehe dort).*

vorläufige Deckung, ein rechtlich eigenständiger Vertrag vor dem eigentlichen Versicherungsvertrag. Er endet mit Ablauf der vereinbarten Frist oder mit Einlösung des Versicherungsscheins.

Wahlleistungen, die privatärztliche Behandlung und die Unterbringung im Ein- oder Zweibettzimmer bei stationären Krankenhausaufenthalten. Die Kosten hierfür werden dem Patienten getrennt in Rechnung gestellt. Sie können auch über eine Zusatzversicherung *(siehe dort)* abgesichert werden.

Wartezeiten: Leistungen der gesetzlichen Rentenversicherung können grundsätzlich nur dann erbracht werden, wenn der Versicherte mindestens eine Zeit lang der Versicherung angehört hat. Die Wartezeit ist damit eine Mindestversicherungszeit. Sie ist erfüllt, wenn eine bestimmte Anzahl von Monatsbeiträgen und/oder weiteren rentenrechtlichen Zeiten vorliegt.
Die allgemeine und kürzeste Wartezeit beträgt fünf Jahre und ist Voraussetzung für einen Anspruch auf Regelaltersrente, Renten wegen verminderter Erwerbsfähigkeit und alle Renten wegen Todes (Witwen- und Waisenrente). Die Altersrente wegen Arbeitslosigkeit oder nach Altersteilzeit und die Altersrente für Frauen vor Vollendung des 65. Lebensjahres (beide auslaufend) bedingen eine 15-jährige Wartezeit. Eine Wartezeit von 20 Jahren gilt in bestimmten Fällen von Erwerbsunfähigkeit (z. B. für Behinderte), eine Wartezeit von 35 Jahren ist Voraussetzung für Altersrente für langjährig Versicherte und Schwerbehinderte.
Auf die Wartezeit werden Beitragszeiten und Ersatzzeiten angerechnet. Zu den Beitragszeiten zählen Zeiten einer versicherungspflichtigen Beschäftigung, Beitragszeiten nach dem Fremdrentengesetz und Kindererziehungszeiten. Die wichtigsten beitragsfreien Zeiten sind Anrechnungszeiten sowie Ersatzzeiten.

Witwenrente: Anspruch auf Witwenrente aus der Rentenversicherung haben die Witwe oder der Witwer, wenn der verstorbene Versicherte die allgemeine Wartezeit erfüllt hat und sie nach dem Tod des Verstorbenen nicht wieder geheiratet haben. Es gibt kleine und große Witwenrenten. Die kleine Witwenrente ist auf 24 Monate begrenzt und beträgt 25% der Erwerbsunfähigkeitsrente des Verstorbenen. Die große Witwenrente in Höhe von 60% wird gewährt, wenn entweder das 45. Lebensjahr (ab 2012: 47. Lebensjahr) vollendet ist oder ein eigenes Kind oder ein Kind des Verstorbenen erzogen oder ein solches Kind, das behindert ist, versorgt werden muss.
Für nach 2001 geschlossene Ehen sowie für Ehen, in denen beide Partner jünger als 40 Jahre sind, gilt eine veränderte Hinterbliebenenrente. Bei der großen Witwenrente werden künftig Kinder mit einem Zuschlag honoriert. Die Witwenrente für kinderlose Frauen wird nach und nach von 60 auf 55% gesenkt. Da die Rentenreform die Kindererziehung besser bewertet und bei der Eigenvorsorge Kinderzulagen gewährt werden, können künftig Mütter ihre Altersversorgung in höherem Maße eigenständig sichern, die rein vom Verdienst des Mannes abhängige Witwenrente tritt zunehmend in den Hintergrund.
Bei der **Waisenrente** kennt die gesetzliche Rentenversicherung Halbwaisen- und Vollwaisenrenten. Anspruch auf die Halbwaisenrente besteht, wenn die Waise noch einen unterhaltspflichtigen Elternteil hat. Sie beträgt 10% der Erwerbsunfähigkeitsrente. Anspruch auf Vollwaisenrente besteht, wenn die Waise keinen unterhaltspflichtigen Elternteil mehr hat. Die Rente errechnet sich aus den Rentenansprüchen der beiden verstorbenen Elternteile. Sie beträgt 20% der Summe der Erwerbsunfähigkeitsrenten der beiden Verstorbenen zuzüglich eines Zuschlags. Waisenrente wird uneingeschränkt bis zur Vollendung des 18. Lebensjahres, längstens bis zur Vollendung des 27. Lebensjahres des Kindes gezahlt, wenn sich das Kind in Schul- oder Berufsausbildung befindet oder stark behindert ist.
Ähnliche Hinterbliebenenrenten gibt es auch aus der gesetzlichen Unfallversicherung.

Wohngebäudeversicherung, Gebäudeversicherung, Versicherung für das eigene Haus oder auch Mietobjekte, deckt Schäden durch Brand, Blitzschlag, Explosion, Absturz von Flugzeugen, Folgeschäden durch Löschen, Ruß und Rauch, Überspannungsschäden durch Blitz, Rohrbruch an Wasserleitungen und Heizungsrohren, Schäden durch Sturm (ab Windstärke acht) und Hagel ab. Des Weiteren werden Mietausfälle bis zu zwölf Monaten, Aufräum- und Abbruchkosten übernommen. Der Selbstbehalt beträgt bei den meisten Versicherungen ein Promille der Versicherungssumme,

WOHNGEBÄUDEVERSICHERUNG			
Jahr	Beiträge in Mrd.€	Leistungen in Mrd.€	Schadenquote in %
1980	0,675	0,452	69,4
1990	1,541	2,119	140,6
1995	3,083	2,079	68,2
2000	3,510	2,510	71,5
2001	3,534	2,436	68,8
2002	3,624	4,178	116,1
2003	3,716	2,919	78,9
2004	3,845	3,017	79,0
2005	3,985	2,996	75,7
2006	4,066	3,166	78,2
2007	4,134	4,539	110,0

Wohngebäudeversicherung. Beiträge, Leistungen und Schadenquote als Verhältnis der Aufwendungen für Versicherungsfälle (Leistungen) zu den Beiträgen der Versicherungsnehmer

sonst wird eine höhere Versicherungsprämie erhoben.

Zumutbarkeit, Begriff aus dem Sozialversicherungsrecht, in dem per Rechtsverordnung die Bedingungen der Arbeitsaufnahme von Empfängern von Arbeitslosengeld I oder Arbeitslosengeld II nach der Vermittlung einer Stelle durch die Agentur für Arbeit geregelt sind (z. B. für Art und Ort der angebotenen Beschäftigung). So besteht kein besonderer Berufs- oder Qualifikationsschutz; ein Arbeitsloser muss grundsätzlich auch zum Umzug bereit sein.

Zusatzversicherung, Versicherung, die zusätzlich zu einer Grundversicherung abgeschlossen werden kann und darüber hinausgehenden Versicherungsschutz bietet. Hierzu zählen insbesondere die Zusatzversicherungen zur Ergänzung des gesetzlichen Krankenversicherungsschutzes.
Angeboten werden z. B.: Zusatzversicherungen für zusätzliche Krankheitskosten bei ambulanter privatärztlicher Behandlung, für Brillen und Kontaktlinsen, für gesetzlich vorgeschriebene Zuzahlungen, für die Behandlung durch Heilpraktiker und für Krankentagegeld zur Schließung der Versorgungslücke bei Arbeitsunfähigkeit für Arbeitnehmer und Selbstständige, Krankenhaustagegeldversicherung zum Ausgleich der gesetzlich vorgesehenen Zuzahlung bei einem Krankenhausaufenthalt, Kurkostenversicherung, Pflegeversicherung als Kosten- oder Tagegeldversicherung, Zusatzversicherungen für Zahnbehandlung und Zahnersatz. Die bekannteste Zusatzversicherung ist die Krankenhauszusatzversicherung für eine komfortablere Unterbringung im Ein- oder Zweibettzimmer und privatärztliche Behandlung.

Zuzahlung, Beteiligung der Versicherten in der gesetzlichen Krankenversicherung an bestimmten Leistungen. Damit durch Zuzahlungen niemand überfordert wird, sind bestimmte Personen wie Kinder oder Sozialhilfeempfänger ganz (Sozialklausel), chronisch kranke Menschen oder Personen bis zu bestimmten Einkommensgrenzen teilweise befreit (Überforderungsklausel).
Zuzahlungen gibt es z. B. für Arzneimittel (10 % des Preises, mindestens 5, höchstens 10 €), für Heilmittel wie Massagen (10 % der Kosten), für Krankenhausaufenthalt und Rehabilitationsmaßnahmen wie Kuren (10 € pro Kalendertag) und für jede erste Inanspruchnahme eines Arztes oder Zahnarztes (10 € **Praxisgebühr**).
Neben der Zuzahlung gibt es noch eine **Negativliste.** Von den Krankenkassen nicht bezahlt werden z. B. Arzneimittel zur Anwendung bei Erkältungen und grippalen Infekten, Abführmittel und Arzneimittel gegen Reisekrankheiten sowie Medikamente, deren therapeutischer Nutzen nicht nachgewiesen oder umstritten ist. Die Negativliste soll durch eine **Positivliste** mit allen wirksamen und zweckmäßigen Arzneimitteln abgelöst werden.

A

B

C

D

E

F

G

H

I

J

K

L

M

N

O

T

U

Bildquellenverzeichnis

Bibliographisches Institut, Mannheim *11f., 14–16, 18–21, 23f., 26, 29–33, 35, 37, 40–43, 45–47, 50f., 53–58, 61f., 64f., 67–81, 83, 85, 87–89, 91f., 95–97, 100, 102, 105f., 109–111, 114, 118, 120, 122–126, 128, 130–132, 134, 136f., 139, 143, 146f., 149, 151, 153–156, 158f., 161, 163f., 168–173, 175–179, 181–185, 187, 189, 191–197, 199, 203, 206–209, 211–213, 215, 218f., 222–224, 226f., 230–236, 241–244, 247f., 251–257, 260, 262f., 265–267, 272, 274–277, 281, 283f., 286–291, 295–297, 299, 301f., 304–306, 309, 311, 313, 315, 318, 322f., 326–328, 330, 332, 334–336, 342, 344f., 347, 352f., 355, 357, 360–364, 367f., 371, 375f., 378f., 382, 387, 389f., 394, 396, 400–402, 404, 407f., 410, 415, 417, 419, 426–431, 433, 438f., 441–445, 447, 449, 451, 457, 462–464, 466, 472, 474–479, 481, 483, 486–489, 491, 494f., 499*
British Features, Bonn *108*
Bundesministerium für Ernährung, Landwirtschaft und Verbraucherschutz, Bonn *352*
Bundesversicherungsanstalt für Angestellte, Berlin *492*
Daimler AG Konzernarchiv, Stuttgart *258*
Deutsche Bundesbank, Geldmuseum *205*
Deutscher Sparkassenverlag, Stuttgart *393, 408, 413, 415*
Europäische Zentralbank, Frankfurt am Main *210f.*
gematik GmbH *473*
MEV Verlag, Augsburg *64, 416*
picture-alliance/akg- images, Frankfurt am Main *27, 39, 273*
picture-alliance/dpa, Frankfurt am Main *112, 132, 214, 222, 307, 354, 388, 425, 454*
Süddeutscher Verlag Bilderdienst, München *44*
Walter Eucken Institut e. V., Freiburg im Breisgau *38*